OLMS PAPERBACKS BAND 30

Ismar Elbogen

Der jüdische Gottesdienst in seiner geschichtlichen Entwicklung

1995
Georg Olms Verlag
Hildesheim · Zürich · New York

Die Deutsche Bibliothek-CIP-Einheitsaufnahme

Elbogen, Ismar:
Der jüdische Gottesdienst in seiner geschichtlichen Entwicklung / Ismar
Elbogen. - 2. Nachdr. der 3., verb. Aufl., Frankfurt/M. 1931. -
Hildesheim ; Zürich ; New York : Olms, 1995
(Olms Paperbacks, Bd. 30)
ISBN 3-487-01587-0

2. Nachdruck der dritten, verbesserten Auflage Frankfurt/M. 1931
Printed in Germany
Gedruckt auf säurefreiem und alterungsbeständigem Papier
Herstellung: Weihert Druck, Darmstadt
ISBN 3-487-01587-0

Der jüdische Gottesdienst in seiner geschichtlichen Entwicklung

Von

Ismar Elbogen

Dritte verbesserte Auflage

1 9 3 1

J. Kauffmann Verlag / Frankfurt am Main

DEM ANDENKEN MEINER ELTERN

Aus dem Vorwort zur ersten Auflage.

Die Aufgabe des Buches war durch seine Zugehörigkeit zum Grundriß bestimmt. Es mußte, ohne sich in der Kleinarbeit zu erschöpfen und ohne Fachgelehrsamkeit vorauszusetzen, auf der Grundlage wissenschaftlicher Forschung eine umfassende systematische Bearbeitung seines Gegenstandes bieten, nicht so sehr in der Menge und Neuheit der Einzelergebnisse, wie in der Herausarbeitung eines Gesamtbildes seine Bedeutung suchen. Daher ist auf die Klarheit und Übersichtlichkeit der Darstellung, auf Feststellung der Terminologie und Erklärung der technischen Ausdrücke der größte Wert gelegt. An Vorarbeiten fehlt es auf unserem Gebiete nicht, allein, so weit ich sehe, haften sie alle zu sehr an den Einzelheiten, sie behandeln die zahlreichen Gebete und Bräuche sehr eingehend, gewähren jedoch keinen Überblick über das Ganze. Demgegenüber war mein Bestreben darauf gerichtet, den Gottesdienst als Einheit anschaulich und greifbar in die Erscheinung treten zu lassen. Die Erforschung der Einzelheiten ist für das Verständnis des Gottesdienstes von nicht zu unterschätzender Bedeutung und verleiht dem Gesamtbilde erst die richtige Färbung, sie ist auch überall nach den besten zugänglichen Quellen unternommen, dennoch durfte ihre Darstellung nicht Selbstzweck sein, sondern mußte so eingeschränkt werden, daß die Symmetrie des Ganzen nicht gestört wurde. Besonders in dem Abschnitt über die Organisation mußte darauf geachtet werden, die berührten fremden Gebiete nur so weit heranzuziehen, wie für das Gesamtbild des Gottesdienstes unbedingt notwendig war. Die Auswahl und Abgrenzung wird manchem willkürlich erscheinen, der Kundige wird vieles für überflüssig erachten, was er vorfindet, anderes, was ihm wichtig erscheint, vermissen. Sicherlich wird mancherlei verfehlt sein, aber es kommt bei diesem ersten Versuch nicht so sehr auf die Einzelheiten, wie auf das Prinzip der Anlage und ihre Durchführung im Großen an.

Das Bestreben, den Gottesdienst als Ganzes zu erfassen und zur Darstellung zu bringen, hat auch nach einer anderen Richtung

zur Abweichung von der Überlieferung geführt. In den bisherigen
Bearbeitungen und im Denken der Fachgenossen steht in erster
Reihe der Piut. Das ist im vorliegenden Buche nicht der Fall.
Wer es aufschlägt, um eine lückenlose Übersicht über Paitanim
und Piutim zu finden, wird arg enttäuscht sein. Aber eine solche
Arbeit gehört in die Literaturgeschichte, hier waren die Dichter
und ihre Werke nur so weit zu berücksichtigen, als sie auf die
Gestaltung des Gottesdienstes von Einfluß waren. Wenn
man das Auge über die Grenzen des deutschen Ritus hinaus richtet
und sich von den hier im 19. Jahrhundert geführten Kämpfen
nicht den Blick trüben läßt, muß man von der bisherigen Überschätzung der Bedeutung des Piut für den Gottesdienst zurückkommen. Hingegen ist dem Grundstock der Gebete, den Stammgebeten, die größte Aufmerksamkeit gewidmet, insbesondere
ihrer Entwicklung in der ältesten Zeit, in die uns die zunehmende
Bekanntschaft mit dem alten palästinischen Ritus immer deut-
lichere Einblicke gewährt. Vieles konnte noch nicht aufgehellt
werden; es wäre ein Gewinn für die Wissenschaft, wenn die
ungelösten Probleme die Anregung zur weiteren Erforschung
der Stammgebete brächten. Weitgehende Berücksichtigung hat
auch die Neuzeit gefunden, nicht nur, weil wir ihr nahestehen
und der dauernde Kampf uns ihre Bestrebungen ständig ins Gedächtnis ruft, sondern weil in ihr nach einer langen Periode des
Stillstandes zum ersten Male seit mehr als tausend Jahren der
Versuch zu einer wirklichen Entwicklung und Neugestaltung,
zur Erzeugung geschichtlichen Lebens vorliegt. In der Bewertung der angeführten Tatsachen werden nicht alle Leser
meine Meinung teilen, vielen wird sie parteiisch erscheinen,
aber ich gebe mich der Erwartung hin, daß auch, wer zu einer
anderen Stellungnahme gelangt, mein Bestreben, die wissenschaftliche Objektivität zu wahren, anerkennen wird.

Das Buch setzt voraus, daß der Benutzer das Gebetbuch
zur Hand hat und mit seinem Inhalt vertraut ist; es will weder
ein Kommentar noch ein Quellenverzeichnis zum Gebetbuch sein,
nur als Mittel zum Verständnis seiner Entstehung und seines
Aufbaus soll es dienen. Die Nachrichten, die es über die Abweichungen der einzelnen Gebete bringt, sind in dem Bestreben
gesammelt, möglichst die älteste Form der Gebete oder der

gottesdienstlichen Einrichtungen erkennen zu lassen. Eine über-
große Fülle von Einzelheiten zu bringen, verbot der Wunsch, den
gesamten Stoff in einem einzigen Bande zu behandeln.

Die Darstellung des Gottesdienstes erstreckt sich über das
ganze Gebiet, in dem er ausgebildet worden ist. Allein es liegt
in der Natur der Sache, daß die in Deutschland herrschende
Überlieferung zugrunde gelegt und vorzugweise berücksicht
worden ist, zumal die weitaus überwiegende Mehrzahl der Juden
ihr folgt. Jedoch ist keine große Ritusgruppe vernachlässigt
worden, die wichtigsten Gebetbücher aller Länder wurden zu
Rate gezogen.

Die Darstellung des Textes findet ihre Ergänzung in den
Anmerkungen, die ebenfalls kurz gehalten sind und an Umfang
nicht über den in einem Grundrißwerke angebrachten Rahmen
hinausgehen. Die Anmerkungen stehen in engem Zusammenhang
mit dem Texte, sie enthalten Begründungen und Quellenbelege
für die ausgesprochenen Anschauungen und angeführten Tatsachen. In den Anmerkungen findet der Leser auch Hinweise
auf abweichende Meinungen. Eine Polemik ist in den meisten
Fällen vermieden. Ferner sind in Ergänzung der vor jedem
Paragraphen angegebenen wichtigsten Literatur Monographien
über Einzelfragen nachgetragen. Der Kürze halber ist vielfach
auf umfassende Werke, wie Schürers Geschichte oder die Jewish
Encyclopedia verwiesen worden, die sehr reichhaltige Literaturangaben bringen.

Berlin, im September 1913.

Zur zweiten Auflage.

Seit mehreren Jahren ist das Buch vergriffen. Die Ungunst
der Zeit gestattet nicht, einen vollständigen Neudruck zu
veranstalten. Es mußte genügen, den Text in seiner vorliegenden Gestalt durch Vervielfaltigung herzustellen; ein Verzeichnis
von Druckfehlern und Berichtigungen ist beigegeben (S. XVI).
In dankenswerter Weise hat der Verlag sich bereit gefunden,

die Anmerkungen (S. 511—580) neu zu drucken. Dadurch war die Möglichkeit gegeben, den Beanstandungen der Kritik und den Fortschrittten der Wissenschaft Rechnung zu tragen. Von Polemik wurde meist abgesehen, auf abweichende Anschauung mit kurzer Begründung hingewiesen. Die vielfach vermißten Gebettexte konnten unter den gegenwärtigen Verhältnissen nicht hinzugefügt werden, der Abdruck der palästinischen Rezension der Tefilla S. 517f. dürfte den Lesern willkommen sein. Die Benutzbarkeit der Anmerkungen wurde durch Angabe der zugehörigen Seiten des Textes und durch Vermeidung unnötiger Abkürzungen erleichtert. Das Verzeichnis der Abkürzungen S. XIVf. wurde ebenfalls verbessert.

Möge das Buch in der neuen Gestalt sich gleich günstiger Aufnahme erfreuen wie bei seinem ersten Erscheinen!

Berlin, 1. Januar 1924.

I. Elbogen.

Zur dritten Auflage.

Auch diesmal verbietet die allgemeine Wirtschaftslage einen Neudruck des Buches. Der Text der zweiten Auflage wurde vervielfältigt, die erforderlichen Ergänzungen zu den Anmerkungen sind auf Seite 581—596 hinzugefügt.

Berlin, im März 1931.

I. Elbogen.

Inhaltsverzeichnis.

C. II. Abschnitt:

D. III. Abschnitt:

Verzeichnis der wichtigsten Abkürzungen.

Für **biblische** Bücher sind die üblichen Abkürzungen gewählt, Für **Talmud** (b. = babyl., j. = paläst.): Ab. Sar. = Aboda Sara, B. B. = Baba Batra, B. Mez. = Baba Mezia, Ber. = Berachot, Chag. = Chagiga, Er. = Erubin, Git. = Gittin, Jeb. = Jebamot, Ker. = Keritot, Kidd. = Kidduschin, Meg. = Megilla, Men. = Menachot, Neg. = Negaim, Pes. = Pesachim, R. ha Sch. = Rosch ha Schana, Sanh. = Sanhedrin, Schabb. = Schabbat, Schebu. = Schebuot, Seb. = Sebachim, Sukk. = Sukka, Taan. = Taanit, Tam. = Tamid.

Abudr. = Abudirham, Kommentar zu den Gebeten, Warschau 1877.
Achtzehng. = Elbogen, Geschichte des Achtzehngebets.
Amr. = גאון עמרם רב סדר, ed. Warschau 1865.
Amr. Mx. = Marx, Untersuchungen zu Amr.
Amr. Fr. = Amr., herausgegeben von S. Frumkin, 2 Bde., Jerusalem 1912/13.
AZdJ = Allgemeine Zeitung des Judentums.
Baer = S. Baer, עבודת ישראל סדר.
Berliner = A. Berliner, Randbemerkungen zum täglichen Gebetbuch I, II.
Bondi = J. Bondi, Der Siddur des R. Saadia Gaon.
C. B. = Steinschneider, Catalogus librorum hebr. in bibliotheca Bodleiana.
Chan. = Komm. des R. Chananel im Talmud b., ed. Wilna.
Chill. = Müller, J., חלוף מנהגים בין בני בבל לבני ארץ ישר', Wien 1878.
Eschk. = האשכול ס', ed. Auerbach, Halberstadt 1867 ff.
Frk. = Ritus von Frankreich.
G. V. = Zunz, Die gottesdienstlichen Vorträge, II. Aufl.
Gajj. = Isaak ibn Gajjat הלכות, ed. Bamberger, Fürth 1862.
Gallia = H. Groß, Gallia Judaica, Paris 1897.
Geon. = Ginzberg, L., Geonica, 2 Bde., New York 1909.
Germ. = Ritus von Deutschland.
Graetz = Graetz, H., Geschichte der Juden, 11 Bde.
Hag. Maim. = הגהות מיימוניות in Maim.
Hal. Ged. = הלכות גדולות, ed. Hildesheimer, Berlin 1888.
JE = The Jewish Encyclopedia, 12 Bde.
JQR = The Jewish Quarterly Review und JQR. New Series.
Isr. Mon. = Israelitische Monatsschrift (Beilage zur „Jüdischen Presse").
It. = Ritus von Italien.
Itt. = העתים ס', ed. Schor, Berlin 1903.
Jos. = Josephus Flavius.
Jüd. Zeitschr. = Geiger, Abr., Jüd. Zeitschrift für Wissenschaft und Leben.
Krauß SA = S. Krauß, Synagogale Altertümer.
Litg. = Zunz, Literaturgeschichte der synagogalen Poesie.
Levy = Levy, J., Neuhebräisches Wörterbuch, 4 Bde.
Maim. = Maimonides משנה תורה, Amsterdam 1702 ff.
Manh. = המנהיג ס', ed. Warschau 1885.
MaHaRiL = מהרי"ל ס', Warschau 1874.
Mech. = Mechilta, ed. Friedmann.

Meg. Taan. = Megillat Taanit, ed. Neubauer.
Midr. Sch. T. = Midrasch שוחר טוב z. d. Psalmen, Wilna 1891.
Midr. Tann. = Midrasch Tannaim, ed. Hoffmann.
Mordekhai = Mord. b. Hillel, מרדכי ס', in den Ausg. des Alfasi.
MS = Monatsschrift für Geschichte und Wissenschaft des Judentums.
OLZ = Orientalistische Literaturzeitung.
Or Sar. = אור זרוע ס', ed. Shitomir 1862, 2 Bde.
Orch. Ch. = ארחות חיים ס' I, ed. Florenz 1750.
Oz. T. = אוצר טוב Hebräische Beilage zum Magazin für die Wissenschaft des Judentums.
P. d. R. E. = פרקי דר' אליעזר.
Pal. = Palästinischer Ritus.
Pard. = הפרדס לרש"י ס', ed. Konstantinopel.
Pers. = Ritus von Persien.
Pes. d. R. K. = פסיקתא דר' כהנא, ed. Buber.
Pes. rabb. = פסיקתא רבתי, ed. Friedmann.
r. = Midrasch rabba zum Pentateuch und den Megillot, ed. Wilna.
Ratner = Ratner, B., אהבת ציון וירושלים.
REJ = Revue des Études Juives.
Resp. = Responsen.
Resp. G. = Responsen der Geonim.
Ri = Zunz, Die Ritus des synagogalen Gottesdienstes.
Riv. Isr. = Rivista Israelitica.
Rom. = Ritus der Balkanländer.
Saad. = Saadja Gaon, Siddur.
S. Olam = Seder Olam (rabba), ed. Neubauer.
S. P. = Zunz, Die synagogale Poesie des Mittelalters.
Sch. Ar. = Schulchan Aruch, 4 Bde.
Sch. L. = שבלי הלקט, ed. Buber, Wilna 1886.
Schürer = E. Schürer, Geschichte des jüdischen Volkes im Zeitalter Jesu Christi, 3 Bde.
Seph. = Ritus von Spanien.
Sifra = ספרא דבי רב, ed. Weiß, Wien 1862.
Sifre = ספרי דבי רב, ed. Friedmann, Wien 1864.
Sof. = מסכת סופרים, ed. Müller, Leipzig 1878.
Stud. = Elbogen, Studien zur Geschichte des jüdischen Gottesdienstes.
Straalen, van = v. Straalen, Catalogue of the Hebrew Books in the British Museum.
T. d. B. El. = תנא דבי אליהו, ed. Friedmann, Wien 1900.
Tanch. = Midr. Tanchuma, ed. Buber, Wilna 1885.
Tef. = Tefilla.
Tos. = Tosefta, ed. Zuckermandl.
Tos. = תוספות zum b. Talmud.
Tur = Jak. b. Ascher, ארבעה טורים, Warschau 1882.
V. = מחזור וטרי, ed. Hurwitz, Berlin 1892.
Vulg. = Verbreitete Version der Tefilla.
Yem. = Ritus von Yemen.
ZDMG = Zeitschrift der Deutschen Morgenländischen Gesellschaft.
Zedner = Zedner, Catalogue of the Hebrew Books in the British Museum.
ZfHB = Zeitschrift für hebräische Bibliographie.

Berichtigungen.

A. Einleitung.

§ 1. Umgrenzung des Stoffes. Aufgabe des vorliegenden Buches ist die Darstellung des Gottesdienstes, wie er in den jüdischen Gemeinden sich entwickelt hat. Wir denken heute beim Worte Gottesdienst zunächst an Andacht und Gebet. Im jüdischen Gottesdienste nehmen aber auch die Vorlesungen aus der Schrift und ihre Erläuterungen eine wichtige Stellung ein; wir werden daher nicht nur von Gebeten, sondern auch von der Verkündigung der Schrift, nicht nur von Erbauung, sondern auch von Belehrung zu reden haben. Die gottesdienstlichen Veranstaltungen der Gemeinde sind ferner mit gewissen äußerlichen Erfordernissen verbunden, sie setzen eine Organisation und Versammlungsstätten, fungierende Beamte und eine bestimmte Art des Vortragswesens voraus. Alle diese Punkte sollen in die Darstellung mit einbezogen, in ihrem Werdegang und in ihren geschichtlichen Veränderungen vorgeführt werden. Hingegen sollen die theologischen Fragen, die das Gebet betreffen, und die kasuistischen Erörterungen über seine Handhabung uns nicht beschäftigen. Ausgeschlossen sollen ferner zwei andere Gebiete bleiben. Zunächst das Gebiet des Opferdienstes, wenn auch der Opferkultus vielfach von Gebeten begleitet war. Sodann das große Gebiet der privaten Andacht, des Gebetes des einzelnen; es mag sich dabei um ganz persönliche Angelegenheiten handeln, wie Tisch- und Nachtgebet, oder um religiöse Feiern, die sich in einer gewissen Öffentlichkeit vollziehen, wie bei Geburt, Trauung, Tod.

§ 2. Geschichtliche Entwicklung des Gottesdienstes. Der jüdische Gottesdienst hat in der Religionsgeschichte eine ganz hervorragende Bedeutung. Er war der erste, der, völlig losgelöst vom Opfer, als Gottesdienst mit dem Herzen עבודה שבלב bezeichnet werden durfte. Er hatte sich aber ebenso von allen anderen

Äußerlichkeiten, von besonderen geweihten Andachtsstätten und
Priestern wie überhaupt von allem Beiwerk befreit, er war ein rein
geistiger Gottesdienst und konnte, da zu seiner Einrichtung nichts
weiter gehörte, als der Wille einer verhältnismäßig kleinen Gemeinde,
mit Leichtigkeit über die ganze Welt verbreitet werden. Er war
ferner der erste Gottesdienst, der mit großer Regelmäßigkeit stattfand; nicht nur an Sabbaten und Festen, sondern an allen Tagen des
Jahres wurde er gehalten, und so verlieh er dem ganzen Leben eine
tiefe Weihe, die um so nachhaltiger wurde, als das tägliche Gebet,
Morgen- und Abendandacht, durch den Brauch der Gemeinde sich
gar bald auch zur Gewohnheit des einzelnen ausbildete, selbst wenn
er sich nicht unter der Gemeinde befand.

Der jüdische Gottesdienst hatte nicht immer dieselbe Gestalt
wie heute, er war weder so lang noch so kompliziert. Sowohl das
Gebet als Ganzes wie auch die einzelnen Gebete haben sich im Verlaufe der Zeiten sehr verändert, „die heutige Liturgie ist das Produkt
einer tausendjährigen Entwicklung" (Zunz). Von einer festbestimmten
Liturgie konnte anfangs keine Rede sein, die Gebete waren nicht niedergeschrieben, nur dem Inhalte nach fixiert, der Wortlaut blieb dem
freien Ermessen des Vorbeters überlassen. Das Gemeindegebet war
kurz, ihm folgte die stille Andacht des einzelnen. Diese ist allmählich
ganz zurückgedrängt worden, aus dem öffentlichen Gottesdienst
verschwunden. Die ältesten Gebete durften nicht lang, sie mußten
ferner schlicht und einfach sein, Schwierigkeiten in der Sprache und
im Aufbau waren völlig ausgeschlossen. Als diese Gebete eingebürgert
waren, erfuhren sie, ohne daß es bemerkt wurde, stetig Erweiterungen;
das Bedürfnis nach Erneuerung, veränderte Geschmacksrichtung,
Einflüsse von außen, der Brauch einzelner Frommer waren dabei
maßgebend. Die Erweiterungen bestanden in breiterer, wortreicherer
Ausführung der vorhandenen Gedanken, in Einfügung von kleineren
oder größeren Stücken der Heiligen Schrift, in poetischen Ausschmückungen des bestehenden Textes. Das waren Zusätze von
geringer Ausdehnung, von großer Schlichtheit in der Form, von leichter
Verständlichkeit im Ausdruck. So bildete sich allmählich ein Bestand an Gebeten heraus, die das ganze Jahr hindurch — wenn auch
an einzelnen Tagen mit kleinen Abweichungen — zur Verwendung
kamen, und die, da sie an den alten Kern der Gebete sich eng anschlossen, S t a m m g e b e t e genannt werden.

Vom fünften oder sechsten Jahrhundert, etwa von der Zeit ab, wo das Aufschreiben der Gebete gestattet wurde, kamen auch andere Erweiterungen auf, freie poetische Schöpfungen, Bearbeitungen religiöser Lehren, insbesondere der Festgedanken. Man nannte diese Poesien mit einem hebraisierten griechischen Worte P i u t (פיוט). Mit dem Piut trat ein sehr bewegliches Element in die Liturgie ein, das die größte Mannigfaltigkeit hervorrief. Der Kunstgeschmack und die religiösen Anschauungen bestimmten seine Form und seinen Inhalt, beide wechselten sehr nach Ländern und Jahrhunderten. Der Piut war durchaus freiem Ermessen überlassen, für seinen Inhalt und für seine Form gab es weder Vorschriften noch Grenzen, durch ihn wurde der Gottesdienst ausgedehnt und recht kompliziert, durch ihn entstanden auch die zahlreichen Abweichungen der Länder und Gemeinden, die man als besondere R i t e n (מנהג) bezeichnete. Die Schicksale der Juden und die Erfindung des Buchdrucks fingen an, diese Verschiedenheiten ein wenig zu vereinfachen, da kam durch die Mystik ein neues Element in den Gottesdienst, das ihn stark beeinflußte und nicht immer zum Guten, sie brachte neue Vorstellungen, neue Zusätze, neue Erweiterungen, sie verschob die Anschauungen über das Gebet, rückte Nebensächliches in den Vordergrund, ließ Wichtiges zurücktreten. Auf die Masse der Gebete wurde mehr Wert gelegt als auf die Korrektheit ihres Wortlauts; jüngere Zutaten, kleinliche Bräuche wurden mit großer Sorgfalt gepflegt, während man die Stammgebete vernachlässigte, die Sitten der Betenden verwildern ließ. Erst infolge der Kritik der Mendelssohnianer und der Reformer vor hundert Jahren sind die Bestrebungen aufgekommen, die sich die Veredlung und Läuterung des Gottesdienstes zum Ziele setzten. Der wieder erweckte Sinn für das Schlichte, Erhabene und Weihevolle hat auf dem Gebiete des Gottesdienstes ein reiches und lohnendes Arbeitsfeld gefunden; seitdem ist von allen Richtungen an der Verbesserung und Vereinfachung des Gottesdienstes gearbeitet worden. Bezogen sich die Ausstellungen zunächst auf die äußere Form, so machten sich infolge der Umgestaltung der bürgerlichen Verhältnisse der Juden und der Fortschritte der theologischen Forschung bald neue Ansprüche geltend. Für die Landessprache wurde sowohl in den Gebeten als auch in den Vorträgen ein weiter Spielraum gefordert. Wie die gesamte Überlieferung unterlagen auch die Stammgebete der Kritik; soweit sie im Inhalt oder im Ausdruck dem Zeitbewußtsein nicht entsprachen, wurde mit Änderungen oder Beseitigung der Texte vorgegangen. Die Gebetbücher der Reformgemeinden nahmen eine grundsätzlich verschiedene Gestalt an, seit ihrem Aufkommen wurde das Gebet Gegenstand außerordentlich heftiger Kämpfe, die noch heute mit Leidenschaft geführt werden.

§ 3. **Sprachgebrauch.** Die Stetigkeit des jüdischen Gottesdienstes machte eine G e b e t o r d n u n g notwendig, führte zur Entstehung der L i t u r g i e. Das Wort λειτουργεῖν ist in der griechischen Bibel die Übersetzung des hebräischen שֵׁרֵת, λειτουργία in den jüngeren biblischen Büchern gleich עבודה. Liturgie bezeichnet demnach den Dienst im Heiligtume, in erster Reihe den Dienst der Priester, den Opferdienst. Die Bedeutung des Wortes hat dann dieselbe Wandlung durchgemacht, wie sein hebräisches Vorbild, wie dieses wurde es vom materiellen auf den geistigen Kultus übertragen לעבדו זו תפלה אתה אומר זו תפלה או אינו אלא עבודה ת״ל בכל לבבכם וכי יש לך עבודה בלב הא מה ת״ל ולעבדו] בכל לבבכם זו תפלה „der Gottesdienst im H e r z e n, das ist das Gebet", heißt es im alten Midrasch (Sifre Dt. § 41, 80 a). So ist im Sprachgebrauch der rabbinischen Literatur עבודה die zusammenfassende Bezeichnung für Gottesdienst geblieben, während „Liturgie" in die christliche Theologie überging und erst neuerdings wieder in den Sprachgebrauch der Synagoge eingeführt wurde, häufig freilich in der engeren Bezeichnung für die vom Rabbiner (im Gegensatz zum Vorbeter) vorgetragenen Gebete.

Die Bibel ist an Bezeichnungen für „beten" oder „Gebet" ziemlich reich; in der gottesdienstlichen Literatur wird auch nicht eine von ihnen in dem gleichen Sinne verwendet, sie haben fast alle mit der Zeit eine veränderte Bedeutung angenommen. Einen zusammenfassenden Ausdruck für die gesamte Liturgie gibt es nicht, jedes Stück derselben hat nach seinem Inhalt einen eigenen Namen. Im Talmud und zum Teil noch im gaonäischen Zeitalter werden die Benennungen mit großer Genauigkeit auseinandergehalten, erst in späterer Zeit sind sie vielfach durcheinander geworfen worden.

Die Grundform des Gebets heißt ברכה. Der Ausdruck geht auf II. Chr. 20 26 עמק ברכה כי שם ברכו את ד׳ zurück, in Neh. 9 5 ist ברכה neben תהלה bereits in dem neuen technischen Sinne gebraucht. ברכה kommt von בֵּרֵךְ, das ursprünglich a u f d i e K n i e f a l l e n heißt, dann aber Fürbitte tun, segnen und schließlich bei der Be-

deutung G o t t p r e i s e n , r ü h m e n anlangt (Piel und Part. pass.
Kal). So bezeichnet auch ברכה das Lob- und Dankgebet und hat
stets hymnischen Inhalt. Die ברכה hat eine bestimmte Form טופס
ברכות oder מטבע של ברכה (j. Ber. I 8. 3 d). Das Vorbild dafür gaben
die zahlreichen Lobpreisungen der Psalmen, insbesondere die Doxologien am Schlusse der Bücher des Psalters (41 14. 72 18 u. ö.). Feste
Regeln für die Formulierung der ברכה stellten die ersten Amoräer
(III. Jahrhundert) auf, bald wird die Erwähnung des Gottesnamens
(שם), bald die des Königtums Gottes (מלכות) als unentbehrlich gefordert; so ist die übliche Formel entstanden ברוך אתה ד' אלהינו
מלך העולם. Es gibt k u r z e Benediktionen מטבע קצר (j. Ber. das.),
die sich auf einen Satz beschränken, wie die Benediktionen bei
Genüssen und bei Erfüllung religiöser Pflichten; diese fangen nur mit
ברוך an בברוך פותחות. Andere wiederum führen den Namen l a n g e
Benediktionen מטבע ארוך, das sind meist die Gebetstücke im engeren
Sinne, die nicht nur mit ברוך beginnen, sondern auch einen Schluß
חותם (Ber. Ende) oder חתום (b. Ber. 12 b, j. das.) mit ברוך haben.
Dieser Schluß heißt ebenfalls ברכה εὐλογία, Eulogie, wie die LXX
die Chronikstelle übersetzt, und hat die Form ברוך אתה ד'. Daher
kann auch eine Bibelstelle (פסוק) als ברכה dienen, wenn sie nur
einen entsprechenden Abschluß durch eine Eulogie erhält (z. B. Ps.
120 usw. in Taan. II). Solche Eulogien gibt es auch am Schluß von
Bittgebeten, daher der Name des wichtigsten Bittgebets שמנה
עשרה ברכות. Wo mehrere ברכות, d. h. eine Reihe von Gebetstücken,
aufeinanderfolgen, soll nur die erste mit ברוך beginnen, die anderen,
die auf sie folgen (ברכה הסמוכה לחברתה) nicht. Diese Regel erleidet
aber wie die erste zahlreiche Ausnahmen, wahrscheinlich ist sie
jünger als viele derartige Gebete, auf die sie infolgedessen nicht
Anwendung finden konnte (vgl. j. Ber. das.). Hat ein Gebet, ברכה,
einen längeren Text, dessen Gedankengang sich vom Ausgangspunkt
entfernt, so muß der letzte Satz vor der Eulogie wieder zum Ausgangspunkt zurückführen (סמוך לחתימה מעין הפתיחה).

Neben ברכה haben wir den Ausdruck תפלה (von התפלל), der
B i t t g e b e t e bezeichnet. התפלל, der Grundbedeutung nach G o t t
z u m R i c h t e r a n r u f e n , wird in der Bibel für Bitt- und Dankgebete verwendet. Im Talmud wird התפלל aram. צלי, תפלה aram.
צלותא ausschließlich für das Schemone-Esre-Gebet gebraucht, das
Bittgebet εὐχαί schlechthin. In nachtalmudischer Zeit aber bezeich-

nete man mit תפלה jedes Bittgebet, jede Fürbitte, wofür im Talmud
der Ausdruck רחמים ותחנונים verwendet wird. Freilich gebrauchte
man dann תפלה wie in der Bibel auch für jede Art von Gebet,
selbst für Lob- und Dankgebete. ברכות ותפלות, die als von den
Männern der großen Versammlung gegeben angesehen werden
(b. Ber. 33 a), bezeichnen demnach den ganzen Umfang der Gebete.
Der Titel der ältesten erhaltenen Gebetordnung ist סדר תפלות וברכות,
wofür auch kürzer סדור תפלות, סדר תפלה gesagt wird, woraus sich
dann wiederum die Bezeichnungen für das Gebetbuch herausgebildet
haben, das „Siddur“, in manchen Gegenden „Tefilla“ heißt.

סדר bedeutet feste Ordnung, bestimmte Reihenfolge, im prä-
gnanten Sprachgebrauch auch „Pensum“; alle diese Bedeutungen
könnte es in unserem Zusammenhang ebenfalls haben. Allein im
Neuhebräischen und in den Targumim wird es häufig angewendet,
um, wo von einem größeren Komplex die Rede ist, „das Zusammen
von“ anzudeuten, z. B. Gen. 1 14 ואת הכוכבים Targ jer. וית סדר כוכביא,
und ist im Deutschen dann gar nicht zu übersetzen. In der ältesten
bekannten Stelle, wo סדר bei Gebeten vorkommt, b. R. ha Sch. 17 b
bedeutet סדר תפלה den Inhalt eines e i n z e l n e n Gebets. Auch
סדר, סדרא ohne Zusatz wird zur Bezeichnung der „Gesamtheit der
Gebete“ angewendet. Desgleichen kommen Derivate des Verbums
סדר (Pi., Hif.) hebr. und aram. im Zusammenhang mit dem Gebet
vor und bedeuten „Gebete vortragen“, „Gebete verfassen“. Die
enge Verbindung des Stammes סדר mit den Gebeten hat ihren besonderen Grund. Das entsprechende biblische Wort ערך, im Targum
stets durch סדר wiedergegeben, wird unter anderem mit dem Objekt
מלין verbunden (Hi 3214); Ps. 5 4 בקר אערך לך ואצפה, wo es ohne
Objekt steht, muß es nach dem Zusammenhange „beten“ bedeuten.
Diesen Bedeutungswandel hat סדר nebst allen seinen Derivaten ebenfalls durchgemacht, sie sind in eine geradezu unlösliche Verbindung
mit den Ausdrücken für Gebet eingetreten. So sind סדר und סדור
die technischen Namen für G e b e t o r d n u n g e n geworden.

Daneben bürgerte sich eine weitere Sammlung unter dem Namen
M a c h s o r ein. מחזור ist von חזר „periodisch wiederkehren“ ab-
geleitet. Das Wort wird in erster Reihe beim Kalender verwendet;
infolgedessen heißt der Jahreszyklus oder der große astronomische
Zyklus, der einen Zeitraum von 19 Jahren umfaßt, מחזור לבנה.
Ursprünglich bezieht sich also „M a c h s o r“ auf den Kreislauf des

Jahres, und dann heißt Machsor auch ein Buch, das sich mit dem Kalenderwesen beschäftigt. Die Übertragung auf das Gebetbuch treffen wir zuerst in der syrischen Kirche an, wo מחזרתא das Brevier bedeutet. In der jüdischen Literatur bezeichnet es die wiederkehrende synagogale Ordnung. Die ältesten M a c h s o r mögen Kalender gewesen sein, denen nach dem Kreislaufe des Jahres die Anordnungen für die Gebete beigegeben waren; als aber der Piut zunahm, trat der Kalender in den Hintergrund, nur der Name blieb, der von ihm herrührt, das Machsor brachte hauptsächlich Stammgebete und Piutim. Wer ganz genau sein wollte, nannte die Sammlung מחזור (של) תפלות. Siddur und Machsor sind nicht Gegensätze, schließen einander nicht aus, Machsor ist das Weitere, das Umfassendere. Siddur enthält gewöhnlich nur die Stammgebete, während Machsor auch die poetischen Beigaben bietet, im Siddur sind die Vorschriften und Erläuterungen über den Gottesdienst kurz, im Machsor ausführlicher und durch manche verwandte Gebiete erweitert. Der Sprachgebrauch hat sich so gestaltet, daß Machsor zur Bezeichnung der Festgebete (Stammgebete nebst Piut) dient, während die Zusammenfassung aller Stammgebete Siddur heißt; in neuerer Zeit werden dem Siddur bisweilen auch Piutim für die ausgezeichneten Sabbate beigegeben.

Gebetsammlungen sind innerhalb des Judentums verhältnismäßig jung, in alter Zeit herrschte die Anschauung, daß Gebete nicht schriftlich aufgezeichnet werden durften, „wer Gebete aufschreibt, versündigt sich, als würde er die Tora verbrennen". Erst nach dem Abschluß des Talmuds, als die Not gezwungen hatte, die anderen Zweige der traditionellen mündlichen Lehre zu Papier zu bringen, wurden Gebete ebenfalls niedergeschrieben, erst nach dem sechsten Jahrhundert wurden sie gesammelt, „zur Zeit des Traktats Sofrim kann das Dasein von Gebetsammlungen nicht mehr bezweifelt werden". Doch waren das noch nicht Gebetbücher im heutigen Sinne, vielmehr blieb recht viel in ihnen noch unbestimmt und freiwillig, dem wechselnden Brauche überlassen. Hierin schufen die Gelehrten Wandel, indem sie Gebet o r d n u n g e n verfaßten. Sie bauten sie auf ein Wort R. Meirs (um 150) auf, daß ein jeder verpflichtet sei, 100 Benediktionen an jedem Tage zu sprechen (b. Men. 44 b, j. Ber. IX 2 13 b). So sind die Gebetbücher recht lange nach dem Prinzip der מאה ברכות angeordnet worden. Die älteste derartige Sammlung, die viel zitierten מאה ברכות des Gaon Natronai (ca. 860) ist jüngst wiedergefunden und von L. Ginzberg veröffentlicht worden. Von Gebetbüchern ist das älteste erhaltene das vom Gaon Amram (ca. 875) nach Spanien gesandte, סדר רב עמרם גאון, יסוד העמרמי; es erschien zu Warschau 1865, der Text wurde nach Handschriften verbessert und ergänzt von A. Marx im Jahrbuch der jüd. liter. Gesellschaft, V, 1907. Neben ihm ist der Siddur Saadjas (892—942) zu nennen, der, zuerst viel beachtet, später in Vergessenheit geriet, erst neuerdings wieder aufgefunden wurde, aber noch immer der Veröffentlichung harrt. So blieb es einige Jahrhunderte hindurch Sitte, daß große Gelehrte ihren Siddur abfaßten. Daraus gingen die umfangreichen Machsor-Sammlungen hervor, das bekannteste und auch inhaltreichste Werk dieser Art ist von Simcha ben Samuel aus Vitry (um 1100) angelegt und M a c h s o r V i t r y genannt; im Kreise Raschis entstanden, ist es der beste Zeuge der alten französischen Gebetordnung. Das Machsor Vitry, von S. D. Luzzatto entdeckt, ist erst in jüngster Zeit durch den Druck veröffentlicht worden (Berlin 1889—93). Raschis Siddur selbst, der wohl Anordnungen über die Gebete enthält, aber nicht die Texte, ist in den letzten Jahren veröffentlicht worden. (Berlin 1911).

Aus der überreichen Fülle des Inhalts der Machsor lösten sich kleinere Schriftgattungen los, die besonderen Werken anvertraut wurden, z. B. סליחות, קינות. Dadurch, daß der Piut sich Bürgerrecht innerhalb des Gottesdienstes erworben hatte, wurden die Sammlungen recht stark, ihm ward der größte Teil des Machsors eingeräumt, und da er innerhalb der Gemeinden in zahllosen Variationen verwendet wurde, führte er eine überaus große Mannigfaltigkeit in der Liturgie herbei. Durch die Überhandnahme des Piut ganz besonders kam es zur Scheidung der Riten, denn jede Gemeinde hielt auf ihren Brauch מנהג. Kleine Abweichungen wiesen auch schon die Stammgebete auf, aber sie waren unbedeutend, für den nicht geschulten Blick unmerklich. Die Hinzufügung der poetischen Einlagen hingegen hat eine durchgreifende Verschiedenheit des Gottesdienstes, besonders des festtäglichen, innerhalb der einzelnen Länder herbeigeführt. Die Gemeinden wählten die Piutim völlig nach ihrem Belieben und Geschmack, in benachbarten Orten traf man verschiedenen Minhag (Ritus) an, Wanderungen und Vertreibungen führten mitunter gänzlich abweichende Elemente zur Einheit zusammen, nicht gar zu selten wurden die Werke eines Dichters in der Ferne zu Ehren gebracht, während man sie in der Heimat vernachlässigt hatte. Es würde hier zu weit führen, alle einzelnen Riten und lokalen Verschiedenheiten aufzuzählen — Zunz führt ihrer mehr als 60 an — zumal die meisten im Laufe der Zeit, zum Teil unter dem Einfluß des Buchdrucks, wieder verschwunden sind; wir werden uns mit der Erwähnung der wichtigsten begnügen, deren Gebetbücher wir in unsern Untersuchungen ständig berücksichtigen.

Grundsätzlich sind zwei Ritusgruppen zu unterscheiden, der Ritus von P a l ä s t i n a und derjenige von B a b y l o n i e n. Sie wichen bereits in den Stammgebeten vielfach voneinander ab, von beiden sind in der talmudischen Literatur Spuren vorhanden. In unveränderter Form jedoch ist keiner von beiden auf uns gekommen, der palästinische Ritus ist fast völlig verdrängt worden, wie alle jüdischen Institutionen und Traditionen sind auch die Gebete von Babylonien aus sehr stark beeinflußt worden, so daß selbst diejenigen Riten, welche zur palästinischen Gruppe gerechnet werden, in den Stammgebeten zumeist das babylonische Gepräge tragen. Zeugen des palästinischen Ritus sind der Traktat Sofrim (ed. Müller, Wien 1875 = Sof.) Saadjas Siddur (= Sa.) sowie zahlreiche in der Genisa zu Kairo gefundene, in den letzten fünfzehn Jahren veröffentlichte Fragmente. Ferner gehören zur palästinischen Gruppe

1. der d e u t s c h e Ritus (= Germ.) der in zwei Abteilungen, eine westliche מנהג אשכנז und eine östliche מנהג פולין zerfällt, wobei die Grenze durch die Elbe gebildet wird. Dabei ist aber zu beachten, daß die aus Deutschland und Polen vertriebenen oder ausgewanderten Juden ihre Gebetordnung in die neue Heimat mitnahmen, so daß wir sie auch in Ländern wie Italien, England, im Orient und in Amerika finden. Die ersten Drucke des מנהג אשכנז reichen nach Italien bis 1490 zurück, die des מנהג פולין erschienen Prag 1512—1522. Mit dem deutschen ist der a l t f r a n z ö s i s c h e Ritus verwandt, der durch das Machsor Vitry (= V.) vertreten ist; er kam, infolge der Vertreibung der Juden aus Frankreich (XIV. Jahrhundert), früh außer Übung und hat sich nur in drei italienischen Gemeinden, in Asti, Fossano, Moncalvo (אפ״ם) erhalten.

2. der i t a l i e n i s c h e מנהג איטליאנו oder römische מ בני רומי, auch Ritus der Wälschen (מיהלועזים genannt =It.); vielleicht die älteste Abzweigung des Ritus von Palästina, die erste Gebetordnung in einem fremden Lande. Für diesen Ritus besitzen wir die beste Ausgabe mit der vortrefflichen Analyse von S. D. Luzzatto (מבוא למחזור בני רומא)

Livorno 1856, 2 Bände, die erste Ausgabe erschien Soncino und Casalmaggiore 1485—86. Der Ritus ist auf Italien und wenige Gemeinden der Türkei beschränkt geblieben.

3. der r o m a n i s c h e , besser rumelische oder griechische Ritus (מ׳ארץ יון, מ׳רומניא = Rom.), ursprünglich in den Balkanländern überhaupt und noch heute in vereinzelten Bethäusern auf Korfu gebräuchlich, ist dem italienischen in den Stammgebieten sehr verwandt. Vollständige Exemplare gehören zu den größten Seltenheiten, die erste erhaltene Ausgabe erschien Venedig 1524, eine zweite Konstantinopel 1574. — Auch der babylonische Ritus ist nicht in seiner ursprünglichen Gestalt erhalten geblieben, schon Amram, sein ältester Vertreter, weicht vom Talmud vielfach ab. Amrams Gebetordnung = Amr. kam nach Spanien und so wurde

4. der Ritus dieses Landes, der s e p h a r a d i s c h e (מ׳ספרד) = Seph.), der wichtigste Zeuge der babylonischen Gebetordnung; freilich hat derselbe zahlreiche Veränderungen erfahren, und der spanische Ritus selbst war nicht zu allen Zeiten und in allen Gemeinden gleich. Da die spanischen Juden nach ihrer Vertreibung zum größten Teil nach Portugal auswanderten, nannte man sie Portugiesen, ihren Ritus den p o r t u g i e s i s c h e n ; bei ihrer späteren Auswanderung in die verschiedensten Länder dreier Erdteile haben sie ihren Ritus überallhin verbreitet; den alten orientalischen Ritus, der zumeist an den babylonischen sich angelehnt hatte, haben sie völlig verdrängt. Die erste Ausgabe des spanischen Gebetbuches erschien Venedig 1524. Eine besondere Unterabteilung dieses Ritus ist derjenige von Y e m e n , der in seinen Gebetbüchern (תכלאל) stark von Maimonides beeinflußt ist; eine gute Ausgabe erschien Jerusalem 1901.

5. Den Übergang zwischen den beiden Gruppen bilden die p r o - v e n z a l i s c h e n Gemeinden Avignon, Carpentras, Montpellier (= Prov.), die, wie in allen Zweigen der jüdischen Literatur, auch in der gottesdienstlichen sowohl dem französischen wie dem spanischen Einfluß unterworfen waren.

§ 4. Quellen und Literatur. Die Quellen für die Geschichte des Gottesdienstes fließen recht spärlich. Aus alter Zeit sind aufgeschriebene Gebete nicht erhalten, selbst die ältesten auf uns gekommenen Gebetsammlungen liegen erst in jüngeren Überarbeitungen vor, von denen keine über das zwölfte Jahrhundert zurückreicht. Für die vorhergehende Zeit sind wir auf die zerstreuten Notizen angewiesen,

denen wir in beiden T a l m u d e n , in den M i r a s c h i m und ihren
Erklärern sowie in den R e s p o n s e n und Schriften über synagogale
Institutionen begegnen. Sie sind nicht sehr reichhaltig, überdies weder
zusammenhängend — vollständige Gebete sind im Talmud nirgends mitgeteilt — noch immer sicher datierbar. Die Zeit wirklicher E n t w i c k -
l u n g der Stammgebete ist verhältnismäßig kurz und liegt fast völlig
j e n s e i t s der Grenze unserer Quellen; wo die schriftlichen Nachrichten
beginnen, liegt auch der Gottesdienst in seinen Grundzügen bereits fest.
Die älteste zusammenhängende Quelle ist der Traktat S o f r i m ,
um ca. 600 entstanden, aus den nächsten Jahrhunderten sind dann
die § 3, S. 8 erwähnten Gebetsammlungen zu nennen. Aus dem hohen
Mittelalter sind von besonderer Bedeutung Maimunis Mischne Tora
(1180), der nicht nur alle Bestimmungen über den Gottesdienst,
sondern am Ende des ersten Buches auch die Texte der Gebete סדר
תפלות כל השנה bietet. Aus derselben Zeit stammt das מנהיג [עולם]
des Abraham ben Nathan ha Jarchi aus Lunel, der auf seinen Reisen
die Bräuche von Nordfrankreich und Spanien kennen gelernt hatte
und reiche Nachrichten darüber mitteilt. Das gleiche Verfahren
macht die halachischen Werke der folgenden zwei Jahrhunderte so
wertvoll, die שבלי לקט des Zidkia ben Abraham Rofe (ca. 1250) aus
Rom, ארחות חיים des Aaron ha Cohen (ca. 1300) aus Narbonne,
אורח חיים, den ersten Teil der ארבעה טורים des Jakob ben Ascher
(ca. 1330) aus Toledo. Dazu kommt der eingehende Kommentar zum
Gebetbuch von David Abudraham (1340) aus Sevilla. Alle diese Schriften
sind wichtige Zeugen für die Gebetordnung und den Gebettext ihrer
Heimatländer, ziehen auch zur Vergleichung vielfach Nachrichten aus
der Fremde heran. Die Minhagimliteratur des folgenden Jahrhunderts
bietet für den Wortlaut der Gebete wenig, um so mehr für die Ordnung
des Gottesdienstes. Dasselbe gilt vom Schulchan Aruch. Für die
folgende kabbalistische Periode sind die Anordnungen Isaak Lurias
und seiner Schüler maßgebend geworden. Unter den neuen Be-
arbeitern des Gebetbuches nimmt den ersten Rang Wolf Heidenheim
in Frankfurt ein, der zuerst wieder auf Korrektheit und Einfachheit
des Gebetbuches Eifer verwendete. Die kritische Arbeit beginnt mit
S. L. Rapaports Bemerkungen in den Noten zur Biographie Eleasar
ha Kalirs. Darauf bauen sich Leopold Zunz' unsterbliche Werke auf,
die eine ungeheure Fülle handschriftlichen Materials verwerten und
dadurch für alle seitdem unternommenen Studien maßgebend ge-

worden sind. Von der wichtigsten neueren Literatur über den Gottesdienst seien hier genannt:

L. Landshuth, מקור ברכה, Kommentar zu Edelmanns Siddur הגיון לב. Königsberg 1845.

S. Baer, סדר עבודת ישראל. Rödelheim 1868.

W. Jawitz, ס׳ מקור הברכות. Die Liturgie des Siddur und ihre Entwickelung. Berlin 1910.

S. L. Rapaport, תולדות ר׳אלעזר הקליר, Note 20 in בכורי העתים, X, 115 ff., und Nachträge, das. XI, S. 100 ff.

L. Zunz, Die gottesdienstlichen Vorträge der Juden. Berlin 1832, II. Aufl., Frankfurt a. M. 1892.

Die synagogale Poesie des Mittelalters:

I. Teil: Die synagogale Poesie. Berlin 1855.

II. Teil: Die Ritus des synagogalen Gottesdienstes. 1859.

Literaturgeschichte der synagogalen Poesie. 1865. Nachträge 1867; vgl. dazu A. Gestetner מפתח הפיוטים. Berlin 1889.

Franz Delitzsch, Zur Geschichte der hebräischen Poesie. Leipzig 1836.

M. Sachs, Die religiöse Poesie der Juden in Spanien. II. Auflage. Berlin 1901.

L. Dukes, Zur Kenntnis der neuhebräischen religiösen Poesie. Frankfurt a. M. 1842.

L. Herzfeld, Gesch. d. Volkes Israel, XXIV. Exkurs: Über die erste Entwicklung des Synagogengottesdienstes, Bd. III, Nordhausen 1857, S. 183—223.

M. Duschak, Geschichte und Darstellung des jüdischen Kultus. Mannheim 1866.

A. Berliner, Randbemerkungen zum täglichen Gebetbuch, I, Berlin 1909. II, 1912.

I. Elbogen, Studien zur Geschichte des jüdischen Gottesdienstes. Berlin 1907.

G. Dalman, Art.: Gottesdienst synagogaler in Herzog-Haucks Realenzyklopädie für protestantische Theologie, III. Auflage, 1899, VII. S. 7—19.

W. Bacher, Synagogue in Hasting, Dictionary of the Bible, Bd. IV, 1902, 636—643.

I. J. Peritz, Art.: Synagoque in Cheyne und Black, Encyclopedia biblica, Bd. IV, 1903, 4832—4840.

L. Blau, Art.: Liturgy in The Jewish Encyclopedia, Bd. VIII, 1907, 132—140.

P. Fiebig, Art.: Gottesdienst, Jüdischer in der Gegenwart, in F. M. Schiele, Die Religion in Geschichte und Gegenwart, Band II, Tübingen 1910, 1581 ff.

Verhandlungen der zweiten Rabbinerversammlung in Frankfurt a. M. 1845.

A. L. Frumkin, סדור תפלה כמנהג אשכנז עם סדר רב עמרם השלם וכו׳, Bd. I, Jerusalem 1912, mit unbrauchbarem Kommentar, aber wertvollen Mitteilungen aus wichtigen Handschriften.

Bücher und Abhandlungen über Einzelfragen sind vor jedem Paragraphen zitiert.

§ 5. Anordnung des Stoffes. Unsere Darstellung zerfällt in drei Abschnitte. Zunächst ist eine Beschreibung des jüdischen Gottesdienstes zu geben, wie er an Wochentagen, Sabbaten und Festtagen gehandhabt wird. Es werden der Reihe nach die Gebete, die Schriftvorlesungen und die poetischen Ausschmückungen behandelt, und zwar werden sie alle auf die älteste uns bekannte Form zurückgeführt sowie in ihren Wandlungen im Laufe der Zeiten und Riten bis auf unsere Tage verfolgt. Zugrunde gelegt wird hierbei das in Deutschland übliche Gebetbuch nach dem Texte der Ausgabe von Baer. Der zweite Abschnitt bietet eine zusammenhängende Darstellung der Geschichte des jüdischen Gottesdienstes in seiner Entwicklung von den ersten Anfängen bis auf unsere Tage; sie gliedert sich in drei Teile: die Zeit der Stammgebete (—600), die Zeit des Piut (600—1800), die Zeit der Kritik (XIX. Jahrhundert). Der dritte Abschnitt ist der Organisation des jüdischen Gottesdienstes gewidmet; er behandelt die äußeren Erfordernisse des Gottesdienstes, die Gebäude und ihre Einrichtung, die Gemeinde, ihre Verwaltung und ihre Beamten sowie deren Tätigkeit beim Gottesdienste.

B. I. Abschnitt:
Beschreibung des jüdischen Gottesdienstes.

Kap. I. Der tägliche Gottesdienst.

A. Das Morgengebet.

§ 6. Das tägliche Morgengebet.

Das tägliche Morgengebet, בשחר (Ber. I 3) שחרית [תפלת], יוצר
oder תמיד , aram. צלותא דשחרית, arab. אל תמיד oder צלוה יוצר,
griech. ἕωθεν, auch ἀρχομένης τῆς ἡμέρας genannt, zerfällt in
fünf Teile:

1. Die ברכות השחר, vom Anfange des Gebetbuchs bis vor
   ברוך שאמר (Baer, S. 33—54);
2. פסוקי דזמרה oder זמירות von ברוך שאמר bis zum Schlusse
   von ישתבח (Baer, S. 58—75);
3. יוצר oder קריאת שמע, die mit יוצר אור beginnenden um das
   Bekenntnis gruppierten Gebete (Baer, S. 76—86);
4. תפלה oder שמנה עשרה, das „Achtzehngebet" (Baer, S. 87
   bis 104);
5. תחנון; mit diesem Namen sind alle Gebete zusammenzufassen,
   welche auf die Tefilla folgen (Baer, S. 112—132 bezw. 162).

Nicht immer hat das tägliche Morgengebet die heutige Gestalt
gehabt. Die einzelnen Teile sind nicht immer so ausgedehnt, auch nicht
alle oben genannten von Haus aus im Gottesdienst der Synagoge enthalten gewesen. Tachanun (5) ist im ältesten Gottesdienste das
P r i v a t gebet, das nach Vollendung der öffentlichen Gebete der
einzelne in stiller Andacht verrichtete. Das einzige Gebet, das der
Vorbeter von einem besonderen Platze aus vortrug, war die Tefilla (4),
selbst beim Schma (3) trat er nicht aus den Reihen der Gemeinde
heraus. Die Entwicklung führte dazu, daß der Vorbeter auch das

Tachanun rezitierte und bereits beim Schma seine Funktion aufnahm, aber noch in Amr. begegnen wir der alten Anschauung, wonach der Vorbeter erst bei der Tefilla auftritt und Tachanun kein Gemeindegebet ist. Die Semirot (2) sprach ursprünglich jeder für sich. Noch heute kommt es vielfach vor, daß bis zum Schluß der Semirot überhaupt kein Vorbeter fungiert oder nicht derjenige, der die Hauptgebete (3. 4) vorträgt. Der erste Abschnitt wurde überhaupt nicht in der Synagoge, sondern im Hause gesprochen und diente als Vorbereitung für den öffentlichen Gottesdienst. In Amr. und noch bei Maimonides finden wir Anordnungen in diesem Sinne, erst durch Meir von Rothenburg (nach 1250) wurde der Abschnitt innerhalb des deutschen Ritus in die Synagoge eingeführt, das wurde später in anderen Ländern übernommen; jedoch ist die Erinnerung an den ursprünglichen Tatbestand niemals völlig geschwunden.

In kabbalistischen Kreisen wurden die vier Teile des Morgengebets — Tefilla und Tachanun wurden als einer gerechnet — als ein Ganzes aufgefaßt, das nach dem Prinzip des Aufsteigens vom Geringeren zum Höheren aufgebaut ist. Die vier Teile des Gebets sollten den vier Stufen des Weltalls entsprechen, der niederen Welt, der Welt der Sphären, der Welt der Engel und der Welt Gottes. Man unterschied auch die vier Teile nach dem menschlichen Organismus: Der erste Teil entspräche dem menschlichen Körper, die drei anderen den drei Seelenstufen, der animalischen, der vegetativen und der sensitiven oder denkenden Seele. So sehr diese Einteilung auch einer Steigerung der Andacht, entsprechend der höheren Bedeutung der einzelnen Abschnitte, günstig sein mag, so unhaltbar ist die ganze Aufstellung; denn die Gebete sind nicht von einem Manne gleichzeitig und nach einem Plane angeordnet worden, vielmehr zu ganz verschiedenen Zeiten entstanden und nebeneinander getreten.

Die ältesten und wichtigsten Gebete sind Kriat Schma (3) und Tefilla (4).

Das Schma enthält das Bekenntnis, den Kern des Glaubensbestandes des Judentums, die Tefilla eine Anzahl von Bitten, die die wichtigsten Bedürfnisse des einzelnen und der Gesamtheit betreffen. Theoretisch mag die Meinung richtig sein, daß wir Gott keine Bitten vortragen sollen; es ist auch altjüdische Anschauung, daß er unsere Bedürfnisse kennt, ehe wir ihn darum ansprechen. Aber im wirklichen Leben gibt es kaum einen Menschen, der das, was sein Innerstes bewegt, nicht auch in Worte zu kleiden und seinem Vater im Himmel vorzutragen das Verlangen verspürte. Bekenntnis und Bitten waren der älteste Bestandteil des Gottesdienstes. Es ist nicht schwer zu erklären, weshalb ihnen ein hymnischer Teil vorangeschickt wurde. Nur darf man die heutige Reihenfolge nicht zum Gegenstande weitgehender Folgerungen über die ursprüngliche Absicht des Gebetes machen. Wir betrachten hier zunächst die Abschnitte III, IV und V und greifen dann auf II und I zurück.

§ 7. Das Schma und seine Benediktionen.

Literatur: Rapoport, Kalir, S. 115 ff.; Zunz G. V.², S. 382 f.; Landshuth, S. 42 ff.; Duschak, S. 189 ff.; Baer, S. 76 ff. Kohler K., Über die Ursprünge und Grundformen der synagogalen Liturgie in *MS* XXXVII, 1893, S. 441 ff., 489 ff.; Blau L., Origine et historie de la lecture du Schema et des formules des bénédictions qui l'accompagnent in *REJ* XXXI, 1895, S. 179 ff.; Elbogen, Studien, S. 3 ff.; Schürer II⁴, S. 528 f., 537 f.; Jawitz, S. 51 ff.; Ginzberg, Geonica I, S. 127 ff. *J.E.* Artikel Liturgy VIII, 133 f.; Shma XI, 266 f.; Ahaba rabba I, 281; Emet We Yazzib V, 152; Geullah das. 648. Hamburger, *Real-Encyclopädie*, Art. Schema II², S. 1067 ff.

1. Man nennt den dritten Abschnitt des täglichen Morgengebets entweder קריאת שמע nach seinem hauptsächlichsten Inhalt oder יוצר, weil die ersten charakteristischen Worte יוצר אור lauten; ja, sogar das ganze Morgengebet hat hiervon den noch heute im Orient gebräuchlichen Namen תפלת יוצר erhalten, und auch die Poesien, die in die Stammgebete eingeschaltet werden, wurden, da sie hier zuerst begegnen, יוצר bezw. im Plural יוצרות genannt.

Den Mittelpunkt bilden drei b i b l i s c h e Stücke שמע Dt. 64—9, והיה אם שמע Dt. 11 13—21, ויאמר Num. 15 37—41; nach dem Anfangsworte des ersten Stückes nennt man sie auch alle zusammen שמע oder קריאת שמע. Den Aufbau des Abschnitts gibt bereits die Mischna an בשחר מברך שתים לפניה ואחת לאחריה (Ber. I 2). Danach gehören beim Morgengebet z w e i Benediktionen v o r das Schma und e i n e h i n t e r dasselbe. Die vorderen Stücke heißen nach ihren Anfängen יוצר אור (vereinzelt auch ברכת המאורות) und אהבה רבה, das hintere אמת ויציב mit der Eulogie גאל ישראל. Vielfach wurde noch eine besondere Benediktion für dieses Gebet vorausgeschickt, nach andern der Bibelvers Ps. 78 38 והוא רחום; doch haben sich beide Zutaten in keinem Ritus erhalten.

2. Unser Gebet beginnt mit ברכו. Bereits in der Mischna (Ber.
VII, 3) wird dies von R. Ismael (120) in der gebräuchlichen Fassung
zitiert, die allerdings damals noch strittig war und bis in die letzte
Zeit der Amoräer umstritten blieb. Daß die Gemeinde, während der
Vorbeter ברכו spricht, den Hymnus יתברך, dessen Wortlaut aus Bestandteilen des Kaddischs (§ 12 a) und biblischen Sätzen zusammengesetzt ist, rezitiert, ist den älteren Gebetordnungen unbekannt.
Wahrscheinlich wurde in der ältesten Zeit auf ברכו keine Antwort erwartet, sondern dieser Aufruf bildete die Aufforderung, den Gottesdienst zu beginnen. Erst später, als er als ein Teil des Gebetes selbst
betrachtet wurde, kam die Sitte auf, daß die Gemeinde mit einer besonderen Responsion ברוך ד' המברך darauf erwiderte; im zweiten
Jahrhundert wird das schon als allgemein verbreitet vorausgesetzt.

3. Im J o z e r finden sich in seinem gegenwärtigen Texte Reime,
alphabetische Wortfolge (die in einigen seltenen Riten sogar noch
weiter ausgebildet ist als in den verbreiteten) und anderes, was auf
jüngeren Ursprung schließen läßt. Dem Zwecke des Stücks als Morgengebet entspricht die Lobpreisung am Anfange, die zunächst an Jes. 45 7
angelehnt ist und am Schlusse eine kleine, dem Gebet angepaßte Umwandlung enthält. Die Schaffung des täglich sich erneuernden Lichtes
wird kurz als eine Erneuerung der Schöpfung gepriesen. Der Anfang
und der Schluß, im ganzen 12 Worte, sind b. Ber. 11 b und 12 a zitiert,
von der Fortsetzung kommen die Worte המחדש בכל יום מעשה
בראשית ohne Verbindung mit dem Gebete in b. Chag. 12 b vor. Dem
Anfange der Benediktion entspricht die Formel der Eulogie יוצר
המאורות, ihr geht Ps. 136 7 לעשה אורים גדולים voran. Man kann den
Vers ebenfalls noch zum ursprünglichen Bestande des Gebetes rechnen,
aber mit jenen Worten ist dann alles gesagt, was an dieser Stelle zu
sagen war. Einer solchen kurzen Fassung entspricht das Gebet, wie
es bei Saadja für die Andacht des einzelnen vorgeschrieben ist und
sich in einigen Genisafragmenten ohne nähere Angabe findet.

Was im überlieferten Text zwischen Anfang und Ende steht,
bringt zu dem beabsichtigten Gedanken nichts Neues hinzu, ist nur
eine künstliche Erweiterung desselben, man kann die Sätze fortlassen,
ohne am Sinne etwas zu verlieren. Der Anfang מה רבו ist Ps. 104 24
entnommen, der Schluß bringt eine an diese Stelle nicht gehörige
Bitte רחם עלינו, zu der die dazwischen stehenden Sätze mit unnötig
vielen Worten den Übergang bilden. רחם עלינו selbst gehört zu der

folgenden, bei Saadja in etwas veränderter Form vorliegenden Reimkette, die nach Inhalt und Form sich als jüngerer Zusatz zum ursprünglichen Bestande verrät. Immerhin mag sie älter sein als die
nächsten Erweiterungen. Der Satz תֹמִיד . . . דֵּעָה גְּדוֹל בָּרוּךְ אֵל
מספרים usw. ist in alphabetischer Reihenfolge gehalten, wahrscheinlich
sollten sogar noch Worte mit den Schlußbuchstaben folgen; er stammt
frühestens aus dem Ende der talmudischen Epoche. Im gaonäischen
Zeitalter waren diese Alphabete dem Gebet noch nicht einverleibt;
es standen mehrere zur Verfügung, und sie wurden abwechselnd eingeschaltet. Saadja z. B. empfiehlt ein längeres, wo zu jedem Buchstaben mindestens zwei Worte gehören, und fragmentarische Gebetbücher überliefern weitere ähnliche Stücke. Ein anderes Alphabet
findet sich gegen Ende unseres Stückes: אֲהוּבִים כֻּלָּם. בְּרוּרִים.
גִּבּוֹרִים. עֲשׂוּיִם . . . פּוֹתְחִים. Das Alphabet ist da nicht vollständig
durchgeführt, das braucht aber nicht an schlechter Überlieferung zu
liegen, da die Dichter nicht immer die Alphabete bis zum Ende aus-
arbeiteten; dennoch findet sich im Ritus von Kaffa mehr davon als in
allen anderen (וְהִתִּיקִים זָכִים חֲפֵצִים . . . לוֹבְשִׁים עוֹז וְתִפְאָרָה), es ist
aber sehr fraglich, ob das nicht ein später Zusatz ist.

Die folgenden 13 Worte תתברך bis סלה greifen wieder auf das
Thema zurück (מְאוֹרֵי אוֹר) und wurden darum von Zunz mit zum
ältesten Bestande gezählt, sie gehören jedoch nicht dorthin, sie dienten
lediglich dazu, den unterbrochenen Faden wieder aufzunehmen. Mit
den nächsten Sätzen wird durch die Worte משרתים, קדושים ein ganz
neuer Gedanke eingeführt, der zur „Keduscha" überleitet. Daß sie
in der vorliegenden Form nicht alt ist, wird von allen Kritikern zugegeben, strittig ist nur, ob die Keduscha als solche an dieser Stelle ursprünglich ist oder nicht. Gerade hier wird ihr von vielen der eigentliche Platz zugeschrieben, von hier aus soll sie in die Tefilla eingedrungen sein, während andere umgekehrt sie in der Tefilla als heimisch,
hier als übertragen betrachten. Wir behandeln die Frage weiter unten
§ 9 a. Der Wortreichtum unseres Textes, der zur Überleitung dient
und bei Saadja wesentlich gekürzt erscheint, dürfte schwerlich älter
sein als das gaonäische Zeitalter und aus den Kreisen der יורדי מרכבה
stammen. Das waren Mystiker, die beim Gebete ganz besondere An-
strengungen machten, die Gottheit zu erfassen. Sie suchten Visionen;
ein altes sehr beliebtes Mittel, sich in Ekstase zu versetzen, das die

Mystiker zu allen Zeiten angewendet haben, war die Häufung von
Hymnen. Aus mystischen Kreisen stammen viele sehr schöne Gebete, viele allerdings auch, in denen der Wortschwall die Gefühle und
Gedanken verdrängt. Die Keduscha war nach einer Angabe in Amr.
eines der beliebten Gebete der Mystiker jener Zeit. Wir besitzen
neuerdings alte Berichte, nach denen die Mystiker im ersten gaonäischen Jahrhundert außerordentliche Mühe aufgewendet haben,
um ihre Ideen zu verbreiten, und laut denen sie viele Kämpfe damit
hervorgerufen haben. Eine Angelegenheit, die ihnen besonders am
Herzen lag, war die Verbreitung der Keduscha. In Palästina kannte
man die Keduscha nur an Sabbaten und Festtagen, die Mystiker aber
forderten ihre Einführung auch an Wochentagen, sie fanden starke
Gegnerschaft, ruhten jedoch nicht, bis das Ziel erreicht ward. Um
750 etwa hat sich diese Bewegung von Babylonien nach Palästina
verbreitet. Damals ist wahrscheinlich die Keduscha in den Jozer
hineingekommen, während sie dem alten palästinischen Ritus vollständig fremd war.

לאל ברוך steht in direktem Zusammenhang mit der vorangehenden Erwähnung der Engelchöre und kann darum nicht älter sein
als diese; das Stück enthält ebenfalls mehrere Reime (פועל גבורות
עשה חדשות usw.). Es mündet nach einer alten Regel (Vgl. oben S. 5)
wieder in den Gedanken, hier sogar in den Wortlaut des Anfangs ein
המחדש בטובו בכל יום תמיד מעשה בראשית, und als biblischer Beleg
wird Ps. 136⁷ לעשה אורים גדולים angeführt. Das Wort אורים כאמור
wurde jedoch verhängnisvoll. Denn daran knüpften poetische Gemüter
(die erwähnten Mystiker?) die Bitte um das neue Licht der messianischen
Erlösung an: אור חדש על ציון תאיר. Saadja, in dessen Siddur auch
Ps. 136⁷ fehlt, bekämpfte den Satz, allerdings in Babylonien ohne Erfolg; jedoch Seph. Rom. und It. haben die Bitte nicht, auf dem Gebiete
des französisch-deutschen Ritus hat Raschi sich dagegen ausgesprochen.
In Deutschland war er früh bekannt und wurde von Elieser ben Nathan
in Mainz (um 1100) verteidigt. Den Gegensatz der Meinungen spiegeln
auch die Handschriften wieder, die den Satz bald bringen und bald
fortlassen; in den Drucken des deutschen Ritus liest man ihn seit
der ersten Ausgabe. Wo אור חדש fehlt, findet sich ein anderer Abschluß,
It. und Rom. lesen nach Ps. 136⁷ ובחסדו נתנם [Rom. להאיר] כל הארץ,
Seph. ברא אשר עולמו (את) למשמח מאורות ורהתקין. Das scheint der
ursprüngliche Schluß gewesen zu sein, der durch den messianischen

verdrängt wurde. אור חדש selbst ist offenbar eine Abkürzung der einst ausführlicheren messianischen Bitte. Im südlichen Frankreich war es üblich, auf אור חדש die Verse Jes. 60 1 und Ps. 118 27 folgen zu lassen. Wie häufig im südfranzösischen Ritus, dürften auch hier Reste palästinischer Überlieferung vorliegen; in Genisafragmenten ist mehrfach zwischen den beiden Teilen des Satzes אור חדש und ונזכה כלנו neben den erwähnten Versen auch die Bitte ונר משיחך תאיר לנו zu lesen. Die Eulogie am Schlusse יוצר המאוררות findet sich bereits b. Ber. 12 a, j. Ber. I 8 (3 c). Die Reformgebetbücher haben die Benediktion vielfach verkürzt; zuerst wurde nur gegen אור חדש Widerspruch erhoben, dann wurden die Erwähnungen der Engel (תתברך צורנו) in ihrer Ausführlichkeit beschränkt, schließlich wurde der Text in der Kürze, wie Saadja ihn bietet, wiederhergestellt.

4. Die zweite Benediktion führt b. Ber. 11 b den Namen ברכת תורה. Sie beginnt in unserem Ritus mit אהבה רבה, im Seph. und It. jedoch mit אהבת עולם, das an Jer. 31 3 anklingt. Die Verschiedenheit ist alt, sie geht bereits auf den Talmud, b. Ber. 11 b, und vielleicht auf eine Abweichung zwischen Babylonien und Palästina zurück; sie hat sich durch die Zeiten und Länder fortgesetzt und verursacht, daß selbst der Talmudtext in zwiefachem Wortlaut überliefert wurde. Von den gaonäischen Schulen hat Pumbedita an אהבת עולם, Sura an אהבה רבה festgehalten und אהבת עולם für den Abend bestimmt. Diesen Ausgleich hat Amr., auch Germ. und Rom. haben ihn angenommen; hingegen hat Saadja in beiden Gebeten אהבת עולם, Seph. und It. desgleichen.

Der Inhalt des Stückes ist, entsprechend dem alten Namen, der Dank für die Offenbarung. Das wird durch einen Vergleich mit dem Abendgebete und mit alten Texten deutlich, in der uns vorliegenden Gestalt des Gebets erinnert nur der erste Teil an die ursprüngliche Bestimmung. Der Text stimmt i n h a l t l i c h in allen Riten überein, der Wortlaut ist in den meisten umfangreicher als in Germ. Die Varianten sind jedoch erst im zweiten Teile besonders zahlreich. Wie in der ersten Benediktion ist auch hier eine B i t t e m e s s i a - n i s c h e n Inhalts eingefügt, und sie wurde bald mehr bald weniger wortreich ausgeführt; schon Amr. und Saadja sind weit ausführlicher als Germ. Ein wichtiger Unterschied in dieser Bitte ist, daß, während Germ. und It. והביאנו לשלום מארבע כנפות הארץ lesen, also die Bitte um Sammlung der Zerstreuten enthalten, Amr. Sa. und danach

Seph. die Bitte um das messianische Heil ganz allgemein ausdrücken ‏מהר ו] הבא עלינו ברכה (ישועה), ושלום מארבע כנפות הארץ‎. Auffallend ist, daß die messianische Bitte in Genisafragmenten mit dem Beginn ‏אהבה רבה אהבה‎ sich n i c h t findet, nur in solchen mit ‏אהבת עולם‎. Die Einfügung einer Bitte messianischen Inhalts wurde, aller Wahrscheinlichkeit nach, durch den Satz ‏ויחד לבבנו‎, der den ersten Teil abschloß und den Übergang zum Einheitsbekenntnisse bildete, veranlaßt. Der Satz bedeutet an seinem Ursprungsorte, in Ps. 86 11, die Bitte um ungeteilte, uneingeschränkte Hingabe an Gott, er wurde dann im Sinne einer jüngeren Auffassung von ‏יחוד השם‎ auf die Anerkennung Gottes selbst in der Todesstunde, selbst durch das Martyrium bezogen und auf diese Weise mit Gedanken vom Jenseits und von der kommenden Welt, der messianischen Zukunft in Verbindung gebracht. Man kann es noch dem heutigen Texte der Benediktion anmerken, daß sie einst bei ‏ויחד לבבנו‎ endete, denn der Schluß ‏וקרבתנו (מלכנו) לשמך הגדול‎ leitet wieder zum Gedanken dieser Worte über; ‏באהבה‎ [It. ‏באמתו] להודות לך וליחדך‎ schließen bereits Amr., Sa. und danach alle Riten, Rom. noch ausführlicher ‏וליחדך ולאהבה את שמך הגדול‎, woraus man zugleich sehen kann, wie durch Ausarbeitung einzelner Worte die Texte häufig erweitert wurden. Wie bereits bemerkt, haben Germ. und It. die kürzeste und einfachste Fassung von ‏אהבה רבה‎. Die Eulogie ‏הבוחר בעמו ישראל באהבה‎ stimmt in allen Riten überein, ihr Kern findet sich bereits unter den Benediktionen des Hohenpriesters am Versöhnungstage j. Joma VII 1 (44 b). — Für die Reformgebetbücher wurde die Fassung maßgebend, die im Hamburger Tempel seit 1818 eingeführt war; dort wurde die messianische Bitte stark gekürzt und im Wortlaute des oben angeführten Satzes aus Seph. verwendet.

5. Über die biblischen Abschnitte ist oben S. 16 das Nähere bemerkt. Germ. fügt für das Einzelgebet vor ‏שמע‎ die Worte ‏אל מלך נאמן‎ ein; sie sind typisch für die Art, wie Mißverständnisse entstehen und eine religiöse Deutung erhalten. Die drei Worte bilden die Auflösung der B u c h s t a b e n von ‏אמן‎, das Amr., Sa. und sogar noch V. vor ‏שמע‎ haben; in Palästina kannte man die Sitte, daß hinter dieser Benediktion ‏אמן‎ gesprochen wurde, man hat sie dort früh verboten (j. Ber. V 5, f. 9 c). Aus ‏אמן‎ wurde nun nach einer bereits im Talmud (b. Schabb. 119 b) gegebenen Anleitung ‏אל מלך נאמן‎ gemacht. Als die Mystiker die Worte der Gebete zu zählen und hinter den

Zahlen Geheimnisse zu suchen begannen, fanden sie heraus, daß in
den drei biblischen Abschnitten 245 Worte enthalten waren, die durch
אל מלך נאמן zu der mystischen Zahl 248 רמ״ח ergänzt wurden und
so auf die Anzahl der Glieder des menschlichen Körpers oder der
religiösen Gebote (מצות עשה) hinwiesen. Der Vorbeter, der אל מלך
נאמן nicht spricht, rezitiert laut ד׳ אלהיכם אמת und erhält die
Ergänzung auf diese Weise.

Hinter dem ersten Bibelverse שמע ישראל wird die Rezitation
durch die Responsion ברוך שם כבוד מלכותו לעולם ועד unterbrochen.
Sie ist Ps. 72 19 entlehnt, die mittleren Worte bilden einen Ersatz
für den Gottesnamen ד׳ אלהינו. Die Responsion wurde im Tempel
zu Jerusalem als Erwiderung auf das Aussprechen des Gottesnamens
angewendet (Joma III 8 u. ö.), ihre Einfügung in das שמע hängt mit
der ältesten Art des Vortrags dieser Stücke zusammen; vgl. dazu
weiter S. 26.

6. Als Epilog zu den biblischen Abschnitten folgt אמת ויציב. Der
Name findet sich bereits in der Mischna Tam. V 1 beim Frühgottes-
dienst der Priester während des täglichen Opfers. Wegen seines Alters
erklärt es R. Jehuda für biblisch geboten אמת ויציב דאורייתא b. Ber.
21 a. Die Eulogie des sehr langen Gebets lautet גאל ישראל, daher der
andere Name גאולה (vgl. b. Ber. 9 b; jer. I, 1 f. 2 d). Die beiden
Bezeichnungen deuten auf zwei Entwicklungsphasen des Gebetes hin.
אמת ויציב ist eine Bestätigung des Glaubensbekenntnisses; es schließt
sich sehr gut an die zwei ersten Absätze des שמע an und bildet die
Bekräftigung dieser alten Sätze für die jedesmalige Gegenwart. Die
גאולה hingegen ist durch die Einführung des dritten biblischen
Stückes hervorgerufen; ihr heutiger Inhalt geht auf Tos. Ber. II 1
(3 16), jer. das. I,9. (3 d) zurück. הקורא את שמע [בבקר] צריך שיזכיר
יציאת מצרים באמת ויציב ר׳ אומר צריך להזכיר בה מלכות אחרים
אומרים צריך להזכיר בה מכת בכורות וקריעת ים סוף. Diese Kontroverse findet ihre Erledigung durch das folgende Wort: ר׳ יהושע
בן לוי אומר צריך להזכיר את כולן וצריך לומר צור ישראל וגואלו.

Der Wortlaut hat ebenfalls manche bemerkenswerte Einzelheit.
אמת ויציב enthält nebeneinander Hebräisch und Aramäisch, wie es in
alten Gebeten öfter vorkommt. Dazu trat noch eine große Anzahl
Synonyma; Raschi verlangte 18, im Siddur sind es im ganzen 16,
und zwar in allen Riten dieselben, ein Zeichen ihres hohen Alters.
Darauf wird durch אמת der Satz noch einmal aufgenommen und in

der Art des Midrasch ziemlich wortreich durchgeführt. Der Wortlaut ist in allen Riten bis auf kleine belanglose stilistische Abweichungen gleich, nur Rom. hat einen völlig verschiedenen Schluß; auffallend ist in Germ. צור ישועתנו צור יוצרנו statt des sonst überall, auch in V., zu findenden und dem Stile der parallelen Glieder entsprechenden צוררנו. Wo Piut eingeschaltet wird, ist in Germ. eine Abkürzung im Gebrauch, die den gleichen Inhalt in weit kürzerem Wortlaut wiedergibt; der Schluß למען שמך מהר גאלנו scheint eine Erweiterung zu sein, ist aber offenbar nur eine Zusammenfassung der G e u l l a. Rom. hat diesen Schluß im täglichen Gebete bewahrt, in Genisafragmenten findet sich das kurze אמת ויציב ebenfalls im alltäglichen Gottesdienste, wir haben es hier wiederum mit einem Rest der p a l ä s t i n i s c h e n L i t u r g i e zu tun, die sich, wie wir das noch öfter beobachten werden, in Germ. in Verbindung mit Piut erhalten hat.

Mit עזרת אבותינו (V. עזור) beginnt der zweite Teil, die G e u l l a in Form eines schwungvollen Hymnus. Es liegt im Wesen dieser Stilform, daß im Laufe der Zeit einzelne Ausdrücke geändert oder durch ausführlichere Satzglieder ersetzt werden konnten, in einigen Genisahandschriften sieht man es noch, wie am Texte gestrichen und zugesetzt wurde; sieht man von diesen Verschiedenheiten, die den Inhalt kaum berühren, ab, so ist der Text überall der gleiche. Er mündet in die beiden Zitate aus dem Schilfmeerliede: Ex. 15 9 und 15 16. Dafür sind am Schlusse die Abweichungen um so zahlreicher. Amr. macht ohne weiteres Schluß und erklärt sich streng gegen jede Hinzufügung. Trotzdem sind überall solche vorhanden. Am einfachsten lautet Seph., der nur Jes. 474 גואלנו anreiht. In allen anderen Riten ist an dieser Stelle — wiederum entgegen dem ursprünglichen Plane — eine Bitte um Wiederholung der Erlösung eingefügt. בגלל אבות תושיע בנים erwähnt Amr., der sie verwirft; nichtsdestoweniger ist sie in Rom. und It. täglich, in Germ. am Pesach in Verbindung mit dem Piut ברח דודי in Gebrauch, sie dürfte ebenfalls auf palästinischen Ursprung zurückgehen. In Germ. hat die Bitte im täglichen Gebete den Wortlaut צור ישראל קומה בעזרת ישראל, woran, obwohl deutsche Autoritäten Widerspruch dagegen erhoben, der Vers גאלנו angereiht ist; die Formel war auch im südlichen Frankreich bekannt. Rom. hat גואלנו in Verbindung mit בגלל אבות. Sehr ausgedehnte und völlig abweichende Schlußformeln enthalten Fragmente aus dem Orient. Auf Ex. 159 folgt מפי עוללים ויונקים שירה

שמעת, darauf als Responsion nicht nur Ex. 15 16, sondern ein lang
ausgesponnener Hymnus mit einer Bitte: ייי מלכנו מלך אל חי וקיים
שמך עלינו ייי יוצרנו ייי הושיענו חום ורחם עלינו ברחמיך הרבים כי
אל חנון ורחום טוב אתה ייי מלך ייי מלך ייי מלך ייי ימלך לעולם ועד קיים
עלינו ייי אלהינו מלכותו וכבודו גדלו ותפאארתו וקדושתו וקדושת שמו
הגדול הוא ייי אלהינו ירחם עלינו וירוח לנו מכל צרתינו ויגאל׳ גאוכה
שלמה וימלך עלינו מהרה לעולם ועד צור ישראל גואלו וגואלו אמן.
Die Formel der Eulogie גאל ישראל ist babylonischen Ursprungs, aus
dem IV. Jahrhundert, b. Pes. 117b אמר רבא ק״ש גאל ישראל. In
Palästina verordnete Josua b. Levi (III. Jahrhundert) צור ישראל וגואלו
j. Ber. I, 9 (3 d), diese Eulogie ist heute nur noch in Germ. und zwar im
Abendgebet der Festtage in Verbindung mit einem Piut üblich, war
aber, wie der obige Text zeigt, früher einmal im palästinischen Ritus
täglich gebräuchlich.

7. Die Vereinigung der Bibelabschnitte und Gebetstücke in קריאת
שמע ist erst allmählich zustande gekommen. Soweit unsere Quellen
zurückreichen, nennen sie freilich die drei Bibelabschnitte zusammen,
dennoch ist es wahrscheinlich, daß sie einer nach dem anderen in die
Liturgie Aufnahme fanden. An dieser Stelle sollte das B e k e n n t n i s
gesprochen werden; dazu eignete sich das erste Stück, welches das
Bekenntnis der Gemeinde zum einzigen Gotte zum Ausdruck bringt
und die ungeteilte Liebe zu Gott als die für jede Zeit und jede Lage
geltende Forderung ausspricht. Es ist in der LXX mit einer feierlichen
Einleitung versehen, der Papyrus Nash zeigt es als einziges unserer
drei Stücke zusammen mit dem ursprünglich ebenfalls beim Gottesdienste verwendeten Dekalog. Der zweite Absatz paßt sich in Einleitung
und Schluß dem ersten an und dürfte diesem Umstande vor allem seine
Aufnahme verdanken. Sein hauptsächlicher Inhalt, die naive penta-
teuchiche Vergeltungslehre, deckte sich noch mit dem Glauben jener
frühen Epoche, in der die Vereinigung unserer Abschnitte erfolgte.
Daß ויאמר nicht nur der Anordnung, sondern auch der Zeit nach das
dritte Stück gewesen ist, dafür gibt es mehrere Anzeichen. Zunächst
hätte es, da es dem IV. Buch Moses entnommen ist, nicht hinter den
beiden Abschnitten aus dem V. Platz finden können. Sodann ist
gut überliefert, daß es in Palästina noch im 9. Jahrhundert am Abend
nicht rezitiert wurde. Ursprünglich gehörte wahrscheinlich nur der
Schlußsatz zur Liturgie, Num. 15 41; dort wird die Befreiung aus
Ägypten, das zentrale Ereignis der israelitischen Geschichte, und

zwar lediglich dessen religiöse Bedeutung, in einer Weise betont, die in solcher Reinheit sonst nirgends wiederkehrt. Erst als die beiden früheren Stücke halachisch ausgelegt, als daraus die Vorschriften für das Anlegen der Tefillin und über das Anbringen der Mesusa hergeleitet wurden, nahm man auch den ersten Teil in die Liturgie auf und sprach dem Gesetze der Schaufäden diejenige Bedeutung zu, die ihm in der halachischen Auffassung gegeben ist. Die Mischna (Ber. I, II) und Josephus (Ant. IV, 8 13) kennen die drei Stücke nur vereint, und so haben sie sich durch die Jahrhunderte erhalten.

Wie die Bibelabschnitte stammen die Gebete, die sie umrahmen, nicht aus einer Zeit. Hier ist das zuerststehende das jüngste. Das Bekenntnis konnte beim öffentlichen Gottesdienste nicht ohne gebetmäßige Einkleidung rezitiert werden. Eine Einführung mußte auf seinen Inhalt vorbereiten. Diese Aufgabe erfüllte das zweite Stück אהבה רבה, es heißt darum ברכת תורה, weil es den Dank für die Offenbarung enthielt (s. oben S. 20 f.). Daß es einst die einzige Benediktion vor den Bibelabschnitten bildete, bezeugt die von der Mischna Tam. V 1 mitgeteilte alte Priesterliturgie (ברכה אחת, vgl. dazu b. Ber. 11 b). Als Abschluß für das Bekenntnis diente אמת ויציב, womit die gegenwärtige Gemeinde ihre Zustimmung zur alten Offenbarung versicherte. Nachdem das feierliche Bekenntnis mit dem Morgengottesdienste verschmolzen war, trat der Dank für das physische Licht, für die tägliche Erneuerung der Natur hinzu; er wurde, wie billig, an den Anfang gestellt.

Mit אמת ויציב war in ältester Zeit das gemeinsame Gebet beendet. Gegenstand desselben bildete lediglich das B e k e n n t n i s , Bitten enthielt es nicht, sie waren für die Privatandacht vorbehalten, die nunmehr in ihre Rechte trat. Das große Dilemma zwischen Gemeinde- und Einzelgebet fand seine Lösung dadurch, daß der einzelne mit seinen Bitten, den תחנונים, דברים, hinter das Gemeindegebet verwiesen wurde. Später, als die Liturgie an Länge zunahm, war solches nicht mehr angebracht, daher rührt das strenge Verbot, nach אמת ויציב seine Privatandacht zu verrichten: אין אומרים דבר אחר אמת ויציב, אבל אומרין דברים אחר תפלה אפי׳ סדר וידוי של יום כפורים (Tos. Ber. III, 6, p. 6).

8. Der besprochene Teil des Gebetes wurde derart vorgetragen, daß einer aus der Mitte der Gemeinde als Vorbeter fungierte; die ganze Gemeinde saß auf dem Boden, und er blieb in ihrer Mitte. Der

Vortrag war ein alternierender, antiphonischer; Vorbeter und Gemeinde wechselten ab. Davon erhielt der Vortrag dieses Gebetes
einen eigentümlichen Namen פרס על שמע, das Schma in halbierender
Rezitation vortragen. Der Gemeindevorsteher richtete an ein Mitglied
die Aufforderung פרוס על שמע. Der so Angeredete fungierte als Vorbeter, sagte den Anfang eines Verses z. B. שמע ישראל vor, die Gemeinde
wiederholte diesen und setzte bis zum Schluß fort ... שמע ישראל
ד׳אחד. Wenn der Vorbeter so die Gottesnamen aussprechen hörte, fiel er
mit der Responsion ברוך שם כבוד מלכותו לעולם ועד ein, ganz so wie
nach der Erzählung des Targ. Jon. und des Midr. der Erzvater Jacob
getan, als seine Söhne ihm mit dem שמע ihre Rechtgläubigkeit bekun-
deten. Auch von der Offenbarung am Sinai weiß der Midr. zu erzählen,
daß die Israeliten diese Worte gesprochen und Moses mit בשכמל״ו
erwiderte. Von der alten Vortragsweise rührt es her, wenn noch heute
בשכמל״ו die ersten beiden Verse des שמע unterbricht (ob. S. 22);
wie damals, so sollte es zu allen Zeiten nur leise beim Gottesdienst
gesprochen werden (b. Pes. 56 a), eine Ausnahme wird lediglich am
Versöhnungstage gemacht. Eine andere Art, das Schma vorzutragen,
hieß כרך את שמע (Pes. IV, 8), das Schma ,,zusammenwickeln". Sie
soll in Jericho üblich gewesen sein und bestand darin, daß der Vorbeter
den gesamten Text hintereinander vortrug, und die Gemeinde ihn
Wort für Wort wiederholte. Bei dieser Art der Rezitation war für
בשכמל״ו kein Raum, und so wird auch als charakteristisches Zeichen
des Gottesdienstes von Jericho angegeben, daß die Responsion
dort fehlte.

Vielleicht wurden nur die biblischen Abschnitte in antiphonischer
Weise vorgetragen, da nur von ihnen eine genaue Kenntnis beim
Publikum vorauszusetzen war, während die Benediktionen anfangs
allein vom פורס, dem Vorbeter, gesprochen wurden. In der Mischna
finden wir den Namen bereits auf den ganzen Komplex übertragen,
einschließlich der Benediktionen; daher wird ein Blinder von dieser
Funktion ausgeschlossen. So erklärt es sich auch, wie die falsche
Meinung aufkommen konnte, daß פרס hier mit Beten, Benedeien
zusammenhänge. Im Talmud ist eine direkte Erklärung des Terminus nicht gegeben, in nachtalmudischer Zeit wurde er, da das
Verfahren nicht mehr im Gebrauch war, mißverstanden.

§ 8. Die Tefilla.

I. Komposition.

Literatur: Rapoport und Zunz das.; Landshuth, S. 52; Baer, S. 87 ff.; Duschak, S. 196 ff.; Loeb Isidore, Les dix-huits bénédictions in *REJ* XIX, 1889, S. 17—40; Lévi Israel, Les dix-huit bénédictions et les Psaumes de Salomon *REJ* XXXII, 1896, S. 161—178; Hoffmann D., Das Schmone-Eszre-Gebet in Israel. Monatsschrift (Beilage zur Jüdischen Presse) 1899, S. 48 ff., 1900, S. 2; Elbogen I., Geschichte des Achtzehngebets, Breslau 1902 (= *MS* XLVI, 1902, S. 330 ff., 427 ff., 513 ff.); Studien, S. 33 ff.; Schürer das. *J. E.* Artikel Shemone 'Esreh 270 ff.; Hamburger *RE* II 1092 ff.

1. Im Gegensatz zum ersten enthält der z w e i t e Hauptteil des täglichen Gottesdienstes B i t t e n. Er führt daher den Namen תפלה, aram. צלותא, griech. εὐχαί und ist das B i t t g e b e t schlechthin. Dieselbe Bedeutung haben die Verben התפלל, צלי (Pa.); wo der Ausdruck sorgfältig gewählt ist, wie in der Mischna und im Talmud, beziehen sie sich stets auf dieses, nie auf andere Gebete. Diese Bitten werden s t e h e n d vorgetragen, daher heißen sie auch עמידה, so noch heute allgemein bei portugiesischen Juden und im Orient. Der verbreitetste Name ist שמנה עשרה scil. ברכות, die achtzehn Benediktionen, Achtzehngebet; er ist von der Zahl der Eulogien hergenommen, die das Gebet bei seiner Redaktion enthielt (Ber. IV, 3). Obwohl später eine neunzehnte Eulogie hinzutrat, blieb der Name bestehen; er hat sich so fest eingebürgert, daß in der volkstümlichen Bezeichnung j e d e T e f i l l a, auch die für die Sabbate und Feste, die nur s i e b e n Eulogien hat, den Namen שמנה עשרה führt.

Wenn an unser Gebet die Reihe kam, erhob sich die Gemeinde, und der Vorbeter trat vor den Schrein mit den Torarollen. Man bezeichnete daher das Vortragen dieses Gebetes durch עבר לפני התיבה, aram. עבר קומי תיבותא; der Ausdruck ist später, als der Vorbeter alle Gebete von einem besonderen Platze aus vortrug, mißverständlich für vorbeten überhaupt gesetzt werden, er wird in den alten Quellen ausschließlich in Verbindung mit diesem Gebete gebraucht. In Babylonien, wo der Vorbeter tiefer stand als die Gemeinde, nannte man das Hervortreten ירד לפני התיבה; in den Handschriften ist häufig dieser Ausdruck für den obigen gesetzt worden. Es kommt auch vor, daß die Ortsbezeichnung fehlt und nur עבר gesagt wird; insbesondere wird ירד in prägnanter Bedeutung angewendet, noch häufiger im babylonischen Talmud das aramäische נחת, so daß der Vorbeter der Tefilla ההוא דנחית heißt.

2. Die Tefilla war von Haus aus als G e m e i n d e g e b e t gedacht, sie wurde vom Vorbeter als dem Vertreter der Gemeinde שליח
צבור vorgetragen, diese beantwortete jeden Satz mit אמן und machte
sich dadurch das Gebet zu eigen. R. Gamliel II. bestimmte, daß jeder
einzelne in der Gemeinde das Gebet für sich sprechen sollte. Um
aber dem Gebet seinen Charakter als Gemeindegebet nicht zu nehmen,
wurde die W i e d e r h o l u n g (חזרה) der Tefilla eingeführt, so daß
sie als Gemeindegebet seitdem zuerst leise gesprochen und dann vom
Vorbeter laut wiederholt wird.

3. Das Gebet zerfällt in drei Teile: die ersten drei Benediktionen
bilden die hymnische Einleitung, die letzten drei den Abschluß mit der
Danksagung; die mittleren dreizehn enthalten Bitten. Die erst-
genannten beiden Gruppen sind an allen Tagen des Jahres ohne Unterschied üblich, sie sind auch in der Mischna mit Namen versehen, die
letzte wird a u s s c h l i e ß l i c h an W o c h e n t a g e n verwendet,
an Sabbaten und Festtagen werden die Bitten durch ein anderes
Stück ersetzt.

4. Über das Alter und den Ursprung der Tefilla besitzen wir
die verschiedensten Traditionen, ernst zu nehmende und legenda-
rische, nebeneinander. Sehen wir von letzteren ab, so finden wir
zunächst die Mitteilung . . תפלות . אנשי כנסת הגדולה תקנו להם לישראל
die Männer der großen Versammlung hätten die Tefillas geschaffen
(b. Ber. 33 a). Dem würde ein anderer Bericht nicht widersprechen
מאה ועשרים זקנים ובהם כמה נביאים תקנו ר״ח ברכות על הסדר
(b. Meg. 17 b, j. Ber. II, 4, f. 4 d), daß 120 Geronten, worunter auch
einige Propheten waren, das Achtzehngebet nach einer bestimmten
Disposition angeordnet hätten. In diesen Stellen wird das Gebet auf
ein sehr hohes Alter zurückgeführt.

Dem widerspricht aber die Nachricht, שמעון הפקולי הסדיר
ר״ח ברכות לפני ר״ג על הסדר ביבנה (Meg. das.), daß Simon, der Flachs-
arbeiter, in Gegenwart und wohl im Auftrage Rabban Gamliels II.,
in Jabneh die 18 Benediktionen vorgetragen habe. Das ist eine Differenz von mehreren Jahrhunderten in der Ansetzung der Entstehungszeit. Ferner wird das eine Mal von einer Neuschöpfung (תקנו),
das andere von einer Anordnung (הסדיר) gesprochen. Der Talmud
sucht die beiden Angaben auszugleichen, durch die Annahme, daß
das Gebet inzwischen vergessen und dann wieder neu geschaffen
wurde (Meg. das.). Dieser Ausweg ist ungangbar, mit dem Verlauf

des Volkslebens nicht vereinbar; es ist ein Harmonisierungsversuch,
der allem widerspricht, was die Vernunft zuläßt und die Geschichte
berichtet.

5. Wir müssen uns im Gebete selbst umsehen, ob es Hinweise auf
seine Entstehungszeit enthält, wobei wir freilich nicht den heute verbreiteten Text zugrunde legen dürfen, sondern auf die älteste bekannte
Textgestalt zurückzugehen haben. In X קבץ ist von der Zerstreuung
der Gemeinde die Rede. Das ist kein zwingendes Argument dafür,
daß das Gebet nach der Zerstörung Jerusalems durch Titus verfaßt
wurde, denn bereits während des zweiten Tempels gab es eine zahlreiche Diaspora, und Sir. 51 12 f הודו למקבץ נדחי ישראל zeigt uns,
daß die Sammlung der Zerstreuten schon früh Gegenstand des Gebets
war. In XIV ולירושלים scheint die Bitte ובנה auf die Zerstörung
der Stadt hinzuweisen, und viele Kritiker betrachten sie als einen Zusatz aus der Zeit nach 70, wenn wir aber in dem eben genannten
Hymnus Sirachs הודו לבונה עירו ומקדשו (51 12 g) lesen, so werden
wir gewahr, daß mit der Bitte nicht unbedingt das Wiederaufbauen
der zerstörten Stadt gemeint sein muß. Der Satz והשב את העבודה
in XVI ist nur für die Zeit berechtigt, wo der Opferdienst aufgehört
hatte; dem widerspricht aber die gleich folgende Bitte ואשי
ישראל ותפלתם מהרה באהבה תקבל ברצון, die den Opferdienst als bestehend voraussetzt. In diesem einen Stücke sprechen somit zwei verschiedene Zeiten nebeneinander zu uns. ברך עלינו IX setzt seinem ganzen
Inhalte nach eine Zeit voraus, wo die Juden zum größten Teil ein acker-
bautreibendes Volk waren und Freude an ihrem Grund und Boden
empfanden, was schon nicht mehr auf die Epoche paßt, in der die Römer
die Hand auf Palästina gelegt hatten. Für den Einfluß bestimmter religiöser und politischer Richtungen auf die Tefilla ist es schwer, sichere
Anhaltspunkte zu gewinnen. Es ist richtig, daß die ganze Stimmung denselben Grundton zeigt, wie die Frömmigkeit der „Anawim" in den
Psalmen und in den Sprüchen, allein es fehlen uns alle greifbaren Daten,
um die Literatur, die von jenen Kreisen handelt, zeitlich festlegen zu
können. Ein klares Symptom ist die Betonung der Auferstehung in II;
zwar wird sie in dem weit einfacheren Texte der palästinischen Tefilla
nicht so häufig erwähnt, wie im verbreiteten Wortlaut, aber auch dort
gilt ihr die Eulogie, und man merkt es deutlich, daß תחית המתים
besonders hervorgehoben werden soll. Eine derartige Unterstreichung
eines einzelnen Glaubenssatzes im Gebete geschieht nicht ohne Absicht,

die Lehre der Auferstehung bildete einen der Streitpunkte zwischen
Sadduzäern und Pharisäern, die siegreiche pharisäische Volkspartei
forderte die Anerkennung ihrer Anschauung auch im öffentlichen
Gottesdienste. Wenn wir in dem Gebete selbst nach Argumenten
suchen, sehen wir uns demnach zu der Annahme genötigt, daß es
v e r s c h i e d e n e   B e s t a n d t e i l e   aus   v e r s c h i e d e n e n
Z e i t e n enthält.

Auch die Reihenfolge der Stücke ist nur unter dieser Annahme
zu begreifen. Die gegenwärtige Anordnung bietet an mehreren Stellen
Schwierigkeiten. ראה בענינו VII steht weder mit dem vorhergehenden
noch mit dem folgenden Stücke in Zusammenhang, mitten unter den
Bitten um persönliche Anliegen berührt es das nationale Gebiet und
hat überdies außerordentliche Ähnlichkeit mit später folgenden Bitten;
„die siebente Benediktion erscheint jetzt teils überflüssig, teils am
unrechten Ort". Hinter IX ברך עלינו folgen ganz unerwartet ohne
jeden Übergang Bitten nationalen Inhalts; sie sind selbst sehr verschiedenartig, weder ihr Zusammenhang, noch ihre Einteilung sind
ohne weiteres erklärlich. Ebensowenig versteht man, warum hinter
den nationalen wieder eine allgemeine oder persönliche Bitte, XVI שמע,
steht. Endlich fällt auf, daß XVII רצה und XIX שים שלום Bitten
enthalten, während nach der angenommenen Disposition (S. 28. 3) der
dritte Teil dem Dank gewidmet sein sollte. Die Versuche im Talmud,
durch logische Gründe oder durch biblische Analogien die heutige
Anordnung zu erklären (b. Meg. 17 b j. Ber. II 4, f. 4 d), können nicht
befriedigen, man versteht die Reihenfolge und die Gliederung lediglich,
wenn man davon ausgeht, daß die Teile der Tefilla aus verschiedenen
Zeiten stammen. Blicken wir demnach auf die erwähnten beiden
Berichte der Quellen zurück, so gelangen wir zu dem Ergebnis, daß
sehr wohl beide richtig sein können, daß der A b s c h l u ß der Tefilla durch R. Gamliel II. stattgefunden haben mag, daß aber die
A n f ä n g e in eine weit frühere, in die vormakkabäische, in die Zeit
der „großen Versammlung" zurückreichen.

6. Unter den Bitten der Tefilla finden sich Bestandteile verschiedener
Art aus verschiedener Zeit, Reste der Tempelliturgie, Benediktionen
und Bitten allgemeinen Inhalts, Bitten um nationale Güter und
endlich solche, die man als Gelegenheitsgebete bezeichen könnte,
weil sie aus besonderen Anlässen aufgenommen, allerdings dann
dauernd beibehalten wurden. Aus dem Tempelkultus stammen die

beiden Bitten am Ende der Tefilla. רצה XVII wurde wegen seiner eigenartigen Fassung oben wiederholt genannt. Bereits im frühen Mittelalter wurde erkannt, daß der gegenwärtige Wortlaut überarbeitet ist, daß hier ursprünglich ein Gebet um gnädige Aufnahme des von den Priestern dargebrachten täglichen Opfers vorlag. Auch der Hohepriester hatte am Versöhnungstage nach vollendeter Kultushandlung ein Gebet על העבודה zu sprechen, dessen Eulogie שאותך לבדך ביראה נעבוד (j. Sota VII, 22 a; j. Joma VII, 1, f. 44 b) lautete, ganz so wie noch heute im Musaf an Festtagen der Schluß von רצה gesprochen wird. Die Mischna berichtet ferner, daß die Priester im Tempel jeden Morgen das Opfer unterbrachen, um einen Gottesdienst zu halten, und daß auch dort ein Gebet mit dem Namen עבודה, eben רצה, verrichtet wurde ברכת כהנים.. עבודה וברכת ברכו שלש ברכות.. וברכו (Tam. V, 1). Ein weiteres dort vorgetragenes Gebet war ברכת כהנים, die Responsion der Gemeinde auf den Segen der Priester, die Bitte um Frieden, die an das letzte Wort des Priestersegens anknüpfte. Auch die Bitte für Jerusalem XIV entstammt der Liturgie des Tempels, nicht in ihrer heutigen Form natürlich, die auf die Zerstörung der Stadt hinweist, wohl aber in jenem Sinne, in dem Sirach und in dem der Hohepriester am Versöhnungstage für Jerusalem und den Tempel betete. השוכן בציון lautet die Eulogie in dem Gebete des Hohenpriesters (j.Sota das.), den gleichen Wortlaut dürfte sie auch in der täglichen Tefilla gehabt haben.

7. Das waren die bereits vorhandenen Bitten, die übernommen wurden, als das regelmäßige G e m e i n d e g e b e t mit Bitten auszustatten war. Da wurde zunächst eine den Anschauungen vom Gebet entsprechende Einkleidung geschaffen. Den Bitten mußte ein h y m n i s c h e r Teil voraufgehen, ein D a n k folgen. So entstanden die drei ersten Benediktionen der Tefilla; so die XVIII הודאה, nach der der dritte Teil der Tefilla überhaupt als Danksagung bezeichnet wurde, die zwischen die beiden vorhandenen עבודה und ברכת כהנים trat, weil die Bitte um Frieden nach wie vor den Abschluß bilden sollte. Tatsächlich nehmen die drei ersten und die drei letzten Stücke der Tefilla eine besondere Stellung ein. Sie allein werden das ganze Jahr hindurch in jeder Tefilla ohne Unterschied verwendet, sie allein haben bereits in der Mischna feste Namen סדר ברכות אומר אבות גבורות קדושת השם .... עבודה הודאה וברכת כהנים (R. ha Sch. IV, 5). Ihre Sprache, zumal in der ältesten Textgestalt (§ 9), rechtfertigt es, ihre Abfassung in

frühe Zeit zu setzen, auch im Inhalt — so wir von der Einarbeitung von תחית המתים in II absehen — spricht nichts dagegen. Es erhebt sich nun die Frage, ob die ebengenannten Elemente jemals allein die Tefilla gebildet haben. Das ist sehr wenig wahrscheinlich, schwerlich hätte man sich entschlossen, für Sabbate und Festtage das Wochentagsgebet in seinem vollen Umfange zu übernehmen. Das wäre auch nicht eine T e f i l l a , ein Bittgebet gewesen, das man mit רחמים ותחנונים hätte bezeichnen können. Soweit unsere Quellen zurückreichen, finden wir auch stets die einleitenden und die abschließenden Benediktionen von einem mittleren Stücke, das Bitten enthält, begleitet. Die älteste Tefilla wird nicht gerade die Bitten in so großer Zahl und in solcher Gliederung wie heute vorgebracht haben, aber nichts spricht dagegen, daß die Bitten a l l g e m e i n e n Inhalts sämtlich in ihr vorhanden waren. Es sind Bitten um persönliche, zum Teil sogar um materielle Güter (VIII רפאנו und IX ברך עלינו), aber doch um solche, die allen ohne Unterschied unentbehrlich sind, um deren Schätzung kein Widerstreit der Meinungen oder Interessen aufkommen kann. Gesundheit und Segen in der Arbeit bilden die Grundlagen der Existenz. Einsicht und Verständnis (IV) gelten, wie uns Psalmen und Sprüche zeigen, als die Voraussetzungen des religiösen Wandels, die Bitten um bußfertige Rückkehr (V) und Sündenvergebung (VI) knüpfen an sie an und kennzeichnen die Stimmung der Kreise, welche die Tefilla geschaffen haben. Die Vereinigung der beiden Gruppen von Bitten um geistige und um materielle Güter, für das Wohl des Körpers und der Seele verrät eine sehr gesunde Anschauung vom Leben, der Weltflucht und Geringschätzung des irdischen Treibens fremd sind und die dennoch der Verantwortung vor dem himmlischen Richter sich stets bewußt bleibt. Die Bitte um Erhörung der Gebete (XVI) bildete den natürlichen Abschluß. Alle die erwähnten Bitten — mit der für Jerusalem im ganzen s i e b e n — folgten einander ohne Unterbrechung. Daß sie von Anfang an geteilt und mit besonderen Eulogien versehen waren, ist wenig wahrscheinlich, es liegt näher zu vermuten, daß sie in einem einzigen Stück mit einer Benediktion vereint waren. In הבינֵנו besitzen wir noch heute eine derartige Zusammenfassung der Bitten, und ähnlich mag das Mittelstück der Tefilla in der ältesten Form gelautet haben.

8. Nun traten die nationalen Bitten hinzu. Das waren nicht mehr die natürlichen, aus dem inneren Drange des Menschen heraus geborenen

Gegenstände des Gebets, sie setzen bereits eine Reflexion über das Gebet und ein bestimmtes **n a t i o n a l e s E r l e b n i s** voraus, das dem Gebete eine neue Richtung gab. Ein solches Erlebnis waren die Religionsverfolgung durch die Syrer, die makkabäische Erhebung und die Begründung des selbständigen jüdischen Staates mit seinen Parteiungen. Es waren die gewaltigen Erschütterungen, in deren Gefolge der Blick des jüdischen Volkes immer mehr von der Gegenwart abgelenkt und an der erhofften idealen Zukunft orientiert wurde. Die **A p o k a l y p t i k** beherrschte das gesamte Denken und jegliche Hoffnung, die apokalyptischen Bilder der Messiaszeit bewegten alle Gemüter, die Bitte um ihre Verwirklichung mußte Gegenstand des täglichen Gemeindegebets werden. Die Quelle, aus der alle Apokalyptiker Anregung schöpften, war Ezechiel, in seinen prophetischen Reden war eines der stets wiederkehrenden Bilder der zukünftigen Zeit die Sammlung der Zerstreuten Israels und das Gottesgericht, das die Spreu vom Weizen sondern, die Bösen bestrafen und die Guten zum neuen Volke zusammenschließen sollte. Das ist der Gedankengang, dem die nationalen Benediktionen der Tefilla folgen. Die erste von ihnen ist die Bitte um die Sammlung der Zerstreuten X תקע. Wir haben bereits erwähnt, daß sie nicht unbedingt den Untergang des jüdischen Staates zur Voraussetzung haben muß. Eine Diaspora hat es früh, sogar schon vor dem babylonischen Exil gegeben; im zweiten Staatswesen, zumal seit Beginn der hellenistischen Periode, nahm sie einen besonders großen Umfang an. In Babylonien, Ägypten und Kleinasien, wenn nicht in anderen Mittelmeerstaaten hat es zahlreiche Niederlassungen von Juden gegeben. Aber sie wurden nicht als nationales Unglück betrachtet, die friedliche Durchdringung, die dem Volke neuen Wohlstand, neue Kräfte zuführte, wurde im Mutterlande mit Genugtuung verfolgt. Erst als während der hellenistischen Bewegung klar zutage trat, wie sehr die Masse der nur griechisch redenden und griechisch denkenden Juden überhand genommen hatte, wurde die Diaspora als eine Gefahr erkannt, wurden die alten Verheißungen der Sammlung der Zerstreuten Gegenstand des Gebets. Und an die Bitte um Vereinigung des Volkes schloß, wie bei Ezechiel, die Bitte um Herbeiführung des Gerichts an; sie ist im heutigen Wortlaute des Gebets kaum wiederzufinden, bildete jedoch ursprünglich den Inhalt von השיבה XI. Nach dem gegenwärtigen Texte nimmt die Bitte ihren Ausgangspunkt von der Unzufriedenheit mit den

ungerechten Richtern und erfleht von Gott, daß er überall gerechte Richter einsetzen möge wie ehedem. Für ein derartiges Gebet
ist kaum je eine Möglichkeit zu ergründen. Weder die hasmonäischen
noch die herodianischen Fürsten oder gar die römischen Landpfleger
hätten eine solche Beschimpfung ihrer richterlichen Tätigkeit geduldet.
Daß sich um das, was die „Chassidim" taten, niemand kümmerte,
daß man ihre Unbeugsamkeit sowie ihren Todesmut kannte und
darum ihren Widerstand nicht erst herausforderte, wird durch die
Geschichte nicht bestätigt. Es wäre auch mit der Staatsraison un-
vereinbar gewesen, dazu war die Partei der Frommen doch zu mächtig.
In einem Lande, in dem Bürgerkriege und Aufstände so verbreitet
waren und mit so starker Erbitterung geführt wurden, bedeutete die
tägliche Kritik der Rechtsprechung eine schwere Gefahr, selbst die
frömmste Staatsleitung durfte sie nicht dulden. Der Inhalt der Bitte
muß einmal ein andrer gewesen sein, darauf weisen der Wortlaut und
die Quellen ebenfalls hin. Schon der plötzliche Übergang von der
angenommenen Klage über die Richter zur Bitte um die Verwirklichung
des Gottesreiches (ומלוד עלינו) ist hart und weist mehr in die zukünftige als in die gegenwärtige Welt, vor allem aber kann der Schluß
וצדקנו במשפט sich keineswegs auf ein irdisches staatliches, sondern
nur auf das m e s s i a n i s c h e Gericht beziehen. Diese letzten
Worte erschienen wichtig genug, um in einer kurzen Inhaltsangabe
als Zusammenfassung unserer Benediktion gegeben zu werden, in
ihnen liegt der Schlüssel zum Verständnis der ursprünglichen Absicht der Benediktion, sie war eine Bitte um Herbeiführung des messianischen Weltgerichts. Der Zweck des Gerichts der Endzeit ist die
Sonderung zwischen Guten und Schlechten, zwischen Frommen und
Frevlern, die Bestrafung der Frevler. Auch davon war hier einmal
die Rede, in der Zusammenfassung der Tefilla הביננו lautet der
Satz, der השיבה vertritt, והתועים על דעתך ישפטו oder in einer
anderen Version ועל הרשעים תניף ידך, in einer kurzen Zusammenfassung der Tefilla im Talmud steht dafür כיוון שנעשה דין ברשעים,
alle diese Sätze lassen nur den einen Schluß zu, daß in השיבה von
der Bestrafung der Frevler im messianischen Gerichte die Rede war.
Erinnern wir uns an den Ursprung des Satzes השיבה שופטינו, er entstammt einer Schilderung der messianischen Zukunft Jes. 1 26 und
war auch an unserer Stelle dazu bestimmt, ein Bild aus der messianischen Zeit auszudrücken. In Ez. 20 34 ff. ist die Zukunft, in der

Gott König über Israel sein wird, so geschildert, daß zunächst die Zerstreuten Israels aus allen Ländern versammelt, daß sie zum großen Gericht vereinigt und daß die Missetäter unter ihnen schweren Strafen unterworfen werden. Das ist der Gedankengang, dem die n a t i o n a l e n Benediktionen folgten. In X תקע wurde um die Sammlung der Vertriebenen, in XI השיבה um die Herbeiführung des Gottesgerichts und die Bestrafung der Frevler, in XIII על הצדיקים um die Belohnung der Frommen gebetet. Die drei Benediktionen folgten unmittelbar aufeinander, sie wurden in die Tefilla dort eingeschaltet, wo die allgemeinen Bitten zu Ende waren, also hinter IX ברך עלינו. Wahrscheinlich gehört in die selbige eschatologisch gerichtete Zeit die Erwähnung des Messias aus dem Hause Davids in XIV, der Benediktion für Jerusalem.

9. Damit war die Tefilla fast in ihrem vollen Umfange vorhanden, es traten nur noch aus besonderen Anlässen einzelne Bitten hinzu. Schwierig ist es, die Aufnahme von VII ראה בעניני zu erklären, die Probleme, welche sein Inhalt und seine Stellung bieten, sind bereits hervorgehoben (S. 30). Seiner Umgebung nach müßte es eine Bitte um Befreiung aus persönlicher Not, etwa aus Gefangenschaft oder ähnlicher Bedrängnis sein, dem widerspricht aber der Wortlaut. Befreiung von nationalem Elend wiederum ist in den folgenden Stücken erbeten und paßt nicht inmitten der persönlichen Bitten; es ist aus der allgemein gehaltenen Ausdrucksweise auch schwer zu erkennen, welcher nationale Druck gemeint ist. Aus allen Schwierigkeiten finden wir einen Ausweg, wenn wir auf die ältesten Quellen zurückgreifen. Da wird von einer eigenen Liturgie für die Fasttage berichtet, an denen die Bitten der täglichen Tefilla vorgetragen und noch sieben andere eingeschaltet wurden. Die erste der für den Fasttag bestimmten begann mit ראה בעניני und schloß mit גואל ישראל, ganz so wie heute die siebente Benediktion der Tefilla. Die Identität fiel frühzeitig auf, schon der Talmud wußte sie nur durch die Annahme zu erklären, daß nicht sieben, sondern nur sechs neue Bitten eingeschaltet wurden, daß die erste der sieben nur eine Erweiterung der täglichen Bitte ראה בעניני war (b. Taan. 16 b שביעית לארוכה כדתניא בגואל ישראל מאריך). Inzwischen war nämlich die Not des täglichen Lebens zu groß und ראה Bestandteil des t ä g l i c h e n Gebets geworden. Stammt ראה בעניני aus der Fastenliturgie, dann ist auch seine Stellung in der Tefilla erklärt; die Fastengebete knüpfen an

die Bitte um Sündenvergebung an, darum steht ראה unmittelbar
hinter VI סלח לנו, der Bitte um Vergebung der Sünden. Die Tefilla
hatte damit die Zahl von siebzehn Benediktionen erreicht.
10. Ein Achtzehngebet wurde sie durch R. Gamliel II. als er die
Tefilla redigieren und in der Absicht, die Trennung der Christen von
der Synagoge durchzusetzen, die Benediktion gegen die Ketzer ברכת
המינים einführen ließ (ברכת המינים ביבנה תקנוה) b. Ber. 28 b). Das
Stück fing in alter Zeit nicht ולמלשינים, sondern למינים ולמשומדים
an, und dann kamen die Bezeichnungen פרשעים oder זדים (מלכות זדון),
wahrscheinlich auch נצרים darin vor. מין bedeutet im Hebräischen
Art, Abart, dann jeden, der sich von der jüdischen Lehre absondert,
Ketzer, Häretiker. Alle Ketzereien konnten mit מינות bezeichnet
werden; es gehörten darunter die Anschauungen der Sadduzäer, der
Samaritaner, der Christen, der Gnostiker. Infolgedessen ist viel darüber
gestritten worden, welche Ketzer in unserem Gebete getroffen werden
sollten, ob ein solches Gebet nicht schon früher bestand. Die Kirchenväter Justinus Martyr und Hieronymus berichten, daß die Juden dreimal
täglich in ihren Synagogen die Christgläubigen verfluchen, Epiphanius
sagt deutlicher, sie beten, daß Gott die Nazaräer vernichte. Es ist
kaum daran zu zweifeln, daß unser Gebet sich tatsächlich auf die
Christen bezogen hat, es bildete eines der Mittel zur völligen
Scheidung der beiden Religionen.

In der ersten Zeit hatten die Christen keine besonderen Gebete
und keinen besonderen Gottesdienst. Sie hielten Vereinigungen für
das spezifisch Christliche, wie das Abendmahl, aber einen zusammenhängenden Gottesdienst hatten sie nicht; darum gibt es auch keine
christliche Liturgie aus dem ersten Jahrhundert. Die Judenchristen
haben nach wie vor mit den Juden gebetet, und niemand hat sie
zunächst daran gehindert. Die Judenchristen hatten keine Veranlassung, die Synagoge zu meiden; die Synagoge bot ihnen nach einer
Richtung zu wenig, sie zog ihre Art des Messiasglaubens nicht in
Betracht, räumte ihr keinen Raum im Gottesdienst ein (ihr gaben
sie in ihren besonderen Vereinigungen Ausdruck), aber die Gebete
enthielten nichts, was nicht auch ihrer religiösen Anschauung entsprach. So nahmen sie weiter am Gottesdienst teil, fungierten auch
als Vorbeter darin. Daß sie christgläubige Juden waren, bedingte
in dieser Beziehung keinen Unterschied, erst allmählich suchte sich
die Synagoge gegen heterodoxe Erscheinungen zu schützen. All-

mählich trat die Spannung auch zwischen Judentum und Judenchristentum ein. Die natürliche Entwicklung im Christentum brachte es mit sich, daß die Vergötterung Jesu, seine Anrufung im Gebet als Wundertäter Fortschritte machte. Es wurde darum die Bestimmung getroffen, daß man, wenn ein מין eine Benediktion sprach, nicht auf dieselbe mit Amen antworten durfte, es sei denn, daß man die ganze Benediktion gehört hatte, was sehr verständlich wird, wenn man die alten christlichen Texte liest. Es kam hinzu, daß die Christen als Feinde der jüdischen Nationalität auftraten. In dem Bestreben, sich die Gunst der Römer zu erwerben, gingen sie mit Beschuldigungen gegen ihre alten Glaubensgenossen vor, so daß Verleumder, דילטורין und מוסרים, mit Christen identifiziert wurden. Die Hoffnungen und Bestrebungen der Juden richteten sich auf die Wiederherstellung des jerusalemischen Tempels. Den Christen hingegen war die Zerstörung des Tempels ein wertvolles Mittel der Propaganda, durch das Aufhören des Opferkultus hätte Gott selbst seinen Willen kundgegeben, daß die Gültigkeit des mosaischen Gesetzes beendet sein sollte. Dieses Zeugnis wollte man sich nicht entreißen lassen. Es lag den Christen daran, daß das Wort der Evangelisten in Kraft bliebe, Jerusalem sollte zertreten bleiben bis zur Erfüllung der Zeiten. Ob und wann vor dem Aufstand unter Trajan sich den Juden begründete Aussichten auf Erfüllung ihrer Hoffnungen eröffnet haben, wissen wir nicht; möglich ist es, daß mit der Reise nach Rom, die die Tannaiten unter Führung R. Gamliels während der kurzen Regierungszeit Nervas unternahmen, solche Hoffnungen verknüpft wurden. In jedem Falle haben wir in jener Zeit den Anfang der völligen Scheidung zwischen Juden und Judenchristen zu suchen. Ein wichtiger Schritt zu ihrer Herbeiführung war die Fernhaltung der Christen von der Synagoge. Die Synagogen waren beliebte Missionsstätten, sie boten Anlaß zur Besprechung der Glaubensfragen, Gelegenheit zur Einleitung der Propaganda. Die Judenchristen gehörten zu ihren eifrigsten Besuchern, sie fungierten auch als Vorbeter. Das sollte ihnen verleidet, sie sollten von der Synagoge ferngehalten werden. Als Mittel hierzu wurde die ברכת המינים in die Tefilla eingeführt, die Samuel der Jüngere auf Veranlassung R. Gamliels verfaßte (עמד שמואל הקטן ותקנה b. Ber. das.). Die Bitte um Vernichtung der Minäer hatte den Zweck, die Synagoge von ihnen freizuhalten. Das ersehen wir deutlich aus dem Midrasch העובר לפני התיבה וטעה בכל

הברכות כלן אין מחזירין אותו בברכת המינין מחזירין אותו בעל כרחו
ולכך מחזירין אותו שאם יהא בו צד מינות יהיה מקלל את עצמו והקהל
עונין אמן (Tanch. Lev. ed. Buber 2 a). Irrtümer beim Vorbeten gehörten nicht zu den Seltenheiten, sie wurden im allgemeinen mit
Nachsicht aufgenommen und durchgelassen; nur bei ברכת המינים
wurde mit Strenge darüber gewacht, daß der Vorbeter nichts im Gebet
unterdrückte oder änderte, Irrtümer wurden da nicht geduldet, der
Vorbeter mußte sich an die Vorschrift halten oder er wurde entfernt,
denn gerade das war die Absicht, die Vorbeter auf die P r o b e zu stellen,
ob sie zum Judenchristentum neigten oder nicht. Ein Judenchrist
konnte dieses Gebet nicht sprechen, „er hätte sonst sich selbst ver-
wünscht und die Gemeinde veranlaßt, Amen dazu zu sprechen" und
sich dieses Gebet zu eigen zu machen. Ein Judenchrist konnte
auch, wenn er in der Gemeinde stand, es nicht mit anhören, wie der
Vorbeter die Bitte um Vernichtung seiner Gemeinschaft aussprach
und die Gemeinde sie durch das Amen zur ihren machte. So wurde
ברכת המינים ein Prüfstein für die Anwesenheit von Judenchristen
in der Synagoge, für ihre Beteiligung am Gottesdienste; oft hörte sich
keiner von ihnen das Gebet an, sie blieben dem Gottesdienst fern und
die Absicht war erreicht.

Eine Anknüpfung für die neue Bitte war in XI השיבה gegeben,
wo von der Bestrafung der Frevler die Rede war. Ohnehin hatten die
eschatologischen Anschauungen sich geändert, die Einzelheiten des
alten Zukunftsbildes hatten eine neue Deutung erfahren, auch die
entsprechenden Benediktionen der Tefilla wurden nicht mehr wie
früher aufgefaßt. So wurde denn der Absatz über die Bestrafung
der Frevler aus XI herausgeholt und in die neue Bitte mit dem Schlusse
מכניע זדים aufgenommen, die nun eine Verwünschung gegen alle
von der jüdischen Religion Abtrünnigen enthielt כולל של מינים ושל
פושעים במכניע זדים (Tos. Ber. III, 25 j. Ber. II, 4 fol. 5 a; IV, 3
fol. 8 a). Die vorhergehende השיבה handelte nunmehr ausschließlich von der Wiedereinsetzung der alten Richter und der Herbeiführung des Gottesreiches. Andererseits wurde gegenüber der Verwünschung der Abtrünnigen in XII eine besondere Bitte für die zum
Judentum Bekehrten (גרים) in XIII על הצדיקים eingefügt. Die
Zahl der Proselyten, die sich zur Religion des Sinai bekannten, war
in jenen Tagen nicht gering, die Tatsache der zahlreichen Übertritte
zum Judentum, die bis in die besten Gesellschaftsklassen verbreitet

waren, mag die Verbitterung gegen diejenigen, die sich von der alten
Religion lossagten, verstärkt haben, wie sie andererseits als Trost in
der schweren Zeit des Abfalls empfunden wurde. Durch die Gegenüber-
stellung der Bitte für die Proselyten in XIII und die Verwünschung der
Untreuen in XII kamen der Schmerz über die einen und die Freude
über die anderen zum Ausdruck. So war ברכת המינים ein Gelegenheits-
gebet, und es wäre, als der Anlaß es zu sprechen fehlte, vielleicht
wieder außer Gebrauch gekommen, wenn nicht gleichzeitig mit seiner
Einführung eine R e d a k t i o n der Tefilla stattgefunden hätte.

11. Das durch ברכת המינים auf achtzehn Benediktionen angewach-
sene Gebet ließ R. Gamliel II. redigieren und bestimmte es zum t ä g -
l i c h e n Gebet für jedermann ר׳ גמליאל אומר בכל יום מתפלל אדם
שמנה עשרה (Ber. IV, 3). Das Gebet erhielt a c h t z e h n Eulogien
und davon den Namen שמנה עשרה scil. ברכות, den es für alle
Zeiten behalten hat. Die achtzehn Stücke kamen, wie wir sahen,
in ganz verschiedenen Zeiten zusammen, die Zahl ist eine rein
zufällige. Um der Zahl achtzehn eine höhere, gewissermaßen kanonische Bedeutung zu geben, wurde sie s y m b o l i s c h aufgefaßt,
man suchte aus biblischen Gebeten und Erzählungen Analogien für
sie herzuleiten. Möglich wäre immerhin, daß die Zahl achtzehn mit
Absicht festgehalten und bei ihr der Abschluß vorgenommen wurde.
Denn ihre symbolische Auffassung ist schon in tannäischen Stellen
zu finden; überdies hätte sich Gelegenheit geboten, die Zahl der Eulogien zu vermehren, es wurde jedoch davon Abstand genommen.
Die Zahl der Bitten übertraf diejenige der Eulogien, es mußten einige
zusammengezogen werden כולל של מינים ושל פושעים במכניע זדים
ושל זקנים ושל גרים במבטח לצדיקים ושל דוד בבונה ירושלים אם אמר
אילו לעצמן ואילו לעצמן יצא (Tos. Ber. III, 25), immerhin war es nicht
unstatthaft, die zusammengezogenen auch in ihre Bestandteile aufzu-
lösen und so die Zahl der Benediktionen wiederum zu vermehren. In
einem Falle wurde dauernd von dieser Möglichkeit Gebrauch gemacht,
die Tefilla wurde um eine neunzehnte Benediktion bereichert.

12. Kaum hatte das amoräische Zeitalter begonnen und die babylonische Judenheit sich unabhängig von den Autoritäten Palästinas
gefühlt, da wurde dort im Lande der Exilsfürsten, die ihr Geschlecht
in gerader Linie von David herleiteten, eine besondere Bitte für das
Erscheinen des Messias aus dem Hause Davids eingeführt. Die Eulogie lautete מצמיח קרן ישועה, der erste, der sie im Talmud erwähnt,

ist Rabba bar Schila (um 250 b. Pes. 117b). Es war früher die herrschende Auffassung, daß die jetzt sechzehnte Benediktion את צמח
zum alten Bestande der Tefilla gehörte, daß ברכת המינים dann als
neunzehntes Stück hinzugekommen ist, in Wirklichkeit ist der Tatbestand der gewesen, daß ב׳ המינים die achtzehn Benediktionen
vollzählig machte und את צמח דוד als n e u n z e h n t e hinzutrat. Der
Beweis hierfür ist Geschichte des Achtzehngebets S. 24 ff. (MS. S. 348 ff.)
ausführlich erbracht, hier sollen nur die wichtigsten Belege in kurzer
Zusammenfassung angeführt werden. Im palästinischen Talmud
und in den von dort stammenden Midraschim ist eine besondere Eulogie
für den Messias nicht bekannt; wo der Inhalt der Tefilla angegeben
wird, ist nur XIV ולירושלים berücksichtigt, niemals XV את צמח,
die Erwähnung Davids findet sich nur in der für XIV bestimmten
Eulogie אלהי דוד בונה ירושלים (in Babylonien wurde die Formel
אלהי דוד ausdrücklich abgelehnt); wo die Benediktionen der Tefilla
gezählt werden, wird XVI שמע קולנו als fünfzehnte bezeichnet, weil
את צמח vorher fehlt. Ja noch lange in nachtalmudischer Zeit war
die Eulogie מצמיח קרן ישועה im palästinischen Ritus nicht bekannt;
von Paitanim, die ihre Verse nach den Eulogien der Tefilla ein-
richteten, wird sie nicht erwähnt, Eleasar ha Kalir (um 750?) z. B. hat
in seinen Kerobot (§ 32) für die Fasttage und für Purim niemals Verse
zu את צמח verfaßt, seine Dichtungen setzen stets den Schluß אלהי דוד
בונה ירוש׳ voraus. In der durch die Genisa in Kairo bekannt gewordenen
palästinischen Rezension der Tefilla fehlt ebenfalls את צמח und der
Schluß von XIV lautet אלהי דוד בונה ירושלים. Die alte Auskunft,
die bereits R. Jesaia di Trani (um 1280) gegeben hatte, daß in Palästina, um die Zahl achtzehn nicht zu überschreiten, nach Einführung
der ברכת המינים die zwei benachbarten und ähnlichen Benediktionen XIV und XV in eine zusammengezogen wurden, ist unannehmbar, denn das Gegenteil, die nachträgliche Einführung von
את צמח wird ausdrücklich von den Quellen bezeugt. Bei der Ver-
handlung über die Zahl der Benediktionen wird j. Ber. IV, 3 (8a)
bemerkt אם יאמר לך אדם שבע עשרה אינון אמור לו של מינים כבר
קבעו חכמים ביבנה, d. h. daß vor Festsetzung von ב׳ המינים nur
s i e b z e h n Benediktionen vorhanden waren und dies die achtzehnte
bildete. Deutlich ist der Hergang bei der Anreihung der Stücke in
Num. rabb. Kap. XVIII, 21 angegeben ר״ט תפלה. ר״ז בגמטריא טוב
ברכות? הוצא משם ברכת המינין שתקנוה ביבנה ואת צמח דוד שתקנו

אחריו, daß nämlich die im babylonischen Ritus vorhandenen n e u n -
z e h n Benediktionen — in palästinischen Kreisen kommt die Zahl
neunzehn niemals vor — dadurch entstanden, daß zu den längst vorhandenen siebzehn zuerst ב׳ המינים und n a c h t r ä g l i c h את צמח
hinzutraten. Der babylonische Ritus ist schließlich der alleinige
geblieben und mit ihm wurde ü b e r a l l את צמח דוד als Benediktion der Tefilla angenommen, schließlich, wie wir sahen, sogar mit
solchen Kerobot vereinigt, die den palästinischen Ritus voraussetzten
und es gar nicht kannten. Der Name שמנה עשרה stimmte nach
Einführung einer neunzehnten Benediktion nicht mehr, aber er war
nun einmal durch die Mischna festgelegt und wurde ohne Bedenken
beibehalten. Die Geschichte des Achtzehngebets war damit abgeschlossen, die Überarbeitungen, die es erfuhr, sowie seine weiteren
Schicksale sind mit den Veränderungen seines Wortlauts verknüpft,
die wir im folgenden Paragraphen besprechen.

§ 9. Die Tefilla.

II. Wortlaut.

Literatur: Baer, S. 87 ff.; Dérenbourg, Mélanges rabbiniques in *REJ* XIV,
26 ff.; Schechter, Geniza Specimens in *JQR* X, 656 ff.; Dalman, Die Worte
Jesu, S. 299 ff.; Elbogen, Achtzehngebet, S. 47 ff.; Studien, S. 43 ff; I. Lévi,
Fragments de rituels de prières etc. in *REJ* LIII, 235 ff.; Frumkin, S. 231 ff.

1. Die besprochene Redaktion der Tefilla bezog sich lediglich auf
den Inhalt und die durch ihn bedingten Eulogien der Stücke, sowie
auf ihre Disposition und Reihenfolge שמעון הפקולי הסדיר ר״ח ברכות
לפני ר״ג על הסדר ביבנה (b. Meg. 17 b.) Hingegen wurde der
Wortlaut nicht festgelegt, er blieb frei und beweglich, der augenblicklichen Eingebung des Vorbeters überlassen. Daher gab es lange
Zeit mehrere nebeneinander hergehende Texte, daher waren gewisse Abweichungen möglich, die dann als Zeichen von Häresie verboten werden
mußten. Die Vorbeter trugen häufig einen Text vor, der vom üblichen abwich, mitunter auch offenkundige Irrtümer enthielt, sie
gerieten bisweilen in Verlegenheit, weil ihnen die Fortsetzung des
Gebets entfallen war. Noch aus dem IV. Jahrhundert werden Abweichungen beim Vortrag des Gebets mitgeteilt, und sie dürften,
solange die Gebete nicht aufgeschrieben waren, niemals aufgehört
haben. Auch später gab es keinen einheitlichen Text der Tefilla,

die Gebetbücher der verschiedenen Riten überlieferten ihn in verschiedener Weise in bald mehr, bald weniger ausgeführter Diktion. In demselben Lande konnte man sie in benachbarten Gemeinden abweichend finden, und R. David Abudraham hat nicht übertrieben, wenn er sagte, daß es nicht zwei Gemeinden auf dem Erdenrunde gebe, in denen die Tefilla Wort für Wort gleichlautend gesprochen werde. Der Buchdruck hat die Mannigfaltigkeit der Abweichungen beschränkt, aber nicht beseitigt, da manche nur für kleine Kreise bestimmte Gebetbücher nicht durch die Presse vervielfältigt wurden; die Reformbewegung der neuesten Zeit hat von neuem eine starke Zersplitterung hervorgerufen. Ein bestimmter Wortlaut der Tefilla, der als U r - t y p u s gelten könnte, läßt sich nicht feststellen, selbst die ältesten Rezensionen liegen in mehreren abweichenden Fassungen vor und enthalten einzelne Formeln, die unbedingt jüngeren Ursprungs sein müssen. Alle Theorien über die Tefilla, die an einen bestimmten Wortlaut anknüpfen oder auf Zählung der Worte der einzelnen Stücke beruhen, sind daher unhaltbar; ihr einziger Wert besteht darin, daß sie als Kontrolle für die Überlieferung gelten können. Ebensowenig läßt sich die von Jos. Dérenbourg versuchte Zurückführung der Tefilla auf Benediktionen von je drei Zeilen, zwei parallelen Bitten und einer kurzen Begründung, und auf Eulogien von je zwei Worten aufrecht halten. Die Tefilla ist weder von einem Manne, noch aus einem Guß gearbeitet, so daß auf solche Gleichförmigkeit geachtet worden wäre, nur durch gewaltsame Eingriffe in den Text läßt sich ein solches Schema durchführen, dabei müssen aber biblische Zitate mehrfach preisgegeben werden. Wie sehr der Wortlaut der Tefilla durch die Bibel beeinflußt war, wird besonders deutlich durch die palästinische Rezension, die erst neuerdings bekannt wurde und an zahlreichen wichtigen Stellen von der üblichen (= Vulg.) abweicht.

2. Wenn wir nunmehr an die Besprechung des Textes der Tefilla herantreten, so sollen nur die wichtigsten Varianten der einzelnen Riten angeführt werden; sie alle zu erwähnen, würde den Rahmen dieses Grundrisses überschreiten und nicht den entsprechenden Gewinn bringen. Einzelne orientalische Riten lieben es besonders, den Wortlaut der Tefilla auszuschmücken, ohne daß in den Quellen ein Anhalt dafür vorliegt. Eine der bevorzugten und leicht anzubringenden Erweiterungen ist die Einfügung des Wortes מלך oder מלכנו in fast alle Benediktionen.

3. An die Spitze der stillen Tefilla wurde von R. Jochanan (III. Jahrhundert) אדני שפתי תפתח Ps. 5117 gestellt, im Mittelalter wurden bisweilen davor noch andere Verse wie Dt. 323 oder Ps. 653 eingefügt; trotz des Widerspruchs angesehener Halachisten haben sie sich hie und da erhalten, bei Amr. fehlen sie noch. Spätere haben sie auf die verschiedenen Tefillas verteilt.

I. Die Tefilla beginnt mit einer hymnischen Einleitung שלש ברכות הראשונות שבחו של מקום (j. Ber. II, 4 vgl. b. das. 34 a). Das erste Stück heißt אבות (Rosch ha Sch. IV, 5) wegen der Berufung auf die Patriarchen, im Mittelalter bei Dichtern und Dezisoren auch מגן nach dem Schluß מגן אברהם. Der Anfang ist Mech. zu Ex. 133 (19 a) zitiert; האל הגדול הגבור והנורא ist Zitat aus Deut. 1017 Neh. 932, eine Häufung der Epitheta Gottes über diese biblische Wendung hinaus wird im Talmud streng verpönt (b. Ber. 33 a, Meg. 25 a, j. Ber. IX, 1 [12 d], Midrasch zu Ps. 19 [S. 82 b]). Das folgende אל עליון stammt aus Gen. 1419, in Pal. wird auch die Fortsetzung קנה שמים וארץ zitiert, in Vulg. finden wir das nur im Gebet am Eingang des Sabbats (§ 15 S. 111), sonst werden שמים וארץ in הכל zusammengefaßt, außerdem ist גומל חסדים טובים dazwischengetreten. וזוכר חסדי אבות führt zum Thema, der Bund Gottes mit den Vätern bildet die Grundlage für alle die folgenden Bitten. Ebenso wie ומביא גואל לבני בניהם fehlt es in Pal. Es ist auch keine rechte Veranlassung, die Zukunftshoffnung hier zu erwähnen, vielleicht geschah die Betonung der künftigen Befreiung im Hinblick auf den christlichen Glauben von der bereits eingetretenen Erlösung. Saad. liest מלך עוזר ומושיע ומגן soll zur Eulogie לבני בניהם statt לזרעם אחריהם mit מגן überleiten; in Pal. statt dessen מגננו ומגן אבותינו מבטחנו בכל דור ודור, bei It. und Seph. hingegen noch je ein Epitheton mehr (Varianten Achtzehngebet S. 49, 50.) Die Eulogie מגן אברהם ist bezeugt durch Sir. 51 12 g im Gegensatz zu מגן אבות im Gebet für den Eingang des Sabbats (§ 15 S. 111); sie ist im Talmud (b. Pes. 117 b) und Midrasch aus Gen. 122 hergeleitet. In den 10 Bußtagen wird hier זכרנו לחיים eingeschaltet. Der Talmud kennt dieses Stück nicht (ebensowenig wie die andern an den Bußtagen hinzugefügten Sätze), es paßt auch nicht hierher, da es eine Bitte enthält. Die älteste Erwähnung geht ins IX. Jahrhundert zurück, bei Amr. ist זכרנו bereits vorhanden (44 b), jedoch noch Hai Gaon (gest. 1038) war dagegen, Maimonides kennt es als B r a u c h einzelner, auch Manhig nur als nordfranzösischen Brauch. Später wurde es für verbindlich erklärt. Den Text bietet Amr. 51 b mit unbedeutenden Varianten.

11. גבורות (Rosch ha Sch. IV, 5) Preis der Allmacht Gottes, so genannt nach dem Anfang אתה גבור, dem vielleicht auch einmal האל הגבור als Schluß entsprach; תחיית המתים (Ber. V, 2) nach der Eulogie מחיה המתים und der mehrfachen Erwähnung der Auferstehung, im Mittelalter מחיה. Die nachdrückliche Hervorhebung eines Glaubenssatzes im Gebet ist, wie (oben S. 29) bemerkt, nicht zufällig; die heutige wiederholte Erwähnung ist nicht ursprünglich, Pal. kennt sie nicht, das Stück lautet vielmehr in einfachster Fassung אתה גבור ואין כמוך חזק ואין זולתך משיב הרוח ומוריד הגשם מכלכל חיים מחיה המתים ורב להושיע. Fast scheint es, als ob die Grundform אתה גבור מחיה המתים ורב להושיע gelautet hätte. Alle anderen Fassungen — selbst Pal. hat eine zweite weit wortreichere — erweisen sich als Erweiterungen, Vulg. als eine ziemlich ausführliche mit Verwertung biblischen Materials zur Spezialisierung der Hilfstätigkeit Gottes. Die biblischen Anklänge sind in diesem Stücke besonders zahlreich, sein Vorbild findet es in Ps. 146 7 ff. und ähnlichen Stellen, Erweiterungen des Textes bei Saadja, in Ozar Tob 1877, S. 11. Der Schluß מחיה המתים in Pirke d R. E. XXXI, g. E.

In diese Benediktion wird gemäß Ber. V, 2 משיב הרוח ומוריד הגשם eingeschoben, das Taan. I, 1 von R. Elieser (I. Jahrhundert) als גבורות גשמים zitiert ist. Die Zeit für diese Einschaltung ist nach der gültig gewordenen Verordnung vom Musaf des Schemini-Azereth bis zum Musaf des I. Pesachtages (Taan. I, 2). Die Gemeinde beginnt es in alter Zeit erst zu Mincha (Amr.), später hat man es v o r Musaf ausrufen lassen, und die Gemeinde begann es sofort i m Musafgebete (Pardes 45 c). In Palästina scheint man noch andere ähnliche mit Naturerscheinungen zusammenhängende Sätze gekannt zu haben, von denen aber keiner ins Gebet aufgenommen wurde בטל וברוחות לא חייבו חכמים להזכיר (j. Taan. I, 1, fol. 63 d, b. Taan. 3 a). In der amoräischen Zeit (zuerst bei R. Jochanan) tritt uns der Brauch entgegen, daß im Sommer מוריד הטל gesprochen wird (j. Taan. das.). Daher weist die palästinische Tefilla diesen Einschub auf, während er in Babylonien unbekannt war, was vielleicht in den klimatischen Verhältnissen begründet ist. Amr. kennt ihn nicht, obwohl er irrtümlich in den Texten angegeben ist. Von Palästina ist der Brauch nach Italien übergegangen, auffallenderweise auch nach Spanien.

In Deutschland war er nie eingeführt; in Frankreich fehlt er in den früheren Jahrhunderten (Vitry, Eschkol), später aber scheint er sich eingebürgert zu haben (Manh.). Manche scheinen dort Sommer und Winter מוריד הטל gehabt zu haben, ebenso wie der kastilische Ritus. Ferner wird in den zehn Bußtagen in dieses zweite Stück מי כמוך eingefügt, über dessen Ursprung dasselbe wie oben zu זכרנו zu sagen ist. Statt אב הרחמים lesen V. u. Maim. אב הרחמן.

III. קדושת השם (R. ha Sch. IV, 5) קדושות (b. das. 32 a) קדושה (b. Meg. 17 b) nach dem Inhalt, in den Poesien des Mittelalters משלש, weil es das dritte Stück ist. Auf den Preis der Allmacht Gottes folgt der seiner Heiligkeit. Der Anfang lautete in ältester Zeit, so wie er jetzt im Germ. und Seph. nur noch am Neujahrsfest und Versöhnungstag (= ר״ה ויו״כ) üblich ist, קדוש אתה ונורא שמך. Diese durch Sifre Dt. 343 (142 b) gesicherte Formel erscheint auch in Pal. Wir gehen kaum fehl, wenn wir vermuten, daß hier als Beleg Jes. 6 3 angeführt war und daß daraus die Keduscha entstand (vgl. weiter § 9 a); die jetzt übliche Verbindung von קדוש אתה ונורא שמך mit Jes. 5 16 ויגבה liegt in Pal. nicht vor, sie ist allerdings durch Pirke d R. E. XXXV, Ende bereits zu belegen; sie paßt besonders für die genannten Feste als Tage des Gerichts.

Amr. hat die Fassung לדור ודור המליכהו לאל כי הוא לבדו מרום וקדוש ושבחך אלהינו מפינו לא ימוש לעולם ועד כי אל מלך גדול וקדוש אתה, dasselbe bieten die Handschriften von It., jedoch mit der Variante נמליך statt המליכהו; für ר״ה ויו״כ hat Amr. außerdem קדוש אתה, während It. nur den Belegvers ויגבה hinzusetzt. In den Druckausgaben von It., in Rom. und Carp. lautet der Anfang לדור ודור נגיד גדלך ולנצח נצחים קדושתך נקדיש, der Nachsatz ושבחך ist derselbe wie oben; während It. das ganze Jahr hindurch לדור ודור נגיד behält, setzt Rom. am ר״ה ויו״כ dafür לדור ודור נמליך ודור נגיד ein. Eine ganz neue Fassung bringt Seph. mit אתה קדוש, dessen Schlußsatz וקדושים בכל יום יהללוך ebenfalls auf die Keduscha hinweist; am ר״ה ויו״כ jedoch folgt auf אתה קדוש noch לדור ודור המליכהו (wie Amr., jedoch ohne ושבחך) und außerdem קדוש אתה ונורא שמ׳. Alle diese Riten machen keinen Unterschied zwischen der stillen Tefilla und der des Vorbeters. In Germ. hingegen (schon in V.) wird ein solcher gemacht, in der stillen Tefilla wird אתה קדוש verwendet, hingegen wenn der Vorbeter die Keduscha rezitiert hat, קדוש אתה ונורא שמך außerdem ר״ה ויו״כ am לדור ודור נגיד גדלך.

Zum Text von אתה קדוש ist zu bemerken, daß Saadja וזכרך קדוש hinzufügt, Pers. auch noch ומשרתיך קדושים. Seph. hat außerdem aus לדור ודור den Schlußsatz כי אל מלך גדול וקדוש אתה aufgenommen; Abudraham beklagt, daß die unwissende Menge diesen Satz nicht beachtet, seine Klage blieb jedoch vergeblich, der Satz wird bis heute nicht gesagt; beachtet man die Fassung der folgenden Benediktionen, so ist man geneigt, ihn für alt zu halten.

Die Eulogie lautet האל הקדוש j. Rosch ha Schana IV, 6 (59 c), b. Ber. 12 b; in den zehn Bußtagen hingegen המלך הקדוש (b. das.), jedoch wurde diese babylonische Änderung in Palästina nicht beachtet, in allen Genisafragmenten finden wir ausnahmslos האל הקדוש. Bei der Wiederholung der Tefilla wird hier die Keduscha eingefügt, vgl. darüber weiter § 9 a.

4. Es beginnen nunmehr die אמצעיות (scil. ברכות), der mittlere Abschnitt der Tefilla, welcher die Bitten צרכן שלבוריות (j. Ber. II, 4) enthält. Ihnen wird keine bestimmte Zahl beigegeben, weil die Zahl schwankte, weil es gestattet war, einzelne gesonderte Eulogien zu sprechen, wo es üblich war, mehrere zusammenzufassen (vgl. z. B. Nr. XIV und XV). Man sagte von ihnen ferner, daß ihre Reihenfolge nicht bindend wäre (b. Ber. 34 a אמצעיות אין להן סדר). Auch feste Namen sind für sie nicht vorhanden, die Namen schwanken, für einige Stücke kommen im Talmud überhaupt noch keine vor.

IV. heißt in der Mischna (Ber. V, 2) חונן הדעת nach dem Schluß, im Talmud בינה (b. Meg. 17 b), auch דיעה (j. Ber. II, 4) und ברכת חכמה (b. Ber. 33 a) nach dem Inhalt.

Die erste Bitte ist die um Einsicht, Erleuchtung (vgl. das Gebet Salomos I. Kön. 3 9—12 = II. Chr. 1 10). Der Talmud zitiert aus der Bitte חוננו דיעה (j. Ber. das.), entsprechend lautet Pal. חננו דיעה מאתך בינה והשכל מתורתך. In allen anderen Quellen findet sich vorher die überflüssige hymnische Einleitung mit אתה חונן, ferner findet sich statt השכל und בינה häufig חכמה (vgl. Amr. und Baer). Pers. hat auch hier wie in den meisten folgenden Bitten einen Abschluß כי אל דעות ורחמן אתה. Die Eulogie חונן הדעת bringt bereits die Mischna (s. oben).

Am Ausgang des Sabbats wird hier die הבדלה eingefügt (Ber. V, 2); zwischen die beiden ersten Sätze tritt אתה חוננתנו. Über den Ursprung des Habdala vgl. § 19, ihr Inhalt ist aus j. Ber. V, 2

(9 b) und b. Pes. 104 a zu entnehmen. Vom Wortlaut finden wir
in j. Ber. a. a. O. (9 c) ר׳ ירמיה ר׳ זעורה בשם ר׳ חייא ב׳ אשי צריך לומר.
החל עלינו את הימים ששת ימי המעשה הבאים לקראתינו לשלום.
Wörtlich ist diese Fassung nirgends wiederzufinden, mit einigen Änderungen in Germ. (Baer 301); Amr., Maim., Seph., It. und Rom. haben
an Stelle dieser Bitte eine andere (babylonischen Ursprungs?) וכשם
שהבדלתנו מעמי הארצות . . . . כן תטהרינו . . , die in Seph. noch etwas
erweitert ist. Der Anfang der Einschaltung lautet in Amr., It. und
Rom. אתה הבדלת. In Germ. beginnt dieser Satz, die eigentliche Habdala, mit ותבדל, denn hier wird vor der Habdala der erste Satz
der Benediktion in anderer Fassung noch einmal wiederholt אתה
חוננתנו; es wurde lange darum gestritten, ob das nötig wäre, und
obwohl die maßgebenden Kodifikatoren sich dagegen erklärten, wurden
beide Sätze beibehalten. Selbst in Seph. fand das Eingang, bei Abudr.
findet es sich noch nicht.

V. תשובה (b. Meg. und j. Ber. das.). Die Eulogie הרוצה בתשובה
in Midr. Ps. 29 2 (116 b), wofür auch die zusammenfassende Formel
רצה בתשובתנו in j. Ber. das. und IV, 3 (8 a) zeugt. Auf die Bitte
um Erkenntnis folgt diejenige um religiöse Erneuerung. Der Text
der Bitte besteht in Pal. nur aus Thr. 5 21 השיבנו ד׳ אליך ונשובה חדש
ימינו כקדם. Vulg. bietet drei Bitten, die in allen Texten wiederkehren; alle frühmittelalterlichen Quellen haben eine vierte Bitte
ודבקנו במצותיך, so noch heute It., Rom.; Saadja fügt außer dieser
Bitte noch כי פשענו (wie in Nr. VI) ein.

VI. סליחה (das.), die Bitte um Vergebung, schließt sich eng
an die תשובה an. Der Inhalt ist zusammengefaßt in die Worte סלח
לנו (j. das). Der Text in Pal. zeigt engeren Anschluß an die Bibel,
die zweite Bitte lautet מחה והעבר פשעינו מנגד עיניך nach Ps. 513,
deren Begründung כי רבים רחמיך erinnert an Ps. 119 156. In Vulg.
lautet letztere כי אל טוב וסלח אתה, nur in Germ. אתה
(V. כי אל מלך מוחל), was offenbar aus Ps. 86 5 verkürzt ist, wie tatsächlich in Oz. T. zu lesen. Eine auffallende Vermischung von Pal.
und Vulg. bietet Pers. Die Eulogie lautet מרבה לסלוח in j. R. ha Sch.
IV, 6 (59 c) und in der (kalirischen?) Poesie מי אל כמוך zum Versöhnungstage, so auch in Pal. המרבה לסלח, die übliche Eulogie חנון
חנון ומרבה המרבה לסלוח schon in Midr. Ps. 292 und in allen Riten;
לסלח in REJ LIII.

An Fasttagen, mit Ausnahme des 9. Ab, werden in dieses Stück

schon bei Amr. Selichot (vgl. § 33) eingeschoben; die Überleitung
zur Eulogie lautet dann וְאַל יעכב חטא ועון את תפלתינו סלח ומחל
לכל עונותינו. In diesem Falle hat selbst Germ. den alten Schluß כי
אל טוב וסלח אתה.

VII. גאולה (b. Meg. u. j. Ber. das.). Über die Bedeutung
dieser Bitte vgl. oben S. 35. Der Anfang stammt aus Ps. 119 143 f.,
nur sind die Verse in den Plural umgesetzt, wie es bei einem Gemeindegebet natürlich ist. In Pal. folgt sofort die Eulogie; Vulg. fügt hinzu
כי גואל חזק אתה (V. und Yem. אתה רחזק גואל גואל מלך אל כי), Seph.
liest שמך למען שלמה גאולה לגאלנו ומהר, ähnlich schon Midr. Tann.
S. 209 גאלנו ד'אלהינו גאולה שלמה מלפניך (wofür auffallend genug in
Sifre Dt. § 343 מתיר אסורים steht.) Saad. und Maim. haben noch
eine Bitte ודן דיננו. Eine starke Erweiterung bietet Oz. T. Unser גואל
ישראל (Jes. 49 7) ist als Eulogie bereits in Sir. 51 12 e zu lesen, vgl. Taan.
II. 4, b. Pes. 117 b., j. Ber. II, 4.

An Fasttagen fügt der Vorbeter an dieser Stelle תפלת תענית
(b. Taan. 11 b), das Gebet עננו ein. Der alte Text ist j. Ber. IV, 3.
(8 a), j. Taan. II, 2 (65 c) mitgeteilt, keiner der gebräuchlichen Texte
stimmt völlig mit diesem überein; am nächsten kommt ihm Germ.,
hier ist die einzige Fassung, die die talmudische Schlußformel von
עננו immer beibehält, die Bezugnahme auf Ps. 107 28 fehlt allerdings
auch hier, sie findet sich nur in Rom. Hingegen haben alle Texte
einen anderen Schlußsatz טרם נקרא אתה תענה (It., Seph.) oder טרם
נקרא אליך עננו (Germ., schon V.) mit Berufung auf Jes. 65 24, der im
Talmud das. den Schluß des kurzen Gebets הביננו bildet. Die
Eulogie העונה בעת צרה bereits in der Mischna (Taan. II, 4).

VIII. רפואה (b. Meg. das.), ברכת חולים (b. Ab. Sar. 8 a) oder
רופא חולים (j. Ber. II, 4), eine Bitte um physische Kraft, die erste
Bitte um ein materielles Gut. In Vulg. in allen Fassungen ist der
Anfang Jer. 17 14 entnommen, jedoch, wie es sich beim Gemeindegebet versteht, in die Pluralform gesetzt, Pal. dagegen, der sich sonst
weit enger an die Bibel anschließt, liest hier רפאנו ד' אלהינו
ממכאוב לבנו [ויגון ואנחה העבר ממנו] והעלה רפואה למכותינו oder,
wie in REJ LIII, מ' לכל רפואה והעלה ונרפא ר' רפאנו; ob diese
auffällige Abweichung von der Stilisierung ursprünglich oder eine
spätere Änderung ist, läßt sich vor erst nicht feststellen. Die letzte Bitte
והעלה kehrt in Vulg. überall wieder, freilich mit dem Zusatz שלמה
zu רפואה, wofür Seph. (gegen Abudr.) ארוכה ומרפא liest. Neben

לכלמכותינו haben Amr., V., It., Seph., Rom. לכל תחלואינו, was durch
Ps. 1033 gerechtfertigt wird, Maim. (Yem.) nur dieses, Seph. außerdem noch לכל מכאורבינו. Die Begründung כי אל רופא רחמן אתה überall
seit Amr., freilich ist meist noch נאמן und in Germ. מלך eingefügt.
Die Eulogie lautet in j. Ber. (l. c.), Eschkol I, 19 רופא חולים, in allen bekannten Texten im Anschluß an b. Schabb. 12 a רופא חולי עמו ישראל;
in den Reformgebetbüchern ist die alte Fassung wiederhergestellt.
In der amoräischen Zeit wurde gestattet, Privatgebete für Kranke
vor כי אל מלך einzufügen (b. Ab. Sar 8 a, b. Ber. 31 a); solche Texte
sind bei Baer S. 91 zu finden.

IX. ברכת השנים (Ber. V, 2), מברך השנים (j. Ber. II, 4), Bitte
um Segen der Feldarbeit, um Gedeihen der Frucht des Bodens. Die
kürzeste und einfachste Fassung hat Germ. (schon V.) erhalten. It.
hat den Schluß von ושבענו an ein wenig erweitert, Pal. bringt schon
den fremden Gedanken der Erlösung hinein durch die Bitte וקרב
מהרה שנת קץ גאולתנו. — In dieses Stück wird auf Grund von Ber.
V, 2 die Bitte um Regen שאלה eingefügt. Der Beginn dieser Einschaltung kann gemäß der Angabe des Talmuds (b. Taan. 14 b) verschieden sein (vgl. Achtzehng., S. 44 und Hal. Ged. 175); jetzt ist
sie laut b. Taan. 10 a vom Abend des 4. oder 5. Dezember bis zum
Pesachfeste gebräuchlich. In It. wird die Bitte dadurch erledigt,
daß zu ותן טל לברכה im Winter ומטר hinzutritt, in Germ. wird
statt ותן ברכה des Sommers im Winter ותן טל ומטר לברכה gesetzt.
Nach Midr. Lek. Tob zu Gen. 123 (29 b) scheinen diese Worte sämtlich dem gewöhnlichen Gebet anzugehören; so erscheint der Text
auch in Pal., während dort im Winter ותן גשמי רצון על פני האדמה
gesetzt wird. Alle genannten Texte erhalten die Regenbitte durch
eine geringe Änderung der sonst üblichen Bitte, was zweifellos
der Bestimmung der Mischna entspricht. Nur Seph., nach den Ausg.
schon Amr., hat zwei völlig verschiedene Stücke, ein kurzes für den
Sommer, das dem in It. üblichen ähnlich ist, und ein sehr ausführliches für den Winter. Den Text findet man bei Maim. im Verzeichnis
der Gebete; Amr. kann diese Trennung, nach der dort 8 a angeführten
Regel zu schließen, nicht gekannt haben. Gegen die Trennung vgl.
ferner Manh. § 56; vielleicht wurde sie durch die Erlaubnis des Talmuds אם צריך לפרנסה אומר בברכת השנים veranlaßt (b. Ab. Sar.
8 a, aus dem III. Jahrhundert), tatsächlich sind auch solche
Einschaltungen mit besonderen Bitten um Ertrag der Arbeit des

e i n z e l n e n vorhanden. Die Eulogie מברך השנים nach j. Ber. II, 4 in allen Texten.

X. קברץ גליות (b. Meg. das.). Die Bitten um materielle Güter sind erledigt; es folgen diejenigen um nationale Güter, zunächst die um Sammlung der Zerstreuten. Das Stück ist an die Bibel angelehnt (Jes. 2713; 1112). Pal. schließt mit לקבץ גלויותינו, R. E. J. LIII mit לקבצנו, in beiden fehlt der letzte Satz וקבצנו. Alle Texte außer Germ. (doch auch V.) lesen am Schluß לארצנו, dies fehlt ebenfalls in den Hss. von Amr., wo der Satz abweichend lautet: ושא נס לקבץ גלויותינו (ויתקרא דרור לחרותנו .Oz. T) וקרא דרור לקבצנו יחד מארבע כנפות הארץ. Die Eulogie מקבץ נדחי ישראל im Anschluß an Jes. 568 findet sich schon Sir. 5112 f, vgl. j. Ber. II, 4. In den Gebetbüchern heißt es überall, auch in Pal. נדחי עמו ישראל nach Midr. Ps. 292. In den Reformgebetbüchern haben diese und die folgenden nationalen Bitten wesentliche Veränderungen erfahren, die Erlösung und die messianische Zukunft sind rein geistig gefaßt.

XI. hat keinen bestimmten Namen und wird im Talmud nach dem Anfang השיבה שפטינו genannt (b. Meg. das.), erst in einer späten Quelle findet sich dafür ברכת משפט (Chan. z. St.). Der Inhalt wird durch עשה דין und שפטנו בצדק und הדין נעשה (j. Ber. II, 4) oder עשה דין ורתועים עליך (b. Meg. das.) oder im Habinenu-Gebet durch והתועים על דעתך (בדעתך) ישפטו bezw. ישפטו (j. Ber. IV, 3) לשפוט (b. Ber. 29 a) wiedergegeben. In den verbreiteten Texten fehlt ein auf das Gericht an den Frevlern bezüglicher Satz, die Bitte bezieht sich ausschließlich auf die Einsetzung gerechter Richter und Befreiung von irdischem Druck (ob. S. 33 f.), Rom. allein hat einen Schluß ואל נא תרשיענו בדין, der an die alte Fassung erinnert. Die erste Bitte השיבה שפטינו knüpft an Jes. 126 an. Saad., REJ LIII, 327 haben nur diesen Satz, schon Pal. fügt ומלוד עלינו אתה לבדך [B ותמלוך] hinzu. Die in Germ. (schon V) und Seph. dazwischen getretene Bitte והסר ממנו stört den Zusammenhang; sie fehlt auch in It. Rom. und Amr. Am Schluß fügen It. und Amr. hinzu בחסד וברחמים בצדק ובמשפט (Seph. fehlt בחסד), vgl. Hos. 221; Rom. und Germ. (schon V) בחסד וברחמים וצדקנו במשפט. Die Eulogie lautet אוהב המשפט in Pal., מלך אוהב צדקה ומשפט bei Alfasi, das babylonische האל המשפט (Ber. 12b vgl. Ps. 335) findet sich in allen Texten der Gebetbücher.

In den zehn Bußtagen wird die Eulogie nach Ber. 12 b in המלך המשפט geändert. Zu der sprachlichen Schwierigkeit dieser Ver-

bindung vgl. Jos. 314 und 811, II. Kön. 1617, Jer. 3139 (Raschi zu
Ber. 12 b).

XII. ברכת המינים b. Ber. 28 b, vgl. oben S. 36 ff. Dieses Stück
hat die meisten Änderungen erfahren, neben der natürlichen Einwirkung der Zeit haben die gewaltsamen Eingriffe der Zensur seinen
Wortlaut beeinflußt und umgestaltet. Ob es je gelingen wird, den
ursprünglichen Wortlaut wiederzufinden, ist mehr als fraglich. Im
ganzen Mittelalter, so noch im Reuchlin-Pfefferkornschen Streit,
wird als Anfang des Stückes das Wort ולמשומדים zitiert, das sich
nur noch in einem einzigen heute gebräuchlichen Gebetbuche erhalten
hat, dem von Yemen, das auch in dem sehr seltenen deutschen Machsor
Saloniki 1580 und Rom. vorhanden ist, aber in Hss. sich vielfach
findet. Ferner mußte — wovon der Name entlehnt ist — מינים vorkommen. Nach den Angaben der Kirchenväter war überdies die
Erwähnung von נצרים zu vermuten, was die Handschrift Oxford
von Amr. bietet. Endlich mußte auf Grund der Eulogie מכניע זדים
ein ähnlicher Ausdruck auch in der Bitte erwartet werden, dem entspricht ומלכות זדון במהרה תעקר in Amr. Cod. Sulzberger, in It.,
Rom., Yem. Alle diese Elemente bietet Pal. למשומדים אל תהי תקוה.
ומלכות זדון מהרה תעקר בימינו והנצרים והמינים כרגע יאבדו, wozu
als Abschluß noch Ps. 6929 ימחו מספר החיים ועם צדיקים אל יכתבו
hinzutritt. Damit stimmt auch das Fragment in REJ LIII, 238,
soweit es erhalten ist, überein.

Diese Formel wurde mit der Zeit nicht mehr verstanden und
darum geändert, zum Teil auch aus Rücksicht auf christliche Anklagen umgewandelt. Bezeichnend ist der aus „Habinenu" bekannte
Zusatz in Amr. Cod. O. אם לא ישובו לבריתך. Man beseitigte ferner
die im Stücke genannten Kategorien von Gegnern der Vorzeit und
ersetzte sie durch Bezeichnungen für die zu allen Zeiten zahlreichen
Judenfeinde ואויביהם וקמי׳, וכל איביך, וכל איבי עמך, וכל איביינו
וכל צררי עמך ישר׳ und wie die Ausdrücke sonst lauten, die man bei
Baer vereinigt finden kann. Zu diesen neuen Bezeichnungen gehört
auch das Wortt ולמלשינים, das heute in Vulg. an der Spitze steht,
ein gut biblisches Wort (vgl. Spr. 3010) ist und dem mit מינים häufig
zusammen vorkommenden מסרות oder מוסרים entspricht. Das
Wort ist nicht erst der Zensur wegen aus מינים erweitert, denn beide
finden sich nebeneinander in unzensierten Texten und Handschriften.
Die Eulogie lautet nach dem pal. Talmud und Midr. מכניע זדים

(s. ob. S. 38), ebenso in Pal. und im Piut für den Versöhnungstag Mi el kamoka. Midr. Ps. 29 2 hat dafür שובר איבים (babyl.). In allen bekannten Gebetbuchtexten seit Amr. steht beides zusammen, jedoch bei Amr. Saad. Maim. Yemen שובר רשעים. In neueren Gebetbüchern ist der Text vielfachen Änderungen unterworfen worden, die vernunftgemäßeste ist die völlige Streichung, wie es im Berliner Gebetbuch der Fall ist.

XIII. Der Name ברכת צדיקים findet sich zuerst im Kommentar R. Chan. zu Meg. das. Im Gegensatz zum Vorangegangenen bildete XIII eine Bitte für die Frommen (הרמת קרן הצדיקים) Meg. das. הצדיקים שמחים j. Ber. II, 4) und für diejenigen, die sich dem jüdischen Volke als Proselyten anschließen. Sie erwähnt in ihrer ältesten Fassung neben גרים auch זקנים, die Ältesten als Vertreter der Behörden (Tos. Ber. III, 25 j. das.). In Pal. ist das Stück kurz formuliert, על גרי הצדק יהמו רחמיך ותן לנו שכר טוב עם עושי רצונך בא״י מבטח לצדיקים, wobei allerdings auffällt, daß זקנים, was die Quellen fordern, fehlt. Auch in den mittelalterlichen Quellen, in It. und Rom. wird es vermißt, erst in Germ. (schon V.) und in jüngeren Ausgaben von Seph. erscheint es wieder. In Germ. und Seph. ist neu die Erwähnung von סופרים, die schon Raschi kannte. Statt des Ausdrucks ועל פליטת עמך בית ישראל hat It. ועל פלטת (בית) סופריהם, wofür wiederum Amr. (Cod. O.) Maim. und Seph. ועל שארית עמך בית ישראל lesen. Germ und Seph. (schon Abudr.) fügen ferner noch ועלינו ein, Rom. beginnt mit על החסיד׳ und liest dahinter nur על הצדיקים ועל גרי הצדק ועלינו. Die zweite Bitte ותן שכר טוב wurde gleichfalls erweitert, es kam statt לנו eine Wendung hinein, die der Eulogie entspricht לכל הבטחים בשמך באמת, die persönliche Bitte kam in ושים חלקנו עמהם zum Ausdruck, und schließlich trat als Abschluß wiederum unter dem Einfluß der Eulogie ולעולם לא נבוש כי בך בטחנו hinzu. Entgegen der alten Überlieferung ziehen die jüngeren Texte von Germ. לעולם hinauf. Für den Wortlaut am Schluß waren Ps. 22 6 und 25 2 maßgebend. Wie willkürlich an dieser Stelle erweitert wurde, zeigt die Überlieferung des Schlusses, wo It. noch מלך עולמים, Franz. Seph. und Rom. ועל חסדך (הגדול באמת) נשעננו hinzufügen. — Die Eulogie lautet in Tos. Ber. III, 25 מבטח לצדיקים, ebenso in Pal. und im erwähnten Piut מי אל כמוך; in Vulg. hingegen nach Midr. zu Ps. 29 2 משען ומבטח לצדיקים.

XIV. Ein alter Name fehlt, die Bitte jedoch ist alt, sie hatte

zuerst die Eulogie הבוחר בציון (Sir. 51 12 m) oder השוכן בציון
(j. Joma VII, 1, 44 b); später jedoch wurde sie in eine Fürbitte für
die zerstörte Stadt und die Wiedererbauung des Tempels (j. Ber. II, 2
בנה ביתך) umgewandelt. Damit wurde die Bitte für den Messias aus
dem Hause Davids verknüpft (j. Ber. IV, 5, 8 c), und die Eulogie lautete
אלהי דוד ובונה ירושלים (j. R. ha Sch. IV, 5, 59 c und pal. Midr.). Dem
entspricht die Fassung in Pal., die noch bei Saad. (bis auf die Eulogie
natürlich) ziemlich wörtlich, sogar in einfacherer und ursprünglicherer
Form erhalten ist רחם ד' אל' עלינו ועל ישר' עמך ועל ירושל' עירך ועל
ציון משכן כבודך [ועל היכלך ועל מעונך] ועל מלכות בית דוד משיחך....
בא"י אל' דוד בונה ירושלם. Die Formulierung verdient schon darum
den Vorzug vor der üblichen, weil sie mit anderen Gebeten des
gleichen Inhalts die größte Ähnlichkeit hat, auch die Aufzählung findet
sich dort wortgetreu wieder. In der durch Punkte angedeuteten Lücke
steht eine Bitte, an der bereits die Überarbeitungen bemerkbar werden;
in Pal. lautet sie בנה ביתך שכלל היכלך, was wiederum durch Analogien gut belegt ist, bei Saad. hingegen schon im Sinne der späteren
Fassung ובנה ברחמים את ירוש'. Die umfassendste Überarbeitung
weist der verbreitete Text auf, in dem kaum noch eine Erinnerung
an den ursprünglichen Wortlaut vorhanden ist, nur der Satz וכסא
דוד מהרה לתוכה תכין in Germ. und Seph. (noch nicht bei Abudr.)
deutet auf die ehemalige Vereinigung von XIV und XV. Die Bitte
in XIV wurde in eschatologischem Sinne umgeändert, auf die Rückkehr der göttlichen Majestät nach Jerusalem bezogen, sie lautet
תשכון בתוך ירשלים עירך ברחמים תשוב (It. Germ.) oder ולירושלים
עירך (Seph. Yem.); das letztere erinnert an Sech. 8 2. Amr. und
Rom. fangen mit על ירושל' עירך an, was aller Wahrscheinlichkeit
nach noch von dem Anfange mit רחם herstammt.

Wörtlich erhalten ist die Formel mit רחם in der Einschaltung
für den 9. Ab, wie sie j. Ber. IV 3 (8 a) gegeben und von Amr., It.
und Rom. übernommen ist, allerdings haben alle drei mitten in den
Text von j. Ber. VI 3 eine Bitte um Wiederaufbau der zerstörten Stadt
נערה ד' א' מעפרה והקיצה מארץ דויה eingefügt. Die Bitte wird
dort in allen drei Tefillas eingefügt. Ihr steht die Fassung נחם in
einer Handschrift von Amr., in Seph. und Germ. gegenüber, die vollständig überarbeitet ist; sie geht auf Saad. zurück und wird nach seiner
Anordnung nur zu Mincha verwendet. Eine eigenartige Verbindung
beider Formeln hat Maim.; er läßt am 9. Ab XIV vollständig aus-

fallen und ersetzt es durch ein רחם, dessen Text am Anfang Amr.,
später Seph. ähnlich ist. Im Mittelalter wurde es vielfach so gehandhabt, daß רחם am Abend und Morgen, נחם zu Mincha verwendet
wurde. Die Eulogie מנחם ציון ובונה ירושל׳, die zusammen mit
dieser Einschaltung in It. und Germ. gebräuchlich ist, stammt
ebenfalls aus palästinischer Quelle. In It. werden am 9. Ab die Kerobot bei XIV erweitert und alle Kinot an dieser Stelle eingeschaltet
(§ 32), רחם bildet den Abschluß für die Kinot.

XV. Den Namen ברכת דוד hat erst Chan. zu Meg. das. את צמח
ist das jüngste Stück der Tefilla, in Pal. überhaupt nicht vorhanden
(ob. S. 39 f.). Der Text der Bitte ist seit Amr. überall gleich, Germ.
It. Rom. lesen דוד עבדך, Amr. in einer Hdschr. וקרינו, die Begründung כי לישועתך fehlt bei Saad. Yem. Die Eulogie stammt aus
b. Pes. 117 b, eine ähnliche findet sich bereits Sir. 51 12 h. Die Ausdrucksweise, die sich in ähnlichen Gebeten wörtlich wiederfindet,
ist an Ps. 132 17 angelehnt. — In den Reformgebetbüchern haben
sowohl XIV als auch XV Änderungen im Sinne der modernen geistigen
Auffassung der messianischen Idee erfahren.

XVI., das letzte der mittleren Stücke, heißt תפלה b. Meg. 18a,
שומע תפלה j. Ber. II, 4. Eine recht kurze Fassung in Pal. שמע
[בקולנו] ה׳ אל׳ בקול תפלתנו ורחם עלינו כי אל חנון ורחום אתה.
ב״א״י שומע תפלה. Gegenüber diesem Grundtext zeigt Vulg. in sämtlichen Riten Fassungen, die die Bitten durch parallele Glieder erweitern und die Begründung breiter ausspinnen. Auf die erste Begründung, die überall lautet כי אל שומע תפלות ותחנונים אתה folgt
die neue Bitte ומלפניך מלכנו ריקם אל תשיבנו, die allerdings in Seph.
und besonders in Rom. sehr erweitert ist. Ihre Begründung ist in Amr.
und Seph. כי אתה שומע תפלת כל פה, was in Germ. (schon in V.)
in תפלת עמך ישראל eingeschränkt worden ist, das hinzugefügte
ברחמים ist eine Erinnerung an das כי אב מלא רחמים רבים אתה in
It., Rom. und Oz. T., womit auch die Hss. von Amr. übereinstimmen.
Die Reformgebetbücher haben die universale Fassung der Begründung
wieder hergestellt. — Die Eulogie שומע תפלה Ber. II, 4, Taan II, 4
vgl. j. Ber. II, 4. Frühzeitig wurde gestattet, in dieses Stück beim
stillen Gebet besondere Bitten, die dem einzelnen am Herzen lagen,
einzufügen שואל אדם צרכיו בשומע תפלה (b. Ber. 31 a, Ab. Sara 8 a);
auf diesen Satz beruft sich bereits Rab als feststehende Norm am
Anfang des dritten Jahrhunderts. Wahrscheinlich ist hierdurch die

erneute Bitte ומלפניך מלכנו entstanden. In kabbalistischen Kreisen
wurde von der Erlaubnis Gebrauch gemacht, es wurden eine Anzahl solcher Bitten formuliert, die zur Einfügung an dieser Stelle bestimmt waren. Einschaltungen für bestimmte Tage, die er an ihrer Stelle
vergessen hatte, durfte der Beter ebenfalls hier nachholen (z. B. הבדלה
ob. S. 46 f.). — An dieser Stelle schaltete an Fasttagen der einzelne
עניני ohne Eulogie in alle Tefillas ein, späterhin wurde das auf
Mincha beschränkt, aus den beiden anderen fiel es aus.

5. XVII—XIX. שלש אחרונות, die drei letzten Stücke sollen
(den ersten entsprechend) hymnischen Charakter haben (שבחו של מקום
j. Ber. II, 4, b. 34 a.), insbesondere dem D a n k Ausdruck geben.
Das trifft auf das erste und letzte nicht zu, es ist auch sicher, daß sie
zur Zeit, als die angegebene Disposition für die Tefilla vorgebracht
wurde, denselben Inhalt hatten wie gegenwärtig. Allerdings beziehen
sich diese Bitten nicht auf Bedürfnisse der Menschen, sondern auf ihre
Beziehungen zu Gott (vgl. ob. S. 31).

XVII. עבודה (R. ha Sch. IV, 5 Tam. V, 1), wahrscheinlich das älteste
Stück der Tefilla, das auch im Laufe der Zeit die mannigfachsten
Änderungen erfahren hat; die im Tempel zu Jerusalem im Anschluß
an das Opfer vorgetragene Bitte um dessen gnädige Aufnahme. Die
älteste erhaltene Formel רצה א׳ שכן בציון מהרה יעבדוך בניך
[Pes. בירושל׳] (Lev. r. VII, 2, Pesikt. d R. K. XXV, 28 p. 158 b) bildet in
Pal. den ganzen Text. Im provenzal. Ritus erscheint sie mit andern
Sätzen zusammen, die Seph. entlehnt sind. Daß diese kurze Fassung
allein den Text der עבודה gebildet hat, ist sehr unwahrscheinlich;
der Satz, der in Vulg. in allen Rezensionen wiederkehrt, ואשי ישראל
ותפלתם [מהרה] באהב׳ תקבל ברצון ותהי לרצון תמיד עבודת ישראל
עמך muß bereits dem ältesten Wortlaut angehört haben; nach dem
Aufhören des Opferdienstes kann er nicht eingefügt sein. In Vulg.
steht daneben friedlich die Bitte um W i e d e r h e r s t e l l u n g
des Opferkultus והשב [את] העבודה לדביר ביתך. Das ist eine (babylonische?) Anpassung des alten Wortlautes an die neuen Verhältnisse.
Nicht die einzige, denn Midr. Ps. 17, 4 (64 a) heißt es: לפיכך התקינו
חסידי׳ הראשוני׳ שיהיו מתפללין שלש תפלות בכל יום והתקינ׳: אנא
רחום ברחמיך הרבים השב שכינתך לציון וסדר העבודה לירושלים. Eine
nicht unbekannte Formel, sie wird in Germ. am Musaf der Festtage neben רצה verwendet, wenn der Priestersegen gesprochen wird

(Baer, S. 358), in V. dient sie sogar für den täglichen Gottesdienst.

Die Texte in Vulg. beginnen, wie Pal. mit רצה, fügen jedoch ein
Objekt hinzu בעמך ישראל; statt des folgenden ובתפלתם in Amr.,
Saad. und Germ. haben It., Rom. und Seph. שעה ולתפלתם. Aus
der Bitte שכן בציון in Pal. ist der XIV ähnliche Schlußsatz ותחזינה
עינינו בשובך לציון [Yem.לנוך] [ולירושלים עירך [It. ברחמים [It. כמאז.
[Rom. קדמוניות וכשנים. Die Klammern zeigen, wieviel hier hinzugefügt wurde. Einen ferneren Zusatz haben vor ותחזינה V., Seph.
und Prov. in der Bitte ואתה ברחמיך הרבים תחפץ בנו ותרצנו, sie ist
eine Ausführung von Saadjas ותרצה בנו כמו אז. In Oz. Tob, Rom.
und Yem. finden sich noch mehr Erweiterungen in fast allen Sätzen.
Mit den erwähnten Formen ist die Mannigfaltigkeit der Fassungen
noch nicht erschöpft. Maimonides wurde darüber befragt, ob der
von einem Autor empfohlene Text בהר מרום ישר' שם נעבדך ושם
נדרוש את כל אשר צויתנו כריח ניחוח תרצה רצה אותנו ותחזינה zulässig
wäre, und bejahte es. Eine solche Beweglichkeit zeigt der Gebettext
noch gegen Ende des zwölften Jahrhunderts, derartige willkürliche
poetische Ausschmückungen wird es wahrscheinlich weit mehr gegeben haben.

Den ersten Satz mit רצה erklärte Saadja, und Scherira stimmte
ihm darin zu, obwohl er sonst seine Abweichungen im Gebet nicht
billigte, nur da für zulässig, wo der Priestersegen (§ 9 b) gesprochen
würde; er mußte demnach stets zu Maarib und zu Mincha mit Ausnahme der Fasttage ausfallen. In Toledo wurde diese Vorschrift
noch im XIV. Jahrhundert befolgt, es wurde mit ראשי ישראל begonnen.
Das beruhte auf einer Auslegung des Wortes עבודה, die anderwärts
nicht Anerkennung fand; in der Provence und in N.-Frankreich
wurde daher schon um 1200 stets mit רצה begonnen, und Jos.
Karo kannte um 1500 nur noch diesen Brauch, der seitdem der allein
herrschende ist.

Die Eulogie lautet im Anschluß an j. Joma VII, 1 (44 b), j.
Sota VII, 6 (22 a) in Pal. שאותך ביראה נעבוד; ähnlich in It. an
Fasttagen, wo Kalirs Kerobot (§ 32), und in Germ. am Musaf der
Festtage, wo der Priestersegen hinzutreten, שאותך לבדך ביראה נעבוד.
In Vulg. lautet sie המחזיר שכינתו לציון, It. fügt ברחמיו hinzu, Rom.
liest abweichend von allen Texten המשיב שכינתו. In den Reform-
gebetbüchern ist meist wieder die ältere Eulogie שאותך לבדך auf-

genommen, ebenso ist vorher die messianische Stelle wie in XIV
geändert, der Hinweis auf den Opferkultus beseitigt.

Vor ותחזינה, d. h. hinter dem ehemaligen Schlusse der Benediktion,
wird am Neumonde und an Mittelfeiertagen יעלה ויבא eingefügt;
es heißt in den Quellen קדושת היום (Tos. Ber. III, 10, S. 76) oder
מעין המאורע (b. Schabb. 24 a). Der Anfang יעלה ויבא ist zuerst
Sofrim XIX, 7.11 erwähnt; bis auf Pal., wo die Aufzählungen reichhaltiger sind, stimmen die überlieferten Texte, abgesehen von ganz
geringen Varianten, überein. Das spricht für ein sehr hohes Alter des
Stückes, sein Stil aber weist eher auf den Anfang der paitanischen
Zeit hin. Erwähnung verdient eine Äußerung des Gaons Paltui (ca. 850),
wonach יעלה ויבא ursprünglich in die זכרונות am Musaf des Neujahrstages (§ 24) gehörte, wozu die häufige Wiederkehr der Worte
זכרון und פקדון recht gut paßt.

XVIII. הודאה (R. ha Sch. I, 5), הודייה (j. Ber. II, 4), תודה (b. Meg.
17 b) enthält den Dank für die Wohltaten, die Gott ständig den
Menschen erweist. Das Stück ist ebenfalls sehr alt und wurde im
Laufe der Zeit stark verändert und vermehrt. Der Anfang מודים
אנחני לך findet sich Sifre Deut. § 343 (142 b), Midr. Tann. (S. 209)
zitiert statt dessen ועתה א׳ מודים אנחנו לך. Eine einfache kurze
Fassung bringt Pal., beachtenswert ist am Schluß die Verwendung
von Ps. 9418; eine ähnliche Fassung im Anschluß an Kalirs Poesien
teilt S. D. Luzzatto aus It. mit, auch Saad. und Rom. haben kurze
Texte. Einschübe in diesen Text scheinen schon früh üblich gewesen zu
sein, die Mischna erwähnt und verpönt zwei, deren Sinn und Zweck uns
nicht mehr verständlich sind, weil sie wahrscheinlich mit gnostischen
Anschauungen im Zusammenhang stehen, nämlich die Wiederholung
des Wortes מודים am Anfange und die Sätze על כן צפור יגיעו
יברכוך טובים oder רחמיך ועל טוב יזכר שמך, die jedenfalls ans Ende
gestellt wurden. Das Verbot hat nicht verhindert, daß auch nach
300 einzelne Vorbeter sich die Freiheit nahmen, ähnliche Sätze einzufügen (b. Ber. 33 b). Der erweiterte Text in Vulg., dessen Kern schon in
Amr. vorliegt, stimmt in Germ., It. und Seph. überein, er bewegt sich
meist in biblischen Redewendungen, und es ist daher leicht verständlich, wie er allmählich an Umfang zunahm. Amr., Rom. und It.
haben zum Abschluß ולא הכלמתנו ד׳ אל׳ לא עזבתנו ולא הסתרת פניך
ממנו, das in Seph. und Germ. fehlt.

Vulg. hat nun aber noch zwei kurze Stücke ועל כלם und וכל

החיים (Saad. nur ועל כלם), die den Inhalt von מודים zusammen-
fassen und geradezu Dubletten dazu sind (vielleicht verdanken sie
ihren Ursprung den zwischengetretenen Zusätzen, siehe weiter). Die
neueren Texte von Germ. und Seph. haben auch hierbei noch einen
Zusatz, האל ישועתנו (Seph. האל הטוב), Rom. חי העולמים ונודה לך,
Saad. כי יחיד אתה ואין בלתך. Die Eulogie lautet gemäß j. Joma
VII, 1 (44 b) in Pal. הטוב לך להודות, in Vulg. הטוב שמך וכו׳, was
zuerst Midr. Ps. 292 vorkommt.

An Chanukka und Purim wird in die הודאה auf Grund von
Tos. Ber. III, 8 ein besonderes Dankgebet מעין המאורע eingeschaltet.
Ein kurzer Text כן עשה .... וכניסי פלאות ותשועות כהניך שעשית
עמנו, der sich in die Fassung von מודים in Pal. gut einfügt, findet
sich Sof. XX, 8. Die gebräuchlichen Texte bestehen aus zwei Sätzen,
einer Einleitung על הנסים (abhängig von מודים), die für beide Feste
gilt, und der Erzählung des zugrunde liegenden Ereignisses בימי
מתתיהו bezw. בימי מרדכי. Die Texte lauten seit Amr. bis auf die
unvermeidlichen kleinen Abweichungen gleich. Hervorzuheben ist, daß
Abudr. entgegen allen anderen Texten על הנחמות statt המלחמות
liest. Zahlreiche Varianten gibt es zu להשכיחם (לשכחם) [מ]תורתך, vgl.
dazu Abudr. und Riv. Isr. V, 125. Am Schlusse lesen Amr. und danach
It. und Seph. כשם שעשית עמהם כן עשה עמנו פלא ונסים וגו׳, das
ist ein Rest des oben erwähnten Wortlauts in Sof.; schon Hai Gaon
und die Tosaphisten haben den Satz, da Bitten nicht an diese Stelle
gehören, bekämpft, in Rom. und Germ. fehlt er. Wahrscheinlich wurde
nach der längeren Unterbrechung durch על הנסים der Gedanke
von מודים durch ועל כלם wieder aufgenommen, wodurch der Satz
in das Gebet kam.

An den zehn Bußtagen wird seit der gaonäischen Zeit die Bitte וכתב
לחיים טובים כל בני בריתך eingeschaltet (vgl. oben S. 43), in Germ.
vor וכל החיים, in den anderen Riten, auch in Amr., hinter dessen
erstem סלה. Überdies hat Rom. die weitere ausführliche und vielleicht
jüngere Bitte זכר רחמיך, die in V. nur an כ ויו ר״ה vorkommt.
Daher hat sie auch Germ., jedoch nur bei Wiederholung der Tefilla
am Versöhnungstage sowie beim Musaf des Neujahrsfestes.

In der Zeit der Amoräer war es Brauch (und zwar zuerst in Babylonien?), daß die Gemeinde, während der Vorbeter bei Wiederholung
der Tefilla מודים rezitierte, ebenfalls מודים sprach. Die Einführung
geht auf Rab zurück, von dem in b. Sota 40 a und j. Ber. I, 5 (3 d)

verschiedene kurze Sätze für diesen Zweck mitgeteilt werden; andere
Lehrer empfahlen andere Sätze, mit der Zeit wurde es Sitte, sie alle
zusammenzufassen. Der in Baer gegebene Text stammt aus Sota 40 a,
(vgl. schon Amr. 11 b); man nennt das Stück מודים דרבנן, wahrscheinlich wegen der von Gelehrten רבנן im Talmud daselbst beliebten Zusammenfassung.

ברכת כהנים. Bei Wiederholung der Tefilla wird an dieser Stelle
der Priestersegen vorgetragen, vgl. § 9 b.

XIX. ברכת כהנים. Den gleichen Namen führt auch die letzte
Benediktion, weil sie an den Priestersegen anknüpft, R. ha Sch. IV, 5,
Tamid V, 1. Sie nimmt die letzten Worte des Priestersegens auf
durch שים שלום und schließt mit der Eulogie (so ihr Name b. Meg. 18 b)
עושה השלום (Lev. r. IX g. E. 14 a, Midr. Ps. 29 2). Eine kurze Formel
dafür enthält Pal., Vulg. bietet Erweiterungen dieses Textes, die seit
Amr. im Wortlaut bis auf ganz kleine Abweichungen übereinstimmen.
Eine Besonderheit von Germ. bildet das kurze Stück שלום רב, das
dann gesagt wird, wenn der Priestersegen nicht voraufgeht; es wird
zuerst von Eljakim aus Speyer (XI. Jahrhundert) erwähnt, fehlt
noch in V., wird aber später durch Meir von Rothenburg wiederein-
geführt und überall in Germ. üblich. Auch in Yem. wird es zu Mincha
gebetet. Die Eulogie lautet in Vulg. in allen Texten המברך את עמו
ישר׳ בשלום, Amr. 18 a gibt allerdings im Texte von Mincha עושה השלום.
Die alte Eulogie findet sich in Germ. nur an den zehn Bußtagen, zusammen mit der Einschaltung בספר חיים; aus den andern Riten ist
sie geschwunden. Der Text von בספר חיים ist in It., Rom. und
Seph. gegenüber Germ. etwas erweitert, die Einschaltung selbst
ist jung (ob. S. 43).

Hinter der Eulogie von XIX folgt in It. und Seph. אמן, als
Zeichen, daß die Tefilla zu Ende ist.

6. Die Tefilla des Vorbeters schließt tatsächlich hier, aber für den
einzelnen sind im Laufe der Zeit eine Anzahl von Zusätzen hinzugetreten. R. Jochanan hat — wie für den Anfang (s. ob. S. 43) — auch
für den Schluß einen Bibelvers empfohlen: Ps. 19 15 יהיו לרצון.
Vor diesen Vers tritt aber das von Mar dem Sohne Rabinas, nach Beendigung der Tefilla gesprochene Gebet אלהי נצור b. Ber. 17 a (mit
Ausnahme eines Satzes); worauf in Germ. und Seph. (noch nicht in
Abudr.) .... עשה למען שמך folgt. Dieses im Piutstil gehaltene
Stück ist seinerseits die Verkürzung einer längeren Bitte מלכנו אל׳ יחד

שמך בעולמך, die sich bei Amr., Saadja, REJ, V., Manhig § 63, Tur. I, 122 findet, aus den gedruckten Gebetbüchern jedoch wieder verschwunden ist. Da hier bei der nicht mehr zum Pflichtgebet gerechneten Einschaltung ziemlich frei verfahren wurde, finden sich bei Amr. noch mehr Zusätze; so das Privatgebet Rabas b. Ber. 17 a אלהי עד שלא נוצרתי und ופתח לי שערי בינה. Das letztere ist zusammen mit א׳ נצור in It. übergegangen. Abudr. verzeichnet nur das אלהי נצור des Talmuds und auch das nur als Brauch einzelner; in Rom. fehlt bis auf יהיו לרצון jeder Zusatz. Hinter Ps. 19 15 finden wir bereits in V. und dann in Germ. und Seph. עושה שלום במרומיו הוא יעשה שלום עלינו ועל כל ישראל (im Anschluß an Job 25 2). It. hat beides vor אלהי נצור, woraus man klar sieht, daß letzteres eine junge Hinzufügung ist.

Für Gebete des einzelnen ist überhaupt viel Spielraum gelassen; auch sind Erweiterungen nach Belieben gestattet, wenn sie inhaltlich zu dem betreffenden Stücke der Tefilla passen (b. Ab. Sar. 8 a).

7. Wo die Notwendigkeit vorlag, waren auch Abkürzungen erlaubt „מעין שמנה עשרה“. Eine solche ist das von Mar Samuel aufgestellte הביננו, wobei die mittleren 13 Stücke in ein einziges mit der Eulogie שומע תפלה zusammengezogen und zwischen die drei ersten und die drei letzten gestellt werden. Der Text ist j. Ber. IV, 3 (8 a) und b. Ber. 29 a in voneinander abweichender Form gegeben. Üblich wurde mit ganz geringfügigen Änderungen die babylonische Form. Die Texte bei mittelalterlichen Autoren weichen in Einzelheiten voneinander ab, vgl. z. B. Hal. ged., Hild. 30 und Eschkol I, 59. Aber auch für die öffentliche Tefilla waren solche Abkürzungen nicht ungebräuchlich. Von einer solchen in der im Talmud genannten Form ר״ח מעין ר״ח (j. Ber. das.), die aus gaonäischer Zeit stammt (frühestens aus d. VIII. Jahrhundert), findet sich der Anfang in Eschkol I, 55, das vollständige Stück unter den Genisa-Handschriften in Cambridge. Und wie dieses Stück zeigt, waren p i u t a r t i g e Bearbeitungen der Tefilla im Gebrauch, die sich nicht an den Wortlaut hielten, sondern nur Inhalt und Eulogie der einzelnen Stücke beibehielten. Namentlich in Palästina, der Heimat des Piuts, scheint man solche poetisch ausgeschmückte Texte begünstigt, in großer Zahl besessen und im Gottesdienste verwendet zu haben.

§ 9 a. Die Keduscha.

Literatur: Zunz, Litg., S. 13f.; Baer, S. 236f.; Müller, J., Mas. Sofrim,
S. 226ff.; Kohler, K. in *MS*. XXXVII, 1903, S. 493f.; Büchler A., La
Kedouscha du „Yocêr" chez les Gueonim in *REJ* LIII, 1907, S. 220 ff.;
Ginzberg, L. Geonica I, S. 129; II, S. 48 ff.

1. Bei der Wiederholung der Tefilla zu Schacharis, Mincha
und Musaf wird in das dritte Stück, קדושת השם, die Keduscha
קדושה eingefügt. Sie hat ihren Namen von dem Verse Jes. 6 3, dem
Trishagion, das auch in der alten christlichen Liturgie von großer Bedeutung ist. Neben diesem Verse setzt sich die Keduscha noch aus
den Bibelstellen Ez. 3 12 b ברוך כבוד und Ps. 146 10 ימלך zusammen,
diejenige des Musaf enthält außerdem Dt. 6 4 שמע und Num.
15 41 c אני ד' אלהיכם. Die in die Tefilla eingeschaltete Keduscha
heißt קדוש של עמידה (Sof. XVII, 12 Ende). Daneben gibt es noch
zwei andere Keduschas im Gebet; die Keduscha im Jozer, welche nur
die beiden Verse aus Jes. und Ez. (S. 67), sowie die קדושה דסדרא (b.
Sota 40, vgl. § 10), welche neben den beiden Versen noch Ex. 15 18 und
zu allen drei Versen das Targum bringt.

Die Keduscha des Jozer und der Tefilla haben zwischen den beiden
Versen aus Jes. und Ez. einen verbindenden Text, die letztere auch
eine besondere Einleitung. Beide führen die Verse als Wechselgesang
der Engelchöre ein. Die Keduscha de Sidra hingegen setzt die Verse
ohne jede Verbindung lose nebeneinander. Nur sie ist im Talmud
mit Namen genannt, die beiden anderen erwähnt erst der nachtalmudische Tr. Sofrim. In Amr. finden wir sodann die Texte in ihren
bekannten Fassungen.

2. Der Ursprung der Keduscha ist überaus dunkel, die alten
Quellen lassen uns vollständig im Stiche, die älteste darauf bezügliche
Nachricht finden wir Tos. Ber. I, 9 (S. 2 7) אין עונין עם המברך ר'
יהודה היה עונה עם המברך קק״ק ד' צבאות מלא . . . וברוך כבוד
ד' ממקומו כל אילו היה ר' יהודה עונה עם המברך. Was das für ein
Vorbeter ist, aus welchem Grunde er den sonst nicht vorkommenden
Namen מברך führt, an welcher Stelle er die erwähnten Verse vortrug,
ob die anderen Autoritäten das Verhalten R. Jehudas billigten oder
verwarfen, all das erfahren wir aus der dürftigen Nachricht nicht.
Auch wenn R. Josua b. Levi (um 230) von der Keduscha des Vorbeters spricht (עד שלא יגיע ש״צ לקדושה b. Ber. 21 b), ist daraus nicht
zu ersehen, ob die dritte Benediktion oder die Einschaltung gemeint ist.

Nicht aufschlußreicher ist eine Stelle des palästinischen Talmuds
j. Ber. V, 4 (9 c u.) בטיטרי איטחתק באופנייה אתון ושיילון לר׳ אבון
אמר לון ר״א זה שעובר תחתיו יתחיל ממקום שפסק א״ל והא תנינן
מתחלת הברכה שטעה זה אמר לון מכיון דעניתון קדישתא כמי שהוא
תחלת ברכה, weil auch hier das Gebet, um das es sich handelt, nicht
genannt ist; sicher geht daraus hervor, daß zur Zeit R. Abbuns (vor
354) der verbindende Text bereits vorhanden war und eine Erwähnung
der Engelchöre אופנים (vgl. Ez. 1 19 u. ö.) enthielt. Einen solchen
Text bietet im traditionellen Gebetbuch stets die Keduscha des
Jozer, die der Tefilla lediglich an einzelnen ausgezeichneten Tagen,
man hat infolgedessen den Schluß gezogen, daß die Jozer-Keduscha
eine Wiedergabe des täglichen Morgengesanges der himmlischen
Scharen darstellt, daß sie älter ist als die der Tefilla, daß diese erst
aus jener hervorgegangen ist. Ein solcher Schluß ist irrig, die Ausdrucksweise des Talmuds זה שעובר תחתיו [scil. לפני התיבה] und der
ganze Zusammenhang der Stelle gestatten nicht, ein anderes Gebet
darin wiederzufinden als die Tefilla. Dazu kommt noch eins. Nach der
gut verbürgten Sammlung der Differenzen zwischen Palästinensern
und Babyloniern war in Palästina die Keduscha nur an Sabbaten,
in Babylonien hingegen täglich üblich (Chill. Nr. 59); ja selbst gegen
800 scheint das noch überall dort in Palästina, wo die eingewanderten
Babylonier nicht in der Mehrzahl waren, der herrschende Brauch
gewesen zu sein. Nun ist es sehr wohl denkbar, daß die Keduscha
innerhalb der Tefilla, wo sie eine Einschaltung war, an Wochentagen
fortblieb, hingegen wäre es keineswegs zu erklären, wieso die Keduscha im Jozer, wenn sie ein wichtiges Stück des spezifischen
Morgengebetes bildete, weggelassen werden konnte. Irgendein direktes Zeugnis von der ursprünglichen Zugehörigkeit der Keduscha
zum Jozer gibt es nicht, hingegen haben wir in der dritten Benediktion der Tefilla sowohl dem Namen als auch der Sache nach die
allerbeste Anknüpfung.

    3. Die älteste Form dieser Benediktion lautete קדוש אתה ונורא
שמך (S. 45), aller Wahrscheinlichkeit nach war als biblische Beleg-
stelle Jes. 63 כּכתוב קדוש ק״ק ד׳ צבאות angeführt, ja es ist bei der
Vorliebe der alten Tefilla für Benutzung des Bibelworts (S. 42) nicht
einmal ausgeschlossen, daß lediglich der Vers קדוש den Text der
Benediktion ausmachte (vgl. השיבנו S. 47). Der ursprüngliche Zusammenhang des Verses nun wies direkt auf die Huldigung der Engel

hin; daß mystisch gestimmte Gemüter sich dieses Hinweises zu bedienen wußten, zeigen Stellen wie Hen. 39 12, Apok. Joh. 4 8. Einen verwandten Inhalt zeigte Ez. 3 12, der Schall, der von der Bewegung der Engel her an das Ohr des Propheten dringt, klingt ebenfalls in einen Hymnus aus, in beiden Stellen wird überdies die Herrlichkeit (כבוד) Gottes gepriesen. So lag es nahe, die beiden Stellen gemeinsam zu bearbeiten, aus ihnen eine dramatisch belebte Schilderung des Wechselgesanges der Engelchöre zu gestalten, in Jesaia sind es die Seraphim, in Ezechiel die „Ofannim" und die „heiligen Chajot", die den Hymnus vorbringen, die Keduscha läßt sie zugleich auftreten und wechselseitig das Lob des Herrn anstimmen. Das waren die Gedanken, die den Mystikern der alten Zeit und denen des Mittelalters reichen Stoff zur Bearbeitung boten, daher die Mannigfaltigkeit der einleitenden Sätze und der verbindenden Texte, die im Laufe der Zeiten entstanden.

Nur die beiden Verse aus Jesaia und Ezechiel gehörten zur alten Keduscha. ימלך in der Tefilla-Keduscha ist stets nur ganz lose als Zitat „aus den Hagiographen" mit den vorangehenden Versen verknüpft, was allein genügt, um es als jüngere Zutat zu kennzeichnen. Daß der Vers in der Keduscha de Sidra durch Ex. 15 18 ersetzt ist, hat seinen Grund darin, daß dort ein Targum erforderlich war; da ein anerkanntes Targum zu den Hagiographen nicht vorlag, mußte ein Vers des gleichen Inhalts aus einem Buche, zu dem die aramäische Übertragung vorhanden war, gewählt werden. Weshalb ימלך in die Keduscha kam, ob es aus den Neujahrsgebeten übernommen wurde, oder ob beabsichtigt war, wie in so vielen anderen Gebeten auch hier den Gedanken des Gottesreiches zum Ausdruck zu bringen, läßt sich nicht mehr erkennen. Klarer ist hingegen, auf welchem Wege שמע ישראל in die Keduscha kam. Gelegentlich einer Religionsverfolgung im byzantinischen Reiche wurden gewisse jüdische Gebete, darunter das Einheitsbekenntnis und das Trishagion, das die Kirche im Sinne der Trinität auslegte, verboten. Die Synagogen, die an den Wochentagen wahrscheinlich überhaupt geschlossen waren, wurden an den Sabbaten überwacht, bis die Stellen der beanstandeten Gebete vorüber waren. Daher wurde zu dem Aushilfsmittel gegriffen, die Keduscha in das Musafgebet aufzunehmen und um den Anfang und das Ende des שמע zu erweitern. (שמע־להיות לכם לאלהים אני ד׳ אלהיכם) Auch nachdem die Verfolgung vorüber und die volle Religionsfreiheit

wiederhergestellt war, wurde die Einschaltung in der Musaf-Keduscha
für die Sabbate und Feste belassen. Es ist nicht ausgeschlossen, daß
die Aufnahme von שמע ישראל den Anlaß zur Einführung von ימלך
gab, daß, nachdem einmal Verse aus den Propheten und dem Pentateuch zur Keduscha gehörten, auch die Hagiographen darin vertreten sein sollten. Das älteste Zeugnis für das Vorhandensein des
שמע in der Keduscha findet sich P. d R. E. IV, Ende, wo jedoch ימלך
noch nicht erwähnt ist.

4. Der Text der Keduscha im engeren Sinne, der B i b e l v e r s e,
war durch die Masora vor Schwankungen behütet; die Verschiedenheiten entstanden durch die v e r b i n d e n d e n T e x t e und in der
Tefilla-Keduscha durch die E i n l e i t u n g e n. Es sind folgende:

A. Einleitungen. Sie stellen die Keduscha der Gemeinde als
eine Nachahmung der Verherrlichung Gottes durch die Engel dar.

1. Die älteste Einleitung, die wir kennen, ist נעריצך ונקדישך
in Sof. XVI, 12. Sie ist in Germ. an den Musafgebeten üblich. In
der Wortfolge נקדישך ונעריצך finden wir sie in Seph. und seit dem
XVII. Jahrhundert in It. bei allen Gebeten mit Ausnahme des Musaf;
in Rom. an Wochentagen. Die Bibelstelle Jes. 29 23 spricht sehr
für die Wortfolge in der letzteren Fassung. Maim. liest abweichend
von allen Texten נקדישך ונמליכך. Alle Riten außer Germ. erwähnen in der einen oder anderen Form die Dreiteilung der Keduscha
(שלוש קדושה), die Art der Bezugnahme auf die Huldigung der
Engel ist in den Texten verschieden. Zu erwähnen ist, daß in einer
als Variante gegebenen Keduscha zu Schacharis von Pesach in Rom.
an die Einleitung auch Jes. 6 1, 2 angeschlossen ist.

2. Damit verwandt ist die Einleitung נקדש, die in Germ. mit
Ausnahme der Musafgebete stets gesprochen wird, in Rom. an den
Morgengebeten der Sabbate und Feste. Es ist die einfachste Form
der Keduscha, sie nennt nicht einmal die Engel. In den alten Quellen
ist sie nicht nachweisbar.

3. כתר, bei Amr. für alle Gebete ohne Unterschied, findet sich
in den anderen Riten in sämtlichen Musaftefillas. Germ. ist sie unbekannt, der altfranzösische Ritus hat sie jedoch ebenfalls zu Musaf
verwendet, V. nennt sie קדושה רבה. It. hatte sie früher, wie Amr.,
täglich, bis durch den Einfluß der Kabbalisten נקדישך an die Stelle
trat. כתר stammt wahrscheinlich aus den Kreisen der babylonischen
Mystiker, der Gedanke und die Ausdrucksweise sind ihnen sehr geläufig.

B. Verbindende Texte. Sie stellen den Übergang von einem Bibelverse zum anderen dar.

1. Zwischen קדוש und ברוך.

a) Die kürzeste Fassung bilden die Worte לעמתם ברוך יאמרו, wie sie stets mit Ausnahme des Musaf in It., an Wochentagen auch in Germ., oder לעמתם משבחים ואומרים, das stets mit Ausnahme des Musaf in Rom. und Seph. üblich ist. Dieser Übergang läßt die Beziehung des לעמתם durchaus unklar und macht den Eindruck einer Verkürzung aus dem nun folgenden

b) אז בקול רעש גדול, das täglich in Amr. und am Morgen der Sabbate und Feste in Germ. (schon in V.) im Gebrauch ist. Der Inhalt entspricht völlig demjenigen von והאופנים וחיות הקודש in der Jozer-Keduscha. Da schon im Talmud Ofannim in Verbindung mit der Keduscha erwähnt werden, ist anzunehmen, daß diese Verbindung oder zumindest der ihr zugrunde liegende Gedanke recht alt ist.

c) כבודו (וגדלו) מלא עולם, in allen Riten in der Musaftefilla, bei Maim. täglich, seit dem XV. Jahrhundert in Deutschland am Jom Kippur in allen Gebeten. Der Ursprung ist unbekannt, die Form piutisch, derart daß mit dem Schlußworte des Bibelverses כבודו begonnen und darauf wieder hingeleitet wird.

2. Zwischen ברוך und שמע in der Musaftefilla der Sabbate und Feste. Die einfachste Fassung lautet in Rom. פעמים בכל יום אומרים, wobei nach den alten Quellen באהבה zu ergänzen wäre. In Rom. selbst aber findet sich auch der erweiterte Text, dessen Beginn im Anschluß an das letzte Wort des Bibelverses ממקומו lautet, er ist in kürzerer Fassung als die Texte von It., Seph. und Germ. gehalten, die alle kleine Erweiterungen bieten.

3. Zwischen שמע und להיות לכם לאלהים enthält Rom. gar keine Verbindung, und ursprünglich müssen die Worte, wenn sie dem obenerwähnten Zwecke dienen sollten, ohne Unterbrechung gesprochen worden sein. Als später die Ursache der Aufnahme des שמע unbekannt war, wurden die Worte ebenfalls durch ein poetisches Stück verbunden, אחד הוא אלהינו, das wieder an das letzte Wort des Verses anknüpft und dessen ganzer Wortlaut den Eindruck einer relativen Jugend hervorruft. Der Text in It. und Germ. ist der gleiche, in Seph. findet sich gegen Ende noch ein Zusatz, die Bitte um messianische Erlösung: הן גאלתי אתכם אחרית כראשית, die aus völliger Verkennung des ursprünglichen Sinnes an diese Stelle gesetzt ist.

4. An אני ד׳ אלהיכם schließt Germ. an Festtagen אדיר אדירנו
an, eine starke Betonung des Gottesreiches; den anderen Riten ist das
Stück unbekannt. Es stammt aus Deutschland, der Wortlaut scheint
von der Poesie Meschullams b. Kalonymos (gest. um 1000 in Mainz)
beeinflußt. Ursprünglich war אדיר nur an den beiden ernsten Feiertagen üblich, seit 1100 fing man an, es auf die Wallfahrtsfeste zu
übertragen. It. wiederum hat an den Festen eine Bitte אלהיכם אל עליון,
die, wie es scheint, an den gleichen Gedanken anknüpft; der Ausdruck
und die Reime kennzeichnen sie als ziemlich jung.

5. Vor ימלך haben die meisten Texte übereinstimmend stets
ובדברי קדשך כתוב לאמר, eine reine Quellenangabe ohne innere Beziehung zur Keduscha. Jedoch haben Amr. und Maim. täglich, Germ.
im Morgengebet der Sabbate und Feste statt dieses nichtssagenden
Überganges ממקומך מלכנו תופיע; das ist eine Bitte um Herbeiführung der messianischen Zeit, in der Gott allein König sein wird
(ימלך). Die Anknüpfung ist wiederum durch das letzte Wort des
Textes ממקומו gegeben, das in die Quellenangabe (כדבר האמור) aus-
klingt.

Die äußere Form, der Gedankengang und der Wortlaut der
meisten Hinzufügungen zur Keduscha rechtfertigen die Annahme
ihrer Entstehung in der ersten Zeit nach Abfassung des Talmuds; auf
einige Ausnahmen wurde oben bereits hingewiesen. Die Mannigfaltigkeit der Formen ist wahrscheinlich dadurch zu erklären, daß
aus Palästina und Babylonien verschiedene Vorlagen kamen. Nur
in unwesentlichen Einzelheiten hat sich der Text im Wechsel der
Zeiten und Länder geändert. In den neueren reformierten Gebetbüchern wurden die Erwähnungen der Engel meist beseitigt. Auch
sind die verbindenden Texte mehrfach in deutscher und englischer
Sprache poetisch bearbeitet worden.

5. Die Keduscha im Jozer scheint wesentlich jünger zu sein als
die in der Tefilla, sie scheint erst eine Schöpfung der Mystiker der
gaonäischen Zeit zu sein. Sie ist im Jozer ein fremdes Element, der
alte Text (ob. S. 17f.) enthielt sie nicht, und man merkt auch dem
heutigen Texte noch an, daß das Thema von den Engeln und ihrer
Huldigung mit Gewalt herbeigezogen ist. Wir wissen aus den Überresten der Literatur der Mystiker, welche hohe Bedeutung sie der
Rezitation der Keduscha beimaßen (S. 18f.), und haben allen Grund
zu der Annahme, daß sie es waren, welche die Aufnahme der Keduscha

in den Jozer veranlaßten. Das kann jedoch nicht später erfolgt sein als die Abfassung des Tr. Sofrim, in dem zu wiederholten Malen der Jozer-Keduscha Erwähnung geschieht. Vielleicht wollten die Mystiker durch die Aufnahme der Keduscha in den Jozer auch denjenigen, die nicht mit der Gemeinde beteten, eine Gelegenheit bieten, die Keduscha-verse zu rezitieren. Die verschiedenen Ersatzstellen für die Keduscha in der Ausgabe von Amr. gehören zwar dem ursprünglichen Texte nicht an, aber sie entstammen sämtlich der mystischen Literatur und lassen deutlich die Bestrebungen jener Kreise erkennen. Für die Jozer-Keduscha war die Einleitung durch die voraufgehende Schilde-rung der Engel des Dienstes (משרתים) gegeben. Den verbindenden Text zwischen den beiden Versen קדוש und ברוך bildet das allen Riten gemeinsame והאופנים וחיות הקודש, das in Germ., wenn es mit Piut zusammentrifft, in והחיות ישוררו geändert wird.

6. Über den Ursprung der Keduscha de Sidra vgl. § 10. Sie ist älter als die des Jozer, wahrscheinlich ebenfalls babylonischen Ur-sprungs. Wenn das Targum scheni zu Ester V, 1 von einer dreimaligen Rezitation des Trishagion spricht, so denkt der Verfasser wahrschein-lich an unsere Keduscha und die bei der Wiederholung der Tefilla zu Schacharis und Mincha. Hingegen setzt die junge Sammlung Midrasch ha Gadol, die 30 Keduschas wöchentlich erwähnt (S. 278), bereits je 4 Keduschas an den 6 Wochentagen und 6 am Sabbat voraus; 3 in der Tefilla, 1 im Jozer und 2 Keduschas de Sidra zu Mincha und am Sabbatausgang.

§ 9 b. Der Priestersegen.

Literatur: Baer, S. 358 ff.; Duschak, S. 266 ff.; Berliner, Randb. I, 40 ff.; Frumkin, S. 284 ff.; J.E. Art. Blessing, Priestly III, 244 ff.

1. Der Priestersegen ברכת כהנים ist ein Residuum aus dem Kultus des Tempels; er bildete einen Bestandteil des täglichen Opfers, an jedem Morgen und gegen Abend sprachen die Ahroniden unmittel-bar vor dem Darbringen des Ganzopfers über das Volk den in Num. 6 24—26 vorgeschriebenen Segen. Die Priester traten im gegebenen Augenblicke auf die Stufen der Vorhalle, von der aus sie zum Volke zu reden pflegten, und verkündeten den Segen; die Bezeichnung ברכת כהנים der Mischna (Sota VII, 1) wird in der Tosefta ausdrücklich auf den Segen bezogen, den die Priester auf den Stufen der Tempelhalle sprechen. (ברכת כהנים אלו שהכהנים אומרים על מעלות האולם) das.

VII, 7 S. 307 3). In amoräischer Zeit wurde für den Standort der Priester die in der Mischna in anderem Sinne gebrauchte Bezeichnung דוכן verwendet, man nannte daher die Tätigkeit der Priester עלה לדוכן (z. B. b. Schabb. 118 a). Hiervon stammt das in der jüdisch-deutschen Mundart bis in die Gegenwart erhaltene Wort „duchenen" für Sprechen des Priestersegens. — Die Priester hoben beim Segen die Hände hoch, so tat es schon Ahron bei der Einweihung der Stiftshütte (Lev. 7 22); der Ausdruck נשא את ידיו wird noch im hebräischen Sirach gebraucht (50 20), im tannaitischen Schrifttum jedoch ist נשא את כפיו dafür üblich, davon wird das Nomen נשיאות כפים gebildet (Sifre Num. § 39 p 11 b), das dann in der halachischen Literatur allgemein Verwendung findet. Endlich erscheint im babylonischen Talmud und im Targum, da die Priester die Hände beim Segen ausbreiten, die Bezeichnung פרס ידיו (ידו) (z. B. Jon. zu Num. 6 23). Daneben aber erhält sich der alte schlichte Ausdruck der Bibel ברך Num. 6 23 (הכהנים מברכים את העם) vgl. Sota VII, 6 und b. 39 a), und neben נשיאות (נשיאת) כפים kommt ברכת כהנים ständig vor.

2. Der Priestersegen bildete, wie bemerkt, ursprünglich einen Teil des Tempelkultus. Nach den Berichten der Mischna (Taan. IV, 1) wurde er bisweilen sogar viermal an einem Tage gesprochen, außer beim Morgen- und Nachmittagsopfer auch zu Mittag beim Zusatz-gebet (מוסף, wofür in Tos. das. S. 219 8 חצות) und am Abend beim Schließen der Tempeltore (נעילת שערים). Das geschah am Ver-söhnungstage, bei öffentlichen Fasten und beim Gottesdienst der Standmannschaften (מעמדות § 34). Hier begegnet uns zum ersten Male der Priestersegen, ohne Begleiterscheinung eines Opfers zu sein. Dem-entsprechend wurde er schon während des Tempelbestandes auch in die Gotteshäuser außerhalb des Tempels (גבולין, מדינה) über-tragen; „so gut wie es einen Priestersegen im Tempel gibt, wird er auch in der Provinz gesprochen". (Tos. Sota VII, 8 S. 307 7; vgl. Sifre suta S. 53). Freilich wurden einige unterscheidende Abweichungen festgesetzt; im Tempel wurde der ganze Priestersegen ohne Unter-brechung gesprochen, außerhalb in drei Sätzen (davon später ברכה משלשת), in die wahrscheinlich die Gemeinde mit Amen einfiel; im Tempel wurde das Tetragramm ausgesprochen, außerhalb nicht; im Tempel erhoben die Priester ihre Hände bis ans Haupt, außerhalb nur bis an die Schultern (Tam. VII, 2, Sota VII, 6, Sifre u. S. s. z. St.). Fraglos traten in der ältesten Zeit die Priester, wenn die Reihe an sie

kam, von selbst vor und sprachen ihren Segen; schwerlich war er mit der Tefilla organisch verbunden. Zum Segen war jeder Priester ohne Unterschied des Alters zugelassen, ganz gleich ob er zur gerade diensttuenden Abteilung gehörte oder nicht; nur solche mit körperlichen Gebrechen wurden ausgeschlossen, aber auch nicht unbedingt und ohne Ausnahme (Meg. Ende).

3. Mit der Zerstörung des Tempels hörte die primäre Stätte des Priestersegens auf, er erhielt sich nur noch an der Stelle, an die er übertragen war, nämlich beim Synagogengottesdienst. Auch hier wurde den Ahroniden das Sprechen des Segens zur Pflicht gemacht (j. Ber. V, 5 f. 9 d). Er wurde in die Tefilla einverleibt; wann das geschah, läßt sich mit Sicherheit nicht feststellen, die Mischna setzt bereits voraus, daß der Priestersegen während des lauten Vortrags der Tefilla stattfindet (Ber. V, 4). Gleichzeitige Verordnungen weisen ebenfalls auf die Veränderung der Stätte des Priestersegens hin, im Tempel waren sie überflüssig, ihr Zweck durch die von selbst gegebenen Bedingungen erfüllt. Jochanan ben Sakkai verfügte, daß die Priester ihre Sandalen ablegen mußten, wenn sie den Segen sprachen (b. Sota 40 a), R. Ismael b. Elisa hält das Händewaschen vor dem Segen für erforderlich (das. 39 a), sein jüngerer Zeitgenosse Eleasar b. Schammua auch einen besonderen Segensspruch (b. Meg. 27 b). Etwa um dieselbe Zeit dürfte eingeführt worden sein, daß die Priester ihre Finger beim Segen spreizten (vgl. Targ. jer. zu Num. 6 27), daß die Gemeinde sich ihnen gegenüber stellte (פנים כנגד פנים), womit zeitweise seltsame Vorstellungen über die magischen Wirkungen des Segens verbunden wurden (vgl. b. Sota 38 b). R. Akiba erklärt es für unstatthaft, die Priester anzuschauen, während sie den Segen sprechen (vgl. b. Chag. 16 a). Die Priester beginnen nicht mehr von selbst, sondern der Vorbeter muß ihnen den Segen vorsprechen, und diese Gewohnheit ist so fest eingebürgert, daß sie sogar als biblisches Gebot betrachtet wird (Sifre § 39). Vielleicht wurde es schon damals eingeführt, daß die Priester vom Vorbeter aufgerufen wurden, vor das Vorbeterpult hinzutreten und dort den Segen zu sprechen, sicherlich war es im amoräischen Zeitalter der Fall. Die Amoräer unterscheiden bereits das Verfahren bei der Anwesenheit von einem oder von mehreren Priestern (b. Sota 38 a, j. Ber. V, 5 f. 9 d). Neben dem erwähnten Segensspruche, dessen Wortlaut zuerst im Namen R. Chisdas mitgeteilt wird (b. Sota 39 a), kennt der Talmud eine stille Bitte der Ahroniden, sobald

sie ihren Platz verlassen, und eine andere, wenn sie den Segen gesprochen und sich von der Gemeinde abgewandt haben. Auch die
Gemeinde wollte während des Segens nicht untätig sein; infolgedessen
wurden ihr ebenfalls in derselben Zeit einige Bibelverse vorgeschrieben,
die sie rezitieren sollte. Die Amoräer waren sich nicht einig darüber,
in welcher Weise diese Rezitation stattfinden sollte, denn es widerstrebte ihnen, den Segen selbst in ungehöriger Weise unterbrechen
zu lassen, und gar mancher wollte sie gänzlich beseitigen, weil „es
nicht angängig wäre, daß einem niedrigen Menschen ein Segen gespendet
würde und er nicht einmal das Ohr hinwandte" (vgl. j. Ber. I 1. f. 2 c,
b. Sota 39 b f.). Die Einfügung mehrerer Bibelverse hatte die ver-
hängnisvolle Folge, daß in nachtalmudischer Zeit zu jedem einzelnen
Worte des Priestersegens ein entsprechender Vers für die Gemeinde
eingeführt wurde, und wenn auch eingeschärft wurde, die Verse nur
während des Vortrages des Vorbeters zu sprechen, den Segen der
Priester jedoch schweigend mitanzuhören, so artete das dennoch in
einer Weise aus, daß die Verse den Segen übertönten; alle Mahnungen
namhafter Halachisten halfen nichts dagegen. Ein nicht geringerer Übel-
stand wurde durch die in Babylonien verbreitete Furcht vor bösen
Träumen veranlaßt. Wem sein Traum entfallen war, der sollte nach
Empfehlung eines Amoräers (um 400) während des Segens vor die
Priester hintreten, ein Gebet sprechen, daß sein Traum eine günstige
Bedeutung habe oder durch Gottes Gnade erhalte, und so schließen,
daß die Gemeinde Amen darauf spricht (b. Ber. 55 b). Auch dieses
Gebet (רבש״ע חלום חלמתי) wurde in der Folgezeit dem Priestersegen
beigefügt und von jedermann in der Gemeinde nicht nur einmal,
sondern am Ende aller drei Sätze gesprochen. Eine jüngere kabba-
listisch beeinflußte Zeit hat für den Schluß des dritten Satzes ein noch
längeres Gebet eingeführt (יהי רצון) und in seltsame Verbindung
mit dem „aus dem Priestersegen hervorgehenden zweiundzwanzig-
buchstabigen Gottesnamen" gebracht. Alle diese Mißbräuche waren
nur dadurch möglich, daß die Ahroniden den Segen nicht mehr sprachen,
sondern sangen und die Melodien recht lange hinzogen. Aber der
Segen hat dadurch seinen ursprünglichen Sinn völlig eingebüßt, und
das war mit ein Grund dazu, weshalb sich in neuerer Zeit eine heftige
Opposition gegen ihn geltend machte, die vielfach zu seiner Beseitigung oder Vereinfachung führte.

    4. Der Priestersegen findet in der Synagoge nur statt, wenn ein

Forum von mindestens zehn Erwachsenen anwesend ist (Meg. IV, 4).
Nach den alten Bestimmungen (ob. S. 68) müßte er j e d e laute Tefilla begleiten, schon früh jedoch wurde er auf die Morgentefilla beschränkt und fiel nachmittags aus (b. Taan. 26 b). Eine Ausnahme
machten die Fasttage, wo er auch zu Neila zugelassen war; in Palästina wurde er am Versöhnungstage wie in alter Zeit viermal, in
Babylonien dagegen und hiernach überall in der Diaspora nur dreimal
gesprochen (Chill. Nr. 22). Die Sitte, daß die Ahroniden t a g t ä g l i c h
den Segen sprachen, hat sich nur im Orient lange erhalten und wird
in Yemen bis zum heutigen Tage befolgt. In Europa scheint sie an
den Wochentagen sehr früh aufgehört zu haben, wahrscheinlich weil
der Gottesdienst dadurch zu lange ausgedehnt wurde, vielleicht auch.
weil nicht immer Ahroniden in der Synagoge anwesend waren. Man
beschränkte sich daher in Spanien auf Sabbate und Feste, in den
anderen Ländern sogar nur auf die Feiertage. Auch an diesen blieb
er in Deutschland auf das Musafgebet beschränkt, es war eine Ausnahme, wenn Jakob Möllin (um 1400) ihn auch zu Schacharis zuließ.
Bei dieser Beschränkung auf Musaf ist es dann geblieben. Eine Abweichung hiervon wurde in der Zeit des sabbatianischen Wahnes in
Amsterdam eingeführt; zu Ehren der Messiaszeit wurde der Priestersegen wieder an jedem Sabbat gesprochen, und der Brauch wird
dort in der portugiesischen Synagoge bis in die Gegenwart geübt.

Da, wo Ahroniden nicht anwesend waren, und überall, wo der
Segen durch sie selbst nicht mehr gesprochen wird, mußte ihn der
Vorbeter bei der Wiederholung der Tefilla ersetzen. Nach einer Einleitung sprach er dann in Babylonien und in der ganzen Diaspora
die Worte des Priestersegens, in Palästina jedoch gestattete man ihm
diese Verse nicht, er mußte sich mit dem Nachsatz Num. 6 27 וישמר
begnügen. Der Ersatz wurde für alle diejenigen Tefillas eingeführt,
in denen die Priester den Segen hätten sprechen müssen, d. h. stets
für die Tefilla zu Schacharis und Musaf, an den Fasttagen auch zu
Mincha, am Versöhnungstage auch zu Neila; nicht einheitlich ist der
Brauch am Versöhnungstage zu Mincha.

5. Wo die Priester selbst den Segen sprechen, verlassen sie schon
bei Beginn der XVII. Benediktion der Tefilla ihren Platz, in alter
Zeit von selbst, später nach Aufforderung durch den Synagogendiener.
In Germ. wird in diesem Falle das Stück außer mit רצה auch noch
mit der älteren Formel ותערב eingeleitet (vgl. ob. S. 55). Nach

Saadja wird רצה nur gesprochen, wo ein Priestersegen angängig ist
sonst fortgelassen (das.). Der Segen selbst wird zwischen die XVIII.
und XIX. Benediktion eingeschaltet. Bei Anwesenheit von mehreren
Ahroniden werden sie vom Vorbeter durch das Wort כהנים zum
Segen aufgerufen, Jakob Tam erklärte sich nachdrücklichst gegen
diese Unterbrechung der Tefilla. Nachdem die Ahroniden die im
Talmud vorgeschriebene Benediktion gesprochen (ob. s. S. 69), beginnt der Vorbeter mit dem biblischen Segen, den sie Wort für Wort
wiederholen; im Orient war es noch in der Zeit Maimunis üblich, daß
der Vorbeter erst beim zweiten Worte einsetzte, während die Ahroniden
יברכך von selbst sprachen. Da wo der Segen nur vom Vorbeter gesprochen wird, fügt dieser als Einleitung die Bitte ein ברכנו בברכה
המשלשת. Da nun im Mittelalter in Europa der Segen durch den Mund
der Ahroniden zu den großen Seltenheiten gehörte, gewöhnte man sich
daran, auch wo sie ihn sprachen, ברכנו בברכה vorauszuschicken.
Meir von Rothenburg handhabte es derart, daß er bis מפי אהרן ובניו
leise sprach und כהנים laut ausrief, worauf die Ahroniden mit עם קדושך
כאמור einsetzten. So ist in Germ. der Brauch geblieben, während Seph.
und It. das ganze ברכנו beibehalten haben. Auf den Segen folgt die
XIX. Benediktion der Tefilla שים שלום, in Germ. tritt an ihre Stelle
überall, wo der Segen ausfällt, das kürzere שלום רב (oben S. 59).

6. Der Wortlaut des Priestersegens war durch die Bibel festgelegt.
Der Text der Einleitungsformel ברכנו בברכה stimmt in allen Vorlagen überein, ein Beweis für sein sehr hohes Alter. Eine auffällige
Variante findet sich einmal (aber nicht durchgängig) in Rom., wo
es heißt בתורה הכתובה על ידי נביאך ולבניו לאהרן האמורה כהנים
לעם קדושך, auch David Kimchi schlug aus stilistischen Gründen
כהנים בעם קדושך vor. In Palästina sprach der Vorbeter statt des
Priestersegens nur ושמו את שמי, Amr. und Saadja bringen den Vers
auch hinter dem Segen, und so wurde er in Spanien und Südfrankreich
beibehalten; in Nordfrankreich, Deutschland und Italien hingegen
war er nicht üblich. Nach den Beschlüssen der Frankfurter Rabbinerversammlung 1845 ist in den Reformgemeinden Deutschlands und
Amerikas der Segen durch die Ahroniden völlig aufgehoben und nur
der Ersatz durch den Vorbeter beibehalten worden. Auch in konservativen Gemeinden ist das vielfach der Fall gewesen, oder der
Segen wurde wenigstens wieder auf seine schlichte Form zurückgeführt, jedes Beiwerk, vor allem der überflüssige Gesang, beseitigt.

§ 10. Die Tachanunim.

Literatur: Landshuth, S. 84—170; Baer, S. 112—152; Duschak, S. 218 ff.;
Zunz, Litg., S. 15 ff.; Berliner, Randb. I, S. 70 f.; Jawitz, S. 85 ff. Die Artikel
Tachanun bei Hamburger *RE* II, S. 808; Taḥanun in *JE* XI, S. 667 f. Zu 11
vgl. L. Scheinhaus, Alenu Leschabbeach in *Ost u. West* VIII, 1908, S. 451 ff.
und zu 12. Berliner, Der Einheitsgesang, Berlin 1910.

1. Unmittelbar zur Tefilla gehört der letzte Teil des Morgengebets. Sein Name תחנונים (Dan. 9 3 u. ö.), תחנה (Dan. 9 20),
תחנות, „Tachanun" umfaßt alles, was im Gebetbuche auf die Tefilla folgt. Das ist heute ein recht buntes Mosaik von Bibelstellen
und von Gebeten, die aus ganz verschiedenen Zeiten stammen, eine
Gruppe von Gebeten, die ihrem ursprünglichen Charakter völlig entfremdet ist und lediglich durch Zurückgehen auf ihre Anfänge verstanden werden kann. In der Halacha lautet der technische Ausdruck
für unser Gebet נפילת אפים, נופלים על פניהם. Er stammt aus
dem Talmud, eine Erklärung bietet b. Meg. 22 b, wo נפל על אנפיה,
נפול אאנפיירהו (אפיה) mit dem biblischen ויקוד gleichgesetzt
wird, das biblische השתחוה wird dort durch פשוט ידים ורגלים wiedergegeben. Beide Arten des Niederfallens waren in Babylonien am
Anfange des dritten Jahrhunderts beim Tachanun nach der Tefilla üblich, und noch Maimonides kannte beide aus dem Leben. Die
genannten Bezeichnungen helfen uns, den Ursprung des Gebetes zu
erkennen. Die Mischna Tamid VII, 3 berichtet: ודברו הלויים בשיר
הגיעו לפרק תקעו, והשתחוו העם, על כל פרק תקיעה, ועל כל תקיעה
השתחויה. Während des Gesanges der Leviten, der auf das tägliche
Morgenopfer folgte, warf das im Tempel anwesende Volk sich nieder.
Was wir in der Mischna in der Form der Halacha ausgesprochen
finden, wird durch die Erzählung in Sir. 50 16—21 verdeutlicht, wonach das beim Opfer im Tempel anwesende Volk auf den Posaunen-
schall hin und später nach dem Segen der Priester mehrmals zur
Anbetung auf die Erde fiel. Das war der Augenblick, in dem das Volk
im wahren Sinne des Wortes b e t e t e. Jeder trug in stiller Andacht
diejenigen Bitten vor, die in jener Stunde sein Herz bewegten. Die
Einrichtung wurde vom Tempel auf die Synagoge übertragen, das
P r i v a t g e b e t wurde jetzt nicht mehr im Anschluß an das öffentliche Opfer, sondern im Anschluß an das öffentliche Gebet gesprochen.
Am Schlusse des Gottesdienstes wurde jedem einzelnen Gelegenheit
gegeben, sein Herz auszuschütten und ohne jeden äußeren Zwang

Zwiesprache mit seinem Gotte zu halten. Durch diese Einrichtung wurde das schwierigste Problem jedes Gemeindegottesdienstes gelöst, wurde der gerechte Ausgleich zwischen den Ansprüchen der Gemeinde, die das gemeinsame Gebet nicht entbehren kann, und dem billigen Verlangen des einzelnen nach einer unabhängigen, von der Gemeinde nicht beeinflußten p e r s ö n l i c h e n A n d a c h t geschaffen. Die Gemeinde nimmt für sich die erste Stelle in Anspruch, aber sobald ihre Andacht gehalten ist, räumt sie dem einzelnen die Möglichkeit ein, dem inneren Drange seines Herzens Genüge zu tun. Als der Gottesdienst nur das Bekenntnis enthielt und mit אמת ויציב schloß (s. ob. S. 25), reihte sich die p r i v a t e Andacht an jenes an, später wurde sie von dort an das Ende der Tefilla verwiesen.

2. Der älteste Name, den wir für das private Gebet finden, ist דברים, Worte. אומרים דברים אחר תפלה (Tos. Ber. III, 6, S. 6), man spricht Worte, d. h. ein Privatgebet, am Schlusse der Tefilla, und es darf beliebig lang sein ,so lang wie das längste bekannte Gebet, das des Versöhnungstages סדר (ודוי) של יום הכפורים. Sehr bezeichnend, wenn auch nicht richtig, ist die Lesart אין אומרים ד ב ר ב ק ש ה אחר אמת ויציב וגו׳, die wir in b. Ber. 31 a finden, wo die „Worte" bereits mit Fürbitte בקשה gleichgestellt sind.

Die äußere Haltung bei diesem Gebete ist in manchen Gegenden dieselbe geblieben wie im Tempel zu Jerusalem. Noch Maimonides weiß nur, daß man entweder mit dem Gesicht oder dem ganzen Körper auf die Erde fällt, und die ihm getreuen Juden von Yemen werfen sich bis auf den heutigen Tag auf die Erde. So oft der Talmud aus dem Leben erzählt, berichtet er immer, daß man auf das A n t l i t z fiel (נפילה על אפים:); so in dem Falle von R. Elieser, dem seine Frau Imma Schalom nicht gestattete למיפל על אפיה (um 120, b. B. Mez. 59b), so bei der Anwesenheit Rabs in Nehardea (b. Meg. 22 a). Vornehme hatten allerdings die Freiheit, nur ihr Gesicht zur Seite zu neigen (מצלי אצלויי b. Meg. 23 a, רבע על סטריה j. Ab. Sar. IV, 1 f. 43 d ob., daher נטייה על הצד bei den Dezisoren.) Das sich zur Seite neigen oder den Kopf aufstützen und verdecken ist der allgemein verbreitete Brauch der Synagoge geblieben, nichtsdestoweniger wurde der Ausdruck נפילת אפים beibehalten. Seine Bedeutung verblaßte derart, daß er sogar mit אמר zusammen gebraucht wird z. B. אין אומרים נפילת אפים, Maimonides wendet den Ausdruck מתחננים an.

3. Der Inhalt der Bitten war, da sie durchaus p e r s ö n l i c h e n

Charakter hatten, k e i n b e s t i m m t e r, er war so mannigfaltig
wie die Begabung und Ausdrucksfähigkeit, so wechselnd wie die
Stimmungen und die Bedürfnisse der Menschen. Einzelne derartige
Gebete von Gelehrten sind in b. Ber. 16 b, 17 a, j. IV, 2 (7 d) erhalten.
Es war ganz berechtigt, wenn man sie mit בעא רחמי bezeichnete.
Den Geonim war die Erinnerung daran, daß hier ein Privatgebet
vorliegt, noch nicht entschwunden. Natronai betrachtet נפילת אפים
als durchaus freiwillig (רשות); Amr. erklärt, daß jeder, der nach
Beendigung der Tefilla den Wunsch hat, das Sündenbekenntnis oder
eine Fürbitte zu sprechen (אי בעי למימר ודוי אי בעי מידי דבעו), dazu
berechtigt ist, und stellt es einem jeden frei, nach seinem Belieben
zu beten ונופלים צבור על פניהם ומבקשים רחמים וישראל כל אחד ואחד
בקשתו. Hier ist nur in dem einen Punkte über den Talmud hinausgegangen, daß die dort als Privatgebete nach der Tefilla (בתר צלותא)
mitgeteilten Gebete von denen zu נפילת אפים unterschieden werden,
während es aller Wahrscheinlichkeit nach dieselben waren. Den Charakter als freiwilliges Gebet haben die Tachanunim insofern behalten,
als sie das ganze Mittelalter hindurch bis hinab zum Schulchan Aruch
nicht unter die Pflichtgebete, sondern nur als Brauch (מנהג) gerechnet wurden. Sie sind ferner, wenigstens in ihrem ersten Teile, bis
heute ein stilles Gebet geblieben, bei dem in den meisten Gegenden
der Vorbeter zu sitzen, also gewissermaßen die Gemeinde sich selbst
zu überlassen pflegt.

4. Als die Tachanunim ein fester Bestandteil der Liturgie wurden,
geriet ihr ursprünglicher Zweck in Vergessenheit, man schrieb auch
für sie einen Text vor. Dabei knüpfte man an biblische Muster an,
an Gebete wie Esr. 96, Neh. 15, vor allem aber an das klassische Beispiel des בקש תפלה ותחנונים in Dan. 93 ff. Dort geht der Bitte
ein Sündenbekenntnis, die Betonung der eigenen Unwürdigkeit voraus,
die Gaben werden als freiwilliges Gnadengeschenk Gottes erfleht.
Diese Gedankenverbindung ist in den תחנונים erhalten geblieben,
so verschiedene Formen uns auch überliefert sind, in allen kommt
der Gedanke der Sündhaftigkeit und Unwürdigkeit des Menschen
zum Ausdruck, sie erinnern darin an die Liturgie der Fasttage, der sie viel
entlehnt haben. Die Form wechselt. Während Amr. mehrere Gebete
zur Auswahl stellt, die an die Techinnas des Talmuds anklingen, hat
Saad. ein Sündenbekenntnis im Anschluß an Dan. 95, Maim. knüpft
an 918 und Esr. 96 an, die Zahl der Verse erklärt er als vom Be-

lieben abhängig. Auch V. hat eine freikomponierte Bitte, die in Form und Inhalt an das Bußritual erinnert, schickt ihr jedoch Ps. 25 und 3 voraus. Die Psalmen blieben als Text der Techinna bestehen, in Germ. Ps. 6, unter Weglassung der Überschrift, in den anderen Riten Ps. 25. Den Psalmen wird der Satz רחום וחנון חטאתי רחם עלי וקבל תחנוני vorausgeschickt, er findet sich zuerst bei Saad. und ist offenbar der Anfang einer alten litaneiartigen Bitte um Sündenvergebung. Germ. schickt heute überdies II. Sam. 24 14 ויאמר דוד voraus, jedoch kommt der Vers vor dem XVIII. Jahrhundert nicht vor.

5. Es liegt im Wesen der Tachanunim, daß sie nur s t i l l gebetet werden; als sie aber in der Synagoge Gemeindegebet geworden waren, da kam es ganz von selbst, daß auch der Vorbeter dabei sein Recht forderte. So entstand ein zweiter Teil der Tachanunim, bei dem man sich von der Erde erhebt, und den der Vorbeter laut spricht (נהגו העם להתחנן אחר נפילת פנים כשמגביה פניו מן הקרקע בפסוקים אלו Maim.). Bei Saad. schließt die Techinna mit dem Satze אבינו מלכנו חננו ועננו, der von R. Akiba einmal gelegentlich eines öffentlichen Fastens gesprochen wurde; er eröffnet schon bei Amr. den zweiten, laut gesprochenen Teil der Techinna, der außerdem noch aus einigen, zumeist den Psalmen entnommenen Versen ואנחנו לא נדע וגו׳ besteht. Die Sammlung gehörte ursprünglich wahrscheinlich ebenfalls zum Bußritual. Dazu traten weitere Zusätze. In Germ. geht ihr das gereimte Stück שומר ישראל voraus, das in anderen Riten nur an Fast- oder Bußtagen üblich ist und, wie es scheint, erst im letzten Jahrhundert in den Siddur für alle Tage kam, das übrigens auch in Seph. und It. Eingang gefunden hat. Offenbar ist es stark verkürzt, aus Handschriften sind einige Verse mehr bekannt. Seph. hat außerdem, unter kabbalistischem Einfluß, täglich das Sündenbekenntnis eingeführt mit אשמנו und den dreizehn Middot (Ex. 34 6—7); wahrscheinlich wurde das von der Liturgie für Montag und Donnerstag übernommen.

6. Montag und Donnerstag sind von alters her Fasttage. Meg. Taan. XII, g. E. (22 a), vgl. b. Taan. 12 a, erwähnt bereits יחיד שקבל עליו שני וחמישי של כל השנה כולה. Der Pharisäer im Lukas-Evangelium 18 12 rühmt sich, zweimal wöchentlich zu fasten, die Didache 8 1 gibt ausdrücklich Montag und Donnerstag als Tage dafür an. Als Veranlassung zu diesen Fasttagen nennt der apokryphe Schluß von Meg. Taan., sowie Sof. XXI, 3, ערד גזרו רבותינו שיהו מתענים בב׳ וה׳ מפני ג׳ דברים על חרבן הבית ועל תורה שנשרפה ועל

חרפת השם, eine Begründung, die für die christlichen Quellen zu jung
ist.₎ Montag und Donnerstag sind auch sonst Fasttage, die Fasten bei
Regenmangel oder anderen Kalamitäten beginnen an Montagen, werden
am Donnerstag fortgesetzt usw. Montag und Donnerstag sind Markt-
und Gerichtstage (ימי הכניסה); daher finden an ihnen Vorlesungen
aus der Schrift statt. Diese Tatsache würde genügen, um eine ausführlichere Liturgie an den zwei Tagen zu erklären. Daß es aber
Fasttage mit einer Bußliturgie wurden, dürfte seine besondere Begründung in dem alten Kalendarium des S. Olam finden. Danach fiel
der 17. Tammus, an dem die steinernen Tafeln durch Mose zer-
brochen wurden (Ex. 32 19), auf Donnerstag, der 10. Tischri auf
Montag; der letztere war der Tag der 13 Middot, welche den Grundstock der Fastenliturgie bilden (vgl. b. R. ha Sch. 17 b, weiter § 33).

7. Bei Amr. und It. sind die 13 Middot und das Sündenbekenntnis
אשמנו für Montag und Donnerstag bestimmt, in Seph. werden die
Middot sogar mehrmals wiederholt (was freilich Abudr. noch un-
bekannt ist). In It. steht zur Einleitung Dan. 9 15—19, in Amr. dies
und ähnliche Stücke zur Auswahl, darunter auch והוא רחום, das aus
Germ. und Seph. bekannte lange Gebet. Über den Ursprung dieses
Gebetes überliefern mittelalterliche Handschriften folgende Legende:
Nach der Zerstörung des Tempels zu Jerusalem ließ Vespasian eine
Anzahl Juden auf drei Fahrzeugen steuerlos ins Meer fahren. Die
Schiffe kamen infolgedessen nach drei verschiedenen Orten, die man
aller Wahrscheinlichkeit nach im Süden Frankreichs zu suchen hat.
Dort wurden die Insassen zunächst wohlwollend aufgenommen,
aber nach dem Tode des ihnen sehr geneigten Fürsten bedrückt
und ihrer Habe beraubt; infolgedessen sagten sie Fasten an, für welche
zwei Brüder, Josef und Benjamin, und deren Vetter Samuel das
Gebet והוא רחום verfaßten. Es wurde den anderen Gemeinden
mitgeteilt und von ihnen ebenfalls angenommen. Auf Grund dieses
Berichtes setzt Zunz die Entstehung des Gebetes ins VII. Jahrhundert
und betrachtet es als Stoßseufzer in einer Zeit von Bedrückungen
durch Franken und Goten. Die Erzählungen über den Ursprung von
והוא רחום sind auch legendarisch ausgeschmückt und durch Wunder-
berichte vermehrt worden. In anderen Quellen heißen die Verfasser
Amittai, Schefatja, Josifja; diese Namen würden nach Unteritalien
weisen, sie sind aber kaum richtig. Die älteste Erwähnung von והוא
רחום finden wir im Pardes (XI. Jahrhundert); im Texte von Amr.

ist es eine spätere Zutat, es fehlt in beiden Handschriften. Stil und
Inhalt weisen auf ein hohes Alter hin; die Sprache ist vorzugsweise
biblisch, viele wörtliche Zitate, besonders am Anfang, und zahlreiche
Anlehnungen an Bibelstellen. Auch die freikomponierten Gebete
darin zeichnen sich durch Reinheit und Schlichtheit der Sprache
aus. Wenn die Abfassung drei Autoren zugeschrieben wird, so ist
damit angedeutet, daß hier mehrere ursprünglich voneinander unabhängige Bitten vereinigt wurden. Die Stimmung wechselt; während
am Anfang mehr das Sündenbewußtsein zum Ausdruck kommt, ist
am Schluß deutlich auf Verfolgungen angespielt. Wahrscheinlich
waren es von Haus aus einzelne Techinnas für Fasttage. Der Text
weicht in den Handschriften in Kleinigkeiten vom gedruckten ab, in
Seph. ist er wesentlich kürzer als in Germ., es dürften also jüngere
Zusätze darin sein, allein sie sind dem Grundstock derart angepaßt,
daß man die fremden Bestandteile gar nicht bemerkt. Sie haben den
Umfang sehr erweitert, der Volksmund spricht vom „langen רחום‏‏ ‏‏‏והוא‏‎"‎;
in neueren Gebetbüchern ist der Text vielfach verkürzt, Berliner
schlägt eine Verteilung auf die beiden Wochentage vor. Ungeachtet
des eingeschalteten Bußgebets bleibt die tägliche leise Techinna auch
am Montag und Donnerstag bestehen. Die Gebete, die auf sie folgen,
sind alle dem Bußritual entnommen. In Amr. und It. sind es eine
alphabetische בקשה‎ mit dem Refrain ... יצחק‏ ‏ועקדת‏ ‏אברהם‏ ‏ברית‏ ‏זכר‎
שמך‏ ‏למען‏ ‏והושיענו‎, sowie eine Litanei mit dem Stichwort חטאנו‎,
Ps. 120, 130, alles Stücke, die auch an Fasttagen im Gebrauch sind.
Germ., Frk. und Seph. fügen nach dem täglichen Techinnapsalm
(S. 76) אפיך‏ ‏מחרון‏ ‏שוב‏ ‏ישראל‏ ‏אלהי‏ ‏ד׳‎ ein, das aus Esra 9 15 und
Ex. 32 12 zusammengesetzt ist; ursprünglich alleinstehend, wurde der
Vers später Refrain vieler ausgebildeter Poesien, von denen eine statt-
liche Anzahl in der Druckausgabe von Amr. — sie fehlen in den Hand-
schriften — vorliegt. Von der in Germ. üblichen mit Klagen über schwere
Verfolgungen ist offenbar nur ein Teil (Akrostichon החזק‎) erhalten.
Hinter תחנון‎ haben Germ. und Seph. אפים‏ ‏ארך‏ ‏אל‎; Germ. hat, wie schon
V., zwei Fassungen, die wenig voneinander abweichen und in V. auf
Vorbeter und Gemeinde verteilt sind, auch Abudr. hat beide. ארך‏ ‏אל‎
אפים‎ dürfte seinem Stile nach aus der ersten gaonäischen Zeit stammen.

   8. An festlichen Tagen fällt תחנון‎ aus; die Zahl solcher Tage wurde
im Laufe des Mittelalters vielfach vermehrt, ihre Anerkennung hat
sich erst allmählich verbreitet.

Auf תחנון folgt Halbkaddisch (§ 12 a) als Zeichen, daß das Gebet abgeschlossen ist.

Am Montag und Donnerstag findet hier die Vorlesung aus der Tora statt (§ 25, 3. 4).

9. Der tägliche Gottesdienst reiht dem תחנון im engeren Sinne noch einige Stücke an, für die es keine Bezeichnung gibt, die daher ebenfalls unter diesem Namen zusammengefaßt werden. Dazu gehört in allen Riten das Stück ובא לציון גואל, eine Zusammenstellung von Bibelversen, bekannt unter dem Namen קדושא דסדרא, hebr. bei Maim. סדר קדושה, סדר היום. Sie ist bereits im Talmud, b. Sota 49 a, erwähnt, und es wird ihr dort eine außerordentlich hohe Bedeutung zugesprochen. Der Name besagt, daß es die Keduscha im Anschluß an das Lehrpensum ist. Über ihren Ursprung gibt es eine Reihe unhaltbarer Vermutungen; die richtige Auskunft verdanken wir einem Responsum des Gaons Natronai. Danach fanden frühmorgens im Anschluß an den Gottesdienst L e h r v o r t r ä g e statt, an deren Ende einige Verse aus den Propheten und als Abschluß diejenigen der Keduscha vorgelesen und, wie das bei den Vorträgen üblich war, ins Aramäische übertragen wurden. Als der Kampf ums Dasein sich schwerer gestaltete und nicht die nötige Zeit für das Studium übrig blieb, mußte es eingeschränkt werden, später sogar ganz ausfallen, die Bibelverse aber blieben am Schlusse des Morgengebetes stehen. Für die Richtigkeit der Angabe lassen sich mehrere Beweise anführen. Zunächst die Tatsache, daß überall, wo wir die קדושא דסדרא in der Liturgie finden, auch belehrende Vorträge sowie Vorlesungen aus den Propheten oder Hagiographen nachzuweisen sind. Ferner folgt auf die Reihe der Bibelverse die Benediktion ברוך א׳ שבראנו לכבודו, die den Hinweis auf das voraufgegangene Studium klar und deutlich enthält (ונתן לנו תורת אמת). Endlich aber verraten die beiden einleitenden Verse Jes. 59 20, 21, die freilich mitunter fortbleiben, noch den eschatologischen Ausblick, mit dem derartige Vorträge zu schließen pflegten.

Schon im babylonischen Ritus war es gebräuchlich, der קדושא דס׳ Ps. 20 ביום צרה יענך ד׳ voranzuschicken, der ursprünglich mit als תחנה diente (oben S. 76), darum auch wegbleibt, so oft diese ausfällt; er wurde in Germ. und Seph., aber nicht in Saad., It. und Rom. eingeführt. Dem schicken Germ. und Seph., ebenfalls nach babylonischen Anweisungen, אשרי, d. h. die Zusammenstellung von Ps. 84 5 und

144 15—145 21, voran, um einem Ausspruche zu genügen, der ein täglich
dreimaliges Rezitieren von Ps. 145 für überaus verdienstlich erklärte
(b. Ber. 4 b, III. Jahrhundert); Rom. und It. haben ihn nur am Montag
und Donnerstag oder an Tagen ohne תחנון.

10. Mit dem nochmaligen ganzen Kaddisch ist das Morgengebet zu
Ende, nach V. setzt sich der Vorbeter bereits. Das hinderte nicht, daß
noch immer einige Nachträge hinzutraten, die freilich sehr schwankten
und nicht für verbindlich galten (Maim. נהגו מקצת העם). Sie
kommen schon in Amr. vor, allein es ist fraglich, wieviele davon
bereits zum ursprünglichen Texte gehörten, sie sind jedenfalls erst
im Laufe der Zeit so zahlreich geworden wie heute. Sie stehen auch
nicht überall in derselben Reihenfolge. Gemeinsam ist allen Gebetbüchern der Tagespsalm der Leviten aus Tamid Ende, meist ist eine
Reihe von Bibelversen daran angehängt, worunter יהי ד׳ א׳ עמנו
I. Kön. 8 57 f.; in V. steht an Stelle der Psalmen Ps. 83, in Germ.
infolgedessen beides, der Tagespsalm und Ps. 83. In allen Riten
außer Germ. findet sich täglich אין כאלהינו und einige Stellen aus
dem Talmud, darunter die Agada aus b. Ber. Ende, in Seph. außerdem
b. Nidda Ende, in It. פטום הקטורת, b. Ker. 6 a., j. Joma IV, 5.

11. Seit 1300 etwa wird עלינו לשבח als Schluß des täglichen Gebetes genannt, es steht in allen Riten ganz am Ende, nur Germ. bringt
es unter den hier genannten Zusätzen zuerst und fügt auch על כן
נקוה לך hinzu. עלינו לשבח ist dem Neujahrsgebet entnommen, es
führt dort die מלכיות ein, den Gedanken vom Gottesreich auf
Erden (§ 24). Es war von hoher religiöser Bedeutung, daß die erhabene Idee der künftigen Vereinigung aller Menschen in der Anerkennung des einen Gottes Bestandteil des Tagesgebetes wurde.

Die Aufnahme von עלינו in das tägliche Gebet war der Anlaß
zu wiederholten Anklagen gegen die jüdische Religion, die in Deutschland Jahrhunderte hindurch nicht verstummen wollten und auch
in Germ. zu einer Änderung des Textes geführt haben. Wir lesen
heute ואנחנו...כהם שלא שם חלקינו, während die alten Handschriften
und Seph. noch jetzt שהם משתחוים להבל וריק ומתפללים אל אל לא
יושיע hinter וגורלנו ככל המונם haben. Um 1400 trat ein getaufter Jude
mit der Verleumdung auf, daß die genannten Worte sich auf Jesus
beziehen, und bewies es durch den Hinweis, daß וריק denselben Zahlen-
wert wie ישו = 316 hatte. Obwohl Lippmann-Mühlhausen in seinem
Nizzachon sofort dagegen protestierte, wurde die Beschuldigung

häufig wiederholt, und wo die Zensur sich um die Bücher der Juden kümmerte, wurde der Satz שהם משתחוים durch einen mehr oder minder starken Eingriff geändert. Auch das half nichts, die Judenfeinde suchten ihre Anklagen immer von neuem zu begründen, am ausführlichsten natürlich Eisenmenger. In Preußen wurden die Juden 1702 mit besonderer Heftigkeit wegen dieses Gebetes angeklagt. Das hatte eine eingehende Untersuchung darüber zur Folge, deren Verlauf in einem umfangreichen Aktenstücke vorliegt und deren Ergebnis das „Edict wegen des Juden-Gebeths Alenu und daß sie einige Worte auslassen, nicht ausspeyen, noch darbey hinwegspringen sollen" vom 28. August 1703 ist. Wahrscheinlich beruht es hierauf, daß der Satz aus den deutschen Gebetbüchern endgültig verschwunden ist. Das Edikt verfügte, daß Alenu vom Vorbeter laut vorgetragen werden sollte, es wurden Kommissare ernannt, die die Synagogen zu besuchen und über die Ausführung der Bestimmungen des Edikts zu wachen hatten. Zum Einschreiten lag niemals ein Anlaß vor, und so geriet das Edikt bald in Vergessenheit.

12. In Germ. wurde ferner der Einheitsgesang שיר היחוד, jener mystisch spekulative Hymnus, der im Kreise Jehuda he Chassids seinen Ursprung hat (§ 44), eingeführt. Salomo Lurja (um 1540) protestierte hiergegen, weil ein so erhabenes Gebet nicht durch allzu häufige Verwendung abgeschwächt werden sollte, ein Prinzip, das zum Schaden des Gottesdienstes nicht auch bei anderen Gelegenheiten geltend gemacht worden ist. Trotz jenes Widerspruches, der auch von anderen Seiten erneuert wurde, blieb der Schluß des Einheitsgesanges אנעים זמירות, das Lied von der Herrlichkeit Gottes, שיר הכבוד genannt, beim täglichen Gebet. Seit der Ausgabe des Siddur Venedig 1549 erscheint er in allen Gebetbüchern des deutsch-polnischen Ritus. Die letztgenannten Zusätze (10—12) werden nicht in allen Gemeinden in gleicher Weise verwendet, sie werden von קדיש יתום (§ 12 a) unterbrochen, die Beliebtheit des Kaddischs begünstigte ihre Häufung. In den reformierten Gebetbüchern sind sie meist auf עלינו beschränkt.

§ 11. Die Semirot.

Literatur: Landshuth, S. 23 ff.; Baer, S. 58 ff.; Herzfeld, S. 198 ff.; Margulies in *Riv. Isr.* IV, 126 ff.; Berliner, Randb. I, 22 ff., II 55 ff.; Jawitz, S. 62 ff.; Hamburger *RE* II, 805; Art. Baruk She-Amar in *JE* II, 564.

1. Von den Hauptstücken des Gebetes kehren wir zu den jüngeren Bestandteilen der Liturgie zurück und behandeln zunächst die פסוקי

דזמרה. Sie heißen auch הלל (b. Schab. 118 b und bei Natronai) und זמירות, zu deutsch P s a l m e n. Die Bezeichnung ist vom hauptsächlichsten und ursprünglichsten Inhalt dieser Abteilung hergenommen. Der Abschnitt reicht von ברוך שאמר bis zum Schlusse von ישתבח. Durch mißverständliche Auffassung und Einrichtung, vor allem durch die in das Mittelalter zurückgehende (schon in V. nachweisbare) Sitte, daß der Vorbeter hierbei vor das Pult tritt, wurde vielfach der Eindruck erweckt und der Meinung Vorschub geleistet, daß schon vor ישתבח unser Abschnitt zu Ende ist; jedoch ist die Anschauung irrig.

2. Den Kern des Abschnittes bilden die 6 Psalmen 145 bis 150, sie sind die eigentlichen זמירות. Zu diesen Psalmen wurde eine Benediktion vorher und eine nachher gesetzt, wie beim Hallel. Als Einleitung dient das Stück ברוך שאמר, als Schluß ישתבח. Die erste Erwähnung unserer Psalmen als Teile des täglichen Gebets findet sich in dem Ausspruche des R. Jose ben Chalafta יהי חלקי מגומרי הלל בכל יום [מתחלה לדוד עד כל הנשמה] (b. Schab. 118 b, Sof. XVII, 11). Damals, um die Mitte des zweiten Jahrhunderts, war demnach die Sitte, diese Psalmen dem täglichen Gebete einzuverleiben, noch nicht allgemein verbreitet; man kannte sie als verdienstlichen Brauch, hielt sie jedoch nicht für verpflichtende Vorschrift. Andererseits wird mitgeteilt, daß im Tempel zu Jerusalem im Anschluß an den Opferdienst die Leviten jeden Morgen von הודו bis אל חגעו במשיחי = Ps. 1051—15 und am Abend שירו לד׳ שיר חדש = Ps. 96 gesungen haben; beide Stücke stehen vereint und mit einem liturgischen Abschlusse versehen I. Chron. 168—36 (S. Ol., XIV). Wahrscheinlich gehörte auch eine große Zahl anderer Psalmen der Liturgie des Tempels an. Die Gesänge der Leviten beim Opferdienst gingen zum Teil in die Synagoge über, und von ihnen wählte man für den täglichen Gottesdienst die letzten Lieder des Psalmenbuches, die alle mit הללויה anfangen und schließen. Wie es in der Liturgie fast überall Brauch ist, wurde dann auch die Psalmenvorlesung durch je eine Benediktion eingeleitet und abgeschlossen. Das ist der Rahmen dieses Abschnittes, in den alle heute darin enthaltenen Stücke eingefügt wurden, aus dem heraus auch alles erklärt werden muß.

3. Heute beginnt der Abschnitt vielfach mit Psalm 30, das ist die jüngste Hinzufügung, die erst seit dem XVII. Jahrhundert im Siddur zu finden ist. In Seph. ist der Psalm für Chanukka bestimmt, von dort ist er irrtümlich ohne jene Bezeichnung übernommen, vielfach

auch ohne seine Überschrift vorgetragen worden. ברוך שאמר ist
ein inhaltlich sehr schöner Hymnus, dessen erster Teil sich auf die
Allmacht und Vorsehung Gottes bezieht, ein Thema, das hier gar nicht
in Frage steht; erst der zweite Teil המהלל בפי עמו usw. leitet zur
Sache, zur Rezitation der Psalmen über. Daraus ist zu schließen, daß
nur der zweite Teil ursprünglich an diese Stelle gehört. Die Annahme
wird durch alte Texte bestätigt, in denen der ganze erste Teil fehlt;
wir dürfen sie mit ziemlicher Sicherheit palästinische Texte nennen
und behaupten, daß der palästinische Ritus erst mit dem zweiten
Teil von ברוך שאמר begann. Solche Texte finden sich vielfach in
den Genisafragmenten, und sie haben mit den Benediktionen vor
und nach Hallel eine derartige Ähnlichkeit selbst im Wortlaut, daß
darin eine Gewähr für ihre Originalität liegt. Auch Rom., das so häufig
palästinische Traditionen aufbewahrt hat, bringt unter den Semirot
für den Sabbat ein ברכת השיר, dessen Inhalt dem zweiten Teile von
ברוך שאמר entspricht, und das mit den erwähnten Texten große
Ähnlichkeit hat. Wie verhält es sich jedoch mit der gegenwärtigen
Fassung? In Germ. ist ברוך שאמר verhältnismäßig kurz, zehnmal ברוך,
in Seph. länger und in den verschiedenen Ausgaben nicht ohne große
Abweichungen. Verfolgen wir die Anfänge von ברוך שאמר, so müssen
wir den Bericht des Nathan ha Babli beim Festgottesdienst aus Anlaß
der Einsetzung der babylonischen Exilarchen beachten, wonach ein
Chor mit dem Vorbeter abwechselte und jedes kleine Sätzchen mit
ברוך durch die Responsion ברוך הוא begleitete. Infolgedessen wurde
von Rapaport die Hypothese aufgestellt, daß die Art der Rezitation
immer in gleicher Weise gehandhabt wurde, daß ברוך הוא nach jedem
Halbverse als Refrain hinzugesetzt wurde. Doch ist das wenig wahrscheinlich, vielmehr scheint ברוך שאמר die Verkürzung eines Stückes,
das ursprünglich weit länger und piutartig ausgeführt war. Der
Anfang geht auf einzelne Benediktionen in Ber. IX (b. 57 b, 59 a, b;
j. 12 d; Taan. II) zurück, von ברוך שאמר bis ב' עושה בראשית wird
bereits zusammenhängend in T. d. B. El. Suta IV zitiert. Für die
Aneinanderreihung dieser nicht zusammenhängenden Sätze war
wahrscheinlich die Verbindung mit dem im Gebetbuch vorangehenden
Stücke אתה הוא ד' אלהינו maßgebend, das mit Zeph. 3 20 schließt.
Der Satz ברוך אומר ועושה ברוך גוזר ומקים knüpft an das vom
Propheten verheißene künftige Heil an, er preist Gott als Vollstrecker
seines durch die Propheten gegebenen Wortes, und dementsprechend

würde der ganze Hymnus messianischen Inhalt haben. Danach kann nur die kürzere Fassung in Germ., It., Rom. die ursprüngliche sein, nicht die ausführliche von Seph., die allerlei göttliche Attribute hier zusammenträgt. Eine Bestätigung fände unsere Ansicht durch It., wo אתה הוא ד׳ אלהינו bereits zu den זמירות zählt, allerdings durch die bald zu erörternde Gruppe von Bibelstellen von ברוך שאמר getrennt ist. Freilich müßte man dann einen Schritt weiter gehen und annehmen, daß der erste Teil von ברוך שאמר ursprünglich mit dem zweiten nichts zu tun hatte, sondern sich eng an die vorhergehende Gebetgruppe (§ 12) anschloß. Wann dann die Verbindung der heterogenen Bestandteile eintrat, läßt sich schwer sagen; soweit die Texte zurückreichen, ist sie vorhanden. Die erste Erwähnung von ברוך שאמר geschieht durch R. Moses Gaon (um 825), Zunz setzt die Abfassung des Stückes wohl mit Recht in die Saboräerzeit.

4. Wenn nun ברוך שאמר die זמירות einleitet, müßten die zugehörigen Psalmen unmittelbar darauf folgen. Das ist nicht der Fall, hingegen steht, wenigstens in Germ., zunächst הודו לד׳ קראו בשמו dazwischen. Wir haben die Zusammensetzung und den Ursprung des Stückes oben (S. 82) besprochen. An I. Chron. 16 36 sind noch etwa 20 Verse, meist aus den Psalmen, angereiht, in It., Rom. sogar außerdem Ps. 19. Die Wahl der Verse schwankte im Mittelalter sehr, mit Vorliebe jedoch wurden solche Verse ausgewählt, die im Talmud oder Midrasch als besonders bedeutungsvoll hervorgehoben sind. Darunter sind einige, die bereits alte Quellen nennen, so werden Ps. 46 8 und 84 13 bereits j. Ber. V, 1 (8 d) empfohlen, desgleichen Ps. 106 47, 48 in Sof. XVII, 11, allerdings nur für die Neumondsliturgie, und unser Stück gehörte ebenso wie die folgenden bis Ps. 145 ursprünglich der Liturgie feierlicher Tage an. Amr. hat es nicht, in den Genisafragmenten fehlt es ebenfalls, und im Mittelalter ging man, wie bemerkt, recht frei damit um. Die Stellung des Stückes ist in allen Riten außer Germ. v o r ברוך שאמר, so daß es den erforderlichen Zusammenhang nicht unterbricht, aber auch dort hat man sich nicht gescheut, die nun folgenden Einschaltungen aufzunehmen.

Zunächst Ps. 100, wahrscheinlich ebenfalls ein Rest aus der alten Tempelliturgie, in It. in älterer Zeit nur am Sabbat gebräuchlich; in Franz. und Germ. wurde der Psalm am Sabbat weggelassen, in Prov. und Seph. hingegen beibehalten. In Rom. steht er vor ברוך שאמר, Amr. hat an seiner Stelle Psalm 20.

יהי כבוד findet sich bereits in allen uns bekannten Gebetbüchern, obwohl es ursprünglich ebenfalls nur für ausgezeichnete Tage bestimmt war. Es besteht aus einer Reihe von Bibelversen, die sämtlich den Gottesnamen enthalten. Die meisten stammen aus den Psalmen 104 31; 113 2—4; 135 13 usw. ישמחו השמים ist aus I. Chron. 16 31 genommen, es ist jedoch leicht einzusehen, weshalb dieser Fassung vor Ps. 96 11 der Vorzug gegeben wurde. ד׳ מלך ד׳ מלך ד׳ ימלך וגו׳ steht so vereint nicht in der Bibel, nur die einzelnen Teile des Satzes kommen getrennt vor. Auch dieser Satz scheint zu denen zu gehören, die für die festtägliche Liturgie bestimmt waren; zusammen mit יהי כבוד wird er in Sof. XVII, 11 und XVIII, 2 unter denen genannt, die, im Gegensatz zu allen anderen Psalmen, stehend von der Gemeinde gesprochen werden. Daß damit unser יהי כבוד gemeint war, läßt sich nicht annehmen. In It. und Rom. beginnen noch heute die „Semirot" mit einer Sammlung von Versen, an deren Spitze ד׳ מלך und יהי כבוד stehen. Auch in Seph. wird zwischen הודו und ברוך שאמר sehr feierlich ד׳ / מלך gesprochen und von einigen Versen begleitet. Der Ursprung aller dieser Zutaten ist in der Festtagsliturgie zu suchen, wie sie sich aus Handschriften noch nachweisen läßt. In It. und Rom. sind sogar darüber hinaus noch Stücke aus der Bibel zugesetzt worden.

5. Erst jetzt folgen die eigentlichen זמירות Ps. 145 bis 150, genauer 144 15 bis 150. Dem letztgenannten Vers geht ein anderer mit dem gleichen Anfang אשרי voraus, Ps. 84 5 אשרי יושבי ביתך, und beide Verse sind mit Psalm 145 derart verwachsen, daß sie geradezu bisweilen als sein Anfang zitiert werden. Das Rezitieren von Ps. 84 5 hat nur dann einen Sinn, wenn man soeben das Gotteshaus betreten hat, wie es z. B. zu Mincha (§ 13) der Fall ist. Man begnügte sich übrigens nicht überall mit zwei אשרי-Versen; It. hat auch Ps. 119 1 und V. noch vier andere, die mit אשרי beginnnen. Auch am Schlusse von Ps. 145 ist ein fremder Zusatz, Ps. 115 18, so daß auch hier wie am Anfang und Ende jedes der folgenden Psalmen הללויה steht; die Vereinigung hat bereits Amr. Wörtlich folgen die anderen fünf Psalmen, der letzte Vers von 150 ist verdoppelt, weil er den Schluß des Psalmbuches bildet. Germ. und Seph. bringen im Anschluß hieran die Doxologien vom Schlusse der Psalmbücher und Ps. 135 21.

6. Damit wären die זמירות beendet und jetzt müßte ישתבח sich anschließen. In den alten Gebetbüchern ist das auch der Fall,

heute wird in allen Riten außerdem zunächst das Danklied Davids
I. Chron. 2910—13, dann das Loblied Neh. 96—11 und endlich das
Schilfmeerlied, Ex. 1430 bis 1518, rezitiert. Noch die gaonäische
Zeit kennt nur das erste Stück im täglichen Gebet, nur dieses findet
sich bei Amr. Jünger ist das letzte, und es war zunächst nur für die
Sabbate bestimmt, wurde auch erst nach ישתבח gelesen und unter-
brach die זמירות nicht. Die Veranlassung zu seiner Aufnahme
in das Gebetbuch haben wir in der Überlieferung des Talmuds (b.
R. ha Sch. 31 a) zu suchen, wonach es, auf drei Sabbate verteilt, zu
Mincha vorgetragen wurde. In V. wird ein Responsum aus Rom
mitgeteilt, das für die t ä g l i c h e Rezitation des Liedes eintritt
und nur am 9. Ab und im Trauerhause eine Ausnahme gestatten will;
aber der gleichzeitige Jehuda b. Barsilai kennt immer noch seinen
Gebrauch nur am Sabbat und bekämpft nachdrücklich jede Unterbrechung der זמירות durch ungehörige Einschübe. Es scheint zuerst
in romanischen Ländern für alle Tage eingeführt worden zu sein;
Maimonides setzt es n a c h ישתבח, während V. es vorher bringt.
Späterhin wurde es überall hinaufgenommen, und da trat, offenbar
um eine Verbindung mit ויברך דוד herzustellen, das dritte Stück aus
Nehemia hinzu, das mit der Spaltung des Schilfmeeres schließt; endlich erhielt das Ganze im Anschluß an den verdoppelten letzten Vers
Ex. 1518 noch einige Verse mit מלך zum Abschluß. So wurden
die hymnischen Stücke weit über Gebühr und weit über das ursprünglich beabsichtigte Maß hinaus angehäuft; erst in einigen neueren Gebetbüchern wurden die Psalmen auf mehrere Wochentage verteilt,
um die Länge des Abschnittes auf diese Weise zu vermindern.

7. Den Abschluß der Semirot bildet ישתבח, dessen Zusammensetzung viel Ähnlichkeit mit der Schlußbenediktion des Hallel hat.
Die Häufung von Synonymen darin ist keineswegs ursprünglich und
wahrscheinlich von mystischen Gedankengängen beeinflußt. In diesem
Stücke hat Abudraham das Akrostichon שלמה wiedergefunden und
einen Verfasser gleichen Namens angenommen, Rapaport nannte
ihn auf Grund des Textes von Seph. אברהם. Das Stück, das schon bei
Amr. die allgemein bekannte Fassung zeigt, dürfte älter sein als die
Sitte des Akrostichons, der Verfasser ist nicht zu ermitteln. Die Semirot
werden durch Halbkaddisch (§ 12 a) abgeschlossen, das in den Gebetordnungen jedoch bereits zum folgenden Teile gezogen und mit ברכו
(§ 7, 1. S. 27) verbunden wurde.

8. Daß die זמירות noch nicht zum eigentlichen Gebet gerechnet werden, ergibt sich aus allerlei Anzeichen. So werden sie gesprochen, ohne daß die beim Gebet erforderliche Anzahl von Teilnehmern anwesend ist. Nach V. werden erst nach Abschluß der זמירות Tefillin angelegt, nach Amr., auch noch nach Abudr., ja bisweilen noch heute tritt erst hier der Vorbeter auf, in Seph. nennt man im Gegensatz zum Vorbeter denjenigen, der זמירות vorträgt, מזמר. Immerhin wurden diese Psalmen auch nach Amr. bereits in der Synagoge gesprochen, während die vorausgehenden Stücke als zur häuslichen Andacht gehörig bezeichnet sind; Maimonides zählt beide Gruppen nicht zum öffentlichen Gottesdienst.

§ 12. Die ersten Benediktionen.

Literatur: Zunz G. V., S. 390 f.; Landshuth, S. 23 ff.; Baer, S. 35 ff.; Berliner, Randb., I, 11 ff., II 33 ff.; Jawitz, S. 5 f., 8 f.; Hamburger, *RE* II 804 f. Art. Benedictions in *JE* III, 8 ff.

1. Noch weniger gehört der Anfang unseres Gebetbuches, die ברכות השחר, ursprünglich zum Synagogengottesdienst; noch Maimonides kennt sie nur als Brauch einzelner. Freilich verzeichnet schon Amr. die Sitte, sie vom Vorbeter in der Synagoge rezitieren zu lassen, um die Unkundigen zu entlasten.

2. Das deutsche Gebetbuch beginnt seit den ersten Druckausgaben mit מה טבו Num. 245; nach alter Auffassung wird משכנות auf die Gotteshäuser, אהליך auf die Lehrhäuser bezogen (b. Sanh. 105 a). Das Stück ist aus Bibelversen zusammengesetzt, und zwar meist aus solchen, die mit ואני anfangen. שחר אבקשך ist ein Gedicht von Salomo ibn Gabirol (1050) mit Reim und Metrum. Es zeichnet sich durch eine seltene Innigkeit des Andachtsgefühls aus. Es steht nicht in allen Gebetbüchern. Beide Stücke bilden nicht Bestandteile des Morgengebetes, sind vielmehr Einführungen in die Andacht überhaupt. In anderen Riten sind andere Stücke für diesen Zweck mitgeteilt, in It. und Rom. ausführliche בקשות.

3. Der Gottesdienst beginnt hierzulande mit יגדל, im westdeutschen Ritus folgt es erst am Ende der ברכות השחר. Das ist ein Gedicht mit dem durchgehenden Reim תו, aus dreizehn metrischen Versen bestehend; Seph. hat am Schluß noch einen Vers, der aber nicht in das Versmaß paßt und wohl auch nicht ursprünglich ist. Reim und Metrum weisen auf späten Ursprung hin. Der Inhalt —

das sagt auch der Schlußsatz in Seph. — ist eine Wiedergabe der
d r e i z e h n G l a u b e n s a r t i k e l , die Maimonides am Schlusse
der großen theologischen Einleitung zum Kommentar des X. Abschnittes von Sanhedrin aufgestellt hat. Diese Grundlehren des
Judentums (עקרים) wurden, als Glaubensartikel formuliert, in das
Gebetbuch aufgenommen, wo sie meist am Ende des Morgengebetes
stehen (אני מאמין). Außerdem sind sie in poetischer Bearbeitung in
Gestalt unseres יגדל dem Gebetbuch beigegeben worden. Man hat
Maimonides selbst für den Verfasser erklärt, indes fehlen alle Beweise
für diese und für ähnliche Behauptungen. Alle Spuren weisen darauf
hin, daß יגדל aus Italien stammt; in einem Siddur vom Jahre 1383
ist angegeben, daß es vom Großvater des Besitzers, d. i. von Daniel
ben Jehuda Dajan aus Rom, verfaßt wurde. Das Gedicht zeigt auch
starke Anklänge an eines der Lieder Immanuels ben Salomo, der mit
dem angegebenen Verfasser gleichzeitig gelebt hat. Überdies wissen
wir, daß damals in Rom ein großer Kreis jüdischer Gelehrter sich viel
mit philosophischen Studien befaßte und ganz besonders für die
Verbreitung der Lehren des Maimonides eifrig einsetzte. Wir gehen
demnach nicht fehl, wenn wir dem angeführten Bericht Glauben schenken und das Lied als in Rom um 1300 abgefaßt ansehen. Im Siddur erschien es an der Spitze des Gottesdienstes zuerst in ed. Krakau 1578.
In der Synagoge wurde das Stück ursprünglich nur am Eingange des
Sabbats oder auch am Schlusse des Musafgebets verwendet; der deutsche
Ritus übernahm es zuerst für den täglichen Morgengottesdienst und
auch für den Eingang des Versöhnungstages. So wurde es auch nach
Seph. übertragen, in It. hingegen ist es auf den Freitag Abend beschränkt geblieben.

4. אדון עולם, eines der schönsten Stücke des Gebetbuches, ist
gleichfalls nicht sehr alt; es enthält, wie das vorige, metrische Verse
mit durchgehendem Reim רא; in Seph. finden sich auch hier zwei
Verse mehr als in Germ., die wahrscheinlich echt sind, da sie in den
Rythmus sehr wohl hineinpassen. אדון עולם ist ein Gebet von reinster
Poesie und allgemeinem, tief religiösem Inhalt. Man hat es deshalb
auch dem hervorragendsten mittelalterlichen Verfasser von Gebeten
zugewiesen, Salomo ibn Gabirol; es wäre seiner wohl würdig, aber
zwingende Beweise für seine Autorschaft gibt es nicht. Dem Schlusse
nach scheint das Stück ein Nachtgebet zu sein, tatsächlich ist es in
das häusliche Nachtgebet aufgenommen; in der Synagoge aber ist es

am Abend nur am Eingang des Sabbats und des Versöhnungstages eingeführt. In Worms wird es bis auf den heutigen Tag nur am Jom Kippur vorgetragen, während es z. B. in Marokko bei einer Hochzeit gesprochen zu werden pflegt, bevor die Braut unter den Trauhimmel geführt wird. אדון עולם erscheint in den Handschriften kurz vor Einführung des Buchdrucks und geht dann mit dem gedruckten Siddur in alle Riten über, meistens eröffnet es das tägliche Morgengebet.

5. Mit dem jetzt folgenden Komplex von ברכות fangen die ברכות השחר im eigentlichen Sinne an. Sie stehen in Germ. nicht mehr in ihrem ursprünglichen Zusammenhange und können nur verstanden werden, wenn man auf die Quelle eines großen Teiles von ihnen zurückgeht, auf b. Ber. 60 b. Dort werden die Verrichtungen besprochen, die der Mensch am Morgen beim Aufstehen und Ankleiden zu vollziehen hat, es wird dem Frommen, der überall die Gegenwart und Hilfe Gottes schaut, empfohlen, bei jeder einzelnen, auch der gleichgültigsten Handlung Gott zu danken. Die ganze dortige Auseinandersetzung will nicht mehr sein als ein wohlgemeinter Rat für das Verhalten eines Frommen, eine Anweisung dafür, wie er solche Handlungen, welche gelegentlich vorkommen, zu betrachten hat. Keineswegs waren die dortigen kurzen Lobsprüche als Pflichtgebet gedacht und nicht im entferntesten für den täglichen öffentlichen Gottesdienst bestimmt. Dennoch wurden sie als Benediktionen formuliert, in gaonäischer Zeit in das häusliche tägliche Gebet und schließlich in den Synagogengottesdienst übertragen. Die Benediktion על נטילת ידים, die Stücke אלהי נשמה, אשר יצר, die darauf folgenden kurzen Benediktionen bis גומל חסדים טובים לעמו ישראל (und dazu wurde, wohl des gleichen Anfanges wegen, noch יהי רצון b. Ber. 16 b hinzugefügt) stammen sämtlich aus dem erwähnten Zusammenhange, bis auf על נטילת ידים stehen sie sogar in derselben Reihenfolge. Bei Natronai, Amr., It. stehen sie auch in dieser Weise ohne Unterbrechung zusammen, Seph. läßt die beiden ersten weg und weicht somit nicht einmal von der Anordnung des Talmuds ab. Die kurzen Benediktionen, von denen nur elf aus dem Talmud zu belegen sind, wurden mit ihrer Aufnahme in das Gebetbuch vermehrt. Mancher sagte weniger, mancher sogar noch mehr; Germ. fügt zu denen des Talmuds nur הנותן ליעף כח, das sich freilich in keinem anderen Siddur findet, aber in die jüngeren Ausgaben von Seph. ebenfalls hineingekommen ist. Hinzugetreten sind zur obigen Samm-

lung noch drei Benediktionen aus b. Men. 43 b, die dort lauten: שעשאני ישראל שלא עשאני אשה שלא עשאני בור. In Tos. Ber. VII, 18 (16 22) und j. IX, 2 (13 b) lautet die erste שלא עשאני גור. Eine Begründung durchaus nicht apologetischer Art findet sich daselbst. In Palästina nun wurden lediglich unsere drei Benediktionen in das tägliche Gebet aufgenommen, so hielt es auch Saad. und so noch Maimonides; allerdings weisen sie beide die Stücke der privaten Andacht, nicht dem öffentlichen Gottesdienste zu, und statt בור lesen sie nach b. Men. 43 b im Gegensatz zu Pal. עבד. Die drei Benediktionen sind nicht zufällig zusammengekommen. In welcher Beziehung sie auch zu ähnlichen, in der späteren griechischen Literatur auf Plato oder Sokrates zurückgeführten Aussprüchen stehen mögen, frappant bleibt die Parallele mit einem parsischen Gebet an Ormuzd, wo der Schöpfer dafür gepriesen wird, daß er seine Bekenner zu Iraniern und von der guten Religion, zu Freien und nicht zu Sklaven, zu Männern und nicht zu Weibern geschaffen hat. Noch mehr Beachtung verdient als Parallele jüdischen Ursprungs Paulus' Äußerung im Briefe an die Galater, wonach durch Jesu Tod unter den Gläubigen jeder Unterschied zwischen Juden und Griechen, zwischen Sklaven und Freien, zwischen Männern und Weibern aufgehoben ist (III, 19).

6. Nun ist dieser nach den Quellen zusammengehörende Abschnitt in Germ. durch ein längeres Stück unterbrochen, das von לעסק בדברי תורה bis ותלמוד תורה כנגד כלם reicht. Wir finden da zunächst einen Segensspruch über die Tora, genau genommen drei desselben Inhalts. Sie werden in b. Ber. 11 b von drei Amoräern des III. Jahrhunderts nicht für das tägliche Gebet, vielmehr als einleitende Benediktion für das tägliche Torastudium empfohlen, von R. Papa (IV. Jahrhundert), gemäß seiner bekannten Methode in Meinungsverschiedenheiten zu entscheiden, alle drei zusammengefaßt. Auf diese Benediktionen mußte ein Gegenstand des Studiums folgen. In Amr., It. und Rom. sind es die Abschnitte über das tägliche Opfer. Die Rezitation von Opfervorschriften galt lange Zeit als ein Ersatz für das nicht mehr dargebrachte Opfer. Andererseits lautete eine talmudische Bestimmung, daß täglich einige Zeit dem Studium von Bibel, Mischna und Talmud gewidmet werden sollte. Beide Anschauungen vereint bewirkten, daß hier neben Num. 28 1—8 die Mischna Seb. V. und endlich die dreizehn Interpretationsregeln des Rabbi Ismael בשלש עשרה מדות התורה נדרשת eingeführt wurden. Die Anordnung

ließ beliebige Erweiterungen durch andere auf den täglichen Kultus bezügliche Bibel- und Talmudstellen (z. B. Ex. 3017—21, 34—38, b. Ker. 6 a, b. Joma 33 a) zu. Die zuerst erwähnten Stücke sind schon bei Natronai und späteren Geonim zu finden. Die sinngemäße Anordnung, die Stücke unmittelbar auf die Benediktionen folgen zu lassen, ist in den alten Gebetbüchern innegehalten. So aber, wie der Text von Germ. und Seph. geboten wird, wo die Bibel- und Talmudstellen ganz am Ende der ברכות השחר, weit ab von den zugehörigen Benediktionen zu finden sind, ist die Aufeinanderfolge gar nicht zu begreifen.

Neben der besprochenen Gruppe von gelehrtem Stoff gab es eine andere, weit kürzere (vielleicht palästinische?), bestehend aus Num. 281—8, dem Priestersegen Num. 624—26, Pea I 1, sowie einigen kurzen Baraitot. Als nun in Franz. und Germ. die Torabenediktionen vor אלהי נשמה verlegt waren und auch dort einiges Quellenmaterial folgen sollte, wurden der Priestersegen usw. unmittelbar daneben gestellt, so daß in diesen Riten ein doppelter Studienstoff vorhanden ist.

7. Mit לעולם יהא אדם beginnt ein neuer Gedankengang, der ebenfalls aus den verschiedensten Zitaten zusammengestellt ist. Der ganze Zusammenhang ist T. d. B. El. XIX, Ende (S. 118) angegeben מיכן אמרו. יהא אדם ירא שמים ומודה על האמת ודובר אמת בלבבו בכל יום ויום ישכים ויאמר רבון כל העולמים לא על צדקותינו אנחנו מפילים תחנונינו לפניך וגו'. ואומר בעת ההיא אביא אתכם ובעת קבצי אתכם וגו'. Auf die Stelle führt bereits Schib. Lek. die Übernahme des ganzen Abschnittes in die Gebetsammlung zurück. Die einzelnen Sätze lassen sich aus talmudischen Quellen belegen: רבון כל העולמים und מה אנו מה חיינו sind das Sündenbekenntnis des R. Jochanan bezw. Mar Samuel in b. Joma 87 b, לא על צדקותינו ist aus Dan. 918 hervorgegangen, אבל אנחנו aus Mech. zu Ex. 1518 (44 a), אתה הוא עד שלא נברא העולם aus j. Ber. IX, 2. Umstritten war lange, ob auch die einleitenden Worte לעולם יהא אדם im Gebete gesprochen werden sollten, in Germ. werden sie gewöhnlich mit kleinen Lettern gedruckt. Nicht unmöglich ist auch die Meinung Benjamins b. Abraham Anaw (um 1240), daß die Einführung des שמע an unserer Stelle aus Verfolgungszeiten stamme, wahrscheinlich ist jedoch, daß es nur eingefügt wurde, damit die Zeit für קריאת שמע nicht versäumt würde. Den Abschluß bildet das Stück אתה הוא ד' אלהינו, aus biblischen Redensarten zusammengesetzt, das entsprechend dem Zusammenhange

im T. d. B. El. mit der Bitte um Herbeiführung des messianischen Heils endet. In Amr. merkt man der gegenwärtigen Fassung noch an, daß es erst ein jüngerer Zusatz ist. Amr.s Reihenfolge wird durch die mittelalterlichen Ritualien und V. bestätigt. In It. findet sich bereits vor לעולם יהא אדם die Überschrift זמירות של חול‎; wir haben bereits oben festgestellt, daß ברוך שאמר an den Schluß בשובי את שבותיכם וגו׳ direkt anknüpft (S. 83).

8. Fassen wir das Ergebnis dieser Auseinandersetzung zusammen, so dürfen wir feststellen, daß der Anfang des Morgengebetes im wesentlichen aus folgenden Unterabteilungen zusammengesetzt ist:

1. Verschiedene ברכות im Anschluß an b. Ber. 60 b.

2. Studienstoffe und einleitende Benediktionen dazu im Anschluß an b. Ber. 11 b.

3. Gebet um messianisches Heil im Anschluß an T. d. B. El. XIX.

Alle drei Abteilungen wurden späterhin in ihrer ursprünglichen Anordnung nicht mehr verstanden, mit fremden Gebeten durchsetzt und im deutschen Ritus in einer solchen Weise durcheinander geworfen, daß sie geradezu unerklärlich sind. Wann sie vereinigt wurden, ist unbekannt, aber zweifellos ist, daß der ganze Abschnitt ursprünglich nicht zum öffentlichen Gottesdienste gehörte, daß er der privaten Andacht überlassen war und nicht vor dem IX. Jahrhundert einen Platz in der Synagoge erhielt, den er jedoch noch lange später nicht überall hatte.

Anhang:

§ 12a. Das Kaddisch.

Literatur: L. Landshuth, ס׳/ בקור חולים, S. 59 ff.; Baer, S. 129 f., 153, 588; Kohler, K. in *MS* XXXVII, 1893, S. 489—492; Obermayer J., Modernes Judentum im Morgen- und Abendlande, 1907, S 91 ff.; D. de Sola Pool, The old jewish aramaic prayer, the Kaddish, Leipzig 1909; Berliner, Randb. II, S. 4 ff.; Jüdisches Volksblatt, Jahrgang I, Breslau 1889; Art. Kaddish in *JE* VII, 401 ff.

1. Das Kaddisch dient, wie aus seiner wiederholten Erwähnung hervorgeht, zum Abschluß des ganzen Gebets oder wichtiger Teile desselben, sowie zum Abschluß der Toravorlesung; es ist aber auch ein Gebet, das Trauernde am Schlusse des Gottesdienstes sprechen. Die liturgische Verwendung entspricht nicht dem ursprünglichen Sinne des Kaddisch, sie hat nicht nur zu einer Umdeutung, sondern

auch zu einer Erweiterung des Kaddisch geführt; aber auch abgesehen hiervon hat der ursprüngliche Wortlaut des Kaddisch vielfache Erweiterungen erfahren.

2. Den Kern des Kaddisch bildet die Eulogie יהא שמה רבא מברך לעלם ולעלמי עלמיא, die ganz deutlich an Dan. 2 20 anklingt; ihr hebräisches Äquivalent findet sie in Ps. 113 2 und in der im Tempel zu Jerusalem gebrauchten Eulogie ברוך שם כבוד מלכותו לעולם ועד. Die Erwähnungen des Kaddisch in der talmudischen Literatur knüpfen sämtlich an diesen Satz an, dem sie eine ganz außerordentliche Bedeutung beimessen, יהא שמה רבא וגר gilt als der Hymnus aller Hymnen. Die älteste Autorität, die es nennt, ist Jose b. Chalafta (um 150) in Sifre Deut. § 306 (132 b) und in b. Ber. 3 a; unter den Amoräern bezeichnet Raba als eine der Säulen, auf denen die Welt ruht, יהא שמה רבא דאגדתא (b. Sota 49 a). Was wir im letzten Ausdruck als einheitlichen Begriff finden, weist auf den Ursprung der Eulogie hin; sie wurde von Haus aus in den Schlußreden, die auf die aggadischen Vorträge (§ 29) folgten, verwendet. Es war ein feststehender Grundsatz, daß die Vorträge mit frohen Ausblicken in die messianische Zukunft zu enden hatten, solchen eschatologischen Abschlüssen aber ließen einzelne Redner auch noch ein kurzes Gebet folgen. Das Gebet mag anfangs keinen bestimmten Wortlaut gehabt, vom Belieben des Redners abgehangen haben. Ein solches Gebet nun, das sich mit der Zeit allgemein eingebürgert hat, war das Kaddisch. Sein erster Satz enthält die zwei eschatologischen Bitten um die Heiligung des göttlichen Namens und um das Kommen des Reiches, und zu diesen Bitten gehört die Eulogie יהא שמה רבא מברך oder ihre hebräische Form יהי שמו הגדול וגר (b. Ber. 3 a). Der Zusammenhang mit Ez. Kap. 36 bis 38, besonders der Anklang an 38 23 sind unverkennbar. Dies ist der Kern und der ursprüngliche Sinn des Kaddisch.

In welcher Zeit die Bitten entstanden sind, ist unbekannt, die sehr einfache Form der Eschatologie jedoch, der schlichte Ausdruck sowie das Fehlen jedes Hinweises auf die Zerstörung des Tempels weisen auf einen frühen Zeitpunkt hin. Bekannt ist ferner die Ähnlichkeit mit dem „Vater Unser", dessen erste drei Bitten bei Matthäus (6 9—10) in voller Übereinstimmung mit dem ersten Stücke des Kaddisch sind. Das alles läßt auf ein hohes Alter des ursprünglichen Kerns schließen. Außer den erwähnten Bitten und der Eulogie scheint noch der aramäische Satz לעלא מן כל ברכתא וגו׳ zum alten Bestande des Kaddisch zu gehören, der den Hinweis auf die agadischen Vorträge und deren eschatologischen Schluß (נחמתא) deutlich enthält. Aus der Anknüpfung an die Agada erklärt sich auch die Verwendung der a r a m ä i s c h e n Sprache, des Idioms, in dem die Gelehrten sprachen. Das Kaddisch ist nicht in einem Dialekt der Volkssprache abgefaßt, sondern in jenem künstlichen Idiom, das in den Schulen gesprochen wurde, das aus den offiziell anerkannten Targumim (§ 28) bekannt ist. Wie die Targumtradition aus Palästina nach Babylonien verpflanzt wurde, so verdankt auch das Kaddisch, das in P a l ä s t i n a e n t s t a n d e n war, Babylonien seine Erhaltung und weitere Ausbildung, dort hat es seine Wertschätzung als eine der „Säulen der Welt" erhalten.

3. Als l i t u r g i s c h e s Gebet finden wir das Kaddisch zum ersten Male in einer palästinischen Quelle, im Traktat Sofrim, der um 600 entstanden ist; dort erscheint es am Schlusse der Toravorlesung (XXI, 6), in Verbindung mit ברכו (X, 8) und am Abschlusse des Gebetes (XIX, 1). In Amr. erfolgt dann die Verwendung genau in derselben Weise wie noch heute. Für die liturgischen Zwecke erfuhr das Kaddisch eine Erweiterung. Es trat an den Schluß eine Bitte um Erhörung des Gebetes תתקבל צלותהון וגו׳; nur vor ברכו (§ 7), vor der קדושה דסדרא (§ 10) und hinter der Toravorlesung (§ 25) beim Morgengebet sowie vor der Tefilla bei den anderen Gebeten wurde das alte Kaddisch ohne תתקבל gebraucht. Aber auch der erste Teil erhielt zwei Erweiterungen; die aramäische Eulogie יהא שמה רבא wurde durch eine hebräische Umschreibung desselben Gedankens יתברך וישתבח וגו׳ ergänzt, sodann aber wurde hinter jede Bitte die Aufforderung der Gemeinde zur Responsion (ואמרו אמן) eingeschaltet. Im Zusammenhange mit der Trauerwoche finden wir das Kaddisch ebenfalls bereits in Sofrim. Nach dem Musafgebet am Sabbat, so wird dort berichtet, suchte man die Trauernden auf, sprach einen Segen und dann Kaddisch (XIX, 12). Es ist sehr wahrscheinlich, daß bei einer solchen Gelegenheit zu dem alten Kaddisch die Begrüßungsformel יהא שלמא רבא hinzugefügt wurde. Wann und weshalb dann derselbe Gedanke noch einmal in hebräischer Sprache hinzukam עשה שלום במרומיו (vgl. Hi. 25 2), darüber sind wir nicht unterrichtet. Beim Tode von Gelehrten wurde der Anfang des Kaddisch erweitert durch die Einfügung von בעלמאדעתיד לאתחדתא, in derselben Fas-

sung wurde er später nur unmittelbar nach der Beerdigung verwendet. Die Schlußsätze des Trauerkaddisch aber (יהא שלמא רבא) und עשה שלום במרומיו) wurden auch dem liturgischen Kaddisch einverleibt und blieben bei jedem Kaddisch bestehen.

4. Daß das Kaddisch in der Liturgie Verwendung fand, hatte seine Ursache in der Eulogie und darin, daß man ברכתא שירתא תשבחתא auf die Gebete bezog. Für den Trauerritus ließ es die eschatologische Bitte am Anfange geeignet erscheinen; die Heiligung des göttlichen Namens, die Herstellung des Gottesreiches stehen, namentlich bei dem Propheten Ezechiel, in engster Verbindung mit der Wiederbelebung der Toten, zweifellos wurde auch נחמתא auf die Trostreden bezogen. Im Anschluß an diese tatsächlichen Zusammenhänge bildete sich die mystische Vorstellung von der Wunderkraft der Rezitation der Kaddischeulogie für Lebende und Tote (vgl. b. Schab. 119 b und T. d. B. El. XX), ja sogar dem Sprechen der Responsen wird schließlich die Kraft der Einwirkung auf den göttlichen Ratschluß zugeschrieben. Damit vereinte sich die andere Vorstellung, daß es Kindern obliegt, für das Seelenheil der Eltern einzustehen. Die Möglichkeit hierzu soll ihnen die Teilnahme am Gottesdienst, der Vortrag gewisser Gebete geben, nach der mystischen Akibalegende insbesondere der Vortrag solcher hymnischen Gebete wie Kaddisch und ברכו. Hier handelt es sich noch lediglich um das liturgische Kaddisch, aber daraus entstand allmählich die Sitte, daß die Söhne nach dem Tode ihrer Eltern ein Jahr lang Kaddisch sagten. Die Sitte hat in D e u t s c h l a n d ihren Ursprung und begann in der Zeit der großen Judenverfolgungen. Dem Machsor Vitry ist sie noch völlig fremd, auch Eleasar aus Worms (um 1200) drückt sich noch sehr vorsichtig über diesen Punkt aus. Isaak Or Sarua (1220) aber berichtet bereits, daß in Böhmen und am Rhein Waisen am Schlusse des Gottesdienstes Kaddisch sagen, während man in Frankreich nicht darauf achte, wer das Kaddisch spricht; er tadelt das unter Hinweis auf jene Form der Legende, wonach R. Akiba einen zur Höllenpein verurteilten Vater dadurch rettete, daß er seinen Sohn das Kaddisch lehrte und es ihn in der Synagoge zu sprechen veranlaßte. Zwei Jahrhunderte später tritt uns dann bei Jakob Möllin zum ersten Male der Begriff „Jahrzeit", d. h. die Feier der jährlichen Wiederkehr des Todestages der Eltern durch Kaddischgebet, entgegen. Die Sitte des Kaddisch im Trauerjahre und an den Todestagen ist nebst der Bezeichnung Jahrzeit dann allmählich von allen Juden der

Welt übernommen worden. Bindende Vorschriften darüber kennt keines der älteren Ritualwerke, auch nicht der Schulchan Aruch; doch was die Halacha freigelassen, hat die Pietät geheiligt, das Kaddisch der Trauernden ist eine der verbreitetsten und am treuesten beobachteten religiösen Institutionen geworden. An Protesten gegen die Auffassung des Kaddisch als eines Gnadenmittels hat es nie gefehlt.

5. Aus der Art der Verwendung ergaben sich drei Arten des Kaddisch: Voll kaddisch קדיש שלם (גמור, בתרא) hieß das Gebet, wenn es mit תתקבל und יהא שלמא רבא vorgetragen wurde, d. h. am Schlusse des Gebetes; Halb kaddisch hingegen, קדיש חצי (ק׳ חסר), זוטא), reichte nur bis דאמירן בעלמא. Das Kaddisch der Trauernden wiederum קדיש יתום (אבל) war Vollkaddisch mit Weglassung von תתקבל, es wird nach dem Abschlusse des Gebetes hinter der Rezitation der jungen Zusätze wie עלינו usw. (S. 80f.) gesprochen. Eine besondere Spielart dieses Kaddisch heißt קדיש דרבנן, es wird von Trauernden im Anschluß an Talmudvorträge gesprochen und entsteht durch Einfügung von על ישראל וגו״ vor יהא שלמה רבא; auch diese Einfügung ist keineswegs älter als der Abschluß des Talmuds. Infolge der Verwendung in der Synagogenliturgie wurden auch Responsen für das Kaddisch eingeführt. Nach Sifre a. a. O. soll der Vortrag derart sein, daß auf יהא שמה רבא die Gemeinde mit לעלם ולעמי עלמיא einfällt; das aber wurde später nicht befolgt, vielmehr mußte die Gemeinde den ganzen Satz יהא שמה רבא wiederholen, die Mystiker haben bereits im Talmud der Responsion ganz unvergleichliche Wirkung beigelegt. In den späteren Jahrhunderten wurde die Wertschätzung derart übertrieben, daß bei allen Gebeten für denjenigen, der am Gottesdienste der Gemeinde nicht teilnehmen und, da es nur dort rezitiert wird, das Kaddisch nicht hören kann, ein Ersatzgebet geschaffen wurde, in das die Mystiker den Satz יהא שמה רבא hineinzubringen wußten. Außerdem kam als Response das wiederholte אמן der Gemeinde hinzu; es wird nicht in allen Gegenden an den gleichen Stellen gesprochen, und das ist ein Zeichen des späten Ursprungs.

6. Der Text des Kaddischgebets ist zuerst vollständig in Amr. gegeben. Daß der Text eines so viel benutzten Gebets im Laufe der Zeit den verschiedensten Wandlungen unterworfen war, braucht nicht erst gesagt zu werden, es muß jedoch bemerkt werden, daß der Text

der ersten Hälfte, des sogenannten Halbkaddisch, bei weitem nicht
so viele V a r i a n t e n aufweist wie derjenige der zweiten; ein weiterer
Beweis dafür, daß die zweite Hälfte jüngerer Zusatz ist. Der Text
von Amr. ist in Germ. und It. ziemlich unverändert erhalten geblieben,
während die anderen Riten zahlreiche Abweichungen bieten. Die
Textvarianten sind bei Pool sehr sorgfältig zu jedem Satze zusammengestellt, hier sollen nur diejenigen von allgemeiner Bedeutung genannt
werden. Die messianische Bitte am Anfange ist in Seph., Rom., Yem.
weiter ausgebildet worden, sie lautet in ihrer vollkommensten Form:
ויקרב משיחיה [ויׁשכלל היכליה] ויצמח פרקניה, die in Klammern
gesetzten Worte fehlen bald im einen, bald im anderen Ritus; die
Mannigfaltigkeit der Textgestalt (Pool, S. 26 bis 38) erweist die Sätze
als jüngere Zutaten. Auch in יתברך וכו׳, das selbst eine Ausarbeitung
der vorangehenden Eulogie ist, hat die ohnehin große Fülle der synonymen Verben Umstellungen oder eine geringe Vermehrung erfahren
(Pool, S. 54); dasselbe ist bei תתקבל der Fall (Pool, S. 65 f.). Sehr, zahlreich hingegen sind die Zusätze in den beiden letzten Bitten dadurch
geworden, daß sie ausschmückende und erweiternde Bearbeitungen
erfahren haben (Pool, S. 69 f., 75 f.); in Seph. und Rom. wird neben חיים
eine große Anzahl von Heilsgütern erbeten, alle in hebräischer Sprache,
was sich in der aramäischen Umgebung ohne weiteres als nachträglicher
Zusatz erweist. Gering an Zahl und Bedeutung sind die Varianten zu
על יׁשראל (Pool, S. 89). Als Variante hierzu kann das על יׁשר׳ ועל צדיקיא
angesehen werden, das dem Gebete für das Seelenheil der Verstorbenen,
הׁשכבה, wie es Seph. bietet, entnommen ist; es wird in Reformgebetbüchern zur Herstellung des Kaddisch der Leidtragenden eingeschaltet, das auf diese Weise eine direkte Beziehung auf die Verstorbenen erhält, die ihm in der traditionellen Fassung fehlt.

7. Neben den Textvarianten sind auch E r w e i t e r u n g e n
des Kaddisch zu erwähnen. Am Anfange, in der Bitte um das baldige
Kommen des Gottesreiches „bei Lebzeiten der Gemeinde", wurde
der höchsten Würdenträger besonders gedacht. In einem alten Berichte über die Amtseinführung der babylonischen Exilarchen wird
mitgeteilt, daß beim Festgottesdienst in das Kaddisch die Formel
בחיי נׁשיאנו ראׁש גלות ובחייכון ובחיי דכל בית יׁשראל eingefügt
ward. In der Geniza zu Kairo haben sich Fragmente gefunden, aus
denen sich ergibt, daß die Sitte s t ä n d i g in Übung war, daß
bei jedem Kaddisch des Exilarchen mit Namen gedacht wurde,

daneben auch der leitenden Männer an den großen Akademien in
Babylonien und in Palästina; so lautet ein Text בחיי נשיאנו ראש הגולה
בחיי אדונינו ובחיי ראש הישיבה של גולה ובחייכון וגו׳, ein anderer
אביתר הכהן ראש ישיבת גאון יעקב ובחיי רבינו שלמה הכהן אב הישיבה
ובחיי רבנו צדוק השלישי בחבורה ובחייכון... Nicht nur bis ins XI.
Jahrhundert dauerte der Brauch fort, auch noch ein Jahrhundert
später wird berichtet, daß die Gemeinden in Yemen M a i m o -
n i d e s ihre Ehrfurcht dadurch bezeigten, daß sie im Kaddisch
seiner gedachten בחיי דרבנא משה בר מיימון וכו׳. Es ist bezeichnend, daß dieser Zusatz mitten im aramäischen Text hebräisch
geblieben ist. Ungleich zahlreicher sind die Zusätze am Ende, meist
weitere Ausführungen der drei letzten Sätze, meist in aramäischer
Sprache, die freilich oft durch hebräische Worte unterbrochen wird.
Der größte Teil ist im Ritus von Cochin erhalten, 1. תחבני קרתא
(Text bei Pool, S. 108), 2. תשלח אסותא und 3. יריתין שמעין (das. S.
13, N. 12), 4. תענו ותעתרו nebst 5. תכתבו כלכם, 6. ein gereimtes
Stück, יהי רצון hinter תתקבל und endlich ein weitschweifiges
דכירין לטוב nebst עושה שלום.

Auch in einzelnen Gemeinden von Seph. ist am Schlusse der Feste
die Einfügung von תענו ותעתרו üblich.

B. Die übrigen täglichen Gebete.
§ 13. Das Minchagebet.

Literatur: Herzfeld, S. 184, 187.; Art. Minhah Prayer in *JE* VIII, 596 f.

1. תפלת המנחה (Ber. IV, 1), aram. צלותא דמנחה. Die Bezeichnung „Mincha" führt auf den Ursprung des Gebetes, das vom
Nachmittagsopfer abzuleiten ist. Man unterscheidet für das Gebet,
genau so wie für das Opfer, מנחה גדולה von $6\frac{1}{2}$ Stunden ab und
מנחה קטנה von $9\frac{1}{2}$ Stunden ab (vgl. Pes. V, 1; b. Ber. 26 b). Will
man den Unterschied auf die Bibel zurückführen, so müßte an צהרים
Ps. 55_18 und מנחת ערב Ps. 141_2 als Gebetszeiten erinnert werden.
Die gewöhnliche Gebetzeit im Tempel zu Jerusalem war die neunte
Stunde (vgl. Akt. 31 ἡ ὥρα τῆς προσευχῆς ἡ ἐνάτη). In manchen
Ländern wurde מנחה גדולה gebetet, so geschieht es noch heute fast
überall an Sabbaten und Festtagen, in Italien und im Orient vielfach
auch an Wochentagen. Schon früh wurde indes mit Rücksicht auf
die Erwerbsverhältnisse im Morgen- und im Abendlande Mincha auf

die Zeit kurz vor Einbruch der Nacht verlegt und mit dem Abendgebet vereinigt; regelmäßig geschah das am Eingang der Sabbate und Feste.

2. Das Gebet für Mincha bildet die T e f i l l a , die genau so wie im Morgengebet zunächst still gesprochen und dann laut wiederholt wird. Verschiedenheiten haben nur an zwei Stellen stattgefunden. Zunächst wurde in manchen Gegenden in XVII der Anfang mit רצה weggelassen (S. 56); ferner fiel der Priestersegen aus, infolgedessen wurde in Germ. in XIX רב שלום statt שלום שים gebetet (S. 59). Der Tefilla geht nach der übereinstimmenden Angabe aller Quellen Ps. 145 in der üblichen Fassung voraus. Durch Jona Gerundi (XIII. Jahrhundert) wurde auch der Abschnitt über das tägliche Opfer (Num. 28 1—8) und פטום הקטרת (S. 80) eingeführt, Seph. und It. haben das angenommen und schicken überdies Ps. 84 voraus. V. setzt Ps. 5 8 ואני ברב חסדך voran; in Germ. ist das alles nie in den Gemeindegottesdienst gekommen, sondern nur von einzelnen gesprochen worden.

3. Nach der Tefilla wird תחנון gebetet, wie am Morgen; V. hat hierfür einige besondere Techinnas, die mit den bei Amr. für den Morgengottesdienst mitgeteilten identisch sind. Da das Minchagebet häufig erst kurz vor Einbruch der Nacht verrichtet wurde, konnte es bisweilen an der nötigen Zeit mangeln, es in der vorgeschriebenen Weise vorzutragen. Für diesen Fall wurde schon von den Geonim empfohlen, תחנון fortzulassen, wenn es sehr spät war, sogar die Wiederholung der Tefilla abzukürzen.

Am Vorabend eines festlichen Tages fällt zu Mincha תחנון aus. Als Eigentümlichkeit wird aus Katalonien berichtet, daß es am Freitag Abend Sitte war, nach der leisen Tefilla קדיש zu sprechen; ob das darauf zurückzuführen ist, daß ursprünglich die Wiederholung der Tefilla ausfiel, läßt sich nicht mehr ergründen. Wo das Minchagebet gesondert gesprochen wird, schließt es mit עלינו (§ 10, S. 80 f.).

§ 14. Das Abendgebet.

Literatur: Landshuth, S. 218 ff.; Baer, S. 163 ff.; Herzfeld, S. 184 f.; J. Lévi, Fragments de rituels de prières etc. in *REJ* LIII, 231 ff.; A. Büchler in *JQR* XX, 799 ff. Art. Ma῾arib in *JE* VIII, 233 f.

1. תפלת הערב (Ber. IV, 1), ערבית, בערב (Ber. I, 5, 7), מעריב oder ערבים (Ber. I 1). Aus den Einrichtungen des jerusalemischen Tempels läßt sich das Abendgebet nicht herleiten, denn der Tempel

wurde abends geschlossen, und es fanden nachts keine Funktionen
darin statt. Es ist vielmehr das natürliche Bedürfnis nach einem
Nachtgebete, dem das Maarib seinen Ursprung dankt. בשכבך Dt. 6 7
ist die biblische Anlehnung, ὁπότε πρὸς ὕπνον ὥρα τρέπεσϑαι
nennt Josephus (Ant. IV, 8, 13) die Zeit dafür. Zu Beginn der christlichen Zeitrechnung ist das Gebet bereits allgemein eingeführt, allerdings fand ein Gemeindegottesdienst am Abend nicht statt, es war
vielmehr das Nachtgebet des einzelnen. Nachdem für Maarib ein
Gemeindegottesdienst eingeführt war, wurde er bei Einbruch der
Dunkelheit gehalten, vielfach, um es der Gemeinde zu erleichtern,
mit Mincha zusammen. Daß auf vollen Eintritt der Nacht gewartet
wurde, gehörte zu den Seltenheiten.

2. Den Kern des Gebetes bildet das S c h m a mit zwei vorausgehenden Benediktionen wie am Morgen und, darin abweichend, mit
zwei, die nachfolgen (Ber. I, 7).

In allen bekannten Texten seit Amr. beginnt das Abendgebet
mit Ps. 78 38 und Ps. 20 10 (והוא רחום וגר'). Von den verschiedenen
dafür gegebenen Begründungen ist die einleuchtendste, daß die Zeit
bis zum Eintritt der Nacht ausgefüllt werden und daß unserem Gebete wie den anderen einige Bibelverse vorausgehen sollten. V. hat
außer den genannten Versen auch Dt. 4 31 und für sämtliche Verse
alternierenden Vortrag zwischen Vorbeter und Gemeinde. Seit dem
XVII. Jahrhundert werden den Versen bisweilen Ps. 134 und nach
kabbalistischen Angaben eine Gruppe von Bibelstellen vorangeschickt,
so in Seph. und It., in Germ. nur, wenn Maarib wirklich nachts gebetet wird.

3. Das erste Stück vor Schma entspricht יוצר אור (S. 16 f.),
es ist nicht ausgeschlossen, daß beide in alter Zeit einmal den gleichen
Wortlaut hatten. B. Ber. 11 b wird daraus von Abbaje (IV. Jahrhundert) גולל אור מפני חשך וחשך מפני אור, das. 12 a (anonym)
die Eulogie מעריב ערבים zitiert. Die Texte in den Ausgaben stimmen
bis auf geringfügige Kleinigkeiten überein; Amr., Germ. (schon V.),
Rom. und It. haben am Schluß das von Abudr. entschieden ver-
worfene und auch in Seph. fehlende ד' צבאות שמו אל חי וקים וגר'.
Eine piutartige kürzere Formel ist REJ, L III., S. 234 f. mitgeteilt.

4. Über den Anfang von אהבת עולם vgl. oben S. 20. Auch
hier stimmen die Texte bis auf den Schluß überein, die Abweichungen

sind nicht von Bedeutung. Der Inhalt ist weit einheitlicher als der von אהבה רבה im Morgengebet, er bezieht sich lediglich auf die Offenbarung und rechtfertigt den Namen ברכת תורה, s. oben S. 20, 25.

5. Von den drei Abschnitten des Schma wurde der dritte ursprünglich am Abend nicht rezitiert, ויאמר אינו נוהג אלא ביום (Ber. II, 3). In Palästina war dieser Brauch in amoräischer Zeit noch allgemein (j. Ber. I 9, b. 14 b), während der späteren Jahrhunderte in vielen Gemeinden verbreitet (Hal. Ged. 23). Der Inhalt des letzten Satzes, die Erwähnung des Auszuges aus Ägypten, wurde auch am Abend zum Ausdruck gebracht, dafür besitzen wir das Zeugnis des Josephus (das.) und seines jüngeren Zeitgenossen Eleasar ben Asarja (Ber. I, Ende). Die überlieferten Formeln dafür lauten מודים אנחנו (j. Ber. I 9 לך שהוצאתנו ממצרים ופדיתנו מבית עבדים להודות לשמך fol. 3 d), oder מודים אנחנו לך ד׳ א׳ שהוצאתנו מארץ מצרים ופדיתנו (b. Ber. 14 b), מבית עבדים ועשית לנו נסים וגבורות על הים ושרנו לך womit wohl zu מי כמוכה und zur גאולה übergeleitet wurde. In Babylonien hingegen war bereits um 300 das Weglassen von ויאמר völlig unbekannt; dort war daher auch die zur גאולה überleitende Formel anders und derjenigen des Morgengebetes angepaßt. Schon vorher hatte Rab für den Abend אמת ואמונה vorgeschrieben. Der Text ist seit Amr. in allen Riten gleichlautend, zum größten Teil an Psalmverse angelehnt. Der Übergang von מי כמכה zu ד׳ ימלך lautet bei Amr. ebenso wie der in Pal. für das Morgengebet (ob. S. 24); in Vulg. aber findet sich allgemein der aus Germ. bekannte Text mit geringfügigen Abweichungen, in Seph. יחד כלם הודו והמליכו ähnlich dem am Morgen gebräuchlichen Wortlaute. Eine von allen bekannten abweichende Formel hat Saad.; eine andere piutartige, vielleicht palästinischen Ursprungs, in REJ a. a. O.

6. Das Abendgebet hat im Gegensatz zum Morgengebet hier noch ein viertes Stück השכיבנו, im Talmud גאולה אריכתא genannt (b. Ber. 4 b, 9 b). Der Grundtext von Amr. ist in allen Riten mehr oder weniger erweitert, am wenigsten in It., am meisten in Seph. Ein kurzer Text, der lediglich eine Bearbeitung von Ps. 49 בשלום יחדו אשכבה ואישן enthält, wiederum in REJ a. a. O. Als Eulogie findet sich in allen Gebetbüchern שומר עמו ישראל לעד, die Formel geht auf Midr. zu Ps. 61 zurück, wo allerdings der Text nicht über jeden Zweifel erhaben ist. In Pal. jedoch lautet die Eulogie הפורש סכת שלום עלינו ועל כל עמו ישראל (ועל ירושלים) [מנחם ציון ובונה ירושלים],

wie in Vulg. nur an Sabbaten und Festtagen. Das ließ j. Ber. IV 5

(8 c) אמר ר' אבון בנוי לתלפיות תל שכל הפיות מתפללין עליו בברכה

בקריאת שמע ובתפלה .... בקריאת שמע פורש סוכת שלום עלינו ועל

עמו ישראל ועל ירושלים mit seinen zahlreichen Parallelen in den
Midraschim vermuten; Genisatexte, die die Formel im Wortlaute des
täglichen Gebetes bringen, haben die Vermutung zur Gewißheit gemacht.

7. Die Einführung einer Bitte an dieser ungewöhnlichen Stelle
hat ihren Grund darin, daß das Stück einen E r s a t z für die T e -
f i l l a bieten sollte. Solange Maarib ein wirkliches Nachtgebet war,
konnte nur die eine Bitte um Schutz in der Nacht hier Platz finden,
andere hatten keinen rechten Sinn. Aber schon sehr zeitig wurde
das Gebet auf eine frühere Abendstunde verlegt, und es wurde wie
bei den anderen zwei täglichen Gebeten auch hier die Tefilla eingeführt, vielleicht nach der Zerstörung des Tempels als Ersatz für
die dort zu נעילת שערים (§ 34) üblich gewesene. Allein die
Abendtefilla wurde als freiwillige Leistung, nicht als Pflichtgebet
betrachtet (תפלת הערב אין לה קבע Ber. IV, 1; תפלת ערבית רשות
b. Ber. 27 b, j. IV 1, f. 7 d), und wenn auch R. Gamliel deswegen den
gewaltigen Konflikt mit R. Josua entfesselte (um 100), so blieb doch
zunächst und auch trotz später erneuten Widerspruchs für alle Zeiten
die Anschauung siegreich, daß die Abendtefilla f r e i w i l l i g e s
Gebet war. Sie wird infolgedessen vom vorhergehenden Gebet durch
קדיש getrennt und nicht laut wiederholt. Sie wurde aber auch lange
Zeit beim öffentlichen Gottesdienste überhaupt nicht verwendet, vielmehr wurde ein Ersatz für sie geschaffen.

8. Ein solcher liegt heute noch in dem Stücke ברוך ד' לעולם אמן
ואמן vor. Das ist eine Sammlung von Bibelversen, vorzugsweise aus den
Psalmen, von Bibelversen, die den Gottesnamen enthalten und die
18 Benediktionen der Tefilla zu ersetzen bestimmt sind. Daß das
Stück einen Ersatz für die Tefilla bietet, darüber herrscht unter allen
Berichterstattern Einstimmigkeit, nur über die Veranlassung zu seiner
Einführung gehen die Meinungen auseinander. Nach einem Teile der
Quellen stammt das Stück aus B a b y l o n i e n und fand dort Auf-
nahme, weil man in den Synagogen, die weitab von der Stadt lagen
(vgl. § 48), die zu spät erschienenen und mit ihrem Gebete noch nicht
fertigen Leute in der Dunkelheit allein zu lassen Bedenken trug.
Nach anderen wiederum ist es in einer Zeit der Religionsverfolgungen

eingeführt worden, als es verboten war, die Tefilla zu sprechen; allein eine solche Verfolgung läßt sich mit Sicherheit nirgends nachweisen. Es fehlt auch nicht die Meinung, daß durch die Einführung von ברוך ד' לעולם die Zeit gespart werden sollte, die sonst für die Tefilla notwendig war; wir finden auch anderweitig Einrichtungen, die darauf abzielen, eine unnötige Ausdehnung des Gebetes an Wochentagen zu vermeiden. Endlich muß ein Bericht erwähnt werden, der, allerdings ohne nähere Quellenangabe, die Entstehung des Stückes nach P a l ä s t i n a verlegt. Möglich wäre es, daß in einem der beiden Länder die Tefilla, in dem anderen der Ersatz dafür üblich war, und so ließe sich erklären, daß wir in allen Riten von Amr. an beides vereint finden, die Tefilla n e b s t dem vorangehenden Ersatz für sie. In den meisten Riten freilich wird ברוך ד' לעולם leise gesprochen, eine letzte Spur davon, daß es ursprünglich nicht zum Gebet gehörte.

Über die Entstehungszeit herrscht wiederum Einstimmigkeit. Wo die Berichte nicht so gehalten sind, daß ihre Unmöglichkeit sofort in die Augen springt, wird die Abfassung in die nachtalmudische, genauer in die saboräische Zeit verlegt. Mit dieser Angabe stimmt der Inhalt sehr wohl überein, denn auch andere Gebete, die eine solche Zusammenstellung von Bibelversen enthalten, gehen auf jene Zeit zurück.

Prüfen wir den Text näher, so ergibt sich, daß die Verse in allen Riten die gleichen sind, die Reihenfolge ist allerdings nicht immer dieselbe. Aber keiner der uns vorliegenden Texte weist wirklich 18 Schriftstellen auf, meist sind es nur 15 oder 16. Ob und wie die fehlenden zu ergänzen sind, läßt sich nicht sagen; erwähnt soll hier werden, daß in handschriftlichen Gebeten, z. B. auch im Siddur Saadjas, Ob. 21, Ps. 120 2, 150 6, Jes. 45 17, I. Könige 8 57 sich finden. Möglich ist auch, daß die Sätze ברוך ד' ביום und מלך ד' mitgezählt wurden, die zwar nicht Schriftverse, aber doch solchen ähnlich sind. Ferner muß hervorgehoben werden, daß das Gebet, wie es uns vorliegt, einen doppelten Abschluß hat. An die Reihe der Schriftstellen schließt sich unmittelbar אלהינו שבשמים an. יראו עינינו bildet aber einen zweiten Abschluß mit ähnlichem Inhalt, mit einem messianischen Ausblick. In It. fehlt יראו עינינו, und der Schluß lautet ganz kurz תהלה נביע לרוכב בערבות לאל המפואר במקהלות קדושים בא"ר מלך אל חי לעד וקיים לנצח; in Rom. wiederum wird neben יראו עינינו ein

Schluß mit כל פה וכל לשון ד׳ א׳ יהללוך zur Auswahl gestellt, der
mit dem von It. inhaltlich identisch und nur eine weitere Ausführung
davon ist. Auffallende Abweichungen zeigt auch die Eulogie.
Samuel ben Meir (um 1130) hielt eine Eulogie an unserer durch die
alten Quellen nicht zu begründenden Benediktion überhaupt für unstatthaft, und eine große Anzahl von Autoritäten aus Frankreich und
Spanien im XIII. und XIV. Jahrhundert schloß sich dieser Meinung
an. Auch Maimonides soll sie geteilt haben, und Pers. hat in der Tat
keine Eulogie hinter dem Gebete. Andererseits hat Rom. zwei; hinter
המלך בכבודו חי וקים תמיד הוא ימלך עלינו die übliche יראו עינינו
לעולם ועד ועל כל מעשיו לנצח, die verkürzt in Amr., Germ. und Seph.
wiederkehrt, hinter יהללוך wiederum eine andere, die an It. anklingt.
In It. lautet sie kurz מלך אל חי לעד וקים לנצח, d. i. wortgetreu der
Anfang von Saadjas Eulogie שמו מלך אל חי לעד וקים לנצח משובח
תמיד ימלך לעולם ועד אמן, aber Saadja hat auch die andere, denn
in seinem Siddur wird ברוך ד׳ לעולם nicht nur an Wochentagen,
sondern im Gegensatz zur Meinung der babylonischen Geonim, auch
am Freitag Abend verwendet und schließt dann המולך בכבודו תמיד
לעולם ועד אמן. Einen von allen Riten vollständig abweichenden Text
bietet Maimonides. Auf השכיבנו folgt ברוך ד׳ לעולם mit Ps. 316,
בידך אפקיד רוחי; außerdem aber, so fährt er fort, pflegen V e r e i n -
z e l t e (ונהגו מקצת העם), in die Mitte der Benediktion eine Reihe
von Bibelversen einzuschalten; es folgen dann 5 Verse, die auch in
אלהינו שבשמים יחד שמך ברוך ד׳ לעולם vorkommen, der Abschluß
ברוך ד׳ בקומנו....ברוך ד׳ ביום, dann wiederum 9 Verse, הקרוי עלינו
המלך תמיד נהלל סלה ונשיח בחוקיך ובאמונתך und der Schluß
בכבודו חי וקיים תמיד ימלך וכו׳. Bei der schlechten Verfassung, in
der uns Maimonides' Gebettext vorliegt, ist nicht ganz klar, wie die
von ihm erwähnte Einschaltung zu denken ist, ob die Eulogie am
Schlusse ausschließlich zur Einschaltung gehört oder auch bei nicht
erweiterter Benediktion zur Anwendung kommt; bemerkt muß
werden, daß auch in Pers. die Reihe der Bibelverse wie bei Maim.
mit I. Könige 1839 beginnt, und daß auch Yem., der treue Hüter
der maimonidischen Tradition, diesem Verse nur ברוך ד׳ לעולם und
ימלך ד׳ לעולם vorausschickt.

Suchen wir auf Grund all der hervorgehobenen Eigentümlichkeiten, die uns bei dem Gebet vorliegen, eine Erklärung, so dürfte sich
folgendes ergeben. Hier scheinen zwei ganz verschiedenartige Gebete

zusammengeflossen zu sein. Zunächst ein N a c h t g e b e t. Eine
Reihe von Versen bezieht sich fraglos auf eine vorangegangene oder
folgende Bitte um Schutz in der Nacht; besonders aus der Anordnung
bei Maimonides und dem hand schriftlichen Siddur Saadjas ergibt
sich das mit Klarheit. Das Nachtgebet hätte dann mit dem eigentlichen Abendgebet nichts zu tun, es wäre eine spätere Einrichtung
aus der Zeit, wo das Abendgebet schon kurz nach Sonnenuntergang
verrichtet und ein Nachtgebet unmittelbar vor dem Schlafengehen
eingeführt wurde. Der andere Teil des Gebetes wiederum erweist
sich als eine Bitte mit m e s s i a n i s c h e m A u s b l i c k e; der
ganze Inhalt von יראו עינינו bezieht sich auf das Erscheinen des
Gottesreiches. Von diesem Gesichtspunkte aus begreifen wir es, daß das
Stück unabhängig von den voraufgehenden Bibelversen bei Saadja
auch am Eingange des Sabbats vorgetragen wurde, und daß in den
ältesten Quellen über unser Gebet wohl von ברוך ד' לעולם, aber nicht
von יראו עינינו gesprochen wird. Vielleicht läßt sich die Einfügung
einer Bitte mit messianischem Inhalt an so ungewöhnlicher Stelle
folgendermaßen erklären. Im alten palästinischen Ritus lautete die
Schlußformel von השכיבנו, wie oben bemerkt, מנחם ציון ובונה ירושל',
oder הפורש ... ועל ירושל'. Ebenso berichtet der Midrasch zu Ps.
147, daß die Schulkinder am Abend den Vers מי יתן מציון ישועת
ישראל' vortrugen. Als nun aber in Babylonien jene Eulogie beseitigt
und an ihre Stelle die neue שומר עמו ישר' לעד gesetzt wurde,
sollte für das ausgefallene messianische Gebet ein Ersatz geschaffen
werden. Einen solchen hätten wir in יראו עינינו zu erblicken,
wobei jedoch nicht übersehen werden darf, daß die Eschatologie in
יראו עינינו in zu klassischer Form erscheint, um allzu spät entstanden
zu sein. Solange wir nicht alte Texte, die die beiden Teile des Gebetes
getrennt darbieten, auffinden, werden wir über derartige Vermutungen
nicht hinauskommen. In jedem Falle begreift man es, wenn noch
Isaak ibn Gajjat (XI. Jahrhundert) in dem Stücke יראו עינינו ein
fremdes Element sah und nicht gestatten wollte, das Gebet damit
zu unterbrechen.

9. Auch auf die Tefilla des Abends folgte in alter Zeit תחנון.
Das ist eine Bestätigung für die obige Erklärung, daß תחנון das
Privatgebet ist, welches dem Gemeindegebet folgte. Von den babylonischen Geonim wurde es gestattet, wenn auch nicht gerade gefordert, aber im Ritus des Exilarchenhauses und im Siddur Saadjas

war תחנון auch am Abend vorgeschrieben. Aus den uns vorliegenden Gebetbüchern ist es verschwunden, aber Spuren davon haben sich doch hier und da erhalten. So bringt V. wie am Schlusse des Morgengebetes פטום הקטרת und Ber. I 5, jedoch fehlt dort der tägliche Psalm, ihn finden wir in It. und Seph., wenn auch am Anfang des Abendgebetes. Andere haben wiederum Ps. 83 oder 124 als Schluß nebst אין כאלהינו und פטום הקטרת. Alle genannten Zutaten können auch fehlen. In den letzten Jahrhunderten hat Germ. ziemlich willkürlich hinter עלינו einige Psalmen eingeführt, meistens mit Rücksicht auf das קדיש für die Trauernden.

Kap. II. Der Gottesdienst an ausgezeichneten Tagen.

A. Der Sabbatgottesdienst.

§ 15. Eingang des Sabbats.

Literatur: Landshuth, S. 248 ff.; Baer, S. 178 ff.; Herzfeld, S. 209; Rosenthal in Graetz, Gesch. IV³, S. 470; Berliner, Randb. I, 43 ff.; Elbogen, I., Eingang und Ausgang des Sabbats in *Lewy Festschr.*, S. 173 ff.; Mishcon A., Studies in the Liturgy, II in *Jew. Rev.* I, 358 ff.

1. Am Eingange des Sabbats fand in der ältesten Zeit ebensowenig wie an anderen Abenden öffentlicher Gottesdienst statt. Vielmehr wurden zur Feier des Tages von den religiösen Genossenschaften (חבורות) gemeinsame festliche Mahlzeiten gehalten. Sie nahmen ihren Anfang, wenn es noch heller Tag war; beim Eintritt der Dunkelheit wurden sie unterbrochen, vom Haupte der Tischgesellschaft wurde bei einem Becher Wein das Gebet zur Weihe des Tages קדושת היום gesprochen. Im übrigen verrichtete ein jeder das übliche Nachtgebet für sich, mancher mit einer besonderen Hinzufügung, die auf den Sabbat Bezug hatte. Eine solche wird von R. Zadok mitgeteilt מאהבתך ד׳ אלהינו שאהבת את ישר׳ עמך ומחמלתך מלכנו שחמלת על בני בריתך נתת לנו ד״א את יום השביעי הגדול והקדוש הזה באהבה (Tos. Ber. III. 7 p. 6 22 ff.) Erst vom Beginne der amoräischen Zeit an, und in Babylonien früher als in Palästina, wurde auch am Freitag Abend Gottesdienst in der Synagoge gehalten und bei diesem nach Beendigung des Gebetes קדוש, die Weihe des Tages gesprochen. Die Tendenz ging sogar dahin, den Gottesdienst länger auszudehnen als an anderen Tagen. Bei der weiten Entfernung der Synagogen Babyloniens von den Städten und bei dem dort herrschenden Aberglauben fürchtete man sich, in der Dunkelheit allein oder in geringer Anzahl in der Synagoge zu bleiben. Viele gingen am Freitag, solange die Zeit es irgend gestattete, ihrer Arbeit nach und erschienen erst spät beim Gottesdienst, sie holten in stiller Andacht das Gebet nach. Um sie nun nach Beendigung des Gemeindegebetes nicht allein zurück-

lassen zu müssen, wurde es durch einige Zusätze verlängert; so
wurde, um nur die bekannteste Einrichtung zu nennen, für den Eingang
des Sabbats eine Wiederholung der Tefilla eingeführt, die sonst am
Abend nicht üblich war. Auf diese Weise ist der in allen Riten
gleichartige Gottesdienst am Freitag Abend entstanden.

2. Ein dem Mittelalter noch fremdes Element leitet den Sabbatgottesdienst ein, קבלת שבת; es stammt aus dem kabbalistischen
Kreise, der in Safed gegen Ende des XVI. Jahrhunderts ebenso nach-
haltig wie verhängnisvoll auf das jüdische Leben einwirkte. Die im
Talmud mitgeteilte bildliche Huldigung einiger Lehrer an die „Prinzessin Sabbat" באו ונצא לקראת שבת המלכה (b. Schabb. 119 a) wurde
in jenem Kreise wörtlich genommen. Man ging mit einigen Genossen unter dem Zuruf „Auf, laßt uns den Sabbat empfangen"
hinaus ins Freie und sang dabei die Psalmen 95—99, dann Ps. 29, zuletzt ein Lied mit dem Refrain לכה דודי und dem Schlusse בואי
כלה בואי כלה כלה לשלום שבת מלכתא. Solcher לכה דודי — Lieder gab es
mehrere, das üblich gewordene ist das von Salomo al-Kabbez ha Levi
(um 1540), das den Beifall Isaak Lurjas (1534 bis 72) fand und, mit
dieser wertvollen Empfehlung ausgestattet, rasch in die Gemeinden
eindrang, wenn es auch an Widerspruch dagegen nicht gefehlt hat;
Rom. z. B. hat nichts von der neuen Einrichtung übernommen.
Der kabbalistische Brauch, den Sabbat einzuleiten, der zum ersten
Male im סדר היום des Mose ben Machir, 1599, beschrieben ist,
wurde nicht überall in gleicher Weise ausgeführt. Sämtliche Psalmen
hat nur Germ.; Seph. bringt lediglich Ps. 29, It. gar keinen. Allen
gemeinsam ist das Lied לכה דודי, alle Riten haben auch die Sitte,
daß die Gemeinde sich beim letzten Verse zur Tür wendet, eine
Erinnerung an den ursprünglichen Gang ins Freie. לכה דודי ist wohl
das jüngste Stück im Siddur, es hat durch seinen dichterischen Schwung
— Joh. Gottfr. Herder und Heinrich Heine haben es ins Deutsche
übertragen — sich das Bürgerrecht errungen. Eine Kürzung erfuhr
die Einleitung zum Sabbatgottesdienst durch die Reformbewegung,
indem die Zahl der Psalmen meist auf einen oder zwei verkürzt und
aus לכה דודי nur Eingang, Mittelstrophe und Schluß beibehalten
wurden.

Älter, jedoch dem Ursprunge nach nicht nachweisbar, sind Ps. 92
und 93 am Eingang des Sabbatgottesdienstes; Maimonides wird bereits über ihre Zulässigkeit befragt. Auch sie finden sich in allen

Riten, wenn auch z. B. der Schulchan Aruch noch von ihnen schweigt.
Rom. und Pers. fügten hieran noch eine Reihe von Bibelstellen, darunter Ps. 100 und 150, vor Ps. 92 setzt Rom. im Anschluß an I. Kön.
8 56 ‏ברוך ד׳ אשר נתן מנוחה לעמו ישראל ביום השבת‎.
3. Das Maaribgebet ist seinem Aufbau nach das gleiche wie an
Wochentagen. In bezug auf den Wortlaut ist mancherlei zu bemerken.
Nach Amr. wird auch am Freitag Abend mit ‏והוא רחום‎ begonnen,
und so war es in Spanien üblich, in Deutschland lange Zeit in Worms;
in Seph. hat sich der spanische Brauch nicht erhalten. Der Text der
Benediktionen vor und nach dem Schma enthält in It. die alten palästinischen Einschaltungen ‏אשר כלה מעשיו ביום השביעי ויקראהו‎
‏בשביעי גזרת‎ zu ‏המעריב ערבים‎, das alphabetische (‏קיימת‎) ‏שבת קדש‎
‏דברת‎ zu ‏אמת ואמונה‎. Bei Saadja finden sich die entsprechenden
Poesien auch zu ‏אהבת עולם‎ und ‏השכיבנו‎, Amr. sprach sich dagegen
aus, daher fehlen sie in Seph. und Germ. In ‏השכיבנו‎ lautete der
Schluß einst wie an Wochentagen ‏שומר עמו ישר׳ לעד‎, noch Abudr.
kennt das als Brauch von Sevilla und Toledo, heute lautet er nach
dem Beispiele der babylonischen Akademien in allen Riten ‏ופרוש עלינו‎
‏סוכת שלומך‎, und die Eulogie ‏הפורש סוכת שלום וגו׳‎. Die gleichfalls palästinische Wendung ‏מנחם ציון‎ wurde von den babylonischen
Geonim abgelehnt und ist daher nirgends erhalten. (Vgl. oben
S. 101 f.). Eine Differenz besteht darin, daß schon bei Saad., Rom.
und noch heute bei Seph. ‏והגן בעדנו‎ usw. wegfällt, während It.
und Germ. es beibehalten, sogar einschließlich des in der Provence
und in Frankreich, daher auch bei V. fehlenden Satzes ‏ושמור צאתנו‎
‏ובואנו‎. In der suranischen Hochschule wurde sofort hinter der Benediktion das Kaddisch gesprochen und zur Tefilla übergegangen;
in den anderen Synagogen hingegen wurde ‏ושמרו‎ Ex. 31 16-17 hinzugefügt. Saadja hat außerdem ‏כי המלכות שלך היא‎ und ‏יראו עינינו‎
nebst der Eulogie ‏המולך בכבודו‎ (oben S. 104). Nach Jehuda ben
Barsilai und Abudr. war das in Spanien allgemeiner Brauch, nur
daß zum Unterschied von den Wochentagen statt ‏יראו עינינו‎ I. Chr.
16 31 ‏ישמחו השמים‎ gesagt wurde; wie Jehuda ben Barsilai haben
sich viele andere Autoritäten dagegen ausgesprochen. In Frankreich,
Deutschland und Italien wurde nur ‏ושמרו‎ ohne weitere Verse und
ohne Eulogie verwendet, wie es heute in allen Riten geschieht.
4. Die Tefilla für den Sabbat unterscheidet sich von derjenigen
der Wochentage dadurch, daß die mittleren 13 Bitten fortfallen und

durch e i n Stück ersetzt sind; sie ist ein S i e b e n g e b e t ברכת
שבת... מתפלל שבע ואומר קדושת היום באמצע)שבע Tos. Ber. III 12,
p. 710). Das mittlere Stück heißt קדושת היום (vgl. R. ha Sch. IV, 5),
später קלוס (Sof. XIX 7), es entspricht in seiner Anlage der gesamten Tefilla insofern, als es stets hymnenartig beginnt, zur Bedeutung des Festes überleitet und schließlich eine Bitte um die rechte
religiöse Weihe und um würdiges Begehen des Tages vorbringt. In
alter Zeit dürfte die Formel für alle Tefillas desselben Festtages gleich
gewesen sein; an den Feiertagen ist es in allen Riten (bis auf Musaf)
noch heute so, und am Sabbat ist wenigstens die Bitte אלהינו ואלהי
אבותינו רצה במנוחתנו in den vier Tefillas gleich. Aus ihr findet
sich der eine Satz קדשנו במצותיך und die Eulogie מקדש השבת
schon im Talmud (b. Pes. 117 b), der vollständige Text erscheint zuerst
bei Amr., freilich mit dem in It. erhaltenen Schlusse וישמחו בך ישר/
אוהבי שמך, der an unsere Feiertagsformel anklingt. Trotz der Erwähnung im Talmud und ihres Vorkommens in allen Riten ist es
zweifelhaft, ob die Bitte die älteste ihrer Art ist, wahrscheinlich ist
sie jünger als die kurze Bitte bei Amr. הנה לנו כי אתה אבינו. Recht
alt ist sicherlich die Einleitung bei Amr. ומאהבתך ד/ אלהינו; sie ist
die Erweiterung des Gebetes des R. Zadok (S. oben S. 106) und wird
auch bei Saad. und in It. verwendet. In It. freilich und in Ms. O.
von Amr. findet sich bereits אתה קדשת את יום השביעי לשמך daneben, das sie schließlich auch verdrängte. Die Verwendung von
אתה קדשת muß alt sein, denn der Text ist schlicht und erscheint in
allen Riten in einer ganz seltenen Übereinstimmung. Als Beleg wird
am Schlusse von אתה קדשת heute in allen Riten Gen. 21 ff. ויכלו angeführt, Amr. Ms. beginnt mit 22 ויכל, was auch Ascheri verzeichnet,
und Abudr. kennt sogar einen Brauch, der nur Gen. 23 ויברך verwendet; Pers. hat die ganze Schöpfungsgeschichte Gen. 11—23. In
Spanien und in der Provence, und so noch heute in Seph., schloß
sich daran ישמחו במלכותך oder zum mindesten der letzte Satz
ובשביעי רצית בו וקדשתו; auch in V. muß er einst gestanden haben,
wenn auch vielleicht an unrichtiger Stelle. Nach der Analogie des
Gebets am Sabbatmorgen zu schließen steht der Satz hier wahrscheinlich zu Recht. Über die Bitte רצה במנוחתנו siehe oben.

In den ersten und letzten Stücken der Tefilla ist keine Abweichung
von den Wochentagen, auch wo Einschaltungen vorkommen, sind es
die gleichen. Amr. verordnet als Zusatz für alle Tefillas im ersten

Stücke vor באהבה שמו למען die Worte שבתות לבניהם והנחיל ורצה
למנוחה; auf Grund welcher Überlieferung, wissen wir nicht. Die
Einschaltung ist um so auffälliger, als sie bereits in früherer Zeit in
gaonäischen Kreisen zurückgewiesen worden war; mit Recht wendet
sich Jehuda ben Barsilai gegen die an jener Stelle ganz unangebrachte
Bitte, in keinem Ritus ist eine Spur von ihr verblieben.

5. Auf die leise Tefilla folgt nach einer amoräischen Anordnung
(b. Schabb. 119 b) schon bei Amr. ויכלו (Gen. 21—3), und so ist es
auch geblieben, obwohl wir es bereits innerhalb der Tefilla haben.
Hieran schließt sich ברכה אחת מעין שבע, der oben bereits erwähnte
Ersatz für die Wiederholung der Tefilla. Er ist eigentümlich zusammengesetzt; das mittlere Stück מגן אבות bildet eine Zusammenfassung
aller sieben Benediktionen — daher rührt der Name und es sollte allein
genügen — ihm geht aber der Anfang der Tefilla und zwar in palästinischer Fassung (mit קנה שמים וארץ S. 43) voran, ferner folgt die
Bitte אור"א רצה במנוחתנו im vollen Wortlaut. Der Text ist in allen
Riten übereinstimmend. Durch Vollkaddisch wird angezeigt, daß
das Gebet beendet ist.

6. Einen Nachtrag bilden bereits bei Amr. der Kiddusch und
die Rezitation des zweiten Kapitels der Mischna Schabb. במה מדליקין
mit einem hagadischen Abschlusse. Was es mit dem Kiddusch für eine
Bewandtnis hat, ist bereits oben berührt. Er gehörte ursprünglich
zur Mahlzeit, wurde später in die Synagoge verlegt, und dort finden
wir ihn seit der Zeit der ersten babylonischen Amoräer. In Babylonien
war die Sitte der gemeinsamen Mahlzeiten zu religiösen Zwecken nicht
verbreitet, auch wurde dort der Weinbau nicht überall gepflegt. Infolgedessen wurde in jenen Gegenden, in denen kein Wein zur Verfügung
stand, der Kiddusch in die Synagoge verlegt, und dort ist er am Schlusse
der Liturgie geblieben. Man wußte, daß er nur in das Privathaus,
an den Familientisch gehörte, und entschuldigte sich damit, daß die
Synagoge gleichzeitig als Herberge für Durchreisende diente, die dort
ihre Mahlzeiten einnahmen. Mit der Zeit hörte eine derartige Verwendung der Synagoge auf, und es wurden viele Bedenken geltend
gemacht, ob dann der Brauch, Kiddusch in der Synagoge zu sprechen,
zu Recht bestände. Dennoch wagte niemand ihn anzutasten, ein
Schulbeispiel für die Tatsache, daß religiöse Gebräuche, wenn sie
einmal eingewurzelt sind, durch Vernunftgründe sich nicht leicht
entfernen lassen. Der Kiddusch blieb ein integrierender Bestandteil

des Gebetes am Eingange des Sabbats und wurde einer der Höhepunkte des Gottesdienstes, bei dem die Weihe und Feierlichkeit sich über das gewöhnliche Maß erhoben. Keine Gemeinde, sie mag alte oder reformierte Liturgie haben, würde ihn heute missen wollen.

Der Text des Kiddusch ist in allen Vorlagen bis auf geringfügige Abweichungen gleich, ein Beweis, daß er auf guter alter Überlieferung beruht. In reformierten Gebetbüchern sind im Kiddusch wie überall im Gebetbuch bei der Erwähnung der Erwählung Israels die Worte מכל העמים gestrichen, die allerneuesten sind wieder zum überlieferten Texte zurückgekehrt.

Die Einführung von במה מדליקין geschah, um im Interesse der spät in der Synagoge Erschienenen die Gemeinde möglichst lange zusammenzuhalten; es wurde gerade dieses Kapitel gewählt, weil es auf Freitag Abend Bezug hat. Bei Amr. und in mittelalterlichen Kodifikatoren steht es ganz am Ende, in V. und danach in Germ. vor Kiddusch, in Spanien jedoch verlegte man — wegen des Schlusses — die Rezitation des Stückes vor das Maaribgebet, dort steht es noch heute in Seph., daraus ist es in It. und Rom. übernommen. In manchen Gemeinden wurde es sogar vor Mincha rezitiert. Nur wenn ein Feiertag auf Sabbat fällt, oder während der Festwoche wird es weggelassen. Neuerdings wird es nicht nur in allen Synagogen mit reformierter, sondern auch vielfach in solchen mit alter Liturgie weggelassen. Nach עלינו (s. oben S. 80) wird in It. יגדל, in Deutschland אדון עולם gesungen und damit der Gottesdienst geschlossen. Pers. schließt auch das Abendgebet mit אין כאלהינו. Was sonst noch in den Gebetbüchern an dieser Stelle steht, stammt aus den kabbalistischen תקוני שבת und ist auch dort für die häusliche Feier bestimmt.

§. 16. Das Morgengebet am Sabbat.

Literatur: Landshuth, S. 277 ff.; Baer, S. 206 ff.

1. Der Morgengottesdienst besteht aus den gleichen Teilen wie an Wochentagen (§ 6). Den ברכות השחר sind schon bei Amr., wie in allen späteren Gebetbüchern, die Verse über das Sabbatopfer Num. 28 9, 10 beigefügt, während Saadja sich dagegen aussprach. Die Zahl der Semirot ist, ebenfalls schon bei Amr., stark vermehrt; einiges in der Werktagsliturgie stammt aus dem Sabbatgebet (s. oben S. 85) Amr. hat nach den Versen ד' מלך usw. Ps. 100, 136, I. Chr. 16 8—36,

Ps. 19, dann Einzelverse, die alle den Gottesnamen enthalten, — die meisten sind identisch mit den Versen hinter הודו לד׳ קראו בשמו (ob. S. 84) —, Ps. 135, dann ברוד שאמר, Ps. 92 und 93, יהי כבוד usw. wie oben S. 85. So findet man sie heute noch in It. Dazu kamen später noch Ps. 33, 34, 90, 91, in Seph. überdies Ps. 95, 121 bis 124. Auch die Reihenfolge wurde etwas geändert. Strittig war Ps. 100. In Italien, Spanien und der Provence wurde er nur an Sabbaten, nicht an Wochentagen eingefügt; in Nordfrankreich und in Deutschland hingegen hielt man es umgekehrt, dieser Brauch ist in Germ. und Seph. beibehalten. Daß das Schilfmeerlied ursprünglich nur zu den Sabbat — Semirot gehörte, wurde bereits bemerkt (oben S. 86). Rom. hat weit mehr Psalmen als alle anderen Riten und für sie eine besondere Benediktion (oben S. 83).

Wie die Semirot am Sabbat vermehrt sind, so ist auch ihr Abschluß ausführlicher als an Wochentagen. Alle Riten verwenden hierzu den Hymnus נשמת כל חי, der durch seinen im ganzen und großen in allen Riten übereinstimmenden Wortlaut und durch seine schöne poetische Sprache sich als alt erweist. Der Anfang wird auch bereits im Talmud erwähnt; R. Jochanan versteht darunter b. Pes. 118 a das in der Mischna daselbst zum Abschluß des Hallel verordnete ברכת השיר. Derselbe R. Jochanan zitiert auch beim Gebet um Regen einen ganzen Satz, der uns in נשמת vorliegt (אלו פינו מלא שירה כים b. Ber. 59 b). Ebenso führt sein älterer Zeitgenosse Bar Kappara in einem Dankgebete Sätze an, die sich auch in unserm Gebete finden (j. Ber. I 8, f. 3 d) לד תכרע כל ברד. Im Mittelalter war (in Frankreich und Deutschland) die Legende weit verbreitet, daß נשמת den Apostel Petrus zum Verfasser habe, Raschi wies mit aller Entschiedenheit eine solche Annahme ab. Eine andere verbreitete Annahme nannte den Verfasser יצחק und stellte am Schlusse die Sätze בפי ישרים תתהלל usw. derart untereinander, daß sie den Namen als Akrostichon ergaben. Ähnliche Vermutungen, die an ישתבח anknüpfen, sind oben (S. 86) erwähnt; sie sind sämtlich wertlos, in der frühen Zeit, aus der נשמת stammt, haben die Verfasser ihre Namen noch nicht akrostichisch angedeutet. Ob sich נשמת unversehrt erhalten hat, kann bezweifelt werden; stellenweise ist die Häufung der synonymen Epitheta so groß, daß spätere Überarbeitung vorzuliegen scheint. Unleugbar ist die Ähnlichkeit mit der Schlußbenediktion nach הלל, dem im Talmud (Pes. das.) ebenfalls angeführten יהללוד, das einmal sogar eine ähnliche

Wortfülle darbietet. Die Ansicht des .R. Samuel ben Meir im Talmud-
Kommentar, daß נשמת nur eine Hinzufügung zu dem vorher erwähnten יהללוך sein soll, hat daher viel für sich. Den Schluß von
נשמת mit der Eulogie bildet das alltäglich übliche ישתבח.

2. Die zum Schma gehörigen Stücke (§ 7) gleichen denen der
Werktage; nur das erste ist in allen Riten beträchtlich erweitert.
Es besteht aus drei Teilen 1. הכל יודוך ,2. אל אדון על כל המעשים ,3. לאל
אשר שבת. Der Anfang הכל יודוך ist zunächst eine Poesie mit dem
Stichwort הכל, dem letzten Worte des voraufgegangenen יוצר אור;
es nimmt dann המאיר לארץ bis משגב בעדנו auf und schließt mit
dem nach Art des Midrasch ausgeführten אין כערכך oder, wie es in
It., Rom. und Seph. heißt, אין ערוך לך. — 2. אל אדון ist eine Bearbeitung des wochentägigen Alphabets אל ברוך גדול דעה in der
Weise, daß hier auf jeden Buchstaben statt eines Wortes ein ganzer
Satz kommt. 3. לאל אשר שבת ist eine palästinische (?) Poesie, der
einzige auf uns gekommene Rest einer einst für alle Tage der Woche
durchgeführten Gattung. Das waren Hymnen, in denen das Schöpfungs-
werk der einzelnen Tage verherrlicht wird, die Tage treten selbst
auf und preisen den Schöpfer mit den Worten des für jeden einzelnen
bestimmten Psalms (b. R. ha Sch. 31 a). Wenn im Mittelalter לאל אשר
שבת im Namen des Gaons Natronai zitiert wird, so mag er wohl
der älteste Autor sein, der des Stückes Erwähnung tut, der Verfasser
muß einige Jahrhunderte früher gelebt haben. Wahrscheinlich sind
alle derartigen Zusätze gegen Ende der talmudischen Epoche verfaßt,
kaum später, da sie von sämtlichen Riten übernommen wurden.
In den aus der Genisa stammenden Fragmenten sind sie nicht
immer zu treffen; auch Saad. kennt sie nicht, לאל אשר שבת teilt
er nur als Brauch einzelner mit. In Spanien hat Jehuda ben Barsilai
sich mit Entschiedenheit gegen eine solche „irrige", unbegründete
und haltlose Änderung des täglichen Gebets wie durch Einschiebung
von הכל יודוך ausgesprochen; freilich ohne Erfolg, nur aus Toledo
wird berichtet, daß לאל אשר שבת dort weggelassen wurde.

3. Die Tefilla ist am Sabbatmorgen genau so wie am Abend
zusammengesetzt, ohne Zweifel — und die Analogie der Festtage
bestätigt es — hatte sie einst auch den gleichen Wortlaut. Daß die
Einschaltungen geändert wurden, findet seine natürliche Erklärung
darin, daß der Sabbat so viel häufiger wiederkehrt als die Feiertage,
und daß die allwöchentlich viermalige Wiederholung des gleichen

Textes zu eintönig war. In allen Riten wird am Sabbatmorgen ישמח
משה verwendet, überall mit dem gleichen Texte. Nach seinem Tenor
würde als bestätigender Abschluß der Dekalog zu erwarten sein;
in allen bekannten Texten von Amr. an steht (wahrscheinlich da
dieses Zitat zu lang war) dafür ושמרו בני ישראל את השבת, Ex. 31 16. 17.
Der Anfang von ישמחו במלכותך, das jetzt folgen müßte, ist zu ולא
נתתו erweitert. Maimonides hat abweichend von allen Riten diesen
Zusatz zu Musaf, Abudr. erwähnt ihn gar nicht. Der Text hat mit
Rücksicht auf mögliche Mißdeutungen mannigfache Änderungen erfahren; ein Genisafragment liest ובצלו לא ישבו גויים וגם במנוחתו
לא ישכנו ערלים, wodurch der Parallelismus gut hergestellt wird. Das
ganze Stück beruht wahrscheinlich auf einem Midrasch. Infolge der
Erweiterung ist von ישמחו במלכ׳ nur der zweite Teil עם מקדשי שביעי
stehen geblieben, Seph. hat trotz ולא נתתו das ganze ישמחו, Rom.,
obwohl ולא נתתו fehlt, nur den letzten Satz חמדת ימים.

Über die Keduscha vgl. § 9 a, S. 64 ff.

Auf das Morgengebet folgt die Vorlesung aus der heiligen Schrift;
vgl. darüber und über die zugehörigen Gebete vom Ausheben bis zum
Einheben der Tora §§ 25, 26 und § 30.

§ 17. Das Musafgebet.

Literatur: Landshuth, S. 315 ff.; Baer, S. 235 ff.; Herzfeld, S. 205 ff. ;
Rosenthal in Grätz, Gesch., IV³, S. 471 f.

1. מוסף, תפלת המוספין, Musaf bedeutet Zusatz, und zwar
sowohl Zusatzgebet, d. h. ein über das jeden Tag übliche hinausgehende
Gebet, wie auch Zusatzopfer. Bekannt ist das Musafgebet im Zusammenhange mit dem Musafopfer, und es wird allgemein als ein
Ersatz dafür angesehen. Aber die ältesten Quellen kennen ein Musafgebet auch ohne Opfer. Von den Maamadot (§ 34) wird berichtet,
daß sie an jedem Wochentage viermal Gottesdienst hielten, eines
ihrer Gebete hieß Musaf מוסף (vgl. Taan. IV 1. 4). Vielleicht
geht hierauf auch der Satz des R. Eleasar ben Asarja zurück, אין תפלת
המוספין אלא בחבר עיר (Ber. IV 7), wonach die Institution des
Musafgebetes mit dem Vorhandensein eines kommunalen, d. h. am
Maamad beteiligten Verbandes verknüpft ist. Demnach hätte das
Musafgebet mit dem Musafopfer ursprünglich nichts zu tun. Alle
anderen Nachrichten, die wir besitzen, kennen allerdings das Musaf-

gebet nur an solchen Tagen, an denen ein Musaf o p f e r (vgl. Num. 28, 29) dargebracht wird. Die älteste Erwähnung finden wir bei den Tannaiten des I. Jahrhunderts. (Tos. Ber. III, 3, p. 5 25, vgl. III, 10 f., p. 74 ff., Tos. Sukka IV, 5, p. 198 16). Die Zeit des Musafgebets war zwischen Schacharis und Mincha.

2. Was das Musaf am Sabbat anlangt, so wird aus der Tempelliturgie berichtet, daß das Lied Mosis Dt. 32 dabei vorgetragen wurde; das Lied war auf sechs Wochen verteilt, nach deren Ablauf es von neuem begonnen wurde (b. R. ha Sch. 31 a).

Der Text der Musaf t e f i l l a am Sabbat dürfte ursprünglich genau derselbe gewesen sein wie der der übrigen Tefillas. Erst zu Beginn der amoräischen Zeit wurde er geändert und mit einer Erwähnung des Musaf o p f e r s versehen. רב אמר צריך לחדש בה דבר ושמואל א' אין צריך לחדש בה דבר ר' זעירא בעי קומי ר' יוסי מה לחדש בה דבר א"ל אפילו אמר ונעשה לפניך את קרבנות חובותינו תמידי יום וקרבן מוסף יצא (j. Ber. IV, 6 f. 8 c.). Ein ganz ähnlicher Satz wie der zuletzt erwähnte findet sich noch heute in allen Musafgebeten. So abrupt blieb die Erwähnung des Opfers nicht lange. Sie erhielt wahrscheinlich bald eine Einleitung, deren Inhalt durch den Zielpunkt vorgeschrieben war, eine Bitte um Wiederherstellung Israels und des Opferdienstes. Das ist das allen Riten gemeinsame Stück יהי רצון מלפניך שתעלנו. Ihm geht außerdem ein anderes kurzes Stück voraus, das sicherlich einst ebenfalls als Einleitung gedient hat und nicht die Bitte um Erfüllung der eschatologischen Hoffnungen, sondern den historischen Bericht über die Einsetzung des Sabbats und seines Opfers zum Inhalt gehabt hat. In Seph. (bei Maim. und Abudr.) lautet es in sehr einfacher Diktion למשה צוית על הר סיני מצות שבת זכור ושמור ובה צויתנו להקריב בה קרבן מוסף שבת כראוי. In den anderen Riten steht dafür die schwierigere Fassung תקנת שבת רצית קרבנותיה. Das Stück ist so angelegt, daß die Worte mit den Buchstaben des Alphabets in umgekehrter Reihenfolge (תשר"ק) anfangen, auf את folgen (gemäß den Schlußbuchstaben מנצפך) in guten Vorlagen noch צוור פעליה כראוי מסרני נצטור; freilich sind die letzten drei Worte nur in alten Quellen zu finden, aus den Gebetbüchern sind sie geschwunden. Noch eine Abweichung der alten Texte muß erwähnt werden; statt מוסף יום השבת heißt es bei Amr., V., Maim. und Rom. מוסף יום המנוח הזה, und das dürfte der ursprüngliche Ausdruck sein. Nicht unerwähnt darf bleiben, daß in Genisafragmenten neben den beiden erwähnten noch eine andere weitschweifigere Einleitung vorkommt. In allen reformierten Gebetbüchern ist der ganze Passus beseitigt und durch einen auf die Sabbat r u h e bezüglichen ersetzt.

Zur Erwähnung des Musafopfers gehört die Rezitation der biblischen Opfervorschrift Num. 28 9. 10. Von der Erlaubnis des Talmuds, die Opferverse fortzulassen, scheint nur Maim. Gebrauch zu machen. Auf die Schriftverse folgen in allen Riten ישמחו במלכותך und רצה במנוחתנו, Rom. läßt ישמחו fort, Maimonides hat hier ולא נתתו und nur den Schluß von ישמחו (עם מקדשי שביעי). Die letzten Benediktionen der Tefilla sind die üblichen, auch zu Musaf wird in der vorletzten der P r i e s t e r s e g e n rezitiert.

3. Auf die Musaftefilla folgt bei Amr. nichts, in den anderen Riten אין כאלהינו. In Seph. (nach Manh. auch in Frankreich) vorher je ein Kapitel der Mischna mit agadischem Abschluß, nachher תנא דבי אליהו wie an Wochentagen (vgl. § 10, S. 80). In It. und Germ. פטום הקטרת und עלינו, in It. dann noch יגדל und ברוך ד' אשר נתן מנוחה in Germ. Ps. 92, vorher aber in sehr vielen Gemeinden שיר הכבוד, in wenigen, meist polnischen, auch שיר היחוד aus אז ביום השביעי נחת (vgl. über beide § 10 12).

In den modernen Gebetbüchern folgt auf die Tefilla nur אין כאלהינו und עלינו.

§ 18. Das Minchagebet.

Literatur: Landshuth, S. 338 ff.; Baer, S. 259 ff.

1. Vom Minchagebet am Sabbat-Nachmittag wissen wir aus der Zeit des Tempels, daß ein besonderer Gesang שיר dafür bestimmt war; das Schilfmeerlied, das in zwei Teile geteilt war, Ex. 15 1—10, 11—18, und das Brunnenlied Num. 21 17—18 wurden im dreiwöchentlichen Zyklus abwechselnd vorgetragen. Schon damals wurde der Sabbat mit belehrenden Vorträgen ausgefüllt; im Anschluß an sie fand um die Mittagsstunde das Minchagebet statt. In späteren Jahrhunderten wurden die Vorträge und das Gebet auf den Nachmittag verlegt, in manchen Gegenden sogar bis zur Dunkelheit ausgedehnt. Eine Erinnerung an den einstigen Zusammenhang zwischen der Volksbelehrung und dem Minchagebet ist in der Liturgie verblieben. Auf den an den Wochentagen üblichen Beginn von Mincha (§ 13) folgt

רבא לציון, jene Komposition, die stets zum Abschluß eines Studienvortrages diente (§ 10, S. 79). Im Talmud wird von Prophetenvorlesungen beim Minchagebet am Sabbat gesprochen (b. Schabb. 24 b), und solche haben sich in Persien zum mindesten bis ins XI. Jahrhundert erhalten (§ 26), aus Nehardea wird berichtet, daß in amoräischer Zeit dort Vorlesungen aus den Hagiographen stattfanden (das. 115 b). Der Gaon Natronai kannte die Einrichtungen nicht mehr aus eigener Anschauung, aber er wußte von älteren gaonäischen Quellen, laut denen am Sabbat-Nachmittag vor Mincha aus Sidra und Haftara in beliebiger Auswahl vorgetragen wurde; am Schlusse las der Vorbeter den letzten Vers der Sidra, den die Gemeinde wiederholte, und fuhr dann mit ואתה קדוש, d. h. ובא לציון mit Ausnahme der beiden ersten Verse, fort. Derselbe Brauch hat sich in der alten portugiesischen Synagoge in London bis heute erhalten. In It. und Rom. beginnt Mincha mit einer Reihe von Versen mit messianischem Ausblick, wie Jes. 58 13—14, 52 7, Sech. 9 9, Mal. 3 1, 23, 24 usw.; im ganzen sind es 10 Verse, genau so viele, wie nach den Bescheiden der Geonim vorgelesen werden sollen. Wahrscheinlich liegt hier eine Erinnerung an die Vorträge der alten Zeit vor.

Auf ובא לציון folgt Kaddisch und Ps. 69 14 ואני תפלתי. In Amr. fehlt der Vers noch, erst Ms. O. bringt ihn. Die älteste bekannte Quelle dafür dürfte Raschi sein, dessen erbauliche Erklärung dazu in die Schriften der Dezisoren übergegangen ist. Eine einleuchtende historische Begründung ist nicht bekannt, die befriedigendste ist, daß mit עת רצון auf das Minchagebet angespielt wird. In Italien wurde der Vers dreimal, in Spanien, und so noch heute in Seph., zweimal gesprochen; später hat man in It. die Wiederholung weggelassen, dafür aber als Responsion Ps. 86 10 eingeführt.

Über die Toravorlesung und die einstmalige Hagiographen- und Prophetenvorlesung vgl. §§ 25, 26, 27.

2. In der Tefilla liest Amr. als mittleres Stück הנח לנו כי אתה אבינו, das sich auch in Genisafragmenten findet. Als Variante wird schon in diesen alten Quellen אתה אחד angeführt, das allgemein üblich geworden ist, freilich enthält es in handschriftlichen Ritualien den Zusatz משה עבדך אמרת לו פני ילכו והניחותי לך מנוחה שלמה, der das so sehr auffällige אברהם רגל יצחק ירנן יעקב ובניו ינוחו בו wenigstens einigermaßen verständlich macht. Gemeinsam ist beiden Fassungen der Schluß מנוחת אהבה ונדבה usw., der

bis auf Rom., das sehr kurz ist, in allen Riten gleich lautet, aber in
den Handschriften verschiedene Varianten aufweist, wie sie bei einer
solchen Verwendung von Synonymen nicht verwunderlich sind; die
Ausdrucksweise geht wahrscheinlich auf einen Midrasch zurück. Es
folgt אר״א רצה במנוחתנו bis zum Ende der Tefilla; Rom. setzt vorher
die drei Worte זכר למעשה בראשית, die ein Überrest von ישמחו
במלכותך zu sein scheinen.

3. Hieran schließen sich schon bei Amr. die Psalmverse 119 142,
71 19, 36 7; in Seph. (Abudr. will das sogar schon bei Amr. und Saad.
gelesen haben) ist die Reihenfolge umgekehrt, entsprechend den
Psalmstellen, so war sie im Mittelalter auch in Frankreich und der
Provence üblich. Der Brauch, die Verse hier einzufügen, ist sicher
recht alt; als Begründung dafür wurde in gaonäischer Zeit angegeben,
daß am Sabbat-Nachmittag Moses gestorben ist und daß darum, wie
bei Trauerfällen, die Gerechtigkeit Gottes gepriesen werde (צדוק הדין).
Aus demselben Grunde, so wird berichtet, wurde am Sabbat-Nachmittag der Traktat Abot (einschließlich des apokryphen VI. Kapitels)
gelesen, wobei freilich nicht ersichtlich ist, ob jedesmal der ganze Traktat
oder jede Woche nur ein Kapitel. Die bei Amr. gleichfalls angeführten
Kapitel I und III aus Derech Erez Suta werden weder durch die
Handschriften noch durch irgend einen Ritus bestätigt. Daß die vor-
gebrachte Begründung nicht stichhaltig ist, wurde bereits im Mittelalter oft genug eingewendet, für uns ist die zum Ersatz gebotene vom
Stillstande der Höllenpein am Sabbat und ihrer Erneuerung am Ausgange des Ruhetages nicht weniger unbefriedigend. Einleuchtend ist
allein der schon in V. gegebene Grund, daß der ethische Inhalt von
Abot für seine Aufnahme in das Gebetbuch maßgebend war. Der
Sabbat war von altersher ein Tag religiöser Belehrung. Als der lebendige
Vortrag aufhörte, wurde an die Stelle des gesprochenen das geschriebene Wort gesetzt, der Traktat Abot mit seiner Fülle von ethischen
Aussprüchen eignete sich besonders als Lesestoff. So erklärt es sich,
daß er für den Sabbat-Nachmittag zum Lesen gewählt wurde. Nicht
überall geschah dies das ganze Jahr über ohne Unterschied, die
Bräuche waren da sehr verschieden. Meist ist es üblich geworden, den
ganzen Sommer hindurch je ein Kapitel zu lesen, in manchen Gegenden
nur an den sechs Sabbaten zwischen Pesach und Schabuot. Auch
darin hat der Brauch gewechselt, daß es vielfach v o r Mincha gelesen
wird. Jedes Kapitel von Abot wird durch die Mischna Sanh. X 1

(כל ישראל) eingeleitet und durch Makk. Ende geschlossen. Für den
Winter sind in Germ. (XIV. Jahrhundert, V. kennt es nicht) Ps. 104
und 120 bis 134 üblich geworden; in Seph. Ps. 119 bis 134 und Ps.
901, die ebenfalls wegen ihres erhebenden Inhalts gewählt wurden.
In Seph. werden sowohl Abot wie die Psalmen v o r Mincha gelesen,
nachher nur Ps. 111.

§ 19. Sabbatausgang.

Literatur: Landshuth, S. 384 ff.; Baer, S. 295 ff.; Elbogen, Eingang und Ausgang, das.

1. Der Ausgang des Sabbats שבת מוצאי (שבתא אפוקי b. Pes.
105 b; j. Taan. I 6, 64 c) wurde in ältester Zeit ebenfalls durch eine
Mahlzeit der Genossenschaften (oben S. 107) gefeiert; nach Eintritt
der Nacht wurde Licht gebracht, ferner, wie nach jeder Mahlzeit,
angezündete Spezereien (מוגמר Ber. VI 6) aufgetragen und darüber je ein Segensspruch gesprochen; mit dem Tischgebet wurde ein
Segen über den scheidenden Sabbat, die Habdala הבדלה, vereint.
Die Habdala war eine sehr alte Einrichtung und wurde ebenso wie
Kiddusch auf die Männer der großen Versammlung zurückgeführt.
Derselbe Segen wurde (spätestens im II. Tannaitengeschlecht) auch
in die Tefilla, die der einzelne sprach, eingeschaltet. Die Mahlzeiten
kamen späterhin außer Übung, ja es bildete sich die Anschauung, daß
jede Aufnahme von Speise und Trank in der Dunkelstunde unstatthaft
wäre. Im XII. Jahrhundert wird die im Talmud nicht zu findende
Begründung dafür angeführt, daß man die Toten, die um diese Zeit
ihren Durst stillen, schädigte. Es bestand die seltsame Vorstellung,
daß die Seelen der Abgeschiedenen, die den ganzen Sabbat über Ruhe
vom Gericht haben, und auch am Sabbatausgange noch עד שהסדרים
שולמים, d. h. bis nach Beendigung des Gottesdienstes bezw. der damit
zusammenhängenden Studien, feiern, sich zur Dämmerungsstunde
wieder zur Rückkehr ins Gehinnom rüsten. Dasselbe Ziel wird als
Frist angegeben, bis zu der die Frauen gut tun, sich der Arbeit zu
enthalten. Daraus, daß der Schluß des Gottesdienstes als Zeitbestim-
mung gilt, darf geschlossen werden, daß die Liturgie für den Sabbatausgang ziemlich umfangreich war; abgesehen davon, daß es als verdienstlich galt, die Beendigung des Ruhetages soweit wie möglich
hinauszuschieben, suchte man auch den Gottesdienst auszudehnen.
Die Gebete sollten in feierlicher melodischer Weise langsam vor-

getragen werden. Zu dem üblichen Abendgebete traten Lehrvorträge, von denen jede Spur aus den Ritualien geschwunden ist; aber eine Erinnerung daran ist in der קדושה דסדרא verblieben. Auch der Ausdruck עד שהסדרים שולמים weist auf sie hin und die Handschrift O. von Amr. berichtet ausdrücklich ותניין בני אוריאן וגרסי כל חד וחד כפום דבעי וכד גמרין הלכתיהו קאים אלהינו חד בר בי רב ואמר ברוך וענו כולהו ברוך א' שבראנו לכבודו וכו', daß also hier ganz so wie an jedem Morgen Lehrvorträge stattfanden.

Vielleicht schloß sich auch eine Schriftvorlesung an, von der in den Psalmen, die alle Riten heute dem Abendgebete vorausschicken, ein Rest erhalten blieb.

2. Obwohl es sich im Mittelalter nirgends nachweisen läßt, stimmen alle Riten darin überein, daß sie dem Abendgebete Ps. 144 und 67 vorangehen lassen. Während Germ. sich im allgemeinen mit den beiden begnügt, werden in Westdeutschland bisweilen noch Psalmen hinzugefügt, in Seph. 75. Das Gebet selbst ist das gleiche wie an den Wochentagen; nur Saadjas Siddur hat in den Benediktionen vor und nach dem Schma jene alten palästinischen Einschaltungen אל המבדיל בין אורב אותנו הבדלת להיות לך לעם, המעריב ערבים קדש לחול für und אמת ואמונה אמרה איומה הבדילני, die Natronai und Amr. bekämpften. In der Tefilla wird in IV. vor die Bitte die Habdala eingeschaltet, die nicht lediglich den Scheidegruß, sondern auch die Bitte um Fernhaltung von sittlicher Gefahr enthält. Der Text ist in It. und Seph. derselbe wie bei Amr., אתה הבדלת und כשם שהבדלתנו, in Seph. allerdings etwas erweitert. Ganz abweichend ist der Wortlaut in Germ. Er knüpft in der Einleitung an אתה חונן an, אתה חוננתנו, fährt mit ותבדל fort und entlehnt die Bitte החל עלינו dem Talmud j. Ber. V 2 g. E. (9 c) החל עלינו את הימים ששת ימי המעשה הבאים חשוכים מכל חטא וכו', לקראתנו לשלום, der Zusatz berührt sich mit der Fassung in Amr. Die doppelte Einleitung in Germ. und Seph. אתה חוננתנו neben אתה חונן blieb, trotzdem maßgebende Autoritäten dagegen protestierten, dennoch stehen.

3. Auf die Tefilla folgt schon bei Amr. Ps. 91, der im Talmud שיר של פגעים genannt ist; in V. heißt er מזמור של ברכה, der letzteren Auffassung des Psalmes ist es zuzuschreiben, wenn schon mit ויהי נעם Ps. 90 17 begonnen wird. Daran schließt sich die קדושה דסדרא, ganz wie zu Mincha, nur daß die ersten Verse diesmal fortbleiben und sofort mit ואתה קדיש Ps. 22 4 begonnen wird (oben S. 118).

Fällt eines der großen Feste auf einen Tag der beginnenden Woche, so werden beide Stücke fortgelassen, nur in Seph. wird trotzdem ראתה קדוש beibehalten. In Seph. ist damit die Liturgie beendet, in It., Rom. und Germ. (schon in V.) schließt noch ויתן לך (Gen. 27 28—29) an, eine Sammlung von Bibelversen, die Glück und Segen bedeuten, wobei die Segensformeln des Pentateuchs fast vollzählig vertreten sind. Eine feste Gruppe bilden darin die שלש הפוכות שלש פדויות שלש שלומות, die im Talmud zur Beruhigung eines durch einen Traum Geängstigten verordnet und hier mit übernommen sind (b. Ber. 55 b). Im einzelnen sind zwischen It. und Germ. mannigfache Abweichungen, in Westdeutschland werden einige Stücke weggelassen, die im Osten üblich sind, die Tendenz ist überall die, glückverheißende Bibelstellen zu vereinen. Ebenso ist allen gemeinsam der Abschluß durch die Hagada von b. Ber. Ende תלמידי חכמים מרבים שלום בעולם.

4. Es folgt die Habdala, die aus je einem Segensspruche über Wein, Gewürz, Licht und aus den „Unterscheidungen" besteht. Daß dieses, wie besonders das Gewürz beweist, ursprünglich zur Tafel gehörige Gebet in die Synagoge geriet, erklärt sich aus dem Aufhören der alten Tischordnung und dem Mangel an Wein in gewissen Gegenden Babyloniens (vgl. oben S. 120). In Seph. und It. werden den Benediktionen eine Anzahl Bibelstellen mit der Bitte um Segen in der beginnenden Woche vorausgeschickt, in Seph. sogar außerdem ein Teil des Piut אליהו הנביא. In Germ., so schon in V., sind sämtliche Stücke nur für die häusliche Andacht bestimmt. Dort war ihre Häufung unbeschränkt, freilich auch die Annahme in das Belieben eines jeden gestellt; bei der Häufung von Gebeten zum Eingange der Woche hat vielfach der Aberglaube stark mitgesprochen. Im allgemeinen ging die Absicht dahin, möglichst viel Segen für die Arbeit der kommenden Woche zu erflehen.

B. Wochentage mit festlichem Charakter.
§ 20. Die Neumondstage.

Literatur: Landshuth, S. 411 ff.; Baer, S. 319 ff.; Abeles, der kleine Versöhnungstag, 1911.

1. Unter den ausgezeichneten Tagen ist derjenige, der am häufigsten im Jahre wiederkehrt, der Neumondstag ראש החדש νουμηνία. Er spielt bereits in der Bibel eine große Rolle als Tag festlicher Feier,

als Tag der Arbeitseinstellung, als Tag gottesdienstlicher Versammlungen und prophetischer Belehrungen. In nachbiblischer Zeit hat der
Neumondstag seinen festlichen Charakter eingebüßt, er ward in die
Reihe der Halbfeste versetzt, das Arbeitsverbot wurde aufgehoben.
Die Festsetzung des Beginnes eines neuen Monates bildete eine der wichtigsten Funktionen des Synedriums, eines seiner bedeutsamsten
Hoheitsrechte. Die Bezeichnung dafür war קדוש החדש, H e i -
l i g u n g , Weihe des Neumondes, eine Erinnerung an die Weihe der
biblischen Zeit. Im Tr. Sofrim XIX, 9 ist ein alter Bericht über eine
solche feierliche Sitzung zur Bestimmung des neuen Monates erhalten,
im Anschluß an sie fand ein festliches Mahl mit einem besonderen,
weihevollen Tischgebet statt. Nachdem der feste Kalender eingeführt war, nach 360, gaben die Zentralbehörden am Jahresbeginn die
wichtigsten Zeichen kurz bekannt, nach denen alle Kundigen den
Kalender mit Leichtigkeit herzustellen vermochten. In den Synagogen wurde am Sabbat, nach der Schriftvorlesung, der in der Woche
bevorstehende Beginn des neuen Monates verkündet מכריזין החדש.
Die Verkündigung ist in sämtlichen Gebetbüchern zu finden. Die
älteste Formel dafür bringt Rom. הקול כל עמא הבו דעתכון למשמע
קל קדוש ירחא הדין כמה דגזרו מרן ורבנן חבורא קדישא דהוו יתבין
בארעא דישראל אית לן ריש ירחא ד. בכד וכד בשבת חושבניה ומנינניה
בכד בשבת; sie erinnert an die alte Zeit, wo die Behörden des heiligen
Landes in aramäischer Sprache den Gemeinden die Mitteilung vom
Beginn des Monats zukommen lassen mußten. Etwas modifiziert
und bereits in hebräischer Sprache lautet der Satz in It. כד גזרו
רבותינו המכובדים שנכריז בפני הקהל הקדוש הזה שיהיו יודעים
גדולים וקטנים שיש לנו ראש חדש .. בחשבון רבותינו יום .. ויום..
Auch hier erscheint die Mitteilung als das natürlich gegebene Mittel,
in einer an Kalendern armen Zeit genaue Kenntnis vom Monatsbeginne
und vom Eintreffen der Feste zu machen. Der Neumondsverkündigung wurde, wie jeder frohen Botschaft, eine Bitte um einen glück-
lichen Verlauf des Monats beigefügt, מלכא דעלמא יעבדיניה לסימנא
טבא לנא ולכל עמיה בית ישראל lautet sie in Rom. Daraus wurde
später die in Germ. und Seph. übliche ausführlichere und stilisierte
Bitte יהדשהו, die dort der kurzen Verkündigungsformel .. ראש חדש
יהיה ביום .... folgt. In allen Riten (außer Rom.) geht der Neumondsverkündigung eine Bitte eschatologischen Inhaltes voran, מי שעשה
נסים לאבתינו, deren Fortsetzung im einzelnen zahlreiche Varianten,

aber stets den gleichen Sinn hat; Rom. hat eine Bitte um Wiederherstellung des Tempels, wenn der Neumondstag auf den Sabbat fällt. Die Gedankenverbindung scheint die gewesen zu sein, daß im Anschlusse an die Neumondsverkündigung über das Aufhören des Mittelpunktes, von dem sie einst ausging, geklagt und um Wiederherstellung der alten Verhältnisse gebetet wurde. Davon ist heute ein Rest, in dem mehr oder minder ausführlich um Herbeiführung der Erlösungszeit gebetet wird, geblieben. An die Bitte um die künftige Erlösung wurde in It. und Seph. mißverständlich das Gebet für die Befreiung der Glaubensbrüder aus gegenwärtiger Bedrängnis אחינו ישראל ואנוסי רשר׳ gesetzt, das viele Gemeinden an jedem Sabbat sprachen.

Soweit die ältere Form der Neumondsverkündigung, der Seph. und Germ. in neuerer Zeit noch mehr Gebete vorausschicken; Germ. — seit etwa 150 Jahren — die von Rab seinem täglichen Gebete angehängte Techinna b. Ber. 16 b, die in die Pluralform umgesetzt und deren Anfang dem Zwecke entsprechend geändert ist, יהי רצון מלפניך שתחדש עלינו את החדש הזה לטובה ולברכה; Seph. diejenigen Bitten יהי רצון, die in It. und Germ. am Montag und Donnerstag nach der Toravorlesung gesprochen werden.

Die ursprüngliche Bestimmung der Neumondsverkündigung, einen Ersatz für die fehlenden Kalender zu bieten, trat mit der Zeit in den Hintergrund, man sah in den angegliederten Bitten die Hauptsache, änderte infolgedessen auch die Bezeichnung מכריזין in מברכין החדש mit der Verdeutschung „Rausch chaudesch benschen", wofür in neuester Zeit „Neumondsweihe" getreten ist.

2. Seit dem Ende des XVI. Jahrhunderts hat sich, und zwar zuerst in Palästina, die Sitte gebildet, am Tage vor dem Neumondstage zu fasten; man nannte den Fasttag den kleinen Versöhnungstag יום כפור קטן und verfaßte eine eigene Liturgie für ihn, die aus den Bußgebeten für den Versöhnungstag zusammengestellt ist. Andeutungen, die für ein solches Fasten geltend gemacht werden konnten, fanden sich bereits in der Literatur der vorangegangenen Jahrhunderte, ja sogar im biblischen Opfer für den Neumondstag. Verbreitet wurde das Fasten aber erst durch den von Isaak Lurja beeinflußten kabbalistischen Kreis, Moses Kordovero hat es nach Italien verpflanzt, von dort kam es nach den nördlichen Ländern; ganz fest hatte sich dieses Fasten nie eingebürgert, es ist in der Neuzeit meist wieder

in Vergessenheit geraten. Über die hierbei üblichen Selichot vgl. unten § 33.

3. Am Vorabend des Neumondes zu Mincha und ebenso am Neumond selbst fällt תחנון (S. 78), wenn er ein Sabbat ist, צדקתך צדק (S. 119) fort. Im übrigen unterscheidet sich das Gebet nur wenig von dem der Wochentage. In die Tefilla wird innerhalb des XVII. Stückes hinter רצה seit den Tagen der ersten Tannaiten מעין המאורע, d. h. ein auf den festlichen Charakter des Tages bezügliches Stück eingeschaltet, die Amoräer nannten das הזכיר של ראש חדש. Der Anfang יעלה ויבא wird Sof. XIX, 11 zitiert; damit muß das uns geläufige Stück gemeint sein, denn es ist seit Amr. bis auf unwesentliche Varianten in allen Riten gleichlautend. In Pal. findet sich eine Formel, die gegenüber der bekannten im Wortlaut vielfach erweitert ist.

4. Nach dem Schacharisgebet werden am Neumondstage die Hallelpsalmen (113 bis 118), הלל המצרי, gesprochen, und zwar mit Auslassung דלוג des Anfanges (Vs. 1 bis 11) von 115 und 116. Das Hallel am Neumondstage ist den tannaitischen Quellen unbekannt. Es war in manchen Teilen Babyloniens üblich, dort fand es Rab zu seinem Erstaunen vor; da ihm die eigentümliche Art der Rezitation den Eindruck eines alt eingewurzelten Brauches machte, billigte er sie, und so wurde das Hallel in der verkürzten Form für den Neumondstag eingeführt. Das Hallel wird durch eine besondere Benediktion לקרא את ההלל eingeleitet und durch eine andere, ברכת השיר, abgeschlossen. Als solche dient in allen Riten das Stück יהללוך, schon im Talmud (b. Pes. 118 a) erwähnt, das in It. einen sehr einfachen Text hat, in Germ. und Seph. durch eine Häufung von Synonymen erweitert ist, während in Amr. und Rom. vier kurze Reime, יהללוך מעשיך ישבחוך עמוסיך יודוך חוסיך כפי גודל נסיך vom letzten Psalmvers begleitet sind. Allgemein verbreitet ist die Eulogie מלך מהולל בתשבחות. Über die hierauf folgende Toravorlesung vgl. § 25.

5. Die Neumondstage haben, zumindest seit den Tagen Hillels, ein Musafgebet, das in gleicher Weise wie das der Sabbate aufgebaut ist. In Pal. scheint die Musaftefilla dieselbe Fassung gehabt zu haben wie die der Feste. In j. Ber. IX, 2 (13 d) wird die Frage erörtert, ob והשיאנו (§ 28) zu sagen ist, und als Eulogie ברוך מחדש חדשים mitgeteilt; in handschriftlichen Fragmenten lautet die Einleitung wie die für die Festtage אתה בחרת (§ 23). Uns liegt in allen Riten eine jüngere Formel vor. Sie enthält, ähnlich der Musaftefilla

für Sabbat, 1. eine Einleitung, die an den Charakter des Opfers (Num. 28 15) und des Festes (Num. 10 9, 10) als Sühne anknüpft, 2. die Bitte um Wiederherstellung des Opferdienstes unter Anführung der Verse Num. 28 11—15; endlich 3. die Bitte um Segen im neuen Monat חדש עלינו את החדש הזה mit der Eulogie מקדש ישראל וראשי חדשים.

Fällt der Neumondstag auf den Sabbat, so bleiben alle Einschaltungen und Weglassungen die gleichen. In der Musaftefilla lautet die Einleitung אתה יצרת, in ausführlicherer Fassung als an Wochentagen und in feierlicher gehobener Sprache, die mehr an die erwähnte Formel in Pal. erinnert. Beim Opfer wird vor ובראשי חדשיכם auch Num. 28 9, 10, dahinter ישמחו במלכותך rezitiert, die Eulogie lautet מקדש השבת וישר' וגו'. Der Text der Musaftefilla ist seit Amr. bis auf die unvermeidlichen kleinen Abweichungen überall gleich, was auf ein hohes Alter schließen läßt. In den neueren Gebetbüchern ist er wie bei allen Musaftefillas dahin geändert worden, daß die Erwähnung des Opfers beseitigt wurde. Damit fiel auch die alte Anschauung, wonach der Neumondstag ein Sühnfest ist.

6. Der Neumondstag hat seit alter Zeit seinen eigenen Psalm; welcher Psalm damit gemeint ist, sagt die Überlieferung nicht. Gebräuchlich ist Ps. 104. Die älteste Quelle, die ihn nennt, ist Orch. Ch. I, 69 c, § 2; Rom. hat, wie bei allen Gelegenheiten, auch hier mehr Psalmen (93, 96, 137 usw.).

§ 21. Fasttage.

Literatur: Duschak, S. 310 ff.; J. Lévi, Notices sur les jeunes chez les Israélites in *REJ* XXXVII, 123 ff.

1. Am „Fasttage der Gemeinde" תענית צבור νηστεία erfährt die Liturgie gewisse Veränderungen. Solche Fasttage wurden in alter Zeit bei öffentlichen Kalamitäten eingesetzt (vgl. I. Kön. 21 9; Joel 1 14, 2 15), namentlich bei häufig wiederkehrenden wie Regenmangel תענית גשמים (vgl. Taan. I, III). Für solche Fasten gab es ein besonderes Zeremoniell mit eigener Liturgie (Taan. II). In Babylonien hatten die Anordnungen über diese Fasten keine Geltung (b. Taan. 11 b אין תענית צבור בבבל), und mit dem Aufhören der jüdischen Autoritäten in Palästina (um 350) kamen sie ganz außer Übung, dennoch wurde die Liturgie der Fasten bei großen Notständen noch im Jahre 1000 verwendet. — Neben den von Fall zu Fall eingesetzten gab es historische Fasttage zur Erinnerung an unglückliche

Ereignisse in der Geschichte des jüdischen Volkes. Auch von ihnen sind die meisten außer Übung gekommen, obwohl Meg. Taan. (Schlußkapitel) sie als „von der Tora geboten" hinstellt. Geblieben sind die vier biblischen Fasttage (Sech. 8 19): 17. Tammus, 9. Ab, 3. Tischri, 10. Tebet, und hinzugekommen ist der 13. Adar, weshalb von fünf, oder, je nachdem man dem 9. Ab und 3. Tischri eine besondere Stelle einräumt, von vier Fasttagen geredet wird, für die auch eigene Gebetbücher (תעניות [ה'] סדר ד') vorhanden sind. Dazu traten ferner in Deutschland (kaum vor 1250) die Fasten nach den Pesach- und Sukkotfesttagen an einem Montag, Donnerstag, Montag (בה"ב = שני חמישי שני), am Anfang der Monate Ijar und Marcheschwan, für die aus Ps. 2 11, Job 15 eine Begründung hergeleitet wurde, wahrscheinlich aber wurden sie im Zusammenhang mit den trüben Zeiten der Verfolgungen eingerichtet. In einzelnen Gegenden uud Gemeinden haben ferner Vertreibungen oder Judenmetzeleien l o k a l e Fasttage veranlaßt, die in der Liturgie ganz wie die anderen genannten behandelt werden.

2. Auch die Fasttage wurden in Spanien und Frankreich wie die Neumonde am Sabbat vorher beim Gottesdienst angekündigt; in unseren Gegenden ist nur von den Fasttagen nach den Festen in der Synagoge Mitteilung gemacht worden und zwar in Form eines besonderen Segens für diejenigen, die sie halten. In den neuen Gebetbüchern wird auf das Eintreffen eines der „fünf Fasttage" zusammen mit der Neumondsverkündigung hingewiesen, die anderen werden nicht mehr beachtet. Die Liturgie des Fasttages selbst wird durch die Einschaltung von Gebeten verändert. In die Tefilla wird das Stück (ענינו של תענית, צלותא דתעניתא) eingeschaltet; vgl. darüber oben S. 48.

3. Bei der Wiederholung der Tefilla fügt der Vorbeter, zum mindesten seit der gaonäischen Zeit, im IV. Stück Bußgebete סליחות ein. Fasten erinnern an Kalamitäten, und diese sind nach der Anschauung des Altertums und Mittelalters durch Sündenschuld hervorgerufen, daher wird am Fasttage die Bitte um Sündenvergebung erweitert. Schon bei den alten Fasten war gelegentlich des Gottesdienstes eine Erweiterung der Tefilla vorgeschrieben. Im Anschlusse an die Bitte um Sündenvergebung (IV) wurden sechs bezw. sieben Gebete eingeschaltet, zumeist Psalmen oder andere Bibelstellen, die von öffentlichen Notständen handeln; sie finden in einer Bitte in der Form מי שענה ל ... הוא יענה אתכם und einer Eulogie ihren Ab-

schluß. Noch bis zum Jahre 1000 wurden im Orient wegen Regenmangels Fasten angesagt, an den Morgengottesdienst ein Gebet angegliedert, das im Rahmen der alten Liturgie Bitten um Abwendung des Notstandes häufte. Neben längeren Bibelstellen wurden frei komponierte Gebete oder Poesien aufgenommen. Nach den Angaben der Quellen hatte das Gebet einen solchen Umfang, daß es beinahe den ganzen Tag ausgefüllt haben muß. An den historischen Fasttagen jedoch kam die erwähnte Liturgie nicht zur Verwendung, vielmehr wurde die übliche Tefilla beibehalten und nur in der Mitte der sechsten Bitte durch die Einschaltung der Selichot unterbrochen. Über die Einrichtung der Selichot, die nicht zu den Stammgebeten gehören, wird unten § 33 zu sprechen sein; hier soll nur bemerkt werden, daß die „13 Eigenschaften" (Ex. 34 6, 7) den immer wiederkehrenden Refrain derselben bilden. Nach Beendigung der Selichot wird mit einem nur bei dieser Gelegenheit gebräuchlichen Übergange ראל יעכב (S. 48) zur Tefilla zurückgekehrt. It. und Rom. haben an den biblischen Fasttagen außerdem Kerobot, die in alle Benediktionen der Tefilla eingeschaltet werden (§ 32).

Am Fasttage wird endlich am Morgen und Nachmittag aus der Tora, nachmittags sogar auch aus den Propheten gelesen, vgl. darüber § 25 und 26. Zu Mincha wurde an Fasttagen abweichend von der sonstigen Gepflogenheit der Priestersegen gesprochen; daher auch im letzten Stücke der Tefilla selbst in Germ. שים שלום, und dort, wo man es an anderen Tagen fortließ, wurde XVII. mit רצה begonnen. Für den dritten Tischri ergeben sich einige weitere Änderungen durch seine Zugehörigkeit zu den zehn Bußtagen; vgl. darüber § 24.

4. Eine besondere Stelle nimmt unter den Fasttagen der neunte Ab ein, an ihm sind die Eingriffe in die Liturgie bedeutender, weil der Tag als Trauertag gilt. M. Sofrim und Amr. schreiben Trauergebräuche, wie beim Tode der nächsten Angehörigen, vor, die sich teilweise bis in die Gegenwart erhalten haben. In der Liturgie machte sich der gleiche Gesichtspunkt geltend; eine Betrachtung der Quellen lehrt, daß aus dieser Anschauung heraus mit dem Fortschreiten der Jahrhunderte immer mehr Änderungen vorgenommen wurden. Sofrim kennt besondere Gebete für den Tag überhaupt nicht, am Abend werden einige Bibelstellen Jer. 14 19—22, Ps. 79 und 137 vorgetragen, Rom. hat das beibehalten und Ps. 74 beigefügt. Bei Amr. kommt als

Abweichung nur die Einschaltung von רחם in das Stück XIV der
Tefilla (oben S. 53) vor, die für alle drei Gebete des Tages vorgesehen ist. Der Text stimmt mit j. Taan. II (65 c) überein, nur ist vor
dem Schlusse noch eine Bitte נערה ד׳׳א מעפרה והקיצה מארץ דויה
נטה עליה כנהר שלום וכנחל שוטף שלל גוים eingefügt, und die ganze
Fassung ist in It. und Rom. ebenso erhalten. Schon im Ms. S. von
Amr. steht die auch in Germ. und Seph. übergegangene, wahrscheinlich
babylonische Fassung mit נחם an der Spitze. Die Eulogie lautet
heute allgemein wie bei Amr. מנחם ציון ובונה ירושלים, im Mittelalter
waren verschiedene Fassungen mit אבלי ציון im Umlauf. In ganz
Frankreich (vielleicht auch in Spanien?) war im Mittelalter im Abend-
und Morgengebet רחם, nur zu Mincha נחם üblich, so daß die beiden
Formeln Berücksichtigung fanden; späterhin hat das nur Rom. beibehalten, in Germ. und Seph. wurde lediglich zu Mincha נחם gesagt,
It. allein hat רחם in allen drei Tefillas.

Im übrigen ist nach Amr. die Liturgie dieselbe wie an allen Fasttagen (s. oben S. 127); in der קדושה דסדרא wird der Satz ואני זאת
בריתי (Jes. 59 21), ebenso, wenn der neunte Ab auf Sabbatausgang
fällt, Ps. 91 ff. (oben S. 121) fortgelassen. Am Abend erwähnt Amr.
auch die Vorlesung der biblischen Klagelieder. In Sofrim ist der Brauch
noch schwankend, ob sie am Morgen oder am Abend gelesen werden.
Auf die Vorlesung der Klagelieder folgt, wie das nach allen Vorlesungen üblich war, die קדושה דסדרא (S. 79).

Dabei blieb es nicht; M. Sofrim berichtet, daß am Abend ברכו, ferner
bis zu Mincha קדושה und קדיש ausfielen, was nirgends übernommen
ist. Früh wurde eingeführt, daß am neunten Ab selbst und am Vorabend תחנון ausfiel, und das ist allgemein beibehalten worden. Von
Rom aus wurde angeregt, das Schilfmeerlied wegfallen zu lassen,
und das scheint im Mittelalter allgemein befolgt worden zu sein, es
wurde aber später, außer in It., wieder aufgenommen; in Rom. wurde
das Lied Moses Dt. 32 dafür gesetzt. Ebenso ließ man andere Stellen,
wie Ps. 100, sogar הודו לד׳, die Opferstellen nach den einleitenden
Benediktionen usw. fort; auch im Kaddisch blieb der Satz תתקבל aus.
Diese Bräuche haben sich nicht alle erhalten, die einzelnen Gemeinden
wichen darin sehr voneinander ab. Auch der von Amr. erwähnte
Brauch der Selichot ist fortgefallen, an ihre Stelle traten die poetischen קרובות und die קינות (vgl. weiter § 33), die in It. und Rom.
i n n e r h a l b der Tefilla vor der Eulogie von XIV אלהי דוד ובונה

ירושלים, in Seph. unmittelbar danach, in Germ. erst nach der Toravorlesung rezitiert werden. In manchen Gegenden las man die Kinot nicht in der Synagoge, sondern nur zu Hause; in anderen wiederum vereinigte man sich, um in der Synagoge Job zu lesen. In neuerer Zeit hat sich die Wertung des neunten Ab und damit auch die Liturgie vielfach geändert; von Veränderungen im Gottesdienste kommen meist nur die Vorlesung der Klagelieger oder einer Auswahl aus ihnen und der Vortrag einer oder zweier Kinot in Frage.

Über die Toravorlesung und Haftara vgl. § 25 und 26.

§ 22. Channukka und Purim.

Literatur: *J.E.* Art. Hanukkah, VI, 224 ff.; Purim, X, 274 ff.

A. 1. Das Chanukkafest חנכה (Meg. Taan., Kapitel IX), ἐγκαινισμός (I. Mk. 4 59), ἐγκαίνια (Ev. Joh. 10 22) wird zur Erinnerung an die Weihe des Tempels unter Juda Makkabi vom 25. Kislew ab acht Tage lang gefeiert. Seine Einwirkung auf die Liturgie ist nicht sehr groß. Die Veränderungen in den Stammgebeten beschränken sich auf die Einschaltung von מעין המאורע in das vorletzte Stück der Tefilla; der Inhalt ist oben S. 58 besprochen. Das Stück wird zuerst Sof. XX, 8 in verkürzter Form wiedergegeben, die vorliegende Textgestalt ist sehr mangelhaft, offenbar aber weicht dieselbe von der in allen Riten wiederkehrenden ab. Sie schließt mit einer Bitte עשה עמנו ד׳ אר״א נסים ונפלאות ונודה לשמך נצח, die in etwas veränderter Gestalt עשה כן נס עמהם שעשית כשם in Amr., Seph. und It. übergegangen ist. Um ihre Zulässigkeit an dieser Stelle der Tefilla wurde viel gestritten, Rom. und Germ. haben sie nicht. Der Einleitungssatz על הנסים wird zuerst von R. Acha (ca. 750) erwähnt, der Schluß וקבעו שמנת ימי חנכה אלו בהלל והודאה (Meg. Taan. Kap. IX) entspricht dem Berichte von I. Mk. 4 59 καὶ ἔστησεν Ἰούδας .... ἵνα ἄγωνται αἱ ἡμέραι ἐγκαινισμοῦ τοῦ θυσιαστηρίου. ... μετ᾿ εὐφροσύνης καὶ χαρᾶς.

2. תחנון fällt am Chanukka aus, hingegen wird seit alter Zeit Hallel (unverkürzt) gesprochen (Tos. Sukk. III, 2); die Benediktion lautet in diesem Falle in allen Riten außer Germ. לגמר את ההלל. Chanukka hat ein besonderes Lied, Ps. 30 (Sof. XVIII, 2), vielleicht rührt hiervon die Überschrift שיר חנכת הבית her. Über die Toravorlesung vgl. § 25.

3. Das Symbol des Chanukkafestes sind die Lichter, daher nennt es Josephus φῶτα (Ant. XII 77). Die Lichter wurden ursprünglich nur in den Häusern, später auch in den Synagogen angezündet. Beim Anzünden werden seit den Zeiten der ersten Amoräer besondere Benediktionen gesprochen, am ersten Tage drei, an jedem folgenden zwei; es gab aber auch eine Anschauung, die überhaupt nur am ersten Tage die Benediktionen zulassen wollte. Der Wortlaut der ersten (להדליק נר של חנכה) ist in der noch heute überall üblichen Form b. Schabb. 23a mitgeteilt, eine andere Formel findet sich j. Sukk. III, 4 (53d); der Text der beiden anderen Benediktionen שעשה נסים und שהחיינו ist wahrscheinlich aus Versehen aus den Talmuddrucken ausgefallen, ist aber ebenso alt wie derjenige der ersten. In Sof. XX, 6 wird außerdem die Hymne הנרות הללו mitgeteilt, die dort, wie es scheint, an eine falsche Stelle geraten ist und erst hinter den Benediktionen gesprochen wird. Neuerdings wird in Germ. vielfach im Anschlusse hieran noch der Piut מעוז צור ישועתי oder eine Chanukkahymne in der Landessprache gesungen. In It. und Seph. wird nach den Benediktionen statt הנרות הללו Ps. 30 gesprochen, in Rom. nichts.

B. 1. Die Entstehungszeit und der Anlaß des Purimfestes (14. Adar) sowie des voraufgehenden Fastens (13. Adar) sind historisch kaum mehr zu ergründen. Das Fasten kann, solange der Nikanortag gefeiert wurde (Meg. Taan. Kap. XII), nicht bekannt gewesen sein. Sof. XX1, 1 berichtet, daß in Palästina „die Fasten nach Mordechai und Esther" ימי צום מרדכי ואסתר an drei Tagen n a c h Purim, und zwar am Montag, Donnerstag und Montag begangen wurden. Alle sonstigen Quellen kennen das Fasten nur am 13. Adar תענית אסתר. Es wurde an Bedeutung nie den biblischen Fasttagen gleichgesetzt; sein Einfluß auf die Liturgie jedoch ist der gleiche (vgl. oben § 21.)

2. Am Purim wird ebenso wie am Chanukka על הנסים eingeschaltet (vgl. Sof. XX, 8. Ende). Auch ein besonderes Lied ist dafür bestimmt; nach Sof. XVIII 2 Ps. 7, den jedoch nur Rom. hat, während die anderen Riten Ps. 22 verwenden, den der Midrasch auf die Geschichte Esthers bezieht. Die Hallelpsalmen werden am Purim nicht gesprochen, infolgedessen hat Amr. תחנון beibehalten; im Mittelalter jedoch wurde dem widersprochen und תחנון wieder beseitigt. Über die Toravorlesung vgl. § 25.

3. Am Purim wird das Buch Esther verlesen, ein Brauch, den die Mischna schon als feststehend voraussetzt, der auch bereits Jahr-

hunderte vor ihrer Redaktion bestanden haben muß (vgl. Meg. Anf.).
Seit der amoräischen Zeit findet die Vorlesung zweimal statt (b.
Meg. 4 a), am Abend nach der Tefilla, am Morgen nach der Toravorlesung. Die Vorlesung des Buches Esther wird durch drei Benediktionen eingeleitet שהחיינו (b. מנח=מגלה מקרא על, נסים שעשה,
Meg. 21 b). Nach der Vorlesung lautet die Benediktion הרב את ריבנו;
auf sie folgen nach Angabe des Talmuds noch die Sätze ארור המן ברוך
מרדכי, die meist später im Piutstil ausgearbeitet waren. Im Anschlusse an die Vorlesung wird קדושה דסדרא gesprochen. Strittig
war vielfach, ob שהחיינו auch am Morgen statthaben soll. Schon
bei Amr. ist erwähnt, daß einige Verse des Buches Esther von Vorbeter und Gemeinde gesprochen werden; die Zahl der Verse ist später
vermehrt worden. Vielfach wurde die Vorlesung der Megilla von
Gebräuchen begleitet, die der überströmenden Freude Ausdruck
geben sollten; sie sind nicht selten in Unfug ausgeartet, vgl. I. Abrahams, Jewish Life in the Middle Ages, S. 33, 262. In Reformgemeinden
ist die Vorlesung des Buches Esther meist auf den Morgen beschränkt, während am Abend eine Auswahl daraus in der Landessprache gegeben wird. Die lärmenden Unterbrechungen von seiten
der Gemeinde haben in kultivierten Ländern überall aufgehört.

C. Die Festtage.
§ 23. Wallfahrtsfeste.

Literatur: Landshuth, S. 437ff.; Baer, S. 346ff.; Elbogen, Die Tefilla
für die Festtage in MS LV, 1911, 426ff.; Berliner Randb. II, S. 25ff.

1. Die Feste ימים טובים ומועדים (Amr.) bilden für die
Liturgie eine einheitliche Gruppe. Die Struktur der Gebete ist —
mit einer Ausnahme — an ihnen die gleiche; die Abweichungen sind
in der Bedeutung des Festes begründet. Ihrem Charakter nach sind sie
seit Alters her in zwei Gruppen geschieden, die drei Wallfahrtsfeste
שלש רגלים und die beiden ernsten Feste ימים נוראים. Die Namen
der Wallfahrtsfeste lauten in den tannaitischen Quellen עצרת, פסח,
חג (Sukk. III, 5 und Tos. das.), aram. פסחא, עצרתא, חגא, später
auch חגא דפטיריא — דמטללתא. Die Mischna setzt immer nur e i n e n
Feiertag voraus, während der babylonische Talmud auch die zweiten,
die Feiertage der Diaspora (יום טוב שני של גלירות), berücksichtigt; in
Palästina wird bis heute außer am ראש השנה nur ein Feiertag gehalten.

2. Die Gebete entsprechen denen für die Sabbate. Die Tefilla besteht wie dort aus sieben Stücken, von denen die drei ersten und die
drei letzten die der Wochentage sind, das siebente enthält in der Bitte
das vom Sabbat her bekannte קדשנו במצותיך ; sie unterscheidet
sich insofern, als wir dort für jedes Gebet eine besondere Fassung der
Einleitung besitzen, während an den Festen ערבית שחרית מנוחה
völlig gleichlauten und מוסף — ähnlich wie am Sabbat — eine Erweiterung dieser bildet. Die Siebenzahl geht schon auf die älteste
tannaitische Zeit zurück, wie die Kontroverse zwischen Schammaiten
und Hilleliten über die Art der Erweiterung des Festtagsgebetes an
Sabbaten beweist. Die heutige Fassung stammt aus den Anfängen
der amoräischen Epoche, aus der Tätigkeit Rabs und Samuels; nur
geringe und unbedeutende Zusätze weisen auf spätere Jahrhunderte.
אתה בחרתנו wird b. Joma 87 b von Ulla b. Rab (um 330) als ein ganz
bekanntes Gebet zitiert, ותתן לנו in b. Ber. 33 b im Anschlusse an die
„Perle" Mar Samuels erwähnt (230), derselbe Autor nennt והשיאנו,
und aus der Bitte kommt neben dem erwähnten Satze קדשנו במצותיך
noch der Schluß מקדש ישראל והזמנים vor, der allerdings im IV. Jahrhunderte noch strittig ist, vgl. b. Pes. 117 b. Für einen Feiertag,
der auf den Sabbat fällt, fordert schon der Tannaite Nathan (um 160)
מקדש השבת ישראל והזמנים (Tos. Ber. III, 13, S. 716).

3. Alle erwähnten Zitate gehen auf b a b y l o n i s c h e Autoritäten zurück. Daneben aber muß es noch eine a n d e r e , eine p a
l ä s t i n i s c h e Rezension der Tefilla gegeben haben, von der Spuren
im Traktate Sofrim vorliegen. Dort wird XIX, 3 die Erwähnung des
betreffenden Festes mit den Worten יום טוב מקרא קדש הזה יום חג
הזה gefordert; von den bekannten Gebetbüchern hat genau dieselbe
Fassung nur Maimonides. Ferner werden Sof. XIX, 7 als Bestandteile der drei Festtagsgebete die Stücke ויבא•יעלה, גלה und השיאנו genannt; auch hierfür bieten die vorhandenen Gebetbücher keine Analogie, sie kennen גלה nur als Bestandteil von Musaf, יעלה ויבא
wiederum für alle Tefillas mit Ausnahme vom Musaf. Die kühnen
Versuche, durch Textänderung in der Quelle eine Übereinstimmung
mit den bekannten Gebetstücken herzustellen, sind sämtlich als
verfehlt zu betrachten. Als Eulogie gibt Sof. das. מקדש עמו ישר׳.
והזמנים ומקראי קדש; eine solche weitschweifige Formel kommt in
keiner der bekannten Liturgien vor. Hingegen haben sich Fragmente, die alle die genannten Eigentümlichkeiten des Textes auf-

weisen, in der Genisa von Kairo gefunden, sie sind MS., LV, 1911,
S. 433—446 und 586—593 veröffentlicht und besprochen; die Fragmente bilden Reste des alten palästinischen Ritus, sie sollen im
folgenden mit Pal. angeführt werden.

4. Im Musafgebet aller Feste wird das Mittelstück dadurch erweitert, daß ומפני חטאינו zwischen ותתן לנו und והשיאנו tritt,
während יעלה ויבא ausfällt. Komposition und Text dieser Einlage
sind seit Amr. in allen Gebeten gleich. ומפני חטאינו will auf die
Opferlegende führen, es geht von der Zerstörung des Tempels und der
Unmöglichkeit, Opfer darzubringen, aus, reiht daran die Bitte um
Herbeiführung der messianischen Zeit und um Wiederherstellung
des Heiligtumes, an die sich die Bibelverse aus Num. 28 und 29 mit
den Opfervorschriften anschließen. Auf die Opferlegende folgt die
Bitte אר״א מלך רחמן רחם עלינו um Wiederherstellung der Wallfahrt. Pal. bietet auch für die Musaftefilla ganz abweichende und
vereinfachte Texte; dort unterscheidet sie sich von den anderen
Tefillas nur durch das, was unbedingt notwendig ist. An ותתן לנו
schließt sich sofort להקריב בו קרבן מוסף ככתוב בתורתך mit den
zugehörigen Versen als Beleg an, hinter גלה ist dann die Wiederherstellung der Wallfahrt kurz angedeutet und am Ende von והשיאנו
kommt das Gebet mit den aus j. Ber. IV, 6 bekannten Worten ונעשה
לפניך את חובותינו תמידי יום וקרבן מוסף wieder auf den Anfang
zurück (vgl. ob. S. 116). Sonst bleibt alles beim alten, auch יעלה ויבא
fehlt nicht.

5. Zum Wortlaut der Festgebete ist im einzelnen folgendes zu
bemerken. Statt אתה בחרתנו hat Pal. אתה בחרת als Beginn eines
hymnischen Stückes, das mehr Schwung zeigt als das übliche. In
ותתן לנו folgt Pal. genau der Angabe von Sofrim, während Amr. und
danach Seph. den Namen des Festes vor יום טוב מקרא קדש haben;
in allen anderen Riten fehlen die Worte ganz. Pal. hat nur מועדים
לשמחה; Amr. und die anderen Riten auch חגים וזמנים לששון; Isaak
ibn Gajjat und Rom. fügen noch ימים טובים לישועה ein. Hinzugekommen ist seit Amr. in allen Riten die Erwähnung der Bedeutung des Festes (זמן חרותנו usw.). Pal. fügt an ותתן לנו Bibelverse
über das Fest aus Lev. 23 an, reiht daran andere aus den Hagiographen und Propheten, wie das sonst nur im Musaf des Neujahrstages geschieht. Die Bitte אר״א גלה schließt Pal. mit dem ebenfalls
aus dem Neujahrsgebet bekannten Satze ויאמרו מעשיך ד' אלהי

ישר/ מלך ומלכותו בכל משלה ab; der Gedanke des Gottesreiches kommt in Pal. an s ä m t l i c h e n Festen in seiner klassischen Reinheit zum Ausdruck. יעלה ויבא beginnt dort wie in Sofrim mit אנא אלהינו; der Text ist mehrfach erweitert, die Reihe der in Erinnerung zu rufenden Dinge ist wesentlich größer, am Schlusse folgt die nur aus Seph. zum Neumond (oben S. 126) bekannte Bitte um Erlösung, die sich in It. und Rom. auch für die Feiertage erhalten hat, ויהי יום מקרא קדש וקץ וקץ לכל צרותינו תחלה וראש לישועתנו..הזה סוף הזה יום. והשיאנו ist aus j. Ber. IX, 2 bekannt, jedoch wird dort nur der Anfang zitiert; am Schlusse lesen alle Riten außer Germ. כן תברכנו סלה, die Textform wird durch Pal. unterstützt, wo es heißt כאשר אמרת ורצית כן תברכנו סלה. Die Bitte קדשנו במצותיך kommt in den bekannten Texten von Pal. nicht vor, und das scheint nicht auf einer Kürzung der Abschreiber zu beruhen, sondern wirklich zu fehlen. In der Eulogie steht Pal., wie bemerkt, ganz allein (zu vgl. ist b. Pes. 117 b).

6. ומפני חטאינו für Musaf beginnt in Amr. und danach in Seph. mit אלהינו ואלהי אבותינו, ist im übrigen bis auf die üblichen kleinen Abweichungen in allen Riten gleich, nur in V. ist der Schluß etwas erweitert. Die Opferverse fehlen bekanntlich in Seph., obwohl sie in Amr. vorhanden sind. Man bewies die Zulässigkeit ihres Fehlens aus einem Worte des Talmuds (b. R. h Sch. 35 b). Unter den Geonim erklärte sich Sar Schalom gegen Natronai und Saadja für ihre Beibehaltung. Da es wenig Gebetbücher gab, da ferner in den Abschriften gekürzt wurde, was irgend möglich war, waren die Verse wenig bekannt und mußten schon darum fortbleiben. Raschi war ganz erstaunt über ihre Einführung, die er als völlig neue Sitte bezeichnete. Dennoch stehen sie in allen Riten außer in Seph., wo sie aber im Mittelalter ebenfalls verbreitet waren. Die Wallfahrt erwähnt Pal. mit den Worten ועינינו תאיר בבית מאויינו ושם נראה לפניך בשלוש פעמי רגלינו unter Berufung auf Dt. 16 16. 17.

7. Fällt der Festtag auf den S a b b a t, so wird das Gebet dadurch in seinem Aufbau nicht verändert. Es wird nur an geeigneter Stelle die Erwähnung des Sabbats eingefügt. Ob das genau der Vorschrift von Bet Hillel (Tos. Ber. III, 13) entspricht מתחיל בשל שבת ומסיים בשל שבת, ist zweifelhaft, aber wir können schwer feststellen, was mit den Bestimmungen jener Baraita gemeint war. In ותתן לנו wird vor den Namen des Festes שבתות למנוחה und את יום המנוח הזה

eingeschoben. Germ. setzt dafür את יום השבת הזה und nach Erwähnung des Festes das sonst in Germ. fehlende באהבה ein. Zu
קדשנו במצותיך werden die entsprechenden Ergänzungen aus der
Sabbatbitte hinzugesetzt, רצה במנוחתנו usw. In der Musaftefilla
werden außerdem vor den Opfern die Verse für das Sabbatopfer,
hinter ihnen ישמחו במלכותך eingeschaltet. Pal. liegt für Sabbat
nicht vor. Die Eulogie gibt bereits R. Nathan an (oben S. 133) מקדש
השבת וישר׳ והזמנים, aber noch Rabina (V. Jahrhundert) hat gegen
Abweichungen hiervon zu kämpfen.

8. Fällt der Feiertag auf den A u s g a n g des Sabbats, so wird
in die Abendtefilla hinter ותתן לנו die von Mar Samuel verfaßte
„Perle" ותודיענו eingeschaltet, deren Text sich b. Ber. 33 b findet,
sie ist ein Ersatz für die Habdala (§ 192).

9. Wie die Tefilla ist auch sonst der Grundstock der anderen
Gebete allen drei Festen gemeinsam. Das Abendgebet ist dasselbe
wie das der Wochentage, השכיבנו jedoch wird in Seph. und Germ. in
der für Sabbat üblichen Form gesagt. Als Bibelvers wird in It. und
Seph. Lev. 234 אלה מועדי ד׳; in Germ., so schon in V., Lev. 23 44
וידבר משה verwendet; in Rom. sind für jedes Fest besondere Verse.
Pal. kennt die relativ junge Einrichtung der Bibelverse überhaupt nicht.
Seph. und Rom. schicken, wie an jedem Tage, auch an den Festen dem
Abendgebet einen Psalm voraus und lassen, wie am Sabbat, einen
folgen. Die Stellen sind im einzelnen weiter unten angegeben. Nach
der Tefilla wird Kiddusch gesprochen, dessen Text mit dem der mittleren Benediktion der Tefilla viel gemeinsam hat.

Im Morgengebet werden nach den ברכות השחר die Psalmen
gesprochen. Sof. XVIII, 2, 3, XIX, 2 kennt für jedes Fest einen
besonderen Psalm, der am Eingang der פסוקי דזמרה zu sprechen ist,
auf den dann יהי כבוד und die verschiedenen täglichen Psalmen folgen.
So ist es nicht geblieben, vielmehr wird in allen Riten die an Sabbaten
übliche Reihe der זמירות innegehalten; in Germ. völlig unverändert,
in It. wird Ps. 97, in Seph. und Rom. der Psalm des Festtages eingeschoben, in ihnen wird, wie in Amr., bei Psalm 92 der erste Vers fortgelassen. Wie am Sabbat wird das Schilfmeerlied — bei Amr. sogar
bis Ex. 15 26 — und נשמת gebetet. Es folgt der Jozer der Wochentage
(oben S. 16 ff.), nur an Sabbaten הכל יודוך usw. (oben S. 114), Pal.
jedoch scheint besondere poetische Einschaltungen für den Jozer der
Feste gehabt zu haben; endlich folgt die Tefilla, wie bereits besprochen.

Allen drei Feiertagen gemeinsam ist die Rezitation des Hallel, Ps. 113 bis 118, deren Anordnung in die tannaitische Zeit zurückgeht; für Pesach ist dort das Hallel nur an einem resp. zwei Tagen erwähnt, an den anderen wird das verkürzte gesprochen. Im Mittelalter kam (zuerst in Frankreich?) die Sitte hinzu, an jedem der Wallfahrtsfeste eine der Megillot zu lesen, in Rom. wird diese Lektüre auf mehrere Tage verteilt. Über die Toravorlesung vgl. § 25 und über die Musaftefilla oben S. 134. Zu Musaf gehörte im Tempel zu Jerusalem ein besonderer Psalm, der mit dem oben erwähnten nicht identisch ist.

10. An den Mittelfeiertagen (מועד, חול המועד) von Pesach und Sukkot wird, wie an Wochentagen, gebetet, jedoch mit Einschaltung von יעלה ויבא in die Tefilla und mit Weglassung von תחנון. Das Musafgebet, das ebenso wie das des Neumonds durch אשרי und ובא לציון eingeleitet wird, ist das des Festes. Bei der Erwähnung des Festes in יעלה ויבא oder ותתן לנו wird nach Sof. XIX, 3 יום טוב מקרא קדש fortgelassen, ebenso lautet Pal.; von den bekannten Riten macht nur Seph. einen Unterschied, indem er das Wort טוב wegläßt und את יום מקרא קדש הזה liest. Hallel und Toravorlesung gehören auch zur Liturgie der Halbfeste.

11. Im einzelnen ist zu den Festen folgendes zu bemerken:

a) Pesach, das Befreiungsfest, heißt in den Gebeten חג המצות, es wird als זמן חרותנו bezeichnet. Sof. XIX, 3 und Pal. haben für die Mittelfeiertage nicht die Bezeichnung יום טוב מקרא קדש, den siebenten Tag nennt Sof. יום שביעי עצרת; in den Riten ist dieser Unterschied nicht bekannt, nur in Seph. wird טוב weggelassen. Der Morgenpsalm, שיר, für Pesach ist in Sof. XVIII, 2 Ps. 135, nach anderen Ps. 83 für den ersten Tag und die Mitteltage, Ps. 136 für den siebenten. Seph. verwendet Ps. 107 als שיר, Ps. 114 nach dem Abendgebet. Rom. hat wie am Sabbat Ps. 92, sodann 135 oder 106 sowie 136 und 150; am siebenten statt 135 Ps. 18. Am I. und II. Pesachabend wird in der Synagoge nicht Kiddusch gesprochen, wenn er auf Sabbat trifft, auch nicht ברכה אחת מעין שבע (oben S. 111). In Spanien und Babylonien soll Seder in der Synagoge gehalten worden sein, weil die Leute zu unwissend waren, um die Haggada lesen zu können. Nach Seph. wird an den beiden ersten Abenden auch in der Synagoge Hallel gesprochen, das ist auch in Polen und am Balkan übernommen worden. Nach dem Talmud wird beim Morgengottesdienst Hallel nur am ersten

Pesachtage gesagt, später wurde es für die folgenden Tage in derselben
Weise wie am Neumond (vgl. S. 125) bestimmt. Von den Megillot wird
das Hohelied am 7. Pesachtage oder am Sabbat in der Festwoche
gelesen. Die Opferverse sind in Pal. und Rom. Num. 28 16 bezw. 19—24
resp. 25; in Germ. und It. Num. 28 16—19 bezw. 19, während 20—24 in
eine für alle Feste gültigen Formel ומנחתם ונסכיהם zusammengezogen
sind. Die Eulogie der Tefilla lautet in Pal. מקדש ישר׳ וחג המצות
ומועדי שמחה והזמנים ומקראי קדש. Mit dem Musafgebet des ersten
Pesachtages hört משיב הרוח auf, in Seph., Rom. und It. beginnt
man da מוריד הטל einzufügen, während in Germ. jede Erwähnung
fortbleibt. Später hat sich hieraus ein besonderes Gebet um Tau
תפלת טל im Anschlusse an Musaf entwickelt.

Über die Toravorlesung vgl. § 25.

b) Schowuaus heißt in den Gebeten, schon in Sof. XIX, 4, חג השבעות
und wird als Offenbarungsfest זמן מתן תורתנו gefeiert, wofür in der
Bibel noch kein Anhalt zu finden ist. Als Psalm ist Sof. XVIII, 3
Ps. 29 verordnet, Seph. und Rom. verwenden Ps. 68, It. hat ihn vor
der Toravorlesung, nach dem Abendgebete jedoch Ps. 122. Als Megilla
wird Rut gelesen. Über Toravorlesung vgl. § 25. Die Musafverse
sind Num. 28 26 und 27 (in Rom. —31), dazu ומנחתם ונסכיהם wie oben;
Rom. hat Num. 28 26 auch am Abend an Stelle des stereotypen Verses
aus Levitikus (s. oben S. 136).

c) Sukkaus führt den Namen חג הסכות und wird im Anschlusse an
Dt. 16 14, 15 als זמן שמחתנו bezeichnet; in Sof. fehlt jede Angabe
darüber infolge der Lückenhaftigkeit unseres Textes. In Pal. lautet
die Eulogie in der Tefilla מקדש ישר׳ וחג הסכות ומועדי שמחה והזמנים
והרגלים ומקראי קדש. Als Morgenpsalm gibt Sof. XIX, 2 Ps. 76 an, den
Rom. tatsächlich hat. Die Reihe der Musafpsalmen für die Zwischentage ist in b. Sukka 55 a überliefert: für den ersten Ps. 29, für den
zweiten Ps. 50 16—?, für den dritten Ps. 94 16—?, für den vierten das.
8—16 ? für den fünften Ps. 81 7—?, für den sechsten Ps. 82 5—?. Verwendet
wird in Seph. Ps. 42, 43 und nach Maarib Ps. 122. An allen Sukkaustagen
wird das ganze Hallel gesprochen. Die Musafverse sind Num. 29 12—39
mit entsprechender Auswahl für die einzelnen Tage. Eine Besonderheit des Sukkausfestes sind die Umzüge mit dem Feststrauß nach dem
Musafgebet. Hierbei werden Gebete mit dem Stichwort הושענא Hilf
doch! gesprochen, die davon den Namen הושענות erhalten haben
(vgl. § 32). Der siebente Tag, im Talmud יומא דערבתא, in It. und Rom.

יום ערבה, der Tag der Bachweide, heißt wegen der Häufigkeit der Umzüge und der Wiederholung dieser Gebete יום הושענא, später הושענא רבה. Der Tag wurde, wahrscheinlich im Anschlusse an R. h Sch. I, 2 Ende, als Gerichtstag erklärt und in Italien, Frankreich und Deutschland schon im frühen Mittelalter (das geht bis ins XII. Jahrhundert zurück) besonders ausgezeichnet. Bereits in V. werden die Sabbatpsalmen, נשמת, die „große" Keduscha und andere Festtagsgebete für ihn bestimmt. In der späteren kabbalistischen Zeit (vom XIV. Jahrhundert an) wurde der Tag dem Versöhnungstag an Bedeutung gleichgestellt, und es wurden sehr viele von den Bräuchen des Versöhnungstages auch auf den „Tag der Bachweide" übertragen, manche fasteten sogar. Besonders zeigt Seph. den Einfluß der Anschauung vom Bußcharakter des Tages; in Rom. wurden die ersten und letzten Benediktionen der Tefilla nach dem im Schlußgebete des Versöhnungstages (§ 24) üblichen Wortlaute gesagt. Im frühen Mittelalter scheint man die Umzüge am Hoschanatage nicht nur am Morgen, sondern auch zu Mincha nach der Tefilla vorgenommen zu haben. Aus dem X. Jahrhunderte besitzen wir die gut verbürgte Nachricht, daß am Hüttenfeste, oder wenigstens am Hoschanatage Umzüge um den Ölberg in Jerusalem stattfanden. Es beteiligten sich daran zahlreiche Pilger, die von weit her kamen; bei dieser Gelegenheit wurden auch die Bestimmungen über den Kalender des folgenden Jahres bekanntgegeben.

d) Der achte שמיני עצרת (bezw. achte und neunte) Tag des Hüttenfestes wird als besonderer Feiertag betrachtet שמיני רגל בפני עצמו הוא, man erwähnt ihn im Gebet mit den Worten יום השמיני [חג] העצרת, er heißt indes ebenso wie das Hüttenfest זמן שמחתנו. Sein Psalm ist nach Sof. XIX, 2 und tatsächlich in Seph. (wahrscheinlich wegen seiner Überschrift) Ps. 12; Rom. hat wahrscheinlich aus ähnlicher äußerlicher Anlehnung Ps. 6; in Sof. wird ferner Ps. 111 zur Wahl gestellt, den wir auch in Pal. finden. Vor der Abendtefilla hat Rom. Num. 29 35. Als Verse für die Tefilla finden wir in Pal. Lev. 23 36—39, I. Kön. 8 66, Neh. 8 18 und Ez. 43 27. Die Eulogie lautet מקדש ישר׳ ... וירם שמיני עצרת ומועדי שמחה והזמנים ומקראי קדש. Als Musafverse werden Num. 29 35, 36, in Pal. auch 37—39 und 30 1 verwendet. Als Megilla des Hüttenfestes dient Kohelet, das Buch wird am achten Tage gelesen (wegen 11 2), in Rom. auf die Feiertage verteilt. Zu Musaf des Schemini Azeret beginnt משיב הרוח, was vor der leisen Tefilla verkündet wird; hieraus hat sich ein besonderes Gebet um Regen

תפלת גשם entwickelt. Der zweite Tag von Schemini Azeret führt in der Literatur — nicht im Gebete — etwa seit dem Jahre 1000 den besonderen Namen שמחת תורה, da an ihm das letzte und nach einer bis auf die gaonäische Zeit zurückgehenden Sitte auch das erste Kapitel der Tora gelesen wird (vgl. § 25). Daher wurde die Toravorlesung des Tages von einer größeren Anzahl festlicher Gebete begleitet (§ 30). Die Stammgebete hingegen unterscheiden sich nicht von denen des vorhergehenden Tages.

§ 24. Die ernsten Feste.

Literatur: Landshuth, S. 456 ff.; Baer, S. 383 ff.; Friedmann, The New Year and its Liturgy in *JQR* I, 62 ff.

A. Das Neujahrsfest.

1. Der Neujahrstag ראש השנה am 1. Tischri (die Bezeichnung wird in der Bibel Ez. 40 1 für 10. Tischri gebraucht) führt den Namen darum, weil mit ihm die Zählung des neuen Jahres beginnt. Der Name sowie die zweitägige Dauer des Festes lassen sich bis in die Zeit der Mischna zurückverfolgen; ebenso alt ist die Anschauung, die beiden Tage als einen einheitlichen und als uralte Einrichtung zu betrachten שני ימים טובים של ראש השנה הן מתקנת נביאים ראשונים (j. Er. III Ende, 21 c). Im Pentateuch heißt der erste Tischri Num. 29 1 יום תרועה, Lev. 23 24 זכרון תרועה, daher in unseren Gebeten יום הזכרון und יום תרועה, wofür am Sabbate זכרון תרועה eintritt. Nur in Pal. hat sich auch im Gebete die Bezeichnung ראש השנה erhalten.

2. Ein äußerliches Merkmal, das den Gottesdienst am Neujahrsfeste von dem anderer Tage unterscheidet und im Namen יום תרועה zum Ausdruck gelangt, ist das S c h o f a r blasen. Der Talmud berichtet, daß ursprünglich das Schofarblasen frühzeitig beim Morgengebete stattfand, daß aber einmal, wahrscheinlich in politisch erregter Zeit, die Römer jene Töne als Signal zum Aufruhr auffaßten, daß sie daraufhin die Juden überfielen und niedermachten. Seitdem wurde das Schofarblasen in den Musafgottesdienst verlegt, weil an einer späteren Tagesstunde über den festlichen Charakter der Funktion ein Zweifel nicht mehr aufkommen konnte (j. R. h Sch. IV, 8, 59 c). Die Mischna (das.) trägt auch schon den neuen Verhältnissen Rechnung, wenn sie verordnet, erst beim z w e i t e n Vorbeter, d. h. zu Musaf, Schofar zu blasen (השני מתקיע). Die Folge der Neuerung war eine

doppelte. Zunächst für das Schofarblasen; um nicht bis zu so später Stunde damit warten zu müssen, wurde vor dem Schofar zu Musaf תקיעות מעומד, כשהן עומדין das Blasen nach Schacharis תקיעות מיושב, כשהן יושבין eingeführt, für das man schon um 300 keine rechte Begründung mehr wußte. Sodann aber für die Liturgie, wie sich gleich zeigen wird.

3. Von den Gebeten des Neujahrstages heißt es schon in alter Zeit, daß sie länger sind als sonst im Jahre אלו ברכות שמאריכין בהן ברכות של ראש השנה .... (Tos. Ber. I, 6). Die Empfehlung an den Vorbeter, sich sein Gebet vor dem lauten Vortrage zurechtzulegen, wurde ebenfalls auf die Neujahrsgebete bezogen, „weil sie so lang sind" (b. R. h Sch. 35 a). Es ist die Idee des Gottesreiches, welche den Charakter der Gebete bestimmt, am Neujahrstage findet die Anerkennung der Herrschaft Gottes über die Menschheit ihren religiösen Ausdruck; Gott als König vereinigt die gesamte Menschheit zu einem Bunde; er richtet die Menschen, gedenkt ihrer Taten und bestimmt ihr Geschick; und wenn das Königtum Gottes in der Gegenwart noch nicht verwirklicht ist, so wird er in der Zukunft seine Herrschaft über die ganze Welt ausbreiten, sie wird dereinst bei allen Geschöpfen Anerkennung finden.

Diese Gedanken werden in den drei Gebetstücken zum Ausdruck gebracht, die dem Neujahrstage eigentümlich sind. Die Neujahrstefilla ist um drei Benediktionen bereichert, מלכויות Gott als Weltenkönig, זכרונות Gott als Richter, שופרות Gott als Erlöser. Trotzdem drei neue Benediktionen hinzutraten, wurden es doch im ganzen nur neun; weil die מלכיות mit einer der anderen vereinigt wurden, im nördlichen Palästina mit III קדושת השם, so hält es noch später R. Jochanan ben Nuri; im südlichen mit IV קדושת היום, so hält es später R. Akiba und so blieb es auch; eine dritte Meinung, die זכרונות mit קדושת היום zu vereinigen, fand nirgends Anklang. Wenn wir noch heute die dritte Benediktion קדושת השם so sehr erweitern, die drei Stücke mit ובכן [ואז], ובכן תן כבוד, ובכן תן פחדך (ובכן תמלך צדיקים) einschließlich ותמלך einfügen, und mit Ps. 146 10 ימלך schließen, so hat es den Anschein, als ob hier noch die Benediktionen im Sinne des R. Jochanan ben Nuri, im Sinne der Vereinigung von קדושת השם und מלכיות vorliegen. In Pal. hat sich sogar die aus j. R. h Sch. IV, 6 (59 c) bekannte Eulogie אדיר המלוכה האל הקדוש erhalten, die ebenfalls von derselben Art der Zusammenziehung zeugt, und nach dem

Talmud nur im Musaf des Neujahrstages Verwendung finden sollte. Die drei dem Feste eigentümlichen Stücke wurden durch Schofartöne unterbrochen, sie heißen darum auch תקיעתא. Die älteste Quelle über die Komposition des Neujahrsgebetes, die Mischna (R. h Sch. IV, 5) läßt in ihrer Fassung keinen Zweifel darüber, daß die Tefilla in sämtlichen Gebeten des Neujahrstages gleich lautete. Als nun, wie erwähnt, das Schofarblasen in die Musaftefilla verlegt wurde, blieben auch die מלכויות זכרונות שופרות für Musaf vorbehalten, ובכן תן פחדך hingegen, dessen Ursprung vergessen war, blieb in sämtlichen Tefillas ohne Unterschied stehen, so daß wir in allen Tefillas eine Art von מלכיות und im Musaf nun doppelte haben.

4. Die drei Stücke מז״ש bestanden ursprünglich aus aneinandergereihten Bibelversen; sie schlossen mit einer Eulogie, der wahrscheinlich eine Bitte voranging. Ob die älteste Zeit auch bereits Einleitungen besaß wie später, ist zweifelhaft. Jeder Vers hieß מלכות, זכרון, שופר; die Zahl der zu vereinigenden Verse wird in der Mischna auf nicht weniger als zehn für jedes Stück festgesetzt, Jochanan ben Nuri vertritt die abweichende Meinung, daß auch je drei Verse genügten, und es gibt eine amoräische Anschauung, wonach selbst ein einziger Vers aus der Tora bei jedem der drei Gebete hinreicht. Geblieben ist es in Germ. bei je zehn Versen für מלכיות und שופרות, neun für זכרונות, in den anderen Riten sind es jedesmal zehn. Die Verse sind allen drei Teilen der Bibel entnommen, die aus der Tora eröffnen die Reihe, es folgen die aus Hagiographen und Propheten. Die Vorschrift, mit einem Verse aus der Tora zu schließen, ist nur bei den מלכיות durchgeführt, bei den anderen beiden steht der Vers erst vor der Eulogie, was in Pal. auch bei den מלכיות der Fall ist. Ausgeschlossen sind Verse, deren Inhalt eine Strafandrohung bildet. Im Talmud werden brauchbare und unbrauchbare Verse besprochen; es muß auffallen, daß von den für zulässig erklärten Versen mit פקד keiner Aufnahme fand, obwohl an geeigneten Versen für die זכרונ' kein Überfluß bestand. Es ist beachtenswert, daß die Tannaiten der Restaurationszeit (nach 140) über die Auswahl der Verse verschiedener Meinung sind, wie überhaupt damals über die Komposition des Neujahrsgebetes viel verhandelt wurde, ein Beweis dafür, daß es erst in jener Zeit eine feste Form erhalten hat. Die in den Gebetbüchern enthaltenen Verse stimmen alle überein, von den im Talmud besprochenen sind nur wenige darunter; Pal. hat einige Verse mehr als Vulg.

5. Den Bibelversgruppen geht gegenwärtig eine E i n l e i t u n g
in hymnischer Fassung voran, vor מלכיות haben wir עלינו לשבח und
על כן נקוה לך, vor זכרונות das אתה זוכר, vor שופרות endlich אתה
נגלית. Die Einleitungen sind in allen Riten seit Amr. gleichlautend.
Über ihre Entstehungszeit sind wir nicht unterrichtet, die im Mittelalter umlaufenden Sagen über das hohe Alter von עלינו können uns
wenig helfen. Aus dem Anfange von אתה זוכר wird in j. R. h Sch. I, 3
(57 a), j. Ab. Zara I, 2 (39 c, vgl. auch b. R. h Sch. 27 a) זה היום תחלת
מעשיך .... להזכירם לחיים ולמות angeführt. Als Quelle des Zitates
ist רב דבי תקיעתא genannt, es kann keine Frage sein, daß damit nicht
etwa nur der eine Satz, sondern die ganze תקיעתא Rab bezw. seiner
Schule zugewiesen werden soll. Über den Ursprung der beiden anderen
Einleitungen ist damit nichts ausgesagt, da aber der Stil und die Ausdrucksweise der drei Stücke ziemlich gleichartig sind, da ferner die
eifrige Tätigkeit Rabs für den Gottesdienst auch sonst bezeugt ist,
dürfte die Annahme nicht allzu gewagt sein, daß die Einleitungen zu
מז״ש sämtlich von Rab stammen. Das schließt nicht aus, daß die
Stücke auch hier und dort Überarbeitungen erfahren haben. Freilich
müßte das vor der Zeit von Amr. liegen, denn seitdem stimmen sie
sämtlich bis auf die üblichen kleinen Abweichungen im Wortlaut
überein.

Sie sind dem Verfasser nicht alle in gleicher Weise geglückt, die
zu den מלכיות zeichnet sich durch Einheitlichkeit und Erhabenheit
des Gedankens, nicht minder durch Schönheit des Ausdruckes aus;
möglicherweise konnten da ältere Vorlagen benutzt werden, sicherlich ist in der Bitte das מלך על כל העולם aus Pal. verwertet, das dort an
allen Festen gebräuchlich ist. Der Schluß ודברך [מלכנו] אמת paßt
nur, wenn ein Bibelvers vorangegangen ist, die Eulogie מלך על כל
הארץ ist durch die Verbindung von קדושת היום und מלכיות bedingt.
In אתה זוכר ist der Hymnus am Anfang ebenfalls von rühmenswerter
Schönheit, wenn auch allzu häufig derselbe Gedanke wiederholt wird. Der
Übergang zu den Bibelversen hingegen ist offenbar aus der Verlegenheit
hervorgegangen; die ganze Auseinandersetzung von Noah und der
Sintflut ist nur hineingebracht, um eine Anknüpfung an den ersten
der angeführten Verse Gen. 8 1 zu finden, sie paßt zum folgenden
durchaus nicht. Ebenso scheint in der Bitte die Erinnerung an die
Opferung Isaaks (עקדה) nicht zum ursprünglichen Texte zu gehören;
der im Anschlusse daran angeführte Vers Lev. 26 45 hat nichts damit

zu tun und könnte sich ohne weiteres an den vorhergehenden Satz
anschließen; nicht minder fremdartig sind hinter dem Verse die Worte
ותו‎ ‏ברחמים‎ ‏היום‎ ‏לזרעו‎ ‏יצחק‎ ‏ותקדת,‎ die ebenfalls den Übergang
zur Eulogie stören. In der ältesten Zeit wurde vielleicht einmal יעלה‎
ויבא‎ als Bitte verwendet, die häufige Wiederkehr der Ausdrücke
זכר,‎ ‏פקד‎ würde das sehr begreiflich machen; eine alte Nachricht überliefert ausdrücklich, daß das Gebet nur in den זכרונות‎ des Neujahrsfestes enthalten war. In אתה‎ ‏נגלית‎ ist ausschließlich auf die Offenbarung am Sinai Rücksicht genommen, während nach der Mehrzahl
der angeführten Verse, der Bitte und der Eulogie zu schließen, in den
שופרות‎ mehr an die messianische Zukunft gedacht war. In der
Bitte תקע‎ ‏בשופר‎ ‏גדול‎ ist der Anfang wörtlich gleich dem der X. Benediktion der täglichen Tefilla (S. 50); in der Fortsetzung sind die
Worte את‎ ‏קרבנות‎ ‏חובותינו‎ ganz sinnlos und führen vom Gedanken
ab, in alten Texten heißt es tatsächlich nur ושם‎ ‏נעשה‎ ‏לפניך‎ ‏כמצוה‎
‎... גליותינו‎ ‏וקים‎ ‏לנו‎ ‏ד׳‎ ‏א׳‎ ‏את‎ ‏הדבר‎ ‏שהבטחתחנו‎ ‏בתורתך‎,‎ in Seph. .... עלינו‎
die Eulogie lautet in It. wie in Taan. II, 4 שומע‎ ‏תרועה‎.

6. Der ungewöhnliche Umfang des Gebetes machte es zur Unmöglichkeit, es jedem einzelnen als Pflichtgebet vorzuschreiben.
Schon R. Gamliel II. erklärte, daß das Gebet des Vorbeters für alle
Teilnehmer am Gottesdienste genügte, und drang gegen starken
Widerspruch mit seiner Anschauung durch. In Babylonien wurde es
infolgedessen Sitte, daß beim stillen Gebet die Gemeinde lediglich die
sieben Stücke der sonstigen Neujahrstefilla sprach, die Einschaltungen מז״ש‎ hingegen nur vom Vorbeter hörte. Alle Geonim stimmen
in der Mitteilung der Tatsache und der Anerkennung ihrer Zulässigkeit
überein. In Europa hingegen war das nicht üblich, sondern, wer
betete, sagte auch im stillen Gebete alle neun Stücke, wer sich auf den
Vorbeter verließ, sprach überhaupt kein stilles Gebet. Da aber der
Eifer im Beten sich im Mittelalter zusehends steigerte, bürgerte es
sich ein, daß ein jeder sein Gebet vollständig sprach, so schwer es
auch in einer an Gebetbüchern armen Zeit sein mochte, sich in den
Besitz eines derart umfangreichen Textes zu setzen.

7. Mit der großen Einschaltung sind die Eigentümlichkeiten
der Neujahrstefilla nicht erschöpft. Auch die Benediktion קדושת‎
היום‎, die allen Festen gemeinsam ist, weist einige Besonderheiten auf;
sie reichen in recht alte Zeit zurück und einige Wandlungen im Gebettexte sind damit verbunden. So ist der Neujahrs- zugleich N e u -

m o n d s tag, es war eine Frage, ob das im Gebete besonders erwähnt werden mußte. In der Mischna (Er. III, Ende) teilt R. Dosa b. Hyrkanos (vor 100) aus dem Gebete des Vorbeters am Neujahrstage die Worte mit החליצנו ד׳ אלהינו את יום ראש החדש החדש הזה. Man kann bezweifeln, ob der Text richtig ist, soviel aber steht fest, daß hier eine Erwähnung des Neumondes im Gebete gefordert wird. Die babylonischen Amoräer wollten davon nichts wissen, sie erklärten übereinstimmend, daß eine besondere Hervorhebung des Neumondes nicht erforderlich wäre זכרון אחד עולה לכאן ולכאן. Auch im palästinischen Talmud ist die Ansicht vertreten, wenn auch noch nicht unbestritten, die jede Erwähnung des Neumondes ausschließt (j. Schebu. I, 7, 33 b). Im Traktat Sofrim aber, der den palästinischen Ritus wiedergibt, heißt es ausdrücklich XIX, 5 בראש השנה צריך להזכיר ביום טוב מקרא קודש חדש הזה ובראש החדש הזה וביום ראש השנה הזה וביום הזה שופר הזכרון תקע und die Eulogie lautet in palästinischen Fragmenten מקדש ישראל וראשי שנים ומחדש חדשים וזכרון תרועה ומועדי שמחה והזמנים ומקראי קדש. Demnach war im palästinischen Ritus die Erwähnung des Neumondes verbreitet, ebenso wurden bei der Rezitation der Opferverse wahrscheinlich zunächst diejenigen für den Neumond ובראשי חדשיכם Num. 28 11—15 gesprochen. Solche Gebetbücher muß es in Italien gegeben haben und von dort gelangten sie nach Deutschland; sie hatten nicht mehr die palästinische Tefilla und brachten ראש חדש weder in ותתן לנו noch in der Eulogie, aber die Opferverse hatten sie aufgenommen. Das widersprach der Tradition, die das Nichterwähnen des Neumondes auch auf die Opferverse im Musaf auszudehnen pflegte. Die Frage bildete in Deutschland und Nordfrankreich im XI. und XII. Jahrhundert den Gegenstand eifrigster, zeitweise heftig geführter Kontroverse. In Frankreich war es Brauch, die Opferverse an Festtagen überhaupt nicht zu sprechen (s. oben S. 135), in Deutschland hingegen wurden sie um 1050 durch Isaak haLevi, Rabbiner in Worms, eingeführt. Es war nur folgerichtig, wenn jetzt am Neujahrstage neben den Opferversen Num. 29 1—6 auch ובראשי חדשיכם gefordert wurde; die Anhänger des Herkommens bekämpften jede Art von Erwähnung des Neumondes, sie blieben zuletzt siegreich. Zunächst hatte auch Isaak haLevi seine Anhänger. Raschi, sein Schüler, erklärte sich mit der Neuerung einverstanden, gestattete jedoch auch, daß, wie es bis zu jener Zeit geschah, die Opferverse ohne Unterschied überhaupt fortblieben. Raschis Enkel, Jakob Tam (gest. 1171)

ließ die Neumondsverse weg, änderte dafür aber den Schluß der Verse
dahin ab, daß er las ‏מלבד עלת החדש ומנחתה‎ ...‏ושני שעירים‎..
‏ושני תמידים כהלכתם‎. Diese Fassung ist in manchen Gegenden,
z. B. im Westen Deutschlands, angenommen worden, im allgemeinen
aber blieb die Erwähnung des Neumondes auf die Worte ‏מלבד עלת‎
‏החדש ומנחתה‎ beschränkt.

8. An den anderen Festen schließt ‏קדושת היום‎ mit ‏והשיאנו‎ ab.
Lag ein Grund vor, am Neujahrstage davon abzuweichen? Die Frage
hat sehr viele Federn in Bewegung gesetzt. Von Sofrim an stimmen
alle Autoritäten darin überein, daß es gesprochen wird, und alle Riten,
mit Ausnahme des deutschen, haben es. Auch in Deutschland war
es üblich, bis Isaak haLevi es aufhob, weil er ‏והשיאנו‎ .. ‏את ברכת‎
‏מועדך‎ nur für die Wallfahrtsfeste passend fand. So verbreitete sich,
unter ähnlicher Begründung, in ganz Frankreich und Deutschland der
Brauch, ‏והשיאנו‎ wegzulassen. Man kann es nicht unberechtigt finden,
wenn darauf verwiesen wurde, daß, im Gegensatz zu den Wallfahrtsfesten, auch das Wort ‏והזמנים‎ aus der Eulogie weggefallen ist; in Pal.
finden wir es (s. oben S. 145).

Die Frage hängt im Grunde mit der anderen zusammen, ob dem
Neujahrstage die Bezeichnung ‏יום טוב‎ zukommt. Nach der Mischna
kann darüber keinerlei Zweifel bestehen, denn sie nennt das Fest
‏יום טוב של ראש השנה‎ (R. h Sch. IV, 1, Er. III, Ende). Auch Sofrim
XIX, 5 und Amr. haben ‏יום טוב‎, It. und Seph. haben keine Abweichung
vom Wortlaut der andern Feste, Germ. und Rom. hingegen lassen das
sonst übliche ‏מועדים לשמחה‎ usw. fort. Es kam die Anschauung auf,
daß das Neujahr als Gerichtstag, ‏יום הדין‎, mehr ein Bußtag als ein
Festtag sei.

9. Die Abweichungen in den drei ersten und drei letzten Benediktionen, insbesondere die zahlreichen Gestalten, in denen III ‏קדושת‎
‏השם‎ vorliegt, sind bereits in § 8 behandelt. Die Eulogie von III
wird nach babylonischer Anordnung (b. Ber. 12 b) in ‏המלך הקדוש‎
umgewandelt, während in Pal. ‏האל הקדוש‎ erscheint, häufig in Verbindung mit ‏אדיר המלוכה‎; so findet es sich auch in Rom. Die mut-
maßliche Entstehung der Einschaltung ‏ובכן תן פחדך‎ ist oben besprochen. Zu den Besonderheiten der Tefilla gehören ferner die Einschaltungen ‏זכרנו לחיים‎ in die I., ‏מי כמוך‎ in die II., ‏וכתוב‎ in die
vorletzte und ‏בספר חיים‎ in die letzte Benediktion. Sie stammen
sämtlich erst aus n a c h t a l m u d i s c h e r Zeit. Sof. XIX, 8 wird

berichtet, daß es nur mit Mühe gelang, die Erlaubnis für ihre Einführung zu erwirken, das ganze Mittelalter hindurch wurde die Opposition gegen sie nicht stille, weil in den ersten und letzten Benediktionen der Tefilla Bitten nicht stehen sollten, aber die Geonim setzten sich sehr für diese Gebetstücke ein und so erhielten sie die Sanktion. Sie finden sich daher seit Amr. in allen Gebetbüchern; in Amr. wird וכתוב durch die Bitte אבינו מלכנו זכר רחמיך eingeleitet, so auch in It. und Rom. In Seph. hingegen finden wir stets וכתוב allein, in Germ. אבינו מלכנו זכר nur bei der Wiederholung der Musaftefilla, was um so auffallender ist, als es in V. für alle Gebete gegeben wird. Als Schlußeulogie von בספר חיים zitiert Hai Gaon. המלך עושה השלום, während sonst nur עושה השלום bekannt ist.

10. Die zuletzt (8, 9) besprochenen Abweichungen gelten naturgemäß nicht nur für Musaf, sondern ebenso für die drei anderen Tefillas. ובכן תן פחדך wird, obwohl sein Zusammenhang mit den מלכיות unverkennbar ist, auch in denjenigen Tefillas beibehalten, für die es jene Einschaltung nicht gibt. Ebenso wird in קדושת היום die Bitte מלך על כל העולם gesprochen, die ebenfalls zu den מלכיות gehört, allerdings, wie anderwärts (§ 23, 5 S. 134 f.) nachgewiesen ist, in Pal. an a l l e n Feiertagen gebräuchlich ist. Im Siddur Saadjas wird יעלה ויבא nur zu Musaf in den זכרונות verwendet, und wir haben gesehen, daß auch das nicht ohne Berechtigung ist. In Babylonien war der Brauch ebenfalls bekannt, wenn auch nicht allgemein verbreitet, in Europa wurde er, soviel wir wissen, nur in Toledo befolgt.

11. In allen sonstigen Bestandteilen ist die Liturgie für das Neujahrsfest die gleiche wie für alle Feiertage. Mit Ausnahme der Psalmen und Bibelverse natürlich. Der Psalm ist nach Sof. XIX, 2 Ps. 47; zu Musaf wurde (b. R. h Sch. 30 b) Ps. 81, zu Mincha Ps. 29 verwendet. Vor der Abendtefilla liest It. wie an allen Festen Lev. 23 4, Seph. Num. 10 10, Rom. Num. 29 1, Germ. Ps. 81 4. Am Abend wird Kiddusch gesprochen; der Wortlaut weicht vom Kiddusch der Festtage in den auch in der Tefilla geänderten Ausdrücken ab. Nach Schacharis und Mincha wird אבינו מלכנו gebetet, nur an Sabbaten fällt es aus. Die Litanei, deren Verse sämtlich mit אבינו מלכנו anfangen, geht auf ein Gebet des R. Akiba zurück, das er einmal bei Gelegenheit eines Fastens wegen anhaltender Dürre vorgetragen hat: ירד ר׳ עקיבא ואמר אבינו מלכנו חטאנו לפניך אבינו מלכנו אם אין בנו מעשים עשה עמנו צדקה והושיענו (b. Taan. 25 b). Die beiden Sätze

bilden noch heute Anfang und Ende des Gebetes. Bei dem losen Charakter der Litanei war es sehr leicht, Sätze einzuschalten, und das ist in reichem Maße geschehen. Schon Amr. enthält 25 Sätze, ebenso viel, wenn auch in einigen abweichend, hat Seph., einige mehr It. und Rom., am meisten Germ., wo seit den letzten Jahrhunderten auch der für den Glauben gefallenen Märtyrer gedacht wird. Im Mittelalter wurde אבינו מלכנו in Seph. nicht gesprochen, hingegen war es dort üblich, daß, wie bei Amr., jedesmal bei Wiederholung der Tefilla vor Schluß היום תאמצנו eingefügt wurde; eine alphabetische Litanei, von der die Amr. nur die erste Hälfte hat, die deutschen Gemeinden haben nur wenige Verse vom Anfang und Ende beibehalten und rezitieren sie ausschließlich zu Musaf. It. und Rom. kennen sie nicht.

Zur Schriftvorlesung vgl. § 25.

Mit der Auffassung des Neujahrsfestes als Bußtag hing es zusammen, daß am Beginn des Mittelalters viele sogar fasteten, und wenn das später auch für den ersten Tag untersagt wurde, blieb es doch am zweiten gestattet, bis man unter Berufung auf Neh. 8 10 es auch an diesem verbot. Aber im Verhalten beim Gebete blieb der Bußcharakter vielfach gewahrt, und auch die an Fast- und Bußtagen üblichen סליחות wurden in den südlichen Ländern auf die Neujahrstage übertragen.

12. Die Tage vom Neujahrs- bis zum Versöhnungstage werden als die zehn Bußtage עשרת ימי תשובה zusammengefaßt. Die Einschaltungen in die zwei ersten und zwei letzten Benediktionen der Tefilla, die Änderung der Eulogien in המלך הקדוש (III), המלך המשפט (XI) und עושה השלום (XIX) sowie אבינו מלכנו nach der Wiederholung der Tefilla werden an ihnen allen gleichmäßig angewendet. Im Zeitalter der Geonim war es ferner bereits üblich, an diesen zehn Tagen Vigilien zu halten und ähnliche Gebete wie an den Fasttagen zu sprechen סליחות (vgl. § 33). Bereits um das Jahr 1000 wurden solche Frühgottesdienste stellenweise schon vom 1. Elul, in anderen Gegenden vom 15. Elul ab täglich gehalten. Die Bräuche waren sehr verschieden, in Germ. war es üblich, am Sonntage vor dem Neujahrstage zu beginnen, wenn er mindestens vier Tage vom Feste entfernt war, sonst eine Woche zurückzugehen. Neuerdings ist die Zahl der Selichottage und die Länge der Gebete beträchtlich eingeschränkt worden. Die Sitte, den Gottesdienst bereits in der Nacht zu beginnen, hat in westlichen

Ländern selbst in den konservativsten Gemeinden aufgehört. Wie mit den Bußgebeten, so begann man mit dem Schofarblasen schon am 1. Elul; der Brauch hat allgemeine Verbreitung gefunden und ist erst neuerdings in reformierten Gemeinden außer acht gelassen worden. Das Schofarblasen erfolgte am Schlusse des Morgengebetes ohne Benediktion, in Germ. spricht die Gemeinde darauf Ps. 27.

B. Der Versöhnungstag.

1. Der Versöhnungstag יום הכפורים (צומא רבא) ist ein Tag mit lang ausgedehntem Gottesdienste. Schon Philo berichtet, daß die Gemeinde den ganzen Tag über im Gebete verharrt. Auch in Palästina betrachtete man den Gottesdienst am Versöhnungstage als den längsten der bekannt war, und wenn man ein Gebet als recht umfangreich darstellen wollte, so verglich man es mit der Liturgie des Versöhnungstages אפילו כסדר יום הכפורים. Wann man dort begonnen hat, den Gottesdienst auf den ganzen Tag auszudehnen, läßt sich nicht genau feststellen, aber bereits von R. Akiba wird mitgeteilt, daß er den Gottesdienst unterbrach, um den Leuten Gelegenheit zu geben, in ihre Häuser zu gehen. Auch aus der amoräischen Zeit wird von solchen Pausen im Gottesdienste berichtet, die darauf schließen lassen, daß man im allgemeinen den ganzen Tag mit Gebeten ausfüllte. So zählte man schon in der ältesten Zeit die Liturgie des Versöhnungstages zu denjenigen, die über das gewöhnliche Maß hinaus verlängert werden אלו ברכות שמאריכין בהן... ברכות של יוה״כ. Der Gottesdienst am Versöhnungstage unterscheidet sich ferner dadurch von dem des ganzen Jahres, daß es an ihm ein Gebet gibt, welches sonst nicht üblich ist, das Neilagebet.

2. Das Gebet, welches für den Versöhnungstag charakteristisch ist, ist das S ü n d e n b e k e n n t n i s וידוי. Dasselbe hat in seiner Form und seinem Inhalt große Wandlungen durchgemacht. Wir finden es in der Bibel beim Sühneakt des Hohenpriesters erwähnt (Lev. 16 21); die Tannaiten erörtern die Frage, wie jenes Sündenbekenntnis wohl gelautet haben mag, und stellen auf Grund des biblischen Sprachgebrauches eine Fassung fest. Die so gewonnene einfache Formel aber חטאתי עויתי פשעתי ist nur bei der Darstellung des Kultus, den der Hohepriester im Tempel verrichtete, beim Seder Aboda, gebräuchlich. Ein anderes ist das Sündenbekenntnis, das zur Tefilla gehört, welches der Vorbeter i n n e r h a l b der Tefilla, der einzelne

als Anhang zu derselben spricht. Bekannt ist das Sündenbekenntnis, das zur Tefilla gehört, schon den Tannaiten, sie fordern zum Teil sogar eine Aufzählung der Sünden im einzelnen; von einer Formel für das Bekenntnis wird aber, wie das bei so vielen liturgischen Stücken der Fall ist, erst von den ersten Amoräern gesprochen; b. Joma 87 b werden von mehreren Autoritä⁺en des III. Jahrhunderts verschiedene Formeln, die für das Bekenntnis damals in Anwendung kamen, mit Stichworten zitiert. Einige davon sind jetzt kaum mehr genauer zu ergründen, andere wiederum finden im heutigen Ritual bei anderen Gelegenheiten oder am Versöhnungstage an anderen Stellen Verwendung. Im Sündenbekenntnis stehen geblieben sind die beiden Stücke, die von Rab und Mar Samuel angeführt werden, nämlich אתה יודע רזי עולם und אבל אנחנו חטאנו. Allein die im Talmud genannten Stücke sind, was wiederum keine ungewöhnliche Erscheinung ist, in der Folgezeit außerordentlich erweitert worden. אבל אנחנו חטאנו, das von Mar Samuel als besonders wichtige Stelle, ja, wie es scheint, geradezu als der Kern des Sündenbekenntnisses betrachtet wurde, bildet den Schluß einer Einleitung mit der Bitte תבא לפניך תפלתנו, auf die das alphabetische Bekenntnis אָשַמנו בָגדנו גָזלנו folgt. Schon bei Amr. finden wir den heute noch gebräuchlichen Wortlaut, der Text lautet in allen Riten gleich, wenn er auch hier und da noch um das eine oder andere Wort erweitert ist. Diese Übereinstimmung und die alphabetische Anordnung machen es wahrscheinlich, daß das Stück aus dem letzten Jahrhunderte der Amoräerzeit stammt. Daran schließen sich in den Gebetbüchern סרנו ממצותיך und ואתה צדיק על כל הבא עלינו, die beide aus Bibelstellen verarbeitet sind. Nun erst folgt das von Rab erwähnte אתה יודע רזי עולם mit einer neuen Bitte um Sündenvergebung, die aus j. Joma, Ende (45 c) übernommen zu sein scheint. Hieran reiht sich eine nochmalige Aufzählung der Sünden in der Litanei על חטא, die, nach ihrem Aufbau zu schließen, ebenfalls aus dem V. Jahrhunderte stammen wird. Bei Amr. finden wir nur ganz wenige על חטא, acht Sätze, die in ganz allgemeinen Ausdrücken von begangenen Sünden reden בסתר, בגלוי, בשוגג, בזדון. In einer jüngeren, aber da alle Riten darin wiederum übereinstimmen, nicht viel jüngeren Fassung wurde daraus ebenfalls eine Aufzählung in alphabetischer Reihenfolge gemacht; in Germ. hatte man sogar daran noch nicht genug und verdoppelte das Alphabet. Zum ältesten Bestande gehören die seit Amr. in allen Liturgien auf das Alphabet folgenden Stücke mit על חטאים, die auf die für Vergehungen bestimmten Strafen oder Opfer Bezug nehmen. Abgeschlossen wird das Bekenntnis mit dem von R. Hamnuna in b. Joma 87 b genannten עד שלא נוצרתי איני כדאי. Während in allen anderen Riten das Alphabet ohne Unterbrechung einhergeht, wird in Germ. hinter den Buchstaben ת, ע, ר die Bitte ועל כלם eingeschoben. In neueren Liturgien ist dieses lange Bekenntnis wesentlich verkürzt und auf die wenigen ganz allgemeinen Sätze bei Amr. beschränkt worden.

Das Bekenntnis ist für alle Tefillas des Versöhnungstages vorgeschrieben, sogar schon für das Minchagebet am Rüsttage (Tos. Jom ha Kipp. V, 14, S. 191). Im Mittelalter bezeichnete man אשמנו als ודוי זוטא, על חטא als ודוי רבא. Im frühen Mittelalter scheint man das Bekenntnis mit einer besonderen Eulogie האל הסלחן versehen zu haben; Saadja kannte sie und sprach sich gegen sie aus, die Eulogie ist in keinem Ritus zu finden. Es ist bereits erwähnt, daß, während die Gemeinde das Sündenbekenntnis hinter den Schluß der Tefilla setzt, der Vorbeter es innerhalb derselben, vor dem Abschlusse von קדושת היום spricht.

3. Abgesehen von dem Bekenntnisse trägt die Tefilla denselben Charakter wie die des Neujahrstages. Sie enthält die Einschaltungen innerhalb der zwei ersten und letzten Benediktionen, seltsamerweise auch ובכן תן פחדך in der dritten. Die Erwähnung des Festes geschieht nach Sof. XIX 6 und so in Pal. mit den Worten ביום מקרא קדש היום הזה ביום צום העשׂור הזה ביום מחילת העון הזה. Die Eulogie von קדושת היום hatte ihr Vorbild in dem Gebete, das der Hohepriester nach vollzogenem Kultus im Tempel sprach; eine seiner Bitten schloß mit den Worten מוחל עונות עמו ישראל ברחמים (j. Joma VII, 1, 44 b). Weit ausführlicher lautet die Formel in Sof. מוחל וסולח לעונותינו ולעונות עמו ישראל ברחמים ומכפר על פשעיהם מלך על כל הארץ מקדש ישראל וצום הכפורים והזמנים ומקראי קדש. Amr. hat beides abgekürzt, die Erwähnung des Festes lautet bei ihm יום הכפ׳ יום מלך מוחל וסולח לעונותינו, die Eulogie מקרא קדש יום סליחת העון ולעונות עמו ישראל ומעביר אשמותינו בכל שנה ושנה מלך על כל הארץ מקדש ישראל ויום הכפורים. So ist es in allen Riten geblieben; die Erwähnung des Festes allerdings ist, da inzwischen ותתן לנו für alle Feiertage geändert wurde (S. 134) ebenfalls verändert worden. Strittig war lange der Anfang der Bitte am Schlusse von קדושת היום; daß והשיאנו wegfiel, darüber herrschte Einigkeit, fraglich war nur, ob

die Bitte mit מלוך oder mit מחול לעונותינו beginnen sollte. Amr.
hat nicht מלוך, während ibn Gajjat, der sich wahrscheinlich an
Saadja anlehnt, es bringt. Aller Wahrscheinlichkeit nach geht die
Differenz auf einen Unterschied zwischen Palästina und Babylonien
zurück; in Pal. hatte man, wie an allen Festen auch am Versöhnungstag מלוך, während man es in Babylonien ausfallen ließ. Die Folgezeit hat sich nach den Babyloniern gerichtet und מחול לעונות'
angenommen. Ebenso war strittig, ob יעלה ויבא in der Tefilla gesprochen werden sollte, Amr. hat es ebenfalls nicht, auch hier dürfte
der Ursprung der Verschiedenheit derselbe sein, der Erfolg jedoch
war diesmal der entgegengesetzte, denn יעלה ויבא ist in allen Riten
geblieben. Sämtliche strittigen Stücke bringt Seph., zunächst מחול,
dann יעלה ויבא und endlich מלוך. Am Anfange der Tefilla vor מגן
erwähnt Amr., ähnlich wie an Sabbaten, die Einschaltung des Satzes
רצה והנחל לבניהם את רוה'/כ הזה, der sich jedoch nirgends erhalten
hat. Auf die Tefilla folgt, wie am Neujahrstage, אבינו מלכנו, zu
Mincha lassen viele Gemeinden es fort.

4. In allen übrigen Punkten unterscheidet sich der Gottesdienst
nicht von dem anderer Festtage. Amr. beginnt das Abendgebet wie
auch sonst mit והוא רחום. Als Psalm sind Sof. XIX, 2 Ps. 103 und 130
genannt. Bei Amr. sind beim Morgengottesdienste die Sabbatpsalmen
wesentlich vermehrt, alle sogenannten Bußpsalmen sind aufgenommen:
17, 25, 33, 65, 51, 67, 103, 104, späterhin wurden die Zusatzpsalmen
abwechselnd zwischen die gewöhnlichen gestellt. Vor der Tefilla des
Abendgebetes hat It., wie an sämtlichen Festen, Lev. 23 4, Seph. und
Germ. Lev. 16 30, Rom. Num. 29 7 nebst Lev. 16 30 oder Lev. 23 32.

5. Eine besondere Eigentümlichkeit des Versöhnungstages ist
sein fünftes, das Neilagebet. In der ältesten Zeit war es ebenfalls ein
tägliches Gebet, der Maamad im Tempel zu Jerusalem vereinigte
sich viermal täglich zum Gebet, das letztemal zu נעילת שערים, d. h.
kurz bevor die Tore des Tempels geschlossen wurden. Von der Zeit-
angabe hat das Gebet seinen Namen erhalten. Außerhalb des Tempels
kannte man dieses Schlußgebet nur an den öffentlichen Fasttagen.
Während aber aus der sonstigen Liturgie jede Spur von Neila geschwunden ist, hat sich am Versöhnungstage das Gebet erhalten.
Es hat einen besonders feierlichen Charakter dadurch erhalten, daß
mit ihm der große Tag zu Ende geht und die Stunde der Sündenvergebung im eigentlichen Sinne gekommen ist. Die alte Auffassung,

daß zu Neila der Urteilsspruch über den Menschen besiegelt wird, hat einige Veränderungen in der Tefilla hervorgerufen; so wird überall חתמנו gesetzt, wo כתבנו steht. Im übrigen stimmt der Wortlaut der Tefilla mit dem des vorangegangenen Minchagebetes überein. Verändert ist nur das Sündenbekenntnis. Zu Neila fällt die Litanei על חטא aus, an אתה יודע רזי עולם schließt das Gebet אתה נותן יד an. Der Kern des Stückes מה אנו מה חיינו stammt ebenfalls aus b. Joma 87 b; tatsächlich beginnen Maim. und Seph. bis zum heutigen Tage mit diesen Worten. Alle anderen Riten hingegen haben auch die schwungvolle Einleitung אתה נותן. Der Wortlaut ist überall der gleiche, wir gehen kaum fehl, wenn wir die Abfassung des Gebetes in dieselbe Zeit etwa verlegen wie die Einlagen in die Tefilla des Neujahrsfestes. Es ist nicht ausgeschlossen, daß אתה נותן eine Dublette zu dem folgenden אתה הבדלת oder daß das eine palästinischen, das andere babylonischen Ursprungs war. Der Tefilla des Neilagebetes wird אשרי ובא לציון vorausgeschickt, wie es sonst vor Mincha üblich ist.

Über die Schriftvorlesung am Versöhnungstage vgl. § 25, 26.

6. Zur Liturgie des Versöhnungstages gehören seit ältester Zeit einige Bestandteile, die, ohne Stammgebete zu sein, doch in allen Riten gleichmäßig, wenn auch nicht immer im selben Wortlaute anzutreffen sind. Der Versöhnungstag ist ein Fasttag. Infolgedessen finden wir die Einschaltungen für die Fasttage, סליחות, im Anschlusse an alle fünf Gebete des Festes. Ferner ist seit alter Zeit — zumindest seit dem IV. Jahrhundert — der Brauch nachzuweisen, im Anschluß an die Tefilla einen סדר עבודה, das ist eine Wiedergabe des Kultus im Tempel zu Jerusalem, in mehr oder minder freier Bearbeitung vorzutragen. Ursprünglich wahrscheinlich mit mehreren Tefillas verbunden, wurde die Aboda späterhin auf die Musaftefilla beschränkt. Wir werden von der Abodaliteratur später ausführlich zu sprechen haben (§ 32).

7. Endlich aber ist hier derjenige Zusatz zu erwähnen, mit dem der Abendgottesdienst eingeleitet wird und nach dem der Abend des Versöhnungstages vielfach benannt wird, כל נדרי. Er enthält eine Erklärung, durch die alle im Laufe des Jahres in irgendeiner Form übernommenen persönlichen Gelübde aufgehoben werden, und hat demnach mit dem Gedanken und der Liturgie des Versöhnungstages nichts zu tun; nur sehr gezwungen läßt sich eine Verbindung herstellen. Wann das Stück entstanden und wann es in die Liturgie

aufgenommen ist, so daß eine rein persönliche Angelegenheit Sache
der Gemeinde wurde, können wir nicht mehr feststellen. Sein Ursprung muß in den ersten gaonäischen Jahrhunderten und außerhalb
Babyloniens liegen: seitens der babylonischen Geonim stehen vom
IX. Jahrhundert ab Äußerungen zur Verfügung, die sich fast ohne
Ausnahme, teilweise sogar in kräftigen Worten, dagegen aussprechen.
Dennoch ist es in der Liturgie verblieben. Während aber die Formel
ursprünglich sich auf die Vergangenheit, auf die im abgelaufenen Jahre
ausgesprochenen Gelübde, bezog (מיום כפורים שעבר עד יום כפורים זה),
erhielt sie auf Veranlassung von Jakob Tam im XII. Jahrhunderte eine
Umwandlung für die Zukunft (מיום כפורים זה עד יום כפורים הבא).
In dieser neuen Form finden wir sie in Germ., während Rom. und It.
die alte beibehalten haben; in Seph. hingegen wurden beide vereint.
Die Sprache von כל נדרי ist in Germ. und Seph. aramäisch, in Rom.
und It. hingegen ganz so wie in Amr. und in allen gaonäischen Zitaten
hebräisch. Wie viele unbegründete Anklagen כל נדרי im Laufe der
Jahrhunderte über die Judenheit gebracht hat, ist bekannt; ein An-
laß zu irgendeiner im ethischen Sinne anstößigen Auffassung ist
nirgends in den Quellen zu finden, da nach der übereinstimmenden
Anschauung aller Autoren nur Verpflichtungen gegen die eigene
Person oder Verpflichtungen in bezug auf rituelle Verordnungen der
Gemeinde dabei in Frage kommen. Ebenso bekannt ist, wie viele
religiöse Stimmung und Poesie sich im Verlauf der Jahrhunderte mit
כל נדרי verbunden haben —, die fraglos nicht dem Inhalte des
Stückes, sondern seiner Stellung am Eingange der Liturgie des Versöhnungstages entspringen. Es ist die Weihe des höchsten Festes,
die hier die Empfindungen leitet, ihr entsprechen die feierlichen Melodien, die Kol Nidre weit über jüdische Kreise hinaus populär gemacht haben. In neuerer Zeit ist כל נדרי vielfach durch andere
Stücke z. B. Gebete um Sündenvergebung (כל פשעי וחטאי) oder Ps. 130
ersetzt worden.

Dem כל נדרי gehen einige Zeilen voraus, in denen nach altem
Brauch für diejenigen Gemeindemitglieder, die sich über die Gesetze
der Gemeinde hinweggesetzt hatten und infolgedessen exkommuniziert
waren (עברינים), für die Dauer des Versöhnungstages der Bann aufgehoben und der Zutritt zum Gottesdienste der Gemeinde gestattet
wird (בישיבה של מעלה usw.).

Kap. III. Vorlesung und Auslegung der Bibel.

§ 25. Die Vorlesung aus der Tora.

Literatur: Zunz G. V., Kap. I.; Herzfeld, S. 209—215; Friedmann in *Bet Talmud* III, S. 6 ff.; Theodor, Die Midraschim zum Pentateuch und der dreijährige palästinische Cyclus *MS* XXXIV, 1885, S. 351 ff ; Büchler A., The triennial Reading of the Law and Prophets in *JQR* V, 1893, S. 420 ff. Hamburger II, 1263 ff.; *JE* Art. Law, Reading from the VII, 647 ff.; Triennial Cycle XII, 254 ff.; Protokolle und Aktenstücke der zweiten Rabbinerversammlung, Frankfurt a. M. 1845.

1. Zu den ältesten liturgischen Einrichtungen gehört die Vorlesung aus der Tora und den Propheten, ja, es ist sehr wahrscheinlich, daß die Schriftvorlesung den Anlaß zu den ersten gottesdienstlichen Versammlungen gegeben hat. Wie die Gebete hat auch die Schriftvorlesung eine große Wandlung durchgemacht, ihre Entwicklung liegt fast vollständig jenseits der uns erhaltenen Quellen, wir können sie aus ihnen nur durch Hypothesen erschließen.

Gehen wir, um einen festen Boden zu gewinnen, vom heutigen Bestande aus. In der Synagoge wird regelmäßig v i e r m a l wöchentlich aus der Schrift gelesen, am Morgen- und Mincha-Gottesdienst des Sabbats sowie am Montag und am Donnerstag morgens. Dazu kommen die Vorlesungen am Morgen der Feste und Mittelfeste, der Neumonde, Fasttage, Channukka und Purim, sowie beim Nachmittagsgottesdienste der Fasttage. Sabbate und Feste, der Fasttag des neunten Ab sowie Mincha aller Fasttage haben Vorlesungen aus Tora und Propheten, die anderen Tage nur solche aus der Tora. Für den Zweck der wöchentlichen Vorlesungen ist die Tora in 54 A b s c h n i t t e geteilt, die der Reihe nach je einer an einem Sabbatvormittage zur Vorlesung kommen (סדרא‎, סדר‎, פרשה‎ P e r i k o p e); da nicht jedes Jahr eine so große Anzahl von Sabbaten hat, werden an einigen Sabbaten zwei Perikopen vereinigt. Die letzte Perikope der Tora wird am Schlußtage des Hüttenfestes gelesen, nach dem Feste beginnt der neue Z y k l u s. Am Sabbatnachmittage, Montag und Donnerstag gelangt der Anfang der folgenden Sabbatperikope zur Verlesung. Für die Feste, Halbfeste und Fasttage sind ihrer Bedeutung entsprechende feste Perikopen bestimmt. Trifft eines der Halbfeste oder ein Fasten auf einen Montag oder Donnerstag, so wird dessen Abschnitt und nicht der laufende verlesen, die Feste und Mittelfeiertage verdrängen sogar die laufende Sabbatlektion; nur wenn Neumond oder Channukka auf Sabbat treffen, wird zunächst die Sabbatperikope und dann der Abschnitt des Tages als Zusatz vorgelesen. Unter den Sabbaten des Jahres gibt es v i e r a u s g e z e i c h n e t e zwischen dem letzten vor dem Monat Adar und dem ersten im Nisan (ארבע פרשיות, auch ארבעה ערכים), an denen neben der laufenden Parascha ebenfalls noch ein Zusatz üblich ist; sie heißen nach dem Anfang oder den Stichworten der betreffenden Abschnitte, החדש, פרה, זכור, פרשת שקלים. Die Ausdehnung der Vorlesung ist verschieden, an den Wochentagen ist sie kurz, an den Festen länger, an den Sabbaten am längsten. Die Toravorlesung findet unter Beteiligung der Gemeinde statt, aus deren Mitte je nach der Bedeutung des Tages mindestens drei, aber auch sieben und mehr Mitglieder zur Tora „aufgerufen" werden. Der Vorbeter liest einem jeden nach einer traditionellen Melodie, „der uralt hergebrachten Singsangweise, Tropp geheißen", ein Stück vor; vor und nach der Vorlesung wird von dem Aufgerufenen ein Segen gesprochen. Auch das „Ausheben" der Tora aus der Lade und das „Einheben" in dieselbe, das Aufrollen und Zurollen geschehen unter Beteiligung der Gemeinde.

2. Fragen wir nach dem Ursprunge dieser Institution, so berichten die ältesten Quellen, daß M o s e s die Vorlesungen an den Festen und Sabbaten eingerichtet hat, E s r a hingegen diejenigen am Montag und Donnerstag, wofür freilich auch die andere Fassung vorkommt, nach der die allwöchentlichen Vorlesungen auf die „P r o p h e t e n u n d Ä l t e s t e n" zurückgeführt werden; für die Anordnung der Vorlesung an den Fasttagen, an Channukka und Purim fehlt jede chronologische Angabe. Selbst die Tradition nimmt demnach eine a l l m ä h l i c h e Einführung und Ausdehnung der Toravorlesung an. Die M i s c h n a kennt bereits die Vorlesungen an all denjenigen Tagen, an denen auch heute noch gelesen wird. Von feststehenden P e r i k o p e n nennt sie diejenigen für die ersten Tage der Feste, für sämtliche Tage des Hüttenfestes, für Chanukka, Purim, Neumond, Fasttage und für die vier ausgezeichneten Sabbate. Für die

übrigen Sabbate, für Montag und Donnerstag setzt sie einen Z y -
k l u s (סדר) voraus, ohne sich über dessen Art auszusprechen, nur
wird bemerkt, daß lediglich die Perikopen vom Sabbatmorgen dafür
in Ansatz kommen (Meg. III, 5—8). Die T o s e f t a nennt auch die
Vorlesungen für alle Tage des Pesachfestes und bringt bereits abweichende Perikopen für die meisten anderen Tage (Meg. IV, 5—9,
S. 227.) In beiden T a l m u d e n werden die Angaben über die Perikopen dann weiter modifiziert; im b a b y l o n i s c h e n treten die
Perikopen für die zweiten Feiertage sowie besondere Zusatzperikopen
(מוסף) aus den Opferabschnitten (Num. Kap. 28 und 29) hinzu
(b. Meg. 31 a f.), dort wird ferner bereits erwähnt, daß in Babylonien
der einjährige, in Palästina der dreijährige Zyklus üblich ist (das. 29 b).
Man kann sagen, daß der babylonische Talmud im großen und ganzen
diejenige Gestalt der Toravorlesung voraussetzt, die noch heute in
der Synagoge vorherrscht. Allein einige seiner Angaben und seine
Abweichungen von den Bestimmungen der Mischna, so wenig erheblich sie auch sein mögen, machen es zur Gewißheit, daß die älteste
Art der Toravorlesung eine ganz andere gewesen sein muß. Versuchen
wir zu ermitteln, wann und was zuerst vorgelesen wurde.

3. Die älteste A n o r d n u n g über eine Toravorlesung finden
wir Dt. 31 10 für das Hüttenfest im Erlaßjahr (הקהל vgl. Sota VII, 7),
die älteste Nachricht über eine e r f o l g t e Vorlesung Neh. 8, in dem
Berichte über die berühmte Volksversammlung in der Esra die Gemeinde auf die Tora verpflichtete (444). Damit gewinnen wir den
t e r m i n u s a q u o; es kann kein Zweifel darüber herrschen, daß
die Vorlesung Esras den Anlaß zur Einführung der Toravorlesung
gegeben hat, wie ja auch die näheren Umstände jener Vorlesung in
der Synagoge aufs eingehendste nachgeahmt und befolgt wurden.
Esras erste Vorlesungen fanden an F e s t t a g e n statt, und so wurden
sicherlich auch später die ersten r e g e l m ä ß i g e n Vorlesungen an
den F e s t e n gehalten. Da wurden die Bestimmungen der Tora
über die Feste vorgelesen und ausgelegt אמר משה הוו זהירין להיות
[משה הזהיר את ישר׳ להיות שונין וגר׳] שונין בענין ודורשין בו (Sifre
Dt. § 127 p. 100 b, Midr. Tannaim p. 89). Wenn es richtig ist, daß
die ersten nach ihrem Inhalte festgelegten Vorlesungen und Erläuterungen der Bibel infolge der abweichenden Auslegung der Festes-
vorschriften durch die S a m a r i t a n e r eingeführt wurden, so würde
das ebenfalls in die Zeit unmittelbar nach Esra führen. Der Talmud

hebt die Wallfahrtsfeste als diejenigen heraus, deren Gesetze zur Auslegung gelangen sollten (b. Meg. Ende); sie waren es auch, auf die sich
die Polemik der Samaritaner bezog, und damit war die Notwendigkeit
der Schriftauslegung an den W a l l f a h r t s f e s t e n gegeben. Auch
daß die älteste Quelle, die Mischna, wohl eine Vorlesung an j e d e m
Tage des Hüttenfestes, aber nur e i n e e i n z i g e für das Pesachfest kennt, dürfte in der Veranstaltung Esras seine Ursache haben,
da er am H ü t t e n f e s t e „Tag für Tag, vom ersten Tage bis zum
letzten Tage" die Vorlesung aus „dem Buche der Lehre Gottes" hielt
(Neh. 818). Die Vorlesung am V e r s ö h n u n g s t a g e fand im
Kultus des Tempels ihr Vorbild, wo der Hohepriester nach Vollzug
der Opferhandlung aus der Schrift las (Joma VII, 1, Sota VII, 6).
Wenn erst alle Feste einen Schriftabschnitt hatten, konnte das N e u -
j a h r s f e s t nicht nachstehen; die Vorlesung an ihm dürfte die
jüngste in der Reihe der Festtagslektionen sein, sie war auch die am
wenigsten umfangreiche.

Die Sabbatlektionen haben unstreitig mit den vier a u s g e -
z e i c h n e t e n Sabbaten begonnen. Ihr Ursprung, die Veranlassung
und die Zeit ihrer Zusammenstellung sind in völliges Dunkel gehüllt.
Aber darüber läßt der einfache Bericht der Mischna keinen Zweifel,
daß die Vorlesung an ihnen ganz unabhängig von den sonstigen Sabbatvorlesungen gewesen ist. Von einem Zusammentreffen der Abschnitte für die ausgezeichneten Sabbate mit den fortlaufenden regelmäßigen Perikopen ist in den ältesten Quellen nirgends die Rede.
Erst durch die Gewohnheit, an einzelnen Sabbaten zu lesen, wurde
die Vorlesung auf a l l e Sabbate übertragen, wozu vielleicht auch
die irrtümliche Auffassung der den Sabbaten mit den Festen gemeinsamen Bezeichnung מקרא קדש als h e i l i g e r V o r l e s u n g beigetragen haben mag. Endlich wurde dann die Vorlesung auch auf
die beiden Markttage, auf Montag und Donnerstag übertragen, damit
auch die Bewohner des flachen Landes, denen die Synagogen mit
regelmäßigem Gottesdienste fehlten, Gelegenheit hätten, Schrift-
Vorlesung und -Erläuterung zu hören. Die letzte Stufe bezeichnen die
Vorlesungen an Channukka, an Purim, an den Fasttagen, deren Einführung bereits die Anschauung voraussetzt, daß kein festlicher Tag
ohne Toravorlesung vorübergehen darf.

Solange die Toravorlesung lediglich an den Festen und ausgezeichneten Sabbaten stattfand, wurden nur wenige a u s g e w ä h l t e

Perikopen gelesen, erst mit der Einführung der regelmäßigen Sabbatvorlesungen wurde die ganze Tora der Reihe nach vorgetragen, ja, es wurde die Bestimmung getroffen, daß die Tora im Gegensatze zu den Propheten nur der Reihe nach gelesen werden dürfe, אין מדלגין בתורה. Aus dieser und mancher anderen Bestimmung, durch die der Toravorlesung ein Vorzug vor der Prophetenlektion gegeben wird, läßt sich der terminus ad quem erschließen, den wir für die Einrichtung der regelmäßigen Toravorlesung ansetzen müssen; es ist die Sammlung des Prophetenkanons. Nur daraus, daß die Propheten noch keinen kanonischen Abschluß haben, lassen sich die erleichternden Ausnahmen für die Prophetenbücher begreifen. Die Einführung der Toravorlesung muß demnach vor der Mitte des dritten Jahrhunderts stattgefunden haben. Wenn die griechische Pentateuchübersetzung dem Bedürfnisse des Gottesdienstes ihre Entstehung verdankt, so darf auch hierin ein Beweis für das Alter der Toravorlesung gefunden werden. Die direkten Zeugnisse für das Vorhandensein der regelmäßigen Toravorlesung sind freilich jünger. Unsicher ist, ob der Ausdruck ἀναγινώσκοντας im Prolog des jüngeren Sirach sich auf das Vorlesen der Schrift bezieht, ebenso unsicher das Datum gewisser Bestimmungen der Mischna, die zweifellos weit älter sind als die Redaktion dieses Werkes. Philo und Josephus nennen die sabbatliche Schriftvorlesung als alte Einrichtung; auch die Evangelien erwähnen sie gelegentlich, und die Apostelgeschichte berichtet, daß Moses seit alten Zeiten in jeder Stadt solche hat, die ihn verkünden, indem in den Synagogen an jedem Sabbate aus ihm vorgelesen wird (15 21).

4. Der Umfang der ältesten Perikopen war nicht sehr groß. Unter den Vorlesungen für die Festtage, die die Mischna nennt, hat die kürzeste, diejenige für den Neujahrstag, nur drei Verse, unter den ausgezeichneten Sabbaten זכור ebenfalls nur drei; der längste Abschnitt, der für den Versöhnungstag bestimmte, Lev. 16, hat, selbst wenn das ganze Kapitel gelesen wurde, nur 34 Verse. So waren auch die Sabbatperikopen nicht sehr lang, wenige Verse genügten; selbst in einer späteren Zeit noch, in der das ganze System bereits sehr ausgebildet war, galt ein Abschnitt von 21 Versen als durchaus normal. Es ist ferner höchst wahrscheinlich, daß in der ältesten Zeit nicht der Reihe nach gelesen, sondern am Sabbat ein beliebiger Abschnitt

(עִנְיָן) ausgewählt wurde; auch nachdem dies verboten worden war, „damit Israel die Tora der Reihe nach hörte", war von einer regelmäßigen Wiederkehr der Perikopen, von einem Z y k l u s , noch nicht die Rede. Noch R. Meir vertritt die Ansicht einer lectio continua in dem Sinne, daß bei jeder neuen Vorlesung dort fortgefahren werde, wo die letzte aufgehört hat, also am Sabbatnachmittag die Fortsetzung der Morgenvorlesung, am Montag und Donnerstag je ein weiteres Stück vorgetragen werde. Legt man diese Verteilung und die übliche Verszahl zugrunde, dann wurden zur Vollendung der Tora, wie berechnet wurde, etwa $2^1/_3$ Jahr gebraucht; rechnet man nur die Sabbatparaschen, eine jede zu 21 Versen, so würde man gar erst nach $5^1/_2$ Jahren durchkommen, zumal wenn man bedenkt, daß an den Neumonden, an den ausgezeichneten Sabbaten die fortlaufende Vorlesung vollständig fortfiel. Die Tosefta enthält Vorschriften über die Mindestlänge von Paraschen am Schlusse eines Buches oder des ganzen Pentateuchs, die niemals vorkommen könnten und daher sinnlos wären, wenn die heutige oder überhaupt irgend eine zyklische Einteilung bekannt gewesen wäre. Allmählich kam es zu einem f e s t e n Z y - k l u s (סדר), wir erfahren davon zum ersten Male im Talmud, b. Meg. 29 b, daß nämlich die Palästinenser die Tora in d r e i J a h r e n beenden. (לבני מערבא דמסקי לאורייתא בתלת שנין). Der d r e i j ä h r i g e Zyklus der Palästinenser liegt, wie erkannt wurde, einer großen Anzahl von Midraschim zugrunde, fast allen Rabbot, besonders dem Levitikus rabba, dem Tanchuma u. a. Dieselbe Einteilung setzt die Massora voraus, wenn sie am Schlusse jedes Buches die Zahl der S e d a r i m (סדרים) angibt; die Zahl der Sedarim schwankt in den Quellen zwischen 153 (154) und 167; der Midrasch deutet auf 155, die größte Zahl von Sabbaten, die in einem Zeitraum von drei Jahren für die Perikopen in Betracht kommen. Dem dreijährigen Zyklus stellten die babylonischen Amoräer den e i n j ä h r i g e n gegenüber, d. h. sie lasen an jedem Sabbat das dreifache Maß und teilten den Pentateuch, wie noch heute üblich, in 54 Paraschen, die man freilich später fälschlich ebenfalls Sidra (סדרא) nannte. Wie in allen religiösen Fragen, wurden allmählich die babylonischen Autoritäten auch hierin maßgebend, der einjährige Zyklus v e r d r ä n g t e den dreijährigen in allen Gemeinden bis auf verschwindende Ausnahmen. Eine solche erhielt sich in der „Synagoge der Palästinenser" in Kairo. Benjamin von Tudela (ca. 1170) berichtet, daß dort nicht jede Woche eine „Para-

scha" wie sonst überall gelesen, sondern daß diese in drei „Sedarim"
geteilt und die Tora erst immer nach drei Jahren durchgelesen wurde.
Auch Maimonides erwähnt einen „nicht verbreiteten Brauch, die Tora
erst nach drei Jahren zu beenden", und sein Sohn Abraham erzählt
ganz wie Benjamin vom Gotteshaus der Palästinenser in Kairo, wo
nur ein Seder wöchentlich gelesen wurde. Noch im Jahre 1670 haben,
nach einem Berichte Josef Sambaris zu schließen, die Synagoge und
der Brauch bestanden. Sonst freilich war bis in die Neuzeit vom
dreijährigen Zyklus nicht mehr die Rede. Auf der Rabbinerversammlung in Frankfurt a. M. 1845 wurde zum Zwecke der Verkürzung der Toravorlesung der dreijährige Zyklus empfohlen und
danach in verschiedenen Gemeinden eingeführt. Eine Tabelle über
die Einteilung der Tora nach diesem Prinzip erschien zuerst in dem
von der israelitischen Tempelgemeinde in Hamburg herausgegebenen
Gebetbuche 1845. Allein die Einteilung nach dem einjährigen Zyklus,
die Benennung jeder Woche nach ihrer Parascha waren durch die
Gewöhnung von fünfzehn Jahrhunderten so stark, daß sie dem neuen
Prinzipe einen unüberwindlichen Widerstand entgegensetzten, mochte
es auch historisch gut beglaubigt sein. Es kam daher zu einer neuen
Art des dreijährigen Zyklus, daß nämlich die Paraschen des einjährigen
Zyklus beibehalten, am Sabbat aber nur ein Drittel davon vorgelesen
wird. In einzelnen Gemeinden wird der Rest der Parascha auf die
drei anderen Vorlesungen der Woche verteilt, so daß am Sabbat stets
der Anfang der Perikope an der Reihe ist und trotz der Verkürzung
der Sabbatvorlesung die ganze Tora in einem Jahre vollendet wird;
in anderen wiederum wird jedes Jahr ein anderes Drittel vorgetragen,
so daß zwar stets die Parascha nach einem Jahre wiederkehrt, zur
Lesung der ganzen Tora aber drei Jahre erforderlich sind; einzelne
von diesen pflegen dann im zweiten und dritten Jahre des Zyklus
zur Kennzeichnung der Parascha zunächst wenige Verse von ihrem
Anfange zu lesen. Es gibt auch Gemeinden, in denen trotz reformierten
Gebetbuches die Toravorlesung nach dem einjährigen Zyklus fort-
besteht. In der jüdischen Reformgemeinde in Berlin und in einem
großen Teile der amerikanischen Reformgemeinden wird ein kurzes
Stück in beliebiger Auswahl möglichst im Anschlusse an den herkömmlichen Wochenabschnitt gelesen.

Neben dem dreijährigen soll es auch einen d r e i e i n h a l b -
jährigen Zyklus gegeben haben, d. h. eine zweimalige Beendigung der

Tora von Sabbatjahr zu Sabbatjahr. Auch dieser Brauch wird als palästinischer überliefert, seine Befolgung läßt sich jedoch nirgends nachweisen. Nur eine Agada könnte zu seinen Gunsten angeführt werden, die von 175 Paraschen in der Tora spricht und im Traktate Sofrim (XVI, 10) tatsächlich als Vorbild der 175 Sedarim für die allwöchentliche Vorlesung auftritt. Rechnet man das Jahr zu 50 Wochen, so entsprechen 175 Sedarim genau den Sabbaten von $3^1/_2$ Jahren. Allein die Rechnung beruht auf einem Irrtume, drei Jahre haben mindestens einen Schaltmonat und demnach mehr Sabbate, von denen andererseits wiederum eine ganze Anzahl mit Festtagen zusammentreffen und für den Torazyklus ausfallen. Jene Agada redet auch nicht von Perikopen der Tora, sondern von Absätzen, in denen ein bestimmter Ausdruck (וידבר ויאמר ויצו) am Anfange steht. Die Möglichkeit des Vorkommens eines $3^1/_2$ jährigen Zyklus läßt sich nicht bestreiten, denn es wird als Eigentümlichkeit der Palästinenser überliefert, daß der Zyklus in den einzelnen Gemeinden nicht gleichmäßig war, daß nicht überall dasselbe gelesen, daß die Tora auch nicht in allen Gemeinden am gleichen Tage beendet wurde. Man kann der letzten Angabe ihre Richtigkeit nicht bestreiten, wenn man im Midrasch liest, daß der Amoräer Chanina b. Abba (III. Jahrhundert?) in einer Gemeinde והנותרת מן המנחה Lev. 2 10 als Beginn einer „Sidra" antraf; das ist nur möglich, wenn ein fester Zyklus in jener Gemeinde nicht bestand.

5. Der einjährige Zyklus begann n a c h dem H ü t t e n f e s t e , aller Wahrscheinlichkeit nach auch der dreijährige; wenn es laut einer Angabe im Talmud vorkommen kann, daß Num. 28 (את קרבני לחמי) im Frühjahr gelesen wird, ist der Beginn des Zyklus im Herbst zu denken. Für eine gegenteilige Annahme lassen sich stichhaltige Beweise nicht vorbringen. Für die Zwecke der Vorlesung ist Genesis in zwölf, Exodus und Deuteronomium in je elf, Levitikus und Numeri in je zehn Paraschen geteilt: da die letzte im Deuteronomium für den letzten Tag des Hüttenfestes bestimmt ist, bleiben für die Sabbate 53 Paraschen. Die Abteilung der Paraschen war nicht zu allen Zeiten und in allen Ländern genau die gleiche, an einzelnen Punkten war sie schwankend, aber die Gesamtzahl war überall dieselbe. Die Namen sind vom Anfang oder den Stichworten der Abschnitte hergenommen und nicht sehr alt. Nun hat das Jahr nicht eine so große Anzahl von Sabbaten, und einige gehen durch die Feste verloren, infolgedessen

können in Exodus und Deuteronomium je zwei, in Leviticus dreimal
zwei, in Numeri zweimal zwei Perikopen zu je einer vereinigt (מחוברות)
werden. Auch das waren nicht immer überall dieselben Perikopen.
Wie viele von den Doppelparaschen in Anwendung kommen, das
hängt von der Jahresform ab, aber auch von bestimmten Regeln.
Zum Teil gehen diese auf alte Zeit zurück. R. Simon ben Eleasar
(um 170) nennt eine Verordnung Esras, daß die Strafandrohungen
in Levitikus 26 vor dem Wochenfeste, die in Deuteronomium 28 vor
dem Neujahrstage zu lesen sind (b. Meg. 31 b). Dementsprechend
mußten dann die Sidras verteilt werden. In den späteren Jahrhunderten — wir finden sie zuerst in den weitverbreiteten Regeln des Jehudai Gaon (um 750) — wurde dann die Formel aufgestellt, die für
die Verteilung maßgebend geblieben ist, פקידו ופסחו מנו ועצרו צומו
וצלו קומו ותקעו, d. h. daß im Gemeinjahr צו Lev. 6 vor Pesach,
במדבר Num. 1 vor Schowuaus, ואתחנן Deut. 3 23 ff. nach dem
9. Ab, נצבים Deut. 29 9 ff. vor Rauschhaschono gelesen wird; im
Schaltjahr tritt nur die eine Änderung ein, daß מצרע Lev. 14 vor
Pesach gelesen wird.

Eine Unterbrechung der regelmäßigen Vorlesungen bringen die
ausgezeichneten Sabbate, die Feste, Halbfeste und Fasttage. In der
ältesten Zeit hat es nur an diesen Tagen Vorlesungen gegeben, auch
als an allen Sabbaten die fortlaufenden Perikopen eingeführt waren,
räumten sie an diesen Tagen deren besonderen Perikopen den Platz.
Darüber läßt der Satz der Mischna לכל מפסיקין לראשי חדשים לחנוכה
(ולפורים לתעניות (ולמעמדות וליום הכפורים) keinen Zweifel. Die ausgezeichneten Sabbate haben von den Perikopen ihre Namen, שקלים
von Ex. 30 11—16, זכור von Deut. 25 17—19, פרה von Num. 19 1—22,
החדש von Ex. 12 1—20. Die Meinung Rabs, daß Num. 28 1—8 (את...צו
קרבני לחמי) die Perikope für שקלים bildete, dürfte auf gelehrte Kombination, nicht auf Tradition zurückgehen. Wer die Mischna un-
befangen liest, gewinnt den Eindruck, daß die vier ausgezeichneten
Abschnitte ohne Unterbrechung aufeinanderfolgen, die Tosefta bringt
bereits eine jüngere Interpretation, wonach der zweite und dritte
Abschnitt unmittelbar vor bezw. nach Purim zu lesen sind, der vierte
am Sabbat vor dem 1. Nisan oder am 1. Nisan selbst. (Tos. Meg.
IV, 1 bis 4, S. 225 5 ff.). An den Zwischensabbaten wird die Reihe
unterbrochen (מפסיקין), davon heißen die Sabbate הפסקה. Auch
für diese Reihe findet sich in den erwähnten Regeln Jehudais eine

Formel, die in den Kalender übergegangen und maßgebend geworden ist. Während aber selbst die Tosefta keinen Zweifel darüber läßt, daß die genannten Perikopen die a u s s c h l i e ß l i c h e Vorlesung der vier Sabbate bildeten, trat in amoräischer Zeit hierin eine Veränderung ein; die regelmäßige Vorlesung lief weiter und der Festabschnitt wurde als Z u s a t z (מוּסָף) zu ihr verlesen.

Ebenso geschah es, wenn Neumond oder Chanukka auf einen Sabbat fielen; ursprünglich bildete Num. 28 11—15 וּבראשׁי חדשׁיכם die Neumonds-, ein Stück aus Num. 7 נשׂיאים 'פ die Chanukka-Lektion, später aber wurden sie beide n e b e n der laufenden Perikope vorgetragen. Es konnten nun Komplikationen eintreten, wenn der 1. Tebet, Adar oder Nisan auf Sabbat fielen; dann wurden eben von der amoräischen Zeit an drei verschiedene Vorlesungen nacheinander gehalten, die laufende Sabbat-, die Neumonds- und die Festperikope (b. Meg. 29 b, j. Meg. III, 6 fol. 74 b). Die Vorlesung am Sabbatnachmittag blieb in jedem Falle unverändert, die Wochentagsperikopen hingegen fielen am Neumond, am Chanukka, am Purim und den Fasttagen vollständig aus, die der betreffenden Tage traten an ihre Stelle. An den Fasttagen werden nach der Mischna Lev. Kap. 26 und Deut. Kap. 28 (בּרכות וקללות) gelesen, die Tosefta kennt bereits als Ausnahme den 9. Ab mit Deut. 4 25—40 (כי תוליד בנים), und diese Vorlesung wurde beibehalten. Die Geonim änderten die Vorlesung für die anderen Fasttage, sie bezogen die Angabe der Mischna allein auf die R e g e n f a s t e n , die zu ihrer Zeit nicht mehr das alte Zeremoniell hatten (§ 213), und wählten für die historischen Fasttage Ex. 32 11—14 (ויחל), 34 1—10 (פּסל לך), das einzige Beispiel einer Vorlesung aus der Tora, die aus zwei n i c h t z u s a m m e n h ä n g e n d e n Stücken (דלוג) besteht. Für den 9. Ab kennt die Tosefta auch eine zweite Perikope, Lev. 26 14 (אם לא תשׁמעו לי), und sie scheint sich in Palästina lange behauptet zu haben, denn auch Mas. Sofrim und der Midrasch Threni rab. kennen sie. An den Fasttagen wurde schließlich, was den ältesten Quellen noch u n b e k a n n t ist, auch zu M i n c h a dieselbe Toravorlesung aus Ex. eingeführt. Am 17. Tammus wurde im XIII. Jahrhundert in Böhmen von Ex. 32 11 bis 34 10 ohne Unterbrechung gelesen.

Die Perikopen für die Festtage stehen in ihrer ältesten Form in der Mischna (Meg. III, 7. 8); kaum eine ist so stehen geblieben, wie sie dort verzeichnet wird. Zunächst waren die dortigen Perikopen für die Bedürfnisse späterer Zeiten zu kurz, und dann kamen die zweiten Feiertage hinzu. Für die Wallfahrtsfeste hat die Mischna die wenigen auf das einzelne Fest bezüglichen Verse aus Lev. Kap. 23 פרשת המועדות bezw. für das Wochenfest, da Lev. 23 15 (וסםרתם לכם) schon am Pesach hatte verwertet werden müssen, Deut. 16 9—12 (שבעה שבעות); die amoräische Zeit bestimmte dann für jedes Fest den ganzen Abschnitt, und so wurde Lev. 22 26 bis 23 44 (שור או כשב או עז) für den zweiten Pesach- und die beiden ersten Sukkot-Tage festgesetzt, Deut. 15 19—16 17 (כל הבכור) für die Schlußtage aller Feste. Am Pesach kennt die Mischna die Vorlesung nur am ersten Tage, und wir sahen oben, daß das seinen guten Grund hat, die Tosefta aber kennt bereits die Perikopen für die übrigen Tage, die den pentateuchischen Erwähnungen der Pesachfeier entnommen werden. Abbaje stellt dann die für alle Zeiten maßgebend gewordene Formel auf משך תורא קדש פסל במדברא שלח בוכרא. Danach wird am ersten Tage משכו Ex. 12 21 ff. gelesen (in der gaonäischen Zeit wurde· sogar bereits 12 14 והיה היום הזה לכם לזכרון begonnen), am zweiten שור Lev. 22 26, am dritten קדש לי כל בכור Ex. 13 1 ff., am vierten אם כסף תלוה Ex. 22 24 ff. usw., am siebenten der Durchzug durch das rote Meer, בשלח Ex. 13 17—15 26, der nach der alten jüdischen Chronologie in der Nacht zum 22. Nisan stattgefunden hatte. Für den Sabbat in beiden Festwochen wurde in Babylonien bereits im III. Jahrhundert ראה אתה אמר Ex. 33 12—34 26 festgesetzt (b. Meg. 31 a). Für den ersten Tag des Wochenfestes, das inzwischen Fest der Offenbarung geworden war, nennt bereits die Tosefta בחדש השלישי Ex. 19 und 20. Für Neujahr war im Sinne späterer Zeiten Lev. 23 23—25 ein ganz unmöglicher Abschnitt, in der Tosefta finden wir daher וה׳ פקד את שרה Gen. 21, (nach dem Midrasch gedachte Gott der Sara am Neujahrstage) und im babylonischen Talmud für den zweiten Tag Gen. Kap. 22 (עקדה). Der Versöhnungstag allein behielt seine angestammte Perikope אחרי מות Lev. Kap. 16. Das Hüttenfest war bereits in der Mischna mit Vorlesungen für alle Tage bedacht. Num. 29 17 bis 30 1 (קרבנות החג) war auf die Mitteltage zu verteilen, und die Tosefta gibt die Verteilung in der Weise an, daß auf jeden Tag drei Verse kommen; das genügte aber späterhin nicht, die Perikope mußte größer sein, und nun entstand die Schwierigkeit, woher diese Verlängerung gewonnen werden sollte. Die Fiktion, daß die Kalenderberechnung unsicher wäre und Zweifel über die Richtigkeit der Tage

entstehen könnten, ließ die Möglichkeit, die Opfervorschriften für
je zwei Tage (also 2 und 3, 3 und 4 u. s. f.) zusammen zu nehmen, ohne
weiteres zu. Man brauchte aber selbst dann noch doppelt so viele Verse,
und so schuf man im Mittelalter verschiedene Methoden, diese Perikopen durch Hinzufügung und Ergänzung zu erweitern; Amr. wich
von Jehudai ab, der ganze Westen Europas von beiden. Raschi schuf
ein ganz eigenes Verfahren, das zwar anfangs selbst in seinem eigenen
Kreise bekämpft, aber schließlich doch allgemein anerkannt wurde
und, soweit sich übersehen läßt, heute überall gebräuchlich ist; danach
werden jedesmal die Opfer von drei Tagen verlesen (2, 3 und 4; 3, 4,
5 u. s. f.) und die ersten zwei zusammen noch einmal wiederholt. Es
gibt aber auch Gemeinden, in denen immer nur zwei Tage verwendet
werden (2 und 3, 3 und 4 usf.), derart, daß zuerst jeder einzeln, dann
der zweite noch einmal und schließlich beide zusammen verlesen
werden. Zu solchen Schwierigkeiten führte die Verlängerung der
Toravorlesung an Tagen, an denen eine sachgemäße Erweiterung der
Perikope nicht möglich war. Eine besondere Schwierigkeit bot der
siebente Tag (הושענא רבה), da vielfach Scheu vorhanden war,
das Stück für den achten, einen vollen Festtag, an ihm zu verwerten;
dieses Bedenken wurde jedoch nur in Deutschland anerkannt, nicht
in den anderen Riten.

Am Schlußfeste verzeichnet der babylonische Talmud wie an allen
Schlußtagen der Wallfahrtsfeste כל הבכור Deut. 15 19 ff., jedoch mit
dem Zusatze מצות וחקים ובכור (b. Meg. 31 a); man konnte darin verschiedene Abschnitte angedeutet finden, infolgedessen entstanden
verschiedene Bräuche, die sich zum Teil recht lange erhielten. Im
allgemeinen aber blieb es bei Deut. 15 19, nur daß auch hier durch
Raschi eine Erweiterung eingeführt wurde; während nämlich sonst
nur an Sabbaten (wo eine längere Perikope notwendig war) statt
Deut. 15 19 bereits 14 22 עשר תעשר den Anfang bildete, wurde für
das Schlußfest ohne Rücksicht auf Wochentag oder Sabbat s t e t s
dieser Beginn festgesetzt; nach anfänglicher Opposition wurde das in
Deutschland und Frankreich angenommen, nicht in Spanien und
Italien, ja in Italien wird selbst am Sabbat erst mit Deut. 15 12 כי ימכר
לך begonnen.

Für den zweiten Tag des Schlußfestes hat der Talmud וזאת הברכה
Deut. Kap. 33; ob damit auch Deut. Kap. 34 ויעל משה verbunden war,
ist nicht zu ersehen. Ebensowenig wissen wir, ob Deut. Kap. 33 u. 34

außerdem auch als Sabbatabschnitt diente oder nicht; von der gaonäischen Zeit an war es nicht mehr der Fall, vielmehr bildet dieser Abschnitt eine Ausnahme, es ist die einzige Festtagslektion, die nicht noch einmal an einem Sabbat im Jahre zur Verlesung kommt. Sie ist für das Schlußfest bestimmt, um am letzten Festtage auch den Zyklus der Toravorlesung zu beenden. Dadurch erhielt der Tag den Namen שמחת תורה, der freilich vor dem Jahre 1000 nicht nachzuweisen ist; es wurde im Gottesdienste die Beendigung des Zyklus durch Vorträge und Gebete gefeiert (vgl. § 30). Dazu trat noch die andere Sitte, gleichzeitig mit dem Schlusse auch den Anfang der Tora zu lesen. Jehuda al Barzeloni, der erste, der hiervon berichtet, teilt mit, daß vielfach Genesis 1 1—5 בראשית a u s w e n d i g vorgetragen und erläutert oder poetisch bearbeitet wird. Auch das ist ein Brauch, der seine Geschichte hat. In den babylonischen Hochschulen wurde am V e r s ö h n u n g s t a g e zu Mincha der Anfang des Abschnitts בראשית auswendig vorgetragen, Saadja weiß sogar davon zu erzählen, daß man zu N e i l a noch einmal aus der Tora las und zwar die ersten Verse der Genesis; nach seiner Zeit jedoch wurde das wieder abgeschafft. Den Bräuchen scheint eine andere Gestalt des Zyklus zugrunde zu liegen, die vielleicht schon im Talmud angedeutet ist; anfangs mag der Schluß der Tora am Versöhnungstage zu Mincha vorgelesen und daran der Anfang angeschlossen worden sein. Als später das Fest der „Torafreude" auf das Schlußfest verlegt wurde, trat an diesem Tage zu וזאת הברכה Gen. Kap. 1 als neue Perikope hinzu. Wurden zunächst die Verse nur auswendig gesprochen, so wurden sie bald wirklich v o r g e l e s e n , und war es erst nur der Anfang — lt. hat tatsächlich, wie in alter Zeit, auch heute noch nur Gen. 1 1—5 —, so wurde es bald die ganze Schöpfungsgeschichte bis Gen. 2 3. Vom XII. Jahrhundert an wurde das allmählich der stehende Brauch, wie es scheint, wiederum in Frankreich und Deutschland früher als in anderen Ländern. Es war eine hohe Ehre, den Schluß oder Anfang der Tora vorlesen zu dürfen; die beiden dazu Erkorenen, meist die angesehensten und gelehrtesten Männer der Gemeinde, wurden als Bräutigame der Tora (חתן תורה und חי׳ בראשית) gefeiert.

Die bisher behandelten Perikopen betreffen sämtlich den M o r - g e n gottesdienst. Eine Vorlesung zu M i n c h a kennt die Mischna lediglich am Sabbat, der Talmud auch am Versöhnungstage (עריות Lev. 18). Wie stand es an den anderen Festen? Eine solche Vorlesung ist nirgends nachzuweisen, man könnte sie nur aus einer nicht klaren Andeutung im Talmud erschließen. Die einzige Quelle, die sie behauptet, ist Sofrim XI, 5, aber ihre Verläßlichkeit ist sehr fraglich. Nur wenn der Festtag auf einen Sabbat fällt, findet eine Vorlesung statt, und zwar wie an jedem beliebigen Sabbate ohne alle Rücksicht auf das Fest. Eine Vorlesung zu Mincha haben auch die Fasttage, das dürfte die jüngste unter allen sein, sie ist vor der gaonäischen Zeit nicht nachzuweisen.

Eine Einrichtung, die ebenfalls den älteren Quellen unbekannt ist, sind die Z u s a t z perikopen der Festtage, den Opfervorschriften Num. Kap. 28 und 29 entnommen. Der Hohepriester trug am Versöhnungstage ובעשור לחדש השביעי Num. 29 7—10 aus dem Gedächtnisse vor (Joma VII, 1), die Tosefta fordert dasselbe für die Vorlesung in der Synagoge (Meg. IV, 6, S. 225). Wir finden ferner im Talmud, daß die Perikopen der vier ausgezeichneten Sabbate, der Neumonds- und Chanukka-Abschnitt als Zusätze zur Sabbat-Perikope vorgelesen werden. Aus derartigen Ansätzen entstand die Einrichtung, der wir von Jehudai an überall in der Literatur begegnen, neben der altüberlieferten Parascha auch noch eine Parascha mit den Opfervorschriften aus Numeri zu lesen, die man, da sie der Haftara (§ 26) unmittelbar vorangeht, auch Maftir-Parascha nennt. Sie war oft von der Perikope sehr weit entfernt, man mußte daher die Tora lange rollen, um die Stelle zu finden; da man Bedenken trug, die Gemeinde damit aufzuhalten, wurde eingeführt, aus z w e i T o r a r o l l e n zu lesen, aus der einen die Perikope, aus der anderen die „Maftir"-Perikope. Wo drei verschiedene Abschnitte gelesen wurden, wie am Torafest, wurden auch drei Torarollen benutzt; das war auch der Fall, wenn der 1. Nisan, 1. Tebet oder 1. Adar auf Sabbat fielen. Vor Jehudai läßt sich der Brauch der Maftir-Perikope nicht nachweisen, von da ab ist er überall heimisch. Nicht jede Gemeinde besaß gleich drei Torarollen, namentlich in den Zeiten der Judenmetzeleien, der ewigen Vertreibungen und Beraubungen war ein so reicher Besitz selten, dann mußten die Gemeinden in der Notlage sich mit einer oder zwei Rollen behelfen, und in einer von ihnen an mehreren Stellen lesen.

In jenen Tagen konnte es sogar geschehen, daß die Gemeinde überhaupt keine vorschriftmäßig geschriebene Tora besaß; dann gestatteten die maßgebenden Autoritäten, eher von den Vorschriften abzusehen als die Institution der Toravorlesung zu vernachlässigen.

6. Wie wurde die Vorlesung gehandhabt? Es kann kaum ein Zweifel darüber bestehen, daß in der ältesten Zeit ein einzelner die ganze Perikope las; die Perikopen waren niemals lang, einer konnte sie ohne Ermüdung vortragen. Die Vorlesung war ursprünglich, wie wir sehen werden, nicht Selbstzweck, sie diente als Mittel zum erläuternden Vortrage, es wäre störend gewesen, wenn mehr als einer den Abschnitt gelesen hätte. Allmählich wurde das anders, das Vorlesen selbst erhielt Bedeutung, die Gemeinde wurde daran beteiligt. Einzelne Teilnehmer am Gottesdienste traten auf die Aufforderung des Leiters hin und lasen vor, ihre Zahl wurde abgestuft je nach der Weihe des Tages. An den Wochentagen einschließlich Chanukka, Purim, der Fasttage und am Sabbat zu Mincha waren es drei, am Neumond und an den Halbfesten vier, an den Festtagen fünf, am Versöhnungstage sechs, am Sabbat sieben; an Sabbaten und Feiertagen konnte die Zahl auch steigen, an den Wochentagen und Halbfesten sollte der Gottesdienst nicht allzulange ausgedehnt werden. Als Mindestmaß an Vorlesung wurden für einen jeden drei Verse bestimmt; wo drei lasen, sollten es jedoch niemals weniger als zehn Verse sein. Nun gab es alte Perikopen, die hierfür nicht ausreichten. Wo man sie ändern oder erweitern konnte, wie an den Festen (oben S. 165), geschah es, wo nicht, mußte man sich fügen; so blieb am Purim die Perikope ויבא עמלק, Ex. 17 8—16, mit neun Versen, weil es keine andere gab, die man an ihre Stelle zu setzen vermochte. Die vier ausgezeichneten Sabbate sind wahrscheinlich darum zu Maftir-Perikopen degradiert worden, weil sich für zwei von ihnen die nötige Zahl von Versen unmöglich aufbringen ließ. Bei manchen Perikopen gab es traditionelle Einteilungen; האזינו Deut. 32 1—43 wurde im Tempel als Psalm verwendet und in sechs Abschnitte geteilt, genau so wurde es als Perikope geteilt, wobei freilich die Tradition über die Teilungsverse im Laufe der Zeit zweifelhaft wurde. Manche Stücke mußten in e i n e m Zuge ohne Unterbrechung gelesen werden, so die Strafandrohungen Lev. 26 und Deut. 28 אין מפסיקין בקללות (Meg. IV. Ende). Am Schlusse eines Absatzes (ein solcher hieß ebenfalls פרשה) durften nie weniger als drei Verse zurückbleiben; wo derartiges zu befürchten war, mußten die Abteilungen vorher danach eingerichtet werden. In solchen Fällen gestatteten einige Amoräer einen masoretischen Vers zu halbieren (פוסק, חותך), was wahrscheinlich dem Herkommen entsprach; andere forderten, daß der Vers zweimal gelesen werde (דולג, חוזר), so wird

bis heute am Neumondstage Num. 28 1—3 und dann 3—5 gelesen.
Nach Einführung des einjährigen Zyklus, wo die Perikopen und die
Absätze für jeden Leser ziemlich lang waren, wurde die Forderung gestellt, daß kein Absatz mit einem Verse unheilvollen Inhaltes beginnen
oder schließen sollte. In der Art der Abteilung herrschte völlige
Freiheit, mit der Zeit bildete sich eine bestimmte Tradition darüber,
die allgemeine Anerkennung fand, aber niemals als bindend angesehen wurde.

7. Die vom Leiter dazu Aufgeforderten traten zur Tora hin und
lasen (בתורה לקרות עמד, ἀνέστη ἀναγνῶναι Luk. 4 16). Eine Ausnahme wurde in Babylonien mit dem Exilarchen gemacht, ihm
wurde die Tora an seinen Platz gebracht und er las dort (מובילין תמן
אורייתא גבי ריש גלותא j. Joma VII, 1, fol. 44 a. u.); diese Sitte hat
sich zumindest bis in das X. Jahrhundert erhalten. Ursprünglich
durften alle ohne Ausnahme zur Toravorlesung herangezogen werden,
auch Frauen und Minderjährige, sogar Sklaven; schon in tannaitischer
Zeit wurden die Frauen ausgeschlossen, später mit Einführung der
Barmizwa-Institution auch Minderjährige. Ebenso durften Leute in
zerlumpter Kleidung (פרוח) nicht zur Toravorlesung heraustreten,
da das die Würde der Gemeinde verletzte. Ohne Aufforderung durfte
niemand hintreten, selbst der Leiter des Gottesdienstes nur, wenn die
Gemeinde ihn dazu einlud; wenn der Synagogendiener hinging, mußte
ein anderer ihn solange vertreten. Später — die älteste Erwähnung
finden wir im Tr. Sofrim — rief der Vorbeter die Leute mit Namen
zur Tora auf, was ebenfalls קרא hieß und zu mancherlei Verwechselung
mit קרא lesen Anlaß gab; die zur Tora Gerufenen hießen dann קרויים,
קרואים, auch קריות.

Die zur Tora Hingetretenen lasen s e l b s t ohne Hilfe. Nicht
in allen Synagogen gab es die erforderliche Anzahl Beter, die aus der
Tora zu lesen verstanden, in einem solchen Falle kamen die Kundigen
mehrmals heran; und wenn gar nur einer fähig war, so las er eben
siebenmal hintereinander. Der Fall ereignete sich naturgemäß am
häufigsten in denjenigen Gemeinden, deren Mitglieder das Hebräische
nicht als Muttersprache redeten (ביח הכנסת של לועזות); dort wurden,
wenn es irgend anging, wenigstens Anfang und Schluß der Perikope
hebräisch vorgetragen, das übrige, im Notfalle sogar alles, in der
Landessprache. Daher mag es kommen, daß Philo nur von einem
mitzuteilen weiß, der allsabbatlich aus der Tora liest. An dem Prinzip,

daß ein jeder selbst sein Stück vorlesen sollte, wurde solange wie irgend möglich festgehalten, aber es ließ sich nicht zu allen Zeiten durchführen. In alter Zeit waren die Abschnitte, die auf den einzelnen kamen, kurz, in der Regel drei bis fünf Verse, andererseits war die Bibelfestigkeit sehr groß, denn von frühester Jugend an wurden die Kinder in der Tora unterrichtet (Philo) und vermochten „die Tora leichter herzusagen als ihre Namen" (Josephus, Ap. II, 18). Nun aber nahm die Bibelkenntnis mit der Zeit ab, die Perikopen wiederum wurden übermäßig lang, es wurde auch eine bestimmte Kantilene (נעימה) beim Lesen gefordert; so wurde es recht schwer, Leute zu finden, die ihren Abschnitt aus der Tora selbst zu lesen verstanden. In Babylonien griff man daher zu dem Hilfsmittel, daß der V o r b e t e r die Leser unterstützte, ursprünglich tat er es leise, allmählich wurde seine Mitwirkung immer lauter, besonders half er bei der Kantilene nach, zuletzt verdrängte er die Gemeindemitglieder vollständig, der Vorbeter oder ein beamteter Vorleser las allein und der zur Tora Gerufene stand schweigend daneben. Dieser Prozeß vollzog sich nicht überall gleichzeitig; in Palästina, in den Balkanländern, in Italien scheint noch im XII. Jahrhundert die Gemeinde gelesen und der Vorbeter passiv dabei gestanden zu haben, während in den anderen Ländern der Vorbeter bereits half. Im XIII. Jahrhunderte hat in Deutschland und in Böhmen bereits der Vorbeter allein aus der Tora vorgelesen, und etwa gleichzeitig dürfte das auch in Spanien und Frankreich allgemein üblich geworden sein; bezeichnend ist, daß da, wo in Amr. von Toravorlesung gesprochen ist, Ms. Oxford statt dessen den V o r b e t e r vorlesen läßt. So ist es denn auch geblieben, mit der einen Ausnahme, daß Knaben am Barmizwa-Sabbat ihren Abschnitt oder gar die ganze Perikope lasen. Ein neuerer Vorschlag, die Perikopen zu kürzen und dafür die Gemeinde wieder selbst lesen zu lassen, fand nirgends Beachtung. In amerikanischen Reformsynagogen und in der Berliner Reformgemeinde wird niemand zur Tora gerufen; der als Vorbeter fungierende Prediger liest die Perikope ohne Unterbrechung.

Den zur Tora Gerufenen blieb demnach nichts weiter als die Benediktion vor und nach der Vorlesung (ברכת התורה). In der ältesten Zeit war es so, daß vor dem Beginne und nach dem Schlusse der g e - s a m t e n Vorlesung je eine Benediktion gesprochen wurde (הפותח והחותם בתורה מברך לפניה ולאחריה Meg. IV, 1). Das änderte sich bereits im Laufe der amoräischen Epoche (לאחר תקנה b. Meg. 22 a).

Zunächst wurden einzelne Stücke des Pentateuchs, wie die verschiedenen Lieder, der Dekalog, die Strafandrohungen herausgehoben, bei ihnen am Anfange und Ende die Benediktion gefordert, in Babylonien aber ging man noch weiter und ließ j e d e n A u f g e r u f e n e n vor und nach seinem Toraabschnitte die Benediktion sprechen. Die älteste Torabenediktion, die wir kennen, gehört zum Gebete des Hohenpriesters am Versöhnungstage und lautet הבוחר בתורה (j. Joma VII, 1, 44 a). Als Beginn der Benediktion in der Synagoge zitiert der Talmud bereits ברכו (j. Ber. VII, 2 הרי ברכת התורה); ob darauf mit ברוך ד׳ המברך לעולם ועד erwidert wurde, ist nicht ersichtlich, nach der Analogie der Gebete aber zu erwarten; Saadja forderte sogar, daß der Aufgerufene die Responsion ebenfalls spräche, und so ist es Sitte geblieben. Als Benediktion vor der Vorlesung ist allgemein אשר בחר בנו מכל העמים gebräuchlich, das b. Ber. 11 b als Benediktion vor dem Torastudium erwähnt ist; Sof. XIII, 8 nennt dafür eine andere Benediktion הנותן תורה מן השמים, doch soll sie wahrscheinlich nur für das h ä u s l i c h e S t u d i u m , nicht für die Synagoge dienen, was freilich bei dem schlechten Text von Sof. nicht klar ersichtlich ist. Möglich ist auch, daß die Benediktion im Talmud b a b y l o n i s c h e n, die in Sof. p a l ä s t i n i s c h e n Ursprunges ist. Eine andere, ebenfalls palästinische Fassung der Benediktion wird Moses in den Mund gelegt, אשר בחר בתורה הזאת (Deut. rab. XI), sie erinnert an die erwähnte Benediktion des Hohenpriesters. Die Benediktion nach der Vorlesung lautet übereinstimmend אשר נתן לנו תורת אמת, sie findet sich zuerst Sof. das., dürfte jedoch ebenfalls aus früherer Zeit stammen. Während die Benediktion v o r der Vorlesung als b i b l i s c h galt, wurde die zweite erst aus dem Tischgebet abgeleitet (b. Ber. 21 a), ein Zeichen dafür, daß die erste weit älteren Ursprungs ist. Dadurch, daß das Lesen der Gemeindemitglieder wegfiel, wurde dem Sprechen der Benediktionen eine außerordentliche Bedeutung beigelegt.

9. Die Reihenfolge der zur Tora Gerufenen war ursprünglich ganz beliebig, es gab keine festen Anordnungen darüber. Solange nur einer las, mag die Ehre stets einem der angesehensten Gemeindemitglieder übertragen worden sein, nach Philo trug einer der Priester oder der Ältesten die Tora vor. Daher beanspruchte auch später der priesterliche Adel ein Vorrecht, das ihm bereits die Mischna einräumt. Ein Ahronide liest zuerst (aus der Tora), nach ihm ein Levite, nach ihm ein anderer Israelit um des lieben Friedens willen (Git. V, 9).

War kein Ahronide zugegen, so verlor auch der Levit sein Privileg. Einem Ahroniden aber durfte nach amoräischer Anschauung niemand vorangehen; selbst wenn er freiwillig auf den Ehrenplatz zu verzichten bereit war, wurde es ihm nicht gestattet. Am Anfang der amoräischen Zeit konnten führende Gelehrte wie Rab und R. Huna an erster Stelle lesen, später hörte das auf, selbst ein unwissender, ein minderjähriger Ahronide hatte den Vorrang. Die Amoräer wollten auch die Plätze hinter den Ahroniden und Leviten nach der Würdigkeit vergeben wissen (b. Git. 60 a). Anerkannte Würdenträger wie die Exilarchen oder Geonim lasen unmittelbar nach den Leviten. So ist es gekommen, daß in späteren Jahrhunderten der Rabbiner an dritter Stelle aufgerufen wurde; in Frankreich rief man ihn im XIII. Jahrhundert als siebenten, wahrscheinlich zum Abschlusse, was ebenfalls als Auszeichnung galt, indes keineswegs allgemeine Billigung fand. Hierin wechselten die Anschauungen und Bräuche, fest blieb nur die Anordnung für die beiden ersten Plätze, bis die reformierten Gemeinden der Neuzeit zum größten Teil auch dieses Privileg beseitigten. Bei freudigen oder traurigen Erlebnissen hielt man sich für verpflichtet, aus der Tora zu lesen, so wurde ein junger Ehemann in der Hochzeitswoche (חתן) regelmäßig zur Tora gerufen, und es bildete sich ein besonders feierliches Zeremoniell dafür aus; bis ins siebzehnte Jahrhundert sangen überall Vorbeter und Gemeinde die Erzählung von der Brautwerbung für Isaak (Gen. Kap. 24), in den orientalischen Ländern dauert die Sitte bis zum heutigen Tage fort. Im späteren Mittelalter sicherten sich die Gemeindemitglieder durch Geldzahlungen für die Wohlfahrtszwecke der Gemeinde das Recht, zur Tora aufgerufen zu werden, nur dem Rabbiner blieb stets an jedem Sabbate und Festtage ein Platz reserviert. Ebenso wurde das Zusammenrollen (גלילה) der Tora, das nach dem Talmud der Würdigste vornehmen soll, das im Mittelalter auch oft dem Rabbiner übertragen worden war, als hohe Ehre erstrebt und bezahlt. Auch das Zureichen der Torabekleidung (§ 30) betrachtete man als Ehre, ebenso das Ausheben und Einheben der Tora. Gewiß konnte dieses Bezahlen der Funktionen in der Synagoge (später מצות genannt) schwere Schäden zur Folge haben, zumal sie eine Zeitlang sogar meistbietend versteigert wurden; aber sie blieben trotzdem meist den Würdigsten vorbehalten, denn ihre Bewertung war eine so hohe, daß selbst die weniger Würdigen, wenn sie sie erwarben, die Würdigsten damit betrauten (כִּבֵּד) und auch das schon als hohe Auszeichnung betrachteten.

10. Für die Toravorlesung beim Gottesdienste konnte nur eine nach besonderen Vorschriften geschriebene Rolle (ספר) verwendet werden; dieselbe mußte die ganze Tora enthalten, wenn sie nur eins oder einige der fünf Bücher (חומשין) enthielt, war sie unbrauchbar. Jede Gemeinde mußte daher eine oder mehrere solche Rollen besitzen; nur im Mittelalter, in den Zeiten schwerer Bedrängnis, gestatteten die meisten Autoritäten, im Notfalle auch ohne ein vorschriftsmäßiges Exemplar zu lesen. Die Torarollen wurden in einem besonderen Schrein (תיבה) verwahrt, sie wurden vor der Vorlesung von dort gebracht (הוצאה), nach dem Gebrauch zurückgestellt (הכנסה). In welcher Form das in ältester Zeit geschah, berichtet die Mischna gelegentlich der Beschreibung der feierlichen Vorlesungen durch den Hohenpriester am Versöhnungstage und den König am Schlußfeste. Der Gemeindediener nahm die Tora heraus, reichte sie dem Gemeindeoberhaupt, dieses dem Hohenpriester-Stellvertreter, dieser dem Hohenpriester und dieser dem Könige. Später trat an Stelle des Schreines die heilige Lade (ארון הקדש), das „Holen und Zurückstellen" geschah durch den Vorbeter. Nicht später als vom XII. Jahrhunderte an erstrebten die Gemeindemitglieder eine Beteiligung auch an dieser Funktion; sie „hoben" die Tora aus der Lade „aus" und reichten sie dem Vorbeter, bezw. sie nahmen sie von ihm in Empfang und „hoben sie ein". Das wurden feierliche Akte mit besonderen Gebeten, über die § 30 berichtet. Nachdem die Torarolle vom Vorbeter auf das Lesepult gebracht ist, wird sie geöffnet, ausgebreitet und hochgehoben der Gemeinde gezeigt, die darauf die Worte Dt. 4 44 וזאת התורה spricht; in Deutschland wurde dieses Hochheben (הגבהה) erst nach der Vorlesung vorgenommen. Welch feierliche Bedeutung es mit der Zeit angenommen hat, zeigt das schöne Gedicht H a g b a h a von M. H. Haarbleicher. In manchen Gegenden wurde und wird das Entkleiden der Tora ebenso wie das Zusammenrollen (s. oben S. 173) als besondere Ehre einem Gemeindemitgliede übertragen.

§ 26. Die Vorlesung aus den Propheten.

Literatur: Zunz, das.; Rapaport, Erech Millin Art. אפטרתא, S. 167 ff.; Herzfeld, S. 215 ff.; Adler, Die Haftara in *MS* XI, 1862, S. 222 ff.; Büchler, *JQR*, VI, 1 ff.; *JE* Art. Haftara VI, 135 ff.; Triennial Cycle XII 254 ff.

1. Die Vorlesung aus der Tora wurde ergänzt durch eine solche aus den Propheten, durch die Haftara הפטרה aram. אפטרתא; der-

jenige, der den Propheten vortrug, heißt in der Mischna מפטיר בנביא.
הפטיר bedeutet „ein Ende machen, abschließen". Es fragt sich nun,
welches Objekt zu הפטיר hinzuzudenken ist. Nach Rapaport bedeutet
es den G o t t e s d i e n s t abschließen, so daß die Vorlesung aus den
Propheten stets am Ende der Liturgie ihren Platz gehabt und davon
den Namen S c h l u ß erhalten hätte (= Missa). Diese Erklärung
klingt wenig wahrscheinlich, es liegt auch kein Zeugnis dafür vor,
daß der Gottesdienst mit der Prophetenlektion geschlossen hätte.
Vielmehr bedeutet הפטיר בנביא die B i b e l v o r l e s u n g mit einem
Stücke aus den Propheten abschließen; man las aus der Tora und
beendete die Vorlesung durch einen Vortrag aus den Propheten (קרא
בתורה והפטיר בנביא). Auf dieselbe Bedeutung weist auch die im
Talmud vorkommende aramäische Benennung der Prophetenvorlesung
אשלים (j. Sanh. I, 2, 19 a), wofür die Pesikta rab. häufig השלים בנביא
hat; die Haftara heißt aramäisch אשלמתא, שלמתא die Ergänzung scil.
der Vorlesung.

2. In welcher Zeit wurde die Vorlesung aus den Propheten eingeführt? Darüber besitzen wir nicht einmal die sagenhaften Nachrichten, die uns für die Tora zur Verfügung stehen (s. S. 156). Nach
der Andeutung einiger älterer Autoren weiß Elia Levita (1469 bis 1549)
zu erzählen, daß in der Zeit der Religionsverfolgung, als die Syrer die
Torarollen einzogen, zerrissen und verbrannten (vgl. I. Mk. 1 56),
zum Ersatz die Vorlesung aus den Propheten eingeführt wurde. Ein altes
Zeugnis für diese Annahme ist nicht vorhanden, und es ist mit Recht
dagegen eingewendet worden, daß die Syrer mit der gleichen Gehässig-
keit das Lesen der Propheten verhindert hätten. In Ermangelung
jeder Nachricht aus alter Zeit sind wir auf Vermutungen angewiesen.
Die Prophetenvorlesung ist sicherlich j ü n g e r als die T o r a v o r -
l e s u n g , sie muß aber ä l t e r sein als der A b s c h l u ß des P r o -
p h e t e n k a n o n s. Die Propheten werden nicht der Reihe nach
gelesen wie die Tora, sondern in beliebiger Auswahl, innerhalb eines
Propheten werden bisweilen zwei unzusammenhängende Stücke gelesen, selbst aus zwei verschiedenen Propheten durfte in alter Zeit
gelesen werden. Die Vorlagen, aus denen die Propheten gelesen werden,
brauchen nicht so vorschriftsmäßig geschrieben zu sein wie die Tora.
Die Tora, die zur Vorlesung verwendet wird, muß vollständig sein,
den ganzen Pentateuch enthalten, für die Propheten genügt das eine
Buch, aus dem gerade vorgelesen wird. Alles das läßt darauf schließen,

daß zur Zeit der Einführung der Haftara die Propheten noch kein abgeschlossenes k a n o n i s c h e s Buch bildeten. Sicher ist, daß die Einführung der Haftara in vorchristliche Zeit fällt, die ältesten christlichen Quellen kennen die Prophetenvorlesung bereits als völlig ausgebildete Einrichtung (Luk. 4 17, Akt. 13 15). Auch die Mischna, die an dieser Stelle Sätze von weit höherem Alter als ihre Redaktion enthält, bespricht die Prophetenvorlesung in einer Weise, daß auf ein bereits längeres Bestehen der Institution geschlossen werden muß.

3. Die Mischna (Meg. IV, Ende) bestimmt, daß am Sabbat und den großen Festen beim Morgengottesdienst Prophetenvorlesung stattfindet. Daß das von Haus aus so gewesen ist, ist sehr zweifelhaft. Die Mischna nennt nur Prophetenabschnitte, deren Verwendung sie n i c h t gestattet; gebräuchliche Prophetenabschnitte werden zuerst in der Tosefta (das.) für die vier ausgezeichneten Sabbate, in einer Baraita des babylonischen Talmuds für die großen Feiertage, für die Sabbate der Mittelfeiertage, für Chanukka- und Neumondsabbat, für den 9. Ab genannt (b. Meg. 31 a f.). Wahrscheinlich ist es auch mit den Propheten so gegangen wie mit der Toravorlesung, daß sie zunächst nur an den Festen oder an wenigen ausgezeichneten Sabbaten, sodann aber an allen Sabbaten und an ausgezeichneten Tagen wie 9. Ab stattfand. Die Prophetenvorlesung ist auch später nur noch ganz wenig ausgedehnt worden. Es kam lediglich die Haftara beim Minchagottesdienst der Fasttage hinzu, die einzige bei einem Minchagebet, die sich schon dadurch als jung kennzeichnet und auch nicht in allen Riten üblich ist. Daß ein Propheten z y k l u s nicht in Frage kommt, sondern daß die Stücke völlig unzusammenhängend gelesen werden, wurde schon erwähnt. Geschah die Wahl der Haftara ganz beliebig durch den, der sie vortrug, oder waren bestimmte Stücke vorgeschrieben? Lukas erzählt, daß, als Jesus am Sabbat die Synagoge in Nazaret besuchte, ihm das Buch Jesaias gereicht wurde, und daß er beim Aufschlagen die Stelle Jes. 61 1 f a n d (4 16 ff.). Bedeutet das εὑϱεν in der Erzählung, daß Jesus eine Stelle fand, die er gesucht hatte, oder war der ihm vorgelegte Band derart vorbereitet, daß er die Rolle an jener Stelle ö f f n e n m u ß t e? Die Frage wird kaum jemals gelöst werden können, zumal der Evangelist ja Jesus diese bestimmte Stelle finden lassen mußte; in jedem Falle aber würde die Tatsache, daß allein das Buch Jesaias gereicht wurde, eine Beschränkung in der Auswahl des Abschnittes bedeuten. Nachzuweisen sind festgelegte

Haftarot bis zu dem angegebenen Zeitpunkte nicht, und es scheint, daß diejenigen für die Feste früher bestimmt waren als die der Sabbate. Daß die Haftaras im Laufe der Zeit gewechselt haben, beweist am besten Ez. 16 הודע את ירושלם את תועבתיה; in der Mischna wird die Verwendung des Abschnittes als Haftara verboten, und wenn schon sonst immer aus solchen Verboten ein früherer Gebrauch erschlossen werden kann, so wird in unserem Falle ausdrücklich von der einstigen Verwendung des Abschnittes berichtet (Tos. Meg. IV, 34). In der Mischna wird ferner Ez. 1 (מרכבה) für unstatthaft erklärt, indes ist die gegenteilige Meinung R. Jehudas maßgebend geblieben, Ez. 1 ist die Haftara für den ersten Tag des Wochenfestes geworden.

4. Nach welchem Prinzip wurden die Haftaras gewählt? Der Talmud formuliert die einzige Bedingung in kurzen Worten דדמי ליה (b. Meg. 29 b), d. h. daß eine gewisse Verwandtschaft zwischen dem Inhalt des Prophetenabschnittes und der vorangegangenen Pentateuch-Perikope vorhanden sein muß. Diese Beziehung ist bei den Festtagshaftaren und denen der ausgezeichneten Sabbate stets vorhanden; wo sie nicht durchsichtig ist, hilft die agadische Auslegung des Prophetenabschnitts oder des Festgedankens zu ihrem Verständnis. Bei den Sabbathaftaren hingegen ist die Beziehung häufig eine recht lose, sie beschränkt sich bisweilen auf ein einzelnes Wort. Das ist leicht zu begreifen, wenn wir uns klar machen, daß mehr als 150 Prophetenabschnitte für die Sidras des dreijährigen Zyklus erforderlich waren. Bei der Umwandlung des Zyklus in einen einjährigen hatten die Gemeinden dann zu wählen, welchen von den drei Abschnitten sie für ihre Parascha behalten wollten; sie wählten verschieden, und die Abweichungen, die sich in den einzelnen Riten erhalten haben, sind, wie die neuerdings aufgefundenen Verzeichnisse für den dreijährigen Zyklus beweisen, die Haftaras der verschiedenen Sedarim jenes Zyklus gewesen. Am bequemsten machten es sich die Karäer, die fast durchweg die Haftara des ersten Seder beibehielten; es ist möglich, daß ihnen darin der altbabylonische Ritus vorangegangen war.

5. Wo zwei Paraschen vereinigt wurden, wird nach dem allgemeinen Brauch die Haftara der zweiten gewählt, in Worms wurde im frühen Mittelalter stets die erste beibehalten. Aus unbedeutenden Anlässen, wie bei der Anwesenheit eines Bräutigams in der Hochzeitswoche, am Rüsttage des Neumonds u. a. konnte eine andere Haftara an die Stelle der gewöhnlichen treten, „denn die Haftaras sind nicht so

festgelegt, daß sie nicht, wo es notwendig ist, durch andere verdrängt werden könnten" (Hai Gaon). Ein fester Haftara-Zyklus hat sich für die Sabbate vom 17. Tammus bis zum Hüttenfeste ausgebildet; drei Strafandrohungen (תלתא דפרענותא) und sieben Trostabschnitte (שבעה דנחמתא) sind für diese Wochen festgelegt und werden durch kein anderes Ereignis verdrängt. Der Komplex muß frühzeitig zusammengestellt worden sein, denn die Pesiktas sind nach ihm angeordnet, und alle Riten, auch die Karäer, haben ihn angenommen. Genaueres über die Zeit und das Land seiner Entstehung läßt sich nicht ermitteln, wahrscheinlich stammt er aus Babylonien.

6. Wie die Sidras waren auch die Haftaras ursprünglich kurz, eine bestimmte Verszahl war nicht vorgeschrieben. In der Tosefta wird von Haftaras, die nur vier oder fünf Verse enthalten, gesprochen, aber auch von einer, die nur aus e i n e m V e r s e besteht, Jes. 52 3. In amoräischer Zeit wurde die Länge der Haftara auf 21 Verse festgesetzt, entsprechend der Verszahl, die aus der Tora gelesen ward. Eine ganz theoretische Zahl, denn es mußten sofort viele Ausnahmen zugelassen werden. Überall wo alte Haftaras eingeführt waren, die nicht verlängert werden konnten, weil in den Propheten ein anderes Argument folgt (דסליק ענינא), durften sie kürzer sein. Die Haftaras waren ferner nicht Selbstzweck, sondern vor allem Text für die Auslegung, die sich an sie knüpfte (Belege sind in Pes. rabb. leicht zu finden, vgl. auch Luk. 4 21 ff.); da wo ein Meturgeman (§ 28) die vorgelesenen Prophetenstücke auslegte, durfte, ja mußte demnach die Haftara auch kurz sein. So enthält denn das aus recht später Zeit stammende Verzeichnis der Haftaras für den dreijährigen Zyklus eine ganze Anzahl Stücke von sehr geringem Umfange, bisweilen von nur zwei Versen.

7. Die Haftaras wurden nicht immer, wie in der Erzählung des Lukas-Evangeliums, aus dem betreffenden Prophetenbuche vorgelesen, das sie enthält, geschweige denn aus Rollen, die alle Propheten enthielten, zumal solche Exemplare überhaupt zu den größten Seltenheiten gehörten (vgl. Sof. III, 5). Vielmehr gab es schon früh eigene H a f t a r a - R o l l e n , in denen alle Haftaras und nur sie geschrieben standen. In Babylonien sollte um 300 ihre Verwendung beim Gottesdienste verboten werden, weil es für unstatthaft galt, solche Auszüge aus der Bibel anzulegen, der Talmud entscheidet jedoch zugunsten dieser Rollen (b. Git. 60 a). Und sie haben sich, trotzdem es auch in späteren Jahrhunderten nicht an gegenteiligen

Stimmen fehlte, tatsächlich recht lange behauptet. Hai Gaon kannte alte Haftararollen, die noch in der Sassanidenzeit (also vor 640) geschrieben waren, und auch noch ein Jahrhundert später berief man sich auf solche alten Exemplare, die in den früher persischen Provinzen in Umlauf waren. In den mohammedanischen Ländern scheint sich die Sitte, die Haftara aus besonderen Rollen zu lesen, recht lange erhalten zu haben, während in den christlichen Ländern nach Einführung der Buchform die Haftara aus Büchern gelesen wurde. Entweder hatte man Bibeln, in denen die betreffenden Prophetenstellen am Rande bezeichnet waren, wie in dem berühmten Exemplare, das im XI. Jahrhunderte aus Babylonien nach Deutschland gekommen war, oder es wurden besondere Bücher für die Haftaras angefertigt. Nach der Erfindung der Buchdruckerkunst wurden die Haftaras aus gedruckten Exemplaren vorgelesen, meist werden Exemplare verwendet, in denen jedes Buch des Pentateuchs mit seinen Haftaras zu finden ist. Daß aus Haftara r o l l e n gelesen wird, gehört zu den ganz seltenen Ausnahmen. Selbst wenn auf Rollen geschrieben, werden die Haftaras mit Vokalzeichen und Akzenten versehen, so daß sie sich von den Torarollen unterscheiden.

8. Auch darin unterscheidet sich die Prophetenvorlesung von der Toravorlesung, daß nur ein e i n z e l n e r liest. Die Befürchtung, daß die Prophetenvorlesung höher bewertet werden könnte, als die aus der Tora, führte zu der Einrichtung, daß der Maftir zunächst ebenfalls aus der Tora lesen mußte. In der ältesten Zeit, bevor es noch einen festen Zyklus gab, las er dort weiter, wo der zuletzt Aufgerufene geschlossen hatte; in späterer Zeit hingegen wurde die Sidra oder Parascha auf die sieben Aufgerufenen verteilt, während der Maftir die letzten Verse n o c h e i n m a l las. An den Festtagen und ausgezeichneten Sabbaten, an denen eine besondere Maftirperikope vorhanden war (S. 168), las er diese. In jedem Falle wurde die Toravorlesung des Maftir von der vorangegangenen durch Halbkaddisch (§ 12 a S. 94. 96) getrennt.

Die geringere Bewertung der Haftara kam darin zum Ausdruck, daß auch Minderjährige sie lesen durften, selbst in solchen Ländern, wo man diese von der Toravorlesung ausschloß. In manchen Ländern wurden sogar n u r Minderjährige zur Haftara zugelassen, mit Ausnahme von wenigen besonderen Abschnitten, die angesehenen Gemeindemitgliedern, meist dem Rabbiner, vorbehalten blieben. In den letzten Jahrhunderten, nach Ausbildung der Barmizwa-Institution, wurde es üblich, daß Knaben am Barmizwa-Sabbat regelmäßig die Haftara lasen.

9. Die Haftara wurde gelesen, nachdem die Tora zugerollt war (b. Sota 39 b). Zum Prophetenabschnitt gehören ebenso wie zur Toravorlesung Benediktionen am Anfange und am Schlusse. Wahrscheinlich kommt ihnen das gleiche Alter zu wie jenen; die älteste Erwähnung der Haftara-Benediktionen finden wir bei den Amoräern um 300. Im Talmud wird מגן דוד als Eulogie einer Haftara-Benediktion genannt (b. Pes. 117 b) und eine weitere Benediktion vorausgesetzt, in der des betreffenden Festtages Erwähnung geschah (b. Schab. 24 a). Soweit uns Quellen zugänglich sind, beträgt die Zahl der HaftaraBenediktionen f ü n f , eine geht ihr voran, vier folgen; ob die Zahl in talmudischer Zeit bereits ebenso groß war, läßt sich nicht beweisen. Die Benediktion v o r der Haftara entspricht derjenigen über die Tora in der Fassung von Deut. rab. (אשר בחר בנביאים טובים). Bemerkenswert ist, daß in ihr ebenfalls der Tora und Mosis Erwähnung geschieht, wodurch offenbar wiederum der Gedanke an eine zu hohe Bewertung der Propheten ausgeschlossen werden soll. Von den Benediktionen n a c h der Haftara bezieht sich die erste auf die Erfüllung der verlesenen prophetischen Verheißungen, die letzte auf die Weihe des Tages, an dem die Vorlesung stattfindet. Die zwei mittleren Benediktionen sind nationalen Inhaltes, die erste enthält eine Bitte für Zion, die zweite eine solche für den Messias; wahrscheinlich bildeten sie, wie in der Tefilla, dereinst nur e i n e Benediktion, die in Babylonien mit Rücksicht auf das Exilarchenhaus geteilt wurde (S. 40). Die Benediktionen, die auf die Haftara folgen, bilden eine besondere Gruppe, ihre Disposition ist die der großen Gebete, insbesondere die der Tefilla. Zur Einleitung finden wir einen Hymnus, den vertrauensvollen Dank für die Erfüllung der Zukunftsverheißungen, als Kern die Bitte um nationale Wiederherstellung, am Schlusse den Dank für die Einsetzung des heiligen Tages. Der älteste Text der HaftaraBenediktionen findet sich Sof. XIII 9—14 (XXII f.), in allen wesentlichen Punkten stimmt die dortige p a l ä s t i n i s c h e Überlieferung mit dem üblichen Texte überein, in einigen, in denen dieser abweicht, bietet Amr. die Vorlage für den uns bekannten Wortlaut. Amr. hat seinerseits wiederum noch eine zweite Überlieferung. Für die Benediktion vor der Haftara stimmen alle Texte bis auf unwesentliche

Kleinigkeiten überein. Die erste nach der Haftara lautet nach der Ausgabe von Amr. (nicht in den Handschriften) wesentlich kürzer als in Sof.; aber das kann nicht der ursprüngliche Text sein, denn wichtige Sätze kommen nicht darin vor. Die Benediktion zerfällt in zwei Teile, die in den Handschriften (vgl. b. Ber. 46 b vgl. s. v. והטוב) und in den Drucken auch äußerlich erkennbar auseinandergehalten werden; beim Beginne des zweiten Teiles נאמן אתה הוא setzte die Gemeinde laut ein, der Maftir nahm den Satz auf und führte ihn zu Ende. In Palästina erhob sich die Gemeinde bei diesen Worten, in Babylonien blieb sie sitzen. In den späteren Riten (schon bei Amr.) ist der Brauch der Unterbrechung durch die Gemeinde vollständig geschwunden, es fehlt in unseren Gebetbüchern jede Spur davon, in V. hingegen zeugt das doppelte נאמן noch immer von der alten Sitte, wenn ihrer auch nicht Erwähnung geschieht. Zwischen der Haftara und der ersten Benediktion haben alle Riten Jes. 47 4 גואלנו וכו׳, nur in Germ. fehlt es. Am Anfange der nächsten Benediktion liest Sof. נחם ד׳ אלה׳ על ציון, Amr. רחם על ציון, das ist dieselbe Differenz, die aus der Einschaltung für die Tefilla des 9. Ab bekannt ist (S. 53), üblich wurde רחם (schon in V.). Im nächsten Satze lesen die alten Texte ולעגומת נפש תנקום נקם במהרה בימינו, einige Rezensionen von Sof. haben das üblich gewordene ולעלובת נפש; תנקום נקם ist, wahrscheinlich um Mißverständnissen vorzubeugen, in תושיע geändert. Die Eulogie מנחם ציון בבניה in Sof. wurde in der Form משמח ציון בב׳ üblich; bei Amr. lautet sie wie die entsprechende Eulogie der Tefilla בונה ירושלים (S. 53). Nur Rom. hat getreu die Fassung von Sof. erhalten. Auffällig sind die Abweichungen der dritten Benediktion. Bei Amr. hat sie den Wortlaut der XV. Tefilla-Benediktion את צמח וכו׳ (S. 54), die zugehörige Eulogie jedoch מצמיח קרן ישועה hat Sof., während Amr., dem babylonischen Talmud entsprechend, מגן דוד liest. Üblich wurde die Fassung von Sof. (freilich ohne den Schlußvers Jer. 23 6, den nur Rom. beibehalten hat) mit der Eulogie von Amr.; so zusammengesetzt finden wir sie bereits in V. Die Schlußbenediktion lautet bei Amr. so wie das mittlere Stück im Minchagebet am Sabbat הנח לנו (S. 118), die übliche Fassung ist die von Sof., nur daß der Schluß gegenüber Sof. etwas erweitert ist. In der Eulogie stimmen sie überein, sie lautet für den Sabbat מקדש השבת. Beide Quellen verändern die Eulogie, wenn z. B. der Neumond auf Sabbat fällt (מקדש השבת וישר׳ וראשי חדשים), was später in keinem Ritus mehr nachzuweisen ist. Hingegen ist es allgemein üblich, die Benediktion und die Eulogie an einem Feiertage zu ändern und an den ernsten Festen von der Fassung der Wallfahrtsfeste abzuweichen. Dafür bieten schon die ältesten bekannten Vorlesungen einen Anhalt, wenn unter den Benediktionen des Hohenpriesters על מחילת העון genannt und vom Könige am Sukkausfeste gesagt wird נותן של רגלים תחת מחיל' הע', daß er die Benediktion durch eine auf das Fest bezügliche ersetzt (Sota VII, Ende). Amr. hält sich dann wiederum an die Tefilla und liest ותתן לנו וכו' (S. 134). Nur in den Mittelfeiertagen des Pesachfestes wollte man in Deutschland des Festes nicht gedenken, während es am Sukkaus geschehen sollte. Am 9. Ab, dem einzigen Wochentage, an dem des Morgens eine Haftara gelesen wurde, fiel, da es ein Trauertag war, seit Natronai die Schlußbenediktion aus. Ebenso wurde sie bei den Mincha-Haftaras an den Fasttagen weggelassen; am Versöhnungstage zu Mincha schreibt V. dieselbe Benediktion wie am Morgen vor, jedoch ist es überall so gehandhabt worden, daß die letzte Benediktion ausfällt.

10. Das Thema der M i n c h a - H a f t a r a s bedarf noch näherer Erörterung. Auf Grund einer bereits erwähnten Nachricht im Talmud (שאלמלא שבת אין נביא במנחה ביום טוב) b. Schabb. 24 a) muß angenommen werden, daß einst am Sabbat zu Mincha Prophetenvorlesungen üblich waren. Diese Nachricht, die sich nirgends positiv belegen läßt, hat die Erklärer des Mittelalters in die größte Verlegenheit gebracht. Die Auffassung der babylonischen Hochschulen, die bis nach Deutschland gelangte, war die, daß in älterer Zeit auch am Sabbatnachmittag Trostkapitel aus Jesaias, also vorzugsweise dem zweiten Teile, vorgelesen wurden, und daß die Sassaniden zuletzt ein Verbot dagegen erlassen haben. Andere erklärten, daß hier nicht Propheten, sondern Hagiographenvorlesungen gemeint waren, wie sie tatsächlich anderweitig bezeugt werden (weiter S. 186). Wieder andere erklärten die ganze Stelle für falsch überliefert, ohne Besseres dafür vorschlagen zu können. Tatsächlich bleibt nur eine dieser zwei Möglichkeiten, entweder ist die ganze Überlieferung falsch, oder es muß für die älteste Zeit eine Prophetenvorlesung für den Sabbatnachmittag angenommen werden, obwohl wir sonst nirgends eine Spur von ihr finden. Die einzige Mincha-Haftara, die sich im Talmud nachweisen läßt, ist die des Versöhnungstages; schon damals wurde, wie heute, das Buch Jona vorgelesen (b. Meg. 31 b). Nach dem Beispiele des Versöhnungstages wurden die

Mincha-Haftaras auch auf die Fasttage übertragen, wo sie sich jedoch vor dem Jahre 1000 nicht nachweisen lassen. Ibn Gajjat ist der erste Autor, der Hos. 14, שובה, als Haftara für den 9. Ab erwähnt, die Vorlesung aber völlig dem Belieben anheimstellt. Tatsächlich haben alle Riten außer Germ. Hos. 14 als Haftara für den Nachmittag des 9. Ab angenommen. Noch jünger sind offenbar die Haftaras für die anderen Fasttage; wann und wo sie aufgekommen sind, ist schwer zu sagen; Seph. hat sie niemals angenommen, Rom. kennt sie, lehnt sie jedoch ab, nur It. und Germ. lesen an den Fasttagen zu Mincha דרשו Jes. 56 6 — 57 8, Germ. dasselbe Stück auch am 9. Ab.

Die Mincha-Haftaras sind als spätere Einrichtung auch daran kenntlich, daß der Maftir einer von den drei zur Tora Aufgerufenen ist, also nicht erst nach der Beendigung der Perikope auftritt. Die Einrichtung, daß hier der dritte als Maftir fungiert, hat, nachdem die Frage im Talmud schon einmal negativ entschieden war, im Mittelalter wiederum zu der irrtümlichen Auffassung geführt, daß der Maftir zur Zahl der zur Tora zu Rufenden mitgezählt werden dürfe, daß also am Sabbat Vormittag, beispielsweise neben ihm nur noch sechs aufzurufen wären (מפטיר עולה למנין שבעה). Eine befriedigende Erklärung dieser Abweichung bietet nur die historische Erkenntnis, daß die Mincha-Haftaras jüngere Institutionen sind, bei deren Einführung die alte Regel, daß der Maftir aus der Tora lesen müßte, keine Beachtung fand.

11. Eine völlige Umgestaltung erfuhr die Prophetenvorlesung in der Neuzeit auf Grund der Verhandlungen der Rabbinerversammlung in Frankfurt a. M. 1845. Dort wurde beschlossen, die Haftara in der L a n d e s s p r a c h e zu lesen; in den Synagogen, die die Neuerung einführten, wird meist Anfang und Ende hebräisch, dazwischen das ganze Stück in der Landessprache vorgetragen. Die Sprache der Benediktionen ist ebenfalls vielfach die landesübliche, bisweilen sind sie hebräisch beibehalten, in jedem Falle jedoch gekürzt, die beiden nationalen Bitten sind ausgefallen. Die Haftara wird überall vom Rabbiner vorgetragen, in den meisten Fällen auch die Benediktionen. Wo diese in hebräischer Sprache vorgetragen werden, geschieht es durch den als Maftir Aufgerufenen. Auch in konservativen Gemeinden, in denen Haftara und Benediktionen unverändert geblieben sind, ist es infolge der geringen hebräischen Kenntnisse der Gemeindemitglieder vielfach dahin gekommen, daß stets der Rabbiner die Haftara liest

und jeder andere davon ausgeschlossen wird. Auch das hat sich geändert, daß in vielen Gemeinden die herkömmliche Melodie nicht mehr gesungen, sondern die Haftara gesprochen wird.

§ 27. Vorlesung aus den Hagiographen.

Literatur: *JE* Art. Megillot the five VIII, 429 f.

Die Hagiographen werden nicht zu regelmäßigen Vorlesungen verwendet, schon darum nicht, weil sie in der Zeit der Einführung der Schriftvorlesung der kanonischen Anerkennung entbehrten. Die Mischna kennt nur die Vorlesung aus dem Buche Esther (מגלה) am Purim (oben S. 131). Ob von Anfang an das ganze Buch vorgelesen wurde, können wir nicht mehr entscheiden; in der Mischna erscheint dies als Verordnung R. Meirs, während seine Zeitgenossen R. Jehuda erst von איש יהודי 2,5, R. Jose von האלה הדברים אחר 3,1, R. Simon sogar erst von בלילה ההוא 6,1 beginnen wollten (Meg. II, 3, Tos. das. II, 9 S. 224). Die Entscheidung zugunsten R. Meirs Ansicht wird im Namen der ersten Amoräer überliefert (j. Meg. das. fol. 73 b), von da an ist stets nur das ganze Buch vorgelesen worden. Das Buch Esther wurde ursprünglich am T a g e vorgelesen, in der Zeit seiner Einführung nicht immer am Purim selbst, d. h. am 14. oder 15. Adar, sondern in Palästina außerdem bereits am vorangehenden Markttage für die Bewohner des flachen Landes, die in ihren Dörfern keine Synagogen hatten. Das hörte nach dem Untergange des jüdischen Staates auf, da wurde die Vorlesung auf den Purimtag beschränkt, dafür aber von der Zeit der ersten Amoräer an z w e i - m a l gefordert, am Vorabend und am Morgen (b. Meg. j. das. 4 a). Das Buch Esther wurde aus einer besonderen Rolle verlesen, die kein anderes biblisches Buch enthielt (b. Meg. 19 a), und darum hat dieses Buch den Namen מגלה, „Rolle" schlechthin erhalten. Die Vorlesung durfte jeder halten, in älterer Zeit auch ein Minderjähriger, gegen Ende der Tannaitenzeit wurde das jedoch verboten (Meg. II, 4). Die „Megilla" wurde nicht nur in der Synagoge, sondern auch in den Häusern gelesen, darum wurde sie in den Synagogen von den Lehrern (סדראי) schon vorher geübt; am Ausgange der beiden ersten Sabbate im Adar wurde je eine Hälfte gelesen (1 bis 5, 6 bis 10), eine Teilung, die R. Meir streng tadelte (Sof. XIV, 18). Eine Benediktion war für das Lesen der Megilla nicht vorgeschrieben, sie war

der Sitte überlassen (Meg. IV, 1), man konnte vorher, man konnte
nachher, man konnte beidemale eine Benediktion sprechen, man
konnte sie auch ganz weglassen, ganz wie es ortsüblich war (Tos.
Meg. II, 5, S. 223). Erst Abbaje erklärte die Benediktion vor der
Vorlesung für unbedingt erforderlich (b. Meg. 21 b, vgl. j. das. IV., 1,
74 d), stellte die nach der Vorlesung jedoch noch frei. Wenn die
Benediktionen auch nicht als verbindlich galten, so wurden sie doch
vielfach gesprochen, und ein bestimmter Text bildete sich heraus;
für die Benediktionen vor dem Lesen ist er b. Meg. 21 b von R. Aschi
gegeben (vgl. Sof. XIV, 3, 5); für die nach dem Lesen besitzen wir
eine ältere Fassung von R. Jochanan j. Meg. a. a. o., die jüngere in
b. Meg. 21 a, die denselben Gedanken mit anderen Worten wiedergibt und auch allgemein üblich wurde. Der Text in Sof. XIV, 5 ist
von beiden Versionen beeinflußt.

2. Die Vorlesung der anderen Rollen ist dem Talmud noch unbekannt, hingegen erwähnt Sof. XIV, 3 die Vorlesung von Rut,
Hohelied und Klageliedern. Rut und Hohelied — Sof. folgt hier
der Reihenfolge in den alten Bibelexemplaren — wurden in je zwei
Hälften am Wochenfeste und den letzten Pesachtagen gelesen;
tatsächlich teilt sie auch die Masora in je zwei Hälften, und die
Gemeinden haben meist diese Teilung beibehalten. In Germ. werden
sie auf einmal gelesen, und zwar Rut am zweiten Tage des Wochenfestes, das Hohelied am Sabbat in der Pesachwoche oder am siebenten
Tage. Während sie in alter Zeit laut und mit besonderer Benediktion
gelesen wurden — in Seph. werden sie noch heute laut gesungen —
liest sie in Germ. jeder für sich, die Benediktion fällt fort. Die
Klagelieder werden am 9. Ab gelesen, über die Zeit schwankte der
Brauch schon in alter Zeit, jetzt werden sie am Abend gelesen, auch
hier wird die Benediktion, die Sof. XIV, 3 dafür vorgesehen ist,
nicht verwendet. Nicht erwähnt ist in Sof. das Lesen von Kohelet
am Hüttenfeste, das freilich Autoren des Mittelalters ebenfalls als
dort genannt anführen; wahrscheinlich ist es nicht, daß diese eine
Rolle vom Vorlesen ausgeschlossen war und daß das Hüttenfest
ohne Rolle gelassen wurde. Daß die Vorlesung der Megillot verhältnismäßig früh eingeführt war, dafür spricht das Vorhandensein
der ziemlich alten Midraschim zu ihnen.

In neuerer Zeit ist die Vorlesung der Megillot stark beschränkt
worden, bis auf Esther und Klagelieder sind sie in den meisten

Gemeinden ausgefallen, auch aus diesen beiden wird in den Reformsynagogen nur ein Teil und in der Landessprache vorgetragen.

3. Wurde auch aus anderen Hagiographen — abgesehen natürlich von den zahlreichen Psalmen, die in das tägliche Gebet aufgenommen waren — vorgelesen? Sof. XIV, 4 kennt eine besondere
Benediktion für das Lesen in den Hagiographen, aber sie bezieht
sich wahrscheinlich nur auf das p r i v a t e Lesen. An den Sabbaten
war es in ältester Zeit verboten, vor dem Minchagebet in den Hagiographen zu lesen. Aber im Anschlusse an den Minchagottesdienst
am Sabbat scheint eine solche Vorlesung stattgefunden zu haben.
Aus Nehardea wird sie ausdrücklich bezeugt (b. Schabb. 116 b);
so dunkel der Ausdruck בנהרדעא פסקי סדרי בכתובין בשבתא במנחא
auch sein mag, daran ist nicht zu zweifeln, daß von einer ständigen
Hagiographenvorlesung berichtet wird. Unklar bleibt, in welcher
Art die Vorlesung stattgefunden hat, wahrscheinlich wurde an die
einzelnen Verse eine Auslegung angeschlossen. Rapaport hat auf
die auffallende Tatsache verwiesen, daß die Prooemialverse der
pentateuchischen Midraschim (vgl. weiter § 29) fast sämtlich den
Hagiographen entnommen sind, und daraus den Schluß gezogen,
daß es Sitte war, am Sabbat zu Mincha im Anschlusse an die Hagiographen erbauliche Vorträge zu halten, und daß die auf uns gekommenen Midraschim diesen entnommen sind. Freilich sind die
Midraschsammlungen aus Palästina, während die Hagiographenvorlesungen nur aus Nehardea bezeugt sind, aber die Stadt stand
wahrscheinlich in Babylonien mit dieser Einrichtung allein, während
sie in Palästina allgemein gewesen sein wird. In diesen Zusammenhang gehört auch die Tatsache, daß das Midraschwerk אגדת בראשית
für jeden Sabbat nicht nur zu Sidra und Haftara, sondern auch
zu einem Hagiographenabschnitt Auslegungen bringt.

In neuester Zeit hat das Hebrew Union Prayerbook auch Abschnitte
aus den Hagiographen als Haftaren aufgenommen. Aus älterer Zeit wäre
noch zu erwähnen, daß am 9. Ab bisweilen das Buch Hiob gelesen wurde.

§ 28. Die Übersetzung der Schriftvorlesung.

Literatur: Zunz G. V., Kap. II; Luzzatto *S.D.*, טז אוהב; Bacher, Exeget.
Terminologie I, 204 ff., II, 242 ff.; *JE* Art. Meturgeman VII, 521 f.

1. Durch die Vorlesung sollte die Kenntnis und das Verständnis
der Schrift im Volke gefördert werden, die Bibel mußte daher in

einer dem Volke zugänglichen Form zu Gehör gebracht werden.
Die Kenntnis des Hebräischen nahm bei den großen Massen immer
mehr ab. Selbst in Palästina beklagt schon Nehemia die Zurückdrängung der hebräischen Sprache, in der Diaspora wurde sie kaum
noch verstanden, auch die Gebete wurden dort bisweilen in der
Landessprache gesprochen. Die heilige Schrift aber sollte immer so
zum Vortrage kommen, wie in jener großen Versammlung unter
Esra, wo sie „deutlich mit Klarlegung des Sinnes" vorgelesen wurde
(Neh. 8 6). So trat zur Bibelvorlesung die Ü b e r t r a g u n g , das
Targum תרגום, wie es die Quellen mit einem nur für diese Institution
gebräuchlichen Ausdruck nennen. In Palästina und in Babylonien,
also da, wo die Einrichtung zuerst bestand und am häufigsten Anwendung fand, wurde die Schrift ins Aramäische übertragen, und
so wurde unter Targum schlechthin die a r a m ä i s c h e Übersetzung verstanden. Allein das Wort bezeichnet ebensogut die
Übersetzung in j e d e andere Sprache, freilich pflegte man dann
hinzuzufügen תרגום בכל לשון (Meg. II, 1), oder in amoräischer Zeit
תרגמה בלעז (Meg. II, 1, 73 a). Natürlich fällt auch die griechische
Übersetzung unter die Bezeichnung Targum (בדקו ומצאו שאין התורה
תרגם עקילס הגר c, 71 ,11 ,I .Meg .j יכולה להתרגם כל צרכה אלא יונית
das.). Daneben werden im Talmud noch genannt ägyptische,
elymäische, medische Bibelübersetzungen (b. Schabb. 115 a, b. Meg.
18 a). Ebenso sind in späterer Zeit arabische und persische Übersetzungen im Gebrauch der Synagoge verwendet worden. Zidkia ben
Abraham spricht im Namen seines Verwandten, des philosophisch
gebildeten Giuda Romano, die zutreffende Meinung aus הלעז שלנו
כתרגום שלהם, daß uns die Landessprache ist, was den Alten
das Aramäische, und ist darum geneigt, eine Übertragung in die
Landessprache zur P f l i c h t zu machen, eine außerordentlich frei-
mütige Anschauung, die erst das XIX. Jahrhundert wieder aufgenommen und unter lebhaften Kämpfen durchgeführt hat.

 2. Wie alt die regelmäßige Übertragung der Schriftvorlesung
ist, läßt sich nicht mehr ermitteln, wahrscheinlich so alt, wie die
Vorlesung selbst; es spricht alles dafür, daß sie noch in jener Zeit
eingeführt wurde, wo nur einer aus der Schrift vorlas (S. 169). Neben
den Vorleser trat der Übersetzer מתורגמן ,תורגמן ,תורגמן ,תרגמן zur Tora
hin, er mußte frei dastehen und ohne Vorlage die Übersetzung vortragen. Einen angestellten ständigen Übersetzer gab es in ältester

Zeit nicht, ein jeder durfte als solcher fungieren, selbst ein Minderjähriger (Meg. IV, 7). Ob einer die ganze Perikope übersetzen mußte oder ob die Übersetzer ebenso wie die Vorleser abwechselten, ist aus den Quellen nicht ersichtlich. In späterer Zeit mag häufig der Gemeindediener, der ja auch Kinderlehrer war, als Übersetzer fungiert haben (vgl. j. Meg. IV, 1), allmählich wurde der מתורגמן ein angestellter Beamter, bei den langen Sidras der späteren Zeit konnte man kaum beanspruchen, daß jedes beliebige Gemeindemitglied als Meturgeman zu fungieren imstande war. Die Übersetzung war eine Ehrung genau so wie das Vorlesen, bei feierlichen Gelegenheiten fungierten die angesehensten Persönlichkeiten. Wenn in Babylonien die Exilarchen installiert wurden, fand am Sabbat ein feierlicher Gottesdienst statt, der Exilarch las sein Stück aus der Tora (S. 170), und der Gaon von Sura fungierte ihm als Meturgeman, und ebenso wurde die Haftara an jenem Sabbat von einem angesehenen Gemeindemitgliede übersetzt, das sich die Funktion zur hohen Ehre anrechnete. Wo die Juden nicht hebräisch verstanden (לועזות), wurde die Tora oft gar nicht oder nur teilweise hebräisch, ganz oder zum größten Teil sofort in der Landessprache vorgelesen (Tos. Meg. IV, 13, S. 226, oben S. 170).

3. Das Targum war eine f r e i e Übersetzung nicht nur in dem Sinne, daß es eine improvisierte Übersetzung sein mußte, die Übertragung durfte auch nicht eine wörtliche sein. Sie durfte nicht sklavisch an den Buchstaben sich anschließen, sondern mußte der fremden Sprache Rechnung tragen, sinngemäß sein, andererseits durfte sie auch nicht den Text erweitern, nicht in willkürliche Paraphrase ausarten (Tos. Meg. IV, 41, S. 228). Freilich ließ dieses Gesetz immerhin einen gewissen Spielraum, es mag auch erst ausgesprochen worden sein, nachdem ein starker Mißbrauch der Paraphrase sich geltend gemacht hatte. Die Übersetzung der Septuaginta dürfte etwa den Typ darstellen, wie der Durchschnitt der Übersetzung gehalten war. Unter den aramäischen Targumim zum Pentateuch, die wir zunächst betrachten, hat das nach J o n a t h a n benannte viele alte Elemente aufbewahrt, es zeigt, daß die Übertragung vielfach eine freiere, bisweilen moralisierende war. Beachtenswert ist besonders die dort bei wichtigen Stellen häufig wiederkehrende Anrede עמי בני ישראל, die auf eine gleichartige Verwendung in der Synagoge schließen läßt. Die weitgehende Willkür

der Meturgemanim hat schließlich dazu geführt, daß die Freiheit der Übertragung eingeschränkt, daß ein behördlich redigiertes Targum eingeführt wurde; es ist das nach O n k e l o s benannte Targum, dessen Abfassungszeit an den Anfang der amoräischen Schulen in Babylonien (250) zu setzen ist. Auf dem Gebiete der griechischen Bibelübersetzungen bietet Aquila dieselbe Erscheinung; seine Übersetzung, die unter Beistand und Anerkennung der maßgebenden Lehrer entstand, war bestimmt, die Septuaginta aus dem Synagogengebrauch zu verdrängen. Onkelos und Aquila haben eine gewisse Verwandtschaft in der Methode, und es hat seinen guten Grund, wenn man das aramäische Targum mit dem Namen des griechischen Übersetzers belegte. Allerdings brachte das Erscheinen des Onkelos noch nicht volle Abhilfe gegen alle Mißstände; in Palästina und den damit zusammenhängenden Ländern konnte und wollte man sich an die trockene Art dieses Targums nicht gewöhnen, es bieb immer noch die alte freiere Methode bestehen. Das Targum Jonathan und das Fragmenten-Targum zeigen, daß noch viele Jahrhunderte lang freie Übersetzungen mit umfangreichen hagadischen Zusätzen gebräuchlich waren, die von den Vorbetern oder Meturgemanim willkürlich eingeführt wurden.

4. Es war der Zweck der Übersetzung, das Verständnis des Inhaltes der Schrift zu verbreiten, „Ungebildeten (הדיוטות), Frauen und Kindern" die Bibel näherzubringen. Das Anhören des Targums ohne nähere Erläuterung konnte auch viel Unheil stiften, zu zahlreichen Mißverständnissen Anlaß geben. Um sie auszuschließen, wurde von einer wortgetreuen Übersetzung häufig Abstand genommen, die Septuaginta wie die Targumim und die Peschitto weisen stereotype Abweichungen vom Texte auf, die sich aus der Furcht vor Mißdeutungen von einzelnen Ausdrücken, von Erzählungen und Satzungen erklären. Man ging aber noch weiter und schloß ganze Stücke von der Übertragung überhaupt aus (יש נקראין ולא מתרגמין Tos. Meg. IV, 31, S. 228). Im Pentateuch sind es zwei Erzählungen, die nicht übersetzt werden, Gen. 35 22 b (מעשה ראובן) und Ex. 32 21—25 (מעשה עגל השני), weil sie für die dabei beteiligten Personen wenig ehrenvoll sind, der Priestersegen (Num. 6 24—26), weil er offenbar jedem im Originaltext vertraut werden sollte (Meg. IV, Ende). Die Zahl der nicht zu übertragenden Stellen war aber einst sicher größer, denn die Mischna und Tosefta heben Stellen ähnlichen Inhalts

hervor, die w o h l übertragen werden, was ganz überflüssig gewesen wäre, wenn nicht ursprünglich einmal über dieselben Stellen
Zweifel bestanden hätten. Es scheint auch, daß eine Einigung
über die fortzulassenden Stellen erst nach und nach zustandekam
und nicht allerorten bekannt war (vgl. Tos. Meg. IV, 35, S. 228).
Wie lange solche Auslassungen beim Targum beibehalten wurden,
ist unbekannt. Die jetzt vorhandenen Targumim bringen Übersetzungen auch zu den verbotenen Stellen. Dennoch hat noch
Saadjas Siddur 21 Verse des Pentateuchs aufgezählt, die nicht übersetzt werden durften, das waren weit mehr, als im Talmud vorgeschrieben war; sie wurden nicht immer korrekt überliefert und
es bildeten sich allerlei Zweifel darüber aus, aber in Kairuan in Nordafrika wurde die Vorschrift selbst zum mindesten bis zum Jahre 1000
befolgt.

5. Die Einführung der feststehenden Targumim bereitete der
ganzen Institution allmählich ein Ende, sie verlor ihren rechten
Sinn und starb mit der Zeit aus. Denn wenn auch später noch streng
darauf gehalten wurde, daß der Meturgeman keine Vorlage hatte,
so bedeutete dennoch das Targum nur eine Wiederholung der Vorlesung. Nach der Kanonisierung des Onkelos sollte dieses Targum
überall eingeführt werden, auch wo das Aramäische gar nicht die
Landessprache war; aber selbst wo aramäisch gesprochen wurde,
redete man einen ganz anderen Dialekt und verstand Onkelos ebensowenig wie den hebräischen Text der Bibel. Die griechischen
Bibelübersetzungen verloren allmählich ihre Bedeutung, weil die
Zahl der griechisch sprechenden Juden außerordentlich zurückging.
Aber noch 553 hatte Kaiser Justinian einen Streit in einer Gemeinde
zu entscheiden, in der einige Mitglieder neben dem hebräischen
Texte auch eine griechische Übersetzung vorgetragen wissen wollten
(τὴν ἑλληνίδα φωνὴν πρὸς τὴν ἀνάγνωσιν προςλαμβάνειν). Der
Kaiser erklärt die Forderung für berechtigt und empfiehlt die Übersetzung der Septuaginta und des Aquila (Novelle 146). Justinian und
seine Nachfolger sorgten dafür, daß das Judentum in den griechischen
Ländern zur völligen Bedeutungslosigkeit herabsank, und so hören
wir von griechischen Bibelübersetzungen später nichts mehr. Der
aus derselben Zeit stammende Traktat Soferim empfiehlt das Targum,
aber nicht in der alten Weise, vielmehr sollen Sidra und Haftara
nach der Vorlesung im Zusammenhang übertragen werden (XIV, 4).

Im Orient verbreitete sich mit der Herrschaft des Islams die arabische Sprache und beeinträchtigte das Interesse am aramäischen Targum wesentlich. Dazu kam in Babylonien eine oppositionelle Strömung, die das Targum im L a n d e s d i a l e k t, nicht in der überlieferten „rabbinischen Sprache" wünschte. Der Gaon Natronai, ein Eiferer gegen alle Abweichungen vom Herkommen, erklärte ein solches Targum für völlig unstatthaft, die Beseitigung des Onkelos für ein schweres religiöses Vergehen. Man sieht, daß zu seiner Zeit wohl noch übertragen, daß aber nur mit Widerwillen vom rezipierten Targum Gebrauch gemacht wird. Eine Generation später erhebt Juda ibn Koreisch aus Tahort seine Klage, daß in der Synagoge in Fez die aramäische Übertragung der Bibel vernachlässigt wird und dort eine Abneigung gegen das Targum besteht. In Babylonien selbst finden wir das Targum bis zum Schlusse der gaonäischen Zeit erhalten, aber nachher dürfte es auch dort aufgegeben worden sein. Die Juden in Europa haben das aramäische Targum wahrscheinlich niemals eingeführt. Samuel ha Nagid suchte die spanischen Juden deshalb nachdrücklich zu verteidigen, er meinte, daß sie jeder für sich das Targum läsen und es, nur um den Gottesdienst nicht allzusehr auszudehnen, der Gemeinde ersparten, aber schcn ein Jahrhundert später weiß Jehuda ben Barsilai weder für die eine noch für die andere Sitte Belege zu finden, obwohl er persönlich der Erhaltung des Targums sehr geneigt ist. In Deutschland und Frankreich kannte man die Übertragung nur bei zwei sehr feierlichen Perikopen, bei der Erzählung vom Auszuge aus Ägypten am 7. Tage Pesach (בשלח, Ex. 13 17—26) und von der Offenbarung am Sinai (בחדש השלישי, das. 19, 20) am Wochenfeste. Es ist ein eigenartiges Targum, das das Machsor Vitry für die zwei Tage mitteilt, eine Verbindung von Onkelos mit dem Fragmenten-Targum. Zu diesem Targumvortrag wurden auch poetische Introduktionen (רשויות) in aramäischer Sprache verfaßt, eine davon hat sich im Machsor bis auf unsere Tage gerettet (אקדמות מלין am 1. Tage des Wochenfestes); verständlich waren derartige Poesien nie, nach Wegfall des Targums, das sie einleiten sollten, haben sie vollständig ihren Sinn und ihre Daseinsberechtigung verloren.

Der Grund für das Einstellen der targumischen Übertragung war, wie man sich ganz deutlich bewußt war, ihre Unverständlichkeit. Es regte sich daher auch das natürliche Verlangen, sie durch die Landessprache zu ersetzen. An den eben erwähnten zwei Tagen scheinen tatsächlich im südlichen Frankreich Bearbeitungen der Tora in der Landessprache üblich gewesen zu sein. Im ganzen aber blieb das ein frommer Wunsch, bis 1845 die Frankfurter Rabbinerversammlung beschloß, daß auf die Toravorlesung eine Übertragung in die Landessprache folgen sollte; danach ist sie in Deutschland und in Amerika in vielen Gemeinden eingeführt worden.

6. Vom Targum der Haftara gilt dasselbe wie vom pentateuchischen; ja das Targum bildet bei ihrer Verlesung einen noch viel wichtigeren Bestandteil. Die Prophetenstücke waren schwerer verständlich, das Targum mußte daher breiter angelegt sein, Gleichnisse, Anspielungen u. ä. verdeutlichen. Bei den Propheten enthielt nicht jeder Vers einen abgerundeten Gedanken, der Meturgeman mußte daher nicht hinter jedem unterbrechen, sondern durfte auch bis zu drei Versen zusammen übertragen (Meg. IV, 5). Die Haftara schloß die Schriftvorlesung ab, und so konnten sich an sie auch ohne Schaden umfangreichere Auseinandersetzungen anknüpfen. Darum durfte die Haftara zugunsten des Meturgemans sehr abgekürzt werden, so daß ihm ein breiter Spielraum blieb (j. Meg. IV, 2, 75 a; b. 23 b). Die Erinnerung an die besondere Wichtigkeit des Targums zur Haftara blieb dauernd so stark, daß noch um das Jahr 1000 in Babylonien die Haftara f o r t f i e l, wenn ein Meturgeman, der sie zu verdeutlichen verstand, nicht aufzutreiben war. — Wie im Pentateuch, gab es auch in den Propheten Stücke, die nicht übertragen werden sollten; häßliche Vorgänge im Hause Davids sollten nicht vor dem Volke besprochen werden, Ezechiels Vision vom Thronwagen erschien vielen als ungeeignetes Thema für die Vorlesung, Ezechiels Strafreden fanden in der Zeit der Gnosis verkehrte, gegen den Fortbestand des Judentums gerichtete Übersetzer (vgl. Meg. IV, 5; Tos., das. IV, 32 bis 38). Mißverständnissen und Mißbrauch vorzubeugen, war bei der Haftara viel leichter; da die Vorlesung nicht an den Zyklus gebunden war, gab es das radikalere Hilfsmittel, die Stücke selbst von der Vorlesung auszuschließen. — Die Methode des Targums zu den Propheten ist im „Targum Jonathan" noch gut erhalten, aber es mögen sich in alter Zeit doch auch ausführlichere Exkurse an die Paraphrase angeschlossen haben; die erwähnte Anrede עמי בני ישרא׳ עמי treffen wir auch im Jonathan-Targum am Beginn von Perikopen, die als Haftaras dienten. Die

Entwicklung war dieselbe wie beim Prophetentargum, die Redaktion eines Targums hat der Institution die Beweglichkeit genommen und zu ihrem allmählichen Untergange geführt. Noch früher als das pentateuchische ist das aramäische Haftara-Targum aus den Synagogen geschwunden. Die Gründe waren ganz die gleichen, es kam hinzu, daß bei den Propheten die noch viel größere Schwierigkeit der Übertragung ins Gewicht fiel. Nur für die Feiertags-Haftaras hat sich die Sitte der aramäischen Übertragung länger behauptet. Das Machsor Vitry enthält das Targum zu allen Haftaras für die Pesachwoche und das Wochenfest (S. 165 bis 171), auch It. hat sie sämtlich mit Targum; es ist unwahrscheinlich, daß nicht zumindest auch noch am Hüttenfest das Targum zum Vortrag kam, so daß sein Fehlen nur durch die Unachtsamkeit der mittelalterlichen Abschreiber verschuldet ward. Rom. und Seph. haben beide das Targum nur für den letzten Pesachtag, Seph. zur üblichen Haftara, deren messianischer Inhalt die Besonderheit rechtfertigt, während Rom. das Debora-Lied (Ri. 5) verwendet, wobei das Targum nur als Fortsetzung der alten Sitte zu erklären ist. Auch zu dem Vortrag des Haftara-Targums wurden Introduktionen verfaßt, deren das Machsor Vitry eine größere Anzahl mitteilt; der Zufall hat es gefügt, daß auch von ihnen eine in Germ. erhalten geblieben ist, יציב פתגם für den zweiten Tag des Wochenfestes. — Eine Eigentümlichkeit von Seph. ist die Übertragung der Haftara zum 9. Ab in die Landessprache, die noch heute in den meisten „portugiesischen" Gemeinden üblich ist; es ging freilich damit so, wie mit dem alten Targum, die Gemeinden behielten die alte Übersetzung bei, obwohl das Portugiesische längst nicht mehr ihre Landessprache und den Gemeindemitgliedern völlig unverständlich ist. Die Landessprache wurde für die Haftara ebenfalls durch die Frankfurter Rabbinerversammlung eingeführt; nach ihren Beschlüssen wird dieselbe in deutschen und amerikanischen Gemeinden vielfach n u r in der Landessprache vorgetragen, auch in manchen Gemeinden, denen diese Reform zu weit ging, wurde neben dem hebräischen Text die deutsche Übertragung eingeführt (vgl. § 26 11, S. 183).

    7. Von den Hagiographen kommt hier zunächst nur das Buch Esther in Betracht; es wurde in Gemeinden, die nicht hebräisch verstanden, in der Landessprache gelesen (קורין אותה ללועזות בלעז Meg. II, 1 vgl. b. 18 a), wo es aber hebräisch gelesen wurde, fand

eine Übertragung nicht statt. Vielleicht wechselten die Anschauungen
in den verschiedenen Zeiten, wenigstens scheinen in der Mischna
zwei entgegengesetzte Meinungen nebeneinander zu stehen. Der
nachtalmudische Traktat Sofrim schreibt für die Vorlesung der
Klagelieder am 9. Ab die Übersetzung vor, „damit die Unkundigen,
die Frauen und Kinder sie verstehen können" (XVIII, 4); ob damit
nur eine aramäische Übersetzung oder eine solche in jede Sprache
empfohlen ist, ist nicht ersichtlich. Die Sitte der Sepharadim, die
Haftara gerade am 9. Ab in die Landessprache zu übertragen (ob.),
scheint hier ihren Ursprung zu haben.

§ 29. Die Schriftauslegung.

Literatur: Zunz, G. V.; Rapaport Art. אגדה in Erech Millin, S. 6 ff.; Bacher,
Exeget. Termin. I, 25 ff., 33 ff., 103 f.; ders., Der Ursprung des Wortes Haggada
in AdT, II. Aufl., S. 451 ff. (*JQR* IV, 406 ff.); Maybaum, Homiletik, S. 1 ff.

Zur Erreichung des Zweckes der Schriftvorlesung, zur Herbeiführung einer eingehenden Kenntnis des Inhalts der Bibel und
zur Verbreitung ihres Verständnisses genügte der bloße Vortrag
in der Landessprache nicht, es mußte auch die s a c h l i c h e E r -
l ä u t e r u n g und Z u s a m m e n f a s s u n g hinzutreten. Bereits bei Esras Vorlesung, auf deren Vorbild wir immer zurück-
zugreifen haben, finden wir Leviten מבינים את העם לתורה, deren
Aufgabe es war, das Volk in der Tora zu unterrichten, das Volk
an den Stoff heranzubringen (Neh. 8 7). Eine ähnliche Aufgabe
teilt die Chronik den Abgesandten des Königs Josaphat zu, „sie
zogen in allen Städten Judas umher und l e h r t e n im Volke"
(וילמדו בעם) II. Chr. 17 9). Die beiden Ausdrücke הבין und למד
sind die ältesten Bezeichnungen, die wir für die gottesdienstliche
Schriftauslegung, die P r e d i g t , haben. למד ist das griechische
διδάσκειν, Philo nennt darum die Synagogen Lehrstätten (διδασ-
καλεῖα) aller Tugenden. Auch im Neuen Testament wird διδάσκειν
für p r e d i g e n gebraucht; die B e r g p r e d i g t z. B. ist eingeleitet mit'den Worten ἐδίδασκεν αὐτούς (Mtth. 5 2), von den
Predigten, die Jesus an den Sabbaten in den Synagogen hielt, gebraucht Markus die Bezeichnung τοῖς σάββασιν ἐδίδασκεν εἰς
τὴν συναγωγήν (1 21), Lukas ἦν δὲ διδάσκων ἐν μιᾷ τῶν συνα-
γωγῶν (11 31), ἦν διδάσκων αὐτοὺς ἐν τοῖς σάββασιν (4 31). למד
und seine Derivate dienen in der Kunstsprache der ältesten jü-

dischen Auslegungsliteratur zur Anknüpfung der Auslegung an den Bibeltext (Bacher). Neben למד tritt in der gleichen Bedeutung הגיד, insbesondere מגיד; diesem Worte verdankt die Bezeichnung Hagada, das wichtigste Element der späteren Predigt, ihren Ursprung.

Eine jüngere Bezeichnung für die Schriftauslegung, die sich aber für alle Zeiten behauptet hat, ist דרש, Esra ist der erste, von dem es in bezug auf die S c h r i f t forschung angewendet wird (Esr. 7 10). Das davon abgeleitete Nomen מדרש bedeutet in der Bibel (II. Chr. 13 22, 24 27) und in den ältesten Traditionsquellen einen größeren Gedankenzusammenhang der Auslegung und Überarbeitung, bei dem die unmittelbare Anknüpfung an die Bibel nicht immer erkennbar ist. Erst aus der Zeit nach dem Untergange des jüdischen Staates wird דרש und מדרש vom öffentlichen Vortrag der Schriftdeutung, von der P r e d i g t , gebraucht. Danach heißt דרשן Prediger, was in der Mischna freilich sich nur an einer Stelle von nicht unbestrittener Echtheit findet (Sota IX, 15).

2. Die Änderung des Sprachgebrauchs hängt wahrscheinlich mit einer Änderung im Verfahren der Schriftauslegung zusammen. Die älteste Schriftauslegung, die Belehrung הבנה in der Zeit Esras, knüpfte unmittelbar an die Vorlesung an, deutete das vorgetragene kurze Stück des Pentateuch, vielleicht fiel sie sogar mit dem Targum zusammen, das in breiter Paraphrase den Inhalt der Schrift wiedergab. Von der Prophetenvorlesung gilt die Bestimmung, daß da, wo ein „Meturgeman" fungiert, die Perikope sehr kurz sein darf, weil offenbar das Targum recht ins weite ging. Ob die Schriftauslegung auf die Vorlesung der Sidra oder der Haftara folgte, und in welchem Falle sie an die eine oder die andere angeschlossen wurde, darüber geben die erhaltenen Quellen keine Auskunft. Das Beispiel einer Schriftauslegung, die unmittelbar an die Haftâra anknüpft, bietet Luk. 4 20 ff. Zweierlei ist jedoch dabei zu berücksichtigen, daß weder die Schriftauslegung stets an die Haftara angeknüpft haben, noch daß der Vorlesende immer zugleich der Prediger gewesen sein kann. Aus Philos Beschreibungen des Gottesdienstes ist zu entnehmen, daß der Brauch n i c h t e i n h e i t l i c h war, daß bald derselbe, der die Schrift vorgetragen hatte, sie auslegte, bald ein anderer unter den „Kundigsten" den Vortrag übernahm. Wie lange die Predigt sich in dieser Weise streng an das Schriftwort gehalten hat, läßt sich nicht mehr ergründen. Mit der Verlängerung

der Perikopen wurde das Gebiet ein weiteres, der zur Auswahl
stehende Stoff ein größerer, die Themen freier und loser mit dem
Text verknüpft. Philos Homilien sind die ältesten Denkmäler der
neuen Art von Schriftauslegung, auch Paulus hält sich in seinen
Ansprachen in den Synagogen in Damaskus (Akt. 9 19) und im pisi-
dischen Antiochien (13 16) nicht an das vorgelesene Textwort. Um
dieselbe Zeit wie in der Diaspora dürfte die neue Gattung der Schriftauslegung sich auch in Palästina verbreitet haben, und wenn Schemaja
und Abtalion, die Zeitgenossen des Herodes, als erste mit dem
Ehrennamen דרשנים גדולים ausgezeichnet werden, so weist das
vielleicht ebenfalls auf den Wechsel hin, der die Predigt damals
zu einem selbständigen Teile des Gottesdienstes machte. Wenn sie
auch immer noch an die vorgelesene Schriftstelle anknüpfte (דרש
בעניינו של יום), so nahm sie doch nur den A u s g a n g s p u n k t
von dort und behandelte ihre Themen f r e i und u n a b h ä n g i g.
In dem neuen Stadium der Entwicklung nahm die ursprünglich
nur b e l e h r e n d e Schriftauslegung mehr oder minder den
Charakter der e r b a u l i c h e n P r e d i g t an; ein wichtiges
Element in ihr wurde der eschatologische Ausblick, mit einem
Trosteszuspruch (נחמה), נחמת ציון ברוך = λόγος παρακλήσεως) pflegten
die Redner zu schließen. Die „Derascha" in diesem Sinne konnte
dann wohl auch gänzlich vom Gottesdienste losgelöst und außerhalb
der Synagoge öffentlich gehalten werden (דרש ברבים). Ein unentbehrlicher Bestandteil des Gottesdienstes war die Predigt nicht;
wo die geeigneten Kräfte fehlten, unterblieb sie, oft genug wird das,
solange Berufsprediger nicht vorhanden waren, der Fall gewesen
sein. Die Predigt fand in der Landessprache statt. Die Art der
Predigten wechselte im Verlaufe der Zeiten nach den wechselvollen
Geschicken des jüdischen Volkes und dem veränderten Geschmack
der Zeiten; es hat Gegenden gegeben, wo sie jahrhundertelang
fast völlig verdrängt war. Die Geschichte der Predigt hat in Leopold
Zunz einen klassischen Bearbeiter gefunden, seinem Werke „Die
gottesdienstlichen Vorträge der Juden" gebührt mit in erster Reihe
das Verdienst, daß im letzten Jahrhundert der Predigt wieder ihre
alte Stellung im Gottesdienste eingeräumt wurde, und daß in den
letzten 70 Jahren die regelmäßig wiederkehrende gottesdienstliche
Belehrung in den jüdischen Gemeinden aller Kulturländer ohne
Unterschied der religiösen Richtung siegreich vorgedrungen, daß

die Predigt in der L a n d e s s p r a c h e wiederum ein integrierender Bestandteil des Sabbat- und Festgottesdienstes geworden ist.

3. Wie alle anderen Funktionen in der Synagoge, konnte ursprünglich auch die Schriftauslegung v o n j e d e m K u n d i g e n
in der Gemeinde ohne Unterschied der Stellung und Abstammung
gehalten werden. Paulus und seine Genossen erscheinen als unbekannte Fremde in Antiochien und werden trotzdem zur Predigt
aufgefordert; in den nicht bedeutenden Diasporagemeinden wird
die gottesdienstliche Belehrung aus Mangel an geeigneten Kräften
oft genug unterblieben und die Rede eines Fremden mit Genugtuung begrüßt worden sein. Später wurde das Predigen die Domäne
der „Schriftgelehrten", der Sabbat wurde geradezu nach dem
Prediger genannt (שבת של מי היתה). Nicht alle Gelehrten waren
in gleicher Weise dazu befähigt, die scharfsinnigen Halachisten
traten hinter den Agadisten an Beliebtheit zurück. Die Predigtkunst war nicht zu allen Zeiten gleich groß. Als ben Soma starb,
herrschte der Eindruck, daß die Predigtkunst versiegt war (Sota,
Ende), sie feierte jedoch, wenn auch vielleicht in anderer Form,
wieder ihre Auferstehung und ist niemals, auch in den trostlosesten
Zeiten nicht, völlig ausgestorben. Aber daran kann kaum ein Zweifel
sein, daß vom zweiten Jahrhunderte an die Predigttätigkeit auf die
berufsmäßigen Kreise beschränkt blieb, der Prediger der amoräischen
Zeit führt den Titel חכם, noch später ist er der Rabbiner. Wenn
gleichzeitig auch die Bezeichnung דרשן sich erhalten hat, wurde
dabei nicht an ein Amt, sondern an die spezifische Art der Tätigkeit, an die besondere Befähigung für agadische Auslegung gedacht.

4. Die Schriftauslegung wurde s i t z e n d vorgetragen. Nachdem Jesus die Prophetenstelle gelesen hatte, schloß er die Rolle
und gab sie dem Diener zurück; er selbst aber setzte sich und begann zu reden (ἐκάϑισεν. ἤρξατο δὲ λέγειν Luk. 4 20 f.). So blieb
es jahrhundertelang, daß der Prediger eine erhöhte Stelle bestieg
עאל ודרש und dort im Sitzen sprach (שהחכם יושב ודורש). In
Babylonien freilich, wo große Volksmassen dem Vortrage lauschten,
sprach der Gelehrte nicht direkt zum Publikum, neben ihm stand
ein Sprecher אמורא, ein Dolmetsch seiner Gedanken מתורגמנא, תורגמן,
ihm übermittelte der Gelehrte halblaut seine leitenden Gedanken
und Belegstellen, der „Turgeman" hatte sie auszuspinnen, in einer

allgemein verständlichen und weithin vernehmbaren Weise dem
Publikum vorzutragen. Das Amt des „Turgeman" war ein sehr
angesehenes, Männer von großem Rufe haben in ihm ihre Laufbahn begonnen. Mit dem Aufhören der babylonischen Amoräer
ist das Amt ausgestorben, seitdem sprach der Prediger wieder direkt
zum Publikum, wobei sich freilich in den großen Synagogen der
Gegenwart oft genug der Mißstand zeigte, daß nicht immer Fähigkeiten, Stimmmittel und Vortragskunst in einem Manne vereinigt
waren.

§ 30. Gebete vor und nach der Schriftvorlesung.

Literatur: Berliner, Randb. I, 28 f., 65 f., II 30 ff.

Den alten Quellen sind besondere Gebete vor, während und
nach der Schriftvorlesung unbekannt, das Herausnehmen und
Zurückstellen der Tora vollzieht sich ohne besondere Feierlichkeit,
die Vorlesung wird durch Gebete nicht unterbrochen. Das ist im
Laufe der Zeit ganz anders geworden, Ausheben und Einheben
der Tora wurden weihevolle Akte mit besonderen Gebeten, die
Vorlesung selbst wurde von Gebeten begleitet, und nach Beendigung
der Vorlesung werden ebenfalls vor dem Einheben der Tora eine
Anzahl Gebete eingefügt. Wir wollen sie in der angegebenen Reihenfolge in ihrer geschichtlichen Entwicklung kennen lernen.

1. Das Ausheben der Tora (הוצאה, יציאה). Es ist in der Mischna
Joma VII 1, Sota VII 1 geschildert, Gebete sind dabei nicht erwähnt, auch der Talmud kennt solche nicht; von den „Frommen
in Jerusalem" wird in einer jüngeren Quelle berichtet, daß sie der
Tora entgegengingen, um sie ehrenvoll zu empfangen (Sof. XIV, 14),
anderweitig wird mitgeteilt, daß die Palästinenser die Tora beim
Einheben und Ausheben, die Babylonier nur beim Einheben feierlich
geleiteten (Chill. Nr. 49). Erst der Traktat Sofrim gibt eine um-
ständliche, freilich nicht ganz klare Beschreibung des Aushebens
und einer umfangreichen Liturgie, die dazu gehört (Sof. XIV, 8—14).
Nach diesem Vorbild erscheint das Ausheben in allen Gebetbüchern
seit Amr. durch Gebete reich ausgeschmückt. Die einzelnen Riten
weisen große Abweichungen auf, aber das Prinzip ist doch überall
dasselbe; hymnische und Bekenntnisverse, zumeist der Bibel entnommen, sollen das Erscheinen der Tora verherrlichen. Es ist nicht
mehr nur das verlesene Wort der Schrift, dem gehuldigt wird, sondern

auch die Tora als solche. Maßgebend für die Ausgestaltung der
Feierlichkeit war, bewußt oder unbewußt, die biblische Erzählung
von der feierlichen Einholung der Bundeslade durch König David
(II. Sam. 6 5, I. Chron. 13 8, 15 28 ff.). Die Liturgie beim Ausheben
zerfällt in d r e i Teile. Zunächst wird eine Gruppe von Bibelversen
v o r dem Ausheben gesprochen; schon in Sof. sind es neun, aber
es wurde später weggelassen und zugesetzt, ganz nach dem Belieben
der Gemeinden. Während es in allen anderen Ländern bei Versgruppen blieb, führte It. für Sabbate und Festtage den für sie bestimmten Psalm שיר ein. Der in Germ. übliche Anfang mit ויהי בנסע
(Num. 10 35) wird im südlichen Frankreich schon um die Mitte des
XIII. Jahrhunderts erwähnt, hat sich aber in Deutschland erst seit
der Mitte des XVI. Jahrhunderts allgemein eingebürgert. Die voraufgehende Gruppe von Bibelversen אין כמוך stammt aus Sof. XIV, 8,
sie war im XIII. Jahrhundert im östlichen Deutschland, jedoch noch
nicht am Rhein üblich, ist aber allmählich auch dort eingedrungen.
Ein Versuch, sie auch in Italien einzuführen, scheiterte an der Scheu
der Gemeinden vor einer unnötigen Verlängerung des Gottesdienstes.
Das A u s h e b e n s e l b s t wird wiederum von einigen Bekenntnis-
versen begleitet. Gemeinsam ist allen Riten Ps. 34 4 גדלו; hingegen
sind die beiden in Sof. XIV, 9, 10 erwähnten Verse שמע und אחד אלהינו
nur in Rom. und Germ. zu finden, in Germ. auch nur an Sabbaten
und Festen, nicht an Wochentagen. Während die Tora zum V o r -
l e s e p u l t getragen wird, kommen hymnische Verse zur Rezitation;
es wird zumeist auch ein Umzug durch das Gotteshaus mit der
Tora veranstaltet, die Zeit seiner Einführung läßt sich nicht feststellen. Der letzte Akt ist endlich die V o r b e r e i t u n g der Tora
f ü r d i e V o r l e s u n g , die ebenfalls von Hymnen begleitet wird.
Sof. XIV, 12 hat dafür das aus der gaonäischen Zeit stammende
על הכל, ein Gebet im Stile des Kaddisch, das jedoch fast nirgends
üblich ist, nur der Schluß חגלה ותראה wird in Germ. und It. zur
Einleitung des „Aufrufens" (S. 170) verwendet. Nach Sof., und
ebenso in Rom. und Seph. wird die Tora vor Beginn der Vorlesung
h o c h g e h o b e n und der Gemeinde gezeigt, worauf sie וזאת
התורה Dt. 4 44 spricht; in Germ. und It. geschieht das Heben (הגבהה)
erst nach dem Vorlesen, in It. sogar erst, nachdem die Tora wieder
völlig geschlossen ist, so daß von dem in Sof. gewünschten Zeigen
der Schrift keine Rede sein kann.

In diesen allgemeinen und überall angenommenen Rahmen
fügten die einzelnen Länder ihre besonderen Gebete ein. So nahm
Germ. unmittelbar vor dem Ausheben das dem Sohar entlehnte
aramäische Stück שמירה בריך auf, das zuerst in italienischen Privat-
gebeten erscheint, nach 1600 in die Ritualien und dann in den Siddur
überging, gemäß dem Beispiel Isaak Lurjas anfangs nur für Sabbate,
dann für jede Toravorlesung. Aus kabbalistischer Quelle stammt
auch der Brauch, an gewissen Tagen beim Ausheben der Tora
die 13 Attribute Gottes (שלש עשרה מדות, Ex. 34 6) zu rezitieren;
die Schule Is. Lurjas führte sie zunächst für den Monat Elul ein,
von da gingen sie auf Neujahr und Versöhnungstag, zuletzt auch
auf die Wallfahrtsfeste über. Nur Germ. hat sie beibehalten, und
zwar für alle Festtage. Noch jünger ist das für die Feiertage an-
geschlossene Stück רבונו של עולם, das zuerst in Nath. Hannovers
שערי ציון, Prag 1662, erschien. Im letzten Jahrhundert ist das letzte
Stück ebenso wie בריך שמירה vielfach weggelassen worden. In zahlreichen Gemeinden wurde neben den alten Versgruppen ein Gebet
in der Landessprache üblich.

Einen besonders feierlichen Charakter hat das Ausheben am
letzten Tage des Hüttenfestes, am Torafeste שמחת תורה, wo der
Schluß des Pentateuchs verlesen wird, wo alle Torarollen ausgehoben
und in festlichem Umzug herumgetragen werden. Zu welcher Zeit
diese Umzüge (הקפות) begonnen haben, können wir nicht mehr
genau bestimmen, gegen Ende des Mittelalters begegnen wir ihnen
in allen Ländern, freilich finden sie nicht überall bei demselben
Gebete statt. Während sie z. B. in Deutschland am Abend und
Morgen gehalten werden, sind sie in sepharadischen Gemeinden
vielfach am Nachmittag üblich. Auch die Liturgien sind nicht
einheitlich, die einfachste hat Germ. Während nämlich alle anderen
Riten kunstvolle Piutim für diesen Anlass verwenden, finden wir
in Germ. vor dem Ausheben eine Vermehrung der Bibelverse und
während der Umzüge nur den schlichten alphabetischen Piut
אנא ד' הושיעה נא. Eine Häufung der Gesänge war darum nötig, weil
die Umzüge unter kabbalistischem Einfluß auf s i e b e n ausgedehnt wurden. Das Torafest wurde mit der Zeit ein Volksfest
in der Synagoge, und die Umzüge wurden für die Zuschauer eine
Art von Volksbelustigung, die in wenig kultivierten Zeiten und
Ländern nicht selten in Ungebühr und Übermut ausartete.

2. Das Einheben der Tora (הכנסה, כניסה). Vom Einheben
der Tora erfahren wir in den alten Quellen überhaupt nichts, auch
Sof. erwähnt es nicht. Erst Amr. spricht davon (מחזירין ספר תורה
למקומו) und berichtet, daß es von Ps. 148 13, 14 וירם . . . יהללו
begleitet wird. Diese Verse sind tatsächlich in allen Riten beibehalten, aber auch überall erweitert worden. Wie beim Ausheben
wurde auch beim Einheben mit der Tora ein Umzug gehalten, und
es waren Gesänge hierfür erforderlich. In Spanien wurden die Verse
aus Amr. nur an Wochentagen gebraucht, an Sabbaten war es schon
um 1100 üblich, neben einer Reihe von Einzelversen Psalm 29
מזמור לדוד und 24 7 ff. (שאו שערים) zu rezitieren; das wurde später
(nach 1600) so verteilt, daß Psalm 29 an Sabbaten, Psalm 24
an anderen Tagen verwendet wurde, und so ist es in Seph. und
Germ. geblieben. In Germ. geht allerdings stets Ps. 148 13 und 14
voraus. Unmittelbar beim Zurückstellen der Tora verwenden alle
Riten die Verse ויהי בנסע ויאמר Num. 10 36 und השיבנו Thr. 5 21,
jedoch alle mit Hinzutun anderer, Germ. hat ובנחה am Anfange,
השיבנו am Ende einer Versgruppe. Die Neuzeit hat vielfach einen
Ersatz des Psalms durch ein Gebet in der Landessprache gebracht.

3. Während der Vorlesung. Es wurde bereits erwähnt, daß
im Laufe der Zeit die Bedeutung und Wertschätzung der Schriftvorlesung sich wesentlich verschob, daß der Nachdruck auf das
Aufrufen und auf die Benediktionen fiel. So kam es auch, daß für
jeden der zur Tora Gerufenen ein Segen (מי שברך) gesprochen wurde.
Der zur Tora Gerufene konnte wiederum seinerseits den Segen für
andere ganz nach seinem Belieben sprechen lassen und pflegte
dafür Geld zu spenden. Das ist eine Einführung des Mittelalters,
die, wie es scheint, aus Frankreich oder Deutschland stammt. Ursprünglich war es nur Sitte, an einem Tage der Wallfahrtsfeste
in der Synagoge für Zwecke der Armenverwaltung Spenden zu
gewähren, was im Anschlusse an die Schriftvorlesung Dt. 16 17 מתנת יד
genannt wurde; in Spanien kannte man den Brauch nur am Torafest. Es dauerte nicht lange, bis der Brauch auf alle Sabbate übertragen wurde; Isak Or Sarua um 1200 sah nichts Störendes mehr
darin. Aller Wahrscheinlichkeit nach haben die Gemeinden die
Einbürgerung des Brauches gefördert, weil ihnen aus diesen freiwilligen Beiträgen eine sehr beträchtliche Einnahmequelle erwuchs,
auf die sie in jenen Zeiten, in denen die Erträgnisse der direkten

Besteuerung durch den Staat in Anspruch genommen wurden, unmöglich verzichten konnten. So verbreitete sich die Sitte des Segens bei der Vorlesung in allen Ländern, in Seph. wurde es sogar üblich, daß der Aufgerufene Gebete für das Seelenheil seiner Anverwandten (השכבה) neben dem Segen für die Lebenden sprechen ließ. Wie es nun einmal das Schicksal solcher Bräuche ist, daß mit der Zeit die Nebensachen zu Hauptsachen werden: in den Augen der Unwissenden wurde der Segen (מי שברך) der wichtigste Teil der Schriftvorlesung. Es ergab sich allmählich die Unsitte, daß das Segensprechen in erschreckender Weise überhand nahm, daß es zu einer übermäßigen Verlängerung des Gottesdienstes führte, die Aufmerksamkeit von der Schriftvorlesung selbst ablenkte und zu allerlei Unfug in der Gemeinde Anlaß lieferte. In den fortgeschrittenen Ländern ist die Unterbrechung der Toravorlesung durch den Segen daher meist längst wieder abgeschafft worden.

Bei feierlichen Gelegenheiten wurde das Aufrufen von besonderen poetischen Introduktionen (רשות), die mitunter sogar recht lang waren, begleitet. Bei Installation der Exilarchen, Geonim, bei Anwesenheit eines Bräutigams und ähnlichen für die Gemeinde wichtigen freudigen Anlässen wurden die Beteiligten unter derartigen Gesängen zur Tora gerufen. Regelmäßig geschah es am Torafeste, wenn die beiden „Bräutigame" (§ 25 5, S. 167) zur Tora gerufen wurden.

4. Nach dem Vorlesen. Die Tora wird nicht unmittelbar nach Beendigung der Vorlesung zurückgestellt; daher konnten auch zwischen die Vorlesung und das Einheben Gebete treten. Sie sind sämtlich dem Talmud und dem Traktat Sofrim noch unbekannt.

a) Wochentage. Betrachten wir zunächst die kurzen Vorlesungen. An Wochentagen geschieht in Germ., It. und Rom. das Einheben unmittelbar nach der Vorlesung, nur die Zeit, die zum Zurollen und Bekleiden der Tora erforderlich ist, bleibt auszufüllen. Zu diesem Zwecke werden am Montag und Donnerstag sowie an Fasttagen einige kurze, mit יהי רצון beginnende Bitten für den Schutz aller Gemeinden Israels gesprochen. Sie sind bereits in Amr. vorhanden. In Seph. hingegen erfolgt das Einheben erst nach der Keduscha de Sidra (§ 10 9, S. 79), so daß das Zurollen in der Zwischenzeit besorgt werden kann und eine Pause nicht entsteht. An den Halbfesten, wo die Bitten wegfallen, entsteht in Germ.

eine Pause im Gottesdienste, in It. wird an diesen Tagen ebenso wie in Seph. verfahren.

Am Sabbat zu Mincha ist in Germ. eine Pause, in It. und Seph. wird Ps. 111 rezitiert. In Rom. wird hinter sämtlichen kurzen Vorlesungen יהי רצון beibehalten.

b) Sabbate. Ganz anders liegen die Dinge am Sabbat. Hier fällt zwar die Veranlassung der Einfügung von Gebeten zum Zwecke der Ausfüllung der Zeit fort, da das Zurollen der Tora während der Vorlesung der Haftara erfolgt, aber es kamen von der gaonäischen Zeit an andere Gebete in großer Zahl hinzu.

1. Ein Segen (מי שברך) für die Anwesenden, wie ihn Rom. enthält, oder für die ganze Gemeinde, wie in Seph. (מי שברך) und Germ. (יקום פורקן II). Damit wurde ferner schon früh der Segen für verdienstvolle und wohltätige Gemeindemitglieder, ein besonderer Segen für diejenigen, welche die Gemeinde oder Synagoge mit Stiftungen bedachten, vereinigt. Jehuda Albarzeloni erklärte sich gegen diese Sitte, aber sie war zu sehr verbreitet, als daß er sie hätte beseitigen können.

2. Ein Segen für die höchsten jüdischen Behörden, die Exilarchen und die Schulhäupter in Babylonien sowie die Gelehrten des Landes. Da das Gebet in Babylonien entstand, ist es in aramäischer Sprache verfaßt (יקום פורקן und דכירין לטב). Beide Gebete um Segen kennt schon die gaonäische Zeit.

Ein Segen für den Landesvater und die Staatsbehörden (הנותן תשועה); er knüpft an Jerem. 297, Esr. 610 an und ist ebenfalls sehr alt, wie die Übereinstimmungen des Textes in Germ. und Seph. beweisen.

4. Nach den Kreuzzügen wurde es in Germ., später auch in It. üblich, der Märtyrer der Gemeinde sowie hervorragender, um die Gesamtheit verdienter Männer zu gedenken (אב הרחמים). Daraus entstand später die Sitte, daß auch einzelne für ihre verstorbenen Angehörigen in der Nähe ihrer Todestage Gebete sprechen ließen (אל מלא רחמים, השכבה ob. S. 202). Besonders an den Sabbaten vor dem Wochenfeste und vor dem 9. Ab wurden die langen Märtyrerlisten der Memorbücher vorgelesen („memern").

5. In Spanien wurde an jedem Sabbat ein langes aramäisches Gebet für in Bedrängnis befindliche Gemeinden gesprochen (מצלאין אנחנא); in anderen Ländern war das nur der Fall, wenn die Nachricht von einer bestimmten drohenden Gefahr zu ihnen gelangt war.

Alle hier genannten Gebete, ihre Fassung und ihre Reihenfolge hingen von lokalen Gebräuchen ab, sie wurden nach Belieben der Gemeinden eingeführt und erweitert oder gekürzt und fortgelassen.

6. Zwei weitere Einschaltungen entstanden aus der Notwendigkeit, die Gemeinden über wichtige kalendarische Ereignisse zu unterrichten, über das Bevorstehen des Neumondes und der Fasttage; sie sind daher auch überall eingeführt worden. In welcher Form das Bevorstehen des Neumondes am vorhergehenden Sabbat verkündet wurde, haben wir oben § 20 1, S. 123 ausführlich dargestellt. Unter ähnlichen Formeln wie der Neumond wurde das Eintreten der historischen F a s t t a g e am vorhergehenden Sabbat angekündigt, an Stelle der beim Neumond üblichen Bitte wird eine andere, die auf Sech. 8 19 Bezug nimmt, gesprochen. Die Ankündigungen der Fasten sind im Laufe der Zeit außer Übung gekommen, nur die Fasten nach den Festen (שני וחמישי ושני § 21, S. 127) werden bisweilen in Form eines Segens für diejenigen, die sie halten (מי שברך), angemeldet.

c) Festtage. An den Festtagen, wofern sie nicht auf den Sabbat fielen, ließ man in Germ. alle obigen Einschaltungen fort, in den anderen Riten wurden sie wie am Sabbat beibehalten. In Deutschland bildete sich die bereits erwähnte Sitte, an den Wallfahrtsfesten den Segen für Verwandte sprechen zu lassen und dafür freiwillige Gaben zu spenden. Am Versöhnungstage hingegen wurde für das Seelenheil der Toten gebetet. Daraus entstand eine besondere Feier (הזכרת נשמות), die in Westdeutschland noch heute n u r am Versöhnungstage stattfindet, im Osten hingegen am letzten Tage aller Feiertage mit Ausnahme des Neujahrsfestes. Am Neujahrstage wiederum wird in allen Riten vor dem Einheben der Tora Schofar geblasen, wobei eine Benediktion vorangeht und einige Bibelverse folgen. Das Schofarblasen an dieser Stelle (תקיעות מיושב) ist nicht das ursprüngliche (vgl. S. 140), aber zumindest seit dem III. Jahrhundert neben dem Blasen während der Tefilla üblich.

d) Einschaltungen besonderer Art brachte das Fest der Torafreude, an ihm wurden besondere Poesien zur Verherrlichung der Tora im Anschlusse an die Vorlesung gesungen. Wenn auch die Erwähnung von אשר בגלל אבות in Amr. nicht ursprünglich ist, so hat doch Saadja das Stück bereits gekannt und in der ihm vorliegenden Fassung verworfen; das in Germ. erhaltene ist, offenbar

unter dem Einflusse seines Widerspruchs, geändert. Im gaonäischen
Zeitalter waren auch andere ähnliche „Hymnen und Verherrlichungen
der Tora" verbreitet. Zur Verherrlichung der Offenbarung gehörte die
Lobpreisung Israels, das die Tora angenommen (אשריכם ישראל), vor
allem aber der Preis Mosis, der, zum Organ der Offenbarung gewählt, des unmittelbaren Verkehrs mit den himmlischen Scharen
und mit der Gottheit selbst gewürdigt war. Die Vorlesung am
Torafeste erzählte vom Tode Mosis; jüngere Targumim und Midraschim schmückten die in ihrer Schlichtheit erhabene Erzählung
dramatisch aus, sie wußten von den letzten Stunden, von den
inneren Kämpfen des Propheten, von seiner Ehrung im Tode, von
seiner Bestattung ausführlich zu erzählen. Auch der Midrasch
vom Tode Mosis (פטירת משה) wurde für den Gottesdienst bearbeitet
und am Torafeste in der Synagoge vorgetragen. Für die synagogalen
Dichter war ein weites Gebiet eröffnet, das sie reich anbauten,
aber nur wenige Stücke des alten Vorrates haben sich durch die
Jahrhunderte erhalten.

Im letzten Jahrhunderte sind alle die zuletzt behandelten Einschaltungen (S. 202 ff.) wesentlich vereinfacht worden. Die beibehaltenen Gebete für den Landesvater, für die Behörden und für
die Gemeinde, die Fürbitte für einzelne Anwesende bei besonderen
Gelegenheiten, die Verkündigung des Neumondes, die Totenfeier haben
in den fortgeschrittenen Ländern Bearbeitungen in der Landessprache
erfahren. Sie werden nicht mehr, wie ehemals, vom Vorbeter, sondern
meist vom Rabbiner vorgetragen, für diese „Agende" ist der Name
„Liturgie" im engeren Sinne üblich geworden.

Kap. IV. Die synagogale Poesie.

§ 31. Allgemeines.

Literatur: Dukes L., Zur Kenntnis der neuhebräischen religiösen Poesie; Zunz L., G. V.², S. 395b, Synagogale Poesie, S. 60 ff.; Duschak, S. 224 ff.; Perles J., Beiträge zur Geschichte der hebräischen und aramäischen Studien, S. 63 ff. J.E. Art. Piyyuṭ X, 65 ff.; Pizmon, das. 68.

1. Die bisher behandelten Gebete bezeichnet man als S t a m m -
g e b e t e; sie sind s ä m t l i c h e n Gebetbüchern gemeinsam, auch
ihr Text ist, abgesehen von den durch die Reformbewegung unserer
Tage eingeführten Änderungen, im großen und ganzen überall derselbe.
Es sind die im Talmud bereits bekannten, in der Zeit unmittelbar
nach Abschluß des Talmuds erweiterten und ausgearbeiteten Gebete; sie sind infolgedessen allgemein angenommen und als verbind-
liche Gebete anerkannt worden, gewissermaßen als הלכה, sie galten
als מטבעה של תפלה, als der von den alten Lehrern zusammengestellte
Gebetsinhalt, von dem nicht abgewichen werden durfte.

Bei aller Verehrung für die Tradition jedoch ließ der religiöse
Sinn des jüdischen Volkes sich nicht in die Fessel eines überlieferten
Gebetes schlagen, er forderte zu allen Zeiten das Recht der selbstständigen Betätigung, die Freiheit, auch die eigene Frömmigkeit
zum Ausdrucke zu bringen, eine persönliche — oder sagen wir besser —
zeitgenössische Note den überkommenen Formen hinzuzufügen. So
trat neben das feststehende, überlieferte Gebet ein bewegliches Element, dessen Aufnahme und Verwertung im Gottesdienste dem Belieben der Gemeinden überlassen war (רשות). Die religiösen Bedürfnisse, die Neigungen, der Geschmack der verschiedenen Länder
und Zeitalter haben auf seine Gestaltung eingewirkt, die Kultur der
Umgebung, die politischen und sozialen Verhältnisse haben seine
Bedeutung erhöht oder vermindert, den ihm gegönnten Raum erweitert oder beschränkt; mitunter beherrschte es die gesamte Liturgie, anderwärts wiederum wurde es stark zurückgedrängt. Schon

in denjenigen Gebeten, die dem Kriat Schma vorangehen (§§ 11. 12),
und in denen, die der Tefilla folgen (§ 10), haben wir solche beweglichen
Elemente des Gottesdienstes kennen gelernt, aber auch sie waren noch
früh genug vorhanden, um allgemeine Anerkennung zu finden. Hier
jedoch wollen wir von denen berichten, die einer jüngeren Zeit ihre
Entstehung verdanken. Es waren religiöse Gesänge, die die Erweiterung des Gebetes bildeten, sie hießen daher auch, wie die biblischen
Psalmen, שירים, was Zunz durch s y n a g o g a l e P o e s i e wiedergegeben hat. Meist waren im Hebräischen andere Namen dafür gebräuchlich, sie entsprechen den Kulturkreisen, unter deren Einfluß die
Dichtungen entstanden; der eine פיוט stammt aus dem Griechischen,
er weist auf die byzantinische, der andere חזנות aus dem Arabischen,
er führt in die islamische Epoche.

2. פייטן, פייטנא vom griechischen ποιητής, kommt als Bezeichnung
für Verfasser von Poesien in Kunstform schon im Midrasch vor; als
charakteristisches Merkmal seiner Tätigkeit werden Kompositionen
mit zu Ende geführten oder in der Mitte abgebrochenen alphabetischen Akrostichen genannt; הדין פייטנא כד עביד אלפא ביתא זמנין
מחסל לה רזמנין דלית מיחסל לה (Cant. rab. I, 7 zu 11). Aus dem Worte
פייטן wird ein Verbum פיוט gebildet und im Piel und Pual flektiert,
als wäre es ein hebräischer Stamm (מפייט, יפייט, תחנות מפוייטות,
מתחילין לפייט). Am häufigsten aber wird das davon abgeleitete Nomen
פיוט gebraucht. Das Targ. jer. zu II. Kön. 3 15 gibt das hebräische
נגן singen durch פייט wieder. Unter Piut versteht man zunächst j e d e
A r t von Poesie, Sabbatai Donolo (X. Jahrhundert) z. B. nennt das
gesamte Exordium seines Jezira-Kommentars einen Piut; hauptsächlich aber wird der Name als Bezeichnung für die r e l i g i ö s e n
Dichtungen verwandt, die an die Stammgebete angehängt oder in die
Stammgebete eingeschaltet werden. Zusammen mit Piut kommt
ein bisher noch nicht befriedigend erklärtes Wort טיירי für Dichtungen vor; auch hiervon wurde ein Stamm טיד, טוד abgeleitet und, als
wäre er rein hebräisch, flektiert. Das Targum jer. zu II. Sam. 6 16
gibt מפזז durch טדויר wieder, wahrscheinlich ist das Wort wie פיוט
griechischen Ursprungs und von ἄδω, ᾠδή abzuleiten. Es kommt
stets mit פיוט zusammen vor, einmal sogar als Gegensatz dazu und soll
a k r o s t i c h i s c h e D i c h t u n g bedeuten.

3. חזנות, arab. חזאנה wird nicht so häufig wie Piut, dafür aber
früher und im Orient, in der Heimat der synagogalen Poesie, ver-

wendet. Die Werke der ältesten uns bekannten Piutdichter werden
unter diesem Namen zusammengefaßt, sie kommen als Werke mit
und ohne Kommentar bis ins XIII. Jahrhundert in Bücherlisten
unter der Bezeichnung חזאנה vor. Ein arabischer Autor unterscheidet
ausdrücklich die Chisana von den Pflichtgebeten, in die sie eingeschoben werden (§ 39). Das Wort ist nicht so lange im Gebrauche
geblieben wie Piut, ist aber für die Erkenntnis der Anfänge der synagogalen Dichtungen, wie wir sehen werden, von außerordentlicher
Bedeutung.

4. Eine weitere allgemeine, wenn auch meist in engerer Bedeutung verwandte Bezeichnung ist פזמון, von einem Verbum פזם
abgeleitet, das in angeblich palästinischen Targumim zu Ex. 15 21
und Hi 31 als Übertragung von ענה (ורתען), im Midrasch in der Bedeutung von חביבות Wohlgefallen gebraucht wird und offenbar
mit ψαλμός zusammen hängt. Das Wort bezeichnet ursprünglich
s t r o p h i s c h   g e g l i e d e r t e ,   g e r e i m t e   H y m n e n überhaupt, später aber nur mit R e f r a i n versehene, und zwar entweder
die ganzen Stücke oder auch die Refrainzeile allein. Augustin schickt
einem seiner Lieder einen Vers voraus, der dann hinter jeder Strophe
wiederholt wird, und nennt die Dichtung H y p o p s a l m a . Das
wäre ein ganz ähnlicher Sprachgebrauch, wie er sich in jüdischen
Kreisen herausgebildet hat. Im späteren Mittelalter wird an Stelle
des Refrains auch die laute Antistrophe פזמון genannt. Wenn פזמון
auch zumeist als Bezeichnung für Refrainpoesien auftritt, so kommt
es doch auch als allgemeine Benennung für synagogale Poesien ohne
Unterschied vor.

Ihrem Inhalte nach zerfällt die synagogale Poesie in zwei Gruppen,
in hymnische und in elegische Dichtungen, die wir, dem Beispiele von
Zunz folgend, als P i u t und S e l i c h a unterscheiden.

§ 32. Der Piut.

Literatur: Dukes, das.; Zunz, das., Brody H. und Albrecht K., Die
neuhebräische Dichterschule der spanisch-arabischen Epoche; JE das.
sowie die Artikel: ʿAbodah I, 75 f., Azharot II, 368 ff., Ḳerobot VII, 468 ff.,
Yozerot XII, 622 f.

1. Von Haus aus bezeichnet Piut, wie wir gesehen haben, jede
Art liturgischer Poesie. Der Sprachgebrauch hat sich jedoch so entwickelt, daß nur die Poesien h y m n i s c h e n Charakters, Lob-

und Danklieder, sie mögen allgemeinen Inhalt haben, sie mögen an
die Natur oder an die Geschichte anknüpfen, P i u t genannt werden.
Der Name Piut dient als Bezeichnung der Gattung, für die einzelnen
Arten der Poesien gibt es besondere Benennungen, die zum Teil von
der äußeren Form hergenommen sind, meistens aber dem Inhalte des
Gedichtes oder seinem Platze in der Liturgie entsprechen.

2. Die von der äußeren Form entlehnten sind die allgemeineren
Bezeichnungen, sie können für jedes Stück, welches auch sein Inhalt
oder seine Stellung im Gebete sein mag, verwendet werden; sie sind
mehreren Sprachen entnommen und weisen auf die verschiedenen
Kulturkreise hin, von denen die synagogalen Dichter beeinflußt
wurden. Wir verzeichnen hier nur die wichtigsten und am häufigsten
vorkommenden Namen:

a) אלפבטא, plur. אלפביטין, auch in פיביטא abgekürzt, wird
ganz allgemein für jede Art alphabetischer Dichtung verwendet.

b) רהיט, רהוטה, plur. רהיטים Riegel oder Balken; so hießen ursprünglich Bibelworte und Versteile, die zur Einfassung von Poesien
dienten; dann übertrug man die Bezeichnung auf die Stücke selbst,
die solche Einfassungen enthielten, oder auf Poesien, die in kurzen
Sätzen ein Bibelwort variieren. Statt רהיט findet man bisweilen דרמוש,
das griechische δρόμος Läufer, was sich ebenfalls auf den variierten
Kehrvers bezieht, aber auch auf Stücke, die rasch, ohne Melodie zum
Vortrage kamen, übertragen wurde.

c) מושח Muwaschschach, eine der arabischen Poesie entlehnte
Form von Gedichten, sogenannte G ü r t e l r e i m e; dem Gedichte
geht ein Vers als Thema voran, mit dem sämtliche Strophenschlüsse
reimen. Derartige Poesien finden sich nur bei spanischen Dichtern.

d) קיקלר, wahrscheinlich lat. circulare; der Name ist darum
gewählt, weil die Bibelverse am Schlusse jeder Strophe stets mit
demselben Worte enden, dieses also die ganze Poesie u m k r e i s t.
Solche Poesien kommen ebenfalls nur bei spanischen Dichtern vor.

e) עסטריוטא, wahrscheinlich vom altspanischen estribot, estrambot
herzuleiten, ebenfalls eine Art Refrainlied.

3. Einige Namen sind von der Stellung der Poesien hergenommen.
Der verbreitetste ist רשות, womit die Einleitung zu allen möglichen
Poesien bezeichnet wird. Es ist entweder die Einführung für das
Gebet oder für den Dichter, der sich damit der Gemeinde vorstellt;
im letzteren Falle sagt man genauer נטילת רשות. Statt רשות gebraucht

man auch פתיחה oder in arabischer Sprache מקדמה. Auch מחרך (vgl.
S. 211) scheint eine ähnliche Bedeutung zu haben. Wie am Anfang
stehende, so haben die Poesien am Ende besondere Namen; größere abschließende Poesien nennt man סלוק Finale, für kürzere ist כרוג Anhang oder גמר Abschluß gebräuchlich.

4. Für die Benennung nach dem Inhalte war die Bestimmung
der Poesien innerhalb der Liturgie maßgebend. Hauptsächlich werden
Piutim an zwei Stellen im Gebete verwendet, bei den zum Schma
gehörigen Benediktionen und der Tefilla.

I. Die Piutim für die Benediktionen des Schma:

A. Im Morgengebete.

Im Morgengebete der Sabbate und Festtage sind die Benediktionen
des Schma mit poetischen Einschaltungen versehen, die man zu-
sammenfassend יוצר plur. יוצרות nennt. In der ältesten Zeit bestanden
die Jozer-Poesien aus folgenden d r e i Stücken:

a) יוצר, so genannt nach dem Anfange der ersten Benediktion
יוצר אור (oben S. 17), auf den die Einschaltung folgt. Die älteste
Dichtung dieser Art ist das in It. an jedem Sabbat, in Germ. nur in
Verbindung mit einem Jozer gebräuchliche אור עולם אוצר חיים אורות
מאפל אמר ויהי. Das Thema des Jozer ist meist die Schöpfungsgeschichte, die Strophen oder deren Refrain schließen häufig mit קדוש.

b) אופן, unmittelbar vor והאופנים (oben S. 67), an dessen Stelle
dann allerdings das wahrscheinlich aus Palästina stammende והחיות
ישוררו tritt. Gegenstand dieses Piut ist, seinem Platze im Gebete entsprechend, die Schilderung der Keduscha der Engel.

c) זולת, unmittelbar vor עזרת אבתינו (oben S. 23), schließt an
אין אלהים זולרך an und spricht die Hoffnung auf bessere Zeiten aus,
nicht selten wird an gegenwärtige Leiden angeknüpft. Das vorhergehende Stück על הראשונים erhält, wo ein Sulat eingeschaltet ist, die
kurze Fassung des palästinischen Ritus (oben S. 23).

Der hier geschilderte Aufbau ist der einfachste, der vorkommt; er
kann jedoch beträchtlich erweitert werden, indem auch hinter b)
und c) noch einige Dichtungen eingefügt werden, so

b α) מאורה anknüpfend an יוצר המאורות (oben S. 20),

b β) אהבה vor באהבה ישר׳ הבוחר בעמו (oben S. 21),

c α) מי כמכה vor dem gleichen Verse aus dem Schilfmeerliede
(oben S. 23),

c β) ד׳ מלכנו in den Riten, die diese Worte vor ד׳ ימלך haben (oben S. 24), endlich

c γ) גאולה unmittelbar vor גאל ישראל, wobei in Germ. dann wiederum die palästinische Formel בגלל אבות (oben S. 23) zur Verwendung kommt. Der Inhalt der letztgenannten Stücke ist meist die Liebe Gottes zu Israel, oder sie behandeln einzelne Gebote und die daraus geschöpfte Hoffnung auf Gottes Gnade. In solcher Vollständigkeit finden sich die Zutaten zum Jozer, יוצרות, wie man die Stücke auch alle zusammen nennt, höchst selten, meistens nur bei spanischen Dichtern. Sie müssen auch nicht alle zusammen stehen, es kommt häufig vor, daß nur einzelne, wie מאורה oder אהבה für einen Festtag oder einen Sabbat bearbeitet sind.

Die spanischen Dichter der Blütezeit haben auch schon v o r dem Jozer mit ihren Einschaltungen begonnen, sie schickten dem ברכו und dem voraufgehenden קדיש je eine Introduktion, רשות voran. Ja, sie haben auch das Stück, welches an Sabbaten und Festen zum Abschlusse der Psalmen dient und irrtümlich zum Jozer gerechnet wurde, נשמת (oben S. 113), ebenfalls vielfach bearbeitet.

Die Kompositionen zu נשמת zerfallen in folgende Teile:

a) Introduktionen, die entweder den hebräischen Namen רשות לנשמת führen oder den arabischen מְחַרֵּךְ, der dasselbe bedeutet. Die Form der erhaltenen מחרך ist derart, daß den Poesien ein Leitvers voraufgeht, mit dessen letztem Worte alle Strophenschlüsse reimen. Vielfach stehen beide, רשות und מחרך nebeneinander.

b) נשמת plur. נשמתים, d. h. Poesien, in denen jede Strophe mit dem Worte נשמת beginnt; sie werden nach dem ersten Absatze von נשמת vor den Worten אלו פינו מלא שירה כים vorgetragen, haben in der Regel diese Worte auch am Schlusse der letzten Strophe, jedoch ist die Echtheit der Schlußstrophen angefochten, sie sind meist erst jüngere Zusätze.

c) אלו פינו, müßte dasselbe bedeuten wie b), die Poesien beginnen mit מודים, dem letzten voraufgehenden Worte von נשמת; vielleicht stammen aus den אלו פינו-Gedichten die soeben erwähnten unechten letzten Strophen der נשמת-Lieder.

d) כל עצמתי und e) מי כמוך, beide anknüpfend an den Anfang und das Ende des Verses Ps. 35 10, soweit er in נשמת zitiert ist. Auch zu f) המלך היושב und g) שוכן עד gibt es Dichtungen, die aber keinen besonderen Namen führen. Der Inhalt all der hier genannten Stücke ist hymnisch, sie nehmen zumeist Bezug auf die Bedeutung des Tages, für die sie gedichtet sind, ihre Form ist in der Regel dieselbe wie die des מחרך.

Ein Bild von der Reichhaltigkeit der נשמת- und יוצר-Poesien, die Jehuda ha Levi verfaßt hat, gibt die Probe bei Brody und Albrecht Nr. 88—103, S. 100 ff.

B. Im Abendgebete.

Den Joz'rot im Morgengebete entsprechen die Poesien, die an Feiertagen, einst auch an Sabbaten, in das Abendgebet eingeschaltet werden. Die ganze Gruppe heißt מעריבים, מעריבות, seit 1600 etwa מערבות, besondere Namen für die einzelnen Stücke sind nicht bekannt. Die Kompositionen sind derart, daß zu jedem Absatze im Stammgebete eine kurze Poesie gehört. Es gehen demnach z w e i dem שמע voran, die eine vor המעריב ערבים, die andere vor אוהב עמו ישראל (oben S. 101). Hinter dem שמע folgen v i e r Stücke, eines vor מי כמכה, eines vor ד׳ ימלך, eines vor גאל ישראל, eines vor הפורש סכת שלום, wobei wiederum zu beachten ist, daß in Verbindung mit Piut hier überall die Schlußworte der palästinischen Rezension dieser Gebete (weiter S. 267) verwendet werden. Zu den sechs, gewöhnlich recht kurzen Poesien gesellt sich noch eine längere; vor מי כמכה nämlich geht der kurzen in der Regel eine größere Poesie mit einfachem oder doppeltem Alphabete und mit Refrain voraus. Vielfach ist auch vor das letzte Stück (vor הפורש) eine längere Auseinandersetzung halachischen Inhalts in Prosa eingeschoben, die בכור oder תוספת בכור heißt — im deutschen Ritus ist nur zum zweiten Abend des Pesach ein solcher Zusatz in das Machsor aufgenommen. Auch an Introduktionen zu Maarib (רשות למעריב) hat es nicht gefehlt. Maaribim wurden zu allen Festen ohne Ausnahme gedichtet, wenn sie auch nicht für alle Feste gleichmäßig im Gebrauch geblieben sind. Im Orient besaß man solche Dichtungen sogar für ausgezeichnete Sabbate. Spanische Dichter haben sie nie bearbeitet, sie haben auch in Seph. niemals Eingang gefunden.

II. Die für die Tefilla bestimmten Poesien.

A. Keroba.

Der zusammenfassende Name für die in die Tefilla eingeschalteten Poesien ist קרובה oder קרובות. Das Wort ist von קרובא ab-

geleitet, der Bezeichnung für den Vorbeter, der die Tefilla vortrug,
ihn nennt auch der Midrasch דקרב חזנא ההוא. Mißverständlich
wurde statt קרובות vermittels der für die altfranzösische Pluralendung
es gebräuchlichen Umschreibung das Wort קרובץ gesetzt und als
Memorialwort aus den Anfangsbuchstaben des Verses Ps. 118 15 קול
צדיקים באהלי וישועה רנה hergeleitet. Auch das ganze Gebetbuch für
die Festtage wurde, da es die Keroba enthielt, bisweilen mit dem
gleichen Namen קרובץ genannt. Kerobas gibt es für ausgezeichnete
Wochentage, für Sabbate und Festtage. An Wochentagen wird dann
in jedes Stück der Tefilla ein Piut eingeschaltet. Die Kerobas für
Wochentage stammen sämtlich aus der alten Zeit und den orientalischen Ländern, in denen die palästinische Rezension der Tefilla verwendet wurde; sie bestehen daher aus achtzehn Stücken und heißen
auch עשרה שמנה. Je nach der Bedeutung des Tages, für den sie bestimmt sind, werden die Kerobas bei einer Benediktion erweitert —
eine Art von המאורע מעין (oben S. 57), am 9. Ab z. B. bei XIV ולירושלים,
an den anderen Fasttagen bei XII ולמלשינים. An den Sabbaten und
Festen sind die Kerobas auf sieben Teile beschränkt und heißen dementsprechend שבעתא; sie werden nur beim Musafgebete verwendet.
Beim Morgengebete ist die Keroba, auch שחרית oder תמיד genannt,
nur für die ersten drei Benediktionen der Tefilla und für die Einleitung
zur Keduscha des Vorbeters bearbeitet; sie zerfällt in folgende Teile:

a) רשות oder רשות רשות, נטילת eine Introduktion, mit der der Dichter
sich bei der Gemeinde einführt; die alte Introduktion beginnt מסוד
חכמים ונבונים, später aber genügte sie den Dichtern, namentlich denen
in Frankreich und Deutschland, nicht mehr, sie verfaßten neue, die
sie den Poesien voranschickten.

b) מגן, vor der Eulogie zu אבות, an den hohen Feiertagen vor
זכרנו (oben S. 43), besteht aus zwei Stücken, dem eigentlichen Piut
und einer Schlußstrophe. Das Piutstück schließt mit dem Hinweise
auf die Perikope des Tages ככתוב, woran sich eine Anzahl anderer
Verse anreiht. Mit dem letzten Worte des zuletzt erwähnten Verses
beginnt dann ein kurzer Schluß, der zur Benediktion (החתימה מעין)
überleitet, er heißt סלוק Finale; die spanischen Dichter nennen den
Schluß כרוג, sie lassen die verbindenden Bibelverse fort.

c) מחיה, vor der Eulogie zu גבורות bezw. vor מי כמוך (oben
S. 44 ff.), ist genau in derselben Art gebaut wie das מגן.

d) משלש vor der dritten Benediktion, d. h. vor Einschaltung

der Keduscha (קדושה משלשת, wovon der Name משלש), klingt ebenfalls in Bibelverse aus, deren letzte regelmäßig ימלך (Ps. 146 10) und ואתה קדוש (Ps. 22 4) sind. Hier fällt die Schlußstrophe fort, weil eine größere Anzahl von Piutim sich daran anreiht. Bei den älteren Paitanim knüpfen die Stücke b)—d) an die Geschichte je eines der drei Erzväter an, erst hinter d) wird auf das Thema des Festes näher eingegangen. Auf d) folgen bei den älteren Paitanim gewöhnlich noch vier Stücke:

e) fängt mit אל נא an und schließt mit חי וקים נורא מרום וקדוש;

f) ein hagadisch geschichtliches Stück, auf das אל נא לעולם תוערץ folgt, wahrscheinlich der Überrest einer alphabetischen Poesie Jannais (§ 40), der da, wo e) fehlte, als Ersatz eingelegt wurde;

g) eine Poesie, deren Strophen mit קדוש schlossen oder den Inhalt der Toralektion behandelten;

h) סלוק, ein langes Finale mit der Überschrift ובכן לך תעלה קדשה כי אתה וגר'; es bildet den Übergang zur Keduscha, ist meist in Prosaform abgefaßt und erzählenden Inhalts, wird daher auch ספירת מעשים genannt. Die spanischen Dichter lassen h) unmittelbar auf d) folgen, sie fügen dafür häufig eine besondere Poesie mit dem Namen קדושה an. Je nach dem Charakter des Sabbats oder Festes, für die die Poesien bestimmt sind, können Erweiterungen eintreten, bei den Spaniern z. B. werden Pismon und Selicha eingeschoben. Beispiele solcher vollständigen Kompositionen in Amr. II, 43 b ff., Brody, Diwan des Jehuda ha Levi III, 240 ff.; ältere paitanische Kerobot im deutschen Machsor zu jedem zweiten Feiertage.

An einzelnen Festen erfährt die Keroba eine weitere Ausgestaltung, die durch die Toravorlesung bedingt ist. Am Wochenfeste, wo der Dekalog, am Schlußfeste des Pesach, wo das Schilfmeerlied die Perikope bildet, ist vor das Finale h) eine Anzahl Piutim eingefügt, die die einzelnen Sätze der Perikope begleiten und meist mit einem Piut zum Einheitsbekenntnis abschließen. Derartige Kompositionen heißen רהוטה, רהיט (oben S. 209).

Eine besondere Art der Keroba ist für das Musaf des ersten Tages des Pesach- und des achten des Hüttenfestes bestimmt, an denen um Tau (תפלת טל) und Regen (תפלת גשם) gebetet wurde (oben S. 44); sie reichen nur bis zur Mitte der zweiten Benediktion, bis zu משיב הרוח, d. h. bis zu derjenigen Stelle am Anfange der Tefilla, an der die Einschaltung für Tau oder Regen erfolgt. Es hat mehrere solche Kom-

positionen gegeben, aber nur diejenigen Kalirs sind, soweit unsere
Kenntnis reicht, wirklich im Gottesdienste verwendet worden. Sie
enthalten zunächst zwei Fünfzeiler, von denen der eine vor מגן אברהם,
der andere unmittelbar nach אתה גבור eingeschaltet wird; an den
zweiten schließen sich vier lange alphabetische Stücke an, von denen
das erste eine Art רשות ist; das zweite (א״ב) und dritte (תשר״ק) bieten
einen historischen Überblick über die biblischen Wunder von Tau
und Regen, in beiden enden die Strophen mit entsprechenden Bibelversen (ככתוב); das vierte besteht aus 22 Strophen von doppelten
Vierzeilern, immer zwei Strophen sind der Bitte um Tau und Regen
für je einen Monat gewidmet, eine knüpft an den Namen des Monats,
die andere an sein Sternbild im Tierkreise und an die zwölf Stämme an;
das ganze endlich wird abgeschlossen durch eine kurzgefaßte Bitte
um Tau bezw. Regen, die in שאתה הוא ד׳ א׳ משיב הרוח וגו׳ aus-
klingt. Die Keroba für טל und גשם bringen nur Rom. und Germ.;
wahrscheinlich enthielt sie einst auch It., wo heute nur ihre aller-
letzten Sätze noch Verwendung finden. Seph. hat ebenfalls Piutim
und Bitten für die beiden Festtage (תקון הטל והגשם), aber sie werden
vor der Musaftefilla beim Einheben der Tora gesprochen.

Wie beim Jozer nicht jedesmal sämtliche Poesien, vielmehr mitunter nur einige von den Dichtern verfaßt und von den Gemeinden
verwendet wurden, so gibt es auch bei der Keroba vereinzelte Piut-
stücke zu bestimmten Benediktionen. It. z. B. hat im Musafgebete
der Wallfahrtsfeste vor dem Schlusse Poesien, die gemäß dem Ende
der Tefilla שים שלום oder עושה שלום heißen; spanische Dichter haben
sie häufig bearbeitet. Auch die Keduscha fand poetische Bearbeitung.
Genau genommen sind die verbindenden Texte zwischen den Versen
ebenfalls bereits piutartig. Neben diesen ständigen Zusätzen, die
vermöge ihres Alters geradezu als zur Keduscha gehörig betrachtet
werden, gab es ausführliche Einlagen, die die Keduscha unterbrachen;
sie sind nur für die beiden ernsten Feste erhalten. Häufig an Festen,
bei besonderen Gelegenheiten auch an Sabbaten werden in Germ.
hinter אני ד׳ אלהיכם einige Verse eingeschaltet, die mit אלהיכם anfangen und davon den Namen führen.

B. Sonstige Einschaltungen in die Tefilla.

a) An den beiden ernsten Festen (§ 24) sind die Kerobas durch
zahlreiche Rehitim aller Art erweitert. Sie schließen ferner mit der

Keduscha nicht ab, auch zwischen die Verse der Keduscha sind längere
Poesien eingeschoben. Am Musaf beider Feste, am Versöhnungstage
auch zu Schacharis, folgen selbst hinter der Keduscha noch Poesien,
ehe mit der Wiederholung der Tefilla ובכן תן פחדך fortgefahren werden
kann. Soweit könnte man die Piutim noch als Fortsetzung der Keroba
gelten lassen, an beiden Festen folgen jedoch zu Musaf noch andere
Einschaltungen, die aus dem Rahmen der Keroba herausfallen und
älter sind als sie. Es geht ihnen auch eine besondere Einleitung voraus
אוחילה לאל (in Germ. sogar eine doppelte, denn auch היה עם פיפיות
ist eine solche). Sie entspricht dem רשות, mit dem der Paitan sich
einführte (oben S. 213); während er aber mit den anderen Introduktionen sich die Erlaubnis der Gemeinde erbittet, haben wir hier ein
Gebet an Gott um die richtige Eingebung bei dem nun folgenden Vortrage vor uns.

b) Am Neujahrsfeste werden damit die Poesien zu den drei
speziellen Benediktionen der Tefilla מלכיות זכרונות שופרות eingeleitet; sie unterbrechen den Tefillatext nicht, wie die Keroba es tut,
gehen vielmehr den einleitenden Gebetstücken אתה נגלית, אתה זוכר, על כן
voraus. Sie behandeln den Inhalt der drei Gebete, beleuchten ihn
durch Beispiele aus der biblischen Geschichte, sind auch äußerlich
so gebaut, daß jede Strophe mit einem auf den Inhalt der drei Gebete
bezüglichen Worte (שופר, זכרון, מלכות) schließt. Auf jede Strophe
folgt ein Bibelvers, zum Teil sind es dieselben wie später im Gebete.
Die Poesien heißen, wie die zugehörigen Gebete, תקיעות, תקיעתא. Erhalten haben sie sich nur in Germ., von den anderen Riten hat nur
noch It. einen poetischen Zusatz, je einen Pismon zu זכרונות und שופרות,
der die Bitte unterbricht. Gemeinsam ist allen Riten das auf das
Schofarblasen jedesmal folgende kurze היום הרת עולם; Germ. und Rom.
haben außerdem ארשת שפתינו, gewissermaßen ein Epilog zu jedem der
drei Gebete.

c) Am Versöhnungstage haben wir es zunächst in allen Tefillas
mit einer Verbindung von Keroba und Selicha zu tun, von der § 33 die
Rede sein wird. Außerdem ist ihm die A b o d a eigentümlich, eine
Darstellung des Kultus, welchen der Hohepriester im Tempel zu Jerusalem verrichtete. Die סדר עבודה stehen heute nur im Musaf, einst
aber wurden sie auch zu Schacharis und Mincha verwendet. Die
Dichtungen haben mit der Tefilla keine innere Verknüpfung, nur die
äußere Verbindung, daß sie während ihrer Wiederholung, kurz vor

Beendigung der mittleren Benediktion zum Vortrage gelangen. Schon im Talmud wird vom Vortrag einer Aboda durch den Vorbeter berichtet; die älteste erst kürzlich bekannt gewordene Fassung folgte ziemlich getreu dem Wortlaut der Mischna und gab im Anschlusse an sie die Reihe der Bekenntnisse und Opferhandlungen wieder. Die späteren sind p o e t i s c h bearbeitet; so verschieden sie im einzelnen sein mögen, so sind sie doch sämtlich nach einem und demselben Schema gearbeitet, das offenbar auf ein recht altes Vorbild, wahrscheinlich das in Seph. übliche אתה כוננת, zurückgeht. An den Bericht der Mischna über den Tempelkultus am Versöhnungstage wird die dramatisch belebte Darstellung jenes Kultus angeschlossen. Vorauf geht eine Einleitung, die mit der Weltschöpfung beginnt, die wichtigsten Momente der biblischen Geschichte bis zur Erwählung des Priesterstammes bespricht und damit auf den Dienst des Hohenpriesters kommt. Auf die Aboda folgt neben einem Gebete um Segen für das kommende Jahr die Schilderung der Pracht des Tempeldienstes und des Glanzes der Hohenpriester sowie die Klage darüber, daß all diese Herrlichkeit entschwunden ist. Manche Dichter haben die Aboda mehrfach bearbeitet, die meisten schicken ihr einen eigenen Prolog (רשות לס׳ עבודה) voraus, einige haben auch Prologe zu den Abodas anderer verfaßt. Jeder der bekannten Riten hat eine andere Dichtung aufgenommen und dadurch vor dem Untergange bewahrt. Die Zahl der erhaltenen bildet jedoch nur den allerkleinsten Teil der einst vorhandenen Abodas; in den Handschriften der Genisa haben sich zahlreiche Fragmente gefunden, die ahnen lassen, welche Anziehungskraft der Stoff auf die Gemeinden und auf die Dichter ausübte. In neuerer Zeit sind an die Stelle der piutischen Abodas vielfach Bearbeitungen in der Landessprache getreten; nur das alte Sündenbekenntnis wurde hebräisch beibehalten.

Die spanischen Dichter pflegten auch für den Morgengottesdienst des Versöhnungstages Piutim zu bearbeiten, in denen sie im Anschlusse an die Toravorlesung (Lev. Kap. 16) die Opferhandlungen des Hohenpriesters beschrieben; sie nannten sie ebenfalls סדר עבודה.

d) Der Stellung der Aboda im Gebete und ihrem Charakter als Lehrgedicht kommen die Asharot (אזהרות) am nächsten, die Aufzählungen der „613 Gebote und Verbote" der Tora (תרי״ג מצות), die für das Fest der Offenbarung bestimmt sind. Das Wort אזהרות bezeichnet im Talmud nur die Verbote, die Übertragung auf sämtliche

Vorschriften, positive und negative, beruht auf dem Anfange des ältesten liturgischen Stückes dieser Art אזהרת ראשית. Die Zahl 613 geht auf eine hagadische Äußerung R. Simlais (um 200) zurück (b. Makk. 23b) und ist seitdem allgemein festgehalten worden; es sind unzählige Versuche gemacht worden, sie durch Aufzählung der einzelnen Gesetze zu rechtfertigen, eine folgerichtige, einwandfreie Zählung ist jedoch bisher noch niemals geglückt. Die Asharot machten ursprünglich nur ganz allgemeine Angaben über die Vorschriften der Tora, später aber boten sie die Aufzählungen selbst; zunächst, ohne Gebote und Verbote zu unterscheiden, zuletzt so, daß die 248 Gebote und die 365 Verbote in zwei getrennten Gruppen geboten wurden. Saadja ordnete sämtliche Vorschriften in die zehn Worte des Dekalogs ein, und sein Beispiel wurde vielfach befolgt; es gibt Asharot, in denen zusammengehörige Gesetze nebeneinander gereiht sind, aber auch solche ohne jede Ordnung, wie אתה הנחלת in Germ., dessen Regellosigkeit von jeher Staunen erregt hat. Die Asharot können in Form einer Schibata (oben S. 213) in die Musaftefilla eingearbeitet werden, wie Saadja an einer außerordentlich mühsam verfaßten, schwer verständlichen Poesie gezeigt hat. Das ist jedoch der seltenere Fall; in der Regel sind sie, wie die Abodas, unabhängig von der Tefilla, aber darauf berechnet, bei der Wiederholung der Musaftefilla nach den Opferversen (oben S. 134) eingeschaltet zu werden. Ursprünglich sind es ganz trockene Aufzählungen, später werden sie poetisch ausgeschmückt und belebt; die Einleitungen und Übergänge wurden besonders kunstvoll bearbeitet. Am Schlusse der Asharot ist die Verbindung mit dem Gebete durch eine poetische Überleitung אז שש מאות gegeben, sie ist weit und in so entlegenen Ländern verbreitet, daß sie als recht alt gelten darf. In einigen Riten werden die Asharot nicht in der Musaftefilla, sondern vor dem Minchagottesdienste, in manchen sogar an dem Sabbat, der dem Wochenfeste voraufgeht, gelesen. Auch die Verteilung der Asharot auf die beiden Tage des Festes ist verschieden. Den Asharot schicken einige Dichter ebenfalls Prologe (פתיחה, פזמון) voraus, in denen sie sich freier bewegen und ihren Gedanken in poetischem Schwunge Ausdruck geben konnten.

In übertragenem Sinne wird die Bezeichnung אזהרות im späteren Mittelalter auch auf solche Piutim angewandt, die nur ein einzelnes Gebot, aber nach allen seinen Seiten hin, oder alle zu einem Festtage gehörigen Gebote eingehend behandelten. Sie wurden an den Sab-

baten verwendet, die einem Feste vorausgingen, und wurden mit der
הכרזה, der Ankündigung des Festes כד גזרו רבתינו המכבדים (oben
S. 123) verbunden; besonders gilt das von den Wallfahrtsfesten, die
ihnen vorausgehenden Sabbate haben mit der Zeit alle drei den Namen
der „große Sabbat" שבת הגדול erhalten.

e) Die dem Sukkotfeste eigentümlichen Poesien stehen außerhalb der Tefilla, folgen ihr jedoch unmittelbar. Sie heißen Hoschanot
הושענות. Der Name hat eine ganze Geschichte. Zu den Bräuchen des
Hüttenfestes gehörten im Tempel zu Jerusalem die feierlichen Umzüge mit den Bachweiden. „An jedem Tage umkreiste man den
Altar einmal, am siebenten aber siebenmal"; bei den Umzügen wurde
Ps. 118 25 אנא ד' הושיעה נא, nach anderen Berichten eine mystische
Variation hiervon אני והו הושיעה נא gesungen (Sukk. IV, 4). Von
dem Refrain הושיעה נא oder vielmehr seiner apokopierten Form הושענא
hat schon im Talmud der Feststrauß bezw. die Bachweide den Namen
הושענא (b. das. 30 b f.). Der siebente Tag des Hüttenfestes, für den
das Gebot der Bachweide in erster Reihe galt, heißt in der Mischna
יום שביעי של ערבה, im Midrasch und im nachtalmudischen Schrifttum
aber auch יום הושענא. Nach der Zerstörung des Tempels hörten
die Prozessionen auf, die zugehörigen Gebete aber wurden auch in
der Synagoge beibehalten. Auch für die Prozessionen wurde ein
Ersatz geschaffen, eine Torarolle wurde ausgehoben und um sie herum
der Umzug veranstaltet, an den ersten sechs Tagen ein- oder auch
dreimal, am siebenten siebenmal. Nur am Sabbat fiel der Umzug fort;
der siebente Tag durfte deshalb niemals ein Sabbat sein. Im Kalender
waren besondere Bestimmungen, um das Zusammentreffen zu verhindern.
Im Mittelalter schwankte man auf Grund einer talmudischen Kontroverse (b. das. 43 a), ob man mit dem Feststrauße oder der Weide in der
Hand den Umzug vollziehen sollte; seit Jahrhunderten geschieht es nur
mit dem Feststrauße, obwohl alle Gründe für die Weide sprechen.

Die ältesten Berichte über die Umzüge und Gebete reichen in die
gaonäische Zeit zurück. Nach Schluß der Musaftefilla begann der
Vorbeter הושענא, die Gemeinde wiederholte es, worauf der Vorbeter
die Bitte um Hilfe in ausführlicherer Fassung noch einmal vortrug.
Am siebenten Tage wurden die kurzen Hauschano-Rufe variiert und
siebenmal wiederholt. Wahrscheinlich wuchsen sich die Hauschano-
Rufe frühzeitig zu kleinen Litaneien aus. In der gaonäischen Epoche
ist es bereits allgemein üblich, poetische Stücke vorzutragen, die das

הושענא zum Refrain haben; Saadja erklärt in seinen Tagen ihre Zahl
als unübersehbar. Die Poesien waren alphabetisch abgefaßt, man
spricht daher von אלפא ביתא או שנים, einem oder zwei Alphabeten, die
eingeschaltet und vorgetragen werden, man nennt sie aber auch ganz allgemein פרקים oder mit dem für Piutim überhaupt üblichen Namen
פזמונים. Der Inhalt der poetischen Stücke muß sehr verschieden
gewesen sein, vielfach waren es Hymnen und man nannte sie דברי שבח
ופיוטים, auch שבח והודאה, anderswo waren es Bitten und man redete von
דברי בקשה oder תחנונים. Zuletzt aber wurde für alle hier verwendeten
Poesien der Name eingeführt, der vom Refrain hergenommen ist, sie
heißen allgemein הושענות. Während der Name auf die Poesien überging, trat der Refrain zurück und wurde schließlich nur noch am
Anfang und Ende gesprochen. Neben den alphabetischen Hoschanot
mit dem Refrain הושענא, von denen er täglich zwei verwendet, kennt
Saadja und nach ihm Seph. je noch eine dritte Einlage mit dem Anfange אנא, deren Inhalt der Zahl der Tage angepaßt ist; der ständig
wiederkehrende Refrain lautet תבנה ציון ברנה והעלינו לתוכה בשמחה;
am siebenten Tage, wo drei Alphabete gesungen werden, lautet der
Refrain נהדרך בד׳ מצות ונמליכך ביום ערבה, jedoch ist auch dieser
Kehrvers mit der Zeit verloren gegangen, Seph. kennt ihn nicht mehr.
In Germ., Rom. und It. ist die Hoschanot-Ordnung Kalirs üblich;
danach wird zunächst ein alphabetisches Stück mit dem Refrain הושענא,
dann ein zweites mit dem Refrain כהושעת . . . כן הושיעה נא vorgetragen. Das zweite ist an allen Tagen das gleiche, die ersten wechseln;
am siebenten Tage werden sie alle vereint und um eine größere Anzahl
poetischer Stücke vermehrt. Die Hoschanot in Seph. sind vom litaneiartigen Charakter bereits sehr entfernt, die kalirischen der anderen
Riten weniger. In Seph. wurde die ganze Anlage auch dadurch ver-
wickelter, daß dem Hoschanotfeste der Charakter eines Bußtages beigelegt und Bußgebete mit den Hoschanot vereint wurden. Auch für
den Sabbattag, an dem kein Umzug stattfindet, wurden trotz anfänglicher Opposition hiergegen Hoschanot gedichtet. Der Inhalt der
Hoschanot ist vorwiegend die Bitte um ein gesegnetes Jahr, woran
sich häufig die Bitte um die künftige Erlösung anschloß. Nach einem
Berichte der Halachot Gedolot wären in Palästina (?) auch nach dem
Minchagebete Hoschanot üblich gewesen. Im zehnten und elften
Jahrhundert scheinen in Jerusalem Umzüge um den Ölberg gehalten
worden zu sein, zu denen zahlreiche Fromme von weit her pilgerten.

III. Sonstige Piutim.

Auch außerhalb von Jozer und Tefilla fand der Piut vielfach Verwendung, so vor allem bei der T o r a v o r l e s u n g. Man verfaßte besondere Hymnen, שבחות, für die Tora, insbesondere für die Vorlesung ausgewählter Stücke, wie des Dekalogs oder des Schilfmeerliedes, Introduktionen in hebräischer oder aramäischer Sprache zur Vorlesung oder zum Targum (oben S. 191, 193). Ebenso gab es besondere Begrüßungen für die Hochzeitswoche, für Beschneidungen und ähnliche Gelegenheiten, wenn die daran Beteiligten beim Gottesdienst erschienen, es gab auch Begrüßungen für alle an einem Festtage zur Tora Gerufenen. Am Tage der Torafreude wurde eine große Anzahl von Hymnen nach Schluß der Vorlesung vorgetragen. Eine besondere Zutat für diesen Tag bildet die Erzählung vom Tode Mosis פטירת משה. Der Midrasch gleichen Namens wurde weiter ausgeschmückt und in Verse gebracht, die Poesien wurden entweder am Vormittage oder, wo man den Gottesdienst nicht allzu lange ausdehnen wollte, vor Mincha vorgetragen. „Überhaupt umrankte der Piut im Verlauf der Zeit das gesamte religiöse Leben, so wie jede Stelle im Gottesdienste; er blieb nicht in der Synagoge allein, er besuchte auch die Familien, war bei ihnen an den Sabbatmahlzeiten, bei dem Abschiede des Sabbat, in den Festlichkeiten wie bei der Trauer des Hauses, Geburten und Leichenzüge begleitend."

§ 33. Die Selicha.

Literatur: Dukes, Zunz, Brody und Albrecht das.; Hamburger Suppl. II, 90 ff.; *J E*. Art. Seliḥah XI, 170 ff.; Ḳinah VII. 498 ff.

1. Verstehen wir unter Piut alle Arten von Hymnen, so bezeichnen wir mit Selicha E l e g i e n , die B u ß g e b e t e , S ü n d e n - b e k e n n t n i s s e , K l a g e n nebst den damit verbundenen Bitten und Hoffnungen. Die Selicha ist, ganz allgemein ausgedrückt, das Gebet der Fasttage und der dem großen Fasten des Versöhnungstages als Vorbereitung dienenden Tage. Das Wort Selicha hat seine Geschichte, die zugleich die Geschichte der Institution ist. Selicha bedeutet Verzeihung, die Vergebung von Sünden, die bei Gott zu finden ist (Ps. 130 4), die von seiner Barmherzigkeit (רחמים) erfleht wird (Dan. 9 9). Gott hat den Menschen die Sündenvergebung verheißen und ihnen den Weg gewiesen, auf dem sie sie finden können. Er hat sie das B u ß g e b e t gelehrt, das niemals ungehört verhallt; auf das Wort „Hilf, o Gott"

antwortet er, so oft wir ihn anrufen (Ps. 20 10). Solche Gebete um Verzeihung nennt der Midrasch סדרי סליחה (T. d. B. El. S., p. 42); dadurch wurde der Ausdruck S e l i c h a in das Gebiet des Gebets übertragen. Besonders die d r e i z e h n E i g e n s c h a f t e n , שלש עשרה מדות, die Mose bei der Überreichung der zweiten steinernen Tafeln geoffenbart wurden (Ex. 34 6, 7), führen den Namen סדר סליחה; sie sind ein altes Erbgut und, wie ihre häufige Anführung in den biblischen Schriften zeigt, stark verbreitet gewesen. „Gott lehrte Moses, sie zu beten; so oft Israel sündigt, soll es vor mir nach dieser Ordnung beten, und ich vergebe ihm seine Sünden" (b. R. h Sch. 17 b). In bezug auf die dreizehn Eigenschaften ist ein Bund geschlossen (ברית כרותה לשלוש עשרה מדות), daß sie nicht wirkungslos bleiben (das.). Diese Auffassung des Talmuds erklärt es, daß die dreizehn Eigenschaften der Kern aller Gebete um Sündenvergebung wurden, sie bilden noch heute den ständig wiederkehrenden Refrain aller Bußgebete. Die Bibelstelle ד׳ ד׳ אל רחום וחנון konnte im Gebete nicht unvermittelt rezitiert werden, darum wurde ihr eine Einleitung beigegeben, die die Verwendung der dreizehn Eigenschaften im Gebete im Sinne des Talmuds begründet (אל הוררתנו, הורת לנו). Sie wurde später, aber immerhin in so frühen Jahrhunderten (V. oder VI.?), daß alle Riten es annehmen konnten, durch die Anfügung des bekannten אל מלך יושב erweitert.

2. Das Gebet um Vergebung hatte nur dann einen Sinn, wenn ein B e k e n n t n i s voranging, und zwar neben dem traditionellen Sündenbekenntnisse, das zu jeder Fastenliturgie gehört, eine Schilderung der menschlichen Sündhaftigkeit und Schwäche einerseits, der Vollkommenheit und Gnade Gottes anderseits. In der Fastenliturgie bot sich ein Vorbild hierfür; man knüpfte an biblische Gebete, in erster Reihe an die mit Bekenntnissen verbundenen in Daniel und Esra an, man stellte Bibelverse zusammen oder rezitierte Bußpsalmen, durch die die Verzeihung erfleht werden sollte. Man nannte dies alles פסוקי רצוי סליחה, wofür aber bald kurz סליחה gesagt wurde. In den Selichot bei Amr., besonders in den Handschriften, sowie in denen von It. und Rom. kann man noch heute die wichtige Rolle erkennen, welche die Bibelstellen hier einmal hatten, kann man feststellen, daß sie es waren, die als „Selicha" bezeichnet wurden. Man merkt ganz deutlich, daß sie nach bestimmten Gesichtspunkten gruppiert sind; es steht z. B. eine Anzahl Verse mit אל, eine Anzahl mit טוב, mit הביטה

und anderen Worten zusammen, oder dasselbe Wort, mit dem ein Vers schließt, eröffnet den neuen (z. B. ‏שומע תפלה. שומע תפלה‎ ‏(כי אתה‎), — Zunz hat einige Dutzend solcher Stichworte verzeichnet — kurz, es sind Anhaltspunkte für den Hörer und Beter vorhanden, nach denen er dem Gebete des Vorbeters zu folgen oder zu respondieren vermag. War nicht immer gleich ein für den Anfang passender Bibelvers vorhanden, so wurden ganz schlichte Introduktionen in biblischen Ausdrücken verfaßt, wie ‏כי על רחמיך הרבים‎ oder ‏לא בחסד ולא במעשים‎ oder ‏מה נאמר לפניך, לך ד׳ הצדקה‎ usw., an die dann die Verse anschlossen.

3. Den natürlichen Abschluß des Bekenntnisses bildete eine Bitte um Hilfe, um Änderung des gegenwärtigen unheilvollen Zustandes. Die Bitte bestand aus Litaneien einfachster Art ‏אלהינו בשמים‎ ‏יהמו רחמיך עלינו‎ u. s. f., aus einer Anzahl Anrufungen mit der Einleitung ‏חטאנו לפניך‎ mit ‏אבינו מלכנו‎, mit ‏אלהינו (ש)בשמים‎, ‏רחם עלינו‎ oder ... ‏עשה למען‎ u. a. Die Fastenliturgie der Mischna bietet schon das Beispiel einer derartigen Litanei unter Berufung auf biblische Persönlichkeiten und die ihnen gewordene Errettung ‏מי‎ ‏שענה ... הוא יענה‎; selbstredend gingen auch solche Litaneien in die Selichagebete über, sie beginnen mit ‏כעניית, מי שענה‎ oder aramäisch ‏רחמנא אדכר לן‎. All die Litaneien wurden mit der Zeit erweitert, mitunter später wieder verkürzt; die einfachste Art der Erweiterung war die durch alphabetische Bearbeitung (‏ענינו אבינו, ענינו בוראנו‎, ‏גאלנו, עשה למען אמתך, בריתך, גדלך‎). Zu den älteren hebräischen traten ferner aramäische Litaneien ‏רחמנא חטאן‎ u. a.; Reste von ihnen sind in den Selichasammlungen erhalten geblieben. Wie sie selbst in den Handschriften ‏תחנות‎ heißen, so sehen wir auch in den Tachanunim (oben S. 76 ff.) noch Teile der alten Selicha vor uns. Aus derart einfachen Elementen waren die alten Selichot zusammengesetzt, sie waren wahrscheinlich für alle Fasttage — und nur an ihnen wurden sie verwendet — gleich. In Germ. finden wir für die spät eingeführten Fasten am Rüsttage des Neumonds (oben S. 124) Selichas, die den alten Mustern ziemlich nahe kommen.

4. Das alte schlichte Material an Bußgebeten reichte für die Bedürfnisse und den Geschmack späterer Zeiten nicht mehr aus. Als der Piut wachsender Beliebtheit sich erfreute und immer weitere Verbreitung fand, als alle Gebete mit poetischen Ausschmückungen

bereichert wurden, konnte auch die Selicha nicht leer ausgehen. Es entstanden zunächst einfache, schmucklose, aber tief empfundene, später kompliziertere Dichtungen, bei denen die Künstelei den Inhalt vielfach beeinträchtigte. In der äußeren Form, Sprache und Darstellungsweise unterscheiden sie sich in nichts von den Piutim; nur ihr Inhalt konnte nicht so mannigfaltig sein, er mußte sich auf die elegischen Themen beschränken, die zum Bußgebete paßten, auf Ausführungen über die Sündhaftigkeit, Schwäche und Vergänglichkeit der Menschen, auf Klagen über die entschwundene einstige Herrlichkeit, über Druck und Verfolgung, auf Bitten um gnadenreiche Vergebung, um Niederwerfung der Dränger, um Befreiung und Verwirklichung der messianischen Hoffnung. Alle diese Themen waren nicht ausschließliches Gebiet der Selicha, sie konnten im Piut ebenfalls bearbeitet werden, aber während für den Piut auch sämtliche anderen religiösen Fragen zu Gebote standen, war die Selicha auf die genannten beschränkt; die poetische Selicha war nur eine Gattung des Piut.

5. Damit die poetischen Stücke eingeführt werden konnten, wurde der überlieferte Bestand, die Bibelverse und Litaneien, in Gruppen geteilt, zwischen sie wurden die poetischen Stücke eingeschoben. Sie wurden mit Rücksicht auf die ihnen zugewiesene Stelle abgefaßt, paßten sich den Versgruppen im Inhalte oder in den Anfangsworten an, in Rom. z. B. finden wir Poesien zu ידדו לד׳ (Ps. 107 8), zu ואני ברב חסדך (Ps. 5 8) u. a. m. (סדר פסוק על מסודרות סליחות).

Ein bekanntes Beispiel ist Gabirols שופט כל הארץ, das an Verse mit שופט, deren letzter Gen. 18 25 mit dem Schlusse השופט כל הארץ usw. ist, anknüpft. Anfangs benannte man die eingeschalteten poetischen Stücke פזמון, später aber nannte man sie alle סליחה, plur. סליחות, und behielt den Namen Pismon für diejenigen Selichas vor, die einen Refrain hatten, während die anderen nach ihrer Stellung oder ihrem Inhalte besondere Namen erhielten, die weiterhin besprochen werden sollen. Die Verse bezeichnete man im Gegensatz dazu mit dem Namen פסוקים oder פסוקי רחמים. Die Selichas im alten Sinne, die Verse und Litaneien, stellten das feste, die poetischen Stücke das bewegliche Element dar, es gab über ihre Aufnahme keine Vorschrift, sie wurden dem augenblicklichen Bedürfnisse überlassen ואומר סליחות כפי צורך השעה. In Rom. und It. blieben die poetischen Einschaltungen von den alten Selichas getrennt. In It. sind sie nicht einmal in das Gebetbuch aufgenommen, ihre Einschaltung war dem Belieben des

Vorbeters überlassen (ואומר סליחה כרצון החזן), der sie wahrscheinlich
in einer besonderen Sammlung vor sich hatte. In Rom. folgt auf das
vollständig gegebene Bußritual eine Sammlung poetischer Stücke
zur Auswahl, die je nach der Sitte der Gemeinde eingeschaltet werden
können. Ähnlich war es wohl in Seph., wo nicht allzu viele poetische
Stücke eingefügt werden. Ganz anders hingegen gestaltete es sich in
Deutschland und Frankreich. Hier überwogen die poetischen Einfügungen, die Versgruppen traten hinter ihnen zurück, sie wurden
mehr und mehr verkürzt, von den Gemeinden zum großen Teil überhaupt nicht beachtet, so daß in diesen Ländern unter Selicha lediglich
die poetischen Stücke verstanden wurden, von denen schon im XII.
Jahrhundert umfangreiche Sammlungen vorkommen.

6. Noch eine andere Änderung erfuhr die Selichaordnung.
Ursprünglich war sie nur für F a s t t a g e bestimmt. Die Fasttage
waren verschiedener Art, Gedenktage oder Gelegenheitsfasten. Die
letzteren wurden bei Regenmangel oder anderen Kalamitäten eingesetzt, denn jedes Unglück galt als Folge der Sünde, und Sünde er-
heischte Sühne. Die Liturgie für solche Fasten, wie sie in ihren Umrissen in der Mischna gegeben ist, wurde im Orient lange beibehalten,
jedoch hie und da durch poetische Stücke bereichert. An den historischen Fasttagen verwendete man in Palästina Kerobot, so daß nach
Poesien innerhalb der Selicha kein Bedürfnis mehr vorlag. In Babylonien hingegen, wo Kerobot nicht beliebt waren, wurden, wie bei den
Regenfasten der Mischna, innerhalb der Tefilla bei VI סלח לנו Selichas eingefügt; den poetischen Einlagen fiel dabei die Aufgabe zu,
die Begebenheit, die dem Fasttage zugrunde lag, zu behandeln. Diese
Art der Ausgestaltung des Fasttagsgottesdienstes wurde die ver-
breitetere. Die Zahl der historischen Gedenktage wuchs stark an,
da man Todestage berühmter Persönlichkeiten oder Unglückstage
aus den biblischen Büchern und der späteren Geschichte ihrem Datum
nach festlegte und als Fasttage ansetzte. Freilich wurden solche Tage
weder allgemein noch lange Zeit hindurch beobachtet, ebenso wenig
wie die Fasttage, welche einzelne Fromme und, ihrem Beispiele folgend,
ganze Gemeinden sich auferlegten. Bestehen blieben neben den biblischen Fasttagen (§§ 21, 22) die Fasten nach dem Pesach- und Sukkotfeste, die jedoch auf Montag und Donnerstag verlegt wurden, an
denen ohnehin viele fasteten. Dazu trat die große Zahl der lokalen
Gedenktage, eine Folge des traurigen Verlaufs der jüdischen Ge-

schichte. Metzeleien und Vertreibungen prägten sich den Gemeinden als trübe Erinnerungen ein, die Daten des Martyriums wurden von den Überlebenden und den nachkommenden Geschlechtern als Fasttage begangen. Zunz hat zuerst ein reichhaltiges Verzeichnis solcher Gedenktage zusammengestellt, das wiederholt durch Daten aus älterer und neuerer Zeit vielfach vermehrt wurde. Wo ein Fasttag stattfand, gehörten Selichas zur Liturgie; sie wurden nach dem alten Ritual gebetet, den poetischen Einlagen diente die Gelegenheit, welche die Einrichtung des Fastens veranlaßt hatte, zum Vorwurf; die Selichas für diese Tage haben das Quellenmaterial für die Geschichte der Judenverfolgungen geliefert.

7. Unter den Fasttagen nimmt der Versöhnungstag eine besondere Stellung ein, er ist Festtag und Fasttag zugleich, beides gelangt in den poetischen Einlagen für die Tefilla zum Ausdruck. An ihm wird nach Amr. vom Vorbeter eine Verbindung von Keroba und Selicha in die Tefilla eingefügt, d. h. einige Piutim zu den ersten drei Tefilla-Benediktionen, die dem Belieben überlassen sind, und die Selichas, die zu den Pflichtgebeten des Tages חובת הירום gehören. Amr. nennt eine solche Komposition מעמד, näher bestimmt מעמד שיש בו רצוי וסליחה. Die spanischen Dichter pflegten solche Kompositionen zum Versöhnungstage zu verfassen, die beides enthielten, Keroba und Selicha, in denen die Selicha organisch in die einzelnen Abteilungen der Keroba hineingearbeitet war. Charisi nennt Josef ibn Abitur den ersten unter den spanischen Dichtern, der ein מעמד ליום הכפורים verfaßt hat. Vom Fasten des Versöhnungstages nun wurde die Bezeichnung in Spanien auf alle Fasttage übertragen, und so nennt Charisi z. B. Gabirols Fasttagskompositionen ebenfalls מעמד הצומות. In den anderen Riten war zwar weder der Name noch die organische Verbindung von Piut und poetischer Selicha üblich, jedoch wurden vor Schluß der Tefilla, vor אר״א מחול לעוונותינו ebenfalls Selichot eingefügt und dabei das Sündenbekenntnis vorweggenommen (oben S. 152).

8. In allen erwähnten Fällen handelte es sich um Fasttage, und die Selicha fiel nicht aus ihrem gewohnten Rahmen, sie wurde innerhalb oder unmittelbar nach der Tefilla vorgetragen. Eine neue Art von Selicha kam für die Zeit, die dem Versöhnungstage vorausgeht, auf. Zunächst für die Bußtage (oben S. 148), die schon früh vielfach als Fasttage begangen wurden. An einigen von ihnen jedoch, am Neu-

jahrsfeste und am Sabbat, mußte das Fasten unterlassen werden,
da fasteten die Frommen zum Ersatz bereits v i e r Tage v o r dem
Neujahrsfeste. Mit der Zeit wurde die Zahl der Tage noch erweitert,
es gab Leute, die bereits am 1. Elul mit dem Fasten begannen, d. h.
vierzig Tage vor dem Versöhnungstage, entsprechend der Zeit, die
Mose vor dem Empfange der zweiten steinernen Tafeln und der Offenbarung der dreizehn Eigenschaften auf dem Sinai zuzubringen hatte
(Dt. 10 10). An sämtlichen Tagen nun, die in einer Gegend als Fasttage bestimmt waren, wurden auch die Bußgebete verrichtet, סליחות
ודברי תחנה ובקשה; da die zuletztgenannten in die Zeit fallen, die vorzugsweise für die Sündenvergebung bestimmt ist, nannte man sie die
Selichatage (ימי סליחות) schlechthin. Ihre Zahl ist in den einzelnen
Ländern verschieden; es gibt noch heute Gegenden, in denen am 1. Elul
mit den Selichot begonnen wird, hierzulande werden sie am Sonntag
vor dem Neujahrsfeste, bezw., wenn dies auf Montag oder Dienstag
trifft, schon am Sonntag vorher aufgenommen, so daß, da die Sabbate
ausfallen, vor dem Neujahrsfeste vier bis höchstens neun, nach ihm
sechs Tage in Frage kommen. An den „Selichatagen" beginnen die
Gebete vor Tagesanbruch (משכימין לסליחות), hier und da sogar schon
zu Mitternacht, man nannte sie daher אשמרות oder לילי אשמרות.
Wie die Fasttagskompositionen führen sie auch den Titel מעמד. Das
Fasten galt nicht als allgemein verbindlich. Die Selichaordnung ist
an diesen Tagen unabhängig vom Fasten, sie konnte auch nicht in die
Tefilla eingefügt werden, denn der Gottesdienst wurde des Nachts,
ohne Verbindung mit einem der täglichen Gebete, gehalten. Die
Selichot sind daher an diesen Tagen anders eingeleitet wie an Fasttagen, sie beginnen an ihnen nicht, wie an den Fasttagen, mit סלח לנו,
sondern mit Ps. 145, mit אשרי, sowie mit einer langen Versgruppe
לך ד' הצדקה und gehen erst dann auf אל ארך אפים über. Gerade für diese
Selichatage bis zum Versöhnungstage einschließlich — bei Amr. sind
auch die beiden Neujahrsnächte mit Selicha-Gottesdienst bedacht —
ist die Zahl der poetischen Selichas ziemlich groß, weit größer als für
die Fasttage. Alle Riten besitzen ein reiches Material von (poetischen)
Selichas für diese Tage, welches genügt, um Wiederholungen unnötig
zu machen; das Machsor Tripolis besitzt sogar für d r e i u n d -
z w a n z i g Tage im Elul Selichas von der Hand e i n e s Dichters,
Isaak ibn Gajjat. Besonders wurden die erste Nacht und der Rüsttag
zum Neujahrsfest ausgezeichnet, am Rüsttage zum Versöhnungsfeste

hingegen wurde mit Rücksicht auf die zahlreichen Gebete des folgenden Tages ihre Zahl beschränkt, indes sind die Bräuche da nach Ländern und Gemeinden sehr verschieden. Die Auswahl der poetischen Selichas war völlig frei und willkürlich, nicht einmal an diejenigen Regeln gebunden, die für Inhalt oder Reihenfolge der Piutim maßgebend waren, darum ist die Verschiedenheit der Riten in bezug auf die Selichasammlungen noch größer als in den Piutim.

Wie unter den Piutim, so gibt es auch unter den Selichas besondere Gruppen, deren Namen vom Inhalt, von ihrer äußeren Form oder ihrer Stellung unter den Gebeten hergenommen sind.

A. Nach der Stellung heißen a) die zuerst eingeschalteten poetischen Selichas פתיחה, Eröffnung; bei Amr. heißt die meist kurze Einleitungsselicha גמר. b) Die letzten heißen bei Amr. מיושב, weil sie an das Tachanun, bei dem der Vorbeter s i t z t , anschließen; in It. begegnen wir der Bezeichnung תחנה מיושבת.

B. Nach der poetischen Form unterscheiden wir:

a) פזמון, die mit einem R e f r a i n versehene Selicha (oben S. 208), wobei der Refrain sowohl aus einer ganzen S t r o p h e wie aus einer Z e i l e bestehen kann. In der deutschen Selichasammlung ist der Pismon in der Regel die letzte der poetischen Selichas oder wenigstens die letzte vor einem zweiten סלחתי כדברך ד׳ ויאמר. Im Orient hieß auch der Refrain als solcher פזמון, in Amr. häufig abgekürzt פז׳.

b) מסתאגיב. Die aus dem Arabischen stammende Bezeichnung bedeutet das wiederkehrende, scil. Reimwort. Dem Gedichte ist ein Bibelwort, ein ganzer Vers oder nur ein Teil, vorangeschickt (in der Regel ein Vers aus der nächsten Gruppe), mit dem die Strophenschlüsse das letzte Wort oder ein darauf reimendes gemeinsam haben. Diese Dichtungen finden sich nur bei spanischen Dichtern.

c) שניה und d) שלישיה sind Bezeichnungen für zwei- bezw. dreizeilige poetische Selichas.

e) שלמונית, vollständige, heißen vierzeilige Selichas. Die Mehrzahl der mit diesem Namen bezeichneten Selichas stammt von Salomo ha Babli in Rom; man war daher versucht, die Benennung von seinem Namen שלמה herzuleiten, jedoch fehlt es auch nicht an Vertretern dieser Gattung, die andere Namen führen.

f) חטאנו Selichas mit dem Refrain צורנו חטאנו; ihr Inhalt handelt meist vom Martyrium des jüdischen Volkes oder auserlesenen Blutzeugen, insbesondere den „zehn Märtyrern".

C. Vom Inhalte sind folgende Namen genommen:

a) תוכחה, eine Selbstanklage, in Amr.'s Sammlung gewöhnlich die erste Selicha nach der Einleitung. Die poetische Form ist so, daß gewöhnlich, ähnlich wie beim Mustegab, ein Vers gewissermaßen als Leitmotiv vorangeht, freilich mit dem Unterschiede, daß er nicht wiederholt wird. Die spanischen Dichter haben die Tochecha dem Maamad einverleibt.

b) בקשה, Bitte, nicht immer poetisch, vielfach ausführliche Gebete in Prosa mit dem Anfange אדני oder אנא, gehört eher zum Maamad als zur Selicha.

c) גזרות, Darstellung der blutigen Verfolgungen und der freiwilligen Hinopferung des Lebens durch die Gläubigen, fast nur in Frankreich und Deutschland bearbeitet.

d) עקדה, die Erinnerung an die Opferung Isaaks. Schon in der Litanei für die Fasttage wird auf die Erhörung Abrahams am Berge Moria verwiesen. Die Selicha-Dichter haben das Thema der hingebungsvollen Opferwilligkeit von Vater und Sohn tausendfältig bearbeitet; der naheliegende Hinweis auf die täglich sich erneuernde Bereitwilligkeit der Väter und Mütter, mit ihren Kindern für Gott zu sterben, bildet den elegischen Ausgang dieser Dichtungen. Die Spanier haben auch die Akeda oft mit der Keroba verbunden und zwar meist mit dem Mechaje, in dem nach dem Herkommen vom Erzvater Isaak gehandelt wurde (oben S. 213).

e) תחנה Fürbitte, berührt die Beziehungen zwischen Gott und dem Volke Israel. Zur Wahl des Namens trug jedoch auch die Stellung der Selicha bei, die, stets in Verbindung mit dem Tachanun (oben S. 223), das den Abschluß der Bußliturgie bildet, eingeschaltet wird. In der Sammlung bei Amr. läuft sie in den Vers שוב מחרון אפך וגו' (Ex. 32 12) aus, der aus der Liturgie für Montag und Donnerstag bekannt ist.

f) מקדמה heißen bei Amr. einige Selichas für die Neujahrstage; es sind Einleitungsgedichte, die mit dem Zusatze למלכיות, למשפטירות, לשופרות und לזכרונות genannt werden, weil sämtliche Strophen auf זכרון מלכות, משפט, bezw. שופר reimen.

g) ודוי heißen Sündenbekenntnisse in lang ausgedehnter Prosa, gewöhnlich mit dem Anfange רבונו של עולם.

9. Eine besondere Art der elegischen Piutim mit der Schilderung von Verfolgungen und Martyrien als Inhalt sind die für den 9. Ab bestimmten קינות Klagelieder. Das Wort קינה ist biblisch,

es bezeichnet die Totenklage. Im Talmud wird קינות als Name für das biblische Buch der Klagelieder verwendet und schließlich für die poetischen Elegien, die neben diesem Buche am Fasttage der Zerstörung Jerusalems zum Vortrage gelangen. Unter den arabisch sprechenden Juden wird auch der Name אלמרתיה oder מרתיה dafür gebraucht, was wiederum in das hebräische תמרור zurückübersetzt wurde. Die ältesten Einschaltungen waren auch am 9. Ab, wie an jedem anderen Fasttage, S e l i c h a s; so berichtet Amram und noch Saadja. Aber schon vor ihrer Zeit war eine andere Art von Elegien üblich, Kerobas mit ausgedehnten Erweiterungen beim XIV. Stück der Tefilla, dessen Eulogie בונה ירושלים lautet. Es ist Kalir, dem wir den Anbau dieses Gebietes danken. Von ihm sind zwei Kerobas für den 9. Ab erhalten, von denen die eine in Rom., It., die andere in Westdeutschland Verwendung findet; zu ihnen gehört als Einlage eine große Anzahl von Kinot, in Deutschland wurden davon etwa 20 aufgenommen, in Rom. und It. finden sich noch weit mehr. Nur in Rom. und It. ist den Kinot der ursprüngliche Platz innerhalb der Keroba gewahrt geblieben, in allen anderen Riten hingegen sind sie von der Tefilla getrennt. In Germ. werden sie erst nach der Schriftvorlesung vorgetragen, in Seph. unmittelbar nach der Tefilla. Die Kinot nehmen in Seph. demnach denselben Platz ein, den auch die Selichot dort haben, tatsächlich gleicht auch ihr Beginn durchaus dem der Selichot, darin dürfte noch eine Erinnerung an die alte Zeit liegen. Die Folge der Loslösung der Kinot von der Tefilla war, daß auch für den Vorabend des 9. Ab einige eingeführt wurden.

Einer der Gründe, die für die Trennung der Kinot von der Keroba maßgebend waren, dürfte ihr zunehmender Umfang und erweiterter Inhalt gewesen sein. Der sinngemäße Inhalt der Kinot ist die Klage über die Vernichtung des Tempels, der Priester und des Kultus, über die Entweihung des Heiligtums durch die Feinde, über den Untergang der beiden Staaten Juda und Israel, über den Gegensatz zwischen der Not in der Diaspora und dem Glück in der Heimat. Es wird aber auch — wie in der Selicha — den Ursachen der Not nachgegangen und an die Sünden der Väter erinnert, an ihren Ungehorsam gegenüber allen Mahnungen der Propheten, an die Wohltaten Gottes im Verlaufe der Geschichte und an Israels Undank. Diese Themen werden in den verschiedensten Variationen behandelt, die Dichtungen laufen auf eine niederschmetternde Anklage gegen die eigene Sündhaftigkeit hinaus, auf eine durchgehende Rechtfertigung des göttlichen Ratschlusses; an Gottes Gerechtigkeit und Liebe wird trotz aller Nöte nicht gezweifelt, darum klingen die Kinot ähnlich den prophetischen Reden in Mahnungen zur Umkehr und in Trostverheißungen, in Schilderungen des künftigen Heils aus. Die spanischen, provenzalischen und afrikanischen Dichter schildern das Leid fast durchweg nur in allgemeinen Zügen, ohne auf einzelnes näher einzugehen. Die kalirischen Poesien hingegen führen sämtliche Themen, insbesondere auch die Unterdrückungen in der Gegenwart, sehr eingehend aus. Daraus leiteten die Dichter der Folgezeit das Recht her, die Leiden, die sie miterlebten, in Klageliedern zu verewigen, die sie oder die von den Verfolgungen betroffenen Gemeinden ebenfalls für die Liturgie des 9. Ab bestimmten. Vom ersten Kreuzzuge, 1096, angefangen bis über die Zeit des schwarzen Todes hinweg (1348/49) haben allgemeine und lokale Judenmetzeleien oder Katastrophen, wie z. B. die Talmudverbrennung in Paris, den Dichtern in Deutschland und Frankreich Stoff zu Klageliedern geboten, die sofort oder später Bestandteile der Kinot-Sammlungen wurden. In Spanien waren die Martyrien nicht gleich häufig, aber auch dort wurden die schweren Verfolgungen, namentlich die von 1391, durch die Kinot verewigt. Unter den jüngeren Kinot fand besonderen Beifall Jehuda ha Levis צִיּוֹן הֲלֹא תִשְׁאֲלִי, in dem die Sehnsucht nach den heiligen Stätten, die Liebe zur zerstörten Heimat der Ahnen einen ungewöhnlich zarten und innigen Ausdruck fand. Eine große Anzahl von Nachdichtungen folgte ihr, sie alle redeten Zion direkt an und fingen mit dem Worte צִיּוֹן an, sie erhielten davon den Namen צִיּוֹנִי, צִיּוֹן und galten als wertvoller, unentbehrlicher Bestandteil in den Sammlungen aller Riten. Die Zahl der Kinot wurde mit der Zeit sehr beträchtlich, die Gemeinden füllten vielfach den ganzen Vormittag mit ihrer Rezitation aus, erst in neuerer Zeit wurde sie stark eingeschränkt, in reformierten Gemeinden bis auf eine oder zwei.

C. II. Abschnitt:
Geschichte des jüdischen Gottesdienstes.

Kap. I. Die Zeit der Stammgebete.

§ 34. Die Anfänge des regelmäßigen Gemeindegottesdienstes.

Literatur: Zunz, G. V.², S. 379 ff.; Herzfeld, S. 183 ff.; Graetz, Ge_
schichte, II b, II. Aufl., S. 186 ff.; Duschak, S. 183 ff.; Kohler K., Über
die Ursprünge und Grundformen der synagogalen Liturgie *MS* XXXVII,
1893, S. 441 ff., 489 ff.; *J.E.* Art. Liturgy VIII, 132 ff.

1. Die Geschichte des Gottesdienstes wird durch die Geschichte
der religiösen Ideen bestimmt; was im religiösen Denken im Vordergrunde steht, strebt danach, sich auch im Gottesdienste durchzusetzen.
Das gelingt freilich nicht restlos. Auch in der Religion ist die Entwicklung eine allmähliche, niemals eine sprunghafte, die alten, durch
die Tradition geheiligten Einrichtungen oder Gebete lassen sich nicht
vollständig verdrängen; der Kampf endet daher in den meisten Fällen
damit, daß das Neue mit dem Alten verschmolzen wird. Soweit wir
die Entwicklung zu übersehen vermögen, hat sie sich in der Weise
vollzogen, daß der ursprüngliche Kern des Gottesdienstes stets erhalten
geblieben ist, die ältesten Bestandteile sind noch heute darin vorhanden wie bei seinem ersten Anfang. Die Art und Weise jedoch,
wie der Gottesdienst vollzogen wurde, die Einflüsse, die sich seiner zu
bemächtigen suchten, die Hüllen, mit denen der Kern umgeben wurde,
sind nicht immer dieselben geblieben, haben mit der Zeit und mit
der Umgebung gewechselt. Die drei Perioden, in die wir die Geschichte des Gottesdienstes geteilt haben (§ 5, S. 13), nahmen nicht
alle dieselbe Stellung zur Frage der Veränderung des Gottesdienstes
ein. Die erste und die dritte zeigen mehr Selbständigkeit als die zweite.

Auch sie stand nicht ohne eigenes Urteil und ohne eigene Wünsche
dem übernommenen Gottesdienste gegenüber, aber die Kritik bezog
sich auf den Piut, auf die jüngeren Zusätze zum Gebete, die als solche
bekannt und darum leicht zu verändern oder zu beseitigen waren, die
Zweifel wagten sich nicht an die Stammgebete heran, sie wurden bis
auf geringfügige Veränderungen, die die Zeit von selber brachte, in
ihrer überkommenen Form belassen. Hingegen haben die beiden
anderen Perioden mit ihren Angriffen auch vor den Stammgebeten nicht
Halt gemacht. Die Zeit, die sie geschaffen hatte, hielt sich auch für
berechtigt, frei mit ihnen umzugehen, freilich mit der Einschränkung,
daß sie Überlieferungen aus einer Vergangenheit, die auch für sie schon
die graue Vorzeit darstellte, hohe Verehrung entgegenbrachte. Anders
die Neuzeit, der die Kritik das Gepräge gibt, die, wie auf jedem Gebiete
menschlichen Wissens und Handelns, auch dem Gottesdienste gegenüber ihre Selbständigkeit uneingeschränkt gewahrt hat und weder
durch das Alter der Tradition noch durch die Bedeutung der ihr
vererbten Gedanken sich von der Betätigung ihres Urteils zurückhalten ließ.

2. Es ist nicht leicht, die Entwicklung des Gottesdienstes im
einzelnen zu verfolgen, die Änderungen sind vielfach vorhanden,
ehe die Quellen ihrer Erwähnung tun; es verhält sich meist so, daß
die Literatur ihrer erst gedenkt, nachdem sie längst in Kraft getreten sind. Für die älteste Zeit kommt als Erschwerung hinzu, daß
wir keine unmittelbaren, zeitgenössischen Quellen besitzen. Wo die
literarischen Berichte über den Gottesdienst beginnen, steht er bereits
fertig da, aus jenen Jahrhunderten, in denen seine Anfänge und die
ersten Stufen seiner Entwicklung liegen, ist kein Zeuge vorhanden,
die Überlieferung ist im Sinne der späteren Geschlechter wiedergegeben
und stellt häufig Einrichtungen der Vorzeit so dar, wie sie selbst sie
kannte, ohne des einst vorhandenen Gegensatzes und der Zwischen-
stufen zu gedenken.

Die Untersuchung hat von der Entstehung der S y n a g o g e
auszugehen und ihren Ursprung zu erforschen. Daß sie eine bis dahin
nirgends gekannte Einrichtung gewesen ist, daß sie eine neue Art
der Gottesverehrung eingeleitet hat, ist zweifellos, aber zu welcher
Zeit und aus welchem Anlasse sie ins Leben gerufen worden ist,
darüber sind historisch beglaubigte Daten nicht mehr zu ermitteln.
Ihre Begründung bezeichnet einen der wichtigsten Fortschritte im

Werden der Religionen; es war das erste Mal in der Geschichte der
Menschheit, daß regelmäßige gottesdienstliche Versammlungen an
Stätten gehalten wurden, die keine andere Weihe hatten als diejenige,
welche die Vereinigungen der Gläubigen ihr gaben, es war ein Gottesdienst, der sich von den bis dahin bei allen Völkern üblichen Bräuchen
befreite, auf alle materiellen Beigaben, wie Opfer und sonstige Dar-
bietungen, auf die Vertretung durch Priester verzichtete und den
Menschen mit seinem Gemütsleben in den Mittelpunkt der Gottesverehrung stellte. Es ist derjenige Gottesdienst, dessen Formen in
den europäischen Religionen herrschend geworden und darum der
Kulturmenschheit so vertraut sind.

Wie alle alten Völker hat auch das jüdische den Kultus mit dem
Opferdienste begonnen, ihm allein wahre Bedeutung beigelegt. Es
ist nicht daran zu zweifeln, daß bereits in der Zeit des ersten Tempels
gebetet wurde, allein in welcher Weise das geschah, darüber sind wir
nicht unterrichtet, und keinerlei Beweis liegt dafür vor, daß regelmäßig an allen oder wenigstens an bestimmten ausgezeichneten Tagen
ein Gemeindegottesdienst stattgefunden hätte. Wie kam es nun zu
dem späteren gemeinsamen Gebete, zu den ständig wiederkehrenden
religiösen Versammlungen, wie kam es, daß an die Stelle des einen
zentralen Heiligtums die zahllosen Anbetungsstätten, die „Heiligtümer im kleinen", getreten sind? Der Wechsel trat nicht plötzlich
mit einem Male ein, jahrhundertelang bestanden beide Institutionen,
der Tempel und die Synagogen, nebeneinander. Aber die Synagogen
breiteten sich immer mehr aus und gewannen zusehends an Kraft
und Bedeutung für das religiöse Leben, sie machten den Tempel entbehrlich, bewirkten, daß bei seinem Falle keine Lücke im religiösen
Leben entstand. Wir kennen den Ausgang der Bewegung, wir kennen
jedoch nicht die treibenden Kräfte, welche an ihren Anfängen wirksam
gewesen sind. Versuchen wir die Entstehung der Synagoge zu ergründen, so stoßen wir auf unüberwindliche Schwierigkeiten; bei dem
Mangel an direkten Nachrichten vermögen wir eine bestimmte Antwort nicht zu finden, wir sind vielmehr auf Vermutungen, auf die
Kombination derjenigen Momente im Tempeldienste sowie in der
Entwicklung des jüdisch-religiösen Lebens angewiesen, die für die
Entstehung und erste Ausgestaltung des Gemeindegottesdienstes
Bedeutung haben konnten.

3. Eines der ältesten Beispiele eines Gottesdienstes, bei dem

nicht das Opfer, sondern die Gebete im Vordergrunde standen, waren die Versammlungen an F a s t t a g e n. Sie haben bereits in vorexilischer Zeit stattgefunden, schon damals nicht immer an der Stätte des Opferaltars; hingegen waren sie regelmäßig von Gebeten begleitet, mitunter fiel sogar das Opfer ganz weg, das Gebet füllte allein die zeremonielle Handlung aus. Die gottesdienstlichen Versammlungen an den Fasttagen mit ihren Bittgebeten sind von großem Einflusse auf die Ausgestaltung des späteren Synagogengottesdienstes gewesen. Eine Beschreibung der bei ihnen üblichen Zeremonien besitzen wir erst aus späterer Zeit, die Mischna stellt sie so dar, wie sie in der Epoche der Tannaim gehandhabt wurden, aber die meisten der dabei üblichen Formen, und gerade die wichtigsten von ihnen, stimmen mit den Erzählungen der Bibel und den Schilderungen von Fasten in den apokryphischen Büchern derart überein, daß an dem Alter der Zeremonien nicht zu zweifeln ist.

4. Die gottesdienstlichen Versammlungen an Fasttagen waren jedoch nur vorübergehende und seltene Erscheinungen, während wir nach Vorbildern für die t ä g l i c h e n Gottesdienste suchen. Es herrscht unter den Forschern Einigkeit darüber, daß die Anfänge solcher religiöser Versammlungen im babylonischen Exil zu suchen sind. In Babylonien fehlte es den Juden an einem gemeinsamen Mittelpunkte. Wollten sie den Zusammenhang mit der Vergangenheit aufrecht erhalten, die nationale und religiöse Eigenart bewahren, das Gemeinschaftsbewußtsein beleben und kräftigen, so blieb ihnen nur diese Möglichkeit, sich zu vereinen und diejenigen Gedanken und Empfindungen zum Ausdrucke zu bringen, die alle bewegten. Die Propheten in der Gemeinde der Exilierten haben durch das Mittel der Vorlesungen aus den heiligen Schriften, der daran geknüpften Unterweisungen durch Ermahnungs- und Trostreden das religiöse Bewußtsein gestärkt, die Wiedergeburt des Volkes vorbereitet. Besonders an den Sabbaten und den nationalen Gedenktagen versammelte sich das Volk, um den Worten der Lehrer zu lauschen. Hier liegen die Ursprünge der regelmäßigen gottesdienstlichen Versammlungen, als deren Inhalt wir in der Hauptsache Vorlesungen und Belehrungen aus der Heiligen Schrift, sowie das Aussprechen des gemeinsamen Bekenntnisses anzusehen haben. B e l e h r u n g und B e k e n n t n i s, seine beiden ältesten Bestandteile, haben dem jüdischen Gottesdienste sein Gepräge gegeben. Es ist anzunehmen, daß nach der Rückkehr

aus dem Exil die dort begonnenen Versammlungen in der Heimat fortgesetzt wurden, daß sie auch nach der Wiederherstellung des Tempels mit seinem Opferkultus sich weiter erhielten.

5. Sogar innerhalb des Tempels zu Jerusalem machte sich der Einfluß der neuen Art des Gottesdienstes geltend. Das erste sicher nachzuweisende Beispiel eines täglichen öffentlichen Gebets stammt aus dem Tempel. Die diensttuenden Priester (אנשי משמר) unterbrachen jeden Morgen ihre Opferhandlung, um in der Quaderhalle einen Augenblick dem Gebete zu weihen (Tam. V, 1). Das war ein Gottesdienst, dem alles Priesterliche und Kultische fernblieb. Im Tempel mit seinem vorgeschriebenen Opferritual und Levitengesang war das gemeinsame Gebet nicht vorgesehen und, selbst nachdem es eingeführt war, blieb es mit dem Kultus nur in losem Zusammenhange. Den Priestern war beim Gottesdienste keinerlei Funktion zugedacht, das Gebet nahm auf ihren Stand nicht Rücksicht. Die Sprache der Gebete stimmte nicht mit der des Tempelkultus überein; während in ihm die Priester sich des Aramäischen bedienten, hat sich als Sprache der Gebete das Hebräische behauptet. Der Inhalt jener täglichen Liturgie der Priester erinnert an die Bekenntnisversammlungen des Exils; die biblischen Bestandteile waren in ihr vorherrschend, es kamen einige Stellen aus dem Pentateuch zum Vortrage, die die hauptsächlichsten Lehren des Glaubens zum Ausdruck brachten, wie den Dekalog, das „Höre Israel", vielleicht auch einige Kernworte nationalen Charakters, wie die Bileam-Sprüche; die biblischen Stücke wurden durch eine Einleitung und einen Abschluß eingefaßt. Die Einleitung enthielt den Dank für die Offenbarung, als Abschluß folgte die Versicherung der Gemeinde, daß die den Vätern erteilte Offenbarung noch immer den Inhalt auch ihres Glaubens bildete (אמת ויציב, ברכת תורה oben S. 25). Wenn ferner ein Gebet um gnädige Aufnahme des Opfers (עבודה) und eine Art von Priestersegen (ברכת כהנים) folgten, so haben wir hierin ein Zugeständnis an den Stand der Priester und an die Stätte ihres Gebetes zu erblicken. Das Urteil über den Ursprung der Einrichtung selbst kann dadurch nicht beeinflußt werden.

6. Die nachexilische Zeit führte eine engere Verbindung des Volkes mit dem Kultus herbei. Die Stellung des Volkes zum Tempel hatte sich im Exil gründlich gewandelt; die alte Anschauung vom Werte des Opfers an sich entsprach nicht mehr der herrschenden Richtung, der neue Geist forderte die persönliche Frömmigkeit, die

Betätigung jedes einzelnen im religiösen Leben, den „Gottesdienst im Herzen". Folgerichtig durchgeführt mußte eine solche Gesinnung zur Beseitigung der Opfer führen; wurde der Schluß auch nicht sofort gezogen, so schuf man doch Einrichtungen, die dem Volke eine stärkere Beteiligung am Kultus ermöglichten. Einzelne Fromme, solche, die in Jerusalem wohnten oder vorübergehend anwesend waren, nahmen am täglichen Opfer teil, wohnten dem Segen bei, den die Priester, auf den Stufen der Tempelhalle stehend, über das Volk sprachen, warfen sich zum Gebet nieder und sandten ihre Bitten zum Himmel empor. Sie lauschten dem Gesange der Leviten, der, wie die Chronik beweist, im zweiten Tempel hohes Ansehen genoß. Die Psalmen, das Gesangbuch jener Epoche, wurden von den Tempelsängern vorgetragen; die Gemeinde aber beteiligte sich daran, indem sie mit Amen, Halleluja oder mit größeren Refrains (הודו לד׳ כי לעולם חסדו I. Chron. 16 41, eine ähnliche Bedeutung haben auch die Doxologien am Schlusse der Psalmenbücher) einfiel. Auf solche Weise wurden die Psalmen geradezu zu Gemeindeliedern, gewannen sie eine außerordentliche Beliebtheit und Verbreitung. So erklärt sich ihr ungeheurer Einfluß auf die Liturgie und die Frömmigkeit aller Zeiten.

Zur Sicherstellung der Beteiligung des Volkes am Opfer wurde die Institution der M a a m a d o t , der Standmannschaften, ins Leben gerufen. Um das Opfer als Leistung der Gemeinde zu kennzeichnen, sollte es in Gegenwart und unter Teilnahme der Gemeinde dargebracht werden. Da unmöglich das ganze Volk ständig in Jerusalem den Opfern beizuwohnen in der Lage war, wurde es durch die „Propheten in Jerusalem" ebenso wie die Priester und Leviten in vierundzwanzig Bezirke (משמרות) geteilt; jeder von ihnen entsandte abwechselnd eine Woche im Halbjahr eine Abordnung nach Jerusalem, die dort beim Opfer „dabeistand" (עמד על גביר), wovon sie den Namen עמוד, מעמד (Standmannschaft) trug. An jedem Tage ihrer Dienstwoche hielten die Vertreter des Volkes viermal täglich (,שחרית, מוסף, מנחה, נעילת שערים) Gottesdienst mit Gebet und Schriftvorlesung. Die Zuhausegebliebenen veranstalteten während ihrer Dienstwoche täglich Versammlungen zu gleichem Zwecke (Taan. II). Die Einrichtung der Maamadot hat bewirkt, daß zum ersten Male im g a n z e n L a n d e ein, wenngleich in großen Abständen, so doch r e g e l m ä ß i g wiederkehrender, auch an W o c h e n t a g e n stattfindender Gottesdienst geschaffen wurde.

Wie kam man auf vier verschiedene Gebete? Von den zwei täglichen Opfern wurde das eine am Morgen, das andere in alter Zeit kurz vor Einbruch der Nacht dargebracht, jedoch später auf die früheren Nachmittagsstunden ($2\frac{1}{2}$ Nachmittag) verlegt (Pes. V, 1). Aus der Beobachtung des Standes der Sonne, ihres Auf- und Unterganges sowie ihres Höhepunktes, ergaben sich wiederum drei Gebetszeiten, morgens, mittags und abends, wie wir sie Ps. 55 18 finden ערב ובקר וצהרים; sie sind als ständiger Brauch eines Frommen wie Daniel (6 11) genannt, und noch der berühmte Agadist R. Samuel b. Nachmani, gegen Ende des dritten Jahrhunderts, sieht sie als den ursprünglichen Anlaß zur Einsetzung der drei zu seiner Zeit üblichen täglichen Gebete an (j. Ber. IV, 1, f. 7 a). Die vier Gebetszeiten der Maamadot gingen aus einer Verbindung dieser beiden Reihen hervor. Am Morgen, שחרית, trafen Opfer und Gebet zusammen, aus dem Mittagsgebete entstand das Musaf, מוסף; am Nachmittage traf ursprünglich das zweite Opfer בין הערבים mit dem Nachtgebete zusammen, nach der Verlegung des Opfers jedoch wurden daraus zwei Gebete, das eine, welches dem Opfer voraufging, um die neunte Stunde (Akt. 3 1) מנחה, das andere am Abend zur Zeit des Schließens der Tempeltore נעילת שערים, kurz נעילה genannt.

Wie die Liturgie der Maamadot beschaffen war, darüber sind wir nicht unterrichtet. Nur soviel wird überliefert, daß am Morgen und zu Musaf je zwei Abschnitte aus der Schöpfungsgeschichte vorgelesen, daß am Nachmittage dieselben Stücke auswendig wiederholt wurden (Taan. IV). Aus der Verschiedenheit des Verfahrens sieht man, daß die Anordnungen nicht alle aus derselben Zeit stammen, sondern wechselten. Zu jedem dieser Gottesdienste gehörte auch der Priestersegen, der sich jedoch außerhalb Jerusalems nicht stets durchführen ließ, weil nicht überall Priester zugegen waren. Ob auch Psalmen in die Gebetordnung der Maamadot aufgenommen waren, ist nicht gewiß, der unmittelbare Anschluß ihrer Versammlungen an den Gesang der Leviten macht es indes wahrscheinlich, daß von Anfang an einige Psalmen dazu gehörten. Am Morgen wurden ferner die Bekenntnisstücke, der Dekalog usw. (oben S. 236) vorgetragen. Endlich ist es sehr wahrscheinlich, daß in allen vier Andachten auch Bittgebete vorkamen. Wir wissen, daß die Bezirke bei eintretenden Notständen den Blick auf ihre Vertreter in Jerusalem richteten, daß sie ihre Fürbitte in Anspruch nahmen (b. Taan. 22 b). Was bei großen

Fährnissen das Fasten und Beten der ganzen Gemeinde leistete, das sollten in solchen Fällen die Bitten der Maamadot erwirken. Man mag überhaupt die frommen Männer, die als Abgeordnete der Gemeinde am Opfer teilnahmen, als die geeigneten Vertreter der Fürbitte betrachtet haben und so dürfte es dazu gekommen sein, daß in das Gebet der Maamadot Bitten aufgenommen wurden. Zuerst mögen solche den Inhalt des Musaf gebildet haben, desjenigen Gebetes, das der Fastenliturgie entsprach und nachgebildet war, dann aber wurden sie auch in die anderen Gebete übertragen. Wie die Bitten gestaltet waren, darf man aus der Form der Gebete in den Büchern Esra und Daniel schließen, die eine auffallende Ähnlichkeit im Aufbau zeigen; nach ihrer Analogie dürfen wir erwarten, daß sie mit einem Hymnus begannen, und daß dem Vortrage der Bitten das Bekenntnis der eigenen Sündhaftigkeit voranging.

7. Alle hier erwähnten Einrichtungen trugen zum Material für den Synagogengottesdienst bei; den exilischen Versammlungen entnahm er die Vorlesung und Erläuterung der Heiligen Schrift, der Priesterliturgie das Bekenntnis und den Segen, dem Levitengesang die Psalmen, den Andachten der Maamadot die Bitten. Die wertvollste Anregung boten die Maamadot, weil durch sie zuerst der Gottesdienst a n a l l e O r t e übertragen und mit R e g e l m ä ß i g k e i t an s ä m t l i c h e n T a g e n d e r W o c h e innegehalten wurde.

Es bedurfte sicherlich geraumer Zeit, ehe eine derartige neue Schöpfung sich zu verbreiten und durchzusetzen vermochte. Die Schwierigkeiten, die die Gemeinde des zweiten Tempels in den ersten Jahrzehnten zu überwinden hatte, die inneren Zwistigkeiten und die Störungen von außen waren der Durchführung dieser Maßnahmen nicht günstig; wir gehen daher in der Annahme, daß sie zunächst nur wenig Kraft und Festigkeit besaßen, wahrscheinlich nicht fehl. Solche erhielten sie erst, als Esra und Nehemia Sicherheit in das staatliche Leben, Ordnung in die religiösen Institutionen brachten. In Babylonien waren die im Exil begonnenen Versammlungen fortgesetzt worden. Es kann keinem Zweifel unterliegen, daß sie durch Esra, der die Vertrautheit mit der Heiligen Schrift und die Befolgung ihrer Gesetze zum Mittelpunkte des religiösen Lebens machte, auch in Palästina neu belebt, zu regelmäßig innegehaltenen Veranstaltungen erhoben wurden. Erst nach seinem und Nehemias Eingreifen dürfen wir erwarten, daß die Maamadot mit Pünktlichkeit stattgefunden haben, erst danach wird mit der Zeit ein täglicher Gottesdienst mit festen Formen sich gebildet haben. Die jüdische Tradition leitet die Grundformen der Gebete von den Männern der großen Versammlung her, ihnen schreibt sie die Schöpfung der Lob- und Bittgebete, der Benediktionen für den Eingang und Ausgang der Feste zu אנשי כנסת הגדולה תקנו להם לישראל ברכות ותפלות קדושות והבדלות (b. Ber. 33 a). Diese Überlieferung ruht auf gutem Grunde, in den Jahrhunderten zwischen Esra und der syrischen Bedrängnis ist der Gemeindegottesdienst geschaffen und verbreitet worden, nicht auf einmal, aber allmählich durch Ausbau und weitere Entfaltung der vorhandenen Einrichtungen.

8. Die Versammlungen an Sabbaten und Festtagen waren seit langer Zeit üblich, an den Wochentagen fanden sie zunächst nur zweimal jährlich, in der Maamadwoche, statt, von da aus aber konnte leicht dazu übergegangen werden, ständig, auch wenn der Bezirk nicht an der Reihe war, Gebetversammlungen zu halten. Unabhängig von den öffentlichen Gebetszeiten bestanden die häuslichen Andachten fort, die viele Fromme am Morgen und am Abend hielten. Je mehr die jüdische Frömmigkeit sich vertiefte, desto größer wurde das Bedürfnis nach dem gemeinsamen Gottesdienste. Es war nicht allein die Entfernung von der Stätte des Opferkultus, sondern in erster Reihe das Verlangen nach geistiger Anbetung und nach Erbauung, das den täglichen Gottesdienst der Synagogen ins Leben gerufen hat. Innerhalb des Tempels zu Jerusalem, wo ständig der Maamad sich vereinigte, war ja täglich, ohne Ausnahme, Gottesdienst. Aber auch in der Provinz hat die durch die Maamadwoche und die Sitte der häuslichen Andachten entstandene Gewohnheit allmählich bewirkt, daß der Gottesdienst an jedem Tage ohne Unterschied gehalten wurde. In demselben Umfange wie beim Maamad ließ er sich freilich, wenn er nicht alle Erwerbstätigkeit lahmlegen sollte, nicht durchführen. Die dem Tempel eigentümlichen Gebete, Musaf und Neila, fielen aus, nur am Morgen und gegen Abend, vor Beginn und nach Schluß der Arbeitszeit, wurde öffentlich gebetet; daneben erhielt sich das alte Nachtgebet als häusliche Andacht, bis es später als ערבית das dritte tägliche Gebet wurde. Musaf wurde nur an ausgezeichneten Tagen, an Sabbaten, Festen sowie an denjenigen Halbfesten, an denen ein Musafopfer geboten war, beibehalten, Neila an den öffentlichen Fasttagen, später sogar nur am Versöhnungstage. Im Inhalte

des Gottesdienstes mußte ebenfalls manche Änderung eintreten, so fiel zugunsten der Kürze die tägliche Vorlesung aus der Tora fort, sie wurde für die feierlichen Tage vorbehalten. An den Wochentagen hingegen wurden nur die Markttage (ימי הכניסה) mit Vorlesungen bedacht, weil an ihnen die Landbewohner in die Stadt kamen; sie hatten zu Hause keinen gemeinsamen Gottesdienst, an den Festtagen vermochten sie nicht, in die Stadt zu kommen, und sollten dennoch von den Segnungen der Schriftvorlesung nicht ausgeschlossen bleiben.

War erst der Gottesdienst zu einer ständigen Einrichtung geworden, so konnte die Entstehung einer Gebetordnung nicht ausbleiben. Es ist schwer denkbar, daß ein einzelner täglich betet, ohne sich zu wiederholen, ohne daß mit der Zeit sein Gebet ein festes Gefüge erhält, und es ist geradezu ausgeschlossen, daß eine Gesamtheit sich in regelmäßigen Abständen zu einem Gottesdienste vereinigt, ohne daß bestimmte Formen sich herausbilden, die dann stets wiederkehren. Halten wir uns gegenwärtig, daß der Gottesdienst allen Gemeinden im Lande und einer weitausgedehnten, von Jahr zu Jahr wachsenden Diaspora dienen sollte, die religiöse Einheit konnte nur durch die Gleichheit der gottesdienstlichen Veranstaltungen aufrecht erhalten werden, es mußten feste Formen dafür geschaffen werden.

9. Wie das im einzelnen geschehen ist und durch wen, darüber schweigt die Überlieferung, sie faßt, wie bemerkt, die Behörden, denen die erste Ausbildung der Formen des Synagogengottesdienstes zu danken ist, unter dem Namen der Männer der großen Versammlung zusammen. Sie sind es, welche der Belehrung und dem Bekenntnis das G e b e t im engeren Sinne hinzugefügt, die uns vertrauten Formen des Gebetes, Lob- und Bittgebete, geschaffen haben. Auf sie geht die Stilisierung der Grundform aller Gebete zurück, der ברכה. Die direkte Anrede Gottes ברוך אתה ד', die sich in der Bibel mit Ausnahme von Ps. 119 12 und I. Chron. 29 12 auch in den jüngsten Büchern noch nicht findet, ein deutlicher Ausdruck eines stark ausgeprägten religiösen Individualismus, ist durch sie die Grundlage aller Gebete geworden. Die Lobpreisung, der Hymnus wird und bleibt die Form, in der die Gemeinde mit ihrem Gotte Zwiesprache hält, selbst wo sie Bitten vorträgt, klingen sie in die Benedeiung aus. Auch die erste Gebet o r d n u n g gehört in jene Zeit. Sie bestand aus zwei Teilen, aus Bekenntnis und Gebet. Das gemeinsame Bekenntnis hatten bereits die ältesten gottesdienstlichen Versammlungen, es fand seinen

Ausdruck in der Rezitation von Schriftstellen; daß sie sämtlich dem
Pentateuch entnommen waren, weist darauf hin, daß sie in einer Zeit
vereinigt wurden, wo noch kein anderer Teil der Heiligen Schrift
kanonische Geltung hatte. Sie haben sich nicht alle in der Liturgie
erhalten, der Dekalog z. B. ist in der Zeit des Urchristentums aus
polemischen Gründen wieder beseitigt worden (b. Ber. 12 a, j. I 8, f. 3 c);
daß er aber einst zur täglichen Liturgie gehörte, zeigt die erwähnte
Priesterliturgie (S. 236), zeigt der Zusatz der LXX vor Dt. 64, zeigt
endlich der vor einem Jahrzehnte aufgefundene Papyrus Nash. Andererseits gehören auch nicht alle drei biblischen Stücke, die heute
darin sind, zum ursprünglichen Bestande, zumindest das dritte ist
erst in einem etwas späteren Stadium aufgenommen worden (oben
S. 24). Die Bekenntnisstücke waren von hymnischen Gebeten, von
ברכות, eingeschlossen, ganz so wie es bei der Liturgie der Priester
erwähnt wurde, die selbst schon unter dem Einflusse der Großen Versammlung stand. Dazu traten einige gemeinsame Bitten תפלות, sie
waren ein jüngerer Bestandteil der Liturgie und wurden als solcher
stets angesehen, das Schma galt als biblische Einrichtung, die Tefilla
nicht. Den Bekenntnisvereinigungen waren die Bitten noch nicht
bekannt, dort folgte auf den Gemeindegottesdienst ein stilles Gebet,
für das weder Form noch Inhalt vorgeschrieben war. Es blieb ganz
dem Belieben, der Stimmung der Betenden überlassen; es war eine
private Andacht innerhalb der öffentlichen, in ihr konnte jeder seine
persönlichen Anliegen vortragen. Die alten Quellen nennen das Einzelgebet דברים, späterhin hat es in Anlehnung an einen biblischen Ausdruck die Bezeichnung תחנה, תחנונים erhalten (ob. S. 74). Bei den
öffentlichen Gottesdiensten finden wir Bitten zuerst unter den Gebeten an Fasttagen, von dort her kamen sie zu den Maamadot, von
da schließlich als תפלה in das tägliche Gebet der Gemeinde. Der Aufbau der T e f i l l a , hymnische Einleitung, Bitten, Dank lehnt sich
unverkennbar an biblische Muster an, ihre Entstehungszeit kann
nicht allzufern von der biblischen Epoche gelegen haben. Der Inhalt
der Bitten war zunächst ein ganz allgemeiner. Wie die Bitten der
jüngsten biblischen Bücher nahmen sie aller Wahrscheinlichkeit nach
von der Sündhaftigkeit des Menschen ihren Ausgangspunkt; auch die
Güter, die erfleht wurden, waren nur solche, die für jeden Menschen
unentbehrlich sind und darum jedermann in der Gemeinde gleich
am Herzen liegen. Dazu gehörten auch einige Anliegen der Gesamt-

heit, so z. B. die Bitte für Jerusalem und den Tempel, schon früh aber auch, wie wir aus den biblischen Apokryphen lernen, die Bitte um Vereinigung aller Glieder des weithin zerstreuten Volkes. Daß das Gebet durch die Berufung auf den mit den Vätern geschlossenen Bund eingeleitet wird, findet seine Erklärung durch jüngere biblische und apokryphische Gebete. Das zeugt von einem festen, seiner selbst noch sicheren Glauben an den Schutz und die Gnade Gottes, wie ihn spätere Zeiten nicht immer hatten. Auch das Bekenntnis der Sündhaftigkeit geht aus einem durchaus gesunden Bewußtsein hervor und ist frei von den selbstquälerischen Anklagen der Epoche vor dem Untergange des Staates. Jeder Gottesdienst sollte ferner vom Priestersegen begleitet sein; daß er sich nicht überall durchführen ließ, wurde oben erwähnt, und am Nachmittage wurde er bereits in recht früher Zeit aufgehoben (b. Taan. 26 b).

Die Einrichtungen der Männer der großen Versammlung bezogen sich lediglich auf die A n o r d n u n g und auf den I n h a l t der Gebete, nicht auf ihren Wortlaut. Dieser war nicht festgelegt und vorgeschrieben, sondern der augenblicklichen Eingebung überlassen; es war freilich unausbleiblich, daß mit der Zeit für Einzelheiten gewisse Formeln entstanden (מטבע של ברכה, טופס ברכות), im Buche Daniel merkt man bereits den Einfluß der Liturgie auf die Fassung religiöser Gedanken. Die Gebete der alten Zeit waren an Ausdehnung kurz, im Stile einfach, im Ausdruck schlicht, urwüchsige Kraft des Glaubens und Empfindens vermittelte stets im rechten Augenblicke die Fähigkeit, in wenigen Worten viel zu sagen, aus den vertrauten Sätzen der Heiligen Schrift floß der Wortschatz wie von selbst zu.

Die Gebete waren so einfach, von so allgemein gültigen Gedanken, daß sie für alle Tage des Jahres ohne Unterschied dienen konnten. Es ist kaum anzunehmen, daß es besondere Formeln für Sabbate und Feste gab, der Kern des Gebetes, das Bekenntnis mit den es einschließenden Benediktionen, die einleitenden und abschließenden Stücke der Tefilla sind noch heute an allen Tagen des Jahres die gleichen. Die Besonderheit des Gottesdienstes an Sabbaten und Feiertagen bildete die Vorlesung und Erklärung der Bibel, sie nahm auch den größten Teil der Zeit in Anspruch. Der Sabbat wurde ferner bei seinem Kommen und Scheiden durch häusliche Feiern der religiösen Genossenschaften begrüßt, die hierfür eingeführten Formeln (קדושות והבדלות) gehören ebenfalls zu den Schöpfungen der Großen Versamm-

lung (oben S. 240). An den Feiertagen waren solche Veranstaltungen
nicht üblich, dafür aber erfolgte an den Wallfahrtsfesten die Pilger-
fahrt nach Jerusalem, am Versöhnungstage wurde des vom Hohenpriester vollzogenen Kultus gedacht.

10. Wie lange Zeit dazu erforderlich gewesen sein mag, bis der
regelmäßige tägliche Gottesdienst sich überall verbreitet hat, darüber
sind wir nicht unterrichtet. Auffallend genug ist es, daß in den Makka-
bäerbüchern bei den Klagen über die Verbote religiöser Veranstaltungen und Zeremonien des Gottesdienstes nie gedacht wurde. Dennoch
weist manche Stelle in ihnen daraufhin, daß er damals bereits in den
weitesten Kreisen häufig gehalten wurde. Wäre er später eingeführt
worden, dann hätten die Quellen sicher nicht unterlassen, von der
neuen Einrichtung ausführlicher zu sprechen. In den Parteikämpfen
der späteren Zeit finden wir niemals einen Streit um den Gottesdienst als
solchen oder um Einzelheiten bei seiner Ausführung. In den Büchern
Sirach und Daniel sind auch unstreitig Andeutungen vorhanden,
die das Bestehen des Gottesdienstes voraussetzen. Eine sichere Nachricht besitzen wir aus der Diaspora. Agatharchides von Knidos, der
um die Mitte des zweiten Jahrhunderts schreibt, gedenkt auch des
jüdischen Gottesdienstes und erwähnt, daß die Juden den ganzen Sabbat bis zum späten Abend in ihren Synagogen zubringen. Eine so
lange Dauer muß die Schriftauslegung damals gehabt haben.

11. Einen bedeutsamen Wendepunkt in der Entwicklung des
Gottesdienstes dürfte die makkabäische Erhebung herbeigeführt
haben. Das Gebet war bereits so eingebürgert, daß man darüber re-
flektieren konnte, es war ein mächtiger Faktor im nationalen Leben,
alle Gedanken und Gefühle, die das Volksleben stark erregten, rangen
in ihm um Ausdruck. Der Erlösungsgedanke trat in den Mittelpunkt
der religiösen Vorstellungen, die Sehnsucht nach Befreiung, nicht nur
nach der diesseitigen von Druck und von Mißgeschick, sondern auch
nach dem künftigen messianischen Heile wurde ein wirkungsvolles Element der religiösen Entwicklung. Der Auszug aus Ägypten (יציאת
מצרים) ist das Ereignis, an das jene Zeit gern und häufig erinnert, die
Befreiung aus jener Sklaverei (גאולה) wird das Symbol der Befreiung
überhaupt, ihre Erwähnung wird ein wichtiger Bestandteil des täglichen
Gebets. Die Bitten um Herbeiführung der messianischen Zeit werden
in die Tefilla aufgenommen, das religiöse Leben wird mit nationalen
Gedanken erfüllt.

§ 35. Der Gottesdienst in der tannaitischen Zeit.

I. Vor der Zerstörung des Tempels.

Literatur: Zunz, das.; Herzfeld, das.; Sachs M., Die religiöse Poesie der Juden in Spanien, Kap. II, S. 164 ff.

1. Auf einigermaßen gesichertem Boden bewegen wir uns nicht vor der tannaitischen Zeit, in der Mischna finden wir zuerst zusammenhängende Nachrichten über Form und Inhalt des Gottesdienstes. Zwar stehen wir dann vor der Schwierigkeit, daß die Mischna, wie sie uns vorliegt, erst um das Jahr zweihundert redigiert ist, daß die vielen anonymen Sätze in ihr nicht immer genau datierbar sind, allein vielfach sind wir doch durch die parallelen Quellen über die Namen der an einer Institution beteiligten Autoritäten unterrichtet und dadurch in der Lage, die Zeit festzustellen, in der sie ins Leben tritt oder als bereits vorhanden vorausgesetzt werden muß. Für die Geschichte des Gottesdienstes ist die Mischna als eine s p ä t e Quelle anzusehen, selbst in ihren ältesten Teilen zeigt sie die Entwicklung in einem schon weit vorgeschrittenen Stadium, die Grundformen, der Aufbau des öffentlichen Gottesdienstes sind bereits abgeschlossen und haben im wesentlichen dieselbe Gestalt wie heute. Und doch muß eine lange und nicht immer friedliche Bewegung voraufgegangen sein, ehe es zu einer derartigen Befestigung der Einrichtungen kommen konnte. Am Beginne unserer Zeitrechnung bilden der Gottesdienst und die Hauptgebete den Gegenstand schulmäßiger Erörterung, sie haben den Charakter des Selbstverständlichen und Unbefangenen eingebüßt, die Formen sind derart eingebürgert, daß sie lehrhaft werden, ihre Berechtigung, ihre Anwendbarkeit, die Möglichkeit und Zulässigkeit von Abweichungen werden studiert, von den Theologen besprochen, sogar schon kasuistisch behandelt. Der Gottesdienst ist allgemein bekannt, zu einer so verbreiteten Sitte geworden, daß er als uralte mosaische Institution gilt, als solche sehen ihn Philo und Josephus ebensowohl an, wie die Autoritäten des Talmuds. An seiner Berechtigung und Verbindlichkeit wird auf keiner Seite gezweifelt, alle Richtungen, soweit sie sonst auch auseinandergehen, sind in diesem Punkte einig; überall wo Juden wohnen, finden auch regelmäßig gottesdienstliche Versammlungen statt.

2. In der ersten Zeit hatte sicherlich nur die Gemeinde ihre festgesetzte Gebetordnung und ihre bestimmten Gebetzeiten. Der Privatmann betete, wann sein Inneres ihn dazu trieb und was seine

Frömmigkeit ihm gerade eingab; beim öffentlichen Gottesdienste hörte er schweigend zu, er beteiligte sich nur durch die Responsen und durch das stille Gebet am Ende, wo er, wenn auch mitten in der Gemeinde, doch wiederum mit sich allein war. Nunmehr aber ist es anders geworden und gerade das bezeugt die weitgediehene Verbreitung und Anerkennung des Gottesdienstes, daß das Gebet nicht mehr ausschließlich Gemeindegebet ist, sondern daß der einzelne sich ebenfalls zu denselben Gebeten für verpflichtet hält. Die Liturgie ist zum Gemeingut geworden, ein jeder kennt und wiederholt sie täglich. Der Gottesdienst hat das gesamte Volk gewonnen, er beherrscht das ganze Leben. Nicht nur, daß zur Gebetstunde das Gotteshaus aufgesucht wird, die Handwerker und Arbeiter unterbrechen ihre Arbeit und beten (Ber. II, 4), man betet auf der Wanderschaft, manche Leute lieben es, an den Ecken, auf den Gassen zu stehen und öffentlich zu beten (Mtth. 6 5). Welch unermeßlichen Wert die tägliche Andacht, die Weihe einer Stunde am Tage, die Verbindung zwischen Irdischem und Göttlichem, die Erhebung des Alltags zum Festtage für die Entfaltung der Religiosität, für die Vertiefung der Frömmigkeit gehabt hat, kann hier nicht weiter ausgeführt werden. 2000 Jahre des religiösen Lebens im Judentum, Christentum und Islam legen ein beredtes Zeugnis dafür ab.

Die Faktoren, die auf diese Entwicklung, eine der wichtigsten in der Geschichte der Religionen, eingewirkt haben, vermögen wir nicht mehr zu ergründen. Sicherlich haben einzelne Fromme, berühmte Beter, wie der Kreiszieher Onias, wie R. Chanina b. Dosa Einfluß darauf geübt, aber es darf nicht übersehen werden, daß die g e s a m t e Richtung der p h a r i s ä i s c h e n Frömmigkeit auf Vergeistigung der religiösen Formen, auf die Entfaltung der persönlichen Religiosität abzielte. Es gab weite Kreise und Gruppen von Frommen (ותיקין, חסידים הראשונים), von denen berichtet wird, daß sie besonderen Wert darauf legten, frühzeitig mit dem Gebet zu beginnen und es in tiefer, weltabgekehrter Andacht zu verrichten. Ob sie aus den Kreisen der Essäer hervorgegangen waren und wie groß das Verdienst dieser Sekte um die Ausgestaltung des Gottesdienstes anzuschlagen sein mag, können wir heute nicht mehr sagen. Sehr wahrscheinlich ist es nicht, daß die Partei der Weltflucht zur Nachahmung anreizte.

3. Infolge seiner Verbreitung hat der Gottesdienst einen anderen

Charakter angenommen, die Belehrung tritt zurück, der Hauptzweck
wird jetzt G e b e t und A n d a c h t. Das Bekenntnis, das שמע,
wird zwar wie früher rezitiert, der ursprüngliche Sinn der Schriftstellen ist jedoch vergessen, sie werden schulmäßig ausgelegt, es wird
die Pflicht des zweimaligen täglichen Gebetes, die Pflicht der Denk-
zeichen (תפלין, ציצית, מזוזת) daraus abgeleitet; die einen bürgern
sich so ein wie das andere, sie werden beide von äußerlich gerichteten
Menschen oft genug mißbraucht worden sein (Mtth. 23 5), sind aber
weit häufiger eine Anregung zur geistigen Erhebung gewesen. Ebenso
sind die Gebete für die Wochentage von denen der Sabbate und Feste
bereits unterschieden, man ist daran, weitere kasuistische Differenzen
zu erörtern und einzuführen. Die Traktate Berachot, Rosch ha Schana,
Taanit, Megilla geben uns ein Bild davon, wie weit einzelne Gebete
und gottesdienstliche Einrichtungen bereits einen bestimmten Charakter angenommen haben, wie weit ihre Verbreitung gediehen ist
und wie die Erörterung in den Schulen betrieben wird. Eine ausführliche und erschöpfende Darstellung des Gottesdienstes wird in
keiner alten Quelle geboten, seine Einrichtungen werden als allgemein
bekannt und jedermann zugänglich vorausgesetzt.

    4. Betrachten wir den Gottesdienst, soweit er aus der Mischna
zu entnehmen ist. Er besteht aus zwei Teilen, aus Schriftvorlesung
und Gebet. Das Gebet hat seinerseits zwei Hauptstücke, קריאת שמע
und תפלה. Das שמע wird beim Morgen- und Abend-, die תפלה
beim Morgen- und Nachmittagsgottesdienst gebetet. Zum שמע gehören die drei biblischen Abschnitte (oben S. 16), am Abend jedoch
wurde der dritte fortgelassen. Im Morgengebet gehen ihm zwei Gebetstücke voraus und eines folgt (בשחר מברך שתים לפניה ואחת
לאחריה), im Abendgebet sind es beidemal je zwei (בערב שתים לפניה
ושתים לאחריה). Von den beiden voraufgehenden ist das eine das
spezielle Morgen- oder Abendgebet, während das zweite den Dank
für die Offenbarung enthält, von den nachfolgenden bringt das erste
die Anerkennung des Bekenntnisses und damit ist der Dank für
die Befreiung aus Ägypten verbunden. Das dem Abend eigentümliche
zweite Stück jedoch (השכיבנו) bildet den Ersatz für die fortfallende
תפלה, es enthält die Bitte um Gottes Schutz in der Nacht. Der
Wortlaut der beiden Gebeten gemeinsamen Stücke braucht nicht
verschieden gewesen zu sein, noch heute weisen sie große Ähnlichkeiten auf, die auf ursprüngliche Gleichheit schließen lassen, selbst

die einleitende Lobpreisung אור יוצר kann, da sie von Erschaffung des Lichtes und der Finsternis zugleich handelt, unterschiedslos für Morgen und Abend verwendet worden sein. Wie das Bekenntnis an allen Tagen des Jahres das gleiche ist, so war auch dieser Teil der Gebetordnung für alle Tage derselbe.

Die תפלה war das Bittgebet schlechthin, in ihr, aber auch nur in ihr, trug die Gemeinde Bitten vor. Aus wievielen Teilen sie damals bestand, ob die Einteilung überhaupt eine einheitliche war, läßt sich nicht mehr mit Sicherheit sagen (oben S. 32). Wir wissen nur, wie sie gegliedert war; der Anfang war hymnisch, der mittlere Teil enthielt die Bitten, der letzte, wie man zu sagen pflegt, den Dank, in Wirklichkeit hat auch er neben dem Dank zwei Bitten, beide Reste der im Tempel beim Gebete der Priester üblichen Liturgie (oben S. 31). Der Inhalt der Bitten war neben den bereits in den Gebeten der Maamadot nachgewiesenen Gegenständen hauptsächlich nationalen Charakters, er betraf die Zukunft des Volkes, das messianische Heil. Die einleitenden und abschließenden Stücke haben bereits ihre Namen (R. h Sch. IV, 5), sie werden an allen Tagen des Jahres beibehalten und niemals verändert, die mittleren Bitten hingegen sind nur an Wochentagen im Gebrauch. Der Halbfeste wird durch eine besondere Einschaltung gedacht, an Fasttagen wird die Tefilla, wie es von Alters her üblich ist, durch eine größere Anzahl von Bitten ergänzt. An Sabbaten hingegen und an Festtagen sind die Bitten innerhalb der Tefilla auf eine einzige um rechte Weihe des Festes beschränkt, eine Ausnahme bildet das Neujahrsfest, an ihm erhält die Tefilla eine Erweiterung und hat statt der einen drei mittlere Benediktionen, am Versöhnungstage wird das Sündenbekenntnis angeschlossen. Die Schulen Hillels und Schammais sind verschiedener Meinung über das Vorgehen beim Zusammentreffen eines Sabbats mit einem Festtage, ob dann die Bitte um die Weihe der beiden Feiern vereint oder geteilt werden soll, aber über die Sieben- und Neunzahl selbst herrscht völlige Übereinstimmung, sie ist auf beiden Seiten geläufig und anerkannt, man verweist im Schulstreite auch bereits auf die langjährige Handhabung in der Praxis (Tos. Ber. III, 12 f., S. 7 10 ff.; das. R. h Sch. IV, 11, S. 2141 ff.).

An den Festtagen, den ganzen und den mittleren, sowie am Neumondstage gibt es ferner ein Musafgebet, das ebenfalls die Tefilla verwendet; es wurde, wie es scheint, nicht überall, sondern nur in größeren Orten mit einem Kommunalverbande (חבר עיר Ber. IV, 4), den Hauptstädten der Maamadbezirke, verrichtet, sein Wortlaut dürfte sich von dem der anderen Gebete nicht unterschieden haben. Josua b. Chananja berichtet aus seiner Jugendzeit (um 60), wie er am Hüttenfeste den Gottesdienst zum Morgen-, Musaf- und Mittagsgebet aufgesucht hat, von denen das erste nach, die beiden anderen vor den entsprechenden Opfern verrichtet wurden; zugleich ein lehrreiches Beispiel, wie Gebet und Opfer nebeneinander hergingen (Tos. Sukk. IV, 5, S. 198 16).

Wie weit auch Psalmen in die Liturgie aufgenommen waren, ist aus der Mischna nicht zu ersehen, nur von den Hallelpsalmen (oben S. 125) erfahren wir, daß sie an 18 Tagen im Jahre Verwendung fanden und zwar im Anschlusse an das Morgengebet; es gab eine eigene Benediktion, die den Vortrag der Psalmen einleitete oder abschloß (ברכת השיר).

Soweit nicht Bibelstellen zur Rezitation kamen, war von den Gebeten nur der Gedankengang fixiert, nicht der Wortlaut. Ein Bibelvers, פסוק, durfte, ohne daß er einen Zusatz erhielt, als Gebet, ברכה, nicht Verwendung finden. Die Gebete können mit ברוך anfangen oder auch nicht, die meisten haben eine abschließende Eulogie, חותם, die zugleich den Gedanken angibt, diese kann jedoch auch fehlen. Die Gebete werden vom Vorbeter von Anfang bis zu Ende laut vorgetragen, während die Gemeinde nur die Responsionen spricht. Jedes Gebet wird für sich gesondert verrichtet, es tritt auch jedesmal ein besonderer Vorbeter auf. Die Richtung bei der Tefilla war nach Osten, der Beter dem Allerheiligsten des Tempels in Jerusalem zugewandt. Am Abend fand ein Gemeindegottesdienst nicht statt. Der Gottesdienst ist im allgemeinen kurz, ein solcher von besonderer Art ist der des Versöhnungstages; da wird der ganze Tag der Gebetverrichtung geweiht, die Liturgie ist ungewöhnlich ausgedehnt, so daß ihre Länge sprichwörtlich geworden ist.

5. Zum Gottesdienste gehörte ferner die Schriftvorlesung. An den beiden Markttagen, Montag und Donnerstag, am Sabbat-Morgen und -Nachmittag, sowie an den Festen und Halbfesten wurde aus der Tora vorgelesen, an den Sabbaten und Festen außerdem aus den Propheten. Der Schriftabschnitt war an den Wochentagen, Festen und Halbfesten kurz, nur an Sabbaten länger, aber keineswegs übermäßig lang. An den Festen wurden auf sie bezügliche Abschnitte verlesen, während man an den Sabbaten schon früh dazu überging,

der Reihe nach zu lesen, ohne an einen festen Zyklus gebunden zu sein. Die Vorlesung wurde von Gemeindemitgliedern, die einander ablösten, und überall, auch in der Diaspora, wenn es irgend angängig war, in hebräischer Sprache gehalten, im Notfalle war auch die Landessprache zugelassen. An die Vorlesung schloß sich die Übertragung und Auslegung des Schriftabschnittes an. Ursprünglich waren beide aller Wahrscheinlichkeit nach identisch, die Übertragung war nicht wörtlich, sie enthielt zugleich die Auslegung, in unserer Epoche aber waren beide bereits voneinander getrennt, die Auslegung war selbständig geworden, die Schrifterklärer hielten sich nicht mehr immer an den Wortlaut der vorgelesenen Perikope, sondern knüpften daran freie, unabhängige Betrachtungen über ein ihnen naheliegendes Thema an; Gegenstand der Erörterung waren Einzelheiten der religiösen Praxis, vornehmlich aber die Religionsanschauungen und Zukunftshoffnungen.

6. In den hellenistischen Ländern standen nach Philos Schilderung, die sich allerdings auf die Sabbate beschränkt und offenbar von dem Bestreben geleitet ist, dem Bilde einen möglichst philosophischen Anstrich zu geben, Vorlesung und Auslegung der Bibel im Vordergrunde, sie füllten den ganzen Sabbat bis zum späten Abend aus, sie machten die Synagogen zu Lehrstätten der Aufklärung und Tugend. Wie die Gebete dort beschaffen waren, wissen wir nicht, wir dürfen voraussetzen, daß zumindest die Bekenntnisstücke ebenfalls vorgetragen wurden. Von den Therapeuten hören wir, daß sie jeden Morgen und Abend ein Dankgebet für das physische und das geistige Licht an Gott richteten, daß sie am Sabbat, insbesondere aber an ihrem großen Feste, in der Nacht des siebenten Sabbats, Dankgebete, Psalmen und selbstverfaßte Hymnen sangen. Die Sprache der Diasporasynagogen war die griechische, selbst in Palästina verwendeten die Hellenisten in den Synagogen das Griechische als Gebetsprache. Der Vortrag der Gebete geschah in derselben Weise wie in Palästina, ein Vorbeter sprach sie laut, die Gemeinde verhielt sich im allgemeinen ruhig und fiel nur bei den Responsionen ein.

§ 36. Der Gottesdienst in der tannaitischen Zeit.

II. Nach der Zerstörung des Tempels.

Literatur: Herzfeld, das.; Graetz, Geschichte VI; Sachs, das.

1. Der Untergang des jüdischen Staates hat auf die Entwicklung des Gottesdienstes nicht mehr Einfluß geübt als irgend ein anderes

wichtiges Ereignis der nationalen Geschichte. Die Zerstörung des
Tempels, das Aufhören des Opferkultus hatten für den Gottesdienst
keineswegs eine starke Erschütterung im Gefolge, seine Stellung im
religiösen Leben war schon vorher derart gefestigt, daß in keiner Weise
ein bemerkenswerter Umschwung eintrat. Es ist jedoch klar, daß der
Gottesdienst der Synagoge nunmehr den Mittelpunkt˙ der gesamten
Gottesverehrung bildete, daß er nicht nur in der praktischen Durchführung, sondern vor allem auch im religiösen Denken und in der
Theologie eine dominierende Stellung erhielt. Bis dahin wurde nicht
nur in den Synagogen, sondern auch im Tempel gebetet, viele gingen
dorthin und nahmen an den Gebeten teil, von jetzt ab war die Synagoge
die einzige Stätte, an der die Gemeinde ihren Gottesdienst verrichtete.
Der Denkweise einer späteren Zeit gehört die Theorie an, daß die Gebete einen Ersatz für die Opfer bilden, das war eine nicht ganz sinngemäße Auffassung des Prophetenwortes ונשלמה פרים שפתינו (Hos.14 3),
daß das Wort der Lippen die Opfertiere aufwiegen soll. Die Zeitgenossen der Tempelzerstörung dachten nicht so. Jochanan b. Sakkai
erklärte bekanntlich die Werke der Nächstenliebe als Ersatz für das
Opfer und von keiner Autorität der tannäischen Zeit sind die Gebete
als Ersatz für das Opfer erklärt worden; man paßte die Gebetzeiten an
die der Opfer an, lebte aber im übrigen der Überzeugung, daß die Einrichtung der Gebete ebenso wie die der Opfer in die graue Vorzeit
zurückreiche. Der Gottesdienst hatte ja auch früher neben dem
Opfer bestanden und existierte, als dieses aufgehört hatte, in seiner
alten Kraft weiter. Die Gebetordnung als Ganzes konnte völlig unverändert bleiben, an den Einzelheiten der Gebete freilich mußte
mancherlei umgearbeitet werden, um den neuen Verhältnissen Rechnung zu tragen. Das geschah nicht durch Beseitigung der nicht mehr
zeitgemäßen Stellen, sondern durch Veränderung ihres Tenors; nach
Möglichkeit wurden sie im herkömmlichen Wortlaut erhalten, nur
wurden kleine Zusätze eingefügt, die den Sinn in einer Weise um-
bogen, daß er der neuen Lage entsprach. So wurde damals und auch
später immer verfahren, wenn eingreifende Umgestaltungen sich als
notwendig erwiesen, und in jener alten Zeit, die schriftlich aufgezeichnete Gebete nicht kannte, mag das die einzige Möglichkeit gewesen sein, die Kontinuität zu wahren und die Beter nicht in Verwirrung zu bringen. Es kam hinzu, daß allgemein auf die baldige
Wiederherstellung des Tempels gehofft (מהרה יבנה בית המקדש) und

demnach mit der Wiederbenutzung der Gebete in der bisherigen Form gerechnet wurde.

Die Bitten um Annahme der Opfer konnten nicht in ihrem Wortlaute bestehen bleiben, an Stelle der Bitten für die Erhaltung Jerusalems traten solche für seine Wiedererbauung, das Erscheinen des Messias und die damit verknüpfte Umgestaltung aller Verhältnisse wurden noch dringlichere Angelegenheiten als vordem. Da der Gesang der Leviten verstummt war, erhielten die Psalmen in der Synagoge eine neue Heimstätte, einzelne Fromme machten sie zu Bestandteilen ihres täglichen Gebetes. Auch der Priestersegen wurde beibehalten es wurden einige neue Bestimmungen, wie sie der veränderten Sachlage entsprachen, geschaffen und er wurde in die Tefilla aufgenommen; wo Ahroniden nicht anwesend waren, trat an die Stelle des Segens ein Ersatzgebet, innerhalb dessen der Vorbeter die Worte des Segens rezitierte (oben S. 69). Ebenso galt es, Zeremonien, die bis dahin mit dem Tempel verknüpft waren, wie Schofarblasen am Neujahrstage, Palme und Bachweide am Hüttenfeste neu zu regeln; was sich irgendwie übertragen ließ, wurde gerettet und dem Gottesdienste einverleibt.

2. Weitere Neuerungen ergaben sich aus der religiösen Bewegung jener Tage. Die Auseinandersetzung mit dem jungen Christentum ließ sich nicht länger aufschieben, die Juden-Christen besuchten nach wie vor die Synagoge, führten dort Bräuche ein, durch die sie die Beter irre machten (Meg. Ende). Ihrem Glauben an den auferstandenen Christus entsprechend, der, je länger die Bewegung dauerte, immer mehr göttliche Attribute annahm, erweiterten sie die schlichte Berachaformel in der Weise, wie wir es in den erhaltenen Resten alter christlicher Gebete häufig antreffen, die sehr nahe ans Heidnische streifen. Endlich benutzten sie, wie schon das Beispiel der Apostel zeigt, wie sich aber auch aus späteren Nachrichten ergibt, die Synagogen als günstige Gelegenheit für ihre Propaganda, sie fungierten wie die anderen Gemeindemitglieder als Vorbeter und Prediger, sie waren so in die Lage versetzt, ihren Ideen Ausdruck und weite Verbreitung zu geben. Gegen das Jahr 100 kam es zur ernstlichen Trennung, die Juden-Christen wurden aus der Synagoge verwiesen. Eine der Abwehrmaßregeln war die Einführung des Gebets gegen die Minäer ברכת המינים, das Gamliel II. in Jamnia durch Schemuel ha Katan abfassen ließ (כלום יש אדם שיודע לתקן ברכת המינין עמד שמואל הקטן ותקנה b. Ber. 28 b). Es war der ausgesprochene Zweck dieses

Gebetes, den Juden-Christen den Aufenthalt in der Synagoge zu
verleiden oder ganz unmöglich zu machen. Gerade bei diesem Gebete wurde streng darauf geachtet, daß es in korrekter Form vorgetragen, daß die Verwünschungen der Minäer nicht unterdrückt wurden;
ein Christ konnte demnach nicht mehr als Vorbeter fungieren, er
konnte aber auch nicht in den Reihen der Beter stehen und es mit
anhören, wie eine solche Verwünschung seiner Gemeinschaft ausgesprochen und allgemein mit Amen beantwortet wurde (oben S. 37 f.).
Es gibt noch eine andere Bestimmung, die ausschließlich aus der Geschichte jener Zeit befriedigend erklärt werden kann. Wofern ein
Kutäer eine Beracha vorträgt, darf nur derjenige sie mit Amen beantworten, der die ganze Benediktion vernommen hat (Ber. VIII, Ende).
Wenn es sich um die Samaritaner handelte, wäre eine solche Strenge
unbegreiflich, denn zugegeben, daß sie das Tetragramm in ungehöriger
Weise aussprachen, so genügte es, um das beurteilen zu können, die
Eulogie zu hören, es wäre nicht der gesamte Wortlaut der Beracha
dazu erforderlich. Sonst wird, selbst wenn man von einem Heiden
eine Beracha hört, nicht untersagt, sie mit Amen zu beantworten,
weshalb dann die ungewohnte Strenge gegen die Kutäer? Vergegenwärtigen wir uns jedoch die Berachaformeln der alten Christenheit
wie diese Εὐχαριστοῦμέν σοι, πάτερ ἡμῶν, ὑπὲρ ... ῆς ἐγνώρισας
ἡμῖν διὰ Ἰησοῦ τοῦ παιδός σου · σοὶ ἡ δόξα εἰς τοὺς αἰῶνας (Did. 82)
oder gar Ὁ Θεὸς ὁ παντοκράτωρ, ὁ ἀγέννητος καὶ ἀπρόσιτος, ...
ὁ Θεὸς καὶ πατὴρ τοῦ Χριστοῦ σου τοῦ μονογενοῦς υἱοῦ σου und
andere Gebete der Apostolischen Konstitutionen, so finden wir,
daß der Anfang und der Schluß wohl völlig korrekt jüdisch sein
könnten; nur in der Mitte erscheinen die anstößigen Stellen, und
darum eben wurde verordnet, daß, wer Amen sagte und sich zu ihr
bekannte, die ganze Benediktion gehört haben mußte. Da wir wissen,
wie oft in den Handschriften מין in כותי oder ähnliche Bezeichnungen
geändert wurde, werden wir auch in diesem Texte einen solchen
Wechsel nicht für ausgeschlossen halten, wenn auch dadurch die
Bestimmung bis zur Unverständlichkeit entstellt wurde.

Zu einer Auseinandersetzung drängte ferner das Verhältnis zu
den häretischen Gnostikern. Es gab verschiedene Richtungen unter
ihnen, die einen mögen diese, die anderen jene Abweichung vom
Verhalten der Gesamtheit gepflegt und gefördert haben. Verpönt
wurde besonders die Anschauung der Dualisten, derer, die an zwei

Gewalten glaubten, die darum gewisse Worte im Gebete ständig wiederholten (שמע שמע, מודים מודים). Andere mögen mit dem Gebete magische Vorstellungen verbunden und zu diesem Zwecke Umstellungen der Worte, sogar völlige Umkehr der Reihenfolge (למפרע) gewählt haben. Endlich gab es solche, die nur bestimmte Eigenschaften Gottes gelten ließen, die seine Güte im Gegensatz zur Allmacht betonten und auch die wahre Verehrung Gottes auf die Guten, als bildeten diese einen besonderen Orden, beschränkt wissen wollten. Alle solche Besonderheiten wurden mit mehr oder weniger Entschiedenheit zurückgewiesen, am schärfsten naturgemäß diejenigen, die gegen die Lehre von der Einheit Gottes verstießen. Ein durchschlagender Erfolg wurde nicht sofort erzielt, und manche Abweichung, die bereits im zweiten Jahrhundert als verpönt galt, treffen wir im vierten vereinzelt noch immer an.

3. Die Not der Zeit, die politische Umwälzung und die innere Gährung legten es Gamliel II. nahe, wie in vielen anderen Dingen, so auch auf dem Gebiete des Gottesdienstes, feste Ordnungen einzurichten, das, was bis dahin auf Grund der Tradition gehalten wurde, behördlich zu regeln und anzuordnen. Die zum Bekenntnis gehörigen Stücke hatten seit langer Zeit ihre Ordnung, an ihnen gab es nicht viel zu verändern, nur wurde für das Abendgebet die Erwähnung des Auszuges aus Ägypten, die ihm früher fehlte, ebenfalls vorgeschrieben. Freiheit und Willkür herrschten bis dahin in bezug auf die Tefilla. Es wurde daher auf Gamliels Veranlassung eine Redaktion (סדר) der Tefilla vorgenommen, sie war die Leistung eines sonst unbekannten Simon, dessen Gewerbe die Flachsverwertung war (שמעון הפקולי הסדיר ר"ח ברכות לפני ר"ג על הסדר ביבנה b. Ber. 28 b). Die Redaktion ist nicht als eine vollständige Festlegung des Gebetes von Anfang bis zu Ende zu denken, das war um so weniger möglich, als jede beliebige Sprache für die Tefilla zugelassen wurde (Sota VII, 1). Abweichungen im Wortlaute kamen weiter vor und haben nie aufgehört, ja es wurde noch ein Jahrhundert nach Gamliel gefordert, daß der Wortlaut nicht gleichmäßig bleibe, sondern stets Neues bringe (צריך לחדש בה הדבר b. Ber. 29 b). Die Redaktion bezog sich in erster Reihe auf die Eulogien (ברכות) und auf ihre Reihenfolge, aber auch die letztere galt, wenigstens in der Theorie, nicht als unverbrüchlich, sie konnte beliebig gestaltet werden (אמצעיות אין להן סדר b. Ber. 34 a). Die Hauptsache war, daß die Zahl der Eulogien abgegrenzt wurde; sie kam auf

18, und das Gebet empfing davon seinen Namen שמנה עשרה ברכות; eine solche Abgrenzung war nur dadurch zu erreichen, daß die Zusammenfassung einiger bis dahin getrennter Stücke empfohlen wurde. Die Möglichkeit, sie gesondert zu halten, wurde jedoch nicht ganz ausgeschlossen, in einem Falle wurde später in Babylonien davon Gebrauch gemacht, das Gebet erhielt eine besondere Bitte für den Messias aus dem Hause Davids als neunzehntes Stück.

Sicherlich war es schon lange vor der Redaktion Brauch gewesen, daß die Tefilla nicht nur in der Gemeinde, sondern auch von einzelnen in ihrer häuslichen Andacht gebetet wurde. Früher war darin die weitgehendste Freiheit möglich; nun aber war das Gebet ziemlich umfangreich geworden, es erhob sich die Frage, ob jedermann auf ein so ausgedehntes Gebet verpflichtet werden sollte. Im Gegensatze zu Gamliel II. waren seine Zeitgenossen hierzu nicht geneigt, ein Teil wollte das Gebet verkürzen, ein anderer die hergebrachte Freiheit in keiner Weise beschränken (b. Ber. 29 a), tatsächlich ist eine abkürzende Zusammenfassung des ganzen Gebetes oder wenigstens der mittleren Stücke (הבירנו, מעין שמנה עשרה das.) im Gebrauch gewesen. Wie stand es nun beim Gemeindegottesdienste? Bis dahin hatte der Vorbeter die Tefilla laut vorgetragen, auch für ihn galt die erwähnte weitgehende Freiheit bei ihrer Fassung; nunmehr, wo er sich an eine bestimmte Reihenfolge und an vorgeschriebene Eulogien halten mußte, erhielt er, bevor er das Gebet laut vortrug, einige Zeit zur Überlegung (שליח צבור מתקן לעצמו). Es trat demnach im Gottesdienste eine Pause ein, in der sich der Vorbeter sein Gebet zurechtlegte. Sollten in dieser Zeit die anwesenden Gemeindemitglieder, soweit sie es verstanden, die Tefilla leise sprechen oder nicht? R. Gamliel hielt es nicht für notwendig, offenbar weil er auf das g e m e i n s a m e Gebet den Nachdruck legte, die Entscheidung jedoch fiel gegen ihn zugunsten des E i n z e l - g e b e t s aus, von da ab wurde die Tefilla zuerst von der Gemeinde still gesprochen, dann vom Vorbeter laut vorgetragen. Abgesehen von vorübergehenden und vereinzelten Abweichungen hat der Brauch sich bis in die Neuzeit unangetastet und unverändert erhalten.

Die Tefilla wurde Bestandteil eines jeden Gebets. Auch im Abendgebet, bei dem kein öffentlicher Gottesdienst stattfand, wurde sie für pflichtgemäß erklärt. Es kam zu einem schweren Konflikte wegen dieser Frage, der eine Spaltung im Kreise der Lehrer von Jamnia herbeizuführen drohte und Gamliel II. für einen Augenblick sein Amt kostete.

Der tiefere Sinn des Streites freilich war der, ob auch das Abendgebet einen offiziellen Charakter erhalten sollte oder nicht. In der Theorie siegte die Meinung, daß die Tefilla ein freiwilliger Zusatz in ihm wäre, in der Praxis aber blieb sie Bestandteil des Gebetes und nur dadurch von den anderen unterschieden, daß sie nicht wiederholt wurde.

Die Diktion in der Tefilla war schlicht und einfach, die Fassung der Benediktionen meist kurz, nach Möglichkeit an die Bibel angelehnt, ganze Verse waren wörtlich übernommen. Durch den häufigen Gebrauch wurde sie verbreitet und allgemein bekannt (שגורה בפה), es gab viele, die sie ohne Hilfe des Vorbeters zu sprechen verstanden. Vom Synagogenbesuch dürfen wir uns, zumal an den Wochentagen, keine übertriebenen Vorstellungen machen; die Erwerbsverhältnisse gestatteten es nicht allzu vielen, regelmäßig daran teilzunehmen, selbst die Gelehrten waren nicht immer bereit, ihre Vorträge zu unterbrechen und sich zum Gebet zu begeben. Mit Rücksicht auf diese Schwierigkeiten durfte der Gottesdienst nicht allzu lange Zeit in Anspruch nehmen, für sich allein konnte jeder beten, solange er wollte, aber in der Gemeinde mußte darauf geachtet werden, daß sie nicht unnötig belastet wurde. Die Einbürgerung des Gebetes, auch in den Kreisen der Privaten, war eine vollständige. Was in keiner Religion bis dahin erreicht war, wurde hier durchgesetzt, der religiöse Individualismus hat einen vollständigen Sieg errungen, die persönliche Frömmigkeit hat sich derart verbreitet, daß sie späterhin sehr oft den Gemeindegottesdienst zu beeinflussen vermochte. Das alte Privatgebet, die תחנונים, דברים, blieb auch jetzt bestehen, es folgte auf die Tefilla und war derjenige Teil der Liturgie, der von allen autoritativen Verordnungen unberührt blieb. Je mehr die Liturgie nach festen Regeln eingerichtet wurde, als desto segensreicher erwies sich das Vorhandensein eines Gebets, das Sache jedes einzelnen blieb, in dem er sich frei bewegen und sein Herz ausschütten konnte, wie es ihn drängte.

4. Weitere Fortschritte macht in unserer Epoche die Differenzierung der Tefilla für die verschiedenen Zeiten, insbesondere für ausgezeichnete Wochentage. Die Unterscheidung zwischen Wochen- und Festtagsgebeten war längst erfolgt, nunmehr trat sie auch für die Wochentage selbst ein, soweit sie einen festlichen Charakter hatten, für die Neumonde sowie die beiden Dankfeste Chanukka und Purim. An den Debatten über die Gestaltung der Einschaltungen finden wir stets Autoritäten der hier behandelten Epoche beteiligt. Ebenso wenn

es sich um das besondere Gebet für die Regenzeit oder den Platz der Habdala am Sabbatausgange handelt, überall kehren dieselben Namen wieder. Wie weit auch der Festgottesdienst ausgestaltet wurde, wissen wir nicht, ein Zufall wird es kaum sein, wenn gerade R. Akiba der erste ist, von dem berichtet wird, daß er am Versöhnungsfeste den ganzen Tag über Gottesdienst hielt; vielleicht gehen schon auf jene Zeit die ersten Spuren von Darstellungen der Aboda zurück.

5. Auf dem Gebiete der Schriftvorlesung gilt es bereits als Regel, daß der Reihe nach der ganze Pentateuch vorgelesen wird, aber an eine bestimmte Zeit war die Vorlesung noch nicht gebunden, der Zyklus stand noch nicht fest. Auch über die Zahl der Personen, die an den Festen an der Vorlesung beteiligt wird, herrschen noch Meinungsverschiedenheiten. Die Schriftauslegung bildet nach wie vor einen wichtigen Bestandteil des Gottesdienstes an Sabbaten und Festen. Sie hat sich allmählich von dem Texte emanzipiert und zu freien Vorträgen entfaltet. Eine gewisse Konkurrenz erhielt sie durch die Vorträge der Gelehrten, die nicht immer in der Synagoge stattfanden und an die Schriftvorlesung nicht gebunden waren. Neue religiöse Gedanken hat jene Zeit nicht hervorgebracht. Wenn wir die Erlebnisse jener Generation uns gegenwärtig halten, so müssen wir die Festigkeit ihres Glaubens bewundern. Bei allem Schweren, das sie erfahren hatte, bei aller Not und allem Druck hat sie sich ein starkes Gottvertrauen erhalten; die Zuversicht in Gottes Gnade, die ein Erbe der Vergangenheit war, hat sich nicht verloren, die religiöse Stimmung ist nicht verdüstert oder getrübt, mit dem Gebet ist die unerschütterliche Hoffnung auf seine Erhörung verbunden.

6. Der Aufstand unter Bar Kochba und die hadrianischen Verfolgungen führten den völligen Zusammenbruch des jüdischen Gemeinwesens, die Zerstörung aller Verbände und Institutionen herbei, hatten die Verlegung des Zentrums des jüdischen Lebens aus dem Süden Palästinas nach dem Norden zur Folge. Im Zeitalter der Restauration (nach 140) galt es zunächst, die Zerstreuten zu sammeln, die alten Ordnungen wiederherzustellen. Die Männer, welche die klassische Zeit noch gekannt hatten, waren sämtlich ausgestorben, infolge der großen Erschütterung war die Tradition gelockert, in manchen Stücken unklar geworden, in anderen gänzlich in Vergessenheit geraten. Es gibt in jeder Gemeinschaft zahlreiche Institutionen, die rein gewohnheitsmäßig weitergeführt werden, ohne daß man sich

über das Verfahren bei ihnen Rechenschaft ablegt; erst wenn irgendeine Unterbrechung in ihrer regelmäßigen Übung eintritt, beginnt
man über die Einzelheiten nachzudenken, die dann häufig dem Gedächtnisse entschwunden sind oder, wie sich herausstellt, sich der
Anschauung nie deutlich eingeprägt haben. Nachdem die Gebetversammlungen längere Zeit verboten, die in Judäa eingeführten
Bräuche vielfach gestört waren, mußte zunächst an die Wiederherstellung des alten Gottesdienstes gegangen werden. Zweifellos ereignete sich hierbei bisweilen, daß die maßgebenden Männer einseitig
nur ihre persönliche Überlieferung oder Anschauung zur Richtschnur
nahmen und abweichende Gewohnheiten unterdrückten, die früher
voll anerkannt waren. In der Regel wurde jedoch der Tradition
Rechnung getragen, weil man nur so den Gottesdienst in der rechten
Art verrichten zu können glaubte.

In sehr vielen Fragen des Gottesdienstes finden wir die führenden
Männer der hier behandelten Zeit mit Diskussionen beschäftigt, die
einen Einblick in die neue Richtung und die neuen Schwierigkeiten
gewähren. Bei den Neujahrsgebeten z. B. begegnen uns immer wieder
dieselben Namen bei der Arbeit, die alte Tradition nach Möglichkeit
wiederherzustellen. Die Reihenfolge der Gebete, die Herstellung der
Neunzahl, die Bibelverse, die Eulogien, alles schien mit einem Male
unklar; in Wirklichkeit lag es so, daß vordem mehrere Bräuche gleichberechtigt nebeneinander hergingen, während nunmehr eine einzige
feststehende Ordnung gewünscht wurde. Derartige Schwierigkeiten,
die bisweilen durch den Einfluß hervorragender Persönlichkeiten,
bisweilen durch die Verschiedenheit der lokalen Sitten bedingt waren,
mußten überwunden, entgegenstehende Anschauungen miteinander
vereinigt werden. Wichtig ist, daß selbst in jenen Jahren der grau-
samsten Verfolgung der Geist der alte geblieben war. Von trüben Gedanken der Resignation und Verzweiflung, von einem ungesunden,
selbstquälerischen Schuldbewußtsein ist nichts zu bemerken, die
frühere Hoffnungsfreudigkeit besteht in der alten Kraft fort.

7. Neue Gebete sind in der Zeit kaum eingeführt worden, allenfalls wurden alte erweitert. Man sieht, daß die Zeit nicht mehr die
Kraft zu eigener Betätigung in sich fühlte und sich an dem Besitze
der Vergangenheit genug sein ließ. Dementsprechend wird der Kasuistik über die Gebete die peinlichste Aufmerksamkeit gewidmet.
Gebetzeiten z. B. haben auch früher bestanden, nach althergebrachter

Sitte versammelte man sich zu den gewohnten Stunden im Gotteshause. Nunmehr aber wird darüber eingehend reflektiert und beraten,
es werden die Anfangs- und Endstunden, zu denen jedes Gebet statthaft ist, abgegrenzt; die früheren Geschlechter gestatteten sich mehr
Freiheit darin, die späteren wünschten in allen Dingen genaue Vorschriften, feste Ordnungen. Es galt allgemein als Grundsatz, daß
man im Einklang mit der Tradition der Vergangenheit bleiben müßte.
Da aber die Lebensverhältnisse andere geworden waren und die Beziehungen der alten Überlieferung nicht mehr immer deutlich waren,
führte das vielfach zu Mißverständnissen und irrigen Bestimmungen.
Der grundsätzliche Irrtum ist der, daß jede Einzelheit des Gottesdienstes als auf altüberlieferten Gesetzen beruhend gedacht wird,
während in Wirklichkeit die meisten sich in freier Entwicklung
herausgebildet haben. Auch Störungen, die beim Gottesdienst eintreten können, geben Anlaß zu zahlreichen Erörterungen. Dabei ist
das Ziel, das offenbar den Gelehrten vorschwebt, die Einzelfälle nach
Möglichkeit zu erschöpfen, in keinem Falle erreichbar. Selbst über
den Umfang der Aufmerksamkeit, die dem Gebete gewidmet werden
muß (כונה), wird verhandelt. Man darf freilich nie vergessen, daß die
in der Halacha niedergelegten Bestimmungen nur die äußere Korrektheit betreffen; sie sind etwa den Gebetordnungen oder Agenden unserer
Tage zu vergleichen. Die innere Frömmigkeit war Sache des einzelnen,
sie wurde in den hagadischen Erörterungen besprochen; dieselben
Lehrer, die in der Halacha dialektisch vorgehen und das Gebet
in Ketten schlagen, haben in der hagadischen Auslegung und Er-
mahnung ganz andere Anschauungen darüber geäußert. Es ist ein
Geist tiefer Frömmigkeit und lebendiger Religiosität, den ihre
Worte atmen.

Der Richtung der Zeit entsprechend werden die Besonderheiten
der Gebete an ausgezeichneten Tagen behandelt, die Veränderungen,
die Einschaltungen und etwa dabei mögliche Irrtümer. Die Juristen
haben sich der Frage bemächtigt, sie regeln sie nach ihrer Art durch
Aufstellung von Ordnungen; da nichts, was zum Gottesdienst gehört,
aufgeschrieben werden darf, ist die Ausarbeitung einer Agende nicht
möglich und so müssen all diese Einzelheiten der kasuistischen Diskussion unterworfen werden. Das Leben und die wirkliche Andacht
blieben vom Streite der Gelehrten zunächst unberührt, es blieb
innerhalb des Gottesdienstes viel Freiheit bestehen, von späteren

Zeiten jedoch wurden solche Auseinandersetzungen aufgegriffen, als maßgebend angesehen und zum kodifizierten Recht erhoben.

§ 37. Der Gottesdienst in der amoräischen Zeit.

Literatur: Zunz, das.; Graetz, Geschichte, IV³, besonders Note 39, S. 464 ff.

1. Einen wichtigen Fortschritt in der Entwicklung des Gottesdienstes brachte die amoräische Zeit. Die bereits hervorgehobene Schwierigkeit, daß in den Quellen Berichte aus langer Zeit unvermittelt nebeneinander stehen, liegt auch hier vor, denn es ist die Arbeit von drei Jahrhunderten, über die der Talmud gemeinsam berichtet, ohne daß es immer leicht ist zu unterscheiden, was einer früheren und was einer späteren Generation angehört. Die Amoräer fanden einen Stamm von Gebeten bereits vor, das Gemeindegebet war aller Orten seit langer Zeit eingeführt, die einzelnen waren daran gewöhnt, ihre Andacht regelmäßig zu halten; auf dem Boden des Bestehenden wurde nunmehr die weitere Entwicklung angebahnt. Sie vollzieht sich in Palästina und Babylonien gleichzeitig, aber nicht gleichmäßig; wie in vielen anderen Gebieten bilden sich auch in den Gebeten gewisse Unterschiede heraus, der R i t u s in Palästina wird ein anderer wie der in Babylonien.

2. Das Bestreben der Amoräer ging in erster Reihe dahin, feste Formen für den Gottesdienst zu schaffen, allgemeingültige Ordnungen einzuführen, von denen nicht abgewichen werden sollte. Das konnte am besten gelingen, wenn alle Glieder der Gemeinde am G e b e t der G e m e i n d e , am Gottesdienste in der S y n a g o g e teilnahmen. Gegenüber dem Schweigen der vorangegangenen Zeit ist es mehr als auffallend, welch hohe Bedeutung von den Amoräern dem Gottesdienste in der Gemeinde beigelegt wird. Aus der außerordentlich großen Anzahl von Aussprüchen, in denen dieser Gedanke zum Ausdruck gelangt, können hier nur einige wenige angeführt werden; am Anfange des Tr. Berachot begegnen sie uns auf jeder Seite. . „Wo zehn beten", so lesen wir, „weilt Gottes Majestät unter ihnen", „Gott selbst befindet sich in der Synagoge" oder gar „das Gebet findet überhaupt nur Erhörung, wenn es in der Synagoge gesprochen wird" (b. Ber. 6 a f.). Darum wird es als sehr verdienstvoll hingestellt, die Synagoge zu besuchen, als häßlich, es zu unterlassen; die Babylonier sind berühmt und

geschätzt, weil sie des Morgens früh und des Abends spät die Synagoge
aufsuchten (das. 8 a). Es fehlt auch nicht an Widerspruch gegen
eine solche Bewertung. Den Gelehrten gefiel es durchaus nicht immer,
daß die Unterbrechung der Lehrvorträge zugunsten des Synagogen-
besuches eintreten sollte, sie erklärten, in bewußtem Gegensatze zu
jener Überspannung, die vier Wände des Lehrhauses für Gott wohl-
gefälliger als alle Bethäuser (R. Chisda das.), und manche von ihnen
verrichteten ihr Gebet dort im Lehrhause, wo sie ihre Vorträge hielten;
ja es konnte sogar vorkommen, daß Gelehrte im Bethause selbst
während eines Teiles des Gottesdienstes, während der Toravorlesung
z. B., ihre Studien fortsetzten (das.).

Aber auch wer nicht in der Synagoge betete, sollte nach der damaligen Anschauung wenigstens zur gleichen Zeit wie die Gemeinde
sein Gebet verrichten, denn das wäre die vom Psalmisten erwähnte
G n a d e n s t u n d e (עת רצון). Es sei hier nur e i n e Erzählung
angeführt, die auf die behandelten Bestrebungen ein helles Licht
wirft. Wir lesen b. Ber. 7 b: R. Jizchak sprach zu R. Nachman (b.
Jakob um 300): Warum kommt mein Herr nicht in die Synagoge,
um zu beten? — „Ich kann es nicht". — Dann sollte er zehn Männer
bei sich versammeln und beten. — „Ist mir zu beschwerlich". — Dann
sollte er dem Vorbeter den Auftrag geben, ihm von der Stunde, in der
die Gemeinde betete, Mitteilung zu machen! — „Ja, was soll denn
das alles?" — Dem Worte R. Jochanans genügen, der im Namen
Simons b. Jochai überliefert: der Psalmvers 69 14 hat folgenden Sinn:
„wann ist die rechte Zeit des Wohlgefallens? in der Zeit, in der die
Gemeinde betet." Das Gespräch der beiden Gelehrten ist außerordentlich lehrreich, der Eifer des einen und das Staunen des anderen sind
in gleicher Weise bezeichnend, R. Nachman hat offenbar keine
Ahnung von den Bestrebungen, die seinem Ausfrager eine wirkliche
Herzensangelegenheit sind.

Ebenso wie die Gemeinde soll auch der einzelne danach streben,
stets an demselben Platze zu beten. Das Gotteshaus ist ein „Heiligtum im Kleinen", es werden, wie wir sehen werden, eine Anzahl Forderungen an seine Lage, seine Bauart gestellt, die es dem großen Heiligtume gleichsetzen. Aber auch im eigenen Hause müssen in dem Raume,
der zum Gebet verwendet wird, einige dieser Bedingungen erfüllt
sein. Entsprechend der Bedeutung des Gebets muß es das erste sein,
womit der Mensch seinen Tag beginnt, vorher darf weder irgend eine

Arbeit unternommen, noch irgend etwas genossen werden; die älteren
Amoräer pflegten noch das Tagewerk mit dem Lehrvortrag zu beginnen, das galt den jüngeren als durchaus ungehörig (b. Ber. 14 b).
E i n Gebet ist es besonders, dessen Verbindlichkeit eingeschärft wird.
Das M i n c h a gebet hatte eine recht ungünstige Stellung, außerhalb
des Tempels war es schwer durchführbar; mitten am Tage gehalten,
störte es den Beruf, und am Abend kollidierte es leicht mit dem Abendgebete. Es ist gar keine Frage, daß es häufig vernachlässigt wurde,
es mußte daher eindringlich eingeschärft werden, „auf das Minchagebet besonders bedacht zu sein" (b. Ber. 6 b, vgl. 28 b). Auch das
Abendgebet wurde zum Gemeindegebet erhoben und unmittelbar beim
Einbruche der Nacht gesprochen, die Folge war, daß später das Lesen
des Schma kurz vor dem Schlafengehen noch einmal angeordnet und
daß auf diese Weise ein neues Nachtgebet (קריאת שמע על המטה) eingeführt wurde.

Bei der gesteigerten Bedeutung, die dem Beten beigemessen wurde,
galten̄ lange Gebete nicht als verpönt, sie wurden vielmehr als Gewähr sicherer Erhörung angesehen; besonders für Notstände, für
Zeiten der Gefahr wurden Einschaltungen gestattet, selbst ihre Aufnahme innerhalb der Tefilla nicht verwehrt. Die alte Techinna bestand als Privatgebet fort, aber die Kunst, selbständig zu beten, das
Vertrauen zum eigenen Gebete waren im Schwinden, man nahm zu
den Mustern die Zuflucht, welche berühmte Männer darboten, ihre
Privatgebete wurden der Gesamtheit überliefert und dann nachgeahmt.

3. Der Sinn der Zeit für das Gebet prägt sich in der weiteren Ausgestaltung der bereits vorhandenen Vorlagen aus, die einfachen Formeln werden ausgebaut, an Stelle der gleichmäßig wiederkehrenden
Gebete treten verschiedenartige. Insbesondere in Babylonien wurde
eine große Mannigfaltigkeit der gottesdienstlichen Formen und Formeln geschaffen. Die intensivere Pflege des religiösen Lebens, die
Heranziehung der breiten Massen zur religiösen Betätigung vom Beginne des amoräischen Zeitalters an prägt sich auf unserm Gebiete
recht deutlich aus, Mar Samuel und sein Genosse Abba Areka, als
Lehrer schlechthin Rab genannt, die Begründer des Talmudstudiums
in Babylonien, haben auch für den Gottesdienst Außerordentliches
geleistet, fast in allen Gebeten finden wir die Spuren ihrer Tätigkeit.
An der Formulierung der Beracha finden wir Rab beteiligt (b. Ber. 12 a).

Die Benediktionen vor und nach dem Schma, die ursprünglich für
Morgen und Abend gleich lauten, werden variiert, von Samuel rührt
אהבה רבה im Morgengebet her (b. Ber. 11 b), auf Rab geht die Unterscheidung von אמת ויציב und אמת ואמונה zurück (das. 12 b). Beide
beschäftigen sich mit der Abkürzung der Tefilla, Samuel überliefert
die zusammenfassende Formel הביננו (das. 29 a); Rab hingegen ist
an der Einführung der Bitte für den Messias aus dem Hause Davids
beteiligt (b. Sanh. 107 a), die aus Verehrung für das Exilarchenhaus
in Babylonien abgefaßt wurde (b. Pes. 117 b). Beim Sabbat- und
Festgottesdienste sind die Einwirkungen der beiden Gelehrten noch
nachhaltiger, denn wahrscheinlich ist überhaupt erst in ihrer Zeit
manches von dem, was wir heute besitzen, neu geschaffen worden.
So wurde in Babylonien in jener Zeit der Abendgottesdienst am Eingang der Sabbate und Festtage eingerichtet, am Freitag Abend sogar,
um dem Gebet eine längere Ausdehnung zu geben, mit einer eigenen Art
von Wiederholung der Tefilla (ברכה אחת מעין שבע oben S. 111). Auch
die Einfügung der Bibelverse in die Tefilla für Freitag Abend wird
auf Rab zurückgeführt (b. Schabb. 114 b), und wahrscheinlich sind sie
von da aus auch in die anderen Tefillas des Tages eingedrungen. Die
Musaftefilla wurde in Erinnerung an ihren Ursprung aus den Maamad-
versammlungen (oben S. 237) nur als G e m e i n d e gebet gehalten,
so kannte und verordnete sie noch Mar Samuel, doch schon zu seiner
Zeit hatten auch Private begonnen, sie zu sprechen. Im Wortlaute
war sie den anderen Tefillas gleich (vgl. צלי והדר צלי b. Ber. 30 b),
Rab jedoch brachte sie mit dem Musaf o p f e r in Verbindung und
forderte infolgedessen eine Änderung des Wortlautes, er wünschte
darin einen Hinweis auf das Opfer (j. Ber. IV, 6, f. 8 c). Logisch
gedacht war das nicht, denn wären die Gebete als Stellvertretung der
Opfer anzusehen, dann müßten auch das tägliche Achtzehngebet
und die anderen Sabbat- und Festgebete eine Erwähnung ihrer Eigenschaft als Ersatz des Opfers enthalten, dennoch ist die Forderung,
die einer damals weitverbreiteten Anschauung entsprach, durch-
gedrungen, das Musafgebet erhielt einen derartigen Zusatz. Die
Folge der Einfügung war, daß in das Musaf der Festtage auch ein
Hinweis auf die einstmalige Wallfahrt aufgenommen und daß später
für die Musaftefilla eine neue Einleitungsformel (ומפני חטאינו) verfaßt wurde, so daß sie ein von den andern ganz und gar verschiedenes
Aussehen erhielt. Für die Festtage haben wir von beiden ferner das

am Sabbatausgang einzuschaltende Stück, die babylonische „Perle" ותודיענו, zu der aller Wahrscheinlichkeit nach auch אתה בחרתנו und ותתן לנו gehören (oben S. 133). Auch an den Gebeten zur Begleitung des Sündenbekenntnisses am Versöhnungstage sind beide beteiligt (b. Joma 87 b), für die Tefilla der 10 Bußtage führt Rab die Formeln המלך הקדוש und המלך המשפט ein (b. Ber. 12 b). Recht deutlich ist die Art seiner Tätigkeit an der Bearbeitung der Neujahrsgebete zu erkennen. Die Einleitung zu den זכרונות heißt in den Quellen ausdrücklich תקיעתא דבי רב, aller Wahrscheinlichkeit nach gehören ihm aber auch die Einleitungen zu den beiden anderen Stücken an. Vorher bestanden alle drei aus Bibelversen, die lose aneinandergereiht und durch eine Eulogie abgeschlossen waren, Rab war es, der sie zu Gebeten ausgestaltete, indem er zunächst den Sammlungen von Bibelstellen Einleitungen vorausschickte und darin den religiösen Gedanken dieser dem Neujahrstage eigentümlichen Gebete zusammenfaßte, sodann aber sie durch eine ihrem Inhalte angepaßte Bitte abschloß. Die Anlage aller drei Stücke ist so gleichmäßig, daß wir an ihrem gemeinsamen Ursprunge zu zweifeln keine Ursache haben, ihre Gedanken sind so erhaben, ihre Sprache ist so edel, daß wir Rab als Beter einen recht hohen Rang zuerkennen müssen.

Es wären noch viele Einzelheiten hervorzuheben, die auf ihn und Mar Samuel zurückgehen (vgl. z. B. b. Ber. 60 b, j. das. I, 8 f. 3 d über מודים, j. Sukka, III 4), sie verraten alle das gleiche Bestreben, den Gottesdienst und die Gebete einheitlich auszugestalten, die vorhandenen Gebete weiter auszubauen und Lücken durch Einführung neuer zu ergänzen.

In Palästina ist ihr Zeitgenosse R. Jochanan nach derselben Richtung hin bemüht gewesen, auch von ihm ist eine große Zahl von Einzelheiten überliefert, die ihn bei der Schaffung einer Ordnung im Gottesdienste zeigt. Daß er ebenfalls neue Texte abgefaßt hat, wird nicht berichtet, es ist auch nicht sehr wahrscheinlich, daß er es getan, denn es lag für die palästinischen Autoritäten keinerlei Veranlassung vor, ihre alte Überlieferung zu verlassen und neue Gebete dafür einzusetzen.

Von späteren Amoräern treten die Namen Abbaje und Raba wieder im Zusammenhange mit Fragen der Gebetordnung häufiger hervor (vgl. z. B. b. Ber. 27 b, 29 a; Pes. 117 b; Joma 87 a; Sota 40 a u. ö). Nicht minder hat sich ihr Jünger R. Papa an der Ausgestaltung

der Gebete beteiligt, meistens nach der Richtung hin, daß er in denjenigen Fällen, in denen eine mehrfache Überlieferung von Gebeten
oder Eulogien vorlag, empfohlen hat, die Texte zu vereinigen und
auf diesem Wege der Schwierigkeit der Entscheidung aus dem Wege
zu gehen.

4. Was die Quellen an Einzelheiten und besonders an datier-
baren über die Ausgestaltung der Gebete in der amoräischen Epoche
berichten, ist im Verhältnis zu der langen Zeit blutwenig, doch es
verlohnt einmal, im Zusammenhange zu betrachten, wie weit die Entwicklung des Gottesdienstes damals gediehen sein mag. Da ergibt
sich folgendes: Die gottesdienstliche O r d n u n g , soweit es sich um
Gebetzeiten und um den Aufbau der Liturgie handelt, steht im
großen und ganzen fest und ist von der heute üblichen wenig verschieden. Soweit jedoch der W o r t l a u t der Gebete in Frage kommt,
dürfen wir sagen, daß da noch so gut wie a l l e s i m F l u s s e ist;
selbst am Ende unseres Zeitalters sind noch immer auffallend wenig
Gebetstücke in ihrem Wortlaute bestimmt. Es wird kaum ein Stück
der Liturgie im Talmud erwähnt, ohne daß Differenzen im Wortlaute
angegeben sind, ja, bei der sprunghaften Art des Talmuds kann man
bezweifeln, ob sie überhaupt genannt werden würden, wenn nicht
jene Differenzen zu behandeln gewesen wären. Selbst die Grundform
der Beracha wird noch diskutiert; noch Abbaje in der Mitte der Amoräerzeit neigt dazu, die Ansicht Rabs anzuerkennen, während die allgemein angenommene Formel der entgegengesetzten Anschauung
R. Jochanans entspricht (b. Ber. 40 b). Von den Stücken vor und nach
dem Schma kann nicht eines einen festen Text gehabt haben, weder
im Morgen- noch im Abendgebete; wie es mit dem dritten Abschnitte
des Schma am Abend gehalten werden sollte, darüber herrschte ebenfalls keine Einigkeit. Zur Tefilla werden verschiedene Abweichungen
berichtet, einige Vorbeter gestatteten sich, Texte vorzutragen, die
niemand kannte und erwartete. Was uns davon berichtet wird, ist
nur ein kleiner Teil der wirklich vorhandenen Varianten; wie zahlreich
sie waren, ergibt die stattliche Reihe, die bei der Einzelbesprechung
der Tefilla angeführt werden mußte (§ 9). Besonders strittig sind die
Einschaltungen für ausgezeichnete Tage, sowie die Abkürzung הביננו.
Was nach der Tefilla kommt, ist ganz und gar unbestimmt, der eine
pflegt תחנונים zu beten, der andere unterläßt es, jeder handelt nach
seinem Belieben (רגיל לומר תחנונים אחר תפלתו b. Ber. 29 b); einen

bestimmten Text dafür gibt es nicht, von einer Anzahl von Gelehrten sind ihre persönlichen Gebete überliefert, in denen jeder seinen Neigungen folgte. Auch an den Festtagen waren Schwankungen vorhanden, sowohl bei den Gebeten für die Wallfahrtsfeste als auch bei denen für die ernsten Feiertage werden solche überliefert. Liest man z. B. die Verhandlungen über die מלכיות usw. am Neujahrstage oder über das Sündenbekenntnis am Versöhnungstage, so wird man gewahr, daß fest bestimmtes Material überhaupt noch nicht vorlag und daß bis dahin alles dem freien Ermessen überlassen war. Zahlreiche Einzelheiten der Schriftvorlesung sind gleichfalls unbestimmt und der Diskussion unterworfen, ohne daß sofort eine Entscheidung getroffen wird; es darf daher nicht Wunder nehmen, wenn dieselben Fragen mehrere Generationen hintereinander umstritten werden. Wiederholt — und diese Tatsache verdient die größte Beachtung — werden im Talmud Vorbeter gelobt oder getadelt, weil sie dies und jenes getan oder unterlassen haben; solche Äußerungen des Beifalls oder des Mißfallens sind nur für den Fall angebracht, daß der Vorbeter nicht an einen festen Text gebunden ist, vielmehr über eine gewisse Bewegungsfreiheit verfügt. Das Zeitalter der Amoräer fühlte noch immer hinreichende Befähigung in sich, selbständig seine Gebete zu verfassen; die wenigen Gebete aus jener Zeit, deren Text überliefert ist, zeugen von starker Kraft, von gesunder religiöser Anschauung, von hoher Begabung, religiöse Gedanken und Empfindungen auszudrücken. Eine solche Zeit konnte die Bindung des Wortlautes der Gebete nicht vertragen, so liefen zahlreiche Texte nebeneinander her; bis zu einem gewissen Grade wird durch die Tradition an den wichtigsten Zentren die Gleichmäßigkeit hergestellt worden sein, aber es bildeten sich auch Differenzen heraus, die sehr lange bestehen blieben und die zu stören niemand ein Interesse oder die Absicht hatte.

5. Die wichtigsten Unterschiede waren diejenigen zwischen Palästina und Babylonien. Was später davon zusammengestellt worden ist (חלוף מנהגים בין בני בבל לבני ארץ ישראל), betrifft meist nur das äußere Verhalten beim Gottesdienste; die Differenzen in den Gebeten, die wir hier im Auge haben, sind nirgends gesammelt, nur gelegentlich erfahren wir von ihnen, ganz besonders haben die neuen handschriftlichen Funde, die zum größten Teil die p a l ä s t i n i s c h e Überlieferung wiedergeben, es ermöglicht, die Verschiedenheiten kennen zu lernen. Einige Beispiele sollen zeigen, was gemeint ist.

Die Schlußformel der גאולה lautete in Palästina gemäß den alten Quellen מלך) צור ישראל וגאלו), der Babylonier Raba hingegen verordnete גאל ישראל (b. Pes. 117 b); Germ. hat an Festtagen, wo die in Palästina zuerst entstandenen Piutim eingeschaltet werden, tatsächlich noch die palästinische Eulogie מלך צור ישראל וגאלו. Bei gleichem Anlasse hat Germ. im Morgengebete die in It. stets vorhandene Schlußformel בגלל אבות תושיע בנים, der Ursprung ist derselbe. Für das vorhergehende אמת ויציב . . . על הראשונים besitzt Germ. eine kurz zusammengedrängte Fassung, die gleichfalls in Verbindung mit einem Piut zur Anwendung gelangt. Die genannten Texte finden sich sämtlich auch in den aus der Genisa zu Kairo gekommenen Handschriften, sie zeigen, daß hier Elemente des palästinischen Ritus vorliegen, welche mit den Piutim zusammen nach Deutschland übertragen worden sind. Im Abendgebet hatte der palästinische Ritus in der letzten Benediktion täglich die Eulogie פורש סכת שלום usw., während in Babylonien zwischen Wochentagen und Festen ein Unterschied gemacht wurde.

Die T e f i l l a bestand in babylonischer Rezension aus neunzehn, in palästinischer aus achtzehn Stücken, das hat jahrhundertelang fortgedauert und macht sich noch heute in It. und Germ. überall da, wo Kerobot eingeschaltet werden (§ 32), geltend. Der Wortlaut der dritten Benediktion der palästinischen Fassung קדוש אתה ונורא שמך hat sich in den Gebetbüchern nur an den beiden ernsten Festen erhalten; hingegen ist die von Rab für die Bußtage eingeführte Eulogie המלך הקדוש in Pal. unbekannt geblieben. Der palästinische Text der עבודה hat sich in Südfrankreich erhalten, seine Eulogie finden wir auch in Germ. da, wo der Priestersegen stattfindet. Die Eulogie am Ende der Tefilla עושה השלום ist in den Gebetbüchern nur in den Bußtagen zu finden, wird aber durch alte Quellen als der einstmalige tägliche Abschluß bezeugt. Auch bei den Einschaltungen waren Gegensätze vorhanden. Die Keduscha wurde in Palästina nur an Sabbaten und Festen, in Babylonien täglich gesprochen. Der Priestersegen fand in Babylonien, da wo Ahroniden nicht anwesend waren, in der Weise statt, daß die betreffenden Sätze der Bibel vom Vorbeter vorgetragen wurden. In Palästina galt das nicht als statthaft und nur der Nachsatz ושמו durfte gesprochen werden. An Fasttagen ließ man in Palästina andauernd wie in alter Zeit den Priestersegen mehrmals sprechen, in Babylonien hingegen nur einmal. Von den gelegentlichen Einschaltungen verwendete man in Palästina im Sommer מוריד הטל, was in Babylonien unbekannt war, allerdings auffallenderweise später auch in den sonst vom babylonischen abhängigen Riten angenommen worden ist.

In den Sabbatgebeten hatte der palästinische Ritus andere Einlagen für die Tefilla als der babylonische, die Einleitung der Musaftefilla in Seph. למשה צוית geht auf eine palästinische Quelle zurück. Die Tefilla der Festtage hat sich in beiden Ländern in völlig verschiedenen Gestalten ausgebildet; nicht nur, daß die Abweichung der Musaftefilla gegenüber den andern in Pal. recht gering war, sich fast nur auf die Bibelverse beschränkte, wichen auch der Gedankengang und der Aufbau der palästinischen Tefilla von der babylonischen sehr erheblich ab. Dazu kam, daß die Babylonier die zweiten Feiertage hatten und daß sie gewisse Modifikationen des Kalenders durchsetzten.

Für die T o r a v o r l e s u n g führten die Babylonier den e i n jährigen Zyklus an Stelle des d r e i jährigen ein, womit naturgemäß auch eine Veränderung der Haftara verbunden war. Dort wurden ferner die Festtagslektionen mit Rücksicht darauf, daß jedesmal zwei Feiertage zu bedenken waren, geändert; ebenso wurde dort an Tagen, die ein Musafgebet hatten, sowie an den vier ausgezeichneten Sabbaten die Maftirperikope eingeführt, was zur Folge hatte, daß an solchen Tagen nicht nur aus einer, sondern aus zwei Torarollen gelesen wurde. In Palästina erhielt sich lange die Sitte, daß die zur Tora Aufgerufenen selbst ihren Abschnitt lasen, während in Babylonien schon früh der Vorbeter seine Unterstützung beim Vorlesen gewährte. In Palästina kannte man wie in alter Zeit nur eine Benediktion vor und eine nach der Toravorlesung, in Babylonien hingegen begleitete ein jeder seinen kurzen Abschnitt mit je einer Benediktion am Anfange und am Ende. Die Benediktionen der Haftara wurden in Babylonien weiter ausgestaltet als in Palästina, besonders die mittlere hat eine ähnliche Wandlung durchgemacht wie das ihr verwandte Stück der Tefilla.

In Babylonien selbst müssen in den verschiedenen Gegenden abweichende Bräuche vorhanden gewesen sein, und es ist sehr wahrscheinlich, daß im Laufe der Zeit durch den verschiedenartigen Einfluß angesehener Führer die Differenzen zunahmen. Von Rab wird erzählt, daß er sehr erstaunt war, in einer Gemeinde am Neumondstage die Hallelpsalmen rezitieren zu hören, daß er sich jedoch aus der Art und

Weise, wie das geschah, rasch davon überzeugte, eine alte Überlieferung vor sich zu haben (b. Taan. 28 b). Ebenso ging es ihm bei andern Gelegenheiten, daß er sich Bräuchen gegenüber sah, die ihm fremd waren (vgl. z. B. b. Meg. 22 a). Wichtig ist aber vor allem, daß trotz allen Strebens nach Schaffung von festen Normen sich sehr viel I n d i v i d u e l l e s erhielt. In Babylonien bestand jedenfalls seit alter Zeit eine eigene Tradition, die an vielen und wichtigen, aber nicht an allen Punkten von Palästina aus beeinflußt werden konnte.

6. Die Tendenz der Amoräer ging nach zwei Richtungen hin, alles in feste Formen zu bringen und das für mustergültig gehaltene Beispiel berühmter Männer nachzuahmen. Die mehrfach erwähnten Privatgebete können nur dadurch bekannt geworden sein, daß Jünger sie sich von ihren Lehrern erbaten und weiter überlieferten. Das Beispiel, das die Lehrer gaben, wurde nach jeder Richtung hin bis auf die kleinsten und scheinbar unbedeutendsten Handlungen studiert und nachgeahmt (תורה היא וללמוד אני צריך); da kann es nicht wundernehmen, wenn bei einem so wichtigen Gebiete, wie es das Gebet ist, ebenfalls sehr sorgfältig das Vorgehen berühmter Männer beobachtet und zur Nachahmung empfohlen wurde. Das konnte verhängnisvoll werden, indem aus solchen Bräuchen, die ein e i n z e l n e r für sich annahm, aus Erschwerungen, die er für seine Person sich auferlegte, ohne jemals daran zu denken, sie für andere verbindlich zu machen, mit der Zeit a l l g e m e i n g ü l t i g e Normen gebildet wurden. Das geschah im amoräischen Zeitalter noch nicht oder nur selten, aber in späteren Jahrhunderten mehr als einmal und nicht immer zum Nutzen der religiösen Institutionen. Die andere Tendenz oder wenigstens eine weit verbreitete Neigung war die, v i e l zu beten. Im Gegensatz zu früheren Jahrhunderten, die einen Vorzug des Gebets in seiner Kürze sahen, wurde jetzt an langen Gebeten nicht mehr Anstoß genommen, vielfach galten sie sogar als erwünscht, wenn auch andererseits der Grundsatz, daß die Gemeinde nicht allzu sehr belastet werden sollte, nie außer Gebrauch kam. Wir haben oben R. Papas Satz הלכך נמרינהו לכולהו erwähnt (S. 265); er stand mit seiner Anschauung nicht allein, die Häufung von Gebeten oder Gebetformeln war auch sonst sehr beliebt.

7. Zu den genannten Tendenzen gesellte sich der Wunsch, möglichst alles in feste Formeln zu bringen. Dadurch wurden zahlreiche halachische Auseinandersetzungen veranlaßt, die den Anschein er-

wecken, als ob die Amoräer das ganze Gebiet des Gottesdienstes rein juristisch betrachtet, es in Verordnungen eingezwängt hätten. Aus den halachischen Erörterungen allein gewinnt man jedoch nicht das richtige Bild. Wo wir ihnen ins Herz zu schauen vermögen, lernen wir die Amoräer als Menschen kennen, die nicht ausschließlich trockene Juristen waren, sondern ein feines religiöses Empfinden besaßen. Soviel sie auch von dem Gebete als P f l i c h t sprechen und die Einzelheiten in der Erfüllung dieser Pflicht diskutieren mögen; wo man sie nach ihrer Meinung befragt, entfällt alle Kasuistik und alle Spitzfindigkeit, bleibt die A n d a c h t die einzige Forderung, die sie an den Menschen stellen, demjenigen, der nicht andächtig zu beten vermag, empfehlen sie, es überhaupt zu unterlassen. Wie herb mutet der Spott an über den Vorbeter, der sich an Beiworten für Gott nicht genug tun kann, oder das Wort Rabas, daß man mit Gott nicht wie mit einem Gleichgestellten verkehren kann! Das sind Aussprüche, die sich mitten in der Halacha finden; die wahren Gedanken über diese Fragen aber muß man in der Hagada suchen, die den rechtlichen Standpunkt beiseite läßt und es nur mit den Forderungen des religiösen Empfindens und der persönlichen Frömmigkeit zu tun hat.

8. Ein wichtiger Punkt in der Entwicklung des Gottesdienstes ist die Änderung in einzelnen r e l i g i ö s e n A n s c h a u u n g e n, die sich in jener Epoche, besonders in Babylonien, bemerkbar macht. Bedauerlicherweise ist die jüdische Religionsgeschichte, die Wandlung, die einzelne Begriffe im Verlaufe der Zeiten durchgemacht haben, noch sehr wenig erforscht, es ist daher nicht leicht, Genaueres hierüber festzustellen. Um nur auf eines hinzuweisen, so muß in jener Epoche eine neue Auffassung des M e s s i a s b i l d e s sich verbreitet haben. Im üblichen Texte der Tefilla z. B. lautet die Bitte in XIV ולירושלים עירך ברחמים תשוב, die Eulogie in XVII המחזיר שכינתו לציון; das ist eine Anschauung, welche den Sitz der Gottheit auf dem Zion l o k a l i s i e r t und daher für die ideale Zeit der Zukunft ihre R ü c k k e h r für notwendig erklärt; das kann nicht immer die herrschende Meinung gewesen sein, die entsprechenden Stellen in Pal. lassen von dieser Auffassung noch nichts vermuten, sie muß unbedingt aus Babylonien und aus den amoräischen Jahrhunderten stammen. Es darf ferner nicht übersehen werden, daß Babylonien der Ursitz alles A b e r g l a u b e n s gewesen ist. Ein Teil der Amoräer war von den Verirrungen ihrer Heimat nicht frei, die Furcht

vor Dämonen, vor bösen Träumen, vor Zauberei beherrschte auch
sie. Der Wortlaut der Gebete freilich wurde davon nur in ganz wenigen Fällen berührt, er blieb einfach und ungekünstelt, aber auf
die Einrichtungen des Gottesdienstes waren solche Anschauungen vielfach von Einfluß, und ganz besonders in den späteren Jahrhunderten,
die jedes Wort im Talmud als verbindlich ansahen und selbst von
Hexenglauben und Gespensterfurcht beherrscht waren, sind derartige
Irrtümer recht verhängnisvoll geworden.

§ 38. Die Erweiterungen und Ausschmückungen der Stammgebete.

Literatur: Zunz, das., S. 388 ff.; Litg., S. 11 ff.

1. Die talmudische Epoche war noch schöpferisch, sie wagte es
noch, neue Gebete zu verfassen; wenn sich auch diese Gebete innerhalb des alten, von der Vergangenheit vorgezeichneten Rahmens bewegten, so brachten sie immerhin noch neue und eigene Gedanken.
Gegen Ende der talmudischen Periode versiegt jedoch diese Kraft.
Es folgt eine Zeit der Erschlaffung, eine Zeit, in der schwere Verfolgungen die Fortentwicklung hemmten. In Palästina hören infolge
der politischen Bedrängnis die Versammlungen in den Lehrhäusern
auf, jahrhundertelang gibt es keine maßgebenden Lehrstätten und,
was für uns von schwerwiegender Bedeutung ist, keine zusammenhängenden Nachrichten über die weitere Gestaltung der religiösen
Verhältnisse. Auch in Babylonien wird die Lage der Juden zusehends
ungünstiger, auch dort beeinträchtigen die nur selten unterbrochenen
Feindseligkeiten den Schwung der Gedanken und das Gedeihen der
Arbeit; die letzten Generationen der Amoräer und die auf sie folgenden
Saboräer begnügen sich damit, die Schätze zu sammeln und zu sichern,
die sie aus der Vorzeit übernommen haben. Für den Gottesdienst
haben sie eine Leistung aufzuweisen, die von gar nicht hoch genug zu
schätzender Bedeutung ist, sie haben zuerst die Gebete a u f g e -
z e i c h n e t und damit ihre Überlieferung gesichert. Sobald es sich
aber um selbständige Leistungen handelte, reichte ihre Kraft nicht aus
und sie mußten sich damit begnügen, an die gegebenen Gedanken
und Themen anzuknüpfen, sie weiter auszuführen und auszugestalten.
Das Bedürfnis nach neuen Schöpfungen war auch damals nicht geschwunden, eine jede Zeit hegt den Wunsch, von sich aus zur Hebung
des Gottesdienstes beizutragen und die überlieferten Gebete in der

Richtung des Zeitgeschmackes zu erweitern. Allein das Bedürfnis wurde nicht mehr in derselben Weise befriedigt wie vordem, es wurde in andere Bahnen geleitet. Die Zeit der eigenen Zutaten, der selbstständigen Arbeit am Gottesdienste war vorüber, der vorhandene Stamm der Gebete wurde als verbindlich und unabänderlich respektiert. Dennoch fehlt es auch jener Zeit nicht an eigenen Schöpfungen, wir finden in ihr gar manches, wovon im Talmud noch keine Rede ist; der Traktat Sofrim, der am Ende dieser Epoche steht, führt Gebete an, die den Amoräern noch unbekannt waren, oder setzt deren Vorhandensein voraus. Es sind Gebete, die hauptsächlich E r w e i - t e r u n g e n oder A u s s c h m ü c k u n g e n der früher vorhandenen bilden, die sich mit ihnen zusammen zu dem großen Gebiete der S t a m m g e b e t e vereinigen. Dazu kommen als Leistungen jener Zeit die ersten Anfänge der Z u s a t z g e b e t e für die Festtage und ganz besonders für die öffentlichen Fasten.

2. Die Ausgestaltung der Gebete erfolgte, entsprechend der Richtung jener Zeit, durch sehr einfache Mittel, durch Verwendung von biblischem Material, durch Variationen der vorhandenen Formen oder durch wortreichere Ausführungen bereits bestehender Gebete und Gedanken. Ein sehr beliebtes Mittel war die Verwendung b i b - l i s c h e r S t ü c k e; ganze Kapitel oder einzelne Sätze der Heiligen Schrift wurden zu den vorhandenen Gebeten hinzugefügt. So entstand z. B. der große Abschnitt der זמירות im täglichen Morgengebete (§ 11). Zunächst wurden die Psalmen, die einzelne Fromme zu sagen pflegten, ins Gebet aufgenommen, dazu traten andere Bibelstellen wie das Gebet Davids I. Chron. 29 10 ff., das Schilfmeerlied u. a., an den letzten Vers des Liedes ד׳ ימלך לעולם ועד (Ex. 15 18) wurden noch einige Verse, in denen das Wort מלך vorkam, angereiht. Das ist gleichzeitig ein Zeichen, wie leicht es war, solche Erweiterungen vorzunehmen. Ein anderes Beispiel ist הודו לד׳ I. Chron. 16 8—35, ein alter Levitengesang, an den eine beträchtliche Anzahl Bibelverse angeschlossen wurde, die heute zum Teil planlos scheinen, aber einst sicher ebenfalls nach einem bestimmten Plane und Zusammenhange angeordnet waren. Vor Psalm 145 stehen zwei Verse mit אשרי, einst aber waren es weit mehr (oben S. 85). Andere derartige Gruppierungen von Bibelversen haben wir in der täglichen Techinna in ואנחנו לא נדע vor uns, auch ובא לציון ist in derselben Weise zusammengesetzt. Im Abendgebet ist ברוך ד׳ לעולם אמן ואמן eine solche Kom-

position, seine Abfassung wird in den Quellen ausdrücklich den רבנן
דבתר הוראה, d. i. den Vertretern der hier behandelten Zeit, zugeschrieben; das einigende Prinzip war im vorliegenden Stücke das
Vorkommen des Gottesnamens, ganz so wie bei יהי כבוד im Morgengebet. An den Sabbaten finden wir ושמרו vor der Tefilla und andere
Bibelverse innerhalb derselben. Pal. hatte auch an den Festtagen
derartige Sammlungen von Versen innerhalb der Tefilla, in ganz
ähnlicher Weise wie sie bereits die alte Zeit für die Neujahrsgebete
kennt, aus allen drei Teilen der Bibel. All diese Sammlungen von
Bibelstellen haben gemeinsam, daß sie lose aneinandergereiht sind,
ohne jeden gedanklichen Zusammenhang und ohne jeden Übergang,
meist sind es nur äußere Kennzeichen, wie gemeinsame Worte, welche
die Verbindung herstellen. Solche Versgruppen wurden bisweilen in
Ausführung von Andeutungen der älteren Zeit hergestellt, so z. B.
knüpft ויכלו an eine Anweisung im Talmud an. Ein etwas fortge-
schritteneres Stadium zeigen Gebete wie והוא רחום (oben S. 77),
wo manche Stellen aus der Bibel wörtlich übernommen sind, daneben
aber andere stehen, die in Anlehnung an biblische Worte und Redensarten eine sehr einfache Bearbeitung ihres Themas bieten.

3. Eine fernere leicht durchführbare Möglichkeit zur Erweiterung
des vorhandenen Stoffes war die V a r i i e r u n g von Gebeten. Ein
Beispiel dafür bietet die Tefilla der Sabbate in ihrer mittleren Benediktion. Im Gegensatz zu den Festtagen, die nur e i n e Formel für
alle vier Tefillas besitzen, ist hier jedes Gebet mit einem besonderen
Stücke ausgestattet; vier gleiche Texte an dem wöchentlich wiederkehrenden Sabbat waren zu eintönig, während sie an den seltener
eintretenden Feiertagen ohne Bedenken beibehalten wurden. Der
Jozer wurde mit Einlagen ausgestattet, die ihn ausschmückten, darunter solchen, die auf die Schöpfungsgeschichte Bezug nahmen und
täglich abwechselten; für den Sabbat wurde er stark verändert und
bedeutend erweitert. Auch am Eingange und Ausgange des Sabbats
sind in einigen Riten die entsprechenden Benediktionen mit besonderen, auf den Tag bezüglichen Zusätzen versehen. Über eine reiche
Auswahl von Einleitungsformeln und verbindenden Texten verfügt
die Keduscha; sie entstammen sämtlich der nachtalmudischen Zeit,
vorher ist nirgends eine Spur davon zu entdecken, sie behandeln
dasselbe Thema mit verschiedenen Worten.

4. Mitunter wurden in Anlehnung an Sätze des Talmuds Gebete

ausgearbeitet, das ganze Gebiet der ברכות השחר ging aus der Andeutung in b. Ber. 60 b hervor, indem die dort gegebenen Anweisungen
in Benediktionen formuliert wurden. Zur Rezitation der Psalmen
waren einleitende und abschließende Benediktionen erforderlich, die
durch Ausarbeitung der wenigen Notizen im Talmud über ברכת השיר
entstanden. Verwendung von synonymen Worten, die bei ähnlichen
Gebeten schon die Mischna sich gestattet, fand hierbei Nachahmung
(vgl. במקהלות und ישתבח mit Pes. X 5). Sie wirkte auch bei der
Ausgestaltung des Kaddisch mit, sie ist vor allem bemerkbar bei
dem unzweifelhaft jungen Zusatz יתברך zu ברכו und bei dem Hymnus
על הכל, der dem Kaddisch ähnlich ist und der Toravorlesung vorangeht. Ausführungen älterer Anregungen waren auch die auf die
Schriftvorlesung folgenden Gebete, z. B. der Segen für die Gemeinde
und ihre Wohltäter, das Gebet für die staatlichen Behörden, die Bitten
für verfolgte Glaubensbrüder, die Ankündigung des Neumondes und der
öffentlichen Fasttage. Bei einer Institution wie der Toravorlesung,
die für sich bestand und mit den anderen Teilen des Gottesdienstes
nur lose Verbindung hatte, waren derartige Zusätze sehr leicht anzubringen. Die hier erwähnten Gebete sind sicher nicht gleichzeitig
entstanden und vor allem nicht gleichzeitig bekannt und angenommen worden, sie müssen aber doch sich sehr rasch verbreitet
haben, denn sie sind sämtlichen Gebetbüchern in den verschiedensten
Ländern gemeinsam.

5. Zur Ausschmückung der Gebete bediente man sich gewisser
K u n s t f o r m e n , die leicht zu handhaben waren und daher häufig
Anwendung fanden. Eine recht einfache und sehr zeitgemäße Methode war die Verwendung der Wort- oder Satzfolge nach dem A l p h a
b e t. Sie konnte sich auf biblische Vorbilder berufen, wo das Alphabet
in verschiedener Weise, allerdings immer nur für ganze Sätze, zur
Anwendung gelangt. Das bekannteste Beispiel eines Gebets in alphabetischer Ordnung ist das Sündenbekenntnis אשמנו, wo die Anfänge
der Worte der Reihe der Buchstaben des Alphabets folgen; bei dem
andern Bekenntnis על חטא sind es die charakteristischen Worte am
Ende, die in alphabetischer Reihe erscheinen (באורים, בבלי דעים). Nicht
minder bekannt ist im Jozer der Satz אל ברוך גדל דעה, der heute als
fester Bestandteil des Gebetes erscheint, einst aber unabhängig davon
als Einschaltung zur Ausschmückung des Textes dastand; er war ein
Stück unter vielen gleichartigen, die ebenfalls Verwendung fanden,

er war jedoch vom Schicksal mehr begünstigt und wurde ins Gebetbuch aufgenommen, während die anderen verloren gingen oder jetzt nach tausendjähriger Verschollenheit in Handschriften auftauchen. Das Alphabet mußte — und das war eine Neuerung — nicht immer vollständig durchgeführt, es konnte beliebig abgebrochen und wieder aufgenommen werden. Auch dafür bietet der Jozer ein Beispiel in dem S. 18 angeführten ‫כלם אהובים ברורים גבורים ..... עושים פותחים‬. Eine weitere Neuerung war es, daß das Alphabet auch in umgekehrter Reihenfolge verwendet wurde, wie es z. B. in der Einschaltung für das Musaf des Sabbats ‫תקנת שבת רצית קרבנתיה‬ vorliegt. Eine Vereinigung beider Arten des Alphabets zeigen die Einlagen zu den Benediktionen des Schma am Eingange und Ausgange des Sabbats. Auch für das Morgengebet des Sabbats bringen Handschriften die Benediktionen in alphabetischer, sonst unbekannter Fassung. Die einmal vorhandenen Alphabete konnten wiederum alphabetisch bearbeitet, aus den Worten konnten alphabetische Sätze gemacht werden; das Stück ‫אל אדון על כל המעשים‬ im Sabbat-Jozer z. B. ist eine Ausführung des eben erwähnten ‫אל ברוך גדול דעה‬.

6. Eine fernere Möglichkeit zur Ausgestaltung der Gebete boten weitere Ausführungen einzelner Sätze im Stile des Targums oder des Midrasch, im Sabbat-Jozer z. B. schließt sich an die vier Teile des Satzes ‫אין כערכך ואין זולתך אפס בלתך ומי דומה לך‬ die Ausdeutung jedes einzelnen nach Art des Midrasch. Ähnlich wurde im Minchagebet des Sabbats mit der Beschreibung der Sabbatruhe verfahren (‫מנוחת אהבה ונדבה מנוחת אמת ואמנה‬ usw.). Oder man bediente sich des Reims, um gleichklingende Sätze aneinanderzureihen, wie z. B. wiederum im Jozer ‫רחם עלינו אדון עזנו צור משגבנו משגב בעדנו‬. Eine wirkliche Erweiterung des G e d a n k e n s der bearbeiteten Gebete ist mit all den hier geschilderten Ausschmückungen n i c h t verbunden.

Man knüpfte auch an das letzte Wort eines Stückes an, um es zu variieren und damit das neue Stück zu beginnen. Auf ‫יוצר אור‬ ‫הכל יודוך והכל‬ ... z. B. folgt am Sabbat ‫עושה שלום ובורא את הכל‬; ‫ישבחוך והכל‬. Ebenso schließt ‫אל ארך אפים‬ mit dem Worte ‫אל‬, mit dem es begonnen. Das sind Ansätze zum Rhythmus, der in der gleichen Periode aufkommt, seinen Einfluß allerdings weniger in den Stammgebeten als in den Zusätzen geltend macht, die für besondere Gelegenheiten dienen.

7. Neben der Erweiterung der Stammgebete ging die A u s -
g e s t a l t u n g des Gottesdienstes für ausgezeichnete Tage einher;
am reichsten wurde das Ritual für die Buß- und Fasttage bedacht.
Die Selichagebete, die den Fasten eigentümlich sind, bestanden aus
Gruppen von Bibelversen oder Psalmen, die, wie oben von einem Teile
der Stammgebete erwähnt wurde, ohne Verbindung, lose nebeneinander
standen; die Einleitungen verarbeiteten in schlichtester Form biblischen Wortschatz. Auch die Einführung zu den 13 Eigenschaften
(אל מלך יושב, אל הורתנו) ist im gleichen Stile gehalten. Das Haupt-
material aber, das damals für die Fasttage verfaßt wurde, waren die
L i t a n e i e n , d. h. Gebete in kurzen gleichförmigen Sätzen, die
zum Abwechseln zwischen Vorbeter und Gemeinde bestimmt sind.
Man könnte sie ihres Aufbaus wegen mit den erwähnten Gruppen
von Bibelversen vergleichen. Einige sind in alphabetischer Anordnung
gehalten, andere knüpfen an geschichtliche Persönlichkeiten und
Ereignisse an. Ganz neu war das hier befolgte Verfahren nicht, ein
Beispiel einer solchen Litanei bietet bereits die Mischna in der Fastenliturgie (מי שענה Taan. II), und eine der bekanntesten, אבינו מלכנו,
geht in ihren Anfängen auf R. Akiba zurück (oben S. 147); sie sind in
der Liturgie außerordentlich ausgebaut worden, aus den wenigen
Zeilen am Ursprunge sind umfangreiche Gebete geworden. Es war
nicht schwierig sie auszugestalten, ebensowenig wie es mühevoll war,
neue ähnliche Stücke zu erfinden. So bildete sich die gewaltige Menge
der Litaneien heraus, über die unser Gebetbuch verfügt. Ihre Mannigfaltigkeit tritt noch deutlicher zutage, wenn wir die seltenen Riten
und die handschriftlichen Liturgien berücksichtigen. Mancherlei aus
dem Material der Litaneien ist in die Techinna übergegangen. Vielfach waren sie in aramäischer Sprache, dem Idiom der babylonischen
Juden, gehalten; aus dem deutschen Ritus sind die aramäischen
Litaneien fast ohne Ausnahme verschwunden, ihr Vorhandensein ist
indes anderweitig gut bezeugt. Zunz hat in der Literaturgeschichte
der synagogalen Poesie, S. 17 ff., eine beträchtliche Anzahl solcher
Stücke angeführt und dieser Epoche zugewiesen.

8. Dem Fastenritual gehören auch diejenigen Stücke an, die bei
aller Schlichtheit in Aufbau und Inhalt den Ansatz zu einer Kunstform
aufweisen. Sie sind weder mit Reim noch mit Metrum versehen, aber
es herrscht in ihnen ein bestimmter Rhythmus, sie zerfallen in kleine
Abteilungen mit ungefähr gleichmäßiger Silbenzahl; meistens haben

sie auch alphabetische Satzfolge, aber das ist nicht unerläßliche Bedingung. Solche Stücke sind z. B. ‏באים בכח מעשיהם. אנשי אמנה אבדו.‏
‏תמהנו מרעות. חשש כחנו‏ oder ‏גבורים לעמד בפרק. דוחים את הגזרות‏
‏אל תעש עמנו כלה. תאחז‏ oder ‏מצרות. שחנו עד למאד. שפלנו עד עפר‏
‏ידך במשפט. בבוא תוכחה נגדך. שמנו מסםרך אל חמח‏. Man wird an
Gesänge der syrischen Kirche erinnert, die in derselben Form abgefaßt sind. Es müssen starke Wechselbeziehungen zwischen Synagoge
und Kirche damals stattgefunden haben, ohne daß ersichtlich wäre,
auf welcher Seite die Priorität zu suchen ist.

9. Von nicht ganz so einfacher Art und so leichtem Bau wie zu
den Fasttagen waren die Zusätze für die Feste. Am Versöhnungstage
fand von alters her ein sehr ausgedehnter Gottesdienst statt (‏נפיש‏
‏סדורא דיומא‏ b. Meg. 23 a). Er erhielt sein Gepräge durch das Sündenbekenntnis, bei dem oben hervorgehoben wurde, daß sein Wortlaut
im Talmud noch völlig freigelassen ist, während es später die durch
die Gebetbücher bekannte alphabetische Fassung erhielt. Dazu trat
ferner schon in sehr früher Zeit die Gewohnheit, im Gottesdienste der
Opferhandlung zu gedenken, die einst der Hohepriester im Tempel
zu vollziehen hatte, eine A b o d a , ‏סדר עבודה‏, vorzutragen. Die
älteste erhaltene Aboda ist im Stile überaus einfach, sie folgt der
Darstellung der Mischna, bedient sich meist sogar ihrer Worte und
reicht aller Wahrscheinlichkeit nach in die talmudische Epoche zurück.
Schon die folgende jedoch, ‏אתה כוננת‏ in Seph., ist von ganz anderer
Art. Der Anschluß an die Mischna ist aufgegeben, das Thema war
allerdings vorgeschrieben, die überlieferte Ordnung mußte innegehalten werden, aber so weit es innerhalb des vorgezeichneten Rahmens
möglich war, wurde in der Darstellung frei verfahren, die Sprache
ist durchaus selbständig, als Kunstform dient das Alphabet. Als ein
neues Element tritt in ‏אתה כוננת‏ die Einleitung hinzu, die in kurzen
Strichen die Urgeschichte bis zur Entstehung des Priestertums zeichnet.
Das wurde das Thema, dessen die Dichter sich bemächtigten, die
Einführung dieser Schilderung wurde für alle Nachfolger vorbildlich.
Die Einleitung war derjenige Teil, in dem der Dichter seine Begabung
frei entfalten konnte, spätere Dichter haben daher auf die Einleitung
mehr Raum und Anstrengung verwendet als auf die Darstellung der
Aboda; hier wo sie das erstemal vorliegt, ist sie mit Gewandtheit
und Geschicklichkeit, aber ohne Künstelei bearbeitet. Auf die Darstellung des Opferdienstes folgt eine Reihe von Stücken, die wiederum

neu sind und später in allen Riten entweder in derselben oder in über-
arbeiteter Gestalt wiederkehren; das Gebet des Hohenpriesters im
Allerheiligsten wird in alphabetischer Ausführung ausgesponnen, im
Anschlusse an eine Andeutung im Buche Sirach wird die glanzvolle
Erscheinung des Hohenpriesters, der Prunk der von ihm vollzogenen
Zeremonie in überschwänglichen Worten geschildert. Die alte Zeit, die
solche Pracht bot, wird über alle Maßen gepriesen; daß sie infolge der
Sündhaftigkeit des Volkes entschwunden, daß an die Stelle ihres Glanzes
der ganze Jammer des Exils getreten ist, in wehmütigen Worten beklagt. Die Mittel, die zur Ausführung verwendet werden, sind auch
hier dieselben wie in den vorhin gekennzeichneten Gebeten, einfache
oder doppelte Alphabete, Rhythmus der Versteile, kurz dieselben einfachen Elemente, die wir auch bei der Ausgestaltung der Fasten-
und Bußliturgie kennen gelernt haben.

10. Ausschmückungen schlichter Art waren auch die A s h a r o t
des Wochenfestes, die in ihrer ältesten Form die Gebote und Verbote
ohne jede Verbindung trocken aneinanderreihten, jedoch auch bald
in der Weise bearbeitet wurden, daß zusammenfassende Übersichten
Gruppierungen und Bewertungen der einzelnen Klassen sowie rhyth-
mische Lieder zum Abschlusse hinzutraten.

11. In dasselbe Gebiet und in dieselbe Zeit gehören die ältesten
H o s c h a n o t für das Hüttenfest, sämtlich schlichte Litaneien,
deren einziger Schmuck das Alphabet ist. Einleitende Stücke für die
Vorbeter wie אוחילה לאל ,היה עם פיפיות zeigen ebenfalls die unge-
künstelte Form jener Zeit, die einfache an die Bibel angelehnte
Sprache, den schlichten Aufbau der Gedanken, den kurzen, nur von
der Betonung abhängigen Rhythmus. Von den Vorbetern rühren
höchstwahrscheinlich auch gewisse Anrufungen vor einzelnen Gebetstücken her, kurze Sätze mit einfachen Gedanken, die später Vorbilder für zahlreiche ähnliche Sätze und vor allem Anknüpfungspunkte
für weit ausgeführte und schwierige Poesien boten (ובכן נמליכך מלך,
ובכן לך תעלה קדושה).

12. Kennzeichnend für die hier behandelten Erweiterungen der
Stammgebete ist, daß die meisten sämtlichen Riten gemeinsam,
demnach in einer Zeit entstanden sind, wo eine gleichmäßige Beeinflussung der gesamten Judenheit noch möglich war. Gemeinsam ist
ihnen ferner die Einfachheit der Form, die Schlichtheit der Sprache;
weder der Reim noch der Gebrauch von schwierigen neuen Wort-

bildungen oder die Verwertung dunkler Anklänge an die Auslegung des Midrasch sind in ihnen anzutreffen. Viele Stücke der älteren Zeit sind später überarbeitet oder erweitert worden, man braucht sie nur in der jüngeren Form mit den ursprünglichen Vorlagen zu vergleichen, um die charakteristischen Eigenschaften und die Vorzüge der älteren Arbeiten zu erkennen. Die Stücke sind ferner nur an die Gebete angehängt, sie unterbrechen ihre herkömmliche Reihenfolge nicht. Sie sind endlich sämtlich anonym, weder haben die Verfasser ihre Namen in ihnen angezeigt, noch ist sonst eine Überlieferung über ihren Ursprung vorhanden. Die Heimat der ersten Zutaten zu den Stammgebeten ist zum weitaus größten Teile Palästina oder das benachbarte Syrien. Nur dort wurde die hebräische Sprache derart gepflegt, daß sie so stilgerecht gehandhabt, so ausdrucksvoll angewendet werden konnte. Was von babylonischen Kompositionen vorliegt, ist in aramäischer Sprache und in ganz anderen Gedankengängen gehalten. Die alten Asharot freilich werden in der Überlieferung den babylonischen Hochschulen zugeschrieben, ihren Inhalt bilden so trockene Aufzählungen, daß daraus ein Argument gegen die Überlieferung nicht entnommen werden kann; aber das eine spricht sicher dagegen, daß die Stimmung in Babylonien im allgemeinen solchen Einschaltungen nicht sehr freundlich war. In Babylonien strebte man danach, das gesamte Gebiet des Gottesdienstes in feste, unabänderliche Formen zu bringen; in Palästina hingegen war die Tendenz eine entgegengesetzte, dort suchte man gerade Abwechslung im Gottesdienste, man wünschte möglichst viele Gebete zu besitzen, um nicht immer ein und dieselben verwenden zu müssen. Man traute sich auch die Fähigkeit zu, den Gottesdienst zu bereichern, und das Land besaß noch immer, und gerade in derartigen Fragen, genügende Autorität, um selbt gegen den Willen der Babylonier seine Neigungen siegreich durchzusetzen.

Kap. II. Die Epoche des Piut.

§ 39. Der Piut.

Literatur: Zunz, Syn. Poesie, S. 59 ff.; Dukes, Zur Kenntnis usw.; Sachs, Rel. Poesie, S. 178 ff.; Duschak, S. 224 ff.; Eppenstein, Beiträge usw. in *MS*, LII, 1908, S. 465 ff.; *J.E.* Art. Piyyut X, 65 ff.

1. Um das Jahr 550 etwa dürfen wir die Stammgebete als abgeschlossen, auch ihre ersten Erweiterungen als schon vorhanden und anerkannt betrachten; neue Gebete, die sich gleichmäßig in der gesamten Judenheit verbreiten und als verbindlich angenommen werden, entstehen nicht mehr. Damit aber war keineswegs eine Erstarrung des Gottesdienstes eingetreten, keineswegs der Bestand an Gebeten ein für allemal festgelegt, so daß er nie mehr verändert werden konnte. Alle Ereignisse, die auf die Lage der jüdischen Gemeinschaft, ihre Erlebnisse und Stimmungen entscheidend einwirkten, übten ihren Einfluß auf den Gottesdienst aus. Die Bereicherung des Gottesdienstes vollzog sich späterhin in der Weise, daß kunstvolle Poesien, Hymnen, Elegien oder Bitten zu den Stammgebeten hinzutraten, die unabhängig von ihnen blieben, ihren Gedankengang selbständig verfolgten, mit den Stammgebeten nur äußerlich verbunden, nicht mehr verschmolzen wurden. Der Piut leitet eine neue Epoche in der Entwicklung des Gottesdienstes ein. Mehr als ein Jahrtausend überwog die Stimmung, welche an einer solchen Ausgestaltung des Gottesdienstes Gefallen fand, sie betätigte sich nicht immer in derselben Richtung, aber so verschieden auch der Ausdruck jener Bestrebungen sein mag, das gemeinsame Kennzeichen ist die Unantastbarkeit der Stammgebete und die Ausgestaltung des Gottesdienstes durch fremde Zutaten, die sich nach Ländern und Zeiten verschieden entwickeln.

Mit dem Abschlusse des Talmuds hängen zwei in der Geschichte des Judentums neue Erscheinungen zusammen; die bis dahin mündlich fortgepflanzte Lehre wird niedergeschrieben und die ehemals einheitliche Tradition spaltet sich in mehrere Zweige. Beide Neuerungen üben auch auf den Gottesdienst ihre Wirkung aus. Es entstehen geschriebene Gebetbücher, eine bis dahin unbekannte und reiche Literatur, die für die Entwicklung von großem Belang wird. Und wie eine Literatur f ü r den Gottesdienst, so entsteht eine solche ü b e r den Gottesdienst, in den einzelnen Ländern bilden sich abweichende Bräuche, ihre Feststellung, ihre Vergleichung, der Gedankenaustausch darüber beeinflussen den Gottesdienst. Während auf der einen Seite an der Herstellung der äußeren Ordnung des Gottesdienstes gearbeitet wird, legt die andere allen Nachdruck auf den inneren Gehalt, den religiösen Wert des Gottesdienstes, auf die fromme Stimmung des Beters. Auch die Mystik bemächtigt sich des Gottesdienstes, anfangs sucht sie ihn nur durch die Forderung vertiefter Andacht zu beeinflussen, dann aber durch eigene Zusätze zum überlieferten Gebet, die mit dem Piut eine gewisse Ähnlichkeit haben. In der ganzen langen Zeit bleibt der Piut das vorherrschende Element, das dem Gottesdienste sein Gepräge gibt.

2. Die ersten Versuche zur Ausschmückung des Gottesdienstes an den Festen und Fasttagen, von denen oben (S. 276 ff.) berichtet wurde, enthalten bereits solche Zusätze, die man als Piut bezeichnen kann; die Anwendung der alphabetischen Anordnung, die sich in einem großen Teile von ihnen findet, wird als eine der Eigentümlichkeiten der Piutdichter bezeichnet. Dennoch sind jene Dichtungen ganz anderer Art wie der Piut im eigentlichen Sinne. Zunächst sind sie stets von den Stammgebeten getrennt geblieben, nicht in dieselben eingedrungen, sie haben nicht, wie es beim Piut der Fall ist, den überlieferten Zusammenhang der Gebete unterbrochen. Sodann aber unterscheiden sie sich, wie nicht genug hervorgehoben werden kann, durch die Schlichtheit ihrer Form, die Einfachheit ihrer Sprache, die Verständlichkeit und Klarheit ihrer Darstellung. Der Piut hingegen ist in jeder Beziehung K u n s t p o e s i e , für ihn sind der strophische Aufbau, die Verwendung des Reims, der gesuchte Ausdruck, der enge Anschluß an den Midrasch und die dadurch bedingte lehrhafte Darstellung kennzeichnend. Zwischen den primitiven Zutaten des fünften und sechsten Jahrhunderts und dem ausgebildeten Piut nach dem Muster des kalirischen liegt eine gewaltige Kluft. Es muß eine Übergangszeit gegeben haben, in der sich eine Tradition darüber herausbildete, welche Stellen des Gebetes zur Erweiterung durch Poesien geeignet waren, eine Zeit, in der die Stilform des Piut immer mehr zur Entfaltung gebracht wurde, in der alles, was uns

später fertig und von der allgemeinen Zustimmung getragen entgegen-
tritt, vorbereitet und ausgearbeitet wurde. Die Kompositionen jener
Zeit wurden durch die besseren Dichtungen, die ihnen folgten, verdrängt, so daß die Gedankenrichtung jener Epoche und die Namen
der Männer, die in ihr maßgebend waren, bis auf ganz geringe Spuren
völlig verschollen sind. Aber daß eine große Bewegung, ein gewaltiger
Widerstreit der Meinungen, mitunter vielleicht auch heftige Kämpfe
mit diesen Bestrebungen verbunden waren, daran kann nicht gezweifelt werden. Nicht vom ersten Augenblicke an hat der Piut überall
Anklang gefunden, für seine Verbreitung und für seine günstige Aufnahme wurde eine Notlage entscheidend, Religionsverfolgungen, die
den alten gottesdienstlichen Vorträgen ein jähes Ende bereiteten
und die Einführung einer neuen Art der religiösen Belehrung zur Notwendigkeit machten.

3. Jehuda b. Barsilai aus Barcelona berichtet in seinem S. ha Ittim
auf Grund von Mitteilungen älterer Autoritäten (רבוותא), daß die Einführung des Piut in einer Zeit der Religionsnot stattfand (שלא נתקן
לחוד השמד בשעת אלא), „weil damals die Worte der Belehrung nicht
zugelassen wurden. Die Feinde hatten Israel verboten, sich mit der
Tora zu befassen, infolgedessen trafen die Gelehrten jener Zeit Einrichtungen, vermöge deren sie i m R a h m e n d e r T e f i l l a den
Ungelehrten die Vorschriften für ein jedes Fest, die Vorschriften im
Anschluß an die Sabbatlektionen, die Einzelheiten der religiösen Gesetze in Gestalt von Hymnen und gereimten Poesien (שבחות והודיות
חרוזות ופיוטים) vorführten." Die Erzählung wird ganz beiläufig
in das Werk eingeflochten, der Abschnitt über die Gebete, הלכות ברכות,
in dem die Frage wahrscheinlich ausführlich behandelt war, ist nicht
erhalten. Welche Religionsnot gemeint ist, läßt sich nicht ohne weiteres
ersehen. Man denkt zunächst an die Novelle Justinians vom Jahre 553,
die gelegentlich der Ordnung von Synagogenstreitigkeiten (oben
S. 190) den Gebrauch der „sogenannten Deuterosis als Erfindung
der Menschen, als von außen zur Bibel hinzugekommenes, unge-
schriebenes, gottloses Geschwätz" ganz und gar verbietet. Das Wort
δευτέρωσις wird auch von den Kirchenvätern als Bezeichnung der
jüdischen Traditionsliteratur gebraucht, hauptsächlich allerdings als
Benennung für die Mischna, muß aber hier, wo es im Zusammenhange
mit der Schriftvorlesung gebraucht wird, sich ausschließlich auf die
targumischen Paraphrasen oder, da es sehr fraglich ist, ob neben der

griechischen Übersetzung, um die der Streit entbrannt war, auch noch das Targum zum Vortrage gelangte, auf die belehrenden Vorträge hagadischen und halachischen Inhalts beziehen. Sie aber sind es, welche nach Barsilais Mitteilungen verboten und durch die Piutim ersetzt zu werden bestimmt waren. Wir hätten demnach hier einen Bericht, der das Aufhören der Midrasch-Vorträge in P a l ä s t i n a , das ja zum byzantinischen Reiche gehörte, zu erklären versucht.

So viel auch für diese Annahme spricht, so darf doch nicht unbeachtet bleiben, daß al-Barcelonis Quelle wahrscheinlich eine b a b y - l o n i s c h e war und religiöse Beschränkungen der Juden in B a b y - l o n i e n im Auge hatte. Von solchen aber spricht ausdrücklich ein anderer Berichterstatter, der die Angelegenheit ebenfalls nur ganz gelegentlich streift und darum, selbst wenn man ihm sonst nicht immer Glauben schenken mag, bei unserer Frage volle Beachtung verdient. Samuel b. Jehuda ibn Abun aus Fes, der im XII. Jahrhundert zum Islam übergetreten und unter dem Namen Samau'al b. Jahjâ al-maġribî als Schriftsteller bekannt geworden ist, verfaßte eine umfangreiche polemische Schrift „Ifhâm al-jahûd", das Zumschweigenbringen der Juden, die eine ausführliche Widerlegung der jüdischen Lehre zum Gegenstande hat. Gelegentlich kommt er auf die Schicksale der Juden, auf die zahlreichen schweren Verfolgungen, denen sie unterworfen waren, zu sprechen und bemerkt da wie folgt: „Der Islam traf die Juden unter der Herrschaft der Perser . . .; diese haben ihnen häufig das Gebet verboten . . . . Als aber die Juden sahen, daß es den Persern mit dem Verbote des Gottesdienstes ernst sei, machten sie Gebete, in welche sie Stücke des gewöhnlichen Gebets hineinschoben, und nannten sie al-hizâna (חזנות‎). Sie komponierten zu diesen viele Melodien und in den Gebetszeiten pflegten sie zusammenzukommen, um sie zu singen und zu lesen. Der Unterschied zwischen der Hizâna und zwischen dem Pflichtgebet (salât) ist, daß das Pflichtgebet ohne Melodie verrichtet wird; es wird vom Vorbeter allein vorgelesen und niemand schreit mit, beim Hizân aber begleiten ihn viele · mit Rufen und Singen und helfen ihm bei den Melodien. Als die Perser ihnen dies verboten, meinten die Juden, daß sie nur (singen und) manchmal damit aufhören und manchmal darin eifrig sein sollten. Das Merkwürdige dabei ist, daß, als der Islam der Ahl al-dimma die Religionsübung gestattete und das Pflichtgebet ihnen erlaubt wurde, die Hizâna bei den Juden an Fest- und

Feiertagen, sowie bei freudigen Anlässen zur verdienstlichen Religionsübung geworden ist; sie machten sie zum Ersatz für das Pflichtgebet und begnügten sich damit, ohne hierzu gezwungen zu sein.“ Der interessante Bericht ist nicht frei von Widersprüchen und Unklarheiten, sie beziehen sich in der Hauptsache auf die Vortragsweise der Hizâna und auf ihr Verhältnis zu den Stammgebeten. Mit Sicherheit ergibt sich indes, daß auch Samau'al von der Entstehung der Sitte der Hizâna in einer Zeit der Bschränkung des Gottesdienstes wußte und es tadelte, daß sie, nachdem ruhigere Verhältnisse eingetreten waren, beibehalten wurden. Die Verfolgungen haben nach seinen Angaben die P e r s e r verursacht. Das stimmt mit dem, was jüdische Quellen über die Zeit von 450 bis 589 zu berichten wissen, sehr wohl zusammen. Insbesondere müssen wir, wenn er unmittelbar vor der Berührung der gottesdienstlichen Fragen erwähnt, daß die jüdischen „Lehrer erschlagen, ihre Bücher verbrannt und sie selbst an der Erfüllung ihrer Religionsgesetze verhindert wurden“, an die unglücklichen Ereignisse denken, die nach der Darstellung im Sendschreiben des Gaons Scherira am Schlusse der amoräischen und während der saboräischen Epoche die Verbreitung der Lehre unmöglich machten, zur Schließung der Lehrhäuser führten und vielen angesehenen Lehrern den Tod oder das Exil brachten. In jene trostlosen Zeiten, die mit einigen kurzen Ruhepausen etwa ein Jahrhundert andauerten, fällt nach Samau'al die Einbürgerung der Hizâna. Die Ursache ist dann wahrscheinlich dieselbe, die Jehuda b. Barsilai erwähnt, das Aufhören der belehrenden Vorträge und ihr Ersatz durch religiöse Lieder erbaulichen oder belehrenden Inhalts; denn daß die gottesdienstlichen Versammlungen verboten und doch, wenn nur solche Lieder und nicht die Pflichtgebete vorgetragen wurden, gestattet gewesen sein sollen, läßt sich schwer begreifen. Die Religionsnot freilich, die den Anlaß zu ihrer Einführung gegeben hat, wäre hiernach nicht die von Justinian verfügte, sondern die umfassende Verfolgung der Juden Mesopotamiens, die mit dem Niedergange des Sassanidenreiches zusammenfällt.

Über den Zusammenhang des Namens Hizâna mit den gottesdienstlichen Vorträgen belehrt uns auch der arabische Schriftsteller al-Kalkaschandi am Ende des XIV. Jahrhunderts, der bei der Schilderung der jüdischen Gemeinde in Kairo unter den Würdenträgern an zweiter Stelle den חזן nennt — das Wort ist mit genauer Angabe der Orthographie gegeben — der „ein guter Prediger (כטיב) ist und vom Minbar aus das Volk ermahnt." Ebenso wird in einem anderen Dokumente aus Fostat der חזן vom שליח unterschieden und ihm vor diesem der Vorrang zugesprochen. Andererseits wird das Wort Ḥizâna in jüdischen Kreisen in dem Sinne verwendet, den sonst Piut hat. Besonders die Poesien Jannais, eines der ältesten Piutdichter, werden unter dieser Bezeichnung erwähnt. Kirkisani nennt wiederholt als eine der Quellen Anans, des Stifters der karäischen Sekte, die חזאנה רכאי. Auch in Bücherlisten aus dem Mittelalter, die in jüngster Zeit veröffentlicht wurden, findet sich mehrfach die Bezeichnung im Zusammenhange mit den Gebeten für nahezu sämtliche Feste.

4. Der Piut war nicht erst durch die genannten Verfolgungen entstanden, Babylonien war auch nicht sein Heimatland, er hat dort niemals als einheimisches Erzeugnis und als ein den Stammgebeten gleichberechtigter Bestandteil des Gottesdienstes gegolten. Sein Ursprungsland ist P a l ä s t i n a , für seine Entstehung war das Bedürfnis maßgebend, die religiösen Anschauungen, welche die Hagada erarbeitet hatte, in neuer Form zu verbreiten, den Gottesdienst an den Festen zu schmücken und in dem Glanze des religiösen Gedankens zu verklären. „Die Festdichtung war das Surrogat für die Institution der öffentlichen Belehrung und allmählich gleichsam die stehende Charakteristik des Festes, dessen Deutung und Auslegung, die Stimme der Geschichte oder die ins Wort gefaßte Stimmung der Gemeinde." Der Zwang, die öffentlichen Lehrvorträge einzustellen, war ihrer Verbreitung außerordentlich fördernd, verschaffte ihr sogar in Babylonien Eingang und sicherte ihr die Billigung der anerkanntesten Behörden.

Die Stimmung zugunsten des Piut, zunächst eine Folge der traurigen Zeitverhältnisse, wurde wesentlich verstärkt durch die Berührung mit der Kultur und Poesie der Araber (nach 635). Von ihnen rührten die neuen Kunstformen her, welche dem Piut die äußere Schönheit und den Schwung verliehen. Von ihnen lernten die jüdischen Dichter den Reim, in späterer Zeit auch das Metrum, von ihnen übernahmen sie die Sitte des Akrostichons, aus ihrer Art, alte Zitate zu verwenden, schöpften sie die Anregung zur Ausbildung des Musivstils. Eine Piutdichtung hat es auch vor der Bekanntschaft mit den Leistungen der Araber gegeben, ihre Ausgestaltung jedoch und ihre Verfeinerung, ihre Verbreitung und ihre sympathische Auf-

nahme hat sie dem durch die arabische Dichtkunst wachgerufenen
Interesse zu danken; ohne sie hätte der Piut nicht die Anerkennung
seitens der maßgebenden Kreise, nicht die Mannigfaltigkeit seiner
Kunstformen gefunden. Von der Zeit der Ausbreitung der Herrschaft
des Islams über Palästina und Babylonien dürfen wir den Aufschwung
der Piutdichtung datieren. Bereits ein Jahrhundert später (vor 750)
beherrscht er die wichtigsten Teile des Gebets, sind die Stellen, an
denen er zum Vortrag gelangt, festgelegt, ist das Schema seiner Verteilung der allgemeinen Zustimmung sicher; die Annahme, daß der
Vorbereitung und Ausarbeitung der endgültigen Form eine längere
Entwicklung vorausgegangen sein muß, läßt sich nicht von der Hand
weisen.

　　5. Der wichtigste Schritt in dieser Entwicklung war das Ein-
dringen des Piut i n die T e f i l l a , die Neuerung, daß er nicht mehr
als Anhang zum überlieferten Gebete, sondern unter U n t e r -
b r e c h u n g d e r v o r g e s c h r i e b e n e n O r d n u n g i n n e r -
h a l b desselben (בכלל התפלה Ittim) zum Vortrage gelangte.
Dadurch hatte der Piut Bürgerrecht erlangt, und seiner Ausbreitung
stand keinerlei Schranke mehr entgegen. Zunächst wurde er, als
Keroba, nur in den e r s t e n Benediktionen der Tefilla verwendet,
aber bald eroberte er sich die g a n z e T e f i l l a . Von da schritt
der Piut weiter vor zum J o z e r ; auch dort ergriff er zuerst nur von
den Hauptstellen Besitz, um sich allmählich neue Positionen zwischen
diesen Gebetstücken zu erkämpfen. Auch beim Jozer hatte es nicht sein
Bewenden, schließlich wurden schon die die Semirot einleitenden
und abschließenden Stücke mit Poesien versehen. Wie das Morgen-
kamen Musaf- und Abendgebet, seltener Mincha unter den Einfluß
des Piut. Neben den Gebeten bot die Tora- und Prophetenvorlesung
den Dichtern Gelegenheit zum Eingreifen, die Bibelstellen und Litaneien in der Selicha wurden durch poetische Stücke unterbrochen;
kurz, es gab keine Stelle im Gebet, keine Zeremonie und keine Gelegenheit, die die Möglichkeit zu poetischen Einschaltungen boten und von
den Piutdichtern nicht genutzt worden wären. Auch die Anlässe
häuften sich. Seinem Ursprunge nach war der Piut für die Feste und
die ausgezeichneten Sabbate bestimmt, er nahm aber ebenso von den
Halbfesten und den Fasttagen Beschlag und, wie es midraschische
Auslegungen für alle Sabbate des Jahres gab, so wurden im Anschluß
an die Perikopen des dreijährigen Zyklus auch Piutim für alle Sabbate

verfaßt; ja es ist nicht ausgeschlossen, daß selbst für die Wochentage unter Anlehnung an die sabbatliche Perikope gedichtet wurde. Der Piut machte bei den Bedürfnissen und Erlebnissen der Gemeinde nicht halt; die Geschicke des einzelnen wurden ebenfalls zum Gegenstande der Dichtung gemacht, Geburt, Hochzeit, Tod ihrer Mitglieder trugen zur Ausgestaltung des Gottesdienstes der Gemeinde bei. Nicht daß in allen Gemeinden zu allen Zeiten jede Gattung des Piut in gleicher Weise gepflegt und gutgeheißen worden wäre, darin herrschte die denkbar größte Verschiedenheit. Nicht alle Gemeinden waren in gleicher Weise Anhänger des Piut; diejenigen, die ihm geneigt waren, wurden häufig vom Dichter überrascht, ohne vorher zu wissen, ob Poesien zum Vortrag kommen und bei welcher Gelegenheit sie zu hören sein würden. Es war der Vorzug des Piut vor den Stammgebeten, daß weder der Wortlaut noch die Zahl oder Reihenfolge der Dichtungen irgendwelchen Bestimmungen oder Beschränkungen unterworfen waren. Bis auf die Norm, daß er zum Inhalte des Gebetes, dem er beigefügt wurde, passen mußte, gab es keine feste Regel für den Piut, er konnte eingelegt, weggelassen, durch neue Schöpfungen ersetzt werden, ganz so wie der Geschmack und die Stimmung der Gemeinde es im Augenblicke gerade wünschenswert erscheinen ließen. Die Wandelbarkeit war die größte Stärke des Piut, die Möglichkeit, immer neue Dichtungen heranzuziehen, war eine der hauptsächlichsten Ursachen seiner Beliebtheit; die Gemeinde konnte seiner nie überdrüssig werden, es lag in ihrer Macht, nicht beliebte Kompositionen auszuschalten und durch neue, bessere zu ersetzen oder, sobald der Geschmack sich geändert hatte, an Stelle von veralteten zeitgemäßere Stücke aufzunehmen. Der Piut verlieh dem gesamten Gottesdienste eine starke Beweglichkeit, er brachte eine willkommene Unterbrechung der regelmäßig wiederkehrenden, sich stets gleichbleibenden Stammgebete, seine ersten starken Erfolge beruhten zum großen Teile auf dem Wunsche nach Abwechslung, wenn auch keineswegs geleugnet werden soll, daß auch sein Inhalt und seine Kunstform ein Zeitbedürfnis auslösten. Der Piut wurde ein wichtiger Faktor im Gottesdienste, gegen mannigfache und mächtige Widerstände hat er sich durchgesetzt und behauptet, die Produktion wuchs zusehends, die Zahl der synagogalen Dichtungen vermehrte sich ins Ungemessene. Die gedruckten Gebetbücher geben eine sehr unzureichende Vorstellung von dem Reichtum an Poesien, über die der Gottesdienst einst verfügte, und von ihrer Bedeutung für das religiöse Leben. Schon dadurch erwecken sie irrige Vorstellungen, daß der Piut in ihnen als ein feststehendes und unveränderliches Element der Gebetordnung erscheint, daß er jedermann zugänglich ist, von der gesamten Gemeinde gelesen werden kann, während er einst den ausschließlichen Besitz seines Verfassers bildete, von ihm vorgetragen und nach Belieben verwendet wurde. Vor allem aber ist zu beachten, daß die Drucke nur eine geringe Auswahl aus den großen Beständen der handschriftlichen Sammlungen aufzunehmen vermochten. Zunz hat in seiner Literaturgeschichte nicht weniger als 400 Dichter behandelt und neben 1816 Selichas „40 Musaf-Keduschas, 57 Maarib, 70 Nischmat, 70 metrische Bakaschas, 100 Kerobas, 120 Reschut, 150 Mostedschab, 150 aramäische Kompositionen, 180 Techinnas, 200 Hoschanas, gegen 600 Lieder und Piut im engeren Sinne, 600 Klagegesänge, 600 Jozer und Jozerstücke, Ofan usw." erwähnt. In dem halben Jahrhundert, das seitdem verflossen ist, haben sich die Zahlen bedeutend erhöht, die unbekannten Dichtungen, die aus der Genisa zu Kairo zutage gefördert wurden, zählen allein nach Tausenden.

6. Der Piut ist kein einheitliches Gebilde, er hat seit seinem Aufkommen im sechsten oder siebenten Jahrhundert bis auf den heutigen Tag — denn seine Zeit ist in manchen Ländern des Orients noch immer nicht erloschen — sehr viele Wandlungen durchgemacht, Form und Inhalt, Sprache und Darstellung haben in ihm gewechselt je nach den Ländern und den Zeiten seiner Entstehung, er hat mit der allgemeinen Kultur der Juden gleichen Schritt gehalten und hat, wie sie selbst, Höhepunkte und Epochen des Niedergangs erlebt; mit der Veränderung des Geschmackes und der Gedankenrichtung gehen Wandlungen in der Beliebtheit des Piut und in seiner Verwendung einher.

7. Der S t o f f des Piut war durch seinen Zweck bestimmt, die Dichtungen hatten die Aufgabe, die synagogalen Vorträge zu vertreten, der Gemeinde für diejenige Belehrung und Erbauung Ersatz zu leisten, die ihr ehemals die Derascha (§ 29) vermittelt hatte. Der Paitan löste den Darschan ab, er mußte wie jener das gesamte Gebiet der religiösen Lehren, Institutionen und Zeremonien behandeln, die Geschichte der Väter und die Zukunftshoffnungen entwickeln. Den Sinn der Feste und ihre Bräuche zu erläutern war eine der ältesten Aufgaben der Schriftauslegung, sie wurde von den Paitanim über-

nommen, der Erklärung der Festgedanken und Festsymbole
waren ihre Bemühungen zunächst gewidmet. Aber bald erweiterten
sie ihr Arbeitsgebiet, „der unerschöpfliche Reichtum der Hagada
ergoß sich in die religiöse Poesie, die nunmehr die Nationalliteratur,
die nationale Geschichte und den Glaubens-, nicht selten auch den
Gesetzesinhalt in das Gebet verwebte, und selber ein Ausdruck ward
der gesamten Taten und Leiden Israels." Die Leiden bildeten eine
traurige Kette, die nicht abriß, bis in die unmittelbare Gegenwart
sich fortsetzte. Die Dichter selbst hatten ihren bitteren Kelch zu
kosten, sie mußten die Metzeleien und Verfolgungen ihrer Gemeinden
ansehen, den Jammer und das Wehgeschrei ihrer in den Tod gehetzten
Angehörigen und Freunde mit anhören, der Stoßseufzer, der sich
ihrem Herzen entrang, wurde zum Klagelied für die Gemeinde umgestaltet, zu dem Lenker der Geschicke richtete sich der Blick voller
Ergebung mit dem innigen Gebet, die Zeit der zukünftigen Erlösung,
die er so sicher verheißen, baldigst herbeizuführen. Die Selicha, die
bis dahin mehr den allgemeinen religiösen Gedanken von Sünde und
Vergebung, von menschlicher Vergänglichkeit und göttlicher Gnade,
von Druck und Erlösung Ausdruck verliehen hatte, erhielt in der Zeit
der ständig wütenden Vernichtung eine zeitgenössische und persönliche
Note, sie gab die Stimmung wieder, die in den unschuldigen Opfern
des Glaubenshasses erzeugt wurde, die unerschütterliche Treue zum
Glauben der Väter, die unverwüstliche Zuversicht in das Erscheinen
des messianischen Heils.

Auch der Stil des Piut wurde stark durch die Hagada beeinflußt.
In der ersten Zeit folgte die Darstellung der Paitanim völlig dem
Beispiel des Midrasch, sie gaben seine Gedanken, häufig sogar seine
eigenen Worte wieder. Wo das Studium der Juden auf Talmud und
Midrasch beschränkt blieb, vermittelte das aus ihnen entnommene
Material auch weiterhin ausschließlich den Stoff der religiösen Poesie;
wohingegen, wie in Spanien, die Beschäftigung mit den Wissenschaften
die Kenntnisse und den Gedankenkreis erweiterten, wo die Philosophie
die Auffassung der religiösen Probleme in andere Richtung lenkte,
nahm auch der Piut eine neue Gestalt an, bereicherten die neuen
Bildungselemente seinen Stoff, beeinflußte die veränderte Denkungs-
weise seinen Inhalt. Der Piut stand allen Einflüssen offen, in ihm
spiegeln sich die Bildungsstufen seiner Verfasser, die Tendenzen ihrer
Epochen wieder; naturwissenschaftliche und philosophische, mystische

und kabbalistische Vorstellungen haben auf ihn eingewirkt, sind mit
den biblischen und agadischen Elementen, die er durch die Tradition
besaß, eine Verschmelzung eingegangen. Der lehrhafte Inhalt bildete
die Stärke und gleichzeitig die Schwäche des Piut. Es war außerordentlich wertvoll, daß durch Vermittlung des Piut die r e l i g i ö s e n
Gedanken, die erbaulichen Erzählungen, die trostreichen Verheißungen
der Hagada in den weitesten Kreisen der Religionsgemeinschaft
verbreitet wurden. Wieviel Frömmigkeit ist dadurch geweckt, wieviel
Verzagten Mut, wieviel Verzweifelten Hoffnung eingeflößt worden!
Die leichte Zugänglichkeit des Stoffes war aber auch häufig eine Ver-
leitung zum Verse machen, die viele zum Anfertigen von Piutim reizte,
die keine Dichter waren. Es bildete sich eine gewisse Schablone heraus,
die nur zu gern benutzt wurde, für die gleichen Gebetstellen und die
gleichen Gelegenheiten bediente man sich gern derselben Gedanken,
gewisse Themen wie die Leiden der zehn Märtyrer, die Opferung
Isaaks, die Keduscha der himmlischen Scharen werden die immer
wieder und häufig mit stereotypen Wendungen behandelten Themen.
Da war es an sich schwierig, originellen und packenden Ausdruck
zu finden, es ist auch nur wenigen Dichtern gelungen, gar viele wurden
dabei langatmig und ergingen sich in einförmigen Wiederholungen.
Die Dichter der Blütezeiten freilich wußten, sich völlig frei von jedem
äußeren Einflusse zu halten und folgten lediglich der inneren Eingebung,
in den Verfallszeiten wiederum trat von neuem die Anlehnung an die
alten Vorbilder stärker hervor, nur daß dann auch das Beispiel der
klassischen Dichtung mitwirkte. Der Piut mit seinem Fassungs-
vermögen war eine Quelle der Belehrung, war der Dolmetsch des
Glaubens an Gott und seine Gnade, des Vertrauens in die Kraft des
Gebets, der Zuversicht in die Erfüllung der Zukunftshoffnungen. Nach
dieser Richtung hat er eine bedeutsame Mission erfüllt, und er erfüllt sie noch heute überall da, wo sein Inhalt und seine Ausdrucksweise dem Empfinden der Gläubigen entsprechen.

8. Eine nicht geringere Rolle als der Inhalt spielte die ä u ß e r e
F o r m des Piut. Er war Kunstdichtung und mußte sich den Gesetzen
des Geschmackes seiner Zeit und Umgebung unterwerfen. Die Forderungen wechselten, und dementsprechend legte der Piut ein anderes
Gewand an, er wurde mannigfaltiger und komplizierter, der Piut
machte sämtliche Fortschritte mit, er erschien in den verschiedensten
Gestalten. Zuerst ist das Alphabet das einzige Bindemittel der Zeilen,

dann tritt der Reim hinzu; der Wechsel des Reims veranlaßt die Gliederung in Strophen, und wo ein einziger Reim durch die ganze Poesie hindurchgeht, übernehmen häufig Refrains oder Bibelverse die Aufgabe der Strophenteilung. Die alphabetischen Akrosticha wechseln mit solchen ab, die Namen oder Bibelstellen anzeigen, sie werden sogar mit ihnen verbunden und variiert. Für den Bau der Verse ist anfangs ein gewisser Rhythmus maßgebend, der später durch kunstvolle Metren ersetzt wird. Jede der hier genannten Formen kommt im Laufe der Zeit zu immer künstlicherer und gekünstelterer Anwendung.

9. Die A k r o s t i c h i s (סימן, später חתימה), die wir zunächst betrachten, kann

a) eine a l p h a b e t i s c h e sein. Alphabetische Wort- und Satzfolge in verschiedenen Variierungen finden sich bereits in den allerersten Anfängen synagogaler Poesie (oben S. 274 f.). Der Piut konnte nur alphabetische Zeilen verwerten, und er wendet sie in den reichhaltigsten Variationen an. Wie in den biblischen Psalmen ist auch in den Piutim die Zahl der Zeilen, die mit denselben Buchstaben des Alphabets beginnen, sehr verschieden, ein, zwei, drei, vier bis zehn, sogar achtzehn und vierundzwanzig Zeilen bilden die Strophen; sie sind innerhalb ein und derselben Poesie nicht immer gleich lang, die einzelnen Zeilen kommen in den verschiedensten Zusammensetzungen vor. Es bleibt auch nicht bei den einfachen Alphabeten, sondern in gleicher Weise wird die umgekehrte Reihe (תשרק), werden, wenn auch nicht ganz so häufig, die aus dem Talmud bekannten anderen Kombinationen der Buchstaben des Alphabets (z. B. אתבש, אחס בטע אלבם, sogar איק בכר) angewendet. Es können in einer Poesie mehrere Alphabete nebeneinander hergehen.

Das Akrostichon kann ferner

b) aus B i b e l v e r s e n bestehen.

Sehr oft verwenden die Dichter von Kalir an Bibelverse in akrostichischer Weise, am Pesach z. B. werden im Jozer die Versanfänge des Hohen Liedes, am Wochenfeste die des Dekalogs, am Schlußfeste die aus Moses Segen und Tod usw. bald als Anfänge der Zeilen, bald als solche der Strophen, bald auch in der Mitte benutzt. Die Bibelstellen werden mit den Alphabeten kombiniert, so daß die alphabetische Reihenfolge sich erst hinter dem Worte des Bibelverses bemerkbar macht. Auch mit den Bibelversen können wie mit den Alphabeten die gewagtesten Kombinationen vorgenommen werden, eine der kühnsten von Kalir, wie sie glücklicherweise nicht häufig sind, besitzen wir in seiner Keroba zum 9. Ab in It.; der erste Vers beginnt da immer mit je einem Anfangsworte der Zeilen in Thr. Kap. 5, das nicht alphabetisch ist, und einem aus Thr. Kap. 4, die nächsten drei mit den Anfangsworten aus Thr. Kap. 3 in umgekehrter Reihe (3, 2, 1, 6, 5, 4), die fünfte und sechste mit je einem Versanfange aus Thr. 2 und 1. Die sechste Zeile schließt mit den letzten beiden Worten des obigen Verses aus Kap. 5. Die Komplikation ist jedoch damit nicht erschöpft, sie wird durch den Reim wesentlich erhöht.

    Weitaus die häufigsten und literarhistorisch die wichtigsten sind

    c) die N a m e n s a k r o s t i c h a.

    Daß der Dichter seinen Namen nennt, knüpft ebenfalls an biblische Muster an, die akrostichische Form jedoch, in der es im Piut geschieht, ist arabischen Vorbildern entlehnt, jedenfalls vor der Beeinflussung durch die Araber nicht nachzuweisen. Der Name ist entweder nach voraufgegangenem Alphabet gegen Ende der Poesie angegeben oder sein Akrostichon füllt die sämtlichen Zeilen- bezw. Strophenanfänge aus. Mitunter zeichnen die Dichter nur ihren Namen, meistens aber auch den des Vaters, wobei in älterer Zeit häufig das palästinische בירבי zur Anwendung kommt. Seit dem zehnten Jahrhundert tauchen auch die Bei- oder Familiennamen wie טוב עלם (Bonfils), האריך (del Lungo), דג קטן (Fischlin) usw. auf; die Heimat des Dichters oder seiner Familie wird angegeben ירחי (aus Lunel), האזוברי (aus Orange), גראנטי (aus Granada) usw. Nach der Mitte des zwölften Jahrhunderts finden wir Ehrentitel oder Bezeichnungen des Berufes wie חבר, חזן, פרנס, רופא mit genannt. Die spanischen Dichter setzten vor ihren Namen אני, hinter ihn הקטן, gegen Ende des XI. Jahrhunderts הצעיר, wofür andere, zumal in Verfolgungszeiten, העלוב oder הנדכה schreiben. Den Namen werden bisweilen Segensformeln beigefügt, zunächst einfache und kurze wie חזק, יגדל oder יחיה; im Laufe der Zeit aber wachsen sie immer mehr in die Länge, schließlich entstehen Formeln wie יגדל בתורה ובמעשים oder יגדל ויחי לנצח חיי עד סלה אמן נצח טובים אמן חזק ואמץ. Dazu traten Segensformeln noch andrer Art oder Bibelverse, die ein Gebet enthalten (z. B. Neh. 13 22 זכרה לי אלה). Auch Zusätze, die sich auf den Inhalt der Dichtung beziehen, kommen vor, so ist z. B. ein berühmtes Gedicht Jehuda ha Levis für den Versöhnungstag ge-

zeichnet יהודה הלוי בר שמואל המודה לאדוניו המתודה על עוניו ביום
הכפורים. Die Dichter begnügten sich indes nicht damit, ihren eigenen
und des Vaters Namen einzuzeichnen, bisweilen trugen sie auch den
eines Bruders oder eines Sohnes mit einer langen Segensformel ein.
Simon b. Isaak zeichnet im Jozer für den II. Neujahrstag אלחנן בני
יפול חבלי לחיי עולם, Salomo ha Babli in dem für den siebenten
Pesachtag מרדכי הקטן יגדל בתורה כהוגן וכשורה. Manche geben
ganze Ahnengalerien; Jechiel b. Josef um 1340 zählt so zahlreiche
Vorfahren auf, daß er nicht weniger als 114 Buchstaben für das Akrostichon braucht. Auch Namen und Eigenschaften Gottes, Bezeichnungen
der Feste, für die das Stück bestimmt ist, oder Gebetstellen aus
ihrer Liturgie dienen als Akrosticha, kurz es gibt auf diesem Gebiete
die allergrößte Mannigfaltigkeit, ja ein Übermaß von Kunstmitteln
zur Ausschmückung der Poesien.

10. Dem Akrostichon am Anfange der Zeilen entspricht am
Ende der Reim חרוז. Man hat ihn ebenfalls schon in der Bibel
wiederfinden wollen; wo der Gleichklang dort angetroffen wird, beruht er auf Zufall. Die bewußte Verwendung des Reims ist nur aus
dem Einflusse der Araber zu erklären; vor der Zeit Kalirs sind, wie
schon die Grammatiker des Mittelalters bemerken, Reime in der
hebräischen Sprache nicht nachzuweisen. Die Reime können für
jede Strophe wechseln oder durch die ganze Poesie durchgehen in
der Weise, daß entweder sämtliche Verse ohne Ausnahme oder daß
nur die Strophenschlüsse die gleiche Silbenendung, mitunter gar das
gleiche Wort haben. Im letzteren Falle können die übrigen Zeilen
jeder Strophe entweder ohne Reim bleiben oder einen für sie durchgehenden neuen Reim oder auch mehrere wechselnde Reime haben.
Als besondere Feinheit gilt es, die Versschlüsse so einzurichten, daß
das letzte Wort des ersten Verses zugleich das erste des zweiten bildet
und so fort. Solche Ringwörter finden sich auch schon in den
reimlosen Dichtungen. In alphabetischen Piutim sind in derartigen
Fällen Reim und Akrostichon verbunden, die Worte bedingen sich
gegenseitig. Die Kunst des Reims kann in der Weise ausgedehnt
werden, daß schon die Halbzeilen den Gleichklang der Endung besitzen, daß schon bei ihnen die Ringwörter zur Anwendung kommen.

Die Reime sind vielfach durch den Inhalt der Poesie bedingt.
In den Stücken zu מלכיות זכרונות שופרות z. B. endigen die Strophen
auf מלוכה, auf זכרון, auf שופר, in denen zu טל und גשב auf טל und

מטר; ähnlich ist es bei anderen Poesien. Vor allem aber waren die Refrainsätze und die Bibelverse von größtem Einfluß auf den Reim; häufig bedingte der Refrain sämtliche Versendungen, da sie alle mit ihnen reimten. In den Mostedschabs ist durch den vorangeschickten Kehrvers das Ende jeder Strophe bestimmt; meistens ist das ein biblisches Zitat. Bibelverse werden sehr oft als Schlußzeilen der Strophen verwendet, der Grammatiker Efodi rühmt es als besonderen Vorzug der hebräischen synagogalen Poesie, daß sie die Bibelverse im Original für die Dichtungen verwerten kann; er zielt dabei wahrscheinlich auf Hymnen der christlichen Kirche ab, die das gleiche Verfahren befolgten, sich aber naturgemäß der Übersetzungen der Bibel bedienen mußten. In der vorhin erwähnten Keroba Kalirs zum 9. Ab ist als Strophenende stets ein Bibelvers mit למה verwendet, dessen Schlußwort den Reim der ganzen Strophe bestimmt. Wie frühzeitig Akrostichon und Reim unter den Juden verbreitet waren und von den Dichtern als unentbehrliche Hilfsmittel betrachtet wurden, lehrt uns das Vorgehen Saadjas, der bereits in jungen Jahren (920) zwei alphabetische Verzeichnisse der hebräischen Stämme anlegte, sie in dem einen nach den Anfängen, in dem anderen nach den Enden der Worte ordnete, damit die Dichter sich ihrer für Akrostichon und Reim bedienen könnten; die Arbeit hat ihn lange beschäftigt und ist wiederholt von ihm erweitert worden, die erhaltenen Fragmente seines A g r o n geben ein Bild von den damaligen Bestrebungen und Anforderungen auf diesen Gebieten.

11. Wie Anfang und Ende durch Akrostichon und Reim bestimmt werden, so die Verse selbst durch Rhythmus und Metrum. Wieweit die biblische Poesie Metrum und Rhythmus hat, ist eine neuerdings viel umstrittene und häufig behandelte Frage. Den jüdischen Dichtern und Sprachforschern des Mittelalters war hiervon nichts bekannt, sie hatten niemals das Bewußtsein, sich mit Rhythmus oder Metrum an das Muster der Bibel anzulehnen. Die Stammgebete befolgen das aus der Bibel bekannte Gesetz des Parallelismus, legen sich aber darüber hinaus keine Bindung auf. Die ersten, einfachen Erweiterungen der Stammgebete und die ältesten Piutim verwenden, wie oben (S. 275 ff.) hervorgehoben wurde, den Rhythmus, der dem Wortton angepaßt ist. Dabei ist die Piutdichtung recht lange verblieben. Die Gesetze des Rhythmus wurden nicht immer sehr streng befolgt, insbesondere haben die in christlichen Ländern lebenden

Paitanim sich wenig um das Gleichmaß der Verse gekümmert. Anders die Dichter in den mohammedanischen Ländern, die von den Arabern lernten, bei den Versen die Q u a n t i t ä t der Silben zu berücksichtigen (שירים שקולים). So wird das M e t r u m (משקל) in die hebräische Dichtung übertragen, zunächst für weltliche, dann auch für gottesdienstliche Lieder. Noch Saadja weiß nichts von metrischen Versen in hebräischer Sprache, sein Jünger Dunasch ist der erste, der das Metrum zur Anwendung bringt, und muß sich dafür den Vorwurf gefallen lassen, daß er zum Schaden für die hebräische Sprache fremde Elemente in die Verskunst einführe. Der Vorwurf ist nie wieder verstummt, nur zu häufig wird darüber geklagt, daß das Metrum eine fremde Fessel ist und für die hebräische Sprache sich nicht eigne. Seltsam genug, selbst Dichter wie Jehuda ha Levi und Charisi bekunden ihren Widerwillen gegen den Eindringling aus der Fremde; das hat sie freilich nicht gehindert, in ihren Versen die metrischen Formen der Araber ständig zu befolgen. Sämtliche Dichter der spanischen Blütezeit haben ohne Scheu metrische Gedichte verfaßt, und mitunter haben auch die Kritiker zum Lobe des Metrums das Wort genommen. Ohne weiteres ließen sich die arabischen Metren nicht auf das Hebräische übertragen, man mußte erst die Bewertung der Silbenquantitäten in ein bestimmtes System bringen. Einige wichtige Metren mußten vollständig ausfallen, soweit es jedoch möglich war, wurden sämtliche Metren der Araber übernommen. Über ihre Zahl sind die widersprechendsten Angaben aufgestellt worden; nach Hartmanns Berechnung „fanden sich in den Versgedichten, d. h. den Gedichten, deren einander gleiche Verse denselben Reim haben, 47, in den Strophengedichten, d. h. den Gedichten, welche aus Gruppen von mehreren Versen mit gemeinsamem Reim des letzten Verses und Sonderreim der anderen bestehen, 64 verschiedene Versmaße, insgesamt 111 verschiedene Versmaße."

Die Aufnahme von Rhythmus und Metrum wurde dadurch begünstigt, daß die Piutim nach bestimmten Melodien g e s u n g e n wurden. Samau'al al-Magribî hebt als das Kennzeichen der Hizâna ausdrücklich hervor, daß sie vom Vorbeter gesungen werden und daß die Gemeinde ihn mit Rufen und Singen begleitet, ihm bei den Melodien hilft (oben S. 283). Tatsächlich geben die Gebetbücher, und die handschriftlichen weit häufiger als die gedruckten, die M e l o d i e, nach der ein Piut gesungen wird, an; man forderte schöne Melodien,

die mit angenehmer Stimme zum Gehör gebracht würden (מדות
נחמדות בקול ערב). Die Bezeichnung für Melodie ist נרעם, wofür auch
נגון und טעם vorkommen, bei den arabisch sprechenden Juden ist
לחן am häufigsten. Die Melodien wurden von überall hergenommen,
Volkslieder und Gesänge aus allen Kulturkreisen haben das Material
dazu geliefert.

12. Die Piutdichter haben sich ihre eigene S p r a c h e geschaffen.
Sie waren bestrebt, sich nach Möglichkeit an die Bibel anzuschließen,
„die synagogalen Dichter nahmen für ihren Perlenschmuck den Stoff
aus dem Midrasch, die Schnüre aus der Schrift." Aber das biblische
Sprachgut reichte in keiner Weise aus, es lag die Notwendigkeit vor,
Gedanken und Begriffe zur Darstellung zu bringen, die vorher nicht
geläufig waren, Akrostichis und Reim, die unentbehrlichen Kunstformen, hatten starke Beschränkungen in der Wahl der Worte zur
Folge, sie erhöhten die Schwierigkeiten des Ausdrucks außerordentlich.
Die Dichter sahen sich daher genötigt, über das ihnen überlieferte
Material hinauszugreifen und zu Neubildungen ihre Zuflucht zu nehmen.
Das war kein ganz neues Verfahren, Mischna und Talmud hatten es
bereits eingeschlagen, hatten nicht weniger als durch neue gram-
matische durch eigenartige sprachliche Bildungen zur Fortentwicklung
der hebräischen Sprache beigetragen. Auch die Stammgebete halten
sich nicht immer lediglich an die Ausdrucksweise der Bibel, auch sie
verwerten bisweilen das Sprachgut des jüngeren Hebraismus; alle
jene Abweichungen vom klassischen Stile jedoch verschwinden vollständig gegenüber den Neuerungen der Paitanim. Sie gestatteten sich
eine ganz eigene Art der Sprachbildung und Ausdrucksweise.

Die Eigentümlichkeiten, welche die Sprache und der Stil der
Piutim aufweisen, hat Zunz mit bewundernswerter Geduld und Sorgfalt gesammelt und in Gruppen eingeteilt; er faßt sie unter folgenden
drei Gesichtspunkten zusammen: Die Piutdichter verwenden: „a) Worte
und Redensarten aus Talmud, Midrasch, Targum; b) abweichende
Flexion, unübliche Syntax, Neubildungen; c) Stil-Eigenheiten und
eigentümliche Ausdrücke."

a) Daß die Piutdichter sich nicht ausschließlich an das biblische
Sprachgut hielten, daß sie auch die erst im talmudischen Schrifttum
neu auftretenden hebräischen Worte verwendeten, war ihr gutes
Recht; das entsprach der natürlichen Entwicklung des Idioms. Ihr
Fehler war, daß sie unterschiedslos den gesamten Wortschatz der ihnen

vorliegenden Literatur verwerteten, als wäre er durchweg klassisch, daß sie auch aramäische, auch lateinische und griechische Wörter entlehnten und wie rein hebräische behandelten. Fremdwörter wie לבלר (libellarius), wie תרף (θεράπεία), wie קטגור (κατήγορος) und סנגור (συνήγορος) drangen durch sie in die Sprache ein, manche wie טכס (von τάξις) werden wie hebräische Wurzeln konjugiert. In bescheidenem Umfange findet sich dieselbe Erscheinung ebenfalls schon in der Mischna und im Talmud, die älteren Piutdichter sind auch kaum in nennenswerter Weise darüber hinausgegangen, wohl aber die späteren, zumal die französischen und deutschen, denen die Kontrolle der gediegenen grammatischen Studien und Sprachkenntnisse fehlte. Sie hatten eine starke Vorliebe für unbekannte und ungewöhnliche Ausdrücke, Künstelei galt ihnen als die wahre Kunst, sie nahmen daher zahlreiche aramäische Worte, auch ganze Sätze in ihre Dichtungen auf; für manche Zwecke, z. B. für die Introduktionen zur Toravorlesung, schien ihnen die aramäische Sprache überhaupt mehr am Platze als die hebräische.

b) Die Piutdichter hielten sich nicht an die Gesetze der Sprache, sie folgten auch darin den Spuren, die mitunter bereits im Talmud vorgezeichnet sind. Sie bildeten Plurale von Worten, die keine Mehrzahl haben, wie Eigennamen oder Partikeln, sie scheuten sich auch nicht, den Plural mit sonst nicht gebräuchlichen Endungen zu versehen. Beim Nomen wird unterschiedslos die verbundene neben der einfachen Form gebraucht. Mit den Flexionsendungen bei Nomen und Verbum gehen sie willkürlich um, wie sie andererseits Partikeln, die nur mit dem Nomen verbunden werden können, auch zum Verbum stellen. Die schwachen Verbalstämme werden von ihnen behandelt, als wären sie alle gleichmäßig defektiv, sodaß von den verschiedenartigsten Zeitwörtern nach demselben Paradigma Formen gebildet werden. Eine ganz gewöhnliche Erscheinung ist die Verwendung von solchen Konjugationen eines Verbums, die in der klassischen Sprache nicht vorkommen, eine besondere Vorliebe tritt für passive Formen zutage, insbesondere deren Partizipien müssen die ständigen Beiwörter der Helden des Piut abgeben; da werden nun nicht nur solche Passiva gebraucht, die der älteren Sprache unbekannt sind, es wird auch nicht davor zurückgeschreckt, intransitive Verben in passive Formen zu bringen. Eine besondere Eigentümlichkeit der Paitanim sind die neu geschaffenen Worte; sie verwenden Nomina,

die man sonst nicht kennt, nicht weniger als 40 bis dahin nicht gebrauchte Bildungen haben sie eingeführt, sie gewinnen sie zum Teil
dadurch, daß sie der Endungen, die durch den Stamm oder die übliche
Nominationsbildung bedingt sind, nicht achten, oder daß sie auf Grund
von falschen Analogien neue Worte herstellen. In den meisten Fällen
ist es die Fessel des Reims, die dazu zwingt, die Sprache in das neue
Gewand einzupressen.

c) Man würde durch die ungebräuchlichen und nicht korrekten
Sprachformen sich bei einiger Übung hindurchfinden können; was
die Piutim außerordentlich schwierig und mitunter ungenießbar macht,
sind die Dunkelheiten ihrer Redeweise. Sie verwenden gern seltene
Worte, deren Verständnis große Belesenheit in Bibel, Talmud und
Midrasch voraussetzt. Vor allem aber lieben sie es, ihren Stil durch
Metaphern zu schmücken, die der biblischen oder talmudischen Darstellung entstammen. In Schilderungen aus der Geschichte Israels
z. B. werden die Epitheta für das Volk oder seine leitenden Männer
den entlegensten Benennungen, Gleichnissen oder Geschehnissen entlehnt, und gar häufig ist die Anspielung nur durch ein einzelnes Wort
gegeben, so daß man direkt vor einem Rätsel steht. Ebenso müssen
zur Bezeichnung der Feinde Israels und seiner Dränger alle möglichen
Namen der biblischen Völker sowie die von ihnen in der Heiligen
Schrift genannten Eigentümlichkeiten und gebrauchten Bilder her-
halten. Auch darin hatten die Paitanim ihre Vorbilder, die Sprache
der Apokalypsen und des Midrasch haben oft ganz ähnliche Eigentümlichkeiten aufzuweisen, aber wie die Produktion der Paitanim
die der Alten an Umfang übertrifft, so viel größer sind auch die Schwierigkeiten und Rätsel, die sich bei ihnen häufen.

13. Die Darstellungsweise des Piut ist oft getadelt worden, für
Puristen auf dem Gebiete der Sprache bot sie der Angriffspunkte genug.
Am bekanntesten sind die Ausstellungen Abraham ibn Esras, daß die
Piutim nach dem Muster Kalirs vier Arten von Mängeln aufweisen,
die sie als Gebete ungeeignet erscheinen lassen müssen: die Dunkelheit
ihrer Redeweise mit den vielen rätselhaften Anspielungen, die musi-
vische Verwendung zahlreicher Stellen aus der Agada, der Gebrauch
talmudischer Ausdrücke und die geringe Korrektheit in der hebräischen
Sprache. In Zunz und ganz besonders in Heidenheim hat Kalir beredte
und warmherzige Verteidiger gefunden. Von seinem Standpunkte
aus hatte ibn Esra unstreitig recht, die Fehler, besonders die Dunkel-

heit des Ausdrucks und die Vergehen gegen die Sprachgesetze, sind nicht abzuleugnen. Die historische Gerechtigkeit jedoch erheischt, auch gegen die Schwierigkeiten, vor denen die Piutdichter standen, die Augen nicht zu verschließen. Es war ihnen die Aufgabe zugefallen, ihre Dichtungen in einer Sprache abzufassen, die seit Jahrhunderten aufgehört hatte, Volkssprache zu sein, die nur in den Lehrhäusern ihr Dasein fristete und auch dort nur für methodische Regeln und gesetzliche Normen zur Anwendung kam. Es zeugt von hohem Mute und sicherem Selbstvertrauen, daß sie den Versuch nicht scheuten, die Sprache wieder zu beleben, ihr neue Töne zu entlocken, sie ausdrucksfähig und geschmeidig zu machen. Mit bewundernswerter Kühnheit gingen sie ans Werk, und man kann ihnen die Anerkennung nicht versagen, daß sie Großes geschaffen haben; es ist ihnen gelungen, für das religiöse Bewußtsein einen neuen Ausdruck und eine neue Stilform zu schaffen, viele Jahrhunderte konnten daran Erhebung, Erbauung und Belehrung finden. Die Piutdichter haben eine F o r t - b i l d u n g d e r h e b r ä i s c h e n S p r a c h e eingeleitet, ihren Fortbestand als Schrift- und Literatursprache gerettet. Ohne Gewaltsamkeiten ging es dabei nicht ab, „der Paitan kämpfte mit der gegen Form und Inhalt sich sträubenden Sprache und hat ihr manche glückliche Bildung abgerungen." Die Sprachbildung der älteren Paitanim überrascht durch ihre Kühnheit, ohne durch ihre Härte abzustoßen, die Ausschreitungen fallen erst einer späteren Zeit zur Last. Die Gesetze der Sprache wurden mißachtet, weil man sie nicht kannte, nicht weil man ihrer spottete; es ist die Schuld der jüngeren Paitanim, daß sie, obwohl in ihrer Zeit die Sprachforschung bereits gewaltige Fortschritte gemacht hatte, sich die neuen Kenntnisse nicht zunutze machten. Eine starke Verführung bot die Kunstform mit ihren schweren Fesseln, „der sprachrichtige Ausdruck mußte dem technischen Zwange weichen und die Schönheit ward von dem Enthusiasmus verschmäht." Die Dunkelheit der Darstellung aber, der Gebrauch schwieriger Wörter und rätselhafter Anspielungen waren ein Zugeständnis an die Geschmacksrichtung der Zeit, die Dichter kamen damit ihrem Publikum entgegen, das derartige Verzierungen und Verschnörkelungen liebte. Man muß allerdings sagen, daß die Gemeinden jener Zeit von einer beneidenswerten Belesenheit im alten Schrifttum gewesen sein müssen, wenn sie einer so schwierigen Darstellungsweise zu folgen imstande waren. Kalir hat diese Stilgattung nicht aus Willkür gewählt, sondern weil das der einzige Weg· war, auf dem in seiner Zeit ein Dichter sein Glück machen konnte; Beispiele anderer Völker haben da auf die Poesie der Juden eingewirkt. Saadja, der im Gegensatz zu Kalir durch Abraham ibn Esra als Verfasser von Gebeten so sehr gerühmt wird, hat es nicht besser gemacht; wenn Kalirs Piutim dunkel genannt werden müssen, so sind die seinen geradezu Bücher mit sieben Siegeln. Es hat in allen Literaturen Schriftsteller gegeben, deren Dichtungen voll von Dunkelheiten sind, in denen selbst die Zeitgenossen kaum zwei Zeilen gründlich zu verstehen vermochten, ohne in Wörterbüchern und Enzyklopädien nachzuschlagen; das hat nicht gehindert, daß manche von ihnen als Klassiker anerkannt wurden. Die Klassiker der synagogalen Poesie haben die Schwierigkeiten der alten Piutdichtung mit Glück überwunden, die Helden unter den Dichtern haben sich durch die Gewalt der Kunstform nicht besiegen lassen, sie warfen die Ketten mit Leichtigkeit von sich ab; „wie man einen Wergfaden zerreißt, wenn er dem Feuer zu nahe kommt," so hat ihre dichterische Begabung, ihr Genie sich von den Fesseln befreit. Sie haben die überlieferte Form nicht etwa verworfen, im Gegenteil: der Aufbau ihrer Dichtungen ist häufig noch weit kunstvoller geworden, dennoch haben sie es verstanden, ihre Werke zur Höhe der klassischen Lieder zu erheben; an Tiefe des Empfindens, an Hoheit der Gedanken, an Reinheit der Sprache kommen sie den biblischen Psalmen nahe. Es waren eben e c h t e D i c h t e r , die hier das Wort ergriffen, während der überwiegenden Mehrzahl der Paitanim die dichterische Begabung fehlte. Das Lehrhafte im Inhalt des Piut, die Künstelei der äußeren Form und der Wortbildung waren leicht nachzuahmen. Das Bedürfnis der Gemeinden nach dem neuen Schmucke für den Gottesdienst war ein sehr lebhaftes; so verbreitete sich die Gewohnheit Piutim abzufassen wie eine ansteckende Krankheit. Die Schablone war vorhanden, Vorbeter und Gelehrte, Berufene und Unberufene bedienten sich ihrer, um die Gemeinden mit ihren Produktionen zu erfreuen. Darin, daß das Versemachen unaufhaltsam um sich griff, daß Männer ohne dichterisches Empfinden und ohne Sprachverständnis sich zum Abfassen von Piutim und Selichas ʌngetrieben fühlten, beruht der eigentliche Fehler, nicht in der Piutdichtung an sich. Aber mag das immerhin eine Verirrung sein, so war es doch keine ganz wertlose. Für die Zeiten und die Kulturkreise, für die sie bestimmt waren, erfüllten die Piutim ihren Zweck vollauf,

man durfte nur nicht, wie es später geschah, absolute Werte daraus
machen wollen. Sie redeten zu jeder Zeit in ihrer Sprache, in ihren
Anschauungen, sie waren die Dolmetscher der Empfindungen und
Gedanken der unmittelbaren Gegenwart und boten dadurch ein
Gegengewicht gegen die durch die Tradition festgelegte Masse der
Stammgebete.

14. Der Piut hat eine überaus rasche Verbreitung gefunden,
sich stetig wachsender Beliebtheit erfreut, so daß sein Ansehen zeitweise das der Stammgebete verdunkelte. Man sollte daher annehmen,
es hätte ihm stets nur die Sonne des Glückes geschienen, er hätte
sich von Anfang an der Förderung der maßgebendsten religiösen
Führer erfreut. Dem ist durchaus nicht so; der Piut hatte gegen
tausend Widerstände anzukämpfen, fast zu allen Zeiten haben sich
gerade die gewichtigsten Stimmen in feindlicher Absicht gegen ihn
erhoben; sie konnten jedoch nichts ausrichten, da die Massen auf
seiner Seite waren. Die große Neuerung am Piut war, daß er die überlieferte Reihe der Stammgebete unterbrach. In Palästina, seinem
Ursprungslande, war man damit vertraut, daß die Gebete häufig
wechselten; man achtete nur darauf, daß die überlieferte Reihenfolge, die festgelegten Eulogien (ברכות) erhalten blieben, Abweichungen
vom Wortlaute, von der Einkleidung jedoch war man gewohnt und
sah man sehr gern. In Babylonien hingegen stießen die neuen Gebete
auf lebhaften Widerspruch. Die babylonischen Geonim traten ihrer
Zulassung mit voller Entschiedenheit entgegen, weil sie die traditionelle Ordnung des Gebets störten, die Tefilla erweiterten und mitunter
Gedankengänge an Stellen brachten, wo sie fremd waren und nicht
hingehörten. Es war dieselbe Stimmung, die sich jeder Art von Einfügungen widersetzte, auch den kurzen in Prosa, die sich dem alten
Wortlaut anschmiegten und als Neuerung kaum auffielen, wie זכרנו usw.
(oben S. 43, 58). Wird doch von Jehudai Gaon berichtet, daß er
prinzipiell jeder Einfügung in die herkömmliche Tefilla, selbst der
Keduscha, widerstrebte. So spärlich die Äußerungen der Quellen aus
jener Zeit sind, so gewähren sie doch einen Einblick in den Gang der
Dinge und zeigen, daß alle Einschaltungen nur schrittweise eingedrungen sind, daß in jedem Zeitalter das eben gerade Neue bekämpft
und schon im nächsten oder übernächsten als vollberechtigt anerkannt wurde. Während noch der Gaon Kohen Zedek sich über die
Frage äußern muß, ob selbst die oben erwähnten Zusätze für die Buß-

tage statthaft sind, geht sein Nachfolger Natronai bereits soweit,
die Kerobot für alle Festtage, für Chanukka, Purim und den 9. Ab
zu gestatten, wofern sie nur der Forderung genügen, daß der Inhalt
jedes Verses dem Gebetstücke, in das er eingeschoben wird, entspricht.
Mit seiner Erlaubnis war jedoch der Widerspruch keineswegs endgültig verstummt, noch 150 Jahre später mußte Hai Gaon zu den
gleichen Fragen Stellung nehmen, und er hatte den Mut, sich wiederum
als Gegner der Neuerung zu bekennen, wie überhaupt seine Schule,
die von Pumbedita, länger in der Opposition gegen den Piut ver-
harrte als die von Sura. Die denkbar schärfste Sprache gegen den
Piut führt dann Jehuda b. Barsilai, er nennt ihn eine V e r i r r u n g ,
wegen deren man die Leute zurechtweisen, die man ihnen streng
untersagen muß. Nach seiner Meinung ist jede Erweiterung des Wortlautes der Gebete über den im Talmud gegebenen Rahmen hinaus
unstatthaft, je weniger dazu hinzugefügt wird, desto besser ist es,
selbst solche in seiner Zeit allgemein anerkannte Erweiterungen der
Stammgebete, wie הכל יודוך oder זכרנו, verwirft er und erklärt es
für ein erstrebenswertes Ziel, um ihre Beseitigung zu kämpfen. Die
volle Schale des Zornes aber schüttet er über den Piut aus, über dieses
ganz fremde Element, das man den Stammgebeten einfügt. Einst in
Zeiten der Religionsnot wäre er gestattet worden als Ersatz für die
verbotenen Stammgebete, nachdem aber die Erlaubnis, den Gottesdienst in der herkömmlichen Weise zu halten, wieder erlangt wäre,
müßten auch die Stammgebete wieder in ihr ausschließliches Recht
treten und nicht durch beliebige Einschaltungen verdrängt werden.
Der Piut störte das Gebet, da er inhaltlich verkehrt wäre, mit seiner
Häufung der Epitheta für Gott grenzte er mitunter geradezu an Blas-
phemie, eines ernsten religiösen Mannes wäre es unwürdig, die „Gebete der Propheten" beiseite zu lassen und dafür das ungereimte und
wertlose Zeug zu setzen, von dem die Väter nie etwas geahnt hätten
(שאר פיוטין כלהון דאינון דברי הבאי ודברי בורות אשר לא שערום אבותינו).
Es ist eine höchst ungerechte Kritik, die hier zu Worte kommt,
die Liebe zum Althergebrachten verdrängt das Verständnis für die
Bedürfnisse einer neuen Zeit, Jehuda ben Barsilai begriff nicht, daß
die Piutim eine neue Art der Frömmigkeit und des Betens einleiteten,
daß sie, wie einer seiner jüngeren Zeitgenossen sich ausdrückt, zur
Ergänzung der Stammgebete dienten, daß sie in poetischer Sprache
den Ruhm Gottes zu verkünden bestimmt waren. Aber nicht weil

er ungerecht war, blieb dieser Widerspruch ohne Wirkung, sondern darum, weil inzwischen die Piutim durch die Zeit und durch das Beispiel berühmter Männer sanktioniert worden waren. Wenn eine Leuchte wie Saadja unter die Dichter gegangen war, konnte man die Poesie nicht mehr gut für verboten erklären. Für R. Gerschom war auch Jannai, von dem er kaum mehr als den Namen gekannt haben wird, zeitlich schon weit genug entfernt, um als gefeierter Gelehrter und als Zeuge zugunsten des Piut gelten zu können. Weil er eine Reihe von berühmten Namen als Dichter kennt und er ihr Beispiel für maßgebend erachtet, gestattet R. Gerschom die Verwendung des Piut ohne Einschränkung, und es war nur natürlich, daß seine einflußreiche Stimme in Frankreich und Deutschland überall Gehör fand, daß man dort dem Piut als Bereicherung der Gebete durch Hymnen gern Eingang gewährte. R. Jakob Tam ist dann der erste, der Kalir unter die Tannaiten versetzt und dadurch die wirkungsvollste Rechtfertigung für den Piut findet.

Allein die bloße Tatsache, daß der Piut so häufig und so energisch in Schutz genommen werden mußte, beweist doch, wie oft und mit welcher Wucht die Angriffe gegen ihn geführt wurden. Es sind die besten Namen, die auf Seiten der G e g n e r des Piut stehen. Abraham ibn Esra z. B. erhebt warnend seine Stimme gegen den Gebrauch der unverständlichen und unverständigen Piutim. Auch Maimonides spricht sich sehr energisch gegen das Verfahren der Paitanim aus, die gern Hymnen mit langen Ansammlungen von Attributen Gottes verfassen, die glauben, dadurch der Gottheit näher zu kommen, in Wirklichkeit aber „mit kühner Zunge unverständig reden und mit ihrem Eifer geradezu zur Gottesleugnung sich versteigen". Sehr bezeichnend ist die Behandlung des Problems durch Charisi. In der Makame des Vorbeters von Mosul geißelt er den Wahnwitz, der in der Übertreibung des Piut liegt. Er erfährt in Mosul Wunderdinge von den Fähigkeiten des in der Gemeinde angestaunten Vorbeters und ist gespannt darauf, ihn im Gottesdienste kennen zu lernen; statt aber seine Hoffnungen erfüllt zu sehen, hört er einen Mann, der schon in den einfachsten Stammgebeten den erlesensten Unsinn vorträgt und der dann seine unwissende und stumpfsinnige Gemeinde mit „Piutim ohne Form und Inhalt, mit blinden und lahmen Versen, mit Dichtungen ohne Saft und Kraft" derart quält, daß die Leute entweder ermüdet einschlafen oder entsetzt das Weite suchen. Ein verständiger Mann in der Gemeinde — das ist Charisi selbst — tadelt die Vernachlässigung der Stammgebete zugunsten der unsinnigen Piutim; da aber stößt er auf eine Anzahl von Gegnern, die gerade den Piut für die Hauptsache erklären, neben der die anderen Gebete in den Hintergrund treten müssen, die das Singen des Piut mit den Levitengesängen des Tempels vergleichen, die den Piut als in der Bibel geboten ansehen, in derselben Bibel, die von den Stammgebeten völlig schweigt, die sich endlich darauf berufen, daß der Piut in allen Gemeinden ohne Ausnahme verbreitet und beliebt sei und daß sie doch unmöglich zurückstehen können. Charisi erwidert darauf, daß der Piut wohl seinen guten Sinn und seine Bedeutung haben könne, da, wo man ihn verstände, daß er aber für eine Gemeinde von solcher Unwissenheit geradezu eine religiöse Gefahr bedeute. Es ist unmöglich, Charisis witzige Darstellung mit ihren feinen Pointen in einer fremden Sprache wiederzugeben, die Spitzen der Pfeile zerbrechen bei ihrer Übertragung, aber der Sinn seiner Ausführungen ist klar, er ist kein unversöhnlicher Gegner des Piut, er fordert nur, daß das nötige Maß nicht überschritten, die Aufnahmefähigkeit der Gemeinde nicht überschätzt werde.

Ähnliche Vorwürfe sind auch in aller folgenden Jahrhunderten immer wieder gegen den Piut erhoben worden, man klagt darüber, daß er die zusammengehörigen Gebete unterbreche, den Gottesdienst über Gebühr ausdehne, daß er der Gemeinde unverständlich bleibe. Besonders die letzte Klage wird mit dem Fortschreiten der Zeit immer häufiger vernommen, selbst die zahlreichen Kommentare, die im Verlaufe der Jahrhunderte für die Piutim verfaßt wurden, konnten diesem Übelstande nicht abhelfen, die Dichtungen blieben sogar für die Gelehrten rätselhaft, geschweige denn für die große Masse der Beter. Die Folge davon war, daß die Gemeinde durch Plaudern oder auf andere Weise den Gottesdienst störte. Gelehrte vermieden es, wenn sie nicht unbedingt mußten, den langen Gottesdienst der Gemeinde zu besuchen, oder sie nutzten die Zeit, die auf den Piut verwendet wurde, für Studien aus, wodurch sie wiederum der Gemeinde ein schlechtes Beispiel gaben; viele, die den letzteren Anstoß vermeiden wollten, sagten trotzdem den Piut nicht mit, auch wenn sie in der Zeit nichts anderes taten. Die Opposition kam freilich zu spät; in Charisis Tagen war die Blütezeit des Piut bereits vorüber und das Verständnis für dieses Mittel zur Erbauung im Aussterben. Andererseits hatten die Gemeinden einer bestimmten Anzahl von Piutim Aufnahme und Bürgerrecht gewährt. Je knapper die Manuskripte, je verbreiteter die Drucke, je geringer das Verständnis für geschichtliche und lokale Eigenart, je zäher das Festhalten an den unbedeutendsten Bräuchen war, desto fester saßen die Piutim im Sattel, desto weniger konnten selbst die größten halachischen Autoritäten wie Joseph Karo oder Elia Wilna sie aus ihrer Stellung verdrängen. Unter Kundigen fand ihre Stimme Gehör, die Unkundigen ließen sich in ihrer alten Gewohnheit nicht beeinträchtigen, bis eine neue Zeit und eine neue Kultur auch ihren Widerstand besiegten. Die Neuzeit hat auf der einen Seite die große Masse der unverständlichen und wertlosen Piutim schonungslos beseitigt, sie hat aber andererseits die historische Bedeutung dieser Dichtungen in gerechter Weise gewürdigt und hat kein Bedenken getragen, Piutim von dichterischem Werte im Machsor beizubehalten.

§ 40. Die wichtigsten Paitanim.

I. Bis Kalir einschließlich.

Literatur: Rapaport, Kalir; Zunz, Litg.; Landshuth, עמודי העבודה; Graetz, Die Anfänge der hebräischen Poesie in *MS* VIII, 401; IX, 19 ff.; Luzzatto, S. D., לוח חפירטים in *O.T.* III, 1 ff., 1880; Geiger, A. in *Jüd. Zeitschr.* X, 1872, S. 262 ff.; Harkavy, Studien und Mitteilungen usw., V, S. 106 ff.; Schechter, Saadyana, Nr. LI; Bacher in *JQR* XIV, 742 ff.; Eppenstein, Beiträge usw. in *MS* LII, 1908, S. 591; *J.E.* die betr. Artikel.

1. Wenn wir daran gehen, uns über die Tätigkeit der Paitanim zu unterrichten, so ist es selbstverständlich unmöglich, alle Dichter, die jemals für die Bereicherung des Gottesdienstes tätig waren, hier aufzuzählen; es müßte sonst Zunz' umfangreiches Werk über die Literaturgeschichte der synagogalen Poesie wiederholt und durch die zahlreichen Funde, die seit seinem Erscheinen hinzugetreten sind, bereichert werden; selbst dann aber wäre die Literatur noch nicht vollständig verzeichnet, weil immer noch die große Masse der anonymen Dichtungen fehlen würde. Eine so ausführliche literarhistorische Aufzählung würde den Rahmen des vorliegenden Werkes weit überschreiten, sie ist aber auch entbehrlich, weil der größte Teil der von Zunz behandelten Literatur nicht zugänglich und nur in Handschriften zu finden ist. Hier sollen nur diejenigen synagogalen Dichter angeführt werden, die von w i r k l i c h e r B e d e u t u n g für die Ge-

schichte des Gottesdienstes gewesen sind. Ältere Quellen, in denen
die Namen der Paitanim gesammelt sind, gibt es nur in ganz geringem
Umfange. Über die Person der Dichter war wenig bekannt, in den
meisten Fällen nur Legendarisches überliefert; zumal die älteren Autoren verschwanden gänzlich in der Fülle von Märchen, die über
sie erzählt wurden, sie hatten das Glück, daß ihre Namen über ihren
Werken vergessen wurden.

2. Die Geschichte des Piut verläuft nicht gleichmäßig, es sind
darin verschiedene Epochen zu unterscheiden. Zunächst die älteste
Zeit, in der die Dichter erst das Schema und die Gesetze der Dichtung
finden mußten; sie reicht bis etwa 750 und hat in Kalir ihren Höhepunkt. Darauf folgte eine Epoche, in der die Dichter ihr ganzes Streben
darauf richteten, das Vorbild der Alten nachzuahmen, in ihrem Sinne,
in ihrem Stile und nach der von ihnen vorgezeichneten Form zu
schreiben. In diese Epoche gehören zunächst die ältesten synagogalen
Dichter des Orients, dann aber die Dichter, die in Europa in christlichen Ländern Piutim verfaßt haben. Das sind die Paitanim im
eigentlichen Sinne des Wortes, ihre Zeit reicht etwa bis 1250, sie haben
aber vereinzelte Ausläufer auch in späteren Jahrhunderten und im
Orient sind bis auf den heutigen Tag Dichter nach derselben Richtung
hin tätig. Eine dritte Klasse bilden die Spanier von etwa 1050 bis
1200, die unter dem Einflusse der arabischen Dichtkunst sich von
der Form und Sprache des Piut emanzipiert haben und die Blütezeit
der synagogalen Dichtung im Mittelalter bezeichnen.

3. Die Piutdichtung hat mit einer Anzahl a n o n y m e r Schöpfungen begonnen, die durch die besseren und wertvolleren Leistungen
der späteren Zeit verdrängt wurden. In den Anfängen war die Sitte,
die Namen der Verfasser durch Akrostichon einzuzeichnen, noch
unbekannt, so daß eine Überlieferung über die ersten Vertreter des
Piut nicht vorhanden war und ihre Namen der Vergessenheit anheimfielen. Aus der ältesten Zeit ist uns nur ein einziger Name eines
synagogalen Dichters überliefert, der von J o s e b. J o s e. Über sein
Leben ist nichts bekannt, man nennt ihn die Waise היתום, wahrscheinlich aus keinem anderen Grunde, als weil er denselben Namen führt
wie sein Vater. Auch daß er ein Hohepriester war, ist eine willkürliche Annahme, wie überhaupt im Mittelalter, weil man nichts von
ihm wußte, zahlreiche Irrtümer über ihn verbreitet wurden. Seine
Heimat muß P a l ä s t i n a gewesen sein, denn es sind sonst in keinem

Lande zu jener Zeit hebräische Dichter nachzuweisen. Seine Lebenszeit ist unbekannt, aber nach der ganzen Art seiner Dichtung muß
sie recht früh angesetzt werden, nicht später als 600 bis 650. Joses
Dichtungen haben noch alle Eigentümlichkeiten der ältesten Einschaltungen in die Gebete; er kennt das Akrostichon nicht, er verwendet keinen Reim, hingegen zeichnen sich seine Poesien durch eine
einfache Sprache, durch edle Ausdrucksweise aus, der schwierige
Midrasch hat in ihnen noch keine Stätte, man zählte sie im Mittelalter
noch gar nicht recht zur Poesie, bezeichnete sie als Chutab (כתב),
d. h. mit der Prosa verwandt. Jose hat ferner nie einen Piut gedichtet, der i n n e r h a l b der Tefilla zu stehen käme, sondern nur
solche, die Nachträge zu ihr bilden. Er hat endlich, soweit wir wissen,
nur die beiden Hauptfeste, den Neujahrstag und das Versöhnungs-
fest, mit Dichtungen bedacht. Bei Saadja und anderen alten Autoren
steht sein Name in hoher Verehrung, seine Werke waren frühzeitig
auch in Babylonien verbreitet, obwohl er nicht Babylonier war. All
das spricht ebenfalls für eine sehr frühe Zeit seines Lebens.

Von seinen Kompositionen sind zu nennen: אהללה אלהי nebst
אפחד und אנוסה לעזרה für den Neujahrstag. Sie heißen תקיעתא,
variieren je 10 Bibelverse, die für die Gebete מלכיות זכרונות שופרות
bestimmt waren, sie beginnen demgemäß erst gegen Ende mit der
Anführung der Bibelverse. Nach der ganzen Art der Poesie und
ihrem Namen ist es nicht ausgeschlossen, daß sie in Palästina als
Ersatz für die Einleitungen zu מלכיות זכרונות שופרות zu dienen
die Aufgabe hatten. Im deutschen Ritus wußte man später mit den
Bibelversen, die man doppelt hatte, nichts anzufangen, und nachdem man lange darüber gestritten hatte, wo die Stücke eingeschaltet
werden sollten, ließ man schließlich die Verse weg. Auch sonst wurde
im Texte der Poesien mancherlei geändert, was offenbar als zu scharfer
Angriff gegen christliche Völker galt. Ferner hat Jose die A b o d a
für den Versöhnungstag bearbeitet und zwar hat er dieses Thema,
wie heute zweifellos feststeht, nicht weniger als d r e i m a l behandelt.
Einst wurden die drei Abodas wahrscheinlich in ein und derselben
Gemeinde bei drei verschiedenen Gebeten des Versöhnungstages
rezitiert. Später aber, als diese Sitte aufhörte und nur die eine Aboda
im Musaf übrig blieb, kamen sie auseinander und wurden einzeln in
Gebetbüchern entlegener Länder aufbewahrt. Die erste אתה כוננת
עולם ברב חסד war im Mittelalter in Burgund und Savoyen in Gebrauch

und hat sich im Ritus der drei oberitalienischen Städte Asti, Fossano Moncalvo (אפ״ם) bis zum heutigen Tage erhalten. In Frankreich hatte man auch eine poetische Einleitung dazu mit dem Anfang אתן תהלה, die keinem Geringeren als dem Apostel Petrus zugeschrieben wurde. Eine zweite Komposition אזכיר גבורות אלה נאדר בכח hat Saadja in sein Gebetbuch für den Morgengottesdienst aufgenommen und von dort ist sie neuerdings veröffentlicht worden. Endlich gab es noch eine dritte גדולות, אספר גדולות לעושה גדולות, von der ausdrücklich bezeugt ist, daß sie zu M i n c h a verwendet wurde; es sind vorerst nur wenige Zeilen von ihr bekannt, seinem Bau nach könnte der häufig im Namen Joses zitierte Vers חזה בתעצומות המפנח צפונות sehr wohl aus ihr stammen. Für den Versöhnungstag ist auch die Poesie אמנם אשמירנו bestimmt, die sich in Germ. unter den Gebeten für den Vorabend befindet. Es ist ein Sündenbekenntnis (ודוי), das ebenfalls als Anhang an das Hauptgebet gedacht war; in den meisten Gebetbüchern ist es stark gekürzt, es wird mehr oder weniger daraus fortgelassen, sehr häufig werden sogar nur die Refrainverse דרכך אלהינו und למענך אלהינו beibehalten. Endlich wird unserem Verfasser auch ein J o z e r zugeschrieben, von dem sich nur die erste Zeile אור עולם אוצר חיים erhalten hätte; unwiderlegliche Beweise lassen sich für die Annahme nicht anführen, sie ist nicht einmal sehr wahrscheinlich.

4. Als Paitanim der Vorzeit (משוררים הקדמונים) nennt Saadja in seinem Jugendwerke Agron neben ihm J a n n a i , E l e a s a r , J o s u a und P i n c h a s. Von den beiden letzteren ist nicht mehr als der Name bekannt. Es gibt wohl eine Anzahl Piutim mit dem Akrostichon Josua, die jedoch sämtlich nicht den Eindruck machen, als ob sie in eine so alte Zeit zurückreichten. Auch von Pinchas wissen wir nichts, aber es verdient Beachtung, daß in der Überlieferungskette der Masoreten in Tiberias um das Jahr 700 ebenfalls ein sonst unbekanntes Schulhaupt Pinchas erwähnt wird (ר׳ פנחס ראש הישיבה). Ein gewisser Zusammenhang zwischen dem Aufblühen der masoretischen Studien und der Verbreitung der Dichtkunst ist nicht zu leugnen, denn es mußte die Beschäftigung mit der Bibel, die Versenkung in die hebräische Sprache vorausgehen, wenn die Neubelebung der Poesie ermöglicht werden sollte. So wenig wir auch von Pinchas wissen, eines ist sicher, daß einst seine Gedichte sehr verbreitet gewesen sein müssen, daß man sich häufig auf sie berief. Keines der bekannten Gebetbücher hat Kompositionen von ihm aufgenommen,

aber in der Genisa zu Kairo finden sich Dichtungen, die einem ר׳ פינחס zugeschrieben werden und in die für unseren Verfasser angenommene Zeit sehr gut passen.

5. J a n n a i ist der erste Dichter, von dessen Werken etwas auf uns gekommen ist, eins seiner Lieder ist sogar sehr verbreitet, es ist das in die Pesach-Hagada aufgenommene Rahit אז רוב נסים הפלאת בלילה. Jannai ist der älteste bekannte Dichter, der Akrostichon und Reim verwendet; eine alte Poetik rechnet auch seine Poesien noch nicht zu den Piutim im eigentlichen Sinne, sie schreibt ihm nur B i b e l r e i m e zu und bemerkt, daß seine Verse nicht gleichmäßig, sondern bald gedehnt, bald kurz sind. Er ist auch der erste Dichter, der als Verfasser von Kerobot bekannt ist, die in die Tefilla einge-schaltet werden. Er muß sehr früh gelebt haben, denn bereits Anan, der Stifter der karäischen Sekte, hatte sich nach glaubwürdigen Mit-teilungen seiner Anhänger der Werke Jannais bedient. Wenn Jannais Poesien um 770, der Zeit, wo Anan sein „Buch der Gesetze" verfaßt hat, selbst in Babylonien bereits derart verbreitet und bekannt waren, daß man sie als maßgebende Quelle benutzen durfte, so ist es nicht zu viel, wenn wir seine Lebenszeit mindestens zwei Geschlechter früher ansetzen und annehmen, daß er spätestens um 700 geblüht hat. Für Saadja und R. Gerschom gehörte er bereits in die graue Vorzeit. Seine Heimat war nicht Babylonien, sondern P a l ä s t i n a , darauf deutet der seltene Name Jannai und die von dem Dichter angewendete Schreibweise, רניר, die nur im palästinischen Dialekt vorkommt. Dazu kommt endlich, daß nur in Palästina damals die Abfassung von Kerobot als erlaubt galt. Jannai muß im Orient im frühen Mittel-alter als Dichter sehr berühmt gewesen sein, in der erwähnten Poetik heißt er ינאר אל מערוך, der w o h l b e k a n n t e Jannai; seine Poesien füllten ganze Bände aus, die חזאנה ינאר oder, wie man sie hebräisch nannte, מחזור ינאר waren ein sehr verbreitetes Literaturwerk, dem man in Bücherlisten aus dem Mittelalter häufig begegnet. Er-halten hat sich von ihm nur eine einzige Komposition, die Keroba אוני פטרי רחמתים; sie ist für den Sabbat vor dem Pesachfeste, wenn er auf den 14. Nisan fällt, oder gar für den 1. Pesachtag selbst bestimmt; aus ihr stammt das obengenannte אז רוב נסים, der An-fang der Keroba selbst ist in Germ. aufgenommen. R. Gerschom aber berichtet, daß Jannai für alle Festtage Kerobot verfaßt hat (ר׳ ינאר שהיה מן החכמים הראשונים ופייט קרובות לכל סדר וסדר של כל השנה).

Tatsächlich hat sich neuerdings eine fragmentarische Aufzählung
von Poesien gefunden, in der dreimal Anfänge von Piutim Jannais,
einmal ein längeres Stück aus einem רהט (oben S.

209), angeführt
werden, und zwar sind alle diese Anfänge so zitiert, daß sie als ganz bekannt vorausgesetzt werden; wie es scheint, sind sie sämtlich einer
Bearbeitung von Moses Tod entnommen. Unter den Handschriften
der Genisa finden sich wirklich zahlreiche Poesien Jannais, die
bisher noch nicht gedruckt sind. In Italien, vielleicht auch in Frankreich und Deutschland, müssen im hohen Mittelalter weit mehr Poesien
von Jannai als die bekannten im Umlauf gewesen sein. Sie wurden
im Gottesdienste nicht verwendet, weil eine häßliche Sage verbreitet
war, die Jannais Ruf schädigte; man erzählte, daß er seinem Schüler
Kalir, der den Glanz seines Namens verdunkelte, aus Neid eine Schlange
in den Schuh gelegt und ihn auf diese Weise getötet hätte. An der Sage
ist natürlich nur soviel wahr, daß Kalirs Poesien diejenigen Jannais
verdrängt haben, aber interessant ist es, daß in Italien auch von
berühmten einheimischen Dichtern ähnliche Sagen im Umlauf waren.

6. Der populärste Name unter den alten Paitanim ist der vierte,
E l e a s a r ; es ist der des bereits so häufig erwähnten K a l i r , wie
man ihn kurz gewöhnlich nennt. Kein zweiter Dichter hat je wieder
eine solche Fruchtbarkeit entfaltet wie Kalir, seine Poesien erstreckten
sich auf alle ausgezeichneten Tage des Jahres, sie waren weithin verbreitet und geschätzt, sie galten als vorbildlich, nicht mit Unrecht
hat man ihn den Fürsten und Gesetzgeber des Piut genannt. Soviel
wir auch von ihm besitzen, so wenig wissen wir über sein Leben;
über seinen persönlichen Verhältnissen schwebt tiefes Dunkel, die gelehrten Forschungen, die dazu bestimmt waren, es zu erhellen, sind
selbst vielfach in die Irre gegangen. „Der Name Kalirs muß als Inschrift auf eine Warnungstafel gesetzt werden, um zu zeigen, wie
selbst Meister der Forschung dem Irrtum unterworfen sind."

Das einzig Sichere, was wir von ihm wissen, ist sein N a m e ,
den er in den meisten seiner Kompositionen akrostichisch angezeigt
hat, אלעזר Eleasar. Sowie wir aber darüber hinaus gehen, stoßen wir
auf die widersprechendsten Annahmen. Die Akrosticha lauten vollständig אלעזר בירבי קליר מקרית ספר, für קליר steht bisweilen קילير.
Fragen wir nun, was der sonst nirgends wiederkehrende Name K a l i r
bedeutet, so finden wir zwei Erklärungen dafür, die einen nehmen ihn
als Rufnamen des Vaters des Dichters, die anderen als Beinamen.

Schon eine uralte Erklärung bringt den Namen Kalir mit dem syrischen Wort קלורא, das K u c h e n bedeutet, in Verbindung. Es wird daran erinnert, daß es eine alte Sitte war, den Kindern den ersten Unterricht im Lesen dadurch angenehmer zu machen, daß man ihnen die Formen der Buchstaben an kleinen Kuchen erläuterte, die man ihnen zu essen gab; so soll auch unser Dichter von seinen Eltern mit derartigen Süßigkeiten genährt worden sein, da sie darin eine günstige Vorbedeutung für die Erweckung seiner Begabung erblickten, und soll aus Dankbarkeit für das Amulett den Namen „Kuchenmann" beibehalten haben. Andere wiederum, die sich bei dieser sehr gewagten Erklärung nicht beruhigten, nahmen Kalir als eine vom Wohnorte des Dichters hergenommene Bezeichnung; Cagliari auf Sardinien sollte die Heimat des Dichters sein und er selbst sich darum als der Kalir, d. h. der Mann von Cagliari, bezeichnet haben. Die Annahme, daß Kalir ein Appellativum wäre, wurde dadurch begünstigt, daß angeblich eine Poesie אני אליעזר ברבי יעקב הקליר gezeichnet war, so daß der Name des Vaters Jakob gelautet hätte und Kalir sehr wohl ein Beiname sein konnte; aber als so zuverlässig diese Überlieferung ausgegeben wurde, so wenig begründet ist sie, es ist sicher, daß sie auf einem Irrtum beruht. Wenn man ferner die Art der akrostichischen Zeichnung in den Worten אלעזר בירבי קליר betrachtet, so kann kein Zweifel darüber herrschen, daß damit tatsächlich der Name des V a t e r s angegeben werden sollte. Allerdings sind wir gewohnt, bei Kalir so viele Metaphern und symbolische Ausdrücke zu finden, daß es nicht Wunder nehmen würde, wenn er auch hier ein rätselhaftes Wort gewählt hätte. Allein solange wir nichts Besseres wissen, ist es geboten, hinter Kalir einen Namen zu suchen. Tatsächlich findet sich in jüdischen Grabschriften aus Italien der Name Κέλερ = Celer, und wenn auch die Identifikation des Wortes mit diesem Namen im Zusammenhange mit einer, wie wir gleich sehen werden, irrigen Annahme über Kalirs Heimat gemacht wurde, so brauchte es an sich nicht ausgeschlossen zu sein, daß tatsächlich sein Vater einen solchen aus dem Griechischen stammenden Namen getragen hätte. Auch jene andere Vermutung, daß der Dichter, dessen Poesien soviel von dem Einflusse der byzantinischen Dichtungen verraten, von einem Vater abstammte, der einen im oströmischen Reiche häufig vorkommenden Namen trug, daß קיליר durch eine Metathesis aus קירידל = Cyrill entstanden sei, kann nicht ohne weiteres abgewiesen werden.

Kalirs H e i m a t wurde ebenfalls an den verschiedensten Orten
der Erde gesucht. Er selbst nennt als seinen Heimatsort קרית ספר;
das ist ein Name, der sich bereits in der Bibel findet, Jos. 15 15. Diesmal dürfen wir mit ziemlicher Sicherheit annehmen, daß es sich um
eine symbolische Bezeichnung handelt, denn selbst in den biblischen
Zeiten ist der Name Kirjat Sefer nicht mehr gebräuchlich gewesen.
Darum hatte es eine gewisse Berechtigung, wenn man hinter dem
Worte einen anderen Ort suchte und wenn man sogar außerhalb
Palästinas nach dem קרית ספר Kalirs forschte. Auf Grund irriger Annahmen über seine Lebenszeit und auf Grund der Entdeckung, daß
im zehnten Jahrhundert im südlichen Italien blühende und weit berühmte jüdische Lehrstätten bestanden, verlegte man Kalirs Heimat
zunächst nach Unteritalien. Man erklärte, daß die Ortsbezeichnung
anders auszusprechen wäre als in der Bibel, daß sie Kirjat S'far d. i.
Küstenstadt bedeutete, und versetzte ihn daher nach Bari oder noch
lieber nach Cagliari, das so vortrefflich zum Namen קליר paßte. Dann
wurden alte jüdische Begräbnisstätten in Porto, der ehemaligen
Hafenstadt von Rom, mit der erwähnten Inschrift des Celer entdeckt,
und es galt sehr bald als ausgemacht, daß Kalirs Heimat in Civitas
Portus, wenn nicht gar in Rom selbst, zu suchen wäre. Wieder andere
legten Nachdruck auf die Beobachtung, daß der Dichter in der Schreibung seines Namens, in der Anwendung unreiner Reime viel Ähnlichkeit
mit den in Deutschland lebenden Paitanim aufwies, und so galt es
eine Zeitlang als sicher, daß Kalir in Deutschland gelebt hätte. In
ähnlicher Weise wurde in anderen Ländern, wo man gerade eine gewisse Blüte des jüdischen Wissens in dem Zeitalter, das man als das
Kalirs betrachtete, nachzuweisen imstande war, seine Heimat gesucht.
Einige Forscher haben im Verlaufe von wenigen Jahren mehrmals
ihre Meinung über diesen Punkt gewechselt und immer wieder neue
Vermutungen darüber aufgestellt. Es bedeutete schon einen Fortschritt, wenn man mit Entschiedenheit ablehnte, die Heimat eines
so einflußreichen und allgemein anerkannten Mannes wie Kalir außerhalb derjenigen Länder zu suchen, in denen die Zentren des jüdischen
Lebens und der jüdischen Gelehrsamkeit sich befanden. Aber auch da
kamen noch immer zwei Länder in Betracht, und längere Zeit schwankte
die Wage zwischen Babylonien und Palästina. Auf Grund einer gesuchten Auslegung wollte man feststellen, daß mit Kirjat Sefer der
durch sein Lehrhaus berühmte Ort Pumbedita gemeint war, und als

ınan unglücklicherweise in der Nähe der Stadt einen Ort Siparra entdeckte, der lautlich mit ק' ספר leicht zu identifizieren war, schien diese Annahme gesichert. Allein Babyloniėn ist als Heimat Kalirs vollständig ausgeschlossen, denn seine Poesien setzen ganz unzweideutig eine christliche Umgebung voraus. Ferner war in Babylonien seine Richtung durchaus nicht anerkannt, dort sträubte man sich lange gegen die Billigung solcher Poesien, wie er verfaßte. Dazu kommen viele positive Zeugnisse, die uns zu der Annahme zwingen, daß Kalir in P a l ä s t i n a gelebt hat. Das Heilige Land war die Heimat des Piut, nur dort durfte ein Dichter es wagen, den gesamten Zyklus der Festgebete mit Piutim zu begleiten, wie Kalir es getan hat. Man hat ferner schon vor Jahrhunderten der Tatsache Beachtung geschenkt, daß seine Poesien für die Festtage stets das Vorhandensein nur eines Feiertages voraussetzten, eine Einrichtung, die außerhalb Palästinas nirgends bestanden hat. Dem war der Einwand gegenübergestellt worden, daß wir tatsächlich Poesien Kalirs zu den zweiten Festtagen besitzen, und als erwidert wurde, daß die Verwendung für die zweiten Feiertage vielfach von den Gemeinden willkürlich angeordnet worden war, daß Kalirs Dichtungen tatsächlich die Toravorlesung des ersten Tages zugrunde legen, wurde mit dem Hinweis darauf geantwortet, daß zu einigen Festen mehrere gleichartige Poesien Kalirs vorliegen, daß er demnach auch die zweiten Feiertage gekannt hätte. Da wir aber neuerdings auch doppelte Poesien Kalirs für solche Gelegenheiten, bei denen ein zweiter Tag nicht in Frage kommt, wie für Purim oder den 9. Ab, kennen, so ist unzweifelhaft festgestellt, daß der Dichter tatsächlich kein Bedenken getragen hat, die Gebete für ein und denselben Festtag mehrmals zu bearbeiten, daß er in den verschiedenen, aufeinanderfolgenden Jahren immer wieder neue Festzyklen vorgetragen hat. Daß Kalir in seinen Poesien palästinische Quellen vorzugsweise benutzt, daß er eine große Vertrautheit mit palästinischen Verhältnissen zeigt, ist längst bekannt. Wichtiger ist in unserem Zusammenhange, daß er stets den Wortlaut der palästinischen Tefilla voraussetzt; bis vor kurzer Zeit waren seine Dichtungen einer der wichtigsten Zeugen für die Textgestalt der palästinischen Tefilla, seitdem wir sie selbst besitzen, sehen wir, wie eng Kalir sich an sie angeschlossen hat. Daß also Kalir in P a l ä s t i n a oder allenfalls in dem dicht daran grenzenden Teile von Syrien gelebt hat, darf heute als eine unbestreitbare Tatsache gelten. Es fragt sich nun,

ob wir auch noch in der Lage sind, den Ort seines Wohnsitzes aus-
findig zu machen und die Bezeichnung ספר קרית mit einer sonst bekannten Stadt zu identifizieren. Da muß auf zwei neuere Versuche
hierzu hingewiesen werden. Der eine geht davon aus, daß in einer
Handschrift das Akrostichon auch einmal קלליר lautet, und sieht
darin einen Hinweis auf Καλλιϱϱοή, der im byzantinischen Zeitalter
üblichen Bezeichnung für das syrische E d e s s a. Die Stadt, die in
ihrer Blütezeit ein Hauptsitz wissenschaftlicher Studien gewesen ist,
hätte sehr wohl verdient, als ספר קרית, als Stadt des Buches verewigt zu werden. Gegen die auf den ersten Blick einleuchtende Vermutung spricht, daß von einer wichtigen Niederlassung der Juden
in Edessa nichts bekannt ist, und daß wir keineswegs dort eine derartig
tolerante Stimmung voraussetzen dürfen, die der Förderung der
jüdischen Studien günstig gewesen wäre; Kalir hätte dann ferner
seine Heimat in zwei nebeneinanderstehenden Bezeichnungen desselben
Inhalts angedeutet, wenn er sich einmal als der Mann aus Kallirrhoe
und dann als der aus der Stadt der Bücher vorgestellt hätte. War
einmal der Gedanke, eine Stadt der Bücher als Heimat Kalirs zu suchen,
nahegelegt, so mußte die Vermutung auf T i b e r i a s führen, auf
denjenigen Ort, der tatsächlich in Palästina jahrhundertelang die
wichtigste Stätte jüdischer Gelehrsamkeit beherbergte, der im Zeitalter Kalirs den Mittelpunkt der b i b l i s c h e n Studien bildete,
an dem, wie wir gesehen haben, der neben Kalir als Dichter der alten
Zeit genannte Pinchas aller Wahrscheinlichkeit nach gelebt hat. Ein
direktes Zeugnis dafür, daß ספר קרית mit Tiberias identisch ist, besitzen
wir vorläufig nicht, und bei den mannigfachen Schwankungen, denen
die Forschung über Kalir bereits unterworfen gewesen ist, ist es vor-
zuziehen, daß wir vorerst auf die Festlegung seines Heimatortes verzichten und uns mit der Feststellung begnügen, daß Palästina sein
Heimatland gewesen ist.

Die L e b e n s z e i t Kalirs wurde ebenfalls in den verschiedensten
Jahrhunderten vom zweiten bis zum zehnten oder gar elften gesucht,
die Forschungen hängen so sehr miteinander zusammen, daß die
irrtümlichen Annahmen über den einen Punkt auch die über andere
Beziehungen seines Lebens bedingten. Es war eine bedeutsame Entdeckung, als Jakob Tam im zwölften Jahrhundert Kalir in die Zeit
der Tannaiten verlegte, als er ihn mit Eleasar b. Simon gleichsetzte,
der im Midrasch als Paitan gerühmt wird. An der Behauptung, daß

Kalir ein Tannait gewesen ist, wurde bis an die Schwelle der Neuzeit festgehalten. Man hat ihn nicht immer mit Eleasar b. Simon gleichgesetzt, mitunter wurde er mit dem noch berühmteren Eleasar b. Arach identifiziert, so daß er sogar im ersten Jahrhundert gelebt hätte, aber gegen seine Eigenschaft als Tannait wurde nur ganz selten Widerspruch erhoben. Über diese Annahme, die der Wertschätzung Kalirs und seiner Poesien außerordentlich förderlich gewesen ist, braucht man heute kein Wort mehr zu verlieren, kein verständiger Mensch vermutet heute den Verfasser so schwieriger Piutim in der talmudischen Zeit. Seitdem die wissenschaftliche Forschung sich des Gegenstandes bemächtigt hat, suchte sie, neben den allgemeinen Kriterien aus eigenen Angaben Kalirs einen Stützpunkt für die Ansetzung seiner Lebenszeit zu finden. Tatsächlich gibt er mehrmals in seinen Poesien Angaben für die Zeit, die seit der Zerstörung des zweiten Tempels verflossen ist. Wir wissen heute, daß die Abschreiber der Gebete nicht immer die alten Zahlen genau wiedergegeben, daß sie sich die Freiheit genommen haben, Ziffern, die mit ihrer Zeit nicht mehr im Einklang standen, entsprechend zu ändern, daß also manche dieser Zeitangaben im Laufe der Zeit immer höhere Ziffern erhielten. Allein es gibt doch zwei Zahlen in Kalirs Poesien für den 9. Ab, in denen er in unzweifelhafter Weise davon redet, daß der Zorn Gottes gegen Israel nunmehr n e u n h u n d e r t J a h r e dauere. Was lag näher, als darin einen Hinweis auf seine Zeit zu sehen, darin ein Zeugnis dafür zu erblicken, daß Kalir etwa 900 Jahre nach der Zerstörung des zweiten Tempels, d. h. frühestens um 950, geschrieben hat? Allein die Annahme beruht auf einer irrtümlichen Interpretation der einschlägigen Stellen. Wenn Kalir schreibt אאבין תשע מאות לך ד׳ הצדקה בתשע מאות שנה שהיתה oder ועוד כי לא דש בן גרני שנאה כבושה מלהשמע, so lehnt er sich offenbar an die Stelle des Midrasch an קרוב לתשע מאות שנה היתה השנאה כבושה בין ישראל לאביהם שבשמים וכו׳ (Lev. r. Kap. VII, 1), wonach Gott den gegen Israel lange gehegten Zorn 900 Jahre lang unterdrückt und nicht in Taten umgesetzt hat. Die 900 Jahre beziehen sich auf die Zeit, die vom Auszuge aus Ägypten bis zur Zerstörung des ersten Tempels verflossen waren, und haben zur Lebenszeit Kalirs gar keine Beziehung. Heute, wo wir wissen, daß Schriftsteller wie Saadja, der bereits 942 gestorben ist, Kalir als einen Gelehrten und Dichter rühmen, der lange vor ihrer Zeit gelebt hatte, können wir uns unmöglich dabei aufhalten, seine Lebenszeit im zehnten Jahrhundert zu suchen. Wir müssen uns die Tatsache vergegenwärtigen, daß Kalirs Poesien bereits im achten und neunten Jahrhundert auf die Ausgestaltung der Festgebete von Einfluß gewesen sind. Fügen wir endlich hinzu, daß Kalir als Schüler Jannais bezeichnet wird und daß Jannai, wie oben nachgewiesen wurde, etwa um 700 gelebt haben muß, so gelangen wir zu dem Resultate, daß auch Kalirs Lebenszeit spätestens um 750 anzusetzen ist. Mit einer solchen Annahme befinden wir uns im Einklange mit der gesamten Entwicklung des Piut, wie wir sie heute zu überschauen vermögen.

Wir haben uns solange bei der Ermittlung der persönlichen Verhältnisse Kalirs aufgehalten, weil sein Name einen M a r k s t e i n in der Geschichte der synagogalen Poesie bezeichnet. Er ist derjenige Dichter gewesen, der dem Festzyklus diejenige Gestalt gegeben hat, die später allgemein üblich geworden und anerkannt ist. Kalir hat s ä m t l i c h e   a u s g e z e i c h n e t e n   T a g e des Kalenderjahres mit seinen Kompositionen bedacht; vor 50 Jahren bereits schrieb Zunz ihm mehr als 200 Poesien zu, nach den neuen Nachrichten, die die Handschriften aus der Genisa zu Kairo gebracht haben, werden wir die Zahl auf das Doppelte erhöhen und vielleicht auch darüber noch hinausgehen müssen. Kalirs Poesien sind in der Hauptsache K e r o b o t, er hat nur ganz wenige J o z e r und H o s c h a n a s verfaßt, der weitaus größte Teil seiner Dichtungen ist zur Ausschmückung der Tefilla bestimmt. Eine Aufzählung der Poesien Kalirs würde zu weit führen, wir müssen uns mit einer zusammenfassenden Übersicht begnügen. Es gibt keinen großen Feiertag, zu dem Kalir die Gebete nicht bearbeitet hätte, und mitunter hat er, wie bereits hervorgehoben wurde, mehrfach für dasselbe Fest gedichtet. Nach den früheren Befunden schien das Pesachfest am schlechtesten von ihm bedacht worden zu sein, allein, wie sich herausstellt, ist das nur auf die Einrichtungen der Gemeinden in Europa zurückzuführen, die für das Fest Poesien von heimischen Dichtern besaßen und darum die Kalirs nicht verwendeten. Überhaupt muß beachtet werden, daß die gedruckten Gebetbücher und selbst die Handschriften nicht immer ein genaues Bild von Kalirs poetischen Arbeiten geben; sehr häufig ist da mit großer Willkür verfahren, die Gemeinden haben fortgelassen und zugesetzt, wie es ihnen beliebte, sehr oft Stücke eines ihnen nahestehenden Dichters mitten in die Arbeiten Kalirs gestellt oder auch aus seinen Kerobot Stücke gestrichen, um andere an ihre Stelle zu setzen. Neben den Hauptfeiertagen hat Kalir auch die v i e r a u s - g e z e i c h n e t e n S a b b a t e mit Kompositionen bedacht, und zwar hat er in den meisten Fällen nicht nur das Morgen-, sondern auch das Musafgebet bearbeitet. Auch die Wochentage mit festlichem Charakter sind mit seinen Poesien versehen; zu P u r i m , zu C h a - n u k k a und zu sämtlichen F a s t t a g e n hat er Kerobot verfaßt, die die Tefilla durch alle 18 Benediktionen hindurch begleiten. Es wurde bereits gesagt, daß für einzelne Tage auch diese sehr schwierigen Kompositionen in mehrfacher Bearbeitung vorliegen. Besonders um- fangreich sind seine Kerobot zum Fasttage des 9. Ab; hier hat er nicht nur die kurzen Poesien verfaßt, die die einzelnen Benediktionen der Tefilla begleiten, sondern bei der vierzehnten hat er Anlaß ge- nommen, innerhalb der Keroba in einer ausgedehnten Reihe von ausführlichen Poesien das Thema von der Zerstörung des Tempels und von Israels Leiden in der mannigfachsten Weise zu variieren. Aus dem deutschen Ritus, der immerhin etwa 20 Kinot Kalirs auf- genommen hat, gewinnt man noch keine rechte Vorstellung von der Riesenarbeit, die der Dichter hier geleistet hat, erst aus den doppelt so großen Reihen in It. und Rom. kann man entnehmen, wie wenig Schwierigkeiten es Kalir machte, dasselbe Thema immer und immer wieder in anderen Wendungen zu behandeln.

Die geschichtliche Bedeutung der Poesien Kalirs besteht zunächst darin, daß er den Rahmen für die poetische Bearbeitung des Gottes- dienstes geschaffen hat. Er wurde der Gesetzgeber des Piut für spätere Zeiten, man richtete sich nach seinem Beispiel, er wurde maßgebend für die Auswahl der Stellen im Gebete, die poetisch ausgeschmückt werden sollten, man nannte die Poesien קלירי, d. h. nach Kalir bearbeitet. Sein Vorbild wurde aber auch im Stile nachgeahmt, und das ist der zweite Punkt, in dem Kalir bahnbrechend gewirkt hat; durch ihn wurde die H a g a d a d e r w e s e n t l i c h s t e B e s t a n d - t e i l d e s d i c h t e r i s c h e n V o r t r a g s . Kalirs Dichtungen schließen sich sehr eng an die Auffassung und Sprache des Midrasch an, es gibt keinen alten Midrasch, der ihm nicht bekannt oder ge- läufig wäre, mitunter befolgt er die Darstellung der Hagada ganz wörtlich; namentlich mit den Pesiktas stimmen seine Piutim in auf- fälliger Weise überein. Das hat seinen guten Grund, denn die Aus- schmückungen, die er für die Stammgebete einführte, waren ja gerade

für diejenigen Tage bestimmt, deren hagadische Bearbeitung in der
Pesikta vorliegt. Auch die messianischen und apokalyptischen
Schriften, die bis zu seiner Zeit vorlagen, waren ihm sämtlich bekannt
und sind von ihm häufig benutzt worden. Was nun wiederum Kalir
vor seinen späteren Nachahmern sehr vorteilhaft auszeichnet, ist die
Art, wie er den Midrasch verwendet. Er steht niemals unter dem
Zwange seiner Vorlage, er versteht es, sich von ihr frei zu machen,
er entnimmt ihr wohl den Stoff, in der Gestaltung aber verfährt er
vollständig souverän. Das gilt vor allem für die s p r a c h l i c h e
Ausführung. Kalirs Darstellungsweise ist durchsetzt von den Dunkelheiten, über die früher ausführlich gesprochen wurde. Es konnte
auch kaum anders sein, denn es lag ihm daran, das weitschichtige
Material der Hagada so vollständig wie möglich für die Poesie zu verwerten. Den sprachlichen Ausdruck aber hat er sich selbst gewählt,
er unterlag nicht dem Drucke seiner Vorlage, sondern hat die S p r a c h e
aus der B i b e l geholt. Er ist ungewöhnlich reich an neuen Worten
und überraschenden Bildungen, an Sprachfülle und Schöpferkraft
im Ausdruck übertrifft er alle anderen Paitanim, aber sein gesamter
Wortschatz läßt sich mit Leichtigkeit auf eine biblische Grundlage
zurückführen. Er hat es gewiß an schwierigen und grammatisch un-
richtigen Wortbildungen, Formen und Wendungen nicht fehlen lassen,
er konnte sie auch kaum entbehren, denn er mußte dem schweren
Rüstzeug der Kunstform Rechnung tragen, in die er seine Poesien
zwängte. Die Akrostichis des Alphabets, der Namen und der Bibelverse, ihre Verquickung untereinander, die Erfordernisse des Reims,
der durch Ringworte und biblische Zitate ebenfalls sehr häufig recht
kompliziert wurde, haben ihn dazu gezwungen, sich neue Worte zu
prägen, vor Abweichungen von der üblichen Formenlehre und den
gebräuchlichen Bildungen nicht zurückzuschrecken, aber wir können
bei ihm immer wieder die Beobachtung machen, daß er es meisterhaft
verstanden hat, den verhältnismäßig geringen Wortschatz der Bibel
umzubiegen und umzugestalten, so daß er für seine Zwecke ausreichte.
Man muß sich vergegenwärtigen, daß Kalir sehr häufig dasselbe
Thema behandelt, dieselben Gedankengänge dargestellt hat; man
kann ihm die Anerkennung nicht versagen, daß er immer wieder ein
neues Gewand dafür gefunden, und daß er es verstanden hat, dasselbe
immer wieder mit neuem Schmuck und neuem Zierrat zu versehen.
Hohen Schwung und tiefe Gedanken lassen Kalirs Dichtungen ver-

missen; sie waren, durch den Charakter des Festes bestimmt, abhängig vom Midrasch, bewegten sich innerhalb festgezogener Kreise, dennoch aber hat es der Dichter verstanden, auch innerhalb der ihm gesetzten Grenzen, der feststehenden Grundideen und wiederkehrenden Bilder sich einen Vorrat beweglicher Elemente zu schaffen. Kalirs Poesien wurden weithin verbreitet, im Orient, auf dem Balkan, in Italien, in Frankreich und Deutschland wurden sie eingeführt und als der wichtigste Bestandteil der synagogalen Poesie belassen, auch nachdem einheimische Dichter den Festzyklus bearbeitet hatten. In denjenigen Ländern, die unter dem Einflusse der arabischen Kultur standen, wurden Kalirs Poesien nicht aufgenommen, in Spanien und den davon abhängigen Gebetbüchern in Nordafrika und Asien sind Kalirs Piutim nicht zu finden, es läßt sich auch nicht feststellen, ob sie jemals darin enthalten waren und nur durch die besseren Arbeiten der späteren Zeit verdrängt wurden. Kalirs Dichtungen wurden nicht nur in der Synagoge vorgetragen, sondern auch eifrig studiert. Man zitierte sie wie Autoritäten sowohl für sachliche Auffassung als auch für sprachliche Bildungen. Selbstredend verfaßte man auch Kommentare dazu; bei der Dunkelheit der meisten Poesien Kalirs war das durchaus notwendig.

§ 41. Die wichtigsten Paitanim.

II. Die Nachahmer Kalirs.

Literatur: Rapaport, das.; Zunz, das.; Landshuth, das.; Luzzatto, das.

1. Das Beispiel Kalirs war nicht nur für die Anerkennung der synagogalen Poesie und die Aufnahme der Dichtungen in den Gottesdienst der Gemeinde maßgebend, es hat jahrhundertelang nachgewirkt und immer wieder neue Männer auf den Plan gerufen, die es befolgten und auch ihrerseits zur Ausgestaltung des Gottesdienstes beizutragen bestrebt waren. Mit Ausnahme der Spanier haben alle Dichter der Zeit nach Kalir sich mehr oder weniger eng an seine Art zu arbeiten angeschlossen, die Kerobadichter gehen sämtlich in seinen Fußstapfen. Die ältesten Nachfolger Kalirs sahen sich noch vor wichtige Aufgaben gestellt, sie betrachteten es als ihre Pflicht, die Lücken auszufüllen, die sie in Kalirs Festzyklus vorfanden. Wie wir sahen, waren im Verlaufe der Zeit infolge nicht genügend sorgfältiger Überlieferung manche Poesien Kalirs verschwunden, er hatte ferner

immer nur für die ersten Feiertage gearbeitet; darum sahen sich die späteren Dichter dazu veranlaßt, auch diejenigen Festzeiten zu bedenken, die mit Dichtungen Kalirs nicht ausgestattet waren. Das dauerte etwa bis um das Jahr 1050. Zu jener Zeit kann der Festzyklus als vollständig ausgebildet angesehen werden, zu jener Zeit erfreute sich der Piut auch der unbestrittenen Anerkennung in allen Gemeinden, ⸜ der Widerspruch, der von den Gelehrten hie und da gegen ihn erhoben wurde, vermochte gegenüber dem Beifall der Menge nichts auszurichten. Mit der Beliebtheit des Piut und seiner Verbreitung wuchs auch das Ansehen der Dichtkunst und das Verlangen berühmter Männer, sich in ihr zu betätigen. Daher kommt es, daß von 1050 ab die Zahl der Paitanim sich zusehends hebt. Die gelehrten Studien fanden unter den Juden des Abendlandes mehr Verbreitung, die Kenntnis von Talmud und Midrasch, die Vertrautheit mit der Bibel und mit der hebräischen Sprache nahmen stetig zu. „Keine Gegend der romanischen und germanischen Länder, die bereits von dem Einflusse grammatischer, exegetischer und dichterischer Leistungen berührt wurden, entbehrte damals eines Rabbiners oder Vorbeters, welcher den öffentlichen wie den häuslichen Gottesdienst mit Vortrag oder Komposition ausstattete." Wie die Zahl der Dichter waren auch die Gelegenheiten zum Dichten im Zunehmen. Kalir hatte sehr viel Kerobas aber wenig Jozer verfaßt, auch seine Nachfolger hatten da noch manche Lücke gelassen, und so blieb den Späteren ein Feld für ihre Betätigung. Man hatte ferner früher nur die großen Feiertage und die wichtigsten ausgezeichneten Sabbate der poetischen Bearbeitung gewürdigt, nun aber wurde die Zahl der Sabbate wesentlich vermehrt, wo sich im Charakter des Sabbats oder in seiner Schriftvorlesung irgendein Anlaß zu dichterischer Ausgestaltung fand, wurde er benutzt. Namentlich die Jozerpoesien waren sehr beliebt, es wurden nicht immer vollständige Kompositionen verfaßt, oft nur einzelne Stücke davon, aber der Jozer wurde auch erweitert, es wurden Stellen mit Dichtungen ausgestattet, die früher frei geblieben waren. Man trug ferner den wichtigen Ereignissen des Familienlebens Rechnung; Hochzeit, Beschneidung und andere Festlichkeiten, soweit sie die daran Beteiligten in das Gotteshaus führten, fanden in Jozer und Keroba oder in Introduktionen bei der Toravorlesung Berücksichtigung. Endlich hat die zunehmende Fülle der Leiden die Dichter sehr häufig zum Abfassen von Klageliedern angeregt, das Martyrium, welches die

Juden von 1096 an unaufhörlich durchzumachen hatten, fand in der
Synagoge seinen Widerhall, die Dichter haben das Andenken der
Glaubenszeugen in ihren Poesien verewigt und ihrem Heldentod
dadurch die Gloriole verschafft. Die Bekenntnistreue der Väter
wurde eine stete Mahnung und Ermutigung für die nachkommenden
Geschlechter, die mit ihren Tränen und, wenn es not tat, durch Befolgung ihres Beispiels das Andenken der Ahnen ehrten.

2. Von den meisten Dichtern, die unmittelbar auf Kalir folgten,
sind die Namen unbekannt. Es war die Zeit, in welcher der Schwer-
punkt des jüdischen Lebens und Wissens sich allmählich nach Europa
verschob, die Leistungen der Schriftsteller im Orient wurden nicht
alle übernommen, meist nur dann, wenn sie von besonderer Bedeutung
waren oder wenn der Ruhm des Verfassers ihnen die Unsterblichkeit
sicherte. Daher kommt es, daß aus den nächsten Jahrhunderten nach
Kalir nur ein einziger Name eines Paitans aus dem Orient auf uns
gekommen ist, und auch dieser nur, weil sein Träger zu den gefeiertesten
Gelehrten gehörte. Es ist S a a d j a b. J o s e p h (892—942), ,,der
berühmteste unter den Gaonen, der in seinen gottesdienstlichen
Kompositionen die fließendste und die schwerfälligste Sprache redet,
in jener ein Beter, in dieser ein Paitan, in keiner ein eigentlicher
Dichter.‘‘ Saadjas Dichtungen wurden nicht in eines der bekannten
Gebetbücher aufgenommen, ihre Überlieferung erfolgte durch das
große Werk, in dem der Verfasser ,,die Gebete und Lobpreisungen‘‘
gesammelt hatte, in seinem Siddur, über den in anderem Zusammenhang zu handeln sein wird. Hier sollen nur seine Poesien besprochen
werden. Drei größere Arbeiten von ihm beziehen sich auf das Wochenfest, sie behandeln die 613 Gebote und Verbote. Eine davon, in
arabischer Sprache, beginnt האורלי אל כלמאת, sie war für den Gottesdienst am Wochenfeste bestimmt und wird vielleicht noch heute in
mancher Gemeinde Nord-Afrikas vorgetragen. Eine Inhaltsangabe
findet man bei Zunz, Litg. S. 96. Eine zweite Behandlung desselben
Themas liegt in den Versen vor, die mit את ד׳ אלהיך תירא beginnen.
In sechs Abteilungen, die abwechselnd nach dem Alphabet in gerader
und umgekehrter Reihenfolge eingerichtet sind, deren jede aus 11 gereimten Vierzeilern mit Ringworten besteht, werden die 613 Gebote
und Verbote vorgeführt; es ist keine trockene Aufzählung, der Verfasser hat die Gesetze nach Klassen gruppiert, auch sorgfältig am
Ende einer jeden angegeben, welche Anzahl Gebote unter sie fällt.

Das Stück enthält kein Akrostichon und ist demnach durch sich selbst
nicht bezeugt; tatsächlich ist seine Echtheit auch bezweifelt worden,
keineswegs mit Recht, denn die Zusammenfassung der Gesetze und
der Stil stimmen vollständig zu anderen ähnlichen Leistungen Saadjas.
Ein drittes Mal hat er dasselbe Thema der Asharot in Form einer
Keroba mit dem Anfang אלהים אצל רום הלזה מימים ימימה bearbeitet.
Unter den uns heute bekannten Piutim gibt es kaum einen zweiten,
der es an Künstelei des Aufbaus und an Schwierigkeit des Ausdrucks
mit dieser Leistung Saadjas aufnehmen könnte. Er hat nämlich nicht
nur die 613 Ge- und Verbote in die Keroba hineingearbeitet, sondern er
hat sie außerdem noch unter die 10 Worte des Dekalogs subsumiert
und er hat das Ganze in eine so schwerfällige äußere Form gebracht,
daß er genötigt war, die seltsamsten Wortbildungen und unverständlichsten Verbindungen für seine Dichtung zu benutzen. Die Asharot
Saadjas zerfallen in drei Teile, der Anfang und das Ende bilden eine
regelrechte Schibata und begleiten die 7 Benediktionen der Tefilla;
die Mitte beginnend אנכי אש אוכלת וניחרת מכל הנהרות ist den
Gesetzen gewidmet. Saadja hat seinem Zyklopenbau verschiedene
Arten von Bibelversen zugrunde gelegt. Er beginnt die Strophen
der Reihe nach mit den Worten von Ps. 68 8 –9, die Mitte der Strophen
hat wiederum Cant. 1 1—14 vorgesetzt, in den Asharot stellt er außerdem jeweilig die ersten Worte des Dekalogs voran; wie den Anfang,
so verbrämt er das Ende mit Bibelworten, die vierte Zeile der Verse
ist immer ein Bibelvers und mit dessen Ende müssen alle vorhergehenden reimen, bei der Aufzählung der Gebote endet jede Abteilung, d. h. die Reihe der unter einen Satz des Dekalogs fallenden
Gesetze, mit demselben Schlusse, welchen der betreffende Satz in der
Bibel hat. Daß in einem solchen Rahmen wahre Poesie nicht gedeihen konnte, ist ganz klar, Saadja hat sich wohl bemüht, in den
Fußstapfen Kalirs zu gehen, es ist ihm aber nicht gelungen, er hat
ihn an Künstelei übertroffen, dasjenige aber, worin Kalirs Kunst
besteht, nicht erreicht.

Saadja liebte es, seine größeren Arbeiten in mehrfacher Form
auszuführen. Auch die A b o d a des Versöhnungstages liegt in zwei
verschiedenen Bearbeitungen von ihm vor. Die eine beginnt באדני
יצדקו ויודוהו פנימה חכמה לפני, sie ist wie die Asharot in außerordentlich gekünstelter Weise aufgebaut, sie hat alphabetische Reihenfolge, jede Strophe bringt achtmal denselben Versanfang, jedoch mit

der Erschwerung, daß bei den ungraden Zeilen vor den betreffenden Buchstaben jedesmal die Partikel ב vorgesetzt ist, während die graden wiederum mit einer Bibelstelle, überdies mit demselben Worte enden, mit dem die vorhergehenden ungraden begonnen haben. Außerdem reimen je zwei Verse am Ende, und obendrein haben die Verse noch eine Zäsur, die ersten Halbverse haben durchgehenden Reim in der ganzen Strophe. Der Inhalt der Aboda weicht von dem üblichen nicht ab, Saadja schließt sich ganz unverkennbar an das Vorbild Joses an, er verwendet wie jener den weitaus größeren Teil der Dichtung für die Einleitung und stellt den Kultus des Versöhnungstages erst in der zweiten Hälfte dar. Man muß ihm die Gerechtigkeit widerfahren lassen, daß er sich bemüht hat, diese Schilderung dramatisch zu beleben, aber da er so sehr viel Kraft auf die Innehaltung der äußeren Form verwenden mußte war es unmöglich, daß der Inhalt nicht darunter litt. Nach Saadjas eigenem Zeugnis hat er noch mehr Abodabearbeitungen (פּוֹאסִיק) geschaffen, eine davon ist neuerdings fast vollständig wiedergefunden worden. Sie beginnt אלהים יה. מקדם, sie enthält ebenfalls 22 Strophen zu je vier Doppelzeilen in der Reihe des Alphabets. Die Form ist weit einfacher als die der besprochenen Aboda. Die ungraden und die graden Verse haben in der ganzen Poesie durchgehenden Reim, die graden auf ים, die anderen auf נה. Etwas kompliziert wird die Anordnung durch die Ringwörter, die graden Verse endigen mit demselben Worte, mit dem der nächste ungrade beginnt, so daß dasselbe Wort zweimal hintereinander folgt. Die Sprache ist in unserer Poesie wesentlich einfacher als in der vorhergehenden, der Inhalt hingegen stimmt in beiden vollständig überein, derart, daß in den meisten Fällen die Strophen einander decken, nur ist in der zweiten Dichtung die Darstellung weit kürzer. Ein Akrostichon, das die Urheberschaft Saadjas verbürgt, ist in beiden nicht vorhanden, aber sie werden beide ihm zugeschrieben und bieten keinen Anlaß, ihre Echtheit anzuzweifeln. — Von größeren Arbeiten Saadjas ist ferner sein Hoschana-Zyklus zu erwähnen. Die Hoschanas für die einzelnen Tage zerfallen in drei Teile, das erste Stück beginnt stets mit למען, das zweite mit ענה בהושענא, das dritte mit dem bereits früher (S. 220) hervorgehobenen Refrain תבנה ציון ברנה והעלני לתוכה בשמחה. Für den siebenten Tag ist die Zahl der Hoschanas nicht vermehrt. Die meisten Poesien aus diesem Zyklus sind mit den in Seph. enthaltenen identisch, sie haben alle eine viel einfachere Sprache

als wir sonst von Saadja gewohnt sind, es ist sehr fraglich, wieviel
davon Saadja selbst verfaßt und was er von anderen übernommen
hat. Seine kleineren Arbeiten sind eine Anzahl Selichot für Fasttage
oder für die Bußtage. Ihre Darstellungsweise ist nach Saadjas Manier
ziemlich schwerfällig, meist knüpft er an bestimmte Themen, wie die
zwölf Stämme Israels, die zwölf Steine im Brustschilde des Hohenpriesters, die Zerstörung der sieben Heiligtümer und ähnliche Gegenstände an. Auch bei diesen im Namen Saadjas überlieferten Stücken
ist die Echtheit nicht immer ohne weiteres festzustellen, manche
davon sind jedoch neuerdings auch in Genisafragmenten wiedergefunden worden und dort als ihm zugehörig bezeichnet.

Die besten Schöpfungen, durch die Saadja das Gebetbuch bereichert hat, sind seine zwei Bittgebete (בקשות), von denen das
eine אדני שפתי תפתח, das andere אתה הוא ד׳ לבדך beginnt. Es sind
die beiden von Abraham ibn Esra wegen ihres gemütvollen Inhalts und
leichten Stils gerühmten Arbeiten. Tatsächlich sind es die einzigen
Leistungen Saadjas, die in die Gebetbücher aufgenommen wurden,
der uns vorliegende Text rechtfertigt das ihnen gespendete Lob durchaus, in der Hauptsache knüpfen sie an die Bibel an und stellen entweder Bibelverse oder ihnen nachgebildete Sätze zusammen. In
ihnen kommt eine schlichte, aber tiefinnige Frömmigkeit zum Ausdruck. In der überlieferten Form jedoch sind diese Stücke nicht
echt, sie sind mit jüngeren Zutaten durchsetzt, sind außerdem am
Ende durch Arbeiten anderer Autoren aus späteren Zeiten mehrfach
verlängert worden. Eine ausführliche Analyse findet man bei Landshuth, a. a. O., S. 293 ff.

Saadjas Art zu arbeiten stellt das höchste Maß von Verwicklungen und Schwierigkeiten dar, deren der Piut fähig war, der Verfasser der mehrfach erwähnten alten Poetik sieht daher in seinen
Piutim die letzten Ausläufer ihrer Gattung. Wegen ihrer Schwierigkeiten konnten Saadjas Arbeiten im Gottesdienste nicht benutzt
werden, aber infolge des hohen Ansehens, dessen sein Namen sich
erfreute, wurden sie studiert und vielfach zitiert. Wichtig wurde
Saadjas Beschäftigung mit der Poesie dadurch, daß er sich nicht
nur als Dichter versucht, sondern auch die Theorie gepflegt hat. Die
vielen wertlosen Dichtungen, die in seiner Zeit bereits im Umlauf
waren, erregten seine Aufmerksamkeit, er sah sich daher veranlaßt,
zur Verbesserung der Sprache und des Stiles der Poeten eine Art von

Lehrbuch zu verfassen. Wir besitzen neuerdings Fragmente seines Agron, das ursprünglich als eine Art von Reimlexikon gedacht war und die hebräischen Wurzeln nach ihren Anfangs- und Endbuchstaben alphabetisch zusammenstellte. In späteren Lebensjahren jedoch hat Saadja diese Jugendarbeit erweitert, auch dem Inhalt, „der Seele der Gedichte" seine Aufmerksamkeit zugewendet und eine Poetik hinzugefügt, in der er sich auch über den Stil und die Bilder der Poesie verbreitete.

3. In der Zeit nach Saadja folgen die Dichter von Bedeutung einander in kurzen Abständen, die ersten Dichternamen in Europa tauchen auf, sie stammen sämtlich zunächst aus Italien, demjenigen Lande, welches auf dem Gebiete der jüdischen Wissenschaft die Verbindung der europäischen Länder mit dem Orient herstellte. Die Verbreitung der Dichtkunst ist ein Zeichen der zunehmenden Gelehrsamkeit und der wachsenden Stetigkeit in den Einrichtungen der Gemeinden. Der erste Name eines Paitan in Europa ist der S a l o m o s b. J e -h u d a ha Babli (שלמה ברבי יהודה הבבלי) um 950—980. Seinen Beinamen trägt er von seiner Heimat, der Stadt R o m, die seit den Zeiten der Apokalypse methaphorisch Babel genannt wird. Salomo war einst ein vielgelesener und geschätzter Dichter, er wurde häufig mit Kalir zusammen genannt, den er auch in den meisten seiner Poesien nachahmt, und zwar zumeist recht glücklich, vielfach aber ist sein Satzbau noch schwerer, seine Darstellung dunkler, seine Sprache härter als die Kalirs. Ein großer Teil seiner Poesien ist nur handschriftlich erhalten, wenige sind in die Gebetbücher übergegangen. Unter den letzteren ist אור ישע מאשרים besonders bekannt geworden, ein J o z e r zum ersten Pesachtage, in dem der Verfasser viermal seinen, dreimal den Namen מרדכי, wahrscheinlich den seines Bruders, gezeichnet hat. Schon Raschi hat diese Poesien, die Germ., It. und Rom. aufgenommen haben, kommentiert. Außerdem hat Salomo eine Anzahl S e l i c h a s verfaßt, von denen wiederum einige durch die Gebetbücher verbreitet worden sind. Durch alle seine Dichtungen geht ein Zug der Klage, „gleichsam ein leises, mühsam verhaltenes Schluchzen, das jeden Leser in seinen Bann zwingt." Ob Salomo Judenverfolgungen erlebt hat, wissen wir nicht, nach dem Tone seiner Klagen müßte man es annehmen. Auf dem Gebiete der Selicha wurde er als maßgebendes Vorbild betrachtet, man nannte die Gattung nach dem Muster der von ihm bearbeiteten Stücke שלמנית. Endlich ist von seinen größeren

Arbeiten die Aboda אדרת תלבושת zu nennen, eine der längsten und schwierigsten Dichtungen ihrer Art, die darin einen feinen poetischen Takt zeigt, daß sie bei der Schöpfungs- und Patriarchengeschichte lange verweilt, jedoch der Aufgabe sich keineswegs gewachsen zeigt; sie wird bis heute in Rom. verwendet.

4. Die nächsten Dichter gehören der Familie der K a l o n y - m i d e n an, die durch die große Anzahl verdienstvoller Männer, die sie der Judenheit geschenkt hat, berühmt geworden ist. Die Familie stammte aus Lukka in Italien. Dadurch, daß sich eines ihrer Mitglieder im Jahre 982 um die Rettung des Lebens Kaiser Ottos II. verdient gemacht hat, ist sie dann, mit einem günstigen Privileg ausgestattet, nach Mainz übergesiedelt, wo sie ebenfalls eine hervorragende Rolle gespielt hat. Da auch die nach Deutschland ausgewanderten Kalonymiden den Beinamen „aus Lukka" weitergeführt haben, ist häufig schwer zu entscheiden, ob die Vertreter des Namens in Italien oder in Deutschland gelebt haben. Dazu tritt die andere Schwierigkeit, daß in der Familie die gleichen Namen immer wieder vererbt wurden und daher häufig wiederkehren, so daß es nicht immer leicht ist, zwischen Großvätern und Enkeln, die mehrfach dieselben Namen tragen, zu unterscheiden. Um die Ausgestaltung des Gottesdienstes in Deutschland hat die Familie sich aller Wahrscheinlichkeit nach außerordentlich verdient gemacht, sie brachte die in Italien heimischen Traditionen mit nach Deutschland; in späteren Jahrhunderten hat man ihrer Einwanderung die Übertragung der Lehren von den „G e h e i m n i s s e n des Gebetes" zugeschrieben, sicherlich haben sie vieles aus dem italienischen und dem palästinischen Ritus mitgebracht und nach Deutschland verpflanzt. Dazu gehörte aller Wahrscheinlichkeit nach auch der Piut. Der erste Paitan aus dem Geschlechte ist M o s e b. K a l o n y m o s , genannt Mose der Alte (משה ברבי קלונימוס). Über seine Lebenszeit gibt er selbst Auskunft, wenn er in einem seiner Verse sagt זוללתי עתה ללאת יותר מתשע מאות; er muß demnach etwa 900 Jahre nach der Zerstörung des zweiten Tempels gewirkt haben, das würde uns etwa in das Jahr 980 führen. Seine Hauptarbeit ist die Keroba zum 7. Pesachtage mit dem Anfange אימוז נוראותיך, die in mehrere Gebetbücher übergegangen ist. Sie ist stark mit Midrasch versetzt, im ganzen im Stile Kalirs, aber eine der besten Nachahmungen seiner Art, kraftvoll und klangreich. Ein anderer Paitan aus demselben Geschlecht ist K a l o n y -

m u s aus L u k k a , der vielleicht früher als der eben genannte geblüht hat. R. Gerschom rühmt ihn als Gelehrten und erwähnt, daß er
K e r o b a s für s ä m t l i c h e F e s t t a g e gedichtet hat, die mit
Hagada reich ausgestattet waren. Wir besitzen von jenen Dichtungen jedoch sehr wenig, Zunz schreibt ihm die Abfassung der Rehitim
für den Versönungstag, die an den Vers Jer. 10 7 מי לא יראך מלך הגוים
וכו׳ anknüpfen, zu. Sie sind ebenfalls Zeichen tüchtigen Könnens. Be-
kannter ist sein Sohn M e s c h u l l a m b. K a l o n y m u s , der
bisweilen ebenfalls als Italiener bezeichnet wird, vielleicht auch dort
geboren, aber sicher in Mainz gestorben ist, wo man neuerdings auch
seinen Grabstein wiedergefunden hat. Auch er wird von R. Gerschom
als gefeierter Gelehrter gerühmt, wir wissen auch, daß er mit den
angesehensten Männern seiner Zeit in Verbindung stand. Auch er
war ein fruchtbarer Paitan. Bekannt geworden ist von ihm besonders die K e r o b a zum V e r s ö h n u n g s t a g e אמצת עשור,
die noch heute in Germ. beim Morgengebet verwendet wird. Mehrfach findet sich darin das Akrostichon משלם בירבי קלונימוס, das
seine Autorschaft bezeugt. Die Keroba besteht heute aus mehr als
30 Stücken, aber nicht alle rühren von ihm her, es ist viel fremdes
Gut in sie hineingeraten, u. a. auch die oben erwähnten Dichtungen
seines Vaters. Für den Musafgottesdienst des Versöhnungstages hat
Meschullam z w e i m a l die A b o d a bearbeitet. Er ist Verfasser von
אמיץ כח, das im deutschen Ritus gebräuchlich ist. Das Stück hat
unter allen bekannten Abodas die unregelmäßigste poetische Form;
das ist für die in Deutschland lebenden Dichter vielfach auch später
bezeichnend, daß sie das Grundgesetz der Poesie, das Gleichmaß,
nicht beachteten. Es fällt auf, daß der Aboda auch der Reim fehlt.
Es ist nachgewiesen worden, daß der Verfasser offenbar die Absicht
hatte, die Aboda Joses abzukürzen und in einer seinen Zeitgenossen
angenehmen Form, d. h. angefüllt mit schweren Worten und poe-
tanischen Wendungen, vorzutragen; neben dem Alphabete hatte
er auch das verhältnismäßig lange Akrostichon seines Namens anzubringen. Aus all den Schwierigkeiten wußte er sich nicht recht heraus-
zuhelfen, daher gestaltete er den Bau der Aboda so unregelmäßig,
daher hat er manches sehr kurz und sprunghaft, anderes wieder mit
großer Ausführlichkeit behandelt. Zur Aboda gehörte auch eine
Introduktion אטיף ארש מלולי, die von den Gemeinden nicht mit übernommen wurde und daher bis in die neueste Zeit in den Handschriften

vergraben blieb. Dasselbe Schicksal hatte seine zweite Aboda אשורחה
צור נפלאותיך, die, wie es scheint, im Mittelalter in Sachsen und Böhmen gebräuchlich war und sich in den Handschriften von Germ. meist
am Rande von אמיץ כח findet. Der Bau ist ein viel regelmäßigerer,
das ganze Stück enthält vierzeilige Strophen, die mit Reimen versehen sind. Der Inhalt ist derselbe wie in אמיץ כח, die Art der Bearbeitung schließt sich noch enger an Jose an. Außer für den Versöhnungstag hat unser Dichter auch für das P e s a c h f e s t gearbeitet,
unter den Piutim des zweiten Tages findet sich in Germ. manches Stück
von ihm. Seine Dichtungen hatten das Schicksal, das vielen Piutim
bereitet war, sie wurden von den Abschreibern und den Gemeinden,
denen sie zu lang waren, vielfach gekürzt und dadurch verstümmelt;
insbesondere die Bibelverse, die den Schmuck der Strophen aus-
machten, mußten vielfach weichen.

5. Alle hier zuletzt erwähnten Dichter haben ihr Arbeitsfeld
hauptsächlich da gesucht, wo sich im Festzyklus Kalirs Lücken fanden,
sie haben den Gemeinden dazu verholfen, die Kette der Piutim zu
vervollständigen, wo ihnen Kalirisches Material fehlte. Der wichtigste
unter den Paitanim, die in Deutschland sich in der genannten Richtung betätigt haben, war Simon b. Isaak b. Abun (שמעון בר יצחק
בר אבון) aus Mainz um 1000. Er wurde bisweilen auch der Große
zubenannt, wurde allgemein als einer der verdientesten Zeitgenossen
verehrt, er galt sogar vielfach als ein erprobter Wundertäter (מלומד
בנסים). Ein besonderes Verdienst scheint er sich durch die Abwehr
oder Beendigung einer Judenverfolgung in Mainz im Jahre 1012
erworben zu haben, wegen seiner Bemühungen um die Rettung der
Gemeinden wurde er weithin iu den Seelengedächtnissen zum ewigen
Andenken erwähnt. Sein Name erfreute sich in jeder Beziehung eines
guten Klanges, sein Hauptverdienst aber lag auf dem Gebiete des
Piut, seine Kompositionen waren in Frankreich und Deutschland fast
überall angenommen, sie bildeten die beste und vortrefflichste Ergänzung zu denen Kalirs. Man darf ruhig sagen, daß überall, wo
Kalirs Piutim fehlten, bis auf die wenigen Ausnahmen, in denen die
zuletzt erwähnten Dichter die Gemeinden versorgt hatten, Simon b.
Isaak eingesprungen ist und die Lücken ergänzt hat. Wir besitzen
daher in Germ. von ihm einen J o z e r und eine vollständige K e r o b a
für den zweiten Tag des N e u j a h r s f e s t e s , dieselben Dichtungen für den siebenten Tag von P e s a c h und den zweiten des

W o c h e n f e s t e s; auch für den Zwischensabbat von Pesach hat
er ein Jozer verfaßt. Er folgt ebenfalls den Spuren Kalirs, benutzt
auch die jüngeren Paitanim, aber er verfügt nicht über die Kraft ihrer
Darstellung, vor allem nicht über die Fähigkeit, sich so kurz zu fassen,
wie sie es getan haben. Das äußere Beiwerk seiner Dichtungen ist
dasselbe wie bei den anderen Paitanim, Alphabete, Namensakrosticha,
bisweilen sogar ungewöhnlich lange Reime und Refrains. Mit den
letzteren hat er nicht immer Glück gehabt, sie wurden vielfach im
Laufe der Zeit gestrichen. Überhaupt hat der Wunsch nach Kürzung
gerade seine Poesien schwer getroffen, von dem מלך עליון anfangenden
Rahit z. B. ist eine ganze Hälfte weggefallen, ursprünglich war jeder
Vers mit מלך עליון von einem anderen mit מלך אביון begleitet, der Allmacht des himmlischen war die Schwäche und Nichtigkeit des menschlichen Königtums gegenübergestellt. Simon war, wie es scheint, der
erste Paitan in Deutschland, der poetische I n t r o d u k t i o n e n
verfaßt hat, durch ihn ist diese Gattung von Poesien eingeführt worden,
spätere haben sie dann häufig nachgeahmt und sogar nicht verschmäht,
zu den Kompositionen anderer poetische Einleitungen zu verfassen.
Vieles in den Festgebeten wurde Simon ohne Grund zugeschrieben,
so z. B. die Asharot אתה הנחלת in Germ., die schon von älteren Autoren
zitiert werden, die obendrein im Gegensatz zu allen anderen Arbeiten
Simons des Reimes entbehren. Wahrscheinlich hat er niemals Asharot
gearbeitet, da Germ. bereits damit versehen war; ausgeschlossen wäre
es jedoch nicht, daß eine derartige Komposition von ihm verloren
gegangen ist. Auch für die S a b b a t e hat er sehr viele Piutim verfaßt, damals begann man die Zahl der mit poetischen Kompositionen
auszustattenden Sabbate bedeutend zu erweitern, Simon ist auch
hierin für viele Nachfolger Vorbild geworden. Endlich ist seine Betätigung auf dem Gebiete der S e l i c h a zu erwähnen. Auch hierfür
ist das zehnte und elfte Jahrhundert entscheidend gewesen, die poetischen Selichas bürgerten sich immer mehr ein und verdrängten die
alten, reimlosen, schlichten Kompositionen, die häufig an Poesie und
vor allem an Tiefe des Empfindens alle künstlichen Produkte der
späteren Zeit übertroffen haben. Von Simon besitzen wir eine große
Anzahl von Selichas, Techinnas und Introduktionen zu den Selichot
für den Versöhnungstag und die Bußwochen. Der Dichter tritt als
Vorbeter der Gemeinde auf und ergreift in ihrem Namen das Wort.
Neben dem Bewußtsein der Sündhaftigkeit, das überall durchklingt,

bringt er die Klagen über die Not der Zeit zum Ausdruck; grausame
Verfolgungen haben soeben stattgefunden, bei denen das Bekenntnis
zur jüdischen Religion verboten war, viele zwangsweise getauft wurden,
andere es vorzogen, sich selbst den Tod zu geben, wobei besonders die
Frauen mit Opfermut vorangingen und mit Todesverachtung sich in
die Fluten stürzten, um nicht den Verfolgern in die Hände zu fallen.

6. Dieselbe gedrückte Stimmung wie in Simons Selichas kehrt
in denen seines etwas jüngeren Zeitgenossen R. G e r s c h o m b.
J e h u d a , der „Leuchte des Exils", wieder. Gerschoms geschichtliche Bedeutung liegt nicht auf dem Gebiete des Gottesdienstes, aber
auch er trat als Verfasser von Selichas auf und beklagte darin ebenfalls die Verfolgungen, unter denen er gelitten hatte, bei denen, wie
bekannt, sein eigener Sohn zwangsweise zur Taufe geschleppt worden
war. Von Gerschoms Poesien ist eine besonders bekannt geworden,
der Pismon אבדינו מארץ טובה בחפזון mit der Introduktion זכר ברית
אברהם, die den Gebeten am Rüsttage zum Neujahrsfeste den
Namen gegeben hat. Das hohe Ansehen des Verfassers und die Beliebtheit der Poesie haben nicht verhindern können, daß sie sehr stark
gekürzt wurden, ein Schicksal, das auch anderen Kompositionen
desselben Meisters zuteil geworden ist. Fast ausschließlich als Verfasser von Selichas ist B e n j a m i n b. S e r a c h bekannt. Man gab
ihm den Beinamen der Große, man nannte ihn bisweilen auch den
Mann des Gottesnamens, בעל השם, nicht etwa, weil er als Wundertäter aufgetreten wäre, sondern weil eine seiner Selichas, אנא ה׳ האל
הגדול, nach den Anfängen des Gottesnamens von 42 Buchstaben aufgebaut ist, und weil er auch in seinen Ofan-Dichtungen vielfach mit
dem Gottesnamen arbeitet. Als seine Lebenszeit gibt er selbst 990 Jahre
nach der Zerstörung des Tempels, d. h. etwa 1060 an, seine Heimat
ist wahrscheinlich in den Balkanländern zu suchen. Er hat eine große
Anzahl von S e l i c h a s verfaßt, von denen einige auch im Germ.
aufgenommen und mit großer Feierlichkeit vorgetragen wurden,
wie die Akedas אמורים בני מאמינים und אהבת עזוז. Sie sind meist
in einfachem Stile verfaßt, durchdrungen von tiefen und echten Empfindungen, der Inhalt ist hauptsächlich der Klage gewidmet, wahrscheinlich hat der Verfasser in seiner Heimat ebenfalls schwere Zeiten
erlebt. Neben Selichas hat er auch für J o z e r gearbeitet, in Germ.
sind seine Dichtungen für den Sabbat vor dem Pesachfeste אתי מלבנון
כלה erhalten, sein Ofan ist dramatisch belebt, je eine Strophe ist

immer der Huldigung der Engel gewidmet, die zweite der entsprechenden Erwiderung Israels.

Aus derselben Zeit seien hier noch zwei Dichter erwähnt, die besonders durch die außerordentlich kunstvolle Form Aufsehen erregt haben, die sie in ihren Arbeiten anwenden. Zuerst J o s e p h b. S a l o m o aus Carcassonne, der vor Raschi geschrieben haben muß. Seinen Jozer zum Sabbat in der Chanukkawoche verwenden Germ. und It., אודך כי אנפת בי besteht aus Strophen mit n e u n f a c h e m Alphabet, eine Häufung, die sich bei den älteren Dichtern nur ganz selten und auch nur in der Aboda findet; naturgemäß wurde die Sprache der Dichtung ungewöhnlich schwierig, sie mußte daher schon sehr früh mit Kommentaren versehen werden. Noch origineller verfuhr sein Zeitgenosse Z a h l a l b. N e t a n e l, der als Verfasser einer einzigen Poesie bekannt geworden ist, die durch ihren Bau Aufsehen erregte. Sein Hymnus לצור יעקב besteht aus 248 Zeilen mit dem durchgehenden Reime רים, worauf der Verfasser sich sehr viel zugute tat. Der Inhalt des Stückes ist darum bemerkenswert, weil er eine Schilderung von Gottes Einheit und seinem Schöpfungswerke gibt, die zum erstenmal sich durchwegs an das Buch Jezira anschließt; entsprechend der Auffassung jener alten Schrift wird die gesamte Schöpfung, auch der Mensch, aus der Kombination der Buchstaben des Alphabets hergeleitet. Am Schluß geht der Verfasser zu einer Schilderung der Güte Gottes und seiner Wohltaten gegen Israel über; da er besonders auf die Siege der Hasmonäer hinweist, dürfte er ebenfalls für das Chanukkafest gedichtet haben. Zahlals Heimat ist in Frankreich oder auf dem Balkan zu suchen. Seine Poesie zeigt uns, zu welchen Seltsamkeiten die Entwicklung des Piut führte; trotzdem sie fast nur aus Künstelei und Gelehrsamkeit bestand, vom Inhalt und Ton eines Gebetes sehr weit entfernt war, erfreute sie sich im Mittelalter hohen Ansehens.

7. Um 1050 beginnt insofern eine neue Epoche in der Geschichte des Piut, als für einfache Kompositionen kaum mehr Raum war und die Dichter sich daher darauf verlegten, innerhalb des vorgezeichneten Rahmens die Poesie immer mehr auszuarbeiten, indem sie auch mehr als früher das Gebiet der poetischen Selicha pflegten. In der Sprache ist um jene Zeit ein gewisser Fortschritt zu verzeichnen, die Sprachstudien verbreiten sich allmählich, es wird daher auf Korrektheit des Stils mehr geachtet, es tritt eine gewisse Befreiung vom Schema der

alten Paitanim ein, die Dichter knüpfen nicht mehr so eng wie früher an den Midrasch an, sie bevorzugen die Bibel, geben allerdings ihren Inhalt sehr gern in der Redeweise des Talmuds oder Midrasch wieder. Eine Beeinflussung durch die gleichzeitig erblühende Dichtkunst in Spanien ist nicht zu bezweifeln; wie weit sie im einzelnen geht, ist nicht leicht zu erweisen. An der Spitze der neuen Epoche stehen zwei Dichter aus dem nördlichen Frankreich, die beide als Talmudlehrer großes Ansehen genossen; sie sind die letzten Autoritäten, die ernstlich über die Zulässigkeit des Piut innerhall der Gebete sich zu äußern hatten, es war selbstverständlich, daß beide ihre Zustimmung gaben. Der erste ist Elia b. Menachem der Alte aus Le Mans. Er ist Verfasser von größeren Kompositionen, zunächst von אמת יהגה חכי, Asharot in gereimten vierzeiligen Strophen mit Alphabet und dem Akrostichon seines Namens. Sie sind sehr geschickt gearbeitet, geben der Reihe nach die biblischen Gebote und die späteren Verordnungen, bei den Verboten zunächst diejenigen, auf die schwere Strafen gelegt sind, dann erst die einfachen Verbote. Die Asharot Elias genossen sehr hohes Ansehen, sie wurden als zuverlässige Auslegungen der biblischen und talmudischen Gesetze häufig herangezogen und in den gelehrten Diskussionen eifrig besprochen. Eine zweite größere Komposition von ihm führt den Titel סדר oder ausführlicher סדר המערכה; sie gibt eine Zusammenstellung der täglich am Morgen zu betenden Bibelstellen und enthält zwei längere Gebete, אתן תהלה לאל und אתה מבין תעלומות לב, die unter die Gebete des Versöhnungstages aufgenommen wurden, das Ganze enthält It. in seinen älteren Ausgaben. Auch als Verfasser von Selichas war Elia bekannt, die meisten gingen jedoch mit dem altfranzösischen Ritus, der sie enthielt, unter. Sein Zeitgenosse war J o s e p h b. S a m u e l Bonfils (יוסף ב׳ שמואל טוב עלם), der aus Narbonne, dem Sitze alter jüdischer Tradition, stammte und in Limoges lehrte. Er war als Sammler und Verbreiter halachischer Literatur außerordentlich geachtet, er hatte auch als liturgischer Dichter eine hervorragende Stellung, seine Arbeiten zeugen von kühnem Schwung der Gedanken und enthalten schöne Bilder. Gebräuchlich geworden ist nicht viel davon, obwohl er fast sämtliche Feiertage durchgehend bearbeitet hat. Die meisten seiner Poesien sind mit dem altfranzösischen Ritus zusammen u n t e r g e g a n g e n, einige davon haben sich jedoch auch in anderen Gebetbüchern erhalten. Dazu gehören die M a a r i b - Kompositionen zum ersten Abend des

Wochenfestes וירד אביר אבקב und des Hüttenfestes אוחזי בידם ארבעה
מינים, die alle mit seinem Namen gezeichnet sind. Ferner besitzen
wir von ihm **J o z e r** und **K e r o b a** für den Großen Sabbat vor
dem Pesach, im ganzen 11 Stücke, darunter die umfangreiche halachische Abhandlung אל אלהי הרוחות, deren Schluß חסל סדור פסח
כהלכתו in die Pesachhagada übergegangen ist. Diese Abhandlung
Tobelems fand ebenfalls sehr viel Beachtung und wurde mehrfach mit
Kommentaren versehen. Auch die Sabbate nach dem Pesachfeste hat
er mit mehreren Jozerstücken ausgestattet, vielleicht ist er der erste
gewesen, der für diese Sabbate gedichtet hat. Neben dem altfranzösischen und deutschen hat auch der griechische Ritus eine Anzahl
Stücke von ihm angenommen.

8. Unter ihren Zeitgenossen gebührt die Palme dem Dichter
E l i a b. S c h e m a j a. Seine Heimat war, nach einer Überlieferung
unbekannten Ursprungs, Bari in Unteritalien, wo damals eine sehr
berühmte jüdische Gelehrtenschule bestand, von der man sprichwörtlich bis in Frankreich und Deutschland erzählte; sonst wissen
wir von Elias Lebensverhältnissen nichts. Er ist einer der **b e s t e n**
S e l i c h a d i c h t e r, der oft sogar die allgemein übliche Kunstform vernachlässigt, um dem Inhalt und der Sprache seiner Kompositionen mehr Aufmerksamkeit schenken zu können. Der Aufbau
der Selicha nach ihren drei Teilen Klage, Bitte und Hoffnung ist bei
ihm stets sehr sorgfältig durchgeführt, seine Gedanken sind nicht sehr
zahlreich, er bewegt sich immer in demselben Kreise, aber man merkt
jeder seiner Dichtungen an, daß die Worte aus dem Herzen eines tief
empfindenden Menschen kommen. Der Inhalt ist meistens elegisch,
der Dichter ringt nach Worten, um seinem Kummer über das Leid der
Gemeinde Ausdruck zu geben, alles Leid führt er auf die Sündhaftigkeit des Geschlechtes zurück, aber er unterliegt nicht dem Druck der
Sünde, sondern er versteht es immer, sich durchzuringen zu der Zuversicht, daß Gott die Sünde tilgt und mit ihr auch die Dränger vernichtet.
Für die Nichtigkeit und Ohnmacht des Menschen gegenüber der
Größe und Allmacht Gottes hat kaum ein Selichadichter wieder so
innigen, aus dem Herzen kommenden und kraftvollen Ausdruck gefunden. Die Zahl von Elias Selichas belief sich auf mehr als 30, einige
der schönsten und besten in Germ. gehen auf ihn zurück (dazu gehören
אדון בשפטך אנוש רמה, אויתיד קויתיד מארץ מרחקים, אריה ביער
(דמיתי, אקרא בשמד להחזיק בד אתעורר, אתה חלקי וצור לבבי).

9. Sehr berühmt war in Deutschland das ganze Mittelalter hindurch **M e i r b . I s a a k** , der zur Zeit, als Raschi sich dort aufhielt, als Vorbeter in Worms wirkte und auch meist „der Vorbeter" (ר׳ מאיר בר יצחק שליח צבור) genannt wird. Er war als einer der besten Kenner der Gebetordnung und der gottesdienstlichen Bräuche geschätzt, seine Art, Gebete zusammenzustellen und vorzutragen, galt allgemein als maßgebend, er war eine Autorität in bezug auf Gebet- und Piuttext, gestattete sich auch manche Neuerungen, die dann auf Grund seines Beispiels angenommen wurden. Als liturgischer Dichter war er sehr populär, man rühmte, daß keiner gleich ihm nach Hagada, Halacha und Vorschriften Sühngebete zu machen verstanden hätte, Gemeinden erwähnten seiner fernhin im Seelengedächtnis und begründeten das damit, „daß er die Augen Israels durch seine Piutim erleuchtet hatte". Er hat sehr viel zur Ausgestaltung des Gottesdienstes beigetragen, aber nur weniges hat die Zeiten überdauert, seine Kompositionen wurden hauptsächlich in seiner Heimat, in Worms, benutzt, wo manches allerdings bis zum heutigen Tage im Gebrauch ist; andere Dichtungen waren in Mitteldeutschland üblich, sind aber später bei der Vereinheitlichung des Ritus verschwunden, die allerwenigsten haben weitere Verbreitung gefunden. Der Stil Meirs ist nicht immer gleichmäßig, er ist in Hochzeitsliedern, von denen er mehrere verfaßt hat, sehr einfach, im Jozer, wovon außerhalb Worms heute nur ein einziger noch im Gebrauch ist, dunkel, in den Selichas gewandt und ergreifend. Einige Dichtungsarten sind ihm eigentümlich und zu seiner Zeit zuerst in die Kompositionen eingeführt worden. So die längeren halachischen **E x k u r s e** (בכור) in den **M a a r i b - D i c h t u n g e n** , von denen einer אור יום הנך zum zweiten Pesachabend, überall in Germ., der andere zum ersten עולם אזכרה שנות nur in Westdeutschland erhalten geblieben ist. Eine andere Art von ihm eingeführter Poesien sind die **a r a m ä i s c h e n I n d r o d u k t i o n e n** zum **T a r g u m** von **S i d r a** und **H a f t a r a** an solchen Feiertagen, an denen in Deutschland die aramäische Übersetzung vorgetragen wurde (oben S. 191, 193). Davon hat sich eine erhalten, אקדמות מלין für den ersten Tag des Wochenfestes. Das Stück preist den Schöpfer und Gesetzgeber als Freund Israels, welchem für die Erlösungszeit irdische und himmlische Freuden verheißen sind. Glühende, farbenreiche Schilderung des Heiles, das den Frommen im messianischen Zeitalter bereitet wird, hat der Poesie eine außerordentliche Beliebt-

heit eingetragen, so daß sie allein unter allen ähnlichen Arbeiten die
Zeiten überdauert hat. Unter den Selichas Meirs behandeln die meisten
das Thema der Akeda oder, was inhaltlich auf dasselbe hinauskommt,
das der Techinna. Vielleicht hängt diese Eigentümlichkeit bereits
mit der düsteren Stimmung zusammen, in welche die deutsche Judenheit am Ende von Meirs Lebenszeit durch die blutigen Verfolgungen
des Jahres 1096 versetzt wurde. Unter den jüngeren Zeitgenossen
Meirs sei hier kurz auch R a s c h i (1040—1105) genannt. Sein Ruhm
ist vor allem durch seine unerreichten Kommentare begründet worden,
aber es war selbstverständlich, daß von einem Manne mit derart ge-
feiertem Namen jede Leistung volle Beachtung fand. So hat Raschi als
Bearbeiter eines Siddurs, als die im Machsor Vitry hauptsächlich maßgebende Autorität, als Kommentator des Piut großen Einfluß auf
die Ausgestaltung des Gottesdienstes geübt. Er hat sich auch als
Dichter versucht, hat allerdings nur Selichas verfaßt, deren Grundzug
tiefe Wehmut und bittere Klage sind. Zwei Introduktionen von ihm
ד׳ אלהי הצבאות נורא בעליונים und אז טרם נמתחו sind in Germ. allgemein üblich, eine andere תפלת לקדמך findet nur in der „Altneuschul"
in Prag Verwendung. Der Inhalt der Selichas ist aus Targum und
Midrasch entlehnt, der Stil ist einfach und klar; ein Dichter von besonderer Kraft ist Raschi nicht gewesen, aber sein gesunder Instinkt
hielt ihn von Künsteleien und Geschmacklosigkeiten zurück. In seinem
ganzen Kreise, in der durch ihn begründeten Schule war es allgemein üblich, daß die berühmten Lehrer des Talmuds auch die synagogale
Poesie zu bereichern versuchten, fast alle Koryphäen der Tosafisten-
schulen sind auch als Dichter aufgetreten, ohne besonderen Ruhm
auf diesem Gebiete zu ernten. Am bekanntesten noch ist Raschis
Enkel, Jakob Tam, geworden, dessen aramäische Haftaraintroduktion
יציב פתגם in Germ. bis heute vielfach gebräuchlich ist.

10. Eine größere Anzahl von Paitanim wurde in Deutschland
durch die Schrecken, die dem ersten Kreuzzuge vorangingen, zum
Dichten angeregt, sie geben die verzweifelte Stimmung wieder, in
die die Juden am Rhein durch den plötzlichen, unerwarteten Aus-
bruch der Volksleidenschaft gegen sie versetzt wurden. Der älteste
Verfasser von Elegien, die den ersten Kreuzzug behandeln, war M e -
n a c h e m b. M a c h i r in Regensburg, ein Freund und Korre-
spondent Raschis. Von ihm rührt die Kina אבל אעורר her, aie in Germ.
am 9. Ab zum Vortrag kommt und ganz allgemein die Leiden des

Jahres 1096 schildert. Sie ist אנכי מנחם העלוב ברבי מכיר gezeichnet, der Verfasser will durch das Beiwort seine gedrückte Stimmung kennzeichnen. Menachem ist ·ferner Verfasser von Selichas für die Fasttage des 17. Tammus und 13. Adar. Außerdem hat er einzelne Jozerstücke für Sabbate geschrieben, zum Teil für solche, die bis dahin noch gar keine poetischen Kompositionen hatten. Er ist ferner der erste, der in Deutschland ein poetisches נשמת verfaßte, worin sich vielleicht schon ein Einfluß der spanischen Dichter zu erkennen gibt. Endlich ist die in Germ. am Sabbat gebräuchliche Hoschana כהושעת אדם יציר כפיד לגוננה von ihm. — Ein zweiter Dichter, der die Leiden von 1096 schildert, ist David b. Meschullam; er gehörte zu den Abgesandten der Gemeinde in Speier, die im Jahre 1090 von Kaiser Heinrich IV. das überaus günstige Privileg heimbrachten. Der plötzliche Umschwung in der Lage der Gemeinde klingt durch seine Dichtung durch. Er ist Verfasser der Selicha אלהים אל דמי לדמי, die von der Grausamkeit der Kreuzfahrer berichtet; der Text ist mehrfach verstümmelt worden. Dasselbe Thema behandelt Kalonymus b. Jehuda in Mainz, wie es scheint, ein Sohn jenes Jehuda b. Kalonymus, der ebenfalls an der Deputation bei Kaiser Heinrich teilgenommen hatte. Er verfaßte zwei Kinot מי יתן ראשי מים und אמרתי שעו מני sowie mehrere Selichas, u. a. את הקול קול יעקב נוהם und אפפונו מצוקות, die alle der Klage über den Untergang der ruhmreichen und blühenden Gemeinden am Rhein gewidmet sind. Kalonymus ist auch sonst als synagogaler Dichter hervorgetreten, er dichtete zahlreiche Jozer, Ofan und Sulat für Sabbate, besonders in letzteren hat er ebenfalls die Klage über die traurigen Erlebnisse seiner Zeit vorgebracht, und seitdem sind die Sulat sehr häufig dazu benutzt worden, um das Thema der Verfolgungen zu behandeln; die Sabbate zwischen Pesach- und Wochenfest sind sämtlich mit solchen versehen. Außerdem hat Kalonymus Sabbatpoesien für besondere Gelegenheiten, wie Hochzeitswoche, Beschneidung usw., verfaßt. — Endlich ist unter den Männern, die Elegien über das Jahr 1096 geschrieben haben, Elieser b. Nathan aus Mainz zu nennen. Von ihm sind die beiden Sulat אלהים באזנינו שמענו und אורי לי על שברי sowie die Selichas אלהים זדים קמו und אך טוב לישראל, in denen über den Glaubenszwang geklagt und die Opferwilligkeit der Gemeinden gerühmt wird. Elieser, der ein selten hohes Alter erreicht hat, mußte am Ende seiner Tage auch noch die Verhetzungen mitansehen, die

1147 dem zweiten Kreuzzuge vorangingen; er hat auch ihnen ein Klagelied geweiht, die Selicha את הברית ואת השבועה. Auch sonst hat er sich um die synagogale Poesie viel gekümmert. Er verfaßte einzelne Jozer für den Sabbat der Bußwoche und für Familienfeste. Wichtiger aber war es, daß er die alten Piutim studierte und grundgelehrte Kommentare dazu schrieb.

11. Die traurigen Ereignisse des Jahres 1096 wiederholten sich sehr häufig, wenn auch nicht immer in so erschreckendem Umfange.. In jenen religiös erregten Zeiten, in denen das Volk daran gewöhnt wurde, in den Juden die Urheber jeglichen Unglücks und jeglicher Not zu sehen, verging selten ein Jahrzehnt, in dem nicht mehrere Gemeinden Opfer der Volkswut oder der gewaltsam entfesselten Leidenschaften wurden. Der Glaubenstreue, der Hingabe von Gut und Leben wurde in der synagogalen Dichtung ein Denkmal gesetzt, die zahlreichen Poesien, die zum größten Teil nur in denjenigen Gemeinden, deren Schicksale sie betrafen, zur Verwendung kamen und infolgedessen bis in die Neuzeit meistens nur handschriftlich erhalten waren, blieben häufig die einzigen Zeugen des Heldenmutes, den die jüdischen Gemeinden in ihren Leiden bewiesen haben. Jene Zeit hat eine große Anzahl von Dichtern geweckt, die für die Allgemeinheit und die Geschichte wenig Bedeutung besitzen, deren Namen wir daher hier übergehen dürfen; ihr Verdienst besteht nur darin, daß sie das Martyrium ihrer Gemeinden verherrlicht haben. Nur ganz wenige, die ein allgemeineres Interesse beanspruchen dürfen, seien genannt. Über die Ereignisse des zweiten Kreuzzugs berichteten J o e l b. I s a a k h a L e v i aus Bonn in רבכירון מר sowie sein Landsmann E p h r a i m b. J a k o b , der selbst die ganze Schreckenszeit mitgemacht hat. Seine Dichtungen fallen dadurch auf, daß sie häufig der Verfolgungen und der Märtyrer gedenken, man merkt es ihnen an, daß sie in einer von Blut getränkten Umgebung entstanden. Er ist übrigens der letzte Paitan in Deutschland, der aramäische Stücke verfaßt hat. Seine wertvollste Leistung für den Gottesdienst ist sein umfangreicher Kommentar zum Machsor, nach dem, was davon veröffentlicht ist, ein sehr wichtiges Werk mit Quellenangaben aus der alten Literatur. Sein Zeitgenosse, der häufig mit ihm verwechselt wurde, ist E p h r a i m b. I s a a k aus Regensburg, bekannt als halachischer Schriftsteller. Unter den Dichtern in Frankreich und Deutschland hat er die besten Leistungen aufzuweisen; „kurz und

dennoch klar, anmutig, wenngleich scharf, bedient er sich reiner und
fließender Ausdrücke, deren Schmuck die biblischen und talmudischen
Anspielungen ausmachen". Von seinen Poesien sind nur Selichas
verbreitet worden, so אבחי כי בטחו für den Fasttag des 10. Tebet
und einige (אם אפס רובע הקץ) אם und אנחנו (אם יוספים) für den Versöhnungstag und die Bußzeit. Jünger als er ist Menachem b.
Jakob, der 1203 in Worms gestorben ist, er dichtete viele Jozer,
Klagelieder und Selichas, alle mit dem traurigen Inhalt, der jener Zeit
eigentümlich ist. Neben Ephraim ist er der letzte, der über das Thema
der zehn Märtyrer Poesien verfaßt hat. Endlich sei hier aus dem Kreise
der Tosafisten noch Meir b. Baruch aus Rothenburg (gestorben
1293) genannt, der berühmteste Rabbiner in Deutschland, dessen
Einrichtungen und Verhalten für die Ausbildung der gottesdienstlichen Bräuche in Deutschland von größtem Einfluß gewesen sind.
Als liturgischer Dichter hat er eine große Anzahl von Poesien verfaßt,
meistens für ernste Tage; davon sei hier nur die Kina שאלי שרופה באש
genannt, ein Klagelied über die öffentliche Verbrennung des jüdischen
Schrifttums in Paris im Jahre 1254, die in Germ. in allen Gebetbüchern,
selbst in denen der reformierten Gemeinden, für den 9. Ab Aufnahme gefunden hat.

12. Die Zahl der Piutdichter wird im Laufe der Zeit geringer,
auch ihre Kompositionen werden spärlicher; der Gottesdienst war
in seinen hauptsächlichsten Verzweigungen mit Dichtungen reichlich
versehen, die Gemeinden hatten aus dem ihnen vorliegenden Material
ihre Piutim bereits ausgewählt und waren nicht mehr geneigt, zu
wechseln, die alten Lieder gegen neue einzutauschen. Völlig versiegt
ist aber der Quell der synagogalen Poesie auch dann nicht, vereinzelte
Dichter hat es in allen Jahrhunderten gegeben und es fand sich auch
immer eine Gelegenheit bald ernster, bald freudiger Art, die sie zum
Dichten anregte. Einen großen Aufschwung hat die Synagogen-
dichtung dann in einigen Ländern des Orients vom sechzehnten Jahrhundert angenommen. Der sepharadische Ritus, der ihnen durch die
Flüchtlinge aus Spanien und Portugal überliefert wurde, entbehrte der
Piutim fast vollständig; so sind den Juden in den Balkanländern,
in Yemen und in Persien eine Anzahl Dichter erstanden, die den
Gottesdienst mit ihren Werken sehr reich ausschmückten, die sich
dabei auch nicht immer an das Hebräische hielten, sondern bisweilen
auch ihrer Landessprache sich bedienten. Dichter von besonderer

künstlerischer Bedeutung sind darunter kaum vorhanden, im allgemeinen schließen sie sich an die Muster der älteren religiösen Dichtung an, ihre Nachbildungen sind bisweilen ganz wertvoll.

§ 42. Die wichtigsten Paitanim.

III. Spanier.

Literatur: Zunz, das.; Landshuth, das.; M. Sachs, Die religiöse Poesie der Juden in Spanien; G. Karpeles, Geschichte der jüdischen Literatur, Bd. I; Brody und Albrecht, das.

1. In Spanien hat sich die synagogale Poesie zur höchsten Blüte entfaltet, sie hat dort ihren vollkommensten Ausdruck gefunden, niemals wieder hat sie eine Stufe erreicht, in der eine gleiche Anzahl religiöser Gesänge von solcher Vollendung in Form und Inhalt entstanden wäre. Die Blütezeit der hebräischen Dichtung in Spanien beginnt nach dem Aufhören der großen Meister im Orient, sie nimmt auf, was dort begonnen wurde, „Als Ostens Söhne keinen Ton mehr fanden, Da sind des Westens Dichter aufgestanden." Die Dichter, die in Spanien zwischen 1000 und 1150 wirkten, bezeichnen den Höhepunkt der hebräischen Poesie im Mittelalter. Auch die Spanier gingen vom altorientalischen Piut aus, auch sie knüpften an das Beispiel an, das ihnen durch Kalir und seine ersten Nachfolger gegeben war, aber sie sind die einzigen, die sich vollständig von der Art ihrer Vorbilder befreit haben, die durchaus eigene Wege gehen, die den gesuchten gelehrten Stil des Piut durch die Anmut der Poesie, die Weisheit des Midrasch durch die Eingebungen ihrer Phantasie und ihres Gefühlslebens ersetzen. Die Gebetbücher der Juden in Spanien sind die einzigen, die vom alten Piut freigeblieben sind oder ihn durch die weit vollendeteren Produktionen der Dichter im eigenen Lande verdrängt haben. Es ist der Einfluß der arabischen Kultur, dem die Blütezeit der Wissenschaft und Dichtkunst unter den Juden verdankt wird; der Anregung, die ihnen von den Arabern kam, entnahmen sie das Streben nach Bildung und Wissenschaft, nach Schönheit und Gleichmaß der Formen. Die meisten Dichter waren Männer von umfassender Gelehrsamkeit, von wissenschaftlicher Schulung, belesen in der gesamten damals bekannten Literatur, vor allem vertraut mit den reichhaltigen Werken der arabischen Dichter. Mehr als alle äußeren Bildungsmittel brachte ihre eigene Begabung hinzu, sie waren alle

nicht nur religiöse, sondern auch weltliche Dichter, die religiöse Poesie war nur eines der Stoffgebiete, das sie behandelten, nur eine Seite der Kunst, die von ihnen geübt wurde; aber gerade das ist es, was sie vor den Paitanim der anderen Länder auszeichnet, daß sie echte Dichter, Künstler von wahrem poetischem Genie gewesen sind. Den synagogalen Dichtern in Spanien ist auch das gemeinsam, daß die Zahl ihrer Dichtungen eine sehr große ist, jeder einzelne von ihnen hat beinahe ebensoviele Poesien verfaßt wie der in anderen Ländern niemals erreichte Kalir. Ihren Poesien war nicht das günstige Geschick beschieden, das sie wegen ihres Wertes verdienten, die große Katastrophe, welche über die Juden Spaniens hereinbrach, hat die Gemeinden und mit ihnen auch ihre Schätze von Poesie vernichtet; lange Zeit fanden die Dichtungen der spanischen Meister wenig Beachtung, erst die Gegenwart hat von neuem die Aufmerksamkeit auf sie gelenkt und sie zum Gegenstand wissenschaftlicher Forschung gemacht. Die meisten mußten aus Handschriften erst wieder entdeckt werden, andere aus seltenen Gebetbüchern, die in einzelnen Gemeinden der Provence, Nordafrikas und der Türkei sich erhalten haben. Unversehrt, in der Art, wie die Dichter sie verfaßt haben, sind die Poesien in den seltensten Fällen überliefert, es ist eine Eigentümlichkeit der Spanier, daß sie nicht einzelne, zusammenhanglose Stücke, sondern große Kompositionen verfaßt haben; den Gemeinden fehlte dafür das literarhistorische Verständnis, es machte ihnen nichts aus, den Zusammenhang der Stücke zu zerreißen, nach Belieben Poesien fortzulassen oder auch Dichtungen anderer Meister, die ihnen aus irgendeinem Grunde geeignet erschienen, dazwischenzusetzen.

Die Poesie fiel auch den Spaniern nicht als eine reife Frucht in den Schoß, sie haben darum gerungen, an ihrer Vervollkommnung redlich gearbeitet; der höchsten Vollendung ging eine Periode des Suchens und Tastens, des Sturmes und Dranges voran. Auch die Spanier mußten erst lernen, das Gebiet abzugrenzen, die Form zu finden, die Sprache zu meistern. Die Fortschritte der Poesie gehen mit denen der wissenschaftlichen Studien Hand in Hand. Die Ergebnisse der Bibelforschung, die Errungenschaften der Sprachwissenschaft, die Läuterung der religions-philosophischen Anschauungen haben der Poesie neue Bahnen erschlossen, neue Ausdrucksmittel geschaffen. Die beiden großen Mäzene der spanischen Juden bezeichnen die Marksteine der Entwicklung auch in der religiösen Poesie: „In den Tagen des R.

Chisdai, des Fürsten, begannen die Sänger zu zwitschern, in den
Tagen des R. Samuel ha Nagid ließen sie ihre Stimme erschallen."
Die spanischen Dichter lassen sich in zwei Gruppen teilen; Joseph ibn
Abitur und Isaak ibn Gajjat sind die bekanntesten Vertreter der ersten
Zeit, welche die Vorstufe bedeutet, Salomo ibn Gabirol bildet den
Übergang zur Zeit der Vollendung, die beiden ibn Esra und Jehuda
ha Levi bezeichnen die Zeit der höchsten Blüte.

2. Joseph b. Isaak ibn Abitur, auch ibn Santas oder
Satanas genannt, aus Merida (אביתור בן שטנאש בן יצחק בר יוסף
מאריידה), um 970, ist der erste Vertreter der synagogalen Poesie in
Spanien. Er war ein großer Gelehrter in allen Zweigen der rabbinischen
Literatur, beherrschte auch die arabische Sprache und Bildung ausgezeichnet. Als synagogaler Dichter war er derjenige, der in Spanien
die Formen und Gesetze geschaffen hat, nach denen die späteren sich
richteten. Er war der erste, der einen M a a m a d für den Versöhnungstag gedichtet hat, d. h. jene Verbindung von Piut und Selicha, die in
den spanischen Gebetbüchern für alle Zeiten maßgebend geblieben ist.
Es ist sehr wahrscheinlich, daß er den Maamad für s ä m t l i c h e
Gebete des Versöhnungstages bearbeitet hat; sicher ist, daß ein
solcher für das Musafgebet von ihm sehr verbreitet war. Zu ihm
gehörte die Aboda יצדקו בך אל אלהים, von der nur die Introduktion
מחוללי ברשיון אבואה in Seph. erhalten geblieben ist. Auch zu Mincha
und Neila besitzen wir noch Kerobas von ihm. Berühmt geworden
ist seine K e d u s c h a , die in Anlehnung an die Vorstellung des
Midrasch, daß zur selben Zeit wie im Himmel die Keduscha auf Erden
angestimmt wird, den Wechselgesang zwischen Israel und den himmlischen Scharen poetisch ausführt; „in ihrer schlagenden, sinnvollen
Kürze verrät sie ein tiefes Nationalgefühl, ein kräftiges, klares, geschichtliches Bewußtsein." Abitur war ein Dichter von großer Pro-
duktivität, mehr als 100 Poesien von ihm sind heute noch bekannt.
Sie geben Kerobas für alle Feste, enthalten Jozer für viele der ausgezeichneten Sabbate oder auch für festliche Gelegenheiten, wie die
Hochzeitswoche. Bekannt ist sein H o s c h a n a - Zyklus, der sehr
reichhaltig ist und für die gleichen Gedanken immer neue packende
Wendungen zu finden weiß; der größte Teil davon ist in Seph. noch
heute erhalten. Die Sprache ibn Abiturs ist keineswegs vollendet,
sie ist mitunter noch hart und schwerfällig, sie erinnert an die alten
Paitanim, allein man fühlt doch überall die dichterische Kraft, und

Charisi konnte daher mit Recht ibn Abiturs Poesien als anmutig und wertvoll bezeichnen. Auch darin zeigt er noch den Einfluß des alten Piutstils, daß er eine Vorliebe für gelehrte Auseinandersetzungen hat, er benutzt vielfach den Midrasch, aber es ist doch schon bemerkbar, daß er darin neue Wege beschreitet. Seine Aufmerksamkeit wendet sich vorzugsweise naturwissenschaftlichen Dingen zu, die Welt mit dem, was sie füllt, erregt vorzugsweise sein Interesse, und was der Midrasch über die Naturerscheinungen und die Menge der geschaffenen Dinge zu erzählen weiß, wird von ihm mit Vorliebe dargestellt. Sein Stil ist darum plastischer, seine Schilderung lebhafter und interessanter als die Kalirs.

3. Verwandt mit der Art ibn Abiturs ist die Dichtung I s a a k b. J e h u d a i b n G a j j a t s, der 1089 als Rabbiner der berühmten Gemeinde Lucena gestorben ist (יצחק גיאת בן יהודה, יצחק בן מושיע). Als Rabbiner und Talmudgelehrter genoß er ausgezeichnetes Ansehen, die Halachot für die Festtage, die er bearbeitet hat, sind voll von wertvollen Angaben über den Gottesdienst, sie werden auch später sehr häufig benutzt und bilden eine wichtige Quelle für unsere Kenntnis der Gebete und der Einrichtungen jener frühen Zeit. Isaak b. Jehuda stammte aus einer Familie mit dichterischer Begabung und hat auf dem Gebiete der synagogalen Poesie Hervorragendes geleistet. Mose ibn Esra rühmt von ihm, daß er in manchen Gebieten alle seine Vorgänger übertroffen hat. Tatsächlich ist er derjenige unter allen spanischen Dichtern, der den größten Reichtum an Eigentümlichkeiten, an Neuheit der Wendungen aufweist. Auch bei ihm ist das äußere Gewand noch nicht sehr anziehend, seine Sprache ist ebenfalls noch nicht frei von Härten und Dunkelheiten, die Reime, die er sehr geschickt zu verschlingen weiß, zwingen ihn recht oft zur Anwendung seltsamer Formen; er erinnert darin vielfach an Kalir, aber seine ganze Art bezeichnet doch in der Form, namentlich im Wohllaute der Verse, einen wesentlichen Fortschritt über den alten Piutfürsten. Auch darin erinnert er häufig an Kalir, daß der Inhalt seiner Poesien mit seiner gedrungenen Gedankenfülle rätselhaft bleibt; aber auch hier erkennt man sofort die neue Richtung, an die Stelle der Hagada ist die Wissenschaft getreten, ihr wird nunmehr ein gut Teil des Stoffes für die Poesien entlehnt. In den Dichtungen ibn Gajjats finden wir eine Menge von Angaben aus den Gebieten der Anatomie und Physiologie, der Psychologie und Astronomie, die Kosmogonie des Buches

Jezira und die Philosophie der Griechen werden von ihm zu alphabetischen Hymnen und Gebeten bearbeitet. Wenn er z. B. eine Aboda dichtet, so verweilt er lange und gern bei den Wundern der Schöpfung, die ihm Gelegenheit bieten, wissenschaftliche Bemerkungen und Angaben einzuflechten; auch die Geschichte der ersten Menschheit bis zum Turmbau zu Babel behandelt er recht ausführlich, weil er auch da in der Lage ist, seine Phantasie und seine Gelehrsamkeit zu betätigen. Hingegen widmet er dem Gegenstande seiner Darstellung, wo ihm der Stoff und die Disposition vorgeschrieben sind und er Eigenes nicht hinzuzufügen vermag, nur das letzte Drittel der Poesie. Seine poetischen Leistungen, von denen ebenfalls mehr als 120 noch heute bekannt sind, lassen sich in vier Gruppen teilen: in den Maamad des Sühnefestes, zu dem die erwähnte Aboda gehört, die Selicha der Bußezeit, die Piutim für Festtage, Frühgebetpoesien. Die geschilderte Freude am „gelehrten Wust" finden wir nicht in allen seinen Poesien, hauptsächlich ist der Maamad davon erfüllt, aber auch der schließt mit einem Gebet, „dessen sich kein alter Prophet hätte zu schämen brauchen, weder was Stil noch was Gedanken betrifft". Man muß eben den Dichter Gajjat, der seine Schwächen hat, von dem Beter unterscheiden, der unübertrefflich ist. Eine einzigartige Schöpfung, die kein anderer wieder aufzuweisen hat, sind seine Bußlieder für den ganzen Monat Elul; nicht weniger als zwanzigmal hat er das Thema für die Frühandachten seiner Gemeinde behandelt und dennoch hat er es jedesmal verstanden, in neuen Wendungen einen tiefen religiösen Inhalt zum Ausdruck zu bringen. Gebete um Sündenvergebung, Mahnungen zu bußfertiger Reue und Rückkehr zu Gott, Wünsche für die Erhebung des gebeugten Volkes und seines Heiligtumes kehren in allen wieder, stets in reiner und stimmungsvoller Form. Ibn Gajjats Poesien sind hauptsächlich in den Gemeinden Nordafrikas verbreitet, besonders in Tripolis füllen seine Dichtungen den größten Teil des Gebetbuches aus.

4. Neben der ungeheuren Fülle der poetischen Werke der beiden eben genannten Dichter verschwinden die Leistungen ihrer Zeitgenossen B a c h j a i b n P a k u d a aus Saragossa und I s a a k b e n R e u b e n aus Barcelona; sie sollen dennoch hier kurz erwähnt werden, jener wegen der tiefen und echten Frömmigkeit, die sich in seinen beiden Gebeten, der בקשה und תוכחה ausspricht, dieser wegen der Kunst in der Verwendung biblischer Strophenverse, die er in seinen einst viel genannten Asharot איזה מקום בינה zur Anwendung bringt.

5. Bedeutender als alle bisher genannten Dichter ist S a l o m o
b. J e h u d a i b n G a b i r o l (גבירול אבן יהודה ברבי שלמה) aus Cor-
dova, „ein Dichter, dessen Dichtungen gedankenvoll geweiht sind, ein
Denker, dessen Denken dichterisch verklärt ist". Er war von Begeisterung
für die hebräische Sprache erfüllt und hatte sich von früher Jugend an
das Ziel gesetzt, ihr die alte Anmut und Frische wiederzugeben und
dahin zu arbeiten, daß das Lied der frommen Sänger der Vorzeit
wieder in ihr erschallen könnte. Er ist seinem Vorsatze treu geblieben
und hat durch seine Dichtungen mehr als irgend ein anderer für die
Verbreitung hebräischer Lieder gewirkt. Die religiöse Poesie war für
den schwer geprüften, vom Schicksal hart verfolgten und darum oft
von den trübsten Gedanken erfüllten Sänger eine Zufluchtsstätte,
in der er das Gleichgewicht seiner Seele wiederfand und sich zur reinen
Harmonie eines gläubigen Herzens erhob. Der kühne Zweifler, der
stolze Denker wird zum demütigen Beter. Gabirol hat das ganze
Gebiet der religiösen Lyrik angebaut. Hymnen und Betrachtungen,
Bußlieder und Gebete, Klagegesänge und hoffnungsreiche, sehnsuchts-
volle Zukunftsbilder liegen von ihm in den vielfachsten Wendungen
und Formen vor. „Der in ihnen sich fast durchwegs kundgebende
Charakter ist der eines düsteren Ernstes, einer strengen, allen Glanz
und allen blendenden Farbenschmuck von dem Leben schonungslos
abstreifenden Herbe, sowie einer demutsvollen, aus dem tiefsten
Bewußtsein der menschlichen Seele hervorquellenden Hingebung an
Gott. Aber so hart und unerbittlich Gabirol die Nichtigkeit und
Eitelkeit alles Weltwesens richtet, so unermüdlich er in der Mahnung
an die Ohnmacht und Hinfälligkeit alles Irdischen erscheint, das Un-
gewisse und Wandelbare der Lebenslose in unerschöpflichem Wechsel
der Bilder zu zeigen sich bemüht, so edel und wahrhaft erhaben ist
die ungetrübte, lichte Fassung seiner Seele, wo er seinem, von der
Größe Gottes und seiner Herrlichkeit, von der Hoheit und Heiligkeit
dieses größten Gegenstandes menschlichen Denkens und Ahnens
tieferfüllten Innern das Wort leiht, und der edlen Dichtung wunder-
bare Gabe, die ihm in so reichem Maße verliehen worden, wie eine
Opferspende darbringt und das Schönste und Herrlichste, womit sein
Gott ihn gesegnet, durch die Würde dessen, wozu er es verwendet,
adelt und erhöhet." Gabirols Dichtungen, deren Zahl sich auf mehrere
Hundert beläuft, umfassen den ganzen Kreis der Gebete im gesamten
Kalenderjahr. Außer dem Maamad des Sühnfestes und damit zusam-

menhängenden Ermahnungen und Bußgebeten besitzen wir von ihm
Arbeiten für die drei Wallfahrtsfeste, für Purim, Chanukka, den
9. Ab und andere Fasttage; er bereicherte die Gebete durch Einschaltungen in alle Teile des Jozer und durch liebliche kleinere Gedichte,
die das Morgengebet eröffnen und schließen. Kein hebräischer Dichter
hat den Ton des Gebets wieder so zu treffen gewußt wie Gabirol.

Das wertvollste Denkmal seiner Poesie, in dem religiöse nationale
und philosophische Dichtung zu einem harmonischen Ganzen vereinigt
erscheinen, ist sein großes Lehrgedicht כתר מלכות, die Königskrone,
in dem sich die Weltanschauung seiner Zeit und die Grundgedanken
des Judentums in poetischer Form zusammenfinden. Ein frommer
Aufblick zu Gott leitet das Werk ein, dessen wundervolle Offenbarungen im Universum nach seinen Sphären sich zeigt, „wie es in
seiner Gliederung aus der Allkraft hervorgeht". Von diesem Höhepunkte steigt dann der Dichter zum Menschen hernieder, dessen Seele
als ein Strahl gepriesen wird, den die göttliche Weisheit entzündet.
Wie er früher alle poetische Kraft aufwenden wollte zum Lobe und
Preise der Allmacht, so kann er jetzt der niederbeugenden, demü-
tigenden Züge nicht genug finden, um seinen Mangel der höchsten
Vollkommenheit gegenüber auszusprechen. Mit einem Bußgebet und
Sündenbekenntnis schließt das merkwürdige Gedicht, eines der seltsamsten Erzeugnisse der religiösen Gedankendichtungen in der Welt-
literatur.

Ob die Königskrone ursprünglich für die Synagoge bestimmt war,
kann man mit Recht bezweifeln, allein ihr tief religiöser Inhalt hat sie
den Gemeinden als so wertvoll erscheinen lassen, daß sie in sämtliche
Gebetbücher aufgenommen und als Anhang zur Liturgie des Versöhnungstages bestimmt wurde. Genau so ging es mit vielen kleineren
Liedern Gabirols, sie waren vom Verfasser nicht für den Gottesdienst
gedichtet, wurden jedoch als der höchste Ausdruck religiöser Stimmung,
vertrauensvollen Aufblicks zu Gott in die meisten Gebetbücher aufgenommen. Es gibt keinen Ritus, der nicht eine große Anzahl Gebete
und Gesänge von Gabirol enthielte; seine großen Kompositionen sind
infolgedessen häufig zerstört worden, da nur einzelne Partien aus
ihnen von den Gemeinden übernommen wurden, aber dafür wirkt in
allen Gemeinden sein Geist fort, übt seine Frömmigkeit noch heute
weitgehendsten Einfluß, lebt überall die Erinnerung an

Gabirol, diesen treuen,
gottgeweihten Minnesänger,
diese fromme Nachtigall,
deren Rose Gott gewesen,

dem sie ihre Liebe schluchzte,
den ihr Lobgesang verherrlicht.

Die geschichtliche Bedeutung Gabirols beruht darin, daß er die gottesdienstliche Poesie der spanisch-arabischen Juden ihrer Vollendung
entgegengeführt hat. Der Übergang vom Piut zur religiösen Lyrik ist
bei niemand deutlicher zu erkennen als bei Gabirol. In seiner
Jugend hat auch er noch nach der Weise der alten Paitanim gedichtet,
es fehlt auch in seinen Poesien nicht an den schweren Wendungen, an
den harten uud ungewöhnlichen Sprachbildungen, die dem alten Piut
eigentümlich sind. Im Verlaufe seiner Entwicklung hat er sich immer
mehr zu einem klassischen Stile, zu einem nahezu vollendeten Ausdruck durchgerungen, sine Lieder erinnern gar häufig an die Schönheit
und Anmut der biblischen Gesänge. Er war der erste, der in die
religiöse Poesie das Kunstmittel der arabischen Dichtung, das M e -
t r u m, eingeführt hat; er hat es nicht durchweg in seinen Dichtungen angewendet, hat sich niemals durch das Versmaß eine Fessel
auferlegen lassen, er schaltete vollständig frei damit und kehrte lieber
zur alten Form des einfachen Rhythmus zurück, als daß er den Inhalt
oder den Ausdruck seiner Dichtungen ungünstig beeinflussen ließ.
Der Eindruck der Poesie Gabriols war schon bei den Zeitgenossen ein
ungewöhnlich großer. Mose ibn Esra, der nur eine Generation später
gelebt hat, charakterisiert seine Dichtungen wie folgt: „Gabirol war
ein vollendeter Schriftsteller, beredt, in der Dichtkunst das höchste
Ziel erreichend. Er weiß sich der feinsten Wendungen zu bedienen und
ward daher allgemein als Meister des Wortes, Künstler im Vers, betrachtet; sein Stil ist geglättet, seine Ausdrücke sind fließend, die Behandlung der Stoffe ist anmutig. Aller Augen richteten sich auf ihn
mit Bewunderung, alle späteren bedienten sich des Gepräges, welches
er der Sprache aufgedrückt hatte." Auch Charisi, der ein Jahrhundert
nach Gabirol geboren und schon mit den Dichtungen der aus-
gezeichnetsten spanischen Sänger vertraut war, ist noch immer des
Lobes voll über die unerreichte Poesie Gabirols. „Er hat die höchste
Stufe der Dichtkunst erstiegen. — Der Vorgänger Lied war gegen das
seine nichtig, kein Nachfolger gleich ihm tüchtig. — Seine Schüler

waren die späteren Sänger — seines Dichtergeistes Empfänger —
er blieb der König, erhaben, groß — das Hohe Lied ist Salomos."
6. Ihre höchste Stufe hat die Poesie der jüdischen Sänger Spaniens
in der Generation nach Gabirol erreicht, das Dreigestirn Mose und Abraham ibn Esra und Jehuda ha Levi sind die leuchtenden Namen, welche
die Vollendung ankünden. Die Vorgänger hatten den Boden bereitet,
sie hatten um die Form und die Sprache gerungen, insbesondere
Gabirol hatte vorbildliche Dichtungen geschaffen. Auf dem neu-
gewonnenen Boden konnte jetzt der Bau weitergeführt und vollendet
werden. Gewandtheit des Ausdrucks, Anmut der Form, Wohllaut und
Klang zieren von nun an die Poesie. Die Dichter sind zugleich Vertreter der höchsten Kultur ihrer Zeit, sie wurzeln fest in der Wissenschaft, so daß die talmudischen und hagadischen Elemente bedeutend,
wenn auch niemals völlig, zurücktreten. Die drei schöpferischen
Geister haben die hebräische Poesie zum ersten Male wieder seit der
Zeit der Psalmisten in ihrer natürlichen Schönheit und erhabenen
Anmut vertreten. Der älteste der drei war Mose ben Jakob ibn Esra
in Granada, der noch 1138 am Leben war (משה ברבי יעקב אבן עזרה
גרנאט״ר). Er war als Dichter in allen Zweigen der Poesie hoch geschätzt,
Charisi feiert ihn als einen der glänzendsten Meister. Ganz besonders
war er als religiöser Dichter von einer seltenen, nur von wenigen erreichten Vielseitigkeit. „Die Reinheit seiner Sprache, die Gewandtheit,
mit der er den so vielfach vor ihm und von ihm selbst behandelten
Stoffen immer neue Seiten und Wendungen abzugewinnen weiß, die
Eleganz seiner Form, die in den verschlungensten Maßen, in der kunst-
vollsten rhythmischen Anordnung fast immer glücklich und überraschend sich gestaltet, der prächtige Ton und Klang seiner Verse verkünden einen reich begabten Geist, der mit geübter Meisterschaft
die Kunstmittel handhabt und durch den Gebrauch vervielfältigt".
Der Einfluß der arabischen Dichter wird bei keinem anderen Autor
so deutlich wie bei Mose, der die Kunstformen der hebräischen Poesie
in der reichsten Mannigfaltigkeit anwendet. Darin liegt freilich auch
ein gewisser Mangel seiner Dichtungen, oft gewinnt es den Anschein,
als ob die äußere Form für ihn alles bedeute, die Glätte und Zierlich-
keit der Diktion, der geistvolle, fein zugespitzte Ausdruck, die ge-
schickte Einstreuung von Bibelversen scheinen vielfach Hauptziel
und Zweck seiner Dichtungen zu sein, so daß die Wahrheit und Tiefe
der Empfindungen dadurch beeinträchtigt wird. Mose ibn Esra ist

der Dichter der höchsten künstlerischen Formvollendung, er hat seine
Gedanken in ganz bestimmten Wendungen ausgedrückt, bei keinem
anderen Sänger kehren Bilder und Redensarten so häufig wieder wie
bei ihm. Seine höchste Kunst entfaltete er auf dem Gebiete der Bußlieder, sie scheinen seinem Seelenzustande und seiner Stimmung am
meisten entsprochen zu haben, er hat eine sehr große Zahl Selichas
verfaßt und führte davon den Beinamen „der Selichadichter" schlechthin. In der Mahnung zu Reue und Buße, zur Demut und Zerknirschung,
in der Erinnerung an den Tag des Herrn, an die Vergänglichkeit des
Irdischen, an den Tod und das göttliche Strafgericht gipfeln seine
Bußlieder; er hat sich dabei nicht mit allgemeinen Betrachtungen und
Mahnungen für die Gemeinde genug sein lassen, im Mittelpunkte
seiner Lieder steht immer seine eigene Person, es sind die Bekenntnisse
seiner Seele, das Bewußtsein der Nichtigkeit und Eitelkeit des Lebens,
wie es ihm selbst erscheint, die Erhebung zur himmlischen Allmacht,
zu der er sich durchgerungen. Ein neues Element bilden bei Mose ibn
Esra die zahlreichen Betrachtungen der Natur, die nicht mehr wie
bei den älteren Dichtern an die wenigen Angaben der Hagada gebunden
sind, sondern tief aus dem Herzen des Dichters kommen und verraten,
daß eine neue Zeit angebrochen ist, in der die Dichtung nicht mehr
Anlehnung an alte Muster, sondern das Bekenntnis eines dichterischen
Genies ist.

Mose ibn Esras Poesien, von denen mehr als 200 bekannt sind,
obwohl sein Diwan noch der Veröffentlichung harrt, fanden weithin
Verbreitung, fast kein Ritus ist ganz frei von ihnen geblieben, wenn
auch die meisten nur wenige übernommen haben. Sehr zahlreich sind
seine Dichtungen in den Gebetbüchern der Provence und im Norden
Afrikas vertreten.

7. Alle Vorzüge der Vorgänger vereinigt in sich der berühmteste
unter den spanischen Dichtern der Blütezeit, Jehuda b. Samuel ha
Levi, der Kastilier (יהודה הלוי בר שמואל), 1085—1145.

> Durch Gedanken glänzt Gabirol
> und gefällt zumeist dem Denker,
> Ibn Esra glänzt durch Kunst
> und behagt weit mehr dem Künstler,
> aber beider Eigenschaften
> hat Jehuda ben Halevy,
> und er ist ein großer Dichter
> und ein Liebling aller Menschen.

Hinter jedem seiner Lieder steht nicht nur eine große dichterische Begabung, sondern auch die lauterste Persönlichkeit, eine schwärmerische Natur voll glühender Begeisterung und edelster Empfindung.

> Rein und wahrhaft, sonder Makel
> war sein Lied, wie seine Seele.

Jehuda ha Levi ist ein Mann, den man nicht anders als eine Offenbarung des religiösen Genies und als die herrlichste Blüte des jüdischen Geistes bezeichnen kann. Die religiöse Poesie bildet die Krone seiner Lyrik. Die ganze Glaubensinnigkeit des jüdischen Kultus, seiner Propheten und Psalmisten offenbart sich in ihm, er singt den Gott, den er in sich fühlt, dessen Botschaft er in seiner Seele trägt, dessen Zeugnis er in der Geschichte seines Volkes erblickt, dessen Walten ihm die Natur verkündet. Die Nichtigkeit des Erdenlebens wird ihm so deutlich wie irgendeinem, er ruft zur Demut auf, zur Ergebung in den unerforschlichen Willen des Allmächtigen, zur Buße und Reue, die den Weg anzeigen zur Gottesnähe, dem höchsten Ziele des Menschen. Seine frommen Gebete mögen inniger, ursprünglicher empfunden sein als die seiner Vorgänger, aber sie bilden nicht den unterscheidenden Grundzug der Poesie Jehuda ha Levis. Worin er alle jüdischen Dichter überragt, das ist die unübertroffene Hingebung an sein Volk, die Liebe zu seinen Heiligtümern, die Versenkung in seine geschichtliche Größe. Für ihn ist die Vergangenheit Israels lebendig, er verkehrt mit den Männern der Vorzeit, er schaut das kräftig pulsierende Leben seines Stammes, er fühlt dessen Kämpfe mit, er leidet dessen Martyrium, ist selig in seinen Hoffnungen; ihm „öffnen sich die Tore der veröderten Zionsstadt, des Tempels goldene Hallen schließen sich vor des Dichters Auge auf, und fromme Priester, andächtigen Volkes bunte Scharen ziehen ein, Opferduft und Levitenlied dringt hernieder, und Jerusalem ist des Volkes voll, das der Herr zurückgeführt wie Träumende nach ihrem Heimatlande". Kein Dichter weiß wie Jehuda ha Levi „die Momente der wunderbaren Vergangenheit herauszufühlen und auszusprechen und sie in den engen Rahmen eines kleinen Liedes zu gruppieren; Gegenwart und Vergangenheit verknüpft er mit kunstgeübter Hand, und den hellen Schimmer einer freudigen Zukunft weiß er auch über das Nachtstück einer freudelosen Wirklichkeit auszubreiten".

Die ganze Innigkeit, zu der sich die Sehnsucht nach den Stätten der ruhmvollen jüdischen Vergangenheit herausbildete, hat Jehuda ha Levi in seinem Zionsliede צִיּוֹן הֲלֹא תִשְׁאֲלִי ausgesprochen, dem berühmtesten seiner religiösen Lieder, „das noch heute in allen Synagogen Israels am Trauertage der Zerstörung Jerusalems in feierlicher Weise erklingt und in die Herzen aller Gläubigen tiefe Erhebung senkt". Von ihm hat ein hervorragender nichtjüdischer Kritiker behauptet, „die gesamte religiöse Poesie, Milton und Klopstock nicht ausgenommen, habe nichts aufzuweisen, was man höher stellen könne als diese Elegie, in der die Sprache all ihren Reichtum und Zauber freigebig dem erschlossen hat, der nirgends mit Künstlersucht seine Meisterschaft, sondern mit frommer Hingabe und vergessender Bescheidenheit die tiefsten Regungen der Seele bekunden und betätigen wollte."

Ob Jehuda ha Levi größere Zyklen von Poesien verfaßt hat, läßt sich mit Sicherheit nicht mehr sagen; die Zahl seiner Dichtungen war außerordentlich groß, schon bei seinen Lebzeiten wurden Sammlungen mit mehr als 300 religiösen Poesien von ihm angelegt, von denen ein großer Teil in die Gebetbücher aufgenommen ist. Es gibt keinen Ritus, der nicht einiges von ihm enthielte, selbst die Karäer haben es nicht verschmäht, ihre Gebetordnung mit seinen Dichtungen zu schmücken. Alle Arten der religiösen Poesie hat Jehuda ha Levi angebaut, für sämtliche Feste, für die ausgezeichneten Sabbate, für große Gelegenheiten hat er gedichtet, alle Gebetstücke, die dazu geeignet schienen, hat er durch Poesien verherrlicht, die meisten sogar mehrfach. Er hat auch rein lehrhafte Stoffe behandelt, ist selbst nicht davor zurückgeschreckt, Gesetzesvorschriften in Verse zu bringen, aber es gibt kein einziges unter seinen Gedichten, das nicht durch einen unverkennbaren Vorzug seinen Urheber verrät. Was ihn auszeichnet, ist die Wahrheit und Innigkeit seiner Empfindung, überall in seinen Poesien finden wir Ebenmaß und besonnene Begrenzung, nirgends Unnatur und falsches Pathos. Kraft und Schönheit des Ausdrucks verlassen ihn auch in der höchsten Begeisterung und in der schmerzlichsten Klage nicht, nirgends begegnet man Gezwungenem, Hartem, der Versform zuliebe Gesagtem. Es ist, als hätte das sonst so spröde, unwillige Sprachmaterial ihm alles Kämpfen und Ringen ersparen wollen, als wäre es dem Dichter entgegengekommen, dem es nur um den Ausdruck der seine Seele tief bewegenden Empfindung zu tun ist. Ungesucht stellt sich ihm stets das passende Wort, eine ausdrucksvolle Bibelstelle zur Verfügung, alles, was sonst das Verständnis der Dichtungen erschwert, Versmaß und Reim, Akrostichon und Refrain, unter seiner Meisterhand wird es zur edelsten und anmutigsten Schönheit gestaltet; auch dem nur Formalen wird die Seele der Dichtung eingehaucht, wie bei einem wahren Kunstwerk und bei der Natur wird der Genuß nicht durch Äußerlichkeiten oder durch Fremdes gestört. So ist in Jehuda ha Levi die alte hebräische Poesie wieder in vollem Glanze erstanden, von ihm hörte man zum erstenmal die Klänge wieder, die einst den Gesängen der Psalmisten entströmten. „Das Lied, das der Levit Jehuda gesungen — ist als Prachtdiadem um der Gemeinde Haupt geschlungen — als Perlenschnur hält es ihren Hals umrungen. — Er, des Sangestempels Säul' und Schaft — weilend in den Hallen der Wissenschaft — der Gewaltige, der Liedesspeerschwinger — der die Riesen des Gesanges hingestreckt, ihr Sieger und Bezwinger. — Seine Lieder nehmen den Weisen den Dichtermut — fast schwindet vor ihnen Asaphs und Jedutuns Kraft und Glut — und der Korachiden Gesang — deucht zu lang. — Er rang in der Dichtkunst Speicher und plünderte die Vorräte — und entführte die herrlichsten Geräte — er ging hinaus und schloß das Tor, daß keiner nach ihm es betrete. —... In der künstlichen Rede Werke — zeigt sich seiner Sprache Kraft und Stärke. — Mit seinen Gebeten reißt er die Herzen hin, sie überwindend — ... und in seinen Klagetönen — läßt er strömen die Wolken der Tränen."

8. Jehuda ha Levi nicht ganz ebenbürtig, aber dennoch ein Dichter von Bedeutung und vor allem von großem Einfluß auf die Liturgie war auch Abraham b. Meir ibn Esra aus Toledo (אברהם ברבי מאיר בן עזרה), 1093—1168. Ibn Esra konnte sich der Dichtkunst nicht so ausschließlich widmen wie die vor ihm genannten Zeitgenossen, ein widerwärtiges Schicksal trieb ihn unstet auf der ganzen Erde umher, er mußte von Ort zu Ort wandern, sich mühen und plagen, um durch Unterricht und gelehrte Schriften sein Leben notdürftig zu fristen. Dem rastlosen Wanderer fehlte es an Ruhe und Abgeklärtheit für das poetische Schaffen, sein Geist eignete sich mehr für die exakten Studien als für die Eingebungen der Phantasie. Aber das bedeutende Talent, das in ihm schlummerte, hat auch ihn zu sehr beachtenswerten Leistungen befähigt. Sein Verdienst besteht vor allem darin, daß er die Juden in den christlichen Ländern mit den Errungenschaften ihrer Glaubensgenossen unter mohammedanischer Herrschaft bekannt macht; die Kluft zwischen Piut und klassischer Dichtung kam

niemand so deutlich zum Bewußtsein und bei keinem Dichter so sehr zum Ausdruck wie bei ihm. Durch die Pflege und Verbreitung der klassischen Dichtung ist er ihr Herold und Lehrer in den romanischen Ländern geworden. Ihm selbst fehlt zum vollendeten Dichter die warme Innigkeit; der scharfe Verstand herrscht in ihm vor, und auch seinen Versen merkt man es deutlich an, daß er vor allem auf den geistreichen Ausdruck, auf überraschende Wendungen und glänzenden Witz Wert legt. „Das schwungvolle Aufjauchzen eines mächtig ergriffenen Innern im begeisterten Hymnus, die erhabene Majestät einer nach dem Höchsten ringenden und darum auch das Höchste erreichenden Poesie, dies alles tritt uns in den religiösen Dichtungen Abraham ibn Esras wenig entgegen". Hingegen legt er sehr viel Sorgfalt auf die Ordnung und Klarheit der Gedanken, auf die Reinheit der Form. Die Mängel seiner Begabung sind bei Abraham ibn Esra dadurch ausgeglichen, daß er sich niemals an größere Dichtungen wagte — außer der Aboda ist uns keine g r ö ß e r e Komposition von ihm bekannt. Die 150 religiösen Lieder, die von ihm vorhanden sind, sind meistens kurze Gedichte zu den einzelnen Gebetstücken, insbesondere zu נשמת, אהבה, גאולה. Bei diesen kurzen Poesien aber konnte er stets ein abgeschlossenes Thema behandeln, einen religiösen oder philosophischen Satz, eine Lehre der Moral oder eine Episode aus der nationalen Geschichte; und wenn es auch in den meisten Fällen mehr Reflexionen, Lehren der Weisheit oder rügende Ermahnungen sind, so wirken sie doch durch ihre fein säuberliche Form, durch die elegante, leicht verständliche Redeweise und durch den Wert ihres Inhalts. Die kurzen Gedichte Abraham ibn Esras waren daher recht beliebt und weithin verbreitet, sie sind zum größten Teile in der Provence und in Nordafrika zu finden, wie die Werke der anderen spanischen Dichter, aber sie sind doch auch in ferne und entlegene Gegenden gedrungen.

In der Zeit der klassischen Dichtung hat es neben den wenigen hier genannten führenden Dichtern auch eine große Anzahl von Poeten gegeben, die, wenn sie auch nicht an die ersten Namen heranreichen, doch Bedeutendes geleistet haben und deren Poesien vereinzelt den Gebetbüchern einverleibt wurden. Es ist das Verdienst der großen spanischen Dichter, daß sie die synagogale Poesie zur denkbar höchsten Stufe der Vollkommenheit erhoben haben. Dadurch aber haben sie zugleich den eigentlichen Abschluß dieser Dichtung herbeigeführt, der Gottesdienst war nun reichlich mit poetischem Material ausgestattet; Gleichwertiges konnte ihren Leistungen nicht an die Seite gestellt werden, die frommen Empfindungen der Gläubigen, die ihrerseits zur Ausschmückung des Gottesdienstes beizutragen wünschten, mußten in Zukunft in anderer Richtung Ausdruck und Betätigung suchen.

§ 43. Gebetbücher und Gebetordnungen.

Literatur: Zunz, Ritus; *JE* Art. Liturgy VIII, 138 ff.; Prayer-Books X, 117 ff.

1. Um einen klaren Einblick in die Geschichte des Gottesdienstes vom Zeitpunkte der Festsetzung der Stammgebete zu gewinnen, müssen wir uns die Entstehung und Entwicklung der Gebetbücher und Gebetordnungen klarmachen, die Werkzeuge der Überlieferung näher betrachten. Gebete aufzuschreiben war in alter Zeit streng verpönt. Solange die gesamte Tradition nur mündlich fortgepflanzt wurde, hat es auch für die Gebete schriftliche Vorlagen nicht gegeben. Das hätte den Nachteil, daß die Überlieferung sehr unsicher und schwierig war. Es ist bemerkenswert, daß sie trotz alledem sich immerhin ziemlich einheitlich gestalten ließ. Namentlich, wenn man die Ausdehnung der jüdischen Diaspora bedenkt, muß man darüber staunen, wie es möglich gewesen ist, jahrhundertelang ohne schriftliche Vorlagen auszukommen. Das ist nur zu erklären, wenn dem Unterricht eine ebenso sorgfältige wie nachhaltige Pflege gewidmet, wenn durch die Institution des Apostolats stets ein enger Zusammenhang zwischen den Gemeinden und den zentralen Behörden aufrechterhalten worden ist. Daß bei dem unvermeidlichen brieflichen Verkehr auch einmal Gebete schriftlich mitgeteilt wurden, ist ebenfalls nicht völlig ausgeschlossen. Soweit es sich um die Hagada handelte, wurde das Verbot des Aufschreibens nicht immer streng beachtet, wir wissen, daß schon frühzeitig Hagadabücher vorhanden waren und benutzt wurden; so wäre es immerhin möglich, daß auch die Vorbeter sich die Freiheit genommen hätten, schriftliche Vorlagen für ihren eigenen Gebrauch anzufertigen. Zu beachten ist jedoch, daß in Talmud und Midrasch niemals ein Gebetbuch oder die Aufzeichnung eines Gebetstückes erwähnt sind; bei allen Irrtümern der Vorbeter, von denen berichtet wird, ist niemals von der unstatthaften Verwendung eines niedergeschriebenen Gebets die Rede, wird niemals ein Text zurückgewiesen, weil er nicht aus dem Gedächtnisse vorge-

tragen worden ist. Es ist aber auch zu beachten, daß die Notwendigkeit, schriftliche Vorlagen zu benutzen, nicht so groß war wie später,
daß die Gebete kürzer und einfacher, daß sie im Wortlaut nicht festgelegt waren. Es kam nur auf die Innehaltung der richtigen Reihenfolge, auf die Wiedergabe des Gedankenganges an, dessen Ausdruck
die Eulogien waren. Die einzigen Stellen mit vorgeschriebenem
Texte waren die Bibelstellen, und sie waren niedergeschrieben; die
übrigen Gebete konnten beliebig ausgestaltet werden, es war für sie
eine kurze, schlichte Diktion üblich, deren Wendungen sich so eng,
wie es irgend möglich war, an die Bibel anlehnten. Das war der Vorzug
der mündlichen Überlieferung, daß die Gebete nicht zu festen, unab-
änderlichen Formeln erstarrten, daß sie stets im Flusse blieben, daß
es immer in der Hand der Gemeinde oder ihres Vertreters, des Vorbeters, lag, so viel Gefühl und fromme Empfindung hineinzulegen,
wie sie wollten. Die Formulierung stellte sich mit der Zeit von selbst
ein. Selbst wenn man berücksichtigt, daß die Kunst des Dichtens
und Extemporierens im Orient viel weiter verbreitet ist als bei uns,
muß man sich doch fragen, woher denn stets und überall die prophe-
tische Kraft, die Eingebung immer neuer Ausdrücke und neuer Wendungen für das Gebet strömen sollte. In Palästina konnte man sich
sehr schwer daran gewöhnen, einen ein für allemal festgelegten Text
für das Gebet zu verwenden; die zahlreichen poetischen Bearbeitungen
der Stammgebete, die man neuerdings gefunden hat, die bald kürzer,
bald länger sind als diese und uns so seltsam anmuten, sind offenbar
nur zu dem Zwecke geschaffen worden, Abwechslung in das Gebet zu
bringen, vor eintönigen Wiederholungen zu schützen.

2. Schließlich muß man einmal dazu übergegangen sein, Gebete aufzuzeichnen, G e b e t s a m m l u n g e n und G e b e t o r d -
n u n g e n anzulegen. Die beiden Dinge müssen auseinandergehalten
werden, denn sie gehörten in jenen Zeiten nicht zusammen. Die
Gebetordnungen waren nicht Gebetbücher in unserem Sinne, sie
verzeichneten in den meisten Fällen nur die Bestimmungen über die
Aufeinanderfolge der Gebete und das Verhalten beim Gottesdienste;
die Aufzeichnung der Gebettexte fand man nicht darin, sie war besonderen Vorlagen vorbehalten. Die älteste Schrift, die eingehend
und in systematischer Weise von Gebeten spricht, ist der Traktat
S o f r i m , der etwa im 6. Jahrhundert entstanden sein wird, wenn
auch die uns vorliegende Form manchen späteren Zusatz enthält.

Was wir dort vom Gottesdienste erfahren, wird nur bei Gelegenheit
beiläufig mitgeteilt, soweit es zur Ergänzung der Bestimmungen
über die Schriftvorlesung erforderlich ist. Daher ist von den Gebeten
der Wochentage und Sabbate bis auf eine einzige ganz unwesentliche
Bemerkung nicht die Rede, nur die Gebete für die festlichen Tage
werden herangezogen, aber auch an ihnen wird nicht der allgemeine
Gang des Gottesdienstes beschrieben, vielmehr wird nur der Psalmen, der
besonderen Einschaltungen oder abweichenden Eulogien Erwähnung
getan, es werden ferner einige Regeln mitgeteilt, die sich auf die Art
des Gottesdienstes beziehen. Der Traktat Sofrim ist allerdings keine
Abhandlung über den ganzen Gottesdienst, sein Thema ist die
S c h r i f t v o r l e s u n g, die er sehr eingehend schildert, indem
er von der vorschriftsmäßigen Herstellung der Bibelexemplare ausgeht
und dann das Verfahren bei der Vorlesung bespricht; die zur Schriftvorlesung gehörigen Gebete sind die einzigen, die er im Wortlaute
mitteilt, die anderen werden nur nebenher von ihm angeführt. Es
ist bekannt, daß der Traktat Sofrim im großen und ganzen ausschließlich p a l ä s t i n i s c h e Gebräuche und Gebetformeln voraussetzt,
wenn auch hie und da babylonische Einflüsse wahrzunehmen sind.
Auch in Babylonien waren, was Beachtung verdient, die ersten
s c h r i f t l i c h e n Nachrichten, die für den Gottesdienst Verwendung
fanden, die Regeln über die T o r a v o r l e s u n g e n, die von Jehudai aufgezeichnet wurden. Demselben Gaon erschien die Benutzung schrift-
licher Vorlagen für Selichot und Kerobot am Versöhnungstage als
eine Neuerung von zweifelhaftem Werte, die er an anderen Feiertagen
zuzulassen keineswegs geneigt war, geschweige denn daß er die Verwendung von Büchern für den Vortrag der Stammgebete gestattet
hätte.

3. Inzwischen aber war eine neue Macht aufgekommen, die all-
mählich mehr Kraft und Einfluß gewann als die Tradition und die
Stammgebete, die auch zur Entstehung der ersten Gebetordnungen
wesentlich mitgewirkt hat, das war der M i n h a g, der Brauch. Eine
Institution, die sich jahrhundertelang in weit auseinanderliegenden
Gegenden ziemlich frei entwickelt hatte, mußte große Verschieden-
heiten in der Ausführung erfahren; es war ein Zeichen der persönlichen
Teilnahme und des lebhaften Interesses, wenn die Gemeinden sich den
Gottesdienst nach ihrer Weise ausgestalteten. Feststehende Vor-
schriften über das Gebet, verpflichtende Institutionen (הלכה)

gab es im Anfange sehr wenig, sie beschränkten sich auf die geringe Anzahl von Mitteilungen in der Mischna und im Talmud über die Ordnung und Aufeinanderfolge der Gebete, allenfalls noch über den Wortlaut der meisten Eulogien und über die Schriftvorlesung. Von einer A g e n d e zum Gottesdienste, bindenden Regeln für alle Einzelheiten, für den Vortrag der Gebete und die Haltung der Gemeinde war man sehr, sehr weit entfernt. Es gab alte Traditionen, die von Geschlecht zu Geschlecht überliefert, aber durchaus nicht als gesetzlich verpflichtend betrachtet wurden. Die Mischna weiß von örtlich bedingten Abweichungen der Sitten und Gebräuche (מקום שנהגו), die sie nebeneinander bestehen läßt; im Talmud, wo weit mehr vom Gebet und Gottesdienst gesprochen wird, ist deren Umfang erheblich größer. Die Tradition über derartige Bräuche war bisweilen im Laufe der Zeit zweifelhaft geworden, der Brauch wurde so, wie man ihn in der Gemeinde vorfand, respektiert, und wenn er nur einigermaßen zu rechtfertigen war, ließ man ihn ruhig hingehen. Der Brauch bezog sich auf die Form des Gottesdienstes, auf die Anwendung einzelner Gebete oder Zeremonien, auf die Hinzufügung neuer Zutaten. Im Laufe der Zeit führte die Entwicklung dahin, daß vieles, was lange Zeit als Brauch bestanden hatte, f e s t e G e s t a l t und v e r b i n d - l i c h e n C h a r a k t e r annahm. So konnte es kommen, daß, was an einem Orte auf Grund überlieferter Institutionen eingeführt war, durch einen anderswo zur Halacha erhobenen Brauch verdrängt wurde, daß Bräuche alte gesetzliche Einrichtungen beseitigten (מנהג מבטל הלכה). Der Minhag konnte sehr verschiedenen Ursprung haben, er konnte auch ein M i ß b r a u c h sein, und davor mußte die Religion geschützt werden; als nachahmenswert galt darum nur ein solcher Brauch, der von maßgebenden Frommen beobachtet wurde (מנהג ותיקין), wie tatsächlich Sitten und Bräuche angesehener Männer, namentlich beliebter Lehrer, eingehend studiert, befolgt und zur Nachahmung empfohlen wurden. Zu den vorgeschriebenen Institutionen wurden nur die im Talmud festgesetzten Gebete und auch nur diejenigen Teile von ihnen gerechnet, die dort wirklich erwähnt sind, was mitunter vom Zufall abhängt,; alle anderen Bestandteile des Gebets gehörten lediglich zum M i n h a g. Demnach waren nur das Bekenntnis nebst den zugehörigen Benediktionen, die Tefilla und die Schriftvorlesungen an Regeln gebunden, während in den anderen Teilen der Brauch sich völlig frei und ungebunden entwickeln konnte; die bedeutenden Verschiedenheiten, die wir bei den Tachanunim, den Psalmen und ersten Benediktionen (§§ 10—12) kennen gelernt haben, zeigen, wie sehr die Einrichtungen tatsächlich auseinandergingen. In den einzelnen Ländern bildeten sich abweichende Bräuche, sogar abweichende Texte der Stammgebete; selbst in den verschiedenen Gegenden und Gemeinden ein und desselben Landes konnten die Meinungen und Einrichtungen sehr ungleich sein (oben S. 266 f.). Je mehr nun die Zerstreuung der Juden zunahm, je mehr Gemeinden in entlegenen Ländern begründet wurden, desto mehr wurde der Bildung abweichender Formen Vorschub geleistet. Mitunter kreuzten sich Einflüsse verschiedenen Ursprungs in einer Gemeinde und führten eine M i s c h u n g von Bräuchen aus mehreren Gegenden herbei, so daß spätere Beobachter die Konsequenz vermissen mußten. Die Schicksale der Gemeinden waren für die Ausgestaltung des Gottesdienstes maßgebend. Auch die Bildungsstufe und die Gewohnheiten, Klima und Kultur, Sitte und Sprache, Vorstellungen und Gebräuche der sie umgebenden Bevölkerung haben auf die gottesdienstlichen Einrichtungen und Bräuche der Juden Einfluß geübt. Das Leben gestattet nicht, daß die Menschen sich hermetisch voneinander abschließen; wo mehrere Bevölkerungsschichten nebeneinander wohnen, üben sie in Sitten und Bräuchen gegenseitig Einfluß aus, es findet ein ständiges Geben und Nehmen statt, es hängt nur von äußeren Umständen ab, ob das Einheimische eine stärkere oder schwächere Anziehungskraft auf das Fremde ausübt. So ist es auch beim Gottesdienste gewesen, er ist niemals ganz frei von fremden Eindringlingen geblieben. „Emanationslehre, Astrologie, Gevatter, Reim und Seelenmesse haben die Juden von Anderen, kirchliche Ausdrücke, liturgische Sitten, z. B. das Hüpfen im Gebete, Andere von den Juden erhalten. Seit einem Jahrtausend hören die Klagen nicht auf über Fremdes, das bei den Juden sich eingebürgert." Die Bräuche wurzelten an einzelnen Orten fest ein und waren dann nicht mehr zu beseitigen; zumal wenn beliebte Lehrer oder Vorbeter hinter ihnen standen, vermochten alle Bemühungen der größten Autoritäten nicht, sie abzustellen.

So haben sich schon frühzeitig Verschiedenheiten herausgebildet, selbst in benachbarten Orten waren die Gebete und gottesdienstlichen Gebräuche nicht immer gleich. Der Verkehr, die Wanderungen von Gelehrten brachten es oft mit sich, daß die Gemeinden auf Abweichungen ihrer Bräuche vom allgemeinen Herkommen aufmerksam gemacht wurden; wenn sie dann schwankend wurden, wandten sie sich an die maßgebenden Stellen, um über ihre Zweifel Aufklärung und Auskunft zu erhalten. Die Geonim wurden von Anfang an mit zahlreichen Anfragen über gottesdienstliche Fragen bestürmt. Sie hatten häufig zu entscheiden, wenn über den Wortlaut der Gebete oder die Form des Gottesdienstes Unklarheit herrschte. Inzwischen waren in Nordafrika und in Europa bis zum äußersten Westen hin zahlreiche Gemeinden entstanden und sie waren nicht immer sicher über das, was Überlieferung und Vorschrift forderten. Außerdem hatten sich Sekten gebildet, die auch den herkömmlichen Gottesdienst mit ihren Angriffen nicht verschonten, die in ihrem Bestreben, neue Anhänger zu gewinnen, die Gemeinden aufwühlten und die Berechtigung ihrer Tradition vielfach in Frage stellten. Seit der Verbreitung der karäischen Sekte werden die Anfragen bei den Geonim und ihre Bescheide über gottesdienstliche Dinge häufiger und ausführlicher, es wird mit größerer Strenge auf der Innehaltung der Überlieferung bestanden und jede „Abweichung von den Worten der Weisen" nicht nur als Irrtum, sondern auch als Sünde verwiesen. Erreicht haben die Geonim verhältnismäßig wenig, die Gemeinden ließen sich nur in den seltensten Fällen dazu bestimmen, von ihren Gewohnheiten abzugehen, die Mitteilungen und Bemühungen der befragten Hochschulen haben häufig nur dazu beigetragen, die Abweichungen zu vermehren und die Verwirrung zu erhöhen.

4. Der Ungleichmäßigkeit des Gottesdienstes und der Schwierigkeit, sich darin zurechtzufinden, verdanken die ersten bekannten G e b e t o r d n u n g e n ihre Entstehung. Es ist bezeichnend, daß sie sämtlich für Gemeinden in fernen Ländern geschrieben wurden. Es war die Gemeinde in Lusena in Spanien, auf deren Verlangen der Gaon N a t r o n a i b. Hilai in Sura seine Gebetordnung entwarf. Das Schema, die täglichen Gebete auf die hundert Benediktionen des R. Meir zurückzuführen (oben S. 7), ist auch in Spanien bekannt geworden, die Gemeinde verlangt zu wissen, was es damit für eine Bewandtnis hat (מה הן מאה ברכות), und der Gaon richtet seine Antwort dementsprechend ein. Er zählt der Reihe nach die Benediktionen auf, die man täglich vom Morgen bis zum Abend zu sprechen Gelegenheit hat; er schließt auch die zum öffentlichen Gottesdienste gar nicht gehörigen, wie die ersten Benediktionen und das Tischgebet ein. Entsprechend der Anfrage und der Anlage seiner Antwort zählt der Gaon

nur die E u l o g i e n auf, und auch das tut er nur bei den weniger
bekannten Benediktionen, bei so geläufigen wie denen des Achtzehngebets unterläßt er es. Natronai begnügt sich mit der Agende in knappster
Form und Fassung, auf Einzelheiten der Ausführung läßt er sich gar
nicht ein, die ganze Gebetordnung ist nur ein Gerippe und beträgt etwa
vier Druckseiten. Natronais Arbeit für den Gottesdienst ist damit
nicht erschöpft, in unzähligen Responsen hat er Gelegenheit genommen,
sich ausführlich über einzelne Fragen zu äußern; er ist einer von denjenigen Gelehrten, die am heftigsten gegen die Abweichungen der
Karäer polemisieren, ein Zeichen, daß die Propaganda jener Sekte zur
damaligen Zeit mit besonderer Energie und offenbar nicht ohne Erfolg betrieben wurde. Wie es in Natronais Zeit mit den Gebetbüchern
stand, ist nicht leicht zu sagen, aber es läßt sich erschließen, daß die
Vorbeter sie damals bereits allgemein benutzten, ohne auf Widerspruch
zu stoßen.

Weit ausführlicher ist die Gebetordnung für das ganze Jahr
(סדר תפלות וברכות של שנה כלה), die Natronais Nachfolger, A m -
r a m b. Scheschna, ebenfalls nach Spanien, wie es scheint, nach
Barcelona, geschickt hatte. Sie enthält ausführliche Abhandlungen
über das Gebet, verzeichnet alle Bräuche im Verhalten beim Gottesdienste, gibt aber daneben auch den Wortlaut der Gebete. Daß die
uns vorliegende Form von Amrams Gebetordnung nicht die ursprüngliche ist, läßt sich nicht bestreiten. Die Texte der Gebete können, wie
sich aus Vergleichungen mit zuverlässig überlieferten Äußerungen des
Verfassers ergibt, unmöglich in der Gestalt von ihm mitgeteilt worden
sein, die der Druck heute darbietet; die neuerdings bekannt gewordenen
Handschriften des Werkes weichen von der gedruckten Ausgabe an
zahlreichen Stellen ab, sie enthalten mancherlei nicht, was tatsächlich
zum öffentlichen Gottesdienste nicht gehört, und bieten wiederum
ausführliche Stücke, die man bisher mit Recht vermißt hat. Auch
im Wortlaute der Gebete unterscheiden sich die Überlieferungen vielfach. Es ergibt sich daraus mit voller Klarheit, daß der Gebetordnung
Amrams im Laufe der Zeit solche Texte hinzugefügt wurden, die im
Lande des betreffenden Abschreibers gebräuchlich waren; es ist ganz
offenkundig, daß in der einen Handschrift der Einfluß der spanischen,
in der anderen derjenige der provenzalischen Gemeinden, in einer
dritten Mißbräuche der Kabbala vorwiegen. Es erhebt sich nun die
Frage, ob Amrams Gebetordnung von Haus aus überhaupt die Texte

enthielt, oder ob sie nicht lediglich aus halachischen Anweisungen und
Mitteilungen von Bräuchen bestand, in die nach dem Vorbilde Natronais kurze Angaben der Eulogien eingestreut waren. In den zahlreichen Anführungen, die im frühen Mittelalter aus dem Werke gemacht werden, findet sich niemals der Wortlaut der Gebete, die Vermutung ist nicht abzuweisen, daß sie ursprünglich gar nicht darin
enthalten waren. Auch der halachische Teil ist nicht unversehrt auf
uns gekommen. Ganz abgesehen von leicht erkennbaren Zusätzen
aus späterer Zeit, muß der Text noch andere Veränderungen erfahren
haben; seine Angaben widersprechen nicht selten gut verbürgten
Aussprüchen Amrams in anderen Quellen oder bringen solche nicht,
die anderweitig überliefert werden. Die Mitteilungen Amrams berufen sich sehr häufig auf Anschauungen seiner Vorgänger und auf
den Brauch der beiden babylonischen Hochschulen sowie des Gottesdienstes im Exilarchenhause, bei dem die Überlieferung mit besonderer
Sorgfalt gehütet worden zu sein scheint.

Amrams Gebetordnung war das ganze Mittelalter hindurch eine
der wichtigsten und am meisten benutzten Quellen über den Gottesdienst. Der סדר רב עמרם oder יסוד העמרמי, wie man sie nannte, wird
von fast allen maßgebenden Lehrern des Mittelalters, ganz gleich,
in welchem Lande sie wohnten oder lehrten, häufig angeführt. Ja
noch mehr, die wichtigsten Gebetordnungen oder halachischen Schriften
über den Gottesdienst sind geradezu darauf aufgebaut; wo sie es
können, übernehmen sie ganze Partien wörtlich, Amram bildet die
Grundlage ihrer Ausführungen, das jüngere oder abweichende Material
wird nur als Zusatz zu ihm wiedergegeben. Unbekümmert darum,
daß der Gottesdienst in der eigenen Heimat inzwischen eine ganz
andere Gestalt, die Gebete einen anderen Wortlaut angenommen
hatten, wurden dann, wie oben bemerkt, die Texte auch zwischen
die Bestimmungen Amrams eingefügt, es entstanden auf diese Weise
neue und veränderte Auflagen seines wichtigen Werkes. Wenn Amram
tatsächlich Gebettexte mitgeteilt haben sollte, so können es nur die
Stammgebete gewesen sein. Die sehr zahlreichen Piutim, die zu seiner
Zeit schon weithin verbreitet und anerkannt waren, erwähnt er wohl
mit Namen, aber er gibt ihren Wortlaut nicht an; hingegen hat er
den Selichas, in der Hauptsache dem alten Bestande von Bibelstellen
und Litaneien, Aufnahme gewährt.

Das erste richtige Gebetbuch in unserem Sinne ist die „Samm-

lung der Gebete und Lobgesänge" (אלצלואת ואלתסאבח אלצלואת ואלתסאבח) des
Gaons S a a d j a b. Joseph. Es ist nicht vollständig erhalten, nur
Bruchstücke sind auf uns gekommen, die sich allerdings durch andere
kleinere Fragmente ergänzen lassen, so daß bis auf den Anfang und
das Ende wahrscheinlich nur sehr wenig fehlt. Das Werk ist noch
nicht veröffentlicht, es ist nur aus Zitaten bei Autoren des Mittelalters
und aus knappen Mitteilungen neueren Datums bekannt; über die
Wichtigkeit des Werkes und seine Bedeutung als Quelle für die Geschichte des Gottesdienstes herrscht schon danach allgemeine Übereinstimmung. Die Veranlassung zur Ausarbeitung seiner Gebetordnung war für Saadja die Beobachtung, daß im Gottesdienste
so viel hinzugefügt, weggelassen und abgekürzt wurde, daß manches
aus dem öffentlichen Gottesdienste verschwunden oder nur noch
in der Privatandacht üblich, anderes bis zur Unkenntlichkeit verändert
worden war. Er führt bereits darüber Klage, daß Gelehrte sich die
Freiheit nähmen, in der Überlieferung nicht begründete Neuerungen
einzuführen, daß die Menge des Neuen die alten Sitten verdrängte,
und daß infolgedessen die Bräuche selbst in benachbarten Gemeinden
so sehr voneinander abwichen. Saadjas Buch enthält die Stammgebete und zahlreiche poetische Zusätze; er teilt das ganze Werk in
zwei Teile, behandelt zunächst den Gottesdienst der gewöhnlichen
Tage und dann denjenigen der Feste. Außerdem fügt er die Vorschriften über den Gottesdienst in arabischer Sprache hinzu, bisweilen
sogar in sehr ausführlichen Abhandlungen; er gibt darin auch Erklärungen zu einzelnen Gebeten und geht auf ihre Begründung und
ihre Quellen ein. Saadja war aber nicht nur Sammler und Halachist,
sondern auch systematischer Theologe; er läßt darum der Mitteilung
der Gebete auch kürzere oder längere Abhandlungen über den Sinn,
den Inhalt und die Bedeutung des Gottesdienstes, der Gebete und
der dabei üblichen Zeremonien folgen. Der Siddur ist vielleicht erst
nach Saadjas Übersiedlung nach Babylonien verfaßt, aber im Wortlaut der Gebete und in den Bräuchen, die er mitteilt, ist der Einfluß
seiner ägyptischen Heimat überall sehr deutlich zu erkennen, die
Überlieferungen des palästinischen Ritus, der in Ägypten befolgt
wurde, sind bei ihm wiederzufinden; daher kam es auch, daß seine
Vorschriften und einzelne von ihm empfohlene Gebete bei den babylonischen Geonim lebhaften Widerspruch fanden. Saadjas Gebetbuch war einst sehr verbreitet, besonders in Ägypten, dem Lande,

für das es bestimmt war; aber auch in Spanien wurde das Werk der
Beachtung gewürdigt und häufig als maßgebend angeführt, dann
wurde es, wahrscheinlich durch Maimonides, in Yemen bekannt, im
Gebetbuche der dortigen Gemeinden ist sehr vieles daraus wörtlich
übernommen.

Daß berühmte Gelehrte einen Siddur zusammenstellten, scheint
im Orient noch sehr lange Zeit üblich gewesen zu sein. In den meisten
derartigen Werken wurde nur über den Gang des Gottesdienstes im
allgemeinen berichtet, es wurden die für richtig gehaltenen Bräuche
mitgeteilt, vielfach auch erklärt. Unwillkürlich wurden dabei bisweilen
auch einzelne Sätze aus den Gebeten angegeben, zumal solche, die
umstritten waren, aber eine zusammenhängende Wiedergabe der
Gebete war nicht darin enthalten. Die Gebete waren ja nicht ihr Werk,
die Gelehrten hätten sie darum auch nicht unter ihrem Namen veröffentlicht, andererseits waren die Gemeinden, auf deren Veranlassung
die Gebetordnungen entstanden, im Besitze der Texte, und es wäre
überflüssig gewesen, sie ihnen zu übersenden. Jene Werke sind sämtlich ein Opfer der Zeit geworden; was wir von ihnen wissen, erfahren
wir zumeist aus systematischen Ritualwerken des 11. und 12. Jahrhunderts, wie den Halachot des Isaak ibn Gajjat, dem Sefer ha Ittim
des Jehuda al Barzeloni oder dem Eschkol des Abraham b. Isaak
aus Narbonne; ihre ausführlichen Auszüge aus der alten Literatur
haben die Gemeinden vielfach beeinflußt, zur Aufnahme neuer Bräuche
und neuer Gebetformeln veranlaßt. Eine Vereinigung von Gebettext
und Abhandlungen über den Gottesdienst bietet erst wieder Maimunis
M i s c h n e   T o r a. In musterhafter Ordnung sind dort zunächst
alle Vorschriften über den Gottesdienst und alle Bräuche zusammengestellt; als Anhang folgt eine Aufzeichnung der Gebete für das ganze
Jahr (סדר תפלות כל השנה), die von den Kopisten später verkürzt
und daher nur in verstümmelter Form auf uns gekommen ist. In
Ägypten, vielleicht auch in Palästina, wurde der Gottesdienst lange
Zeit nach Maimunis Ordnung gehalten, in Yemen wird sie bis zum
heutigen Tage dem Gebetbuche zugrunde gelegt.

In Deutschland und dem nördlichen Frankreich ist die Entwicklung ähnlich gewesen. Wie sehr es in der Hand anerkannter Gelehrter
lag, die Gebete und Bräuche zu verändern, zeigt uns das Beispiel
Isaak ha Levis in Worms, von dessen Neuerungen wir mehrfach
zu berichten hatten; aller Wahrscheinlichkeit nach wurden ihm neue

Quellen über den Gottesdienst bekannt, die ihn zum Eingreifen veranlaßten. Eine Gebetordnung für die beiden Länder hat erst Raschi
oder seine Schule verfaßt. Raschis Siddur entspricht den Vorgängern
darin, daß er nur die Beschreibung des Gottesdienstes, die Erklärung
der Bräuche bietet, die Texte sind nicht in ihm zu finden. Hingegen
war der Siddur offenbar als Kompendium für das religiöse Leben und
die Festzeiten gedacht, daher werden in ihm die für die Sabbate und
Feiertage geltenden Bestimmungen sehr ausführlich abgehandelt
und dargestellt. Ganz anderer Art wie Raschis Gebetordnung ist das
aus demselben Kreise stammende M a c h s o r des Simcha b. Samuel
aus V i t r y. Es ist nach langer Zeit wieder einmal ein Werk, welches
die Gebetordnung mit dem Texte vereinigt; neben den Regeln, die sehr
häufig wörtlich aus Amram übernommen sind, finden wir die Gebete
mit einer Erklärung ihres Wortlauts, die Schriftvorlesungen nebst
aramäischen Bearbeitungen für die Festtage, darüber hinaus ausführliche Beigaben wie die Sprüche der Väter, die Grundzüge des Kalenders,
Vorschriften über Herstellung von Ritualgegenständen usw. Endlich
aber finden wir dort eine große Anzahl von gleichartigen Poesien vereinigt, die nach Gruppen getrennt sind; sie zeigen, daß die Handschriften damals noch mit einem reichen Vorrat von Piutim ausgestattet wurden, daß sie die poetischen Beigaben nach der Reihe der
Gebetstücke anordneten, und daß es dem Belieben des Vorbeters überlassen war, welche Poesie er im gegebenen Augenblicke gerade zu
verwenden wünschte. In dem uns erhaltenen Anhange unter dem
Titel קונטרס הפיוטים befinden sich nur noch poetische Stücke für
Maarib, Jozer und Nischmat, aber es kann kein Zweifel darüber bestehen, daß einst die jetzt fehlenden Piutgattungen, vor allem die
Selichas und Kerobot, ebenfalls darin standen.

5. In solcher Reichhaltigkeit waren später die Gebetbücher
nicht mehr angelegt, nur in den besonderen Sammlungen von Poesien
hat man derartige Mengen von Piutim vereinigt, im übrigen aber
wurde es Sitte, nur diejenigen Gebete abzuschreiben, welche die Gemeinden nach dem bei ihnen herrschend gewordenen Ritus (מנהג)
wirklich verwendeten. So entstanden zwei Arten von Gebetbüchern;
entweder wurden nur die Stammgebete abgeschrieben, und zwar
meist für den Privatgebrauch, wobei sie dann bisweilen mit Übersetzungen versehen wurden, oder umfangreichere Sammlungen von
Stammgebeten und Piutim hergestellt, die man M a c h s o r nannte.

Durch die große Masse der Piutim ist die Verschiedenheit im Brauche der einzelnen Gemeinden und Länder besonders deutlich geworden, schon im 10. Jahrhundert war die Gruppierung der Festgebete nicht mehr überall gleich, von da ab aber gingen die Riten immer weiter auseinander, weil der Geschmack sich verschieden entwickelte, und weil die Herrschaft heimischer Dicher und lokaler Bräuche den Gottesdienst entscheidend beeinflußte.

In völlig reiner, einheitlicher Überlieferung hat sich nirgends ein Ritus erhalten. Die Vermischung begann schon damit, daß die von Babylonien ausgehenden Anordnungen und Gebetbücher vielfach auf alte palästinische Traditionen stießen und mit ihnen eine Verschmelzung eingingen. Außerdem haben die vielen Wanderungen bewirkt, daß die verschiedenartigsten Überlieferungen zusammentrafen und nebeneinander bestehen blieben. Die Gebetordnungen der einzelnen Länder nahmen verschiedene Gestalt an, je nachdem das eine oder das andere Element vorherrschte. Am meisten vom palästinischen Ritus haben die Gebetordnungen der Balkanländer bewahrt; fast sämtliche Psalmen und viele Texte der Stammgebete finden sich dort wieder. Bereits bedeutend geringere Überreste sind in dem in Italien üblich gewordenen Ritus bemerkbar, nach Deutschland und Frankreich konnte verhältnismäßig nur noch wenig von palästinischen Gebeten gerettet werden. Der babylonische Einfluß ist in der spanischen Gebetordnung fast ausschließlich maßgebend, aber auch dort waren nicht überall dieselben Gebete üblich, in Toledo z. B. wurden viele Texte nach palästinischem Brauche verwendet, was wahrscheinlich auf den Einfluß von Saadjas Siddur zurückgeht. Überhaupt ist zu beachten, daß die Riten nicht mit wissenschaftlicher Genauigkeit oder auf Grund von Quellenforschungen künstlich zusammengestellt wurden, sondern daß sie wild wuchsen, sich nach den gerade vorherrschenden Einflüssen entwickelten, daß die Grenze nicht immer sorgfältig innegehalten und auch das Überwuchern von Unkraut nicht immer verhindert werden konnte. Für ihre Ausgestaltung war häufig in erster Reihe bestimmend, woher die Gründer der Gemeinde und einzelne Lehrer von Ruf kamen, sowie welche Traditionen sie mitbrachten und durchzusetzen wünschten.

Doch nicht an den Stammgebeten wurden die Verschiedenheiten des Gottesdienstes deutlich, sie stimmten in der Anordnung und im überwiegenden Teile des Textes überein, die Abweichungen waren

nur selten und nicht gerade auffällig; die wirklichen Differenzen
stellten sich erst durch die Verwendung des Piut ein. Auch der Piut
hatte seine Schicksale, die alten Dichtungen, besonders Kalirs Kompositionen waren in alle Länder übertragen worden, die Werke der
einheimischen Dichter hatten sich dann zu ihnen gesellt und sie mehr
oder minder verdrängt. Aber auch beim Piut blieb die Tradition in den
seltensten Fällen einheitlich. Umfangreiche Kompositionen wurden
nicht immer vollständig beibehalten, vieles darin wurde weggelassen,
sie wurden durch Werke anderer Dichter unterbrochen. Wenn die
Gemeinden neue Dichtungen kennen lernten und Gefallen daran
fanden, nahmen sie sie auf, ohne nach ihrer Herkunft zu fragen, die
Poesien der Spanier fanden überall Eingang. Es trat somit eine Vermischung der Piutim ein, dennoch aber blieb der Typus einheitlich
erhalten; wie in den Stammgebeten, ergeben sich auch, wenn man den
Piut betrachtet, z w e i G r u p p e n.

Die in den Stammgebeten verwandten Riten der Balkanländer,
Italiens, Frankreichs und Deutschlands zeigen auch in bezug auf
den Piut große Ähnlichkeiten. Sie stimmen zunächst in der Art der
Ausstattung der Feste und vieler ausgezeichneter Sabbate mit Jozer
und Keroba überein. Die Namen der Dichter, denen man in ihnen
begegnet, sind häufig dieselben; gewiß sind sie im einzelnen durch
Männer aus ihrer Heimat verschiedenartig mit Poesien ausgeschmückt
worden, aber vorherrschend und charakteristisch bleibt in ihren
Piutim der Name Kalirs. Die Gleichartigkeit der Entwicklung wird
vor allem bei der Betrachtung des poetischen Materials für einzelne
besondere Tage kenntlich. Am 9. Ab z. B. verwenden die genannten
Gebetordnungen sämtlich die K i n o t Kalirs. In den einzelnen
Ländern und den verschiedenen Gemeinden desselben Landes gehen
die Bräuche sehr auseinander, aber die Disposition ist doch überall
dieselbe. Kalirs Trauerzyklus ist am reinsten im römischen Gebetbuche bewahrt, dort findet man seine Keroba und die zu ihrer Erweiterung verfaßten Kinot fast in ihrer ursprünglichen Gestalt; der
romanische Ritus hat schon mehr fremde Einschaltungen aufgenommen. Der deutsche hat in seinem westlichen Teile eine andere
Keroba Kalirs, im östlichen ist selbst diese weggeblieben, und die
Kinot sind von der Keroba losgelöst, aber auch im deutschen Ritus
ist der Beginn der Kinot, ihre zusammenhängende, umfangreichste
Gruppe dem Zyklus Kalirs entnommen. Ähnlich steht es mit den

H o s c h a n o t, die genannten Länder haben alle entweder ausschließlich oder zum größten Teil kalirisches Material aufgenommen. Am V e r s ö h n u n g s t a g e galten in alter Zeit nur die Selichas und die Sündenbekenntnisse als obligat, die Verwendung einer Keroba war freigestellt. Die Zeit, in welcher der Piut herrschte, brachte darin eine Veränderung, Keroba und Hymnen stellten sich neben die Selicha, diese selbst wurde in poetischer Form bearbeitet, Piutstoff im Selichagewande vorgeführt, jede Tefilla mit einer eigenen Keroba ausgestattet. Die genannten Länder haben ihren Gottesdienst am Versöhnungstage in durchaus gleicher Weise ausgestaltet. Jozer und Ofan haben sie gemeinsam, auch von den Kerobot werden mindestens zwei von ihnen allen verwendet, wenn auch eine davon in verschiedenen Gebeten. Die Übereinstimmungen zwischen Italien und den Balkanländern sind wiederum größer als die mit Deutschland, aber bei allen Abweichungen merkt man doch, daß die Tendenz dieselbe war und die Verschiedenheit nur durch die Arbeit der einheimischen Dichter so groß wurde. Man darf das Urteil auch nicht ausschließlich auf den heute vorhandenen Bestand gründen; wenn man auf die alten Handschriften zurückgeht, so wird die Übereinstimmung in den Poesien noch weit klarer. Gemeinsam sind den genannten Ländern ferner einige Stücke im Musafgebet, so z. B. das bekannte וּנְתַנֶּה תֹקֶף. Die Abodapoesien selbst waren verschieden. Es entsprach altem Herkommen, daß jedes Land eine eigene Aboda verwendete, aber die ihnen angehängten Stücke und besonders ihre Fortsetzung durch Selichas zeigen wieder die außerordentlich nahe Verwandtschaft.

Ganz anders entwickelten sich die Gebete an den drei erwähnten Tagen im spanischen Ritus; Spanien hatte allerdings ebenfalls keinen einheitlichen Brauch, man muß zumindest zwischen Katalonien und Kastilien unterscheiden, aber der Grundzug und der Aufbau sind doch dieselben. Für den Fasttag des 9. Ab sind in Spanien die vielen Psalmen und die allgemein gehaltenen Klagelieder bezeichnend, von Kalirs so reichhaltigen und ins einzelne gehenden Klageliedern ist dort nichts bekannt, hingegen werden schon die drei Sabbate vor dem Fasten mit sehr ausführlichen Jozerkompositionen bedacht. Ebenso weicht die Hoschanaordnung ab, der Aufbau und die poetische Ausführung sind von den kalirischen völlig verschieden. Ganz besonders aber wird der Unterschied am Gottesdienste des Versöhnungstages klar. In den mannigfachen Gebetsammlungen spanischer Herkunft ist bis auf die Aboda verschwindend wenig altes Material, die poetische Bearbeitung der Gebete ist durch die berühmten einheimischen Dichter ausgeführt, ihnen ist der Aufbau des M a a m a d eigentümlich, die poetische Selicha wird Bestandteil der zur Keroba gehörigen Dichtungen, während die Selichot im eigentlichen Sinne mit ihren schlichten althergebrachten Litaneien auf die Tefilla folgen. Für einen Teil der spanischen Gebetordnungen ist ferner bezeichnend, daß sie das poetische Maarib nicht kennen, daß sie für die Wallfahrtsfeste und die ausgezeichneten Sabbate weder Jozer noch Keroba verwenden, daß die aramäischen Bearbeitungen zur Schriftvorlesung bei ihnen nicht vorkommen; in einem anderen Zweige der spanischen Gebetordnung wiederum sind auch solche Piutim nicht ganz ausgeschlossen. Die spanische Gebetordnung gewann sehr großen Einfluß, sie wurde über viele Länder verbreitet, besonders im Norden Afrikas haben die meisten, Gemeinden die Festgebete nach ihrem Muster ausgestattet, in den westlicheren Teilen, wie Tripolis, Ägypten war allerdings für die Stammgebete Saadjas Überlieferung maßgebend. Den Übergang zwischen den beiden Gruppen bildet das südliche Frankreich. Die Provence stand mit Spanien ebenso in Verbindung wie mit dem nördlichen Frankreich, in ihren Gemeinden sind daher zahlreiche Entlehnungen aus beiden Gruppen sowohl in den Stammgebeten wie auch in den Poesien; die Gelegenheiten für poetische Einschaltungen sind nach dem Muster des nördlichen Frankreich gewählt, die Dichtungen hingegen vielfach den Arbeiten der spanischen Meister entnommen.

Die Abgrenzung der Gebetordnungen war nicht von Anfang an durchaus streng und unverschiebbar, selbst innerhalb eines Ritus bestand mehr oder weniger Freiheit, die Zusammensetzung der Gemeinden blieb nicht immer gleich, der Geschmack änderte sich. Dazu kam, daß bis zum Jahre 1150 die Dichter sehr schöpferisch waren, daß daher häufig neues Material zum Vorschein kam. Die Zahl der Piutim und ihr Inhalt stand durchaus nicht fest, es konnte damit von Zeit zu Zeit gewechselt werden. Bis auf die hohen Feiertage hatte wahrscheinlich in den meisten Fällen überhaupt nur der Vorbeter eine Sammlung von Piutim zu Hand, die Bestimmung über ihre Verwendung war ihm vollständig überlassen. Besonders die Auswahl und Anordnung der Selichas war ganz beliebig. Sowohl die Zahl der Bibelverse wie ihre Abteilung als auch die Einfügung des poetischen Materials beruhten auf Willkür; von den Fasttagen, an denen Selichas zum Vortrage gelangten, waren nur die wenigsten fest bestimmt, die meisten wurden durch örtliche Vorgänge, durch Erinnerungen der Gemeinden ins Leben gerufen, ihre Zahl und Beachtung wechselte nicht allzu selten. Ebenso wurden die Selichatage vor den ernsten Tagen nicht in gleicher Weise gehandhabt und entwickelt, in manchen Gegenden wurden wenige Tage dafür verwendet, in anderen ein ganzer Monat. In Spanien begnügte man sich damit, gleichmäßig an allen Tagen die alten Litaneien zu wiederholen; in den anderen Ländern hingegen arbeitete man poetische Stücke dafür aus, aber deren Zahl und Inhalt hingen von keinerlei festen Regeln ab, sie konnten in ganz verschiedener Weise aufgenommen werden und den Ritus beeinflussen. Von derartigen Einzelheiten hing die Gestaltung der Gebetordnung ab, daher kam es, das jeder große Ritus in mehrere Unterabteilungen zerfiel.

6. Die Wahrnehmung der zahlreichen Abweichungen, die sich an allen durch das Herkommen nicht festgelegten Stellen des Gebets von Gemeinde zu Gemeinde beobachten ließ, hatte ihre Sammlung und schriftliche Aufzeichnung zur Folge. Es entstand eine neue Literatur, welche einen Einblick in die Beweglichkeit einiger Elemente des Gottesdienstes gewährt, welche gleichzeitig aber zur Befestigung auch der bis dahin freien Partien beitrug. In der Beschreibung der abweichenden Bräuche selbst lag zunächst keinerlei Zwang, sie irgendwo einzuführen oder zu beobachten, aber schon die Tatsache, daß so viele Einzelheiten mitgeteilt wurden, zeugt davon, daß man ihnen eine große Bedeutung beilegte. Spätere Zeiten, die allen Literaturdenkmälern der Vergangenheit einen tiefen Sinn und verbindlichen Charakter zuerkannten, zogen die Konsequenz daraus. Tatsächlich wurde der B r a u c h eine M a c h t, das Tun der Vorfahren wurde mit der größten Verehrung und Genauigkeit ergründet; soweit es irgend anging, wurde seine Nachahmung empfohlen. Der Satz, daß „der Brauch sogar anerkannte Institutionen verdrängt", die Lehre, „den Brauch der Väter nicht zu verlassen, die Übung der Mutter nicht aufzugeben", werden immer häufiger und immer nachdrücklicher eingeprägt, die „Bräuche und Ordnungen" oder „der rechte Brauch" werden nicht nur häufig wiederholte Redensarten, sondern mit der Zeit das einflußreichste Element im Gottesdienste. Gute und nachahmenswerte Bräuche werden daher frühzeitig ge-

sammelt. Ob es besonders hervorragende und angesehene Männer waren, wie der Vorbeter R. Meir in Worms, oder die Bräuche berühmter, alteingesessener Gemeinden, wie Köln, Mainz und Speyer, — sie wurden sorgfältig registriert, gesammelt, und den künftigen Geschlechtern als Richtschnur empfohlen. Vorzugsweise wurde diese Literaturgattung in Deutschland und Frankreich gepflegt. Wichtig wurde die Sammlung, welche A b r a h a m b. N a t h a n aus Lunel (אברהם ב׳ נתן הירחי) anlegte. Er war in der Provence geboren, hatte seine Jugend in der bedeutenden Gemeinde Lunel zugebracht, war dann später nach dem nördlichen Frankreich und zuletzt nach Spanien gewandert. Überall hatte er aufmerksam beobachtet, welche Bräuche beim Gottesdienste befolgt wurden, an den besuchten Lehrstätten, an denen er seine Studien pflegte, hatte er wahrscheinlich auch Genossen aus anderen Ländern getroffen und befragt, und so konnte er in seinem um 1205 in Toledo verfaßten Buche מנהיג עולם, gewöhnlich kurz מנהיג genannt, mitteilen, was er von den Bräuchen in Nordfrankreich, Westdeutschland, Burgund, Champagne, Provence, England und Spanien selbst gesehen oder gehört hatte. Auch aus der Literatur hatte er viel Material herbeigeschafft; wie es scheint, hat er auch große liturgische Sammlungen, wie das Machsor Vitry, abgeschrieben und mit Glossen versehen. Seine Arbeit, für den Historiker eine der wertvollsten auf diesem Gebiete, fand nicht die genügende Beachtung und eine nur sehr schlechte Überlieferung; sie wurde vielfach gekürzt und durch Einfügung aus den Werken anderer entstellt. Für Deutschland gewann M e i r v o n R o t h e n b u r g große Bedeutung, seine Bräuche wurden sorgsam befolgt, von seinen Schülern aufgezeichnet und weiter überliefert. Er selbst hatte schon eine O r d n u n g d e r B e n e d i k t i o n e n zusammengestellt, das meiste Material aber ist erst von seinen Schülern in verschiedenen Werken bearbeitet worden; Simson b. Zadok schrieb im Jahre 1292 das Werk תשבץ, dessen genauer Umfang infolge der sehr verschiedenartigen Überlieferung nicht ganz klar ist, Meir ha Cohen, der Sammler der הגהות מיימוניות, begleitete den von Maimonides gebotenen Text der Gebete mit Nachrichten über abweichende Bräuche in Deutschland. Auch in den späteren Kompendien, bis zu den Turim hinunter, wurde Meir von Rothenburg als Vorbild und Muster benutzt. In Italien verfaßte Meirs jüngerer Zeitgenosse Z i d k i a b. A b r a h a m das Ritualwerk שבלי לקט. Die „Ährenlese" ist zwar ein Kodex des

gesamten Ritualgesetzes, sie geht aber vom öffentlichen Gottesdienste
aus und berücksichtigt vorwiegend diejenigen Gebiete, welche mit
ihm zusammenhängen. Der Verfasser läßt seine eigene Meinung
zurücktreten, bietet aber dafür sehr ausführliche Zitate aus ihm
vorliegenden älteren Schriften, er sammelt auch die Bräuche, die ihm
zugänglich sind, und hat so sein Werk zu einem außerordentlich
nützlichen und lehrreichen gemacht. Ähnliche Arbeit leistete am
Anfang des 14. Jahrhunderts A h r o n h a C o h e n b. J a k o b
aus Narbonne. Er war aus seiner Heimat vertrieben worden und verfaßte in Majorca sein umfassendes Buch ארחות חיים, dessen erster
Teil ausschließlich Fragen des Gottesdienstes behandelt; er bemerkt
ausdrücklich, daß das Werk Männern dienen soll, die, wie er, ihrer
Heimat gewaltsam entrissen und daher ohne Tradition und ohne
Bücher geblieben sind. Vorzüge seines Werkes sind Methode, Reichhaltigkeit und wörtliche Anführung der Quellen, unter denen die
wertvollsten Mitteilungen aus den verloren gegangenen Partien des
S. ha Ittim stammen. Das Werk ist später von einem S c h e m a r j a
b. S i m c h a für den Gebrauch der Deutschen verkürzt, geändert,
bisweilen mit anderer Reihenfolge der Abschnitte redigiert und unter
dem Titel כל בו vom 16. Jahrhundert ab sehr stark verbreitet worden.
Für die spanischen Juden wurde D a v i d A b u d r a h a m der
Führer; er verfaßte im Jahre 1340 in Sevilla einen Kommentar zum
Gebetbuch, der wegen seiner Klarheit und Schlichtheit rasch große
Beliebtheit erlangte, er verband damit aber auch Mitteilungen über
die gottesdienstlichen Gebräuche, die auf diese Weise ebenfalls weite
Verbreitung fanden.

　　Die bisher genannten Autoren haben hauptsächlich solche Bräuche
beschrieben, die sie aus der eigenen Beobachtung kannten oder
wichtigen älteren Literaturwerken entnahmen. Je mehr die selbständige geistige Tätigkeit unter den Juden zurückging, je mehr
das selbständige Denken durch den politischen und sozialen Druck
zurückgedrängt wurde, für desto wichtiger galt die Sammlung der
Überlieferungen der Vergangenheit. Man verlegte sich, da man bessere
und größere Arbeiten zu verfassen nicht die Ruhe und den Mut hatte,
auf derartige Sammlungen, alle Kleinigkeiten und Einzelheiten im
Gebete und in den gottesdienstlichen Bräuchen wurden studiert und
festgelegt, der Übung der Vorfahren wurde eine übertriebene Bedeutung
beigemessen. Schon Menachem b. Joseph aus Troyes schrieb 1313 seinen

סדר טרוייש in der ausgesprochenen Absicht, Anweisungen darüber
zu geben, wie die Vorbeter den Gottesdienst nach dem rechten Gebrauch
der Gemeinde Troyes halten sollten, damit sie nicht unwissend und
einsichtslos daständen, nicht wie Narren oder Träumer vor Gott hin-
träten und in ihrem wichtigen Amte schwere Fehler begingen. Es
folgen nun zehn Abschnitte, deren Inhalt in keinem Verhältnisse
zu der Wichtigkeit steht, die dem Buche in der Vorrede beigelegt wird,
sie beziehen sich auf solche Gebete, die nicht feststanden, deren Benutzung bis dahin dem Belieben der Gemeinde überlassen war, wie
die Verwendung und Stellung der Psalmen, der Tachanunim, wie die
Gebete bei der Toravorlesung, die genaue Festsetzung von Sidra und
Haftara sowie endlich die Feststellung von Piut und Selicha. Besonders grassierte nach der Zeit des schwarzen Todes (1348 bis 1349)
in Deutschland und Österreich jene Plage, die mit Recht die K r a n k -
h e i t der M i n h a g i m genannt worden ist. Durch die Zerrüttung
in den Gemeinden waren frühere Einrichtungen, Bestimmungen und
Gewohnheiten in Vergessenheit geraten, man stellte infolgedessen
Forschungen darüber an, deren Gründlichkeit heute mehr als verwunderlich erscheint.   Soweit sie sich auf die Herstellung des Zu-
sammenhanges mit der Tradition bezogen, soweit sie dazu dienen
sollten, die vielfach eingerissene Unordnung und Mißwirtschaft zu
beseitigen, mögen sie ihre Berechtigung gehabt haben. Sie gingen jedoch
weit darüber hinaus und schenkten auch den kleinlichsten Dingen und
unwichtigsten Gewohnheiten eine derart übertriebene Beachtung, daß
das nur als krankhaft und als trauriges Zeichen einer Zeit des Ver-
falles betrachtet werden kann.   Die bekannteste Aufzeichnung von
Minhagim ist diejenige, welche unter dem Namen des R. J a k o b
b. M o s e s M ö l l i n a u s K ö l n (מהרי״ל 1356 bis 1427) verbreitet
ist; die Sammlung, welche von Salman aus St. Goar veranstaltet
ist, enthält auch die Minhagim des R. Schalom aus Wiener Neustadt
und R. Abraham Klausner. Es ist beachtenswert, welche Bedeutung
der Sammler seiner Arbeit und Forschung beilegt; ich habe mir Mühe
gegeben, so schreibt er, und mich befleißigt, genau zu beobachten
welche Sitten und Bräuche der Gottesmann Jakob Möllin befolgte,
auch bei Dingen, die sehr einfach und selbstverständlich erscheinen,
habe ich mich nicht gescheut, Mitteilungen aufzunehmen, um dadurch
zu bekunden, daß er sich so zu verhalten pflegte, denn er war würdig,
daß man seine Bräuche befolgte, wie er selber Überlieferungen von

berühmten Meistern hatte und mit großer Genauigkeit ihnen nach-
zustreben pflegte. Der Schreiber hält sich zwar für unwürdig, ein
derart bedeutungsvolles Werk zu verfassen, da aber seine Aufzeichnungen von anderen vielfach benutzt, gegen seinen Willen verbreitet
und bekannt gemacht worden seien, habe er sich schließlich doch
bereit finden lassen, sie zu veröffentlichen und dadurch einem allgemeinen Bedürfnis entgegenzukommen. Das Resultat jenes genauen
Studiums der Minhagim war, daß nunmehr alles, was überhaupt
möglich war, festgelegt wurde, daß jedes Wort genau beachtet, daß
über alle Stellen, an denen Zweifel obwalten konnten, eingehende
Forschungen angestellt wurden; über jeden Jozer, ja sogar über
jede Melodie, die in einer der damaligen großen Gemeinden am Rhein
oder in Österreich oder in der Umgebung eines der berühmten Lehrer
in Gebrauch waren, über jede Handbewegung und jede Verneigung
jener Autoritäten wurde eingehend und sorgfältig berichtet. Der
Fleiß und die Mühe, die wir auf jene Kleinigkeiten aufgewendet sehen,
hatten ihren Grund in der unnatürlichen Schätzung der Bräuche;
„der Brauch ist die Hauptsache" oder „der Brauch unserer Väter
kommt der geoffenbarten Lehre gleich", solche Sätze kann man in
jener Zeit außerordentlich oft wiederholen hören. Das Resultat ist,
daß auch die letzte Bewegungsfreiheit aus dem Gottesdienste verschwindet, daß alle Gebete, alle Sitten und Bräuche literarisch festgelegt werden. Mit der Zeit fanden solche Überlieferungen immer
mehr Beachtung und Anerkennung. Schon im S c h u l c h a n
A r u c h bildeten die Minhagim eine außerordentlich wichtige Quelle
für die Kodifizierung des Ritus, und je mehr Zeit verfloß, desto stärker
wurde die Macht des Brauchs, schließlich kam es dahin, daß j e d e
Änderung in der Überlieferung der Väter als
streng verboten erklärt wurde. So wurde die Pflege
der Minhagim ein folgenschweres Übel; in ihrer Wirkung bewahrheitete
sich das scharfe Wort eines geistvollen Lehrers des Mittelalters, daß
die übertriebene Pflege der Bräuche für die Gemeinden zur Hölle
werden kann.

7. Besonders verhängnisvoll wurde die Festsetzung aller Einzelheiten des Brauches dadurch, daß die Überlieferung der Gebete,
zumal der poetischen Stücke, keineswegs zuverlässig und gut gesichert war. Das konnte auch nicht anders sein, weil die Schicksale
der Gemeinden selbst zu unbeständig waren. Die fortwährenden

Austreibungen, die Vernichtung großer Gemeinden, die hastige
Flucht, bei der häufig nur das nackte Leben und selten der Besitz
an Büchern gerettet werden konnte, die Verstümmelung und die
Verbrennung des jüdischen Schrifttums bewirkten nur allzu oft
die Vernichtung der Gebetbücher und der in ihnen vorhandenen
poetischen Schätze. Das Beispiel, das von der Gemeinde in Worms
berichtet wird, daß dort aus einem Brande nur ein einziges Exemplar
des Gebetbuches, und auch das nur als Bruchstück gerettet werden
konnte, so daß von einem Piut nur noch die Hälfte vorhanden war
und in Zukunft benutzt werden konnte, wird sich häufig wiederholt
haben; solche unfreiwillige Verstümmelungen von gottesdienstlichen
Poesien sind nicht allzu selten gewesen. Dazu kamen andere Fehler-
quellen, die bei der handschriftlichen Überlieferung ganz natürlich
waren. Die Fehler der Abschreiber spielen dabei verhältnismäßig
die geringste Rolle. Auch daß die Gemeinden häufig Poesien an
anderen Stellen verwendeten, wie die Autoren beabsichtigt hatten,
durfte noch hingehen. Bedenklicher war es bereits, wenn sie willkürlich zu lang scheinende Stücke abkürzten; ganze Partien in den
Piutim wurden überschlagen, sie wurden infolgedessen nicht mit
Vokalen versehen und schließlich gar nicht mehr abgeschrieben,
so daß sie vollständig aus den Handschriften ausfielen. Dasselbe
Schicksal erlitten fast regelmäßig die Bibelverse innerhalb der Piutim,
aber auch allzu lange Reime oder gar ganze Stücke aus Keroba-
kompositionen wurden eigenmächtig weggelassen und verschwanden aus
den Gebetbüchern. In den Handschriften der Spanier überschlug man
die Schlußstrophen (כרוג), häufig auch Jozer und Keroba, in denen
der Deutschen ganze Hälften von Neujahrshymnen, so z. B. die in
den Poesien mit מלך עליון gegenübergestellten Strophen mit מלך אביון,
in denen mit מעשה אלהינו diejenigen mit מעשה אנוש usf. Nur
in ganz seltenen Fällen wurden solche Stücke ungekürzt beibehalten.
Namentlich die Gebetbücher der Provence hatten das Schicksal,
daß verstümmelte Poesien in ihnen vereinigt wurden, sie sind besonders
reich an derartigen Bruchstücken von ganzen und halben Strophen.
Die Auslassungen in den Handschriften waren zahllos, besonders
bei alphabetischen Aufzählungen oder Litaneien wurden völlig willkürlich ganze Buchstabenreihen gestrichen, sämtliche Zeilen sind fast
in keinem Ritus erhalten, aber auch die Weglassungen sind ganz
verschieden, wie es auch umgekehrt vorgekommen ist, daß derartige

Litaneien nach Belieben verlängert wurden, so daß z. B. אבינו מלכנו
bald in 22, bald in 44 Zeilen vorliegt. Die Abkürzungen von Selichas
werden schon vom 12. Jahrhundert an beklagt, die Teilung der poetischen Einschaltungen, die Vereinigung der Stücke verschiedener
Autoren war bei ihnen noch leichter herzustellen, und es ist auch
von dieser Freiheit sehr häufig Gebrauch gemacht worden. Auch
davor scheute man sich nicht, Zusätze zu Gebeten und Piutim anderer
zu verfassen; mitunter sind aus einer Dichtung einige Strophen gestrichen und dafür kritiklos andere fremde mitten hineingesetzt
worden. Der einzige Trost bei all den ungeschichtlichen Verstümmelungen und Zerstückelungen der Handschriften ist der, daß sichtliche
und bewußte Änderungen der Stammgebete nur in äußerst seltenen
Fällen vorkamen.

8. Sehr wichtige Änderungen in der Gestaltung der Gebetbücher
traten an der Schwelle der Neuzeit ein. Zunächst wurden sie durch
die Wanderungen und Austreibungen der Juden herbeigeführt, bei
denen naturgemäß meistens die Bücher der Vernichtung anheimfielen.
Die plötzliche Austreibung der Juden aus Spanien hatte zur Folge,
daß die Mitglieder verschiedener Gemeinden sich in einer Synagoge
zum Gebet vereinigen mußten. Es war unmöglich, daß an ihren
neuen Niederlassungen besondere Gottesdienste nach dem Gebrauche
von Saragossa und Sevilla, von Toledo und Barcelona usw. eingerichtet wurden, und selbst in großen Gemeinden wie Konstantinopel
oder Saloniki, wo anfangs die früheren Bewohner einer Stadt sich
zum Gottesdienst nach ihrem Herkommen vereinigten, konnte die
Spaltung nicht dauernd aufrechterhalten werden, mit der Zeit wurde
der Gottesdienst mehr oder minder einheitlich. Unter fast allen aus
Spanien oder Portugal herstammenden Juden wurde das einfache
kurze Gebetbuch von Katalonien eingeführt, auch überall im Orient,
wohin sepharadische Einwanderer kamen, wurde es herrschend. In
Deutschland ging es ähnlich. Es war ganz ausgeschlossen, daß die
nach dem Osten zurückgedrängten Juden die alten Bräuche von
Sachsen und Schwaben, von Böhmen und Österreich und wie die
Unterscheidungen sonst hießen, dauernd beibehielten, auch ihr Ritus
wurde einheitlich, nur ganz wenige große Gemeinden, wie Prag und
Posen, wie Worms und Frankfurt hielten in Einzelheiten ihre Sonder-
überlieferungen aufrecht.

Mindestens ebenso starke Eingriffe wie die Auflösung der Gemeinden hatte die Erfindung der Buchdruckerkunst zur Folge. Es war ganz selbstverständlich, daß zu den ersten Preßerzeugnissen in hebräischer Sprache die Gebetbücher gehörten, in kurzer Zeit sind für alle Riten Druckausgaben des Gebetbuchs hergestellt worden. Der Buchdruck brachte eine große Umwälzung auf diesem Gebiete mit sich. Nunmehr ordneten die D r u c k e r an, was in die Gebetsammlung aufgenommen werden und was fortbleiben sollte. Sie waren keine Gelehrten und quälten sich auch nicht damit, möglichst gute Vorlagen für ihre Ausgaben zu beschaffen; der Zufall bestimmte, was gedruckt wurde, in den meisten Fällen auch die Rücksicht auf den Absatz. Der Reichtum der Handschriften war für die Drucker eine unnötige Beschwerung, sie mußten darauf sehen, daß die Bücher handlich und nicht zu teuer waren, und sie beschränkten daher das aus den Handschriften zu entnehmende Material, soweit es irgend möglich schien. Die Mannigfaltigkeit der Bräuche mußte ebenfalls eingestellt werden, da es nicht lohnte, für jeden kleinen Kreis von Interessenten Gebetbücher nach seiner besonderen Überlieferung zu veröffentlichen.

Auch abgesehen von der Willkür, mit der die Drucker verfuhren, hatte die neue Kunst wichtige Folgen für die Entwicklung des Gottesdienstes. Zunächst eine günstige, denn die Tradition wurde nunmehr eine weit zuverlässigere und gesichertere. Auch die Kenntnis der hebräischen Sprache konnte mehr gefördert werden, der Unterricht war erleichtert, das Lesen ohne Schwierigkeiten erlernbar. Jetzt war auch die Möglichkeit vorhanden, daß jedes Gemeindemitglied ein Exemplar des Gebetbuches in die Hand bekam; in früheren Zeiten waren die Handschriften unerschwinglich teuer und sehr selten, die Gemeindemitglieder hatten nur an den hohen Feiertagen Gebetbücher zur Verfügung, nach größeren Verfolgungen verschwanden die vorhandenen Exemplare meist vollständig. Nunmehr aber waren die Gebetbücher leichter zu beschaffen, sie verbreiteten sich immer mehr, fast niemand in der Gemeinde blieb ohne Gebetbuch.

Eine ungünstige Wirkung der neuen Vervielfältigung war die Verschärfung der kirchlichen Zensur über die Bücher. Schon im Mittelalter waren gegen einzelne Stellen des Gebetbuchs, wie עלינו und ולמלשינים, wiederholt Anklagen vorgebracht worden, die ihre Änderung zur Folge hatten. Nunmehr aber wurde die Aufsicht über die hebräischen Bücher schärfer, die Denunziationen getaufter Juden wurden

häufiger, die Inquisition wurde die „Zuchtherrin über jüdische Flüche
und Seufzer", auch die Klage über Druck und Verfolgung wurde
„unter Aufsicht gestellt und war doch die einzige Freiheit, deren
Israel sich bewußt geblieben". In den Selichas mußten zu scharfe
Ausdrücke geändert, mitunter ganze Stellen gestrichen werden. Anfangs wurden die Lücken durch Zwischenräume angedeutet, schließlich
aber verschwanden auch sie, „es wurden heimliche Hinrichtungen".
Die Änderungen durch die Zensur arteten bisweilen zu den lächer-
lichsten Ausschreitungen aus, über die es schwer ist zu schreiben,
ohne satyrisch zu werden. Schließlich änderten die Juden selbst
häufig die Texte, um nicht erst dem kirchlichen Argwohn und den
Strafen zu verfallen.

Eine andere Fehlerquelle war die Nachlässigkeit und geringe
Bildung der Drucker und Setzer, der Gebettext verwilderte infolgedessen gar sehr. Man begreift es kaum, daß die Rabbiner derartige
Mißstände einreißen ließen, aber sie hatten selbst für die Sorgfalt des
Druckes, für die Korrektheit des Ausdrucks wenig Verständnis, sie
hätten wahrscheinlich auch nur wenig ausrichten können. Die Vorbeter und Jugendlehrer, welche das Feld beherrschten, hatten und
verbreiteten eine undeutliche und unrichtige Aussprache, ihr böses
Beispiel wurde von den Druckern befolgt. Was halfen alle Wehklagen
von gelehrten und gewissenhaften Herausgebern des Gebetbuches,
wie Schabbatai Sofer aus Lublin (1611), was nützten die kühnen
Änderungen von Sprachkennern, wie Salomo Hanau (um 1710)! Die
Zeit hörte nicht auf sie, es blieb bei dem alten mißbräuchlichen Verfahren. Das Herkommen heiligte alle Fehler und Übelstände, eine
neue Zeit mußte erst kräftig rütteln, ehe eine Besserung eintrat.

Die schlimmste und verhängnisvollste Folge der geschilderten
Entwicklung aber war die A n b e t u n g   d e s   B u c h s t a b e n. Sie
ging aus frommer Gesinnung hervor, aus dem Bestreben, alles treu
nach Vorschrift zu befolgen, sie war eine Steigerung der alten Krankheit der Minhagim und mußte noch verheerender wirken. Gelehrte,
die es nicht verschmähten, sich mit solchen Fragen zu befassen, wußten
ja wohl darüber Bescheid, wieviel Wert sie der neuen Autorität beilegen durften, sie waren sich über die vielen Zufälle klar, welche zur
Entstehung der gedruckten Gebetordnung beigetragen hatten. Die
Mehrzahl der Gelehrten aber nahm das Bestehende als berechtigt hin,
und vollends für die große Masse der Unwissenden war das in ihrer

Hand befindliche Gebetbuch bindende Vorschrift, von der abzuweichen
ihr Todsünde schien. Warme Teilnahme konnte niemand für einen
derartigen Gottesdienst hegen, das Herkommen und die Vorschrift
bedeuteten in ihm alles, die persönliche Andacht trat dahinter zurück.
Die tötliche Wirkung der Buchstabenverehrung hat dem Gottesdienste in höchstem Maße geschadet, denn der Geist, der ihn hätte
beleben können, war ebenfalls äußerst ungesund. Die Versuche, der
Buchstabengläubigkeit abzuhelfen, haben bei dem völligen Mangel
an allgemeiner Bildung, an Zucht und Ordnung, zu derartigen Ausschreitungen geführt, daß an der Schwelle der Neuzeit die Form des
Gottesdienstes völlig unhaltbar geworden war.

§ 44. Der Einfluß der Mystik auf den Gottesdienst.

Literatur: Zunz, Ritus; Ph. Bloch in *MS* XXXVII, 1893, S. 18 ff.;
IL, 1905, S. 129 ff.; Schechter, Studies in Judaism, I, S. 1 ff.; II, 148 ff.;
202 ff. *JE* Art. Cabala III, 456 ff.; Chasidism VI, 152 ff.; Prayer X,
166 ff.

1. „Ein Gebet ohne Andacht gleicht einem Körper ohne Seele."
Mit diesem Ausspruche ist die Andacht als das Lebenselement des
Gebets bezeichnet; wo sie fehlt, verliert es seinen Sinn, wenn es nicht
gar zur Gotteslästerung herabsinkt. Die erste Einrichtung eines
Gottesdienstes ging aus dem Bedürfnis des Gläubigen, sich zu seinem
Schöpfer zu erheben, hervor, auch für jede spätere bewußte Erneuerung
und Veränderung des Gottesdienstes ist vornehmlich das Verlangen
nach Verstärkung und Vertiefung der Andacht maßgebend. Es ist
daher in den Anfängen des Gottesdienstes oder einer bestimmten
gottesdienstlichen Form nicht viel von der Innerlichkeit die Rede;
das Moralische versteht sich da von selbst. Erst wo das Gebet zur
Gewohnheit geworden ist, wo vorgeschriebene Gebete zu festgesetzten
Zeiten eingerichtet werden, stellt sich die Möglichkeit der Veräußerlichung ein. Keine religiöse Gemeinschaft kann derartige Veranstaltungen entbehren, eine jede sieht sich daher von Zeit zu Zeit von jener
Gefahr bedroht, die das Gebet zur „angelernten Menschensatzung"
und zum bloßen Lippenwerke macht. Es war die Aufgabe der religiösen
Unterweisung, der Veräußerlichung des Gottesdienstes mit allen
Mitteln entgegenzutreten. Neben der reichhaltigen Literatur, die auf
die Herstellung der äußeren Ordnung hinarbeitet, gibt es ein nicht
minder umfassendes Schrifttum, das sich mit der für den Gottesdienst

erforderlichen Gesinnung und Andacht beschäftigt. Fast stets finden sich beide Forderungen in denselben Schriften nebeneinander, zum größten Teil aber ist die Lehre von der Verinnerlichung des Gottesdienstes gar nicht kodifiziert, nicht zum Gegenstande der Erörterung in den Schulen gemacht, dafür aber in tausend p o p u l ä r e n Büchern betont worden, die in die breitesten Massen eingedrungen und Gemeingut geworden sind. Die Mahnungen der Propheten und Psalmisten gegen jede Veräußerlichung des Gottesdienstes klingen durch das gesamte rabbinische Schrifttum hindurch, die erste Anforderung an den Betenden ist überall die der Andacht כונה. „Andacht ist die vollständige, innerliche Hingabe an die Verehrung Gottes, die Verdrängung aller anderen Gedanken aus Herz und Seele, so daß das gesamte Innenleben in der einen Vorstellung von Gottes Größe und Güte sich konzentriert."

2. Neben der Forderung der Andacht, die selbst für nüchterne und das Intellektuelle nicht ausschließende Religionslehrer eine selbstverständliche ist, gehen jene enthusiastischen Bestrebungen einher, die vermittels des Gottesdienstes eine möglichst hohe Wirkung zu erzielen wünschen. Alle der M y s t i k ergebenen Richtungen betrachten das Gebet als eines der stärksten und wirkungsvollsten Mittel zur Herbeiführung des von ihnen ersehnten Zustandes der unmittelbaren mystischen Vereinigung der menschlichen Seele mit der Gottheit. Es hat in der jüdischen Religion an Strömungen von mehr oder minder deutlich ausgesprochenem mystischen Charakter niemals gefehlt, sie haben auch sämtlich Einfluß auf den Gottesdienst ausgeübt, bald in der Weise, daß sie besondere Vorkehrungen zur Hebung der Andacht veranlaßten, bald und zumeist nach der Richtung hin, daß sie neue Gebete oder gar neue Arten des Gebets ins Leben riefen, die von ihren schwärmerischen Ideen erfüllt waren. Der Erfolg ist den Bestrebungen der Mystiker nicht stets gleich günstig gewesen, es hat Zeiten gegeben, in denen sie bei den offiziellen Kreisen geringe oder gar keine Anerkennung fanden, während sie in anderen Epochen begeisterte Zustimmung erlangten; die Herzen der Massen hingegen, in denen die tiefe natürliche Sehnsucht des Menschen nach dem Göttlichen durch geistige Kultur nicht ausgeglichen ist, haben sie stets im Fluge gewonnen, darum konnte den von ihnen vertretenen Ideen der Zugang zur Synagoge niemals dauernd verwehrt werden.

3. Das älteste Beispiel mystisch gerichteter Frommer in nach-

biblischer Zeit bieten die Essäer und Therapeuten, in denen der Geist
inniger Andacht und religiöser Kontemplation mächtig war. Es
ist eine in der Wissenschaft häufig vertretene Meinung, daß die Grundformen des jüdischen Gottesdienstes von den Essäern geschaffen
worden sind; zuverlässige Nachrichten darüber gibt es nicht, und die
Wahrscheinlichkeit spricht dagegen. Nicht zuletzt zeugen die ruhige
Heiterkeit, der von jeder Schwärmerei freie Inhalt der jüdischen
Gebete gegen einen etwaigen essäischen Ursprung. Nicht alle Frommen
sind freilich von jenem Geiste unberührt geblieben, es fehlte auch in
den Reihen der Pharisäer und späteren Rabbinen nicht an Betern,
die bei jeder Andacht das innere Erleben der Gottheit erstrebten.
Zu ihnen gehören jene „Frommen der alten Zeit" (חסידים, ותיקין
הראשונים), die das Hervorbrechen der ersten Sonnenstrahlen beobachteten, um sofort das Bekenntnis zum Einig-Einzigen sprechen
zu können und die erst eine Stunde in andächtiger Vorbereitung, in
frommer Vertiefung zubrachten, bevor sie die Tefilla beteten. Schwärmer
und Begeisterte treten vereinzelt durch das ganze Zeitalter des Talmuds
auf. Seine Lehrer sind durchaus nicht immer die nüchternen Formalisten,
als die man sie kennt, es finden sich unter ihnen zahlreiche Anhänger
der Lehre, welche das Gebet von besonderen Vorbereitungen und
begleitenden Bewegungen abhängig macht, damit es die Gottesnähe
vermittle; sie sorgten dafür, daß die Erörterungen und Vorschriften,
welche die äußere Ordnung und Korrektheit des Gottesdienstes zum
Ziele haben, nicht das Übergewicht erreichten.

   4. Als geschlossener Kreis mit einheitlichen Bestrebungen treten
uns die Mystiker erst in der Zeit nach dem Abschlusse des Talmuds
entgegen. Als Reaktion gegen die einseitige Beschäftigung mit der
Halacha und die Überschätzung der das Herz kalt lassenden Studien
entstand die Bewegung der יורדי מרכבה. Das waren Mystiker, welche
tagelang fasteten, den Kopf zur Erde hängen ließen und dabei allerlei
Hymnen murmelten, um auf diese Weise des Gottes voll zu werden.
Sie nannten das „in die Merkaba hinabsteigen"; die Merkaba (מעשה
מרכבה) ist schon bei den Mischnalehrern die zusammenfassende Bezeichnung aller esoterischen Betrachtungen. „Die himmlischen Vorgänge, zumal diejenigen, welche sich gleichsam um Gott unmittelbar
abspielen, die Gruppierung der Himmelsscharen nach ihren verschiedenen Rangstufen, besonders die mannigfachen Huldigungen,
wie sie die Engel dem unsichtbaren Gott darbringen, bilden den

Gegenstand der Merkaba." Die Gedanken und Bestrebungen jener
Mystiker sind in der Hechalot-Literatur niedergelegt, in der Beschreibung der sieben himmlischen, von Engeln erfüllten Hallen, die
sie in ihrer Verzückung zu sehen und zu durchschreiten glaubten. Den
Inhalt des ältesten auf uns gekommenen Hechalot-Werkes, der היכלות
רבתי, füllen zum großen Teil K e d u s c h a h y m n e n aus, „eigentümliche Phantasiestücke von längerem oder kürzerem Umfang,
welche stets auf das „Dreimal heilig" ausklingen. Die Hymnen entbehren jedes realen Gedankens, sind aber bisweilen von einer glühenden
Phantasie durchströmt und werden von einem übersprudelnden Wortschwall getragen." Die Engel, ihr Dienst und ihr Lobgesang vor Gott
spielen dabei die Hauptrolle. Zur Bezeichnung Gottes wird ein seltsamer geheimnisvoller Name verwendet. Am Schlusse des Buches
folgen Lieder, die für den höchsten Grad der Verzückung bestimmt
sind, darunter der Hymnus האדרת והאמונה, der in fast alle Gebetbücher übergegangen und in jener halbklaren Wortfülle gehalten ist,
die für die Gebete jener Mystiker charakteristisch ist. Der schwärmerischen Gottesverehrung der Mystiker entspricht die Häufung
gleichbedeutender und gleichklingender Worte, die wenig besagen und
den Gedankenfortschritt nicht fördern; ihre überschwenglichen Hymnen
legen sie am liebsten den Engeln in den Mund, deren sie ganze Scharen
neu einführen und auftreten lassen. Sie unterscheiden sich dadurch
von der nüchternen Frömmigkeit, die aus Bibel, Talmud und den
alten Gebeten bekannt und mehr nach dem Worte der Psalmisten
„Dir ist Schweigen Lobgesang" orientiert ist. Bei dem Eifer, den die
Mystiker für die Verbreitung ihrer Ideen an den Tag legten, ist es
begreiflich, daß sie Einfluß auf die Liturgie gewannen. Selbst in den
Stammgebeten sind Stellen zu finden, deren übersprudelnder Reichtum
an Worten in keinem Verhältnis zum Inhalt steht, in denen, entgegen
der sonst befolgten Gewohnheit, die Engel eine große Rolle spielen.
Am deutlichsten wird das bei der K e d u s c h a , dem Lieblingsgebete
jener Kreise, zu dessen eifriger Pflege und Bekanntmachung sie
glaubten von Gott selbst aufgefordert zu sein, wofür sie hofften dank-
bare Anerkennung zu erlangen. Die Keduscha im Jozer trägt alle
Merkmale ihrer Eigenart und verdankt ihnen ihre Aufnahme in das
tägliche Morgengebet (vgl. S. 66 f.); auch die Mannigfaltigkeit der
Formeln zur Einleitung und Überleitung der Keduscha-Verse in der
Tefilla ist nicht ohne ihre Einwirkung entstanden, insbesondere der

Gedanke der Krone כתר, welche die himmlischen Scharen gleichzeitig
mit Israel Gott verleihen, ist ein echt mystischer. Neben der Keduscha
gehört das K a d d i s c h zu den von den Ekstatikern bevorzugten
Gebeten; der Hymnus, welcher auf den Kern des Kaddisch, auf die
Eulogie יהא שמה רבא folgt, überdies im Gegensatz zum vorhergehenden
Teil in hebräischer Sprache gehalten ist und keinen Fortschritt der
Gedanken zeigt (יתברך וישתבח S. 94), dürfte gleichen Ursprung haben.
Eine ähnliche Fülle von gleichbedeutenden Worten finden wir in
Gebeten wie אמת ויציב (S. 22) und ישתבח (S. 86); daß die Zahl der Worte
in beiden Fällen gleichgroß ist, muß ebenfalls auffallen. Auch der
Piut blieb von der Einwirkung jener Mystiker nicht frei, Kalirs Kedu-
schas mit ihren an die Hechalot erinnernden eingehenden Schilderungen
der Engel sind ein klarer Beweis dafür. Vielleicht ist überhaupt das
durch die Mystiker wachgerufene Verlangen nach Hymnen für die
Ausbreitung des Piut maßgebend gewesen; gewisse häufig wiederkehrende Formeln (wie רבכן נקדישך, ובכן נעריצך usw.) machen das
sehr wahrscheinlich.

5. Wie lange die Bewegung der יורדי מרכבה im Vordergrunde gestanden hat, ist nicht bekannt, so viel aber steht fest, daß die mystischen
Gedanken weite Volkskreise für sich gewonnen und auf viele Jahrhunderte eingewirkt haben. Eine direkte geradlinige Verbindung führt
von der Mystik der gaonäischen Zeit zu den ähnlichen Bestrebungen,
die in Deutschland von der Mitte des z w ö l f t e n Jahrhunderts an
große Bedeutung gewonnen haben. Die „G e h e i m n i s s e der
G e b e t e" (סודות התפלה), die damals eine gewaltige Rolle zu spielen
begannen, werden auf einen A h r o n b. S a m u e l zurückgeführt;
er galt ehedem als eine „Erdichtung der Traditionarier", heute wissen
wir, daß er aus Bagdad stammte und etwa um 850 nach Italien gelangte, das Land seiner ganzen Ausdehnung nach durchstreifte und
schließlich ebenso geheimnisvoll verschwand, wie er gekommen war.
Sein Lebensbild ist von der Sage derart ausgeschmückt worden, daß
wir die wahren Züge nicht mehr zu erkennen vermögen, aber alle
Berichte schildern ihn als einen ungewöhnlichen Mann, der vermittels
des geheimnisvollen Gottesnamens Wunder ohne Zahl zu wirken vermochte. Man begreift es, daß er als „der Vater aller Mysterien" verehrt wurde. In den Kreisen der deutschen Mystiker kursierte ein
Stammbaum der Lehrer der Mystik, dessen einzelne Namen fraglos
unrichtig sind; mit Sicherheit läßt sich nur das eine daraus schließen,

daß die Tradition die Herkunft der Mysterien aus Italien und im
letzten Grunde aus Ahrons dortigem Aufenthalte herleitete. Offenbar
hatten die Kalonymiden (oben S. 326) bei ihrer Übersiedlung die
„Geheimnisse des Gebets" mit sich gebracht und im Schoße der
Familie weiter gepflegt, bis sie durch Samuel und Jehuda „die
Frommen" eine Macht wurden.

S a m u e l d e r F r o m m e (שמואל החסיד ב״ר קלונימוס הזקן),
1115 in Speier geboren, und sein Sohn J e h u d a (יהודה החסיד ב״ר
שמואל הקדוש), 1217 in Regensburg gestorben, sind die B e g r ü n d e r
der M y s t i k unter den Juden in Deutschland. Die Bewegung war
ebenfalls eine Reaktion gegen das überhandnehmende Talmudstudium,
das damals nach der scharfsinnigen Methode der Tosafisten ausgebildet
wurde. Nicht daß die beiden Frommen Gegner des Talmuds gewesen
wären, sie waren beide anerkannte Lehrer der Halacha, ihr Streben ging
nur dahin, die Forderungen des Gemüts zur Geltung, ein tief erfaßtes
Ideal der Frömmigkeit und Sittlichkeit zur Verwirklichung zu bringen.
Beide gingen ihre eigenen Wege, wichen von der Richtung ihrer Zeit
entschieden und bewußt ab. Was uns hier angeht, ist ihre Bewertung des
Gebets und des Gottesdienstes. Während für die Talmudisten die Frömmigkeit sich in erster Reihe in der Erforschung des Gesetzes äußern
mußte, so daß sie die Zeit für das Gebet nach Möglichkeit abkürzten,
betonten die Mystiker, daß das G e b e t die höchste Äußerung der Frömmigkeit wäre. Sie beruhigten sich jedoch nicht bei der hergebrachten
Art des Gottesdienstes, forderten vielmehr jene e n t h u s i a s t i s c h e
I n n i g k e i t der Beziehung zu Gott, die das Gemüt nur in einer von
der Welt abgewandten Kontemplation findet. Das echte Gebet ist
ein Aufsteigen der Seele zu Gott, es kann daher nur in einem Zustande
der Ekstase verrichtet werden. Von dieser Anschauung ausgehend
haben die beiden „Frommen" den t i e f e r e n S i n n der Gebete, der
bis dahin ein geheimgehaltenes Erbgut ihrer Familie gewesen, ihren
Zeitgenossen bekannt gegeben. Samuel war beim Tode seines Vaters
noch jung, dieser übergab daher die „Anordnung der Gebete und ihren
inneren Sinn" (תקון התפלה והסודות) dem Vorbeter Eleasar in Speier,
damit er sie seinem Sohne im reiferen Alter mitteilte; Samuel hat dann
mit seiner reichen Phantasie und seinem tiefen Gemütsleben die Lehre
gepflegt und durch seinen Sohn fortgepflanzt. Worin die Geheimlehren
bestanden, kann man aus den Kommentaren zum Gebetbuch ersehen,
die beide verfaßt haben, die allerdings durch allerlei spätere Über-

arbeitungen und Zusätze entstellt worden sind, nicht minder aus ihren Äußerungen über Andacht, die sich im Buche der Frommen und in den Schriften ihres Jüngers Eleasar aus Worms finden. Für das Gebet wird die tiefste Innerlichkeit und aufrichtigste Andacht gefordert, das Verhalten im Gotteshause muß der Heiligkeit des Ortes entsprechen, an dem wir den Herrn der ganzen Erde anbeten. Die Zeitgenossen hören bittere Worte und scharfen Tadel, weil sie sich nicht immer eines solchen Verhaltens befleißigen. Man soll nur in derjenigen Sprache beten, die man versteht; das Gebet erfordert Andacht, die ohne Verständnis seines Inhalts nicht möglich ist. Die höchsten sittlichen Anforderungen werden an den Vorbeter gestellt, Sittenreinheit, Demut, Uneigennützigkeit müssen ihn zieren, er muß allgemein beliebt sein und darf mit der Gemeinde nicht in Hader liegen. Er muß sein Gebet verstehen, nicht durch die Schönheit der Stimme glänzen wollen, sondern der Andacht der Gemeinde dienen. Wahrhaftigkeit und Ergriffenheit muß der Grundzug seines Gebetes sein; wer nicht Not leidet, oder wer an Teuerung der Lebensmittel ein Interesse hat, soll nicht den Vorbeter spielen, wenn bei Dürre um Regen gebetet wird; wer nicht zu Tränen gerührt ist, soll nicht Selichas vortragen, in denen der Beter sich als weinend bezeichnet. Der kunstvolle Piut, bei dem die Verfasser auf das Außenwerk, den „unjüdischen" Reim, den Nachdruck legen, wird daher verworfen; die Mystiker sind nicht grundsätzliche Gegner des Piut, aber sie kennen zu viele Dichtungen, die ihr Mißfallen erregen. Sie haben selbst religiöse Gesänge verfaßt, Samuel die Hoschana כהושעת אב המון צבאות, von der nur zwei Zeilen und die zugehörigen Bibelverse am Ende in den Gebetbüchern verblieben sind; Jehuda werden ebenfalls einige Gebete zugeschrieben, ohne daß sich Sicheres darüber aussagen läßt. Wie alle Mystiker waren sie Freunde von Hymnen, einer der ausführlichsten und zugleich erhabensten im Gebetbuche, der Einheitsgesang (שיר היחוד S. 81), wird dem Vater, der Schluß, das Lied von der Herrlichkeit Gottes (שיר הכבוד), dem Sohne zugeschrieben. Da die Lehre von der Herrlichkeit Gottes (כבוד) den Mittelpunkt der Theosophie Jehudas bildet, ist an der Überlieferung nicht zu zweifeln, zumindest aber muß die Dichtung aus ihrem Jüngerkreise hervorgegangen sein. Andere Hymnen sind wahrscheinlich verloren gegangen, denn das Buch der Frommen spricht ausdrücklich von neu verfaßten Gebeten. Die Hauptsache aber blieb die Erzielung der Andacht beim überlieferten Gebet. Durch die gesamte Mystik geht ein konservativer Zug, sie will die Tradition nicht beseitigen, sie will sie nur mit jenem Geiste der Frömmigkeit erfüllen, den sie beim Gebet fordert. Die Mittel zur Erhebung der Seele in den ekstatischen Zustand sind Anrufungen von Engeln, mit denen die ganze Welt bevölkert gedacht wird, und mit denen der Fromme in ständigem Verkehr steht, Verwendung geheimnisvoller Gottesnamen, künstlicher Alphabete. Die Buchstaben haben ihre tiefe Bedeutung, in den Gebeten steht keiner zu viel und keiner zu wenig, mit ihrer Zahl und Anordnung ist ein geheimer Sinn verbunden. Die Frommen in Deutschland pflegten daher die Zahl der Worte und Buchstaben in den Benediktionen der Tefilla zu z ä h l e n, sie schärften auch ein, daß man nicht ein Zeichen hinwegnehmen oder hinzutun dürfte, da alles in bestimmter Absicht so angeordnet wäre, daß jeder, der an den „hochheiligen" Gebeten Änderungen vornähme, vor Gottes Richterstuhl Rechenschaft darüber ablegen müßte. Was die Meister nur angedeutet, hat ihr Jünger Eleasar b. Jehuda in seinem Werke „Rokeach" den weitesten Kreisen in breitester Ausführlichkeit vorgetragen; durch ihn ist die Mystik der deutschen Juden populär, die Kunst, wie man „die Mauer vor dem geistigen Auge entfernte, um die Gottheit zu schauen", allgemein bekannt geworden. Die Schar der Schwärmer, die Sehnsucht nach Visionen wuchs. Es fehlte auch nicht an nüchtern Denkenden, die das gewaltsame Hervorrufen der Verzückungen tadelten, weil jener Zustand nicht immer erreicht würde und, selbst wenn es geschähe, die Seele nachher wiederum in ihren v e r w i r r t e n Z u s t a n d zurücksänke. Gewiß, es lag in der ganzen Richtung eine krankhafte Überspannung, es fehlte der Zeit an Klarheit und Besonnenheit des Denkens, es mischte sich darum auch allerhand Aberglauben ein, aber das eine ist nicht zu leugnen, daß hier ein weit über das Gewöhnliche hinausgehendes I d e a l l a u t e r s t e r u n d i n n e r l i c h s t e r F r ö m m i g k e i t gelehrt wird. Es hat die deutschen Juden lange Zeit beherrscht und ihren Seelen selbst in den trübseligsten Zeiten eine hohe Schwungkraft verliehen; im Gebet vergaßen sie sich selbst und ihr Unglück, fühlten sie sich ganz eins mit ihrem Vater im Himmel.

6. Andere Wege als die deutsche Mystik ging die in der Provence entstandene und hauptsächlich in Spanien ausgebildete K a b b a l a; sie war der Rückschlag gegen den Rationalismus der besonders durch die Schriften Maimunis verbreiteten aristotelischen Philosophie, gegen

die Verflüchtigung des Judentums in theoretische Spekulationen.
Ihr Interesse war daher zunächst ein theoretisches, die Lehre von der
Unvergleichlichkeit Gottes und der Emanation der Sephirot stand
im Vordergrunde. Die Maimunisten hatten aber auch durch ihre alle-
gorische Auslegung des jüdischen Zeremonialgesetzes Anstoß gegeben,
und es war natürlich, daß die Gegenströmung seine Bedeutung wieder
stark betonte. Der Ausübung der Zeremonien wurde eine magische
Wirkung zugesprochen, sie trägt zur Erhaltung des Weltalls bei und
wendet der Erde den Segen aus der Welt der Sphären zu. Ganz besondere Wichtigkeit erhält das G e b e t , man muß es nach seiner
tieferen Bedeutung erfassen und sorgfältig nach der Vorschrift verrichten, weil das Gebet die Gnadenfülle herbeizieht, die von Gott ausgeht. Nicht direkt, sondern vermittels der Sphären, der Mensch müßte
sich daher genau nach der Tradition richten, denn nur auf diese Weise
könnte er in rechter Weise auf die höhere Welt einwirken. Es dauerte
nicht lange, bis auch in Spanien die praktische Mystik bekannt und
mit der theoretischen verschmolzen wurde, im Buche S o h a r , das
um 1300 entstand, ist die Vereinigung bereits vollzogen. Nun werden
alle Mittel zur Erzielung der Ekstase empfohlen, die wir von den
deutschen Mystikern her kennen, Engelanrufungen, Buchstaben-
verdrehungen, hypnotische Bewegungen, alle Vorkehrungen, die dazu
führen, die menschliche Seele in den Himmel zu versetzen und ihr das
Schauen der überirdischen Herrlichkeit zu ermöglichen. Selbstverständlich war es wiederum das Gebet, dem unter den Mitteln zur
Vereinigung der höheren und niederen Welt die erste Stelle eingeräumt
wurde. „Was der zündende Funke für den Brennstoff bedeutet, das
leistet das Gebet für die Erhebung des Menschen zur Welt des Lichtes.‘‘
Die Engel als Leiter der Sphären sind zur Aufnahme des echten Gebets
bereit, Sandalfon windet daraus eine Krone für den unendlichen Gott,
Metatron veranlaßt seine Belohnung durch Verleihung des himmlischen Segens. Die Anschauung des Sohar von der Bedeutung des
Gebets hat die Würdigung des Gottesdienstes außerordentlich gehoben;
in einer Zeit, in der die Gebildeten dem überlieferten Gottesdienste
gleichgültig, die großen Massen verständnislos gegenüberstanden, hat
sie ihm neue Werte beigelegt, eine Art Apotheose geschaffen. Die
phantastischen Gedanken des Sohar haben zahllose, vom Leben nieder-
gebeugte Menschen den Qualen des Diesseits entrückt, die Verzückung
beim herkömmlichen Gebet, bei der Lektüre der vielen kabbalistischen

Hymnen haben ihnen mitten in der Höllenpein ihres Daseins eine Vorahnung der himmlischen Freuden bereitet. Darüber darf man freilich die schweren Schädigungen nicht vergessen, welche die kabbalistische Theorie der jüdischen Frömmigkeit bereitet hat. Das Gebet wurde durch sie ein Werkzeug zur gewaltsamen Herbeiziehung wunderbarer Wirkungen; die Einführung von Mittlern zwischen Gott und den Menschen bedeutete einen der verhängnisvollsten Rückschritte in der Geschichte der jüdischen Religion, allem Aberglauben wurde durch die neue Lehre Vorschub geleistet.

7. Man versteht es, daß unter dem Einflusse der beiden mystischen Strömungen die Sorgfalt in der Feststellung der Überlieferung des Gebets so sehr zunahm. Wenn wirklich von jedem Worte und jedem Buchstaben, von jeder Bewegung und jeder Wendung so unübersehbare Wirkungen abhingen, so mußte in der genauesten und peinlichsten Weise die korrekte Überlieferung und die rechte Art des Gebets erforscht und gelehrt werden. Daß die Bräuche trotzdem in zahlreichen Punkten voneinander abwichen, hätte in einer Zeit gesunden Denkens und starken Geisteslebens zur Erschütterung jener Lehren führen müssen, solchen Erwägungen aber war jene Epoche des Niederganges weniger zugänglich als je eine. Die Unsicherheit des Lebens, die Ungewißheit, welche Sorgen und Gefahren schon der nächste Tag bringen konnte, machten eine Erhebung des Gemütes, wie sie durch die frommen Übungen der Kabbalisten gegeben waren, sehr erwünscht. Je mehr das geistige Leben zurückging, je befestigter die Stellung des Sohar als eines „heiligen Buches" wurde, desto größeren Einfluß gewannen seine Lehren auf das Leben. Einen besonders günstigen Boden fand er nach der Vertreibung der Juden aus Spanien im Heiligen Lande, in der neugebildeten jüdischen Gemeinde in Safed. Selten hat der Zufall auf engem Raume so viele begeisterte und begabte Anhänger einer Lehre vereinigt, wie damals im kabbalistischen Kreise von Safed. Die ganze Luft war von mystischen Gedanken getränkt, ein großer Kreis bereit, die aus ihnen sich ergebenden praktischen Forderungen zu erfüllen. Es war eine Stadt der „Heiligen und Männer der Tat", geführt von hochangesehenen Talmudisten wie David ibn Simra und Joseph Karo, von beliebten Predigern wie dem „heiligen" Moses Alscheich und Abraham ha Levi Beruchim, von Dichtern und Schwärmern wie Salomo al-Kabbez und Moses Kordovero. Sie alle aber überragte Isaak Lurja, dem eine kurze Lebenszeit von nur

38 Jahren und ein nur zweijähriger Aufenthalt in Safed (1570 bis 1572) eine geradezu göttliche Verehrung einzutragen genügten. Isaak Lurja wurde die Sonne, die alle anderen Sterne von Safed verdunkelte; an seinen Namen knüpft die neue Kabbala an, die überall, wo Juden wohnten, Verbreitung fand; die Anordnungen des heiligen „Ari", das ist der Name Lurjas bei seinen Anhängern, genießen noch heute bei allen Juden, die von den religiösen Bewegungen der Neuzeit unberührt geblieben sind, ein unvergleichliches Ansehen. Isaak Lurja hat auf der Grundlage des Sohar ein neues System begründet, aber das eigentliche Ziel seiner Lehre und des gesamten Kreises von Safed ist ein überaus praktisches, nämlich die Zeit der Erlösung, in der die Weltordnung ihre Vollkommenheit erreicht (עולם התקון), vorzubereiten. Es ist ein hohes sittliches Ziel, das sie anstreben, in Safed hat sich eine Art Orden gebildet, der von seinen Mitgliedern die erhabensten menschlichen, fast übermenschlichen Tugenden fordert, eine reuevolle Stimmung, die den ganzen Menschen ergreift und innerlich verwandelt. Unter den frommen Übungen der Mystiker von Safed spielen wiederum gottesdienstliche Versammlungen und Gebete eine hervorragende Rolle, dort sind neue gottesdienstliche Einrichtungen geschaffen worden, die ihren Weg durch alle Länder machten. Das Gebet ist für Lurja eine der wichtigsten Funktionen des Lebens; vermöge der innigen Gemeinschaft mit Gott wird der Mensch das Behältnis für einen neuen Abglanz des göttlichen Lichtes und eine neue Ausstrahlung seiner Gnade. Jeder Laut im Gebet hat neben der wörtlichen seine tiefe geheimnisvolle Bedeutung; wer das Gebet ohne Andacht spricht oder durch unreine Gedanken entweiht, hält das Eintreffen der Erlösungszeit auf. Darum werden für das Gebet besondere Vorbereitungen angeordnet, כונות, d. h. Worte zur Konzentration der Gedanken beim Gebet auf einen bestimmten Gottesnamen, und יחודים, d. i. die Art und Weise, den für jede besondere Gelegenheit geeigneten Gottesnamen in der Wortzusammensetzung eines Gebets hervortreten zu lassen und auszusprechen. Den Anhängern des mystischen Kreises von Safed wurde es zur Pflicht gemacht, sich alltäglich mit einem der Genossen zu vereinigen und über die rechte Art der Gottesverehrung auszusprechen. Nicht zufrieden mit den drei täglichen Gebetszeiten, deren regelmäßiger Besuch ihnen ernstlich ans Herz gelegt wurde, führten sie einen neuen Gottesdienst zu Mitternacht ein (חצרת); sie erschienen an allen Wochentagen in Trauerkleidung in der Syn-

agoge, setzten sich auf die bloße Erde, stimmten Klagen über die
Zerstörung des Tempels und die Zerstreuung Israels an und schlossen
mit einem Bekenntnisse ihrer Sünden, deren schwere Last die Erlösung immer wieder hinausschob. Am Vorabend des Sabbats sollte
ein jeder über sein Tun während der ganzen Woche Rechenschaft
ablegen, dann festlich gekleidet hinausgehen aufs Feld oder in den
Hof der Synagoge, dort das Hohelied, verschiedene Psalmen und
den Gesang לכה דודי vortragen, um die „Prinzessin Sabbat" würdig
zu empfangen (S. 108). Das ganze Leben wurde als ein s t ä n d i g e r
G o t t e s d i e n s t betrachtet, die Lehrer der Kabbala streiften
mit ihren Jüngern in der Umgegend umher und sangen Hymnen,
Lehrer wurden herumgeschickt, die den Frauen und Kindern Unterricht in den Gebeten und Gesängen erteilten. Am Tage vor dem
Neumonde hielten sie ein Fasten mit Gebeten und Selichas wie an
jedem biblischen Fasttage und mit Selbstpeinigungen, wie sie sonst
nur am Versöhnungstage üblich waren (S. 124). Selbstredend wurden
die Fasttage, die an die Zerstörung des Tempels erinnern, mit außer-
gewöhnlicher Last beschwert; am 17. Tammus saß man von Mittag
ab in der Synagoge; am 9. Ab verließ man sie gar nicht mehr und
brachte die ganze Zeit mit Klagen zu. In den Nächten vor dem
siebenten Tage des Pesach, vor dem ersten des Wochenfestes und
vor dem Hoschanatage wurde überhaupt nicht geschlafen, sondern
die ganze Nacht mit Hymnen oder mit dem Lesen von Stellen aus
der Bibel und dem Sohar ausgefüllt. Die 49 Omertage wurden mit
den 49 Worten im 67. Psalm in Verbindung gebracht, jedem Tage
entspricht ein anderes Wort, das laut hervorgehoben werden muß
und dann seine Wirkung ausübt. Der symbolische Leuchter, der aus
den Worten des Psalms hergestellt wird, gewinnt eine richtige magische
Bedeutung, dient als Amulett, als Mahnung zur Andacht; er wird
mit allerhand unverständlichen, abergläubischen Zeichen versehen,
in Gebetbüchern und an den Wänden der Synagoge befestigt. In
der Nacht zum Versöhnungstage wird ebenfalls nicht geschlafen,
sie dient vielmehr nur dem Studium der Vorschriften über den Versöhnungstag, dem Absingen von Hymnen aller Art.

Ein solches Leben mit ständigen Bußübungen, Trauerriten und
Sündenbekenntnissen macht einen außerordentlich düsteren Eindruck;
das war es indes nicht. Das Streben der Mystiker von Safed ging
gerade nach der entgegengesetzten Seite, die Freudigkeit des sich

seinem Gotte nahe fühlenden Menschen lebte in ihnen, besonders
die Feiern der Sabbate, Neumonde und Feste waren Zeiten reinsten
Frohsinns, gehobenster Stimmung, die gemeinsamen Mahlzeiten, die
dabei gesungenen Hymnen erheiterten die Genossen, erweckten in
ihnen Verzückungen, als nähmen sie an Paradiesesfreuden teil.
I s r a e l   N a g a r a , der begabteste Paitan seines Jahrhunderts,
der „selbst die Engel durch seine Lieder anzuziehen wußte", be-
zauberte die Genossen durch Gesänge, bei deren Klang man sich
in den Himmel versetzt glaubte.

Die lurjanische Mystik mit ihren neuen gottesdienstlichen Einrichtungen breitete sich wie eine ansteckende Krankheit rasch und
weithin aus, es hat nie wieder eine Bewegung gegeben, die in so kurzer
Zeit Gottesdienst und Gebetbuch so nachdrücklich beeinflußte.
C h a j i m   V i t a l   C a l a b r e s e (gest. um 1620) wurde Lurjas
Apostel, durch ihn wurde die neue Lehre bekannt gemacht, ihre
Anhänger durchwanderten alle Länder und unterwarfen sich alle Gemeinden.   Lurjas mystische Behandlung der Gebete wurde durch
den Druck verbreitet, und so lernte man überall die neuen Gebete,
die unverständlichen Konzentrationen (כונות), die Fasten und Buß-
verordnungen kennen. „Es blieb kein Ritus verschont, wie alle Siddur
und Machsor von Tlemsan bis Kaffa beweisen.   In unzähligen Jehi
Razon, Engelnamen und sefirotischem Bombast ward Aberglauben
und Geisterdienst verewigt, die Bedeutung des öffentlichen Gottesdienstes in den Hintergrund gerückt und Amulettenkram in das
Gebetbuch und unter das Volk gebracht." Von Palästina verpflanzte
sich die lurjanische Schwärmerei zuerst nach Italien, wo Menachem
Asarja da Fano ihr Vorschub leistete.   Dort feierte man zuerst den
kleinen Versöhnungstag, dort bildeten sich Vereine, die Montag und
Donnerstag fasteten und beteten, Stätten für die Frühandachten
(שומרים לבקר) und die Mitternachtsklagen (חצות). „Es wurden aus den
deutschen, spanischen und römischen Gebetsammlungen Stücke
ausgewählt, auch neue, zum Teil mit kabbalistischem Inhalte angefertigt und dieser neue Gottesdienst für wichtiger, heilbringender
als der öffentliche erklärt". Für alle derartigen Sammlungen wird
der Name תקון üblich. Die Texte von Seph., die seit jener Zeit veröffentlicht wurden, sind voll von Angaben nach dem Sinne Isaak
Lurjas.

Entscheidend wurde für die Verbreitung der lurjanischen Mystik,

daß sie auch in P o l e n , wo die größte Zahl Juden wohnte, anerkannt wurde. Die „Geheimnisse des Gebets" waren in Deutschland
seit dem 13. Jahrhundert nicht mehr von der Bildfläche verschwunden,
bei ihrer Auswanderung nach Polen hatten die Gelehrten sie mit sich
geführt, aber sie blieben zunächst eine Art Geheimlehre, deren Inhalt
nur besonders auserwählten Jüngern mitgeteilt wurde. Erst um
das Jahr 1600, als die Lage der Juden auch in Polen sich zu ver-
schlimmern begann, wurde zu den Trostmitteln gegriffen, welche
aus der lurjanischen Kabbala reichlich strömten. Nathan Spira,
1633 in Krakau gestorben, hat ihr durch seine beliebten und weitverbreiteten Predigten מגלה עמוקות viele Getreue gewonnen, den
größten Erfolg aber verdankt sie der Werbekraft des R. J e s a i a H o r -
w i t z , der, von Verehrung für die Meister der Kabbala erfüllt, die
größten deutschen Rabbinatssitze ausschlug und nach Palästina
pilgerte, wo er 1630 in Safed starb. Er genoß selbst den Ruf eines
Heiligen, sein Religionsbuch שני לוחות הברית wurde ausschlaggebend
für die allgemeine Anerkennung und Verbreitung der lurjanischen
Ideen, für die Aufnahme seiner neuen Gebete in die Ordnung des
Gottesdienstes. Zwar erschien das Gebetbuch שער השמים, in dem
Horwitz das gesamte kabbalistische Arsenal niederlegte, erst 1717,
aber der Boden war für die neue Aussaat vorbereitet, als Nathan
Hannover, der Geschichtsschreiber der Kosakenverfolgungen, 1662
sein Gebetbuch שערי ציון veröffentlichte. Das wurden die Haupt-
quellen, aus denen die neue Offenbarung nach allen Seiten hin sich
ergoß; nunmehr wurde kein Gebetbuch ohne jene Beigaben dem
Druck übergeben. Die Schwärmerei blieb nicht auf Polen beschränkt,
die Flüchtlinge, die nach den Metzeleien von 1648/49 scharenweise
durch alle westeuropäischen Gemeinden zogen, führten den Taumel-
geist in Deutschland, Holland und England ein. Eine ganze Anzahl
Zusätze ist von damals her dem Gebetbuch verblieben; so die Lieder
יגדל und אדון עולם am Anfange, die Verse ויהי בנסע, der Hymnus
ברוך שמה sowie mehrere Gebete beim Ausheben der Tora, das Sabbat-
lied לכה דודי, eine Anzahl Engelanrufungen, wie z. B. zwischen
den Absätzen des Schofarblasens, der Einheitsgesang und Gabirols
Königskrone. Es befinden sich darunter sehr gehaltvolle Stücke; man
kann den Kabbalisten nicht abstreiten, daß sie sich darauf verstanden, auszuwählen, was die Herzen erhebt und den Geist der Religiosität weckt, aber es fehlt doch auch nicht an Zeugnissen schlimmsten

Aberglaubens. Vor allem aber bedeuteten jene lurjanischen Besonderheiten, wie die קונות, תקונים und יחודים, die aus den westeuropäischen Gebetbüchern seit langem wieder verschwunden sind, eine schwere Belastung des religiösen Lebens und einen Hohn auf jeden echten Gottesdienst.

8. Der sabbatianische Taumel kündete den Bankrott der Kabbala an, und die immer schändlicheren Ereignisse, die sich daran anschlossen, wären geeignet gewesen, die Gemüter vollends zu ernüchtern, als die Kabbala im C h a s s i d i s m u s eine Erneuerung erlebte. Auch der Chassidismus war eine Reaktionsbewegung gegen die Übertreibung des Talmudstudiums und die Auswüchse des ritualen Formalismus. Er entstand in den Kreisen der Ungebildeten und Unterdrückten, die in der herrschenden Religionsübung keine Befriedigung fanden, die Gemütswärme suchten statt des starren Formelwesens, Begeisterung statt der nüchternen Haarspalterei. Israel Baal Schem, der Begründer der Sekte (gest. 1761), war kein Gelehrter, sondern ein Naturkind voll glühenden Glaubens, voll verzehrender Sehnsucht nach dem Göttlichen, kein Grübler, sondern ein bis zur Raserei Begeisterter und durch die ihm ständig zuströmenden Offenbarungen Beglückter. Das hat den Chassidismus so populär gemacht, daß er nichts forderte als ein empfängliches Herz, eine Menschenseele, die bereit war, sich zu verlieren, um sich in geläutertem Zustande wiederzugewinnen. Israel Baal Schem erneuerte Lurjas System der Ekstase. Der Kern der Religion war für ihn aufrichtige Liebe zu Gott, vereinigt mit innigem Glauben und unerschütterlichem Vertrauen in die Kraft des Gebets. Im Beten und Hymnensingen konnte er sich nie genug tun. Jedes echte Gebet, so lehrte er, muß auf die himmlische Welt einwirken, es darf nicht an den Bitten und Wünschen der Menschen haften bleiben, sondern muß uns Gott näher bringen; die eigene Individualität muß im Gebet verleugnet werden, die Seele sich losreißen von ihrer irdischen Behausung, einen hohen Flug nehmen über die Welt des Sinnlichen hinaus in das Reich der göttlichen Gnade. Auf das Gebet legten daher die Chassidim das allergrößte Gewicht, mit Aufbietung ihrer gesamten rohen, naturwüchsigen Kraft suchten sie sich in Exaltationen zu versetzen, sie verschmähten auch geistige Getränke nicht als Mittel zur Erreichung eines traumhaften Zustandes. Da ihnen die Ekstase für das Gebet unentbehrlich schien, kümmerten sie sich wenig um die hergebrachten Gebetzeiten und den gemein-

samen Gottesdienst, sie vereinigten sich in besonderen Konventikeln, aber auch dort betete jeder für sich allein, wenn der Augenblick der Verzückung ihm gekommen schien. Sie verwarfen auch das Gebetbuch des polnischen Ritus, führten die Gebete Isaak Lurjas ein (תקון הארי״) und brachen auf diese Weise mit der gottesdienstlichen Überlieferung ihrer Umgebung. Einen Gewinn für das religiöse Leben bedeutete die Bewegung nicht, der Vorzug, der in ihrem Streben nach Innerlichkeit lag, wurde reichlich aufgehoben durch die Verkehrtheit ihrer abergläubischen Vorstellungen und ihres wilden Gebarens. „Es war lustig anzusehen, wie sie oft ihr Beten durch allerhand seltsame Töne und possierliche Bewegungen (die als Drohungen und Scheltworte gegen ihren Gegner, den leidigen Satan, der ihre Andacht zu stören sich bemühe, anzusehen waren) unterbrachen, und wie sie sich dadurch so abarbeiteten, daß sie gemeiniglich bey Endigung des Betens ganz ohnmächtig niederfielen."

9. Seinen Grundsätzen gemäß bedeutete der Chassidismus eine vollständige Auflehnung gegen den Gottesdienst, eindringlicher konnte seine Unhaltbarkeit nicht dargelegt werden, als wenn weite Kreise nicht aus Unglauben oder Zweifelsucht, sondern aus innerster Sehnsucht nach Frömmigkeit sich von ihm abwandten. Das hätte eine ernste Mahnung zur Revision des Gottesdienstes sein müssen, aber dazu kam es nicht, der Chassidismus verblieb nicht in der Oppositionsstellung seiner Begründer, er suchte einen Ausgleich mit dem Rabbinismus und trug infolgedessen eher zur Verschlechterung als zur Verbesserung des Gottesdienstes bei. Das System der Beharrung und des Buchstabenglaubens, die asketische, weltabgewandte Stimmung, das Streben nach gewaltsamer Herbeiziehung der messianischen Erlösung wurden durch ihn gestärkt, er brachte als neue Störungen den Lärm und die wilden unruhigen Bewegungen mit. So endet die zweite Epoche der Geschichte des Gottesdienstes mit einem Zustande schwerer Entartung. Sie hat mit wenigen Gebeten und mit einer starken Bewegungsfreiheit begonnen, die Bräuche waren der Gemeinde angepaßt, Gebet und Belehrung ihr in ansprechender Weise geboten. Das ist nun alles in sein Gegenteil verkehrt. Die Gebete sind lang, vom ersten bis zum letzten Worte festgelegt, Bräuche, die für andere Zeiten und andere Umgebungen bestimmt waren, werden mit peinlichster Genauigkeit als strenge Vorschriften befolgt; die Belehrung ist fortgefallen, die Schriftvorlesung durch die dabei

eingerissenen Mißbräuche entartet, der Piut, der einst belehren sollte, beherrscht, obwohl nicht mehr verstanden, den Gottesdienst. Die Leitung des Gottesdienstes liegt in der Hand von ungeschulten Vorbetern, die wahl- und geschmacklos die „Gesänge" wählen, mit denen sie ihn in die Länge ziehen. Kein Wunder, wenn in solcher Zeit über Mangel an Andacht und Aufmerksamkeit, über Unordnung und Störung geklagt wird. Der Gottesdienst bedurfte einer gründlichen Erneuerung und Belebung, wenn er sich weiter erhalten sollte. Beides hat ihm die Neuzeit gebracht.

Kap. III. Die Neuzeit.

§ 45. Die ersten Reformen im Gottesdienste.

Literatur: Zunz G. V.², S. 463 ff.; Graetz, Geschichte, XI; Philipson D.,
The Reform Movement in Judaism; Philippson M., Neueste Geschichte
d. jüd. Volkes, Bd. I; Bernfeld S., תולדות הריפורמציון הדתית בישראל; *JE*
Art. Prayer-Books X, 174 ff.; Reform Judaism das, 347 ff.

1. Die Neuzeit beginnt mit M o s e s M e n d e l s s o h n , dem
„Reformator der deutschen Israeliten"; von seinem Auftreten
nehmen jene Bestrebungen ihren Ausgang, von denen die innere Geschichte der Juden seit mehr als einem Jahrhundert ausgefüllt ist.
Es ist hier nicht der Ort, die Reformbewegung nach allen Seiten
ausführlich zu behandeln, nur die Versuche zur Verbesserung des
Gottesdienstes sollen zur Darstellung gelangen.

Die Juden erwachten aus einem jahrhundertelangen Traume,
die Sehnsucht nach der messianischen Erlösung wich zurück vor dem
Wunsche, es sich in der Welt behaglich einzurichten, sie versuchten
wieder, sich unter den Menschen zurechtzufinden, sie traten aus
ihrer Abgeschiedenheit heraus und wollten sein, wie andere waren.
Sie nahmen die Menschenrechte für sich in Anspruch, strebten nach
Erleichterung ihrer Stellung im Staate; Verbesserung ihrer bürgerlichen Lage, Erlangung der vollen Gleichberechtigung wurden die
Losungsworte, die mehrere Geschlechter hindurch ihr Denken und
Tun beherrschten. Mit dem Fortschreiten ihres Unterrichtswesens
wuchs ihr Sinn für Zucht und Ordnung, verfeinerte sich das Verständnis
für Formenschönheit und Wohlklang. Sie befleißigten sich allgemeiner
Bildung, wurden von dem Strome der herrschenden Gedanken mit
fortgerissen, das kritische Denken, das ganz Europa ergriff, bemächtigte
sich auch ihrer Religion. Fromme Übungen bildeten nicht mehr den
einzigen oder vorwiegenden Gegenstand ihres Interesses, der Dog-
matismus, der die jüdische Religion das ganze Mittelalter hindurch
beherrscht hatte, wurde überwunden, neues, frisches Leben regte
sich in der Behandlung aller Fragen.

Von der gewaltigen Veränderung im Leben und Denken der Juden konnte der Gottesdienst nicht unberührt bleiben. Seine Formen entsprachen nicht mehr den Anforderungen der neuen Zeit, Auge und Ohr fühlten sich in gleicher Weise abgestoßen, Verstand und Gemüt blieben unbefriedigt und kalt. Gar viele unter den Gebildeten vermochten hinter dem wenig ansprechenden Äußeren den wertvollen Kern nicht mehr zu erkennen und gingen der Synagoge verloren, auch wenn sie sich nicht von ihrem Bekenntnisse lossagten. Ihnen standen in überwältigender Mehrheit diejenigen gegenüber, denen jede bewußte Änderung als Abfall vom Judentum erschien. Eine geringe Zahl von Einsichtigen forderte Verbesserungen, die das Wesen des Gottesdienstes nicht berührten, wie Vereinfachung der Gebete und Abstellung der eingerissenen Unsitten, ästhetische Formen, ein des Gotteshauses würdiges Verhalten. Doch ehe es dazu kam, trat eine neue Zeit ein, sie brachte neue politische Ideale, bildete einen neuen Menschheitsbegriff; man fragte sich, ob die überlieferten Gebete in ihrem Ausdruck und ihren Gedanken damit stets übereinstimmten, und beantragte, was nicht mehr zeitgemäß schien, zu ändern. Schließlich führte das wissenschaftliche Denken zu einer kritischen Prüfung der gesamten Tradition, es wurde eine völlige Umgestaltung der gottesdienstlichen Einrichtungen gefordert.

Die Reformbewegung hat eine starke Erregung hervorgerufen, der Gegensatz zwischen den Anhängern der Überlieferung und den Freunden der Neuerungen schien mehr als einmal unversöhnlich, er führte zu heftigen Kämpfen und Spaltungen in den Gemeinden. Nicht alle Juden wurden in gleicher Weise von diesen Bestrebungen ergriffen, den „portugiesischen" Gemeinden blieben sie nahezu ganz fern, bei ihnen hatte die Kabbala alles gesunde Leben erstickt, sie haben sich nie wieder zu kraftvoller Geistestätigkeit aufschwingen können, ihr Gottesdienst und ihre Gebetbücher sind von den durch die Mystik hervorgerufenen Zusätzen nicht befreit worden. Auf der großen Masse der Juden in den östlichen Ländern lastete zu schwerer Druck politischer und ökonomischer Art, als daß sie an der neuen vorwärts drängenden Bewegung hätten teilnehmen können. Hunderttausende blieben dem Chassidismus ergeben, weite Kreise verfielen vollständig dem Indifferentismus. Nur im westlichen Europa, wo die Juden auf allen Gebieten einen ungeahnten Aufschwung zu verzeichnen hatten, hat die gottesdienstliche Frage die Gemüter tief bewegt. Deutschland

bildete den Mittelpunkt der Kämpfe; von da verbreiteten sich die
Reformbestrebungen später nach England und nach Amerika, um
schließlich wieder auf das Land ihres Ursprungs zurückzuwirken.
2. Obwohl eine neue Generation mit besserer Bildung und ver-
edeltem Geschmack herangewachsen war, bestand der Gottesdienst
in seiner alten Gestalt fort, das Herkommen mit all seinen häßlichen
Auswüchsen herrschte darin unverändert. Für die Dauer war das ein
unhaltbarer Zustand, es mußte etwas geschehen, um den veränderten
Ansprüchen entgegenzukommen. Die Jünger Mendelssohns, in denen
das Verständnis für die hebräische Sprache und Poesie geweckt war,
nahmen zunächst an der unschönen und wenig korrekten Art, wie
die Gebete zum Vortrag gelangten, Anstoß; ihr an der Philosophie
der Aufklärung geschultes Denken konnte sich bei den Ideen der
Mystik nicht beruhigen. Ihr erstes Bestreben richtete sich daher
auf die Verbreitung sorgfältig hergestellter Ausgaben des Gebetbuchs,
auf seine Säuberung von den Entstellungen, die es unter kabbalistischem Einflusse erlitten hatte. Von den Männern, die sich darum
besonders verdient gemacht haben, mag es genügen, W o l f H e i d e n -
h e i m (1757 bis 1832) zu nennen, den man mit Recht als den Mendelssohn des Gebetbuchs bezeichnet hat. Ihm gebührt der Ruhm, eine
neue Epoche in der Gebetbuch-Literatur eingeleitet zu haben, seine
Ausgaben von Siddur und Machsor zeichnen sich ebensosehr durch
ihre Korrektheit wie durch ihre ansprechende Form aus, die bei-
gegebene Übersetzung stand auf der Höhe der Zeit, sein Kommentar
wurde bahnbrechend für die Erforschung des Piut. Heidenheim
ließ die durch die lurjanische Mystik eingeführten Hinzufügungen zu
den Gebeten bis auf ganz geringe Reste weg, seine Texte in Verbindung
mit der Übersetzung von Michael S a c h s sind auch für die von der
Reformbewegung nicht berührten Kreise die leitenden Gebetbücher
geworden. Mit der Lossagung von allem kabbalistischen Beiwerk
zu den Gebeten war ein entscheidender Schritt getan, hiermit war eine
Trennung von den in der vorangegangenen Epoche allgemein geltenden
Anschauungen und Überlieferungen ohne weiteres gegeben. Es war
eine jener stillen Umwälzungen, die, ohne viel Aufsehen zu erregen,
epochemachende Bedeutung haben. Das von Seligmann B a e r im
Anschluß an Heidenheims Methode bearbeitete Gebetbuch stellt,
soweit man Korrektheit in der Herstellung des Textes und der Punk-
tation beanspruchen kann, eine gewisse Vollendung dar; andererseits

bedeutet es einen Rückschritt, weil es wiederum viel von den alten, entstellenden Beigaben mitaufgenommen hat und darin einem im Verlaufe des 19. Jahrhunderts eingetretenen romantischen Rückschlage huldigt.

Auch Ü b e r s e t z u n g e n zu den überlieferten Gebeten wurden allmählich mehr und mehr verbreitet, das Verständnis des Gottesdienstes wurde denen, die des Hebräischen unkundig waren, erschlossen. Unter den portugiesischen und italienischen Juden waren Übersetzungen der Gebete seit vielen Jahrhunderten gebräuchlich und von niemand beanstandet. Im Gebiete des deutsch-polnischen Ritus war seit langer Zeit eine jüdisch-deutsche Übersetzung verbreitet, eine Übertragung in die L a n d e s s p r a c h e jedoch wurde überall da, wo die polnischen Rabbiner das Übergewicht hatten, verpönt. Als Isaak Pinto in London eine englische Übersetzung der Gebete herausgeben wollte, stieß er auf solchen Widerstand, daß er sein Werk in New-York drucken lassen mußte. Nicht besser erging es der ersten Übertragung in die deutsche Sprache. Im Jahre 1786 veröffentlichte D a v i d F r i e d l ä n d e r eine Übersetzung der Gebete und der Sprüche der Väter mit erklärenden Anmerkungen, die er noch in hebräischen Lettern erscheinen ließ. Wenn ihn auch nicht, wie einst Mendelssohns Bibelübersetzung, der Bannstrahl traf, so wurde das Werk doch durch den Prediger E l e a s a r F l e c k e l e s in Prag öffentlich angegriffen, Friedländer sah sich genötigt, es durch ein besonderes „Sendschreiben an die deutschen Juden" zu verteidigen. Nichtsdestoweniger gab Isaak E u c h e l schon 1788 eine neue Übersetzung in d e u t s c h e n Lettern heraus, es folgten Übertragungen ins Holländische, Dänische, Ungarische, allmählich in alle Sprachen, die von den Juden gesprochen wurden, ohne daß es notwendig war, große Kämpfe für die Übersetzung zu führen. Bis auf die allerextremsten Kreise der Chassidim, die noch heute den alten Jargon für die einzig berechtigte und erlaubte Sprache der Juden halten, ist niemand mehr gegen den Gebrauch der Landessprache für die Übertragung der Gebete aufgetreten.

3. Das waren wohl Abweichungen vom Herkommen, sie ließen aber den Gottesdienst als solchen unverändert, die vielbeklagten Mißstände, die Länge der Gebete, die Belastung mit unverständlichen Piutim, der störende Lärm, der besonders die Schriftvorlesung begleitete, waren damit nicht beseitigt. In die festgefügte Ordnung der

Synagoge wagte niemand einzugreifen, ehe nicht durch die französische
Revolution das Selbstbestimmungsrecht der Völker gegenüber der un-
umschränkten Herrschaft der Autorität zum Siege geführt worden war.
In A m s t e r d a m entstand 1795 ein Verein F e l i x L i b e r t a t e;
sein Hauptzweck war die Verfechtung der Emanzipation, gleichzeitig
aber verlangten seine Mitglieder R e f o r m e n im G o t t e s d i e n s t e,
Abschaffung der Piutim und Änderung solcher Gebete, die einen
politischen oder sozialen Gegensatz zwischen Juden und Nichtjuden
zur Voraussetzung hatten. Da die Vorsteher und Rabbiner ihnen
Widerstand entgegensetzten, gründeten sie eine eigene Gemeinde
Adaß Jeschurun; in zahlreichen Streitschriften, die von beiden Seiten
her veröffentlicht wurden, kam die Frage der Berechtigung der ge-
forderten Reformen zur Erörterung. Als dann Napoleon das große
S a n h e d r i n zusammenrief, hofften weite Kreise, daß von dieser
Körperschaft eine umfassende gottesdienstliche Reform ausgehen
würde. Es blieb jedoch alles beim alten, die einzige Einwirkung auf
den Gottesdienst, die jene Versammlung hervorrief, war die Bestimmung der Konsistorialordnung vom Jahre 1807, nach der die
Rabbiner die Verpflichtung erhielten, für die Ordnung in der Synagoge zu sorgen und allsabbatlich beim Gottesdienste eine P r e d i g t
in der Landessprache zu halten. Das war für alle Länder eine Neuerung,
denn wenn auch außerhalb Deutschlands solche Predigten nichts
Ungewöhnliches waren, so wurden sie doch nicht regelmäßig gehalten.
In Deutschland waren bis dahin rein deutsche Predigten nur ganz
vereinzelt und bei besonderen Anlässen geduldet worden; da die Regierung sie nunmehr verordnete, mußten sie widerspruchslos zugelassen werden, aber es fehlte zunächst an geeigneten Rednern, die
der Sprache genügend mächtig waren.

　　Die Forderungen der Konsistorialordnung erhielten ihre Bedeutung, als sie auf das Königreich Westfalen übertragen und durch
I s r a e l J a c o b s o h n streng durchgeführt wurde. Jacobsohn war
kein Reformator im eigentlichen Sinne, theologische Kenntnisse und
wissenschaftliche Vertiefung gingen ihm ab, hingegen war er ein Mann
von praktischem Blick, von rasch entschlossenem, energischem Handeln.
Sein Wunsch war es vor allem, den jüdischen Institutionen ein zeit-
gemäßes ansprechendes Aussehen zu geben, sie in würdiger, auch
Andersgläubigen gefälliger Gestalt vorzuführen. Er legte daher den
größten Nachdruck auf die Beseitigung aller ä u ß e r e n M ä n g e l

des Gottesdienstes, auf die Verschönerung seiner Formen. Soweit sein
Einfluß reichte, hielt er auf Einführung der deutschen Predigt und
geordneten Gesanges. In den Synagogen des Konsistorialbezirks
wurden auch die Piutim abgeschafft und einige Gebete, die Klagen
über Druck und Verfolgung enthielten und daher mit den politischen
Verhältnissen nicht in Einklang standen, geändert. Das alles wurde,
wenn auch vielfach mit Widerstreben, hingenommen. Sehr unliebsam
wurde es bemerkt, als Jacobsohn beim Gottesdienste in der Schule des
Konsistoriums zu Kassel auch d e u t s c h e G e b e t e und L i e d e r
einführte, und vollends erregte er den allgemeinen Unwillen, als er
in der von ihm erbauten Synagoge in Seesen sogar eine O r g e l spielen
ließ. In der Hauptsache bestand die Liturgie aus den alten hebräischen
Gebeten in unveränderter Fassung, der deutsche Teil des Gottesdienstes
aber erfuhr sehr viel Anfechtung. Berief sich Jacobsohn darauf, daß
die Kenntnis des Hebräischen im Abnehmen begriffen war, dann er-
widerten die Gegner, daß die Verdrängung des Hebräischen aus dem
Gottesdienste eine noch größere Vernachlässigung der Sprache der
Väter, die zugleich die Sprache der Heiligen Schrift und das einzige
gemeinsame Band aller Glaubensgenossen wäre, zur Folge haben
müßte. Bereits damals, in den allerersten Anfängen der Bewegung,
wurden dieselben Argumente einander gegenübergestellt, mit denen
noch heute nach hundert Jahren der Kampf geführt wird. — In ähnlicher Weise wie in Seesen wurde in Frankfurt a. M. am Philanthropin
jeden Sonntag, später auf Veranlassung von Johlsohn, der auch ein
Gesangbuch dafür ausarbeitete, am Sabbat eine Andachtsstunde
gehalten. Die Form der neuen Gottesdienste und vor allem die deutschen Gesänge waren in vielen Stücken christlichen Vorbildern nachgeahmt, was selbstverständlich starken Anstoß erregte, aber doch
nach kurzer Zeit häufig als richtig anerkannt und ohne Widerspruch angenommen wurde. Der Gottesdienst in den jüdischen Lehranstalten
hatte die Wirkung, daß er die Zöglinge mit Hilfe der Schuldisziplin
an Ordnung und würdevolle Haltung im Gotteshause, an Predigt und
Chorgesang gewöhnte. Noch wichtiger war, daß auch die Eltern der
Schüler an seinen Einrichtungen Gefallen fanden und an ihm teilnahmen. Auf diese Weise wurden Predigt und Gesang, Ruhe und
Andacht in weiten Kreisen ein Herzensbedürfnis, namentlich die
regelmäßige deutsche Predigt fand viel Verbreitung und wurde bald
nicht mehr als fremdartig betrachtet.

Jacobsohn versuchte auch, die K o n f i r m a t i o n der Knaben und Mädchen zu einer regelmäßigen Einrichtung zu machen; eine solche Verpflichtung auf ein Glaubensbekenntnis hatte in der Vergangenheit keine Wurzel, sie konnte daher auch nicht durchdringen. Ein Bestandteil des Gottesdienstes wurde sie nur in den Reformgemeinden, in Berlin und in Amerika. Die Konfirmation gehörte zum Reformprogramm einiger den Juden wohlgesinnter Regierungen, sie sollte eine Gewähr dafür bieten, daß der jüdischen Jugend ein Religionsunterricht in der Landessprache erteilt worden war. In Dänemark wurde sie durch Gesetz verordnet; in den wenigen Gemeinden dieses Landes regte sich damals ein ziemlich freier Geist, neben der dänischen Predigt fanden auch andere Reformen im Sinne Jacobsohns eifrige Anhänger. In allen Ländern, in denen die Einbürgerung der Juden in Sitte und Sprache eine neue Erscheinung war, wiederholte sich das Streben, der Wandlung auch in der Einrichtung des Gottesdienstes einen mehr oder minder deutlichen Ausdruck zu geben.

4. Bedeutungsvoll wurde, daß Jacobsohn 1815 seinen Wohnsitz nach B e r l i n verlegte. Hier hatte die Gleichgültigkeit der Gebildeten gegen die überlieferten Institutionen des Judentums einen erschreckenden Umfang angenommen, hier hatten die Jünger Mendelssohns den Lehrgehalt der jüdischen Religion im Sinne der Aufklärung umzugestalten versucht, in der Gemeinde aber war alles unverändert geblieben. Unmittelbar nach Erlaß des Edikts vom 11. März 1812 hatte David Friedländer „Über die durch die neue Organisation der Judenschaften in den preußischen Staaten notwendig gewordene Umbildung ihres Gottesdienstes in den Synagogen" geschrieben und die Unterstützung der Regierung für eine durchdringende Änderung zu erlangen gesucht. Abgesehen von der „Herstellung einer ansprechenden äußeren Form" forderte er die „v o l l e, u n v e r k ü m m e r t e E i n - f ü h r u n g d e r d e u t s c h e n S p r a c h e i n d a s G e b e t". Noch einschneidender war es, wenn er alle Gebete m e s s i a n i s c h e n Inhalts beseitigt, die Zukunftshoffnungen gestrichen sehen wollte, da sie durch die Gewährung der Emanzipation gegenstandslos geworden wären; er bekannte sich damit zu einem der verhängnisvollsten Irrtümer der jüdischen Aufklärung, die den Messiasgedanken seines idealen Inhalts völlig entkleidete und ihn lediglich auf die Erlangung irdischen Glückes, politischer Gleichberechtigung bezog. Friedländers Schrift erregte begreifliches Aufsehen, außer einer Anzahl Gegen-

schriften hatte sie jedoch keine weiteren Folgen. Als sich nun Jacobsohn in Berlin niederließ, richtete er im eigenen Hause einen Gottesdienst für die Sabbate und Festtage ein, der mit Orgelbegleitung, deutschen Chorgesängen und regelmäßig mit einer Predigt ausgestattet war. Die Gebetordnung war im großen und ganzen die hergebrachte, in den einleitenden Gebeten war manches gekürzt oder ins Deutsche übertragen worden; die wesentlichste Neuerung war die, daß die Tefilla nicht wiederholt wurde und das Musafgebet ganz ausfiel. Die hebräischen Gebete und die Toravorlesung wurden in der für korrekter gehaltenen portugiesischen Aussprache vorgetragen. Jacobsohns Gottesdienst fand unter den zahlreichen Gebildeten der Gemeinde sehr viel Anklang, man mußte bald einen größeren Saal für ihn wählen, aber die neue Einrichtung hatte keinen langen Bestand, schon im Dezember 1815 wurde der Gottesdienst von der Regierung verboten, weil es nach der alten Judenordnung von 1750 nicht gestattet war, außerhalb der Gemeindesynagoge Gebetversammlungen zu halten. So ruhte die Veranstaltung eine Zeitlang. Da aber die einflußreichsten Männer der Gemeinde das größte Interesse daran hatten, den Gottesdienst in der ihnen zusagenden Form fortzusetzen, benutzten sie den notwendig gewordenen Umbau der Synagoge als Anlaß, um den Gottesdienst nach der von Jacobsohn eingeführten Ordnung wieder aufleben zu lassen. Ein Gesangbuch und ein eigenes Gebetbuch für die Sabbate und Festtage wurden für diese Zwecke veröffentlicht. Auch diesmal bezogen sich die Änderungen mehr auf die Form als auf den Inhalt des Gottesdienstes, sie bestanden im wesentlichen in starker Verwendung der deutschen Sprache für die einleitenden Benediktionen und Psalmen und in der Benutzung einiger Lesarten des sepharadischen Ritus; auch das Musafgebet wurde wieder eingeführt. An den Feiertragen blieb ebenfalls der größte Teil des hebräischen Gottesdienstes in der alten Weise bestehen, nur die Piutim waren stark eingeschränkt, am Versöhnungstage jedoch wurden auch sie in nicht unbeträchtlicher Zahl verwendet. Wenngleich die Abweichungen von der hergebrachten Liturgie nicht bedeutend waren, wurden doch die deutsche Predigt, die deutschen Gebete und Gesänge, sowie die Orgelbegleitung von vielen als Gewissenszwang empfunden, sie forderten durch eine Beschwerde bei der Regierung beschleunigte Wiederherstellung der Gemeindesynagoge. Die Anhänger der Neuerungen wiederum wollten den Bau nicht vollenden, ehe nicht eine Einigung

über die Reformen erzielt war, sie wünschten eine Erweiterung der
Synagoge und die Einrichtung zweier Gottesdienste nebeneinander;
dazu kam es tatsächlich, als die Gegner die unvollendete Synagoge
für einen Gottesdienst nach dem Herkommen notdürftig herrichten
ließen. Der langwierige Kampf der Parteien und die Untersuchung
der Regierung führten schließlich zu dem bedauernswerten Ergebnisse,
daß durch Kabinettsorder vom 9. Dezember 1823 j e d e Ä n d e r u n g
im jüdischen Gottesdienste, auch die Predigt und deutsche Gesänge
grundsätzlich v e r b o t e n wurden. Auch in anderen preußischen
Gemeinden, wie Breslau und Königsberg, mußten die seit längerer
Zeit dort eingeführten Predigten eingestellt werden. Für Jahrzehnte
war damit im Gebiet des Königreichs Preußen jeder Fortschritt des
Gottesdienstes unmöglich gemacht.

5. Die Notwendigkeit, den Gottesdienst in einer dem modernen
Empfinden mehr zusagenden Form zu ändern, wurde zur selben
Zeit allenthalben gefühlt. Das größte Aufsehen erregte die Grün-
dung des „N e u e n i s r a e l i t i s c h e n T e m p e l v e r e i n s" in
H a m b u r g. Im Jahre 1817 vereinigte sich dort eine größere Anzahl
von Glaubensgenossen in der Absicht, „einen würdigen und geordneten
Ritus herzustellen, nach welchem an den Sabbat- und Festtagen,
so wie bei anderen feierlichen Gelegenheiten, in einem eigenen zu diesem
Behufe eingerichteten Tempel der Gottesdienst gehalten werden soll.
Bei diesem Gottesdienst soll namentlich auch eine deutsche Predigt
und Choralgesang mit Begleitung der Orgel eingeführt werden". Hier
hatte sich zum ersten Male eine G e m e i n d e gebildet, die sich die
Durchführung eines reformierten Gottesdienstes zur Aufgabe setzte,
das Gebetbuch, das zur Eröffnung des Tempels im Herbst 1818 erschien, wich in wesentlichen Punkten von allen bisher bekannten
gottesdienstlichen Ordnungen ab.

Der Gottesdienst wurde nur an Sabbaten und Feiertagen gehalten,
das Gebetbuch enthielt daher nur die Gebetordnung für diese Tage,
später erschien ein Anhang mit den Gebeten für Purim und den 9. Ab.
Die äußeren Kennzeichen des Gottesdienstes am Tempel waren Gesang durch einen gemischten Chor, Orgelspiel, die regelmäßige deutsche
Predigt und deutsche Lieder, für welche der Prediger K l e y ein
eigenes Gesangbuch veröffentlichte. Dem Gebetbuche wurde die
Überlieferung des p o r t u g i e s i s c h e n Ritus zugrunde gelegt,
auch die Aussprache des Hebräischen geschah nach der Weise der

Portugiesen. Für die Auswahl der Gebete war die Unterscheidung zwischen typischen und akzessorischen Gebeten maßgebend; die typischen, „d. h. solche, die allezeit als wesentliche Bestandteile des israelitischen Gottesdienstes galten", wurden „gewissenhaft beibehalten, und nur in den akzessorischen Gebeten bewegte man sich mit Freiheit". Durch die Benutzung der sepharadischen Gebetordnung waren zahlreiche Abweichungen von dem bei der Mehrzahl der Juden Hamburgs üblichen Wortlaut der Gebete bedingt, innerhalb des benutzten Gebetbuchs aber war der Text in fast unveränderter Form beibehalten; die auffallendste Neuerung war, daß auch viele Stammgebete nicht hebräisch, sondern in deutscher Übersetzung aufgenommen waren. Der Gottesdienst am Eingange des Sabbats ließ die den älteren Gebetbüchern unbekannten einleitenden Gebete fort, er begann mit Ps. 92 und brachte das Abendgebet in der überlieferten Form; allerdings waren nur das Schma und die auf die Tefilla folgenden Stücke hebräisch, alle übrigen deutsch. Im Morgengottesdienste des Sabbats waren die einleitenden Benediktionen und Psalmen (§ 11, 12) stark gekürzt und in deutscher Sprache gegeben; das Schma und seine Benediktionen hatten dieselbe Form wie am Abend, die Tefilla wurde in hebräischer Sprache mit Einschaltung der Keducha sofort laut vorgetragen. Für die Vorlesung der Tora war der dreijährige Zyklus eingeführt, die Vorlesung erfolgte ohne Kantilene in portugiesischer Aussprache, die Haftara fiel aus. Beim Aus- und Einheben der Tora, sowie vor und nach der Predigt wurden deutsche Lieder gesungen. Das Musafgebet wurde ebenfalls sofort laut vorgetragen. An den Festtagen war der Aufbau der Gebete derselbe wie an den Sabbaten. Die Piutim fehlten an den Wallfahrtsfesten, das entsprach der portugiesischen Gebetordnung; an den beiden ernsten Festen hingegen waren sie in sehr großer Zahl beibehalten, sie entstammten sämtlich der Überlieferung der Portugiesen, der Gottesdienst am Versöhnungstage dauerte in herkömmlicher Weise den ganzen Tag. Als später die Gebetordnung für Purim erschien, brachte sie die Neuerung, daß die mittleren Benediktionen der Tefilla durch das zusammenfassende Gebet הביננו ersetzt waren.

Die Änderungen im Wortlaute der Gebete waren nicht sehr bedeutend, sie betrafen im großen und ganzen nur Einzelheiten des Stils. Das Ziel der Neuerung war in der Hauptsache eine Verkürzung und Vereinfachung des Gottesdienstes, er sollte ferner mehr als bisher

verständlich werden und zu Herzen sprechen. Von grundsätzlicher
Bedeutung waren nur zwei Änderungen. In den Musafgebeten war
die Bitte um Wiedererbauung des Tempels und Einrichtung der
Opfer durch eine andere ersetzt, in der um gnädige Aufnahme des
Gebets als Ersatz für das Opfer gebetet wurde. Ferner war eine Umgestaltung der Bitten um Herbeiführung des messianischen Reiches
vorgenommen worden. Der Ausdruck der Zukunftshoffnung wurde
nicht aus den Gebeten beseitigt, im großen und ganzen wurde er in
der überlieferten Form beibehalten. Überall da, wo von der geschichtlichen Bedeutung des jüdischen Volkes die Rede oder wo eine
symbolische, rein religiöse Auffassung des messianischen Ideals möglich war, wurde der Wortlaut unverändert gelassen; wo hingegen die
nationale Seite der Zukunftshoffnung hervorgehoben war, wo um die
gemeinsame Rückkehr nach dem Heiligen Lande, die Vereinigung aller
Juden im Lande der Väter gebetet wurde, erhielten die Sätze einen
allgemeineren und symbolischen Inhalt.

Sieht man von der Vermischung deutscher und hebräischer
Stücke innerhalb desselben Gebetabschnitts sowie von der Veränderung der Schriftvorlesungen ab, so kann man die Abweichungen des
Gebetbuchs vom Herkommen nur als sehr gemäßigt bezeichnen, es
war keineswegs revolutionär, es lag den Begründern des Tempels
fern, sich von der jüdischen Gesamtheit zu trennen; ihr Bestreben
ging dahin, „dem Kultus in dessen ganzem Umfange Würde und
Wirksamkeit zu verschaffen", von den religiösen Lehren des Judentums wollten sie sich in keiner Beziehung lossagen. Das Gebetbuch
war nicht von Theologen, sondern von gebildeten Laien nach dem
Bedürfnisse des Augenblickes verfaßt, sie betrachteten es nicht als
endgültiges, abschließendes und unantastbares Werk; wie es im
Zeichen der „Fortbildung" entstanden war, sollte es von Zeit zu Zeit
einer Prüfung und Verbesserung unterzogen werden können. Das
Gebetbuch war kein Meisterwerk, es hatte sich von einer prinzipiellen
Stellungnahme ängstlich ferngehalten und, um möglichst viele und
verschiedenartige Kreise zu befriedigen, Kompromisse aller Art
zugelassen. A b r a h a m G e i g e r hat es einer unerbittlichen Kritik
unterzogen und, weil es „in fast allen Punkten eine klare und ziel-
bewußte Durchführung eines fortgeschrittenen religiösen Prinzips"
vermissen ließ, als rückständig verworfen. Von anderen wiederum ist
es getadelt worden, weil es ihnen zu radikal geschienen, auf die An-

schauungen der Gemeinde zu wenig Rücksicht genommen und mit raschem Schritte von den herrschenden religiösen Anschauungen sich entfernt hat. Insbesondere die Abweichungen in den messianischen Gebeten wurden vielfach auch von solchen Männern angegriffen, die dem Fortschritte huldigten und dem Gottesdienste des Tempels als Ganzem die Anerkennung nicht versagten. Sie berührten damit die verwundbarste Stelle im Gebetbuche des Tempels. Wohl war, wie wir sahen, die Frage der Verbindlichkeit des Messiasglaubens in seiner bisherigen Gestalt in Fluß geraten, was aber den wirklichen Inhalt der messianischen Idee bildete und im Gebet zum Ausdruck gelangen konnte, dieses Problem war kaum in Angriff genommen und hatte keineswegs bereits eine abschließende Lösung gefunden, so daß daraufhin eine Änderung berechtigt gewesen wäre. Ausschlaggebend waren dabei auch nicht theologische Erwägungen, wie sie später zur Revision des gesamten Messiasbildes geführt haben, sondern übertriebene Besorgnisse wegen der Erlangung der Emanzipation. Die Gegner der Gleichberechtigung der Juden, die um Gründe niemals verlegen waren, benutzten den Hinweis auf die Zukunftshoffnungen, auf den in den Gebeten ausgesprochenen Glauben an die Errichtung eines jüdischen Reiches im Heiligen Lande als willkommene Waffe. Es war eine Verkehrtheit der Reformer damals und noch lange später, daß sie den Messiasglauben in seiner überlieferten Form diesem Einwande zum Opfer zu bringen bereit waren und das alte Judentum gewissermaßen des Mangels an Bodenständigkeit und Vaterlandsliebe bezichtigten. Das politische Vorurteil mußte mit politischen Gründen bekämpft werden; wer die Frage gerecht und ohne Voreingenommenheit prüfte, konnte aus dem Messiasglauben keine stichhaltigen Gründe gegen die Gleichberechtigung der Juden herleiten, wofür der berühmte englische Staatsmann Macaulay in seiner Verteidigungsschrift für die Juden mit unwiderleglichen Gründen den Beweis geführt hat. Die Begründer des Tempels ließen sich nicht nur in diesem einen Punkte von Erwägungen der Zweckmäßigkeit leiten, ihr ganzes Tun war durch äußere Rücksichten bestimmt, es waren Männer des praktischen Lebens, die an den Reformen arbeiteten, nicht Gelehrte oder Geistliche, die danach strebten, einen neuen Religionsbegriff zu entwickeln und in der Ausgestaltung einer Gebetordnung folgerichtig durchzuführen. Nichtsdestoweniger muß ihrem Streben die Anerkennung zuteil werden, daß sie zuerst den Mut fanden, einen Ver-

such zur Erneuerung des Gottesdienstes zu machen. Selbst die Gegner
des Tempels konnten ihm das Zugeständnis nicht versagen, daß er
„den hoch angesammelten Wulst der Jahrhunderte mit einem Schlage
ohne viel Bedenken aus dem Gotteshause entfernt, das heilige Spinn-
gewebe, das niemand anzutasten gewagt hatte, in jugendlichem Un-
gestüm weggefegt und Sinn für geregeltes Wesen, für anständige
Haltung beim Gottesdienst und für Geschmack und Einfachheit geweckt hat".

Hätten die Rabbiner, wie einsichtige Anhänger des Alten be-
fürworteten, sich der neuen Bewegung bemächtigt, hätten sie auf die
Reformer einzuwirken und die nach ihrer Meinung begangenen Irrtümer abzustellen versucht, wer weiß, welche Entwicklung das Judentum in Deutschland genommen hätte. Statt dessen aber nahmen
die Rabbiner dem neuen Unternehmen gegenüber von vornherein eine
entschieden f e i n d l i c h e Stellung ein. Kaum waren die ersten
Bogen des neuen Gebetbuches erschienen, als das Rabbinatskollegium
in Hamburg durch einen Anschlag in der Synagoge die Gemeindemitglieder vor der Benutzung des Buches warnte. Schon einen Tag
später erließ der Rabbiner in Altona eine ähnliche Bekanntmachung.
Man braucht nur die Schriftstücke mit ihrem halb hebräischen, halb
deutschen Wortlaut zu lesen, um sofort zu begreifen, daß hier zwei
Weltanschauungen aufeinanderstießen, zwischen denen eine Verständigung unmöglich war. Der Tempelverein ließ sich durch die
Drohungen nicht einschüchtern, er veröffentlichte sein Gebetbuch
weiter und wandte es in seinem Gottesdienste, der sich von vornherein
eines guten Besuches erfreute, ständig an. Das Rabbinatskollegium
holte bei den angesehensten Rabbinern Deutschlands, Österreich-
Ungarns und Italiens Gutachten ein, die es in der Sammlung אלה דברי
הברית veröffentlichte. Als übereinstimmendes Ergebnis konnte
es schon auf dem Titelblatte verkünden, „daß es verboten ist, die in
Israel übliche Gebetordnung vom ersten bis zum letzten Worte zu
ändern und erst recht etwas davon zu streichen; daß es verboten ist,
in einer anderen als der hebräischen Sprache zu beten, und daß jedes
Gebetbuch, das nicht den Vorschriften oder dem Brauche entsprechend
gedruckt ist, ungültig, daß es somit unstatthaft ist, daraus zu beten;
daß es endlich verboten ist, am Sabbat oder den Festtagen in der
Synagoge auf irgendeinem Instrumente zu spielen, selbst wenn es
durch einen Nichtjuden geschieht". Die Ausführungen der Rabbiner

waren sehr scharf, sie waren gewöhnt, zu befehlen und unbedingten Gehorsam zu finden, es geschah zum erstenmal, daß sie einem größeren zusammengeschlossenen Kreise begegneten, der sich bewußt vom Herkommen und von den rabbinischen Anordnungen entfernte. Sie gingen in ihrer Verketzerung viel zu weit, sie setzten allen Ansprüchen nur das uneingeschränkte Verbot entgegen. Die Rabbiner standen den Neuerungen völlig verständnislos und ratlos gegenüber, obwohl einige aus eigener Erfahrung von Bestrebungen wußten, die sich auf eine Abkehr vom überlieferten Judentum bezogen. Sie kannten die Welt nicht, sie lebten nur in ihren Büchern, sie beherrschten wohl den Talmud und die Dezisoren bis zu ihren letzten Ausläufern aufs gründlichste, aber sie waren in der Dialektik befangen und hafteten durchaus am Buchstaben; in den Geist des biblischen und rabbinischen Judentums vermochten sie sich nicht mehr zu versetzen, von den Einflüssen der Geschichte auf die Entwicklung der Bräuche und Religionsanschauungen hatten sie keine Vorstellung. Sie stellten sich daher übereinstimmend auf den Standpunkt, daß jegliche Neuerung zu verwerfen war, selbst Dinge, die nirgends verboten worden waren, für die sich nur mit Mühe und Not vermittels scharfsinniger Ableitungen und anfechtbarer Schlüsse eine Zurückweisung finden ließ, wollten sie nicht gestatten. Nach ihrer Überzeugung beruhten nicht allein der Wortlaut der Gebete, sondern auch sämtliche gottesdienstlichen Einrichtungen ohne Unterschied auf alter Überlieferung, durfte auch in den Bräuchen nichts geändert werden, da auch sie „hochheilig" waren und „schon die geringste Abweichung in ihnen die Wirkung des Gebets in Frage stellte". Man merkt es den Gutachten an, daß die Verfasser sich von jenen Gesichtspunkten leiten lassen, die durch die Kabbala in die Halacha eingeführt worden waren, sie fürchten, daß die besonderen Bedeutungen und Wirkungen, die jeder Zeremonie und selbst den unscheinbarsten Bräuchen dort zugeschrieben sind, in Frage gestellt werden. Besonders bezeichnend für ihre Ratlosigkeit allen neuen Erscheinungen gegenüber ist ihre Stellung zur Orgelfrage. Im talmudischen Schrifttum ist von ihr nirgends die Rede, aber daß sie nicht statthaft sein könnte, das stand noch vor der Untersuchung fest. Freilich wußten sie nicht recht, ob die Musik überhaupt oder nur das Spielen an den Sabbaten verboten werden sollte, und da letzteres bei Hochzeitsfeiern von einwandfreien Gesetzeslehrern gestattet ist, erwuchs den Gutachtern die schwierige Aufgabe, nachzuweisen, daß die Verschönerung des Gottesdienstes keineswegs als so bedeutungsvolle Pflicht gelten könnte wie die eines Familienfestes. Es war die Dialektik, die sich selbst den Todesstoß versetzte. — Erfreulich ist an den Gutachten nur eins, die einmütige entschiedene Erklärung, daß der Messiasglaube und die Zukunftshoffnungen den Juden nicht unfähig machen, die Bürgerpflichten zu erfüllen, daß die Treue gegen den Herrscher und das Vaterland zu den religiösen Vorschriften des Judentums gehören.

Die Schärfe in der abweisenden Stellung der Rabbiner war aber auch darum unberechtigt, weil sie selbst nichts getan hatten, um den Verfall des religiösen Lebens zu verhüten. Es war nunmehr offenkundig, daß fast eine ganze Generation dem Gottesdienst entfremdet worden war, weil sie seinen Inhalt nicht mehr verstand, von seiner Form sich abgestoßen fühlte. Die Rabbiner hatten der Gleichgültigkeit sorglos zugeschaut, und sie ließen sich nun nicht einmal auf die Prüfung der Beweggründe derer ein, welche versuchten, dem Übel zu steuern. Eine Verständigung zwischen den beiden gegenüberstehenden Richtungen war vollständig ausgeschlossen, weil die Vertreter des Herkommens keinerlei Neigung zeigten, sich mit den Zielen und Wünschen der Neuerer vertraut zu machen. Ihre Argumente und Anschauungen wiederum konnten auf die Mitglieder des Tempels keineswegs Eindruck machen. Nicht nur, daß sie einige rabbinische Entscheidungen in Händen hatten, die zugunsten der gleichartigen Bestrebungen in Berlin abgegeben waren und die Neuerungen durchaus billigten, hat auch eines ihrer tätigsten Mitglieder eine scharfe satirische Widerlegung der Gegner veröffentlicht und dem Urteil der Gutachter die widersprechenden Äußerungen der rabbinischen Quellen gegenübergestellt. Aber das war keineswegs ausschlaggebend. Wären der Schulchan Aruch und seine berufensten Ausleger auch sämtlich gegen sie gewesen, so hätte die Tempelgemeinde sich darum von ihren Bestrebungen nicht zurückhalten lassen. Die Zeiten hatten sich eben geändert, das Ansehen des Talmudismus war gestürzt, es wurde nicht mehr nach den formalen Entscheidungen und dialektischen Folgerungen der rabbinischen Urkunden Recht gesprochen; auch Glaubenssätze und religiöse Einrichtungen mußten sich dem Urteilsspruch der Vernunft unterwerfen, sie wurden nicht mehr bloß darum hochgehalten, weil sie von den Vätern überliefert waren, sondern auch auf ihren inneren Wert und ihre Zweckmäßigkeit geprüft. Der alte Gottesdienst

hatte sich überlebt, er war zu einer leeren Form geworden, das Her-
sagen von unverständlichen Gebeten, der abstoßende Gesang der
Vorbeter, das lärmende Treiben in den Synagogen waren nicht mehr
zeitgemäß, sie brachten keine Erbauung, befriedigten das Andachts-
bedürfnis nicht. Das waren ungewohnte, lange nicht gehörte Forderungen, aber es war auch ein neues Geschlecht mit völlig veränderten
Lebensbedingungen, die sie erhob. Als Versündigung gegen den Geist
der jüdischen Religion konnte es gewiß nicht gelten, wenn Maßnahmen getroffen wurden, die Gebetordnung zu vereinfachen, Weihe
und Feierlichkeit beim Gottesdienste wiederherzustellen. In einem
der Gutachten gegen den Tempel wird der „Abfall" der neuen Gemeinde als Strafe dafür erklärt, daß der Gottesdienst in Deutschland
an sehr vielen Mißbräuchen krankte, daß die Besucher ihn durch
Unterhaltung, mitunter sogar durch Zank und Streit störten. Das
war allerdings der Kern des Übels, eindrucksvoller konnten selbst die
Fürsprecher der Reform ihr Vorgehen nicht rechtfertigen; die Rabbiner aber in ihrer rührenden Weltfremdheit sahen nicht ein, daß die
Mißstände durch das Festhalten an jenen Bräuchen bedingt waren,
an denen sie ihrer angeblichen Heiligkeit wegen nicht rühren lassen
wollten.

Durch ihren Einspruch begaben sich die Rabbiner völlig jedes
Einflusses auf den gebildeten, fortgeschrittenen Teil der Judenheit,
das Bestehen und Gedeihen des Tempels haben sie nicht gehindert.
Ob die Hamburger sich der vollen Tragweite ihres Vorgehens bewußt waren, ob sie sich als Vertreter eines neuen P r i n z i p s fühlten,
läßt sich bezweifeln, der Tempel rechtfertigte in keiner Weise die
Hoffnungen und Besorgnisse, die man an seine Entstehung knüpfte.
Die revolutionäre Gesinnung, die vielleicht am Anfange in ihm herrschte,
war bald verflogen, die Mitglieder liebten ihre Behaglichkeit und Ruhe,
sie dachten mehr an ihre Geschäfte als an eine Umgestaltung der Religion, sie waren mit der neuen Einrichtung zufrieden, keineswegs
aber von kampflustigem Tatendrang oder opferfreudiger Begeisterung
erfüllt. Auch die Prediger des Tempels waren nicht Männer von über-
ragender Bedeutung, sie gingen in den Pflichten für die Gemeinde
auf und unter, ihre ganze Tätigkeit erschöpfte sich in Predigt und
Unterricht, zu geistigen Führern der Judenheit fühlten sie sich nicht
berufen und besaßen sie auch nicht die Fähigkeit. Niederschmetternd
war der Eindruck ihrer Persönlichkeiten, den Leopold Zunz in das

vernichtende Urteil zusammenfaßte, daß „an einem ausgestopften
Rabbi im zoologischen Museum mehr Judentum zu studieren wäre,
als an den lebendigen Tempelpredigern". Daß vom Tempel die Wiedergeburt des Judentums ausgehen könnte, erwartete nach wenigen Jahren
niemand mehr, man konnte in ihm nicht mehr sehen als den Versuch,
ein Gebäude äußerlich herauszuputzen, an dessen Tragfähigkeit man
nicht recht glaubte, für dessen gründliche Ausbesserung man Aufwand
und Mühe nicht mehr für lohnend hielt. „Die Hamburger täuschen
sich gewaltig, wenn sie ihren Reformationsideen eine universelle Bedeutung beilegen, aber es ist eine Täuschung, die man ihnen lassen
kann. Was brauchen sie zu wissen, daß sie selbst im Übergange sind?"
So schrieb schon 1824 Moritz Moser, dem nichts ferner lag als blinde
Voreingenommenheit gegen die fortschrittliche Bewegung.

Der Tempel mag als eine nicht unwichtige Episode gelten, als
„eine neue Epoche in der jüdischen Religionsgeschichte" kann der
Historiker sein Entstehen nicht bezeichnen. „Wir haben den Gottesdienst verbessern wollen, und dies ist geschehen, zum Reformator
fühle ich mich nicht berufen"; diese Worte des tatkräftigsten und
geistvollsten unter den Begründern des Tempels zeigen deutlich die
engen Grenzen des Unternehmens, dem entsprachen auch die Wirkungen. Der Tempel hat innerhalb seines kleinen Kreises zur Be-
kämpfung der Gleichgültigkeit beigetragen, er hat die Teilnehmer
an dem neuen Gottesdienste im Glauben befestigt, hat auch in solchen,
die der Synagoge fast entfremdet waren, die religiöse Begeisterung
aufs neue geweckt und aufrechterhalten. Darüber hinaus waren
seine Leistungen und Erfolge gering. Die bedeutsamste Tat des
Tempelvereins war 1820 die Einrichtung eines Filialgottesdienstes
in Leipzig, wo sich während der Feiertage, die meist mit der Oster-
und Herbstmesse zusammenfielen, zahlreiche Kaufleute aus Hamburg aufhielten; Besucher aus allen Ländern, besonders auch aus
Polen, Rußland und Ungarn lernten hier die neue Form des Gottesdienstes kennen und vieles daran schätzen. Sie berichteten in der
Heimat von dem, was sie gesehen hatten, und so verbreitete sich an
zahlreichen Orten Sinn und Verständnis für einen ansprechenden
Gottesdienst. Predigt und Chorgesang, Beseitigung der unverständlichsten Stücke des Gebetbuchs und der Piutim, vor allem aber die
Herstellung von Ruhe und Ordnung in den Synagogen wurden in vielen
Gemeinden als dringendes Bedürfnis empfunden.

In großen Gemeinden, wie in Wien und Prag, wurden eigene Tempel mit Predigtgottesdienst gegründet, in Prag erschien bei der Einweihung des Tempels 1837, trotz Chor und Orgel, das gesamte Rabbinat. In Deutschland erließen die Regierungen einiger kleinerer Staaten Synagogenordnungen, um einen würdigen und angemessenen Gottesdienst zu erzielen, und ließen sie auch gegen den Willen der Gemeinden streng durchführen. Rücksichtslos waren die Eingriffe der Judenordnung in Sachsen-Weimar, die neben der Änderung vieler gottesdienstlicher Bräuche bestimmte, daß bis auf ganz wenige Ausnahmen sämtliche Gebete nur in d e u t s c h e r Sprache vorgetragen werden durften. Der Landrabbiner H e ß war von einem derart fanatischen Hasse gegen das überlieferte Judentum erfüllt, daß er die Regierung zu ihrem Vorgehen ermutigte, obwohl sie gleichzeitig die rechtliche Stellung der Juden verschlechterte, aber die Gemeinden stellten den Reformen so entschiedenen Widerstand entgegen, daß sie erst nach 15 Jahren in Kraft gesetzt werden konnten. Auch in Preußen geriet das Verbot von 1823 (oben S. 402) allmählich in Vergessenheit, die Gemeinden konnten die deutsche Predigt als regelmäßige Institution einführen. So regte sich allenthalben der Wunsch nach Neuerungen, vor allem nach Verkürzung und Verschönerung des Gottesdienstes und nach religiöser Belehrung, hier und da wurde auch wegen Abstellung eines Mißbrauches oder Beseitigung eines Piut gekämpft, im ganzen aber herrschte Ruhe und Erstarrung, die Offenbarungen eines neuen Geistes waren nirgends wahrzunehmen; trotz aller Erneuerungsversuche geschah nichts Durchgreifendes, um den Verfall aufzuhalten.

§ 45. Die Reformbewegung auf ihrem Höhepunkte.

Literatur: Philipson, Philippson, Bernfeld, *JE* das. Protokolle und Aktenstücke der zweiten Rabbinerversammlung.

1. Auf die Gründung des Hamburger Tempels folgten trübe Jahre für die deutschen Juden. Ihr messianischer Traum wurde jäh unterbrochen, eine gewaltige Flut von Schmähschriften und die Hep-Hep Bewegung brachten ihnen in Erinnerung, daß das Mittelalter, zumindest für die Juden, noch nicht sein Ende erreicht hatte. Infolge der zunehmenden Reaktion in allen deutschen Staaten rückte die Aussicht auf Erlangung der Gleichberechtigung in weite Ferne. Das Ideal, an dessen Verwirklichung zwei Generationen ihre ganze Kraft

gesetzt hatten, war zerstört, die Hoffnung, die ihnen Mut und Halt
gegeben hatte, entschwunden, die Mehrzahl der gebildeten Juden verlor
das Vertrauen in die Zukunft ihrer Religion, viele suchten Anschluß
bei der herrschenden Kirche, andere lebten in stumpfer Verzweiflung
hin, ohne sich um die Glaubensgenossen zu kümmern. Die religiösen
Zustände nahmen eine trostlose Gestalt an, das alte Judentum verfiel
immer mehr, es fehlte ihm an Führern und an Bekennern, seine Lehrer
hatten keinerlei Verständnis für die Sprache und die Bestrebungen
ihrer Zeitgenossen, seine Anhänger übten die überlieferten Vorschriften
mit strengster Gewissenhaftigkeit aus, aber ohne jede innerliche Anteil-
nahme, daher auch ohne den Wunsch, sie den Nachkommen zu vererben. Es wuchs ein Geschlecht heran, das „gott- und sittenlos in
bloßem Sinnenrausche dahinlebte. Kein Religionsunterricht, keine
guten Beispiele, bloß Verspottung alles Guten und vollkommene
Ignoranz". Tiefer blickende Geister konnten es sich nicht verhehlen,
daß der Mangel an Glaubensinnigkeit und der verständnislose Formen-
dienst notwendig zum Abgrund führen mußten, wenn nicht rechtzeitig
eine vollständige Umwandlung des Geistes im Judentum, eine gründliche Reform einträte. Ein solcher Mahnruf waren Samson Raphael
H i r s c h s „Neunzehn Briefe", die vermöge der Wärme der Empfindung und der Tiefe der Auffassung, die aus ihnen sprachen, auf die
Zeitgenossen einen überwältigenden Eindruck machten. Sie ver-
traten eine neue Anschauung von dem Entwicklungsgange und den
Aufgaben der jüdischen Religion und entfernten sich g e d a n k l i c h
sehr weit von der herrschenden Lehre. Sobald er aber auf die Gestaltung des Lebens zu sprechen kam, ging Hirsch mit dem Stabilitäts-
prinzip wesentlich über den Schulchan Aruch hinaus; für seine Lehre
„beginnt und schließt das Judentum mit dem Schulchan Aruch und
dem Minhagbuche", eine Veränderung des religiösen Lebens konnte
sie demnach nicht herbeiführen. Etwa gleichzeitig hatte Abraham
G e i g e r den Begriff einer jüdischen Theologie auf der Grundlage der
geschichtlichen Kritik entwickelt. Auch er hatte zur Reform aufgerufen, nicht zu einzelnen Veränderungen und zu kleinen Verbesserungen im Gottesdienste, sondern ebenfalls zu einer völligen Umgestaltung des gesamten religiösen Denkens und Lebens. Die Reform
bedeutete ihm „eine umgeänderte, neue Gestalt, ein verjüngtes Leben,
vom Geiste getränkte, durchdrungene Formen. Das Schwere wie das
Leichte, das Ganze wie das Einzelne soll Sinn und Bedeutung haben.

soll den Geist erheben, das Herz erwärmen, damit es auf die ganze Lebensäußerung Einfluß habe". Allmählich besserten sich die Zeiten, die Gemüter wurden idealen Forderungen wieder mehr zugänglich. Mit den fortschreitenden Erfolgen des Bürgertums nach 1830 gewann auch die Sache der Juden mehr Aussicht, in Gabriel R i e ß e r erstand den Juden ein beherzter Sachwalter von hohem sittlichem Pathos. Ihm gebührt das Verdienst, daß das Selbstbewußtsein der deutschen Juden sich wieder hob, daß die Überzeugungstreue wuchs. Jede Reform auf religiösem Gebiete, die bezweckte, die bürgerliche Emanzipation zu erleichtern, lehnte Rießer mit Entschiedenheit ab; der Eindruck seines Beispiels blieb nicht aus, als die badische und die bayrische Regierung als Vorbedingung für die Gewährung bürgerlicher Rechte gewisse Änderungen im religiösen Leben und in den gottesdienstlichen Bräuchen forderten, wurde ihr Ansinnen entschlossen zurückgewiesen.

2. Wenn auch die Stimmung sich änderte und allenthalben die Vorboten einer neuen Zeit sich bemerkbar machten, so nahm die Bewegung doch vorerst nirgends feste Gestalt an, bis wiederum durch den Hamburger Tempel der Friede unterbrochen wurde. Diesmal jedoch wurde ein Sturm entfesselt, der weithin wütete, die jüdische Gesamtheit ergriff und den Anlaß zu einer grundsätzlichen Reform des Gottesdienstes gab. Die Tempelgemeinde sah sich infolge des Anwachsens ihrer Mitgliederzahl zu einer Erweiterung ihres Gotteshauses genötigt und beschloß, „dem Geist des zeitgemäßen Fortschritts entsprechend" diese Gelegenheit zu einer Revision ihres Gebetbuchs zu benutzen. Zu den Herbstfeiertagen 1841 erschien die neue Ausgabe unter dem doppelten Titel „סדר עבודה, Gebetbuch für die öffentliche und häusliche Andacht der Israeliten, Gebetbuch für die öffentliche und häusliche Andacht, nach dem Gebrauch des neuen Israelitischen Tempels in Hamburg". Die Revision bestand hauptsächlich darin, daß die wenig gehaltvollen deutschen Gebete durch ergreifendere und wirksamere ersetzt wurden; die Piutim, welche sich als viel zu zahlreich und daher unanwendbar erwiesen hatten, wurden weggelassen. Die Stammgebete hingegen wurden erweitert und vervollständigt, manches, was früher ausgefallen war, wurde wiederhergestellt. So erschienen vor allem die Gebete für die Wochentage wieder; die einleitenden Benediktionen waren gekürzt und deutsch, die Psalmen nicht wesentlich gekürzt und hebräisch, das Schma wie

früher (S. 403), von der Tefilla die drei ersten und drei letzten Stücke
nebst der Keduscha hebräisch, die übrigen deutsch wiedergegeben,
zum Abschluß folgten das Kaddisch und ein deutsches Lied. Die
Einschaltungen und Toravorlesungen wurden in alter Weise beibehalten.
Große Neuerungen im einzelnen waren nicht vorgenommen worden,
es sollte „jede Abweichung, wo es irgend angängig war, vermieden
werden, der hebräische Ausdruck wurde mit besonderer Schonung
behandelt, jedem, wenn auch besseren neuen Ausdrucke wurde der
ältere geweihte vorgezogen". Bei der Tefilla z. B. war in der Übertragung der XIV. und XV. Bitte die nationale Hoffnung entsprechend
dem Vorgehen der I. Auflage vergeistigt, in die Eulogie der XVII.
war die Lesart der alten Quellen (oben S. 31, 56) eingesetzt. Im ganzen
waren die Änderungen gegenüber der früheren Auflage gering und im
konservativen Sinne vorgenommen. Niemand kam auf den Gedanken,
daß das Erscheinen des Gebetbuchs irgendwelche Erregung ver-
ursachen könnte, es wurde auch während sämtlicher Feiertage un-
beanstandet benutzt. Kaum aber waren die Feste vorüber, da erschien
eine lange Bekanntmachung (מודיעה) des „Chacham" B e r n a y s ,
die an die Entscheidung des Rabbinats vom Jahre 1819 erinnerte und
es für verboten erklärte, das vorgeschriebene Gebet aus dem neuen
Gebetbuche zu verrichten. In der schroffsten Form wurde von dem
neuen Gebetbuche gesprochen, es wurde ihm „willkürliche Verstümm-
lung, Auslassung, Abweichung und frivole Behandlung unserer religiös
verheißenen Zukunft, mutwillige Behandlung des Heiligen, Zer-
stückelung und Zerstörung fast aller Gebete" zum Vorwurf gemacht.
Eine solche Erklärung war von Bernays nicht erwartet worden. Er
war kein Rabbiner alten Schlages, er wußte Bescheid in allen Wissenschaften, in Philosophie und Kabbala, er hatte Gedanken über den
Entwicklungsgang des Judentums ausgesprochen, die in den Ohren
eines alten Rabbis, wenn er fähig war sie zu verstehen, wie strafwürdige
Ketzereien klingen mußten. Bei ihm hätte man mehr Besonnenheit
und Unbefangenheit voraussetzen dürfen, tatsächlich soll er auch
erst durch das Drängen seiner über das Wachstum des Tempels ver-
ärgerten Anhänger sich zu jener Erklärung haben verleiten lassen,
aber er überschritt doch mit seinen Vorwürfen das Maß des Erlaubten
und, was weit schwerer ins Gewicht fällt, die Grenzen der Wahrheit.
Es war daher nur begreiflich, daß sein Verhalten in den weitesten
Kreisen Tadel fand. Nicht nur, daß die Tempelgemeinde mit einer

geharnischten Erklärung sich gegen die Einmischung verwahrte, auch Theologen, die am Gebetbuche des Tempels viel auszusetzen hatten, erklärten ihre Entrüstung über die von Bernays beliebte Verketzerung einer Gemeinde, für deren religiöses Eigenleben er bis dahin keinerlei Interesse gezeigt hatte. Infolge der Unbesonnenheit der Gegner des Tempels wurde das Erscheinen des neuen Gebetbuchs der Anlaß zu einem erneuten Kampfe, der aber bei dem Ausgangspunkte nicht stehen blieb, sondern zu einer folgenschweren prinzipiellen Entscheidung führte.

3. Die Verhältnisse lagen nicht mehr so wie 1819, wo die ablehnenden Gutachten der Rabbiner fast ohne Widerspruch hingenommen wurden, inzwischen war eine neue Generation mit anderen Anschauungen und Bestrebungen herangewachsen. Der Fortschritt wurde nicht mehr von Männern vertreten, „die der Religion nicht gehörig kundig waren und sich in seichtem Geschwätz der Aufklärerei ergingen". Inzwischen war die W i s s e n s c h a f t d e s J u d e n t u m s entstanden, der Weg zur geschichtlichen Erfassung der Religion gefunden worden. Z u n z ' „Gottesdienstliche Vorträge" hatten in klassischer Methode mit unwiderleglichen Beweisen die Tatsache der Entwicklung der religiösen Institutionen dargetan, es hatte sich gezeigt, daß der jüdische Gottesdienst keineswegs von Anfang an dieselbe fertige Gestalt und den gleichen Umfang gehabt hatte, sondern daß die Liturgie fortwährenden Veränderungen unterworfen gewesen, daß sie aus kleinen Anfängen hervorgegangen und durch ständige Bereicherungen zu dem geworden war, was den Zeitgenossen von Ewigkeit her unverändert und unveränderlich erschien. Zunz hatte auch zu den Zeitfragen Stellung genommen und das Ergebnis seiner Untersuchungen dahin zusammengefaßt, daß „keiner organisierten jüdischen Behörde und keiner Gemeinde das Recht streitig gemacht werden könnte, neue Gebete einzuführen, sowie solche Zutaten zur Gebetordnung wieder abzuschaffen, welche durch Länge, Unverständlichkeit und anstößigen Inhalt der Erbauung mehr hinderlich als förderlich geworden". Als der wichtigste Teil der Verbesserungen erschien ihm die Notwendigkeit „der W i e d e r h e r s t e l l u n g , die Rückkehr von dem Mißbrauche zu dem Brauch, welches die Rückkehr von der erstarrten zu der lebenskräftigen Form ist". Auf Zunz' Forschungen hatte Geiger die jüdische Theologie aufgebaut; für ihn war die Umgestaltung des Gottesdienstes nicht mehr Selbstzweck, sondern

ein Zweig des großen Reformprogramms, das die Lebensfrage des Judentums bildete. Jetzt konnte man bei äußerlichen Änderungen nicht mehr stehen bleiben, die g e s a m t e R e l i g i o n s a n - s c h a u u n g wurde auf eine neue Grundlage gestellt, es erhob sich die Frage, wie weit die in den Gebeten vertretenen religiösen Anschauungen den geläuterten Vorstellungen entsprachen. Es war ferner eine jüdische Presse entstanden, in der die Streitpunkte eifrig besprochen wurden, es bildete sich eine öffentliche Meinung, die für und wider die vorgeschlagene Reform lebhaft Stellung nahm. Vor allem aber gab es, was für den Gebetbuchstreit in Hamburg von Wichtigkeit war, bereits eine ganze Anzahl R a b b i n e r mit moderner akademischer Bildung, die von der Notwendigkeit gottesdienstlicher Reformen durchdrungen waren und sie in bescheidenerem oder größerem Umfange in ihren Gemeinden durchgeführt hatten. Diesmal ist es daher die Tempelgemeinde, welche theologische Gutachten über das angefochtene Buch einforderte, um festzustellen, „ob es wirklich den israelitischen Religionslehren zuwider, und daher der Gebrauch desselben beim Gottesdienste nicht zulässig sei“. Die Gutachten sind weit davon entfernt, dem Gebetbuche uneingeschränktes Lob zu zollen, die einen nehmen an den Abweichungen vom überlieferten Texte oder an der willkürlichen Verschmelzung verschiedener Texte Anstoß, den anderen gehen die Änderungen nicht weit genug, sie vermissen eine folgerichtige Durchführung des Reformprinzips; alle aber stimmen darin überein, Bernays Haltung mit Entschiedenheit zu verurteilen, sie klagen ihn nicht nur wegen der Mißachtung der Gewissensfreiheit an, sondern sprechen einem Rabbiner, der nichts zur Verbesserung der Mißbräuche des bisherigen Gottesdienstes getan hatte, überhaupt das Recht ab, in der Frage als Richter aufzutreten.

4. Für Hamburg war die Angelegenheit damit erledigt, sie war aber durch den Schriftenkampf und das damit verbundene öffentliche Aufsehen eine Frage der jüdischen Gesamtheit geworden und mußte einer allgemeingültigen Lösung zugeführt werden. Von mehreren Seiten war seit längerer Zeit der Zusammentritt einer R a b b i n e r - v e r s a m m l u n g befürwortet worden, der Tempelstreit trug mit dazu bei, ihre Einberufung zu beschleunigen, am 12. Juni 1844 trat die erste in B r a u n s c h w e i g zusammen. Die Rabbinerversammlungen waren als unparteiische Vereinigungen gedacht, in denen alle Richtungen sich zu gemeinsamer Beratung über Mittel und Wege

zur Abstellung der Schäden im zeitgenössischen Judentume vereinigten, sie sollten der Willkür und der Zersplitterung ein Ende machen, eine für die Gesamtheit annehmbare Auskunft aus den tagtäglich sich ergebenden Schwierigkeiten suchen. Derjenige Teil der Rabbiner aber, der alles Heil nur im Festhalten am Herkommen erblickte, hielt sich geflissentlich von den Versammlungen fern und begab sich jedes Einflusses auf die künftige Gestaltung der Verhältnisse der großen Masse der deutschen Juden, es war seine Schuld, wenn die Vertreter einer radikalen Reform das Übergewicht erlangten. Es entsprach ihrer Bedeutung, wenn die gottesdienstlichen Probleme bei den Beratungen über die Neugestaltung des Judentums in die erste Reihe traten. Von den Beschlüssen der ersten Rabbinerversammlung hatte nur einer Beziehung zum Gottesdienst, es wurde die Abschaffung des K o l   N i d r e empfohlen; es war eine Verkehrtheit, daß es im Zusammenhange mit der Frage des Judeneides geschah, und daß auch hier eine religiöse Tradtition dem politischen Streben zum Opfer fiel. Dem Gottesdienste selbst wurde zunächst nur eine ausführliche Besprechung gewidmet, eine Kommission erhielt den Auftrag, über die folgenden sechs Punkte zu beraten:

1. „Ob und wie weit die hebräische Sprache bei dem Gottesdienste notwendig, und wenn auch nicht notwendig, doch vorerst noch ratsam erscheine?

2. Inwieweit das Dogma des Messias und was mit demselben im Zusammenhang steht, in dem Gebeten berücksichtigt werden müsse?

3. Ob die Wiederholung der 18 Benediktionen notwendig sei und die Musafim beibehalten werden müssen?

4. Auf welche Weise קריאת התורה und קרוא׳ ז׳ (das Vorlesen aus der Tora und das Aufrufen zur Tora) eingerichtet werde?

5. Auf welche Weise תקיעת שופר (das Posaune-Blasen) und נטילת לולב (Palmen-Halten) einzurichten sei?

6. Ob die Orgel beim jüdischen Gottesdienste rätlich und zulässig sei?"

Es war keine geringe Aufgabe, die der Kommission zufiel, die Meinungsverschiedenheiten in der Versammlung hatten bereits ahnen lassen, daß hier der Keim zu schweren Verwicklungen lag.

5. Die Beratung über den Gottesdienst füllte den größten Teil der Sitzungen der zweiten Rabbinerversammlung aus, die in F r a n k -

f u r t a. M. vom 15. bis 28. Juli 1845 tagte. Die Komission, welche
aus fünf Mitgliedern bestand, legte einen umfassenden Bericht vor,
er „verbreitete sich ausführlich über die Grundsätze, welche etwa bei
einer Reform des Rituales in Betracht kommen dürften, und gab zugleich eine sehr genau ins einzelne gehende Übersicht der etwa vor-
zuschlagenden Liturgie für das ganze Jahr". Schon hier begannen
die Schwierigkeiten, ein Mitglied der Kommission hatte sich gegen jede
in Vorschlag gebrachte Abänderung des öffentlichen Gottesdienstes
erklärt, die anderen waren ebenfalls nicht in allen Punkten einig und
verwahrten sich ausdrücklich gegen die Verantwortung für den vollen
Inhalt des Berichtes. Aus der Mitte der Versammlung wurde getadelt, daß die Kommission selbständig über ihren Auftrag hinausgegangen war und, anstatt sich mit der Beratung der sechs Fragen
zu begnügen, ein umfassendes Reformprogramm vorgelegt hatte;
es wurde ihr daher aufgegeben, den Bericht in der Weise umzuändern,
daß er lediglich die Entscheidung jener Fragen enthielt. Wenn schon
bei der Behandlung der rein formalen Außenseite derartige Zwistigkeiten entstanden, so konnte man voraussehen, wie sehr bei der sach-
lichen Beratung die Meinungen aufeinanderplatzen würden. Der
Kommissionsbericht ging von dem Grundgedanken aus, daß eine Reform
des Gottesdienstes im bisherigen Sinne nicht genügte, sondern daß
„eine neue organische Gestaltung desselben n o t täte", die „Gebrechen
des Gottesdienstes" werden als „die wichtigsten Ursachen des Mangels
an Teilnahme am religiösen Leben" hingestellt, durch ihre Abstellung
sollen die Synagogen wieder zu ihrer Würde erhoben, die Gemüter
ihnen zugewendet werden.

    Die Debatte gestaltete sich sehr heftig und unerquicklich, die
Meinungen waren noch so wenig geklärt wie das Jahr vorher in Braunschweig, die kurze Zwischenzeit reichte tatsächlich nicht hin, um eine
Frage von solchem Umfange und solcher Tragweite nach allen Seiten
durchzuarbeiten. Für die Gestaltung des Gottesdienstes mußte die
Gesamtauffassung der Grundfragen der Religion maßgebend sein,
dazu aber war die jüdische Theologie eine noch zu junge Wissenschaft,
um für so zahlreiche wichtige Probleme fertige Antworten liefern zu
können. Bei allen folgenden Abstimmungen machten sich die Folgen
des Fehlens eines leitenden Prinzips unangenehm fühlbar, die Mehrheit der Versammlung aber hielt es für wichtiger, Beschlüsse zu fassen,
als sich bei der Entscheidung von Grundsätzen aufzuhalten. Die

erste Frage mußte mehrfach geteilt werden, da sich sonst ein Beschluß überhaupt nicht herbeiführen ließ. Die Kommission hatte die objektive Notwendigkeit des Gebets in hebräischer Sprache verneint, sie aber lediglich vom Standpunkte des Talmuds und seiner Kodifikatoren, erwogen; darin fand sie keinen Widerspruch. Es fragte sich jedoch, ob nicht aus anderen als den formal gesetzlichen, ob nicht aus religiösen und historischen Gründen eine objektive Notwendigkeit zur Beibehaltung der hebräischen Sprache für die wichtigsten Gebete anerkannt werden mußte. Hier schieden sich die Geister, nur 13 Stimmen erklärten sich dafür, drei waren unschlüssig, die Mehrheit von 15 Stimmen stellte sich auf den Standpunkt, daß es das Z i e l bleiben müßte, vollständig in der M u t t e r s p r a c h e zu beten, daß es aber z u r z e i t noch ratsam wäre, auch hebräische Gebete beizubehalten. Die Abstimmung brachte den ersten Zwiespalt in die Versammlung, F r a n k e l sah sich veranlaßt, sich von ihr loszusagen und in der Lösung der Reformfrage seine eigenen Wege zu gehen.

Völlige Uneinigkeit ergab sich, sobald man zur Beratung der Einzelheiten schritt. Es lag nicht in der Absicht der Versammlung, eine neue Liturgie zu schaffen, sondern aus der überlieferten beizubehalten, was möglich war; über das Maß des Möglichen aber gingen die Meinungen sehr auseinander. Die Kommission legte den vollständigen Entwurf eines Gebetbuchs vor, jedoch war kaum einer der Versammelten geneigt, ihn unverändert zu übernehmen. Die Kommission hatte die hebräischen Gebete auf ein sehr geringes Maß beschränkt, sie schlug vor, nur den ersten Abschnitt des Schma, die ersten und letzten Benediktionen der Tefilla hebräisch zu sprechen; das wurde als ein guter Rat hingenommen, aber fast übereinstimmend als z u w e n i g erklärt. Die M e s s i a s f r a g e barg schwierige, bisher ungeklärte theologische Probleme in sich, Einigkeit herrschte nur über den einen Punkt, „daß die Bitten um unsre Zurückführung in das Land unsrer Väter und Herstellung eines jüdischen Staates aus unsern Gebeten ausgeschieden werden" sollten. Im übrigen waren die Anschauungen über den Ursprung und Inhalt der Messiasidee sehr verschieden, man mußte sich daher mit der allgemeinen Entschließung begnügen, daß „die Messiasidee in den Gebeten hohe Berücksichtigung verdiente". Einen Fortschritt über die Lehre der alten Reformer bedeutete es, wenn ausdrücklich dagegen Verwahrung eingelegt wurde, daß der Messiasglaube in seiner alten Fassung gegen die Vaterlandsliebe verstieße. Für den Geist, der die Versammlung erfüllte, ist es bezeichnend, daß mehrere Redner das messianische Zeitalter der allgemeinen Menschenliebe als bereits gekommen und begonnen erklärten: eine glückliche Zeit, in der auf einen unmittelbar bevorstehenden Sieg des Rechtes, der Wahrheit und der Menschlichkeit mit Sicherheit gebaut werden konnte! Ohne Widerspruch wurde der Vorschlag angenommen, die W i e d e r h o l u n g d e r T e f i l l a abzuschaffen, an Wochentagen sollte nach dem Wunsche der Mehrheit nur der Anfang und das Ende, an Sabbaten und Festen alles sofort vom Vorbeter laut vorgetragen werden. Die Kommission hatte in ihrer Mehrheit das M u s a f g e b e t für unstatthaft erklärt, die Versammlung war zwar entschieden gegen die Beibehaltung der Bitte um Wiederherstellung der Opfer, aber ebenso ungeteilt gegen die Beseitigung des ganzen Musafgebets; eine Mehrheit wünschte sogar die Aufnahme einer Erinnerung an das einstige Opfer, selbst die Beibehaltung der Opferverse, „wenn der Text hebräisch bleibt", ein mit der sonstigen Stellung zur hebräischen Sprache schwer vereinbarer Zusatz. Die T o r a v o r - l e s u n g sollte in hebräischer Sprache beibehalten, jedoch verkürzt und derart eingerichtet werden, daß sie keine Störung der Ordnung veranlaßte. Die Kommission hatte Einführung des dreijährigen Zyklus vorgeschlagen, was mit großer Mehrheit angenommen wurde; auch das Torafest sollte nur alle drei Jahre gefeiert werden. Die Vorlesung sollte ohne Kantilene stattfinden, der vorgelesene Abschnitt nachher in der M u t t e r s p r a c h e wiedergegeben werden; über die Art dieses „modernen Targums" gingen die Meinungen sehr auseinander. Neben der Tora sollten nicht nur P r o p h e t e n , sondern auch H a g i o g r a p h e n zur Verlesung kommen, jedoch nur in d e u t - s c h e r Sprache und, nach dem Wunsche der Mehrheit, im Vormittagsgottesdienst. Das Buch Esther sollte nur einmal verlesen werden. Im Gegensatz zur Kommission wünschte eine große Mehrheit das Beibehalten des A u f r u f e n s , jedoch die Abschaffung des Toraabschnittes für den Maftir. Die Frage des Schofar und des Feststraußes wurde vertagt. Endlich wurde einstimmig beschlossen, daß die O r g e l in der Synagoge nicht nur zulässig ist, sondern auch am Sabbat von einem Israeliten gespielt werden soll und kann. Eine Kommission wurde mit der Bearbeitung eines Gebetbuches auf Grund der gefaßten Beschlüsse betraut, die Wahl verriet wiederum die große Uneinigkeit der Versammlung, die sich bei den Beratungen der Kommission in

erschreckender Weise wiederholte; zur Ausführung des Auftrags ist
es nie gekommen, weil die Rabbinerversammlung nur noch einmal
zusammentrat. In Breslau (13. bis 24. Juli 1846) stand die Sabbat-
frage im Vordergrunde, der Gottesdienst wurde hierbei nur insofern
berührt, als ein Vorschlag auftauchte, Sonntagsgottesdienste einzuführen, der jedoch nicht die Mehrheit fand. Es wurde dort ferner
beschlossen, daß die zweiten Feiertage abgeschafft werden konnten,
und daß das Schofarblasen am Neujahrstage, der Feststrauß am
Hüttenfeste auch am Sabbat nicht ausfallen sollten.

Die Beschlüsse der Rabbinerversammlungen hatten ein ähnliches
Schicksal wie das Gebetbuch des Tempels; sie wollten allen Genüge tun
und befriedigten niemand. Den Positiven hatten sie zu wenig, den
Radikalen zu viel von der alten Liturgie stehen lassen; diejenigen, die
mit dem herkömmlichen Gottesdienste vertraut waren, verwarfen die
Vorschläge, weil sie ihnen zu weit, die anderen, weil sie ihnen nicht
weit genug gingen. Die von den Wortführern der Rabbinerversammlungen vertretenen Theorien erweckten in den Vertretern der radikalen Reform die Hoffnung auf eine völlige Lossagung vom rabbinischen Judentume, eine Hoffnung, der die Erfüllung nicht folgte,
die erwartete Verständigung zwischen den versammelten Rabbinern
und den Reformfreunden blieb aus. Die erste Absage an die Rabbinerversammlung war das Verfahren bei der Einrichtung eines Gottesdienstes für die Herbstfeiertage 1845 durch die „Genossenschaft für
Reform im Judentume" in Berlin.

6. Die Geschichte der Entstehung jener Genossenschaft, die
später den Namen J ü d i s c h e R e f o r m g e m e i n d e angenommen
hat, ist bekannt. In erster Linie war es die Unzufriedenheit mit den
Gemeindeverhältnissen in Berlin und der Wunsch nach religiöser
Erneuerung, die zu ihrer•Gründung führten. „Die religiösen Zustände der Berliner Gemeinde waren in vielen Beziehungen verrottet
zu nennen. Während die halsstarrige, streng konservative Partei auch
den unschuldigsten Neuerungen, welche man, um wenigstens dem ästhe-
tischen Bedürfnisse und dem gesunden Menschenverstande einen kärg-
lichen Zoll zu entrichten, einzuführen versuchte, den hartnäckigsten
Widerstand entgegensetzte, fanden auf der andern Seite, alle dem
Geiste und Wesen des Judentums treugebliebenen, die sich nach einer
innerlichen Regeneration seiner ewigen Ideen und einer Verschmelzung
derselben mit dem höheren Religionsbewußtsein der Gegenwart

sehnten, in der Richtung einer durchaus äußerlichen Restauration der Zeremonialinstitute, sei es auch in einem modernen Gewande, keinerlei tiefere Befriedigung." Die Lage der Gemeinde war recht traurig, Beobachter aus den verschiedensten religiösen Lagern klagen übereinstimmend über den zunehmenden Verfall und die wachsende Entfremdung weiter Kreise. Sachs vermochte infolge seiner unerbittlichen konservativen Strenge auf jene, die dem religiösen Leben fern standen, nicht die starke Wirkung auszuüben, zu der sein Predigertalent und seine klassische Persönlichkeit ihn befähigt hätten. Die unbefriedigte Sehnsucht nach einer ansprechenden Form der religiösen Übung suchte Erfüllung in jener radikalen Lösung, mit welcher die Genossenschaft für Reform ins Leben trat. Es war ein tiefernstes religiöses Streben, das die Gründer der Genossenschaft erfüllte. „Wir wollen: Glaube; wir wollen: positive Religion; wir wollen: Judentum. Wir halten fest an dem Geist der Heiligen Schrift, die wir als ein Zeugnis göttlicher Offenbarung anerkennen, von welcher der Geist unserer Väter erleuchtet wurde. Wir halten fest an allem, was zu einer wahrhaften, im Geiste unserer Religion wurzelnden Gottesverehrung gehört. Wir halten fest an der Überzeugung, daß die Gotteslehre des Judentums die ewig wahre sei, und an der Verheißung, daß diese Gotteserkenntnis dereinst zum Eigentum der gesamten Menschheit werden wird". Dieses umfassende Bekenntnis verlor viel von seinem Werte durch die G r u n d s ä t z e , nach denen es ausgelegt wurde. Deren erster war das uneingeschränkte Selbstbestimmungsrecht; der angestrebte „Ausgleich zwischen Leben und Lehre" wurde auf einer sehr unbilligen Grundlage vollzogen, nur das L e b e n mit allen seinen Irrtümern und Verkehrtheiten blieb maßgebend, die religiösen Formen mußten den Gewohnheiten einer dem geschichtlichen Judentum entfremdeten Gemeinde weichen. Es war eine Fortsetzung dieses Irrtums, wenn die Gemeinde von den politischen Verhältnissen Deutschlands ihren Ausgang nahm, sich auf die deutschen Glaubensgenossen beschränken wollte; der Gegensatz von religiöser und vaterländischer Gesinnung hatte keine innere Berechtigung, eine wirklich religiöse Reform mußte für alle Juden anwendbar sein. Und endlich war es eine Verkennung der Wirklichkeit, wenn die Gemeinde die Erfüllung des messianischen Berufes des Judentums für sich allein in Anspruch nahm; dieses Streben verfolgte die gesamte Judenheit, freilich auf dem Boden des geschichtlichen Judentums, nicht auf dem des freien

Menschentums, wie die Wortführer der Genossenschaft verkündeten.

Kurz nach Begründung der Genossenschaft wurde der Beschluß gefaßt, „zur Befriedigung des in derselben sich kundgebenden religiösen Bedürfnisses einen provisorischen Gottesdienst zunächst für die bevorstehenden großen Feste einzurichten." Der Gottesdienst war von dem herkömmlichen grundsätzlich verschieden. Männer und Frauen saßen in demselben Raume, die einen auf der rechten, die anderen auf der linken Seite. Die Männer erschienen ohne Kopfbedeckung und durften keinen Tallis tragen. Der Gottesdienst wurde v o l l s t ä n d i g in d e u t s c h e r Sprache gehalten, nur ganz wenige Bibelstellen wie das Schma, die Keduscha, der Priestersegen wurden hebräisch und deutsch vorgetragen, die Gebete von Chorgesang und Instrumentalmusik begleitet. Jedes Vorrecht der Ahroniden fiel nach den Grundsätzen der Gemeinde weg, der Priestersegen wurde vom Prediger gesprochen und vom Chor wiederholt. Es war ferner beschlossen worden, am Neujahr das Schofarblasen zu unterlassen, am Versöhnungstage den Gottesdienst durch eine mehrstündige Pause zu unterbrechen.

Die Gebete mußten für diesen in seiner Art neuen Gottesdienst eigens bearbeitet werden. Es wurden die wesentlichsten älteren Gebete aufgenommen und neue eingereiht, „die besonders die geschichtlichen Erinnerungen und die tieferen Festgedanken im gehobenen Tone der älteren Gebetstücke vor die Seele des Betenden führten". Die vorherrschenden Gedanken der Gebete waren diejenigen, welche im Programm der Gemeinde an erster Stelle standen, nämlich der Gedanke der opfermutigen Hingebung und des Priestertums Israels, sowie die Mission, die es unter den Völkern zu erfüllen hatte. Gerade am Neujahrstage, an dem die messianische Idee in den überlieferten Gebeten im Mittelpunkte steht, war die Durchführung dieser Gedanken nicht allzu schwierig. Da ferner festgesetzt war, daß der Gottesdienst nicht von allzu langer Dauer sein sollte, da überdies zu jedem Gottesdienste eine Schriftvorlesung in hebräischer und deutscher Sprache und eine Predigt gehörten, mußten die Gebete auf ein geringes Maß verkürzt werden. Die Gebete für den Neujahrsabend hielten sich ziemlich in dem Umfange der alten Gebetordnung. Am Vormittag wurde nur e i n Gebet gesprochen, es entsprach dem Schacharis; um die beibehaltenen hebräischen Stellen, Schma und Keduscha, gruppierten sich Gebete, die dem herkömmlichen Jozer und der Tefilla entlehnt waren. Da Musaf wegfiel, wurde ein Teil seines Inhalts ebenfalls übernommen; dazu kamen lange Auseinandersetzungen und Reflexionen im Sinne der Grundgedanken der Gemeinde. Die Gebete wurden vom Vorbeter „in streng oratorischer Form, ohne alle Melodie" vorgetragen, ab und zu durch ein stilles Gebet der Gemeinde oder durch Chorgesang unterbrochen. Der Eindruck der Gottesdienste war ein tiefer; 600 Teilnehmer fanden sich zu ihnen ein und waren alle von Begeisterung ob der seit langem fehlenden Erbauung erfüllt. Die Wirkung für die Gemeinde war außerordentlich günstig, sie zählte damals in Berlin 327 und auswärts 426 Mitglieder, eine Ausbreitung, die sie nie wieder erreicht hat.

Die bedeutsamste Folge aber war, daß die Mitglieder eine Wiederholung des Gottesdienstes wünschten und vorschlugen, ihn zu einer s t ä n d i g e n Institution auszugestalten. Am 2. April 1846 bezog die Gemeinde ein eigenes Gotteshaus, nach langen Kämpfen wurde beschlossen, den Gottesdienst z w e i m a l   w ö c h e n t l i c h , am Sabbat und am Sonntag, zu halten; die maßgebenden Mitglieder erklärten sich für den Sabbatgottesdienst und stimmten entschieden gegen eine Verlegung des Sabbats auf den Sonntag, es wurde schließlich eine Einigung dahin erzielt, daß der Gottesdienst an beiden Tagen als durchaus gleichberechtigt bestehen, daß beide   n i c h t   als festtägliche behandelt werden sollten. Schon 1849 ging der Sabbatgottesdienst wegen mangelnder Beteiligung ein. Der Gedanke, daß der S o n n t a g   der eigentliche Ruhetag der Gemeinde wäre, gewann immer mehr an Boden, der Gottesdienst am Sonntag erhielt einen ausgesprochenen festtäglichen Charakter. Von den Festen wurden außer am Neujahr immer nur die ersten Tage, am Pesach auch der siebente und am Hüttenfest der achte Tag im Gottesdienste gefeiert, andere Erinnerungstage des jüdischen Jahres wurden nicht beachtet; hingegen wurde die Konfirmation als ein feierlicher, gottesdienstlicher Akt eingeführt. Das Gebetbuch wurde bei dem Fortschritt des Gottesdienstes nach Bedarf hergestellt und meistens mit einer gewissen Eile bearbeitet. Als Holdheim 1847 als Prediger in die Gemeinde eintrat und ihren Lehrinhalt theologisch bearbeitete, erkannte er sofort die Notwendigkeit, das Gebetbuch einer neuen Bearbeitung zu unterziehen, aber erst 1856 wurde eine gründliche Revision vorgenommen. Selbst Holdheim hatte auszusetzen, daß die Gemeinde anfangs revolutionär und zu negierend vorging. Er vermißte die Berücksichtigung der historischen Momente, deren Fehlen dem Gottesdienste einen nur „halbjüdischen" Charakter gab, er erkannte endlich, daß „in den neu eingeführten Gebeten weniger große Geistesschöpfungen, als moderne Phrasen" vorlagen. Im Interesse des historischen Judentums, um die Berührungspunkte mit der Geschichte und der Gesamtheit der Gemeinde mehr hervortreten zu lassen, forderte er eine Umarbeitung des Gebetbuchs; in den Gebeten sollten biblischer Geist und biblische Form herrschen, sollten auch die treibenden Ideen der Reform zu deutlichem Ausdruck gelangen. Der Gottesdienst bestand nach Holdheims Umarbeitung jedesmal aus drei Teilen, er begann mit einem Choral, es folgten die eigentlichen Gebete und zuletzt nach der Vorlesung aus der Tora und der Predigt ein Schlußgesang. Die Gebete waren in verschiedenen Fassungen geboten, neun Zyklen wurden ausgearbeitet, die einander ablösen sollten, „wodurch ein indirektes Zugeständnis gegeben schien, daß die Gebete in der Landessprache mit der Zeit ermüdend wirken müssen". Der Aufbau der Gebete blieb der in den Anfängen der Gemeinde festgestellte, auch die äußere Form und Anordnung des Gottesdienstes blieb unverändert. Das Gebetbuch ist auch später vielfach Verbesserungen in kleinerem oder geringerem Umfange unterworfen worden, die das Wesen des Gottesdienstes nicht berührten.

Eine grundsätzliche Umgestaltung erhielt das Gebetbuch 1885, vor allem aber bei der Neubearbeitung, die gelegentlich des fünfzigjährigen Bestehens der Gemeinde durch M. L e v i n vorgenommen wurde. Die Choräle fielen vollständig fort, sie wurden durch biblische Psalmen ersetzt. Auch die Gebete wurden einheitlich gestaltet, für jeden Sonntag derselbe Text festgesetzt. Die Gebetordnung wurde grundsätzlich an das a l t e G e b e t b u c h wieder angeschlossen; die leitenden Ideen der Gemeinde behaupteten ihre alte Stellung weiter, aber der Aufbau der Gebete folgte der traditionellen Form, die alte Fassung der Benediktionen ist in ihrer Schlichtheit wieder aufgenommen. Das auf die ersten beiden Sätze verkürzte Schma ist wie seit der ältesten Zeit wieder von seinen Benediktionen eingefaßt, die Tefilla erscheint wieder in Gestalt eines Sieben-Gebets, die Keduschaverse bringt sie in hebräischer Sprache. Auch für das Ausheben und Einheben der Tora sind an Stelle der früheren Choräle Bibelstellen gesetzt, das Gebet schließt mit einer verkürzten Fassung von Olenu und dem hebräischen Priestersegen. Auch darin ist eine grundsätzliche Abweichung von der älteren Auffassung eingetreten, daß der Gottesdienst am Sonntag nicht mehr als festtäglicher betrachtet wird. Nach denselben Prinzipien ist auch der Gottesdienst für die Festtage bearbeitet, jeder Festgottesdienst erhielt sein besonderes eigentümliches Gepräge; wenn man etwa die Liturgie für den Versöhnungstag mit der früheren Fassung vergleicht, so wird die Annäherung an die jüdische Überlieferung ganz besonders deutlich.

Die große Einwirkung auf die Umgestaltung des deutschen Judentums, welche die Begründer der Reformgemeinde erhofft und die Gegner gefürchtet hatten, ist nicht eingetreten. Die Ausdehnung der Gemeinde ist eine sehr bescheidene geblieben, außerhalb Berlins kam es nirgend in Deutschland zur Einrichtung eines ähnlichen Gottesdienstes, die auswärtigen Mitglieder fielen allmählich wieder ab. Sogar in Berlin hat die Anziehungskraft der Gemeinde nicht zugenommen, der Kreis ihrer Mitglieder hielt sich seit 1854 immer in denselben Grenzen, die anfängliche große Begeisterung wich allmählich zunehmender Lauheit und Gleichgültigkeit. Die große Mehrzahl der deutschen Judenheit hat der Reformgemeinde keine Gefolgschaft geleistet, ihre radikalen Änderungen der bestehenden gottesdienstlichen Einrichtungen bedeuteten einen gewaltsamen Bruch mit der Tradition, der geschichtliche Zusammenhang war hier vollständig aufgegeben, die wenigen Gedanken, welche von den Begründern der Gemeinde aus dem alten Judentum mit übernommen wurden, konnten nicht hinreichen, die gewaltige Kluft auszufüllen, welche sie von den Vorfahren trennte. Die Gründer der Gemeinde ließen sich auch allzusehr von rein verstandesmäßigen Erwägungen leiten und vernachlässigten die Forderungen des Gemüts, für die Dauer vermochten sie daher mit ihren Einrichtungen keine Erfolge zu erzielen.

7. Der Radikalismus, mit dem die Reformgemeinde ihre gottesdienstlichen Einrichtungen ausbildete, war, da er für eine eigens hierzu begründete Gemeinschaft dienen sollte, leicht durchzuführen. Weit schwieriger gestalteten sich die Verhältnisse in den alten Gemeinden, in denen nach den Beschlüssen der Rabbinerversammlung mit der Einrichtung der neuen Liturgie vorgegangen werden sollte. Die Gemeinden waren nicht einheitlich und in ihrer Mehrheit den Reformen durchaus nicht geneigt. Von einer Begeisterung für das allzu stürmische Vorgehen der Frankfurter Beschlüsse konnte nirgends

die Rede sein. Im Gegenteil, die Hochachtung vor dem Minhag bestand in alter Kraft fort, um jede Abweichung vom Herkommen der Gemeinde mußte ein heftiger Kampf geführt werden; sogar wegen so geringfügiger Dinge, wie das Aufrufen zur Tora mit Namensnennung, oder wegen der Beseitigung des ersten יקום פרקן, des Gebets für die alten, seit Jahrhunderten nicht mehr bestehenden babylonischen Behörden, entspannen sich tiefgehende Streitigkeiten. Selbst in Polen, das in Deutschland allgemein als ein Land der Finsternis verschrieen war, einigte man sich viel leichter auf die Abstellung gewisser Unsitten oder die Auslassung der Piutim; der Unterschied war eben der, daß man es dort meist mit talmudisch gelehrten Männern zu tun hatte, die mit dem Entwicklungsgang des Gebetbuchs mehr oder minder vertraut und nicht der vollständigen Verknöcherung und Buchstabenanbetung verfallen waren, die in den deutschen Gemeinden vielfach herrschte. Der schwerste Mißstand, der sich damals und seitdem wiederholt, namentlich in großen Gemeinden, fühlbar gemacht hat, war der, daß Männer, die für ihre Person sich von der Beobachtung der herkömmlichen jüdischen Satzungen vollständig losgesagt hatten, gegen die Änderung des unwesentlichsten Brauches in der Synagoge so entschieden Stellung nahmen, als wäre dadurch der Bestand des Judentums gefährdet. Von einer Durchführung der Beschlüsse der Rabbinerversammlung war daher nirgends die Rede, selbst wo die Regierung hinter den Reformern stand und die Einführung von Synagogenordnungen begünstigte, durfte man es nicht wagen, so weitgehende Reformen in Vorschlag zu bringen. In den meisten deutschen Gemeinden kam es daher nur zu einer Verkürzung des Gottesdienstes durch Abschaffung einiger besonders unverständlicher Stücke des Gebetbuchs, durch teilweise oder vollständige Beseitigung der Piutim, die man an den beiden ernsten Festen beibehielt; ferner wurde für die Herstellung der äußeren Ordnung in der Synagoge, für würdevolle Haltung, für Mäßigung und Ruhe gesorgt, in den meisten Gemeinden wurde Chorgesang eingeführt. Neben die deutschen Predigten traten ferner einige deutsche Gebete für die Behörden und für besondere Gelegenheiten sowie für das Ausheben und Einheben der Tora. Bis zu diesem Grade wurden die Reformen selbst in Gemeinden mit orthodoxer Leitung angenommen.

8. Das Schibbolet der Parteien wurde die Orgel oder andere Instrumentalmusik, um ihre Anerkennung ist in der ersten Zeit der

Reformen der Kampf am allerheftigsten entbrannt. In fast allen größeren Gemeinden wurde nach und nach ein Gottesdienst mit Musikbegleitung eingerichtet, die Folge davon war fast durchweg, daß ein Teil der Gemeinde einen besonderen Gottesdienst nach herkömmlicher Art abhielt. Mit der Benutzung der Orgel war durchaus nicht eine Änderung der Gebete unabweisbar verbunden, in den meisten Fällen wurden zuerst nur einige deutsche Lieder neben ihr eingeführt. Die R e f o r m des G e b e t b u c h s kam erst ganz allmählich. 1854 veröffentlichte Abraham G e i g e r das e r s t e reformierte Gebetbuch, das zum wirklichen Gebrauch einer Gemeinde bestimmt war. Das Gebetbuch entsprach keineswegs den Grundsätzen der Rabbinerversammlung, der gesamte Gottesdienst blieb in h e - b r ä i s c h e r Sprache, die Gebete waren wohl ein wenig verkürzt, die Piutim waren weggelassen, aber das Gebetbuch als Ganzes war das herkömmliche. Änderungen hatten nur diejenigen Stellen erfahren, welche sich mit Geigers allgemeinen Anschauungen nicht vertrugen; so waren gehässige Ausdrücke gegen Andersgläubige gestrichen, die Bitten um Wiederherstellung der Opfer und des jüdischen Staates beseitigt und durch solche rein geistigen Inhalts ersetzt, auch die Erwähnung der Auserwählung war in ihrem Ausdrucke abgeschwächt. Wirklich neu war im Gebetbuch der d e u t s c h e Text, denn er brachte nicht eine wortgetreue Wiedergabe des Hebräischen, sondern eine vollständig freie Umarbeitung in einer klassischen, modernen Form; freilich war der deutsche Text für die Privatandacht und nicht für den Gottesdienst der Gemeinde bestimmt. Die Schriftvorlesung war nach dem dreijährigen Zyklus, die Haftara nur deutsch und in neuer Auswahl der Texte vorgesehen. Am Eingang der Sabbate und Feste, vor und nach der Predigt sowie an den oben bezeichneten Stellen sind Gebete oder Gesänge in deutscher Sprache beigegeben. Geiger selbst hatte ursprünglich viel weitergehende Wünsche für die Reform des Gebetbuchs, sah sich aber bei der Bearbeitung zu einer Anpassung an die Anschauungen und an die Bedürfnisse seiner Gemeinde genötigt. In späteren Jahren hat er für seine neuen Wirkungskreise in Frankfurt und in Berlin eine erneute Bearbeitung des Gebetbuches vorgenommen, die in je einer Fassung für West und Ostdeutschland erschien. Darin ist das deutsche Element stärker berücksichtigt und auch die Verkürzung an manchen Stellen strenger durchgeführt, einige Stücke sind nach fortgeschrittenen theologischen Anschauungen mehr umgearbeitet. Im ganzen aber bewahrt auch dieses Gebetbuch, das in vielen Gemeinden eingeführt wurde, den herkömmlichen Charakter.

Das Breslauer Gebetbuch Geigers wurde durch M. J o e l später noch mehr dem Herkommen angepaßt, manche Änderungen, z. B. diejenigen bei der Auserwählung, den Opfergebeten wurden nicht in demselben Umfange wie bei Geiger beibehalten. Was aber vor allem den eigentümlichen Charakter dieser Umarbeitung bestimmte, war die Anordnung, daß der traditionelle Wortlaut neben dem geänderten in kleinen Typen zum Abdruck kam, so daß der Vorbeter zwar den reformierten Text vortrug, es jedem einzelnen aber unbenommen war, das gewohnte Gebet zu sprechen. In Joels Gestaltung hat sich das Gebetbuch dann in zahlreichen großen und kleinen Gemeinden verbreitet, es entsprach am meisten dem Standpunkte der positiven historischen Reform, der durch Frankels Schule in Deutschland vorherrschend wurde. Geigers und Joels Gebetbücher blieben der Typus, nach dem die deutschen Reformgebetbücher eingerichtet wurden; in Einzelheiten des Ausdrucks und in den eingeschalteten deutschen Gebeten herrschte die größte Mannigfaltigkeit.

9. Die Begeisterung für die Reformen nahm sehr rasch ab, die lebendige Bewegung trat zurück, man gab sich mit dem, was bereits errungen war, zufrieden. Auch als die Rabbinerversammlung in Kassel 1868, die Leipziger Synode 1869 neue Vorschläge zur Reform des Gottesdienstes machten, rief das keinen tieferen Eindruck mehr hervor. Die Beschlüsse der Synode waren außerordentlich gemäßigt und verrieten einen weit positiveren Geist als die der Rabbinerversammlung von 1845. Die Synode sprach sich für Beibehaltung der Toravorlesung in hebräischer Sprache aus, sie wünschte die wöchentlichen Abschnitte zwar verkürzt, aber die Innehaltung des einjährigen Zyklus und überließ es den Gemeinden, auf welchem Wege sie die beiden Forderungen in Einklang bringen wollten. Die Haftara sollte in der Landessprache vorgelesen und nicht lediglich aus den Propheten, sondern auch aus den Hagiographen ausgewählt werden. In der Umgestaltung der Gebete schloß sie sich an die bereits von Geiger befolgten Grundsätze an. Sie sprach sich endlich gegen die Wiederholung der Tefilla aus. Der Festgottesdienst sollte im großen und ganzen der herkömmliche bleiben, an Sabbaten und Festtagen sollten die Piutim ausfallen, am Neujahrs- und Versöhnungstage jedoch sollten einige

besonders inhaltreiche beibehalten werden und mit ausdrucksvollen deutschen Gebeten abwechseln. Über das Maß der von der Allgemeinheit anerkannten Reformen ging erst das Gebetbuch hinaus, welches H. V o g e l s t e i n im Auftrage der westfälischen Gemeinden 1894 veröffentlichte. Das deutsche Element trat sehr stark hervor, der hebräische Teil wurde entsprechend verkürzt, die Gebettexte wurden in einigen Punkten, wie in der Auserwählung und dem Messianismus, noch mehr als früher geändert. Eine wichtige Neuerung dieses Gebetbuches war die gleichzeitige Einführung einer Schulausgabe, mit welcher die Jugend von Anfang an auf den Gottesdienst der Gemeinde vorbereitet werden sollte. Hier war zum erstenmal in der Reformbewegung für einen größeren Kreis von Gemeinden ein gleichmäßiges Gebetbuch hergestellt worden. Einen ähnlichen Versuch, für ein ganzes, wenn auch kleines, Land ein gleichmäßiges, modernen Ansprüchen entsprechendes Gebetbuch einzuführen, unternahm 1905 der Großherzogliche Oberrat der Israeliten in Baden; die Annahme des von ihm mit großer Sorgfalt unter Vermeidung vieler Fehler der früheren Gebetbücher bearbeiteten Werkes scheiterte jedoch an dem heftigen Widerstande der orthodoxen Partei, die jeder Änderung ihr altes Non possumus entgegensetzte und die Abweichungen vom üblichen Texte zum Teil mit denselben Argumenten bekämpfte, die 1819 gegen das erste Gebetbuch des Hamburger Tempels vorgebracht worden waren.

§ 47. Die Reformbewegung außerhalb Deutschlands.

Literatur: Philipson, das.; JE das.

1. In fast allen fortgeschrittenen Ländern gestalteten sich die Lebensbedingungen der Juden im 19. Jahrhundert ähnlich wie in Deutschland, infolgedessen entstanden allenthalben dieselben Bewegungen, dieselben Kämpfe. Mit der Überwindung des geistigen und sozialen Ghettos, mit der Verbesserung der Bildung und Erweiterung des Gesichtskreises machte sich unter den Juden die Unzufriedenheit mit dem herkömmlichen Gottesdienst geltend; die wenig würdige äußere Form wurde als störend empfunden, der unverständliche Inhalt bot Anlaß zur Klage. Die unter den günstigeren äußeren Verhältnissen aufgewachsenen Geschlechter fühlten sich dem Gottesdienste entfremdet, es war die Frage, ob sie in völlige Gleichgültigkeit

verfallen oder durch Abstellung der Mißstände, durch Herstellung einer angemessenen Form des Gottesdienstes wiedergewonnen werden sollten. Die Reformen im Gottesdienste wurden L e b e n s f r a g e n für den Fortbestand der Glaubensgemeinschaft. In allen Kulturländern hat die äußere Gestalt des Gottesdienstes mehr oder minder eingreifende Verbesserungen erfahren, überall wurde Chorgesang eingeführt, in Frankreich und Italien auch Orgelbegleitung, während die Liturgie unverändert blieb. In manchen Ländern, wie z. B. in Ungarn, wurde als Gegenleistung für die Gleichberechtigung der Juden die volle Einbürgerung gefordert; dazu gehörte die Predigt in der Landessprache an Stelle des verbreiteten jüdisch-deutschen Jargons, die gegen starken Widerstand von seiten der Orthodoxen durchgesetzt wurde. Unter dem Eindruck der Revolution von 1848 bildete sich in Budapest eine Gemeinde nach dem Muster der Berliner Reformgemeinde, sie fristete aber nur ein kurzes Dasein, für so plötzliche Sprünge war das Land nicht reif. Um die bedeutungslosesten Kleinigkeiten im Bau der Synagogen und in den Bräuchen des Gottesdienstes mußten in Ungarn erbitterte, mitunter blutige Kämpfe ausgefochten werden, es war daher schon viel, wenn in zahlreichen Gemeinden eine Verkürzung des Gottesdienstes, Abschaffung der Piutim und die regelmäßige Predigt in ungarischer Sprache durchgesetzt wurden.

2. Unter direktem Einfluß des Hamburger Tempels entwickelte sich die Reformbewegung in England und in Amerika. In L o n d o n ging das Verlangen nach Reformen von den Portugiesen aus, in ihrer Gemeinde herrschten strenge Bestimmungen, die Mitglieder waren durch die Satzungen nicht nur in ihrem religiösen, sondern auch in ihrem privaten Leben völlig gebunden. Der Gottesdienst ließ an äußerer Schönheit, Würde und Andacht viel zu wünschen übrig, es wurde daher schon 1828 unter den Mitteln zur Hebung des Gottesdienstes vorgeschlagen, ihn soviel wie irgend möglich abzukürzen und Predigten in englischer Sprache (bis dahin wurde alles, was nicht hebräisch war, in portugiesischer Sprache vorgebracht) einzuführen, die an jedem Sabbatnachmittag über einen biblischen Text gehalten werden sollten. Die Predigten wurden eine Zeitlang gehalten, dann aber wieder eingestellt. Da wurde Ende 1836 eine Änderung des Gottesdienstes nach dem Muster des Tempels in Hamburg gefordert, die Gemeinde aber lehnte dies aus Furcht vor Sektenbildung ab. Auch unter den Aschkenasim machten sich die ersten Spuren von Unzu-

friedenheit bemerkbar, namentlich die mit der Toravorlesung verbundenen Unsitten erregten Anstoß. Es kam hinzu, daß die wohl-
habende jüdische Bevölkerung die bisherigen Wohnsitze im Zentrum der
Stadt aufgegeben hatte, daß sie nach einem ihren Häusern näher ge-
legenen Gottesdienste strebte; die portugiesische Gemeinde aber ging
auf den ihr gemachten Vorschlag, im Westen Londons eine Synagoge
mit verändertem Gottesdienst zu begründen, nicht ein. Die Folge
davon war, daß sich 1840 eine neue Gemeinde bildete, die den alten
Gegensatz zwischen Sepharadim und Aschkenasim aufhob und eine
Synagoge der e n g l i s c h e n J u d e n einrichtete. Ihr Programm
forderte einen Gottesdienst in hebräischer Sprache und in Übereinstimmung mit den Grundsätzen der jüdischen Religion, der jedoch
reformiert und derart eingerichtet sein sollte, daß er das Andachts-
gefühl erwecken konnte, in dem ferner regelmäßige Predigten in englischer Sprache gehalten werden sollten. Zu den sofort eingeführten
Reformen gehörte die Abschaffung der zweiten Feiertage. Ein eigenes
Gebetbuch wurde herausgegeben, dessen Änderungen hauptsächlich
in Kürzungen und in Beseitigung der am meisten beanstandeten Stücke
der Gebetordnung bestanden. Im Musafgebet wurde die Tefilla wesentlich verkürzt. Die auffallendsten Abweichungen waren die Wiedergabe des Kaddisch in h e b r ä i s c h e r Sprache und die Beseitigung
der Gebete um Wiederherstellung der Opfer; die Bitten um Rückkehr
nach Zion und um das Erscheinen des Messias hingegen wurden beibehalten. 1859 wurde Orgelbegleitung eingeführt.

Die Begründung der neuen Gemeinde entfesselte bei den anerkannten religiösen Behörden die wildesten Leidenschaften, die portugiesische Gemeinde schloß die Mitglieder geradezu aus ihrer Mitte
aus, verweigerte ihnen die Beerdigung auf ihrem Friedhofe; die Ehe-
schließungen der neuen Synagoge erhielten nicht die vom englischen
Gesetze vorgeschriebene Anerkennung, Ehen mit Mitgliedern der
Gemeinde wurde die religiöse Weihe verweigert. Alle Willenskund-
gebungen der Gemeinde halfen nichts, ihre Beteuerungen, nur der
Sache der Religion, der Verbreitung und Vertiefung der Frömmigkeit dienen zu wollen, wurden nicht beachtet. Dadurch, daß die Gemeinde ihre Reformen mit einer Lossagung vom Talmud verteidigte,
verschlimmerte sie die Lage, das Rabbinat warnte alle Gemeinden
Englands vor den Neuerern, erhielt allerdings daraufhin von den
wichtigsten Gemeinden des Landes wenig höfliche Erwiderungen.

Allen Anfechtungen zum Trotz blieb die Gemeinde bestehen, 1856 wurde sie durch eine Parlamentsakte anerkannt. Sie hat ihre Grundsätze und ihren Gottesdienst unverändert beibehalten, eine weitere Reform nicht vorgenommen. Ihre Begründung übte segensreiche Wirkungen auch auf die anderen Gemeinden des Landes aus, in der offiziellen Synagogenordnung wurde die Würde des Gottesdienstes anbefohlen, einer regelmäßigen englischen Predigt das Wort geredet, vielfach wurde Chorgesang eingerichtet. Im ganzen aber blieb die englische Judenheit bei dem hergebrachten Gottesdienste. Reformgemeinden haben sich neben der in London nur noch in Manchester und Bradford gebildet, auch sie haben ihren Oppositionscharakter längst aufgegeben. Eine weitergehende Reform wurde erst in jüngster Zeit in London eingeführt; um sie zu verstehen, müssen wir zunächst die Verhältnisse in Amerika betrachten.

3. In den Vereinigten Staaten war die Zahl der Juden vor hundert Jahren noch außerordentlich gering, die Organisationen der Gemeinden, mit Ausnahme der portugiesischen, waren sehr schwach. Der Mann, dem die amerikanischen Gemeinden ihren Zusammenschluß und ihren englischen Charakter verdanken, war Isaak L e e s e r in Philadelphia. Durch ihn wurde 1830 die e n g l i s c h e P r e d i g t als wesentlicher Bestandteil des Gottesdienstes eingeführt, er hat das Gebetbuch und die Bibel ins Englische übersetzt und damit dem Verständnisse des Gottesdienstes wertvolle Dienste geleistet. Er stand auf dem Boden des Hergebrachten und lebte der festen Überzeugung, daß die Reformbewegung nur von kurzer Dauer und vorübergehend sein würde. Als Leeser seine Laufbahn begann, war schon ein sehr ernster Vorstoß von Reformern radikalster Richtung unternommen worden. In Charleston, S. C., der damals zahlreichsten Gemeinde der Vereinigten Staaten, wurde bereits 1824 eine Umgestaltung des Gottesdienstes angebahnt. Auch diesmal war die Anregung von Deutschland gekommen, die Reform wurde im Namen der Aufklärung gefordert. Zur Hebung der Andacht und des Verständnisses der Gebete sollte der Vorbeter die wichtigsten Teile der Liturgie in englischer Sprache wiederholen, wenn es anginge, sollten die Gebete derart verkürzt werden, daß sie alle hebräisch und englisch gesprochen werden könnten; endlich sollte die Schriftvorlesung dadurch fruchtbar gemacht werden, daß allwöchentlich eine belehrende Predigt an sie angeknüpft würde. Die Forderungen wurden abgelehnt, worauf eine kleine Schar von zwölf

Mann kurz entschlossen, sich zu einer jüdischen Reformgemeinde
(The Reformed Society of Israelites) vereinigte. Aus dem bescheidenen Reformprogramm, das nur die Berücksichtigung der Muttersprache beim Gottesdienste gefordert hatte, wurde eine vollständige
Gegnerschaft gegen das rabbinische Judentum. Die Gemeinde stellte
sofort in Anknüpfung an die Grundlehren Maimunis ihr Glaubensbekenntnis auf, ersetzte aber einige der wichtigsten durch ihre eigenen
Grundsätze; sie erkannte nur den Dekalog als geoffenbart an, leugnete
die leibliche Auferstehung und behielt nur den Glauben an die Unsterblichkeit der Seele bei, sie strich auch den Glauben an den Messias
und forderte dafür die Liebe zu Gott, dem einzigen Erlöser, sowie Werke
des Wohltuns. Diesen Grundsätzen entsprechend richtete sie ihren
Gottesdienst ein; eine so radikale Umgestaltung war damals noch
nirgends vorgenommen worden. Am Eingang des Sabbats las man
Psalm 92 und 93 englisch, dann das Schma hebräisch und englisch,
die Tefilla englisch und stark verkürzt, nur den Schluß אלהי נצר
hebräisch und englisch, endlich עלינו englisch, dann wurde ein Kapitel
aus den Propheten gelesen, ein Lied gesungen, vom Vorbeter ein
selbst verfaßtes Gebet und der Priestersegen gesprochen. Am Sabbatmorgen wurde wieder mit einem englischen Lied und Gebet begonnen,
dann folgten Psalm 33, אלהי נשמה und אתה קדשת englisch, שמע und
Tefilla wie am Abend, ausgewählte Verse aus den Psalmen hebräisch
und englisch, ein Gebet für das Vaterland, Vorlesung aus der Tora,
Predigt, ein englisches Lied, ein Gebet und der Priestersegen. An
den Feiertagen wurden besondere Gebete mit Beziehung auf die festliche Gelegenheit eingelegt. Der Gottesdienst fand mit Musikbegleitung
statt, die Gemeinde erschien ohne Kopfbedeckung. Die Gemeinde
bestand nicht lange, denn sie hatte keine geistlichen Führer; sie bietet
für die Geschichte das allergrößte Interesse, weil sie in so früher Zeit
bereits alle Elemente der späteren amerikanischen Reform aufweist,
sie zeigt auch bereits deutlich den Einfluß der äußeren Einrichtung
des protestantischen Gottesdienstes. Etwa zehn Jahre nach dem
Aufhören der ersten Reformgemeinde wurden in der alten Gemeinde
in Charleston Reformen nach Art des Hamburger Tempels eingeführt;
dieselben Kämpfe wie in Europa spielten sich auch dort ab, mitunter
nahmen sie sogar noch heftigere Formen an.

4. Die starke jüdische Einwanderung aus Deutschland, die um
1840 einsetzte, hatte die Bildung zahlreicher neuer Gemeinden zur

Folge, in denen von vornherein ein reformierter Gottesdienst, zumeist unter Zugrundelegung des Hamburger Gebetbuchs, eingerichtet wurde. Die Vereinigten Staaten kannten keinen G e m e i n d e - z w a n g , von seiten des Staatsgesetzes stand und steht heute noch keinerlei Hindernis im Wege, immer neue religiöse Vereinigungen zu begründen. Junge Gemeinden ohne Vergangenheit, ohne Bindung an irgendeine Tradition, deren Mitgliedschaft freiwillig ist und daher aus Gleichgesinnten besteht, können ohne große Schwierigkeiten die religiösen Institutionen nach den eigenen Wünschen ausbauen. Die amerikanischen Gemeinden haben daher mit Leichtigkeit die Reformen im Gottesdienste durchgeführt, ihn vielfach sogar in solchem Maße geändert, daß der jüdische Charakter des Gottesdienstes kaum noch zu erkennen ist. Bis 1840 ist überall der Gottesdienst in der herkömmlichen Art gehalten worden, doch bildeten sich innerhalb der bestehenden Gemeinden Reformvereine, die, wenn sie sich stark genug fühlten, neue Gemeinden mit mehr oder minder abweichenden Formen des Gottesdienstes begründeten. Die Mitglieder und ihre geistigen Führer waren zumeist aus Deutschland gekommen, es wurden daher deutsche Predigten und deutsche Gebete eingeführt. Die Änderungen in den hebräischen Gebeten hielten sich in engen Grenzen, betrafen meist nur die Bitten um Wiederherstellung der Opfer und die Rückkehr nach Zion, früh begann aber auch schon der Widerspruch gegen die Lehre der Auferstehung. Eine in jüdischen Kreisen bis dahin nirgends gekannte Neuerung war es, als Jsaac M. W i s e in Albany, N. Y., die protestantische Sitte der Familienbänke und damit das Zusammensitzen beider Geschlechter einführte.

Mit Wises Eingreifen beginnt die r a d i k a l e amerikanische Reformbewegung, die dann durch David E i n h o r n und Samuel H i r s c h , beide Teilnehmer der Rabbinerversammlungen in Deutschland, ihre theologische und philosophische Begründung erhielt. Die Grundgedanken dieser Reform sind nur aus dem hohen Selbstgefühl heraus zu begreifen, welches der ungeahnte Aufschwung der Vereinigten Staaten allen ihren Bewohnern einflößte; besonders die dem Druck und der Armut in Deutschland entflohenen Einwanderer wurden durch die freien Gesetze und den zunehmenden Wohlstand der Neuen Welt geblendet. Daher konnte Wise erklären, daß das a m e r i - k a n i s c h e Judentum eine n e u e E p o c h e der jüdischen Geschichte einleitete, und fordern, daß die religiösen Formen den Ansprüchen des amerikanischen Lebens und Denkens Rechnung trügen. Die A n p a s s u n g der Religion an die Gegenwart und an die Umgebung wurde das leitende Prinzip der Reform, die Forderungen der Zeit wurden für das höchste Gesetz auch in der Religion erklärt. Es ist klar, daß diesen Anschauungen gemäß dem Gottesdienste die jeweilig modernste und ansprechendste Form gegeben wurde, aber es ist offenbar, daß hier Grundsätze von sehr zweifelhaftem Werte in die Religion eingeführt werden. Eine Bewegung, die den ewigen Kern des Religiösen zum reinsten Ausdruck zu bringen strebt, begibt sich in völlige Abhängigkeit von rein weltlichen Erwägungen, sucht ihre Orientierung an praktischen Zielen von wechselndem und sehr bedenklichem Gehalt. Die amerikanischen Reformer haben das schon in Deutschland vielfach vertretene Prinzip, daß die dem Bewußtsein der Gemeinde fremd gewordenen Formen ihre Berechtigung verlieren, auf die Spitze getrieben, ohne zu prüfen, ob darin nicht sehr hohe Werte enthalten sein konnten, für deren Erhaltung und Wiederbelebung zu kämpfen verlohnte. Einhorn brachte eine bedeutsame Vertiefung in die Reformbewegung, wenn er Israels m e s s i a n i s c h e n B e r u f an der ganzen Menschheit in den Mittelpunkt des religiösen Denkens stellte und von da aus das gesamte religiöse Leben gestalten wollte, freilich konnte auch er das Amerikanisieren als zentrale Idee nicht genügend zurückdrängen.

Nach diesen kurz angegebenen leitenden Prinzipien ist die Reform des Gottesdienstes in Amerika erfolgt, sie ist in den Synagogen, die sie annahmen, nicht gleichmäßig durchgeführt, es finden sich selbst in den in der U n i o n o f A m e r i c a n C o n g r e g a t i o n s zusammengeschlossenen Gemeinden die verschiedensten Stufen der Reform. In der äußeren Form ist allen Gotteshäusern gemeinsam die Verwendung von Musikbegleitung und gemischtem Chor, die Beseitigung der Frauengallerie; nicht allgemein ist die Barhäuptigkeit, der Vortrag der Gebete durch den Rabbiner an Stelle des Vorbeters. Viele Gemeinden halten ihren Gottesdienst am Freitag Abend, Sonnabend und am Sonntag, ganz wenige nur am Sonntag; die zweiten Feiertage sind durchweg aufgehoben. Auch die Liturgie ist nicht überall dieselbe; in einigen Gemeinden sind die Gebete vollständig neu bearbeitet und enthalten kaum mehr als eine schwache Erinnerung an die alte jüdische Gebetordnung. Die verbreiteten Gebetbücher knüpfen an die überlieferte Liturgie an, wenn sie sie auch sehr frei

gestalten. Wise veröffentlichte 1857 ein Gebetbuch unter dem Titel
„M i n h a g   A m e r i k a" (מנהג אמעריקא תפלות בני ישורון), das
in den Gemeinden des Westens und Südens starke Verbreitung fand.
Das Gebetbuch war vollständig in hebräischer Sprache, in den einleitenden und abschließenden Abteilungen ein wenig gekürzt, sonst
aber durchaus nach dem Herkommen aufgebaut; nur an denjenigen
Stellen, die den Glauben an die Auferstehung oder an den Messias und
die mit seinem Erscheinen verbundenen Umwälzungen erwähnen,
sind radikale Veränderungen vorgenommen. Sehr interessant ist,
daß sämtliche Überschriften und Verweisungen des Buches in hebräischer Sprache, sogar unpunktiert, gegeben sind; so gute Kenntnisse
des Hebräischen durfte man auch in Amerika damals noch voraussetzen. Einhorn veröffentlichte 1858 sein „עלת תמיד", Gebetbuch für
israelitische Reformgemeinden", das in der Anordnung des Gottesdienstes und in der Hervorhebung der für die Reformbewegung maßgebenden religiösen Gedanken dem Beispiele Holdheims folgt. „Während er, soweit wie möglich, an die von Zunz erwiesene Liturgie der
alten Zeit sich anlehnte, ließ er in jedem Gottesdienste den frohgemuten
Dank für Gottes Großtaten in Israels Geschichte erklingen. Besonders
die Liturgie des Versöhnungstages kündet in unübertrefflicher Kunst
die erhabene Wahrheit von Israels Weltmission als Priestervolk und
verdeutlicht mit einer Begeisterung, welche aus dem innerlichsten
jüdischen Gefühl hervorgeht, die alte und die neuzeitliche Vorstellung
von Sünde, Reue und göttlicher Vergebung. Das Ganze ist das Werk
eines Meisters, dessen Größe sich in allen Einzelteilen erkennen läßt."
Das Gebetbuch war hebräisch und deutsch abgefaßt und daher nur
für deutsch sprechende Gemeinden zu verwerten, erst 1896 ist es in
einer englischen Ausgabe erschienen. Inzwischen aber war 1894 das
Gebetbuch der amerikanischen R a b b i n e r k o n f e r e n z eingeführt worden, „סדר תפלות ישראל, The Union Prayer-Book for Jewish
Worship", das seitdem in etwa 250 Gemeinden der Vereinigten Staaten
angenommen worden ist. Die Herausgeber bezeichnen es als ihr
Ziel, die ergreifenden Erinnerungen an die Vergangenheit mit den
dringenden Forderungen der Gegenwart zu verbinden und die Feierlichkeit des Gottesdienstes dadurch zu steigern, daß die beiden wesentlichsten Elemente, die ehrwürdigen Formeln der alten Zeit sowie moderne Gebete und Betrachtungen in der Landessprache vereinigt
werden. In seinem nichthebräischen Teile, in den theologischen An-

schauungen, sowie den dadurch bedingten Änderungen des hebräischen
Textes befolgt das Gebetbuch Einhorns Vorbild; der hebräische Teil
ist reichhaltiger als der seiner Vorgänger. Das Gebetbuch zerfällt
in zwei Teile; der erste enthält die Gebete für die Sabbate, Wallfahrtsfeste, Wochentage und häusliche Andacht sowie die Schriftvorlesungen,
der zweite die Gebete für die beiden ernsten Feste; sämtliche hebräischen Gebete sind von einer englischen Übersetzung begleitet. Der
Aufbau der Gebete ist folgender. Der Abendgottesdienst beginnt mit
einem hebräischen Psalm und mit einer englischen Auswahl von
Bibelstellen, die Vorbeter und Gemeinde abwechselnd vortragen, es
folgt das hebräische Abendgebet in seinem traditionellen Aufbau in
verkürzter Fassung, vom שמע ist nur der erste Abschnitt und ein
Satz aus dem dritten (Num. 15 40) beibehalten, השכיבנו fehlt; die
Tefilla besteht an Sabbaten und Festen aus den ersten beiden Benediktionen und einem Stücke aus der mittleren in hebräischer Sprache
sowie einer abschließenden englischen Bitte, an Wochentagen ist sie
ganz englisch; es folgen wiederum eine englische Auswahl von Bibelstellen, ein englisches Gebet des Vorbeters, ein gemeinsames Lied,
eine englische Wiedergabe von Olenu, eine Ansprache an die Trauernden
und das Kaddisch der Trauernden nach der im Tempel zu Hamburg
üblichen Formel, endlich Gesang von אין כאלהינו. Den Gebeten
für die Trauernden ist viel Aufmerksamkeit gewidmet, eine besondere
Liturgie für den während der Trauerwoche im Trauerhause gehaltenen
Gottesdienst festgesetzt. Am Morgen der Sabbate und Feste ist die
auffälligste Abweichung vom Herkommen das Ausfallen des Musafgebets. Der Aufbau ist dem des Abendgebets ähnlich, ein einleitender
hebräischer Gesang von Bibelstellen, einige englische Gebete aus dem
alten Siddur, das Schma mit seinen Benediktionen in verkürzter Form,
die Tefilla mit der Keduscha und der mittleren Benediktion hebräisch,
eine englische Auswahl von Bibelstellen nebst dem Gebet des Vorbeters, die letzten Benediktionen der Tefilla englisch. An den Festen
wird auch יגדל und der Priestersegen, sowie eine Auswahl aus den
Hallelpsalmen (Ps. 113, 117, 118) hebräisch vorgetragen. Ausheben
und Einheben der Tora sind von hebräischen Gesängen begleitet, die
Vorlesung aus der Tora ist kurz und wird englisch übertragen, die
Haftaras werden nur englisch vorgetragen, aus Propheten und Hagiographen gewählt; gerade in diesem Teile des Gottesdienstes gehen die
Bräuche der Gemeinde im einzelnen sehr auseinander. Auf die Schrift-

vorlesung folgt die Predigt mit einleitendem und abschließendem Lied,
der Schluß ist wie am Abend, nur daß am Ende der Rabbiner den
Priestersegen spricht. Die Sabbate haben auch einen Nachmittagsgottesdienst mit einleitendem hebräischem Gesang und Psalm 145,
Schriftvorlesung, englischer Tefilla mit hebräischer Keduscha, Predigt,
Schriftversen, englischer Vorlesung aus den Sprüchen der Väter und
einem Segen. Von besonderen Gelegenheiten sind berücksichtigt:
die Ankündigung des Neumonds, der Neumondstag, Chanukka, der
9. Ab, das Gebet um Regen am Schmini Azeres. Da von den Festen
immer nur die ersten Tage beobachtet werden, fehlt das Fest der Torafreude ganz. Das Union Prayer-Book hält zwar konsequent seine
theologische Richtung ein, hat sich aber im übrigen in der Auswahl
der Gebete und in der Berücksichtigung der Gelegenheiten sehr nach
den Forderungen der Gemeinden gerichtet und dieser Anpassung die
Theorien radikaler Theologen geopfert.

Es konnte nicht ausbleiben, daß die amerikanische Reform auf
Europa zurückwirkte, nach ihrem Beispiel ist neuerdings der Gottesdienst der Jewish Religious Union in London und der Reformgemeinde
in Paris eingerichtet worden. In Deutschland ließ sich bereits im
westfälischen Gebetbuch Einhorns Einfluß wahrnehmen; das jüngst
von C. Seligmann bearbeitete „Israelitische Gebetbuch für die neue
Synagoge in Frankfurt a. M." folgt im Aufbau dem amerikanischen
Vorbilde, wenn es auch die beibehaltenen hebräischen Gebete fast
unverändert wiedergibt und im Gegensatz zu Amerika das hebräische
Element an Wochentagen mehr berücksichtigt als am Sabbat und
den Festen. Das sind Neuerungen aus allerjüngster Zeit, über die der
Geschichte vorerst ein abschließendes Urteil nicht zusteht.

5. Wir haben die Reformbewegung bis in die unmittelbare Gegenwart verfolgt, ihre Forderungen und Erscheinungsformen in den verschiedenen Ländern kennen gelernt, es obliegt uns nun, aus dieser
Mannigfaltigkeit das Gemeinsame zu ermitteln und in zusammen-
fassendem Urteil geschichtlich zu werten. Die Ausgangspunkte der
Reformbewegung sind allenthalben die gleichen, mit der Veränderung
der sozialen Lage und der Hebung der allgemeinen Bildung der Juden
stellt sich die Unzufriedenheit mit dem herkömmlichen Gottesdienste
ein. Gegenstand der Klage sind zunächst die in die Augen fallenden
äußeren Mängel, die unruhige, bisweilen würdelose Haltung der Gemeinde, der wenig weihevolle, nicht selten abstoßende Vortrag der

Gebete. Waren diese Mißstände erst einmal gerügt und als solche
erkannt, so genügte das, um ihre allmähliche Abstellung herbeizuführen, es war nur eine Frage der fortschreitenden Erziehung, wann
sie gänzlich verschwinden sollten. Ruhe und Ordnung, Würde und
Andacht beim Gottesdienste sind für den Kulturmenschen so selbstverständliche Forderungen, sie kommen gleichzeitig so sehr den Vorschriften des traditionellen Judentums entgegen, daß ihre Berechtigung bis in die konservativsten Kreise anerkannt, daß überall an
ihrer Durchführung gearbeitet wird. Die Veredlung des kantoralen
Vortrags und die Einführung harmonischen Chorgesangs sind ebenfalls
von allen Richtungen gefördert und zur Verschönerung des Gottesdienstes in Anwendung gebracht worden. Umstritten ist die Zulassung der Orgelbegleitung. In einigen Ländern, wie in Italien und
Frankreich, ist sie auch bei strengster Innehaltung der Überlieferung
anstandslos eingeführt, in anderen, wie in England, geradezu als eine
Kriegserklärung gegen die Gemeinde betrachtet worden; in Deutschland bildet sie die Grenzlinie der Parteien, sie hat bei den Gemeinden
immer mehr Anklang gefunden, und der noch vorhandene Widerstand
richtet sich nicht mehr so sehr gegen das Instrument an sich, wie gegen
das Spielen an Sabbaten und Festtagen.

Beanstandet wurde auch allgemein die L ä n g e des Gottesdienstes,
die zum Teil mit den erwähnten äußeren Mängeln zusammenhing,
zum größeren Teil aber daher rührte, daß im Verlaufe der Jahrhunderte
die Gebete weit über das ursprüngliche Maß hinaus angewachsen und
überdies mit zahlreichen Piutim belastet worden waren. Es war unmöglich, den Sinn der Piutim zu erfassen, auch manche Stücke unter
den Stammgebeten blieben dem Laien unzugänglich. Je mehr aber
die Kenntnis der hebräischen Sprache zurückging, desto schwieriger
wurde das Verständnis selbst der einfachen Gebete und der Schriftvorlesungen; besonders das weibliche Geschlecht, das mehr als früher
am öffentlichen Gottesdienste sich zu beteiligen wünschte, blieb hinter
den Anforderungen an die hebräischen Sprachkenntnisse stark zurück.
Die natürliche Folge war der Wunsch nach Kürzung des Gottesdienstes, nach Beseitigung der unverständlichen Gebete und Piutim,
nach Einführung von Gebeten und belehrenden Vorträgen in der
Landessprache. Über einen großen Teil dieser Forderungen wurde
ebenfalls weitgehende Übereinstimmung erzielt. Die Predigt in der
Landessprache ist in den Kulturländern von sämtlichen Richtungen

als eine wohltätige und segensreiche Einrichtung anerkannt und eingeführt worden; wenn sie auch noch nicht ausnahmslos jede Schriftvorlesung an Sabbaten und Festen begleitet, so findet sie doch regelmäßig und in kurzen Zwischenräumen statt. Auch der Beseitigung der Piutim und der unverständlichsten Stücke der Gebetordnung haben sich schließlich nur jene wenigen Unversöhnlichen widersetzt, die in keinem Punkte eine Abweichung von Minhagbuche dulden. Selbst über Kürzungen an den Stammgebeten ließe sich bis zu einem bescheidenen Grade ein allgemeines Einverständnis erzielen. Ebenso wie die Predigt haben Gebete in der Landessprache Eingang in die Synagoge, für die Liturgie im engeren Sinne (S. 205) sogar die Billigung sämtlicher Richtungen gefunden. Was über die genannten Änderungen der herkömmlichen Gebetordnung hinausgeht, ist nur von Synagogen mit bewußt fortschrittlicher Tendenz angenommen worden; dazu gehört die Verkürzung der Toravorlesung, die Verkürzung der einleitenden und des abschließenden Abschnitts des Morgengebets, die Unterbrechung der hebräischen Gebete durch solche in der Landessprache. Auch diese Änderungen haben bei einem großen Bruchteil der Gemeinden Anklang gefunden. Erst auf einer weiteren Stufe der Reform beginnen dann wesentliche Eingriffe in die Hauptstücke des Gebets bis zu jenen radikalen Umgestaltungen, die von der überlieferten Art des Gottesdienstes wenig und von der hebräischen Sprache so gut wie nichts übrig gelassen haben.

Die Reform im eigentlichen Sinne besteht nicht in der Kürzung der Gebete und der Zurückdrängung der hebräischen Sprache, sondern in jenen Veränderungen des Textes, die aus dogmatischen Rücksichten, aus der Bestreitung oder verschiedenen Auslegung religiöser Lehren hervorgegangen sind. In der Hauptsache handelt es sich um die Lehre von der leiblichen Auferstehung und um den Glauben an den persönlichen Messias, mit dessen Erscheinen nach der in den Gebeten vertretenen Anschauung die Wiederherstellung des Tempels und des Opferdienstes, die Sammlung der Zerstreuten Israels und ihre Zurückführung nach Zion verknüpft ist. Im Gegensatz zu den vorerwähnten Forderungen, denen fast alle Schichten Verständnis entgegenbrachten, sind die dogmatischen Bedenken hauptsächlich von theologisch gebildeten Männern vertreten worden; großer Popularität haben sie sich nicht erfreut, über das Maß der bereits im Hamburger Tempel durchgeführten Änderungen hinaus haben sie in weiteren Kreisen niemals besonderes Interesse gefunden.

In diesem Zwiespalt zwischen den Bestrebungen der Theologen und dem Verständnis der Gemeinden liegt ein wichtiger Grund dafür, daß die Erfolge der Reformbewegung zu dem Aufwand an Mühe und Kraft, zu den Erschütterungen des Gemeindelebens in keinem rechten Verhältnis stehen. Die Führer der Reformbewegung haben in ihrer idealistischen Begeisterung den Blick für die realen Verhältnisse verloren, sie haben den allgemeinen Fortschritt ihrer Zeit, nicht minder aber den Aufschwung der religiösen Bildung unter den Juden gewaltig überschätzt. Ebensowenig wie der Völkerfrühling des Jahres 1848 die erhoffte Zeit vollendeten Menschentums eingeleitet hat, ebensowenig haben die in den Rabbinerversammlungen vertretenen Anschauungen eine tiefgehende Erleuchtung unter den Glaubensgenossen bewirkt. Die dünne Oberschicht der Gebildeten, die sich jene Theorien zu eigen machte, war durch die allgemeinen Kulturinteressen ausgefüllt, sie verhielt sich der religiösen Bewegung gegenüber ziemlich gleichgültig und bot eine Stütze von geringer Tragkraft. Die breiten Massen hingegen, deren Leben in den Anschauungen und Formen der Vergangenheit verankert war, gingen leer aus; die theologische Reform vermochte nicht sie fortzureißen, ihre dogmatischen Entscheidungen besaßen nicht die Kraft, Begeisterung zu erwecken. Die Zeitverhältnisse waren überdies sehr ungünstig, sie stellten den Menschen auf die Jagd nach Erwerb und Genuß ein, entfernten ihn weit von der Verfolgung des messianischen Ideals. Es zeugt von Mut und Tatkraft, daß die Reformer, ohne sich in langen theoretischen Erwägungen zu ergehen, rasch zugriffen und im Vertrauen auf ihr Beispiel und ihre Lehre das Leben umzugestalten versuchten, aber die Nachteile des überstürzten Vorgehens blieben nicht aus. Es wurde mit kühl abwägendem Verstande reformiert, dem nüchternen Rationalismus viel von der Poesie und dem stimmungsvollen Gehalt des Gottesdienstes geopfert. Die wissenschaftliche Begründung der neuen Auffassungen hatte erst kurze Zeit vorher begonnen, die Theologie legte sich in der Eile auf Anschauungen fest, die der Forschung keineswegs für alle Zeiten standhielten und in den Gemeinden auf entschiedenen Widerstand stießen. Die Geschichte hat über alle radikalen Umwälzungen ihr Verdikt gefällt, nur eine an die Vergangenheit anknüpfende, stetige Entwicklung als berechtigt erwiesen.

Die Fehler, welche am Anfange der Bewegung gemacht wurden, haben dauernd ihre Entwicklung geschädigt, wenn auch die Anzeichen sich mehren, daß die Lage sich günstiger gestaltet. Es bleibt, der Arbeit genug zu tun; mit der Änderung und Zusammenstreichung der Gebete ist wenig erreicht, wenn nicht zugleich Begeisterung und Verständnis für den Gottesdienst geweckt wird. Daran aber hat es bisher am meisten gefehlt, von ihren hervorstechendsten Zielen ist die Reformbewegung am weitesten entfernt geblieben. Es ist ihr nicht gelungen, die angestrebte Freiheit in die gottesdienstlichen Formen zu bringen, dazu mangelte es ihren Anhängern an Verständnis, an liebevoller Vertiefung. Auch der Gefahr der Veräußerlichung ist der reformierte Gottesdienst nicht entgangen, sein Programm ist eine nicht minder starke Bindung geworden, wie die der alten Gebetordnungen. Endlich hat die Befürchtung, die vor hundert Jahren an den Anfängen der Bewegung ausgesprochen wurde, sich in erschreckender Weise erfüllt; die Vertrautheit mit dem Gottesdienste hat trotz seiner Vereinfachung nicht zugenommen, die Gleichgültigkeit gegen seine Einrichtungen ist gewachsen, sie ist gerade dort mit am größten, wo den Forderungen nach zeitgemäßen Umgestaltungen am meisten Rechnung getragen wurde. Darin aber liegt die wichtigste Aufgabe für die Zukunft, die alte Begeisterung für den Gottesdienst, die Innigkeit der Gebetstimmung wieder zu erwecken. Der Gottesdienst muß wieder werden, was er den Vätern gewesen: der Mittelpunkt des religiösen Lebens, eine Stätte religiöser Sammlung und Weihe.

D. III. Abschnitt:

Organisation des jüdischen Gottesdienstes.

Kap. I. Die Gottesdienstlichen Gebäude.

§ 48. Namen, Alter, Verbreitung und Lage der Bethäuser.

Literatur: Löw Leopold, Der synagogale Ritus in *MS* XXXIII, 1884, S. 97 ff. = Ges. Schr. IV, 1 ff.; Synagogale Altertümer, Plan und Kollektaneen das. V, 21—36. 93; Hoffmann D., Die Synagogen in Altertum in *Isr. Mon.* 1899, S. 5 ff.; Schürer, Geschichte II, 497 ff., III, 71 ff.; Bacher, Art. Synagogue in Hastings, *Dict. of the Bible* IV, 636 ff.; in *JE* XI, 618 ff.

1. Der Gottesdienst war nicht an bestimmte Örtlichkeiten und Gebäude gebunden, es konnte ein jeder wie Daniel in seinem Zimmer (עליתא 6 11) für sich allein (בינו לבין עצמו, ביחיד) beten, die Vorlesungen und Belehrungen hingegen forderten eine Öffentlichkeit, eine Gemeinde. Es ist einleuchtend, daß die Gemeinde sich stets an demselben Platze versammelte, daß ein Raum für die gottesdienstlichen Zwecke hergerichtet wurde. Der älteste Name, der dafür üblich war, knüpft an das biblische בית העם (Jer. 39 8) an, worunter in vorexilischer Zeit ein öffentliches Gebäude verstanden wurde. Der Name erhielt sich im Volksmunde recht lange, noch gegen Ende des 2. Jahrhunderts unsrer Zeitrechnung war בית עמא ein populärer Ausdruck; der Gebrauch des Wortes war allerdings damals bei den Gelehrten verpönt und galt als Todsünde (b. Schabb. f. 32 a). Eine andere biblische Bezeichnung ist בית תפלה (Jes. 56 7), der zweite Tempel soll ein Bet-haus für alle Völker werden. Nach allgemeiner Annahme bezieht sich auch מועדי אל (Ps. 74 8), vielleicht auch בית מועד (Hi 30 23), auf die im Lande verbreiteten Stätten für gottesdienstliche Versammlungen; sicher ist, daß Aquila das Wort so aufgefaßt und durch συναγωγάς

wiedergegeben hat. Dieser griechische Ausdruck ist schließlich der gebräuchlichste und verbreitetste geworden. In LXX entspricht er dem biblischen עדה, dem Worte für Gemeinde. In den Targumim wird das Nomen עדה durch כנשתא, die Verben הקהיל und אסף durch כנש wiedergegeben, davon heißt das Versammlungshaus der Gemeinde בי כנשתא, prägnant auch כנשתא. Da der Stamm auch in der hebräischen Form כנס vorkommt (Esth. 4 16), wird im nachbiblischen Wortschatz auch כנסת im Sinne von Versammlung gebraucht; das für gottesdienstliche Versammlungen dienende Gebäude heißt daher בית הכנסת, plur. בתי כנסיות. Derselbe Wechsel im Sprachgebrauch liegt bei συναγωγή vor. Es bezeichnet ursprünglich wie כנשתא die Gemeinde, wird daher auch zur Benennung von Vereinen gebraucht, heißt aber schließlich ebenfalls Versammlungsstätte der Gemeinde, gottesdienstliches Gebäude. Das Wort ist als Fremdwort durch Vermittlung des Lateinischen ins Italienische, Französische, Deutsche, Englische übergegangen, im Spanischen liegt es in der Bildung Esnoga vor.

Unter den hellenistischen Juden finden wir am häufigsten die בית תפלה (LXX οἶκος τῆς προσευχῆς) entsprechende Bezeichnung προσευχή, προςευκτήριον, wovon Juvenal sogar ein lateinisches Proseucha bildet. Der Unterschied im Sprachgebrauch zwischen Palästina und der griechischen Diaspora wird besonders klar, wenn Philo von den Essäern hervorhebt, daß sie ihre heiligen Stätten συναγωγαί benennen. Ganz vereinzelt findet sich σαββατεῖον, was auf die Zusammenkünfte an jedem Sabbat hinweist und im syrischen בית שבתא דיהודיי, plur. בית שבי דיהוד׳ seine Parallele hat. Heiden bedienten sich zur Bezeichnung der jüdischen Bethäuser auch des Ausdrucks τὰ ἱερά, den sie für ihre Tempel anzuwenden pflegten. Bei den arabisch sprechenden Juden lebte בית הכנסת in אלכניס fort, dem Sinne entsprach auch גמעה, das sich als aljama in Urkunden aus der Provence findet; Makrizi gebraucht jedoch auch das dem בית תפלה entsprechende Salawat. In Sizilien war im Mittelalter die Bezeichnung Meskita verbreitet, die dem arabischen מסגיד = Moschee entsprach; auch die Falaschas nennen ihre Bethäuser Mesgid, wahrscheinlich ist das eine alte Bezeichnung, die auf das in neu entdeckten Texten vorkommende בית השתחורות zurückgeht. Die Türken nennen die Bethäuser Havras, was aus dem hebräischen Wort für Verein (חברה) genommen ist.

In romanischen und slavischen Ländern sowie in Ungarn wurde die Bezeichnung des Bethauses an das lateinische templum angelehnt, daneben aber kommen auch andere Benennungen wie Synagoge oder das Äquivalent von Bethaus vor. In Rom bezeichneten die Juden ihre Gemeinschaft wie die anderen Nationalitäten als Schola, die älteste Nachricht darüber liegt aus dem Jahre 1111 vor. Daher kam es, daß ihre Versammlungsstätten in Italien schola, in Deutschland S c h u l e , S c h u l hießen; Luther übersetzt συναγωγή im N. T. meist durch Schule, und in der jüdisch-deutschen Mundart heißt das Gotteshaus bis heute Schul. Vor einem Jahrhundert wurde für moderne Bethäuser der Name T e m p e l beliebt, in Österreich hat sich diese Bezeichnung vielfach eingebürgert, in Deutschland wird der Name Synagoge vorgezogen.

2. Wann zuerst ständige Bethäuser errichtet worden sind, wissen wir nicht; die Anschauungen darüber hängen zum Teil mit der Auffassung der erwähnten Namen zusammen. Wenn man, wie die alte jüdische Tradition, bereits in בית העם ein Bethaus erblickt, müßte die Einrichtung v o r e x i l i s c h sein. Da wir aber in vorexilischer Zeit sonst nirgends von einem regelmäßigen Gottesdienste der Gemeinde und damit zusammenhängenden Gebäuden erfahren, da auch in dem Namen an sich keinerlei Hinweis auf die Verwendung als Bethaus liegt, ist die Annahme nicht aufrecht zu erhalten. Hingegen ist es sehr wahrscheinlich, daß für die gottesdienstlichen Versammlungen im Exil (ob. S. 235) besondere Stätten geschaffen wurden. Wo ein Prophet wohnte wie Ezechiel, bildete sein Haus den natürlichen Mittelpunkt (vgl. z. B. Ez. 8 1), an anderen Orten hingegen mußten Versammlungsstätten gesucht werden. In talmudischer Zeit führte man das Alter einiger babylonischer Synagogen, wie der in Schefitib (שפירתיב) bei Nehardea und in Huzel, direkt auf die Zeit der Exulanten zurück. Mit der Verbreitung des gemeinsamen Gottesdienstes in Palästina, besonders nach dem Auftreten Esras, nahmen dann die Synagogen im Lande zu, und in der Zeit der syrischen Bedrängnis, aus der Ps. 74 stammt, werden bereits „alle Versammlungsstätten Gottes" durch Feuer zerstört.

Die ältesten d a t i e r t e n Nachrichten über das Vorhandensein von jüdischen Bethäusern stammen aus Ägypten. Eine Inschrift aus Schedia bei Alexandrien berichtet von der Widmung der Proseuche der Juden für den König Ptolemäus III Euergetes (247—221) und die Königin Berenike. Auch auf einer anderen Inschrift und einem Papyrus, die noch aus dem 3. Jahrhundert stammen, wird der jüdischen Proseuchen in Ägypten gedacht, so daß ihr Vorhandensein um die Mitte des 3. Jahrhunderts nicht zu bezweifeln ist. Betrachtet man das Bethaus in Schedia als eine Filiale der großen Proseuche in Alexandrien, dann müßte diese noch eine ganze Weile älter und kurz nach der Einwanderung der Juden in die aufblühende neue Stadt errichtet worden sein. Es ist behauptet worden, daß die Institution der Synagoge in den hellenistischen Ländern entstanden und erst von dort in Palästina eingeführt worden ist. Das widerspricht jedoch allen sonst bekannten Tatsachen; die vollständige Abhängigkeit der alexandrinischen Juden in religiösen Fragen vom Mutterlande weist darauf hin, daß die Entwicklung umgekehrt war, daß die in Palästina längst verbreiteten Synagogen nach Ägypten übertragen wurden. Wir sehen aus den genannten Zeugnissen, in wie früher Zeit das geschah. Die Ausbreitung der Synagogen erfolgte mit erstaunlicher Schnelligkeit, überall wohin Juden wanderten, ahmten sie die neue Einrichtung nach. Strabos Wort, daß es keinen Platz in der οἰκουμένη gibt, der nicht das Geschlecht der Juden aufgenommen hat und von ihm eingenommen wird (um 85), dürfen wir auch auf die Synagogen anwenden. Wo eine einigermaßen beträchtliche Zahl von Juden wohnte, schritt sie zur Gründung einer religiösen Gemeinde und eines Bethauses. Daher finden wir noch vor dem Untergange des jüdischen Staates nicht nur in Palästina, sondern auch in der Diaspora aller Orten Bethäuser, zumal aus der griechisch-römischen Welt besitzen wir zahlreiche Nachrichten über die Existenz von Synagogen. Josephus spricht von den Synagogen in Dora, Tiberias, Cäsarea, Antiochien, die Evangelien von denen in Nazareth und Kapernaum, die Apostelgeschichte von denen in Jerusalem, Damaskus, Salamis auf Cypern, Antiochien in Pisidien, Ikonium, Philippi in Makedonien, Thessaloniche, Beröa, Athen, Korinth, Ephesus. In den verschiedensten Orten und Gegenden Ägyptens bezeugen Papyri und Inschriften das Vorhandensein der Synagogen, in Rom werden sie durch die Grabschriften der Katakomben belegt; überall vom persischen Meere bis zu den Säulen des Herkules, wo Juden wohnten, treffen wir Spuren jener neuartigen Mittelpunkte für ihr religiöses Leben. Für Philo und Josephus galten sie als uralte Institutionen aus mosaischer Zeit und auch die rabbinische Tradition in den Targumim versetzt sie in die Anfänge des israelitischen Volkes zurück. Das Christentum konnte seine Propaganda überall an die Synagogen anknüpfen, sie waren nicht nur „fontes persecutionum", wie Tertullian sie nennt, sondern auch, wie Harnack schreibt, „die wichtigsten Voraussetzungen für die Entstehung und das Wachstum christlicher Gemeinden im Reiche". Die Errichtung von Synagogen hat in nachchristlicher Zeit nicht stillgestanden. Solange das Staats- oder Kirchengesetz es nicht verbot, sind sie überall, wohin Juden kamen, entstanden, und selbst, wo sie nicht gestattet waren, wurden contra legem im geheimen Stätten für das Gebet begründet. So ist es bis auf den heutigen Tag geblieben, die Synagoge ist die ständige Begleiterscheinung der jüdischen Gemeinden auf dem ganzen Erdenrunde.

3. In Palästina gehörten die Synagogen zum Stadtbilde, sie wurden mitten in der Stadt erbaut, da wo es am geeignetsten schien. In der Diaspora scheint das nicht der Fall gewesen zu sein, Paulus findet in Philippi die Synagoge außerhalb der Stadt an dem Flusse (ἔξω τῆς πύλης παρὰ ποταμὸν οὗ ἐνομίζομεν προςευχὴν εἶναι Akt. 16 13). War es Zufall oder Absicht, daß die Synagoge hier am Wasser lag? Josephus berichtet auch von einem Volksbeschluß der Bürger von Halikarnaß, wahrscheinlich aus Cäsars Zeit, durch welchen den Juden gestattet wurde, nach der Väter Sitte am Meere Synagogen zu bauen (προσευχὰς ποιεῖσθαι πρὸς τῇ θαλάσσῃ κατὰ τὸ πατρίον ἔθος Ant. XIV 10 23). Auch die auf einem Papyrus aus dem ägyptischen Tebtynis vom Ende des zweiten vorchristlichen Jahrhunderts erwähnte προςευχὴ τῶν Ἰουδαίων lag am Wasser. Die rabbinischen Quellen erwähnen nur, daß der Ort, an dem sich Gott den Propheten außerhalb Palästinas geoffenbart hat, stets am Wasser gelegen war. Von einer Vorschrift, Synagogen am Wasser anzulegen, wissen sie nichts, in Palästina waren die Bethäuser auch nicht am Wasser, und dem Bedürfnisse des Händewaschens vor den Gebeten genügten sicher ein Brunnen oder ein Wasserbecken, wie es noch heute jede Synagoge und jede Moschee enthält, besser als die Nähe des Flusses oder des Meeres. Es ist sehr unwahrscheinlich, daß selbst in der Diaspora die Synagogen ü b e r a l l am Wasser lagen. Was die Bethäuser in Rom anlangt, so ist es kaum von einem einzigen wahrscheinlich, daß ein Fluß in der Nähe war. Auch von der großen Basilika in Alexandrien wird es nicht berichtet und, daß die zahlreichen in der Stadt Alexandrien zerstreuten Synagogen sämtlich am Wasser gelegen

haben sollen, ist kaum anzunehmen. Es dürfte selbst in der Diaspora
keine einheitliche Norm darüber bestanden haben. In den jüdischen
Quellen ist nicht vor dem 14. Jahrhundert die Rede davon, erst
Jakob b. Ascher hebt hervor, daß es r a t s a m ist, am Wasser zu beten,
und im letzten Jahrhundert rühmt Chajim Palaggi in Smyrna (1788
bis 1869) als besonderen Vorzug der Synagogen in Konstantinopel,
daß sie am Wasser liegen, fügt jedoch zur Entschuldigung sofort hinzu,
daß die Empfehlung, am Wasser zu beten, sich nur auf die Privatandacht bezieht. Nirgends ist auch, soviel wir wissen, ein Gewissens-
konflikt dadurch entstanden, daß die Synagogen nicht unmittelbar
neben einem Wasser lagen.

Die andere Ortsangabe für die Synagoge in Philippi, daß sie sich
vor dem Tore befand, dürfte nicht auf Zufall beruhen, in der Regel
werden in der Diaspora die Synagogen außerhalb der Stadt gelegen
haben. Innerhalb der Städte, wo Götzentempel waren, vermied man es
zu beten; nur da, wo eigene Judenviertel bestanden, wie in Alexandrien,
blieb man in denselben. Völlig gleichmäßig wird das Verfahren jedoch
kaum gewesen sein, Ausnahmen kamen immer vor; in Korinth z. B.
kann die Synagoge schwerlich außerhalb der Stadt gestanden haben,
wenn das Haus des Titius Justus, in dem Paulus abstieg, sich unmittelbar neben ihr befand (Akt. 18 7). In Rom, wahrscheinlich auch
in anderen Städten, war es durch Gesetz verboten, fremde Kultstätten
innerhalb des Pomeriums anzulegen. — Auch in Babylonien lag
höchstwahrscheinlich eine ähnliche Schwierigkeit vor. Es ist anzunehmen, daß die persischen Feueranbeter die jüdischen Gotteshäuser
nicht innerhalb der Stadt dulden wollten (קא סתרי בי כנשתא b.
Joma 10 a), und daß sie infolgedessen weit weg erbaut werden mußten.
Im Talmud gilt eine der Stadt nahe Synagoge (בי כנשתא סמיכתא
b. Kidd. 73 b) als Ausnahme, die Entfernung war das Gewöhnliche.
So spricht auch der Midrasch davon, daß man zur Synagoge weit
hinauszieht, sich den Weg einteilt und stückweise zurücklegt (בא ונצא
לבי״הכנ Tanch. I, S. 61b). Bei Regenwetter und brennendem Sonnen-
schein flüchtet man sich bisweilen in die Synagogen (obwohl das als
verboten gilt), weil kein anderer Schutz in der Nähe zu finden ist
(b. Meg. 28b). Sehr häufig werden Maßregeln genannt, die in der
Befürchtung, die Andächtigen allein oder in geringer Anzahl in den
Bethäusern zurückzulassen, ihren Ursprung haben. Im Mittelalter
begegnet uns von Raschi an bei allen Lehrern der deutsch-französischen

Schule die Anschauung, daß die Synagogen in Babylonien außerhalb der Städte auf den Feldern lagen; sie muß auf direkte Tradition zurückgehen, denn aus eigener Erfahrung kannte man Feldsynagogen nicht, und die Annahme tritt mit zu großer Bestimmtheit auf, als daß sie aus bloßer Kombination hervorgegangen sein könnte. Sicherlich aber hat es auch in Babylonien an Ausnahmen nicht gefehlt, es muß auch Synagogen innerhalb der Städte gegeben haben.

4. Die Synagogen der Diaspora standen unter staatlichem Schutze. In Ägypten waren sie dem Könige gewidmet und als unverletzlich erklärt; Inschriften dieses Inhalts aus älterer Zeit werden, wenn sie schadhaft geworden sind, durch die Behörden später erneuert. In der Synagoge zu Schefitib bei Nehardea soll sogar das Bildnis (אנדרטא) des Königs aufgestellt gewesen sein, wahrscheinlich handelt es sich dabei ebenfalls um eine Widmung, und nur darum galt das Gotteshaus nicht als entweiht. Auch die Synagoge von Kasiun im nördlichen Galiläa ist nach einer dort gefundenen Inschrift „zum Wohle des Kaisers Septimius Severus und seiner Söhne Caracalla und Geta" errichtet (um 197). Eine andere Art der Ehrung war auch die Benennung des Gotteshauses nach dem Kaiser (συναγωγὴ ᾿Αυγουστησίων, כנשתא דאסיררוס). Die chinesischen Juden von Kai-Fung-Fu hatten in der Mitte des Betraums einen Tisch, auf dem in goldenen Lettern der Name des Kaisers nebst einem Gebet für sein langes Leben eingezeichnet war.

Da den Juden freie Ausübung ihres Kultus gewährt war, standen die Synagogen unter dem Schutze des Gesetzes. Wer sie zerstörte oder gewaltsam entweihte, verfiel strenger Strafe, meist erfolgte auch die Verurteilung zum Schadenersatz. Vom patristischen Zeitalter an fehlte es nicht an christlichen Geistlichen, die ein frommes Werk darin erblickten, Synagogen zu zerstören oder in Kirchen umzuwandeln. Die letzten weströmischen Kaiser mußten wiederholt wegen solcher Ausschreitungen Strafen verhängen. Auch Papst Gregor der Große erklärte die gesetzwidrige Vernichtung oder Besitzergreifung einer Synagoge für strafwürdig; wenn er auch der Meinung war, einen einmal als Kirche geweihten Raum nicht wieder herausgeben zu dürfen, so trat er doch dafür ein, daß die Juden eine volle Entschädigung erhielten. Die erste gewaltsame Umwandlung einer Synagoge in eine Kirche erfolgte in Byzanz, im byzantinischen Reiche wurde diese Ungerechtigkeit zum staatlichen Grundsatz erhoben, bei der Erorberung des

Vandalenreiches 535 gab Kaiser Justinian den Befehl, aus den zahlreichen Synagogen Kirchen zu machen. Das Beispiel fand im Mittelalter, besonders in romanischen Ländern, Nachahmung; in Spanien stehen noch heute zahlreiche Kirchen, die einst Synagogen waren, darunter die beiden monumentalen Bauten von El˙ Transito und S. Maria la Blanca in Toledo, die wegen ihres hohen architektonischen Wertes neuerdings auf Staatskosten restauriert und zum Nationaleigentum erklärt wurden. In Deutschland verfuhr man meist so, daß bei Vernichtung der jüdischen Gemeinden die Synagogen zerstört und auf ihrem Platz eine Kirche gebaut wurde. Das letzte Beispiel einer derartigen Verwendung von Synagogen auf deutschem Boden fand in Wien statt, wo Leopold I. am 18. August 1670 die Synagoge „als eine Mördergrube, zum Hause Gottes hat aufrichten lassen", wie eine Inschrift geschmackvoll berichtet. Nicht selten geschah es, daß in Zeiten der Gefahr die Gemeinden sich in ihrem Gotteshause versammelten, Feuer daran legten und mit ihm zusammen in den Flammen den Tod fanden.

5. Die Zahl der Synagogen war in manchen Städten beträchtlich; da es meistens kleine Gebäude waren, erwies sich bei einer größeren jüdischen Bevölkerung eine stattliche Anzahl als notwendig. Auch andere Gründe führten dahin, man hatte z. B. besondere Synagogen für den Sommer und für den Winter (b. B. B. 3a). Aus Jerusalem wird übertreibend berichtet, daß zur Zeit der Zerstörung des Tempels 394 oder gar 480 Synagogen dort waren, eine ähnliche unwahrscheinliche Ziffer wird von Better angegeben, aber immerhin werden auch in zuverlässigen Berichten hohe Zahlen überliefert. So wird von 13 Synagogen erzählt, die um 300 in Tiberias vorhanden waren, Philo erwähnt das Vorhandensein einer großen Anzahl Proseuchen in Alexandrien, und in Rom sind uns jetzt durch die Gräberinschriften bereits 11 Gemeinden aus der Kaiserzeit bekannt. Unter heidnischer Herrschaft war die Freiheit, Gemeinden und Synagogen zu gründen, unbeschränkt. Die christlichen Kaiser von Theodosius II. (408 bis 450) an haben nicht mehr gestattet, neue Synagogen zu erbauen, und nur noch die Freiheit gelassen, die alten auszubessern. Die kirchliche Gesetzgebung bestimmte dann, daß die Juden einer Stadt nie mehr als e i n e Synagoge besitzen durften. Sie traf sich darin mit der mohammedanischen, denn auch nach Omars Bestimmungen war es verboten, mehr als eine Synagoge in einer Stadt zu erbauen, in Wirklichkeit aber wurden sehr

viele Ausnahmen geduldet. Die staatliche Gesetzgebung hat überall,
wo Judenordnungen unter dem Einflusse kirchlichen Geistes entstanden,
an der Beschränkung festgehalten, erst als mit der Neuzeit die Gewissensfreiheit zum Grundsatz erhoben wurde, konnte die alte Praxis
wieder hergestellt werden.

6. Die Synagogen galten als Heiligtümer im Kleinen (מקדש מעט),
sie hatten heiligen Charakter, d. h. man durfte sie für andere Zwecke
als die des Gottesdienstes oder der Belehrung nicht verwenden. Man
durfte sie nicht einmal betreten, wenn man nicht beten wollte, sie
nicht als Durchgang benutzen u. dgl. Diese Bestimmungen wurden
jedoch nicht mit voller Strenge durchgeführt, oder die Synagoge
muß, abgesehen von dem Raume, der zum Gebet diente, Nebenräume
enthalten haben, deren anderweitige Verwendung gestattet war.
Denn die Synagogen waren nach allem, was wir wissen, Gemeinde-
häuser im weitesten Sinne des Wortes. Außer den Gebetsversamm-
lungen wurden in ihnen z. B. Leichenfeiern für hervorragende Männer
und Frauen gehalten. Der Talmud nennt eine כנשתא דמרדתא d. h.
Revolutionssynagoge in Cäsarea; übereinstimmend damit berichtet
Josephus, daß während des jüdischen Krieges dort politische Zusammenkünfte stattgefunden haben. In Pantikapäum, dem heutigen
Kertsch auf der Krim, findet die Freilassung eines Sklaven im Jahre 81
in der Synagoge (ἐπὶ τῆς προσευχῆς) statt. Ferner wird im Talmud häufig berichtet, daß Rechtsakte und richterliche Funktionen im
Synagogengebäude vollzogen werden, wahrscheinlich nicht im Bet-
raume, sondern in dafür bestimmten besonderen Zimmern (vgl. S. 468 f.),
aber als Mittelpunkt des sozialen Lebens eignete sich die Synagoge
sehr gut für Ankündigungen aller Art. Josua b. Levi (3. Jahrh.) beanspruchte für die Gelehrten das Recht der Benutzung des Synagogengebäudes und danach wurde in Palästina vielfach gehandelt (j. Meg. III,
4 f. 74 a). Auch Wohnräume für den Küster waren häufig mit der
Synagoge verbunden. In Babylonien dienten die Nebenräume als
Herberge für durchreisende Fremde. Die wichtigste Verwendung
fanden die Synagogengebäude für Schulzwecke, von der ältesten Zeit
an war es üblich, an die Synagoge Räume für den Unterricht anzuschließen, Schule und Synagoge wurden auf diese Weise untrennbare
Begriffe.

Im Mittelalter wurde die Synagoge für den Juden nicht bloß der
Ort des Gebetes, sondern geradezu die Stätte des gesamten Gemeinde-

lebens. Die Synagogen und ihre Nebenräume dienten daher nicht nur
der Gemeindeverwaltung, sie wurden wie in alter Zeit auch für Mitteilungen und Aufgebote aller Art verwendet, die Regierungsbehörden
forderten vielfach, daß Ankündigungen an dieser Stätte erfolgten, welche
die Gewähr für die weiteste Öffentlichkeit bot. Auch die Eide mußten
von den Juden in der Synagoge geleistet werden. Eine eigenartige
rechtliche Funktion wurde den Synagogen zugewiesen; wer glaubte,
ein Unrecht erfahren zu haben, ohne daß ihm von seiten der Behörden
eine hinreichende Sühne zuteil geworden war, hatte die Befugnis, den
Gottesdienst in der Synagoge zu unterbrechen und dessen Fortsetzung
solange zu verhindern, bis ihm Gerechtigkeit wiederfahren wäre;
selbstredend wurde dieses Mittel häufig mißbräuchlich angewendet und
es mußten strenge Maßregeln dagegen getroffen werden. Die Schule
fand im Mittelalter wie in alter Zeit sehr häufig im Gebäude der Synagoge Unterkunft. Im großen undganzen ist es bis in die Gegenwart
so geblieben, daß neben den Beträumen in zahlreichen Fällen auch die
Schule und die Verwaltung der Gemeinde im Gebäude der Synagoge
untergebracht wird.

§ 49. Bauart der Bethäuser.

Literatur: Löw, Hoffmann, Bacher das.; Krauß, Die galiläischen
Synagogenruinen.

1. Es war nicht erforderlich, für die Zwecke des Gottesdienstes
ganze Häuser bereit zu stellen, es genügte ein Raum, in dem die Gemeinde ungestört ihre Andacht zu verrichten in der Lage war; namentlich in der Diaspora wird in den meisten Fällen zuerst ein P r i v a t -
h a u s für die gottesdienstlichen Versammlungen verwendet worden
sein, ehe es zur Gründung und zum Bau einer Synagoge kam. In
der Gestaltung des Baues war die Gemeinde vollständig frei. Die
Mischna enthält k e i n e e i n z i g e Bestimmung über die Erfordernisse der gottesdienstlichen Gebäude, die Tosefta nicht mehr als zwei,
die eine bezieht sich auf den Platz, die andere auf die Orientierung
des Gebäudes. Für die Anlage gilt die Vorschrift, daß die Synagoge
am höchsten Punkte des Ortes (בגובה של עיר) erbaut werden soll.
Die Orientierung soll derart sein, daß der Eingang an der Ostseite
liegt, die Gemeinde sich nach Westen zu wendet (Tos. Meg. IV 22,
23 S. 22715 ff.).

Die Bibel berichtet von Daniel, daß im Obergemache seines

Hauses, in dem er betete, die Fenster nach Jerusalem hin gerichtet waren (6 11). Daran anknüpfend schreibt eine Baraita für die P r i v a t - a n d a c h t vor, sich in der Diaspora nach dem heiligen Lande, in Palästina nach Jerusalem, innerhalb der Stadt nach dem Tempel, auf dem Tempelberge nach der Richtung des Allerheiligsten hin zu- wenden, derart, daß das ganze jüdische Volk sich beim Gebete nach ein und demselben Punkte richtet (b. Ber. 30a). Auch die Mischna setzt diese Bestimmung voraus (Ber. IV 4), wohlgemerkt aber nur für die Andacht des einzelnen; wie sie sich die Einrichtung der Bet- häuser denkt, sagt sie nirgends.

2. Bei dem Mangel an Quellenmaterial über die Beschaffenheit der Bethäuser und ihre Bauart ist es von hoher Wichtigkeit, die vor- handenen Reste von Synagogengebäuden aus alter Zeit zu betrachten. Da kommen vor allem die elf Synagogenruinen in G a l i l ä a in Be- tracht, deren immer mehr dem Verfalle ausgesetzte Trümmer vor nahezu einem Jahrzehnt durch eine Expedition der Deutschen Orient- gesellschaft einer eingehenden Untersuchung unterzogen wurden. Über das Resultat liegt vorerst nur eine vorläufige Mitteilung vor, die jedoch für unsere Zwecke genügt. Die Synagogen liegen in un- mittelbarer Nähe des Tiberias Sees um die Städte Meron, Tiberias und Kapernaum herum. Das hauptsächlichste Ergebnis der Forschung ist die Festlegung ihres Bauplans und die Feststellung, daß der Grund- riß sämtlicher Ruinen gleich ist: ein breites Mittelschiff mit einem Säulenumgang auf drei Seiten, der eine Empore trug.

Von der größten Synagoge, der von Tell Hum, dem alten Kaper- naum, heißt es in dem Bericht: ,,Von den Umfassungsmauern des 18 zu 24 m großen Baues ist wenig erhalten, aber doch genügend, um die Gliederung aller Außenwände durch Pilaster, die Durchbrechung der Südmauer durch ein Hauptportal und zwei Nebenportale und der Ostmauer durch eine Seitentür zu erweisen. Die Seitentür führte auf einen mit großen Platten ausgelegten Hof, dessen Abschluß nach Osten und Norden hin nicht mehr festgestellt werden konnte. Nach Süden hin ist ihm und der Synagogenfront eine 3,30 m breite und fast 2 m hohe Terrasse vorgelagert, zu der von Westen eine Treppe mit 4, von Osten her eine Treppe mit 14 Stufen emporführte. Die schmale Brüstung der unüberdeckten Terrasse ist nur aus den Standspuren zu erschließen. Das Terrain fiel von Westen nach Osten ab, der östliche Teil der Terrasse und der Osthof erhoben sich auf wohlgefügtem

Quaderbau bis zu 3 m über Außenniveau. Vor beiden Treppen beginnt eine Pflasterung mit Basaltsteinen, die von der Osttreppe aus offenbar zu dem See hinabführte, der heute ca. 80 m weit von der Synagoge liegt. Im Innern wurde ein an drei Seiten umlaufender Säulenumgang auf erhöhtem Stylobat festgestellt. Die Säulenstühle mit den angearbeiteten Basen stehen zum großen Teil noch in situ. Ursprünglich standen auf der Ost- und Westseite je 6, auf der Nordseite 2 quadratische Stühle für Vollsäulen, an den Ecken, die die Nordkolonnade mit der Ost- und Westkolonnade bildete, besondere Eckstühle für Pfeiler mit angearbeiteten Halbsäulen. Der Fußboden des $3^1/_2$ m breiten Umgangs liegt in gleicher Höhe mit dem des 8 m breiten Mittelschiffs. Beide waren mit großen Kalksteinplatten belegt. An den Längswänden zogen sich zwei Bankreihen hin, deren obere an den Querwänden und zu beiden Seiten der Osttür mit einem Polster endigte. In der Südwestecke ist das Polster erhalten und zeigt an der Vorderseite einen Kopf.

Für den Aufbau des Innern wurden monolithe Säulenschäfte aus Kalkstein von 3,74 m Länge, korinthische Kapitelle und Epistylien mit angearbeitetem Fries von fast 3 m Länge gefunden, die einer unteren Säulenstellung angehörten. Schäfte von etwas kleinerem Durchmesser, dazu gehörige Kapitelle aus Wulst und Kehle und passende Epistylien stammen von einer oberen Säulenstellung. Balkenlöcher auf der Rückseite der Epistylien zeigen, daß der Umgang zweigeschossig war. D a s M i t t e l s c h i f f w a r a l s o v o n 3 S e i t e n v o n e i n e r E m p o r e u m z o g e n.

Von den Wänden der Emporen stammen wahrscheinlich die Stücke einer vortrefflich gearbeiteten Wandarchitektur, die sich aus Halbsäulen mit attischer Basis und korinthischem Kapitel, einem reich ornamentierten Fries, der über den Halbsäulen in Kröpfen vorsprang, und einem Geison mit Sima zusammensetzte. Die zahlreich und zum Teil sehr gut erhaltenen Friesstücke zeigen in Kreisfeldern, die von Akanthuswerk umrahmt sind, den verschiedenartigsten Schmuck: Blätter, mannigfache Blüten, Rosetten, Steine, Pentagramme und Hexagramme, zwei Traubensorten und Granatäpfel. Die in der Nähe der Nordwand gefundenen Friesstücke enthalten Tiervorderteile von Löwen oder Lämmern, die aus Akanthusblättern hervorspringen, aber leider alle absichtlich abgeschlagen sind. Auf der mit Akanthus und Palmetten verzierten Sima ist eine figürliche Darstellung erhalten geblieben: 2 Adler, die eine Girlande in den Schnäbeln halten, und ein Seepferd.

Zahlreiche Steine einer kleineren Architektur scheinen von einer ädikulaartigen Dekoration der inneren Südwand zu stammen. Es gehören dazu Teile eines Giebels, 2 bis 3 Konchen, die innerhalb des Giebels angeordnet waren, und über die ein Tierfries im Bogen hinwegging, sowie gedrehte Säulchen mit korinthischen Kapitellen. Vielleicht rühren von dort auch Reste einer farbigen Stuckdekoration her, die unmittelbar vor der Front gefunden wurden.

Die figürlichen Darstellungen der drei Türstürze sind nur nach den Umrissen zu vermuten; ein Adler und Girlanden tragende Eroten über dem Mittelportal, vier- und zweibeinige Tiere zwischen Palmbäumen über den Seitenportalen. In der Mitte des westlichen Sturzes war eine Vase, in der Mitte des östlichen ein wohl von einem Adler gehaltener Kranz. Zu dem Hauptportal gehören zwei Türkonsolen, die an der Frontseite mit einem Palmbaum dekoriert sind. Zu dem weiteren Aufbau gehört ein Fenster, das nach innen und außen von einem Giebel mit Konche überdeckt war und durch Gitterstäbe geschlossen wurde. Den oberen Abschluß der Front bildete offenbar ein großer Giebel, dessen horizontales, reich geschmücktes Gebälk nach Art der syrisch-römischen Architektur durch einen Bogen unterbrochen wurde. Die aus Akanthusblättern springenden Tiere des dazu gehörigen Frieses sind sämtlich abgeschlagen.''

Sehr bedeutsam wegen ihrer guten Erhaltung und als Zeichen für die Bauart in der Diaspora ist die Synagogenruine in H a m m a m - L i f, dem alten N a r o, in Nordafrika in der Nähe von Karthago am Fuße des Djebel-bu-Kuruein. Aus den Ruinen läßt sich noch heute der Grundriß und die Anordnung des umfangreichen Gebäudes erkennen. Ein französischer Gelehrter beschreibt es wie folgt: ,,Der Bau bildete ein fast regelmäßiges Viereck von ungefähr 20 m Seitenlänge. Offenbar waren ein Nebeneingang in der Mitte der Südostseite am äußersten Ende eines langen Ganges und eine Ausgangstür an der Nordwestseite vorhanden, aber die Hauptfassade, vor der sich ein Hof befand, stand im Südwesten. Die Fassade wurde von zwei Säulen geschmückt, auf denen, wie sich erkennen läßt, ein Giebel ruhte. Die monumentale Tür führte zu einer Säulenhalle, die rechts ein massives Mauerwerk enthielt, links zwei kleine Zimmer. Durch die Säulenhalle gelangte man in ein

gleich breites, aber weniger tiefes rechteckiges Vestibül. Links von
der Vorhalle führte eine kleine Tür in ein Zimmer, gegenüber vom
Haupteingang verband eine große Tür den Vorraum mit dem Betraum
(sanctuaire). Auf der Schwelle befand sich eine Inschrift mit dem
Namen der Stifter des Mosaiks. Der eigentliche Betraum war ein
längliches Rechteck von 10 zu 6 m Seitenlänge. Er zeigte im Westen
eine runde Nische, die an den Mihrab der Moscheen erinnert. Der
Fußboden war ganz mit Mosaik bedeckt, dessen Breitseite in drei
Felder von verschiedener Ausdehnung geteilt war. Nahe am Eingang
und im Hintergrunde waren Vögel, Vierfüßler, Blumen, Früchte, von
Laubwerk umgeben, dargestellt. Das Mittelstück des Mosaiks über-
traf an Größe die beiden anderen zusammen, es war wiederum in drei
Teile geteilt, die in entgegengesetzter Art, d. h. der Länge nach ange-
ordnet waren. Oben sah man eine Landschaft am Wasser, Fische und
Wasservögel, unten eine reine Landschaft, Palmen beschatteten eine
Schale, und an den Henkeln standen zwei Pfauen einander zugekehrt.
In dem mittleren Teile befand sich innerhalb einer Umrahmung von
Schwalbenschwänzen zwischen zwei siebenarmigen Leuchtern und
anderen Kultusgegenständen eine Widmungsinschrift, die den An-
dächtigen Kunde davon gab, daß der Mosaikboden des Heiligtums
auf Kosten einer Dame mit Namen Juliana hergestellt worden war.

Im Nordwesten des Betraumes, aber ohne Verbindnug mit ihm,
hinter der Nische breitete sich ein großes rechteckiges Zimmer aus, das
nach außen gerichtet war. In der Südostecke des Betraumes öffnete
sich ein langer Gang, der in mehrere Säle führte, zwei links, drei rechts.
In der Ostwand, gegenüber der Nische, waren drei Türen durchge-
brochen, die nach ebensoviel Zimmern führten. Das erste Zimmer
diente als Aufbewahrungsort für die Kultusgegenstände und die
heiligen Bücher; das zeigte eine Inschrift an, die in den Mosaikboden
eingelassen war.

Die Synagoge enthielt also, abgesehen von den Anbauten, etwa
15 Zimmer, die um das Hauptportal, einen Quergang und den Betraum gruppiert waren. Die Bestimmung der meisten Räume ist unbekannt. Viele waren mit Mosaiken geschmückt. Außer den erwähnten
Bildern haben sich Reste mit folgenden Darstellungen gefunden:
siebenarmige Leuchter, verschiedene Tiere, Löwen, Hyänen, Hähne,
Rebhühner, Perlhühner, Enten, Fische, Bäume und Fruchtkörbe,
außerdem die Büste eines jungen Mannes mit langen Haaren, der auf

der Schulter einen gebogenen Stock hält, die Büste einer Frau mit
einem Helm, die einen Speer trägt usw. Durch die Motive und den
Charakter der Dekorationen erinnert die Synagoge von Naro an die
afrikanischen Villen aus der Kaiserzeit, sie scheint aus dem dritten
oder vierten Jahrhundert unserer Zeitrechnung zu stammen."

3. Nehmen wir hinzu, was uns aus literarischen Quellen oder
Inschriften über Synagogen des Altertums bekannt ist. Da haben
wir zunächst der Schilderung zu gedenken, die der Talmud von der
großen Proseuche in Alexandrien (μεγίστη καὶ περισημαστότη Philo)
entwirft: „Wer nicht die Doppelstoa von Alexandrien gesehen hat,
hat nie die Herrlichkeit Israels geschaut. Wie eine große Basilika war
sie gebaut, eine Säulenreihe innerhalb einer anderen, mitunter waren
doppelt so viel Menschen darin, wie die Schar der aus Ägypten ge-
zogenen. Den 71 Ältesten im Sanhedrin entsprechend befanden sich
in ihr 71 Katheder von Gold mit Edelsteinen und Perlen ausgelegt,
jedes einzelne stellte einen Wert von 25 Miriaden dar, eine Tribüne
von Holz war in der Mitte usw." (Tos. Sukk. IV 6, S. 198 20 ff.).

Philo führt Klage darüber, daß bei der Zerstörung der Proseuchen
in Ägypten zur Zeit des Flaccus auch die zu Ehren der Kaiser auf-
gestellten Schilde, goldenen Kränze und Stelen mit Inschriften mit-
vernichtet worden sind, und daß man es den Juden unmöglich mache,
ihre Dankbarkeit gegen Wohltäter zu bezeigen, wenn sie nicht die
heiligen περίβολοι besitzen, in denen die Dankzeichen aufgestellt werden
könnten. Mit derselben Bezeichnung περίβολοι werden auch die Vor-
höfe der Synagoge in Phokäa an der ionischen Küste erwähnt, wo die
Stifterin der Synagoge und des περίβολος mit einem goldenen Kranze
und der προεδρία geehrt wird. Der palästinische Talmud erwähnt eine
פרורה‎, das ist ebenfalls ein größerer Hofraum dicht am Synagogengebäude. In Mantinea endlich wurde ein πρόναος für die Synagoge
gestiftet.

4. Aus den herangezogenen Beschreibungen der alten Ruinen
können wir mancherlei für die spätere Entwicklung der Synagogengebäude lernen. Bei den meisten der erwähnten Bauten muß es auf·
fallen, wie hoch sie angelegt sind. Das erinnert an die behandelte
Vorschrift der Tosefta (ob. S. 453). Nicht überall hatte man die Möglichkeit auf einer Terrasse zu bauen, in einem solchen Falle forderte
dann Rab, der darin sehr streng dachte, in Babylonien zumindest,
daß die Dächer der Privathäuser die Synagogen nicht überragen dürften,

und R. Aschi baute tatsächlich für den Sitz der Hochschule, Mata Machseja, eine Synagoge, die sich über alle Gebäude der Stadt erhob (b. Schabb. 11a). Das war später nicht mehr durchzuführen, schon der Midrasch berichtet, daß e i n s t i n a l t e r Z e i t die Synagogen hohe Gebäude waren. Wo die Kirche gegen jede Überhebung der Juden eiferte, gestattete sie keine monumentalen Synagogen, insbesondere führte sie darüber Klage, wenn die jüdischen Gotteshäuser sich vor benachbarten Kirchen auszeichneten, was selbst im hohen Mittelalter noch hier und da vorkam. Die staatliche Gesetzgebung ließ sich durch die kirchlichen Anschauungen beeinflussen und stellte ebenfalls der Erbauung von monumentalen Synagogen allerlei Hindernisse entgegen. Nichtsdestoweniger blieb die alte Vorschrift über die Höhe der Gebäude zu Recht bestehen, und im hohen Mittelalter begannen die Talmudisten über ihre Nichtbefolgung nachdenklich zu werden. Die einen forderten geradezu, daß die jüdischen Besitzer der umliegenden Häuser ihre Grundstücke abtragen müßten, die anderen fanden eine Entschuldigung darin, daß im nördlichen Europa die Dächer nicht wie im Orient flach sind, daß man demnach auf unseren schrägen Dächern nicht hantieren und in die Synagoge blicken und damit den Gottesdienst stören kann. Es werden aber auch Beispiele erwähnt, wo berühmte Lehrer eine teilweise Erhöhung der Synagogen forderten, zum mindesten sollte der Boden unter dem Dache der umliegenden Häuser nicht höher liegen als der Giebel der Synagoge. Eine strenge Durchführung der talmudischen Vorschrift war in nichtjüdischer Umgebung unmöglich, in christlichen und mohammedanischen Ländern wird ganz offen zugegeben, daß mit Rücksicht auf die herrschende Bevölkerung von einer Befolgung des Gesetzes Abstand genommen werden müßte. In Polen wurde es, spätestens um 1650, üblich, am Dache der Synagoge eine die Wohnhäuser überragende Stange anzubringen, die Sitte ging nach Deutschland über und hat sich, allerdings in künstlerischer Ausführung, bis zum heutigen Tage vielfach erhalten, wenn auch die gottesdienstlichen Gebäude der Gegenwart vermöge ihrer monumentalen Anlage eine solche Erhöhung nicht nötig hätten.

5. Die Orientierung des Bauplatzes war sehr verschieden, die erwähnte Vorschrift der Tosefta, die Eingangstür im Osten anzulegen und das Gebäude nach Westen zu richten, finden wir nur bei der Ruine in Irbid befolgt. Im Talmud wird von der Orientierung der Synagogen

nirgends gesprochen, für die Richtung beim Privatgebet werden gelegentlich die verschiedensten Seiten empfohlen, am häufigsten die Wendung nach Osten; das Christentum hat früh diese Sitte angenommen, sie wird bis zum heutigen Tage beim Bau der Kirchen beobachtet. Trotzdem keine bindenden Vorschriften darüber erwähnt werden, muß sich sehr früh die Sitte herausgebildet haben, die Richtung nach dem Heiligen Lande zu wählen und auch die Bethäuser danach zu bauen. Darauf wies das Beispiel Daniels hin, auch die Angaben im Gebete Salomos bei der Tempeleinweihung (I. Kön. 8 44. 48) wurden so ausgelegt. Hieronymus bezeugt als jüdische Sitte, sich beim Gebet dem Tempel zuzuwenden. Auch Apion erwähnt, daß die Synagogen nach Osten zu liegen, die Ruine von Hammam-Lif hat ihre Hauptfassade im Südwesten, so daß die Beter mit dem Gesicht nach Nordosten saßen, also ebenfalls in der Richtung nach Jerusalem. Endlich ist zu beachten, daß die Samaritaner ebenfalls in der Richtung nach dem Berge Garisim beten und darin, wie in den meisten religiösen Sitten, die jüdischen Einrichtungen befolgen. Trotz aller dieser Zeugnisse ist nicht zu bezweifeln, daß die Praxis nicht einheitlich war. Die galiläischen Ruinen sind mit einer Ausnahme von Süden nach Norden orientiert, also von Jersulem abgekehrt. Daß hier ein Baumotiv aus alter Zeit fortwirkte oder daß die Gemeinde zur Tür zugewendet saß, ist schwer anzunehmen, vielmehr ist es bei einigen Gebäuden ganz offenkundig, daß die Anlage mit Rücksicht auf die Fernwirkung des Gebäudes gewählt ist. In Tell Hum und in Kerazeh beherrscht die reich ausgeschmückte Fassade den See und bietet den Vorbeifahrenden den herrlichsten Anblick, ebenso genießt man von der Terrasse aus oder durch die geöffneten Türen prachtvolle Aussichten. Die Ruine von Nebratein liegt „auf einem Ausläufer der Safeder Berge auf einem ausgesucht schönen Platze mit der Aussicht auf den Hulesee, die Jordanebene nördlich davon und den ganzen Gebirgszug des stolzen Hermon". In Meiron ist die Plattform für den Bau der Synagoge aus einer kleinen, steilen Felskuppe ausgehauen, von der sich ebenfalls eine schöne Aussicht auf den See bietet.

    Die Sitte entschied für die Richtung des Gesichtes nach Jerusalem. Daneben aber blieb die Vorschrift in Geltung, daß der Eingang der Synagoge im Osten liegen sollte. Maimonides hat sie nach dem Vorgange Alfasis kodifiziert, er macht aber nicht die Richtung der Beter davon abhängig, schreibt ihnen vielmehr vor, sich nach der

Lade hinzuwenden (vgl. S. 471), welche je nach der geographischen
Lage des Ortes ihren Platz erhalten sollte. In Frankreich und Deutschland jedoch sah man von der Bestimmung über die Türen gänzlich ab,
hielt sich nur an die Wendung nach Palästina und baute die Synagogen
so, daß sie nach Osten zu lagen und den Eingang an der Westwand
hatten. Im Schulchan Aruch ist aus einer Kombination beider Anschauungen die Bestimmung entstanden, daß die Eingangstür gegenüber der durch den Platz der Lade angegebenen Richtung sich befinden muß. Die in Europa allgemein befolgte Wendung nach Osten
war geographisch nicht ganz genau, Mordechai Jaffe forderte darum
eine südöstliche Richtung, aber obwohl sein Hinweis später erneuert
wurde, blieb es bei der Orientierung nach Osten. Die Baustellen der
Synagogen wurden sehr sorgfältig, vielfach sogar recht unvorteilhaft
abgesteckt, um die östliche Richtung zu erhalten. Die Gemeinden
waren darin weit weniger nachgiebig als selbst die strengsten Rabbiner,
die infolge ihres Einblicks in die Quellen ein Abweichen vom Herkommen nicht für unmöglich hielten.

6. Die Zahl der Türen, die in die Synagoge führten, wird sehr
verschieden gewesen sein. In den galiläischen Ruinen finden wir
regelmäßig eine Haupttür in der Mitte und zwei Seitentüren, auch
der Midrasch erwähnt eine mittlere Tür; es ist daher nicht ganz ausgeschlossen, daß das eine ständige Einrichtung war und vielleicht eine
symbolische Bedeutung hatte. Neben den Türen an der Eingangswand
zeigen die Ruinen und kennt auch der Talmud Seitentüren (פתחא
אחרינא b. Sota 39 b), die wahrscheinlich in die Nebenräume führten.

In Irbid soll der Fußboden bedeutend tiefer gelegen haben als die
Schwelle der Eingangstür. Falls das nicht besondere Ursachen hatte,
sähen wir hier zum ersten Male die Vorschrift des Talmuds befolgt,
daß man beim Beten an einer niedrigen Stelle stehen soll, um aus
der Tiefe Gott anzurufen (vgl. Ps. 130 1). Nach dem einfachen Sinn
jener Stelle (b. Ber. 10 b) kann kein Zweifel darüber bestehen, daß die
Vorschrift sich nur auf die Andacht des einzelnen im Privathause bezieht; in talmudischer Zeit wurde ihr in Babylonien schon Rechnung
getragen, der Vorbeter stand dort tiefer als die Gemeinde. Im Mittelalter aber baute man die Gotteshäuser so, daß man auf einer oder
mehreren Stufen zu ihnen hinuntersteigen mußte, und erst in neuerer
Zeit wird meist von dieser Tradition abgewichen.

7. Der Fußboden der galiläischen Synagogenruinen ist fast durch-

weg mit einfachen S t e i n p l a t t e n belegt, nur in Umm-el-Amed
war er mit einem schlichten Mosaik aus Kalksteinwürfeln bedeckt;
in Hammam-Lif und am Pontus hat man reichen und kunstvollen
Mosaikschmuck gefunden. Hier scheint die Diaspora sich dem griechischen Geschmack angeschlossen zu haben, während man in Palästina im allgemeinen die strengere Anschauung befolgte und Mosaik
verpönte, obwohl im Tempel zu Jerusalem eine kunstvolle Pflasterung
verwendet war. In Babylonien machte die Scheu selbst vor den Steinplatten (אבנים של רצפה b. Meg. 22 b) nicht Halt; es galt als verboten,
sich auf ihnen niederzuwerfen (השתחויה), da es dennoch geschah,
wurde unser Niederwerfen für nicht ganz vorschriftsmäßig ausgeführt
erklärt. Schließlich ging die Bedenklichkeit so weit, daß man nicht
einmal mehr auf einem Holzfußboden niederfallen wollte; in Deutschland, wo die Sitte herrschte, sich am Versöhnungstage während der
Aboda niederzuwerfen, breitete man Matten, in ärmeren Gegenden
auch Stroh, auf dem Fußboden aus, um jeden Anschein zu vermeiden,
als fiele man auf den bloßen Fußboden.

8. Der innere Raum hatte in der Regel die rechteckige Form der
römischen B a s i l i k a , die Proseuche in Alexandrien nennt der
Talmud בסילקי, die galiläischen Ruinen ebenso wie Hammam-Lif
haben sämtlich für den Betraum die Form des länglichen Rechtecks.
In den galiläischen Ruinen laufen an zwei Längsseiten Säulen entlang, meistens auch an der dritten, so daß ein vollständiger Umgang
vorhanden und der Raum in ein breites Mittelschiff und zwei schmälere
Seitenschiffe geteilt ist. Die Einteilung in drei Schiffe ist in den meisten
Synagogen beibehalten worden, selbst in Kai-Fung-Fu war sie vorhanden. In Galiläa sind meistens Spuren einer doppelten Säulenstellung erhalten, wahrscheinlich war der Umgang von einer Empore
umgeben. Die Anlage und der Stil der antiken Synagogen verraten
den Einfluß römischer Monumentalbauten; die Ausführung und
Gliederung der Fassade, die Anordnung der Portale, die Stellung und
Verarbeitung der Säulen, die Bildung und Ausschmückung der Giebel
entsprechen dem allgemeinen Brauche der Kaiserzeit. In gewissen
Einzelheiten wie z. B. der besonderen Gestaltung des ionischen Kapitels
ist spezifisch jüdischer Einfluß zu erkennen. Diese Verbindung von
Fremdem und Eigenem darf als Grundgesetz des Synagogenbaues
zu allen Zeiten angesehen werden. Das Streben ging im allgemeinen
dahin, die Synagogen so schön und würdevoll, wie die Mittel der Ge

meinde es gestatteten, zu errichten; daß sie nicht allzu prächtig wurden, dafür sorgte eine feindliche Gesetzgebung. Für die Bauart war zu allen Zeiten der in der Umgebung herrschende Geschmack und Stil maßgebend, in Einzelheiten wurde zugunsten der Tradition und der eigentümlichen Gestaltung der Synagogen davon abgewichen. Ein charakteristisches Beispiel bietet die Synagoge in Worms; ihr ältester Bestandteil (1034 vollendet) ist ebenso wie die um 1100 erbaute Synagoge von Speyer in romanischen Stil gehalten, der Anbau in Worms vom Jahre 1213 zeigt bereits den Einfluß der frühen Gotik. Die noch erhaltenen spanischen Synagogen sind in maurischem Stil gebaut, allerdings mit starken Abweichungen, die auf eine sehr glückliche Entwicklung der Kunst unter den Juden Spaniens schließen lassen. Im Orient erinnern die Synagogen vielfach an die Kubbah der Mohammedaner, an die auf den Gräbern erbauten Kapellen, die den Pilgern als Andachtsstätten dienen. So ist es zu allen Zeiten gewesen, man baute die Synagogen in dem in dem betreffenden Lande gerade herrschenden Stile und bot alle erreichbaren Mittel auf, um eine möglichst künstlerische Vollendung zu erhalten. Besonders bezeichnend sind hierfür die erst neuerdings beachteten Holzsynagogen in Polen und Rußland, die ebenfalls eine bald mehr, bald weniger auffällige Übereinstimmung mit dem allgemeinen Baustil der dortigen Kirchen zeigen. Sie sind überdies ein treffender Beweis dafür, daß selbst dort, wo von der Umgebung ein künstlerischer Einfluß nicht ausging, auf eine geschmackvolle und sorgfältige Ausführung der gottesdienstlichen Gebäude Wert gelegt wurde.

In der Neuzeit bildeten sich zahlreiche neue Gemeinden in großen Städten, die opferwillig reiche Mittel für Synagogenbauten bereitstellten, die beschränkenden Gesetze fielen in den meisten Ländern weg, die Architekten konnten sich ungehindert von ihrer künstlerischen Eingebung leiten lassen. So sind in allen Erdteilen prachtvolle Synagogen entstanden, die vielfach ihrer Umgebung zur Zierde gereichen. Ein eigentümlicher Synagogenbaustil hat sich jedoch bisher nicht entwickelt, je nach dem Vorherrschen der einen oder anderen Richtung wurde die maurische, byzantinische, gotische, romanische, klassische Bauart oder eine Verbindung von mehreren Stilen verwendet. Eine neue Erscheinung an den modernen Synagogengebäuden ist ihre Verzierung mit einer oder mehreren Kuppeln, die zuweilen zur Erhöhung des Gebäudes dienen (oben S. 458 f.). Wie weit sie architek-

tonisch zum Innern der Synagoge passen, das müssen die Fachmänner
entscheiden, für den Gottesdienst haben sie sich zumeist als sehr störend
erwiesen, da die Akustik durch sie wesentlich beeinträchtigt wurde.
9. Nach talmudischer Vorschrift soll man nur in einem Hause
beten, in dem sich F e n s t e r befinden (b. Ber. 31a), was bei den
antiken und orientalischen Häusern durchaus nicht selbstverständlich
war. Man sollte meinen, daß die Bestimmung auch für Synagogen
gilt, tatsächlich ist sie zumeist auch so ausgelegt worden; in den
Ruinen sind mehrfach die Ansätze für Fenster erhalten. Im Sohar
werden 12 Fenster für das Bethaus gefordert und im Schulchan Aruch
ist dieselbe Zahl empfohlen, was in den letzten Jahrhunderten beim
Bau auch vielfach beachtet wurde. Aber es gab in alter Zeit Synagogen,
die überhaupt keine Fenster besaßen, dafür aber dachlos waren, so
daß unter freiem Himmel gebetet wurde. R. Ami und R. Assi in Tiberias (300) beteten gern an ihrer Lehrstätte, die nicht überdacht
war (ביני עמודי b. Ber. 8 a), Epiphanius berichtet auch von den
Samaritanern, daß sie nach dem Beispiel der Juden unter freiem
Himmel auf sonnenbeschienenen Orten ihre Gebete verrichteten.
Die dachlosen Synagogen lassen sich im Orient in allen Jahrhunderten
nachweisen. Maimonides entschied, daß Fenster für die Synagoge
durchaus nicht notwendig wären, da die talmudische Vorschrift sich
nur auf die Privatandacht bezöge und die Erhöhung der Andacht bezweckte. Im 17. Jahrhundert erzählt Pietro della Valle, daß in Aleppo
der Gottesdienst in der Regel in dem von Säulenhallen umgebenen
Hofe der Synagoge stattfinde, daß nur bei regnerischer oder kalter
Witterung ein Saal benutzt werde. Auch Ch. J. D. Asulai (gest. 1807)
kannte noch in Jerusalem Synagogen ohne Dach, die auch von den
strengsten Rabbinern gebilligt wurden.

10. Die galiläischen Synagogen zeichnen sich durch reiche und
reichhaltige O r n a m e n t e an den Säulen, den Friesen, den Tür-
stürzen und Giebeln aus. Darunter befinden sich charakteristische
jüdische Ornamente, wie der siebenarmige Leuchter, Weinlaub und
Trauben, Granatäpfel, Palmblätter und Zweige, Becher und Ölgefäße,
Pentagramme und Hexagramme. Überraschend wirken die vielen
bildlichen Darstellungen von Tieren und sogar vereinzelten menschlichen Köpfen, die sich in allen Ruinen, auch in den galiläischen, finden.
Es ist bezeichnend genug, daß die Figuren fast ausnahmslos verstümmelt sind. Ob der Vandalismus auf jüdische oder mohamme-

danische Fanatiker zurückgeht, läßt sich nicht entscheiden, man muß
ihn, wie die Verhältnisse liegen, auch Juden zutrauen, nach der
herrschend gewordenen Meinung verstoßen die Ornamente gegen die
jüdische Religionsanschauung. Tatsächlich hat die Lehre in solcher
Strenge niemals bestanden, die Synagogen sind zu keiner Zeit ohne
figürliche Darstellung geblieben, „die Fabel von dem Hasse der
Synagoge gegen alle Kunst bis in das Mittelalter und die Neuzeit
hinein müßte endlich vor den Tatsachen des Lebens und den Zeugnissen der Literatur verschwinden". Mit der Furcht vor der götzen-
dienerischen Anbetung der dargestellten Gegenstände hatte unter den
Juden auch die Scheu vor ihrer künstlerischen Nachbildung aufgehört.
Nur menschliche Figuren, die Cherubim und die Vereinigung der
Tiergestalten, die Ezechiel am göttlichen Thronwagen geschaut hatte,
waren verboten, alle anderen Ornamente, Pflanzen wie Tiergestalten,
gemalt so gut wie plastisch dargestellt, hätten ungestört angebracht
werden können. So hatte Ephraim b. Joseph (12. Jahrh.) die Be-
malung der Synagogen mit Tiergestalten, wie Vögeln und Rossen,
gestattet. Die Fenster der Synagoge in Köln waren damals mit Glas-
malereien von Löwen und Schlangen, die von Meißen mit Bäumen
und Vögeln geschmückt. Namentlich Löwen sind in verschiedensten
Formen in Malerei, Stickerei und plastischer Darstellung jederzeit als
Dekorationen in der Synagoge vertreten gewesen. Der freieren Praxis
stand eine Äußerung Maimunis entgegen, der zwar nicht die bildliche
Ausschmückung der Synagogen verbot, aber für sich persönlich den
Brauch befolgte, die Augen zu schließen, so oft er an einer mit Bildern
verzierten Wand betete, weil er fürchtete, dadurch abgelenkt zu werden.
Das machte ängstliche Gemüter immer wieder bedenklich, so daß
einzelne Rabbiner selbst die Ausmalung der Wände mit Blättern,
Blumen und Bäumen verboten. Die Beispiele solcher Ausschmückung
waren jedoch zu zahlreich und zu bekannt, und selbst wo neue Ornamente für unerlaubt erklärt wurden, blieben die alten geduldet. Sie
erhielten sich auch in solchen Gegenden und Jahrhunderten, die man
im allgemeinen als finstere und kulturfeindliche zu betrachten pflegt.
Chr. Wagenseil kennt als weitverbreiteten Synagogenschmuck in
Deutschland Blumen, Palmzweige, Bilder des Tempels von Jerusalem,
hebräische Gebete und Bibelverse und Verzierungen ähnlicher Art.
Noch weit bezeichnender sind die Nachrichten aus einigen der erwähnten Holzsynagogen Polens; in der einen finden sich zwar keine

Malereien, dafür aber am heiligen Schrein und an der Balustrade der Frauengalerie sogar Tierköpfe in Bas-Relief, in einer anderen sind die Wände durch Gebete und Bibelverse geschmückt, die aber sämtlich von Malereien eingerahmt sind, unter denen allerlei Vögel und Tiere nicht fehlen. Unter dem Einfluß der kunstfeindlichen Talmudisten waren in den letzten Jahrhunderten die Verzierungen der Synagogen sehr einförmig geworden, die Ausschmückung mit Bibelversen und Gebeten, mit Erinnerungstafeln für Wohltäter oder nichtssagenden Schablonen war allgemein üblich. Die Verfeinerung des Geschmacks in der Neuzeit und die reichere architektonische Ausgestaltung der Synagogen haben wieder mehr Abwechslung in die Ornamentierung gebracht, bezüglich der geeigneten Gegenstände aber befinden sich die Künstler meist in großer Verlegenheit. Das Muster einer künstlerischen und in ihren Motiven völlig im Geiste der jüdischen Religion gehaltenen Ausschmückung der Synagogenwände und Fenster bietet die neue Synagoge in Szegedin in Ungarn.

11. Eine eigentümliche Gestaltung gewinnt der innere Ausbau der Synagogen heute durch die Anlage der Abteilung für die F r a u e n die sich zumeist auf einer G a l e r i e befindet. Das ist nicht immer so gewesen, alte Synagogengebäude haben den Raum für die Frauen hinter dem der Männer auf demselben Geschoß. Es erhebt sich die Frage, wie es mit der Absonderung der Geschlechter beim Gottesdienste überhaupt steht. In der Einrichtung des Frauenvorhofs im jerusalemischen Tempel (עזרת נשים) kann sie ihren Ursprung nicht haben, denn jener Vorhof diente nur als Grenze für den Raum, den Frauen betreten durften; er gehörte aber nicht ausschließlich den Frauen, auch Männer konnten sich in ihm aufhalten, mußten ihn sogar als Durchgang benutzen, wenn sie an den Opferaltar zu gelangen wünschten. Nur bei einer Gelegenheit wurde die Trennung der Geschlechter streng durchgeführt, beim Feste des Wasserschöpfens (שמחת בית השואבה) mußten die Zuschauerinnen auf besonderen Tribünen (גזוזטרא = ἐξώστρα) Platz nehmen, aber nicht, um sie von den Männern fern zu halten, sondern um sie vor Ausschreitungen zu schützen, die bei der überschäumenden Festfreude nicht ausgeschlossen waren. Am Gottesdienste der Synagoge haben Frauen von Anfang an als vollberechtigte Mitglieder teilgenommen. In ältester Zeit fand man nichts dabei, wenn eine Frau aus der Tora vorlas, erst später wurde es mit Rücksicht auf die Gemeinde für unstatthaft erklärt. Daß Frauen

die gottesdienstlichen Versammlungen besuchten, berichten die
Quellen wiederholt, hingegen erwähnen sie nirgends, daß das weibliche
Geschlecht sich in einem besonderen Raume aufhalten mußte. Aus
alter Zeit wird nur von den T h e r a p e u t e n überliefert, daß ihre
Andachtsräume mit einer doppelten Mauer versehen waren, deren
innere sich 3 bis 4 Ellen über den Boden erhob, um eine Scheidewand
zwischen Männern und Frauen herzurichten. Die Mischna weiß davon
nichts, sie kennt lediglich eine Abgrenzung für einen am Aussatze
Erkrankten; sobald ein solcher die Synagoge besucht, wird für ihn eine
Umfriedung hergerichtet, er muß als erster eintreten und darf erst
zuletzt den Raum verlassen (Neg. XIII 13), eine Maßregel, die sich
aus hygienischen Rücksichten sehr wohl begreifen läßt. Von einer
ständigen Absonderung der Frauen hingegen weiß die Mischna nichts.
Auch der Talmud kennt eine Frauengalerie nicht, er berichtet, daß
Abbaje irdene Krüge, Raba getrocknete Schilfstäbe zur Abgrenzung
zwischen den Sitzplätzen der Frauen und der Männer aufstellen ließ,
um einen Verkehr zu verhindern (b. Kidd. 81a). Daraus ergibt sich,
daß selbst in den gewiß nach den strengsten Grundsätzen eingerichteten
Synagogen Babyloniens, wie in den alten christlichen Kirchen, getrennte Sitzreihen für Männer und Frauen vorhanden waren, daß sie
aber ganz dicht nebeneinander lagen. So wird es auch überall gewesen
sein. Wenn wir daher in den Synagogenruinen sowohl in Galiläa wie
in Hammam-Lif besondere Emporen mit Sitzreihen finden, so mag es
nicht unberechtigt sein, in ihnen die Plätze für die Frauen zu vermuten,
eine absolute Sicherheit aber, daß in jenen antiken Synagogen Frauengalerien vorhanden waren, gibt es nicht.

Im Orient werden die Frauen im allgemeinen nicht allzu häufig
dem öffentlichen Gottesdienste beigewohnt haben, Maimonides bringt
daher in dem Abschnitte über den Synagogenbau überhaupt keine
Bestimmungen über den Platz der Frauen. Das war im Abendlande
anders; hier besuchten die Frauen die Gotteshäuser, zumal wenn eine
Predigt stattfand, erschienen sie in stattlicher Zahl. Angesehene
Lehrer wie Raschi sprachen sich gegen jede Zurücksetzung und
Kränkung der Frauen aus. Elieser b. Joel ha Levi aus Bonn (um 1200)
berichtet, daß an Sabbaten vor der Predigt zwischen den Sitzen der
Männer und der Frauen Vorhänge ausgebreitet wurden, was darauf
schließen läßt, daß die Plätze in demselben Raume lagen. Allmählich
ging man, wahrscheinlich aus Platzmangel, dazu über, getrennte

Räume für die Frauen an die Synagoge anzubauen (בית הכנסת של‎
נשים‎). In Worms z. B. stammt die Männersynagoge aus dem Jahre 1034,
die der Frauen wurde erst 1213 errichtet. Auch in der Altneuschul in
Prag bildet die Frauensynagoge einen Anbau, und so ließen sich die
Beispiele aus den wenigen erhaltenen alten Synagogen vermehren.
Die Zimmer für die Frauen lagen dicht neben der Synagoge oder ein
wenig erhöht und waren durch Balustraden oder Fenster mit dem
Männerraum verbunden. Aus der Erhöhung wurde im Laufe der Zeit
ein ganzes Stockwerk, ebenso wurde die Abgrenzung mit dem Fortschreiten des Mittelalters immer strenger, dichte Gitter oder mit
Vorhängen versehene Glasscheiben versperrten den Anblick der
betenden Frauen, und die völlige Abschließung galt als ein strenges
religiöses Gebot. In den meisten Fällen beeinträchtigten die Galerien
auch den architektonischen Eindruck der Synagogen, es gibt aber
auch Beispiele, wie in der portugiesischen Synagoge in Venedig, wo
die Anlage der Frauengalerie der Architektur des Gebäudes erst den
künstlerischen Abschluß verleiht.

In der Neuzeit trat bezüglich der Einrichtung der Frauengalerie
eine gründliche Wandlung ein. In den modernen Synagogen wurden
die Gitter vollständig beseitigt, was vielfach zu leidenschaftlichen
Kämpfen geführt hat, da man im Laufe der Zeit glaubte, selbst für
die Höhe und die Dichtigkeit der Vergitterung religiöse Gründe und
beachtenswerte Gewährsmänner finden zu können. Selbst da, wo
man dem Herkommen soweit als möglich Rechnung zu tragen wünschte,
wurde die Abschließung der Frauengalerie außerordentlich gemildert,
die Gitter sind künstlerische Verzierungen geworden. In der Berliner
Reformgemeinde wurde von Anfang an die Frauengalerie beseitigt,
dem weiblichen Geschlecht wurde eine Abteilung im unteren und
einzigen Geschosse des Gotteshauses eingeräumt. In Europa fand
dieses Beispiel nur ganz vereinzelt Nachahmung, in Amerika hingegen
wurde die neue Einrichtung sehr beifällig aufgenommen, die Synagogen
mit Frauengalerien sind in der Neuen Welt in der Minderzahl. Wise
führte dann nach dem Vorbilde der christlichen Kirchen die Familienbänke ein (oben S. 000), in vielen amerikanischen Reformgemeinden
sitzen seitdem Männer und Frauen untereinander. Selbstredend hat
die Einteilung und Architektur der Synagogen durch diese Neuerungen
große Veränderungen erfahren.

12. Außer dem Betraum enthalten sämtliche Synagogenruinen

mehrere Nebenräume, in Hammam-Lif ist ihre Zahl so beträchtlich,
daß das Gebäude den vielseitigsten Bedürfnissen der Gemeinde
genügen konnte, daß es offenbar auch zu Versammlungen, für Ver-
waltungs- und für Unterrichtszwecke benutzt wurde; ein Raum diente
für die Aufbewahrung von Kultusgegenständen. An den galiläischen
Synagogen finden wir ausgedehnte Terrassen mit Sitzgelegenheiten
und herrlichen Aussichten, die der Gemeinde zur Erholung dienten.
Um die Synagogen herum zog sich häufig ein von Säulen eingeschlossener
Wandelgang, die auch im rabbinischen Schrifttum erwähnte Doppelstoa (oben S. 458), in den Hallen wurden wie in der römischen Exedra
(אכסדרא) Sitzgelegenheiten angebracht, die Gemeinde brachte dort
ihre Mußestunden zu. Mitunter trifft man nur wenige Säulen am
Eingange, die eine Vorhalle ($\pi\varrho\acute{o}\nu\alpha o\varsigma$, Atrium) bildeten, einen Raum,
der sich bis auf den heutigen Tag in den Synagogen findet, der im
Mittelalter in Deutschland den Namen Polisch erhielt. In den Hallen
waren vielfach Ehrenzeichen und Erinnerungstafeln an die Landes-
fürsten und die Wohltäter der Gemeinde angebracht. Wie heute noch,
befand sich ferner schon in alter Zeit im Vorraume der Synagoge oder
in dem durch Säulen eingeschlossenen Hofe ein Waschbecken, an dem
die Gläubigen vor dem Gebet Waschungen vornahmen (גורנה); interessant ist eine auf einem Papyrus vom Jahre 113 gefundene Rechnung
über den starken Wasserverbrauch der Synagoge der Thebäer in
Oberägypten. Aus den ältesten christlichen Basiliken, in denen die
Bauart und Einrichtung der Synagogen ziemlich genau befolgt ist,
läßt sich über die Anlage der jüdischen Bethäuser des Altertums
mancherlei lernen; die meisten Bestandteile der alten Gebäude haben
sich, soweit das beim Wechsel der Baustile möglich war, bis in die
Gegenwart erhalten.

§ 50. Innere Einrichtung der Bethäuser.

Literatur: Löw, Hoffmann, Bacher das.

1. Die innere Einrichtung der Synagogen war ursprünglich
sehr einfach, nur ein einziger Gegenstand gehörte zu ihr, der Schrein
mit den Heiligen Schriften. Er heißt, wie Noahs Arche, תיבה
(Taan. II 1, Meg. III 1), vollständiger תיבה של ספרים (Tos. Jad. II 12,
683 8), aram. תיבותא (j. Ber. V 4, 9 c), griech. $\varkappa\iota\beta\omega\tau\acute{o}\varsigma$ (LXX
Gen. 6 14). Die Teba war aus Holz verfertigt; wenn sie zerfiel, machte
man aus den nicht schadhaften Überresten eine neue (b. Meg. 26 b).

Sie war beweglich, zu den Gebetversammlungen an den Fasttagen
wurde sie auf den Marktplatz getragen (Taan. II 1). In den Bethäusern stand sie wahrscheinlich nur während des Gottesdienstes
an ihrem Platze, sonst hinter einem Vorhange in einem der Nebenräume. Ein „Sanktuarium" hat es in den ältesten Synagogen nicht
gegeben, die Richtung war durch den Platz bestimmt, an den der
Schrein gesetzt wurde. Vor ihm stand der Vorbeter (§ 53), auf ihm
lagen die biblischen Rollen, aus denen vorgelesen wurde. Der Name
תיבה bedeutete später nur noch den Ort, an dem der Vorbeter stand,
aber auch zur Bezeichnung des Schreins wurde er recht lange verwendet, vor allem in Babylonien; wir finden ihn daher in Amr.,
von dort ist er auch in V. übernommen.

In der Tosefta (Meg. IV 21, 22712) heißt der Aufbewahrungsort
der Heiligen Schriften קדש, Sanktuarium. Es mag sein, daß damit
bereits auf jene Nische in der Mauer hingewiesen ist, die in den Kirchen
als Apsis, in den Moscheen als Mihrab bekannt ist und sich in den
Ruinen von Kerazeh und Hammam-Lif wiederfindet. Vielleicht
aber ist קדש nur eine Abkürzung für ארון הקדש, wie wir den
Schrein noch heute nennen. ארון heißt in der Bibel die Lade der
Stiftshütte, im Volksmunde hieß daher auch die Lade der Synagoge
ארנא; am Ende des 2. Jahrhunderts wurde jedoch diese Bezeichnung
als Todsünde erklärt (b. Schabb. 32 a, oben S. 444), was nicht
hinderte, daß der palästinische Talmud die Lade stets ארונא (ohne
Zusatz) nennt. Der Ausdruck ארון erhielt sich später, zum Teil
neben תיבה, bei italienischen, französischen und deutschen Juden,
während bei spanischen und orientalischen das im salomonischen
Tempel zur Bezeichnung des Heiligtums dienende Wort היכל üblich
war.

In den ältesten romanischen Synagogen Deutschlands war die
Lade noch in Form einer in die Mauer eingebauten Nische angebracht; da die Torarollen unter der Feuchtigkeit der Mauer litten,
führte man hölzerne Laden ein und gewöhnte sich daran so
sehr, daß schon um 1200 von den eingemauerten Laden überhaupt
nichts mehr bekannt war. Späterhin verfertigte man die Lade auch
aus Marmor. Die „heilige Lade" stand an der Jerusalem zugekehrten
Wand und bestimmte die Richtung der Synagoge (oben S. 460).
In einigen Synagogen des Orients jedoch, z. B. in Konstantinopel,
war die Lade im Süden oder Norden aufgestellt, infolgedessen wurde

auch beim Gebet nicht die Richtung nach Osten eingehalten, bis
die aus Spanien eingewanderten Rabbiner sich entschlossen, das
Pult des Vorbeters nach Osten hinzuschieben, so daß die Gemeinde
beim Gebet nicht mehr der Lade zugewandt war. Im allgemeinen
aber blieb die Lade im Osten stehen, erst in der Neuzeit sind einige
ganz seltene Abweichungen hiervon zu verzeichnen.

Die Lade war nach den Angaben des Talmuds mit einem Bal-
dachin (כילה j. Meg. III 1, 73d) oder einem Vorhange (פריסא
b. Meg. 26b) bedeckt, letzterer wurde auch abgenommen und als
Unterlage für die Schriftrolle benutzt, wenn sie auf das Vorlesepult
(לווחין j. das. = לוחות b. 32a) gelegt wurde. Die Lade stand erhöht,
man stieg auf einigen Stufen zu ihr hinauf, es blieb dem Sohar
vorbehalten, sogar die Zahl der Stufen zu bestimmen. Auf die
architektonische Ausführung der Lade wurde von früher Zeit an die
allergrößte Sorgfalt verwendet. Auf einigen antiken Glasgefäßen
und in den römischen Katakomben sieht man einen mit einem
Aufsatze verzierten Schrank, der im Innern — die Türen stehen auf
den Abbildungen offen — durch eingesetzte Bretter in mehrere
Fächer geteilt ist, in denen die Buchrollen liegen. Es kam vor, daß
nur ein Teil der Fächer für Bibelexemplare Verwendung fand, während
in den übrigen Raum andere Dinge gelegt wurden. Schon im Altertum sieht man die Lade mit figürlichem Schmucke ausgestattet, sie
wird von Tauben, die den Ölzweig halten, oder von Löwen flankiert,
die Verzierung durch Löwen ist recht lange üblich geblieben. Die
Lade bildete auch später die höchste Zierde der inneren Einrichtung
der Synagoge. Selbst in schlichten Bauten findet man Laden von
hervorragender künstlerischer Ausführung; in berühmten Gebäuden,
wie in der portugiesischen Synagoge in Amsterdam oder der von
Florenz, sind Meisterwerke der Bau- oder Schnitzkunst geschaffen
worden (vgl. die Abbildungen *J. E.* II, S. 110 f.). Für die Verzierung
der Heiligen Lade haben sich im Laufe der Zeit einige typische
Eigentümlichkeiten herausgebildet. An ihrem Oberbau sind in der
Regel die beiden Gesetzestafeln angebracht, was allerdings vor
dem 17. Jahrh. nicht nachzuweisen ist; sie selbst ist mit einem Vorhange geschmückt (פרכת), der sich in deutschen Gemeinden über,
in portugiesischen hinter den Türen befindet. Die Vorhänge sind
in kunstvoller Weise gewebt und gestickt, vielfach ebenfalls mit
figürlichen Darstellungen, besonders mit Löwen, geschmückt,

deren Zulässigkeit Anlaß zu religionsgesetzlichen Bedenken und Erörterungen geliefert hat.

2. In der Lade befinden sich die heiligen Schriften; in alter Zeit waren es Tora- und Prophetenrollen, später nur Torarollen. Die Tora mußte vollständig sein; in der ältesten Zeit gestattete man, auch aus defekten Exemplaren vorzulesen, später aber wurde das verboten, um auf diese Weise auf die Gemeinden einen Zwang zur raschen Erneuerung gewaltsam vernichteter oder schadhaft gewordener Exemplare auszuüben. Die Schriftrollen waren in alter Zeit in Tücher (מטפחות) eingehüllt und in ein Futteral (תיק) gesteckt, die Tücher waren bisweilen farbig und durch kleine Glocken verziert. Am Feste der Torafreude, pflegte man die Torarolle prunkvoll zu kleiden und wie eine Braut zu schmücken. In Babylonien setzte man ihr Kronen aus Gold, Silber oder Myrtenblättern auf, in Spanien und Südfrankreich wurde sie mit eleganten Schleiern und Frauenschmuck geputzt. Daraus hat sich allmählich die Bekleidung der Tora mit denjenigen Zierstücken (כלי קדש) entwickelt, die wir mit geringen Abweichungen seit dem Mittelalter überall antreffen. Die beiden Enden der Torarolle sind an Holzsäulen (עץ חיים) befestigt, auf denen sie zusammengerollt wird, die Rolle wird mit einer Binde oder einem Wimpel (מפה) umwickelt, darüber wird ein Mäntelchen (מעיל) gelegt. Auf dem Mantel hängt an Ketten nach Art des Brustschildes des Hohenpriesters eine Platte (טס), die zumeist mit figürlichem Schmuck und den Gesetzestafeln verziert ist, sowie eine Hand mit langgestrecktem Zeigefinger (יד), mit dem die vorzulesende Stelle angezeigt wird. Oben auf den Holzsäulen prangt eine Krone (עטרה, כתר) oder ein Paar Granatäpfel, die in der Bibel ebenfalls als Verzierung der hohenpriesterlichen Kleidung genannt sind (רמונים, auch תפוחים). Nicht immer wird der Tora der ganze Schmuck angelegt, er wird je nach der Festlichkeit des Tages abgestuft; die meisten Gemeinden besitzen die Ausstattungsgegenstände auch in einfachem und kostbarem Material zur Unterscheidung zwischen Wochentagen, Sabbaten und Festen. Die Art der Ausführung hing von den verfügbaren Mitteln und dem Schönheitsinn ab. Am guten Willen, die besten Kunsthandwerker für die Arbeiten heranzuziehen, hat es niemals gefehlt; seitdem die Aufmerksamkeit wieder auf die Kultusgegenstände aus älterer Zeit gelenkt wurde, sind ganz hervorragende Leistungen des Kunstgewerbes für synagogale Zwecke bekannt geworden.

3. Die antike Basilika endete in einem erhöhten Platze, auf dem die Richter saßen. Auch in den antiken Synagogen finden wir das wieder, an die Lade schließt sich eine Plattform an, die den Namen בימה (βῆμα) führt. In der Mischna bedeutet בימה das erhöhte Pult, das z. B. für den König errichtet wurde, wenn er am Ausgange des Erlaßjahres vor versammeltem Volke aus dem Deuteronomium vorlas (Sota VII 7); die griechische Benennung entsprach dem hebräischen מגדל, von dem aus Esra das Buch der Tora las (Neh. 8 4). In der ungewöhnlich umfangreichen Basilika in Alexandrien befand sich in der Mitte eine solche Tribüne, von der aus der Synagogendiener der Gemeinde Zeichen gab. Das wurde der Anlaß, in vielen Synagogen in der Mitte eine Tribüne zu bauen, von dort aus die Schrift zu verlesen und zu predigen, Maimonides erklärte es sogar für ein religiöses Gebot, eine solche Tribüne in der Mitte der Synagoge zu errichten.

Andere benannten die Stelle, von der aus vorgelesen wurde, mit dem biblischen מגדל, wieder andere gebrauchten dafür das aus dem Tempel bekannte Wort דוכן, in jeder Gegend wählte man eine andere Benennung, die sich aus der Bibel oder dem Talmud belegen ließ. In China hieß die Tribüne Mosesstuhl, wofür קתדרא דמשה im Midrasch eine Analogie bietet. Als deutsche Übersetzung wählt Jakob Weil (um 1400) den kirchlichen Ausdruck Altar (עלטאר). Die verbreitetste Bezeichnung aber, die sich schon in Raschis Talmudkommentar findet, ist A l m e m o r (Almemar), eine Verstümmelung des arabischen Alminbar, womit man die Kanzel in den Moscheen benennt. Auf der Tribüne mußte sich ein Tisch oder Pult zum Vorlesen befinden, wofür am einfachsten שלחן oder כסא, vielfach aber ebenfalls תיבה gebraucht wird. Das letzte Wort kam in so verschiedenartigen Bedeutungen vor, daß es für die Gelehrten schwer war, sie auseinander zu halten, die Ausdrücke wechselten, weil auch die Anordnung des Synagogenbaues wechselte. Im Laufe der Zeit finden wir folgende Arten von Aufstellung der Tribüne. Entweder Tribüne und Vorbeterpult werden getrennt, das Pult befindet sich an der Treppe, die zur Lade führt, die Tribüne unmittelbar neben der Lade oder in der Mitte des Gebäudes. Oder beide sind vereint; sei es, daß beide unmittelbar an die Lade anschließen oder daß die Tribüne mit dem Vorbeterpult und dem Vorlesetisch in der Mitte des Raumes steht. Namentlich wenn die Synagoge groß war oder aus mehreren aneinandergefügten Räumen bestand, war ihre Aufstellung in der Mitte sehr geeignet, da dann der Vorbeter nach allen Seiten gehört werden konnte. Josef Karo kannte aus eigener Erfahrung zahlreiche Synagogen, in denen die Tribüne nicht in der Mitte, sondern am Rande stand, er hielt das in kleineren Räumen auch für ganz zweckmäßig, er vermied es infolgedessen in den Schulchan Aruch Vorschriften darüber aufzunehmen. Sein Glossator Moses Isserles jedoch fügte die erwähnte Vorschrift Maimunis wörtlich hinzu, infolgedessen wurde es in Deutschland und Polen überall als religiöse Pflicht betrachtet, in der Mitte der Synagoge ein Almemor zu errichten und von dort aus die Tora vorzulesen oder einzelne Gebete zu sprechen.

Für das Auge waren und sind die Almemor Zierstücke der Synagoge, sie wurden meist mit sehr viel Kunstfertigkeit, vielfach aus kostbarem Material hergestellt; schon aus dem Altertum wird von der Verwendung von Marmor für diesen Zweck berichtet. Ferner boten die feierlichen Prozessionen von der Lade zum Almemor und zurück ein glänzendes Bild. Andererseits aber waren mit der Aufstellung des Almemor auch viele Unzuträglichkeiten verbunden. Die Tribüne beanspruchte sehr viel Raum und versperrte allen, die hinter ihr ihren Platz hatten, die Möglichkeit, zu sehen und zu hören. Um beide Mißstände zu beseitigen, wurde neuerdings in den meisten modernen Synagogen kein Almemor in der Mitte errichtet. Dadurch konnte die Zahl der Sitzplätze bedeutend vermehrt werden, es konnten ferner alle Synagogenbesucher freien Ausblick nach dem Vorbeterpult und der heiligen Lade erhalten. Die neue Einrichtung stieß auf sehr viel Widerspruch und mußte in zahlreichen rabbinischen Gutachten gerechtfertigt werden, infolge ihrer Nützlichkeit aber hat sie sich fast überall durchgesetzt; in Amerika, in Deutschland und in Österreich-Ungarn sind Synagogen mit einem Almemor in der Mitte nur noch in ganz seltenen Fällen erbaut worden, vielmehr wird die Tribüne unmittelbar vor den Stufen zur Heiligen Lade angebracht. Auf ihr stehen das Vorbeterpult (auch עָמוּד genannt) und der Vorlesetisch, das erste der Lade, der letztere der Gemeinde zugekehrt; in ganz seltenen Ausnahmefällen sind beide vereinigt. Ferner gehören zur Ausstattung der Tribüne seit alter Zeit ein Stuhl (כסא) oder eine Bank, auf denen derjenige sitzt, der die Tora während des Zurollens und bis zur Zeit des Einhebens hält. In älterer

Zeit wurde von der Tribüne herab gepredigt, in den griechischen Synagogen bediente man sich einer eigenen Kanzel ($\mathit{\mathring{a}\mu\beta\omega\nu}$); neuerdings ist die Kanzel unmittelbar vor der Lade oder in vereinzelten Fällen an einem Pfeiler der Seitenwände angebracht.

4. Sitzgelegenheiten (ספסלא = Subsellium) gab es in den alten Synagogen nur in sehr geringer Zahl, die Gemeinde saß wahrscheinlich zumeist auf dem Fußboden auf ausgebreiteten Matten (צירפי b. B. Batr. 8a). Die wenigen Sitzbänke sind an einigen galiläischen Ruinen in die Mauer eingelassen und noch sichtbar. Es gab Ehrenplätze in der Synagoge ($\pi\varrho o\varepsilon\delta\varrho i\alpha$), die unter anderem an Wohltäter der Gemeinde, auch an weibliche, verliehen wurden; vielleicht dienten die Plätze mit den in den Ruinen noch sichtbaren Kissen für diesen Zweck. Auch den Gelehrten wurden Ehrenplätze bewilligt. In der Tosefta wird die Sitzordnung in der Synagoge wie folgt beschrieben: die Presbyter (זקנים) sitzen mit dem Gesichte zur Gemeinde und dem Rücken zur Lade, das Vorbeterpult steht ebenso, desgleichen die Priester, wenn sie den Segen sprechen; die ganze Gemeinde hingegen und der Synagogendiener wenden das Gesicht der Lade zu (Meg. IV 21, 22710). Den Gelehrten wurden ihre Ehrenplätze nicht immer gegönnt, in den Evangelien wird es ihnen zum Vorwurf gemacht, daß sie sich zur $\pi\varrho\omega\tau o\varkappa\alpha\vartheta\varepsilon\delta\varrho i\alpha$ drängen (Mk. 12 39 u. Par.), was nicht hinderte, daß auch in den Kirchen der Bischof seine Kathedra und die Geistlichen ihre Bänke auf der Tribüne am Altar hatten. Derselbe Name קתדרא wird auch im Talmud für bevorzugte Sitze verwendet, in der großen Proseuche in Alexandrien sollen 71 solche Sitze aus Gold vorhanden gewesen sein, auch im Mittelalter nannte man in Deutschland die Ehrenstühle der Synagoge קטידרא.

Die Sitzordnung in der Proseuche in Alexandrien ist auch darin interessant, daß dort die Plätze der einzelnen Berufsarten zusammenlagen, jedes Gewerk hatte eine selbständige Abteilung inne, „die Goldarbeiter besonders, die Silberarbeiter für sich, die Schmiede, die Weber und die Tarsienarbeiter für sich". Späterhin wurden solche Unterscheidungen und Bevorzugungen für ungehörig erklärt. In den europäischen Synagogen wurden ferner für alle Besucher Sitzplätze eingeführt, man saß auf Sesseln oder Bänken, während in den mohammedanischen Ländern das Sitzen auf der Erde auf den ausgebreiteten Matten noch sehr lange verbreitet blieb, was im Orient noch heute zu sehen ist, wie überhaupt in den älteren portugiesischen Synagogen die Zahl der Sitzbänke gering ist. Die Plätze an der Ostwand (מזרח) rechts und links von der Lade blieben noch immer sehr begehrt. Die Gemeinden mußten mit der Zeit dazu übergehen, zur Deckung ihrer Ausgaben Plätze zu verkaufen und zu vermieten, es wurde aber darauf gehalten, daß die als bevorzugt betrachteten Sitze auch wirklich den Würdigsten vorbehalten blieben; regelmäßig erhielt der Rabbiner einen Platz in der Nähe der Lade eingeräumt. Als die Gebetbücher leichter zu beschaffen waren und sich häufiger in den Händen der Beter befanden, mußten besondere Pulte für sie angeschafft werden (Ständer עמוד), die sich vielfach bis in die Neuzeit erhalten haben. Da sie beweglich waren, erwiesen sie sich als ein sehr störendes Element im Gottesdienste, sie nahmen überdies infolge ihrer Größe übermäßigen Platz ein, in den modernen Synagogen konnte dem einzelnen soviel Raum nicht mehr gewährt werden, infolgedessen sind sie beseitigt worden. Selbst in ganz orthodoxen Gemeinden werden jetzt feste Bänke mit unbeweglichen Lesepulten errichtet. Ganz ohne Widerspruch ließ sich auch diese Abweichung vom Herkommen nicht immer durchführen.

5. Endlich ist noch der Beleuchtung der Synagogen zu gedenken. Der Talmud kennt bereits Lampen und Leuchter (נר, מנורה) und weiß, daß an einem so bedeutsamen Tage wie Jom Kippur mehr Lichter angesteckt werden als sonst. Die Synagogen wurden an den Festen auch bei Tage beleuchtet, damit sie einen feierlicheren Eindruck machten. Man brannte im Altertume Öl. Das wurde auch im Mittelalter fortgesetzt; da aber das Brennöl im Abendlande wenig brauchbar war und viel Qualm erzeugte, ging man zur Beleuchtung mit Talg- und Wachskerzen (צירא) über, ängstliche Gemüter hielten es jedoch für richtig, auch ihnen ein wenig von dem in den alten Quellen vorgeschriebenen Öl beizusetzen. In der Neuzeit wurden die technischen Fortschritte der Beleuchtung widerspruchslos für die Synagogen nutzbar gemacht. Dem Herkommen entsprechend brennen noch heute 2 Kerzen vor dem Vorbeterpult. Vor der Lade befindet sich die ewige Lampe (נר תמיד), in der auch heute noch Öl gebrannt wird, eine Erinnerung an das nie verlöschende Licht im Heiligtume; literarisch ist die ewige Lampe vor dem 17. Jahrhundert nicht nachzuweisen. Die Kosten der Synagogenbeleuchtung wurden früher häufig durch freiwillige Gaben aufgebracht, der Spender wurde im Gebet gedacht.

Kap. II. Die Gottesdienstliche Gemeinde.

§ 51. Gemeinde und Synagoge.

Literatur: Löw, Bd. V., Bacher, Schürer das.; Weinberg, Die Organisation der jüdischen Ortsgemeinden in der talmudischen Zeit in *MS* XLI, 1897, S. 588 ff.

1. Das Vorhandensein einer Synagoge wird in Palästina zur Zeit der Mischna als selbstverständlich vorausgesetzt; einem Gelehrten wird empfohlen, an einem Platze ohne Synagoge überhaupt nicht zu wohnen (b. Sanh. 17b). Es gab Synagogen selbst in kleinen Flecken (כפר), in denen nur an den Markttagen (ימי הכניסה) die für den Gottesdienst notwendige Zahl von Männern zusammentraf, natürlich erst recht an größeren Plätzen (עיר גדולה), in denen regelmäßig auf 10 berufsfreie Leute gerechnet werden durfte, und in den Hauptstädten (כרך), wo sogar Fremde aus der Umgegend sich am Gottesdienste beteiligten. Zum Bau einer Synagoge und zum Ankauf der biblischen Schriften können die Bewohner einer Stadt durch eine ihnen auferlegte Besteuerung gezwungen werden; so lautet das Gesetz der Religionsquellen, das mit den durch das Staatsgesetz gebotenen Modifikationen bis in die Gegenwart zu Recht besteht. Gar zu häufig brauchten die Gemeinden das Zwangsverfahren nicht zur Anwendung zu bringen, die Mitglieder haben sich die notwendigen Opfer gern auferlegt. In der Diaspora war die Möglichkeit, zwangsweise das Umlageverfahren anzuwenden, nur in den seltensten Fällen gegeben; abgesehen von Babylonien, wo die Gemeinden eine straffe Organisation besaßen, war man dort stets auf freiwillige Beiträge angewiesen. Es hat auch, wie wir sehen, niemals daran gefehlt.

2. Es kam vor, daß ein Privatmann (יחיד) die Synagoge errichtete und der Gesamtheit zur Verfügung stellte, oder daß er einen als Wohnhaus gedachten Bau für gottesdienstliche Zwecke widmete (הקדיש). Selbst Heiden haben solche Schenkungen gemacht. Wie das Evangelium erzählt, daß ein römischer Centurio den Juden von Kapernaum

die Synagoge erbaut hat (Luk. 7 5), so berichtet auch der Talmud wiederholt von Heiden, die den Synagogenbau gefördert haben, eine griechische Inschrift gibt davon Kunde, daß in Akmonia in Phrygien sogar eine Priesterin des Kaiserkultus, Julia Severa, die Synagoge gestiftet hatte. So ist es unter veränderten äußeren Verhältnissen zu allen Zeiten geblieben; es ist immer wieder vorgekommen, daß einzelne Glaubensgenossen ihrer Gemeinde ein Synagogengebäude geschenkt haben, es hat auch niemals an vereinzelten Beispielen gefehlt, daß von nichtjüdischer Seite vollständige Gebäude oder größere Beihilfen für gottesdienstliche Zwecke zur Verfügung gestellt wurden. Nicht immer wurde das ganze Gebäude hergegeben, dann kamen wenigstens einzelne Teile durch Spenden ($\varepsilon \dot{\upsilon} \chi \alpha \acute{\iota}$ = נדבה) zusammen, oder es wurde gesammelt und auch das bereits vorhandene Vermögen der Gemeinden mitbenutzt. Namentlich für größere Orte gingen viele Beiträge von auswärts ein, von solchen Glaubensgenossen, die häufiger die Stadt zu besuchen und dem Gottesdienste beizuwohnen Gelegenheit hatten. Wenn die Synagogen baufällig waren oder vergrößert werden mußten, wurden die Mittel auf dieselbe Weise aufgebracht. Sie flossen bisweilen so reichlich, daß sogar Gelder überschüssig waren und eine andere zweckentsprechende Verwendung finden mußten. Die Namen der Spender wurden durch Inschriften an den Wänden des Synagogengebäudes oder an den von ihnen gestifteten Teilen des Baues verewigt. In Kefr Berein berichtet eine Inschrift, daß der Levite Josef den Türsturz hatte anfertigen lassen, in Hammam-Lif hat Asterius, der Sohn des Rustikus zusammen mit Margerita, der Tochter des Riddeus einen Teil der Vorhalle mit Mosaik geschmückt, im Innern wiederum hat eine junge Dame namens Juliana „für ihr Seelenheil" die Synagoge mit Mosaik auslegen lassen. Solche Nachrichten lassen sich aus allen Jahrhunderten in großer Zahl zusammenstellen, die von außerordentlicher Opferwilligkeit und Freigebigkeit zeugen. Nicht anders war es mit den einzelnen Stücken der inneren Einrichtung. Alle Gegenstände, die im Innern der Synagoge standen, vom einfachsten Stuhl bis zur Torarolle und ihren Ausschmückungsstücken, konnten gestiftet werden und wurden gespendet. Auch an diesen Widmungen haben sich Nichtjuden ebensowohl beteiligt wie Juden. Die Namen der Spender werden seit dem Altertum auf den Gegenständen ihrer Widmung zum ehrenden Andenken verewigt. In vielen Gemeinden ist es Sitte, daß an den Gedenktagen einzelner

Familien die durch ihren Opfersinn der Synagoge geschenkten Gegenstände zur Verwendung kommen. Im westlichen Deutschland besteht
die Einrichtung, daß die Knaben, wenn sie das erstemal in die Synagoge
getragen werden, einen Wimpel für die Torarolle mitbringen, auf dem
ihr Name und ihr Geburtsdatum aufgezeichnet ist, so daß die Gemeinden in ihrer Wimpelsammlung geradezu ein Duplikat des Geburten-
registers besitzen. Für die Wohltäter der Synagoge wurde vom frühen
Mittelalter an am Sabbat ein Gebet gesprochen (oben S. 203).

3. Von der Art der Aufbringung. der Mittel für den Bau der
Synagoge und für ihre innere Einrichtung hängt das Verfügungsrecht
darüber ab. Im allgemeinen darf das Synagogengebäude für andere
als gottesdienstliche Zwecke nicht verwendet werden, nur das Lehrhaus steht noch höher als das Bethaus. Die Einrichtungsgegenstände
wiederum haben einen höheren Grad der Weihe als das Gebäude,
am höchsten steht die Tora. Nach den alten Bestimmungen soll man
ein Bethaus überhaupt nicht veräußern oder zum mindesten aus-
bedingen, daß es nur für würdige Zwecke verwendet wird. Diese Bestimmung ließ sich aber nicht für alle Zeiten in vollem Umfange
aufrechterhalten. Wo Private oder kleine Vereinigungen aus eigenen
Mitteln ein Bethaus errichtet hatten, gewährte man ihnen auch ein
völlig freies Verfügungsrecht. Die Gemeinden konnten nicht ebenso
unbeschränkt verfahren, im allgemeinen mußte die Gemeindever-
tretung sich der Zustimmung der Gemeindeversammlung versichern;
in größeren Orten, wo für den Bau der Synagogen auch Gelder von
auswärts bewilligt worden waren, war ein Verkauf überhaupt nicht
zulässig. Widmungen durften nur im Sinne der Stifter verwendet
werden, erst wenn ihre Namen auf den Gegenständen nicht mehr
zu erkennen oder vollständig aus dem Gedächtnis geschwunden waren,
fanden ihre Spenden auch andere Bestimmung, freilich immer zu ähnlichen Zwecken. Im Mittelalter kam es vor, daß einzelne Spender
sich und ihren Erben für alle Zeiten das Recht vorbehielten, die notwendigen Reparaturen an der Synagoge stets aus eigenen Mitteln zu
bestreiten; es konnte vorkommen, daß die Erben dann einmal dieses
Recht an andere abtreten wollten, aber die Gemeinden ließen es sich
nicht gefallen, wenn die neuen Besitzer des Rechtes ihnen nicht gleich
würdig erschienen. Überhaupt war man in bezug auf die Verwertung
der Synagogengebäude oder ihres Materials außerordentlich streng.
Man duldete nicht einmal, das Material einer alten Synagoge für einen

Neubau zu verwenden; erst wenn das neue Gebäude vollständig fertig und benutzbar dastand, durfte an eine Verwertung des alten Bethauses gedacht werden.

4. Wie in den größeren Orten die Synagoge ihre Benutzer nicht ausschließlich aus dem Stadtbereich hatte, sondern ihre Wirksamkeit darüber hinaus erstreckte, so geschah es auch andererseits meist, daß nicht alle Bewohner eines größeren Platzes zu ein und derselben Synagoge gehörten, sondern daß m e h r e r e Gemeinden und Bethäuser in ihnen vorhanden waren. Das war in Palästina nicht minder wie in der Diaspora so eingerichtet. Die Unterscheidung der Gemeinden erfolgte sehr häufig nach L a n d s m a n n s c h a f t e n. „Da stunden etliche auf von der Schule, die da heißet der Libertiner, und der Kyrener und der Alexanderer und derer, die aus Cilicien und Asien waren." Was hier die Apostelgeschichte (6 9) berichtet, wird auch durch andere Quellen aus dem Altertum bestätigt. Der Talmud erzählt von einer Synagoge der Alexandriner in Jerusalem, der Babylonier in Sepphoris, der römischen Juden in Mechusa. Die Inschriften berichten von einer Synagoge der Hebräer in Rom, denen die Vernaclesier gegenüberstehen, so daß eine Scheidung zwischen denjenigen anzunehmen ist, die die Muttersprache beibehalten hatten und denen, die das Idiom der Umgebung bevorzugten. In einer Metropolis Ägyptens haben die Thebäer ihre Synagoge, und in Tarsos die Kappadozier. Diese Sitte, daß Leute derselben Herkunft sich zum Gottesdienst zusammenschließen, wurde auch später beibehalten, freilich waren dann nicht nur Gründe der Landmannschaft, sondern auch des damit verbundenen Ritus maßgebend. So finden wir, um nur einige ganz wenige Beispiele herauszugreifen, im Mittelalter in Kairo die Synagogen der Palästinenser (אל שאמיין) und der Babylonier (אל עראקיין), in Rom die Synagoge der Sizilianer, der Kastilier und der Katalonier, in Saloniki die Synagoge der Aragonier, derer von Barcelona u. v. a. Oder es bildeten sich Synagogen dadurch, daß in großen Handelsstädten die Leute aus derselben Stadt, die sich zu geschäftlichen Zwecken dort aufhielten, zum Gebet zusammenkamen; so entstanden in Breslau z. B. die Synagogen der Glogauer, der Lissaer, der Krotoschiner, der Lemberger, der Landsjuden u. a.

Ein anderer Grund für die Gliederung der Gemeinden war die Zugehörigkeit zu einem bestimmten B e r u f e. In Alexandrien hatten, wie wir sahen, die einzelnen Gewerke ihre abgegrenzten Plätze

in der Synagoge, auch die Libertiner in Jerusalem bezeichnen Leute
eines bestimmten Standes, in Tarsos finden wir die Synagoge der
Leinwandhändler und in Rom die der Kalkbrenner. Die Teilung der
Gemeinden nach Berufen hat sich auch späterhin vielfach erhalten.
Sie hatte eine hervorragende soziale Bedeutung. Von Alexandrien
heißt es, daß, wenn ein Fremder hinkam, er im Gotteshause mit Leichtigkeit Zugang zu seinen Zunftgenossen und auf diese Weise Arbeits-
gelegenheit fand. Eine soziale Funktion vertrat die Synagoge auch
dort, wo die Gemeinde aus Angehörigen aller Berufsklassen zusammengesetzt war. Der Fremde, besonders der Arme, konnte stets darauf
rechnen, nach dem Gottesdienste Helfer zu finden, die sich seiner
annahmen, ihm Herberge und Speise und, wenn es irgend anging, auch
eine Beschäftigung verschafften.

Man unterschied die Synagogen auch nach äußerlichen Merk-
malen, z. B. nach den E m b l e m e n , die an ihnen angebracht waren.
In Sepphoris gab es eine Synagoge des Weinstocks (כנישתא דגופנא),
in Rom eine solche des Ölbaumes (ἐλαίας), vielleicht diente auch der
siebenarmige Leuchter oberhalb des Portals in Nebratain einer solchen
Unterscheidung.

Manche Gemeinden hatten ihren Namen von berühmten
M ä n n e r n oder hervorragenden Förderern. In Rom finden wir die
Synagoge der Augustesier, die entweder nach dem Kaiser Octavian oder
nach dem jeweiligen Augustus sich bezeichnete, oder aber hauptsächlich aus Sklaven und Freigelassenen Octavians sich zusammensetzte.
Eine andere Synagoge war nach Alexander Severus benannt; in ihr
soll sich eine Torarolle befunden haben, die von Titus nach Rom
gebracht und vom Kaiser den Juden zum Geschenk gemacht worden
war. Auch nach jüdischen Fürsten nannte man die Synagogen, eine
römische Gemeinde heißt nach Herodes, eine andere höchstwahrscheinlich nach dem König Agrippa.

In den mohammedanischen Ländern erhielt sich die Sitte, die
Synagogen nach b i b l i s c h e n P e r s o n e n zu benennen, zumeist
wurden dann Beziehungen zwischen jenen Männern und den be-
treffenden Orten zugrunde gelegt. So gab es Mosessynagogen in Fostat
und Damwah in Ägypten, in Aleppo u. a. Besonders zahlreich sind die
Eliasynagogen; wir finden sie in Jaujar und Fostat, in Damaskus und
Byblus, in Laodicea und Hama, vielleicht auch schon um 600 in
Sizilien. In Palästina und Babylonien leitete man die Bezeichnungen

der Synagogen auch von Tannaim und Amoraim ab, besonders erfreute sich der Name Simon b. Jochais großer Beliebtheit; in den
meisten Fällen befinden sich jene Synagogen neben den angenommenen
Grabstätten der Lehrer und erinnern an die Kubbah, welche die
Mohammedaner über heiligen Gräbern zu errichten pflegen. Auch
diese Sitte, Bethäuser nach berühmten Männern der Vorzeit zu benennen, hat sich niemals ganz verloren, wenn sie auch im Laufe der
Zeit selten geworden ist. In gewissem Sinne erinnert daran die schöne
Sitte der Gemeinden in Nordamerika, sich einen Beinamen beizulegen,
der an eine biblische Bezeichnung anklingt.

Im Gegensatz dazu sind die in Europa gewählten Namen nüchtern.
Wo mehrere Synagogen vorhanden sind, werden sie nach ihrer Lage
unterschieden oder allenfalls als alte und neue Synagoge (auch im
Mittelalter schon בית הכנסת ישן) bezeichnet. Auch diese Sitte kann
sich auf alte Vorbilder berufen, in Rom z. B. finden wir die Gemeinde
der Campesier, die am Campus Martius, und der Suburesier, die in
der Nähe der Subura ihr Bethaus hatte.

§ 52. Die Beamten der Gemeinde.

Literatur: Löw, Schürer, Bacher, Weinberg, das.; *JE* Art. Archi-
synagogue II, 86, Hazzan VI, 284 ff

1. Die Verwaltung der Gemeinde war nicht überall und zu allen
Zeiten gleich. Wenn sie auch nach Möglichkeit den Zuständen der
ältesten Epoche angepaßt worden ist, so sind doch gewisse Abweichungen unvermeidlich. Die Unterschiede prägen sich nicht nur in
der Sache, sondern auch in der Bezeichnung der Funktionen aus.
In den Quellen ist das Bewußtsein der Verschiebung nicht immer
deutlich vorhanden, daher werden die Nachrichten der älteren Zeit
häufig schief aufgefaßt; es kommt sogar vor, daß die Texte unrichtig
wiedergegeben werden, weil man inzwischen mit den Worten einen
anderen Sinn verband.

Die Gemeinde (בני הכנסת) ist, wie wir gesehen haben, mit der
Kommune (בני העיר) nicht identisch. Die Verwaltung der religiösen
Gemeinde liegt daher nicht in den Händen der Leiter der Stadt (פרנסי
העיר); da wo die Ortsbehörden die Leitung haben, wird ein besonderer
Ausschuß mit den Angelegenheiten der Synagoge und des Gottes-

dienstes betraut. So war es wenigstens in Palästina und in denjenigen Orten Babyloniens, deren Einwohner in überwiegender Zahl jüdisch waren. In der Diaspora lag die äußere Verwaltung der Gemeinde in der Hand der Archonten, an deren Spitze der Gerusiarch stand. Uns soll hier nur der Gottesdienst beschäftigen, für dessen Leitung nach den ältesten Quellen nicht mehr als zwei Beamte in Betracht kommen, der Vorsteher und der Diener der Synagoge.

2. Der V o r s t e h e r der Synagoge heißt in Palästina ראש הכנסת, in der griechisch-römischen Diaspora ἀρχισυνάγωγος, ἄρχων τῆς συναγωγῆς, Archisynagogos (Arcosinagogus). Er hat den Gottesdienst zu leiten und darin die Funktionen zu verteilen. Aus der Reihe der Besucher des Gottesdienstes, ganz gleich, ob sie Mitglieder der Gemeinde sind oder nicht, fordert er einen auf, die Gebete vorzutragen. Wenn aus der Schrift gelesen werden soll, wird ihm die Tora gereicht, er wählt diejenigen aus, die zum Vorlesen hintreten, er beehrt nachher einen mit der Aufforderung zu predigen. Er sorgt auch für die äußere Ordnung in der Synagoge; wer etwas Unrechtes tut, wird von ihm zurechtgewiesen (vgl. Luk. 13 14). Die Sorge für das Synagogengebäude mag nicht an allen Orten zu seinen Aufgaben gehören, aber es entspricht doch seinem Amte, daß er es in Stand hält und erforderlichenfalls die Kosten für seine Ausbesserung, Vergrößerung oder gar für einen Neubau aufbringt. Das Amt ist sehr geschätzt, vielleicht das höchste, das die Gemeinde zu vergeben hatte. Die ראשי כנסיות stehen im Range zwar nach den Gelehrten (תלמידי חכמים) und den Primaten (גדולי הדור), aber vor den Armenvorstehern (גבאי צדקה) b. Pes. 49a). Auch bei der Toravorlesung haben sie einen bevorzugten Platz, die Etikette verlangt es jedoch, daß der Vorsteher nur dann liest, wenn von den Gemeindemitgliedern die Aufforderung dazu an ihn ergeht (Tos. Meg. IV 21, 227 10). Bei Leichenfeiern wurde eine Zeitlang zu Ehren des ראש הכנסת ein Becher geleert und ein Segen gesprochen. Das Amt war nicht leicht, es nahm viel Zeit in Anspruch, die kaiserliche Gesetzgebung bestimmte daher, daß die Archisynagogen von allen persönlichen Dienstleistungen gegen den Staat und die Kommunen befreit sein sollten. Ob immer nur ein Archisynagogos fungierte oder mehrere nebeneinander, ist aus den Quellen nicht ersichtlich. Manch einer bekleidete gleichzeitig noch andere Ämter, wie das des Archon, es scheint auch, daß, wer einmal ein solches Amt bekleidet hatte, den Titel für alle Zeiten behielt. Das Amt wurde durch Wahlen vergeben,

der Inhaber konnte wieder gewählt werden, sogar auf Lebenszeit (διὰ βίον) ernannt werden. Es kam auch vor, daß der Sohn dem Vater im Amte folgte. Trotz aller demokratischen Gesinnung liebte man es im allgemeinen, die Ämter von den Vätern auf die Söhne zu vererben, es scheint, daß vielfach auch unser Amt auf dem Wege der Erbschaft übertragen wurde; sicher ist, daß der Titel auch unmündigen Kindern zuerteilt wird, daß sie als zukünftige Archisynagogoi (ἀρχισυνάγωγος νήπιος) bezeichnet wurden.

Auf diese Weise wurde der Name Archisynagogos mit der Zeit ein Ehrentitel, mit dem ein Amt nicht verbunden war. Auch Frauen führen ihn daher, so nennt eine Säule in Myndos die Archisynagogin Theopemptes, ein Grabmal in Smyrna ist von der Jüdin Rufina errichtet, die denselben Titel trägt. Andererseits wird das Wort auch als Spottnamen verwendet, der Kaiser Alexander Severus wird ein Syrus Archisynagogos genannt, wahrscheinlich, weil er den jüdischen Gemeinden seine Gunst schenkte, vielleicht gar ihre Synagoge bereicherte (oben S. 481).

In welchem Verhältnis die πρεσβύτεροι, die bei Eusebius als Leiter der judenchristlichen Gemeinden und im Codex Theodosianus neben den Archisynagogi genannt werden, zu ihnen stehen, ist nicht recht klar; πρεσβύτεροι ist die Übertragung von זקנים, welche nach dem Talmud Ehrensitze im Gotteshaus einnahmen. Ebensowenig sind wir über die Bedeutung ähnlicher Titel wie προστάτης und ἐπιστάτης unterrichtet.

Mit besonderen Leistungen zum Wohle der Gemeinde sind die Titel πατὴρ συναγωγῆς und μήτηρ συναγωγῆς, die auch lateinisch als Mater syn. und sogar Pateressa vorkommen, verknüpft. Ein Amt war damit nicht verbunden, sie waren Ehrentitel für wohlverdiente Personen, die nach Art unseres Ehrenbürgerrechtes ausgezeichnet werden sollten. Aus einigen Beispielen läßt sich vermuten, daß der Titel an besonders würdige und betagte Mitglieder verliehen wurde. Interessant ist es, daß ein und dieselbe Person die Auszeichnung von mehreren Synagogen erhalten konnte; welch hohe Ehre darin erblickt wurde, beweist am besten eine römische Grabinschrift, in welcher der Gatte der Verstorbenen als Bruder eines Vaters der Synagoge bezeichnet wird.

So reich wie aus der Diaspora ist das aus talmudischen Quellen fließende Material nicht. Der Name ראש הכנסת kommt in nachtannaitischer Zeit nicht mehr vor, es ist auch fraglich, ob die Trennung der Ämter in derselben Weise fortdauerte, daß der Leiter der Synagoge nicht der Verwaltung der Gemeinde angehörte. In der Tosefta bereits treten die פרנסי העיר als diejenigen auf, die das Verfügungsrecht über die Synagoge besitzen (Meg. III 1, 224 11), wofür Raba שבעה טובי העיר setzt (b. Meg. 26a). Die späteren Zeiten haben die neuen Namen festgehalten. Die Verhältnisse machten es oft erforderlich, daß die Vorsteher nicht nur die Synagogen, sondern sämtliche Angelegenheiten der Judenschaft leiteten; der Ausschuß der Gemeinde wurde als die טובי הקהל oder die פרנסים, מנהיגים bezeichnet, er bestand auch später noch meist aus sieben Mitgliedern, häufig aber auch aus mehr, z. B. aus zwölf, von denen jedes einen Monat im Jahre zu fungieren hatte (פרנס החודש). Für besondere Zwecke wurden eigene Kommissionen gewählt; wo ein kleinerer Kreis mit der Leitung der Synagoge betraut wurde, hießen seine Mitglieder גבאי בית הכנסת. Das Amt blieb stets unbesoldet, es wurde durch Wahlen seitens der Gemeindemitglieder vergeben und war einem jeden zugänglich. Die Wahlen fanden, wie in der ältesten Zeit, in der Regel im Herbst statt. Neuerdings wurde die Verwaltung der Gemeinden und die Verteilung der Ämter überall durch behördlich anerkannte Statuten geregelt. Die Ehrentitel der alten Zeit kommen später nicht mehr vor, die einzige Auszeichnung, die verdienten Gemeindemitgliedern zuteil wurde, war ihre Wahl in die Verwaltung oder in ganz seltenen Fällen ihre Befreiung von der Steuerlast.

3. Dem Leiter des Gottesdienstes steht der D i e n e r zur Seite. Er heißt hebr. חזן הכנסת, aramäisch חזנא, griech. ὑπηρέτης. Wir finden ihn in denselben Quellen wie den ראש הכנסת, selbst auf den Grabschriften wird verzeichnet, daß der Verstorbene dieses Amt bekleidet hat. Das Amt muß demnach ebenfalls als eine Auszeichnung gegolten und höher bewertet worden sein, als bei uns durch die Bezeichnung Diener zum Ausdruck kommt. Auch dem חזן הכנסת wurde die Ehre zuteil, daß bei dem Mahle nach der Beerdigung in alter Zeit ein Segen für ihn gesprochen wurde. Der wichtigste Unterschied wird der gewesen sein, daß das Amt aller Wahrscheinlichkeit nach besoldet war. Der חזן הכנסת hat beim Gottesdienst die Anordnungen des Vorstehers auszuführen, durch ihn ergehen die Aufforderungen an diejenigen Gemeindemitglieder, die zum Vorbeten, Vorlesen oder Predigen eingeladen werden. Er hat die biblischen Rollen aus dem

Schrein zu bringen und sie wieder dorthin zu tragen, er hat auch die zu lesende Stelle in ihnen aufzuschlagen. In der Synagoge nimmt er einen besonderen Platz ein (oben S. 475), der immer besetzt sein muß; wenn er z. B. aus der Tora liest, muß ein anderer ihn an seinem Platze vertreten. In der großen Proseuche in Alexandrien stand er während des Gottesdienstes auf der Tribüne in der Mitte mit einer Fahne in der Hand, mit der er der Gemeinde das Zeichen gab, so oft sie mit Amen einzufallen hatte (Tos. Sukk. IV 6, 198 23). In einem Texte dieses Berichts ist der Beamte ממונה genannt (j. das. V 1, 55b).

Die Funktionen des חזן הכנסת waren vielseitig. Er hatte das Synagogengebäude zu überwachen und in Ordnung zu halten, es wurde ihm daher eine Wohnung darin zugewiesen. Auch als Wächter der Stadt wird er genannt, als städtischer Beamter hat er die Einwohnerschaft nach Jerusalem zu begleiten, wenn sie die Erstlinge dorthin bringt. Endlich hat er als Diener des Gerichtshofs u. a. auch die Geißelstrafe zu vollziehen. Das Verwalten, Aufsichtführen lag in der Grundbedeutung des Worts, Epiphanius ist in gewissem Sinne im Rechte, wenn er die ἀζανίται mit den Diakonen vergleicht, sie hatten tatsächlich die Tätigkeit eines Verwalters. Daß immer ein und derselbe Beamte alle genannten Leistungen ausführen konnte, ist kaum anzunehmen, wahrscheinlich ist in den meisten Fällen das Wort הכנסת nur fälschlich zu חזן hinzugefügt oder aber der Gemeindediener mußte tatsächlich für alle diejenigen Behörden Dienste verrichten, die im Gemeindehause tagten.

Nicht ganz in den Rahmen der zuletzt genannten Funktionen passen die Nachrichten, die den חזן הכנסת als Kinderlehrer nennen, der den ersten Leseunterricht zu leiten und die sabbatlichen Lektionen einzuüben hatte; als solcher heißt er auch ספר. Nakkai, einer der Begründer der masoretischen Studien, wird in einer Tradition als Synagogendiener, der die Kerzen in Ordnung zu bringen hat, in einer anderen als ספר bezeichnet. Der Ausdruck für Diener lautet an dieser Stelle allerdings שמש, denn spätere Quellen kannten und unterschieden das nicht mehr genau. Daher wird in einem viel zitierten Bericht (j. Jeb. XII E., 13a) erzählt, daß die Gemeinde in Simonias von Juda I einen Mann empfohlen zu haben wünschte דריש דריין וחזן ספר מתניין ועבד לן כל צורכינן. Man könnte es zur Not erklären, daß eine kleine Gemeinde einen solchen Tausendkünstler brauchte, der die heterogensten Funktionen ausübte, richtig aber ist wohl, was in der Parallel-

stelle (Gen. r. 81) von ihm gefordert wird שיהא מקרא אורתנו ושונה
אורתנו ודן את דיננו; danach brauchte er also nur zu lehren und zu
richten (דיין ספר מתניין).

Der Zusammenhang zwischen חזן und ספר führt uns zu einer
anderen Erwägung. Auf einer Reihe römischer Inschriften finden wir
den Titel γραμματεύς, mehrfach in Verbindung mit Gemeinden, so
daß sie als Gemeindebeamte angesehen werden müssen. Es ist nicht
ausgeschlossen, daß γραμματεύς die Übersetzung von ספר ist und einer
der Funktionen des חזן entspricht.

In nachtalmudischer Zeit wurde der Diener שמש genannt, seine
Funktionen in der Synagoge und beim Gottesdienste blieben im
großen und ganzen dieselben, auch Nebenämter waren fast stets mit
seiner Stellung verbunden, die ihm das Auskommen ermöglichen
sollten. Dem Amte fehlte auch späterhin nicht ein gewisses Ansehen,
nicht gar zu selten waren es gelehrte Männer, die es bekleideten. Was
dem Synagogendiener eine eigenartige Stellung gab, war seine große
Vertrautheit mit den Gemeindemitgliedern, mit denen er bei freudigen
und traurigen Gelegenheiten in Berührung kam.

In größeren Gemeinden war ein zweiter Diener angestellt, der
Schulklopfer (Schulklöpper), der die Aufgabe hatte, mit einem Hammer
an die Tür der Synagoge oder gar an die Tür jedes Gemeindemitglieds
zu klopfen und zum Gottesdienste zu rufen. Da seine Leistung der
des Glöckners der Kirche entspricht, wird er in Urkunden Campanator,
Glockenere genannt. Das Amt ist alt, schon aus dem Jahre 200 wird
ein מקושא genannt (j. Bez. V 2, 63a). In einigen Gemeinden wurde
der Schlägel als so wichtiges Instrument angesehen, daß man sogar
gestattete, ihn in der Heiligen Lade zu verwahren (j. Meg. III 1, 73 d).
Der Schulklopfer war im Mittelalter selbst in christlichen Kreisen der
bekannteste Mann der jüdischen Gemeinde. Seine Leistung galt als
so wichtig, daß sogar die Zahl der Schläge, die er in den verschiedenen
Gegenden bei seiner Runde an den Türen machte, überliefert wurde.
Die Gerichtsbehörden benutzten ihn häufig als Büttel zur Erledigung
polizeilicher Aufträge.

4. Außer dem Vorsteher und dem Diener kannte die Synagoge
des Altertums keinen Beamten. Der Vortrag der Gebete, die Verlesung und Erläuterung der Schrift erfolgten durch Gemeindemitglieder, der Vorsteher bestimmte, wem die Ehre zuteil werden sollte,
vorzubeten, Tora und Propheten zu lesen oder zu übertragen und zu

predigen. Jedem Besucher des Gottesdienstes waren sämtliche Funktionen zugänglich, nur die persönliche Würdigkeit war für die Zulassung maßgebend, ein Vorrecht durch Geburt oder fachmännische Ausbildung gab es nicht. Wenn in den ältesten Quellen bereits der Vorbeter als Beauftragter der Gemeinde (שליח צבור) erscheint, so ist damit nicht ein ständiges Amt bezeichnet, sondern nur die Tätigkeit, der er im Augenblick obliegt. Im Prinzip besteht die alte demokratische Verfassung in der Synagoge bis zum heutigen Tage fort. Auch heute noch kann man in zahlreichen Synagogen Privatleute vorbeten und aus der Schrift vorlesen hören; einen Gegensatz zwischen Laien und Fachmännern oder gar Priestern kennt das Judentum nicht, wenn auch die Verhältnisse vielfach dazu gezwungen haben, vom Herkommen abzuweichen und die Leitung des Gottesdienstes in die Hände von Berufsbeamten zu legen. Es war für die Dauer nicht durchführbar, sich auf freiwillige Leistungen zu verlassen, es fehlte häufig an befähigten Kräften, während Ungeeignete sich zu den Funktionen drängten. Das erste Amt, das geschaffen werden mußte, war das des Übersetzers der Schriftvorlesung, dem תורגמן wird am frühesten gestattet, sich seine Tätigkeit bezahlen zu lassen; zwar wird warnend eingeschärft, daß auf einem solchen Verdienst kein Segen ruht, aber die Mahnung weist doch darauf hin, daß die Besoldung schon häufig erfolgte. Wahrscheinlich mußte der חזן, der ohnehin als Lehrer fungierte, die Übertragung der Schriftvorlesung übernehmen. Ebenso machte es Schwierigkeiten, stets die nötige Anzahl Gemeindemitglieder zu finden, die aus der Schrift vorzulesen verstand; es kam allmählich dahin, daß das Vorlesen der Tora einem angestellten Beamten (קורא) übertragen wurde (vgl. S. 171). Ausnahmen kommen, wie bemerkt, noch heute vor, und die Haftara wird immer noch in der überwiegenden Mehrzahl der Gemeinden von Privaten, häufig sogar von Knaben, vorgelesen.

5. Das wichtigste Amt, welches die Synagoge ausbildete, war das des V o r b e t e r s. Wir sind nicht darüber unterrichtet, wann zum ersten Male die Anstellung von Vorbetern erfolgte. Nach den Quellen zu schließen, müßte es schon im amoräischen Zeitalter geschehen sein. Im palästinischen Talmud erscheint der Vorbeter mehrmals unter dem Namen חזן, den das Amt später führte, aber es läßt sich beweisen, daß die Texte auf Grund des jüngeren Sprachgebrauchs geändert worden sind. Auch im Tr. Sofrim finden wir den Vorbeter als

חזן bezeichnet, es ist indessen nicht ausgeschlossen, daß die betreffenden Stellen erst nachträglich dort eingeschoben sind. Aber um die Entstehungszeit von Sofrim mag vielfach schon die Sitte verbreitet gewesen sein, einen Vorbeter von Beruf anzustellen. Die Liturgie war im Laufe der Zeit an Umfang gewachsen, sie zu beherrschen erforderte gute Kenntnisse; die Vertrautheit mit der hebräischen Sprache hingegen hatte in weiten Kreisen abgenommen. Es herrschte ferner allgemein der Wunsch, die Gebete von einer angenehmen Stimme vorgetragen zu hören. „Ehre Gott mit deinem Vermögen", das bedeutet, wenn du eine angenehme Stimme hast und in der Synagoge sitzest, so erhebe dich und erteile Gott die Ehre; in dieser Auslegung ist noch eine freiwillige Leistung des Vorbeters vorausgesetzt, aber die Forderung eines stimmlich angenehmen Vortrags mußte notgedrungen dahin führen, daß ein befähigter Vertreter für das Amt gesucht und dauernd verpflichtet wurde. Ausschlaggebend dürfte dann die Einführung des Piut gewesen sein. Der חזן war der Sänger, der Dichter, der die Hizana verfaßte und vorsang, der in dieser Eigenschaft anfangs n e b e n dem שליח צבור auftrat und ihn bald verdrängte. Der חזן übernahm neben dem Piut auch die Stammgebete. Die Bedeutung des Vorbeters wuchs mit der Ausbildung des öffentlichen Gottesdienstes, je mehr die Liturgie zunahm, desto unfassender wurde seine Wirksamkeit, desto einflußreicher sein Amt. Der Vorbeter war in den meisten Fällen der einzige in der Gemeinde, der über ein Gebetbuch mit den zahlreichen poetischen Einschaltungen verfügte, die Gemeinde hing an seinen Lippen und war ihm auf Gnade und Ungnade ausgeliefert. Der Vorbeter war im Mittelalter so unentbehrlich, daß auch die Frauen in ihrer Abteilung eine eigene Vorbeterin (המתפללת לנשים) hatten. Das Joch wurde gern getragen, die Sangeskunst der Vorbeter erfreute sich allgemeiner Beliebtheit, ihre Stellung war sehr mächtig; selbst berühmte Gelehrte konnten gegenüber ihrem vielfach eigenmächtigen Verfahren nichts ausrichten, die Vorbeter wurden bestimmend für die Gestaltung des Gottesdienstes. Das Vorbeten trat überhaupt mit der Zeit hinter dem Gesange vollständig zurück, der חזן wurde immer mehr der V o r - s ä n g e r oder, wie man in romanischen Ländern sagte, der K a n t o r , er mußte eine gute Stimme besitzen und schön singen, schließlich durfte er sogar sich beim Gesang begleiten lassen. Die Gemeinden scheuten keine Kosten, um einen stimmbegabten Vorbeter anstellen zu können; tüchtige Sänger zogen umher und durften gegen Bezahlung an einem Sabbat oder einem Feste in der Synagoge auftreten.

An den Vorbeter wurden von Anfang an gewisse Ansprüche gestellt. Er mußte eine deutliche Aussprache haben; wer א und ע, ה und ח nicht hörbar unterscheiden konnte, wurde selbst in der Zeit der ehrenamtlichen Vorbeter nicht zugelassen (b. Meg. 24b). Selbstredend wurde die Kenntnis der Gebete, der Heiligen Schrift und der gottesdienstlichen Bräuche vorausgesetzt. Es wurde ferner, obwohl nach der Mischna schon ein Knabe von 13 Jahren für das Amt geeignet ist, ein reiferes Alter gefordert (b. Chul. 24a). Vor allem aber mußte der Vorbeter sich durch sittliche Unbescholtenheit und tiefe Religiosität auszeichnen; der Vertreter der Gemeinde im Gebet mußte von anerkannter Würdigkeit, wenn irgend möglich, sogar allgemeiner Beliebtheit sein. Zumindest durfte er keine Feinde in der Gemeinde haben, ein einziger Gegner genügte, um gegen seine Beschäftigung Einspruch zu erheben; da diese weitgehende Freiheit gar zu häufig mißbraucht wurde und zu Streitigkeiten Anlaß gab, wurde schließlich der Majorität der Gemeindemitglieder die Entscheidung zugewiesen. An den Vorbeter bei öffentlichen Fasten werden im Talmud außergewöhnlich hohe Anforderungen gestellt (Taan. II 2), daher wurden auch beim Synagogengottesdienst an den beiden ernsten Festen und den ihnen zur Vorbereitung dienenden Tagen nur Auserwählte als Vorbeter zugelassen, Männer von tadelloser Führung, von unbestrittenem Ansehen mit der Fähigkeit eines ausdrucksvollen, zu Herzen gehenden Vortrags; selbst die Freunde des Gesanges entschlossen sich, an diesen Tagen auf die Entfaltung einer schönen Stimme zu verzichten und den Würdigeren den Vorzug zu geben.

Es hat zahlreiche Vorbeter gegeben, die den hohen Anforderungen ihres Amtes in jeder Beziehung entsprachen, die sich der Bewunderung der Mitwelt und der Anerkennung der Nachwelt erfreuten. Häufig zeichneten sich die Inhaber des Amtes durch mehr als gewöhnliche Gelehrsamkeit aus und nahmen eine führende Stellung in ihrer Zeit ein; man braucht nur an Meir b. Isaak in Worms (S. 334) und an Jakob Möllin (S. 371) zu erinnern. Aber es fehlte auch nicht an Ausnahmen, offenbar waren sie sogar in der Mehrzahl. Von dem Augenblicke an, wo die Gemeinden das Hauptgewicht auf den Gesang legten, waren sie geneigt, über alle Mängel hinwegzusehen, wenn der Inhaber des Amtes sie durch eine schöne Stimme entschädigte.

Nur zu häufig gab es Streit und Ärger wegen der Vorbeter, denn ihre Führung innerhalb und außerhalb der Synagoge ließ nicht selten viel zu wünschen übrig; in Spanien hatte ihr Amt schon um 1300 sein ganzes Ansehen verloren. Auch ihre Berufstätigkeit befriedigte nicht immer, sie nahmen sich die Freiheit, Gebete willkürlich zu verändern, sie trugen die Gebete flüchtig und ohne Andacht vor, sie führten fremde Melodien ein. Vor allem aber wurde ihre Eitelkeit getadelt; „das Lied der Toren" (Koh. 7 5) nannte man ihre endlosen Gesänge, mit denen sie das Gebet hinzogen, man sagte ihnen nach, daß sie beim Gesange mehr auf den Beifall der Zuhörer als auf die Ehre Gottes bedacht waren. Die Angriffe gegen ihre sprichwörtlich gewordene Torheit und gegen ihre Ungezogenheiten mehrten sich von Geschlecht zu Geschlecht. Wenn man sie auch anklagte und ihrer spottete, so ließ man sie doch gewähren, weil der Gesang als ein notwendiger Bestandteil des Gottesdienstes galt. Auch in den Herzen jener unglücklichen, von allen Seiten gequälten, von allen Freuden ausgeschlossenen Juden lebte das Sehnen nach der edlen Welt der Kunst. Die Synagoge war der einzige Ort, an dem sie sich frei fühlen, der Gesang des Vorbeters die einzige und oft recht zweifelhafte Kunst, deren sie sich freuen durften.

Als nach der Erfindung des Buchdrucks mehr Gebetbücher in die Hände des Publikums gelangten, nahm die Abhängigkeit der Gemeinde vom Vorbeter ab. Die Gemeinde konnte nunmehr selbständig beten und die Bedeutung des חזן trat zurück. Von derselben Zeit an aber nahm die Unbildung und Verwilderung unter den Vorbetern zu, sie verwalteten ihr Amt mit wenig Würde und wachsender Anmaßung. An Ausnahmen hat es nie gefehlt, unter den Portugiesen hielten sich die Ausschreitungen der Vorbeter in gewissen Grenzen; aber im Gebiete des deutsch-polnischen Ritus wurde der חזן immer mehr der Schrecken aller ernsten Synagogenbesucher. Der Tiefstand des Gottesdienstes an der Schwelle der Neuzeit war nicht zum wenigsten durch die Unsitten der Vorbeter verschuldet. Es bedurfte langer, mühseliger Arbeit begeisterter Berufsgenossen, es bedurfte des Auftretens einiger genialer Künstler, um unter den veränderten Verhältnissen der Neuzeit dem Vorbeter wieder eine würdige Stellung im Gottesdienste zu erringen.

6. Erst seit dem letzten Jahrhundert tritt auch der Rabbiner als Beamter der Synagoge in die Erscheinung. Bis tief in das Mittel-

alter hinein sind die Rabbiner überhaupt nicht von den Gemeinden angestellt gewesen, sie waren freiwillige Volkslehrer, anerkannte, wegen ihrer Gelehrsamkeit verehrte Privatleute, die ein Lehrhaus hielten, der Gemeinde ihr Wissen zur Verfügung stellten, Männer, denen die Gemeinden ihr Vertrauen schenkten und sich freiwillig unterordneten. Aber selbst nach 1350, nachdem sie besoldete Beamte der Gemeinde geworden waren, erschienen die Rabbiner selten beim öffentlichen Gottesdienste, sie hielten vielmehr Privatandacht und zogen es vor, mit ihren Jüngern im Lehrhause zu beten. In der Synagoge störte sie der endlose Gesang, demgegenüber sie ohnmächtig waren, sie kamen daher in das Gemeindebethaus nur an den hohen Feiertagen, oder wenn sie predigten, was selten geschah. Darin brachte die Neuzeit eine durchgreifende Änderung. Die Predigt trat wieder in ihre Rechte, sie wurde wie im Altertum ein wichtiger Bestandteil des Gottesdienstes. Aber während bei den schlichten Schriftauslegungen der alten Zeit jedermann das Wort nehmen und zur Gemeinde sprechen konnte — was in einigen Ländern, wie England und Italien, bis in die Gegenwart hinein beibehalten wurde — blieb die Predigt unserer Tage das Vorrecht der berufsmäßigen Kreise. Die wachsende Bedeutung der Predigt im letzten Jahrhundert hat den Rabbinern eine wichtige Funktion beim Gottesdienst eingetragen. Im westlichen Europa und in Amerika haben sie regelmäßig belehrende Vorträge zu halten; auch die Gebete in der Landessprache werden von ihnen gesprochen. In den Reformgemeinden geht die Tendenz dahin, immer größere Stücke der Liturgie dem Rabbiner zu übertragen; in der Berliner Reformgemeinde und in vielen reformierten Gemeinden Amerikas ist das Amt des Vorbeters ganz beseitigt, die gesamte Liturgie wird vom Rabbiner vorgetragen, der gesangliche Teil vom Chor ausgeführt. Die Heraushebung des Rabbiners aus der Gemeinde nach Art eines „Geistlichen" ist eine sehr bedenkliche Seite der fortschreitenden Reform.

Kap. III. Der Gottesdienstliche Vortrag.

§ 53. Vorbeter und Gemeinde.

Literatur: Löw, Schürer das.

1. Der Gottesdienst ist seiner Bestimmung nach G e m e i n d e -
g o t t e s d i e n s t, er ist ohne Gemeinde nicht denkbar, die einzelnen Gebete und Vorlesungen, aus denen er sich zusammensetzt,
dürfen nur vor einer bestimmten Öffentlichkeit vorgetragen werden.
Die Gemeinde als Öffentlichkeit, Gesamtheit heißt צבור (von צבר
Gen. 4135 vereinigen); das Wort bezeichnet die Gesamtheit im Gegensatz zum einzelnen (יחיד), in der Gemeinde beten heißt התפלל עם הצבור
oder התפלל בצבור. Zur Öffentlichkeit gehören zehn erwachsene männ-
liche Personen (מנין). Der Talmud leitet die Zahl vom biblischen עדה
her, und in der Tat finden wir in der Heiligen Schrift häufig die Vereinigung von zehn Personen als das Mindestmaß von Öffentlichkeit.
Um so auffälliger ist es, daß nach einer palästinischen Überlieferung
in Sofrim bereits sieben Mann für den öffentlichen Gottesdienst genügen sollen. Die Mischna nennt eine große Stadt eine solche, in der
sich stets zehn Mann geschäftsfrei halten können, um den Gottesdienst zu besuchen (עשרה בטלנים Meg. I 6). Das sind nicht etwa
Angestellte der Gemeinde, sondern freiwillige Besucher des Gottesdienstes, auf deren Anwesenheit man stets rechnen kann (בטילים
ממלאכתן לבית הכנסת j. Meg. das. 70b). Es ergibt sich daraus, daß
der Besuch des Gottesdienstes an Wochentagen im allgemeinen kein
sehr guter war, daß nur an Sabbaten und Festen, wo man berufsfrei
war, alle den Gottesdienst aufsuchten; daher kam es auch, daß in
manchen Gegenden die Synagoge als Sabbathaus bezeichnet wurde
(oben S. 445). Wenn es schon im alten Palästina mit solchen Schwierigkeiten verknüpft war, den Gottesdienst täglich zu halten, so läßt sich
ermessen, daß es in der Diaspora häufig noch weniger möglich war, die
nötige Anzahl von Synagogenbesuchern zusammenzusehen, besonders
im Mittelalter, wo die Gemeinden klein waren und der Beruf die
Leute vom Hause weit weg führte. Um den Gottesdienst dennoch

nicht allzu häufig ausfallen lassen zu müssen, wurde es damals üblich, von Gemeinde wegen Leute zu bezahlen und fest anzustellen, damit sie dem Gebet beiwohnten. Wo es ganz unmöglich war, das Jahr über die notwendige Anzahl zusammenzubringen, erstrebte man es wenigstens für die Feiertage, zumal für die beiden ernsten Feste. Die Gemeinden boten alles auf, um an den ausgezeichneten Tagen den Gottesdienst halten zu können. Es erregte große Erbitterung, wenn aus so kleinen Gemeinden einzelne für die Feiertage nach größeren Orten reisten und dadurch die Einrichtung des Gottesdienstes erschwerten. Trotzdem die Gemeindebildung in der Neuzeit sich stark verändert hat, ist die Maßregel der Anstellung von berufsmäßigen Besuchern des Gottesdienstes auch heute noch nicht überall überflüssig geworden. In neuester Zeit aber hat man sich hie und da über die traditionelle Zahl hinwegzusetzen und auch bei weniger als zehn Teilnehmern den Gottesdienst zu halten begonnen.

2. Der Führer der Gemeinde im Gebet ist der שליח צבור. Er ist ihr Sprecher, nicht ihr Vertreter, aus ihrer Mitte als Wortführer, nicht als Fürbitter ausgewählt. In diesem Sinne wird die Wirksamkeit des Vorbeters in alter Zeit aufgefaßt, „die Augen der Gemeinde hängen an ihm, und seine Augen sind auf Gott gerichtet", wie es im Midrasch und in einem alten Gebete heißt. Erst als das Gebet unter dem Gesichtspunkt der Pflicht betrachtet wurde, entstand der Satz, daß der Vorbeter die Gemeinde vertrete (R. ha Sch., Ende שליח צבור מוציא את הרבים ידי חובתן), aber niemals wurde er als priesterlicher Mittler gedacht. Das ganze Mittelalter hing an der Vorstellung, daß der Vorbeter der Vertreter der Gemeinde sei; das hatte sehr günstige Folgen, denn die Anforderungen an den Vorbeter wurden aus diesem Grunde sehr hoch gespannt, es ist aber klar, daß auch viel religiöse Unklarheit damit verbunden war. Die Neuzeit ist mit Recht zur alten Auffassung zurückgekehrt.

War der שליח צבור der Sprecher der Gemeinde, so blieb diese nicht bloß stummer Zuhörer, sie beteiligte sich am Gebet dadurch, daß sie an bestimmten Stellen mit Responsen einfiel (ענה). Die Responsionen waren ein Vermächtnis des Tempels, beim Gesange der Psalmen waren Eulogien üblich. Die einfachste Form ist in ברוך ד׳ לעולם אמן ואמן Ps. 89 43 erhalten; in erweiterter Form hieß dies ברוך ד׳ אלהי ישראל מן העולם, schließlich aber, um den Glauben an die jenseitige Welt zu betonen (Ber. IX Ende) ברוך ד׳ אלהי ישראל

מן העולם ועד העולם (oder מהעולם ועד ה'), wie Ps. 41 14, 106 39,
I. Chr. 16 36 zu lesen ist. Die alten Doxologien sind sämtlich in das
Gebetbuch übergegangen, aber nicht als Responsionen. Beim Ge-
meindegottesdienste wurden sie in alter Zeit gelegentlich öffentlicher
Fasten verwendet, das geschah jedoch ausschließlich im Bereiche des
Tempels zu Jerusalem לא היו נוהגין כן אלא בשער המזרח ובהר הבית
(Taan. II 11). Als Responsion der Gemeinden in den Synagogen wurden
diejenigen Worte üblich, welche das Volk auch im Tempel auf den
Levitengesang erwiderte, אמן und הללויה (Ps. 105, Chr. das.). Das
אמן ist die wichtigste und am häufigsten verwendete Responsion geblieben; sie wird gesprochen, sobald der Vorbeter Benediktionen vorträgt oder der Vorleser sie spricht oder die Ahroniden ihren Segen
erteilen. In Alexandrien stand der Synagogendiener auf der Tribüne
in der Mitte und schwang die Fahne, um dem Volke das Zeichen zum
Einfallen mit dem Amen zu geben. Für so bedeutsam galt die Responsion, daß selbst dort darauf Wert gelegt wurde, wo, wie in der
ausgedehnten Proseuche in Alexandrien, die Besucher die vorangegangenen Benediktionen nicht hatten hören können. Das Amen
hatte dieselbe Bedeutung wie in der Bibel, es drückte eine Anerkennung
des Gehörten und eine Bekräftigung des Vorgelesenen aus, am meisten
entspricht das Amen nach den Benediktionen den Worten Jeremias
286 אמן כן יעשה ד' יקם ד' את דבריך.

Im Tempel zu Jerusalem war die Responsion אמן nicht zugelassen,
statt dessen wurde auf die Eulogien mit ברוך שם כבוד מלכותו לעולם ועד
erwidert. Dieselbe Responsion finden wir beim Kultus des Hohenpriesters am Versöhnungstage; jedesmal, wenn er den Gottesnamen
ausgesprochen hatte, erwiderte die Gemeinde mit ברוך שם כבוד מלכותו
לעולם ועד. Im Gebete finden wir genau dieselbe Responsion nur
an e i n e r Stelle, sie unterbricht die beiden ersten Verse des שמע,
sie ist wahrscheinlich die älteste Responsion der gesamten Liturgie.
Dem Sinne nach entspricht ihr ברוך הוא וברוך שמו, das nach der
Erwähnung des Gottesnamens durch den Vorbeter von der Gemeinde
gesprochen wird ; es ist eine Zusammenstellung der beiden
Eulogien ברוך הוא und ברוך שמו, die wir in ברוך שאמר (oben S. 83)
finden.

Auch die andere in den Psalmen erwähnte Responsion הללויה ist
in die Liturgie übergegangen, sie wurde bei der Rezitation des Hallel
verwendet.

3. Die Art des Respondierens und der Beteiligung der Gemeinde war in der ältesten Zeit bei den verschiedenen Teilen des Gebets nicht gleichmäßig. Am einfachsten war der Vortrag der Tefilla, die der Vorbeter allein sprach, während die Gemeinde zuhörte und Vers für Vers mit אמן beantwortete. Als später eingeführt wurde, daß die leise Tefilla der lauten vorangehen mußte, änderte das die Vortragsweise nicht, der Vorbeter sprach seinen Text genau so wie in der älteren Zeit und die Gemeinde hatte in derselben Weise zu erwidern. Neue Responsionen brachte die Keduscha für die Gemeinde, da sie die Bibelverse mit dem Vorbeter im Chore sprach. Beim Priestersegen fiel die Gemeinde ebenfalls hinter jedem Satze mit אמן ein.

Nicht ganz so, aber infolge des sich gleichbleibenden Refrains ähnlich war die Rezitation des Hallel. Der Vorbeter begann mit הללויה, die Gemeinde wiederholte es, und nach jedem Halbvers fiel sie von neuem mit Halleluja ein, im ganzen, wie die alten Quellen berichten, 123 mal (j. Schabb. XVI 1, 15c). Die Vortragsweise des Hallel (מהגא דהלילא b. Sukka 38 b) wurde im Laufe der Zeit häufig geändert. In manchen Gegenden war es üblich, die Verse am Ende, von Ps. 118 21 an, zu wiederholen, in anderen wiederum sprach man sie nur einmal. In Babylonien wurde um 350 das Halleluja nur noch zweimal am Anfange von der Gemeinde gesprochen, sonst das ganze Stück Ps. 113 bis 117 in einem Zuge, dann wurde wieder הודו (118 1) und אנא ד׳ (118 28) wiederholt, schließlich ברוך הבא antiphonisch gesprochen, im Laufe der Zeit verschwindet jede Spur von dieser alten Rezitation; aus dem Mittelalter hören wir schon, daß, wie heute, hinter den drei Versen mit יאמרו (118 2 ff.) jedesmal הודו wiederholt wird. Ein wenig erinnert die in Westdeutschland verbreitete Art, Psalmen versweise abwechselnd zwischen Vorbeter und Gemeinde vortragen zu lassen, an das Verfahren der alten Zeit. Die Wiederholung der Verse 118 21 ff. wurde allgemein angenommen.

Für das Schma und seine Benediktionen war der a n t i p h o - n i s c h e Vortrag üblich. Der Vorbeter leitete das Gebet ein, die Gemeinde wiederholte den von ihm vorgetragenen Halbvers und führte den Satz zu Ende. So wurde den ganzen Abschnitt durch verfahren. Hatte der Vorbeter שמע ישראל gesprochen und von der Gemeinde den ganzen Satz bis zu Ende gehört, so flocht er leise die erwähnte Responsion ברוך שם כבוד וכו׳ ein. Vom Halbieren der Sätze erhielt die Vortragsweise den Namen פרס על שמע, d a s S c h m a t e i l e n. Nicht überall war dieselbe Vortragsart üblich, die Leute von Jericho z. B. wandten ein Verfahren an, das man כרך את שמע, das Schma zusammenfalten nannte, d. h. dort trug der Vorbeter den ganzen Abschnitt ohne Unterbrechung vor, und die Gemeinde hörte zu oder sprach die Worte mit ihm; die Unterbrechung durch ברוך שם וכו׳ fiel dort fort. Der zuerst nur vereinzelt vorgekommene Brauch, das Schma fortlaufend vorzutragen, wurde später allgemein, freilich mit Beibehaltung der Responsion ברוך שם וכו׳, die jedoch immer noch leise gesprochen werden mußte. In Germ. wurde es üblich, die drei biblischen Abschnitte leise zu sprechen, da bei der Gemeinde die Vertrautheit mit ihnen vorausgesetzt wurde, so daß sie des Vorbeters nicht bedurfte.

4. Entsprechend der verschiedenen Art der Abschnitte des Gebets werden für die Vortragenden verschiedene Namen angewendet. Wer aus der Bibel vorlas, hieß קורא (בתורה), wer durch den Prophetenabschnitt die Vorlesung beschloß, מפטיר בנביא. Wer das Hallel vortrug und den Ahroniden den Segen vorsprach, hieß מקרא; weil man das Vortragen von Bibelstellen stets mit קרא bezeichnete, wurde das Wort auch in der Liturgie verwendet, obwohl die Gebete niemals gelesen, sondern immer nur auswendig vorgetragen wurden (קרא על פה). Der Vorbeter für das Schma hieß פורס על שמע, selbst als die Vortragsweise, die zu dem Namen Anlaß gegeben hatte, längst verlassen war. Endlich hieß derjenige, der die Tefilla übernahm, עובר לפני התיבה, weil er vor den Schrein mit den Torarollen hintrat; der Name erhielt sich auch noch, als der Vorbeter schon lange vor der Tefilla dort seinen Platz einnehmen mußte. Wo sein Platz tiefer lag als der Fußboden der Synagoge, gebrauchte man dafür ההוא דנחית, יורד לפני התיבה. Weil er seinen Platz verändern und vortreten mußte, hieß er auch קרובא. Der Vorbeter für die Tefilla wurde der Vorbeter schlechthin, weil er der einzige war, der an einem sichtbaren Platze auftrat und der Gemeinde ein Gebet zu Gehör brachte, bei dem sie fast gar nicht mitwirkte. Andere Vorbeter gab es nicht, weil das Gebet in der ältesten Zeit nur aus den genannten drei Teilen bestand. Für jeden Abschnitt wurde ein anderer Vorbeter gewählt, an Tagen, an denen zwei Tefillas zu sprechen waren, fungierten zwei Vortragende, das Hallel sprach dann der erste, Schofar z. B. wurde vom zweiten geblasen.

Der Gottesdienst begann damit, daß der Vorsteher der Synagoge an einen der Anwesenden die Aufforderung ergehen ließ פרוס על שמע;

war dieser Akt vollzogen, dann ließ er einem anderen sagen עבור לפני
בא וקרב oder התיבה. Es galt als Anstandsregel, eine derartige Einladung zunächst bescheiden abzulehnen und eine zweite oder gar dritte Aufforderung abzuwarten, während es andererseits als ungehörig angegesehen wurde, sich allzu lange zu sträuben und die Gemeinde in Verlegenheit zu lassen. Es konnte aber auch geschehen, daß der Erwählte die ihm zugedachte Würde ablehnen mußte, weil ihm die Fähigkeit abging, das Gebet auswendig vorzutragen. Am schwersten war der Vortrag der Tefilla; sie war verhältnismäßig lang, die Reihenfolge ihrer verschiedenartigen Sätze war fest bestimmt, und es fehlte dem Vortragenden der Anhaltspunkt, der durch das Einfallen der Gemeinde bei anderen Gebeten gegeben war. Daher wurde dem Vorbeter auch Zeit gelassen, sich die Tefilla zunächst zurecht zu legen (תקן, הסדיר תפלתו). An den hohen Feiertagen, die selten wiederkehren und eine ungewöhnlich lange Tefilla haben, schreiben es noch die Handschriften aus dem Mittelalter vor, daß der Vorbeter sich zunächst seinen Text zurechtlegen soll, eine Maßregel, die nach der Einführung der Gebetbücher völlig überflüssig war. Sehr leicht konnte es geschehen, daß der Vorbeter den Faden verlor (טרוף הדעת), häufig trug er auch falsche Texte vor; nach den ältesten Bestimmungen sollte er in einem solchen Falle seinen Platz einem anderen einräumen, später wurde man nachsichtiger und ließ ihm lange Zeit, sich auf das Richtige zu besinnen. Nur bei bestimmten Sätzen, die einen Prüfstein für die religiöse Gesinnung abgaben, hielt man unnachsichtig darauf, daß der Vorbeter den richtigen Text sprach oder abtrat. An gewöhnlichen Tagen stand der Vorbeter allein, an Fasttagen standen ihm zwei Gemeindemitglieder zur Seite, eines zur rechten und eines zur linken. Jüngere Schriften haben auf Grund irriger Texte diese Bestimmung auf alle Tage des Jahres bezogen. Bis auf den heutigen Tag ist es unter den italienischen und portugiesischen Juden Sitte, daß am Versöhnungstage den ganzen Tag über zwei Mitglieder der Gemeinde dem Vorbeter an die Seite gestellt werden. Im Mittelalter war das auch in Deutschland üblich und wurde sogar auch am Neujahrsfeste durchgeführt.

5. Über die Haltung der Gemeinde beim Gebet berichtet Agatharchides von Knidos, daß die Juden mit ausgestreckten Händen (ἐκτετα-κότες τὰς χεῖρας) beim Gebet sitzen. In der biblischen Zeit muß das allgemein üblich gewesen sein; daß ein solcher Brauch aber auch in den Synagogen herrschte, läßt sich nirgends belegen. Höchstens

bei den Ekstatikern der späteren Zeit finden wir neben vielen anderen
körperlichen Bewegungen auch das Ausbreiten der Hände. Im allgemeinen war eine gesetzte Haltung der Gemeinde vorgeschrieben.
Beim Schma saß sie, und der Vorbeter blieb in ihrer Mitte; noch im
Mittelalter, wo der Vorbeter bereits einen besonderen Platz hatte,
kam es vor, daß er bei diesem Abschnitt sitzen blieb. Bei der Tefilla
erhoben sich Vorbeter und Gemeinde, bei einigen Stellen verneigten
sie sich (שחה), aber Übertreibungen waren auch da nicht gern gesehen.
Endlich warf sich beim stillen Gebet, das auf den öffentlichen Gottesdienst folgte, die Gemeinde auf die Erde. Neue Bewegungen führten
die Mystiker ein. Von ihnen rührt die Sitte her, bei der Keduscha zu
hüpfen, die in Europa zuerst in Frankreich beobachtet wurde. Auf
denselben Ursprung dürfte es zurückgehen, wenn man in Frankreich
und Deutschland dabei in die Höhe blickte, während man in Spanien
die Augen abwärts richtete. Bei den Frommen in Frankreich wurde
auch zuerst die Sitte beobachtet, während der Tefilla den ganzen Körper
zu schütteln (התנועע, נענע את עצמו), was wahrscheinlich ebenfalls
von den Mystikern stammt und sogar angeblich im Midrasch empfohlen wird. Das Schaukeln war ursprünglich nur beim Studium üblich, Jehuda ha Levi wollte es damit erklären, daß, da die Bücher selten
waren, viele gleichzeitig ein Buch benutzten und sich der Reihe nach
dazu herabbeugen mußten. Für das Gebet trifft fraglos jene andere
Erklärung mehr zu, daß durch die Bewegung das Blut in Wallung gebracht werden sollte, eine echte Forderung der Mystiker. Die Ka-
suisten haben viel darüber gestritten, ob man beim Gebet schaukeln
sollte und bei welchen Stellen, schließlich gaben wieder die Ekstatiker
den Ausschlag für das Schütteln. Wer zu einer Funktion aus den
Reihen der Beter hervorzutreten hatte, mußte gut gekleidet sein.
Das war man der Würde der Gemeinde schuldig; nicht nur mangel-
hafte Beschaffenheit des Anzugs, sondern auch gewisse Arten von
Gewändern waren verpönt und machten denjenigen, der sie trug, für
den Vortrag unmöglich (Meg. IV 8, Tos. das. IV 30, 2283). Der Vorbeter pflegte sich in seinen Mantel einzuhüllen (התעטף בטליתו כשליח
צבור). Daran anknüpfend, nahmen gelehrte Männer die Gewohnheit
an, wenn sie das Gotteshaus aufsuchten oder überhaupt sich zum
Gebet hinstellten, eine besondere Kleidung anzulegen; vorzugsweise
war in Babylonien ein Gürtel beliebt, der dem hängenden Obergewand
der damaligen Zeit Halt gab. Insbesondere pflegten sie jene Art von

Mantel anzuziehen, die im Talmud טלית heißt. Infolgedessen entstand der allgemeine Brauch, beim Morgengebet ein dem טלית entsprechendes Gewand anzulegen, das der Vorbeter stets trägt. Auch
im übrigen wurde auf die Innehaltung der alten Sitte sehr geachtet,
man hatte besondere Kleider für die Synagoge; das war im Mittelalter,
wo im allgemeinen auf die Kleidung nicht viel Sorgfalt verwendet
wurde, außerordentlich segensreich. Vielfach freilich wurden die
Nachrichten alter Quellen und die Sitten beliebter Lehrer sklavisch
und pedantisch nachgeahmt, auch wo die von ihnen getragenen Kleider
längst nicht mehr der herrschenden Sitte entsprachen. Ein solcher
Überrest alter Kleidung ist der weiße Kittel, der noch heute in Deutschland vielfach am Versöhnungstage getragen wird, der im Westen
Deutschlands sogar noch den mittelhochdeutschen Namen Sargenes
führt. Man kann die neuerdings eingeführte Amtstracht für Rabbiner
und Vorbeter mit der alten Sitte der besonderen Kleidung in Verbindung bringen.

Die K o p f b e d e c k u n g beim Gebet war durch das Anlegen des
טלית bedingt, der mit einer Kopfhülle verbunden war. Sie galt einerseits als Ausdruck untertäniger Verehrung der göttlichen Majestät,
andererseits wurde es als Vorzug des freien Mannes betrachtet, daß er
bedeckten Hauptes bleiben durfte. Es ist ein Privileg Israels, daß es die
Offenbarung des Königs aller Könige gemütlich sitzend und bedeckten
Hauptes vernehmen kann, während die Diener der irdischen Macht
alle Proklamationen barhäuptig unter Schrecken und Zittern anhören.
Besonders in Babylonien wurde auf Kopfbedeckung Wert gelegt,
sie entprach der allgemeinen Sitte, sie war aber nirgends als religiöser
Brauch vorgeschrieben. So konnte es geschehen, daß in Palästina
in nachtalmudischer Zeit Stücke des Gebets oder der Priestersegen
mit unbedecktem Haupt vorgetragen wurden, was allerdings nicht
allgemeinen Beifall fand, denn im allgemeinen galt es als unzulässig,
den Gottesnamen unbedeckten Hauptes auszusprechen. Auch in Europa
scheint die Kopfbedeckung zuerst im mohammedanischen Spanien
streng durchgeführt worden zu sein. Am Anfang des 13. Jahrhunderts hören wir, daß in F r a n k r e i c h die Segenssprüche bei
der Mahlzeit ohne Kopfbedeckung vorgetragen wurden, und daß es
sogar üblich war, am Torafeste Knaben ohne Kopfbedeckung zur Tora
zu rufen. Das fand schon damals nicht allgemeine Billigung, späterhin
wurde der Brauch der Kopfbedeckung zum Gesetze erhoben. Von

Barhäuptigkeit in der Synagoge war nicht wieder die Rede, bis Ahron Chorin (1766 bis 1844) sie 1826 empfahl und die Berliner Reformgemeinde sie in ihrem Gottesdienst vorschrieb. In Europa hat diese Einrichtung des Reformgottesdienstes nirgends Nachahmung gefunden, „das Beten mit entblößtem Haupte stempelte ihn besonders zu einem fremdartigen, und stieß auch innerlich Gleichgesinnte ab;" in Amerika hingegen ist in vielen Reformgemeinden die Kopfbedeckung abgeschafft, in einigen dem Gutdünken der Beter überlassen.

Die Besprechung über das Verhalten beim Gottesdienst hat mehrfach über die alte Zeit hinausgegriffen, weil die im Talmud erwähnten Bräuche niemals ihre Bedeutung verloren haben; die späteren Autoren haben ihnen Beachtung geschenkt und sie kodifiziert, so wurde ihnen auch unter veränderten Verhältnissen, soweit es irgend möglich war, Rechnung getragen.

6. Eine völlige Umgestaltung erhielt der Gottesdienst durch die Ausbildung des Vorbeteramtes, er wuchs an Ausdehnung, und das gesamte Vortragswesen wurde stark verschoben. In der ältesten Zeit war der Vorbeter erst bei der lauten Tefilla vor die Lade getreten, später begann er schon mit dem קדיש vor ברכו, wo Maimonides z. B. ihn noch auftreten läßt; inzwischen aber hatte er sich in manchen Ländern schon der vorangehenden Psalmen bemächtigt und zuletzt wurden sogar die einleitenden Benediktionen nicht nur in der Synagoge gesprochen, sondern gleichfalls laut vorgetragen. Dazu kam endlich, daß die Liturgie nicht mehr mit der Tefilla schloß, sondern daß auch die תחנונים zum öffentlichen Gebet hinzutraten und sich immer mehr ausdehnten. Der Vorbeter leitete das gesamte Gebet, trug es von Anfang bis zu Ende laut vor. Wo die Gemeinde das Gebet beherrschte, sprach sie es still mit, allmählich betete die Gemeinde neben dem Vorbeter. In Frankreich und Deutschland waren die Kundigen (בקיאים) zahlreicher als im Orient und in Spanien, auch die gedruckten Gebetbücher fanden hier früher Verbreitung. Daher rührt es, daß hierzulande der Vorbeter abgesehen von der Tefilla, die er von Anfang bis zu Ende vorträgt, nur am Ende der Abschnitte seine Stimme erhebt, während er außerhalb des deutschen Ritus die gesamte Liturgie laut spricht, wobei die Gemeinde ihn begleitet.

Trotzdem die Gemeinde sich daran gewöhnt hat, mit dem Vorbeter mitzubeten, blieben ihr die alten Responsionen vorgeschrieben; es kamen sogar neue hinzu und es wurde ihnen viel Gewicht beigelegt. Besonders die Bedeutung der Responsionen beim Kaddisch und der Keduscha ist unter dem Einfluß der Mystiker sehr übertrieben worden. Bei den Piutim war die Gemeinde nicht nur das ganze Mittelalter hindurch, sondern auch später noch auf den Vorbeter angewiesen, er trug den Text vor, und die Gemeinde konnte nur, wo es anging, mit einem Refrain einfallen; daher erfreute sich der Pismon, der fast stets einen Refrain hatte, großer Beliebtheit. Das Zuhören lag der Gemeinde nicht, sie wollte entweder mit dem Vorbeter mitbeten, oder sie suchte sich in anderer Weise die Zeit zu vertreiben. Beides wirkte außerordentlich störend und machte in der Neuzeit eine durchgreifende Änderung des gesamten Vortragswesens notwendig.

§ 54. Der gottesdienstliche Gesang.

Literatur: Zunz, Syn. Poesie, S. 114 ff., Berliner, Die Entstehung des Vorbeterdienstes in Isr. Monatsschr., 1899, S. 4 ff.; Ackermann, Der synagogale Gesang; Friedmann A., Der synagogale Gesang; JE Art. Cantillation III, 537 ff.; Music, Synagogal IX, 119 ff.

1. An die Stelle des schlichten und einfachen Vortrags der Gebete ist im Laufe der Zeit kunstvoller, abwechslungsreicher Gesang getreten. Wie es zu diesem Umschwung gekommen ist und woher die im Gottesdienste verwendeten Melodien stammen, sind viel umstrittene und kaum mehr aufzuklärende Fragen. Es liegt nahe, an einen Zusammenhang mit dem Gesang der Levitenchöre im Tempel zu Jerusalem zu denken, aber wir wissen nichts davon, ob die Gesänge der Leviten aus Rezitativen oder aus Melodien bestanden und wieviel davon überliefert wurde. Sicher ist, daß niemals schriftlich aufgezeichnete Melodien vorhanden waren, ferner, daß nach der Zerstörung des Heiligtums die meisten Gelegenheiten für den herkömmlichen Gesang fortfielen. Es wäre nun möglich, daß für diejenigen Teile des Gottesdienstes, die mit dem Tempeldienst in Zusammenhang stehen, wie den Psalmenvortrag, den Priestersegen, die Prozessionen am Hüttenfeste, sich einige Melodien durch Tradition erhalten hätten. Bei dem lebhaften Interesse, das allen Angelegenheiten des Tempelkultus entgegengebracht wurde, ist das sogar sehr wahrscheinlich, ein sicherer Nachweis läßt sich jedoch nicht dafür erbringen. Aus dem Talmud ergibt sich sogar mit ziemlicher Gewißheit, daß bei der gedrückten Stimmung, die nach dem Untergange des eigenen Staatswesens die Gemüter beherrschte, die Freude am Gesange verloren gegangen war und daß im

allgemeinen jede Art von Musik als verboten galt. Sichere Nachrichten über die Pflege des Gesanges in alter Zeit besitzen wir nur aus den Kreisen der ziemlich abseits vom offiziellen Judentum stehenden Therapeuten, die ihre Hymnen in kunstgerechtem, mehrstimmigem Chorgesang vortrugen. Daß in der hellenistischen Diaspora der Chorgesang allgemein üblich war, ist kaum anzunehmen, da sonst irgendeine Nachricht darüber auf uns gekommen wäre.

2. Ganz ohne Gesang ist die Synagoge niemals gewesen, er war sicherlich auch mit dem einfachsten Vortrag verbunden, wie ja erfahrungsgemäß der ungeschulte Vortrag stets singend endet. Wenn nun gar der Vorbeter in gehobener Stimmung und mit innerer Bewegung die Gebete sprach, wird seine Stimme öfter einen feierlichen Ton angeschlagen haben. Die Forderung einer angenehmen Stimme wird zuerst beim Fastengottesdienst an den Vorbeter gestellt, der in gedrückter Stimmung und vom Leid der Gesamtheit tief ergriffen sein mußte. Die Erkenntnis, daß ein wohlklingender Vortrag die Weihe des Gottesdienstes erhöhte, hatte zur Folge, daß auch beim täglichen Gebete Wert darauf gelegt und die Verwendung von stimmbegabten Vorbetern warm empfohlen wurde. Wie beim Gebet war auch beim Verlesen der Heiligen Schrift durch die Absicht, sinngemäß und eindrucksvoll den Text wiederzugeben, der Anlaß zu modulierendem Vortrag, zur kantillierenden Rezitation gegeben. Von Melodien sind wir da überall noch weit entfernt, aber ein rezitierender Gesang war früh eingeführt.

3. Die Forderung eines m e l o d i s c h e n Vortrags tritt zuerst in Verbindung mit dem Lesen der religiösen Literatur auf. הקורא בלא נעימה והשונה בלא זמרה עליו הכתוב אומר וגם אני נתתי להם חקים לא טובים. Wer die Schrift liest ohne Melodie und die Traditionsliteratur studiert ohne Gesang, auf den, so meint R. Jochanan, ist der Schriftvers anwendbar, ich gab ihnen Gesetze, die nicht schön waren (b. Meg. 32a). Dementsprechend wurden Bibel und Traditionsliteratur mit Akzentzeichen versehen und regelrecht gesungen. Die Akzente, die noch heute allen Bibelausgaben beigegeben sind, wurden lange als alte Bestandteile des biblischen Textes angesehen, die Zeichen selbst aber sind nicht älter als etwa das 6. oder 7. Jahrhundert, und das bei uns übliche System hat sich erst allmählich entwickelt. Das hindert jedoch nicht, daß die angewendete Singweise (נעימה, נגון) älter ist. Die Akzente haben mehr hermeneutische als musikalische Bedeutung.

aber die hergebrachte Kantillation konnte mit den Akzenten, mit denen sie die Satzeinteilung und den Rhythmus gemeinsam hatte, sehr wohl verbunden werden. So erhielt jeder Akzent die Bedeutung einer Note oder vielmehr meistens einer musikalischen Phrase. Nicht alle Bücher der Bibel wurden in derselben Weise vorgetragen. Die Kantillation für die Tora ist anders als die für die Propheten, von beiden unterscheidet sich die Vortragsweise der Klagelieder und die des Buches Esther; selbst innerhalb der Tora wird bei einzelnen Stellen und an besonderen Tagen eine verschiedene Kantillation angewendet. Aus alledem ergibt sich, daß ein und derselbe Akzent nicht immer gleiche musikalische Bedeutung hat. Es bildeten sich ferner verschiedene Modulationen des Vortrags in den einzelnen Ländern heraus. Man unterscheidet bisher die deutsch-polnische von der sepharadischen und der orientalischen Kantillation, aber die Reihe der vorhandenen Vortragsweisen ist damit keineswegs erschöpft. Man nannte die Kantillation im Mittelalter „Tropp", wie auch in der Kirche der Gesang mit reich bewegter Melodisierung Tropus genannt wurde; beim Unterricht der Kinder war eine eigene Singweise üblich, die man Stubentropp nannte, Jakob Möllin trug die Schriftabschnitte am Neujahr und Versöhnungstage in diesem noch heute üblichen Tropp vor. Wie weit die verschiedenen Modulationen der Kantillation bei der Schriftvorlesung von der Musik der Umgebung beeinflußt sind, ob sich ein gemeinsamer Grundzug in der Phrasierung erkennen läßt, ist bisher nicht zu ergründen; das uns vorliegende Material ist vorerst zu wenig umfangreich, um ein sicheres Urteil zu ermöglichen.

4. Die Gebete wurden ebenfalls lange Zeit in der überlieferten kantillierenden Weise vorgetragen, die Bewertung einer angenehmen wohlklingenden Stimme nimmt immer mehr zu, je näher wir dem Abschluß der talmudischen Epoche kommen. Im Tr. Sofrim wird beim Ausheben der Tora wohlklingendes Singen (נעירמה) vorgeschrieben. Das Prophetentargum übersetzt den biblischen Ausdruck für Gesang נגן mit פירט, und der Name חזן, der schließlich für den Vorsänger gebräuchlich wurde, ist von חזנות Hizana abgeleitet worden. Damit ist der Schlüssel zur Erklärung der Einführung des melodischen Gesanges für die Gebete gegeben. Die Piutdichter waren es, die den Gottesdienst nicht nur mit ihren Dichtungen, sondern auch mit der neuen Vortragsweise bereicherten. Ihre Schöpfungen waren Lieder im wahren Sinne des Wortes, sie wurden von den Verfassern selbst ge-

sungen. Die Anregung dazu kam ihnen aller Wahrscheinlichkeit nach von der orientalischen Kirche. „Ebenso wie die Verbreitung syrischer, griechischer und lateinischer Kirchendichtungen innerhalb des Judentums den Eifer erweckte, durch poetische Gebete dem Gottesdienst Glanz zu geben, ebenso wirkte gewiß auch der Klang der Kirchenlieder mit seinen feierlichen Weisen anregend auf den synagogalen Gesang". Auf die Verbreitung und Anerkennung des Gesanges hat sicher auch das Streben der Mystiker aus den ersten gaonäischen Jahrhunderten fördernd eingewirkt; die Mystiker haben zu allen Zeiten gern Hymnen gesungen, „die Nacheiferung Israels, es dem harmonischen Gesange der himmlischen Scharen gleichzutun, ist ein Lieblingsthema der Hechalot, die selbst den göttlichen Thron singen lassen." Ebenso empfiehlt später Juda der Fromme, beim Gebet gefällige und wohlklingende Melodien (נגון שנעים ומתוק בעיניד) zu gebrauchen, die zur Sammlung und Hebung der Andacht beitragen, Melodien, die das Herz zum Weinen bringen und freudig aufjauchzen lassen.

Der Einwirkung auf das Gemütsleben hat der synagogale Gesang seine Anerkennung zu verdanken. Weil er die Beter erhob und fortriß, in ihnen andächtige Stimmung, Schmerz und Freude erregte und vertiefte, setzte man sich über das Herkommen und über die dem Gesang feindliche Überlieferung hinweg. Die angesehensten Gesetzeslehrer erklärten den Gesang für gottesdienstliche Zwecke, zur Verherrlichung Gottes für erlaubt, später sogar für geboten. Selbst Maimonides, der unerbittliche Gegner jeder Art von Musik, konnte sich der allgemeinen Stimmung nicht widersetzen und mußte die Töne, die zum Lobe Gottes erklingen, gestatten. Es wurde häufig über die Mißbräuche und über die Übertreibungen der Sänger Klage geführt, aber der Gesang an sich nicht nur geduldet, sondern „weil er das Herz rührt", allgemein empfohlen. „Piut und Pismon wurden nicht bloß abgelesen, sondern rezitiert, teilweise gesungen. Es gab einen Gesangsvortrag für Jozer, Ofan, Meora usw., die Keroba, die aramäischen Illustrationen u. v. a., ferner für Aboda, Selicha und Kina". Die Melodien, nach denen die einzelnen Stücke zu singen waren, wurden in den Handschriften am Anfang angegeben, in den gedruckten Gebetbüchern sind einzelne immer noch genannt. Das ging so weit, daß bisweilen die Rezitation eines Piut gänzlich unterlassen wurde, weil man die Melodie dazu vergessen hatte. Die für die Piutim vorgeschriebenen

Melodien entstammen den verschiedensten Quellen, es lassen sich darunter die Weisen von Volks- und Minneliedern aus allen Ländern wiederfinden, es ist auch nicht zu bezweifeln, daß die Vertonung von Kirchenliedern hie und da übernommen wurde. Die Kunst kennt eben keine Grenzen, sie läßt sich nicht auf bestimmte Kreise beschränken. Die Vorbeter nahmen unbedenklich ihre Melodien, wo sie sie fanden, man hört schon früh den Tadel, daß zu viele fremde Gesänge in die Synagoge eingeführt würden, aber selbst mit dieser Klage stehen die Juden nicht allein, die kirchlichen Schriftsteller erheben denselben Vorwurf, daß zu viel weltliche Musik mit der christlichen Liturgie vermischt werde. Es gab Mustermelodien, die bekannten und verbreiteten hebräischen oder fremden Lieder wurden als Melodien für viele andere angewendet. Die Tatsache, daß sehr viel Piutgesang aus nichtjüdischen Kreisen entlehnt wurde, ist einwandsfrei erwiesen, es erhebt sich die Frage, wie viele von den Synagogengesängen auf jüdischer Tradition beruhen. Denn auch das ist nicht zu übersehen, daß viele Melodien eine gewisse Eigenart aufweisen, die sonst nirgends wieder zu finden ist und auf alter Überlieferung beruhen muß.

5. Auch vor den Stammgebeten machte die Freude am Gesang nicht halt, man übertrug bestimmte Piutweisen auf einzelne Gebetstücke, benutzte die Melodien der Schriftvorlesung oder komponierte eigene Gesänge. Fast für jedes Gebetstück bildete sich eine eigene Melodie und ein eigenes Rezitativ für Sabbate und Feste heraus. Besonders die einleitenden Psalmen wurden sehr gern und recht lange gesungen. In Regensburg brauchte man an Sabbaten für das eine Stück ברוך שאמר eine volle Stunde, ebensoviel verwendete Isserlein in Wiener Neustadt während der Zeit vom 1. Elul bis nach dem Versöhnungstage darauf. Auch im Orient beanspruchte der Vortrag der Psalmen um 1200 eine gute Stunde. Von dem reichen Programm eines Vorbeters und seinen Wirkungen gibt Immanuel Romi um 1300 ein anschauliches Bild, wenn er einen Vorbeter seine Stimme wie folgt rühmen läßt: Wenn ich die große Keduscha, einen Jozer oder die Keroba spreche, dann werden auch die Härtesten mit fortgerissen; wenn ich am Versöhnungstage bete, die Megilla am Purim lese, אין כמוך an den Wallfahrtsfesten oder einen Psalm vortrage, dann zittern die Gewaltigen ob meiner Stimme, und wenn ich die Klagelieder zum Gehör bringe, dann bleibt kein Auge tränenleer".

Die Melodien für die Stammgebete prägten sich den Gemeinden

ein und nahmen, obwohl sie nicht aufgezeichnet waren, feste Gestalt
an, so daß man von den herkömmlichen Sangweisen nicht mehr abwich.
In Deutschland unterschied man schon im 14. und 15. Jahrhundert die
Gesänge am Rhein von denen in Regensburg und Österreich. Jakob
Möllin empfiehlt, die an einem Orte üblichen Melodien sorgfältig zu
hüten und nicht mit fremden zu vertauschen, die späteren Halachisten
nahmen sein Wort sehr streng. Seine Jünger verzeichneten genau,
in welcher Art er die einzelnen Gebetstücke an den verschiedenen
Festen vorgetragen hatte, und da man sich vielfach danach richtete,
konnte er als der Schöpfer des in Deutschland und Polen üblichen
Synagogengesanges gepriesen werden. Auch die Portugiesen schenkten
dem Gesang der Gebete große Beachtung, sie unterschieden 18 Grundmelodien, von denen jede in vier Modulationen gesungen werden
konnte. In Deutschland hätte man sich damit nicht begnügt. Aus
Worms z. B. werden im 17. Jahrhundert Melodien erwähnt zu שמע vor
ברוך שאמר, zu ברוך שאמר an Sabbaten und an Feiertagen, zu den
darauffolgenden Psalmen an Sabbaten, für den 1. und 8. Tag Pesach,
für den 23. Ijar, als Tag der Verfolgung 1096, für den Monat Ab usw.
usw. In Polen war man womöglich noch sangeslustiger, die Vorbeter
durften ihre Phantasie ungezügelt walten lassen und einen Gesang
produzieren, den man „einen in Musik gesetzten Pilpul" genannt hat.
Wie der Pilpul wurde auch der Synagogengesang nach dem Westen
verpflanzt zum Schaden der Gemeinden und des Gottesdienstes; denn
der „Gesang" jener weder in der Musik noch in der hebräischen Sprache
gebildeten Vorbeter wurde die Hauptsache, das Gebet aber wurde in
den Hintergrund gedrängt, sein Text erbarmungslos verstümmelt.

6. Der synagogale Gesang war im allgemeinen Sologesang, die Gemeinde begleitete zwar häufig den Vorbeter, aber nicht im geschulten
Chor, sondern mit wilden und willkürlichen Unterbrechungen, die den
Vortrag störten. Auch die Responsionen wurden ohne Ordnung und
Gleichklang geboten. Ganz selten, bei feierlichen Gelegenheiten, z. B.
bei der Installation des Exilarchen, wurde in Bagdad zum Sabbatgottesdienst ein Chor (בחורים) herangezogen. Das kam auch im Mittelalter in vereinzelten Fällen vor, in Italien z. B. unterstützten einige
Sänger den Vorbeter an hohen Feiertagen. Eine seltsame Verirrung
war die Einführung von Chorknaben (משוררים) in Polen, die im Osten
vielleicht noch bis auf den heutigen Tag bekannt ist, die auch in Deutschland vielfach Jahrhunderte lang den schädlichsten Einfluß auf den

Gottesdienst ausübte. Zu beiden Seiten des Vorbeters stellte sich je ein Sänger auf, der mit hoher oder tiefer Stimme — man nannte sie darum Singer und Baß — die Gesänge des Vorbeters begleitete, indem er harmonische Intervalle anschlug, oft auch kleinere selbständige Passagen ausführte. Diese Art des Gesanges konnte man bis in die Mitte des vorigen Jahrhunderts allgemein in den Synagogen hören, (sie war z. B. in Berlin noch 1840 üblich), sie steigerte die Unordnung und Geschmacklosigkeit aufs höchste.

Der mehrstimmige kunstgerechte Gesang ist in jüdischen Kreisen zuerst in Italien gepflegt worden. Salomo de R o s s i druckte 1620 in seinem השירים אשר לשלמה, der ersten Veröffentlichung von Noten für hebräische Gesänge, 30 Stücke aus dem Gebetbuch mit Melodien für mehrere Stimmen. Man sieht daraus, daß sein Bemühen hauptsächlich auf die Einführung eines geregelten Chorgesanges gerichtet war. Welcher Erfolg diesen Bestrebungen beschieden war, ist nicht mehr festzustellen, so verwildert wie in den Synagogen des Nordens war der Gesang in den Gemeinden Italiens niemals.

7. In Deutschland trat die Umwälzung ein, als in der Zeit nach Mendelssohn der Geschmack der Juden sich verfeinerte und von dem hergebrachten polnischen Gesange abgestoßen fühlte. Damals wurde die Notwendigkeit erkannt, dem Vortragswesen der Synagoge seine Ordnung und Würde wiederzugeben. Unter den Mitteln zur Veredlung des Gesanges kamen in erster Reihe die Einführung von Gemeindeliedern und Orgelbegleitung zur Anwendung. Unter allen Neuerungen, die an den Namen Israel Jacobsohns anknüpfen, hat keine so entschiedene Gegnerschaft hervorgerufen wie die Einführung der Orgel. Sie wurde als ein tötlicher Angriff gegen das überlieferte Judentum, als eine Zerstörung des Wesens des jüdischen Gottesdienstes aufgefaßt, und obwohl der Kampf nunmehr nahezu ein Jahrhundert dauert, hat er an Schärfe nicht verloren. So erhielt die Orgel eine Bedeutung, die ihr nicht zukommt; aus einer Maßnahme, die nur vom Standpunkte der Ästhetik und der Zweckmäßigkeit zu beurteilen ist, wurde sie eine Frage des Parteiprogramms, ein Streitobjekt der sich bekämpfenden religiösen Richtungen. Jacobsohns Absicht ging dahin, den Gesang des Vorbeters durch Lieder der Gemeinde zu ersetzen, dem vielstimmigen Gesang durch die Orgelbegleitung Halt und Stütze zu geben, ihn reiner und rhythmischer zu gestalten. Dabei kam der überlieferte Synagogengesang vollständig in Wegfall, die neuen Gemeindelieder hatten weder

mit den Responsionen noch mit den Melodien der Tradition einen
Zusammenhang, die unbestrittene Bereicherung durch das neue
Element des Gemeindegesangs hatte eine Verarmung an Melodien zur
Folge. Die wirkliche Regeneration des Synagogengesangs verdanken wir
Salomon S u l z e r (1804—1890), in dessen Person sich alle dafür erforderlichen Gaben harmonisch vereinigten, musikalisches Genie, eine
phänomenale Stimme und tiefste Vertrautheit mit den traditionellen
Gesängen. Das Schicksal stellte ihn an einen günstigen Platz, beschied
ihm eine Wirksamkeit in dem Wien Beethovens und Schuberts. So
wurde Sulzer der Pfadfinder des modernen Synagogengesangs, sein
„Schir Zion" das grundlegende Werk, aus dem alle Nachfolger Anregung empfangen haben. Die Bedeutung Sulzers besteht darin, daß
er als erster eine kritische Auslese unter den herkömmlichen Gesängen
getroffen, die unbrauchbaren entfernt und die fehlenden durch eigene
Kompositionen ergänzt hat. Er hat ferner die alten jüdischen Gesänge in Notenschrift wiedergegeben, sie nach den Gesetzen der Musik-
wissenschaft sinngemäß umgeformt, so daß sie melodiös und rhythmisch
zugleich wurden. Endlich hat er die Institution des Synagogenchors
zu ungewöhnlicher Blüte gebracht, indem er Gesänge schuf, die nicht
nur kunstgerecht, sondern auch von altjüdischem Geiste und echt
religiöser Weihe durchdrungen waren. Sulzers Gesänge erklangen in den
Synagogen aller Erdteile und gaben seinen Berufsgenossen den Impuls
zu gleichem Streben. In seinem Geiste arbeitete Moritz D e u t s c h
in Breslau (1818—1892), der sich besonders die sach- und fachgemäße
Ausbildung von Vorbetern angelegen sein ließ und ihnen in seiner
„Vorbeterschule" eine vollständige Sammlung der „alten Synagogen-
Intonationen" bot. Für den Gemeindegesang sorgten die „Braun-
schweiger Gesänge" von H. G o l d b e r g , indem sie die Gebetstücke mit einem wenig komplizierten, ein- oder höchstens zweistim-
migen musikalischen Satz boten und dadurch auch solchen Gemeinden,
die einen Chor nicht einrichten konnten oder wollten, den gemeinsamen Gesang ermöglichten. Ein ebenbürtiger Nachfolger Sulzers
wurde Louis L e w a n d o w s k i (1823—1894), der als Chordirigent
in Berlin (seit 1840) für die Ausbildung des Chor- und Gemeindegesangs
bahnbrechend gewirkt hat. In seinem קול רנה ותפלה hat er zunächst
den Rezitativen für den Vorbeter besondere Sorgfalt zugewendet,
die er aufs genaueste in musikalischer Form wiedergibt, ohne sie ihres

eigenartigen jüdischen Charakters zu entkleiden, daneben aber für
den Gebrauch kleinerer Gemeinden zweistimmige Gesänge geboten,
„welche sich durch leicht fließende Melodik und Harmonik auszeichnen." Seine volle Größe als Musiker offenbarte er in den vier-
stimmigen Chören für Sabbate und Feste, welche sein Werk תודה
וזמרה enthält. Hier hat er eine große Anzahl Melodien geschaffen, die
sich durch vollendete Schönheit auszeichnen und die von einem tief
religiösen Geist durchweht sind. Der gesamte Gottesdienst wurde
von ihm für die Berliner Gemeinde für Vorbeter, Chor und Orgel
bearbeitet, seine Kompositionen wurden weithin verbreitet und im
besten Sinne populär. Die Gesänge Lewandowskis brachten der
Glaubensgemeinde die Gedankenschätze der Vorfahren nahe, sie
wurden zum getreuesten Dolmetscher für die prophetischen Offenbarungen, von denen unser Gottesdienst durchzogen ist.

In ähnlicher Weise haben zahlreiche andere Meister durch Bearbeitung alter und durch Komposition neuer Melodien sich um die
Hebung des Gottesdienstes bemüht. Auch die Melodien der Portugiesen haben in Federigo C o n s o l o einen ebenso begeisterten wie
kunstverständigen Interpreten gefunden. So wird seit Jahrzehnten
mit Eifer an der Veredlung des Synagogengesangs gearbeitet, auf
die musikalische Durchbildung der Vorbeter und die Einrichtung
eines geregelten Chors der höchste Wert gelegt. Die Erfahrung hat
gelehrt, daß die stimmungsvollen alten Klänge aus der Väter Zeit
tief eingewurzelt und ein unentbehrlicher Bestandteil des Gottesdienstes sind. Andererseits führt die fortschrittliche Tendenz dahin,
durch reichere Ausgestaltung der Instrumentalbegleitung und durch
die Vereinfachung der Liturgie den Gesang im Gottesdienste zurück-
zudrängen. Wie sich die Entwicklung auch gestalten mag, die Musik
ist in der Synagoge nicht um ihrer selbst willen, sondern als Mittel
zur Erreichung der Ziele des Gottesdienstes zu pflegen. Die Aufgabe
des Gottesdienstes ist und bleibt die Sammlung der Gemeinde zu
gemeinsamer Andacht, zur Erhebung zum Vater im Himmel und
zur Belehrung aus dem ewig sprudelnden Quell seiner Offenbarung.

Anmerkungen zur zweiten Auflage.

A. Einleitung.

§ 2 (S. 2 f.) Nähere Ausführung nebst den zugehörigen Belegen s. S. 232 ff. — Eine Würdigung der religionsgeschichtlichen Bedeutung des jüdischen Gottesdienstes bei W. Bousset, Die Religion des Judentums im neutestamentlichen Zeitalter[2], S. 201 f. — Das Zitat bei Zunz G. V., S. 384. — (S. 3) פיום vgl. weiter S. 207. — § 3. Zu den Definitionen vgl. JE Art. Benedictions III, 8 ff., Liturgy VIII, 132 ff. — Die Stellen mit λειτουργεῖν in der griech. Bibel s. in Hatch nnd Redpath LXX — Concordance S. 872 f. למריניה im Midrasch bei Jos. Perles, Beiträge zur hebr. u. aram. Sprachkunde S. 68 f. Achelis, Prakt. Theol. I [3], S. 185 f. kann sich den Zusammenhang der verschiedenen Bedeutungen von „Liturgie" nicht erklären, weil ihm עבדה mit dem gleichen Bedeutungswandel als Mittelglied fehlt. Das neutestamentliche Material bedarf unter diesem Gesichtspunkt einer erneuten Prüfung. Auch Rietschel, Liturgik I, S. 27 f. läßt sich durch seine Unkenntnis nicht hindern, über das hebr. עבדה und die Bedeutung des jüd. Kultus wegwerfend zu urteilen; das hebr. עבדה bedingt ebensowenig „falsches gesetzliches Wesen" wie das deutsche Wort Gottesdienst. — Zum Text des Sifre vgl. Friedmann a. a. O., D. Hoffmann, Midr. Tann. S. 35; vgl. ferner jer. Ber. IV. Anf. (7a) u. Midr. Sch. T. zu Ps. 66 (157b). — 10 biblische Worte für Gebet führt Sifre Dt. § 26 (70b) an; vgl. auch die von Friedmann das. zitierte Literatur. — ברך ist ein ägypt. Lehnwort, vgl. Gesenius, Wörterb. XVI. Aufl. S. 117. — Über die Erfordernisse der Beracha s. b. Ber. 40b; manches Lehrreiche bietet Jawitz S. 4 ff. Der Satz אין אומרים ברכה פסוק (j. das.) bedeutet, daß eine Bibelstelle als „Beracha" nicht verwendet werden kann, es sei denn, daß sie, wie Ps. 120 in der Fastenliturgie, einen Abschluß erhält. — Die Etymologie von תפלה bei Goldziher, Abhdlgn. z. arab. Philol. I, 36; Joh. Döller, Das Gebet im A. T., S. 17 nimmt im Anschluß an frühere Erklärungen פלל = vermitteln, התפלל = Fürbitte einlegen, צלא von assyr. sullu = anflehen, äthiop. salaja = beten. Daß תפלה sich nur auf das Achtzehngebet bezieht, ist Studien S. 36 nachgewiesen. — (S. 6). Zur Bedeutung von סדר vgl. Riv. Isr. V, 98—102. Nachweise über den Gebrauch von סדור im Sinne von Gebetbuch Ri 19e, 33g; מחזור das. 19f, vgl. auch Ri 33. Außerhalb des deutschen Ritus werden סדור und מחזור nicht immer in der im Text behandelten Weise gebraucht. — (S 7.) Das Zitat aus Tos. Schabb. XIV, 4 (12830), vgl. Studien S. 1; das andere Zitat Ri 18. — (S. 8) Ginzberg, Geonica II, 114ff., vgl. das. 109ff. Zum Folgenden s. JE Art. Prayer Books X, 171 ff. Von Amr. besitzen wir einen vollständigen Text in der Ausgabe Frumkins (weiter S. 13). Die Abhandlung von Marx ist auch separat erschienen und danach zitiert. Zahlreiche

Mitteilungen aus Saadja bei Bondi, Der Siddur des R. Saadja Gaon, Frankfurt 1904, und bei Frumkin im Kommentar. Machsor Vitry wurde durch S. Hurwitz nach Cod. Br. Mus. Add. 27 200. 201 veröffentlicht; Auszüge aus dem besseren Cod. in Oxford (Bodl. 1100) bei Frumkin. Raschis Siddur, von Buber vorbereitet, wurde nach dessen Tode von J. Freimann herausgegeben. Kleinere Sammlungen Ri S. 33. — Über מנהג weiter S. 355 ff. Die einzelnen Riten sind in ihren Eigentümlichkeiten Ri 38 ff. charakterisiert, s. auch Luzzatto מבא S. 15 ff. Über die Genisa s. Schechter, Studies II, S. 1—30. Die Handschriften von Gebetbüchern, insbesondere solche der Festgebete, zählen nach Tausenden; besonders die Bibliotheken von Hamburg, London, (British Museum und Jews' College), München, New York (Jewish Theological Seminary), Oxford, Paris, Parma, Rom sind reich daran. Der weitaus größte Teil der Genisa-Fragmente liegt in Cambridge; aber auch Oxford, Br. Museum, Petersburg, New York, die Akademie in Budapest besitzen viele Handschriften, die dorther stammen. Über neue Schätze, die in Kairo gehoben wurden, vgl. *REJ* LXV 24, vgl. auch das. LXIII 112 ff., 206 ff., *JQR* N. S. XIV 189 ff. — Die Bibliographie der Gebetbücher liegt noch sehr im Argen; im Allgemeinen ist zu vergleichen Steinschneider, C. B. pp. 303—484, Zedner, Catalogue, S. 446 ff., van Straalen, S. 143 ff., Benjacob, s. v. מחזור S. 314 ff., s. v. תפלות S. 661 ff., *JE* Art. Prayer-Books X, 172 ff., Die älteste Ausgabe des ס' אשכנז bei Zedner, 458, פולין C. B. Nr. 2064. Über אפם"ם Ri 59 f.; Luzzatto מבא S. 16, das Gebetbuch wurde nie gedruckt. In lt. ed. Livorno ist nur die Einleitung von Luzzatto; die ed. princeps s. C. B. Nr. 2061. — Der Titel von Rom. lautet auch ס' חזניא (Benjacob S. 664). Ein Unikum der Ausg. Konstantinopel 1510 u. d. T. תפלות השנה ס' (bei Berliner, Aus meiner Bibliothek, Nr. 1) ist im Besitze der Stadtbibl. in Frankfurt a. M. Die bekannt gewordene 1. Ausg Venedig 1524, die andere 1573/76 nach Zedner 483. Von letzterer konnte ich durch die Güte meines Freundes Felix Perles in Königsberg ein ziemlich vollständiges Exemplar benutzen. — Seph. erschien zuerst u. d. T. תפלות תחנות תמונות; eine unbekannte Ausg. von 1517 in C. B. S. 305, Nr. 2066, die erste bekannte 1524 das., Nr. 2067. — Über den südarabischen Siddur vgl. Bacher in *JQR* XIV, 1902, S. 581 ff. Gesamtausgaben von Prov. gibt es nicht, die Gebete für jede der drei Städte sind in einzelnen Teilen erschienen, s. die Bibliographen.

§ 4 (S. 10.) Die S. 11 genannten Werke sind unten S. 362—369 ff. besprochen, die hier zitierten Ausgaben S. oben XIVf. genannt. — Die Literatur, S. 13, ist, wie folgt, zu ergänzen: S. Krauß, Synagogale Altertümer, Berlin 1922; Heiler, Das Gebet, III. Aufl., München 1922. Die Artikel, Prayer, Jewish von F. Perles und Worship, Hebrew von G. H. Box in Hastings Encycl. of Religions, X. 191 ff. u. XII. 788 ff.; J. Abrahams, Annotated Edition of the Authorised Daily Prayer-Book, London 1914, sowie die Übersichten über die Gebete in Stracks Berakhoth, O. Holtzmann's Berakoth, W. Staerk, Altjüdische liturg. Texte und Ch. Tschernowitz, קצור התלמוד I. Ferner die Gebetbücher ס' רב עמרם ed. Frumkin,

Bd. II, 1913; סדר אוצר התפלה, Wilna 1914 und סדר עבודת הלבבות mit
Anm. von W. Jawitz, Berlin 1922, die, ohne den wissenschaftlichen Ansprüchen zu genügen, reiches Material bieten.

B. I. Abschnitt.

Kap. I.

§ 6 (S. 14.) Die Disposition des täglichen Morgengebets bei M.
Sachs, Rel. Poesie, I. Aufl., S. 168. Die im Text erwähnten Benennungen
finden sich an folgenden Stellen: תפלה של יוצר Midr. Sch. T. zu Ps. 17 (65 b),
תפלת השחר das. zu Ps. 72 (163 b), תמיד und אלתמיד sowie צלותא דצפר'
vgl. Studien S. 78, 81, צלוה יוצר z. B. *JQR* X 654, die griech. Angaben
bei Jos. Ant. VIII, 83 u. Epiphanius, Haeres. XXIX, 9. — Meir von
Rothenburg in Resp. תשב״ץ § 217, Berliner Randb. I, S. 10. Die kabbalistische Auffassung z. B. bei Lewysohn מקורי מנהגים S. 24 f.

§ 7 (S. 16.) Zur Literatur erg.: Kohler K., Shema Yisroel in
Journal of Jewish Lore I. 255 ff. 1. קריאת שמע meist im Talmud, Midrasch und halachischen Schriften (Ber. II, 1 מקרא), תפלת יוצר in Handschr.
und gedruckten Gebetbüchern aus dem Orient. ב' המאורות findet sich u. a.
bei Abudr. Die Benediktion zum שמע *JQR* X, 654 und *REJ* LIII, 240 f.;
vgl. dazu Abudr. 47 a, Geon. I, 136 ff. — והוא רחום Manh. דיני תפלה § 26.
2. (S. 17.) Streit um ברכו j. Ber. 11 c; b. 50 a (Studien, S. 19). יתברך
bei Tur I, 57 und Abudr. vgl. dazu Litg., S. 13. In Amr. 4 a ist hier
ברכו ליחיד eingefügt, das ist jedoch später Zusatz vgl. Mx. S. 4, Fr.
I, 185. Responsion für ברכו fordert Sifre Dt. 306 (132 b), Studien S. 19.
3. (S. 17.) Analyse des Jozer bei Rapoport, Zunz, Jawitz a. a. O.,
Studien S. 20 ff. Zu המחדש Manh. § 30, wo בטובו מח/ gegen מח verteidigt
wird; s. auch Riv. Isr. IV, 194 ff. u. b. Ber. 50 a. — Saadja Amr. 4 b, f. Fr.
I, 193 f., Bondi 13, Studien S. 21. Bei Saadja fehlt von מה רבו bis אדון
עוני Bondi 17, hingegen findet sich bei ihm neben אל ברוך ein anderes
Alphabet; Litg. 13, Bondi das., Studien S. 22 u. Anm. 1 auch über die
Reimkette. Die Schlußbuchstaben im Alphabet sind nur noch durch תמיד
מספרים כבוד vertreten, Saad. liest תמיד יספרו לאל קדוש/ (Fr. I, 194), unser
Text ist offenbar nicht ohne Absicht geändert. Man wollte in מספרים כבוד
auch ein Akrostichon מיכאל erkennen, Baer, S. 77. Zu כולם אהובים vgl.
für Saadja Bondi das. Kaffa in der Krim bei Baer S. 78; Ri 82 ist
die Zugehörigkeit des Ritus zu Rom. erwiesen. s. Markon, מאמר על אודות
מחזור מנהג כפא in זכרון לאברהם, Festschr. für A. Harkavy, S. 449 ff. Auch
in Persien war das erweiterte Alphabet bekannt vgl. *JQR*, X, 608. —
Über die מרכבה יורדי weiter S. 379 ff. Der Text in Amr. 4 a ist dort nicht
ursprünglich (Mx. 18, hebr. Teil S. 4), er stammt aus den היכלות vgl.
Bloch S. 20. Der alte Bericht, Geon. II, 48, jetzt auch *REJ* LXX, 135 f,
Studien S. 22 f. Über קונם רצון Ri 181, Baer 78. Fr. I, 188. Über den
Schluß des Jozer Baer S. 79, Studien S. 23. Die Entwicklung in den

Reformgebetbüchern veranschaulicht folgende Zusammenstellung: אור חדש
fehlt im Hamburger Tempel (weiter S. 402), צור תתברך und die Keduscha
bei Vogelstein (S. 430), die ganz kurze Fassung bei Einhorn (S. 434) und
dem Union Prayer-Book (S. 437) sowie im badischen Gebetbuch (S. 430).

4. (S. 20.)   Zum Text von אהבה רבה G. V. 382, *REJ* L, 145ff..
Studien S. 26ff. Hakedem II, 85. 88f. Erweiterungen des Textes, die
in Frankreich üblich waren, verwarf Jehuda d. Fromme, vgl. J. Perles
in Graetz-Jubelschrift, 1887, S. 17.

5. (S. 21.)   Zu אמן vgl. Fr. I. 196; Geon. I, 138 führt אמן auf die
zu S. 16 erwähnte Benediktion zurück, was unwahrscheinlich ist. Zur
Zählung der Worte vgl. Manh. § 33, Tur I, 61 u. Komm., Baer S. 81. Über
ברוך שם כבוד מלכותו לעולם ועד s. Blau in *REJ* XXXI, 189 u. Studien S. 10.

6. (S. 22.)   Über die Komposition von אמת ויציב Studien S. 28ff. Aus
Saadjas Text bei Bondi S. 13, Raschi vgl. Pardes 55a; Pal. in *JQR* X, 656,
Germ. für Piut bei Baer S. 216.— Die Art der Ausarbeitung des עזרת אבותינו
ersieht man z. B. aus dem Faksimilie hinter Studien S. 32; das. 31 sowie
REJ LIII, 236. 241 über den Schluß der Geulla; Polemik Jehudas des
Frommen gegen andere Zusätze bei Perles a. a. O. In Worms wurde גואלנו
erst durch Meir b. Isaak (S. 334) eingeführt, s. Epstein in הגרן IV, 91f.

7. (S. 24.)   Vgl. Studien S. 13ff. Als Bekenntnis erhielt das Gebet
die Bezeichnung קבלת עול מלכות שמים (vgl. Ber. II, 3). Privatgebete Stud.
40ff., weiter S. 73ff.

8. (S. 25.)   Ausführliche Begründung Studien S. 7ff. Gegen meine
Auffassung schrieben Blau *REJ* LV, 201ff., LIX, 198ff.; Bacher das.
LVII, 100ff., meine Verteidigung das. LVI, 222ff.; eine vermittelnde
Anschauung vertritt Liber das. LVII, 161ff., LVIII, 1ff. (auch separat
erschienen u. d. T. La Récitation du Schema et des Bénédictions), dem
Brody in *MS* LIV, 491ff. zustimmt. Trotz des heftigen Widerspruchs
sehe ich mich genötigt, an meiner Auffassung festzuhalten. Es ist zunächst nicht zu beweisen, daß פרס an irgendeiner Stelle im Talmud
„Benediktionen sprechen" oder „die Benediktion über das Brot sprechen"
bedeutet, vielmehr bedeutet פרס stets das Brot brechen, פרוסה das ab-
geteilte Stück Brot. Dasselbe gilt von בצע. Die Stelle b. Chull. 7b לא
בצע על פרוסה שאינה שלו macht keine Ausnahme von der Regel. Bacher
beruft sich freilich auf Raschis Erklärung לא; היה מברך wie wenig
zwingend diese ist, ergibt sich aus dem Komm. des R. Gerschom z. St. כלומר
לא היה נהנה. Demnach liegt weder in dem Worte בצע noch in פרוסה ein
Hinweis auf die Benediktion. Daß ein frommer Jude das Brot nicht
bricht und nicht ißt, ohne vorher eine Benediktion zu sprechen, ist eine
andere Sache und hat mit der Bedeutung des Wortes in alter Zeit nichts
zu tun. Raschi freilich und alle späteren Bearbeiter des Talmuds haben
das nicht mehr auseinandergehalten, und auf derartigen nicht ganz
präzisen Auffassungen der Späteren beruhen zum größten Teil die Einwendungen meiner Gegner. Wie der Terminus פרס על שמע in Sofrim, von
den Geonim oder Raschi u. A. aufgefaßt wurde, — die Quellen sind von
Blau *REJ*, LXXIII, 140f. gesammelt — darüber könnten wir uns rasch

einigen, da die Quellen es durchaus klar und eindeutig mitteilen, es
handelt sich jedoch darum, von allen wie immer gearteten jüngeren
Interpretationen abzusehen und den ursprünglichen Sinn der
ältesten Quellen zu ermitteln. Aus ihnen ergibt sich mir auch heute
noch kein anderes Resultat als das Studien S. 7 ff. begründete. Die Verbindung von פרס mit על vermag ich auch heute noch nicht zu belegen, daß
aber daran allein, wie Bacher meint, die Erklärung scheitert, erscheint
mir nicht einleuchtend. Es ist nun einmal ein eigenartiger Ausdruck,
der nur in Verbindung mit שמע vorkommt, man sagt z. B. in der viel
angeführten Baraita Tos. Meg. IV, 27 הפורס על שמע, aber המברך על המצות.
Wir sind alle darüber einig, daß der Terminus פורס על שמע sich auf die
biblischen Stücke nebst den Benediktionen bezieht und daß das Schma
versweise antiphonisch rezitiert wurde; die Differenz ist die, daß meine
Gegner den Ausdruck פרס durchaus von den Benediktionen herleiten
wollen, während ich ihn aus der Bedeutung „halbieren" ableite. Liber
geht zu weit, wenn er die antiphonische Rezitationsweise mit dem
heutigen Text des Gebetbuches in Verbindung bringen und wenn er in
sämtlichen in Meg. IV, 5 genannten Funktionen das gleiche Schema,
womöglich bei allen Benediktionen die gleiche Disposition erkennen will.

§ 8. (S. 27.) 1. Zur Liter. zu ergänzen: Schwaab, Emil, Hist. Ein-
führung in das Achtzehngebet (Beitr. z. Förd. christl. Theol. XVII, 5)
Gütersloh 1913. 1. Vgl. Studien S. 36, עבר ל' התיבה das. 33 ff. עמידה
Sof. XVI Ende.

2. (S. 28.) Die Ausnahme von der Wiederholung der Tefilla, welche
Maimuni angeordnet hat, s. in Resp. David ibn Simra, Vened. 1749, Nr. 5
und 94, vgl. dazu A. Geiger, Melo Chofnaim S. 70 ff. und das von
Friedländer JQR N. S. V, 1 ff. veröffentlichte Responsum.

3. (S. 28.) Die Disposition der Tef. b. Ber. 34 a im Namen von R.
Chanina (III. Jhdt.), j. das. II, 4 (4d) R. Acha i. N. Josua b. Levis (gleichz.).

4. (S. 28.) Über den Ursprung der Tef. s. b. Ber. 26 b, j. IV, 1 (7 a f.).—
Zur Erklärung von הפקולי vgl. das auf einer in Jaffa gefundenen Inschrift
vorkommende λινόπωλος PEF, QS, 1900, 118 u. 122. Schürer, III⁴ 23.

5. (S. 29.) Über Entstehung des Achtzehngebets habe ich meine
Aufstellungen aus Gesch. d. Achtzehngebets mit starken Modifikationen
wiedergegeben. Vor allem sind die verschiedenen Gruppen von Benediktionen, aus denen das Gebet besteht, klarer herausgearbeitet, auch ist
überall auf die bekannte älteste Textgestalt Bezug genommen. Es ist
der Hauptfehler in den Ausführungen von Löb, Isr. Lévi, Schwaab und
Tschernowitz, daß sie ihre Hypothesen auf den heutigen Text aufbauen.
Lévis Auffassung von dem Zusammenhange zwischen den Psalmen Salomos
und dem Achtzehngebet vermag ich mich auch heute noch nicht anzuschließen. Außer der gemeinsamen Zahl achtzehn und der Abhängigkeit
beider von biblischen Ausdrücken vermag ich trotz wiederholter ein-
gehender Prüfung keinerlei Beziehungen zu entdecken. Die scharfen
Angriffe der Psalmen Sal. gegen die Priesterpartei haben mit XII nichts
zu tun, und daß המינים ב' ursprünglich gegen die Sadduzäer gerichtet

war, ist unhaltbar; vgl. weiter S. 36 ff., besonders S. 38. Eine andere
Frage ist die über das Verhältnis der Tefilla zu dem Psalm am Ende
des hebr. Sirach, aus dem mehrfach Parallelen angeführt sind. Hier ist
eine starke Beeinflussung nicht von der Hand zu weisen, man sieht aus
Sirach, daß in jener Zeit ähnliche Gedankengänge in verschiedenen
Formen Bearbeitung fanden. Ähnliche Beziehungen hatte auch Loeb
schon zwischen einzelnen Psalmen, Deuterojesaias usw. und der Tef.
gefunden, nur sind seine Ausführungen zu einseitig und darum mehrfach
unannehmbar. Beachtenswert ist Schwaab's Hinweis auf die Verwendung
von Gebeten in kleinen Privatkreisen, ehe sie als Gemeindegebete anerkannt wurden.

　　Den pal. Text von II s. S. 44; nach Hoffmann richtet sich die Hervorhebung von תחיית המתים gegen die Samaritaner, es ist jedoch fraglich,
ob es zur Zeit ihres Abfalls schon eine Tefilla gab. — Das Zitat aus
G. V. 381. Die Heraushebung der nationalen Bitten besonders scharf
bei Loeb S. 21 ff.

　　6. (S. 30.) Früh. Mittelalter z. B. Raschi zu b. Ber. 11 b. Die Stelle
Tam. V 1 ist von mir ausführlich behandelt in Studies in Jewish Lite-
rature in honor of K. Kohler, Berlin 1913, S. 78 ff. Daß ברכת כהנים
nicht Priestersegen bedeutet, das. S. 80 und Achtzehng. S. 16, Anm. 3. —
Eine Bitte für Jerusalem auch bei Sirach 36 17 ff.

　　7. (S. 31.) Die Ansicht, daß die Tef. ursprünglich nur aus sechs
Benediktionen bestand, G. V. 380 und von dort vielfach übernommen.

　　8. (S. 33.) Der Zusammenhang der nationalen Bitten mit Ez. 20 34 ff. bei
Loeb S. 38, vgl. weiter S. 35. Bitte um קבוץ גליות auch bei Sir. 36 13, 51 12 f.
Die Didache bringt 10 5 ein Gebet, daß die „geheiligte Kirche von den
4 Winden in Gottes Reich" geführt werde; dort handelt es sich um das
Tischgebet, das auch heute noch eine nationale Bitte enthält. — S. 34.
ob. gegen Lévi *REJ* XXXII, 171. Einen Zusammenhang zwischen XI
und רשעים nimmt auch Hoffmann 51 f., 55 f. an. הביננו in b. Ber. 29 a,
j. das. IV 3 (8 a), die Zusammenfassung b. Meg. 17 b; vgl. Loeb S. 38.

　　9. (S. 35.) Näheres zu ראה Achtzehng. S. 22 f., dagegen Lévi in
REJ XLVII, 166. Zu beachten ist jedoch, daß in Taan. II זכרונות als
erste Einschaltung aufgezählt ist, daß ihnen aber erst die zweite Eulogie
entspricht, während es heißt בגואל ישראל מאריך (b. Taan. 16 b).

　　10. (S. 36.) Zu ב' המינים gibt es eine umfangreiche Literatur, die
man bei Schürer II⁴ 543 f., Strack, Einleitung i. d. Talmud⁵, 179; Strack,
Jesus, die Häretiker und Christen nach d. ält. jüd. Quellen § 21 a—d,
§ 25 verzeichnet findet. Hinzugekommen ist Berliner Randbem. I, 50 ff.
zur Bedeutung von מין vgl. auch Bergmann, Jüd. Apologetik, S. 7 f. Die
Stellen der Kirchenväter bei Schürer das. 544, Anm. 161. — Sämtliche
Darstellungen der christlichen Liturgie beginnen mit der Messe, über
die Anfänge der Gebetordnung herrscht tiefes Dunkel; auch Duchesne,
Origines du Culte Chrétien⁴, 47 ff. nimmt an, daß zunächst der Gottesdienst nach jüdischer Art fortgesetzt wurde. Selbst Rietschel, der mit
den jüdischen Einrichtungen sehr wenig vertraut ist, kann nicht umhin,

das zuzugestehen I, 232ff. — (S. 37.) Benediktionen von טינים weiter
S. 253. Zu Minim als Verleumder vgl. Joel Blicke I, 32 ff., II, 49ff. —
Judenchristen als Vorbeter müssen nach Mischna Megilla Ende vorausgesetzt werden. — (S. 38.) Irrtümer beim Vorbeten Ber. V, 3 und j. das.
(9c), die Ausnahme bei שמואל הקטן das.; statt לא שערו חכמים כך ist nach
L. Ginzberg, שרידי הירושלמי I, 22 und j. Ber., ed. Luncz 55a בך zu lesen,
vgl. Strack, Jesus usw. S. 66*. — כולל של מינים Text nach j. Ber. IV, 3,
j. Taan. II (65c); in j. Ber. II, 4 lesen unsere Texte רשעים, Cod. Vatic.
jedoch (bei Luncz 19b, Ginzberg das. 348a) liest ebenfalls פושעים vgl.
Strack, das. 65*. Die Lesart פרושים versucht Fel Perles in *OLZ* 1913, S.
73f. zu verteidigen, meiner Ansicht nach mit unzureichenden Gründen.

11. (S. 39.) Analogien für die Zahl 18 j. Ber. IV, 3 (8af.), j. Taan.
II, 2 (65c), b. Ber. 29a, Num. r. cap. 2, Sch. T. zu Ps. 29 (231) und die
dort gegebenen Parallelstellen, vgl. Baer S. 87,

12. (S. 40.) Zu den Belegen Achtzehng. S. 24ff. sei noch der Hinweis
auf Pal., weiter S. 53, und auf eine Tefilla aus Ägypten vom Jahre 1022
(הצופה לחכמת ישראל VI 13), hinzugefügt. Bezeichnend ist die Anordnung
Sam. b. Chofnis, daß derjenige, der die Eulogie דוד בונה ירוש' א' spricht,
את צמח weglassen kann (Harkavy, Stud. u. Mitteilg. III, 34, Note 89,
vgl. *JQR* XX, 807). Demnach war noch im XI. Jhdt. in Sura bekannt,
daß את צמח erst durch Beseitigung der ursprünglichen Eulogie von XIV
in die Tef. gekommen war.

§ 9. 1. (S. 42.) Abweichungen Luzzatto מבא 5f., weiter S. 266ff.—
Abudr. am Ende der Erklärung der Tef. 59a. — Zählung der Worte
Tur I 113, weiter S. 384. Auch Baer gibt regelmäßig die Zahl der
Worte an. — Dérenbourg *REJ* XIV, 26ff. — Saadjas Text bei Lands-
huth p. 287, Bondi S. 13f., Fr. I, 242. Pal., zuerst *JQR* X, 656 veröffent-
licht, sei seiner grundlegenden Bedeutung halber hier wörtlich mitgeteilt:

I) ברוך אתה יי אלהינו ואלהי אבותינו אלהי אברהם אלהי יצחק ואלהי יעקב
האל הגדול הגבור והנורא אל עליון קונה שמים וארץ מגננו ומגן אבותינו
מבטחנו בכל דור ודור. ברוך אתה יי מגן אברהם.

II) אתה גבור משפיל גאים חזק ומדין עריצים חי עולמים מקים מתים משיב
הרוח ומוריד הטל מכלכל חיים מחיה המתים כהרף עין ישועה לנו תצמיח.
ברוך אתה יי מחיה המתים.[1]

III) קדוש אתה ונורא שמך ואין אלוה מבלעדיך. ברוך אתה יי האל הקדוש.

IV) חננו אבינו דעה מאתך ובינה והשכל מתורתך. ברוך אתה יי חונן הדעת.

V) השיבנו יי אליך ונשובה חדש ימינו כקדם. ברוך אתה יי הרוצה בתשובה.

VI) סלח לנו אבינו כי חטאנו לך מחה והעבר פשעינו מנגד עיניך כי רבים רחמיך.
ברוך אתה יי המרבה לסלוח.

VII) ראה בעניינו וריבה ריבנו וגאלנו למען שמך. ברוך אתה יי גואל ישראל.

VIII) רפאנו יי אלהינו מסכאוב לבנו ויגון ואנחה העבר ממנו והעלה רפואה
למכותינו. ברוך אתה יי רופא חולי עמו ישראל.

---

1) Eine andere Fassung oben S. 44.

IX) ברך עלינו י"י אלהינו את־השנה הזאת לטובה בכל מיני תבואתה וקרב מהרה
שנת קץ נאלתנו ותן טל ומטר על פני האדמה ושבע עולם מאוצרות טובך
ותן ברכה במעשה ידינו. ברוך אתה י"י מברך השנים.

X) תקע בשופר גדול לחרותנו ושא נס לקבוץ גליותינו. ברוך אתה י"י מקבץ
נדחי עמו ישראל.

XI) השיבה שופטינו כבראשונה ויועצינו כבתחלה ומלך עלינו אתה לבדך. ברוך
אתה י"י אוהב המשפט.

XII) למשטדים אל תהי תקוה ומלכות זדון מהרה תעקר ביטינו והנצרים והטינים כרגע
יאבדו. ימחו מספר החיים ועם צדיקים אל יכתבו. ברוך אתה י"י מכניע זדים.

XIII) על גרי הצדק יהמו רחמיך ותן לנו שכר טוב עם עושי רצונך. ברוך אתה
י"י מבטח לצדיקים.

XIV) (XV) רחם י"י אלהינו ברחמיך הרבים על ישראל עמך ועל ירושלם עירך
ועל ציון משכן כבודך ועל היכלך ועל מעונך ועל מלכות בית־דוד משיח צדקך.
ברוך אתה י"י אלהי דוד בונה ירושלם.

XV) שמע י"י אלהינו בקול תפלתנו ורחם עלינו כי אל חנון ורחום אתה. ברוך
אתה י"י שומע תפלה.

XVI) רצה י"י אלהינו ושכון בציון ויעבדוך עבדיך בירושלם. ברוך אתה י"י שאתך
ביראה נעבד.

XVII) מודים אנחנו לך אתה הוא י"י אלהינו ואלהי אבותינו על כל־הטובות החסד
והרחמים שגמלתנו ושעשיתה עמנו ועם אבותינו מלפנים ואם אמרנו מטה רגלנו
חסדך י"י יסעדנו. ברוך אתה י"י הטוב לך להודות.

XVIII) שים שלום על ישראל עמך ועל עירך ועל נחלתך וברכנו כלנו כאחד. ברוך
אתה י"י עושה השלום.

2. (S. 42.) Varianten und biblische Parallelen sind zahlreich in
Achtzehng. S. 49ff. (MS 1902, 515ff.) mitgeteilt, darauf ist im Folgenden meist verwiesen.

3. (S. 43.) Mehrere Bibelverse vor der Tef. auch in Pers. JQR X,
609. — I. קנה שמים וארץ auch REJ LIII, 237. Tos. Ber. 49a s. v. ברוך
lassen אל חי וקים als Schluß von I erwarten. Zu זכרנו vgl. Achtzehng.
45, 50 (MS das. 437). Manh. ר"ה § 2 (41b) nennt es מנהג צרפת; tatsächlich wird es in Frankreich für verbindlich erklärt Tos. Ber. 12b
s. v. והלכתא. Dort versuchte man auch den bereits bestehenden Brauch
zu rechtfertigen, wie die eingehende Auseinandersetzung in V. p. 362ff,
(= Sch. L. 13a u.) zeigt. Hai bei Itt. 252, Maim. תפלה ה' II, 9.

II. האל הגבור als Eulogie vermutet Loeb REJ XIX, 19; Varianten
Achtzehng. 50 (517), JQR X, 658, Studien 46. Zu den in fast allen
Texten wiederkehrenden Sätzen gehört auch ורב להושיע. Der voraus-
gesetzten kurzen Fassung widerspricht offenbar Sifre Dt. 343 (142b),
jedoch scheint dort der Text nicht in Ordnung zu sein, vgl. Midr. Tann.
S. 209. — מוריד הטל in Pal., hingegen fehlt es in beiden Mscr. von
Amr. s. Marx 5 u. Fr. I, 237. Zum pal. Brauch s. Rapoport, Erech Millin
228a. Saadja kennt und gestattet solche Zusätze wie מלך מחיה כל בטל
oder בגשם, die offenbar ans Ende von II gesetzt wurden, Bondi 14. —
Deutschland (S. 45) s. bei Isserles zu Sch. Ar. I. 114₃. Zu Manh. vgl.

auch Tos. Taan. 3a s. v. בטל; Sommer und Winter Tos. das. 3b s. v. בימת, Ri 40. — אב הרחמן hat auch Amr. 44b, Fr. II, 292, vgl. jedoch Mx. 27 zu Amr. 46a, wo אב הרחמים zitiert ist.

III. Achtzehng. 52f. (518) vgl. auch Bloch in *MS* XXXVII 305ff. Die Eulogie המלך הקדוש Geon. II 50, *REJ* LXXII 132 u. LXXV 184.

IV. Zur Bedeutung Kohler das. 447. אתה חונן findet sich bereits Hal. Ged. ed. Hild. 32, vgl. auch *REJ* LIII, 227. Zum Text von j. Ber. vgl. Ginzberg שרידי 19, Ratner 128, zu אתה הבדלת s. Jawitz, S. 45. Auch bei Amr. Fr. II, 108 findet sich erst אתה חונן, dann אתה הבדלת vgl. die dort angef. Literatur.

VI. אל auch bei Amr. in beiden Mscr., Mx. 5; מי אל כמוך, in Germ. gewöhnlich abgekürzt, aber vollständig erhalten in Rom. It., findet sich am Ende fast aller Tefillas für יד"כ. ואל יעכב auch bei Amr. nach Mx. 16, Saad. bei Bondi 39, vgl. Responsen חמדה גנוזה Nr. 160f.

VII. Trotzdem der Anfang biblisch ist, wurde schon im Mittelalter נא eingeschoben, vgl. V. p. 66, Kusari III, 19, Tur, Abudr. Seph. und It. In Amr. ist kein Text von ענגו, der Saadjas bei Fr. I, 243.

VIII. Zu Amr. vgl. Mx. 5 Fr. I, 242; לכל טכאובינו liest auch Oz. T.

IX. Die Bitte um Regen erwähnt Gen. rab. VI, 5 (ed. Theodor S. 45) אין עלת לכנשתא ושמעת מצליין דמטרא. — Text von Amr. in korrekter Form bei Fr. I, 245, vgl. Mx. 5.

X. Amr. vgl. Mx. 5, Fr. I, 246, der Text lautet ebenso *REJ* LIII, 237.

XI. Alfasi z. St. vgl. auch Manh. ר"ה § 2, Tur I, 118 und It. Die Analogie von האל הקדוש, das in המלך הק' geändert wird, macht es wahrscheinlich, daß dem המלך המשפט der Text האל הם' zugrunde liegt. Ms. München liest b. Ber. 12b מאי הוה עלה רב יוסף אמר האל הקדוש והאל המשפט vgl. דקדוקי סופר' I, 55.

XII. Zum Text von המטינים ב' vgl. Baer 93ff., der viele alte Texte berücksichtigt, Berliner, Strack (ob. zu S. 36). Amr. bei Mx. 5, Fr. I, 246, 253. — Reuchlin vgl. L. Geiger, Joh. Reuchlin S. 229, Anm. 3; der Anfang ולמשומד' mit später sehr erweitertem Text auch in Pers. *JQR* X, 610. — מלכות ודון in שבט יהוד' ed Wiener § 9, S. 29, § 64 S. 95f., wo auch eine apologetische Erklärung dafür gegeben ist. — ולמלשינים neben טינים z. B. in It. Yem. Oz. T.

XIII. Tos. Ber. ed. Zuckerm. liest כולל של גרים בשל וזקני, in den anderen Ausg. heißt es wie in j. Ber. II, 4 u. Parall. כולל של גרים ושל צדיקים זקנים במבטח. — Raschi zu b. Ned. 49b s. v. מריעי. — Amr. Cod. O. Mx. 6, Fr. I, 253. — Für die Fassung ולעולם לא נבוש auch Berliner 63, Zusätze in Pers. *JQR* X, 610.

XIV. Saad. bei Fr. I, 242, vgl. auch *REJ* LIII, 237. Zu רחם Amr. Mx. 27, Saad. Fr. II, 263. — Mittelalter vgl. Eschkol II, 17, Tur I, 557. — Zur Eulogie מנחם ציון vgl. Büchler in *JQR* XX, 799ff. — It. ebenso in Rom. vgl. weiter S. 129, 230.

XV. Amr. Fr. I, 253 liest כי לישועתך; hingegen fehlt es in Cod. S. bei Mx. 6. Der Ausdruck קויתי לישועתך Ps. 255 u. Gen 4918.

XVI. Bei Amr., Mx., Fr. das. שמע קולנו ד' א' וקבל ברחמים וברצון את
תפלתנו כי אל שומע תפלותינו ותחנונינו אתה מעולם בא"י.

XVII. Achtzehng. 60ff. ובתפלתם שעה auch bei Amr. Mx. 6. ותחזינה
fehlt noch *REJ* LIII, 237. — Maim. Resp. ed. Lichtenberg Nr. 98, I, 20a,
vgl. dazu S. Schechter, Saadyana XIV, S. 42. Zu רצה Saadja Oeuvres
IX, 156, Toledo in Manh. § 59, Karo zu Tur I, 120, Paltui bei Manh. ר"ה § 5.

XVIII. Achtzehng. 62 f., מודים אנחנו לך aus I. Chr. 29₁₃. — Luzzatto
in אגרות שד"ל 465. — Zu Sof. XX 8 vgl. Müller, 286, Note 27, 28. —
Abudr. 54 c. — כשם vgl. Itt. 252, Tos. Meg. 4a s. v. פסק, — וכתב bei
Amr. 44b, Fr. II. 249 ohne טובים; זכר רחם' bei Amr. das. vor ועל כלם —
zu מוד' דרב' Berliner, Randb. I. 30.

XIX. Zu מעון הברכות in Pal. vgl. Stud. 46, Werth. in אוצר מדרשים
I 90. — שלום רב zuerst Pardes 44c, Meir Rothenburg in Hag. Maim.
zum Gebettext. Zu Mincha hat es auch Amr. 18a nach Mx. 11 u. Fr.
I, 188. In Yem. hörte es Ibn Sappir I, 57a, in der Ed. jedoch steht
שים שלום. Eulogie עושה השלום in Germ. zunächst an ר"ה seit ed. Thiengen
1560, bald darauf aus kabbalistischen Gründen auch für die Bußtage
eingeführt, Berliner I, 34.

6. (S. 59.) In Germ. ed. Prag u. Trino fehlt עשה למען שמך noch,
vgl. Baer 104. — Ursprung in Manh. § 62 aus unbekannter Hagada
hergeleitet, מלכנו א' Amr. 9a, Fr. I, 264f. Weitere Zusätze Baer 105. —
Piutartige Verkürzung Achtzehng. 47, in Hdschr. in mehreren Vorlagen
zur ganzen Tef. erhalten, Erweiterung Studien 47/8.

§ 9a. (S. 61.) Zur Literatur vgl Mann in *REJ* LXX 122ff.
1. Trishagion in der christl. Liturgie von Clemens Romanus an Herzog-
Hauck, Realencycl. XX³ 125ff. Thalhofer, Handb. Kath. Lit.² 155ff.
קדוש של עמידה Sof. XVI 12 Ende. Baer 79 nennt im Gegensatz dazu
die Keduscha des Jozer קדושה דישיבה; der Ausdruck ist nach Analogie
von Sof. X, 8 gebildet, kommt aber in den alten Quellen nirgends vor;
Eschkol I, 12f. spricht von קדושה מיושב.

2. (S. 61.) Nach dem Vorgange Rapoports, Kalir Note 20, S. 119
wird die Keduscha vielfach auf essäischen Einfluß zurückgeführt,
besonders Kohler und Ginzberg verfechten diese Anschauung, und von
christl. Seite hat Baumstark gegen meine Aufstellungen Widerspruch
erhoben (Oriens Christianus 1920, 139). Nach nochmaliger wiederholter
Prüfung der Quellen muß ich gestehen, daß ich bei der Erwähnung
von Morgengebeten der Essäer, von ihrer Vorliebe für Hymnen nirgends
einen einigermaßen deutlichen Hinweis auf eine Keduscha finden kann.
Jesaia VI enthält nichts, was es zu einem Morgengebet unmittelbar
geeignet machte, Ez. 3₁₂ eignet sich schon eher dafür, dort aber fehlt
wieder der Begriff Keduscha. Wo wir die Ked. wirklich finden, wie
Hen. 39₁₂ (ob. S. 63) ist von einem Morgengebet keine Rede. Ap. Joh.
48.₁₁ liegt wenigstens eine Verbindung der Ked. mit einem Hymnus
auf den Schöpfer vor. Ich denke mir den Hergang so, daß im dritten
Stück der Tefilla die Ked. als Heiligung Israels mit Jes. VI₃ erwähnt
war, daß daran poetisch gestimmte Gemüter dramatische Bearbeitungen

anknüpften, wie sie b. Chullin 91b, P. d. R. E. IV, Pes. rabb. XX
(97a) vorliegen und von den Mystikern der Geonimzeit verbreitet wurden.
In Babylonien gelang ihnen die Einführung, in Palästina kämpften die
eingewanderten Babylonier um 800 so lange, bis sie die Aufnahme der
Ked. in die tägliche Liturgie durchsetzten. In der Nachricht Geon.
II, 50ff., *REJ* LXX, 133ff. ist auseinanderzuhalten, was der Polemist als
Tatsachen aus Palästina und was er als Meinung Jehudai Gaons mitteilt; beides ist nicht identisch, sowenig wie seine Angriffe auf die
Babylonier zur Verherrlichung des Babyloniers Jehudai passen. —
המברך bezieht sich im Zusammenhang auf den Vorbeter der Tefilla, so
auch V. Aptowitzer in ה' ראבי"ה zu b. Ber. 21b. p. 42² gegen Geon. I 129.
Dieser ältesten Bezeugung parallel geht die Keduscha in Const. Apost.
VII 35, auf die W. Bousset Nachr. v. d. Gel. Ges. Göttingen, 1915, phil.
hist. Kl. S. 435ff. hingewiesen hat. Die Redaktion der Const. Apost.
führt in die Zeit R. Abuns. — Statt לקדושה lesen alte Texte in b. Ber.
21b לקדוש, was sicher gleichbedeutend ist. — אבון ר' vgl. A. Hyman
תולדות תנאים ואמוראים I, 49; zum Text Ratner 131. — Zu זה שעובר
Studien 33ff. — Zu Chill. 59 vgl. auch Jellinek בית המדרש V, 162,
Tos. Sanh. 37b s. v. כנף. Sof. XX, 7 wird die Ked. zitiert das in
einer Baraita תני ר' חייא. — Um 800 Geon. II, 50 s. ob. Nach Sof. das.
wird die Ked. an jedem Tage mit Musaf u. am Chanukka gesprochen.

3. (S. 62.) So auch Müller, Sofrim S. 228. — שמע in Keduscha
vgl. Amr. 11a, Fr. I, 278, auch Erech Mill. S. 37b; deutlicher ist die
Nachricht in Geon. II, 50f., Pardes 56b, wo ausdrücklich מלכות אדום
als Urheber des Verbots genannt ist. Gerade diese Stelle spricht gegen
Ginzbergs Auffassung, weil nur von einem gegen Palästina gerichteten
Verbot und einem Ersatz des Schma durch die Amida-Keduscha die Rede ist.

4. (S. 64.) Zu den Texten vgl. Litg. 13ff., Saad. Keduscha bei
Bondi 17. — In ונמליכך bei Maim. ist vielleicht eine Spur desselben
Geistes, der sich in der Einführung von ימלך ausdrückt. — כתר hatte
auch It., wie sich aus Sch. L. 13 ergibt. Auch Oz. T. hat כתר. — או בקול
Amr. 10b. V. p. 156. — Ofannim im Talm. s. ob. S. 62. — פעמים ohne
jede Einleitung wird auch in gaon. Responsen zitiert z. B. Amr. 10bf.
Fr. I, 278. Gerade die Einschaltung פעמים erregte stärksten Wider-
spruch, s. Geon. II, 52. — Zu אדיר vgl. Pard. 42a, danach war es zu-
nächst nur am ר"ה ויו"כ üblich, dann ließ Eljakim aus Speyer es am
Wochenfeste vortragen, das Buch der Frommen, ed. Berl. § 501,
kennt den Brauch bereits an allen Wallfahrtsfesten. Meschullam b.
Kal. (weiter S. 327) ist Verfasser der Keroba für שחרית יו"כ in
Germ., in der das Wort אדיר eine große Rolle spielt; besonders ist
das letzte Stück der Bearbeitung der Keduscha zu beachten, dessen
Refräns מה אדיר שמך ד' und ד' אדונינו lauten. — Die Abfassungszeit der
Zusätze zu den Keduschaversen wurde mit Rücksicht darauf angesetzt,
daß נקדש bereits in Sof. XVI, 12 erwähnt ist. — Von deutschen Bearbeitungen ist die bekannteste die von Abr. Geiger mit der Komposition von Lewandowski, eine englische findet sich im Union Prayer-Book.

5. (S. 66.) Abgesehen von den bereits oben S. 18 für die größere Jugend der Jozer-Keduscha angegebenen Gründen ist der Eifer zu beachten, mit dem die Mystiker danach strebten, auch dem einzelnen dazu zu verhelfen, daß er die Keduscha oder wenigstens den Ersatz dafür, קדושה ליחיד, sprechen konnte. Selbst im Jozer mußte die Keduscha beim Privatgebet übersprungen werden; da die Halachisten immer wieder auf den Punkt zurückkommen, scheinen die Mystiker immer neue Vorstöße unternommen zu haben, bis sie schließlich Sieger blieben. Die Quellen über diesen Kampf wurden von Büchler in *REJ* LIII, 220 ff. zusammengestellt (vgl. Stud. 20 f.). Bei Saad. nun ist vom ganzen Jozer für den einzelnen so gut wie nichts übriggeblieben; eine so radikale Verkürzung hätte er nicht vorgenommen, wenn er sich nicht auf eine alte Vorlage hätte stützen können. Die Vorlage aber bot der alte pal. Jozer, der im Laufe der Zeit zum Jozer für das Einzelgebet degradiert wurde.

§ 9b. (S. 67.) Das Bruchstück einer Abhandlung von L. Löw in dessen Ges. Schr. V, 34 ff.

1. Zum Verständnis der Ausdrücke מעלות האולם und דוכן in der Mischna s. Büchler, d. Priester u. d. Kultus usw. S. 126 und die dort Anm. 1 angeführten Stellen. — עלה לדוכן wird im Talm. auch Tannaiten in den Mund gelegt, die Ausdrucksweise gehört jedoch erst der amor. Zeit an. — נשיאות im Sifre und in b. Sota z. St., bei den jüngeren Halachisten vielfach נשיאת, wie fälschlich auch einige Talmud-Ausgaben haben.

2. (S. 68.) Die religionsgeschichtliche Bedeutung der Übertragung des Priestersegens in die Synagogen ist besonders scharf von Isr. Lévi *REJ* XXX, 142 hervorgehoben. Sifre suta a. a. O. leitet das aus Ex. 20₂₄ ab. — Die körperlichen Gebrechen sind nur solche am Gesicht, an Händen und Füßen, weil das Volk darauf hinzublicken pflegt, Tos. Sota VIII, 8 (307 b), vgl. Tos. Meg. IV₂₉ (228 l) b. Meg. 24b, j. IV 75b. u. c.

3. (S. 69.) Die Verpflichtung der Ahroniden betont R. Juda b. Pasi (um 300) im Namen R. Eleasars, vgl. auch b. Sota 38b u. Or Sar. II, 165. In der christlichen Kirche ist der Priestersegen erst durch die Reformation Bestandteil des Gottesdienstes geworden, vorher ist er nur vereinzelt nachzuweisen, Achelis, S. 365 (wo die Worte „mit dem jeder Synagogengottesdienst geschlossen wurde" der Verbesserung bedürfen). Rietschel, 326, 402 u. ö. — Über die Finger der Priesterhände, vgl. I. Löw im Gedenkbuch für D. Kaufmann S. 68, Berliner I, 41. Auf Grabsteinen sind die ausgebreiteten Hände Zeichen der ahronidischen Abstammung.— Die Vorstellung von der magischen Wirkung des Segens wurde durch die Mystiker sehr verstärkt. Daß die Priester dem קדש den Rücken kehren und sich mit dem Gesicht zur Gemeinde wenden, schreibt auch Tos. Meg. III, 24 (227₁₃) vor; das entsprach der babylonischen Sitte, in Palästina standen sie mit dem Gesicht zur heiligen Lade Chill. Nr. 36, S. 34. — Zu Sifre § 39 vgl. S. suta ed. Hor. S. 247, § 23 u. b. Sota 39b. — Das Aufrufen geschah in ältester Zeit durch den חזן d. i.

den Diener (weiter S. 485 ff.); so faßte noch Jak. Tam die Quellen auf Tos. Ber. 34a s. v. יענה לא. Wenn später der Vorbeter die Funktion ausführen mußte, so liegt hier vielleicht eine von jenen vielen Verwechslungen auf Grund des späteren Sprachgebrauchs vor, durch die צבור שליח an Stelle von חזן חון trat, vgl. Or Sar. a. a. O. und Kohut, Aruch s. v. חזן. — Die Bibelverse finden sich zuerst in Raschis כפים נשיאות ה' (Cod. Vatic. Nr. 318), vgl. V. p. 101, Berliner I, 40; da aber sämtliche Riten die Verse angenommen haben, muß ihre Einführung in recht früher Zeit erfolgt sein. Gegen die Unterbrechung des Segens durch die Verse vgl. z. B. Abudr. fol. 33a, Bet Josef zu Tur I, 128. — Gebet bei Träumen vgl. R. Nissim b. Jak. מפתח zu b. Ber. 55b. Das Gebet ist schon in Amr. 11b, Fr. I, 287 übernommen, aber die Verordnung, es stets beim Priestersegen zu sprechen, rührt erst von Meir Rothenburg her (Hag. Maim. zu תפלה ה' XIV, 7). Selbst Jesaia Horwitz (S. 390) erklärte sich dagegen, Berliner I, 41. — Die Fassung des רצון יהי am Schlusse stammt aus Nathan Hannovers ציון שערי (Berliner, das.). Zur Erklärung des seltsamen אנקתם usw. s. Heller in REJ LV, 60 ff., Krauß das. LVI, 251 ff. — Gesang beim Segen schon O. Ch. 109b. Resp. MaHaRIL, Nr. 148. — Täglichen Priestersegen hat auch Saad. Bondi 17, Yemen (ibn Sappir I, 57a), Jerusalem (Ri 84). Unterlassung des Priestersegens L. Löw a. a. O. vgl. O. Ch. u. MaHaRIL z. St. Komment. zu Tur I, 128 Ende. — Amsterdam JE I, 538ff. — Palästina Chill. Nr. 29 S. 28, Manh. § 64. — Am 9. Ab im Morgengebet fällt der Segen aus, bei Amr. Fr. II, 268 ist er noch üblich. — Jak. Tam s. oben. — Meir Rothenburg Resp. ed. Prag, Nr. 648, Mord. Meg. § 817, Bet Josef z. St. — Josef Kimchi s. Abudr. 32d. — Gründe gegen den Priestersegen s. Geiger, Jüd. Zeitschr. XI, 284, Philipson, Reform Movement, S. 347, 351.

§ 10. 1. (S. 73.) Zur Terminologie vgl. Maim. תפלה ה' V, 13, 14. — Daß unter תחנונים das Privatgebet zu verstehen ist, wurde Studien 40 ff. eingehend begründet. Im Arabischen wird der Ausdruck תנפל dafür verwendet, was Juda ibn Tibbon mit התנפל, aber auch mit בתפלה התנדב oder רשות תפ' übersetzt hat, vgl. Bacher, Einl. zu Abulwalids השרשים ס', X, Note 4. — (S. 74) 2. Yemen bei Sappir, I, 57a, Saad. bei Bondi 15. — נ"א אומרים אין bei den Halachisten der letzten Jahrhunderte, daher auch in den Kalendern. — (S. 74) 3. Aus der gaon. Literatur z. B. נפיל רחמי ואבן אפיה על in Hal. Ged., ed. Hild., 22. Natronai bei Amr. 9a, Fr. I, 264. — Sch. Ar. I, 131.

4. (S. 75.) Amr. 12a, vgl. dazu Mx. 6f., Fr. I, 299. — Techinnastücke bei Zunz, Litg. 15f., Saad. bei Fr. I, 298, Bondi 15. Maim. in תפלות ס' vgl. Moses b. Maimon I, 330. — V. p. 70, Fr. I, 298, wo auch andere Abweichungen mitgeteilt werden. Sehr interessant ist Abulwalids Mitteilung, daß sein Lehrer Isaak b. Saul des Abends Ps. 143 als Techinna zu sprechen pflegte, bis ihm die Bedeutung von כסיתי vs. 9 unklar wurde; darauf hin las er den Psalm nicht mehr, השרשים ס' s. v. כסה, ed. Bacher S. 226 u. Einl. ∾. a. O. Daß mehrere Fassungen zulässig sind, weiß noch Abudr. Ps. 6 in Germ. ist erst seit 150 Jahren

eingeführt, Berliner Randb. I, 24. — רחום וחנון usw. auch bei Saad., vgl.
Fr. I, 297f., ויאמר דוד stammt aus שערי ציון Berliner, das., Baer 116,
Fr. das. — 5. (S. 76) R. Akiba, weiter S. 147. — שומר ישראל Ri 131,
Litg. 18, Fr. I, 300. — Sündenbekenntnis erst seit den letzten Jahr-
hunderten, wahrscneinlich unter lurjanischem Einfluß (weiter S. 387ff.)
eingeführt, vgl. jedoch *JQR* N. S. IX, 287ff.

6. (S. 76.) Zum Text von Meg. Taan. vgl. ed. Neubauer S. 22. — Didache s. G. Klein, D. älteste christl. Katechismus usw. S. 212; Regenfasten Taan. I, 4ff. Sonstige Fasten Tos. Taan. II, 4 (2173) יום ב' וה'
יחיד יושב בתענית צבור, auch das Estherfasten fand Montag und Donnerstag statt, s. Sof. XVII, 4, weiter S. 131. — ימי הכניסה Meg. I, 1. —
S. Olam vgl. Marx, Seder Olam, deutsch. Teil, S. 20, Manh. § 70.

7. (S. 77.) Amr. 19b. (Fr. I, 393), It. auch bei Fr. I, 301. — Zu
והו רחום vgl. Baer 112, Litg. 16, Groß, Gallia Judaica 74f., Berliner 70ff. Wenn Zunz sich auf V. bezieht, so denkt er an Ms. Bodl.,
wo sich die Erzählung tatsächlich findet, vgl. Fr. I, 293 (gegen Berliner).
Daß והוא רחום bei Amr. ein Zusatz ist, lehrt Mx. 11. — Varianten zum
Text von והוא רחום bei Baer das. u. Fr. I, 294. Der Text verdiente eine
besondere Untersuchung. — בקשה bei Amr. 23b. Fr. 395, ר' אלהי ישראל
Ri 123f. wird im XI. Jhdt. bereits benutzt, s. Litg. 17.— Andere Poesien
bei Amr. vgl. Mx. 11. — Akrost. החזק V. p. 71. — אל ארך אפ' Litg. das.,
Berliner, I S. 29. Amr. kennt sie noch nicht.

8. (S. 78.) Vgl. Sch. Ar. I, 1314 ff., jedoch ist die dortige Zahl überschritten worden, eine Aufzählung aller Tage bei Baer 112. Der Einfluß
privater Feste bei Berliner, Aus dem inneren Leben der Juden im
Mittelalter, S. 114.

9. (S. 79.) Natronai s. Resp. Lyck Nr. 90, wo 2 Responsen ineinander
geraten sind, Amr. 14b., Itt. 253, V. p. 26. Ginzbergs Auffassung, Geon.
II, 299, von קדושה דסדרא als einer Art Haftara - Benediktion übersieht,
daß voraufgegangenes Studium vorausgesetzt wird. Auch diese Keduscha
wollte man im Einzelgebet verbieten. Amr. Fr. I, 330, Bondi 15. Saad.
(Bondi 17f.) u. Maim. haben einen abweichenden Text, ebs. *JQR.*N.S.IX,
282. — Babylon. Ritus s. Amr. u. Resp. Lyck das.

10. (S. 80.) Amr. 14a. Fr. 317, 327. V. p. 74, O. Ch. 21b. § 4ff. Über
die in Toledo üblichen Psalmen Manh. § 77. Saadja bringt an dieser Stelle
seine 2 bekannten Gebete (weiter S. 324). — אין כאלה' fängt logisch
richtiger mit מי כאלהינו an, die Umstellung erfolgte, damit das Akrost.
אמן entstände, vgl. *JQR* XIII, 160. — Noch mehr Zusätze bei
Baer 154ff

11. (S. 80.) עלינו finde ich zuerst Tur I, 133; nach Berliner, I. S. 49
hatte es schon Rokeach für den Morgengottesdienst.— Zu den Anklagen
gegen עלינו s. *JE* I, 336ff. Berliner das. Zu Preußen vgl. die Literatur
bei L. Geiger, Gesch. d. Juden in Berlin II, 27f.

12. (S. 81.) Gegen שיר היחוד und die häufige Wiederholung des Kaddisch erklärt sich auch Elia Wilna bei Fr. I, 114. Unechte Verse gegen
Ende des שיר הכבור weist Simonsen in *MS* XXXVII, 463ff. nach.

§ 11. (S. 81.) 1. Amr. bei Fr. I, 138 beginnt hier den öffentlichen Gottesdienst וכשנכנסין ישר' בבית הכנסת להתפלל בעיירות עומר חזן הכנסת ופותח ברוך שאמר.

2. (S. 82.) Zum Text von b. Schabb. 118b. vgl. Aptowitzer in הצומח מארץ הגר I, 84ff., die Beziehung auf Ps. 145ff. schon bei Moses Gaon in Aruch s. v. תפל u. Alf. z. St.

3. (S. 82.) Ps. 30 vielleicht durch Lurja veranlaßt, Berliner, I S. 22; Elia Wilna gegen die Aufnahme Fr. I, 114. — Daß ברוך שאמר aus 2 heterogenen Teilen besteht, betont auch Bloch in *MS* XXXVII, 262. Der erste Teil fehlt in vielen Genisa-Fragmenten (Saad. hat ihn nur für Sabbat), Bondi 16, Fr. I, 154. Nach der Übersicht bei Mx. 3 u., Fr. I, 167 müßte er auch bei Amr. fehlen, trotzdem beginnt 2b, Fr. 138 mit 'ברוך שאמ; wahrscheinlich ist das ein späterer Zusatz. Zur Vortragsweise vgl. Rapoport, Kalir S. 117 auf Grund des Berichts von Nathan ha Babli (um 960) bei Neubauer, Mediaeval Jew. Chronicles II, 83. Der Sinn des ersten Teils bei Margulies a. a. O., T. d. B. El., ed. Friedmann, S. 179. — Zur Eulogie מלך מהלל בתשבחות vgl. Amr. das., Saad. bei Bondi 16.— Moses Gaon a. a. O., Müller J., ממתח S. 76, Zunz Litg. S. 12.

4. (S. 84.) Bei Amr. (Fr. 167) u. Saad. fehlt הודו noch, Verse hinter והלל לד' zuerst in V. p. 61f. vgl. mehr über diese Zusätze bei Jawitz 63f., Ri 59; im verbreiteten Text von Amr. finden sich die Verse in der Sabbatliturgie S. 27a, sie fehlen jedoch in den Hss., s. weiter zu S. 112/3. Gegen jede Einschaltung schreibt sehr entschieden Itt. 249. — Zum Text von j. Ber. V, 1 Ratner, S. 120. — Ps. 100 weder bei Amr. noch Saad. Über ihn Manh. דיני תפלה § 21, Tur I, 50. Vgl. Berliner, I S. 22 auch über den hier häufig eingeschalteten Ps. 20. — Mit מלך ד' beginnen in Amr. die Semirot, es geht 'ברוך שאמ voran; Manh. § 19 kennt es nur für Sabbate, in Seph. steht es am Beginn der Sem. für alle Tage.

5. (S. 85.) Mehr Verse mit אשרי zuerst in V., vgl. Ri 59, sie stehen auch in den Mss. von Amr. Mx. 3, Fr. I, 167.

6. (S. 85.) Die Verse ברוך ד' לעולם usw. zuerst Rokeach § 320, ויברך דוד bis vs. 13 schon Amr. (Fr. 168, Mx. 3); das Folgende war ursprünglich nur am Sabbat üblich u. zw. zuerst in den romanischen Ländern; nach Deutschland wurde es durch Moses b. Kalonymos aus It. eingeführt, V. p. 226, für Frankreich Ri 14. Zum Ganzen vgl. Geon. I, 127. Im Tempel in Jerusalem wurde Ex. 15 am Sabbat nachm. als Psalm gesungen, b. R. ha Sch. 31a; die Übernahme in die Liturgie wurde bekämpft von Natronai s. Itt. 249. Hinter נשמת finden wir das Lied noch in Pers., s. *JQR* X, 608.

7. (S. 86.) Die Häufung der Synonyma in ישתבח führt Bloch a. a. O. 262 auf die Mystiker zurück, doch finden sich ähnliche Wendungen bereits Pes. X 4 u. Mech. zu Ex. 14, 8. 14. Saad. Text ist kürzer, hingegen der Schluß weiter ausgeführt, Bondi 16. Die Eulogie bei Amr. Fr. 178; obwohl Amr. dagegen spricht, hat Saad. die Eulogie mit רוב ההודאות Fr. 154.

8. (S. 87.) Vorbeter Ri 6, Maim., ה' ת' תפלה IX, I. Nach Pers. werden erst hier ציצית angelegt *JQR* X, 608. In Amr. (Fr. 178, Mx. 3) heißt es vor ישתבח als Einleitung ועומר השליח לפני התיבה וחותם, weil hier erst der

Vorbeter auftritt, der bis dahin gesessen hat; er beginnt freilich infolge des S. 82 erwähnten Irrtums mit ישתבח.

§ 12. (S. 87.) 1. Bei Saad. Maim. stehen die ברכ׳ השחר unter den ברכות הנהנין, weil sie zu Hause gesprochen werden, s. Bondi 20, Maim. ה׳ תפלה VII.

2. (S. 87.) מה טבו und ואני hat schon Amr. unter den speziellen Benediktionen s. Fr. I, 38, er kennt auch Ps. 59 als Vers beim Verlassen des Gotteshauses, schon in V. finden sich mehr Verse. Gegen מה טבו schrieb Sal. Lurja, sonst aber war es allgemein angenommen und gebilligt; s. Berliner I, 11.

3. (S. 87.) Zu יגדל vgl. Luzzatto מבא 20, Berliner I, 13. — Zur Fixierung und literarischen Verarbeitung der Dogmen im Judentum vgl. Schechter, Studies I, 200 ff. Marx in *JQR*. N. S. IX, 305. — Immanuel, Machberet IV vgl. Chajes in Riv. Isr. VII. 96, *ZfHB* XI, 159. — Ed. Krakau nach Berliner I, 12.

4. (S. 88.) Seph. hat einen Einschub בלי ערך דמטין usw. Fr. I, 41. Über den Inhalt von אדון עולם s. den schönen Aufsatz in I. Abrahams, Festival Studies, S. 174 ff. — Gabirol als Verfasser S. P. 216.

5. (S. 89.) Daß die ברכות השחר ursprünglich nur als Gelegenheitsgebete gedacht waren, beweisen am deutlichsten die von ihnen losgetrennten Benediktionen für ציצית und תפלין, die auch heute nur beim Anlegen dieser Gegenstände gesprochen werden. Nachdem die ב׳ השחר in das tägliche Gebet aufgenommen waren, fand man die Begründung, daß darin eine Anerkennung der Schöpferkraft Gottes lag, vgl. z. B. Eschkol I, 7 (ed. Albeck, S. 10). — על נמילת ידים am Anfang nach Fr. 47 auch bei Amr. und in V. p. 56; im Talmud ist die Reihenfolge אלהי נשמה und dann על נמילת יד׳. Die Reihenfolge der kurzen Bened. weicht nicht nur bei Amr., sondern auch später vielfach von der des Talmuds ab, vgl. Jawitz 5 f., Berliner 13 ff., Fr. I, 53. — Zum Text von j. Ber, IX s. Ratner 198. בור schon bei Amr. zurückgewiesen, Mx. 2, Fr. 85; aus גוי ist aus Rücksicht auf die Zensur נכרי geworden, Baer 40 f. Das שעשני כרצונו für Frauen ist jünger als V., erscheint zuerst in Tur I, 46 und Abudr. 14c. Statt עשאני hat שמתני Saad. a. a. O. und Maim. תפלה VII, 6 vgl. auch Hag. Maim. z. St. שלא שמתני עם הארץ bei Schechter im Kaufmann-Gedenkbuch, hebr. T., S. 53; vgl. auch Pers. in *JQR* X, 607. Der Sinn der 3 Benediktionen bei Kaufmann *MS* XXXVII., S. 14ff.

6. (S. 90.) Statt לעסק בדברי ת׳ liest Amr. על דברי התור׳ Fr. I, 70. Daß mit dieser Gruppe große Umwandlungen vorgenommen worden sind, beweist die verschiedene Reihenfolge in den Texten. Amr. 2 a (Fr. 72ff.) hat sie hinter der hier in 5. und vor der in 7. behandelten, vgl. dazu Geon. I, 126. Tur I, 46, Ende berichtet, daß der Verf. ב׳כת התורה hinter אלהי נשמה versetzt habe, darauf ברכו und die kurzen Bened. folgen ließ; Moses Isserles bemerkt z. St., daß in Deutschland die jetzt in den Gebetbüchern stehende Reihenfolge üblich ist. Alle alten Gebetbücher jedoch haben, wie Elia Wilna mit Recht bemerkt, die ganze Gruppe, d. h. die Tora-Benediktionen einschließlich des doppelten

Studienstoffes am Ende hinter Gruppe 7; so ist auch heute noch die
Reihenfolge in Frankfurt a. Main. Vgl. dazu Berliner I, 16 und Fr. I, 98
im Kommentar. — Talmudische Bestimmung b. Kidd. 30a. — Zu den
Erweiterungen s. Tur I, 1; nach Berliner I, 28 wäre קטרת פ' und
פטום הקטרת 1589 gelegentlich der Pest eingeführt worden, ein Beweis,
wie seltsame Ursachen auf die Gestaltung der Liturgie eingewirkt haben.
— Zu Pea I, 1 gibt es eine Menge Varianten, vgl. die Tabelle bei
Berliner I, 18. — Zu dem ganzen paläst. Komplex vgl. Moses b.
Maimon I, 328.

7. (S. 91.) Amr. schließt bereits vor לעולם die השחר ב' ab und betrachtet dies als Überleitung zu ברוך שאמר, ähnlich wie It. In den Gebetbüchern wird לעולם vielfach mit kleineren Typen gedruckt, weil es als
nicht zum Texte gehörig betrachtet wird; aus gleichem Grunde fehlt
es in Amr. Ms. O. bei Fr. 94 (es steht aber das. 101). Auch Abudr. 18d
leitet es mit ויש מקומות שנוהגין לומר ein, ist aber dagegen. Tur I, 46
nennt als Quelle dafür ירושלמי; diese Angabe wurde im Mittelalter
oft irrtümlich gemacht, vgl. Aptowitzer in MS LV, 419ff. — Zum
Ursprung von לעולם יהא אדם vgl. Rapoport a. a. O. — Zu רבון העול'
weiter zu § 16.— Ähnliche Ausdrucksweise wie אשרינו שאנחנו משכים'
Sch. T. zu Ps. 56 (27a). — Zum Text von j. Ber. s. Ratner 199. — Zu
קריאת שמע u. a. Itt. 249. — Zu It. Sch. L. § 6, Manh. § 13. — Für die
Stellung der ברכות השחר im Gebet ist folgende Stelle bezeichnend: bei Amr.
heißt es zur Einleitung (Fr. 50) כך א' ר' נטרוני ומתחיל החזן ומברך מיושב

§ 12a. 2. (S. 93.) Die Stellen der Quellenschriften sind sämtlich bei
Pool, S. 8ff. angeführt, vgl. Jawitz 82; b. Ber. 3a wird vorausgesetzt, daß
Kaddisch in der Synagoge und im Lehrhause zu hören ist. — Kadd.
als Abschluß des agadischen Vortrags zuerst bei Zunz G. V. 385e als
Erklärung Rapoports, der jedoch irrtümlich נחמתא auf Trostreden für
die Trauernden bezieht, während es sich um die allgemeine Zukunftshoffnung (= נחמת ציון) handelt. Ein ähnliches Gebet wie Kadd. ist,
wie Pool mit Recht hervorhebt, על הכל vor der Toravorlesung, weiter
S. 199. — Kadd. und Vater Unser bei Klein, D. ält. christl. Katechismus 256ff. = ZfNtW VII, 1906, 34ff. Kohlers Anknüpfung an die
Erzählung II. Mk. 12, 38ff. ist unbegründet.— לעלא מן כל ברכתא stellt
er mit Neh. 9₅ ומרומם על כל ברכה ותהלה zusammen. — Dialekt vgl.
Dalman, Aramäische Grammatik², S. 26. Den ursprünglichen Zusammenhang gibt ein Fragment wieder, das einen ausführlicheren Text und
die Erwähnung babylonischer Würdenträger enthält, bei B. Lewin
גנזי קדם II, 47ff.

3. (S. 94.) Überall, wo Teile des Gebets abgeschlossen werden sollten,
wie z. B. nach den זמירות (§ 11), wurde Kadd. dazu verwendet. — Zu
Sof. XIX, 12 s. Müller, S. 279. Nach P. d. R. E. XVII besuchen die
Trauernden die Synagoge. Zur Art der Begrüßung bezw. Entlassung
vgl. R. Akibas לשלום לכו לבתיכם am Schlusse des Dankes für die Teilnahme am Tode seiner Söhne in b. Moed. Kat. 21b, Semachot VIII. —
בעלמא דעתיד לאתח' Sof. das.

4. (S. 95.) T. d. B. El. XX ed. Friedmann, S. 120. Die Akibalegende s. in T. d. B. El. suta XVII, ed. Friedm., S. 23 und Noten, Pool 102. — Ein ganzes Jahr sagen die Trauernden nach Kolbo § 114 Kaddisch, das wurde auf Grund des Sohar wegen משפט רשעים בגיהנום י"ב חדש (Eduj. II, 10) auf 11 Monate verkürzt, vgl. Isserles zu Sch. Ar. II, 3764 und Lewysohn סקורי מנהגים S. 136. — Or Sarua II, 11. — Jahrzeit s. JE VII, 63f. Das Wort entstammt, wie Rieger A.Z.d.J.78,468 betont, dem Sprachgebrauch der kath. Kirche. — Von besonderem Einfluß auf das Kadd. der Trauernden war die lurjanische Bewegung, Lewysohn, S. 138.

5. (S. 96.) Pool S. 107. — קדיש ליחיד häufig bei Amr., fehlt aber stets in den Hss., vgl. Mx. u. Fr. zu den betr. Stellen.

6. (S. 96.) Text Amr. bei Fr. I, 175. — Die vielen Synonyma bei יתברך usw. führt Bloch a. a. O. 264 ebenfalls auf die Mystiker zurück. Am Schlusse dieses Satzes gehört שמה דקודשא בריך הוא naturgemäß zusammen, Seph. beantwortet es mit der Responsion אמן; in Deutschland aber ist seit XIII. Jahrh. בריך הוא als Responsion zu דקודשא aufgefaßt und davon getrennt worden, vgl. Or Sar. II, 10a. — על ישראל ועל צדיקיא im Gebetbuch des Tempels in Hamburg und in Frankfurt a. M. Die Reformgemeinde in London (S. 432) verwendet Kadd. in hebr. Übertragung.

7. (S. 97.) Nathan ha Babli das. S. 84, vgl. Schechter im Kaufmann-Gedenkbuch 54. Maimonides, Resp. ed. Lichtenberg III, 9a, vgl. auch MS XLI, 215ff. Nachmanides bei Juchasin, ed. Filipowski, 219 Ende. Diese Formel ist nach Ernennung Sir Herbert Samuels zum High Commissioner in Palästina wieder eingeführt worden. — Die Zusätze Litg. 19. Bei Beerdigungen wurde auch ein Zusatz חרבא תחכלי verwendet, den Hai Gaon selbst am Festtag gestattete, s. Warnheim, קבוצת חכמים S. 109.

B. § 13. 1. (S. 98.) Zur Bedeutung von מנחה vgl. Gesenius s. v., Levy III,153. S. auch Tos. Pes. 107a s. v. סמוך. Abudr. verweist auf Targum Onk., wo לרוח היום Gen. 3s durch למנח יומא wiedergegeben ist; danach müßte מנחה als das gegen Abend verrichtete Gebet angesehen werden, wie Herzfeld a. a. O. annimmt. Wenn Epiphanius Haer. XXIX, 9 ein Gebet μέσης ἡμέρας und eins περὶ τὴν ἑσπέραν ansetzt, so scheint er unter dem ersten מנחה גדולה zu verstehen. Oder soll er noch von dem mittags verrichteten Musafgebet der Maamadot (weiter S. 137f.) gewußt haben? — Die Mitte zwischen 9½ Std., der Zeit von מנחה קטנה, und d. Einbruch der Nacht heißt פלג המנחה „Teilung der Mincha" Tos. Ber. III, 1 (523); diese Zeit, 10¾ Uhr, wurde die eigentliche Gebetszeit, noch heute wird vielfach an ihr Mincha und Maarib (§ 14) zusammen gebetet. Die frühe Vereinigung beider Gebete ergibt sich aus Resp. G. ed. Lyck Nr. 51, vgl. ferner V. p. 7, Eschkol I, 56. Tos. Ber. 2a s. v. מאימתי, Ri 8.

2. (S. 99.) Ps. 145 bei Amr. MS. O. (Mx. 11, Fr. I, 375), Jona Gerundi in אגרת תשובה, vgl. Abudr. z. St. — V. p. 76f.

3. (S. 99.) Geonim vgl. Achtzehng. S. 47.

§ 14. 1. (S. 99.) Über zu frühes Abendgebet klagt schon Resp. G. ed. Lyck Nr. 78, vgl. Ascheri zu Ber. I, 1. In Palästina wurde in solchen Fällen das Schma beim Einbruch der Nacht noch einmal gebetet, j. Ber. I, 1 (2a).

2. (S. 100.) Die Begründung für רחום והוא Pard. 55a, Manh. § 83.—
V. p. 77f. — Ps. 134 vgl. Baer S. 163. — 3. (S. 100) Bei Saad. nur
ר׳ צבאות שמו ימלך Fr. I, 381. Daß die Gedanken des Stückes durch das
babylonische Weltbild beeinflußt sind, betont Blau *REJ* LXXIII, 142ff.

4. (S. 101.) Studien S. 26, ob. zu S. 20.— Text bei Fr. das.

5. (S. 101.) Zu ויאמר vgl. Stud. 16f.— Rab b. Ber. 12b (weiter S. 263).
In ואמונה אמת lesen alle Texte außer Germ. (jedoch auch V. p. 78) הגואלנו
מלכנו; den Satz העושה גדולות hat nur Germ. (schon V.), vgl. Baer 166.—
Die Stelle bei Amr. 19a, Ms O. (bei Fr. I, 382), jedoch hat das übliche
כי פדה Jer. 31ıı. Saad. bei Fr. das.

6. (S. 101.) Zu השכיבנו u. besonders zur Eulogie s. Büchler a. a. O.;
der von B. hergestellte kurze Text entspricht etwa dem in *REJ*; auch Pers.
hat im Sabbatgebet eine so kurze Fassung, vgl. *JQR* X, 605.— Zum Text
von j. Ber. vgl. Ms. Rom bei Ginzberg, שרידי 350 u. Jesaia di Trani in
המכריע 77b zu b. Taan. 13a. — Genisatexte s. *JQR* X, 656, *REJ* a. a. O.
Büchler a. a. O. will aus Cant. r. IV, 4 § 6 beweisen, daß die alte Eulogie
nur בונה ירושלים lautete, erwähnt jedoch selbst die Stelle Lev. r. IX Ende,
aus der er das Gegenteil folgert. Amr. 43a, Manh. 23b § 3 sind für palästinische Bräuche nicht beweiskräftig.

7. (S. 102.) R. Gamliel vgl. Graetz IV4, S. 35; Weiß דור דור
ודורשיו II, 93.

8. (S. 102.) Babylonischer Ursprung Pard. 55b, Itt. 173.— Die weite
Entfernung der Synagogen bei סמ״ג, Gebote 19. — Religionsverfolgung
nach בעל המנהגות bei Abudr. 39a. u. — Zeitersparnis RSBA bei O. Ch. 43a
§ 3. Ähnliche Einrichtungen sind Verkürzung der Thoravorlesung für
Wochentage (S. 156), Abschaffung des täglichen Priestersegens (S. 71).—
Palästina Manh. § 84, vgl. auch Sch. L. § 52. — Saboräerzeit nach Amr.
19a רבנן בתראי, was Itt. 173 richtig mit dem Zusatz דבתר הוראה zitiert ist.
Zur Bedeutung vgl. Halevy דורות הראשונים III, 183ff. Über die Verse s.
Mos. b. Maimon I, S. 323. Daß es 18 sein sollen, schreibt schon Pard. 55b
vor. — יהללוך mit der Eulogie von Rom. bringt auch Amr. bei Fr. I, 384,
u. zw. neben יראו עינינו. — Sam. b. Meir bei Manh. § 84. — Maim., bei
Abudr. 39b, ist wahrscheinlich nur aus dem Stillschweigen von Tef. VII,
18 geschlossen.— Pers. *JQR* X, 609.— Saad. vgl. Mos. b. Maimon S. 329
Anm. 3, Bondi S. 15; dasselbe für Freitagabend Bondi S. 27, Fr. II, 7.—
Maim. im Text der Gebete.— Die Eulogie zitiert auch Natronai (Geon.
II, 117)המולך בכבודו תמיד על כל מעשיו, wahrscheinlich eine Kürzung des Abschreibers. Gegen תמיד RSBA bei O. Ch.— Nachtgebete finden wir zuerst
verordnet b. Ber. 4bא״ר יהושע בן לוי אע״פ שקרא אדם מצוה לקרותה בבית הכנסת
על מטתו; als Vers wird dort ebenfalls Ps. 316 angeführt — Messianische
Bitte s. Judaica, Festschr. für Herm. Cohen, S. 677. — ibn Gajjat bei
Abudr. das., auch ר״ש (?) bei O. Ch. das. 43b, § 4 Ende. —

9. (S. 105.) תחנון bei den Geonim Amr. 19a (Sar Schalom), Fr. I, 386
בית רבינו שבבבל das., Saad. bei Bondi 15. — V. p. 79, Manh. § 84. —
Die Psalmen Kolbo s. § 28, die heutigen in Germ. Berliner I, 26.

Kap. II.

A. § 15. 1. (S. 107.) Die Feiern der rel. Genossenschaften zuerst
bei A. Geiger, Urschrift, 124f. Einzelheiten in Lewy-Festschr. S. 180ff.
2. (S. 108.) קבלת שבת findet sich zuerst in den תקוני שבת, dann im
Siddur; vgl. dazu Ki 149, Berliner I, 43ff., Schechter, Studies II, 275ff.,
Maarssen in Jeschurun IX, hebr. Abt. 46ff. — לכה דודי Ri 153, Litg. Nach-
trag 59f., vgl. mit *JE* Art. Lekah Dodi VII, 675 Melody; Herder's „Lied zur
Bewillkommnung des großen Ruhetags der goldenen Zeit" (Adrastea 1802),
Sämtliche Werke 26, 422; Heine's „Übersetzung eines Sabbatliedes" in den
„Letzten Gedichten"; daß er es Jehuda ha Levy zuschreibt (in Prinzessin
Sabbath), ist ein Zeichen seiner hohen Schätzung des Liedes.— Maim. Resp.,
ed. Licht., Nr. 113 (I, 21c) wird befragt, ob die „seit undenklichen Zeiten"
herrschende Sitte, Ps. 92 und dann ויכלו zu rezitieren, zu Recht besteht.
Bei Berliner I, 45 ist der dagegen erhobene Widerspruch erwähnt.

3. (S. 109.) Amr. 25a = Itt. 172, fehlt jedoch in Ms. O. vgl. Mx. 12,
Fr. II, 7; Pers. hat statt והוא רחום Ps. 256. Spanien s. Manh. שבת § 2,
Abudr. 38b, 40a, dagegen O. Ch. I, 61b; zu Worms vgl. V. p. 81, 142,
wo והוא רחום fehlt. Die Texte von Saad. bei Fr. das., Bondi 27; die Einschaltung zu אהבת ע' beginnt למען אהבת עמוסים, zu השכיבנו ist die S. 101
erwähnte kurze Fassung wie in Pers. verwendet.— שומר wird nach Sar
Schalom bei Amr. 25a (vgl. Mx. das., Fr. II, 9) in allen Synagogen außer
in ישיבה, d. h. der Hochschule von Sura, u. im Exilarchenhause gebetet,
הפורש bei Amr. das. Manh. § 3 erwähnt שומר als spanischen Brauch.
Vgl. das. § 4 für Frankr. und Prov. Nach Itt. 172 müßte bei Amr. auch
ופרום עלינו סכת שלמך zitiert sein. Meir ש"צ in Worms legte besonderen
Nachdruck darauf, daß die Eulogie ע' ועל כל עמו ישר' lautete, V. p. 142.—
ושמרו wurde nach Amr. auch in Pumbedita eingefügt, Pers. hat außerdem
noch Ex. 1630. — Jeh. b. Barsilai Itt. 173, andere Abudr. 40a, vgl. Manh.
§ 3. Frankr. Manh. das., V. p. 142, It. in Sch. L. § 65, Tanja § 13. Zum
Text s. auch Sch. Ar. I, 267 u. die Komment.

4. (S. 109.) Vielleicht wurde mit קלום nur die Bitte במצו' קדשנו bezeichnet. — Die Eulogie lautete in Pal. מקדש ישר' ואת יום השבת vgl. j.
Ber. VIII, 1 (11d, Ratner 181), Chill. § 32; auffällig ist, daß Sof. XIII
Ende für מקדש השבת eintritt, vgl. dazu Müller, 185.— אוהבי שמך hat sich
auch in Frankfurt a. M. erhalten, zum Text s. O. Ch. 61c § 7 u. 8.—
הנח לנו bei Amr. 29b als Haftara-Benediktion in der Tef. nur für Mincha
30a.; Manh. § 5 zitiert aus Amr. für Maarib. והניח לנו שבתות מנוחה, was
in keinem Ms. steht. — ומאהבתך Amr. 25a, Saad. Bondi 28. אתה קדשת
Mx., Fr. das., Natronai bei Itt. 174 empfiehlt nur ומאהבתך, scheint von
אתה קדשת nichts zu wissen.— Amr. 22 Ms. O. (Mx., Fr. das.) beginnt mit
ויברך wie Abudr. 40b; dasselbe meint auch Ascheri zu Schabb. XVI, 5,
Tur I, 268.— Pers. *JQR* X, 606.— Ganz ישמחו Abudr. das., nur ובשביעי
Manh. § 5; der Schluß lautet Kolbo זכר למעשה בראשית וליציאת מצרים. —
V. p. 82, im Gebettext p. 143 findet sich keine Spur mehr davon. — ורצה
והנחל Amr. 25b (vgl. Mx. das., Fr. II, 19); Saad. scheint es nicht gehabt

zu haben, der Text in Amr. ist offenbar schlecht überliefert vgl. Itt. 174. Zurückweisung s. Geon. II, 51, Manh. § 8.

5. (S. 111.) Das doppelte ויכלו hat die Dezisoren in große Verlegenheit gebracht. Das im Talm. gemeinte ist das zweite, nur hier kennt es Amr.— א' מעין שבע (Amr. קדושתא) ברכה ist b. Schabb. 24b erwähnt, Stud. 35 behandelt. Sehr interessant ist, daß bei Wertheimer, אוצר מדרשים I, 89f, als Anfang מגן אברהם, zum Schluß מעין הברכות und אב האמת zitiert wird.

6. (S. 111.) Zu Kiddusch vgl. ob S. 108, JE VII, 483f. u. Berliner I, 73ff. Zur Verwendung des Kidd. in der Didache Klein a. a. O. 216, Rietschel, I, 248. Text des Kiddusch (für das Haus bestimmt) Amr. 26a, Fr. II, 28.— במה מדל' Amr. das., vgl. Itt. 177, dahinter die Stücke wie S. 80 bei Fr. II, 26. — V. p. 145f. — Wie in Seph. wünscht es auch Berliner I, 64. — תקוני שבת Ri 152f., Berliner I, 45f.

§ 16. 1. (S. 112.) Opferverse Amr. 27a, Fr. II, 38. Für den Sabbat schreibt Amr. ausdrücklich vor, daß der Vorbeter mit רבון העולמים (ob. S. 91) beginne. Saadjas Opposition bei Abudr. 44b. — Die Vermehrung der Psalmen kam daher, daß lange vor Beginn des Gottesdienstes Leute zur Synagoge kamen und Ps. sangen, anfangs beliebige, später bestimmte vgl. Resp. Lyck Nr. 87, Itt. 248. Die Bräuche waren verschieden, danach wurde der Text in Amr. geändert, vgl. 27a mit Mx. 13 u. Fr. II, 38, 47. Auch Ps. 92 bei Itt. 249 scheint einer anderen Quelle zu entstammen, vgl. Nathan ha Babli S. 83. Seph. hat Ps. 122, der nach Manh. § 22 im Bethause Joseph ibn Nagdelas in Granada (ermordet 1066) üblich war. Zu den in Germ. üblichen Ps. s. Berliner I, 22ff.; daß Ps. 33 außer der Reihenfolge erst hinter Ps. 136 folgt, erklärt Berl. daraus, daß in der Pesach-Hagada Ps. 331—3 hinter Ps. 136 gesprochen wurde, worauf schon Tos. Pes. 118a s. v. מהודו hingewiesen ist, wie auch die Drucker die Verse einzurücken pflegten. Auffallend ist, daß die Reihenfolge schon V. p. 62 so ist.— Ex. 15 wollte Natronai nicht einmal am Sabbat gestatten, Itt. 249.— Zu נשמת vgl. Jawitz S. 67ff., der jedoch in der Annahme von Parallelen zu weit geht, JE IX, 313f. In It. folgt נשמת erst hinter ישתבח, so daß von einer Zusammengehörigkeit beider nicht gesprochen werden kann.— Petrus als Verf. Litg. 5, Studien 74. Raschi in V. p. 282. Graetz hat infolge der Legende die Existenz eines Paitans Simon b. Kaipha angenommen, Gesch. V₄, 164.— יצחק Abudr. 45b u. So gekünstelte Akrosticha sind in der jüd. Lit. nicht alt, gegen REJ LXXIII, 153.— Häufung von Synonymen findet sich allerdings ähnlich schon Pes. X, 5. Der Text Amr. 27b ist kürzer als Fr. II, 47, vieles ist späterer Zusatz.

2. (S. 114.) Zu ברכו hat Amr. 27b, Fr. II, 48 eine von den Wochentagen abweichende Responsion ישתבח שמך, wieder eine andere Itt. 250, der sie verwirft. — אין ערוך schon Amr. Fr. II, 48. Zu den 3 Einlagen s. Studien 24f., neue s. REJ LIII, 241. Rom. hat neben אל אדון auch אל בויך. — Saad. bei Bondi 29, Barsilai Itt. 250f., weiter S. 302. — Toledo O.Ch. 65a, § 3, Tur I, 281; nach Abudr. 46b müßten die Orte mit לאל אשר שבת die Ausnahme gewesen sein.

3. (S. 114.) ישמח משה schon Amr. 28a, Fr. 48.

§ 17. 1. (S. 115.) Musaf als Zusatzgebet z. B. b. Meg. 22a, wo das verlängerte Gebet am Fasttag מוסף תפלה heißt. — Zu חבר עיר s. Urschr. 122, A. Büchler, Der gal. Am Haarez S. 212, Anm., J. Horovitz in Guttmann-Festschr. S. 126. — Zeit des Musafg. Ber. IV, 1 u. b. Ber. 28a, vgl. Mittwoch a. a. O. 30 f.

2. (S. 116.) Der Berichterstatter R. ha Sch. 31a רב אמ׳ ב׳ רבא אמ׳ רב gehört erst dem III. Jhdt. an, jedoch die Nachricht ist alt. — Zur Entstehung des Textes der Musaftef. vgl. Rosenthal a. a. O. u. MS LV, 428; jedoch ist zu beachten, daß Pal. ohne weiteres von ותתן לנו zum Opfer übergeht, vgl. MS das. 441 f., 446, 586. — יהי רצון allein genügt nach Raschis Entscheidung völlig, Pard. 55 d. — Varianten zu תקנת שבת bei Saad. Fr. 88. Zu אז usw. Manh. § 42, O. Ch. 65 c § 1; die Worte fehlen schon Sch. L. § 82, Tanja § 17, aber auch bei Amr. 29 b u. Fr. II, 70. — Genisa vgl. z. B. Bodl. 2716 p. 36 b. — Reform weiter S. 404, 420.

3. (S. 117.) Manh. § 44.

§ 18. 1. (S. 117.) b. R. ha Sch. 31a von Jose b. Chalaphta tradiert, der durch seinen Vater über den Tempelkultus gut unterrichtet war. — Vorträge vgl. Tanch. ויקהל bei Sch. L. § 96, Jalk. Ex. § 408 aus Midr. אבכיר, Raschi zu b. Meg. 21 a s. v. ואין מוסיפין, G. V. 359. Der Zusammenhang zwischen diesen Vorträgen und ואתה קדוש ist Itt. 289 noch deutlich zu erkennen; vgl. auch Geon. II, 299. — Prophetenvorlesung weiter S. 182. — Port. Synagoge in London nach Mitteilung von Dr. Isr. Abrahams in Cambridge. — It. vgl. Sch. L. § 126. — Amr. Ms. O. bei Mx. 14, Fr. 100. — Begründungen z. B. Manh. § 60, Sch. L. § 126 עת רצון Jes. 49 8, vgl. I. Kön. 18 36 ff.

2. (S. 118.) Zum Text von הנח vgl. Mx. das. Fr. 101. — Hdschr. Ritualien, z. B. Bodl. 2716 p. 36 b. — Die seltsamen Erklärungen und Lesarten zu diesem Stücke bei Baer 262 f., Lewysohn מקורי 55 f.

3. (S. 119.) Amr. s. Geon. I, 139, Saad. Bondi 30, verschiedene Begründungen bei Baer 265, Fr. II, 104. REJ XXVI 132 ff. — V. p. 113.

§ 19. 1. (S. 120.) Zur Habdala vgl. JE VI, 118 u. Lewy-Festschr. 185 ff. — Verbot jeglichen Genusses b. Pes. 105 a. — Zu סדרים Riv. Isr. V. 98 ff.— Amr. Ms. O. bei Mx. 15, Fr. II, 117; der Text ist bei beiden nicht ganz richtig, אלהינו muß am Schluß der Zeile hinter ברוך stehen.

2. (S. 121.) Text von Saad. jetzt bei Fr. II, 107, danach könnten die Angaben erweitert werden; auch unmittelbar vor der Tef. hat er einen besonderen Abschluß לך נפאר אל מלך מושל בכל Fr. das. u. Bondi 30. — Text der Habdala das. — Maßgebende Autoritäten vgl. die Komment. zu Sch. Ar. I, 294.

3. (S. 121.) Zu Ps. 90 17 vgl. Midr. zu Ex. 39 43. Geon. das. — V. p. 114. — Zu ויתן לך s. Baer 305 ff.

4. (S. 122.) In V. p. 116 fehlt offenbar ein Stück, der Text hat Ähnlichkeit mit It., nur sind die Bitten reichhaltiger, später wurden sie gekürzt.

§ 20. 1. (S. 122.) Über den festlichen Charakter des Neumondstages im Altertum s. JE Art. New Moon IX, 243 ff. Zu Sof. XIX, 9

s. Müller, 270ff. — Zentralbehörden ergibt sich z. B. aus dem Streit zwischen Saadja u. Ben Meir, vgl. J. Mann, The Jews in Egypt. I, 52 ff. II, 41f., 49ff.— Älteste Erwähnung des כך גזרו in ס' יראים § 103 u. O. Ch. 65b ob. Die יהי רצון von Seph. finden sich in Amr. 33a als Gebet am Neumondstage nach der Toravorlesung; richtiger Text bei Mx. 15. Piutim von Pinchas (S, 308), die wahrscheinlich zur Neumondsverkündigung gehörten, u. d. T. פנחס דר' ירחים דר' קדוש veröffentlichte A. Marmorstein in Hazofeh V, 235ff.

2. (S. 124.) Vgl. Ri 150ff., Abeles a. a. O.

3. (S. 125.) מעין המאורע Tos. Ber. III, 10 (76), b. das. 29b, j. IV, 3 (8a), b. Schabb. 24a. Der Anfang von יעלה ויבא lautet Sof. XIX, 7 אנא ד' אלהינו יעלה, vgl. Müller, 269 Note 26. — Text von Pal. MS LV, 439.

4. (S. 125.) Nach Saad, (Bondi 34) besteht דלוג darin, daß von Ps. 116 nur vs. 12—14 u. 19 gesprochen werden. — Rab b. Taan. 28b. — לקרא, die Unterscheidung von לגמור dürfte, obwohl das schon bei Saad. vorkommen soll (Bondi 34), kaum sehr alt sein, vgl. Tos. Sukka 44b s. v. כאן. — Amr. 33a, Fr. II, 130.

5. (S. 125.) Seit den Tagen Hillels vgl. Tos. Ber. III a. a. O., weiter S. 248. — Zu Pal. s, j. Ber. IX, 2 (13d), Ginzberg, שרידי 253a u. Ratner 203; Pes. rabb., ed. Friedm. 1a Anm. ד', die übliche Eulogie b. Ber. 44a, 49a schon im Namen Jehuda ha Nassis. Zum Text von ראשי חדשים, der jüngeren Formel, Berliner I, 67. — Für Sabbat einige nur dort zu findende Einschaltungen bei V. p. 197.

6. (S. 126.) שיר של ר"ח b. Sukka 54b, Sof. XVIII, 1 vgl. Müller, 250, Note 3.

§ 21. 1. (S. 126.) Fasten in alter Zeit s. JE Art. Fasting V, 347, Groenman, A. W., Het Vasten bij Israel, Leiden 1906. — Liturgie um 1000 weiter zu 3. Die Zahl der Fasttage Hazofeh V, 229, Ri 124ff.

2. (S. 127.) Ankündigung Amr. bei Mx. 17.

3. (S. 127.) Die Liturgie in nachtalmudischer Zeit Warnheim, קבוצת חכמים 107, Resp. חמדה גנוזה Nr. 160f., Eschkol II, 5f. — Zum Priestersegen an Fasttagen s. ob. S. 71.

4. (S. 128.) Sof. XVIII, 4ff. (Müller, S. 255ff.), Amr. 44a, Fr. II, 268f. — Text von j. Taan. II vgl. Ginzberg, שרידי 174. — Amr. Ms. S. bei Mx. 27. — In It. kommt für die Eulogie sowohl die kurze Fassung בונה ירושלים wie bei Maim., als auch die ausführlichere vor, vgl. O. Ch. 95d § 16. — Spanien, so Isaak Albargeloni bei Tur I, 557; zu Frankr. Manh. תעניות § 26, dagegen V. p. 229. — Klagelieder Sof. XVIII, 4, die anderen Änderungen das. 8 u. XIX, 1. — תחנון Eschk. II, 17, Manh. § 28, O. Ch. das., vgl. Sch. Ar. I, 552 End., 5594. — Schilfmeerl. V. p. 226; Manh. das. führt das auf Pal. zurück, und der Einfluß palästinischer Bräuche auf Italien ist auch sonst erwiesen (S. 9 u. 365). — Ps. 100 usw. vgl. It. u. O. Ch. das. § 19. — תתקבל erst bei Isserl. zu Sch. Ar. I, 5594. — Job vgl. Rom., Kinot zu hause O. Ch. 96a § 20.

§ 22. A. 1. (S. 130.) Ausführliche Literatur über Chanukka JE a. a. O.— Zur Stelle der Einschaltung von מעין המאורע vgl. Tos. Ber. III,

10. — Der Text der Einschaltung muß nach den Varianten bei Müller 286 zu Sof. XX 8 wie folgt hergestellt werden: וכנסי סלאות ותשועות כהניך ונודה לשמך לנצח ... כן עשה עמנו ... אשר עשית. Zum Streit über die Zulässigkeit des כשם vgl. Tos, Meg. 3a s. v. 'בהוד, Manh. מגלה § 25, — Acha vgl. Müller z. St, — 'להשכיחם תורה entspricht I. Mk. 1, 49, vgl. G. V. 6 Anm, bb. u. *REJ* LXXIII, 174ff., zum Text Riv. Isr. IV, 102.

2. (S. 130.) 'לנטר את הה Sof. XX, 9.

3. (S. 131.) Zum Text der Bened. vgl. דקדוקי סופרים zu b Schabb. 23a, Tos. Sukka 46a s. v. העושה. — מעוז צור von Mordechai ben Isaak, vor 1250, Litg. 580. Zum Text von הנרות und מעוז Baer 440.

B. 1. (S. 131.) Zu Purim vgl. die Literatur *JE* a. a. O. — die Estherfasten auch Sof. XVII, 4 ob. S. 79.

2. (S. 131.) תחנון Amr. 37b, Fr. II, 184; dagegen Manh. § 23, Tos. Meg. 5b s. v. שאמורים.

3. (S. 131.) Die ganze Einleitung des Traktats Meg., wo מגלה schon als die allgemein bekannte Bezeichnung für das Buch Esther angewendet ist, die kasuistische Unterscheidung zwischen befestigten und offenen Städten und die technischen Ausdrücke dafür weisen auf ein hohes Alter der Einrichtung hin; über die Vorlesung selbst weiter S. 184. — Die Benediktionen zuerst z. Z. R. Aschis (um 400) vorgetragen; ob die dritte, זמן, auch am Morgen wiederholt werden sollte, s. V. p. 218, Maim. 'ה מגלה I, 3. Die Bened. הרב א' ריבנו Meg. das. aus derselben Zeit, ארור המן unabhängig davon von Raba das. 7b zitiert; beides zusammen bei Amr. 36b, vgl. Mx. 18f. Fr. II, 179. Erweiterung mit אשר הניא zuerst im Namen Raschis bei Sch. L. § 200; V. p. 214 heißt das Stück פיום טיסמו אנשי כנסת הגדולה, Zunz versetzt es in die Zeit der ältesten Erweiterungen der Liturgie Litg. 15. — Gemeinsame Rezitation einiger Verse bei Amr. Mx. 18, Fr. II, 179, wo auch auf V. p. 210, Hag. Maim. zu מגלה 'ה verwiesen ist. Anfänge von Unterbrechung schon j. Meg. I, 5, lärmende Störungen Sch. L. § 200, Abrahams a. a. O.

C. § 23. 1. (S. 132.) In Amr. Ms. bei Mx. 23 טובים של ימים ומסד' תמ' ושל מעדות. — Die Ausnahme am Musaf ר"ח weiter S. 141ff. — Die Namen der Feste sind nur angeführt, soweit sie in den liturgischen Quellen vorkommen. — Zwei Feiertage z. B. b. Meg. 31a, Beza 6a, j. Er. III Ende. — Sabbatfef. ob. S. 110. — Gleichlautende Tef. Sof. XIX, 3. — Kontroverse Tos. Ber. III, 13 (713ff.). Die Einzelheiten der Tef. für die Festtage sind *MS* LV, 426ff., LVIII, 323ff. eingehend erörtert, alle Quellenbelege zu 2—4 sind dort zu finden.

5. (S. 134.) In אתה בחרת verdient nicht nur der Stil, sondern auch der die Offenbarung als Zweck der Auserwählung angebende Inhalt (vgl. die Anknüpfung an Lev. 185) den Vorzug vor אתה בחרתנו. — Amr. 37b, Mx. 23. — Is. Ibn Gajjat שערי שמחה II, 7. — Gottesreich in Pal. vgl. Judaica S. 670. — Zum Text von והשיאנו s. Ratner 203.

6. (S. 135.) מפני חט' Amr. 43a, V. p. 300. — Zu den Opferversen berief man sich auf Rabs Worte כיוון שאמר ובתורתך כת' לאמר (b. R. ha Sch. 35a), das sich aber auf die Verse für das Musaf des Neujahrs (S. 142)

bezieht, vgl. die Komm. das. Nach dem Gaon Sar Schalom wurden die
Verse nicht rezitiert, nach Natronai u. Saad. ja; Amr. stellt es frei, s.
Mx. 27, Fr. II, 259; 'שערי שמח II, 26, Geon. II, 112—119, הלכ' פסוקות
S. 31. Raschi s. V. p. 438f.

7. (S. 135.) Die Baraita auch b. Beza 17a; Raschi z. St. zitiert
את יום המנוחה, hingegen V. p. 299 ebenfalls המנוח.

8. (S. 136.) Zum Text von ותודיענו s. דקדוקי סופרים I, 181.

9. (S. 136.) השכיבנו in Span., ursprünglich nur in Sevilla u. Toledo,
vgl. Abudr. 40a. — Die Verse sind bei Amr. noch nicht vorhanden, auch
ihre Verschiedenheit weist auf spätere Einführung hin. — V. p. 142. —
Zu dem erweiterten Kiddusch für Pesach, den Itt. sogar דרך קראין nennt
(S. 288), vgl. Bondi 32; die von Saadja gestattete Erweiterung hat Yem.
heute noch, vgl. JQR XIV, 591 ff. — Zu den Psalmen ist Sof. XVIII, 2
אלא ביטים הראשונ' של פסח הוא צריך לומר usw. zu beachten und in Verbindung mit Sof. XVII, 11 zu erklären, womit Müllers Bemerkung S.
252 hinfällig wird. — Die Psalmen bei Amr. 41b, nach Mx. 25, Fr. II,
226. — Hallel .Tos. Sukka III, 2 (1952³). — Megillot vgl. Manh. ה' החג
§ 57f. — Psalm im Tempel b. Sukka 55a.

10. (S. 137.) Zu den Abweichungen für die Mittelfeiertage vgl.
MS LV, 441, שערי שמחה II, 7.

11. (S. 137.) a) Die in den Gebeten üblichen Bezeichnungen der
Feste finden sich schon bei Amr. In Pal. und Sof. ist זמן חרותנו usw.
ebenso wie זכר ליציאת מצר' unbekannt, hingegen ist der Zweck der Feste
genannt in den Worten לשמחה ליום טוב ולמקראי קדש. Saad. bei Fr. II,
199. — Ps. 135/36 als Hallel, Ps. 107 wegen vs. 2. — Keine ברכה
אמ"ש V. p. 280 nach מגלת סתרים des R. Nissim, Manh, פסח § 52. —
Seder in Synagoge ראבי"ה, wo als Quelle מצאתי בתשובה angegeben ist. —
Hallel in Polen vgl. Sch. Ar. I, 487 Ende u. die Komm. — Hallel nach
den ersten zwei Tagen; weder aus Amr. noch aus V. ergibt sich mit Klarheit,
ob an ihnen noch Hallel gesagt wurde, in späteren Quellen wird es überall
mit דלוג vorausgesetzt. — Megilla V. p. 304. — Taugebet weiter S. 214f.

b) Ps. 68 hagadisch auf die Offenbarung gedeutet. — Rut V. p. 344.

c) Ps. 76 wegen vs. 3. Im Talmud ist von den Ps. immer nur der
Anfang genannt; wo sie endeten, ist nicht ersichtlich. — Umzüge Sukka
IV, 5. Yem. gibt im Namen Saad. an, daß die Umzüge bereits nach dem
Hallel stattfinden. Den Namen הושענא רבא kennt V. noch nicht, hingegen
bereits Manh. אתרוג ה' § 38. — Die älteste Beschreibung des Festes in
einem Zusatz zu Midr. Sch. T. zu Ps. 172 (128f.), die zugehörigen Ge-
sänge weiter S. 219ff. — V. p. 444, Manh. das. — Versöhnungstag Ri 94f.,
S. D. Luzzatto וכוח על הקבלה S. 5f., Berliner, Randb. II, 25ff. — Mincha
Hal. Ged. S. 173. — X. Jahrh. s. Buch d. Frommen, ed. Berlin, § 630,
Harkavy, Studien und Mitteilg. V. 215, Epstein in MS XLVII, 1903,
342f. Krauß in Jahrb. f. jüd. Gesch, u. Lit. XXIII, 43ff.

d) שטיני רגל usw. b. R. ha Sch. 4b u. ö. — Zu Sof. XIX, 2 vgl.
Müller S. 262f. — Die Verse u. die Eulogie MS LV, 438ff. — Kohelet
V. p. 446. — משיב הרוח Taan. I, 1, Ankündigung Abudr. 81b. — גשם

weiter S. 214 f. — שמחת תורה heißt bei Erörterung einer Urkundenfälschung in Köln 1132 עצרת תשיעי יום u. תשיעי ספק שמיני § 48), ראב"ז), im Kommentar des Sal. b. ha Jatom (XII. Jhdt.), ed. Chajes, S. 115 זאת הברכה, den bekannten Namen finden wir zuerst bei ibn Gajjat 118, Pard. 45b. § 24. Die Bezeichnung ימים נוראים finde ich zuerst in מהרי"ל.

A. 1. (S. 140.) Zum Ursprung des Neujahrsfestes vgl. *JE* IX, 254, D. Hoffmann, Das Buch Leviticus 242ff., Eerdmans, Alttestam. Studien IV, 68, E. Mahler, Hdbch. d. jüd. Chronologie, 359 und die dort verzeichnete Literatur. — Zweitägige Dauer R. ha Sch. IV, 4. — Pal. *MS* LV, 434.

2. (S. 140.) Zweimaliges Schofarblasen b. R. ha Sch. 16a; die Begründung R. Abbahus כדי לערבב את השטן gilt nenerdings als beglaubigte babylonische Überlieferung, vgl. Theol. Tijdschrift XXXVIII, 1904, 20.

3. (S. 141.) Idee des Gottesreiches vgl. Judaica S. 672ff. — Nördl., südl. Palästina vgl. R. ha Sch. IV, 5 u. Tos. IV, 5 (212 21), ferner j. das. IV, 6 (59 c) ביהודה נהגו כר' עקיבא ובגליל כר' יוחנן בן נורי usw. — קדושת היום und זכרונות zu vereinigen, empfiehlt Simon b. Gamliel j. das. b. 32 a. — O. Ch. 99 a § 1 ist die auch von Landshuth angenommene Ansicht vertreten, daß die drei Stücke mit ובכן eine kurze Zusammenfassung der מלכיות זכרונות שופרות bilden. Das ist jedoch nicht richtig, der Inhalt der זכרונ' ist schwer, der der שופר' gar nicht darin wiederzufinden; wohl aber stimmt das ganze Stück mit den מלכיות überein, in ותמלך ist die Zusammengehörigkeit wieder ganz deutlich; vgl. auch L. A. Rosenthal in Festschrift für D. Hoffmann, S. 234ff. Der Gedankengang von ובכן תן פחדך findet sich bereits Sir. 3C 2 ff., vgl. F. Perles in *OLZ* 1902, S. 493. — Zu אדיר המלו' vgl. *Riv. Isr.* IV, 189, *MS* LV, 595.

4. (S. 142.) Die für מו"ש verwendbaren Verse Tos. R. ha Sch. IV, 6—8 (212 24ff.), b. 32 b, j. IV, 7. — Je drei Verse, wie Pal. auch an anderen Festen hat, vgl. ob. zu S. 134 u. — Für זכרונ' haben die anderen Riten noch Ex. 65 (Seph.) Ps. 105 8 (It. Rom.) — Pal. *MS* LV, 595f. Tannaiten der Restaurationszeit R. Jose u. R. Jehuda R. ha Sch. das.

5. (S. 143.) עלינו wurde von Josua hergeleitet, was noch Fr. I, 319 verteidigt. Vgl. mehr hierüber bei Bloch, M., שערי תורות התקנות I, 42. Zum Text s. oben S. 80f. — Rabs Tätigkeit für den Gottesdienst s. S. 267f. — מלך ob. 134f. — Zur Kritik von אתה זוכר u. אתה נגלית die zit. Kohler-Festschrift S. 75. Zu beachten ist, daß mit ואין שכחה ein Satz vom Anfang wörtlich aufgenommen ist, wie es am Ende der Gebetstücke zu geschehen pflegt (s. ob. S. 5 u. 19), daß ferner der angeführte Vers Lev. 26 45 sich auf alle Patriarchen, nicht lediglich auf Abraham bezieht. יעלה ויבא ob. S. 57. — ושם נעשה ohne Erwähnung der Opfer bei Amr. (Fr. II, 306), Saad. (das. 290), V. p. 372 u. älteren Drucken bei Baer 404. — Eulogie שומע תרועה bei Saad. (Fr. das.), It. in Sch. L. p. 137a.

6. (S. 144.) Vgl. b. R. ha Sch. Ende, ibn Gajjat I, 28f., V. p. 352ff., Sidd. Raschi S. 78, Ascheri zu ר"ה IV, 14g. E., Sch. L. § 290, S. 136af.

7. (S. 144.) Der Text von Er. III, Ende ist nach ed. Lowe, S. 41a zitiert. In den anderen Texten fehlt das zweite החדש, Rabbinovicz z.

St. verzeichnet keine Variante. — Babyl. Amoräer Rabba vor R. Huna b. das. 40 a. — Pal.: Ascheri das. IV, 14 zitiert aus Talm. jer. רב מפקד לתלמידוי לאדכורי במוספין לעולת התדש, die Stelle kommt jedoch nirgends vor. — Eulogie von Pal. *MS* LV, 437 f. Text von Sof. nach V. p. 360 (*MS*. das. 430). — Deutschland u. Frkr. V. p. 357 ff., Sidd. Raschi 76; Italien Ar. s. v. חדש I, Sch. L. § 290. Jak. Tam, Resp. ed. Rosenthal, Nr. 43—46. Tos. Erub. 40 a s. v. זכרון, Beza 16 a s. v. אזדו, R. ha Sch. 8 b s. v. שהחדש, 35 a s. v. אילימא.

8. (S. 146.) Über והשיאנו s. Marmorstein in *REJ* LXXIII, 84 ff.— Zum Weglassen von מועד V. p. 361 § 322 Ende. — Gerichtstag schon b. R. ha Sch. 32 b.

9. (S. 146.) Vgl. § 8 S. 43, 45 f. Pal. *MS* LV, 441, 595; זכרנו usw. oben S. 43, 45, 58 f. — Amr. 44 b (Fr. II, 293). — V. p. 384. — Hai bei ibn Gajjat I, 45.

10. (S. 147.) Saad. bei Bondi 36 (Fr. II, 288), vgl. Amr. 45 a, Manh. ר"ה § 5.

11. (S. 147.) Ps. 47 wird in Germ. noch heute vor dem Schofarblasen gesprochen; Ps. 81 wegen des Anfangs, Ps. 29 wegen des wiederholten קול. — Der verschiedene Umfang von אבינו מלכ' Ri 118. — Die Märtyrer sind in keiner alten Ausg. von Germ. erwähnt, wahrscheinlich erst nach 1648 aufgenommen worden, vgl. auch Baer S. 111. — Nicht in Seph. Manh. § 7. — היום תאמצנו: über die verschiedenen Fassungen s. Ri 141 f. — Fasten ibn Gajjat 43 f. Manh. § 1. — Manh. § 3 מתפללין בכריעה — Selichot Amr. II, 22 ff., Manh. § 25, O. Ch. 99 a § 1.

12. (S. 148.) Einschaltungen ob. § 8, S. 43 ff., 50, 57 f.— Selichot Amr. 47 b, 1. Elul Manh. § 25, Hai bei Abudr. 70 c, vgl. Ri 122. Da nicht mehr des Nachts gebetet wird, wurden einige Stellen geändert, Berliner, II, 24. — Schofarblasen 1 Elul in Frankr. Manh. § 24. Über Ps. 27 in Germ. Berliner I, 26.

B. 1. (S. 149.) Über die Entwicklung der Liturgie s. Stud. 49 ff., 54 ff.

2. (S. 149.) ודוי das. 55, die Formel Sifra 80 d, Joma III, 8, j. das. (40 d), b. 36 b, vgl. dazu Müller J., Resp. O. u. W. Nr. 144.— צריך למרום את החמא Tos. V, 14. — Amoräer: Rab, Samuel, Levi, R. Jochanan, R. Jehuda u. R. Hamnuna; zum Text vgl. den Komm. des R. Chananel. תבא לפניך zuerst in H. G. 154, 158 u. Amr. 47 a (Fr. II, 339), Baer 414 f. Über die Abfassungszeit weiter S. 274. — Zu סרנו vgl. Dan. 9 11, Hi 33 27, Neh. 9 33. — j. Joma ähnlich Lev. r. III, 3. — על חטא bei Amr. 48 a, bei Fr. 341 sehr vermehrt, offenbar ohne Stütze durch die Handschriften. Nach Or Sar, II, § 281 hat in Amr. auch schon das alphab. על חטא gestanden, jedoch wurde nicht bei jedem Gebet derselbe Text verwendet. Wahrscheinlich hatte er denselben Text, den wir V. p. 391 finden; zum Text von Germ. s. Baer 417 ff.— ועל כלם schon bei V. das., in den Gebetbüchern sind Text und Anwendung sehr schwankend, was auf große Jugend hinweist, vgl. Baer 418.— ודוי זוטא u. רבא Siddur Raschi 96.— Eulogie vgl. b. Joma 87 b וחותם בודוי usw. Saad. bei Abudr. 77 b; Saad. Text bei Fr. II, 331.— Unterschied zwischen Vorbeter und Gemeinde b. das.

3. (S. 151.) ובכן תן פחדך schon bei Amr., obwohl es zu den סליחות gehört, die nur am ר"ה üblich sind, ob. S. 141f. Ein seltsames pal. Fragment, das die ganzen סליחות und das Sündenbekenntnis enthält, MS LV, 595ff. JQR NS IX, 294ff.— Pal. MS LV, 443.— Amr. 47a, nur יום הכפורים bei Mx. 34, Fr. II, 344, so auch Saad. das. 328; auch die Eulogie ist bei Fr. das. etwas kürzer.— והשיאנו muß in alter Zeit einmal üblich gewesen sein (vielleicht nur in Pal.?), findet sich aber jetzt in keinem Gebetbuche, vgl. die Erörterung V. p. 360f., Manh. צום כפור § 57, was ר"ה § 2 widerspricht. — Zu סלוך vgl. Amr. 47a (Fr. 344), ibn Gajj. I, 61, Manh. § 57 auch über ויבא יעלה; nach Mx. 35 haben die Hss. von Amr. zu Musaf den Zusatz אומרים סלוך ויש. — Zu רצה והנחל vgl. ob. S. 111.

4. (S. 152.) Ps. 103 u. 130 wegen ihrer Zuversicht in die Sündenvergebung.— Die Zusatzpsalmen bei Mx. 34, Fr. 346f., auch in It. u. Seph.

5. (S. 152.) Neila weiter S. 237. — Alte Auffassung schon j. Joma VIII, 8 (45c); die Änderungen schon bei Amr. — In H. G. 158 schließt אתה נותן יד unmittelbar an אתה יודע an. Auch Saad. (Fr. 356) hat nicht אתה נותן. Eine Besprechung des Inhalts Kohler-Festschr. S. 75.— קדושה דסדר' schon Amr. 48b; nach Abudr. 78a jedoch vor Mincha.

6. (S. 153.) Selichot weiter S. 222ff., Aboda S. 216f., 277.

7. (S. 153.) Die sehr umfangreiche Literatur zu כל נדרי in JE VII, 539ff. Protestantische Real-Enzyklop. X, 649ff. Viel Material bei Segel in Ost u. West 1919, 25ff. J. S. Bloch, Kol Nidre, ist mit Recht von S. Poznanski abgelehnt worden. Ebenso ist Th. Reik, Probleme der Religionspsychologie I, 4 Kol Nidre abzulehnen.— Der erste Gaon, der Kol Nidre erwähnt, ist Natronai bei Amr. 47a Fr. II, 342, ibn Gajj. I, 60; die Gegnerschaft das. Zur Herstellung der Texte ist O. Ch. 105d ff. heranzuziehen. — Jak. Tam schlägt die Änderung der Zeitformel im Namen seines Vaters in seinem הישר ס' § 144 vor, ohne zu beachten, daß der ganze Text auf die Vergangenheit zielt.— Die Melodien JE VII, 542ff.— כל פשעי in Geigers Breslauer Gebetbuch 1854, Ps. 130 im Berliner Gebetbuch und im Union Prayer-Book.— בישיבה של מעלה seit Meir v. Rothenburg vgl. Ri 96, vgl. auch JQR XVI, 614 das Zitat aus einer Hdschr. von Seph. ונוהגין באשכנו שקודם· שיתפללו סתורין לכל העבריינים.

Kap. III.

§ 25. 1. (S. 155.) Die Toravorlesung in der Gegenwart G. V. 3ff., JE VII, 648.— ערכים ארב' in Rom.— Die Zahl der Vorlesenden Meg. IV, 1—3.— Das Zitat aus Heines Jehuda b. Halevy.— Segen weiter S. 171.— Ausheben usw. S. 173, 198ff.

2. (S. 156.) Moses s. Meg. III Ende מצותן שיהו מסה את מועדי ד'" וידבר" מלמד שהיה משה אום' להם, Sifra Lev. 23₄₃ (103b) קורין כל אחד ואחד בומנו, לישראל הלכות פסח בפסח ה'עצרת בעצרת ה'חג בחג, Sifre Dt. § 127 zu 161 (100b) אמר משה הוו זהירין להיות שונין בענין (מועד') (scil. ודורשין בו, b. Meg. 32a ת"ר משה תקן להם לישר' שיהו שואלין ודורשין בעניינו של יום הלכות פסח בפסח וכו', j. Meg. IV, 1 (75a) משה התקין את ישראל שיהו קורין בתורה בשבתות ובימים טובים עזרה התקין לישראל. — Esra das. ובראשי חדשים ובחולו של מועד שנ' וידבר משה שיהו קורין בתורה בשני ובחמישי ובשב' במנחה, vgl. b. B. K. 82a. — Propheten

s. **Mechilta** zu **Ex.** 15₂₂ (45a) התקינו להם הנביאים והזקנים שיהיו קורין בתורה
בשבת בשני ובחמישי.

3. (S. 157.) Esra vgl. *JE* V, 321 u. die dort angef. Literatur.— Samaritaner vgl. A. Geiger in *ZDMG* XX, 540ff. = Nachgel. Schriften III, 293,
Büchler 425.— Mischna Meg. III, 7. 8 heißt es . . . בפסח קורין בפרשת
החג ימות כל ושאר . . . חג של הראשון טוב וביום המועדות, erst Tos. Meg. IV₅ setzt
hinzu הפסח ימות כל ושאר.— Joma VII₁ בעשור ואך מות אחרי וקורא d. h. Lev.
16₁ u. 23₂₇.— Neujahr nur Meg. III, 7.— Die vier Sabbate *JE* IX, 523f.,
Büchlers Ansetzung von שקלים gegen die Sadduzäer, זכור gegen die Hellenisten S. 426ff. ist nicht genügend bewiesen.— קדש מקרא als heilige
Vorlesung bei Friedmann S. 100, wo auch מקרא קרא Jes. 1₁₃ so erklärt
wird. — Zu Montag u. Donnerstag s. ob. S. 76f. u. Tos. Taan. II, 4.—
Für Chanukka usw. wird nicht einmal eine Anlehnung an die Tradition
versucht. Die Tos. erwähnt diese Tage nicht, weil zu den Bestimmungen
der Mischna nichts hinzuzufügen war; daraus ist nicht mit Büchler S. 455
zu folgern, daß sie die Vorlesungen nicht kannte.— מדלגין אין Meg. IV,
5, b. 24a, Friedmann S. 101f.; andere Bestimmungen weiter S. 175. Pro-
phetenkanon vgl. *JE* III, 146 um 300, fast ein Jahrhundert später nach
Cornill, Einleitung, VI. Aufl., S. 282. — Entstehung der LXX um 250
vgl. Schürer III, 426. Es ist daher unhaltbar, wenn R. Leszynsky die Sadduzäer, S. 133, die regelmäßige Toravorlesung als Reaktion gegen den Hel-
lenismus angeht.— Zu ἀναγινώσκοντας vgl. *JQR* XIX, 288.— Philo bei
Eusebius Präp. ev. VIII, 7.— Josephus, Ap. II, 17.— Evang. z. B. Luk. 4₁₆.

4. (S. 159.) Neujahr Lev. 23₂₃₋₂₅, זכור Deut. 25₁₇₋₁₉. Wenige Verse,
eine Baraita (b. Meg. 21b) lautet הכנסת בבית פסוקים מי׳ פוחתין אין; später
wurde das auf die Vorlesungen an den Wochentagen bezogen, aber an
der Quelle ist keinerlei Einschränkung angegeben. Wie häufig bei solchen
Verboten muß auch hier angenommen werden, daß in alter Zeit einmal
weniger als 10 Verse gelesen wurden, vgl. j. Meg. IV. 2 (75a), Taan. IV,
3 (68b). Friedmann S. 106.— 21 = 7✕3 Verse b. Meg. 23a.— Das Zitat
aus j. Meg. IV, 5 (75b).— R. Meir Tos. Meg. IV, 10, b. 31b; vgl. Sof. X, 4,
wo nur noch die Ansicht R. Jehudas mitgeteilt ist. Die Berechnung bei
Friedmann 100.— Tos. Meg. IV, 18 התורה בסוף . . . הספר בסוף משיירין אין.—
Über den dreijährigen Zyklus im Midrasch vgl. besonders Theodor a. a. O.—
Massora G. V. 3g, Friedmann 202ff. — Das Verzeichnis der Sedarim in der
II. Rabbin. Bibel, Venedig 1523, התיגאן מחברת bei Ibn Sappir II, 229ff.
u. Journ, Asiatique 1870, Nr. 6, Finfer, והנביאים התורה מסורת S. 39, Büchler
431.— 155 Sedarim = קנה Esth. rab. Anfg.— Die Babylonier erwähnen
nirgends ausdrücklich den einjährigen Zyklus, aber nach dem Gange der
Diskussion in b. Meg. 29b muß er vorausgesetzt werden.— 54 Paraschen
G. V. 4, Friedmann 261. — Benjamin מסעות, ed. Asher, 98, Maim. תפלה ה׳
XIII, 1, Abraham M. bei Büchler S. 421.— Sambari in Med. Jew. Chron.
I, 118.— Rabbinervers. vgl. Protokolle und Aktenstücke S. 127; eine Einteilung dazu schlug unter Berücksichtigung der Massora Herzfeld das.
320f. vor. Auf die Tabelle im Gebetbuch des Tempels verweist Salomon
das. 65, eine andere gab A. Geiger in seinem 1854 veröffentlichten Gebet-

buche.— Geiger beantragte in Fkft., den einjähr. Zyklus beizubehalten, aber am Sabb. nachmittag anzufangen und fortlaufend zu lesen (Protok. S. 125), das wurde fast einmütig abgelehnt; nach 1863 wurde das in Breslau eingeführt, aber mit der Änderung, daß mit der neuen Parascha am Sabbatmorgen angefangen wird; der andere Modus u. a. in Berlin, stets die ersten Verse der Sidra in München.— In Amerika sind, wie Dr. Rosenau in Baltimore mir freundlich mitteilt, die Bräuche sehr verschieden, die im Union Prayer-Book mitgeteilte Auswahl wird keineswegs überall verwendet.— 3¹/₂ jähr. Zykl. G. V. 3 f. Chill. Nr. 48, S. 42. Agada j. Schabb. XVI, 1 (15c), die richtige Erklärung bei Friedmann 170 ff.— Chanina Lev. r. III, 6 Esth. r. III, 6 steht dafür אחא דר׳ בריה חנינא ר׳. Chanina b. Acha lebte erst im IV. Jahrh. (Bacher, Proömien 84). Der in Frage kommende Vers kann nur Lev. 3 10 sein, da mit 3 3 eine Perikope nicht beginnen dürfte.

5. (S. 162.) Num. 28 1 ff. kann nach b. Meg. 29 b mit שקלים zusammenfallen, demnach muß es im Frühjahr gelesen werden; da es zum dritten Jahreszyklus gehört, der nach Zunz mit Num. 10, nach Büchler mit Num. 6 22 beginnt, läßt eine solche Möglichkeit sich nur dann vorstellen, wenn der Zyklus im Herbst begonnen hat. Damit ist Büchlers Theorie eine der wesentlichsten Stützen entzogen, denn ihr Ausgangspunkt ist der Beginn des Zyklus am 1. Nisan (a. a. O. 432 ff.). Die Verteilung der Sedarim auf die einzelnen Sabbate und Feste wird von B. mit der traditionellen Chronologie in Übereinstimmung gebracht, deren Angaben nicht willkürlich, sondern daraus entnommen sein sollen, daß die betr. Erzählungen an den entsprechenden Daten vorgelesen wurden. Dann ergibt sich jedoch die Schwierigkeit, daß die Ableitungen jedesmal nur in demjenigen Jahre des Zyklus gemacht sein können, in dem die Partie vorgelesen wurde, d. h. die Chronologie der Sintflut im ersten, die des Auszugs aus Ägypten im zweiten, des Todes Mosis im dritten Jahre. Es wäre jedoch seltsam, wenn das ohne Widerspruch hingenommen worden wäre, zumal nicht immer die Meinung ein und derselben Autorität befolgt wurde; bei der Sintflut z. B. richtete man sich nach R. Elieser, beim Tode Mosis nicht. Die vier ausgezeichneten Sabbate sollen eingerichtet worden sein, um die Lücke zwischen dem 7. Adar, an dem Deut. 34, und dem 1. Nisan, an dem Gen. 1 vorgelesen wurde, auszufüllen. Diese Lücke entstand aber nur jedes dritte Jahr, und die vier Sabbate wurden jährlich gefeiert! Ebenso wäre es mit den Festen gegangen, an denen ja in den drei Jahren jedesmal ein anderer Abschnitt an der Reihe gewesen wäre! Nach den Quellen ist die Vorlesung an den Festen und vier Sabbaten älter als der feste Zyklus. Daß die alten Festabschnitte der Mischna durch diejenigen Perikopen verdrängt wurden, die bei ihrer Wiederkehr an der Reihe waren, ist nicht bewiesen; nach Büchler selbst wäre es nur für Pesach und Schowuas, keineswegs für die drei Herbstfeste durchgeführt. Wenn es konsequent nach dem alten Midrasch ginge, müßte Gen. 30 22 am Neujahr, Ex. 40 2 und Lev. 9 22 am 1. Nisan gelesen werden. Sehr willkürlich sind auch die angenommenen Jahresformen, und die Länge der Perikopen wird je nach Bedarf ganz verschieden angesetzt. Es muß dankbar anerkannt werden, daß Büchler sich durch

den energischen Hinweis auf den dreijährigen Zyklus und den Nachweis
seines langen Bestehens ein hohes Verdienst erworben hat, die Einzelheiten seiner Ausführungen aber, so scharfsinnig und bestechend sie auch
sein mögen, halten näherer Prüfung nicht stand.— Paraschen G. V. 4,
Verschiedenheit der Einteilung vgl. Loeb in *REJ* VI, 250ff., Dérenbourg
das. VII, 146ff.— Die Regeln Jehudais Hal. Ged. S. 617ff., ראו ה' 132f.,
Amr. bei Mx. 20ff., Fr. II, 187, תורתן של ראשונ' ed. Ch. M. Horovitz I, 38ff.,
V. p. 203ff., 221ff., vgl. Epstein in הגרן III, 59; aus der häufigen Übernahme mit und ohne Angabe des Urhebers ersieht man ihre allgemeine
Anerkennung.— לכל מפסיקין Meg. III, 6. Die im Text eingeklammerten
Worte geben keinen Sinn; יו״כ nicht, weil von den Festen bisher keine
Rede war und kein Anlaß vorliegt, ein Fest herauszuheben (die Schwierigkeit schon bei Tos. das. 29a s. v. לכל, jedoch ist die Lösung צ״ל דמיירי
במצחת יוה״כ שחל להיות בשבת nicht annehmbar); מעטרות nicht, weil sie das
ganze Jahr hindurch täglich stattfanden und demnach an keinem Wochentage die richtige Perikope gelesen werden konnte. Der Talmud läßt b. 30b
in der Diskussion diese Worte unberücksichtigt. Obwohl sie in allen bekannten Manuskripten stehen, müssen sie als Zusatz gestrichen werden,
sie sind durch Assoziation (אשגרת לשון vgl. dazu Margulies in Riv. Isr.
I, 4ff., II, 3ff.) aus Taan. IV, 1 hierhergelangt.— Rab b. Meg. 29a, wahrscheinlich hat er das aus Meg. Taan. I kombiniert; sonst ist nirgends eine
Spur davon zu finden, daß Num. 28 zu שקלים gelesen wurde. — Jehudai
vgl. z. B. V. p. 203ff.— Auf die amoräische Ansicht weist schon die Meinung
R. Jirmejas לסדר הפטרות הוא חזר (30b) hin; Sof. XVII, 3, 8 ist es bereits
so verordnet, vgl. Müller das. 234.— Neumond u. Chan. Meg. III, 8.—
Sabbatnachm. konnte nur am Versöhnungstage ausfallen, vgl. Tos. zu b.
Meg. 29a. s. v. לכל.— Wochentage Sof. XVII, 8.— Fasttage Meg. das. Tos.
IV, 9. Sof. XVII, 7 läßt ברכ' וקלל' nur an den Regenfasten und dem 9. Ab
lesen, sonst Ex. 32 11 ff. Geonim s. Sar Schalom bei Amr. Mx. 16, Fr. II,
155ff. (wo jedoch ein andrer Text vorliegt), Natronai in H. G. 623, Resp.
Ch. Gen. Nr. 4. Auffallend ist die von RN zu Taan. I mitgeteilte Ansicht
des Gaons Paltuj, daß an den Fasten nach den Festen (S. 127) am Morgen
die laufende Perikope, erst zu Mincha ויחל gelesen wird.— Lev. 26 14 Sof.
XVII 7, Midr. Threni r. Proöm. 27. — Minchavorlesung erst bei Amr.
Mx. Fr. das. — Or Sar. II, 161a namens der Geonim.— Zu kurz, da 5×3
Verse notwendig waren; zweite Feiertage, in b. Meg. 31 stets והאידנא
דאיכא תרי יומי.— Für Pesach Tos. Meg. IV, 5, Abbaje b. 31b.— Gaon. Zeit
z. B. Amr. Mx. 25, Fr. II, 227.— בשלח nach S. Olam Cap. V.— Sabbat der
Festwoche von Huna im Namen Rabs b. Meg. 31b.— Wochenfest Tos., j.
Meg. das.— Neujahr das., b. das. Midrasch b. R. ha Sch. 11a.— Am Versöh-
nungstag las man Lev. 16 u. 17 Hal. Ged. S. 619, Sch. L. § 32.— Hüttenfest
Meg. III, 8, Tos. a. a. O., b. j. das. — Für die Zwischentage bestimmt Tos.
IV, 8 das Opfer je eines Tages, also Num. 29 17—19, 20—22 usw., jedoch schon
b. Sukka 55a sind für das Musafgebet die Verse von je zwei Tagen vorgeschrieben.— Jehudai Hal. Ged. 619, Amr. 51a, Fr. II, 380, Raschi in V.
p. 442, Manh. חג § 47; V. u. Manh. das. auch über ר' הושענ'.— Schlußfest:

Der richtige Sinn von מצות חקים ובכור ist durch Hai Gaon bei ibn Gajjat
I, 117 gegeben, vgl. N. Brüll, Jahrbücher II, 120; danach sind die drei
Worte Mnemonica für drei in verschiedene Perikopen, die verschiedenen
Gegenden üblich waren, מצות = Dt. 30 11, חקים = Lev. 26 3ff., בכור = Dt. 15 19
ff. Tatsächlich fehlen in mehreren Talmudtexten die Worte כל הבכור. Raschis Neuerung (Pard. 45b, V. p. 445f.) wollte dem jetzigen Texte Genüge
tun. Amr. kennt an allen Wallfahrtsf. nur כל הבכור (51b). — Schlußfest
nur Dt. 33, 34 noch bei Amr. 52a. — Jehuda al Barz. Komm. zu Jezira
166, Saad. das.; nach Büchler a. a. O. 463 hätte sich auch Saadja dagegen
erklärt. — b. Ber. 8b סבר לאשלוטינהו לפרשייתא דכולא שתא במעלי יומא דכפורי
vgl. Halberstamm in השטרות ס' 152.— XII. Jahrh. vgl. Pard. 45b, vgl. JE
XI, 364f.— Mincha am Sabb. Meg. IV, 1, am יו"כ b. 31a wahrscheinlich
Glosse. Gelesen wurde Lev. 18 als Fortsetzung der Morgensidra. Vgl. Allg.
Zeitg. d. Judentums LXXXI, Nr. 10 (9. März 1917).— Nicht klare Andeutung b. Schabb. 24a שאלמלא שבת אין נביא במנחה ביו"ט. Da nie Propheten ohne Tora gelesen werden, müßte eine solche Vorlesung angenommen
werden; tatsächlich vermißt eine solche Or Sar. II, 20b u. Nach Sof. XI, 5
wird die Perikope des letzten Sabbats vor dem Feste fortgesetzt, das kann
sich auch auf einen Festtag beziehen, der auf Sabbat fällt.— Fasttages. ob.
S. 164.— Von den Zusatzperikopen wissen die Baraitas noch nichts,wohl
aber setzt die amoräische Diskussion ihre Einführung voraus, vgl. das j.
Meg. III, 6 (74 b), Taan. IV, 1 (67c) u. b. Meg. 29 b empfohlene Verfahren.—
Bedenken gegen das Rollen der Tora j. Meg. IV, 5 (75b), Joma VII, 1 (44b),
Sof. XI, 3. Im pal. Talmud wird a. a. O. erwähnt, daß eine Tora nach der
anderen gebracht wird, im babyl., daß am 1. Adar u. 1. Teb. am Sabbat drei
Rollen verwendet werden (Meg. 29b); von Jehudai an aber finden wir das
überall so s. Hal. Ged. 618, 621, vgl. auch Tos. Meg. 30b. s. v. ושאר. — Daß
keine Tora vorhanden z. B. Eschkol II, 52, O. Ch. I, 23b, § 5, dagegen V. p. 89f.

6. (S. 169.) Erläuternder Vortrag s. § 28, 29. — Zahl der vorlesenden Gemeindemitglieder Meg. IV, 1—3. — Mindestmaß Meg. IV, 5,
10 Verse b. 21b. — Purimperikope j. Meg. IV, 2 (75a), j. Taan. IV, 3 (68b),
Tos. Meg. 21b s. v. אין פוחתין. — האינו b. R. ha Sch. 31a הויו ל"ך, vgl. j. Meg.
III, 8 (74b); die Tradition darüber Sof. XII, 8, Amr. Fr. II, 191, Mx. 22,
Raschi u. Tos. in R. ha Sch. a. a. O. — Schluß eines Absatzes Tos. Meg. IV,
17 (226 19), b. 22a; die Ausdrücke פוסק u. דולג b. das. u. Taan. 27b, חותך u.
חוזר j. Meg. IV, 2 (75a) u. j. Taan. IV, 3 (68b).— Neumondstag zuerst vor
Raba erörtert b. Meg. 21b. — Unheilvoller Inhalt צריך שיהא פותח בדבר טוב
וחותם בדבר טוב j. Meg. III, 8 (74b). — Die Tradition über die Abteilung
zeigt viele Verschiedenheiten, vgl. dazu Finfer 37.

7. (S. 170.) Exilarch im X. Jahrh., vgl. Nathan ha Babli 84, sonstige
Literatur bei Ratner zu Joma S. 75, Ri 54. — Frauen Tos. Meg. IV, 11
(226 4), b. 23a. Minderjähr. Meg. IV, 7, Tos., b. das., Sklaven j. IV, 3
(75a).— Barmizwa s. Löw L., Die Lebensalter S. 210ff. JE II, 509f.,
die Einrichtung reicht ins XIV Jhdt. zurück. — פותח Meg. IV, 7, Stud.
S. 11, Anm. 1.— Leiter d. Gottesdienstes Tos. Meg. IV, 21 (227 10); Diener
das., statt ואחד עומד ס חזק liest Amr. מקרא, Itt. 272 jedoch סחזן, was

richtig sein dürfte. — Sof. XI, 4, Art des Aufrufens Amr. Fr. I, 396.
Schon Or Sar. II, 19a bemerkt, daß das Aufrufen dem Talmud unbekannt
ist. Wie es später geschah, vgl. Meir Rothenb. Resp. Prag Nr. 108,
Lewysohn מקורי מנהגים S. 57. — Lasen selbst, nur das ist mit der talm.
Redeweise קורין od. שעומר לקרות זה u. ä. gemeint. — Kundige vgl. Tos.
Meg. IV, 12, j. IV, 3. — לעוזות Tos. das. Philo, De Septen. VI (M. II,
282, CW V, 101) u. bei Eusebius, Praep. ev. VIII, 7. — Philo, Legatio ad
Cai. § 31 (M. II, 577, CW VI, 194); nirgends ist der Mißbrauch, den
christliche Gelehrte mit dem Ausdruck Gesetz als Übersetzung von
Tora treiben (vgl. z. B. Schürer II, 493) so deutlich wie an dieser Stelle.
Über diesen Mißbrauch vgl. jetzt auch T. R. Herford, Pharisaism S. 56,
Übers. von R. Perles S. 49. — Kantilene b. Meg. 32a, weiter S. 503f. —
Babylonien Chill. Nr. 47, S. 41, Amr. 29a, Fr. II, 67 vgl. auch Resp. S.
T. Nr. 59. — Balkanländer, Italien Or Sar. II, 20a, vgl. 11a; Deutsch-
land das. 19b, Spanien vgl. Itt. 264; Frankr. Pard. 8b, V. p. 98, Eschk.
II, 68. — Amr. 24a, Ms. O. Mx. 12 ob., Fr. I, 397 u. — Knaben Löw das.
211f. — Neuerer Vorschlag von Graetz in *MS* 1869, 398 (= Vorträge im
jüd.-theol. Verein, 46). Hier sei auch die Sitte erwähnt, daß bisweilen
die Gemeinde Verse wiederholt oder vor dem Vorleser spricht; nach
Saad. sind es zehn Verse, über die man sich jedoch später nicht recht
klar war, vgl. Eschk. II, 65, Resp. Hark. 208.

8. (S. 171.) ברכת הת' j. Ber. VII, 2. — Zu Meg. IV, 1 vgl. b. 21b תנא
הפותח usw. So hält es noch Rab das. 22a, dort jedoch ist bereits auch die
jetzige Sitte erwähnt. Die Stücke, welche schon früher mit Benediktionen
gesprochen werden mußten, j. Meg. III, 8 (74b). — Über die Erwiderung
ברוך Stud. 19f., Saad. in Eschkol II, 58, Oeuvres IX, 160 ob. — Zu Sof.
XIII, 8 vgl. Müller 180, Note 41, Or Sar. II, 21a ob. — אשר בחר erinnert
an die Bened. der Propheten, der übliche Text Amr. 24a, Fr. I, 397.

9. (S. 172.) Philo s. ob. Nr. 7. — Verzicht verboten b. Git. 59b. —
Levit נתפרדה החביל' das., vgl. die Kommentare z. St. — Rab b. Meg. 22a,
Huna Git. das. — Exilarchen usw. s. Nathan ha Babli 84. — Frankreich Or
Sar. II, 19a, der sich dagegen erklärt; wahrscheinlich geschah es, damit
der Rabb. als letzter die Tora zurollte, vgl. dazu b. Meg. g. E. — Reform.
Gemeinden weiter S. 423. — Verpflichtet, das nannte man חיובים vgl. dazu
Löw, L., Ges. Schr. V, 28. — חתן Löw, Lebensalter 187. — Geldzahlungen,
auch Versteigerungen Löw, Ges. Schr. V, 29 unt. Die Versteigerungen
fanden keineswegs überall statt und haben mit der jüdischen Religion nichts
zu tun; sie verraten demnach nicht den kapitalistischen Geist der jüd. Religion, wie W. Sombart, Die Juden u. das Wirtschaftsleben S. 248f, behauptet. In Kairo war das Recht auf den Kauf der Synagogen-Funktionen z. T.
erblich Ri 56. Or Sar. I, 21b, § 115 wird ein Streit wegen des Aushebens
und Einhebens berichtet, die manche nur dem Vorbeter vorbehalten wollten.
Das. wird berichtet, daß manche sogar für die Ehre bezahlten, den Mantel
beim Zurollen reichen zu können. — Schäden s. Lewysohn, Mekore 39f.

10. (S. 174.) Rolle vgl. Blau, L., Althebr. Buchwesen 38ff. — das.
65 über unvollständige Exemplare. חומשין verboten j. Meg. III, 1 (74a),

unentschieden b. Git. 60a, aber Rabba und R. Josef sind dagegen. — Mittelalter, Not s. ob. zu S. 168. — Ausheben Joma VII, 1, Sota VII, 1; das dort erwähnte סמן wurde später Name dessen, der dem Vorleser die zu lesende Stelle in der Tora zeigt, vgl. Krauß, Syn. Alt. 172, Anm. תיבה weiter S. 469f. — XII. Jahrh. Or Sar. s. ob. — Hagbaha in Riessers Zeitschr. Der Jude 1832, Nr. 14, eine hebr. Übersetzung S. D. Luzzattos in שירי שד״ל S. 232, vgl. *MS* 1900, 546f.

§ 26. 1. (S. 174.) מפטיר בנביא Meg. IV, 3. Mittelalterl. Erklärung dazu z. B. Manh. שבת § 35. — Rapoport, Erech Millin s. v. אפטרתא S. 167, Bacher, Exeget. Terminologie II, 14; mehr Belege für אשלמתא Büchler S. 7, allerdings mit unrichtiger Erklärung.

2. (S. 175.) Elia Levita Tischbi s. v. פטר, ältere Aut. z. B. Abudr. 47a, מדלגין בנביא Meg. IV, 5, vgl. Tos. das. IV, 18, 19; die 12 kleinen Propheten (נביא של שנים עשר) gelten als ein Buch und dürfen außer dem Zusammenhange gelesen werden. — Ein Prophetenbuch z. B. Kleine Proph. s. ob. oder Jesaias Luk. 4₁₆, vgl. auch weiter 7. Daß ursprünglich nur Haftaras aus Ezechiel gelesen wurden, wie Büchler S. 7ff. als sicher voraussetzt, läßt sich nicht beweisen; soweit unsre Quellen reichen, finden wir Haftaras aus allen Prophetenbüchern. — Das Alter der Prophetenvorlesung muß aus den im Text angeführten Erwägungen höher angesetzt werden, als bei Büchler S. 2ff. geschieht. Eine Neueinrichtung von solcher Tragweite im ersten Jahrh. müßte irgendwo in den Quellen erwähnt werden.

3. (S. 176.) Von den Amoräern werden nur wenig Haftaras festgesetzt; R. Huna tut es im Namen Rabs u. Abbaje berichtet über einen Brauch seiner Zeit (b. Meg. a. a. O.). Von den Minchahaftaras kennt der Talm. nur die des Jom Kippur; über die anderen vgl. weiter Nr. 10. — Nach Büchlers Auffassung, S. 11, war Luk. 4₁₆ die betr. Stelle aufgeschlagen, der Maftir konnte sie nicht frei wählen. — Sabbathaftaras nennt der Talmud nur für solche Tage, mit denen eine andere Festlichkeit zusammenfällt, z. B. für Neumond Ab. Die Haftaras für die Feste haben vielfach gewechselt, wie sich aus den Regeln Jehudais und aus V. ergibt.

4. (S. 177.) Auslegung vgl. z. B. b. R. ha Sch. 11 a ... בראש השנה נפקדה חנה, die Beziehung von Hab. 3 auf die Offenbarung.— Eine Liste der Haftaras für die Sedarim von Gen. 5 bis Lev. 4 nach dem dreijährigen Zyklus ist zuerst durch Büchler in *JQR* VI, 39—42 veröffentlicht (vgl. das. 46f., 49), eine andere für die Sedarim von Num. 22 bis Deut. 1 durch E. N. Adler das. VIII, 528ff. besprochen worden. Listen für den einjährigen Zyklus finden sich bei Maim. תפלות 'ס Ende, *JE* VI, 136f, sowie in jeder besseren Textausgabe des Pentateuchs oder der ganzen Bibel. Es ist ein Verdienst Büchlers, die Listen aufgefunden, zugänglich gemacht und auf die für die Einführung gerade jener Haftaras maßgebenden Gründe hin untersucht zu haben. Was aber in seinen Ausführungen darüber hinausgeht, insbesondere sein Versuch zur Ermittlung der Haftaras für die Feste und die ausgezeichneten Sabbate kann ebensowenig angenommen werden wie seine Hypothese über die Toravorlesung, die damit im engsten Zusammenhange steht. Daß erst sehr spät feste Haftaras eingeführt und die üblichen oft

nicht gelesen wurden, lehrt die Äußerung Hais ob. S. 177f. Aus letzterem
Grunde muß auch der geistreiche Versuch L. Venetianers (Ursprung u. Bedeutung der Proph.-Lektionen *ZDMG* LXIII, 103 ff.) zurückgewiesen werden, dem sich das weitere Bedenken entgegenstellt, daß auch das katholische
Meßritual in der heutigen Form erst sehr spät nachzuweisen ist. Zur Verschiedenheit der Haftaras vgl. auch L. Löw, Ges. Schr. IV, 247. V, 29.

5. (S. 177.) Worms s. Pard. 61d. — Das Zitat von Hai bei Itt. 279. —
Literatur zum Haftarazyklus vom 17. Tamm. an bei Zunz, G. V. 199 ff.,
Büchler 69 ff. Der Zyklus muß babylonischen Ursprungs sein, weil die unter
palästinischem Einfluß stehenden Haftaralisten ihn nicht berücksichtigen.
Büchler folgert S. 64 aus der bloßen Tatsache, daß der babyl. Talmud
keine Trosthaftara erwähnt, daß solche dort unbekannt waren, daß Rab die
Strafhaftaras Jes. 1 14 u. 21 aus Palästina mitgebracht habe. Dem argumen-
tum e silentio steht hier die besondere Schwierigkeit entgegen, daß der pal.
Talmud überhaupt keine Haftaras nennt. Auch die allmähliche Entstehung
des ganzen Zyklus, wie B. sie sich denkt, ist sehr wenig wahrscheinlich;
unsere Kenntnisse davon sind so gering, daß sie nicht einmal für Vermutungen ausreichen. Die Zeit der Bildung dieses Haftara-Zyklus muß immerhin
soweit hinaufreichen, daß die Karäer ihn ohne Bedenken annehmen konnten;
Zunz setzt die Pesikta bereits um 700 an, G. V. 207. Vgl. dazu *JE* VIII 559f.

6. (S. 178.) Die Verszahl für Haftaras ist in der Mischna nicht bestimmt, die Toseftastelle Meg. IV, 18.—21 Verse b. Meg. 23a, j. IV, 2
(75 a). Ausnahmen das. Auffallend ist, daß Sof. XIV, 1 von 22 Versen
spricht. Die Haftaralisten (s. ob.) geben stets Anfang und Ende an,
fügen häufig hinzu פסוקין פסק, d. h. nur 2 Verse.

7. (S. 178.) ספר אפטרתא b. Git. 60a, vgl. Blau, Althebr. Buchwesen
S. 65f. Gegenteil. Stimmen z. B. Paltuj bei Eschkol II, 51f. — Hai bei
ibn Gajj. I, 105, Itt. 271. — Mohamm. Länder vgl. Sch. L. 15b. — Be-
rühmtes Exemplar vgl. Pard. 62a. — Daß die Haftara aus Rollen gelesen
wurde, habe ich nur in Frankfurt a. M. gesehen. Nach Finfer 84f. werden
sie im westlichen Rußland überall verwendet.

8. (S. 179.) Maftir liest aus der Tora b. Meg. 23a מפני כבוד תורה. — Da
er ein bereits gelesenes Stück noch einmal las, konnte die Frage entstehen,
ob er mitgezählt wird (das.). — In Seph. und It. wird auch die Maftirperikope
zunächst einem andern und dann dem Maftir noch einmal vorgelesen. —
Minderjährige vgl. Resp. Lyck Nr. 94 = S. T. Nr. 60. — Besondere Abschnitte
z. B. I. Sam. 1, Jes. 1, Ez. 1. — Barmizwa vgl. Löw, Lebensalter, 212.

9. (S. 180.) Älteste Erwähnung der Benediktionen b. Pes. 117b,
Schabb. 24 a. — Amr. 29b vgl. jedoch Mx. 14, Fr. II, 69 f. — V. p. 158. —
Den Schluß der III. Bened. כי בשם קדש bis מגן דוד זitiert schon S. T. zu Ps.
18 25 (77 b). — Die Änderung der Formel מקדש השבת ist gegen b. Schabb.
24 a. — ותתן לנו liest auch V. p. 304. — Pesach vgl. Or Sar. II, 128b,
MHRIL 20 a. — Natronai bei Amr. 43b. — V. p. 394 ob. — Zu den Benediktionen vgl. auch Riv. Isr. IV. 128ff., *REJ* LVII, 179.

10. (S. 182.) Babyl. Hochschulen vgl. Resp. Ch. G. Nr. 95, Geon. II,
322, Nr. XXVI; Itt. 250, 289; Raschi und Maor zu Schabb. a. a. O. — An-

dere z. B. J. Tam in Tos. das. s. v. שאלמלא. Jeh. b. Barsilai meint, daß יום
הכפרי׳ statt יום טוב zu lesen ist. — Bei Amr. kommen die Minchahaft. noch
nicht vor, die betr. Stelle in MS. O. bei Mx. 17, Fr. II, 156 ist sicher ein
späterer Zusatz, sie widerspricht dem, was Mx. das. zu Zeile 11 u. Fr. 157
mitteilen במנחה שלהם אין מפטירין כלל. — Ibn Gajj. I, 23; דרשו zuerst Sof.
XVII, 7 erwähnt, aber der Text ist dort unsicher (vgl. Müller S. 243, Note
26), und es ist nicht klar, ob die Haft. am Morgen oder Nachmittag gemeint
ist. — Zu מפטיר עולה vgl. b. Meg. 23a, j. IV, 3 (75a), Sof. XI, 4, Hal. Ged.
622. Alfassi entscheidet והלכתא עולה; entgegengesetzt Itt. 272, der sogar vermutet, Alf. hätte es zurückgenommen. Auch Pard. 8b laßt auf עולה schließen,
derselben Meinung ist J. Tam in seiner Polemik gegen Meschullam b.
Nathan s. Resp., ed. Rosenthal, Nr. 45c, S. 81 ff.; Or Sar. II, 157b.

11. (S. 183.) Frankfurter Rabbinervers. S. 137. — Seltsam ist,
daß die Berliner Reformgemeinde die Vorlesung aus den Propheten
völlig abgeschafft hat.

§ 27. 1. (S. 184.) Hagiographen-Kanon s. JE III, 147, wo dessen
Abschluß in die Zeit Joh. Hyrkans gesetzt ist; die kritische Schule setzt
ihn um 200 Jahre später, das. 149. — Zu Meg. II, 4 vgl. Tos. Meg. I Ende.
— Bereits Saadja erwähnt die Sitte, einzelne Verse von der Gemeinde mit-
sprechen zu lassen, Amr. Mx. 18, Fr. II, 178; Sch. L. § 200 gibt zur Begründung an, daß man den Kindern damit eine Freude machen will.

2. (S. 185.) Alte Bibelexemplare vgl. JE III, 144. — Massora s.
Müller, 201, Note 70. — Benediktion Sof. XIV, 4. — Klagelieder s.
ob. S. 129. — Kohelet z. B. Manh. חג § 57.

9. (S. 186.) Verbot an Sabbaten b. Schabb. 115a, j. XVI, 1 (15b).—
Noch Natronai bei Itt. 289 erwähnt die Sitte dieser Hagiographen-
Vorlesung, und fast scheint es, als ob Itt. sie auch noch aus seiner
Zeit kennt. — Rapoport Er. Mill. S. 171f. — אגרת בראש׳ G. V. 268,
eine neue Ausgabe hat S. Buber 1903 veranstaltet.

§ 28. 1. (S. 186.) Das Wort תרגום ist Denominat. vom assyr. targu-
mânu, Dolmetscher, s. Genesius, Hdwört. 16, S. 889. Das griech. Äquivalent ist διερμηνεύειν I. Cor. XIV, 27.— Zu den and. Übersetzungen vgl. L.
Blau, Zur Einleitung in die Heilige Schrift, 84, 91. — Zidkia Sch. L. § 78
(29a), über Giuda vgl. JE X, 444.

2. (S. 187.) Zur Form תרגמן usw. vgl. Bacher, Exeg. Termin. I,
206. — Zu Meg. IV, 7 vgl. auch Tos. Meg. IV, 21. — j. Meg. IV, 1 (74d)
wird getadelt חזנא קאים מתרגם וליח ברנש תחתוי, weil der Platz des Die-
ners nie leer sein sollte, s. ob. zu S. 170. — Gaon von Sura bei Nathan
ha Babli S. 84.

3. (S. 188.) Freie Übersetzung, sie durfte nicht aus einem Buche vorgetragen werden j. Meg. das., b. 32a. — Nicht wörtlich, vgl. Tos. Meg. Ende,
ר׳ יהודה אומר המתרגם פסוק כצורתו הרי זה בדאי והמוסיף הרי זה מגדף und Friedmann,
Onkelos u. Akylas, 4f. — Zur Methode der LXX vgl. Z. Frankel, Vorstudien
zur Septuag., 163ff., Einfluß der pal. Exegese, 1ff., A. Geiger, Nachgel. Schr.
IV, 73ff. — Zu Jonathan Geiger das. 106, A. Berliner, Targum Onkelos II,
105.— Willkür das. 100, Friedmann a. a. O. 60f.— Zu Onkelos' Abfassungs-

zeit vgl. F. Rosenthal in Bet Talmud II, Friedmann das. Aquila Geiger das. 83. — Zu Jonathan Ginsburger M., Pseudo-Jonathan XVIIff.

4. (S. 189.) Das Zitat aus Raschi zu Meg. 21b ob. — Die Abweichungen in der Übersetzung zuerst von S. D. Luzzatto in אוהב גר festgestellt, vgl. Geiger, Urschrift, 16ff., für Septuag. Frankel a. a. O., für Peschitto J. Perles, Meletemata Peschitthoniana u. neuerdings Ch. Heller, Untersuchungen über die Peschîttâ. — Über „Verbotene Targumim“ s. Ginsburger in MS XLIV, S. 1ff. — Saadja vgl. Resp. Hark. Nr. 208, S. 309.

5. (S. 190.) Über Justinians Novelle s. Graetz, Gesch. Bd. V⁴, Note 7, S. 410ff. — Wie Sof. auch Amr. 28a (Fr. II, 49), jedoch nach dem Morgengebet vor der Vorlesung vgl. auch Itt. 245. — Natronai bei Amr. 29a (Fr. II, 68)u. Itt. 266 וכך אט׳ ר׳ נוטרונאי גאון אלו שאין מתרג׳ ואומר׳ אין אנו צריכין לתרגם תרגום דרבנן אלא בלשון שלנו בלשון שהצבור מתרגמין אין יוצאין ידי חובתן.—
Juda ibn Koreisch, Risale, ed. Bargès, S. 1, JE VII, 345. — Schluß der gaon. Zeit s. Hai in Resp. Hark. Nr. 208, Itt. 249, das folgende Itt. 267f.— Deutschland vgl. Ginsburger in MS XXXIX, 97ff. Eine Reihe poet. Introduktionen wurden von ihm ZDMG LIV, 113ff. u. REJ LXXIII, 14ff. veröffentlicht. אקדמות von Meir aus Worms, weiter S. 334. — Unverständlichkeit Orch. Ch. 25a § 40. — Bearbeitungen in der Landessprache das. 77d § 7, arabische in N. Afrika Ri 52. — Frankfurter Rabb. S. 128, 319f.

6. (S. 192.) 1000, so Hai bei Itt. 278. In Mainz kannte man um 1050 kein Targum zur Haftara, Pard. 62a. — Ezechiels Vision vgl. auch Chagiga II, 1.— Jonathan vgl. Z. Frankel, Zum Targum der Propheten 13ff., Geiger a. a. O. 109.— Feiertags-Haftaras s. Tos. Meg. 23b, s. v. לא 24a s. v. ובנביא u. ואם vgl. V. p. 15f. וביו״ט שנהגו לומר תרנום של הפטרה נ׳ פסוקים ואחד יאמר מפטיר רשויות איסב רשות־על דא יתברך. — Übliche Haft. Jes. 10³²—12⁶. — Introduktionen V. a. a. O. — יציב פתגם von Jakob Tam, weiter S. 335. — Trotzdem das Portugiesische nicht mehr ihre Landessprache ist, haben die Sepharadim in ihrer überaus konservativen Gesinnung die Abschaffung jener Übertragung da, wo sie erfolgte, sehr übel vermerkt. — Frankfurter Rabbinerversammlung a. a. O. S. 137.

7. (S. 193.) Mischna vgl. Meg. I, 8 אף בספרים לא התירו לכתב אלא יונית und II, 1 קראה תרנום בכל לשון לא יצא. In Saragossa wurde seit 1350 Esther spanisch gelesen G. V. 413.

§ 29. (S. 194.) 1. Zu II. Chr. 17, 9 vgl. Vogelstein in MS IL 427ff. Philo, Vita Mos. III, 27 (M. II, 168 CW IV, 250). למד bei Bacher, Exeg. Termin. I, 103f., הגיד das. 30ff., דרש das. 25ff., II, 41.

2. (S. 195.) Schriftauslegungen zur Haftara kennt der Midrasch nur für den S. 178 erwähnten Zyklus, so daß man annehmen muß, daß sonst nur über den Toraabschnitt gepredigt wurde; andrerseits macht die von Bacher, Proömien S. 9ff., als Eigentümlichkeit der ältesten Schriftauslegung erwiesene Methode, Verse aus Tora, Propheten und Hagiographen aneinanderzureihen, es wahrscheinlich, daß auch die Haftara Berücksichtigung fand. — Philo ob. zu S. 170, über seine Homilien Bousset, Jüdischchristl. Schulbetrieb etc., S. 153. — דרשנים b. Pes. 70b. — ענין bei Bacher, Exeg. Termin. I, 141, II, 150.— Der λόγος παρακλήσεως, zu dem

Paulus und seine Begleiter in Antiochien aufgefordert werden, Akt. 13ᵢ₅, ist nicht eine Ermahnungsrede; denn es wäre seltsam, daß die Gemeinde sich von unbekannten Fremden ermahnen lassen sollte. Hingegen is πα-ράκλησις die Übersetzung des hebräischen נחם (Hatch & Redpath, Concordance p.1061), es war eine Trostrede mit messianischem Ausblick, die der Gemeinde geboten werden sollte. — דרש ברבים G. V. 354, Bacher a. a. O. I, 25ff. — Predigt in der Landessprache G. V. 370. Es mag genügen, auf die Klage Agobards v. Lyon um 825 (ut dicant melius eis praedicare Judaeos quam presbyteros nostros, De Insolentia Jud.V) zu verweisen; selbstredend konnten die Prediger bei Nichtjuden nur durch Vorträge in der Landessprache Beifall finden. Aber auch die Juden im fränkischen Reiche haben nicht soviel Hebräisch verstanden, um einer Predigt folgen zu können.

3. 4. (S. 197.) G. V. 344ff. 350f., Rapoport, Erech Millin, S. 171ff. § 30. · 1. (S. 198.) Fromme = נקיי הדעת שבירושלים. In Sof. ist nicht klar, wer anfängt, warum der ספטיר hier auftritt u. wohin er geht. Was bedeutet ferner der Satz ואח״כ סגביה את התור׳? Elia Wilna hat ihn gestrichen. Es scheint, daß hier mehrere Quellen zusammengeflossen sind. — ויהי בנסע O. Ch. I, 65a § 6, Kolbo § 37 nach Machkim, S. 15, allgemeine Verbreitung erst seit ed. Prag 1541 vgl. Berliner I, 28, II, 31. — אין כמוך vgl. Or Sar. II. ומנהגנו בארץ כנען... סתחיל ש״ץ ואומר... אין כמוך והצבור עונין אחריו פעמים 19a (או פ״א) מלכותך... אב הרחמים... שמע ישר׳... אחד אלהינו... גדלו... רוממו... על It. vgl. Sch. L. § 77 (28b). הכל ובני רינוס אין להם מנהג זה אלא אומר׳ גדלו In Germ. ist das in Seph. (vgl. Manh. שבת § 24, Tur I, 281) an Sabbaten übliche אתה הראת לדעת. Dt. 4₃₅, nur am Torafest gebräuchlich. — Die Verse bei Amr. Fr. I, 396f. haben noch viel Ähnlichkeit mit denen in Sof. Zur Entwicklung der hier im einzelnen sehr abweichenden Bräuche vgl. V. p. 71f., Pard. 47b., O. Ch. I, 22b § 7, 65a § 6, Abudr. 35d, 46d, Tur u. Sch. Ar. I, 134, 281 Ende.— Umzug: die mittelalterlichen Quellen melden nur, daß die Gemeinde Verse leise spricht. Schon 1096 war es in Mainz üblich, daß die Kinder die Tora beim Umzug küßten, Quell. z. Gesch. d. Jud. i. Dtschld. II, 10.— על הכל, im Text ein wenig erweitert (Baer 224), wird nur in W. Deutschland gesprochen, an den Festen besonders feierlich, vgl. schon V. p. 157.— Beim Hinlegen der Tora vor dem „Aufrufen" in Germ. אב הרחמים, worüber Berliner I, 65, II, 32 vgl. Or Sar. I, § 106 (39a). — Hagbaha nach der Vorlesung nur in Germ. nach einer Äußerung von Mos. Isserles zu Tur I, 147.— בריך שמה aus Sohar zu ויקהל, über seine Aufnahme vgl. Baer 122, Berliner I, 29. Über die folgenden Stücke Baer 223, Berliner I, 46f., 60.— Die Umzüge am Torafest erwähnt keine mittelalterliche Quelle, vgl. dazu JE XI, 365.

2. (S. 201.) Chill. Nr. 49 wird übereinstimmend von der Ehrung der Tora beim Einheben berichtet; wenn Sof. nichts davon erwähnt, ist das durch die schlechte Gestalt des Textes verschuldet.— Amr. 24a u. Fr. I, 398.— Über die Psalmen Baer 125, Berliner I, 25, Ps. 24₇ nach b Schabb. 30a; der Brauch von Seph. bei Itt. 280, O. Ch. 65b, Abudr. 47c.

3. (S. 201.) מי שברך zuerst Or Sar. II, 21b, vgl. Ri 8f. — מתנת יד schon Pard. 45b, 49d, O. Ch. I, 26b u. kennt das als Brauch des nörd. Frankr. und meint, daß es in Spanien nur am Torafeste üblich ist, während Manh. חג

§ 56 letzteres gerade aus Frankr. berichtet. — Über השכבה *JE* VI, 238f. Über die Ausschreitungen Lewysohn a. a. O. — Die רשות bei Installation Nathan ha Babli 84, für Bräutigame Ri 15, am Torafest Ri 87.

4. (S. 202.) Die verschiedenartigsten Mitteilungen und Gebete gestattet an dieser Stelle Manh. שבת § 40.

a) יהי רצון Amr. 24a, Fr. I, 398; V p. 179 hat sie für Sabbat Mincha. Amr. 33b, Fr. II, 130 hat dasselbe auch für Neumond. Abudr. 48d kennt den Brauch, am Sabbatnachmittag Ps. 92 vorzutragen.

b) Segen für die Anwesenden auch in Amr. a. a. O. für Neumond eingefügt. Andre derartige Formeln bei Fr. II, 76 f., Ri 9, Berliner I, 66, *REJ* L 89. Jehuda Albarz. Itt. 279. — יקום פרקן u. ähnl. Formeln Ri 82, Litg. 19, Berliner I, 65 f. *JE* V, 293 b; in hdschr. Formularen fehlt vielfach die Erwähnung des Exilarchen *JQR* N. S. I, 63. — Gebete für den römischen Kaiser erwähnt bereits Philo, Flacc. §7 (CW VI 129). Alle Handschriften und Drucke enthalten das Gebet für das Staatsoberhaupt, die Halachisten leiten es aus Jer. 297 ab. — Wie Märtyrerlisten entstanden u. vorgelesen wurden, s. bei Salfeld, das Martyrologium des Nürnberger Memorbuchs, S. IX ff., über die spätere Sitte der Spenden Tanja § 16, Sch. L. § 81 (30b) zu אב הרחמים vgl. MHRIL 21a. — Das Gebet אנחנא מצלאין O. Ch. I, 65b § 9. — Verkündigung der Fasttage Amr. bei Mx. 17, Fr. II, 175, V. p. 173.

c) Über das Seelengedächtnis Zunz, Litg. 670, *JE* VI, 283, Jüd. Literaturblatt XXVII, 1904, Nr. 21 f, Salfeld, Matyrologium, Einltg. Das Seelengedächtnis war im Orient spätestens um 1000 üblich, wie die vielen erhaltenen Listen beweisen.

d) Ri 86 ff. — אשר בגלל אבות schon Amr. 52a, Fr. II, 385, fehlt jedoch bei Mx. 37; Saads. Widerspruch das. — Die Hymnen usw. erwähnt ibn Gajj. I, 117. — פטירת משה G. V. 154, Ri 87 f.

Kap. IV.

§ 31. 1. (S. 206.) Der Ausdruck Stammgebete zuerst bei Zunz, Ri 5. — מטבעה usw. vgl. Levy, Neuhebr. Wört. III, 85. — Zu רשות vgl. was weiter § 43 S. 355 ff. u. Ri 3 ff. über den Minhag gesagt ist.

2. (S. 207.) פייטן u. die Derivate G. V. 393, S. P. 60. Steinschneider, Jüd. Literatur in Ersch & Gruber II, 27, S. 421, § 18. — טיידי das., Perles das. 63 ff. Zur Bedeutung beider S. Krauß, Lehnwörter II, 443, 262. — Akrost. Dichtung bedeutet טיידי in Warnheims קבוצת חכם', S. 107. —

3. (S. 207.) חזנות S. P. 60. Zu הואנה vgl. zuletzt Eppenstein in *MS* LII, 1908, 467 ff.

4. (S. 208.) פומן Brody u. Albrecht, S. 17; die Ableitung S. P. 88, 367 f., Perles a. a. O. 67. — Augustin S. P. 88. — פומן als Refrainpoesie bei Jos. ibn Migasch, Resp. Nr. 204, s. Dukes, Zur Kenntnis, S. 140. — Piut, Selicha S. P. Kap. III, S. 59.

§ 32. 2. (S. 209.) a) Steinschneider das. S. 422.

b) S. P. 79. Steinschneider § 19 Anm. 19, Brody Albr. S. 19.

c) s. M. Hartmann, Die hebräische Verskunst usw. S. 84.

d) S. P. 80; nach J. Perles Byzant. Zeitschr. II, 573 von κύκλιον.

e) So Perles in *MS* 1886, 231 f.

3. (S. 209.) S. P. 61, Brody Albr. S. 35 Nr. 30; מקדמה z. B. Amr. II,
23a, Brody, Dîwân des Abû-l-Hasân Jehuda ha-Levi III, S. 209 ff. — סלוק
u. כרוג (Finale) Brody Albr. S. 114, I. Davidson, Mahzor Yannai XXVII.—
גמר Amr. II, 1a, 3b.

4. (S. 210.) I. A. a — c) S. P. 61 ff., Brody Albr. S. 23. — ccβ ר׳ סלבנו
Studien 31. — יוצרות Steinschneider S. 426 1). — נשמת S. P. 64 f. S. D.
Luzzatto, Divan des Jehuda ha-Levi, 1864, S. 37a, Brody Albr. S. 9, Brody,
Dîwân III, S. 5. Das Verhältnis der Poesien a—c zueinander ist noch nicht
ganz klar, die Echtheit der Schlußstrophe des נשמת mit dem Ausgang ואלו
פינו vielfach angezweifelt; vgl. Luzzatto a. a. O., Brody Albr. S. 102, Nr. 92.
B. S. P. 69 f. — Orient vgl. z. B. Neubauer u. Cowley, Catalogue
of the Hebr. Manuscripts in the Bodleian Libr. II, 26313, 271218,
27147 u. v. a.

II. (S. 212.) A. Keroba S. P. 65 ff. Berliner, Randb. II, 66, Stud. 47.
Das Wort kommt auch in der syrischen Liturgie vor, Sachs, Rel. Poesie
S. 178. — Kerobas für Wochentage S. P. 73. Studien a. a. O. — שבעתא S.
P. 69. — Die Teile der Keroba S. P. 65 ff., Brody-Albr. S. 113 f., I. Davidson, das. XXVIII ff. — כתוב, die Bibelverse sind in Handschr. und alten
Ausgaben des אשכנז מ׳ sowie in It. u. Rom. noch immer zu lesen. — Zu e)
macht Berliner a. a. O. darauf aufmerksam, daß der Anfang אל נא schon
an den Schluß des vorhergehenden Stückes, Ps. 224, gesetzt wurde; auch
zu f) vgl. Berliner das. Davidson erklärt ואתה קדוש und אל נא als die Stichworte zur Bezeichnung der Piutim zur 3. Benediktion, woraus dann infolge gekürzter Abschriften Fehler entstanden. — Über טל u. גשם vgl. S.
P. 69, andere Kompositionen Neubauer u. Cowley Nr. 27101 גשם דר׳ נחמיה;
der Zusammenhang mit altbabylonischen Anschauungen ist *MS* LIV,
535 ff erwiesen.

B. a) Über die Einleitungen vgl. Sachs, S. 247, Anm., Berliner II,
62 ff. In Amr. und danach in Seph. bildet אוחילה einen Teil der Tefilla.

b) Jose b. Joses Poesien zu מו״ש halte ich jetzt nicht mehr für Einschaltungen; ihr Autor dachte sie sich wahrscheinlich als Ersatz für die
üblichen Einleitungen (עלינו usw. ob. S. 143), daher werden auch gegen
Ende Bibelverse eingeschaltet, die nur in neueren Ausgaben von Germ.
weggeblieben sind. In Palästina waren derartige Poesien an Stelle überlieferter Gebete außerordentlich beliebt. Eine weitere sehr gekünstelte
Dichtung zu מו״ש von החזן אלסמל בירבי מישאל *JQR* NS VIII 431 ff. Sie ist
kaum sehr alt, zeigt aber deutlich Einfluß von Pal. u. hat Bibelverse, die
von allen sonstigen Überlieferungen abweichen.

c) Über Aboda s. Ri 101, Studien 49 ff., über die spanischen ס׳ עבודה
s. S. P. 80.

d) vgl. *JE* II, 368 ff., Aufzählung von Dichtern bei Jellinek, קונטרס
תרי״ג, Neubauer in *JQR* VI, 698 ff. — אזהרות in übertragenem Sinne z. B.
in Rom. — Über den Namen שבת הגדול vgl. Ri 10, *JQR*, V 434 f. Die Bezeichnung, die zuerst (nach christlichem Vorbild) nur für den Sabbat vor
Pesach gebraucht wurde, hat man dann auf alle Sabbate vor den Festen

übertragen; so schreibt Sal. b. ha Jatom im Komment. zu Moed K. שבת הגדול.
שלפני פסח ועצרת וראש השנה וסוכה (ed. Chajes, S. 15), vgl. Riv. Isr. VII,153.
e) אני ודו als mystische Formel erklärt bei Klein, der älteste christl.
Katechismus, S. 48. — יום הושענא Lev. r. 37₂. — Kalenderbestimmung b.
Sukka 54b, j. das. IV, 1 (54b). JE III, 503b. — Umzüge mit Feststrauß
oder Weide vgl. V. p. 443, Or Sar. II, § 315 (69a). Über die Umzüge und
die poetischen Hoschanas vgl. Amr. 51b, H. Ged. 173, ibn Gajj. I, 114ff.
In dem dortigen Zitat aus Saad. sind die Worte תפלת המוספין ומתפללין offenbar versetzt, vgl. Kohut in MS, XXXVII, 506ff., wo Saadjas Hoschanot
abgedruckt sind.— Umzüge ob. S. 139, vgl. auch S. P. 73ff. JE, VI, 161f.,
476ff. Sch. L. § 369 (166a) kennt die Umzüge nur am siebenten Tage.
Über die Umzüge am Ölberge in Jerusalem s. S. Krauss im Jahrb. für jüd.
Gesch. u. Lit., 1919, S. 43ff. u. J. Mann, The Jews in Egypt. I, 63.

III. (S. 221.) S. P. 70, dorther das Zitat am Ende; פטירת משה das. 73.

§ 33. 1. (S. 221.) S. P. 76ff., Berliner II, 21.— Die 13 Eigenschaften
s. z. B. Num. 14₁₈, Joel 2₁₃, Nah. 1₃, Ps. 103₈, 145₈.— Die Einleitung
אל הורתנו stets bei Amr. — אל סלך יושב übersetzt S. P. 152, vgl. Litg. 17.

2. (S. 222.) Die Fastenliturgie in Taan. II verwendet mehrere Psalmen.
— Dan. 9, Esr. 9.— פסוקי רצוי Amr. bei Mx. 28, S. P. 77, Anm. a, b.— Die
Stichworte der Versgruppen Ri 120f.— Die kurzen Introduktionen Amr.
35a verglichen mit V. p. 233.

3. (S. 223.) 2 solche Litaneien S. P. 153, über den frühen Ursprung der
meisten Litg. 18. Den Einfluß dieser Litaneien auf die christliche Liturgie
hat Michel, Gebet u. Bild in frühchristl. Zeit, S. 44ff. nachgewiesen.— Die
Selichas für יו"כ sind denen in It. ähnlich, daher ihr altertümlicher Charakter.

4. (S. 223.) S. P. 82ff., 152ff.

5. (S. 224.) Ri 120ff.— Gabirols שופט in Germ. für ער"ה u. שחרית יו"כ.—
פסוקי רחמים S. P. 77, Anm. e. — ואומר סליחות usw. häufig in It. — Die verschiedene Gestalt der Selichas Ri 117ff. — Hefte קונטריסים Ri 33, Anm. e.

6. (S. 225.) Die alte Selichaordnung für Regenfasten wurde in Babylonien noch um das Jahr 1000 ausgeführt, vgl. ob. zu S. 127. — Für die
histor. Fasttage hat It. noch heute Kalirs Kerobot, für den 9. Ab auch Germ.
u. Rom. — Die Entwicklung zur Selicha Ri 125, dort auch ein Verzeichnis
der in nachbiblischer Zeit entstandenen Fasttage; eine Ergänzung hierzu
gab Simonsen in MS IIXL, 1894, 524ff. vgl. JE V, 347f.

7. (S. 226.) Amr. 47b; Manh. צום הכפ' § 59 zitiert מעמר שיש בו רצוי
וסליחה ושבה והודיה והוכרת זכות.— Span. Maamad bei Brody Albr. S. 116.— S.
P. 80. — Charisi, Tachkemoni III, 145, bei Brody Albr. S. 175.— das. III, 135.

8. (S. 226.) Enstehung und Zahl der Selichatage Ri 122f., Amr. 47b
כדרך שבין ראש השנה ליום הכפורים לעמוד ולסדר סליחות ודברי תחנה ובקשה Von.
מעומד statt מעמד in den Bußtagen sprechen die Hal. Ged. Vgl. Dukes, Zur
Kenntnis 7, Ker. Chem. VII, 33, Sachs, Rel. Poesie 177.— Die Gebete dieser
Vigilien Ri 132ff., Amr. bei Mx. 28ff., Fr. II, 308ff. — Tripolis vgl. Sachs
a. a. O. 264ff., Brody Albr. Nr. 13, S. 16. — Über die poetischen
Selichas u. die Art ihrer Einschaltung vgl. auch Berliner II, 22ff., 75ff.

A. Die Namen sämtlich in Amr. II, vgl. Steinschneider, § 19 Anm. 12. גמר heißen die ersten Selichas der Bußtage, die unmittelbar auf לך ה' הצדקה folgen; am י"כ hingegen sind die letzten so genannt, die der Rezitation der Verse שמע כ"מ, ברוך שם כ"מ, הוא האלהים,ה'vorausgehen, vgl. Amr. II, 39ff., 48,52f. B. a) S. P. 88, 94, 134f. — b) das. 98, Brody Albr. S. 51, Nr. 48. — c) d) S. P. 90f. — e) das. 167, vgl. jedoch Hamagid IX, 136. — f) S. P. 95, die Elegien über die „10 Märtyrer" das. 139ff. *JE* VIII, 355ff. C. a—e) S. P. 135, b) auch 89, f) Amr. II, 23aff., 28aff.

9. (S. 229.) Die Namen bei Steinschneider S. 426, Brody Albr. S. 156. — Amr. ob. S. 129, vgl. Fr. II, 264. — Kalir S. P. 71f., über Art u. Verteilung der Kinot Ri 88ff. — Talmudverbrennung weiter S. 338. — Die Zionide weiter 350. — Beide Kinot oder wenigstens die letztere auch in den Reform-Gebetbüchern.

C. II. Abschnitt.

Kap. I.

§ 34. 2. (S. 233.) Zur religionsgeschichtlichen Bedeutung des Gottesdienstes s. W. Bousset, ob. S. 511, Heiler, Gebet 474. Über die Bedeutung der Synagoge vgl. auch Herford Pharisaism 78ff. (64ff.). — Heiligtum im Kleinen Ez. 11 16, so wird b. Meg. 29a eine der ältesten Synagogen genannt, in der späteren jüdischen Literatur wird der Ausdruck häufig zur Bezeichnung der Synagogen verwendet. — Die allmähliche Verdrängung des Opferkultus bei Bousset das. 124ff.

3. (S. 234.) Über die Fasten vgl. die S. 532 zitierte Schrift Groenmans, *JE* V, 347, VIII, 133, Mischna Taan. II, die Stellen in den Apokryphen bei Bousset 207.

4. (S. 235.) Literatur bei Schürer II, 500. Zu den Argumenten im Texte sind noch die von Bacher in Hastings Dict. of the Bible IV, 636 betonten Fasttage (Sech. 75, Jes. 583ff.), ferner die Erwägungen bei Herford, Pharisaism 78f. hinzuzufügen. Damit ist Bousset's Zweifel, a. a. O. 197f., widerlegt. Viel Material bei Krauß SA. 52ff., 92ff. — Die Stellung des Bekenntnisses in den ältesten Gottesdiensten ist Studien 14 hervorgehoben. Nach Blau *JE* VIII, 133 wäre das Schma aus Opposition gegen den Dualismus eingeführt worden; sein Ursprung läge dann im Tempel zu Jerusalem, aber ausschlaggebend wäre ebenfalls sein Charakter als Bekenntnis.

5. (S. 236.) Über Tam. V, 1 u. das Morgengebet der Priester vgl. Kohler-Festschrift 77ff, u. b. Ber. 12b. Daß die Priester im Tempel Aramäisch sprachen, hat Büchler, Priester u. Kultus, 60ff. bewiesen.

6. (S. 236.) Die Teilnahme der Laien am Opfer folgt aus Tam. VII, 3, Sir. 50, 11ff.— Levitengesang in d. Chronik vgl. Büchler in ZAW XIX, 1899; 123, 133, 333, Köberle, Die Tempelsänger im A. T. bes. S. 100,199, Schwaab, Histor. Einleitung S. 187. — Zu den Refrains s. Jer. 33, 11, Köberle 110, Büchler 334, vgl. auch Schürer II. 350f., 355; Bousset 127,

418. — Über Maamadot vgl. Herzfeld III, 188, 204, Müller, Sofrim 236, Anm. 14, Büchler, Priester u. Kultus, 92ff., Schürer II, 338, Anm. 6. Der richtige Sachverhalt muß aus Taan. IV, 1ff., durch Zuhilfenahme von Tos. das. IV, 3, (219 16) und j. IV, 2 (67d) ermittelt werden. Danach hieß jeder der 24 Bezirke משמר, die Abordnung der Laien, die in Jerusalem dem Opfer beiwohnte, מעמד, ihr Führer ראש המעמד Tam. V, 6; schon in der Mischna jedoch werden die Bezeichnungen auch irrtümlich verwendet, z. B. Bikk. III, 2. Die 24 משמרות verteilten ihren Dienst auf 48 Wochen im Jahre, in den beiden Festwochen konnten alle Priester ohne Unterschied fungieren, wie auch immer Laien als Wallfahrer anwesend waren, vgl. b. Sukk. 55b. Die Berichte der Quellen erwecken den Eindruck, daß die Einrichtung alt ist; wann sie „in der späteren Zeit des Judentums" (Bousset 127) geschaffen worden sein soll, ist nicht einzusehen. — Ein Versuch, die Vierzahl der Gebete zu erklären, bei Herzfeld III, 188ff. Nach Blau in *JE* VIII, 132 wäre das Mittagsgebet im Anschluß an die Privatopfer entstanden. Die Herleitung von den Opfern auch im Talmud, תפלות כנגד תמידים תקנום (b. Ber. 26b u. Tos. das. III, 1, 2) od. מתמידין גמרו (j. das. IV, 1, 7b); jedoch ist dort für das Musafgebet keine und für das Abendgebet eine unzureichende Begründung gegeben. Daß das Musafgebet mittags stattfand, ergibt sich aus Tos. Meg. IV, 1, wo בחצות statt des במוסף in der Mischna steht. Die drei Gebetszeiten in Christentum u. Islam bei Döller 66ff. — Bekenntnisstücke in der Liturgie des Maamad folgt aus הקורא עם אנשי מעמד j. Ber. I, 8 (3c), b. Joma 20a. — Auf die Gleichartigkeit der Gebete in Esra u. Dan. hat Pool, Kaddish S. 2f. hingewiesen.

7. (S. 239.) Wie man sich die כנסת הגדולה vorstellt (vgl. die Literatur bei Schürer II, 418f.), ist in unserem Zusammenhange gleichgültig; leitende religiöse Behörden muß es auch in den Jahrhunderten zwischen Esra und den Makkabäern gegeben haben, und gerade in jene Zeit, über die keine Quelle ausführlich berichtet, fällt ein wichtiger Umschwung in den religiösen Anschauungen und Einrichtungen des jüdischen Volkes. Vgl. auch Herford, Pharisaism, S. 20, Übers. S. 17f. Der im Text mitgeteilte Satz geht auf R. Jochanan in der ersten Amoräergeneration zurück, macht aber den Eindruck einer alten Tradition; daß R. Jochanan solche häufig vorträgt, s. bei Bacher, Agada pal. Amor. I, 207.

8. (S. 240.) Die Bedeutung privater Andacht für die Ausbildung des Gottesdienstes (s. *JE* VIII, 134f.) müßte nachdrücklicher betont werden. Aus ihr mögen manche Gebete herstammen, die in den Apokryphen u. Pseudepigraphen erhalten sind (s. Schlatter, Gesch. Israels², S. 60f.), von ihnen die Anregung zur Aufnahme vieler Psalmen in die Liturgie gekommen sein (*REJ* LXXIII, 148). — Die Beschränkung des Musafgebets auf die Sabbate usw. hängt wahrscheinlich mit der Bezeichnung der Zusatzopfer als מוספים zusammen; wann diese erfolgte, ist unbekannt, in der Bibel findet sie sich noch nicht. — Die Vorlesungen während der Maamadwoche Tos. Taan. IV, 3, die Einrichtung der Vorlesung am Montag und Donnerstag wird auf Esra zurückgeführt, vgl. ob. S. 156. Vgl. Tos. Taan. II, 4 (217 3). — Gebetordnung vgl. Ewald, Geschichte, Altertümer³, S. 19, Sachs, Rel. Poesie 164ff.

9. (S. 241.) Ps. 119₁₂ u. I. Chron. 29₁₀ fehlt noch die für die Beracha charakteristische Anrede אלהינו, ebenso Tob. 8, 5. 15ff.; diese bedeutungsvolle Anrede Gottes im Gebet ist bei Bousset 431f. u. Döller 72 nicht erwähnt. — ברכה am Schluß der Bittgebete ob. S. 5. — Bekenntnis vgl. die zu S. 24 angeführte Literatur, ob. S. 514. — Tefilla jünger, vgl. Stud. 39f., *JE* VIII, 133. — Stilles Gebet, ob. S. 25. — Tefilla S. 30ff. Berufung auf die Väter Bousset 414ff. — מום'ברכות ob. S. 5. — Der religiöse Gehalt der Gebete bei Bousset 419ff. — Bekenntnis ob. S. 109, 114, 136; Tefilla S. 31f. — Die häuslichen Feiern ob. S. 107, 120 u. Elbogen, Eingang u. Ausgang des Sabbats, VIIff. — Versöhnungstag Studien 54.

10. (S. 244.) Agatharchides bei Josephus, Ap. I, 22 (Niese V, 37, Th. Reinach, Textes d'auteurs grecs et romains usw. 43).

11. (S. 244.) גאולה ob. S. 22, die nationalen Bitten S. 32ff. Vgl. auch Cohen-Festschrift, Judaica, S. 669ff.

§ 35. 1. (S. 245.) Alte Elemente in der Mischna hat besonders S. Funk, die Entstehung des Talmuds, § 6ff. nachzuweisen versucht. — Parallele Quellen das. § 36, S. 95f., vielfach sind sie in den beiden Talmuden enthalten. — Beginn uns. Zeitrechnung, bezeichnet durch die Schulen Hillels und Schammais (Strack, Einleitung, i. d. Talmud[5], S. 119), weiter S. 248. — Philo bei Eusebius, Präp. ev. VIII, 7. — Josephus, Ant. VI, 8₁₃. — Talmud z. B. b. Ber. 2a, j. I, 5 (3b). Tos. III, 1, Maim. תפלה I, 1; *JE* VIII, 134, Stud. 39. — Alle Richtungen; unter den Kontroversen zwischen Pharisäern u. Sadduzäern od. Essäern findet sich keine über den Gottesdienst. Überall, wo Juden wohnen, s. weiter S. 250, 4.

2. (S. 245.) Gebetzeiten vgl. עונת ק"ש j. Moed K. III, 5 (83a), כשם שנתנה קבע לקריאת שמע Tos. Ber. III, 1. Vgl. Luk. 1₁₀ τὸ πλῆθος τοῦ λαοῦ ἦν προςευχόμενον τῇ ὥρᾳ τοῦ θυμιάματος, was sich auf die Beteiligung des Volkes beim Opferdienste bezieht (קמרת של בין הערבים Joma III, 5) und Akt. 3₁ ἐπὶ τὴν ὥραν τῆς προςευχῆς τὴν ἐννάτην, was etwa dieselbe Zeit bedeuten wird, s. auch Akt. 10₃₀ u. Schürer II, 350, Anm. 40. — Beten auf der Straße Ber. II, 12, auf der Reise das. IV, 4ff. — Bedeutung des regelmäßigen Gebets für d. rel. Leben Bousset 202, 206, Herford a. a. O.— Onias *JE* IX, 404f. — Chanina das. VI, 205. — Die alten Frommen weiter S. 379. — Über den Einfluß der Essäer auf das Gebet vgl. *JE* V, 225ff.

3. (S. 246.) Auslegung des Schma Sifre Dt. § 34ff. (74bff.) Num. § 115 (34af.). Reiche Literatur dazu bei Schürer 566ff. vgl. auch Stud. 16f. — Ber. I—V, R. ha Sch. IV, 5ff., Taan. II, 15, IV, 1—3. Meg. II—IV.— Gottesdienst allgemein bekannt vgl. Maimuni zu Men. IV, 1 g. E. In der Mischna werden gottesdienstliche Einrichtungen und Gebete nur gelegentlich besprochen, in R. ha Sch. IV, 5 z. B. nur, weil kontrovers war, an welchen Stellen Schofar geblasen werden sollte.

4. (S. 247.) Hier sind nur solche Gebete angeführt, von denen bereits die Schulen Hillels u. Schammais sprechen. Schma Ber. I, 4, kein ויאמר II, 2 (vgl. I, 5); zu den Benediktionen b. Ber. 11b, j. I, 8 (3c, d), ob. S. 16ff. 100. — השכבינו ob. S. 101. — Wortlaut ob. S. 100. — תפלה Ber. IV, 1. 3.— Halbfeste Tos. Ber. III, 10 (74) u. Parall. — Fasttage Taan. II. — Sabbat

u. Feste Tos. Ber. III, 12f. — Musaf Ber. VI, 1.— חבר עיר, so noch Mar
Samuel b. Ber. 30af., j. IV, 6 (8c). — Tos. Sukka, der Text ist nach j. V,
2 (55b) richtig zu stellen. — Über den Umfang des Hallel in der ältesten
Zeit vgl. Büchler in ZAW XX, 123ff. — פסוק ob. S. 5. — חותם das., vgl.
Ber. I, 4. — Vorbeter, R. ha Sch. Ende. — Besonderer Vorbeter das. IV, 7.—
Richtung Ber. IV, 5. 6, weiter S. 454. — Abend ob. S. 100. — Ver-
söhnungstag ob. S. 149, 157f.

5. (S. 249.) Meg. IV, 1—5 ob. S. 156f.— Der Reihe nach S. 159.— Ge-
meindemitgl. S. 169, Diaspora 170. — Übertragung S, 186ff., Auslegung
194f. Gegenstand der Erörterung G. V. 364ff., Sachs, Rel. Poesie 150ff.

6. (S. 250.) Philo zusammengestellt bei Schürer II, 528 Anm. 98.—
Therapeuten JE XII, 138f. — Griech. in Palästina j. Sota VII, 1 (21b).

§ 36. 1. (S. 250.) Zurückführung der Gebete auf die Opfer b. Ber.
26b, j. IV, 1 (7b); die Entscheidung in b. lautet zuletzt תפלות אבות תקנום
ואסמכוה רבנן אקרבנות. Jochanan b. S. AdRN IV, vgl. auch die Erörterung
bei Schürer I, 652ff. — Gebetzeiten den Opfern angepaßt Tos. Ber. III, 1;
b. u. j. Ber, IV Anf. — Hoffnung auf Wiederherstellung b. R. ha Sch. 30a.—
Bitte um Annahme der Opfer in der Tefilla, XVII, ob. S. 55. — Jerusalem
in XIV, S. 53. — Messias ob. S. 33f. Psalmen S. 82. — Priestersegen S.
69f. — Schofar R. ha Sch. IV, 1, Palme das. 2 u. Sukka III, 12ff.

2. (S. 252.) Meg. Ende. Schürer II, 339 8, Krauß SA 169f. sehen darin
priesterliche Kleidung, davon kann nach der Begründung im Talm. keine
Rede sein; vielmehr handelt es sich um essenische Sitten, die im jungen
Christentum vielfach fortdauerten, vgl. JE V, 231f.,VII, 68.— Zunehmende
Vergötterung Jesu bei E. v. d. Goltz, Das Gebet in der ält. Christenheit S.
72f., 127. — Propaganda weiter S. 448. — In b. Ber. 28b könnte im Gegensatz zu הסדיר „die Reihenfolge bestimmen" תקן vielleicht „den Text fest-
setzen" bedeuten, was dann in diesem Ausnahmefalle geschehen wäre.
Dem widerspricht jedoch תקנו in dem Zitat ob. S. 240.— Samaritaner vgl.
Lewy Isr., Abba Saul S. 33. — Das II. griech. Zitat Const. Ap. VI, 11,
andere christl. Gebete bei Goltz 332ff. — Soweit bekannt, steht in keiner
Handschrift מין, dennoch möchte ich die Erklärung im Text nicht aufgeben,
da sie sachlich gut begründet ist.— Gnostiker JE V, 685f. u. die zit. Liter.
— Dualisten (שתי רשויות) b. Ber. 33b) das. 684. — שמע שמע Ber. V, 3, Meg.
IV, 9 u. Talm. z. St. — למפרע Ber. II, 3, Meg. II, 1, Levy III, 202. Solche
Seltsamkeiten werden durch manche in Ägypten und Nubien wiedergefun-
dene heidnische und christliche Gebete besser verständlich. — Eigenschaften Gottes Ber. V, 3, Meg. IV, 9. — Später b. Ber. 33b, j. Meg. IV, 9 (75c);
zu יברכך טובים vgl. auch Simonsen im Gedenkbuch für D. Kaufmann S. 115f.

3. (S. 254.) Abendgebet Ber. I, 9 עוריה בן אלעזר א"ר. — Zum Namen
שמעון הפקולי vgl. die Bezeichnung λινοπωλος auf einer in Jaffa gefundenen
Grabschrift (Pal. Explor. Fund, Quat. Stat. 1900,118) Schürer III, 23; zur
Sache ob. S. 39, 41.— Babylonien S. 39.— הביננו S. 60.— Erörterung über die
leise Tefilla R. ha Sch. Ende. Schon zwei Generationen später nannte man
den anderen Grund: daß diejenigen, welche ein Sündenbekenntnis einzuflechten wünschten, nicht beschämt werden sollten, b. Sota 32b, vgl. Raschi z. St.

— Abweichungen ob. zu S. 28, § 82, Neuzeit S. 401 ff. — Nicht zu ermitteln ist,
wie weit damals die Keduscha ausgebildet war und wie sie im Gottesdienste
verwendet wurde. Im 1. Klemensbrief findet sie sich 346; es ist zu beachten,
daß in diesem um 100 entstandenen Schreiben ebenfalls auf feste kirchliche
Ordnung Nachdruck gelegt wird. — Abendgebet ob. S. 102. — Diktion
der Tef, § 9, S. 42 ff. — Geläufig Ber, IV, 3, V Ende. — Schlechter
Synagogenbesuch ist in der amoräischen Zeit ausdrücklich bezeugt b.
Gitt. 59b. — Kurze Gebete vgl. Mech. zu Ex. 1525 (45b). — Bericht
über R. Akibas Verhalten Tos. Ber. III, 5 (65). — תחנונים ob. S. 242.
4. (S. 256.) Differenzierung z. B. Ber. V, 2, Tos. Ber. III, 10f. (74ff.),
Taan. I, 1, j. Ber. IV, 1 (7c), IV, 3 (8a), V, 2 (9a), b. 29a, Schabb.
24a u. Par.; an all diesen Diskussionen sind Tannaim der in Frage
stehenden Zeit beteiligt. — R. Akiba R. ha Sch. IV. 5, Tos. Jom ha
Kipp. IV, 12 (18919), s. Studien 55.
5. (S. 257.) Zyklus vgl. ob. S. 160; danach war selbst zur Zeit R.
Meirs der Zyklus noch nicht festgesetzt. — Zahl der Personen b. Meg.
23a. — Schriftauslegung S. 195, Vorträge der Gelehrten G. V. 352.
6. (S. 257.) Folgen des Bar Kochba-Krieges Graetz, IV⁴, 152ff.; JE
II, 508f. — Mischna u. Baraita enthalten zahlreiche Kontroversen der Zeitgenossen R. Meirs über die Gebete. — Lokale Bräuche z. B. j. R. ha
Sch. IV, 6 (59c), ob. zu S. 141. — Neujahrsgebete ob. zu S. 142.
7. (S. 258,) Alte Gebete erweitert z. B. אמת ויציב ob. S. 22, Psalm. S.
82. Vielleicht wurde damals auch das Kaddisch ausgebildet. — Kasuistik:
fast das ganze Material bei Schürer II, 569ff. gehört dieser Zeit an und
darf für die von ihm behandelte Periode nicht verwertet werden. — Gebetzeiten Ber. I, 1, Tos. u. Talm. dazu. — Störungen Ber. II, 1, III, 5, Tos. Ber.
II, 6ff., III, 20. — כונה Ber. II, 1 u. Talm. z. St. — Hagada s. Bacher, Agada
d. Tann. II, 22, 161, 199 u. ö. — Irrtümer Ber. V, 5, Tos. II, 5 (324), b. 21a,
29a u. ö.; vgl. auch Stößel in MS LVI, 1912, 581ff.
§ 37. 2. (S. 260.) Bacher in Hastings, Dictionary of the Bible IV,
642 führt die Mahnung, in der Synagoge zu beten, schon auf Elieser b.
Jakob zurück, allein die Lesart in Pes. d. R. K. 158a ist nicht ganz
sicher. Wann Abba Binjamin (b. Ber. 6a) gelebt hat, läßt sich nicht feststellen, in jedem Falle fällt die Dringlichkeit, mit der die Amoräer das
Beten in der Synagoge empfehlen, auf. Die Stelle Sch. T. zu Ps. 56 (27a)
ist wahrscheinlich jünger als die erwähnten Talmudstellen. Über Synagogenbesuch in späterer Zeit s. weiter zu S. 493f. — R. Jizchak s. Bacher,
Ag. Pal. Amor. II, 205ff. Zur Sache vgl. auch j. Ber. V, 1 (8d f.).
3. (S. 262.) Über Rab u. Samuels Verdienste um den Gottesdienst
vgl. G. V. 386 und die von F. Rosenthal zu Graetz, Geschichte IV³ hinzugefügte Note 39. — אהבה רבה ob. S. 20. — אמת ואמונה S. 101. — הבינונ
S. 60. — Messias S. 40. — Bibelverse b. Schabb. 119b. — Mar Samuel b.
Ber. 30a. — Rab ob. S. 116; der von ihm angeordnete Zusatz war in Pal.
die einzige Veränderung des Musaf, vgl. S. 134. — וחודיענו S. 136. — Sündenbekenntnis S. 150. — Neujahr S. 143. — R. Jochanan G. V. 386, 391;
Bacher, Ag. d. Pal. Amor. I, 241ff. — R. Papas Satz הלך נמרינהו לכולהו

(b. Sota 40a), הלכך נמרינהו לתרוייהו (b. Ber. 11b nach Ms. München, 59b, 60b, Meg. 21b).

4. (S. 265.) Die gottesdienstliche Ordnung war durch die Mischna bestimmt und galt darum als unveränderlich. — Wortlaut noch im Flusse vgl. Luzzatto מבא 3f. Gebete zum Schma ob. S. 17ff., 100f. — Tefilla vgl. z. B. b. Ber. 34a, j. IV, 3 (8a), V, 3 (9c), b. Pes. 117b. — Einschaltungen b. Ber. 33b, j. IV, 3 (8a), V, 2 (9b). — Festtage b. Pes. 117b, Neujahr b. R. ha Sch. 32a f., Versöhnungstag b. Joma 87b. — Schriftvorlesung z. B. b. Meg. 21bf., 29b. ff., j. Meg. III, 6 (74b).— Vorbeter gelobt od. getadelt b. Ber. 33b, b. Pes. 117b, b. Joma 36b, 56b, 87b u. ö., j. Ber. I, 8 (3d), Schebu. I, 5 (33b).

5. (S. 266.) חלוף vgl. das Literaturverz, S. XIV.— גאולה Studien 31f., ob. S. 23f.— על הראשונים ob. 23, JQR X, 656.— פורש ob. S. 105, 109.— Tefilla S. 40, 53.— קדוש אתה S. 45f.— עבודה S. 55f.— עושה הש׳ S. 59.— Keduscha S. 62.— Priestersegen S. 71.— מוריד הטל S. 44.— Musaf S. 116. —Tef. für d. Feste 133f.— Toravorlesung S. 160.— Festtage S. 165f.— Maftirperik. S. 169.— Selbstlesen 170f.— Benediktion 171f.— Haftarabened. S. 180ff.—Abweichungen in Babylonien selbst: Nehardea b. Schabb. 116b, Pumbedita b. Pes. 117b; vgl. b. Meg. 22a. Aus späterer Zeit in Resp. Is. b. Scheschet § 412.

6. (S. 269.) Privatgebete b. Ber. 16b f., j. IV, 2 (7d). — Der Satz תורה היא b. Ber. 62a.

7. (S. 269.) Halach. Erörterungen z. B. über die Ersatzgebete vgl. MS LVI, 700ff., 714. — Vorbeter b. Ber. 33b, Meg. 25a; Raba das. חברותא כלפי שמיא מי איכא. Vgl. dazu Bacher, Agada babyl. Amor. 128₆₈, 49.

8. (S. 270.) Messiasbild, die Texte ob. S. 53, 55f.; zur Sache vgl. Judaica S. 675.— Dämonen מזיקין z. B. b. Ber. 3a f., 60a f., Träume das. 55b, vgl. הרהורים 60b, Zauberei כשפים, vgl. D. Joel, Der Aberglaube im Judentum I, 66—105; Blau, Das altjüd. Zauberwesen, Budapest 1898; JE VIII, 255f., XI, 597f.

§ 38. 1. (S. 271.) Aufhören der Lehrhäuser in Pal. Graetz IV₄, 311ff., Babylonien das. 370ff. V⁴, 2ff.— Saboräer JE X, 610ff.

2. (S. 272.) Bibelstellen G.V. 388; dort werden diese Erweiterungen der gaonäischen Zeit zugewiesen, sie müssen jedoch schon früher vorhanden gewesen sein.— זמירות ob. S. 81ff.— Verse mit מלך, demnach kann die Hinzufügung von Ex. 15₁₉, die viele Gebetbücher haben, nicht alt sein.— Techinna ob. S. 76, ובא לציון S. 79. — ברוך ד׳ לעולם S. 102ff. — יהי כבוד S. 85.— וישמרו S. 109, and. Verse 136, 147, 152.— Pal. S. 133f.

3. (S. 273.) Tef. der Sabbate S. 110, 115f., 118, Feste 133ff.— Jozer S. 114, Stud. 24.— Eingang des Sabb. S. 109, Ausgang 121.—Keduscha 61ff.

4. (S. 273.) ברכות הש׳ S. 89ff.— Benediktionen für Ps. S. 83, 86.— Kaddisch S. 97f.— יתברך S. 17, על הכל S. 199.— Gebete nach d. Schriftvorlesung 203ff.

5. (S. 274.) Über Alphabete in d. bibl. Poesie s. E. König, Stilistik, Rhetorik usw. S. 357.— אשמנו usw. ob. S. 150.— אל ברוך S. 18 u. die

Anm.— תקנת S. 116.— Morgengeb. d. Sabb. S. 114 u. *REJ* LIII, 241. Vgl. hierzu u. zu Nr. 6 auch Litg. 12.

6. (S. 275.) אין כערכך das.— מנחת אהבה ob. S. 118f.— רחם S. 17f.— הכל יודך S. 114.— אל ארך אפים S. 78.

7. (S. 276.) Selicha S. 222f.— Litaneien das., Litg. 17f. Techinna ob. S. 78.

8. (S. 276.) Luzzatto מבא 6, בתולת בת יהודה 11ff.— אנשי אמונה in Seph. für Montag u. Donnerstag, in Germ. für Selichot, אל תעש עמנו in Germ. nach d. Aboda.— Syrische Kirche: Sachs, Rel. Poesie 177f.

9. (S. 277.) Aboda: Studien 56ff., die älteste mit dem Anfang שבעת ימים zuerst veröffentlicht das. 102ff.— אתה כוננת das. 77, über die Einleitung 59ff., d. Gebet d. Hoheprstrs. 66ff.

10. (S. 278.) Asharot ob. S. 217f.

11. (S. 278.) Hoschanot 219f.— אוחילה usw. zu S. 216.— Sätze mit ובכן sehr zahlreich in allen Riten.

12. (S. 278.) Litg. 23f.— Überarbeitet z.B. אנשי אמונה Litg. 228, Sachs 176[1].— Asharot heißen in Handschr. אזהרות דרבנן דמתבתא Sachs 177[1].

Kap. II.

§ 39. 1. (S. 280.) Über Gebetbücher weiter S. 353ff.; die Mystik 377ff.

2. (S. 281.) Alphabet vgl. Cant. r. I, 7, Koh. r. I, 13 הדין פיימנא כד עביד אלפאביתא.

3. (S. 282.) Itt. S. 252.— Deuterose Graetz V⁴, 412, Schürer II, 385.— Die Hauptquelle für Itt. war Samuel ha Nagid (*JE* XI, 24f.), der seinerseits Sam. b. Chofnis Schriften stark benutzte (Harkavy-Festschr. 168f.).— Daß der Piut an Stelle des Midrasch trat (עמדו במקום מדרש ופימו העניין), bemerkt auch Binjamin b. Samuel aus Konstantinopel (*MS* 1900,295) in Pard. 43d.— Über Samuel b. Jehuda s. Schreiner in *MS* XLII, 1898, 123ff., die angef. Stelle nach Schreiners Übersetzung das. S. 220.— 450 bis 589 vgl. Brüll, Jahrbücher II, 15ff.— Scherira bei Neubauer, Med. Jew. Chronicles I, 33f., ed. Lewin 95ff. Über die gleichzeitigen Verfolgungen im byzantin. Reiche vgl. ob. S. 63f.— Über Kalkaschandi s. Gottheil in *JQR* XIX, 500, 527.— Anderes Dokument das. XVIII, S. 13.— Poesien Jannais vgl. I. Davidson, Maḥzor Yannai, New-York 1919.

4. (S. 285.) Das Zitat aus Sachs, Rel. Poesie, 180.— Reim usw. in der arab. Poesie vgl. Brockelmann, Gesch. der arab. Literatur I, 137. Metrum s. Hartmann, Die hebräische Verskunst, S. 41.— Vor 750 d. i. die Lebenszeit Kalirs, weiter S. 316.

5. (S. 286.) Vordringen des Piut Ri 6f., S. P. 61.— Keroba usw. ob. S. 210ff.— Mincha ist nur am Jom Kippur mit Piutim versehen.— Selicha S. 224.— Piutim zu den Perikopen s. Neubauer & Cowley Catalogue usw. II, 270616, 27106. 9, 27124 u. ö. Geschicke des einzelnen ob. S. 221.— Freiheit im Piut Sachs 179.— Zunz, Vorrede zur Litg., V.— Über die Piutim aus der Genisa s. Neubauer & Cowley a. a. O. im Index S. 469ff.; die Zahl der Handschriften in Cambridge ist jedoch unvergleichlich größer.

Außerdem sind in den letzten Jahrzehnten ganz junge Sammlungen aus Yemen u. Persien bekannt geworden, vgl. Bacher in *REJ* LVIII—LX, LXII, 74ff., Die hebr.-arab. Poesie d. Juden Yemens 1910 u. *JQR* N. S. II, 373ff. Persisch in *JE* VII, 320, *ZfHB* XIV, 16ff., vgl., auch *REJ* XLIII, 101ff. LXII, 85ff.

7. (S. 288.) Inhalt des Piut Sachs a. a. O., S. P. 126ff.— Inhalt der Selicha S. P. 85ff.— Stil das. 127.— Erweiterung des Weltbildes Sachs, 204f.— 10 Märtyrer S. P. 139ff., Opferung Isaaks das. 136ff.— Keduscha Sachs, 2531.— Blütezeit z. B. Mose ibn Esra in der Aboda, Studien 59; das. auch über die Nachahmung bewunderter Vorbilder in der arab. Poesie. Vgl. auch Brockelmann a. a. O. I, 6.

9. (S. 291.) Akrostichis S. P. 104ff.— Alphab. Zeilen, wobei Partikeln u. ä. nicht beachtet werden; daher können sie mit בטרם, mit עד לא u. ä. eingeleitet werden.— Talmud b. Schabb. 104a, Suk. 52b.— Bibelverse S. P. 95ff., 110f.— Kalirs Keroba זכור איכה beschrieben Litg. 46f.— Namensakrosticha S. P. 106ff., Segensformeln das. 108f. u. Beilage 4, S. 369—372. — Jehuda ha Levi Amr. II, 44a, Brody, Dîwân III, 286.— Fremde Namen S. P. 109f.— Simon u. Salomo weiter 328, Jechiel S. P. 108.

10. (S. 293.) Die Reime in der Bibel (G. V. 392b) sind unbeabsichtigt, vgl. König a. a. O. 356f.; selbst bei den Versen im Talmud (Brody in den Anm. zu Frances מתק שפתים S. 33) ist es sehr zweifelhaft, wie weit Absicht vorliegt. Alle jüd. Autoren des Mittelalters stimmen darin überein, daß der Reim vor Kalir resp. Jannai in der hebr. Poesie nicht bekannt war, vgl. Hartmann a. a. O. u. Brody, Studien zu den Dichtungen Jehuda ha Levis S. 10.— Art des Reims im Piut S. P. 86ff. — Reimworte entsprechend dem Inhalt das. 96f.— Bibelverse als Refrain das. 95.— Mostedschab ob. S. 228, ähnlich in den Rehitim S. P. 99.— Efodi in מעשה אפד Kap. VIII, S. 43.— Saadja weiter S. 325.

11. (S. 294.) Über Metren in der Bibel vgl. die Literatur bei König 303ff. u. Steuernagel, Lehrbuch d. Einleitung usw. § 30, 108ff.— Dichter vgl. Hartmann a. a. O., das. 47 über quantitierenden Rhythmus.— Vorwurf gegen Dunasch in den תשובות תלמידי מנחם S. 7, 21ff.— Jehuda ha Levi, Kusari II, 70, 78, 82.— Charisi, Tachkemoni XVIII, vgl. auch Buch d. Frommen § 469f.— Bewertung der Silbenquantitäten bei Brody, Studien S. 17ff. Zu den technischen Bezeichnungen gehört auch מחובר u. מפרד.— Aufzählung der Metren bei Rosin, Reime u. Gedichte Abraham ibn Esras S. 6ff. u. Brody a. a. O. 26ff. Brody wurde berichtigt durch Halper in *JQR* NS IV, 153ff.— Hartmann S. 83.— Gesang S. P. 114ff.

12. (S. 296.) Das Zitat S. P. 126.— Eigentümlichkeiten das. 117f.— Aram. Wörter das. Beil. 5, S. 372—375; latein. u. griech. bei Krauß, Lehnwörter I, S. XXVIff. — Übermaß S. P. 118.— Ungewöhnliche Plurale das. Beil. 6 u. 7, S. 376—379.— Nomen S. P. 119.— Verbum 120ff. Infinitive, Beil. 8, S. 379f. Zweibuchstabige Formationen S. 380—383.— לב״כ vor dem Verbum finitum S. 383—385. Paitanische Wörter S. 385f. Nominalformen S. 386—420. Neue Verbalformen S. 420—435. Partikeln als Verba S. 436—438. Dunkelheiten S. 123ff., wozu die Beilagen 15—17

gehören; Nachweis über verschiedene, vorzugsweise von den älteren Synagogal - Dichtern gebrauchte oder ihnen eigentümliche Ausdrücke S. 438—453. Die . . die Beziehungen zu den Israel beherrschenden Reichen und Kirchen betreffenden Ausdrücke S. 457—474. Der alte Bund und die alte Hilfe 474—477. Zur Sprache der Piutim vgl. auch Luzzatto מבא 10ff.

13. (S. 298.) Abraham ibn Esra zu Koh. 51, S. P. 117.— Heidenheim im Kommentar zu אנסיכה טלכי im Musaf des I. Neujahrstages.— Das Zitat (S. 299) aus S. P. 117, das zweite das. 123.— Saadja weiter 322ff.— „Klassiker": aus neuester Zeit seien nur Victor Hugo u. Gabriele d'Annunzio genannt.— Zitat aus Jud. 169.— Spanische Dichter G. V. 433f.

14. (S. 301.) Urteile über den Piut bei A. A. Wolff עתרת שלום ואמת, Stimmen d. ältesten, glaubwürdigsten Rabbiner über die Piutim, Leipzig 1857 u. Ri 163ff., wo auch Verteidiger des Piut angeführt, die Widerstände allerdings unterschätzt sind.— Unterschied zwischen Babylonien u. Palästina Ker. Chem. VI, 247.— Allmähliche Zulassung des Piut vgl. Eppenstein a. a. O. S. 596.— Jehudai: Geon. II, 51. Gleich ihm verwirft der ihm verehrungsvoll ergebene Verf. d. בבוי פרקי בן den Piut REJ LXX, 130. — Kohen Zedek s. Sch. L. § 28.— Natronai s. Resp. Ch. Gen. 50, Sch. L. § 28 (13a), vgl. dazu MS LIV, 355.— Hai bei Itt. 252, vgl. auch Chananel in Sch. L. a. a. O. 12b.— Jehuda b. Barsilai Itt. 252.— Jüng. Zeitgenosse s. V. p. 370.— Gerschom Sch. L. a. a. O., V. p. 362ff.— Tam. das.— Abr. ibn Esra s. oben.— Maim., More I, 59 vgl. auch Resp., ed. Lichtenberg I, Nr. 127 u. Lewy-Festschr. hebr. S. 49.— Charisi, Tachkemoni XXIV, bei Brody Albr. S. 187.— Ähnl. Vorwürfe Wolff S. 14ff., Ri 166.— Jos. Karo zu Tur I, 68, 112.— Elia Wilna in רב מעשה § 127.— Kundige weiter S. 427.

§ 40, 1. (S. 305.) Zu den spärlichen Quellen gehören die Liste alter Selicha-Dichter Litg., Beil. 1, S. 625f., die Aufzählung bei Harkavy a. a. O., Charisi, Tachk. III (Brody Albr. 170ff.), die Poetik Saadyana LI u. JQR XIV, 742. Eine gute Auswahl von Proben bei Brody u. Wiener מבחר השירה העברית in Bibliotheca Mundi, Leipzig 1922.

3. (S. 306.) Anonymer Piut Litg. 23ff.— Jose das. 26ff. Landshuth 85ff., Harkavy 106ff. Jawitz in Festschr. für D. Hoffmann hebr. S. 74ff.; bei L. u. H. sind auch alle Irrtümer der Früheren verzeichnet.— Mittelalter JQR XIV, 742.— Über die Kürzungen in Germ. ob. zu S. 216.— Aboda s. Studien 78ff. u. 118.— אתה כוננת in Rosenberg קובץ II, 111ff.— אתן תהלה Litg. 646f., zu Petrus als Urheber Stud. 74². — אוכיר in קובץ II, 1ff., wo fälschlich נאדרי steht.— אספר Stud. 81 u. 118, חזה Litg. 28.— אכנם Ri 142, Landshuth 87; Übertragung S. P. 163.— Übersetzungen von אהללה bei Sachs, Festgebete der Israeliten II.

4. (S. 308.) Saadja bei Harkavy das., Eppenstein a. a. O. 595.— Pinchas als Dichter vgl. Marmorstein ob. zu S. 123.

5. (S. 309.) Über Jannai vgl. I. Davidson, Maḥzor Yannai.— Poetik JQR XIV, 742.— Anan bei Harkavy, S. 107f., vgl. MS 1902, 377.— Gerschom in Sch. L. § 28 ist von Davidson richtig dahin erklärt, daß Jannai Poesien für jede Sidra des dreijähr. Zyklus gedichtet habe. Einige

dieser Kerobot hat Davidson auf Palimpsesten entziffert.— Bücherlisten oben zu § 39₃. — Aufzählung bei Davidson XIII, XLIX.— Sage bei Landshuth 103. Ich erinnere mich, eine ähnliche Erzählung über einen italienischen Dichter gelesen zu haben, kann sie aber nicht wiederfinden. Wie Dr. Aldo Sorani in Florenz mir mitteilt, findet sich ein Analogon im Morgante Maggiore von Pulci (XV. Jahrh.).

6. (S. 310.) Über Kalir vgl. Rapoports Biographie in Bikk. ha Itt. XI, 95 ff., Litg. 29 ff., Landshuth 27 ff., Luzzatto מבא 9 ff.— Das Zitat von Frankl in Zunz-Jubelschr. S. 160.— קלורא Aruch. s. v. קלר III. — Sitte s. Zunz, Zur Geschichte 168 f.— Cagliari Rapoport, Note 17.— Jakob bei Schullam in Juchasin, ed. Krakau, 34 b, 48 b, dagegen Landshuth 29.— Metaphern und Symbole nimmt Rapoport, Note 12, an; daß er darin stark übertreibt, ist ihm oft entgegnet worden.— Keler in Mélanges Renier 433, Berliner, Gesch. d. Juden in Rom, IIa 15 f.— Cyrill J. Perles in Byzant. Zeitschr. II, 582.— Unteritalien s. ob.— Portus bei Berliner a. a. O. — Deutschland Ker. Chem. VI, 7, and. Länder das. 8, Krauß, Stud. zur byzant. jüd. Geschichte (!) S. 128, versetzt ihn nach Konstantinopel.— Babylonien Luzzatto מבא 9. — Palästina zuerst S. Cassel in Frankels Zeitschr. f. d. rel. Inter. 1846, 224 f.— Nur ein Feiertag Tos. Chag. 13a s. v. ורגל, Rapoports Einwendungen dagegen (Note 1) sind nicht stichhaltig, da die Verwendung der Piutim durch die Gemeinden nichts über ihren ursprünglichen Zweck beweist. Doppelte Kerobot besitzen wir von Kalir zum 9. Ab, eine in Germ., eine in It., für Purim vgl. Frankl a. a. O. 162.— Quellen Litg. 33.— Pal. Textgestalt schon Rapoport, Note 28, 33, vgl. Achtzehngebet S. 26.— Palästina, so zuletzt auch Zunz s. Litg. 33.— Kallirrhoë schon Cassel u. F. Perles in OLZ X, 1907, 543.— Tiberias Eppenstein a. a. O. 594.— Kalir als Tanna s. Landshuth 27, als erster sprach sich Jos. Steinhardt in זכרון יוסף dagegen aus.— Poesien für 9 Ab אאבין תשע מאות ועוד und לך ה' הצדקה bei Rapoport, Note 3, die richtige Erklärung bei Luzzatto a. a. O. 10.— Die Poesien Kalirs verzeichnen Landshuth 31 ff., Litg. 43 ff.— Genisa z. B. bei Neubauer u. Cowley, Catalogue, Index S. 444; dort 27081 auch unbekannte Poesien zu Pesach. Unbekannte Kerobot zu Chanukka in Cambridge, Tayl.-Sch. Coll. H 1.— Kerobot Litg. 32.— Willkür das. 60.— 4 Sabbate 43 ff.— 9. Ab 46 ff. — Kalir als Muster Litg. 31. 34 Anm.— Hagada das. 29 f.— Messianische usw. Schriften das. 603 ff.— Sprache das. 35 ff.— Verbreitung der Poesien Kalirs das. 33. Übersetzungen zahlreich in Sachs, Festgebete d. Israeliten, vgl. auch S. P. 67, 75, 130.— Zitate Litg. 61 ff.

§ 41. 1. (S. 319.) Vgl. Litg. 64.— Über die Zeit nach 1050 das. 126, dorther das Zitat.

2. (S. 321.) Anonyme Dichtungen das. 64—93, 219—232.— Über Saadja H. Malter, Life and Works of Saadia Gaon 149 ff. 330—421.— את ד' אלהיך in Rosenberg קובץ II, 30 ff., fälschlich mitten unter die Asharot אלהים אצל (26 ff.) gestellt, und Oeuvres IX, 58 ff. — Aboda Studien 82 f., gedruckt in קובץ II, 10 ff.; die zweite יה אלהים Studien 83 f. u. 122 ff.— Hoschana - Zyklus s. MS XXXVII, 1893, 506 ff. Selichot Litg. 97; vgl.

Schechter,Saadyana, Nr. XVIII, wo XVII—XXIV auch andere unbekannte
Piutim Saadjas abgedruckt sind. Tochecha bei Brody מבחר 51ff. Vgl.
Neubauer u. Cowley a. a. O. S. 494f.— Über Agron s. Malter a. a. O. 139.
3. (S. 325.) Salomo ha Babli Litg. 100ff., Vogelstein u. Rieger, Gesch.
d. Juden in Rom I, 181ff.— Selichas das. Litg. 232ff, Übersetzungen S.
P. 167ff., Vogelstein u. Rieger 183.— שלמנית Litg. 233, s. jedoch oben
228 B. e.— Aboda Studien 87f.
4. (S. 326.) Über die Kalonymiden vgl. die Literatur bei Aronius,
Regesten Nr. 136, S. 58, *JE* VII, 424f.— Mose b. Kal. Litg. 104ff., Landshuth 257f.— Kalonymus aus Lukka Litg. 108.— Meschullam b. Kal. Litg.
108ff., Landshuth 265ff.— Mainz *REJ* XXIV, 149ff., Salfeld, Martyrologium 434.— Aboda s. Stud. 85ff., 126ff. Übersetzungen S. P. 130f. u.
Sachs, Festgebete der Israeliten, Bd. IV.
5. (S. 328.) Simon b. Isaak Litg. 111ff. Das Epitheton טלומר בנסים
kann bedeuten, daß er in seinem Leben viele Wunder erfahren hat.—
Verfolgung 1012 s. Aronius, Regesten, Nr. 145, S. 62, Salfeld a. a. O. 288.—
Kürzungen Ri 140.— Selicha Litg. 235ff., Übersetzungen S. P. 174ff. u.
Sachs, Festgebete der Israeliten, in fast allen Bänden.
6. (S. 330.) Gerschom Litg. 238f., Übersetzungen S. P. 171ff.— Verfolgungen s. zu 5, über die Zwangstaufe seines Sohnes s. Graetz V⁴ 387,
Gallia 303. *JE* V, 639.— Benjamin Litg. 120ff., 239ff. Zunz nennt ihn
S. P. 176 den fruchtbarsten Selichadichter seines Jahrh. u. „vielleicht
aller romanisch-germanischer Dichter überhaupt"; dort auch einige Übersetzungen seiner Selichas.— Joseph b. Salomo Litg. 123.— Zahlal das.
123ff., S. P. 132.
7. (S. 331.) Vgl. ob. zu 1. Elia b. Menachem Litg. 126ff., Landshuth
13ff.— אמת in Rosenberg קובץ II, 55ff.— Selichas Litg. 243.— Josef
Bonfils s. Luzzatto in בית האוצר I, 48ff., Landshuth 96ff., Litg. 129ff.,
Gallia 308. Die angeführten Stücke alle in Germ., Kommentare zu אלהי
הרוחות in Or Sar. II, 57cff. Selichas Litg. 243, S. P. 180.
8. (S. 333.) Litg. 139, 244ff., Landshuth 17f.; Übersetzungen S. P.
206ff.; Parallelen in den Selichas Litg. 616.
9. (S. 334.) Meir s. Litg. 145ff., 248ff.; über den Namen das. 610.
Landshuth 162. Übersetzungen S. P. 188ff.— Raschi (vgl. die Literatur
JE X, 328) Litg. 252ff., S. P. 181. Zum Siddur, Berlin 1911, vgl. die
Einleitung von Buber u. J. Freimann.— Jakob Tam Litg. 265ff., Landshuth 106ff.
10. (S. 335.) Elegien über die Verfolgungen gelegentlich des ersten
Kreuzzugs verzeichnen Graetz, Gesch. VI³, 357 (sehr ungenau), Salfeld,
Martyrologium 101ff.; einige deutsche Auszüge S. P. 95ff.— Menachem
b. Machir Litg. 158, 250, Landshuth 189ff. Salfeld 103, vgl. Epstein *MS*
XLI, 300ff.— David b. Meschullam Litg. 254, Landshuth 59. Gesandt-
schaft bei Heinr. IV s. Aronius, Regesten Nr. 170, S. 71ff.— Kalonymus
Litg. 164ff., 255.— Elieser b. Nathan Litg. 259ff., Landshuth 20ff,, *JE*
V, 118f., vgl. S. P. 246.
11. (S. 337.) Joel s. Litg. 269, Landshuth 81f., Salfeld 113, vgl. S.

P. 252.— Ephraim b. Jakob Litg. 288ff., 619, Landshuth 47, *JE* V, 190f., vgl. S. P. 262.— Ephraim b. Isaak Litg. 274ff., Landshuth 48, vgl. S. P. 254ff.— Menachem b. Jakob Litg. 294ff., S. P. 263.— Meir b. Baruch Litg. 357ff., 623, Landshuth 160f., vgl. S. P. 312f., *JE* VIII, 437ff.

12. (S. 338.) Über jüngere Dichtungen s. oben zu § 395.

§ 42. 1. (S. 339.) Allgemeine Charakteristik bei Sachs, Karpeles a. a. O. D. Kaufmann in der Vorrede zu S. Heller, Die echten hebr. Melodien, II. Aufl., 1893.— Das Zitat aus Charisi III.— Um die Wiederentdeckung der Poesie der span. Juden haben sich besonders Dukes, Kämpf, Letteris, Edelmann und vor allem S. D. Luzzatto, um die Erläuterung der Gedichte neben ihnen M. u. S. Sachs, A. Geiger, neuerdings H. Brody u. Isr. Davidson verdient gemacht. Von den zahlreichen Werken, welche Übersetzungen der Dichtungen enthalten, seien hier genannt: Karpeles, Zionsharfe, 1893, A. Sulzbach, Die religiöse u. weltl. Poesie der Juden, (auch Winter u. Wünsche, Die jüd. Literatur, III) u. Heller (s. ob.).

2. (S. 341.) Ibn Abitur s. Sachs, Rel. Poesie 248—255, Litg. 178—186, Landshuth 92—94.— Maamad: Charisi III, 140 (Brody Albr. S. 175).— Aboda: Studien 88f.— Keduscha bei Sachs 253.— Hoschanas vgl. Litg. 179ff.— Proben: Sachs 40ff., S. P. 220f., Brody Albr. 9ff.

3. (S. 342.) Über Ibn Gajjat s. Sachs 255—269, Litg. 194—200, Landshuth 111—116, Luzzatto לוח הפייטנים 38ff., Steinschneider C. B. 1110ff.— Seine Halachot weiter 362.— Aboda: Studien 90f.— Einteilung der Poesien: Litg. 195, Zitat das.— Tripolis im Gebetbuch שפתי רננות Venedig 1648 u. 1711.— Proben bei Sachs 46--62, S. P. 225, Brody Albr. 16ff.

4. (S. 343.) Über Bachja vgl. Sachs 273ff., Litg. 201, Landshuth 49—51; die תוכחה übersetzt bei Sachs 63ff., beide Poesien hebräisch zuletzt gedruckt in A. S. E. Yahudas Ausgabe des Al-hi daja ilā farā 'id al-qulūb, Ende; vgl. auch Brody Albr. 61f.— Isaak: Litg. 201, Landshuth 126f., Geiger, Jüd. Dichter S. 9—12.

5. (S. 344.) Gabirol s. Sachs 217—248, Litg. 187—194, Luzzatto a. a. O. 69ff., Steinschneider C. B. 2313ff., Geiger, Salomo Gabirol 1867, Senior Sachs התחיה; Proben bei M. Sachs 1—40, S. P. 222ff., Brody Albr. 39ff. u. in der Anthologie I. Davidsons mit Übersetzung von Isr. Zangwill. — Zitat S. 344 aus Sachs 223, die Königskrone das. 1ff. u. 223ff.— Die Verse in Heines Jehuda ben Halevy. Mose ibn Esra bei Steinschneider a. a. O., Charisi III, beide nach Übersetzung von Geiger a. a. O. S. 109f.— Unbekannte Abodas Stud. 89f., 136ff, הצופה V, 178.

6. (S. 347.) Höhepunkt der Poesie s. Sachs 272, Litg. 202.— Mose ibn Esras Lebenszeit bei Luzzatto בתולת 24, das Zitat aus Sachs 282f.; vgl. sonst Steinschneider C. B. 1801ff.— Selichadichter = הסלח od. סלחן S. P. 228.— Aufzählung der Dichtungen bei Landshuth 243—255, berichtigt Litg. 202f., 614, Luzzatto לוח 54ff.— Proben: Sachs 69—83, S. P. 228ff., Brody Albr. 76ff., Studien 92f.— Über seine Poetik s. Steinschneider, Arabische Literatur § 101, Schreiner in *REJ* XXI, 98ff., XXII, 68ff.

7. (S. 348.) Die sehr reiche Literatur über Jehuda ha Levi s. bei
Brody, Studien, S. 5 Anm., *JE* VII, 351. Das neue Material für eine Bio-
graphie des Dichters verwertet Emil Bernhard, Jehuda Halevy, Ein Diwan.
— Die Verse aus Heines Jeh. ben Halevy; zum Folgenden s. Sachs 303 ff.,
Karpeles 420 ff., 426.— Die Zionide: Karpeles 426. Deutsche Übersetzungen
bereits von Mos. Mendelsson und Herder, s. Karpeles, Diwan d. Jeh. Halevi
II. Aufl., S. 172 ff.— Aufzählung der religiösen Poesien Litg. 203 — 207,
Landshuth 69—77, am reichhaltigsten, allerdings ungeordnet, in Luzzattos
Vorrede zu seinem Diwan.— Proben bei Sachs 83—106; S. P. 231 ff.; A.
Geiger, Divan des Castiliers Abu'l Hassan usw., S. 56 ff. (= N. S. III 138 ff.);
Karpeles, Diwan u. Emil Bernhard a. a. O.; Brody Albr. 100 ff.

8. (S. 351.) Über Abraham ibn Esras Leben s. zuletzt Ochs in *MS* LX,
47 ff.; über seine rel. Poesien Sachs 310 — 320, Litg. 207—14, Landshuth
5—9. Eine Sammlung der Dichtungen bei Egers, Diwân des Abr. ibn Esra;
dort 186 f. ein Verzeichnis der im Diwân nicht enthaltenen religiösen
Lieder.— Proben S. P. 238 ff.; Sachs 109 —118; Rosin, Reime u. Gedichte
des Abr. ibn Esra, Bd. II, Gottesd. Poesie. Brody Albr. 145 ff.

§ 43. 1. (S. 353.) Unterricht s. Güdemanns Artikel Education in *JE* V,
43 ff.— Apostolat vgl. Vogelstein in *MS* IL, 427 ff.— Brieflicher Verkehr
s. J. Müller, Briefe u. Responsen in der vorgeonäischen jüd. Literatur, 1886.
— Hagadabücher G. V. 182 d.— Gebete in der talmud. Zeit ob. 256 ff.

2. (S. 354.) Sofrim ist eingehend bearbeitet von J. Müller, Leipzig
1878; in der Einl. ist über Ursprung u. Charakter der Schrift das Erforderliche nachzulesen. — Über Toravorlesung u. Gebete spricht Sof. von
IX 9 ab, kommt jedoch XII, 8b — XIII, 8 wieder auf das Thema des Tora-
Schreibens zurück; hagadische Abschweifungen auch sonst. — Wochen-
tagsgebete in X, 7; daß XVII, 11 sich auf festliche Tage bezieht, wurde
ob. S. 85 u. 113 nachgewiesen. — Jehudai ob. S. 163.

3. (S. 355.) Minhag Ri 2 ff., ob. S. 206.— מקום שנהגו z. B. Pes. IV,
Meg. II u. ö. — מנהג מבטל הלכה Sof. XIV, 18.— Wie der Minhag sich bildete
und beeinflußt wurde, s. Ri 3 f.— Anfragen bei Geonim Ri 5, 16, 184 ff. u.
J. Müller, Einleitung in d. Responsen d. Geonim. Das Material ist seitdem
bedeutend größer geworden.

4. (S. 358.) Zur Entwicklung der Gebetbuchliteratur s. Geon. I, 119 ff.
— Natronais Gebetordnung das. II, 119 ff.: seine Responsen bei Müller,
Einleitung S. 104 ff.— Daß damals Gebetbücher schon verbreitet waren,
hebt Ginzberg mit Recht hervor, wenn auch der von ihm erbrachte indirekte
Beweis nicht stichhaltig ist, da die Anfrage, ob ein Blinder als Vorbeter
fungieren darf, an Meg. IV, 6 anknüpft. Vergleicht man jedoch Natr. Bescheid mit dem Satze Jehudais bei J. Müller, Handschriftl., Jehudai Gaon
zugewiesene Lehrsätze, S 10, Nr. IX, so erkennt man, daß Jehudais Gegnerschaft gegen Gebetbücher bereits völlig überwunden ist.— Daß auch
Kohen Zedek einen Siddur verfaßt hat, wie Ri 18 c angenommen ist, hat
sich nicht als haltbar erwiesen, vgl. Müller, Handschriftliche usw. S. 17, X;
Geon. I, 123.— Zu Amram s. ob. S 7. u. 512. Die vorliegende Form dieses
Siddur ist durch Ginzberg, Geon. I, 126 – 154, einer sehr eingehenden Unter-

suchung unterzogen worden. Daß der Text der Gebete vielfachen Änderungen unterworfen wurde, ist dort S. 124 ebenfalls anerkannt, aber im Gegensatz zu G. bezweifle ich, ob von Anfang an der Wortlaut der Gebete vollständig angegeben war; denn סדר תפלות וברכ׳ muß durchaus nicht „Wortlaut der Gebete" heißen, der Ausdruck kann sich ebensogut auf die Anordnung, die Reihenfolge der Gebete u. auf die Eulogien beziehen wie bei Natronai. Unter den Quellen Amr.s steht der Brauch der beiden Hochschulen und des Exilarchenhauses (בית רבינו שבבבל, das ich gegen Ginzberg I, 42 f. u. Krauss SA 18. 221 so auffasse) in erster Reihe; von literarischen Quellen benutzt er besonders die Responsen Natronais. Neben den verbreiteten Titeln im Text kommt auch מחזורים דר׳ עטרם Or Sar. I, 26 b vor. Die Benutzung Amr's, wird bei einer Vergleichung mit Itt. u.V. besonders klar. Daß die Piutim in Bd. II der Ed. Warschau nicht zu Amr. gehören, bedarf keines weiteren Wortes. Die Selichas für die 10 Bußtage sind jetzt durch Mx. 28, Fr. II, 308 ff. bekannt. — Über Saadjas Siddur s. Steinschneider C. B. 2203 ff. u. die Literatur bei Malter, Saadia Gaon 147 ff. 329. 427. — Abfassung in Babylonien u. Beeinflussung von Ägypten Geonica I, 166 f. u. Mose b. Maimon I, 327. — Gelehrte z. B. Haiin. Geon. I, 175. — Andere Ri 19. Man darf jedoch nicht überall, wo in Quellen aus dem Mittelalter סדר zitiert ist, ein Gebetbuch vermuten. So z. B. bedeutet סדר ר׳ שלמה in der Bücherliste bei E. N. Adler in JQR XIV, 57 nicht den Siddur Raschis od. ähnl., sondern die Aboda Gabirols; der dort mitgeteilte erste Vers bildet den Anfang der Studien S. 143 ff. u. הצופה V, 178 veröffentlichten langen Aboda. Ebenso nannte man Jos. Tob Elems halach. Gedicht (ob. S. 333) häufig סדר, vgl. z. B. Tos. Pes. 115 a s. v. והדר.— Ibn Gajjats Halachot, zuerst in Geigers Wiss. Zeitschr. V, 396 ff. durch Dernburg besprochen, sind durch S. Bamberger 1861 u. d. T. שערי שמחה veröffentlicht; s. auch ob. S. 342. — Jeh. al Barzeloni vgl. JE VII, 340 f. u. Albeck מחוקקי יהודה in Lewy-Festschr. hebr. 104 ff. — Eschkol in Gallia 414, JE I, 110 f. — Mischne Tora in Mose b. Maimon I, 319—331. — Raschi vgl. ob. 562, 9; zu V. auch Ri 20. Das קונט׳ הפיוטים ed. von Brody 1894.

5. (S. 363.) Minhag im neuen Sinn von Ritus Ri 38. — Verschiedenheiten das. 7 f. — Balkan das. 79 f., Italien 76 f., Deutschland 59 ff. — Spanien 39 ff. — Dichtungen zersplittert das. 106 ff., 131, 139 ff. — Kinot 89 f. — Hoschanot 91. — Versöhnungstag 95, 97 ff. — ונתנה תקף Litg. 107, 110, Berliner II, 13 ff., 63. Die Amnonsage bei Landshuth 45 f. u. in älteren Ausg. des deutsch.-poln. Machsor zu ר"ה. Seiner Verbreitung und seiner Sprache nach muß das Stück in die ersten Anfänge des Piut hinaufreichen. Vgl. JE, I, 525 f. — Spanien Ri 88 f., 92 ff., 104 ff. — Provence das. 45. — Selichas 131 ff., in Spanien das. 132. — Die Unterabteilungen der Riten Ri 39 ff. Daß viele Riten nebeneinander bestehen dürfen, hebt z. B. Hai Gaon in חתם דעים § 119 Ende hervor (כמה מנהגי תפלות שכלם נכוחות).

6. (S. 368.) Literatur der Minhagim Ri 21 ff. Dazu ist das sehr interessante Werk מגן אבות von Menachem Meiri (1249—1306) zu vergleichen, das zwar nicht ausschließlich gottesdienstliche Bräuche behandelt, aber viele wichtige allgemeine Bemerkungen über Minhagim bietet. Meiris

Standpunkt ist der, daß jeder sich bestreben soll, die Überlieferung seiner Heimat treu zu bewahren, daß aber niemand seine Bräuche andern aufdrängen soll (S. 6), insbesondere nicht in Fragen des Gottesdienstes und der Gebettexte (S. 101).— Über die Wormser Minhagbücher vgl. Epstein im Kaufmann-Gedenkbuch S. 288ff.— Meir v. Worms ob. 334.— Abr. b. Nathan vgl. D. Cassel in Zunz-Jubelschr. 122ff., Gallia 283, JE I, 116f.— Meir ob. 338. — Zidkia Vogelstein u. Rieger I, 382ff.— Ahron ha Cohen u. Kolbo Ri 31, Gallia 290, 420, JE I, 12, Kolbo das. VII, 538f.— Abudraham Ri 30, JE I, 139. — שרוייש סדר Gallia 240, Text in Jubelschr. für M. Bloch, 1905, Berichtig. in ZfHB IX, 143ff.— Krankheit der Minhagim s. Güdemann, Erziehungswesen d. Juden in Frankr. u. Deutschl. II, 13ff. — Jakob Mölln JE VIII, 652, das Zitat aus d. Einleitung zu מהריל. — Die Überschätzung der Minhagim tritt besonders kraß im Streit um den Hamburger Tempel (weiter S. 406f.) zutage, die Gutachten in אלה דברי הברית berufen sich fortwährend auf die Unveränderlichkeit der Minhagim, vgl. 1a, 3, 23. Ebenso auf den von Abr. Gumbinner in מגן אברהם zu Sch. Ar. I, 68 angeführten Satz aus j. Er. III, E: אע״פ ששלחנו לכם סדר התפלה אל תשנו ממנהג אבותיכם. Be-kanntlich ist das Zitat falsch, es muß lauten: אע״פם ששלחנו לכם סדרי מועדות, es bezieht sich auf die Einführung des festen Kalenders und hat mit den Gebeten nichts zu tun. Abr. Gumbinner beruft sich seiner-seits auf Is. Lurja.

7. (S. 372.) Viele Beispiele für Zerstörungen von Poesien Ri 139ff. — Worms s. Berliner, Über den Einfluß d. ersten hebr. Buchdrucks, S. 22. אבינו מלכנו Ri 119f. — Selichas das. 142. — Zusätze 144.

8. (S. 374.) Synagogen in Konstant. u. Saloniki s. Rosanes, Gesch. d. Jud. i. d. Türkei I, 59ff. — Einfluß des Buchdrucks Ri 145f. u. Ber-liner a. a. O., vgl. auch Randb. I, 8ff.— Anklagen gegen Gebetbücher Ri 147, die Zitate aus 148f. Zensurproben 222ff. vgl. auch Berliner, Zensur u. Konfiskation hebr. Schriften. — Mängel der Drucke Ri 174f; Ber-liner, Abhandlung über den Siddur des Schabtai ha-Sofer, 1909.

§ 44. 1. (S. 377.) Andacht s. JE IV, 549f., dort auch die Definition nach Maimonides; vgl. auch F. Perles, Bousset's Religion des Juden-tums, S. 101ff. Bachja, Herzenspflichten VIII3: Unser Ziel beim Gebet ist, daß die Seele in Gott aufgeht.

3. (S. 378.) Essäer u. Therapeuten ob. 246, 250. — הר' חסידים Ber. V, 1, b. 23b, ותיקין das. 26a.

4. (S. 379.) Vgl. Bloch MS XXXVII, 18ff. Zitat das. S. 22. — Keduschahymnen das. 73. — והאם' האדרת das. 258. — Gebete der יורדי מרכבה das. 252ff.

5. (S. 381.) Ahron b. Sam., Litg. 105 als Erdichtung usw. bezeich-net, ist jetzt durch die Chronik d. Achimaaz von Oria (bei Neubauer, Med. Jew. Chron. II, 112) näher bekannt; vgl. Kaufmann in MS XL, 1896, 465ff.=Ges. Schr. III, 5 u. Mann, Jews in Egypt. I, 56. — Stamm-baum der Mystiker s. REJ XXIII, 230ff. MS IL, 1905, 692ff., dort auch die ganze zugehörige Literatur. — Über Samuel d. Frommen Ep-

stein in הגרן IV, 81 ff., über Jehuda Litg. 218 ff., Landshuth 77 f.,
Güdemann, Erziehungswesen usw. I, 153 ff. — Eine zusammenhängende
Gruppe von Sätzen über Andacht u. Gebete in חסידים 'ם §§ 393—588. —
Über den Einheitsgesang s. Berliners gleichnamige Schrift. — Zählen
der Buchstaben Tur I, 116 g. E., vgl. dazu Perles in Graetz-Jubelschr.
S. 17 f. — Über Eleasar b. Jehuda s. Litg. 317 ff., Landshuth 24 ff.,
Güdemann das. 173, JE V, 100 ff.

6. (S. 384.) Kabbala s. JE III, 456 ff. Sohar das. 699 ff. Aus dem
Sohar stammt das Gebet בריך שמה beim Ausheben der Tora, ob. S. 200.

7. (S. 386.) Zum Ganzen s. Schechter, Studies II, 202 ff., Bloch MS
IL, 129 ff., die Kabbala auf ihrem Höhepunkt usw. (auch separat). —
Safed bei Schechter 209 ff. — Lurja das. 254 ff. — Orden in Safed das.
242. — Lurja über das Gebet S. 271. — Neue Gottesdienste 242 ff.,
Mahlzeiten 249; Isr. Nagara als Hymnensänger 251, vgl. auch REJ
LVIII—LX, LXII, 74 ff., 85 ff., Rosanes a. a. O. III, 309 ff. — Vital s.
Schechter 266 ff., Landshuth 64; das. 122 über Lurjas Piutim. — Lurja-
nisches im Gebetbuch Ri 149 ff., die Zitate das. 150. Im Germ. ist die
Beeinflussung durch die Kabbala seit Ed. Thiengen 1560 nachzuweisen,
vgl. dazu Berliner Randb. I, 30 ff. — Men. As. da Fano JE V, 341 f. — Die
große Zahl der תקונים ist aus den Anführungen bei Steinschneider C. B.
455—477, Zedner, 447 ff. u. van Straalen, Index 519 f. ersichtlich, obwohl diese Aufzählungen nicht lückenlos sind. — Nathan Spira JE
XI, 523, Nr. 24. — Jes. Horwitz das. VI, 465 f., Landshuth 133 f. —
Nathan Hannover JE VI, 220. — Zusätze Ri 152 f., Berliner a. a. O.

8. (S. 391.) Schechter, Studies I, 1 ff., JE VI, 152 ff., Horodezky
S. A. לקורות החסידות, Warschau 1912. Über Isr. Baal Schem Schechter
S. 7 ff., Horodezky das. 17 f. — Seine Theorie des Gebets Schechter
29 ff. — Eigenes Gebetbuch das. 46. — Das Zitat aus Sal. Maimons
Lebensgeschichte, 1792, I, 222.

9. (S. 392.) In den Gutachten אלה דברי הברית (S. 406) ist überall
der Einfluß der lurjanischen Mystik wahrzunehmen. Änderungen oder
Verdeutschungen der Gebete werden für unstatthaft erklärt, weil dadurch die ursprüngliche Absicht u. die Einwirkung auf die höhere Welt
vereitelt wird.

Kap. III.

§ 45. 1. (S. 394.) Als Beispiel für die Beurteilung des Gottesdienstes durch die Gebildeten kann die Auffassung Bendavids und Dav.
Friedländers gelten, vgl. auch Bernfeld 13.

2. (S. 396.) Über Isaak Satanows Gebetbuch s. Ri 169 f., 175,
231 ff. — Über Heidenheim Ri 175, Berliner Randb. I, 9, 38 ff.; über
sein Leben MS XLIV, 127 ff., XLX, 422 ff., JE VI, 319. — Über Sachs
s. Eschelbacher in MS LII, 385 ff., JE X, 613. — Baer JE II, 433 f. —
Übersetzungen aus älterer Zeit Ri 154 f., Steinschneider, Arab. Literatur
XVII; die Liste kann leicht vermehrt werden. — Pinto in London u.

die and. ersten Übersetzungen G. V. 467, Ri 170; Philipson, Reform Movement 14f., *JE* X, 172.

3. (S. 397.) Amsterdam: Graetz XI², 211f., Philippson I², 66, *JE* I, 542. Die Streitschriften verzeichnet de Silva Rosa in ZfHB XV, 1911, 107ff., — Franz. Konsistorialordnung s. Lemoine, Napoléon I et les Juifs, S. 281. — Über Jacobsohn s. Jost, Kulturgesch. 14ff., Philippson I, 29ff., Graetz XI², 278ff., 373ff, (bekanntlich sehr ungerecht), Bernfeld 59ff. — Über die Reformen im Kgr. Westphalen und ihre Aufnahme s. Auerbach, Gesch. d. Juden in Halberstadt, 216ff., s. auch G. V. 475. — Philanthropin s. Baerwald u. Adler, Gesch. des Philanthropin, S. 50ff. — Konfirmation: Zunz, G. V. 472 u. Ges. Schr. II, 214f., *JE* IV, 219f. Als eine fremdartige Einrichtung wird sie u. a. von L. Löw, Lebensalter 218ff., 412 bezeichnet. — Dänemark *JE* IV, 524.

4. (S. 400.) Über David Friedländer s. J. H. Ritters gleichnam. Schrift u. *JE* V, 514f. — Die Streitschriften bei L. Geiger, Gesch. d. Juden in Berlin, II, 210ff., Friedländers Anschauungen bei Jost a. a. O. 12ff.— Über den Jacobsohnschen Gottesdienst s. Jost (a. a. O.) u. Zunz (Liberales Judtm. IX, 114f., G. V. 475f.), die beide an ihm teilgenommen haben, Zunz eine Zeitlang als Prediger. — Über die Gebetbücher u. die Einzelheiten des Streites s. Geiger a. a. O. II, 219ff. u. die Berichtigungen bei Bernfeld 63ff., 241ff. — Preußen, G. V. 476, wo 3. III. 1824 als Datum genannt ist. Über das ungeheure Aufsehen der Bewegung in der Öffentlichkeit s. Liber. Judtm. a. a. O.

5. (S. 402.) Über den Hamburger Tempel s. Jost 20ff., Theologische Gutachten über das Gebetbuch nach d. Gebrauch d. Neuen Isr. Tempelvereins in H., S. 4ff., Graetz XI², 376ff., Festschr. zum hundertjähr. Bestehen des Tempels, Hamburg 1918; über das Gebetbuch, das erst Aug. 1819 erschien, Bernfeld 247ff. — Kritik durch Geiger in seinem „Der Hamburger Tempelstreit", 1842, S. 37ff.; andere, z. B. Mannheimer in den Theol. Gutachten, S. 96, Stein das. 113f., Frankel im Orient 1842, Nr. 7—9. — Macaulay, On the disabilities of the Jews, ed. Abrahams u. Levy, S. 31ff. — Gegner z. B. Graetz XI², 378f. — Anhänger des Alten wie J. L. Riesser, Sendschreiben an meine Glaubensgenossen. — Die Stellung der Rabbiner in אלה דברי הברית, Altona 1819, u. Löwenstamm צרור החיים, Amsterdam 1823, vgl. dazu Jost 22ff., Graetz 379ff., oben zu § 436 und 449. — Über die Orgelfrage vgl. 'אלה דברי הבר, S. 4f., 15, 19ff., 30ff. u. Löwenstamm S. 17f.— Die Gutachten im נוגה צדק waren, wie Jost 24f. u. Bernfeld 76ff. richtig bemerken, vor dem Hamburger Streit zur Verteidigung des Berliner Gottesdienstes gesammelt. Über Liebermanns Charakter s. Graetz XI, 381 u. Berliner in Jüd. Presse, 1891, S. 547.

Die Satire von M. J. Bresselau u. d. T. חרב נקם נקמת ברית ist wieder abgedruckt bei Bernfeld 254ff. Sonstige Streitschriften bei Jost a. a. O., G. V. 493ff. in den Anmerkungen. — Mißbräuche im Gottesd. rügt Eleasar Schemen Rokeach aus Triesch in 'אלה דברי הב S. 95. — Stillstand im Tempel A. Geiger a. a. O., S. 63ff. — Zunz u. Moser bei

Strodtmann, Heinr. Heines Leben I, 283. Bekannt sind Heines wiederholte spöttelnde Bemerkungen über den Tempel und seine Prediger.— Die Äußerung S. 410 stammt von Bresselau, s. Theol. Gutachten, S. 25. — Leipzig u. and. Gemeinden G. V. 477f., Jost 27, 66ff. Liber. Judtm. a. a. O. — Sachsen-Weimar bei D. Philipson 52, 105. Nach Jost 226 protestierte Heß gegen die Anwendung jedes Zwangs; gegen ihn erklärte sich sogar S. Stern, Gesch. d. Judtms., S. 256.

§ 46. 1. (S. 411.) Über die Zeit von 1820 bis 1830 s. M. Philippson I, 83ff. — Der innere Verfall bei Geiger, Zeitschr. f. wiss. Theol. I, 1ff. u. in Hirschs Neunzehn Briefen, Nr. 1. — Über Hirsch s. Jubiläums-Nummer des Israelit, 1908, *JE* VI, 417, über Geiger vgl. Abraham Geiger, Leben u. Lebenswerk, herausg. von Ludw. Geiger, Berlin 1910. — Rießer s. M. Philippson I[2], 245ff., S. Stern a. a. O. S. 198ff.

2. (S. 413.) Über den II. Hamb. Tempel-Streit vgl. Theologische Gutachten (ob. S. 402) usw., Jost 193ff. u. Festschrift, S. 26. — Über Bernays s. Graetz XI, 387, *JE* III, 90; daß er von Gemeindemitgliedern in den Kampf gedrängt wurde, bei Bernfeld 137, Anm.

3. (S. 415.) Zitat aus Geiger, Wiss. Zeitschr. I, 11; die folg. Zitate aus G. V. 492f. — Die Presse wurde besonders durch Ludw. Philippson zu Bedeutung gebracht, der seit 1837 die Allgemeine Zeitung des Judentums herausgab. Außerdem erschienen in Deutschland damals der Orient und der Israelit des neunzehnten Jahrhunderts, auf orthodoxer Seite der treue Zionswächter. — Von Rabbinern mit akad. Bildung nennt G. V. 475, 482 eine Anzahl Namen, die bis 1844 durchgeführten Neuerungen faßt Zunz, Ges. Schriften II, 216 zusammen.

4. (S. 416.) Rabbinerversammlungen s. Jost 48, 86f., 143, Geiger Leben u. Lebenswerk S. 45ff.; die Versammlung in Braunschweig verdankt ihre Einberufung der Initiative Ludwig Philippsons, s. Allg. Zeitg. d. Jud. 1843 u. 44. — Gegnerschaft der konservat. Rabbiner in Allg. Zeit. d. Jud. das. u. Rapoport, Sendschreiben eines Rabbinen 1845.— Über Braunschweig s. Protokolle der ersten Rabbiner-Versammlung, deren Richtigkeit stark angegriffen wurde, vgl. Jost 237ff., D. Philipson 220ff.— Kol Nidre in Protokolle S. 41.— Kommission für Liturgie das. 99ff., 45ff.

5. (S. 417.) Frankfurt s. Protokolle und Aktenstücke der zweiten Rabbinerversammlung, Jost 249ff., Philipson 233—259. — Kommissionsbericht s. Protokolle S. 285ff., Debatte über das Formale das. 14f. Der Bericht gab wesentlich das Programm des Kirchenrats Maier aus Stuttgart (*JE* VIII, 264) wieder, s. Protok. 289ff. — Prinzip, besonders von Frankel gefordert, Protok. 19f., vgl. Jost 251f. — Abstimmung über hebr. Sprache Protok. 30, 54, 59f.; über Frankels Austritt s. *MS* XLV, 234, Stern S. 278. — Entwurf eines Gebetbuchs Protok. 314ff., Abstimmung darüber 72. — Messiasfrage 106. — Wiederholung d. Tef. 107. — Musaf 123f.— Toravorlesung 319ff., Beschlüsse 127, 133.— Propheten u. Hagiogr. 135ff. — Aufrufen 145. — Orgel 151.— Breslau s. Protokolle der dritt. Versammlung deutsch. Rabbiner; Sonntagsgottesdienst das. 249ff.; zweite Feiertage 208ff.; Schofar usw. am Sabbat 245ff. — Kritik

der Rabbincrvers. durch die Teilnehmer s. z. B. Holdheim, Gesch. d.
Entsteh. u. Entwickl. d. jüd. Reformgem. in Berlin, S. 139 f. u. Jost
250; Geiger, Die dritte Versammlung deutscher Rabbiner. Über Kritik
von orthodoxer Seite s. Philipson 225 ff., 271[5].

6. (S. 421.) Über die Reformgemeinde s. Holdheim u. Stern a. a.
O., M. Lewin, Die Reform d. Judentums, 1895, Philipson 317 ff. Ge-
meinde Berlin s. Honigmanns Aufzeichnungen im Jahrb. f. j. Gesch.
u. Lit. VII, 177 und A. H. Heymann (Konservativ), Lebenserinnerungen,
S. 242 ff. — Das Zitat aus dem Aufruf „An unsere deutschen Glaubens-
brüder", bei Holdheim 49 ff. — Gottesdienst das. 123 ff., Stern 296 ff. —
Regelmäßiger Gottesdienst Holdheim 146 ff. — Charakter desselben 153.
— Nur Sonntags 181. — Gebetbuch 193 ff., Holdheims Anträge 195 ff.,
die Grundsätze seines Gebetbuchs 204 ff. — Kritik der Zyklen bei Levin
S. 96; dort auch die Grundsätze, nach denen die Umarbeitung erfolgte.

7. (S 426.) Streitigkeiten in den Gemeinden s. Heymann a. a. O.
278. Polen s. H. Chajes דרכי ההוראה 9c. — Unterstützung der Regierung
z. B. Stuttgart; Maiers Gebetbuch für d. „häusl. u. öffentl. Gottesverehrung" erschien 1848. In den meisten Gemeinden entstanden um
die Mitte des Jahrhunderts Synagogen-Ordnungen; es wäre sehr wichtig,
sie zu sammeln und zu vergleichen, einige nennen Zunz, Ges. Schr. II,
219 u. Löw V, 24.

8. (S. 427.) Orgel G. V. 491; viel Literatur bei Philipson 258, *JE*
IX, 433. — Geigers סדר תפלה דבר יום ביומו (Leben usw. S. 146 ff.) erschien
erst 1854, weil die Gemeindeverhältnisse in Breslau erst Ende 1853
eine gesetzliche Regelung erfuhren, s. Brann, D. schles. Judenheit vor
u. nach d. Edikt von 1812, S. 31. Andere Gebetbücher, wie das L.
Philippsons, sind für die private Andacht bestimmt. — Geigers zweites
Gebetbuch s. Jüd. Zeitschr. VII, 241 ff. — Joel 1872, vgl. dazu die
Polemik in Jüd. Zeitschr. VII, 1 ff. u. 240, sowie Joels, Zum Schutz
gegen „Trutz".

9. (S. 429.) Vgl. Verhandlungen der I. israel. Synode zu Leipzig,
S. 185, Anm. — H. Vogelstein, סדר תפלה Israel. Gebetbuch, 2 Bde.,
1895 f., s. die dagegen u. dafür veröffentlichten Gutachtensammlungen.
— Über das badische Gebetbuch s. die Denkschrift des Oberrats der
Israeliten, D. Hoffmanns Sendschreiben u. M. Steckelmachers Widerlegung des Sendschreibens. In allen Gebetbuch-Kämpfen, bis in die
neueste Zeit, spielt der Satz כל המשנה ממטבע שטבעו חכמים בברכות eine
große Rolle; der Satz bezieht sich jedoch nicht auf die Gebete, sondern
auf die Benediktionen vor Genüssen (ברכות הנהנין), wie schon S. Serillio
im Komment. zu j. Ber. VI, 2, Mainz 1878, S. 72a, richtig bemerkt.

§ 47. 1. (S. 430.) Über Ungarn s. Jost 70—77. Löw, Ges. Schr.
IV, 331 ff., *JE* VI, 501. Neuerdings ist man vielfach über die im
Text genannten Reformen hinausgegangen.

2. (S. 431.) Vgl. G. V. 486., Philipson 122 ff., 537 ff., *JE* VIII,
163, 333, Gaster, The Ancient Synagogue of the Spanish and Portug.
Jews, S. 176 f.

3. (S. 433.) Leeser s. *JE* VII, 663. — Charleston G. V. 486,
Philipson 461ff. B. A. Elzas, The Reformed Society of Isr. of Charleston,
New York 1916; The Sabbath Service das.

4. (S. 434.) Philipson 468ff.— Über Wise s. *JE* XII, 541f., Sam.
Hirsch das. VI, 417, über Einhorn s. Kohler in Year Book of the
Central Conference of Amer. Rabbis, XIX, 215ff. — Wises Reform-
ideen bei Philipson 477ff. — Über Einh. Gebetbuch Kohler das. 252ff.,
das Zitat aus S. 254. — Über das Union Prayer-Book Philipson 493ff.,
Year Book XXIV, 125f., 191ff. ist eine revidierte Ausgabe erschienen.
— Über die Jewish Religious Union vgl. C. G. Montefiores Predigt-
sammlung „Truth in religion“, 1906. Das Gebetbuch, 1903, hat den
Titel, „A selection of prayers, psalms and other passages and hymns
for use at the services of the Jew. Rel. Un.“, die Stücke werden an
den am Sabbatnachmittag und den Feiertagen stattfindenden Gottesdiensten frei gewählt, außerdem findet Schriftvorlesung und Predigt
statt. Das Gebetbuch der „Union Libérale Israélite“ in Paris, כנפים לארץ
Des Ailes à la Terre, 2 Bde., hat viele Gebete in der Landessprache,
behält aber im hebr. Text meist den Wortlaut unverändert.— Seligmann,
Israelitisches Gebetbuch, 2 Teile, 1910, und Denkschrift dazu 1912.

D. III. Abschnitt.
Kap. I.

§ 48. 1. (S. 444.) Zur Literatur erg. J. Juster, Les Juifs dans
l'empire romain I, 456ff., S. Krauß, Synagogale Altertümer. בית העם
bei Krauß 54f., 342. Zum Text von b. Schab. 32a s. Rabbinovitz VII,
64. Über die anderen hebr. u. griech. Namen vgl. die reichen Literaturangaben bei Krauß. — Esnoga erklärten die Kabbalisten als hebr. אש
נוגה, vgl. Luzzatto, וכוח, S. 115. — Das syrische בית שבתא bei Payne-
Smith, Thesaurus, col. 497. Die arab. Namen Löw V, 22. — Havras
REJ XXXI, 53. Schola s. Berliner, Juden in Rom, IIa, S. 8 gegen
Güdemann, Erziehungswesen III, 94.

2. (S. 446.) Tradition, Midrasch in Dav. Kimchis Komm. z. Ez.—
שפיתיב b. Meg. 29a, Scherira, ed. Neub., 26; die Schreibung in einem
Worte bei Benjamin v. Tudela, S. 69, s. Krauß 214ff. u. J. N. Epstein
in Festschr, für Ad. Schwarz, S. 326. — Schedia *REJ* XLV, 161ff.,
Krauß 263. — Hellenist. Länder s. ob. zu S. 235. — Strabo bei Jos.
Ant. XIV, 72. — Verbreitung der Synagogen s. Krauß 199—267. —
Targum bei Bacher a. a. O., Hoffmann S. 5f. — Harnack, Mission u.
Ausbreitung d. Christentums, S. 1.

3. (S. 448.) Über Synagogen am Wasser s. die Quellen und die
Liter. bei Krauß 281ff. Halikarnaß das. 282. — In Alexandr. wurde
nach Philo, Flacc. § 14 (CW VI, 142) „in Zeiten der Not“ am Wasser
gebetet; so wie in Palästina die Fastengottesd. auf dem Marktplatz
(רחוב) stattfanden. — Jak. b. Ascher u. Palaggi bei Löw IV, 26. Im
Aristeasbriefe § 305, auf den vielfach verwiesen wird, steht nur, daß die
Übersetzer morgens erst baden und dann beten, nichts darüber, ob sie

gemeinsam beten und an welcher Stelle. — Rom s. Juster I, 458. — Babylonien s. Epsteins Ausführungen in Markons העתיקה מספרותנו 48, denen gegenüber auf die Bestimmtheit hingewiesen werden muß, mit der die Tradition auftritt. Die von Löw IV, 15, Hoffmann 23 als Beleg angeführte Stelle Gen. r. 708, wo באר בשדה auf die Synagoge bezogen wird, ist nicht beweiskräftig, da der Nachdruck auf באר, nicht auf בשדה liegt. Ausnahmen kamen jedoch vor, z. B. Machusa b. Meg. 26b, wo die Synagoge innerhalb der Stadt liegt, Krauß 273ff.

4. (S. 450.) Ägypten s. ob. — Nehardea b. Ab. Sar. 43b; da dort רב ושמואל ולוי genannt sind, muß es sich um die Zeit vor den Verfolgungen durch die Magier handeln (gegen Hoffmann 23). — Kasiun s. Renan, Mission de Phénicie, 774. — Kai-Fung-Fu s. *JE* IV, 36f., *JQR* NS XI, 127ff. — Schutz des Gesetzes s. Cod. Theod. XVI, 8, 9, 12, 20, 21, 25—27., Juster I, 458ff. — Patristisches Zeitalter s. Juster das. 462, Krauß 419.— Justinian s. Juster I, 251, 472, *REJ* XLIV, 27. — Toledo s. *JE* XII, 180. — Wien bei D. Kaufmann, Die letzte Vertreibung d. Juden aus Wien, 155ff.

5. (S. 451.) Jerusalem hatte 394 Syn. nach b. Ket. 105a, 480 nach j. Meg. III, 1 (73d), wofür j. Ket. XIII, 1 (35c) 460 steht.— Tiberias b. Ber. 8a.— Philo Leg. ad. Cai. 20, Rom s. Krauß 250ff.— Theodosius am 20. X. 415, Cod. Theod. XVI, 8₂₂.— Kirche s. Scherer, Rechtsverhältnisse der Juden, S. 45. Omar *JE* IX, 396f.

6. (S.452.) Heiliger Charakter der Syn. Meg. III, 1—3 u. Talm. z. St.— Leichenfeiern Tos. Meg. III, 7 (225²). — Cäsarea j. Bikk. III, 3 (65d), j. Nas. VII, 1 (56a). — Pantikapäum Lit. bei Krauß 239f., dessen Deutung richtig ist. — Die Synagoge als Gemeindehaus das. 182ff. — Gegen Störung des Gottesd. ist eine der Verordnungen R. Gerschoms gerichtet, vgl. Rosenthal in Hildesheimer-Jubelschr. S. 49ff. Über die Syn. im Mittelalter s. Abrahams, Jewish Life in the Middle Ages, S. 7ff.

§ 49. 1. (S. 453.) Zur Höhenlage s. Krauß 286ff., zur Orientierung das. 317ff.— Zum Text von b. Ber. 30a vgl. Sifre Dt. § 29, Midr. Tann. S. 19.

2. (S. 454.) Über die Synagogenruinen in Galiläa vgl. H. Kohl u. C. Watzinger, Antike Synagogen in Galiläa, 1916, Krauß 327, Masterman, Studies in Galilee, I, S. 109ff. Das Zitat über Tell-Hum aus Mitteilungen der Deutschen Orient- Ges. Nr. 29, S. 14ff.— Hammam-Lif; das Verdienst, die Ruinen als jüdisch erkannt zu haben, gebührt D. Kaufmann, vgl. *REJ* XIII, 46ff., wo auch eine Abbildung des Mosaiks gegeben ist. Die Beschreibung nach Monceaux in *REJ* XLIV. 11ff. s. Krauß 266.

3. (S. 458.) Zum Text von Tos. Sukk. vgl. j. das. V, 1 (55a), b. 51b.— Philo Flacc. § 7 (CW VI,129).— Phokäa *REJ* XII, 236ff., Krauß das. 350. — פרורה j. Meg. III, 4 (74a).— Mantinea *REJ* XXXIV, 148, Krauß das.

4. (S. 458.) Midr. Tanch. בחקותי 4 (III, 55b), ich halte die Stelle für eine Glosse.— Kirche z. B. in Sens, Abrahams S. 27.— Mittelalter Löw IV, 27ff.

5. (S. 459.) Irbid Kohl u. Watzinger S. 139.— Empfohlene Richtungen B. B. 25a u. Tos. s. v. לכל, Löw 39ff.— Christentum s. Rietschel,

Liturgik I, 88, 124.— Heil. Land: nach Bacher a. a. O. 639 gilt die Vorschrift, die Türen im Osten anzulegen, nur für Babyl., weil Pal. westlich davon lag, was kaum richtig ist. Ebensowenig kann ich Krauß' Erklärung, S. 323f., annehmen, daß Tos. Meg. IV, 21, 22 sich nur auf das Öffnen der Synagogen und die Sitzordnung beim Fastengottesdienst bezieht, der stets am Platz vor der Synagoge stattgefunden habe. So wenig רחובה של עיר diese Bedeutung hat, so wenig stimmen die andern Aussagen der Quellen zu dieser Deutung. — Aussicht auf den See, von Masterman S. 111, 119 betont. — Nebratein s. Mitteilungen S. 25. — Meiron das. 23.— Maim. ה' תפלה XI, 2; für Frankreich u. Deutschland vgl. Tos. Ber. 6a s. v. אחורי, Hag. Maim. a. a. O., Tur I, 150.— Sch. Ar. I, 50, 5, Mord. Jaffe לבוש התכלת 942 vgl. dazu Mos. Sofer Resp. I, § 27; Löw IV, 50ff.

6. (S. 461.) Drei Türen findet man in ed-Dikki (Kohl u. Watzinger S. 113), in Tell-Hum (das. 10), in Meiron (das. 82), in Kefr birim (das. 93), vgl. auch Krauß, S. 358.— Midrasch Lev. r. XXII, 4 מציעיא תרעי. Seitentüren sind in Umm el-Kanâtir, Tell Hum, Nebratein vorhanden, das. S. 126, 10, 103.— Fußboden in Irbid das. 64. Zur Sache vgl. Löw IV, 33, Studien 34, bestritten von Krauß S. 372. — Synagogen, zu denen eine oder mehrere Stufen hinunterführen, gibt es noch in großer Zahl, so z. B. die „Alte Synagoge" in Berlin; besonders auffällig ist es bei der Altneuschul in Prag.

7. (S. 461.) Schlechter Plattenfußboden in ed-Dikki u. Kanâtir (das. 120 u. 131), Kalksteinplatten in Tell Hum (das. 20), Mosaik aus Kalkstein in Umm el-Amed (das. 74).— Hammam-Lif ob. S. 457.— Pontus bei Levy, Jahrb. II, 298.— Nicht vorschriftsmäßig s. Tos. Meg. 22b s. v. ואי בעית.— Matten Sch. Ar. I, 1318, vgl. Lewysohn מקורי מנהגים § 56, S. 84. Zur Sache vgl. auch Krauß 347. Der Fußboden der Synagoge in Cochin ist mit Porzellanplatten belegt, vgl. Kohut, Semitic Studies 416.

8. (S. 462.) במילקי ob. S. 458, Kohl u. Watzinger 178, Krauß 334ff. — Hammam-Lif 457.— Galiläa 454.— Kai-Fng-Fu JE IV, 36. Doppelte Säulenstellung Kohl u. Watzinger 179, in ed-Dikki, Kanâtir (Mitteilungen S. 6f.), Meiron u. Nebratein (S. 23, 26), dreischiffig Kefr birim u. El Djisch (S. 30f.), mit Umgang Umm el-Amed (das. 11), Irbid u. Tell Hum (13ff.).— Röm. Einfluß s. Krauß 341.— Jon. Kapitel das. S. 354, Masterman S. 116. — Über den Baustil der Synagogen im Mittelalter s. JE XI, 626, in der Neuzeit das. 631ff., beides ausführlich besprochen und durch zahlreiche Abbildungen erläutert von Frauberger in den Mitteilungen der Gesellsch. z. Erforsch. jüd. Kunstdenkmäler I u. II.— Worms s. Epstein in MS XL, 556f.— Speyer das. XLI, 29ff.— Spanien bei Frauberger a. a. O. II, 42. — Kubbah JE XI, 625f. — Holzsynagogen in Polen vgl. die Literatur in JE XI, 262, Kaufmann, Zur Geschichte der Kunst in der Synagoge in Ges. Schr. I, 97ff., Frauberger a. a. O. II, 15ff., Grotte, Typen deutscher, böhmischer u. polnischer Synagogen-Bauten, 1915.

9. (S. 464.) Über Fenster vgl. Löw 34ff., 84, Krauß 357.— Sohar ויקהל Sch. Ar. I, 904. — Epiphanius, Haer. 801. — Maim. Resp. I, 139, s zum Text Simonsen in Festschr. f. Jac. Guttmann S. 213f. — Pietro

della Valle bei Löw 34, über die Synagogen in Aleppo Kaufmann-Gedenkbuch 129f, u. Festschr. Guttmann 273ff. — Asulai bei Löw IV, 35.
10. (S. 464.) Ornamente ob. 455, vgl. ferner Kohl u.Watzinger 184ff.
— Masterman 121.— Zum Folgenden vgl. D. Kaufmann, Zur Gesch. d. Kunst
in d. Synagoge in Ges. Schr. I, 87ff.— Szegedin vgl. A Szegedi Uj Zsina-
góga, 1903, mit vielen Abbildungen. Echte Kunst in Bau und Einrichtung
bieten die 1913 in Essen (Ruhr), 1917 in Augsburg eröffneten Synagogen.
11. (S. 466.) Frauenabteilung s. Löw IV, 55ff., Hoffmann 31, Krauß,
356.— Zum Feste des Wasserschöpfens vgl. Büchler in *JQR* X, 678.—
Toravorlesung ob. 170. — Frauen beim Gottesdienst z. B. b. Ber. 17a,
Sota 22b, Ab. Sar. 38b. — Therapeuten s. Schürer III, 688, *JE* XII,
138f.— b. Kidd. 81a sieht diese Maßregeln für die Feiertage vor, wo
der Andrang groß war.— Kirche bei Achelis, Prakt. Theologie I, 198.—
In Galiläa sind zweigeschossig die Ruinen in Umm el-Amed u. Irbid
(Mitteil. S. 11), Tell Hum (das. 15), Meiron u. Nebratein (25f.).— Raschi
bei Isserlein פסקים § 132.— El. b. Joel ha Levi bei Mord. Schabb. § 311.
— Worms s. ob. zu Nr. 8.— Prag *JE* X, 158. — Brustwehr s. Löw IV,
72ff.— Venedig im Bau von Longhena bei Frauberger II, 37.— Kämpfe
in der Neuzeit bei Löw a. a. O.— Reformgemeinde ob. S. 423.— Amerika
Philipson 468ff.
12. (S. 468.) Hammam-Lif S. 457.— Galiläa: Masterman 112, 120f.—
Wandelgänge usw. s. das. Material bei Schürer II,521, Anm.67, Krauß 336.
— אכסדרא = ἐξέδρα ist die Übersetzung des hebr. לשכה.— Polisch Löw
V, 21.— Ehrenzeichen s. Philo Leg. ad. Cai. § 20, s. auch Schürer III,
92.— גורנה s. die Erklärung von Fleischer bei Levy, Wört. I, 438. Wasser-
anlage auch in der Theodotus-Synagoge zu Jerusalem, *REJ* LXXI, 30ff.
— Rechnung über Wasserverbrauch bei Schürer III, 48.— Christliche
Basilika bei Rietschel I, 81ff. Die Frage, „woher die Christen den Typus
der Basilika entnommen haben" (das. S. 85), löst sich damit auf einfache
Weise. Vgl. dazu Kohl u. Watzinger S. 227, Krauß 337, Anm. 3.
§ 50. 1. (S. 469.) Zu תיבה vgl. auch Schürer II, 525.— Die Teba
wurde erst zum Gottesd. hingestellt, daher Tos. Meg. IV, 21 וכשמניחין
את התיבה; hinter dem Vorhange = אחורי פרוכתא j. Joma VII, 1 (44b), vgl.
auch Hammam-Lif ob. S. 457.— Sanktuarium vermißt, s. Mitteilungen
S. 6. u. 11, Mastermann S. 114 will eines in Kerazeh erkennen, s. auch
Krauß 329.— Die biblischen Rollen lagen auf der תיבה, so lange daraus
gelesen wurde, hingegen sonst, wie S. 472 bemerkt ist, in der Lade;
Krauß' Polemik S. 373 ist daher völlig unangebracht.— Ort, wo Vorbeter
stand; so schon b. Sota 39b (להפשים את הת').— קדש erklärt Bacher,
Dictionary IV, 639 als verkürzt aus בית המקדש, was ich für unmöglich
halte, s. ob. zu § 495.— Apsis Rietschel I, 83.— Daß man das Wort ארון
nicht gebrauchen wollte, hing wahrscheinlich damit zusammen, daß ארון
Sarg hieß, vgl. Bacher das.— Der Krauß S. 28 u. 369 erwähnte ital.
Name „timisia" ist zu streichen; das Wort ist, wie Zoller in Freie jüd.
Lehrerstimme I, 180 nachwies, aus chynisia = כנסיה verstümmelt. — Hölzerne Laden als Neuerung Or Sar. II, 79d.— Über den Standort der Lade

s. Löw IV, 54 ff.; L. Della Torre, Scritti sparsi I, 162 f. Maim. nennt ihn direkt Qiblah, *JQR* NS. V, 15.— כילה s. Levy, Wört. II, 318; ob. כלה mit פריסא b. Meg. 26 b identisch ist, läßt sich nicht mit Sicherheit sagen, Raschi u. Tos. z. St. sind über die Erklärung nicht einig. Antike Glasgefäße s. *JQR* XIV, 737 ff. Schürer das. 524, Müller, Die jüd. Katakombe, S. 78 f., *JE* II, 107 ff.— Über den Dekalog an der Lade s. Abrahams in Kohler-Festschr. S. 51 ff. In Kirchen Mitteldeutschlands sind sie bereits um 1200 zu finden, vgl. Hasak, Gesch. d. dtschn. Bildhauerkunst im 13. Jhdt.— Vorhang Löw V, 25. Vgl. auch Frauberger a. a. O. III/IV, S. 13 f.

2. (S. 472.) Tora vollständig, ob. 168; Ergänzung defekter Expl. j. Meg. III 1 (74 a).— מטפחות Meg. III, 1, Kel. IX, 3 u. ö. Tos. Jad. II, 12 (683 9), s. Bacher das.; das ist nicht identisch mit *κάλυμμα* II. Cor. 3 14, wie Deißmann, Paulus S. 64 will; חיק Bacher das., Krauß 382.— Farb. Tücher, richtiger solche mit gewirkten Bildern (Krauß das.) Kel. XXVIII, 4, Glocken (זגין) Tos. Kel. BI, 13 (579 21), b. Schab. 58 b.— Torafreude Manh. סוכה § 59, vgl. auch Resp. Sch. T. § 314, ibn Gajj. לולב g. E.— כלי קדש Löw V, 25 mit reichen Literaturangaben und Frauberger a. a. O. III/IV, 19 ff. mit vielen Abbildungen.

3. (S. 473.) בימה s. Löw. das., Krauß 384 f.— Alexandrien ob. 458.— Maimon. תפלה XI, 3, מגדל z. B. V. p. 71, דוכן z. B. It. bei der Beschreibung der Toravorlesung.— Mosesstuhl *JE* IV, 36, Krauß 386; in Or Sar. II, 79 d, § 386 bedeutet קטידרא einen großen Stuhl wie כסא.— Jak. Weil bei Berliner, Aus d. inneren Leben, II. Aufl., 116.— Almemor das., *JE* I, 430. כסא z. B. in It., hingegen תיבה Manh. שבת § 24.— Über die verschiedenen Bedeutungen von תיבה s. Tur I, 150 u. die Komment. z. St.— Tribüne und Vorbeterpult getrennt, wie früher allgemein in Deutschland, vereint, wie in portugiesischen Gemeinden.— Jos. Karo vgl. zu Tur I, 150, Isserles zu Sch. Ar. I, 150 6.— Marmor z. B. in Syracus Corp. Inscr. Graec. 9895, Levy im Jahrbuch f. Gesch. der Juden II, 186, S. 273, vgl. Side das. 272 u. Schürer III, 22. — Kämpfe um die Aufstellung des Almemor s. Löw IV, 93 ff., *JE* I, 431.

4. (S. 475.) ספסלא j. Meg. III, 1 (73 d).— ציפי, b. B. Batr. 8 b, erklärt R. Gerschom z. St. als Matten, die an den Wänden der Synag. ausgebreitet sind.— Sitzbänke in gal. Ruinen in ed-Dikki (Antike Synagogen 119); 2 Bankreihen in Tell Hum, die in Armpolstern endigen (das. 21.) — Über die Sitzordnung das. 141.— *προεδρία* z. B. in Phokäa *REJ* XII, 286 ff., Schürer III, 14. — Sitze in der Kirche Rietschel I, 84. — קתדרא auch plur. קתדראות Tos. Sukk. IV, 6 u. Par. Das Wort wird, nach Analogie von הספסל והקתידרא j. Schabb. 6 a, von Bacher IV, 639 auch für das unverständliche קלמירא j. Meg. III, 1 (73 d) eingesetzt, das bisher als = lectica (?) aufgefaßt wurde. Nach Löw V, 26 = Krauß, Lehnwört. II, 545 a ist es = *κλιντήρ*. F. Perles will קלפסטירה = *κραββατάριον*, (Krauß, Archäologie I, 66) lesen (OLZ 1915, 149) Ascheri zu Meg. IV und Or Sar. a. a. O. lesen פלמירא.— Deutschland Or Sar. II, 11 b § 48; vgl. Löw V, 25 f. Alexandrien Tos. Sukka IV, 6.— Keine Unterschiede, s. Müller, Resp. O u. W § 106 u. ס"ע zu Sch. Ar. I, 150, Ende; Plätze verkaufen s. Löw V, 33. Pulte das. 26.

5. (S. 476.) Beleuchtung s. Krauß 390, Berliner, A. d. inneren Leben, 116 u. Zur Beleuchtung in der Synagoge in Jüd. Presse (Monatsschr.) 1895, S. 5.— צירא bei Meir v. Rothenburg, Resp., ed. Budap., 153 c.— Ewige Lampe s. Frauberger a. a. O. III, 37, and. Beleuchtungskörper das. II, 39.

Kap. II.

§ 51. 1. (S. 477.) כרך u. כפר vgl. Krauß in העתיד III, 17.— Zehn berufsfreie Männer Meg. I, 3 u. die Erklärung dazu j. I, 6 (70 b), vgl. auch Schürer II, 51654.— Zwang Tos. B. Mez. XI, 23 (39620), Maim. תפלה XI, 1, Sch. Ar. I, 1501.

2. (S. 477.) Privatmann, Wohnhaus j. Meg. III, 1 (73d), vgl. Ned. IX, 2. — Heiden Tos. Meg. III, 5, j. das. III, 2 (74a), b. Ar. 16b. — Akmonia s. Schürer III, 20 f.— Spenden z. B. Lampen, Balken Tos. Meg. III, 3, 5. — Sammlungen z. B. Ägina bei Levy a. a. O., ebenso Smyrna Levy das. — Eine Stiftung ὑπὲρ εὐχῆς REJ VII, 161 f. — Überschüsse = מותרים Meg. III, 1. — Inschriften s. Tos. Meg. III, 3, j. III, 2 (74a). — Kefr. Berein s. Krauß, Synagogenruinen, S. 7. — Hammam-Lif ob. 457. — Wimpel, der Brauch ist nicht überall gleich; vielfach wird gewartet, bis die Kinder selbst laufen können; Abbildungen bei Frauberger a. a. O. III, 21. Isr. Bruna (um 1460) berichtet von der Schenkung einer Wimpel durch einen Christen (Resp. § 275). Stiftungen im Altertum Tos. Meg. III, 2.

3. (S. 479.) Verwendung s. Meg. III, 1. — Nicht veräußern Meg. III, 2, 3. — Verfügungsrecht Tos. Meg. III, 6, j. III, 1 (73 d), b. 26a. — Gelder von auswärts b. das. — Widmungen s. ob. — Mittelalter Or Sar. bei Ascheri Meg. IV, 1, vgl. Löw V, 22. — Material s. j. Meg. III, 1 (73 d), b. 26b, 28b.

4. (S. 480.) Alexandr. in Jerusalem, Tos. Meg. III, 6. b. 26a steht סורסיים dafür; nach Krauß, Archäol. II, 625 bedeutet das dasselbe, da die Alexandriner sich viel mit der Herstellung „tarsischer Gewänder" befaßten. — Sepphoris j. Joma VII, 1 u. ö. Römer in Mechusa b. Meg. 26b; ihre Anwesenheit ist ebenso unwahrscheinlich, wie die durch die Lesart דרומאי nahegelegte von Juden aus dem Süden Palästinas. Wahrscheinlich handelt es sich um Juden aus dem Orte Rumai in S.-Babylonien (Mitteilung von Prof. Jac. Obermeyer). — Hebräer uws. in Rom bei Müller, Die jüd. Katakombe, 109. Vernaclesier bedeutet nach der richtigen Erklärung Bormanns (Wiener Studien XXXIV, 363 f.) die im Hause geborenen jüdischen Kaisersklaven. Vgl. auch Krauß SA 253. — Thebäer s. Schürer III, 48, 50. — Tarsos das. 22. — Kairo bei Benjamin von Tuleda S. 98. Rom s. Berliner, Gesch. d. Juden in Rom II. — Saloniki s. ob. zu § 438. — Breslau s. Brann in Graetz-Jubelschr. S. 223. Berufe in Alexandrien ob. S. 475. — Libertiner u. Kalkbrenner bei Müller a. a. O. 108, Schürer 84. — Leinwandhändler s. Schürer III, 23, s. ob. zu S. 254, § 363. — Soziale Funktion der Synagoge s. Krauß SA 182ff., Berliner, A. d. inn. Leben 114f. כנשתא דגופנא j. Nas. VII, 1 (56a) (anders Krauß 210f.), ἐλαία Schürer III,

84. — Nebratein s. Masterman 121, Antike Synag. 103, 191. — Augustesier s. Müller 107. — Severus s. Epstein in *MS* 1885, S. 338f., in Chwolson-Festschr. S. 49.— Herodes, so nach Müllers richtiger Lesung das. 108, Agrippa das. — Mohamm. Länder s. *JE* XI, 625f.— ישן כב'היב z. B. in Worms, schon עתיקא כנשתא Lev. r. 22, 4. — Rom Schürer III, 83. § 52. 1. (S. 482.) העיר פרנמי Tos. Meg. III, 1, wahrscheinlich identisch mit den הצבור על פרנסים ממונים (b. Git. 60a) u. den טובי 'ז העיר (b. Meg. 26a), jedoch unterschieden von den כנסיות ראשי (Git. das.) — Archonten s. Schürer III, 84ff., II, 511f., Juster I. 440ff.

2. (S. 483.) Vgl. dazu Schürer, *JE* a. a. O. Die verschiedenen Formen des Namens bei Schürer III, 88, Anm. 46 u. Müller 115; es verdient Beachtung, daß beide Inschriften am Monteverde ungenaue Schreibung haben ἀρχισύνγωγος u. ἀρχισυναγωγης. — Gebete vortragen Lev. r. XXIII, 4. — Tora Joma VII, 1, Sota VII, 7. — Predigt Akt. 13₁₅. — Gebäude vgl. den Archisynagogos Theodoros in Ägina bei Levy im Jahrb. usw. II, 272. — Höchstes Amt, so Vogelstein u. Rieger I, 43 u. Krauß 119ff. — Die Baraita b. Pes. 49a verdient offenbar den Vorzug vor der amoräischen Aufstellung b. Git. 60a mit ihren kasuistischen Unterscheidungen, die unter dem Einflusse der Baraita in b. Hor. 13b entstanden sind; letztere bezieht sich jedoch auf das Lehrhaus und darf nicht, wie bei Berliner, Gesch. d. Jud. in Rom I, 68, auf die Synagoge übertragen werden. — Leichenfeiern j. Ber. III, 1 (6b). — Gesetzgebung Cod. Theod. XVI, 84. — Mehrere Archis. Mk. 5₂₂, Akt. 13₁₅, auch in der Inschrift von Akmonia Schürer III, 20. — Mehrere Ämter zugleich s. Schürer III, 87₄₃, — Wahl s. Chrysostomus bei Schürer III, 86; nach der Inschrift von Berenike in der Cyrenaika (Schürer 79f.) hätte die Wahl (ברר) um die Zeit des Hüttenfestes stattgefunden. Die Sitte, die Gemeindevorsteher kurz nach dem Hüttenfeste zu wählen, läßt sich bis in die neueste Zeit nachweisen. — Lebenszeit s. die Beisp. bei Schürer III, 86₄₂, Müller, Inschriften S. 4. — Kinder s. Ascoli, Iscrizioni inedite o malnote usw. p. 49, Krauß 118f. — Frauen, Schürer II, 512, Myndos *REJ* XLII, 1ff., Smyrna das. VII, 161ff. — Severus bei Lampridius, Vita Severi 28. — Presbyter s. Krauß 143f. und Schürer III, 89f., der den Titel für jünger hält; demgegenüber ist zu beachten, daß זקנים schon sehr früh vorkommt u. daß die Gleichstellung von πρεσβύτεροι u. ἀρχι-φερηκῖται = פירקא רישי in Justinians Nov. 146 die Identität beider noch immer erkennen läßt. — προστάτης auch auf der Inschrift aus Xenephyros in Unt.-Ägypten *REJ* LXV, 137. — Pater u. mater syn. bei Krauß 166. — Bruder das. — Spätere Titel bei Abrahams, Jew. Life 53, Güdemann, Erziehungswesen in Deutschland II, 92, Epstein im Kaufmann-Gedenkbuch 308. — Befreiung von Steuern wurde z. B. Moses Mendelssohn gewährt, s. *MS* 1882, 28; das. 30f. auch über die Gemeindeämter.

3. (S. 485.) Vgl. Schürer II, 515; dunkel ist die Bedeutung von ναχόρος das. trotz Krauß 128. — Grabschrift s. Schürer III, 88₄₇.— Mahl u. Funktionen s. ob. zu 2. Bacher, Dict. IV, 640 folgert aus der

Bar. b. Meg. 25b, daß der 'הכנ חזן aus der Tora vorzulesen pflegte;
nach dem richtigen Text Tos. Meg. g. E. las jedoch Chanina selbst. —
Funktionen des חזן in Lewy-Festschrift 176f., Bacher a. a. O.; das Wort
kommt vom assyr. huzanu = Aufseher. — Zu Nakkai s. Bacher in
Berliners Magazin XVII, 169, XVIII, 50. — γραμματεύς s. Juster I,
447 u. Krauß 149f. Nirgends ist beachtet, daß LXX שטר fast stets
durch γραμματεύς wiedergibt. ספר u. חזן sind noch nicht identisch in
der Baraita b. Sota 49a. u. — שמש s. Abrahams, Jew. Life 55ff., zur
Stellung s. auch das Ansehen Juspas in Worms bei Epstein a. a. O.
303ff. — Schulklopfer (im XVIII. Jhdt. auch „Umklöpper") s. Löw V,
33, Abrahams S. 9, Berliner, Inn. Leben 114. — מקושא Krauß 181f.
   4. (S. 488.) תורגמן b. Pes. 50b.
   5. (S. 488.) Talmudstellen, in denen חזן den Vorbeter bezeichnet,
s. bei Kohut, Aruch s. v., Löw V, 31f. — Stimme Pes. r. 127a zu Pr.
39. Berühmte Gelehrte z. B. Saadja Ri 7f. — Anforderungen an den
Vorbeter JE VI, 284ff. Berliner, Entstehung des Vorbeterdienstes in
Isr. Lehrer u. Kantor (Beil. zu Jüd. Presse) 1899, S. 4f., Krauß 131ff.
— Kenntnis der Gebete s. b. Taan. 16a. — Zum Alter vgl. Resp. Lyck
Nr. 84 = Sch. T. 90, Or Sar. II, 116.— Schlechtes Verhalten Resp. Sch. T.
No. 50, 51, Meiri אבות מגן S. 27f. u. ö. — Tadel der Vorbeter Berliner
30f., 34, JE VI, 286. Weitgehende Verachtung spricht aus Jos. Sa-
baras שעשועים ס׳, ed. Davidson, S. 48.— Gebete ändern vgl. Saadja a.
a. O., M. Minz bei Güdemann a. a. O. II, 96, häufig im Buch der
Frommen. — Verfall des Gottesdienstes s. G. V. 494f.
   6. (S. 491.) Rabbiner besoldet s. Güdemann a. a. O. II, 95ff. Zunz,
Ges. Schr. II, 206, 208 erklärt nur Vorbeter und Religionslehrer als
notwendige Beamte einer Gemeinde, nicht den Rabbiner.

Kap. III.

§ 53. 1. (S. 493.) צבור, die richtige Bedeutung bei Schürer II,
505 11. — Minjan JK VIII, 603, Krauß 98ff. — Sofrim X, 8, vgl. dazu
Tos. Meg. 23b s. v. ואין, Ascheri z. St. Müller, Sofrim S. 151.— Schlechter
Synagogenbesuch ob. S. 256, 260. R. Chananel in Tos. Git. 59b, s. v.
אבל erklärt den Synagogenbesuch am Montag u. Donnerstag für gut.
Etwas später wird von dem in Trier 1096 als Märtyrer gefallenen
Jomtob b. Abraham gerühmt היה משכים ומעריב לבית התפלה (Qu. II, 27).
Auch Raschi zu Meg. 5a setzt voraus, daß Leute bezahlt werden, damit
sie sich für den Gottesdienst freihalten; zufriedener äußert sich Meir
Rothenb. Resp., ed. Budapest, Nr. 107, Löw V, 27.— Hohe Feiertage
Hag. Maim. zu תפלה ה׳ XI, 1, G, V. 339.
   2. (S. 494.) Das Zitat aus פיפיות היה עם im Musaf für Neujahr in
Germ. — Zu ברוך שם וכו׳ s. Blau in REJ XXXI, 189, Stud. 8ff.
   3. (S. 496.) Zu den Responsionen vgl. Leitner, D. gottesdienstl.
Vortrag, 1906, zu Hallel Büchlers erwähnte Abh. in Zeitschr. Alt.
Wiss. XX. Beispiele aus dem Leben TdbE, S. 65, 66. — Vortrag des
Schma Stud. 3ff., ob. S. 26 u. die Anmerkungen dazu. In Seph., wo

der Vorbeter noch heute das ganze Gebet laut vorträgt, entsteht eine
Pause hinter שמע, denn ברוך שם wird leise gesprochen.

4. (S. 497.) קורא u. כפמיר Meg. III, IV. — מקרא R. ha Sch. IV,
8. — קרא על פה מה Taan. II, 3. — מורם ob. S. 3. — עובר לפני הת' Studien
33 ff., ob. S. 27. — קרובא ob. S. 212. — Zwei Vorbeter R. ha Sch. IV,
8. — Die Aufforderungen Lev. r. XXIII, 4, j. Ber. IV, 4 (8b), s. Studien 38, dort auch Quellen über Ablehnung der Aufforderung. — הסדיר
Tos. R. ha Sch. Ende. — מרוף הד' z. B. Ber. V, b. 34 a ff. — Prüfstein
ob. S. 37 f., 252 f. — Fasttage Mech. 54 b, vgl. dazu Stud. 38 f.

5. (S. 498.) Agatharchides ob. S. 244, vgl. dazu Neh. 8 6 במעל
דיהם. Auch Griechen u. Römer erhoben ebenso wie manche primitiven
Völker die Hände beim Gebet, vgl. Heiler A VI, S. 101, MS 1916
S. 472. — Beim Schma pflegte die Gemeinde in Pal. in amor. Zeit zu
stehen, vgl. j. Ber. I, 6, Chill. § 1. An den Fasttagen u. den erhabenen
Festen betete man im Mittelalter mit gebeugtem Knie (כריעה), vgl.
Manh. ר"ה § 3. Die Tefilla, zumal an Fasttagen, beteten Gelehrte
zeitweise mit verschränkten Armen, d. h. in der Haltung der Sklaven,
b. Schabb. 10a. Über die Gebetsgesten s. Heiler a. a. O. 101 ff. —
Übertreibungen bei den Verneigungen verpönt j. Ber. I, 8 (3 d), b.
Meg. 22 b. — Schütteln Jeh. ha Levi, Kusari II, 79 f., vgl. Pard. 58 b,
Berliner. Einfluß d. Buchdrucks S. 23, Abrahams, Jewish Life 278 ff.
JE s. v. Swaying XI, 607. — Kleidung s. Studien 11, Berliner, Vor-
beterdienst S. 5. — טלית Krauß in Bloch-Jubelschrift hbr. S. 83 ff.,
Talm. Archäol. I, 168. — Bestimmte Kleider bei Berliner, Inneres
Leben 69 f. — Kopfbedeckung Studien 11, Anm. 2. Den dort ange-
führten Quellen gilt es als besonderer Vorzug Israels, daß es das
Haupt n i c h t zu entblößen braucht, da man Entblößung als Zeichen
der Sklaverei betrachtete. Im Gegensatz dazu betrachtet Paulus die
Hauptverhüllung beim Manne als Schande, während er sie von den
Frauen fordert, I. Kor. 11, 4 f. Die Römer opferten capite velato, die
Muslim sind ebenfalls beim Gebet bedeckt. Heiler a. a. O. S. 104 f. —
Palästina s. Sof. XIV, 15. — Frankr. bei Or Sar. II, § 43. Chorin
s. Löw, Ges. Schr. II, 251 ff., über Barhäuptigkeit S. 311. — Reform-
gemeinde ob. S. 423, auch in London und Paris sitzen die Männer ohne
Kopfbedeckung (S. 439); das Zitat aus Graetz XI, 520. — Amerika
JE II, 532, vgl. auch Abrahams a. a. O. 278 ff., JE das. 531 ff.

6. (S. 501.) Vorbeter Ri 6. — Deutschland vgl. Raschi zu Sukka
38 b s. v. מסנהגא; aus späterer Zeit sagt Abr. Gumbinner zu Sch. Ar.
I, 53, Nr. 2, daß alle des Gebets kundig sind, daß der Vorbeter nur
wegen der Piutim da ist. — Störungen durch die Gemeinde G. V. 494
mit vielen Quellenbelegen.

§ 54. (S. 502.) Unter den wenigen Notizen zu unserem Gegenstand
bei Löw V, 27 findet sich die Bemerkung „Undankbares Thema". Die
ganze Literatur darüber besteht, so weit ich sehen kann, im Wesentlichen aus Bearbeitungen der bei Zunz S. P. 114 ff. gebotenen Notizen.
Die Schriften über Synagogengesang aus neuerer Zeit sind mit mehr

Temperament und guter Gesinnung als mit wissenschaftlicher Sorgfalt
verfaßt; die Aufsätze von Birnbaum, die auf gediegener Kenntnis von
Einzelheiten aus der Gesch. des Synagogengesanges beruhen, sind sehr
schwer zugänglich und sollten einmal gesammelt werden. Nach seinem
Tode, 1921, kam seine Sammlung in das Hebrew Union College in
Cincinnati Oh. Bisher unbekanntes Material wurde durch A. Z. Jdelsohn
in seinem „Thesaurus" veröffentlicht. Von dem auf 10 Bde. berechneten
Werke sind bisher erschienen: 1. Gesänge der jemenischen Juden,
2. Gesänge der babylonischen, 3. der persischen, 4. der sepharadischen
Juden, Berlin 1922 ff. Von besonderem Wert sind seine „Phonographierte
Gesänge u. Ausspracheproben des Hebr. der jemenischen, persischen
und syrischen Juden", die in den Mitteilungen der Wiener Akademie
der Wissenschaften, philos.-hist. Klasse, 1917, erschienen sind.

1. (S. 502.) S. Ackermann S. 6ff.— Therapeuten *JE* XII, 139.

2. (S. 503.) Fastengottesdienst Taan. 16a וקולו ערב.

3. (S. 503.) Akzente s. *JE* I, 189. Hermeneut. Bedeutung, verschiedene Modulationen Ackermann 16f., Friedmann S. 7ff.— Stubentropp, Berliner, Inn. Leben 53.

4. (S. 504.) נעימה in Sof. XIV, 9.— נגן u. חון חוק ob. 207f.— Gesang
beim Piut ob. 283; das Zitat aus Ackermann 28, Mystiker S. P. 114,
Jehuda im Buch d. Frommen § 11.— Anerkennung des Gesanges durch
Halachisten S. P. das., Ackermann 27.— Zitat aus S. P. 114.—
Melodien das. 115, Güdemann a. a. O. II, 96.— Kirchliche Schriftsteller
bei Rietschel I, 469.

5. (S. 506.) Stammgebete s. auch Berliner, Inneres Leben, 52.—
Immanuel Kap. 28. Grundmelodien Berliner das., Vorbeterdienst 13.—
Gesänge in Worms s. Kaufmann-Gedenkbuch 309f.— Polen s. Löw,
Lebensalter 314, G. V. 449. Die litauische Synode bestimmte genau,
wieviel gesungen werden durfte.

6. (S. 507.) Installation bei Neubauer, Chronicles II, 81.— Italien
bei Immanuel Kap. 15.— Chorknaben in Polen Ackermann 41f.— Berlin
bei A. H. Heymann, Lebenserinnerungen S. 242.— Rossi s. Ackermann
45, *JE* X, 486. Der Komponist Benedetto Marcello in Venedig (1686 bis
1739) berichtet, daß er Synagogen besuchte, um Anregungen für seine
Psalmen-Kompositionen zu finden (Salmi di Davide I).

7. (S. 508.) Orgel s. ob. zu § 468. Die heutige Stellung der Gegner
wird schon durch den Titel von Berliners Schrift „Zur Lehr u. Wehr,
über u. gegen die kirchliche Orgel im jüd. Gottesdienst" gekennzeichnet.
— Über die Vorbeter der Neuzeit s. Ackermann 49ff., Aron Friedmann,
Lebensbilder berühmter Kantoren, Berlin 1918/1921; über Sulzer außerdem *JE* XI, 586, über Lewandowski das. VIII, 66, Consolo das. IV, 234.

Ergänzungen zu den Anmerkungen der zweiten Auflage:

Zu § 2. (S. 2.): Das Werk von Bousset liegt jetzt in neuer, von H. Greßmann bearbeiteter Auflage unter dem Titel „Die Religion des Spätjudentums" vor (1926). — Zu § 4 ist an neuer Literatur zu ergänzen: George Foot Moore, JUDAISM IN THE FIRST CENTURIES OF THE CHRISTIAN ERA, THE AGE OF THE TANNAIM I, II, Cambridge 1927; Strack-Billerbeck, Kommentar zum Neuen Testament IV, Exkurse zu einzelnen Stellen des Neuen Testaments, 1. Teil, München 1928, insbesondere die Exkurse 6—12, S. 77—292: Israel Davidson אוצר השירה והפיוט מזמן חתימת כתבי הקדש עד ראשית תקופת ההשכלה THESAURUS OF MEDIAEVAL HEBREW POETRY I, New York 1924, II, 1929, III, 1930, Ergänzungen gibt D. S. Sassoon in *JQR NS* XXI, 1930, 89 ff.; meine Artikel über Gebet und Gottesdienst in DIE RELIGION IN GESCHICHTE UND GEGENWART, 2. Aufl. II, sowie die einschlägigen Artikel im Jüd. Lexikon, sowie in Encyclopaedia Judaica I—VI. Über die sehr wichtige Machsor-Handschrift Turin vgl. Abr. I. Schechter, Studies in Jewish Liturgy, Philadelphia 1930. Einzelliteratur wird an den betreffenden Stellen angegeben.

B. I. Abschnitt.

Kap. I.

§ 7. (S. 16.) Die Benediktion wurde inzwischen mehrmals in Fragmenten gefunden, und zwar nicht nur für das Morgengebet, sondern auch für das Abendgebet, und nicht nur für die Wochentage, sondern auch für das Hüttenfest; vgl. J. Mann in HEBREW UNION COLLEGE ANNUAL (= *HUCA*) II, S. 286, 308, 332. Die Benediktion findet sich aber nicht in sämtlichen Fragmenten, und ihre Verbindlichkeit ist umstritten; Mann, S. 287, nimmt an, daß Kaddisch vor dem Jozer zu diesem gehört und daß im palästinischen Ritus die Benediktion ein Ersatz für ihn sein sollte.

2 ff. neue Texte zum Jozer veröffentlicht Mann a. a. O. 273, 293, 320 f., 323 (letztere für Sabbat).

3. (S. 19.) Was Mann, S. 293, Anm. 63, zu אור חדש vorbringt, ist keine rechte Gegeninstanz gegen das im Text Gesagte; allerdings ist dort der Zionsgedanke stark betont, aber es handelt sich um ein poetisch sehr ausgearbeitetes Gebet. Auch die das. S. 295 erwähnte Bearbeitung spricht nicht unbedingt dagegen. Wahrscheinlich liegt hier ein bisher noch unerschlossenes Gebiet religiöser Entwicklung und Ausdrucksform vor.

4. (S. 20.) Die bisher unbekannte Variante zur Eulogie אוהב עמו ישראל bei Mann S. 288.

5. (S. 21.) Mann weist auf das pal. Fragment S. 295 hin, das
hier אמן hat, gesteht aber selbst, daß die Frage nicht geklärt ist. Die
Varianten zu j. Ber. aus dem Mittelalter sind nicht entscheidend, da
wir wissen, daß dort oft Jer. zitiert wird, ohne daß er wirklich die
Quelle ist, worauf Mann selbst S. 291, Anm. 60, verweist.

Für die Entstehung von ברוך שם כבוד מלכותו לעולם ועד habe
ich auf Blau verwiesen, womit gesagt sein sollte, daß wir vorerst über
die Entstehung dieser Formel nicht mehr zu sagen wissen. Nach Aptowitzer, *MS* LXXIII, 1929, S. 102, ist sie um das Jahr 100 v. Chr. als
Protest gegen die Hasmonäer und die Sadduzäer entstanden. Daß das
„über jeden Zweifel erhaben ist", wird nicht allgemeine Zustimmung
finden, zumal die Frage offen bleibt, warum die Formel, als die Zeit
für den Protest vorbei war, nicht aufgegeben oder geändert wurde,
und die Entstehung des Wortlautes sich nach den vom Verfasser angeführten Parallelen aus Psalm 72 19 und 145 11 leicht erklären läßt.
In das Schma ist בשכמל״ו nach Aptowitzer nicht aus liturgischen,
sondern aus politischen Motiven eingeführt worden. Das Schma las
nach ihm nur einer, während die Gemeinde nur respondierte; später,
als auch der einzelne alles mitsprach, respondierten auch alle mit
בשכמל״ו (S. 106). Damals wurde dieses demnach immer laut gesprochen,
und wenn später von einem leisen Vortrag die Rede ist, so darum,
weil der politische Protest seine Berechtigung verloren hatte. Dann
aber kam wieder eine Zeit, wo der Protest zeitgemäß schien und die
Notwendigkeit, die Responsion laut zu sprechen, betont wurde. Das
war in der Zeit um 250 n. Chr., wo die Trinität ihre Ausbildung erhalten hat und im Schma mit folgendem בשכמל״ו eine feierliche Betonung des strengen Monotheismus gesehen wurde. Diese Verordnung
aber hatte nur lokale Bedeutung und wurde nicht überall befolgt (S. 118).
Diese etwas komplizierte Konstruktion scheut zwar die Annahme nicht,
daß eine Änderung der Zeiten auch eine Änderung in der Vortragsweise des Gebets herbeiführt, berücksichtigt aber doch nicht die Tatsache, daß die Zeiten sich auch in ihren politischen und religiösen
Tendenzen sowie ihren Protestgelegenheiten ändern. Ferner sind die
technischen Bezeichnungen wie כרך את שמע, פרס על שמע (oben S. 25 f.)
überhaupt nicht berücksichtigt.

6. (S. 22.) Weitere poetische Ausarbeitungen des Textes sowohl
für Morgen- wie für Abendgebet der Wochentage und Sabbate bei Mann
S. 294f., 305, 321; sie gehen noch über die in meinen Studien S. 31
mitgeteilten Formeln hinaus. Zu beachten ist aber, daß diese erweiterten Texte nur wortreicher sind, ohne neue Gedanken zu bieten;
lediglich in dem Piut S. 294, der an den Tagespsalm anschließt, ist die
Auferstehung der Toten erwähnt. — Die Formel קיים עלינו wird
Geon. II, 91 verworfen, da die Bitte um die künftige Erlösung hier nicht
am Platze ist.

§ 8. (S. 27 ff.) An neuer Literatur ist vor allem zu erwähnen
K. Kohler, THE ORIGIN AND COMPOSITION OF THE EIGHTEEN
BENEDICTIONS in *HUCA* I, 387 ff.; L. Finkelstein, THE DEVELOP-

MENT OF THE AMIDAH, Philadelphia 1925, Sonderdruck aus *JQR NS*
XVI, 1 ff., 127 ff. Kohler führt, wie alle Gebete, auch die Tefilla auf
die Kreise der alten Chassidim, die er ohne weiteres mit den Essäern
gleichsetzt, zurück. Dementsprechend hält er die älteste Form unseres
Gebets für rein hymnisch, entsprechend der an Sabbaten und Festtagen
üblichen. Dabei ist übersehen, daß auch diese nicht rein hymnisch
ist, und daß der Name Tefilla auf Bitten hinweist. Von seiner Grund-
anschauung aus vermutet Kohler, daß die tägliche Tefilla aus der Fastenliturgie hervorgegangen sei und solche Beter wie den Kreiszieher Choni
zu Urhebern habe. Das ist für einen Teil der Benediktionen möglich,
für die Gesamtheit unwahrscheinlich. — Eine völlig neue Auffassung
über die Entstehung der Tefilla trug Finkelstein vor; er glaubt, alle
ihre einzelnen Phasen feststellen und genau bestimmen zu können, aus
welchen Zeiten ihre verschiedenen Teile stammen. Von seinen Argumenten ist unbestreitbar, daß der palästinische Text an mehreren Stellen
die Anrufung יי אלהינו hat, aber für gesicherte Folgerungen ist das
vorliegende Material zu knapp; die angeführten Gebete von R. Gamliel
und Akiba bzw. Ben Asai haben ganz verschiedenen Charakter und
sind gar nicht miteinander zu vergleichen; es ist auch nicht erklärt,
weshalb der Brauch gewechselt haben soll. Das Beweismaterial (S. 6 f.)
ist nicht ausreichend und es ist keineswegs über jeden Einwand erhaben, daß Pal. wirklich die älteste Textform biete; S. 137 wird erwähnt, daß Rom. u. a. יי אלהינו in VII einsetzen, wo es in anderen
Texten nicht zu finden ist — solche Anrufungen wurden in allen Riten
mit Leichtigkeit eingefügt, und bei XIII und XIX des babylonischen
Textes werden sie von Finkelstein als späterer Zusatz hingestellt. Bei
V wird der Theorie zuliebe die Formulierung durch die Bibelstelle
Thr. 5 22 als nicht ursprünglich erklärt und die geläufige Formel mit
אבינו vorgezogen. Die Beobachtung, daß einzelne Benediktionen aus
sieben Worten bestehen, ist richtig, aber wir besitzen keinerlei Beweis
dafür, daß dies aus Rücksicht auf die Mystiker und die mystischen
Neigungen Hillels geschehen ist. Würden die Mystiker, wenn sie die
Möglichkeit dazu gehabt hätten, nicht auch die andern Benediktionen
umredigiert und auf sieben Worte gebracht haben? Erst recht ist anzunehmen, daß die Zeloten sich nicht mit der Einfügung einiger biblischer Wendungen begnügt, sondern den gesamten Text nach ihren
Wünschen umgestaltet hätten. Ebensowenig leuchtet ein, daß XI nur
wegen der Aufhebung der Kriminalgerichtsbarkeit eingeführt wurde,
oder ist bewiesen, daß jede Betonung von מלכות שמים erst zwischen
117 und 135 anzusetzen ist, weil R. Akiba einmal an einem Fasttag
das Gebet אבינו מלכנו gesprochen hat! Daß die Bitte um Frieden in
XVIII (XIX) eine Zeit voraufgegangener Anarchie voraussetzt und die
Betonung von תחיית המתים in II unmittelbar nach einer Kriegszeit
erfolgte, heißt doch die Bedeutung der religiösen Sehnsucht unterschätzen
und die der äußern Ereignisse überschätzen.

4. (S. 28.) פקולי leitet Klein, *MS* LXIV, 1920, S. 195 von dem
bei Josephus Ant. XII, 4 2 genannten Φιϰόλα ab.

10. (S. 36) zu Minim vgl. *MS* LXXIII (1930), S. 109 ff. den Versuch des Nachweises, daß der Kampf gegen die ersten Christen schon im ersten Jahrhundert, noch vor der Tempelzerstörung geführt wurde. 12. Palästinische Texte oder unter ihrem Einfluß stehende Piutim ohne צמח דוד את finden sich häufig in den neuerdings durch Mann, Marmorstein und Marx an den in § 9 zu nennenden Stellen gedruckten Stücken sowie bei Davidson, Ginse Schechter, III. Unhaltbar ist die Erklärung von Mishcon in *JQR NS* XVII, 37 ff., daß diese Bitte sich gegen die Anerkennung Jesu als Messias richtet, daß sie in Babylon lange Zeit unbekannt war und erst im vierten Jahrhundert eingeführt wurde, als sich das Christentum dort ausbreitete.

§ 9 zu S. 42.   1. Zählung der Worte der einzelnen Benediktionen der Tefilla finden wir auch in Israel Al-Nakawa, MENORAT HAMAOR, ed. H. G. Enelow II, 115 ff. — Varianten zum Text von Pal. vielfach in der erwähnten Abhandlung Manns in *HUCA* II; die Texte lauten nicht immer völlig konsequent, da sie infolge der Wanderungen der Juden vielfach anderen als palästinischen Einflüssen ausgesetzt waren. Finkelstein hat S. 142 ff. ein so reiches Textmaterial vorgelegt, wie wahrscheinlich noch nie zusammen war; er hat auch im ganzen die Zusammenhänge zwischen den einzelnen Riten richtig erkannt, hat nur übersehen, daß die uns bekannten Texte durch die geltende Halacha im Sinne der babylonischen Tefilla (was er S. 139 „Amidah of the dispersion" nennt) beeinflußt und daß die palästinensischen Spuren zum großen Teil verwischt und nur spärlich erhalten sind. Zu diesen ursprünglichen Verschiedenheiten treten dann die Beeinflussungen der einzelnen Riten durch das Zufallsschicksal jüdischer Wanderungen. F.'s Versuch, den ältesten Text der Tefilla zu rekonstruieren, ist naturgemäß durch seine oben besprochenen Anschauungen über die Entstehung dieses Gebets beeinflußt. Einzelheiten zum Text auch bei A. I. Schechter, Studies 85 f.

3. (S. 43 ff.) Zu den Einzelheiten des Textes ist nachzutragen: III über המלך הקדוש vgl. jetzt Ginzberg, Ginse Schechter II, 550 Anm. — Zu סלה macht Perles in *REJ* LXXX, 99 die feine Bemerkung, daß dieses Wort an dieser Stelle durch Ps. 84 ₅ ebenso wie später am Schluß von XVIII durch Ps. 88 ₁₁ und 68 ₂₀ beeinflußt ist. Brieflich verweist Perles auf וקרבתנו לשמך הגדול סלה in der Benediktion אהבה und Jos. 7 ₉.

VI ein Fragment bei Mann S. 306 hat hinter der Bibelstelle von Pal. auch Ez. 33 ₁₁.

Zu IX bemerkt Marmorstein in *JQR NS* XX, 318, daß Pal. auf die künftige Erlösung Rücksicht nimmt und damit den Übergang zu den nationalen Bitten herstellt. In I ist es umgekehrt, daß der babylonische Text den künftigen Erlöser erwähnt, der palästinische ihn fortläßt.

Zu XII vgl. Davidson, Ozar II, 192, sowie Marmorstein a. a. O. XV, 415 ff.

Zu XIII hat der Text bei Mann 306 ein schon durch den Stil als jung kenntlichen Zusatz.

XVIII liegt bei Mann 307 ff. in verkürzter Form vor. Beachtenswert ist jedoch, daß auch in die kurzen poetischen Formeln der Tefilla (vgl. weiter) der volle Text von מורדים eingefügt wurde, vgl. Mann 309 und 310. — Zu סלה s. o. unter III.

6. (S. 59) bei Mann 308 u. 310 finden sich andere poetische Fassungen am Ende der Tefilla.

Zum Kapitel der piutartigen Bearbeitungen der Tefilla, das ich *Studien*, S. 47 ff. kurz erörterte, besitzen wir jetzt reicheres Material. Es liegen uns kurze, meist alphabetische Formeln vor, die vom überlieferten Text völlig absehen und lediglich die Eulogie übernehmen; diese gehören durchweg dem Gebiet von Pal. an; wo sie in anderen Riten verwendet werden, wird stets der fehlende Text von את צמח ergänzt. Das einfachste Beispiel einer solchen kurzen Fassung ist die von Marmorstein, *MS* LXIX (1925) S. 38 f. veröffentlichte Umgestaltung von Psalm 34. Dann haben wir die auf „alte Vorbeter" zurückgeführte und selbst in Babylonien am Rüsttag der Sabbate und Feste verwendete Formel, auf deren Anfang ich Achtzehng. 47 hingewiesen habe, deren vollständiger Text jetzt durch Marmorstein a. a. O. S. 36 f., durch Mann, 310 f., durch Marx, *Ginse Kedem* III, 65 f. und durch A. I. Schechter, Studies S. 97, immer mit gewissen Varianten, mitgeteilt wurde. Eine noch kürzere Variierung dieses Textes für Mincha bei Mann 308 f. und Marmorstein 37, Anm. 2. Eine weitere poetische Verkürzung bei Mann 309 f. und eine andere bei Marmorstein 39. Von Erweiterungen ist außer der S. 517 zu § 8, 12 erwähnten, von Mann in הצופה VI, 13 veröffentlichten, die aber infolge ihrer speziellen Bestimmung nicht in diesen Zusammenhang gehört, der Piut, Studien 47 f. zu nennen. Beachtenswert ist ferner das von mir in *Hagoren* X, 91 ff. veröffentlichte Fragment, das an ein anderes, zuvor von Marmorstein, *JQR NS* XV, 414 ff., veröffentlichtes anschließt. Hier liegt eine stark erweiterte hymnische Form des traditionellen Textes vor, die, ähnlich wie in der Fastenliturgie, in jeder Benediktion einen der Helden der Vorzeit erwähnt und darum bittet, in derselben Weise wie jener erhört zu werden. Mit diesen ausgedehnten Hymnen ist vielleicht der von Kohler a. a. O. übersetzte Text der Apostolischen Konstitutionen VII, Kap. 33 ff. zu vergleichen. Seiner Bedeutung halber sei das Fragment hier abgedruckt:

ברוך שמך יי'י צבאות אלהי ישראל

שאתה הוא אל מברך השנים הטובות ומברכות

טוביך יתברכו ויחיו כל ברייותיך וגם עמך

ואני עמם ואתה שמ׳ת תפלת דוד משיח

צדקך בבנותו מזבח בגרן ארנן היבוסי

כן תשמע תפלתי למענך ולמען שמך

ולמען דוד נגידך ולא למע' עונו' ברכני יי' אלהי בכל מעשה

ידי והעתר לי בכל צרכי ותרויח לי במזונותי

בברכה והצלחה ורחמים ואמת ותן ברכה

בכל צאתי ובואי ותהא השנה הזאת שנת

גשומה ושחונה וטלולה והצלחה בתבואת'

ורדגן ופירות ותקרב שנת ישועה לעמך ישר'

וארץ תתן יבולה יברכנו אלהים אלהינו ב' מברך
ברוך שמך יי'י צבאות אלהי ישראל
שאתה הוא אל רועה ישראל ונהגתה אותם
כצאן אש' א' ל' רועה והבטחת אותם לקבץ
נדוחיהם מארבע כנפות הארץ ואתה שמעת
תפלת שלמה המלך בבנותו מקדש לשמך
כן תשמע תפלתי למענך ולמען שמך ולמען
ידידות מקדשך ולא למען עונות' הושיענו יי' אלהינו וקבצ'
והצי' מ' הגו' להו' לש' קד' להט' בתה' ב' מקבץ
ברוך שמך יי' צבאות אלהי ישראל
שאתה הוא אל אוהב צדקה ומשפט והודעת
משפטי צדקך לישראל עמך משפט וצדקה
ביעקב אתה עשית ושמעת תפלת אליהו עבדך
שקרא לשמך יי' צבאות אלהי אבר' יצ' וישר'
באש ובגשם מן השמים עניתו כן תשמע
תפלתי ותעניני למענך ולמען שמך ולמען
אליהו עבדך ולא למען עונות' והצדיקני במשפט ואל תרשיעני
והוציא כאור צדקינו ומש' כצהרים ב' אוהב
ברוך שמך יי' צבאות אלהי ישראל
שאתה הוא אל מגדע קרני רשעים ומאבד
בני עולה מן הארץ ומלכות זדון תעקר ותופיע בהדר מלכותך על עולמך
ויאמרו כל אשר נשמה באפו יי אלהי ישראל מלך ומלכותו בכל משלה
ככ' יי מלך תגל הארץ ישמחו השמים יי מלך יי מלך יי ימלוך לעולם
ועד יי מלך עולם ועד אבדו גויים מארצו יי מלך גאות לבש מלך אלהים
על גויים יי מלך ירגזו עמים יי למבול ישב וישב יי [מלך לעולם] כי ליי
המלוכה ומושל ועלו מושיעים והיה יי למלך והפרה הלבנה
והאלילים ועובדיהם כליל תחלוף יבשו ויבהלו עדי עד וידעו כי אתה
שמך ברוך אתה יי שובר רשעים ומכניע זדים ברוך שמך יי צבאות
אלהי ישראל שאתה אל צדיק ואוהב צדיק ואהב צדקות ואתה משען לחוסים בך
ומבטח לבוטחים בשמך ומחסה ליריאיך ומשגב לחסידיך ומנוס לעבדיך
ומפלט לאוהביך ומעוז לידידיך ורב חסד לכל קוראיך ואתה שמעת
זעקת יהושפט במלחמה ככ' ויזעק יהושפט ויי עזרו כן תשמע תפלתי
למענך ולמען שמך ולמען יהושפט עבדך היה לי למבטח ומשגב ולמפלט.

§ 9a. (S. 61.) Über die Entstehung der Keduscha schrieb Aptowitzer, *REJ* LXXXVII, 28 ff. Auch er vertritt die Meinung, daß die
Keduscha in der Tefilla die ursprüngliche ist, denkt sich aber die
Einführung so, daß dort nach der III. Benediktion das Trishagion Jes. 6 3
vorgetragen und als Huldigung der Engel eingeführt wurde. Die alte
Keduscha im Buche Henoch habe den Vers Ez. 3 12 noch nicht, weil
in der Entstehungszeit des Buches Henoch der dortige Text noch ברום
lautete. Der entsprechende Vers der Keduscha lautete ברוך שם כבודו
und wurde später zu ברוך שם כבוד מלכותו לעולם ועד erweitert; erst
als der Text in Ez. geändert war, wurde dieser Vers von dort übernommen. Die schwierige Stelle Tos. Ber. I, 9 (oben S. 61) deutet A.
so, daß R. Jehuda zusammen mit dem, der nach der Benediktion die
Keduscha intonierte, die Bibelstellen gleichzeitig sprach, daß dieser also
einer aus der Gemeinde war, und daß R. Jehuda die Anleitung von

Jes. 6 3 זה אל זה וקרא wörtlich befolgen wollte. — Zur Keduscha in Const. Apost. VII, 35 ist zu vergleichen Kohler, *HUCA* I, 415 ff. — Die Stelle Geon. II, 50 ist jetzt in dem inzwischen vervollständigten Text bei Ginzberg, Ginse Schechter II, 551 ff. wiedergegeben und dort 524 ff. eingehend besprochen.

3. (S. 62.) Mann, *HUCA* IV, 254 ff. will שמע in der Keduscha als Folge der Religionsverfolgungen in Persien unter Jesdigerd um 450 erklären. Damals wäre dort das Beten des שמע verboten worden. Als in Palästina unter Heraklius (612) das vielleicht schon lange vorher erlassene Verbot, das שמע zu rezitieren, wieder eingeführt wurde, habe man dort die in Babylonien herrschende Sitte übernommen und es der Keduscha einverleibt. Nach Begründung der Herrschaft der Araber habe man das שמע in Babylonien nur in der Keduscha des Mussaf- gebets beibehalten, in Palästina jedoch im Schacharith (S. 258). Nach Ginzberg II, 525 ist der Brauch in Babylonien durchaus nicht einheitlich gewesen und das שמע nur in Sura, aber nicht in Pumbedita verwendet worden. Diese Theorien sind jedoch keineswegs gesichert. Grundsätzlich sei im Anschluß an die noch öfter zu erwähnenden Theorien Manns über Veränderungen in der Liturgie im Anschluß an Verfolgungen auf die widersprechenden Ausführungen J. Bergmanns in *MS* LXXII, 1928, 449 ff. verwiesen, der die häufig wiederkehrende Zurückführung von Gebeten usw. auf Verfolgungen als Notbehelf der Legende erklärt.

§ 10. (S. 73.) Zum Ursprung des Tachanun ist zu vergleichen Freehof in *HUCA* II, 339 ff.

7. (S. 77.) Zu רחום והוא ist die Literatur bei Davidson, Ozar II, 183 zu vergleichen.

8. (S. 78.) Waagena in *Jeschurun* X, 1923, hebr. Abt., S. 9 folgert aus j. Ber. IV, 1, Taan. II, 14; IV, 1, daß in Palästina Tachanun auch am Neumondstage üblich war.

9. (S. 79.) Die Erklärung Manns, daß der Ausdruck דסדרא קדושה auf eine Rezitation des Trishagion beim Ausheben der Tora zu be- ziehen sei, die später (etwa zur Zeit des Kaisers Constantius) verboten worden und durch Aufnahme in לציון ובא ersetzt worden sei (*HUCA* IV, 270 — 276), halte ich in keinem Punkte für bewiesen. Selbst wenn wirklich diese Keduscha in Pal. völlig unbekannt gewesen ist, spricht auch das nicht für seine These. Die ganze Einführung in Amr. macht den Eindruck einer urbabylonischen Einrichtung und die sonstige Ver- wendung dieses Gebets paßt durchaus zu der bisher üblichen im Text wiedergegebenen Auffassung. Vgl. auch Bergmann a. a. O. 454.

§ 11, 3. (S. 82.) Der erste Teil von שאמר ברוך fehlt auch bei Mann, *HUCA* II, 279.

6. (S. 85.) Itt. 249 fordert Abschluß dieser Psalmodie vor dem Schilfmeerlied, ebenso Cod. Turin bei Mann S. 284 Anm. 45.

§ 12, 1. (S. 87.) Palästinische Formeln der השחר ברכות bei Mann a a. O. 272 ff., auch dort werden sie als häusliches Gebet ge- sprochen. Vgl. auch A. I. Schechter, Studies, S. 87 ff.

3. (S. 87.) Über den Verfasser von יגדל siehe die unhaltbare Ansicht von Hirschfeld, *JQR NS* XI, 86 ff.

7. (S. 91.) Pal. kennt weder שמע an dieser Stelle noch die ganze Einleitung dazu, hat vielmehr eine völlig andere Anordnung, vgl. Mann a. a. O. 281. Daraus darf man aber nicht gleich folgern, daß die Rezitation im babylonischen Ritus erfolgte, als unter Jesdigerd das Beten des שמע verboten war (*HUCA* IV, 250 u. Bergmann 453 f.).

§ 12 a. 4. (S. 95.) Eine neue Fassung der Akiba-Legende bei Ginzberg, *Ginse Schechter* I, 238 ff.

7. (S. 97.) Eine Kaddischformel mit Erwähnung des Exilarchen Sar Schalom (800) ist *Ginse Kedem* III, 56 mitgeteilt. Eine andere, stark erweiterte Kaddischformel mit Erwähnung der babylonischen Würdenträger, Exilarchen nebst Geonim, ist *MS* LXVIII, 1924, 159 f. und *Ginse Kedem* III, 54 veröffentlicht. Da als Gaon Zemach b. Paltoj aus Pumbedita (872—890) und Zemach b. Chajim aus Sura (879—885) genannt werden, darf man wohl annehmen, daß die uns vorliegenden Texte aus dieser Zeit stammen; da Pumbedita zuerst genannt ist, mag das betreffende Fragment von dort herkommen.

B. § 13, 3. (S. 99.) Mann in *HUCA* II, 300 ff.; Texte das. 308 f. und bei Marx in *Ginse Kedem* III, 65.

§ 14, 2. (S. 100.) Über die Benediktion zum Abendgebet in Pal. vgl. ob. zu § 7 (S. 16).

Zum Gebettext ist Mann a. a. O. II, 307 zu vergleichen: bemerkenswert ist vor allem die dem שמע folgende poetische Benediktion אתה הכית die dem עזרת des Morgengebets sehr ähnlich ist, ebenso S. 308 (8), aber in dieser Fassung sind auch die ersten Benediktionen poetisch erweitert.

8. (S. 102.) Da ברוך יי לעולם אמן ואמן in Pal. fehlt, spricht Mann, *HUCA* IV, 278 die Vermutung aus, daß es in Palästina zur Zeit Justinians als Ersatz für die verbotene Tefilla eingeführt, später aber nach der Eroberung des Landes durch die Araber wieder beseitigt wurde, während es im babylonischen Ritus erhalten blieb. Schwierig bleibt hierbei, wieso in Babylonien eine Änderung angenommen wurde, die auf einem pal. Notstand beruht. Vgl. auch Bergmann 454 f.

Kap. II.

A. § 15, 3. (S. 109.) Poetische Texte zu den Benediktionen nach dem Ritus von Ägypten und dem Cod. Turin bei Mann, *HUCA* II, 319—321 (vgl. 311 ff.), Schechter, *Studies* 109 f.

4. (S. 109.) ומאהבתך auch Mann das. 320, 322; רצה והנחל fehlt auch hier. Eine poetische Bearbeitung der Tefilla (es ist nicht klar, welcher) veröffentlicht Marmorstein, *MS* LXIX, 1925, S. 39 f.

5. (S. 111.) Die Bemerkungen von Finkelstein, *JQR NS* XVI, 24—27, sind in keiner Weise begründet. Daß diese in j. Ber. IV, 2 erwähnte ברכה א' מעין שבע mit dem Text von מגן אבות identisch ist, wie Mann II, 314 annimmt, ist durchaus nicht sicher. Daß es als Kiddusch

diente, ist nur schief ausgedrückt, jedoch nicht unmöglich, daß hier der Ursprung zu suchen ist, vgl. das. 322 עת להקדיש in Cod. Turin.

6. (S. 111.) Zum Kiddusch in Const. Apost. VII, 36 vgl. Kohler a. a. O. 418 ff. — תחנון im Abendgebet erwähnt *HUCA* II, 324 f.

§ 16, 1. (S. 112). Vermehrte Psalmen auch in dem Fragment bei Mann a. a. O. 323.

2. (S. 114.) Poetische Bearbeitungen des Jozer bei Mann a. a. O. 323; in אשר ברב חכמה גדל muß חכמה gestrichen werden, da es das Alphabet stört, vielleicht stand בחכמה?

3. Zu ולא נתתו vgl. Jub. 2, 31.

§ 17, 1. (S. 115.) Über חבר עיר haben S. Krauß und J. Horovitz sich in *Jahrb. j. lit. Ges.* XVIII, 195—312 ausführlich geäußert, ohne die Frage vollständig zu klären. Immerhin unterscheidet Hor. jetzt zwischen חֶבֶר עִיר und חֲבַר עִיר und läßt das erstere im Sinne von Gemeindeverband gelten. Eine „höhere Synagoge", wie Krauß sie sich vorstellt, hat es schwerlich je gegeben.

2. (S. 116.) In den Fragmenten bei Mann II, 323 ist die Mussaf Tefilla mit Stillschweigen übergangen, hingegen teilt er eine sehr interessante poetische Bearbeitung aus Cod. Turin S. 335, Anm. 134, mit. Vgl. auch A. I. Schechter, Studies 99 f., wo zwei weitere derartige Poesien mitgeteilt werden.

§ 18, 2. (S. 118.) Verschiedene vergebliche Versuche, das אברהם רגל וגו' zu erklären, in Jeschurun XI, 475, das. hebr. Abt. 140, XII, 198. Poetische Bearbeitungen der Tef. in Cod. Turin s. Schechter a. a. O. 101 ff.

§ 19, 2. (S. 121.) Zum Text der Habdala vgl. Mann S. 323 f.

§ 20, 5. (S. 125.) Eine poetische Schibata zu Mussaf eines Neumondstages, der auf einen Wochentag fällt, veröffentlicht Marmorstein in *Hazofeh* VI, 56 und mit Druckfehlern (z. B. אורתות בוצצת bzw. ביצצת statt בוננת) in *MS* LXIX, 1925, S. 40. — Zum Text für Sabbat und Neumond vgl. Mann S. 337 f.

§ 21, 3. (S. 127.) Zur Liturgie ist zu vergleichen Marmorstein in *JQR NS* XV, 411 ff., der eine Tefilla für die Fasttage veröffentlicht, worin zuerst die üblichen 19 Stücke in poetischer Form (alphabetische Vierzeiler mit den Anfängen ברוך, מי אל כמוך, ותשתבח, תתברך, der gemeinsame Endreim ist durch die übliche Eulogie bedingt). Als 20.—25. Benediktion folgen dann die in Tann. II vorgeschriebenen sechs Zusatzbenediktionen. Verfasser ist, wie Davidson das. 507 bemerkt, אלעזר ב' אהרן פאסי. Davidson selbst verweist in *Ginse Kedem* III, 46 ff. auf die Abudr. תפלת התעניות und Tur I, 579 aus סדור הגאונים angeführte erweiterte Tefilla für die Fasttage. Eine der gekürzten Tefilla-Bearbeitungen (ob. zu § 8, 6) für Fasttage in Form einer Litanei mit der jedesmaligen Einleitung אנא אלהינו bei A. I. Schechter, Studies S. 98 f.

§ 22. A. 1. (S. 130.) Eine kürzere Einlage על הנסים mit der Formel für Purim und עשה עמנו (aber ohne ובכנסי) am Schluß bei Mann S. 309.

C. § 23, 5. (S. 134.) Fragmente für Sukkot und Sabbat bei Mann S. 332.

11. c) Bei Mann S. 332: Ps. 122.

§ 24. A. 2. (S. 140.) Mann in *HUCA* IV, 300 will aus der Ver-änderung der Stelle für das Schofarblasen ein besonderes Zeugnis einer Verfolgung herleiten. Tatsächlich war während des Weltkriegs in elsässischen und anderen Gemeinden, die dem Kriegsschauplatz nahe-lagen, das Schofarblasen verboten, damit es nicht von den Truppen als Signal aufgefaßt werden könnte.

3. 4. Fragmente nach Pal. bei Mann S. 329. Neu und besonders bemerkenswert ist die poetische Einleitung zu dem Schofarot, die zwar אתה נגלית beginnt, aber ausführlicher ist und den Midrasch zur Offen-barungsgeschichte mehr berücksichtigt.

B. 3. (S. 151.) Pal. Fragment bei Mann S. 330, ein zweites S. 331 mit zwischen Bibelverse eingelegten Piutim.

7. (S. 153.) Krauß betont in *Jahrb. j. lit. Ges.* XIX, 85 ff., daß Kol nidre sich schon durch seine genau abgewogenen zahlreichen Synonyma als juristische Formel darstellt und ursprünglich für den einzelnen be-stimmt war, der vor der Behörde erschien, um sich seine Gelübde auf-lösen zu lassen. Daß es später zu einer Angelegenheit der Gemeinde wurde, sollte einen Protest gegen die Karäer ausdrücken, die sich dem Auflösen der Gelübde widersetzten. Ursprünglich sei dieser Protest vielleicht bei der feierlichen Prozession am Ölberg in Jerusalem aus-gebrochen, später aber in die Synagoge verlegt worden. Bei der Un-klarheit über den Ursprung des Kol nidre ist jeder Erklärungsversuch zu begrüßen, bei dem vorliegenden jedoch bleibt auffallend, warum in Berichten über die Prozession am Ölberg dieser Protest nie erwähnt wird. — Der Einwand *AfRW* XXV, 328 „wem das Gelübde gegen Gott nicht heilig ist, dem wird auch der Schwur gegen Menschen nicht heilig sein", geht an der Sache vorbei; Ausgangspunkt für das Kol nidre war gerade die besonders hohe Bewertung jedes Gelübdes, der Zweck die Unterlassung der Gelübde und die Befreiung von der Gewissenspein für selbst unbewußt auf sich genommene und dann nicht erfüllte Ge-lübde. Im Prinzip ist der Talmud und die rabbinische Moral genau so gegen die Übernahme von Gelübden wie die Bibel, vgl. b. Ned. 20a. — Ein neuer Text, der die alten einleitenden Worte verwendet, findet sich in dem zu § 45, 9 genannten Gebetbuch II, S. 226.

Kap. III.

§ 25, 2. Zu S. 156 des Textes: wenn weiterhin S. 177 dieselbe Quelle als sagenhaft bezeichnet wird, ist das kein Widerspruch (wie *AfRW* XXV, 328 behauptet wird), denn hier wird nur über das Vor-handensein der Quellen berichtet und im Anschluß daran ihr Wert ein-gehend erörtert. Die ganze Darstellung von S. 157 ab sucht unab-hängig von der Überlieferung den Tatbestand zu ermitteln.

4. Zu S. 160: die Sedarim des dreijährigen Zyklus sind jetzt auch aus den zu § 40 (S. 309) zu erwähnenden Kerobas von Jannai ersichtlich.

5. Zu S. 163, den Regeln Jehudais, ist das von Marmorstein, *MS* LXVIII, 1924, S. 157 ff. veröffentlichte Fragment eines alten Gebetbuchs aus der Zeit um 885 (s. o. zu § 12a) und die das. S. 151 ff. voraufgehende Besprechung zu vergleichen.

8. (S. 171.) **Waagena** in *Jeschurun* X, 1923, hebr. Abt. S. 8 ff. schließt aus j. Ber. VII, 1, daß in Palästina auch später nach der Vorschrift der Mischna verfahren und die Benediktion über die Toravorlesung nur am Anfang und am Schluß gesprochen wurde.

§ 26, 5. (S. 177.) Zum Haftarazyklus vom 17. Tamm. an hat der jüngst verstorbene H. St. J. Thackeray (The Septuagint and Jew. Worship, S. 100 ff.) die sehr bestechende Hypothese aufgestellt, daß das Buch Baruch ein Beispiel von Homilien für die Zeit vom 17. Tamm. bis zum Neujahrsfest bietet, sie jedoch in keinem Punkte bewiesen. Es ist mehr als unwahrscheinlich, daß es zu der Zeit, wo das Buch Baruch entstanden ist, bereits feststehende Haftaras und gar erst feststehende Zyklen gegeben hat.

10. (S. 182.) Mann, *HUCA* IV, 283 ff., nimmt an, daß die Einrichtung der Mincha Haftaras aus Babylonien stammt und zwar eine so alte Einrichtung ist (womöglich aus der Zeit unmittelbar nach dem Exil!), daß man sich dort um die widersprechende Anordnung der in Palästina redigierten Mischna nicht kümmerte; ihre Vorlesung sei bis zu den Wirren um Mazdak (etwa 500) ununterbrochen fortgesetzt, dann aber verboten worden. Warum man gerade in dieser Zeit an den von Mann angeführten Stellen mehr Anstoß genommen haben soll als in den vorangegangenen nationalistischen Epochen, ist nicht einzusehen. Die Berufung auf die soeben erwähnte Hypothese Thackerays (S. 287) hilft nicht weiter, da Th. die Heimat des Buches Baruch gerade an die Grenze von Babylonien verlegt und ferner die Listen der in Palästina verlesenen Haftaras die Trostabschnitte nicht enthalten. Was an den Berichten positiv übrig bleibt, ist ausschließlich die Mitteilung von Hai Gaon (um 1000), daß er Haftara-Handschriften kannte, an denen die Mincha Haftaras angemerkt waren und daß man noch zu seiner Zeit „in Elam und den persischen Eilanden", das heißt wohl im südlichen Teil von Persien bis zum Persischen Golf, diese Haftara zu lesen pflegte.

§ 28, 5. Zur Auslegung von Justinians Novelle s. Juster, Les Juifs dans l'Empire romain I, 369 ff. — Zu Ginsburgers Veröffentlichung sind jetzt die von Kahle, Masoreten des Westens II, S. 49—62, mitgeteilten Texte zu vergleichen; sie enthalten das pal. Targum zu Lev. 22 26—23 44, dann das zur Musafperikope Num. 28 16—25, das zu Ex. 19—20. 23, und zur Mus. Per. Num. 28 26—31, zu Deut. 34 5—12. Das Heft soll nach der Überschrift enthalten תרגום מוספים שלכל המועדים ותרגום לחנוכה. Die Übersetzung weicht von der des Machsor Vitry ab.

§ 29, 2. Einen Midrasch zu II. Kön. 4 1 veröffentlicht Ginzberg in *Ginse Schechter* I, 302; er vermutet, daß er aus einer Sammlung von Midraschim zu den Haftaras stammt.

§ 30, 1. (S. 198). Nach Mann, *HUCA* IV, 260 gibt Sof. eine Beschreibung des Zeremoniells in Palästina (mit Schma und Keduscha) vor dem Verbot durch die byzantinische Regierung, auf das hin das Ausheben gekürzt und das Rezitieren des Schma dem Maftir übertragen und damit auf die Sabbate und Feste beschränkt werden mußte. Bräuche und Lektionare aber' waren an dieser Stelle in den einzelnen Ländern sehr lange schwankend und verschieden, so daß Schlüsse aus alten Berichten nur mit größter Vorsicht zu ziehen sind.

Kap. IV.

§ 32, 2. (S. 209 ff.) Die Bezeichnungen für Piutim sind durch die Veröffentlichungen aus der Genisa vermehrt worden, vgl. z. B. Halper, Descriptive Catalogue of Genisah-Fragments in Philadelphia, 1924, und Davidson in *Ginse Schechter* III.

II. (S. 213.) Es ist möglich, daß die Auslegung von Ex. 14 20 in b. Meg. 10 b diese Bedeutung von קרב bereits voraussetzt (Marx in *Jeschurun* X, 1923, S. 180), hingegen ist sehr unwahrscheinlich, daß auch in Sifre Deut. § 17 dieselbe Bedeutung vorliegt (das. V, 130).

Die Einteilung der Keroba muß nach den weiter zu § 40, 5 (S. 309) genannten neuen Veröffentlichungen modifiziert werden. — Zu Schibata vgl. Davidson a. a. O. III, 2—4. Schibatas hat es, wie wir jetzt wissen, auch für Maarib gegeben.

S. 215 ist nach *HUCA* III, 214 ff. dahin zu ändern, daß in den uns vorliegenden Poesien Kalirs eine Schibata und eine Keroba zusammengekommen sind.

S. 217 d), vgl. Enc. Jud. III, 508 ff. und die dort zitierte Literatur.

§ 33, 3. (S. 223.) Eine alte aramäische Litanei aus der gaonäischen Zeit veröffentlicht B. M. Lewin in *Ginse Kedem* IV, 65 ff., vgl. auch *Kirjath Sefer* II, 146.

7. (S. 226.) Ein Maamad Kalirs zu Neila des Versöhnungstages, der als Einlagen Selichas von Saadia enthält, veröffentlichte ich *HUCA* IV, 405 ff.

C. II. Abschnitt.

Kap. I.

§ 34, 2. (S. 122.) Über die Entstehung der Synagoge vgl. auch Moore Judaism I, 283 f. Der Versuch Finkelsteins, die Synagoge in vorexilische Zeiten zu verlegen und Versammlungsplätze zu Gebetszwecken unter Führung der Propheten, besonders während der Reaktion unter Manasse anzusetzen (Proceedings of the American Academy for Jewish Research 1930, S. 49—59), kann nicht als bewiesen betrachtet werden.

9. Zu S. 241 weist Holtzmann in *AfRW* XXV, 328 auf Jer. 14 1—9. 19—22; 15 15—18 hin; die Stimmung solcher Gebete hat sicher auf die alten Formeln eingewirkt, vielleicht auch zu ihrer Formulierung beigetragen.

§ 36, 3. (S. 254) vgl. oben zu § 8, 4, überhaupt sind die zum I. Abschnitt besprochenen Einzelheiten sinngemäß auf diesen Abschnitt anzuwenden.

Kap. II.

§ 39, 3. Zum Ursprung des Piut vgl. auch Mann in *HUCA* IV, 281f.
7. (S. 290.) Über Piutim als halachische Quelle s. Jeiteles in *Jahrb. j. lit. Ges.* XIX, 293.

14. (S. 301 ff.) Über die Aufnahme des Piut in seiner Jugendzeit vgl. jetzt die ausführliche Abhandlung von Ginzberg, *Ginse Schechter* II, 508 ff., der nicht nur zwischen Palästina und Babylonien, sondern auch innerhalb Babyloniens zwischen den Hochschulen von Sura und Pumbedita unterscheidet; an letzterer Stelle ist der Widerstand am stärksten und dauerndsten gewesen.

§ 40, 1. Zur Erforschung der mittelalterlichen hebräischen Poesie während des 19. Jahrh. vgl. Davidson in Proceedings (voller Titel zu § 34, 8) S. 33 ff. und Maddae Hajahadut I.

5. (S. 309.) Von Jannai sind seit Davidsons Mahzor Yannai bekannt geworden: 2 von Levias *AJSL* 1898/99, S. 156 ff., veröffentlichte Piutim, die erst Kahle, Massoreten des Westens S. 24 f., richtig identifiziert hat; Max Kober, Zum Machsor Jannai, Frankfurt 1929 (auch *Jahrb. j. lit. Ges.* XX, 21 ff.); Davidson, *Ginse Schechter* III, 8 – 24 (vgl. S. 1 – 6). Einige weitere Stücke werden nächstens als Bonner Dissertation erscheinen. Zu Kober vgl. Spiegel in *MS* LXXIV, 1930, S. 94 ff.

6. (S. 310.) Neues von Kalir habe ich veröffentlicht *HUCA* II u. III; Bericht der Hochschule für die Wissenschaft des Judentums, 1929, S. 47 f.; Zijunim zum Andenken an J. N. Simchoni S. 83 ff. (eine poetische Schemone Esre auf den Tod eines Gelehrten), S. 86 f. (Fragment einer Tekiata für das Neujahrsfest) — den ältesten Kommentar zu einer seiner Kinas druckt Ginzberg, *Ginse* I, 246 ff.

§ 41, 6. (S. 331.) Zahlals Piut veröffentlichte Davidson in *HUCA* III, zur Erklärung von Einzelheiten vgl. Baneth, *MS* LXXI, 1927, 426 ff., LXXIII, 1929, 376, Barol das. LXXIII, 302 f.

10. (S. 337.) Je eine unbekannte Elegie von Kalonymus und Elieser veröffentlicht Lichtenstein in *Z. G. d. J. i. D.* II, 1930, 237 ff.

§ 42, 5. (S. 344.) Die religiösen Dichtungen Gabirols sind gesammelt in der Ausgabe von Ch. N. Bialik und J. Ch. Rawnitzki II, 1925; III, 1927.

6. (S. 347.) Eine Ausgabe der Dichtungen Mose ibn Esras bereiten dieselben beiden Autoren sowie H. Brody vor.

7. (S. 348.) Eine Fortsetzung von Brodys Diwan ist 1930 erschienen, eine Übertragung von 60 religiösen Liedern Jehuda ha Levis veröffentlichte Franz Rosenzweig.

8. Zu S. 352. Neue Dichtungen aus dem Orient gab Davidson, *Ginse Schechter* III heraus.

§ 43, 3. (S. 355.) Den Minhag nennt Unna in *Jeschurun* X, 1923, S. 464 die „schöpferische Kraft des lebendigen Volksgeistes innerhalb der von der Thora gegebenen Grenzen". Der Minhag sei eine Art religiösen Instinkts, der zwar nicht in der Überlieferung, aber im Volke seine Stütze habe. Noch weiter geht Carlebach das. XIV, 676 f. XV, 69 ff.; 139 ff.

4. (S. 358.) Zur Literatur der Siddurim vgl. Krauß in Soncino-Blätter II, 1 ff. Zu Amram vgl. die Untersuchung J. N. Epsteins in צירונים (Gedenkb. für J. N. Simchoni, 1929), S. 122 ff., der nachweist, daß die Gebetsammlung durch Zemach b. Salomo, der unter Natronai und Amram Ab Bet Din war, redigiert wurde und nicht lange darauf schon fremde Zusätze erhielt.

6. Zu S. 370. Von Abudr. wurde der erste Teil mit ausführlichen Anmerkungen von Ch. L. Ehrenreich, Cluj 1927, neu gedruckt. Der Name ist in Al-Nakawas Menorat Ha-Maor, ed. Enelow II, S. 449 Abidarham punktiert.

7. (S. 372.) Viele solche auseinandergerissene Poesien sind jetzt durch Davidsons Ozar wieder in ihrer ursprünglichen Form zu erkennen.

§ 44, 5 ff. Die Einstellung zur Mystik hat sich seit dem ersten Erscheinen dieses Buches sehr stark geändert. In Scholems Bibliotheca Kabbalistica, S. 42, klingt ein Tadel gegen die Kritik durch, die im Text S. 388 ff. geübt worden ist. Dieser Punkt bedarf der Klarstellung. So hoch man auch die Mystik für die Religiosität und das Gebetsleben schätzen mag, so darf doch nie übersehen werden, daß Mystik Sache des einzelnen und nicht der Gemeinde ist. Konsequent durchgeführtes mystisches und ekstatisches Beten muß, wie im Chassidismus, zur Auflösung des Gemeindegottesdienstes führen. Der Fehler in der Entwicklung der jüdischen Mystik war der, daß die durchaus nur für den einzelnen verwendbare Stimmung zur Sache der Gemeinde, zur Sache der Vorschrift, zur Sache des öffentlichen Gottesdienstes gemacht wurde. Die von den Mystikern ausgegangene starke Anregung zur Verinnerlichung des Gemeindegottesdienstes ist überall im Text anerkannt.

9. (S. 392.) Noch 1927 schreibt J. Carlebach in *Jeschurun* XIV, 676: „Sinn und Wesen und entscheidende Formen des Gebets sind von unsern Weisen für alle Ewigkeit maßgebend festgelegt worden."

Kap. III.

2. (S. 396.) Über Heidenheim s. Lewin in *Jeschurun* X, 1923.

3. (S. 398.) Zu Napoleon vgl. jetzt Anchel, Napoléon et les Juifs, Paris 1928. — Über Jacobsohn vgl. J. R. Marcus in Year Book of the Central Conference of Amer. Rabbis 1928.

§ 46, 6. (S. 426.) Eine erneute Bearbeitung des Gebetbuchs erfolgte 1927. Über die Anfänge der Gemeinde vgl. A. Galliner, Sigismund Stern, 1930, S. 56 ff.

7. (S. 427.) Über die Stellung der bayerischen Regierung zur Reformbewegung um 1850 s. Winter in *Jeschurun* XVI, S. 144 ff.

9. Ein einheitliches reformiertes Gebetbuch für alle Gemeinden Deutschlands sollte das durch den Liberalen Kultusausschuß des Preußischen Landesverbands Jüdischer Gemeinden bearbeitete תפלות לכל השנה Gebetbuch für das ganze Jahr I. II., Frankfurt a. M. 1929, schaffen, vgl. dazu den Art. Einheitsgebetbuch in Jüd. Lexikon II.

§ 47, 4. (S. 437.) Zum Union Prayer Book vgl. Year Book of the Central Conference XXXVIII. Eine Revised Edition ist 1922 erschienen, auch neuerdings ist wiederum von einer Revision die Rede. — (S. 439). Aus der Jewish Religious Union ist die Liberal Jewish Synagogue hervorgegangen, die in einer gewissen Anlehnung an das amerikanische Vorbild, aber doch selbständig, ihr Gebetbuch unter dem Titel Liberal Jewish Prayer Book herausgegeben hat, I 1926, II 1923, III 1926; vgl. das Vorwort des Bearbeiters Israel I. Mattuc. Das Pariser Gebetbuch hat jetzt den Titel תפלות כל השנה Rituel des Prières Jouralières (mit Haftaras für alle Sabbate in französischer Übersetzung) I 1925 mit einer langen Einführung von Louis Germain Lévy, II. III, 1928.

D. III. Abschnitt.

Kap. I.

§ 48, 1. (S. 444.) Zur Literatur ergänze: Richard Krautheimer, Mittelalterliche Synagogen (Mitteil. d. Ges. z. Erforschung jüd. Kunstdenkmäler IX u. X), Berlin 1927.

2. (S. 447.) Inzwischen ist eine Reihe weiterer Synagogen aus dem Altertum bekannt geworden, vgl. E. L. Sukenik in *Tarbiz* I, Heft 1. Noch in der byzantinischen Zeit entstanden, wie die Anlage, das Mosaik und die Inschrift der Synagoge in Bet-Alfa beweist, vgl. Enc. Jud. IV, 388 und *Tarbiz* I, Heft 2, S. 111ff., solche.

4. (S. 451.) Eine genaue Beschreibung der Synagogen in Toledo *REJ* LXXXIV, 1927, S. 15ff. Synagogen in Saragossa vgl. *MS* LXIX, 1925, S. 58o. Für Deutschland vgl. z. B. Krautheimer über Regensburg S. 179, über Passau *ZGdJiD* I, 1929, S. 135.

3. (S. 448.) Über die Lage der Synagogen am Wasser vgl. Sukenik in *Tarbiz* I, 1, S. 146, Anm. 2. — Über die Einfügung der Synagogen in Deutschland in das Stadtbild vgl. Pinthus, *ZGdJiD* II, 1930, 283ff.

5. (S. 452.) Zur Auslegung von Cod. Theod. XVI, 8 22 vgl. Dubnow, Weltgeschichte des jüdischen Volkes III, 571 und die Erklärung Täublers das.

6. (S. 452.) Der sakrale Charakter des Baues ist nach Sukenik in Bet-Alfa ganz ausgeprägt, vgl. *Tarbiz* I, 1, S. 111f.

§ 49, 1. (S. 453.) Zur Orientierung vgl. a. a. O. I, 2, S. 147, Anm. 2.

2.—5. (S. 454ff.) Über die Synagogenruinen in Palästina ist eine Monographie von E. L. Sukenik in Vorbereitung, wo alle Einzelfragen erörtert werden; vgl. auch Krautheimer 45ff., Ernst Cohn-Wiener, Die jüdische Kunst 80ff. Die Synagoge in Tell Hum (Kapernaum) wird gegenwärtig aus den Ruinen wieder hergestellt.

7. (S. 461.) Ein sehr bemerkenswertes Mosaik mit Darstellung von menschlichen Köpfen und sogar der Hand Gottes, die Abraham von der Opferung Isaaks zurückhält, usw. ist in Bet-Alfa gefunden worden, vgl. zu § 48, 2.

8. (S. 462.) Die Form der Basilika findet sich nach Sukenik in *Tarbiz* I, 2, S. 148, Anm. 2, vor der Zeit der Tempelzerstörung selten

und ist erst nachher stark verbreitet. — (S. 463.) Über den Baustil der mittelalterlichen Synagogen in Deutschland vgl. die eingehenden Mitteilungen bei Krautheimer und die Besprechung von Grotte, *MS* LXXII, 1928, S. 442 ff. — S. 464 über die Synagogen in Polen vgl. jetzt M. Balaban, Zabytki Histor. Zydow w Polsce, 1929; bemerkenswert sind besonders die Ausführungen über den Typ der Festungssynagogen.

11. (S. 466.) Die Forschung neigt immer mehr dazu, in den galiläischen Synagogenruinen Frauenabteilungen anzunehmen. Über die mittelalterlichen Synagogen vgl. Krautheimer 138 ff.

§ 50, 1. (S. 470.) Nach Krautheimer 92 ff. hat während des Mittelalters nicht die Lade, sondern die Bima die zentrale Stelle im Bau, was sich erst seit dem 16. Jahrhundert ändert; nach meinem Dafürhalten sind bei Krautheimer die verschiedenen Möglichkeiten für die Verbindung (Orient) oder Trennung (Abendland) von Bima und Vorbeterpult nicht genügend auseinander gehalten.

3. (S. 473.) Der „Mosesstuhl" ist auch in den Ruinen von Synagogen in Delos und Galiläa gefunden worden, vgl. die Abbildungen Sukeniks in *Tarbiz* I, 1, S. 145 ff.

Kap. II.

§ 51, 1. (S. 477.) Nach Krauß, Synag. Alt. 103 sind nicht zehn berufsfreie Männer gemeint, sondern Ratsmitglieder, die in der Ratsversammlung sitzen und sich für das in demselben Raume stattfindende Gebet freimachen. Seine Quelle ist ein sehr zweifelhaftes mittelalterliches Zitat aus dem Talmud.

Kap. III.

§ 53, 2. (S. 495.) Zu בשׂכמל״ר s. ob. zu § 6, 5.

5. (S. 500.) Über den Ursprung der Kopfbedeckung vgl. *RĒJ* LXXXIV, 178 ff., Quellen dazu das. LXXXV, 66 ff. und *MS* LXXI, 1927, S. 44 ff. — In den amerikanischen Reformgemeinden wird das Verbot der Kopfbedeckung für Männer neuerdings nicht mehr streng durchgeführt.

6. (S. 501.) Über lautes und leises Beten in der Antike s. *AfRW* IX, 185 ff., den Wechsel in der christlichen Sitte das. XXIII, 345; Carlebach a. a. O. XIV, S. 676 erklärt sich unbedingt für lautes Beten und gegen einen Chor.

§ 54. (S. 502.) Von Idelsohn ist inzwischen ein zusammenfassendes Werk unter dem Titel תולדות הנגינה העברית I, 1924 erschienen; vgl. auch den Art. Musik, Synagogale in *RGG*² IV.

6. (S. 507.) Rossis Gesänge von 1622 (so zu verbessern) sind 1925 in einem Separatdruck der Firma J. Kauffmann in Frankfurt a. M. erschienen.

Sach- und Personen-Register.